E
F
G
H
NIEDERSACHSEN
1
MINDEN-
Espelkamp
Petershagen
Mittwald
LÜBBECKE
Weser
Mittellandkanal
Westerkappeln
Mittellandkanal
Minden
Haddenhausen
Dortmund-Ems-Kanal
Bad
Oeynhausen
Bünde
HERFORD
Enger
Varenholz
G.-BEZ.
2
Herford
Kalletal
Borgholzhausen
Bad Salzuflen
Schotmar
Extertal
Holtfeld
Tatenhausen
Halle
(Westf.)
Linderhofe
Lemgo
Sonneborn
BIELEFELD
Brake
Barntrup
Lage
Heiden
ER
Telgte
Harsewinkel
LIPPE
Blomberg
Marienfeld
Oerling-
Stapelage
Lügde
Warendorf
Detmold
Ems
Freckenhorst
WARENDORF
Rinkerode
Rheda
Oelde
Batenhorst
Drensteinfurt
Stromberg
Ahlen
Beckum
Wadersloh
Liesborn
HAMM
Lippetal
Hovestadt
Benninghausen
Erwitte
Kamen
Brenken
Kleinenberg
UNNA
Werl
Soest
SOEST
Dalheim
Borgentreich
Unna
Ostönnen
Anröchte
Büren
Hardehausen
4
Möhnesee
Druggelter Hofe
Warburg
Möhne
Marsberg
Obermarsberg
Herdringen
Oelinghausen
Brilon
Iserlohn
Arnsberg
Ruhr
Bontkirchen
HESSEN
Balve
Wocklum
Meschede
Altena
REG.-BEZ. ARNSBERG
5
HOCHSAUERLANDKREIS
KREIS
Plettenberg
Berghausen
Wormbach
Schmallenberg
Grafschaft
E
F
G
H

Nordrhein-Westfalen

Kunstdenkmäler und Museen

VON ANTON HENZE,
OTTO GAUL, FRIED MÜHLBERG
UND FRITZ STICH

MIT 140 ABBILDUNGEN UND PLÄNEN
SOWIE 2 ÜBERSICHTSKARTEN

SECHSTE, NEUBEARBEITETE
UND ERWEITERTE AUFLAGE

PHILIPP RECLAM JUN. STUTTGART

Universal-Bibliothek Nr. 8402

Satz: Wilhelm Röck, Weinsberg. Druck und Bindung: Reclam, Ditzingen
Printed in Germany 1982
ISBN 3-15-008402-4

VORWORT

Allein dem Land Nordrhein-Westfalen ist diese 6. Auflage des Kunstführers Deutschland III gewidmet. Das ist insofern neu, als dieser Band bisher – unter dem Titel »Rheinlande und Westfalen« – auch den hessischen Rheingaukreis und die nördlichen Regierungsbezirke von Rheinland-Pfalz einbezogen hatte, Gebiete, die nun, seit der Neuregelung , in den Bänden IV (Hessen) und VI (Rheinland-Pfalz/Saarland) behandelt sind.

Die Beschränkung auf Nordrhein-Westfalen bedeutet im Grunde eine Erweiterung. Denn bei etwa gleichem Buchumfang wurde Platz frei für eine ganz erhebliche Anzahl von Neuaufnahmen, für umfangreiche Ergänzungen und mehr Abbildungen. Zum Vergleich: Den rund 260 Ortsartikeln in der 5. Auflage dieses Führers stehen jetzt, ausschließlich für dieses eine Bundesland, ca. 350 gegenüber.

Ohnehin kommt die Neuauflage einer völligen Neubearbeitung gleich. Am aktuellen Zustand der Bauwerke und ihrer Ausstattung, auch der Museen, sind die Texte überprüft, und, wo nötig, korrigiert worden; viele von ihnen wurden neu geschrieben. Dabei fanden der keineswegs überall abgeschlossene Wiederaufbau nach den Zerstörungen des 2. Weltkrieges, ferner die jüngsten Erkenntnisse der Denkmalpflege und der Forschung Berücksichtigung. Hervorhebung verdient wohl die thematische Ausweitung auf Architekturgattungen, wie z. B. den Industrie- und Technikbau, die erst seit relativ kurzer Zeit in das allgemeine Interesse gerückt sind, ebenso die gegenüber den früheren Auflagen noch eingehendere Erfassung der Kunst des 19./20. Jahrhunderts bis zur Gegenwart.

Eine derart umfassende Bearbeitung hätte nicht befriedigend geleistet werden können ohne die Beteiligung der im folgenden genannten Kunsthistoriker und Architekten; die meisten von ihnen sind Mitarbeiter der Denkmalpflegebehörden. Ihnen gilt der besondere Dank des hauptverantwortlichen Autors, Anton Henze, und des Verlags.

Für das nordrheinische Gebiet (ohne Köln) hat sich Volker Osteneck (Rheinisches Amt für Denkmalpflege) der mühevollen Aufgabe der Durchsicht und Neufassungen von Texten unterzogen, ihm werden umfangreiche Ergänzungen vor allem für Aachen, Düsseldorf und Wuppertal verdankt. Axel Föhl

(Rheinisches Amt für Denkmalpflege) ist der Verfasser der Beiträge über die Technikerdenkmäler dieses Landesteiles außerhalb Kölns.
Für den westfälischen Landesteil haben Mitarbeiter des Westfälischen Amtes für Denkmalpflege unter Dietrich Ellger diese Aufgabe übernommen. An der Durchsicht, Berichtigung und Ergänzung beteiligt waren die Herren Helmut Bönnighausen, Richard Borgmann, Heribert Gieseler, Ulf-Dietrich Korn, Franz Mühlen, Karl E. Mummenhoff, Konrad Rückbrod und Geerd Westermann.
Fast einen Band im Bande bildet der Ortsartikel Köln. Ihn hat auf der Grundlage der von Fried Mühlberg und Anton Henze erarbeiteten Texte eine Autorengemeinschaft unter Leitung der Stadtkonservatorin Hiltrud Kier verfaßt: Johannes Ralf Beines, Wolfram Hagspiel, Hansgerd Hellenkemper, Ulrich Krings, Rolf Lauer, Käthe Menne-Thomé, Henriette Meynen, Martin Seidler, Elisabeth Maria Spiegel, Uwe Westfehling und Christa Zingsheim. Der Anteil dieser Autoren ist im einzelnen genannt in dem 1980 als Sonderband erschienenen *Köln Kunstführer,* der mit dem hier vorliegenden Ortsartikel bis auf wenige jüngste Korrekturen identisch ist.
Dieter Großmann hat zu guter Letzt dem Band außerordentlich genützt durch die Lektüre des satzfertigen Manuskripts. Ihm sind eine stattliche Anzahl von Ergänzungen und Berichtigungen gutzuschreiben. Durch G. Ulrich Großmann erhielten mehrere Beiträge, insbesondere die Artikel über westfälische Freilichtmuseen, ihre Fassung.
Dankbar sei daran erinnert, daß eine weitere Reihe kunsthistorischer Autoren in den vorangegangenen Auflagen Grundlagen zu diesem Band geschaffen hat. Für die 1. Auflage bereits hatte Anton Henze auf Arbeiten von Hans Wühr zurückgreifen können; einige Beiträge standen in den Fassungen von Hanna Adenauer, Robert Nissen, Alexander von Reitzenstein und Hans Vogts zur Verfügung. Für die 3. Auflage haben dann Otto Gaul das östliche Westfalen, Fried Mühlberg die Stadt Köln, dazu einige rheinische Orte, und Fritz Stich, dem die vorliegende Neuausgabe wieder wertvolle Hinweise verdankt, den Landesteil Nordrhein und Einzelobjekte in Westfalen neu bearbeitet.

WEITERE MITARBEITER

Johannes Ralf Beines
Helmut Bönnighausen (*HB*)
Richard Borgmann (*RB*)
Dietrich Ellger
Axel Föhl (*AF*)
Heribert Gieseler (*HG*)
Dieter Großmann
G. Ulrich Großmann
Wolfram Hagspiel
Hansgerd Hellenkemper
Hiltrud Kier
Ulf-Dietrich Korn (*UDK*)
Ulrich Krings
Rolf Lauer
Käthe Menne-Thomé
Henriette Meynen
Franz Mühlen (*FM*)
Karl E. Mummenhoff (*KEM*)
Volker Osteneck (*VO*)
Konrad Rückbrod (*KR*)
Martin Seidler
Elisabeth Maria Spiegel
Uwe Westfehling
Geerd Westermann (*GW*)
Christa Zingsheim

ZUR ANLAGE DES BANDES

Verbindlich für die *Reihenfolge der Ortsartikel* ist die alphabetische Ordnung nach Gemeindenamen, wie sie sich aufgrund der Gemeindereformen in Nordrhein-Westfalen ergeben hat. Die *Ortsüberschriften* geben die Land- und (sofern der Ort nicht kreisfrei ist) die Kreiszugehörigkeit an und nennen ferner die Plankoordinaten für die Lage des Ortes oder Ortsteiles auf den *Übersichtskarten* (nördlicher Teil: vordere Vorsatzseiten; südlicher Teil: hintere Vorsatzseiten). Dadurch lassen sich auch geographische Zusammenhänge unschwer ermitteln. An alphabetischer Stelle im *Orts- und Objektverzeichnis* eingefügte *Verweise* erschließen auch die unselbständigen Orte, Ortsteile und bedeutenderen Einzelbauten (Burgen, Schlösser, Klöster). Auf Verweise im Haupttext wurde verzichtet, so daß sich in vielen Fällen für das Auffinden eines Artikels der Weg über das Register empfiehlt.
Ein ● neben dem Text soll auf künstlerisch-kunsthistorisch herausragende Bauten oder Details aufmerksam machen. Zusätzlich wurde – auf den anschließenden Seiten – eine Liste von *Hauptsehenswürdigkeiten* in Nordrhein-Westfalen zusammengestellt.

HAUPTSEHENSWÜRDIGKEITEN

Hagen: Karl-Ernst-Osthaus-Museum (S. 228). – Delstern: Krematorium (S. 226). – Eppenhausen: Hohenhof (S. 227)
Herford: Münsterkirche (S. 245)
Horn-Bad Meineberg: Externsteine (S. 254)
Höxter. Corvey: Ehem. Abteikirche (S. 258)
Hürth. Kalscheuren: St. Ursula (S. 265)
Kalkar: St. Nikolai (S. 270)
Kall. Steinfeld: Ehem. Abteikirche (S. 277)
Kalletal. Varenholz: Schloß (S. 280)
Kerken. Aldekerk: Kath. Pfarrkirche (S. 285)
Kleve: Ehem. Stiftskirche, Doppelgrab des Grafen Adolf I. (S. 290)
Köln: Dom (S. 306); St. Aposteln (S. 327); St. Georg, Gabelkruzifix (S. 335); St. Gereon (S. 335); St. Kunibert (S. 343); Ehem. Jesuitenkirche (S. 350); St. Maria im Kapitol (S. 353); St. Maria in Lyskirchen, Malereien (S. 360); Groß St. Martin (S. 361); St. Pantaleon (S. 369); St. Peter, Hochaltarbild (S. 376); Rathaus (S. 399); Overstolzenhaus (S. 402); Museum Ludwig (S. 462); Ostasiatisches Museum (S. 464); Römisch-Germanisches Museum (S. 465); Rautenstrauch-Joest-Museum (S. 467); Schnütgen-Museum (S. 467); Wallraf-Richartz-Museum (S. 468). – Deutz: Neu St. Heribert, Heribertschrein (S. 423). – Lindenthal: Melaten-Friedhof (S. 459). – Marienburg: Villenkolonie (S. 435). – Riehl: St. Engelbert (S. 448). – Weiden: Römische Grabkammer (S. 456)
Königswinter: Schloß Drachenburg (S. 470); Abteikirche Heisterbach (S. 471). – Oberpleis: St. Pankratius, Hochaltarretabel (S. 475)
Krefeld: Haus Lange (S. 478); Kaiser-Wilhelm-Museum (S. 481)
Lemgo: Stadtbild (S. 483); St. Marien (S. 484); Rathaus (S. 486); Hexenbürgermeisterhaus (S. 489)
Lippetal. Hovestadt: Schloß (S. 494)
Lippstadt: Große Marienkirche (S. 496). – Benninghausen: St. Martin, Kruzifix (S. 499)
Lüdinghausen: Burg Vischering (S. 502)
Marsberg. Obermarsberg: Nikolai-Kapelle (S. 508)
Mechernich. Kommern: Freilichtmuseum (S. 509)
Metelen: St. Cornelius und Cyprian (S. 512)
Minden: Dom (S. 515)
Mönchengladbach: Münster-

kirche (S. 522). – Rheydt: Schloß (S. 527)
Monschau: Stadtbild (S. 528); Rotes Haus (S. 530)
Münster: Dom (S. 536); St. Lamberti (S. 546); Rathaus (S. 551); Residenzschloß (S. 552); Erbdrostenhof (S. 554); Landesmuseum (S. 561). – Wolbeck, Drostenhof (S. 559)
Bad Münstereifel: Ehem. Stiftskirche (S. 561)
Neuss, St. Quirin (S. 565)
Nordkirchen: Wasserschloß (S. 573)
Nottuln: St. Martin (S. 577)
Odenthal. Altenberg: Dom (S. 584)
Paderborn: Dom (S. 593); Franziskanerkirche, Tragaltar (S. 601); Bartholomäuskapelle (S. 604); Rathaus (S. 606); Diözesanmuseum (S. 608). – Schloß Neuhaus (S. 610)
Pulheim. Brauweiler: Abtei (S. 613)
Rheda-Wiedenbrück. Rheda: Schloß, Kapellenturm (S. 624)
Rosendahl. Darfeld: Schloß (S. 631)
Selm. Cappenberg: Ehem. Klosterkirche, Kirchenschatz (S. 643)
Siegburg: Abteikirche, Annoschrein (S. 645); St. Servatius, Kirchenschatz (S. 647)
Soest: St. Patrokli (S. 652); Hohnekirche (S. 655); Wiesenkirche (S. 659); Nikolaikapelle, Altarbild (S. 662)
Steinfurt. Burgsteinfurt: Schloß (S. 670)
Velbert. Neviges: Wallfahrtskirche (S. 679)
Warendorf: St. Laurentius, Hochaltar (S. 688). – Freckenhorst: Ehem. Stiftskirche (S. 690)
Wuppertal. Elberfeld: Von-der-Heydt-Museum (S. 704, 706)
Xanten: Dom (S. 707); Archäologischer Park (S. 716)
Zülpich. Hoven: Ehem. Klosterkirche, Madonna (S. 720)

ERKLÄRUNG DER WICHTIGSTEN ABKÜRZUNGEN

Es ist das Prinzip des Kunstführers, einen ohne weiteres lesbaren Text zu bieten. Einige immer wiederkehrende Wörter und Begriffe wurden zum Teil abgekürzt. Obwohl diese Abkürzungen auch sonst gebräuchlich und wohl jedermann verständlich sind, werden sie im folgenden erklärt:

beg. = begonnen
bez. = bezeichnet
bzw. = beziehungsweise
dat. = datiert
ehem. = ehemals, ehemalig
ev. = evangelisch
französ. = französisch
gegr. = gegründet
gest., † = gestorben
got. = gotisch
hl. = heilig, Heilige(r)
hll. = Heilige (Mz.)
Inschr. = Inschrift
Jh. = Jahrhundert
karoling. = karolingisch
kath. = katholisch
klassizist. = klassizistisch
Kr. = Kreis, Landkreis
lt. = laut
manierist. = manieristisch
mittelalterl. = mittelalterlich
N = Norden, Nord-
nördl. = nördlich
O = Osten, Ost-
östl. = östlich
prot. = protestantisch
rd. = rund
ref. = reformiert
rest. = restauriert
röm. = römisch
roman. = romanisch
S = Süden, Süd-
seitl. = seitlich
sel. = selig, Selige(r)
sog. = sogenannt
St. = Sankt
südl. = südlich
urspr. = ursprünglich
W = Westen, West-
westfäl. = westfälisch
westl. = westlich
Wf. = Nordrhein-Westfalen, Landesteil Westfalen
zerst. = zerstört
z. T. = zum Teil
z. Z. = zur Zeit
→ = siehe

AACHEN (A7)

Streufunde deuten auf alt-, mittel- und jungsteinzeitliche Höhenbesiedlung. Eine Gruppe von Hügelgräbern gehört zumeist wohl erst der eisenzeitlichen »niederrheinischen Grabhügelkultur« an. Die Römer wußten die schwefelhaltigen Kochsalzquellen ihrer Heilkraft wegen zu schätzen. Noch zwischen den Jahren 89 und 120 n. Chr. bauen die VI. und die XXX. Legion am Büchel und im Bereich des späteren Münsterplatzes Thermenanlagen. Der lat. Name für Aachen »Aquisgrani« taucht urkundlich erst 808 auf; die Herleitung dieses Namens von einem keltischen Heilgott Grannus ist umstritten. Frühchristliche Grabsteine bezeugen die Existenz einer Christengemeinde in spätröm. Zeit. Für Siedlungskontinuität auch nach der fränkischen Landnahme spricht ein fränkisches Reihengräberfeld.

Das königliche Hofgut seines Vaters Pippin bei den heißen Quellen bestimmt Karl d. Gr. zu seiner Hauptresidenz, die er seit 768 zu einer ausgedehnten Pfalzanlage mit Palastaula, Hofkapelle und Königsbad auszubauen beginnt. Dem Pfalzbereich, der für alle Zukunft den Kern Aachens ausmacht, sind im S 2 Siedlungsbereiche vorgelagert: eine Siedlung der Abtei Stablo beim heutigen Elisengarten und westlich von ihr ein fränkisches Dorf, auf das sich der germanische Ortsname »Ahha« (972 bezeugt) beziehen dürfte und dessen Gerichtsstätte im »Grashaus«, dem ersten Aachener Rathaus, weiterlebt. Otto I. erhebt Karls Pfalzkapelle, in der schon Ludwig d. Fromme gekrönt wurde, 936 zur Krönungsstätte des Deutschen Reiches. Bis zu Ferdinands I. Krönung i. J. 1531 haben insgesamt 30 Herrscher hier die deutsche Königskrone empfangen. Otto III., der sich aus Verehrung für Karl in der Pfalzkapelle beisetzen läßt, verdankt Aachen die Gründung zweier Benediktinerklöster: die des späteren Adalbertsstifts und die der nachmaligen Zisterzienserinnenabtei St. Johann Baptist in Burtscheid. Ihren Höhepunkt erlangt die Verehrung Karls d. Gr. durch seine Heiligsprechung, die Kaiser Friedrich I. 1165 durch den Gegenpapst Paschalis III. erreicht.

In der gleichzeitigen Stadtrechtsurkunde verpflichten sich die Aachener Bürger, ihre Stadt innerhalb von 7 Jahren zu befestigen. Reste dieser Stadtmauer wurden nach dem 2. Weltkrieg freigelegt. Ende des 13. Jh. wird der königliche Pfalzbezirk aufgeteilt. Seine nördl. Hälfte erhält die Stadt, die das Palatium zu ihrem neuen Rathaus umbaut; seine südl. Hälfte wird zur Stiftsimmunität des Marienmünsters. Durch den Pilgerbesuch der 4 großen Heiligtümer (Windeln und Lendentuch Christi, ein Kleid Mariens sowie das Enthauptungstuch des Täufers), die seit dem Krönungsjahr Karls IV. alle 7 Jahre öffentlich gezeigt werden, blüht das Stadtwesen auf. 1357 ist der 2. Befestigungsring vollendet, von dem Marschier- und Ponttor sowie 4 Mauertürme noch stehen. Seit 1336 ist Aachen freie Reichsstadt und bildet zusammen mit einigen umliegenden Dörfern das sog. Aachener Reich. Die andere Grundlage wirtschaftlichen Aufschwungs bildet die Tuchweberei. Daneben erlangt auch das metallverarbeitende Gewerbe (Gelbgießer, Kupferschläger, Nadler) einige Bedeutung. Jahrzehntelang immer wieder aufflackernde Unruhen in der

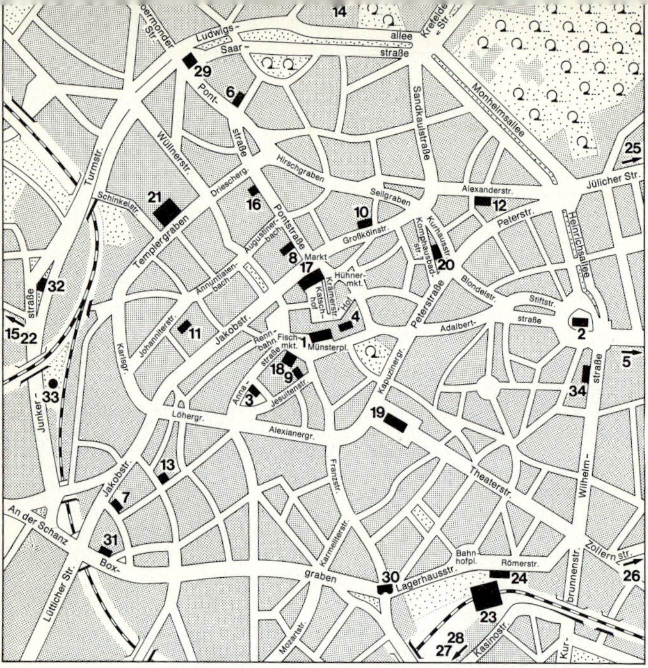

1 Münster
2 Kath. Propsteikirche St. Adalbert
3 Ev. Pfarrkirche St. Anna
4 Kath. Pfarrkirche St. Foillan
5 Kath. Pfarrkirche St. Fronleichnam
6 Kath. Pfarrkirche Heilig Kreuz
7 Kath. Pfarrkirche St. Jakob
8 Gymnasialkirche St. Katharina
9 Kath. Pfarrkirche St. Michael
10 Kath. Pfarrkirche St. Nikolaus
11 Kath. Pfarrkirche St. Paul
12 Kath. Pfarrkirche St. Peter
13 Roskapellchen
14 St. Salvator, Oblatenkirche
15 Kath. Pfarrkirche St. Sebastian
16 Kath. Theresienkirche
17 Rathaus
18 Grashaus, Stadtarchiv
19 Stadttheater
20 Altes Kurhaus, Neue Redoute
21 Polytechnikum, Hauptgebäude der Rheinisch-Westfälischen Technischen Hochschule
22 Pädagogische Hochschule
23 Hauptbahnhof
24 Städtisches Verwaltungsgebäude
25 Gut Kalkofen
26 Burg Frankenberg, Heimatmuseum
27 Tönnesrather Hof
28 Gut Diepenbenden
29 Ponttor
30 Marschiertor
31 Lavenstein
32 Langer Turm
33 Pfaffenturm
34 Städtisches Suermondt-Ludwig-Museum

Aachen. Innenstadt-Lageplan

Bürgerschaft führen endlich 1450 zu einem Vergleich zwischen dieser und dem Stadtrat im sog. Gaffelbrief, der bis zum Ende der reichsstädtischen Zeit die Grundlage der Stadtverfassung bleibt.
In den Wirren der Reformationszeit erringen die Protestanten vorübergehend die Alleinherrschaft, doch gelingt es Rudolf II. schon 1598, den alten Zustand mit Hilfe der Reichsacht wiederherzustellen, der aber erst 1614 durch erneute Reichsacht und die spanische Besatzung unter dem Generalissimus Spinola gesichert werden kann. Im 30jährigen Krieg kommt die Stadt glimpflich davon. Durch den großen Stadtbrand von 1656 jedoch geht das mittelalterl. Aachen fast völlig zugrunde. Indessen erholt sich die Stadt so rasch wieder von der Katastrophe, daß 12 Jahre danach in ihren Mauern der Aachener Friede zur Beendigung des »Devolutionskriegs« zwischen Frankreich und Spanien tagen kann. Einen 2. Friedenskongreß, 1748 zum Abschluß des Österreichischen Erbfolgekriegs, feiert die Stadt in einer Zeit neuerlicher Blüte.
Damals ist Aachen Modebad: das »Bad der Könige«. Seine Architekten Laurenz Mefferdatis und besonders Vater und Sohn Couven prägen das Bild der barocken Bäderstadt. In der Franzosenzeit ist es Hauptort des Departements de la Roer und Sitz des neugegründeten Bistums Aachen (1821 aufgehoben, 1930 neu errichtet). In der Huldigung der Rheinlande vor Friedrich Wilhelm III. von Preußen 1815 und in dem Kongreß der Monarchen der Hl. Allianz 1818 erlebt die Stadt großartige Auftakte einer neuen Zeit, die in den Bauten der Schinkel-Schule, namentlich Johann Peter Cremers und Adam Fr. Fr. Leydels, ihren architektonischen Ausdruck findet. 1826 wird mit der Cremerschen Planung der heutigen Theaterstraße zum ersten Mal der von der 2. mittelalterl. Stadtbefestigung umschlossene Stadtkern erweitert. Die Bedeutung der aufstrebenden Industriestadt wird 1865 durch die Gründung der ersten technischen Hochschule für die Rheinprovinz und Westfalen unterstrichen. Neue Stadtviertel entstehen. Mit der Eingemeindung Burtscheids, gleichfalls Bade- und Tuchindustrieort, beschleunigt sich Aachens wirtschaftliche Entwicklung, die dann durch den 1. Weltkrieg mit neuer staatlicher Grenzziehung und Separatistenunruhen gehemmt und durch die verheerenden Zerstörungen des 2. Weltkrieges (60% der Innenstadt vernichtet) unterbrochen wird. Im Zeichen des »Internationalen Karlspreises« hat Aachen 1950 einen neuen Abschnitt seiner Stadtgeschichte eingeleitet.

Stadtbild. Der Hügel des Stadtkerns mit Münster, St. Foillan und Rathaus bietet heute noch vom Salvatorberg her einen weitgehend ungestörten Anblick. Die Stadtsilhouette mit den vielen Türmen des 19. und frühen 20. Jh. wurde im letzten Kriege stark dezimiert; sie fand ihre Ergänzung durch die 1978/1979 neu aufgesetzten Rathaustürme.

Münster ●

Der Kernbau, das karoling. Oktogon, ist einer der markantesten Meilensteine am Weg der abendländischen Geschichte und des Christentums, Ausgangsort der karoling. Reichspolitik, Krönungskirche der deutschen Könige, Wallfahrtskirche der europäischen Christenheit, zugleich der älteste monumentale deutsche Steinbau des Mittelalters.

Auf einem Platz, der den Tempel einer röm. Badegottheit, eine christliche Kirche des 5. Jh. und schließlich eine Reliquienkapelle Pippins d. K. trug, errichtet Karl d. Gr. nach 786 die Kapelle seiner Pfalz und des ihr angeschlossenen, der hl. Maria geweihten Kollegiatstiftes. 798 ist der Rohbau vollendet; um 800 wird der Bau geweiht (805 wurde die Weihe von Papst Leo III. anscheinend nachvollzogen). 814 wird der Kaiser in der Kapelle beigesetzt, die damit zur bedeutendsten Grabstätte des Reiches wird. Die von Otto d. Gr. 936 begründete Tradition erhebt den Bau zur Krönungskirche. Seit 1349 ist sie das Ziel der alle 7 Jahre wiederkehrenden »Aachener Heiligtumsfahrt«. – Als Baumeister seiner Palastkapelle beruft Karl den Magister Odo aus Metz; wahrscheinlich hat auch sein Vertrauter und späterer Biograph Einhart als Berater mitgewirkt. Das 8eckige Bauwerk ist einzigartig für seine Zeit, der erste große, vollständig gewölbte Steinbau nördl. der Alpen. 1224 beschädigt ein Stadtbrand das Oktogon, das bei der Reparatur mit 8 Giebeln versehen wird, die ein spitzes Zeltdach tragen. Die Zwerggalerie war bereits 1215 vorhanden; wahrscheinlich stammt sie aus der Mitte des 12. Jh. Über dem W-Bau wird um 1350 ein hoher Turm errichtet. 1355–1414 entsteht

Aachen. Münster von Südosten

anstelle des karoling. Altarraumes der got. Chor. Bis zum Ende des Mittelalters wächst ein Kranz von Anbauten um den ehrwürdigen Kernbau. Das spätgot. Bild des Münsters hat uns Dürer in einer Zeichnung überliefert; es unterscheidet sich nicht allzusehr vom heutigen Zustand. Lediglich das gefaltete Kuppeldach mit der Laterne entsteht 1664 neu, und die Ungarische Kapelle wird 1756 barock neu errichtet. Im Innern werden die beschädigten karoling. Mosaiken 1719 beseitigt und durch eine Stuckdekoration des Italieners G. B. Artario ersetzt. Unter Napoleon holt man die antiken Marmorsäulen der Empore 1794 nach Paris; 1814 kommen einige von ihnen zurück. Dem 19. Jh. ist das barockisierte Innere unerträglich. Die Stukkaturen werden 1879–81 durch neue Mosaiken ersetzt, die nicht wie die ursprünglichen, durch Zeichnungen einigermaßen bekannt, auf besonders betonte Glieder des Baus beschränkt bleiben, sondern alle oberen Bauteile gleichmäßig überziehen. Im 2. Weltkrieg erleidet der Bau im Chor und den Kapellen einige Schäden. Beim Wiederaufbau wird der Chor nach Plänen von Erich Stephany und Felix Kreusch neugeordnet; die Fenster erhalten neue Glasmalereien. – Nach der Säkularisation dient die Stiftskirche 1802–25 als Bischofskirche. Seit 1930 ist sie Domkirche des neugegründeten Bistums Aachen.

Idee und Plan. Karl d. Gr. sah sich als Erben der röm. Kaiser, zugleich als Stellvertreter Gottes auf Erden. Genährt wurde diese sein Kaisertum prägende Idee von dem röm.-christlichen Vorbild Konstantins d. Gr. Daher wurde die Kirche seiner Pfalz nach oström.-byzantinischer Art gebaut. Die Wahl des Vorbildes – die auf Hagioi Sergios und Bakchos in Konstantinopel zurückweisende Palastkirche S. Vitale in Ravenna – und die Verwendung eigens herbeigeholter antiker Spolien – Marmorsäulen und röm. Plastiken – sollen die Tradition und die Legitimität des Kaisertums Karls d. Gr. dokumentieren. Der von Emporen umgebene Zentralbau entwickelt den Typ der Herrschaftskirche, der später in den Westwerken nachwirkt (vgl. Höxter-Corvey). In der Unterkirche versammeln sich die Dienstleute zur Messe, auf der Empore schart sich der Hof um den Kaiser, der in einem besonders betonten Raum seinen Sitz hat, von dem er alle Teile der Kirche überblickt. Der Kaiser im W, Christus auf dem Altar und im Kuppelbild im O; Volk und Kaiser in gestufter Ordnung unterschieden, aber in gleicher Weise auf den Altar hin gerichtet, so erhält das Weltbild Karls d. Gr. und seiner Berater architektonischen Ausdruck.

Der Bau. Der Mittelbau in der Grundrißform des regelmäßigen Achtecks wird von einem 2geschossigen niedrigeren Umgang von doppelter Seitenzahl konzentrisch umzogen. Im O schloß sich, der Seitengröße des Sechzehnecks entsprechend, ein 2geschossiger Rechteckchor an. Gegenüber bildet die W-Seite einen stattlichen Vorbau, der im Erdgeschoß die Eingangshalle, im Obergeschoß das Kaiseroratorium enthält; letzteres ist durch eine doppelte Säulenstellung gegen die Empore des Umganges geöffnet. In den Winkeln zwischen Vorhalle und Umgang stehen runde Treppentürme. Die Eingangsnische war nach außen nicht geschlossen und stand mit einem Atrium in Verbindung, von dem die nördl. Stützenreihe mit Wechsel von Pfeiler und 2 Säulen (ältestes Beispiel des sog. Stützenwechsels) durch Grabung festgestellt werden konnte. Sie trugen offene, den Vorhof umgebende Hallen. Ein gedeckter Gang verband die Kapelle mit der nördl. gelegenen Pfalz.

Äußeres. Die nachkaroling. Anbauten prägen weitgehend das eigenartige Bild des Münsters. Vielfältig in malerischen Überschneidungen wachsen die Teile empor und ergeben von den verschiedenen Blickpunkten aus ein immer wieder wechselndes Gesamtbild. Stets aber bleibt der frühe *Zentralbau* Schwerpunkt und Mitte des Münsters. Die schlichten, sockellosen Wände des Umganges sind nur an wenigen Stellen von der Umbauung freigeblieben. Darüber erhebt sich das an den Ecken mit doppelten Pilastern verstärkte Oktogon, überhöht von der schönen spätroman. Bekrönung und der barocken Dachkuppel mit Laterne. Der mächtige got. *Chor*, der seit 1355 an die Stelle des alten karoling. Altarraumes trat, entstand in offensichtlicher Anlehnung an die Ste-Chapelle in Paris und als eine Art gläserner Schrein. Auf 2 rechteckige Joche folgt ein ausschwingender Chorschluß aus 9 Seiten des Vierzehnecks, eine ungewöhnlich reiche Bildung. Das Stab- und Maßwerk der riesigen, 25,5 m hohen Fenster zwischen den schlank emporschießenden Strebepfeilern wurde im 19. Jh. (5- statt ursprünglich 6teilig) erneuert. Die Kapellen um den Zentralbau sind meist doppelgeschossig und in verschiedenartigen Formen reicher Spätgotik gestaltet. An der SW-Ecke des Chores steht die *Matthiaskapelle*, um 1379 erbaut, die als Sakristei und Ankleideraum bei der Krönung diente; das obere Geschoß war früher Schatzkammer. Daran schließt sich die 1449 geweihte *Annakapelle* an, ein 6seitiger reichgeschmückter Bau, dessen Erdgeschoß ursprünglich eine Durchgangshalle war (1862 z. T. erneuert und verändert). Im NO die 1455–74 erbaute, ebenfalls erneuerte *Hubertus*- und die *Karlskapelle*. In der oberen Karlskapelle verbrachte der König die Nacht vor der Krönung. Im NW die *Nikolauskapelle* und darüber die *Michaelskapelle* aus der 1. Hälfte des 15. Jh. Die *Ungarnkapelle* im SW wurde 1367

Aachen. Münster. Oktogon von Südosten

für ungarische Pilger errichtet, 1756–67 nach dem Entwurf von G. Moretti aus Mailand neu erbaut. – Von eigenartiger Wirkung ist der *Westbau* in seiner schmalen hochgereckten

Gestalt. Im unteren Teil erhielt sich der karoling. Dreiturm-Westbau mit der mächtigen hohen Nische in seiner urspr. Wucht, wenn auch gestört durch den barocken Portikus und ein got. Fenster darüber. Der obere Aufbau ist gotisch, in seiner heutigen Form im wesentlichen Neubau. Den hohen Turm begleiten seitlich über den karoling. Treppenhäusern die chorartigen Heiligtumskammern, vor ihm die offene Galerie zum Zeigen der Reliquien bei den Heiligtumsfahrten.

Das Innere fügt sich weniger vollkommen zu vielgestaltiger, aber überschaubarer Ganzheit zusammen als der Außenbau; die einzelnen Bauteile bleiben hier stärker voneinander isoliert. Dafür spricht sich hier der karoling. Zentralbau beherrschender und ungebrochener aus. Die tonnengewölbte Eingangshalle führt in das Untergeschoß des Umganges, in dem gurtlose Gratgewölbe über abwechselnd rechteckigen und dreieckigen Feldern zwischen dem äußeren Sechzehneck und dem inneren Achteck vermitteln. In weiten Rundbogen öffnet sich der Umgang zum Mittelraum. Die Empore über dem Umgang ist über kräftigen Gurtbogen mit Tonnengewölben gedeckt, die zum Mittelraum hin stark ansteigen. Die Öffnungen der Empore zum Hauptraum über einem kräftig ausladenden Gesims sind mit einer doppelten Säulenstellung gegliedert: je 2 Säulen tragen 3 kleine Rundbogen einer Brücke, über deren Gesims 2 weitere Säulen stehen, deren Kämpfer an die Leibung des großen Rundbogens anstoßen. Der über das Emporengeschoß ansteigende Obergaden des Oktogons enthält an jeder Seite ein großes rundbogiges Fenster. Über einem schwachen Gesims setzt die *Kuppel* (genauer ein 8teiliges Klostergewölbe) an, deren Scheitel 31,60 m Höhe erreicht. Dieses Maß entspricht genau dem Durchmesser des Innenraumes in der Höhe der Emporen und beträgt etwas mehr als das Doppelte des inneren Durchmessers des Oktogons. Schon im karoling. Urbau ist dieser Kernraum, schlank und in seinen Begrenzungen reich gegliedert, in seiner entschiedenen Aufwärtsbewegung das Herz des Bauorganismus, dem sich alle umgebenden Raumteile dienend unterordnen.

Von den späteren Anbauten fügt sich nur einer nicht in diese Funktion: der got. *Chor*. Er ist neben den älteren Bau gestellt, ohne daß seine Erbauer auch nur einen Versuch der Angleichung gemacht hätten, der doch hätte mißlingen müssen. In dem Chor erreicht die got. Entkörperlichung der Wand ihre höchste Folgerichtigkeit: Geschlossene Wandflächen sind nur noch der

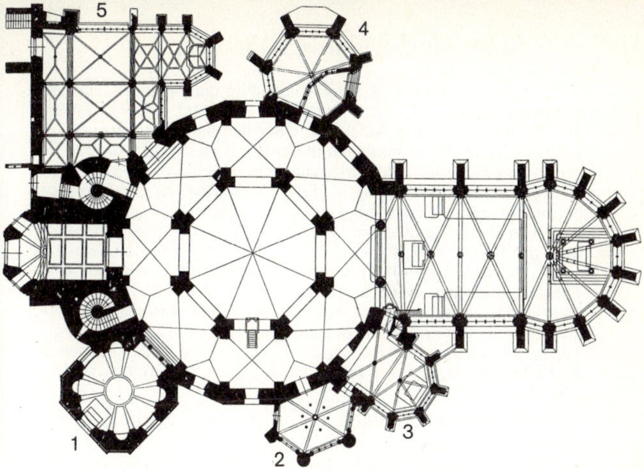

1 Ungarnkapelle
2 Annakapelle
3 Matthiaskapelle
4 Hubertus- und Karlskapelle
5 Nikolaus- und Michaelskapelle

Aachen. Münster. Grundriß

niedrige Sockel und die Kappen der in 32 m Höhe schwebenden Gewölbe; sonst stehen zwischen den Fenstern nur die unterhalb der Fensterbank auf Konsolen mit musizierenden Engelsgestalten ansetzenden Dienste, aus denen die Kreuzrippen der Gewölbe kämpferlos hervorwachsen – bezeichnend für die späte Erbauungszeit. Die riesigen Fensteröffnungen waren dazu bestimmt, transparent geschlossen zu werden durch die leuchtenden Wände got. Glasmalerei.

Die mittelalterl. Glasgemälde sind längst verlorengegangen. Die neuen, nach dem 2. Weltkrieg von W. Benner und A. Wendling geschaffen, geben dem Raum ein schönes farbiges Licht. Sie sind Teile einer *Neugestaltung des Chores*, die 1951 vollendet wurde. Dabei wurden die wertvollsten Stücke des Schatzes, *goldene Altartafel* und Karlsschrein, ● wieder an die ihnen zukommenden Plätze gebracht. Als *Hauptaltar* steht in der Mitte des Chores der karoling. Altar (um 800), ein schlichter Altartisch, der als Antependium die Pala d'Oro erhielt. Um 1010–20 entstanden, ist sie neben dem Baseler, heute in Pariser Museumsbesitz befindlichen Antependium die einzige goldene Altarbekleidung, die sich aus ottonischer Zeit erhielt (leider stark restauriert). Das vielleicht in Fulda gefertigte großartige Relief zeigt in der Mitte einen jugendlich edlen Christus in der Mandelglorie und in kleinen, aber innerlich monumentalen, ausdrucksstarken Bildfeldern die Passion. Hinter dem Hauptaltar liegt die *Grabplatte Ottos III.* Hinter ihr steht das *Lesepult* des 15. Jh., ein schönes Adlerpult. Über ihm hängt im Chorraum die holzgeschnitzte *Doppelmadonna*, deren Vorderseite 1524 von Jan Beldensnider geschaffen wurde, während die Rückseite ein anonymes Werk von 1488 ist. Im Chorhaupt erhielt der *Kapitelaltar*, für den Chordienst bestimmt, seinen Platz; die Gold- und Silberreliefs (Apostel) sind Aachener Werke der Zeit um 1480, doch später überarbeitet. Über ihm ● steht der *Karlsschrein*. Er wurde zur Aufnahme der Gebeine des 1165 auf Veranlassung Kaiser Friedrichs I. heiliggesprochenen Karl d. Gr. 1200–15 in Aachen selbst gearbeitet. An den Wänden sitzen statt der üblichen Heiligenfiguren die Gestalten von 16 deutschen Herrschern; an der Stirnseite thront Karl d. Gr. zwischen Papst Leo III. und Erzbischof Turpin von Reims. Die Reliefs der Dachschrägen stellen Szenen aus dem Leben Karls, u. a. den legendenhaft ausgeschmückten »Kreuzzug« nach Spanien, dar.

Von den Anbauten kommt im Innern vor allem die doppelgeschossige *Nikolaus-Michaelskapelle* zur Geltung, sowohl durch ihre Größe als auch durch ihre eigenartige Anlage, eine Weiterbildung der Doppelkapellen des 12. und 13. Jh. in got. Umformung. Das Obergeschoß ist nur eine breite Empore, die den annähernd quadratischen Raum an der O-, S- und W-Seite umzieht; sie fehlt an der N-Seite, weil das ebenfalls 2geschossige zierliche Chörchen wegen des östlich anschließenden Karolingerbaues nach N verschoben werden mußte.

● Ausstattung. Alle Zeiten haben sich bemüht, den Bau kostbar auszustatten. Karl d. Gr. ließ aus Italien antike Kunstwerke zum Schmuck seiner Kapelle herbeiholen. Das älteste ist wohl der sog. *Proserpina-Sarkophag* (2. Jh. n. Chr.), eine wertvolle Bildhauerarbeit aus carrarischem Marmor. Heute in der Michaelskapelle aufgestellt, barg er wahrscheinlich die Gebeine Karls d. Gr. seit der Öffnung des 1. Grabes durch Otto III. bis zu ihrer feierlichen Erhebung 1165. Die *Säulen* des Emporengeschosses aus Marmor und rotem Porphyr wurden aus Rom und Ravenna herbeigebracht, die meisten durch Kopien des 19. Jh. ersetzt. Eindrucksvolle Bronzegußwerke sind die *»Bärin«* (Hündin) und der *Pinienzapfen*, heute in der Vorhalle. Sie waren an einem Brunnen angebracht, der vielleicht in der Mitte des Vorhofs stand. Die »Bärin« ist ein röm. Gußwerk des 2./3. Jh.; der Pinienzapfen wird neuerdings als Arbeit des 9. oder 10. Jh. angesehen. – Werke der Aachener Gießhütte Karls d. Gr., die unter der Oberleitung Einharts stand, sind die 2flügeligen *Bronzetüren* – die ältesten Deutschlands – im Haupteingang, in der Karlskapelle und in der Hubertuskapelle mit ihren großartigen Löwenköpfen und vor allem die prachtvollen, im Muster wechselnden und ursprünglich vergoldeten *Gitter*, mit denen die Emporen gegen das Oktogon begrenzt sind. – In der Schlichtheit, die das Zeichen der Größe ist, steht der *Thron Karls d. Gr.* auf der Empore gegenüber dem Chor, ein Kastensitz aus antiken Marmorplatten, zu dem 6 Stufen emporführen. Als Krönungsstuhl der mittelalterl. deutschen Könige blieb er seit der ottonischen Zeit im wesentlichen unverändert. (Dahinter Glasmalereien von Georg Meistermann.)

Auch spätere deutsche Herrscher trugen zur Ausstattung ihrer Krönungskirche bei. In der Mitte des Oktogons schwebt der von Kaiser Friedrich I. Barbarossa gestiftete *Radleuchter* aus vergoldetem Kupfer, von dem Aachener Goldschmied Wibert zwischen 1160 und 1170 geschaffen. Mit 16 Türmen, in denen ursprünglich silberne Relieffigürchen standen und deren untere Platten (im Domschatz) mit den Darstellungen der 8 Seligpreisungen und mit 8 Christusszenen graviert sind, und mit 48 Lichtern ist er ein Sinnbild des himmlischen Jerusalem. – Den berühmten *Ambo*, die Kanzel, stiftete Heinrich II. im Jahr seiner Kaiserkrönung 1014. Ein im Grundriß kleeblattförmiger Eichenholzkern ist mit goldenen und kupfervergoldeten Platten belegt, die durch Rahmenleisten mit Filigranornament getrennt werden. Die Schmuckteile im einzelnen wurden wiederholt umgestaltet. Die antike Rippenschale wurde erst 1926–28 anstelle einer verlorengegangenen Darstellung des thronenden Erlösers eingesetzt. Von den Reliefs ist nur das des Evangelisten Matthäus (links oben) alt. Zur Füllung der Felder sind vielfach ältere Kunstwerke aus dem Besitz Heinrichs II. verwendet worden: 6 ägyptische Elfenbeinreliefs aus dem 5./6. Jh., eine Kristalltasse und Schale des 10. Jh., ebenfalls aus Ägypten, Schüssel, Platte und Schachfiguren aus Achat. Seit der Erbauung des got. Chores steht die Kanzel südl. an seinem Anfang über der Sakristeitür. Sie ist durch eine hölzerne Schutzhülle verdeckt, die nur an Feiertagen entfernt wird.

Bemerkenswerte Kunstwerke des späteren Mittelalters sind u. a. die *Steinfiguren* Karls d. Gr., Mariens und der Apostel an den Wanddiensten des Chores, unmittelbar über den Engelskonsolen, die, zwischen 1414 und 1430 entstanden, dem niederrheinischen Kunstkreis angehören.

Die Schatzkammer ist ein 3geschossiger Neubau am W-Flügel des Kreuzganges, 1979 von Leo Hugot gebaut. Im Kellergeschoß Kunst von der Spätantike bis zur Stauferzeit, im Erdgeschoß Mittelalter und Barock, im Obergeschoß Werke des 19. und 20. Jh. Der Aachener Domschatz gilt als der wertvollste Bestand seiner Art nördl. der Alpen. Der *Marienschrein*, in dem die 4 großen Heiligtümer des Münsters bewahrt werden, entstand im Anschluß an den Karlsschrein; um 1220 wurde er begonnen und 1238 vollendet. Unter den 4 Giebeln der Kreuzarme Christus, Maria, Karl d. Gr. und Leo III. inmitten der Apostel an den Langseiten. Auf den Dachflächen getriebene Szenen aus dem Leben Jesu und Mariae. Erwähnt seien weiterhin wenigstens das sog. *Lotharkreuz* (kölnisch, um 1000) mit der berühmten röm. *Augustus-Kamee*, das karoling. *Evangeliar* mit Buchdeckel der Zeit um 1020 (darauf byzantinisches Elfenbein der Maria, 10. Jh.), die *Situla* aus Elfenbein mit dem Bild eines Kaisers über einer durch 8 bewachte Tore dargestellten Stadt, um 1000, das griechische Anastasiusreliquiar des 11. Jh., eine Madonnenfigur (um 1280), die Karlsbüste (um 1350), das Simeonsreliquiar (um

1330), eine Petrusstatuette des Hans von Reutlingen (um 1510). Großer Bestand an wertvollen Paramenten und Stoffen.

An der SW-Ecke des Atriums (jetzt Domhof) liegt die **Johannis- oder Taufkapelle**, ein schlichter viereckiger Bau mit barockem Dach. Nordwestlich anschließend an den alten Verbindungsgang zur Pfalz, entstand der **Kreuzgang** des Marienstifts. Der ältere Teil zeigt eine prachtvolle spätroman. Arkadenreihe mit schwarzen Marmorsäulchen und Kleeblattbogen, heute die W-Wand der Schatzkammer. Die übrigen Flügel des Kreuzganges sind spätgot. mit schlichten Maßwerkfenstern und Netzgewölben. Die *Glasmalerei* in den 32 Fenstern schuf Ludwig Schaffrath (1962–65), graphische Strukturen, die das got. Maßwerk modern weiterdenken. Reich gebildet wurde das *»Kleine Drachenloch«,* der Eingang zum W-Flügel, mit kielbogigem Tor und hoher Schmuckwand darüber. Die Flügel sind neu.

Kath. Propsteikirche St. Adalbert, ehem. Stiftskirche (Adalbertstift), die älteste Kirche nach dem Münster, auf einer Anhöhe an der 2. Stadtmauer neben dem ehem. Adalbertstor gelegen, wurde als Stiftskirche 1005 geweiht. Der 1894–97 von H. Wiethase durchgeführte Umbau der Pfeilerbasilika mit W-Turm, ausladendem Querschiff und halbrundem Chor über einer Krypta ließ von der alten Kirche nur einige roman. Kapitelle übrig.

Die **Ev. Pfarrkirche St. Anna**, ehem. Benediktinerinnenkirche (Annastraße), 1748/49 von J. J. Couven erbaut, wurde nach dem 2. Weltkrieg in vereinfachter Form wiederhergestellt.

Die **kath. Pfarrkirche St. Foillan** (Krämerstraße), unmittelbar hinter dem Chor des Münsters, wurde um 1180 zur Entlastung des Marienstifts gegründet und im 15. Jh. umgebaut. Das 19. Jh. restaurierte den beim Stadtbrand 1656 schwer beschädigten Bau. Durch den Wiederaufbau nach dem Bombenkrieg, der im wesentlichen nur Teile des Chores, das südl. Seitenschiff und den südl. Obergaden sowie den neugot. Turm (1886–88 von Peters) bestehen ließ, entstand bis 1958 an der Stelle von Mittelschiff und nördl. Seitenschiff eine moderne 2schiffige Halle von L. Hugot mit Glasfenstern von W. Buschulte. In der Kirche eine überlebensgroße Marienfigur aus Holz, wohl 1411 entstanden, nach ihrem Stifter als *»Hochkirchen-Madonna«* bezeichnet. Sie überträgt den Stil der »Schönen Madonnen« aus dem Südosten des Reiches unmittelbar in das Rheinland.

● Die **kath. Pfarrkirche St. Fronleichnam** (Leipziger Straße), an der Ausfahrt nach Stolberg am Rande einer gleichzeitig entstandenen Siedlung gelegen, 1930 von R. Schwarz erbaut, gehört zu den wegweisenden Bauten der neuen kirchlichen Architektur. Hier hat Schwarz die Bestrebungen der Liturgischen Bewegung zum erstenmal völlig konsequent und rein verwirklicht. Der kubische Einraum richtet sich wie eine entschieden dem Ziel zustrebende Straßenschlucht auf den einen

Aachen. Münster. Lotharkreuz (Detail; zu S. 23)

Altar, der vor einer geschlossenen Rückwand steht. Er erhält akzentsetzende Betonung durch eine Fenstergruppe, die neben ihm die Wand durchbricht, während der Gemeinderaum nur das Oberlicht einer Fensterreihe erhält, die ihn unterhalb der Decke umläuft. Alles, was nicht unmittelbar der Meßfeier dient, bringt Schwarz in der Vorhalle und in einem niedrigen

Seitenschiff der Kirche unter. Er erreicht einen reinen, großen Raum, der die Gemeinde ohne Ablenkung auf den Altar richtet. – **Pfarrhaus** und **Kaplanei**, an die Kirche angebaut, stammen ebenfalls von Schwarz.

Kath. Pfarrkirche Heilig Kreuz (Pontstraße), 1897–1902 von J. Buchkremer, mit einem barocken Sakramentsaltar von J. J. Couven aus dem Vorgängerbau, der Kirche des ehem. Kreuzherrenklosters. – Das **ehem. Prioratsgebäude** dieses Klosters, ein 1738 datiertes Barockgebäude mit vornehmer Blausteinfassade, ist eines der wenigen heute noch erhaltenen Aachener Wohnhäuser des 18. Jh.

Kath. Pfarrkirche St. Jakob (Jakobstraße), 1877–81, von E. Linse nach Plänen H. Wiethases in neuroman. Formen erbaut, in der Nähe des ehem. Jakobstores gelegen. – Auf einem Platz an der Stelle der ehem. Jakobskirche steht eine neugot. **Kreuzigungsgruppe** auf hohem Sockel in Blaustein mit schmiedeeiserner Umfriedung, 1893.

Die 1687 geweihte **Gymnasialkirche St. Katharina**, ehem. Augustinerkirche (Augustinergasse), wurde – ohne die barocke Ausstattung – nach dem 2. Weltkrieg rekonstruiert.

Die **kath. Pfarrkirche St. Michael**, ehem. Jesuitenkirche (Jesuitenstraße), 1617–28 im barock-got. rheinischen Manierismus erbaut, blieb im Außenbau leidlich erhalten. Die mächtige Fassade ist eine fast völlig freie Neugestaltung von 1891. Innen erhielten sich nur die Seitenschiffe mit den Emporen darüber; alle übrigen Teile samt der Ausstattung sind verloren.

Die **kath. Pfarrkirche St. Nikolaus** (Großkölnstraße), die Kirche der Minoriten, ist trotz Beschädigungen im ganzen erhalten. Sie wurde 1327 geweiht; 1390 wurde der Chor auf 2 Joche und 5/8-Schluß verlängert. Das Langhaus ist eine freie, lichte Halle von 5 Jochen. Schlichte Rundpfeiler tragen die auffallend hoch gestelzten Scheidbogen und die Rippen der Kreuzgewölbe. Der barocke *Hochaltar* ist teilweise erhalten. Er hat ein Kreuzigungsbild von dem Rubens-Schüler Abraham von Diepenbeeck.

Kath. Pfarrkirche St. Paul (Jakobstraße), die ehem. Dominikanerkirche, nach langer Bauzeit im 15. Jh. vollendet, eine 3schiffige Hallenkirche in 7 Jochen mit kurzem 5/8-Chor, bietet heute von außen, abgesehen von dem vernichteten Fenstermaßwerk der S-Seite, im wesentlichen noch das urspr. Bild. Innen sind die ehem. Rundpfeiler und Kreuzgewölbe nach Kriegszerstörung modern wiederhergestellt. Bemerkenswert ist das an die Längswand der Kirche versetzte *Rosenkranzportal* von 1701.

Die **kath. Pfarrkirche St. Peter** (Alexanderstraße), 1714–18 von Laurenz Mefferdatis errichtet, wurde nach dem 2. Weltkrieg wiederaufgebaut, aber höchstens das Äußere kann noch eine Vorstellung von dem urspr. Zustand vermitteln.

Das **Roskapellchen** (Rosstraße) wurde 1758/59 errichtet. Der kleine 6eckige Bau mit geschweiftem Dach und bekrönender Laterne ist der Jungfrau Maria geweiht.

St. Salvator (Salvatorberg). Eine Gründung Ludwigs des Frommen, unter Heinrich III. als roman. Basilika neu errichtet (um 1040), 1885 bis auf den W-Turm in neuroman. Formen völlig erneuert. Heute Kirche des Aachener Oblatenkonvents.

Die **kath. Pfarrkirche St. Sebastian** (Ahornstraße) errichtete Alfons Leitl 1951/52 als erste deutsche Kirche mit Wellbetonschalendach.

Die **kath. Theresienkirche** (Pontstraße), 1739–48 von Laurenz Mefferdatis errichtet, wurde im 2. Weltkrieg weitgehend zerstört. Der 1schiffige Saalraum ist eine Rekonstruktion; die 1754 von J. J. Couven geschaffene hölzerne Innenausstattung blieb z. T. erhalten und konnte wieder eingebaut werden.

Rathaus (Markt) ●

Vom Urbau, der um 790 errichteten karoling. Palastaula, sind heute noch erhalten: die Fundamente des rechteckigen Hauptbaues mit der halbrunden westl. Apsis (sog. Marktturm, in vorgot. Zeit erneuert), Mauerreste an der S-Seite und 4 Geschosse des sogenannten Granusturmes, der wohl als Schatzhaus diente. Kurz nach 1300 ging die Palastaula in den Besitz der Bürgerschaft über und wurde von ihr als Rathaus umgebaut mit der Auflage, einen Saal für das Krönungsmahl der deutschen Könige einzubauen. Dieses Gebäude mit seinen 2 Geschossen auf hohem Sockel bildet trotz vieler späterer Veränderungen den Kern des heutigen Rathauses. 1349 konnte Karl IV. hier sein Krönungsmahl feiern. Die Vollendung der Fassade mit dem reichen Figurenschmuck dauerte bis 1376. 1728 erfuhr das Rathaus eine barocke Umgestaltung nach Plänen von J. J. Couven. 1840–81 wurde die Regotisierung nach Plänen von Stadtbaumeister Fr. Ark begonnen und nach einem Brand 1883–1901 zu Ende geführt. Die Wiederherstellung der got. Fassade erfolgte anhand alter Abbildungen, nur die Türme wurden dem Zeitgeschmack entsprechend (nach Plänen von G. Frentzen) wuchtig ausgebaut und bereicherten auf ihre Weise die Stadtsilhouette. Die Wiederherstellung des Rathauses nach schwersten Kriegsbeschädigungen war eine Meisterleistung der Restaurierungstechnik. Vorbild für die 1978/79 erfolgte Neuerrichtung der Türme (nach Plänen von L. Hugot) waren wieder die Türme des 14. Jh.

Im Inneren enthält das 1. Geschoß Räume, die im 18. Jh. mit Vertäfelungen und Stuckierungen Couvens ausgestattet wurden; sie sind inzwischen nach erhaltenen Resten getreu wiederhergestellt. Das 2. Geschoß nimmt der riesige Festsaal ein, einer der großartigsten Saalbauten des deutschen Mittelalters, in dem die Krönungsmähler und Reichstage stattfanden. 4 gewaltige Pfeiler, im Querschnitt übereck gestellte Quadrate mit abgeschrägten Ecken, teilen den Raum in 2 Schiffe zu je 5 Jochen, die mit schweren Kreuzrippengewöl-

Aachen. Rathaus. Alfred Rethel: Schlacht bei Cordoba (Detail)

ben überdeckt sind. Die Rippen entwachsen den Pfeilern ohne Kämpfer.

Von den *Wandbildern*, in denen Alfred Rethel 1840–51 8 Szenen aus dem Leben Karls d. Gr. darstellte, blieben 5 Bilder erhalten (nach 1945 transloziert und weitgehend restauriert): Otto III. in der Gruft Karls d. Gr., Sturz der Irminsul, Schlacht bei Cordoba, Einzug in Pavia, Krönung Ludwigs des Frommen (letztes nach Rethels Entwurf ausgeführt von Josef Kehren). Vom frühen Realismus durchdrungen, gehören sie noch heute zu den besten Monumentalmalereien des 19. Jh. Glasfenster von Ewald Mataré, 1956.

Grashaus, ehem. Rathaus, jetzt **Stadtarchiv** (Fischmarkt). Von dem laut Inschrift 1267 von einem Meister Heinrich errichteten Gebäude ist nach dem Neubau des Archivs 1886–89 nur noch die 3geschossige got. Fassade erhalten. Im fensterlosen Erdgeschoß mit der Tordurchfahrt lag das Gefängnis, hinter den 3 großen (jetzt erneuerten) Spitzbogenfenstern im Obergeschoß die Ratskammer; darüber Nischen mit den Standbildern der 7 Kurfürsten (am Bau Kopien, die Originale sind im 2. Weltkrieg verlorengegangen).

Stadttheater (Theaterplatz), 1822–25 nach einem von Schinkel korrigierten Entwurf Johann Peter Cremers, mit einem Giebelrelief von Wilhelm Joseph Imhoff (Entwurf von Schinkel); 1901 bis auf den Säulenportikus umgebaut. Beim Wiederaufbau nach dem 2. Weltkrieg glich man die Front weitgehend der urspr. klassizist. Form an. – Vor dem Theater das **»Aachener Pferd«**, eine Bronzefigur auf hohem Marmorsockel, 1961–63 von G. Marcks.

Der Theaterplatz ist Ausgangspunkt der klassizist. Theaterstraße, deren Bebauung nur noch in Fragmenten erhalten ist, unter anderem dem nach dem Krieg wiederaufgebauten Gebäude der **ehem. Bezirksregierung** (Theaterplatz 14), 1828–30 von J. P. Cremer.

Altes Kurhaus, sog. **»Neue Redoute«** (Komphausbadstraße), 1782–86 von Jakob Couven. Ein 3geschossiger Bau aus Blaustein und Putz, nach Kriegszerstörung formgetreu wiederaufgebaut, jetzt **Museum Ludwig** (s. d.).

Polytechnikum (Templergraben), heute das **Hauptgebäude der Rheinisch-Westfälischen Technischen Hochschule** in Aachen. 3geschossiger, repräsentativer Quaderbau in Neurenaissanceformen, erbaut 1865–70 von Robert Cremer. Weiter erwähnenswert das **Institut für Bergbau und Hüttenwesen** (Wüllnerstr. 2), 1894–97 von C. Moritz und C. Hennicke erbaut, sowie das **Rogowski-Institut** (Schinkelstr. 2), 1927–29 von Th. Veil.

Die **Pädagogische Hochschule** (Ahornstraße) ist eine kühne kubische Baugruppe, farbig in gelbem Backstein, 1958 von Bertram und Lang errichtet.

Zu den schönsten Verwaltungsgebäuden zählt das **Bischöfliche Generalvikariat**, 1958 von L. Schoberth. An der Seitenwand des zentralen Baukörpers ein abstraktes Steinrelief von L. Schaffrath.

Die **Technische Hochschule** erhält ein eigenes Stadtviertel, in dem bereits qualitätvolle Bauten von H. Schwippert, H. Rosskotten u. a. stehen.

Eine Längsseite des Katschhofes schloß G. Graupner mit neuen Bauten, unter denen die Singschule hervortritt.

Der Bahnhofplatz, eine Anlage der 40er Jahre des 19. Jh., dokumentiert 80 Jahre Aachener Architektur: nebeneinander stehen hier das 1846–49 von Stadtbaumeister Hansen nach J. P. Cremers Plänen errichtete **Hauptzollamt,** ein wuchtiger, spätklassizist. Bau in Backstein und Blaustein; der 1905 fertiggestellte, niedrige **Hauptbahnhof** mit einer Fassade aus Buckelquadern; das **städtische Verwaltungsgebäude**, das erste Hochhaus Aachens, 1924–30 von E. Fahrenkamp, H. Körfer und anderen errichtet.

Industriebauten
Von den zahlreichen historischen Fabrikgebäuden des Stadtgebietes verdienen Erwähnung: die **ehem. Tuchfabrik** (Löhergraben 22) vom Ende des 18. Jh., die **ehem. Spinnerei Marx** (Eilfschornsteinstr. 18), 1861 von Stadtbaumeister Fr. Ark errichtet; die **Wagenhalle der Handlung Einmal** (Kongreßstraße), 1924 von Th. Veil und O. Nauhardt, ein wichtiges Beispiel für eine von Eisenbetonrippen frei überspannte Kuppelhalle.

Herrensitze
In der Nähe der Jülicher Straße das **Gut Kalkofen** (Wiesental). Der Kern dieser einstmals sehr bedeutenden Vierflügelanlage mit runden Wehrtürmen an den Ecken stammt aus dem 15./16. Jh. 1750–53 durch J. J. Couven umgebaut für Bürgermeister Wespien. Nach schwersten Kriegszerstörungen z. T. wiederaufgebaut. – **Burg Frankenberg** (Bismarckstraße). Die im 13. Jh. vor den Toren der Stadt angelegte Wasserburg erhielt im 17. Jh. ein neues Herrenhaus und wurde 1834–38 von J. P. Cremer wiederaufgebaut. Heute **Heimatmuseum**. – **Tönnesrather Hof** (Tönnesrather Weg). Ein 4flügeliger Backsteinhof von 1817/18 in vornehmen klassizist. Formen. – Unweit davon **Gut Diepenbenden** (Diepenbenden), eine ehemals wasserumwehrte 3flügelige Anlage aus Bruchsteinmauerwerk, 17. Jh., im 19. Jh. umgebaut. Geburtshaus von Alfred Rethel.

Bürgerhäuser
Nach dem 2. Weltkrieg sind von den Aachener Wohnbauten nur noch Reste erhalten. Die Werkstücke der Fassaden vieler zerstörter oder im Zuge des Wiederaufbaus abgebrochener Häuser wurden gelagert und nach und nach im Stadtkern wieder eingebaut, etwa im Gebiet Kockerellstraße/Jakobstraße oder an der Krämerstraße.

2 der an ihrem Platz verbliebenen Wohnhäuser stammen noch aus der Zeit vor dem Stadtbrand von 1656: das Haus **»Löwenstein«** (Markt 41), ein um 1344/45 errichteter und Ende der 1970er Jahre restaurierter und z. T. rekonstruierter 2½geschossiger Bau in Bruchstein und Backstein mit got. Ecktürmchen und Zinnen; das 2. Haus ist das 1495 erbaute sog. **»Große Haus von Aachen«** (Pontstr. 13), ein 3geschossiger Bau aus Ziegeln und Blaustein, heute **Zeitungsmuseum** (s. d.).

Beispiele für gleich nach dem Stadtbrand errichtete Wohnbauten sind die Häuser **Hof 1, Krämerstr. 29** (wiederaufgebaut), Backsteinbauten mit großen Kreuzsprossenfenstern aus Blaustein. Ferner der im Winkel zwischen Rathaus und Granusturm errichtete **»Eulenspiegel«** mit dem ganz aus Holz erstellten **»Postwagen«** (nach 1945 getreu rekonstruiert). Der untere Teil der Fassade des »Eulenspiegel« ist in Blausteinfachwerk errichtet, eine Technik, die bis zum frühen 19. Jh. in Aachen immer wieder auftauchte, z. B. bei den Häusern **Franzstr. 40** von 1725, **Rosstr. 41** von 1734 und **Jakobstr. 105–117** von 1812.

An geschlossen erhaltenen Baugruppen sind zu nennen: Krämerstraße/Katschhof, u. a. mit dem **Haus Monheim** (Hühnermarkt 17), 1786 von Jakob Couven erbaut, jetzt **Couven-Museum** (s. d.), Hof, der Fischmarkt mit Bauten an Annastraße und Rennbahn, der Markt mit den Häusern **Nr. 14–22** aus dem frühen 19. Jh. (nur die Fassaden erhalten) und **Nr. 27–43** mit dem Haus **»Zum Einhorn«** aus der Zeit um 1700, dem bereits erwähnten Haus »Löwenstein« und der **Karlsapotheke**, die um 1790 entstand.

Der sog. **Wilresche Hof** (Jakobstr. 35) ist der letzte der für Aachen einstmals typischen 3flügeligen Stadthöfe des 17./18. Jh. Ein Torso der Fassade des 1737 von J. J. Couven errichteten **Wespienhauses** »hängt« an der Mauer einer Turnhalle in der Kockerellstraße.

Das Haus **»Ejjene Keiser Karl«** (Jakobstr. 2), eines der wenigen Beispiele des Klassizismus in Aachen, wurde vor 1837 erbaut, vermutlich von A. Fr. Fr. Leydel.

Von den Häusern aus der 2. Hälfte des 19. Jh. ist neben Beispielen an der Leydelstraße, Johanniterstraße und Ludwigsallee sowie dem 1870 geplanten und in der Folgezeit bebauten **Frankenberger Viertel** besonders das **Haus Cassalette** (Wilhelmstr. 18) zu nennen. Der 3geschossige Palazzo im Stil der venezianischen Renaissance wurde 1892 von E. Linse erbaut; heute **Suermondt-Ludwig-Museum** (s. d.).

Außerhalb des Stadtkernes die 1914 erbaute Doppelvilla **Soerser Weg 24/26,** ein Frühwerk Emil Fahrenkamps.

Für den Garten eines (nie ausgeführten) innerstädtischen Bürgerhauses errichtete J. J. Couven im Jahre 1737 das sog. **Gartenhaus Mantels**; auch die reichen Ziergitter sind von Couven entworfen. Im Jahre 1906 wurde der auch als **Couven-Pavillon** oder **Kerstenscher Pavillon** bezeichnete kleine Bau mit Rampe und Außentreppe von seinem urspr. Standort (Annuntiatenbach) auf den Lousberg versetzt. Ein Teil des Mobiliars findet sich heute im Couven-Museum.

Brunnen

Johann Peter Cremers klassizist. **Elisenbrunnen,** 1822–27, ein reizvoller ● Säulenpavillon mit Flügelbauten (nach Schinkels Entwurf), ist nach 1949 in der alten Form wiederhergestellt worden. – Der **Marktbrunnen** vor ● dem Rathaus besteht aus einem Becken von Couven, 1735, und dem Aufbau in Bronzeguß von Franz und Peter von Trier, 1620. Die bekrönende Figur Karls d. Gr. wurde in Dinant gegossen. – Den **Hotmannspief** (Hauptmannsbrunnen) am Ende der Alexanderstraße schuf

A. Fr. Fr. Leydel in den Jahren 1825–29. An einen steinernen Obelisken sind 4 reliefierte Frauengestalten aus vergoldetem Gußeisen gelehnt, deren Krügen das Brunnenwasser entströmt.

Kongreßdenkmal
Das seit 1927 im Stadtgarten aufgestellte Denkmal, nach einem Entwurf Schinkels von J. P. Cremer errichtet und 1844 eingeweiht, stand bis 1914 am Adalbertsteinweg an der Stelle, an der 1818 zum Jahrestag der Schlacht bei Leipzig ein Gottesdienst stattgefunden hatte, bei dem König Friedrich Wilhelm III., Kaiser Franz I. und Zar Alexander I. zugegen waren.
Das monumentale klassizist. Altartabernakel aus Marmor trägt an der Giebelfront Medaillen aus Bronze mit den Bildnissen dieser 3 Monarchen der Heiligen Allianz gegen Napoleon.

Ehem. Stadtbefestigung
Von der um 1170 errichteten staufischen Mauer, der sog. **Barbarossamauer**, sind besonders am Seilgraben, an der Pontstraße/Ecke Drieschergäßchen und am Templergraben noch Reste zu sehen.

Von der 1257–1357 mit Ergänzungen des 15. und 16. Jh. errichteten äußeren Stadtbefestigung haben sich als wichtigste Bauteile aus der ● 2. Hälfte des 13. Jh. im N das **Ponttor** und im S das **Marschiertor** erhalten, beides mächtige Torburgen, von denen das Ponttor noch Zwinger und Vorwerk besitzt. Der sog. **Lavenstein** am Boxgraben, der **Lange Turm** an der Turmstraße mit beidseitig anschließenden Resten der Mauer wurden im 14. Jh. errichtet, während der Turmstumpf an St. Adalbert und der sog. **Pfaffenturm** in der Junkerstraße aus dem 15. Jh. stammen und die sog. **Marienburg** zwischen Ludwigsallee und Saarstraße 1512 datiert ist.

An der Königsstraße steht eines der im 19. Jh. an Stelle der mittelalterl. Stadttore errichteten **Zollhäuschen**, 1836 von A. Fr. Fr. Leydel errichtet.

Vororte

Burtscheid

997 gründete Kaiser Otto III. das Benediktinerkloster (später Zisterzienserinnen-Stift), das 1138 reichsunmittelbare Abtei wurde. Zum Schutze dieser auf dem Johannesberg gelegenen Abtei entstand, vor allem in dem engen Talkessel, die Siedlung, die wirtschaftlich eng mit Aachen verbunden war. Aachen stand auch seit 1351 die Landeshoheit zu. Im 2. Weltkrieg wurde das alte Ortsbild bis auf einige wenige Reste zerstört, die beiden Kirchen auf dem Johannesberg erlitten schwere Beschädigungen.

Kath. Pfarrkirche St. Johann Baptist, ehem. Kirche einer Zisterzienserinnen-Abtei, 1730–54 von J. J. Couven erbaut. An einen mächtigen Kuppelbau schließt sich nach O der Chor mit halbrundem Abschluß,

Aachen. Haus Cassalette
Suermondt-Ludwig-Museum (zu S. 31)

nach W ein ebenso langes, 1schiffiges Langhaus. Obwohl der W-Front ein Turm vorgesetzt ist, wirkt die hoch am Steilhang gelegene S-Seite als breite, in der Kuppel gipfelnde Fassade. Nach schweren Kriegszerstörungen ist das Innere weitgehend schmucklos wiederaufgebaut. – Der *Kirchenschatz* wird an Reichhaltigkeit und Bedeutung in Aachen nur vom Domschatz übertroffen. Besonders hervorzuheben sind eine byzantinische Mosaik-Ikone mit dem hl. Nikolaus von Myra, 9./10. Jh., und eine Staurothek in Form eines Doppelkreuzes, 1230–40. – Von den

Klosterbauten des 17. Jh. stehen unter anderem noch das **St.-Nikolaus-Quartier,** jetzt Pfarrhaus, und das **Abteitor** von 1644.

Die **kath. Pfarrkirche St. Michael,** unmittelbar östlich in gleicher Geländelage, 1748–51 von J. J. Couven als 3schiffige Pfeilerbasilika erbaut, wurde im 19. Jh. nach W verlängert und mit einem Turm versehen. Das Innere – wie bei St. Johann Baptist – nach dem 2. Weltkrieg in vereinfachten Formen wiederhergestellt.

Ehem. Rathaus, klassizist. Gebäude mit ionischen Kolossalpilastern, 1823 von W. Ulich; nach dem 2. Weltkrieg wieder aufgebaut.

Soziale Frauenschule (Robert-Schumann-Straße), 1929/30 von Rudolf Schwarz in Stahlskelettbauweise errichtet. Um einen quadratischen Innenhof stehen das mehrgeschossige Hauptgebäude und die 1geschossigen Flügel mit den Zimmern der Schülerinnen.

Branderhof (Branderhofer Weg), fränkische Hofanlage von 1769. Backsteinbauweise mit Blausteingewänden.

Forst

Kath. Pfarrkirche St. Bonifatius (Mataréstraße). Entworfen 1960 von Rudolf Schwarz, ausgeführt 1962–64 von Maria Schwarz. Die Konzeption in straffen, strengen Kuben, die Schwarz seinem ersten Meisterwerk, der Fronleichnamskirche in Aachen gab, vollendete er in diesem postumen Bauwerk. »Ein dreifach gestufter Raum. Zu jeder Stufe gehört eine Lichtzone. Das Haus wird nach Innen immer heller. Dem gestuften Inneren entspricht ein dreifach gestuftes Äußeres, ein Stufenberg gleichsam, dessen Gipfel über dem Altar ansteht« (R. Schwarz). – Von außen an eine 3schiffige Basilika mit großem, belichteten Vierungsturm erinnernd, zeigt der Bau in seinem Inneren einen großen, nicht von Stützen verstellten Raum.

Hanbruch

Gut Hanbruch (Hanbrucher Weg). Eine 4flügelige, wasserumwehrte Anlage in Backsteinbauweise, 1814 errichtet, im Kern älter.

Horbach

Kath. Pfarrkirche St. Heinrich. Die 1schiffige Kapelle aus dem 15. Jh. mit massiv gebautem westl. Dachreiter erhielt im Jahre 1690 eine kleine W-Vorhalle, deren Sandsteinportal (frühes 17. Jh.) aus Haus Heyden stammt. 1846 wurden Querhaus und Chor in neugot. Formen angefügt.

Haus Heyden (Heyder Feldweg). Von der weitläufigen, z.T. wasserumwehrten Anlage mit 2 Vorburgen ist die Hauptburg des 14./15. Jh. nur noch Ruine, während die beiden Vorburgen des 17./18. Jh. gut erhalten sind.

Kornelimünster

Kornelimünster besitzt eines der am besten erhaltenen historischen Ortsbilder des Rheinlandes.

● Benediktusmarkt und Korneliusplatz, beherrscht von der Abteikirche mit den Klostergebäuden und umstanden von meist giebelständigen Bruchsteinhäusern mit Blausteingliederungen, z. T. auch Blaustein-Fachwerk des 17.–19. Jh., bilden ein Ensemble von großer Geschlossenheit. Doch auch die angrenzenden Straßen, Korneliusstraße, Am Berg, Napoleonsberg usw., zeigen sich in weitgehend geschlossener, historischer Bebauung.

● **Kath. Pfarrkirche St. Kornelius** (urspr. St. Salvator), ehem. Benediktiner-Abteikirche.

Wo die Römerstraße Köln–Düren–Dinant mit der Straße von Jülich her zusammentraf, lag auf der Höhe die röm. Ansiedlung Varnenum und östl. davon ein Tempelbezirk. 814 gründet der hl. Benedikt von Aniane, der Erneuerer des Benediktinerordens im Frankenreich, am Indebach Kloster und Kirche St. Salvator, die unter Ludwig dem Frommen 817 geweiht und von den Zeitgenossen »ein wunderbares Werk« genannt wird. Die Kirche, in der der hl. Gründer 821 sein Grab findet, wird 881 von den Normannen zerstört. Der Neubau auf den alten Fundamenten erhält Reliquien des hl. Papstes Cornelius, die dem Kloster den neuen Namen »monasterium Sancti Cornelii ad Indam« eintragen. Dem adeligen Konvent steht ein reichsfreier Abt vor. Kern des weltlichen Territoriums der Reichsabtei bildet das sog. Münsterländchen (alles Land im Umkreis einer Stunde). Mißwirtschaft im 13. Jh. verursacht einen Rückgang der Abtei, auf dessen Tiefpunkt i. J. 1310 Kirche und Kloster von Aachener Bürgern niedergebrannt werden. Nun beginnt man unter Verwertung der alten roman. Pfeiler eine neue große got. Kirche zu bauen: zuerst das Mittelschiff mit flacher Decke, dann im 2. Viertel des 14. Jh. den gewölbten Chor. In der 1. Hälfte des 15. Jh. wölbt man auch das Mittelschiff und baut ein nördl. Seitenschiff an. Da aber auch diese Erweiterung für die vielen Pilger, die zur Verehrung der Reliquien des hl. Cornelius zusammenströmen, nicht ausreicht, läßt Abt Heribert von Lülsdorf 1470 die beiden südl. Seitenschiffe und einen westl. Kreuzgang errichten. Zuletzt verbreitert Abt Heinrich von Binsfeld um 1520–31 das nördl. Seitenschiff und läßt in den östl. 4 Jochen ein 2. nördl. Seitenschiff mit der reizvollen Abtsempore anlegen und beide bis zur Höhe des Mittelschiffes aufführen. Die Holzgalerien über den Chören werden im 17. Jh. angebracht. Die Corneliuskapelle an der O-Seite entsteht 1706.

1865 werden die Außenmauern mit dem Maßwerk der Fenster fast ganz erneuert und 1898–1900 die Corneliuskapelle gründlich restauriert, wobei man die Laterne neu aufführt. Völlige Wiederherstellung 1961 und in den folgenden Jahren.

Die Kirche enthält Bauteile aus einem vollen Jahrtausend abendländischer Baugeschichte; der Gesamteindruck ist vorwiegend gotisch. Die *Vorhalle* zeigt, abgesehen von ihrem got. Gewölbe, die lapidaren Formen im Kanon karoling. Baukunst. Im *Langhaus* wechseln schlichte straffe Formen mit überreichen Bildungen der späten Gotik. Im *Chor* wird die got. Klassik in der Art des nahen Chores der Aachener Münsterkirche und des Kölner Dombaues wirksam. In der *Corneliuskapelle* hinter dem Chor entfaltet schließlich der Barock sein Bausystem auf 8eckigem Grundriß mit Kuppel und Laterne und einheitlicher Ausstattung. Die unregelmäßige Anlage entstand in verschiedenen Bauzeiten durch Errichtung 2schiffiger Hallen anstelle beider Seitenschiffe einer got. Basilika, von der nur das Mittelschiff erhalten blieb. Die südl. Halle ist etwas niedriger als dieses, die nördl. hat gleiche Höhe mit ihm. Die schlanken Pfeiler tragen meist schlichte Kreuzrippengewölbe. Der in der Spätgotik malerisch gestaltete Innenraum bietet reizvolle Durchblicke. – Das Äußere der turmlosen Baugruppe wird weitgehend von der Restaurierung des 19. Jh. geprägt. Sie erneuerte das Außenmauerwerk und das Maßwerk fast gänzlich und setzte den Dachreiter auf das Ende des Daches. Von eigenartiger Wirkung sind die gestaffelten polygonalen Chorschlüsse (2 an den südl. Seitenschiffen, Hauptchor, einer am inneren nördl. Seitenschiff) mit Holzgalerien am Dachansatz; wie bei den Galerien am Aachener Münsterturm wurden von ihnen aus die Heiligtümer den Pilgern gezeigt.

Von der reichen Ausstattung, die aus den verschiedenen Jahrhunderten der Klostergeschichte stammt, verdient der auf einer vorkragenden Empore im N-Seitenschiff angebrachte Abtsstuhl, eine bemerkenswerte Anlage aus der Zeit des Abtes Heinrich von Binsfeld, besondere Beachtung. In der südl. Vorhalle stehen lebensgroße *Standbilder* des Erlösers und der Muttergottes, niederrheinisch, um 1530/40. Vorzüglich ● ist die *Standfigur des hl. Cornelius* links im Chor, um 1470, Kreis des Kölner Dombaumeisters Konrad Kuyn. Besonders reizvoll ihre reiche Konsole mit dem Bilde des Stifters, des Abtes Heribert von Lülsdorf, zwischen Engeln und Pilgern. Der Hochaltar des 17. Jh., mit dem Bild der Kreuzabnahme von dem Rubens-Schüler Gerard Douffet, wurde Mitte des 18. Jh. verändert durch J. J. Couven, der auch die Kommunionbank und den Orgelprospekt entwarf. Das Kloster besitzt einen großen *Schatz* an Reliquiaren und anderen Heiligtümern, unter ihnen die Reliquienbüste des hl. Cornelius, um 1360, und das Hornreliquiar des hl. Cornelius aus dem späten 15. Jh.

Die **Abteigebäude** (jetzt Bundesarchiv) wurden 1721–28 als 3flügelige Barockanlage erbaut, in der Mitte des 18. Jh. um mehrere Flügel erweitert, der S-Trakt wohl erst bei der Restaurierung 1876 errichtet. 2 Torbauten, das rundbogige Außentor von 1682 mit 2 flankierenden Rundtürmen und ein wehrhaftes, 3geschossiges Innentor mit halbrunden, flankierenden Türmen, sind noch von der alten Klosteranlage erhalten. – Von der Innenausstattung des Hauptgebäudes sind das Treppenhaus mit dem Deckengemälde des Engelsturzes, die Stuckierungen und das Deckengemälde mit den Darstellungen des Triumphes der Kirche im ehem. Kapitelsaal besonders zu nennen.

Alte kath. Pfarrkirche St. Stephan. Die ehem. Pfarrkirche des Ortes, auf einer Erhebung oberhalb der Klosterkirche gelegen, steht in ihrem Alter dem Benediktinerkloster nicht nach. Die 3schiffige, spätgot. Stufenhalle des 15. Jh. schließt sich an einen noch karoling. (?) W-Bau an, 2geschossig aus Bruchstein mit Eckquadern errichtet. Der Baumeister verwendete größtenteils röm. Baumaterial. Die rechteckige Anlage hat im Erdgeschoß einen 3schiffig unterteilten, mit parallelen Tonnen gewölbten Raum. Der Oberbau, der vielleicht eine 2. Kapelle enthielt, ist später stark verändert worden. Der heutige Turmstumpf – im Mittelalter Wachturm – ist Glockenträger der ehem. Abteikirche.

Laurensberg

Die **kath. Pfarrkirche St. Laurentius** liegt auf einem Hügel, der schon seit röm. Zeit nachweislich eine Kultstätte trug. – Die Pfarrkirche wurde bis auf den Turm von 1482 und das daran angebaute **Küsterhaus** des 18. Jh. im Jahre 1912 von J. Buchkremer neu gebaut.

An der neuen Straße nach Maastricht errichtete die Stadt Aachen um 1780 das **Zollhaus »Barrière«,** ein stattliches 2geschossiges Bruchsteinhaus mit Mansarddach und einem Relief mit dem Doppeladler über der Haustür. – Gegenüber der große 4flügelige **Hof Berger Hochkirchen,** eine Bruchsteinanlage aus dem 18. Jh. mit Teilen des 16./17. Jh.

Haus Hirsch. Die auch **»Haus Türmchen«** genannte Anlage ist im Kern ein Wachturm des Aachener Landgrabens, einer im 15./16. Jh. errichteten und 1611 erweiterten Befestigung des »Aachener Reiches«, bestehend aus Wällen mit Buchenhecken, Gräben und steinernen Wachtürmen. – Der 2geschossige, viereckige Bruchsteinbau erhielt im 17. Jh. seine Flügel (ein Portal trägt im Keilstein den Stadtadler und die Datierung 1684) und wurde im 19. Jh. aufgestockt.

Haus Linde (Lindenstraße). Eine Vierflügelanlage des späten 18. Jh., das Herrenhaus mit turmartig überhöhtem Mittelbau und einem Schieferhelm von 1892.

Haus Rahe (Schloß-Rahe-Straße), ein 2flügeliges spätbarockes Wasserschloß von 1787 inmitten einer in Resten erhaltenen Parkanlage.

Richterich

Schloß Schönau (Schönauer Allee). Auf den Fundamenten einer spätmittelalterl. Wasserburg wurde 1731/32 ein neues Herrenhaus errichtet. Als Baumeister gilt L. Mefferdatis. Mitte des 19. Jh. wurden die beiden Flügelbauten angefügt. – Die 2flügelige **Vorburg** stammt im Kern aus dem 18. Jh.

Sief

Brandenburg (Mühlenweg). Die unregelmäßige, ehemals wasserumwehrte Vierflügelanlage in Bruchsteinbauweise mit Blausteingewänden stammt in ihrem Kern aus dem Jahre 1441; sie wurde 1472 als Kreuzherrenkloster gestiftet. Die Seitenflügel sind Anbauten des 17. und 18. Jh. – Aus dem 15. Jh. stammen noch ein **Wohnturm** und die im 19. Jh. zu einem Wirtschaftsgebäude umgebaute **Kapelle.**

Soers

Gut Hausen (Hausener Gasse), eine 4flügelige Anlage, errichtet aus weiß geschlämmtem Backstein und Bruchstein, geschmückt mit Blausteingewänden und Zierankern. Der älteste Bau entstand 1575, weitere Teile im 17. Jh., das Herrenhaus stammt von 1743.

Soerser Haus (Soerser Weg). Den Kern dieses Bruchsteingebäudes mit Werksteinrahmungen bildet ein Wohnturm des 15. Jh., dessen Seitenflügel im 17. und 18. Jh. angefügt wurden. – Die **Vorburg** stammt ebenfalls aus dem 18. Jh.

Museen

Couven-Museum (Hühnermarkt 17). Das Museum residiert im Haus Monheim und dem auf der Rückseite daran angebauten Haus »Zum Lindenbaum«. Es informiert über die Wohnkultur des 18. und frühen 19. Jh. Gezeigt werden hauptsächlich Möbel, Vertäfelungen, Kaminaufsätze und Türen des Aachener und Lütticher Rokoko. Das Haus »Zum Lindenbaum« beherbergt eine Sammlung von Fliesen des 17.–19. Jh.

Neue Galerie – Sammlung Ludwig (Kurhausstr. 2). Teile der Sammlung zeitgenössischer Kunst des Aachener Industriellen Ludwig: Pop Art, Land Art, konzeptuelle Richtungen, Neuer Realismus, Magischer Realismus u. a.

● **Städtisches Suermondt-Ludwig-Museum** (Wilhelmstr. 18). Das Museum im Haus Cassalette zeigt griechische Keramik, Erzeugnisse der röm. Kunstindustrie, koptische Textilien, mittelalterl. Plastik und Kunstgewerbe des 12.–18. Jh., ferner historische und moderne Glasfenster.
Die Gemäldegalerie enthält deutsche und niederländische Malerei des 14.–18. Jh. (u. a. Derick Baegert, Lucas Cranach, Peter Paul Rubens, Jacob van Ruysdael) und Malerei des 20. Jh.

Das **Internationale Zeitungsmuseum** im »Großen Haus von Aachen« (Pontstr. 13) bietet eine Übersicht über die Geschichte der Presse vom 17.–20. Jh. in etwa 100000 Einzelausgaben.

AHAUS (Borken C2)

Schloß. Der prächtige, wasserumflossene Sommersitz der münsterischen Fürstbischöfe wurde 1689–97 von Ambrosius von Oelde gebaut und 1766 von Johann Conrad Schlaun an der Rückseite verändert. Die einheitliche Anlage hat ein Oberschloß, das mit seinen 2 vorkragenden Flügeln auf einer rechteckigen terrassierten Insel steht, und ein breit vorgelagertes Unterschloß. Die Hauptachse führt durch 3 Portale und über 2 Brücken, durch das Turmportal zwischen 2 Wachthäusern, dann in schöner Steigerung durch das reiche Säulen- und Nischenportal des Oberschlosses und schließlich über eine Freitreppe in den mit reich dekoriertem Giebel bekrönten Haupteingang des Herrenhauses. An der Parkseite Schlauns festlich-heiterer Mittelrisalit, davor führt eine doppelläufige Embarcadère, reich mit Vasen und Gittern geschmückt, zum Wasser hinunter. – Das Schloß, erstes Werk der Bauleidenschaft des Fürstbischofs Friedrich Christian v. Plettenberg, klärt die malerisch-zufälligen Baugruppen der älteren münsterländischen Wasserburgen zur großen Ordnung des Barocks. ●

Die Dekoration steht dem niederländisch-flämischen Klassizismus nahe. Die Ausstattung der Innenräume wurde im 2. Weltkrieg vernichtet. Neuausstattung mit Werken moderner Kunst, u. a. Plastiken von Hilde Schürk-Frisch und Gemälden von Clemens Wieschebrink.

Auf dem **Alten Friedhof** die Jakobsleiter, eine monumentale Steinplastik von Eugen Senge-Platten, Ehrenmal für die Opfer des Bombenkrieges.

AHLEN (Warendorf E3)

Der Ort wird z. Z. des hl. Liutger als bischöflicher Amtshof genannt. Die Stadt erhält im 12. Jh. Mauern, 1224 volles Stadtrecht. Aus der Ackerbürgerstadt entwickelt sich im 19. Jh. eine Industriegemeinde, in der Emaillierwerke und Steinkohlenzechen zu finden sind.

Kath. Pfarrkirche St. Bartholomäus. Im 9. Jh. gegründet. Die heutige Hallenkirche des 15. Jh. ist durch schöne Proportionen und sorgfältige Ausführung ausgezeichnet. In den 4 Jochen des 3schiffigen Langhauses werden die Kreuzrippengewölbe von

Ahaus. Schloß. Herrenhaus (zu S. 39)

schlichten Kelchkapitellen auf Rundpfeilern getragen. In den großen 3teiligen Fenstern Maßwerk mit Fischblasenmuster. Der Chor öffnet sich als schmales Joch mit einem 5seitigen Abschluß. Der W-Turm entstand 1815–19. Von der Innenausstattung verdient das Sakramentshäuschen von 1512 besondere Beachtung, ferner eine Doppelmadonna des 18. Jh.

ALTENA (Märkischer Kreis E5)

Die Stadt verdankt ihre Existenz der vorangehenden Burg der Grafen von Arnsberg, die sich 1125 hier niederließen. Ab 1160 ist Altena Sitz einer Seitenlinie des Geschlechtes, das sich Anfang des 13. Jh. Grafen von der Mark nennt. 1398 fällt die Grafschaft an Kleve, später an Jülich und Ravensberg, mit dem sie 1666 zu Brandenburg kommt. – Die Stadt, am Fuße des Burgberges, erhält 1367 Stadtrecht. Sie blüht als Ort der Eisenverarbeitung auf, wird im 16. und 17. Jh. von 6 Bränden heimgesucht, behält aber noch ihre Grundordnung von 3 Stadtteilen: der Freiheit, dem Mühlendorf und dem Stadtviertel Nette. Auch im 19. und 20. Jh. vom Gewerbefleiß der Kleineisenindustrie bestimmt, bewahrt sie das Bild einer sauberen, sich schön in das Lennetal lagernden sauerländischen Stadt.

Die **Burg** ist der Anlage nach ein Bau des 13. Jh. 1772 an die Stadt Altena verkauft, diente sie als Armen- und Waisenhaus und später als Gefängnis. 1906 erwarb der um die westfäl. Heimat hochverdiente Landrat Fritz Thomée den Bau für den märkischen Burgverein. Bis 1916 wurde die Burg nach Plänen von Georg Frentzen, Aachen, systematisch wiederausgebaut. Heute Jugendherberge (die erste der Welt) und **Museum der Grafschaft Mark.** In 18 Räumen, geprägt vom Charakter der wiederhergestellten Burg, bietet es eine in seiner Art vorbildliche Sammlung, die den Lebenskreis des märkischen Landes darstellt. Biologische und vorgeschichtliche, volkskundliche und kulturgeschichtliche Abteilungen geben einen Überblick über Natur, Wohnkultur und Kunst von den Anfängen bis zum 18. Jh. Die einzelnen Werke werden dem jeweiligen Wohnraum des Standes und der Zeit einbezogen.

ALTENBEKEN (Paderborn G3)

Der **Große Viadukt** beim Aufstieg zum Eggegebirge wurde für die 1853 eröffnete Bahnlinie zwischen Paderborn und Warburg über 24 Rundbögen gebaut. Bei Verzicht auf jede äußere Dekorierung beruht seine ästhetische Wirkung auf der gelungenen Proportionierung der funktionell notwendigen Bauteile. Eine moderne Kragplatte aus Beton ist der Tribut an seine Funktionsfähigkeit für eine 2gleisige elektrifizierte Hauptstrecke. – Der **Kleine Viadukt** weiter westlich ist in gleicher Weise gestaltet, ein 3. liegt zwischen Altenbeken und Warburg. *FM*

ANRÖCHTE (Soest F4)

Kath. Pfarrkirche St. Pankratius. Die Hallenkirche aus der Mitte des 13. Jh. entspricht dem Grafschafter Typ der westfäl. Hallenkirche (vgl. Plettenberg). Ihr Außenbau wird von dem gewaltigen W-Turm beherrscht, der sich an der S-Seite in einem rundbogigen, im Tympanon lediglich mit einer Dreipaßblende geschmückten Portal öffnet. 2 Obergeschosse werden von je 3 schmalen, gekuppelten Fenstern durchbrochen und gegliedert. Die 3 Schiffe des kurzen Langhauses faßt ein großes Satteldach einheitlich zusammen. – Das Innere erhebt sich über fast quadratischem Grundriß; die Seitenschiffe schrumpfen zu schmalen Gängen zusammen. Die monumentalen kuppeligen Kreuzgratgewölbe, die auf kreuzförmigen, mit vorgelegten Halbsäulen gegliederten und verstärkten Pfeilern ruhen, werden zu entscheidenden Faktoren der Raumbildung. Vom Gemeinde- zum Altarraum leitet ein nach O sich trapezförmig erweiterndes Zwischenjoch über, so daß die Grenze zwischen Langhaus und Chor überspielt wird. Die Seitenwände dieses Zwischenjoches schließen außen gerade, im Innern dagegen in halbrunden Apsiden, an die je eine kleinere schräggestellte O-Apsis anschließt (nur an der N-Seite erhalten). Das schmale Chorjoch hat eine halbrunde Apsis mit 3 eingetieften Nischen. Wie in Plettenberg ist hier in die westfäl. Spätromanik der Gedanke der rheinischen Dreikonchenchöre aufgenommen.

ARNSBERG (Hochsauerlandkreis E5)

Die Oberstadt liegt hoch auf einem langgestreckten Bergrücken, der von einer Schleife der Ruhr umflossen wird. An dem einen Ende des Rückens, dem Schloßberg, lag die Höhenburg, später das Schloß der erzbischöflichen Landesherren, auf dem anderen, dem Klosterberg, die 1173 gegründete, heute untergegangene Prämonstratenser-Abtei Wedinghausen. In der Mitte senkt sich das Gelände paßartig. Hier münden die Hauptwege zur Oberstadt auf dem Neumarkt. Dem Schloß gegenüber, auf dem jenseitigen Ufer der Ruhr, erhob sich auf noch steilerer Höhe die Burg der Edelherren von Rüdenberg (Alte Burg).
Der Ort wird 793 urkundlich zuerst erwähnt. 1077 baut Graf Konrad von Werl die Höhenburg »Arnesberga« auf dem von 3 Seiten durch die Ruhr geschützten, steil abfallenden Felsen. 1238 wird Arnsberg Stadt. Durch den Übergang an Köln wurde der Ort Mittelpunkt des kölnischen Herzogtums Westfalen. Arnsberg war Sitz der höchsten Berufungsstelle der Feme, seit 1437 der Hauptfreistuhl, das »Oberfeymgericht«. Ferner war die Stadt Vorort der Hanse. Die Zunft der Kaufleute führte den Namen »Seewicker« (Schleswiger), der die Richtung des Handels nach Norden und Nordosten anzeigt. 1600 brannte der größte Teil der Stadt ab. Durch den Wiener Kongreß kam Arnsberg mit dem übrigen Westfalen zu Preußen. Es wurde Sitz eines Regierungspräsidenten.

Kath. Propsteikirche St. Laurentius, ehem. Kirche der 1803 aufgehobenen Prämonstratenser-Abtei Wedinghausen
Der älteste Teil ist die roman. Turmanlage. 1253 wurde der frühgot. Chor mit seinen hohen, maßwerklosen Fenstern geweiht; er besteht aus einem Joch und der aus 5 Seiten des Achtecks gebildeten Apsis. Daran schließt sich die 3schiffige Halle, deren Gewölbe von hohen, teils runden, teils kantigen

Pfeilern getragen werden. Das dem Chor benachbarte Joch ist nach N querschiffartig erweitert und mit einer Maßwerkrose geschmückt.

Im Chor steht seit 1935 als Hochaltar das kunstvoll aus Alabaster und Marmor gefertigte *Epitaph des Landdrosten Kaspar von Fürstenberg* († 1618) im Frühbarockstil des Heinrich Gröninger. An der S-Wand der Kirche befinden sich das aufwendige hochbarocke Grabmal für Kaspars Sohn, den Landdrosten *Friedrich von Fürstenberg*, von Johann Mauritz Gröninger (um 1680) und die Grabtumba des gräflichen Paares *Heinrich und Ermengard von Arnsberg* aus der Mitte des 14. Jh. Die mit Heiligenfiguren reich besetzte Kanzel, 5 hl. Märtyrerfiguren auf Sockeln an den Langhauspfeilern in üppigstem Barock sowie 4 zierlich dekorierte Beichtstühle kamen nach Aufhebung des Klosters Grafschaft 1803 hierher. In der Taufkapelle ein schlichter Taufstein, ein überlebensgroßer Segnender Christus mit der Weltkugel aus Holz, neuere Arbeit, sowie eine große eichene, eisenbeschlagene spätgot. Stollentruhe.

Im S der Kirche einige ältere Gebäude der **Abtei,** die Prälatur von 1666, die gegenüberliegenden Gebäude von 1717. Abgeschlossen wird der Klosterbezirk durch das kunstvolle Sandsteintor im Rokokostil, das **Hirschberger Tor,** nach dem Entwurf des kurfürstlich-münsterischen Architekten Schlaun, mit Tiergruppen des Bildhauers Johann Christoph Manskirch. Das Bauwerk war das Einfahrtstor zu dem 1753 errichteten Jagdschloß Hirschberg des prunkliebenden und jagdbegeisterten Kurfürsten Clemens August. Nach Abbruch des Jagdschlosses wurde das Tor an seine jetzige Stelle versetzt.

Vom Kloster führt der Weg abwärts zum **Neumarkt.** Die zwischen ihm und der Abtei gelegenen Straßenzüge, Klostergasse und Königstraße, und der Neumarkt selbst atmen noch heute den schlicht vornehmen Geist des Bürgertums beim Beginn der preußischen Herrschaft. Den Ton gibt die **ev. Kirche** an, von dem Baubüro Schinkels in klassizist. Stil in Kreuzesform, mit schlichter Laterne über der Vierung, entworfen. Auf der Schmalseite das wohlproportionierte **Neue Rathaus,** an der Langseite das **Hotel Husemann.** Der geschlossene Eindruck dieses Platzes wird durch den zu hoch geratenen Neubau der Post gestört. Von Schinkel und aus seiner Schule stammen zahlreiche, sich vorzüglich in das einheitliche Bild dieses Stadtteils einpassende, schlichte, geputzte **Fachwerkbauten** von feiner Aufteilung und Gliederung, z. T. noch mit doppelläufigen Treppenaufgängen. Ebenso schlicht und streng gegliedert sind das **Amtsgericht** und das jenseits der Ruhr gelegene **Landgericht.**

Vom Neumarkt führt der Steinweg, auf dem Kamm des Bergrückens durch die Hauptgeschäftsgegend ansteigend, zur Altstadt mit dem Alten Markt. Die Altstadt bietet mit ihren malerischen Ecken und Winkeln, den steil nach den Seiten abfallenden Gäßchen, den vielen älteren Bauten verschiedener Stilperioden einen schönen Anblick. Nach oben wird der Alte Markt durch den mächtigen **Glockenturm der Stadtbefestigung** und die von malerischen Häusern umstellte **kath. Stadtkapelle St. Georg** in der Oberstadt abgeschlossen. Das Kirchlein, ein 3jochiger Hallenbau des 14. Jh., enthält gute Barockaltäre von 1667.

Das **Alte Rathaus** von 1710 mit einem mächtigen abgetreppten Dach und turmartigen, vergitterten Anbauten steht auf dem Alten Markt. In einer vergitterten Nische des Gebäudes ist ein Muttergottesbild des 15. Jh. aufgestellt. Mitten auf dem Platze erhebt sich der 1779 erbaute **Marktbrunnen** mit einem Sandstein-Obelisken im Zopfstil mit wasserspeienden Gesichtsmasken, ein Geschenk des Kurfürsten Maximilian Friedrich (der seiner anderen Hauptstadt Bonn einen gleichen Brunnen stiftete). Dem Alten Rathaus gegenüber, durch einen Hof vom Platz getrennt, der **Landsberger Hof,** in der jetzigen Form nach den Bränden von 1741 und 1856. Durch einige Stufen abwärts, vom Inneren aus betretbar, erreicht man die ehem. **Hauskapelle,** einen Rundbau mit Altarnische, hölzerner Wendeltreppe, eisenbeschlagener Zugangstür und mit mehrfarbigem, rautenförmig geschachteltem Fußbodenbelag. Im Landsberger Hof ist seit 1937 das **Sauerländer Heimatmuseum** eingerichtet, das u. a. im Kurfürstensaal Gemälde der Landesherren von 1532–1802 besitzt.

Durch das spitzbogige Tor des Glockenturmes führt der Weg vor die Stadtmauer zum Platze des ehem. Oberfreistuhles der Feme und weiter aufwärts zum **Schloßberg,** heute nur noch eine – freilich imposante – Ruinenstätte von Bauteilen der festen Grafenburg und des kurfürstlichen Lustschlosses mit Wehrmauer und 2 weiten Binnenhöfen.

Herdringen (E5)

● Burg und Schloß

Das Schloß ist Stammsitz der Grafen von Fürstenberg, die ursprünglich ihre Burg auf dem Fürstenberg oberhalb der Stadt Neheim hatten. Fürstbischof Theodor v. Fürstenberg erwarb die Burg Herdringen 1618 für seinen Neffen Friedrich v. Fürstenberg. Sie sollte als weiträumige barocke Anlage neu gebaut werden.

Ausgeführt ist allein die **Unterburg,** die 1723, möglicherweise nach Entwürfen des Ambrosius von Oelde, vollendet worden ist. – Das **Schloß** ist ein bemerkenswertes Zeugnis der Neogotik des 19. Jh., 1848–52 von E. Fr. Zwirner in Anlehnung an die englische Gotik errichtet.

Wertvoll auch Bernhard Rincklakes Ausstattung und die von Schloß Schnellenberg bei Attendorn nach hier übertragenen Raumdekorationen. Diese Stuckdecken, Wandmalereien, Ledertapeten und Wandvertäfelungen gehören zum Glanzvollsten, das der barocken Dekoration Westfalens gelang.

Mit der Innenausstattung des Schlosses kamen die wertvollen Sammlungen des Hauses Fürstenberg nach Herdringen. Die *Gemäldesammlung*

Arnsberg. Herdringen. Schloß

zeigt Werke des Ludger tom Ring, des Jacob von Utrecht und anderer niederländischer Meister. In der *Bibliothek* finden wir wertvolle Buchmalereien des 13. und 14. Jh. und Inkunabeldrucke des 15. Jh. Höhepunkt der Sammlungen ist der *Silberschatz* aus der Burgkapelle von Schloß Schnellenberg. Er enthält eine vollständige Altarausstattung, die Anton Eisenhoit, einer der bedeutendsten Silberschmiede des 16. Jh., um 1589 für den Fürstbischof Theodor v. Fürstenberg fertigte. Der Barock klingt in der Architektur noch einmal auf im **Gartenhaus,** das gleich der Unterburg Ambrosius von Oelde zugeschrieben wird.

Oelinghausen (E5)

Ehem. Prämonstratenserinnenkloster, jetzt **Kloster der Mariannhiller Missionare**

Von den Klostergebäuden des 1804 säkularisierten Konventes haben sich nur 2 Wirtschaftstrakte aus dem 18. Jh. erhalten.

Die **kath. Kloster-, Pfarr- und Wallfahrtskirche St. Peter** ist ein kreuzrippengewölbter Saalraum aus dem späteren 14. Jh.; die ehem. Nonnenempore übergreift 5 der insgesamt 9 Joche. Der große Dachreiter entstand im 16. Jh. – Die Ausstattung stammt hauptsächlich aus dem Anfang des 18. Jh.: den Hochaltar (1712) und die Apostelfiguren an den Wänden schuf Wilhelm Splithofen, der Orgelprospekt entstand 1714–17. Das Gnadenbild ist eine spätroman. Muttergottesstatue, das Kind eine moderne Ergänzung. – Südlich des Chores die **Sakristei,** ein frühgot. Kapellenraum mit weitgehend originaler Architekturfassung des 13. Jh.: grüne Quadermalerei mit weißen Fugen an Fenstern und Gurtbögen, 1974/75 wiederhergestellt.

ASCHEBERG (Coesfeld D3)

Herbern (E3)

Schloß Westerwinkel. An Stelle der alten Wehrburg entstand 1663–68 die prächtige, heute in einem englischen Landschaftspark gelegene Wasserburg. 4 langgestreckte 2geschossige Flügel über einem Kellergeschoß umgeben einen rechteckigen Hof. 4 kräftige, weit in die Gräfte vorspringende Ecktürme tragen barocke Hauben, die sich in Traufhöhe mit den Satteldächern der Flügel berühren. 2 umlaufende Gesimse über und unter den Fenstern des Hauptgeschosses gliedern die langen Flächen. Im NW steht das Torhaus von 1663; es kragt an der NW-Ecke mit einem Turmbau weit vor, dem ursprünglich ein 2. an der NO-Ecke entsprach. Der Mittelbau springt hufeisenförmig bis zu dem Eckturm vor. Eine doppelte Gräfte (Wasserring) umschließt die Anlage; der innere Graben umgibt nur das Herrenhaus, an 3 Seiten folgt ein wohlerhaltener Wall mit Eckrondellen; der 2. Wasserring umschließt das Herrenhaus und die gesamte Vorburganlage. Der Eingang zum Schloß ist nur über die Brücke der Vorburg möglich und von dort über eine 2. Brücke durch eine Toreinfahrt in den Hof. Fortifikatorische Gesichtspunkte sind also auch bei diesem späten Bau durchaus noch berücksichtigt.

ATTENDORN (Olpe E6)

Hof und Kirche werden 1072 genannt, 1222 die Stadtrechte verliehen. Im 14. und 15. Jh. stehen Handel und Gewerbe in Blüte. Ein Brand zerstört 1656 die halbe Stadt, deren Befestigungen 1812 bis auf 2 Türme geschleift werden. Im 2. Weltkrieg größere Schäden, u. a. Verlust der ehem. Franziskanerkirche.

Kath. Pfarrkirche St. Johannes Baptist. Die Stadtkirche ist eine got. Halle aus der 2. Hälfte des 14. Jh. Vom roman. Vorgängerbau blieb der quadratische W-Turm erhalten, den Lisenen und Rundbogenfriese gliedern und ein barocker, nach seiner Zerstörung erneuerter Helm bekrönt. Das 3schiffige Langhaus hat 6 Joche, von denen die beiden östlichen breiter sind und querschiffähnlich vorragen. Der 1jochige mittelschiffsbreite Chor schließt 5seitig; beiderseits Sakristeibauten. Die spitzbogigen Maßwerkfenster sind 2-, 3- und 4teilig; über ihnen schmücken je 2 vertiefte Rosetten mit Vierpaß die Außenwände des Langhauses. Im Inneren tragen hohe Rundpfeiler und rechteckig vorspringende Wandpfeiler auf schlichtem Kämpfergesims die Gurt- und Kreuzrippen der einfachen Gewölbe. – Zur Ausstattung zählen 2 barocke Seiten-

Arnsberg. Herdringen. Schloß. Anton Eisenhoit: Buchdeckel (zu S. 45)

altäre vom Ende des 17. und aus dem Anfang des 18. Jh., die Kanzel mit reichem Figurenschmuck, Anfang 18. Jh., und ein Werk des Bildhauers Johann Sasse aus Attendorn, ein beachtliches Vesperbild, um 1400, und 4 Barockplastiken aus dem früheren Kloster Grafschaft (die hll. Nikolaus, Anno, Georg und Alexander), 1754.

Kath. Hospitalkirche St. Barbara. Der heutige Bau ist eine Saalkirche des 17. Jh., 1697 und 1726 erweitert. Ausstattung: Hochaltar, 2. Viertel des 18. Jh., mit Bild des Kalvarienberges nach Rubens. Christus in der Rast, Plastik, 2. Viertel des 18. Jh., 12 Apostel auf Konsolen, 1697–99. Klassizist. Chorstühle und Wandverkleidungen um 1800.

● **Altes Rathaus,** heute **Kreisheimatmuseum** (Alter Markt 1). Eines der ältesten und größten Rathäuser in Westfalen. Nach der Mitte des 14. Jh. erbaut, im 18. und 19. Jh. verändert und umgebaut. 1962–64 wurde das urspr. Erscheinungsbild wiederhergestellt: Großer Bau mit Staffelgiebel, aus Bruchstein errichtet, mit Werksteindetails in Soester Grünsandstein. Arkaden im Erdgeschoß, ehem. Kaufhalle.

In der Nähe, am Berghang, die **Burg Schnellenberg,** eine der wenigen noch erhaltenen, streng symmetrisch angelegten, durch tiefe Gräben geschützten Höhenburgen des 17. Jh. – In der Hauptburg stammen der Torturm und Mauerteile der Gebäude von etwa 1300. Umbau der Hauptburg zwischen 1596 und 1606 wohl durch Meister Adam aus Paderborn. Im Obergeschoß des Torturmes die **Kapelle** mit manierist. Ausstattung durch Johann Hocheisen und Hans Mildenberger. Bauherr war Kaspar v. Fürstenberg. (Für diese Kapelle entstand das Silbergerät des Anton Eisenhoit, eines der bedeutendsten der deutschen Renaissance; es befindet sich jetzt in Schloß Herdringen, → Arnsberg.) Umbauten in der Hauptburg Mitte des 17. Jh., vor allem seit 1686, wahrscheinlich durch Ambrosius von Oelde, der wohl auch den Entwurf für die Vorburg geliefert hat (1687–94). Neudekoration vieler Innenräume bis 1704; Restaurierung und Ausbau in den 1950er Jahren.

BALVE (Märkischer Kreis E5)

● **Kath. Pfarrkirche St. Blasius**

Querhaus und Chor entstanden im letzten Viertel des 12. Jh., die 3jochige Halle und der W-Turm im 2. Viertel des 13. Jh. Ein zu groß bemessener neuroman. Anbau (1910) beeinträchtigt die Raumwirkung.

Der Bau gehört zu den westfäl. Hallenkirchen des Grafschafter Typus. Inneres: das Mittelschiff liegt unter kuppeligen Gewölben, während die Seitenschiffe quergestellte Tonnen haben; schwere quadratische Pfeiler mit halbrunden Vorlagen betonen die Funktion des Tragens. Das Querschiff greift nur wenig aus und tritt kaum als eigener Bauteil in Erscheinung. Der Chor hat ein schmales, tonnengewölbtes Vorjoch und eine halbrunde Apsis. Bauornamentik und jegliche kleinteilige Gliederung fehlen. Dieser Verzicht auf Details bewirkt den Eindruck außerordentlicher Kraft der Architektur im Inneren des Baues.

Wandmalereien aus der Mitte des 13. Jh. im Chor zeigen Christus in der Mandelglorie zwischen Heiligen (Apsisgewölbe). 1434 wurden die Apostel der Fensterzone z. T. übermalt, die Chorwände erhielten Bilder Christi und der Apostel (1915 stark restauriert). Im Langhaus wurde 1965 die Architekturbemalung nach alten Spuren des 12./13. Jh. erneuert.

Das Äußere entspricht der schlichten Monumentalität des Inneren. Die Türen, an den Seiten angebracht, wie bei Hallenkirchen üblich, wurden zu Stätten einer schüchtern gepflegten Plastik. Am qualitätvollsten das Tympanon, das Christus in der von Engeln getragenen Mandorla zeigt, Anfang des 13. Jh. (jetzt am Turm).

Südlich der Kirche die Grablege der Grafen Landsberg-Velen, das sog. **Wocklumer Mausoleum,** ein kleiner, rundum vergitterter Pavillon von 1704 mit Freisäulen an den Ecken und verschieferter Schweifhaube. *FM*

Wocklum (E5)

Luisenhütte. Der einzige erhaltene Holzkohle-Hochofen aus dem 19. Jh. in Nordrhein-Westfalen. Gebäude vor 1758. Umbauten und Erneuerungen 1833/34 und 1854. Die technische Ausstattung ist im Entwicklungsstand der Jahrhundertwende erhalten: ein Hochofen mit einem durch eine stehende Dampfmaschine angetriebenen Kolbengebläse und einem durch Gichtgas geheiztem Winderhitzer. – Die Anlage war nach der Eröffnung der Ruhr-Sieg-Bahn als Holzkohle-Hochofen nicht mehr konkurrenzfähig und wurde 1865 stillgelegt. Sie ist als Schauobjekt für die Öffentlichkeit zugänglich. *HB*

BARNTRUP (Lippe H2)

Schloß (v. Kerssenbrock), erbaut 1584–88 durch Eberhard Wilkening. Erster Bau in den reichen Zierformen der späten Weser-Renaissance, wie sie später für die Bauten in Hameln und Umgebung charakteristisch wurden. 3 Türme an den Ecken, ein 4. als Treppenturm an die Front gerückt, mit aufwendigem Portal.

Sonneborn (H2)

Kleine **ref. Dorfkirche** mit stämmigem roman. W-Turm aus der Mitte des 12. Jh. und frühgot. Schiff und Chor um 1300. Merkwürdig ist das auf den Ortsnamen zu beziehende Sonnensymbol über der N-Tür, ein roman. Flachrelief des 12. Jh. Die neuerdings freigelegten *Wandmalereien* aus der Zeit um 1565 sind als seltene Illustrationen zum lutherischen Katechismus beachtenswert. An den Wänden des Schiffes sind Verstöße gegen die 10 Gebote dargestellt, an den Gewölbezwickeln 12 Szenen der Leidensgeschichte Christi, im Chor die weniger gut erhaltenen Bilder zum Vaterunser.

BECKUM (Warendorf E3)

Südwestlich der Stadt wurden 2 Gräberfelder des 6.–8. Jh. ergraben, 1959 ein sächsisches Fürstengrab (7. Jh.) mit 6 Pferden. Urkundlich genannt wird der Ort im 12. Jh. Zu Beginn des 13. Jh. erhält er Stadtrecht und Befestigung (1770–1820 geschleift). Die Ackerbürgerstadt entwickelt sich im 20. Jh. zu einem Zentrum der westfäl. Zementindustrie.

Kath. Propsteikirche St. Stephanus und Sebastian
Die Hallenkirche, am Ende des 13. Jh. begonnen mit den wohl 1342 vollendeten Chor- und Querhauspartien und insgesamt erst 1526 zu Ende geführt, steht auf dem Platz eines roman. Bauwerkes, dessen W-Turm sie übernahm. Das letzte Joch des Langhauses hat im O einen Quergiebel, Zeichen eines gescheiterten Versuchs, den Seitenschiffen die üblichen Giebelreihen westfäl. Hallenkirchen zu geben. In den Fenstern fällt das Maßwerk durch präzisen Steinschnitt und Reichtum der Formen auf. – Im I n n e r n erweist sich das 40 m lange Gemeindehaus als eine weite durchsichtige Halle mit 4 quadratischen Gewölbejochen im Mittelschiff. Schlanke Rundpfeiler tragen auf flachen Kapitellen die Kreuzrippengewölbe. Dem Chor schließt sich an der N-Seite eine 2geschossige Sakristei an.

Reste der *Bauplastik* haben sich am N-Portal erhalten, das durch einen Umbau verdorben wurde. Die Rosette und das Madonnenstandbild des 14. Jh. aus dem Tympanon, jetzt im Inneren, wie die Reliefs mit den Hll. 3 Königen und Christus als Weltenrichter vor den Strebepfeilern.

Die Kirche erhielt eine ungewöhnliche reiche A u s s t a t t u n g. Der *Taufstein* (Mitte des 13. Jh.) trägt an den Wandungen des 8seitigen steinernen Beckens pilastergerahmte figürliche Darstellungen: Taufe Christi, Christus als Weltenrichter und die 12 Apostel. Ein weiteres
● bedeutendes Werk der Ausstattung ist der *Schrein der hl. Prudentia.* Der Schrein besteht aus einem Holzkern, der mit getriebenem Silber überzogen, dann vergoldet und mit Filigranmustern, Edelsteinen, Niel-

loscheiben und Inschriften geschmückt ist. Schöne Doppelsäulen, die kleeblattförmige Bogen tragen, umziehen das Gehäuse, das von einem Satteldach überdeckt wird. In den Arkaden stehen Christus, die Muttergottes und die 12 Apostel. Der ursprünglich den hll. Sebastian und Fabian gewidmete Schrein kommt in Aufbau und Qualität den großen Schreinen von Köln und Aachen nahe, entfaltet aber westfäl. Eigenständigkeit vor allem in der lebensvollen Körperlichkeit der plastischen Gestalten. Er wurde von Beckumer Bürgern um 1230 gestiftet. Als seine Meister werden Renfried, Hermann und Siegfried genannt.

Rathaus. Das got. Bauwerk vom Anfang des 16. Jh., 1879 neugot. umgebaut, 1937 vereinfachend überarbeitet, öffnet sich im Erdgeschoß in einer 5teiligen Bogenhalle. Die einfache Fassade klingt aus in einem gut gegliederten Treppengiebel, den Fialen und Standbilder der hll. Sebastian und Fabian krönten (Statuen jetzt im Inneren des Rathauses).

BEDBURG (Erftkreis B6)

Wasserschloß ●

Die Burg in der Erftniederung war kölnisches Lehen, 893 als »Betbure« im Güterverzeichnis der Abtei Prüm bereits genannt. Im Kampf zwischen Kurköln und Jülich stand sie auf der Seite der Jülicher Grafen. Erzbischof Konrad von Hochstaden eroberte die Burg 1240, ein zweites Mal Erzbischof Siegfried 1278. Dieser belehnte 1291 den Grafen Johann I. von Reifferscheid mit der Burg, die durch Erbfolge 1403 an die Grafen von Neuenahr fiel und bis 1588 in deren Besitz blieb. Im Truchsessischen Kriege eroberte und zerstörte sie Herzog Ferdinand von Bayern 1584. 1588 erhielt sie Graf Werner v. Salm-Reifferscheid zu Lehen, »weil seine Vorfahren seit unvordenklichen Zeiten die Herrschaft über sie inne gehabt hatten«. Im 30jährigen Krieg und in napoleonischer Zeit hatte die Burg schwer zu leiden. 1842–1922 war sie Rheinische Ritterakademie und seitdem Eigentum der Gewerkschaft »Union«. 1922–26 wurde der stark vernachlässigte Bau planmäßig wiederhergestellt. Die Schäden des 2. Weltkrieges sind ausgeglichen.

Der vor uns stehende imposante Bau vereint Teile des 14., 15. und 16. Jh. zu einer harmonischen Einheit. Bedburg war eine der frühesten Backsteinburgen des Rheinlandes. Die beiden nordwestl. Rundtürme entstammen einem Bau, der um 1300 errichtet wurde. Die 2 sich ihnen anschließenden Flügel wurden um 1340 erbaut. Werner v. Salm-Reifferscheid ließ den S-Trakt um 1590 in den Formen der Renaissance umgestalten. Die Bautätigkeit beschloß um 1600 der große O-Eckbau mit seinen hohen Schmuckgiebeln. Die beiden 1590 eingeschobenen Treppenhäuser mit ihren geraden Läufen gehören zu den frühen Leistungen des Treppenbaues. Eine architektonische Kostbarkeit hohen Ranges sind die 2geschossigen Säulen-

Bedburg-Hau. Till-Moyland. Schloß Moyland

arkaden, die den Innenhof an 2 Seiten umlaufen. Sie wurden 1550–88 gebaut. In edlen, klassisch schönen Proportionen bringen sie Formen der norditalienischen Renaissance in die Landschaft des Niederrheins. Die offenen Arkaden wurden im 19. Jh. vermauert und 1924–26 wieder geöffnet. Dabei baute man in jede Arkade eine doppelsäulige Hilfskonstruktion ein und bekleidete sie mit Keramik. Das Neue fügt sich architektonisch glücklich zum Alten.

BEDBURG-HAU (Kleve A3)

Till-Moyland (A3)

Die **kath. Pfarrkirche St. Vinzentius,** ein Bau des späteren 15. Jh., ist sehenswert vor allem wegen der einheitlichen neugot. Ausstattung, die Friedrich v. Schmidt anläßlich einer Restaurierung im Jahre 1850 schuf.

● **Schloß Moyland.** Noch als Ruine eindrucksvoll ist der Vierflügelbau des 15. Jh., ein Backsteinkastell von niederländischem Typus, das Ernst Friedrich Zwirner mit Zinnen und Spitzhelmen 1854 im neugot. Geschmack umgeformt hatte. Die vorzügliche Architektur erlitt 1944/45 und nochmals 1956 schwere Brandschäden.

BERGHEIM (Erftkreis B6)

Kath. Pfarrkirche St. Remigius, auf dem Berg außerhalb des Städtchens. Die roman. gewölbte Pfeilerbasilika mit Querschiff, quadratischem Chor, halbrundem Chorabschluß, 2 flankierenden Chortürmen und einem vorgesetzten W-Turm wurde 1175 geweiht. Davon sind das Querschiff, der halbrunde Chor und die beiden den Chor flankierenden Türme erhalten. Gegen Ende des 15. Jh. wurde das roman. Langhaus durch eine 3schiffige Stufenhalle ersetzt. Der W-Turm wurde 1758 auf den alten Fundamenten neu errichtet und im 19. Jh. von E. Fr. Zwirner erhöht. Von 1873 stammen die westl. Joche der Seitenschiffe und die 5seitige Gnadenkapelle. Der aus roman. und got. Teilen zusammengesetzte Bau bietet einen stattlichen Anblick. Die Joche der Seitenschiffe, die im Innern etwas niedriger sind als das Mittelschiff, tragen quergestellte Walmdächer.

Ein bedeutendes Werk der niederrheinischen Plastik der 1. Hälfte des 15. Jh. ist das monumentale holzgeschnitzte *Triumphkreuz* hinter dem Hochaltar. Weitere Skulpturen aus dem 16. und 18. Jh. – Außen, vor dem Chor, *hl. Sebastian*, Bronze, von G. Marcks, 1952.

Merkwürdigerweise befand sich die Pfarrkirche stets außerhalb der Stadtmauern. In der Stadt selbst lag nur die **kath. Georgskapelle** von 1550.

Außer einigen **Giebelhäusern** aus dem 16. und 17. Jh. sind große Teile der **Stadtbefestigung** des 14. Jh., vor allem das **Aachener Tor,** erhalten.

Horrem (B6)

Schloß Frens ●

Das Schloß, 1263 als castrum Vrenze genannt, war Stammsitz des Edelgeschlechtes von Frentz, das im 14. Jh. ausstarb. Es kam 1347 an die Kölner Patrizierfamilie Raitz, die sich danach Raitz von Frentz nannte.

Das Schloß, in seiner Gesamtanlage dem 15. Jh. angehörig, in seinem Aussehen aber vom Umbau des 16. Jh. bestimmt, steht von der Vorburg abgesondert inmitten eines Weihers, nur über eine Brücke zugänglich. Es bildet ein längliches Rechteck um einen Hof, entfaltet in der Ende des 17. Jh. ausgebauten Schauseite großen Reichtum und nimmt in der Renaissance-Architektur des Rheinlandes einen hohen Rang ein, obgleich viele Einzelzüge des Renaissance-Charakters erst einer historisierenden Erneuerung 1838–50 zu verdanken sind. Dem etwas kleineren, doch um so prächtigeren Mittelbau entsprechen

Bergisch-Gladbach. Bensberg. Rathaus und neues Schloß

symmetrisch die prunkvollen Giebelseiten des N- und S-Flügels, von gewichtigen Ecktürmen flankiert. Im Hof steht der Eingangsseite gegenüber vor einer reichen Wanddekoration ein Renaissance-Brunnen. Das Innere enthält im Erdgeschoß einige Räume mit spätbarocken Stuckdecken. – Die **Vorburg** ist im wesentlichen ein Neubau um 1850. Das rundbogige Außentor stammt vom Ende des 17. Jh.

BERGISCH-GLADBACH (Rheinisch-Bergischer Kreis C6)

Bensberg (C6)

Der Name »Bensberc« (1139) bezeichnet vielleicht eine Bannburg, die als königliche Villa bereits in karoling. Zeit den Mittelpunkt ausgedehnter Waldungen – Frankenforst und Königsforst – bildete.

Die **alte Burg** der Grafen von Berg auf einer westl. Randhöhe des Bergischen Landes war ein Lieblingsaufenthalt der Landesherren und seit dem 13. Jh. häufig bergischer Witwensitz. Nach mehrfachen, teilweise erfolgreichen Belagerungen wurde die Burg wiederholt neu befestigt und erweitert. Seit dem 17. Jh., besonders nach der Erbauung des neuen Schlosses, rascher Verfall. Der 5eckige Bergfried und ein kleiner Turm stammen in ihrem Kern noch von der Gründungsanlage des

12. Jh.; Teile der Umfassungsmauern und das Türmchen neben der Toreinfahrt sind ebenfalls romanisch.

Das **Rathaus,** 1963–67 von Gottfried Böhm, bezieht baulich und formal die Reste der Alten Burg in einen Baukomplex ein, der mit seinem unregelmäßig ovalen Grundriß der Form des Burghügels folgt. Der stufenförmig ansteigende, in einem Turm gipfelnde Neubau nimmt in seinem Äußeren direkt Bezug auf die Burggebäude mit dem herausragenden Bergfried. ●

Neues Schloß

Da dem Kurfürsten Johann Wilhelm von der Pfalz die alte Burg zu klein und unbequem erschien, ließ er nördlich davon auf einer Höhe, von der man einen freien Blick in die Weite der Rheinebene mit Köln hat, 1700–16 eine glänzende Anlage als »Retraite de chasse« errichten.

Baumeister war der kurfürstliche Oberbaudirektor Graf Matteo Alberti aus Venedig, von dem auch die Ideenskizze zu einer neuen riesigen Residenz in Heidelberg herrührt. Neben französ. und niederländischen Malern und Stukkateuren schufen vor allem Italiener wie Pellegrini, Zanetti, Bellucci und Ricco die innere, nach des Kurfürsten Tod nie ganz vollendete Ausgestaltung. Unter den Nachfolgern »Jan Wellems« stand das Schloß zumeist leer und verödete; die Ausstattungsstücke gelangten über Düsseldorf nach München. Seit 1793 wurde das Schloß nacheinander von den Österreichern, Franzosen und zuletzt von den Preußen als Militärlazarett benutzt, schließlich 1838–40 als preußische Kadettenanstalt (bis 1918) eingerichtet. Ohne Rücksicht auf historische und künstlerische Werte gestaltete der Garnison-Baudirektor den Bau für die neuen Zwecke erbarmungslos um. Die jüngste Instandsetzung 1933–37 (nach einem Brand) konnte einiges wiedergutmachen. Gegenwärtig Internat.

Bauherr und Architekt hatten bei der Planung das Versailles des Sonnenkönigs als Vorbild vor Augen, in der Fassadendetaillierung dagegen folgte Alberti italienischen Prinzipien. Als Baumaterial wählte er (ursprünglich weiß geschlämmten) Backstein und grauen Werkstein für die flachen Gliederungen. Die sehr weitläufige, symmetrische Anlage hat ein 3½geschossiges Corps de logis mit gestaffeltem Mittelrisalit an der Rückseite, das einen beherrschenden Kuppelturm und auf den einspringenden Eckbauten laternenbekrönte Dachkuppeln trägt. Daran stoßen im rechten Winkel 2 Flügel an – gleichfalls mit laternenüberhöhten Dachkuppeln auf den Kopfenden –, die einen Cour d'honneur von 40 m Breite und 20 m Tiefe bilden. Nach außen gestaffelt folgen 2 weitere 2½stöckige Flügel. Diese begleiten mit einst offenen, jetzt verglasten loggienartigen Galerien einen 75 × 100 m großen Außenhof (Place d'armes). Wiederum ausspringend folgen gesondert lange, nüchterne 2stöckige Zweckbauten von 1838, an deren Stelle ehemals 1geschossige

Pavillons mit Mansarddächern standen. Die Einfahrt zum Schloßhof, dessen vorderer Teil als Terrasse über hohen Futtermauern angelegt ist, wird von 2 preußischen Wachhäusern flankiert. – Im Corps de logis sind noch einige ausgezeichnete Stuckdekorationen, in den Kuppeln der einstigen Treppenhäuser ebenfalls hervorragende Ölgemälde erhalten; im nördlichen: Sturz des Phaethon von Antonio Pellegrini, im südlichen: Sturz der Giganten von Domenichino Zanetti. In feiner Stuckmodellierung sind auch die Jagdszenen, Tierdarstellungen und Büsten der beiden Durchfahrten und der südl. Arkadengalerie gegeben.

Das **Bürgerhaus »Bergischer Löwe«** (Marienplatz), 1975–80 von Gottfried Böhm und Hans Linder, vereinigt in einer differenzierten Baugruppe Räumlichkeiten für Theater, Restaurants, Geschäfte u. ä.; einbezogen ist ein ehem. Hotelgebäude aus der Zeit um 1900.

Das **»Türmchenhaus«** (Burggraben 17–19), ein Bruchsteinbau des 16. Jh. mit einem Fachwerkanbau dient als **Heimatmuseum** (vor- und frühgeschichtliche, volkskundliche und geologisch-mineralogische Schausammlungen).

Auf einer bewaldeten Höhe unweit des Neuen Schlosses befindet sich die **Erdenburg,** eine ovale germanische Ringwall-Anlage (230 × 165 m) des 1. vorchristlichen Jh. mit einer 3fachen Umwehrung aus Wällen (stellenweise noch bis zu 4 m hoch) und Gräben. Das Modell einer Toranlage (nach Grabungsbefund) im Heimatmuseum.

Refrath (C6)

Alte kath. Pfarrkirche, sog. **Taufkirche St. Johann Baptist,** die frühere, im 9. Jh. gegründete Missions- und Pfarrkirche von Bensberg. Der gedrungene W-Turm, das Chorrechteck und die Apsis gehören dem 11./12. Jh. an. Die Apostel der Chorausmalung stammen aus der 2. Hälfte des 15. Jh.

Gottfried Böhm errichtete 1965–68 das **Kinder- und Jugenddorf Bethanien** der Dominikanerinnen, im SW des Ortskerns gelegen. Die offene Anlage besteht aus einer Folge locker miteinander verbundener Familienhäuser, die sich in weitem Ring um den Klosterbau sowie einen Verwaltungs- und Einkaufstrakt gruppiert und die Kirche zum Mittelpunkt hat.

Schildgen (C6)

● **Kath. Pfarrkirche Herz Jesu.** Der erste Anblick dieses Baukomplexes, der 1957–60 von Gottfried Böhm in Gußbeton errichtet wurde, weckt Erinnerungen an Moschee-Anlagen: Ein

Bergisch-Gladbach. Schildgen. Kath. Pfarrkirche Herz Jesu

Vorhof mit freistehendem Glockenturm und einem verglasten Brunnen ist der Kirche vorgelagert; sie sind durch eine hohe Schildmauer von der Straße abgeschirmt. Der Glockenturm trägt einen steilen Kegelhelm, ebenso die Figurennische über dem Eingang. Weitere Kegeldächer, die Altarbaldachin, Taufkapelle und Beichtkapellen bekrönen, lugen über die Mauer. Der Kirchenraum wird von der vom Tageslicht hell erleuchteten Altarinsel bestimmt. Die Plastiken stammen von Th. Heiermann, die Glasfenster von R. Rexhausen.

BERGNEUSTADT (Oberbergischer Kreis DE6)

Wiedenest (E6)

Ev. Pfarrkirche. 3schiffige Pfeilerbasilika aus dem frühen 12. Jh. mit W-Turm; Querhaus und Chor aus der Mitte des 15. Jh. Die Seitenschiffe waren bereits im 12. Jh. eingewölbt, das 2jochige Mittelschiff erhielt im 13. Jh. ein Kreuzgratgewölbe. – Ebenfalls im 13. Jh. wurde das Langhaus freskiert, Querschiff und Chor in der 2. Hälfte des 15. Jh. Alle *Wandmalereien* 1962 restauriert. – Die Kirche in Wiedenest gehört zur

Gruppe der »bunten Kirchen«; andere Beispiele sind in Lieberhausen (→ Gummersbach), Müllenbach (→ Marienheide) und Marienberghausen (→ Nümbrecht) erhalten.

Bad BERLEBURG (Siegen F6)

Die Stadt wurde um 1258 auf dem Boden des Klosters Grafschaft gegründet. Sie gehörte den hier ebenfalls begüterten Grafen von Wittgenstein seit 1322 allein, gelangte dann 1358 an die Grafen von Sayn-Sponheim, die 1792 Reichsfürsten wurden. In der Reformationszeit war Berleburg ein Zentrum des ref. Bekenntnisses, das Caspar Olevanus theologisch festigte. Unter Graf Casimir (1712–41) fanden die Pietisten und verwandte Gruppen Zuflucht im Lande. Der Graf verfaßte mit theologischer Hilfe eine 8bändige Bibelübersetzung mit Kommentar, die in Berleburg gedruckt wurde. 1825 zerstörte ein Brand fast die gesamte alte Stadt.

Schloß (Wohnsitz der Fürsten zu Sayn-Wittgenstein-Berleburg). Alte Höhenburg des 13. Jh. Der N-Flügel der heutigen großen, nach O sich öffnenden Dreiflügelanlage stammt aus dem 16. Jh., Baumeister des Mittelflügels 1731–33 war wahrscheinlich J. Rothweil. Der Umbau von 1912 (Fr. v. Thiersch) fügte die Flankentürme hinzu und veränderte Treppenhaus und Musiksaal. Prächtige Stuckarbeiten von C. M. Pozzi und J. B. Wicko. – Kunstsammlung und Bibliothek. – Im N-Teil des Gartens beachtliches **Lusthaus,** 1. Hälfte 18. Jh.

Am Eingang zur Stadt liegt die **Ludwigsburg,** ein ansehnlicher, ehemals herrschaftlicher Fachwerkbau, 1707–09 (1760 erweitert).

Wittgensteiner Heimathaus (Goetheplatz 2). Bürgerliche und ländliche Kultur. Dokumentation über den Wittgensteiner Rechtsgelehrten Johannes Althusius (1557–1638).

BIELEFELD (FG2/3)

Der in der 1. Hälfte des 11. Jh. erstmals genannte Ort verdankt seine Entwicklung zum guten Teil seiner Lage an der wichtigen Paßstraße durch den Osning (Teutoburger Wald). Von den Grafen von Ravensberg wurde um 1210 die Altstadt, gegen 1280 die Neustadt gegründet; 1520 wurden beide Städte vereinigt. Seit 1270 Mitglieder der Hanse. Beherrscht und geschützt wird die Stadt durch die hoch über der Siedlung auf dem östl. Bergkopf gelegene Burg Sparrenberg, eine der ravensbergischen Landesburgen.

Ev. Neustädter Marienkirche

An der um 1280 begonnenen Pfarrkirche der Neustadt gründete Otto III. von Ravensberg 1293 ein Kollegiatstift, für das als letzter Bauteil um

Bielefeld. Ev. Neustädter Marienkirche. Grabmal des Grafenpaares Otto III. und Hedwig zur Lippe (zu S. 60)

1320–30 der dem hl. Georg geweihte Chor errichtet wurde. Das Dach und die barocken Turmhauben fielen 1944 Bombenschäden zum Opfer.

Die 3schiffige Hallenkirche hat nur 2 quadratische Joche im Mittelschiff, das sich jedoch räumlich mit der Halle zwischen den beiden W-Türmen verbindet. Dem Querschiff mit 3 quadratischen Jochen folgt – in steileren Proportionen – der langgestreckte 3jochige Chor, dessen gerader O-Abschluß ein großartiges Maßwerkfenster zeigt. In allen Jochen Kreuzrippengewölbe, die runden Mittelschiffspfeiler z. T. mit 8 Diensten besetzt.

● Das berühmte *Grabdenkmal des Grafen Otto III.* († 1305) *und seiner Gattin Hedwig zur Lippe* († 1320) entstand kurz nach 1320 in derselben Werkstatt, aus der auch die Grabmäler in Cappenberg und Marburg stammen. Die Tumba entfaltet plastisch das reiche Programm höfischer Grabmäler der Zeit. Der Graf und seine Gemahlin ruhen, als vollplastische Gestalten aus dem Stein gemeißelt, die Hände gefaltet, auf der Deckplatte. Zu Füßen des Grafen liegt ein Löwe, zu Füßen der Frau (als Symbol der Treue) ein Hund. Der Graf trägt auf dem Haupte einen schmalen Reif, die Gräfin auf dem geflochtenen Haar eine Krone. In der rechten Hand hält sie einen Rosenkranz, die Linke legt sie auf das Haupt des kleinen Sohnes, der zwischen dem Elternpaar ruht. Über den Köpfen reiche got. Baldachine mit den Wappen Ravensberg und Lippe. Neben den Köpfen knien 3 kleine Engel; der mittlere nimmt die Seelen in Empfang. Zu ihren Füßen betet ein Priester (?) für ihr Seelenheil. Das Grabmal ist hohe Kunst des neuen idealisierenden Stils zu Beginn des 14. Jh., bis in die letzte Falte der Gewänder überstrahlt von dem großen Lächeln im Gesicht der Gräfin. Es gehört zu den besten Werken der deutschen Bildhauerei in der 1. Hälfte des 14. Jh. – Auf einem 2. *Grabmal* die Figuren des *Grafen Wilhelm II.* († 1428) *und seiner Gemahlin Adelheid von Tecklenburg* († 1429) aus der in Westfalen vielfach tätigen Werkstatt des sog. »Paderborner Gaukirchen-Meisters«. – Von dem
● neugot. *Choraltar* das Mittelstück eines großen gemalten Altaraufsatzes des »Meisters des Berswordt-Altars« aus dem Jahre 1400, ein charakteristisches frühes Beispiel des sich am Diesseits orientierenden Weichen Stils. Vortrefflich das Hauptbild mit der thronenden Muttergottes und den 11 Heiligenfiguren; auf 12 kleineren Tafeln Szenen aus dem Leben Mariä und Jesu. Von den bis 1840 vorhandenen 18 Flügelbildern sind die meisten in in- und ausländischen Privat- und Museumsbesitz gekommen. – Über dem Altar 15 hochgot. Steinfiguren vom ehem. Lettner, wohl aus derselben Werkstatt wie das Grabmal Ottos III. – Frühbarockes Familien-Epitaph des Drosten Otto v. d. Oye († 1621).

Kath. Pfarrkirche St. Jodocus, ehem. Franziskaner-Observanten-Kirche. 1schiffige spätgot. Kirche, 1505–11 erbaut. Bemerkenswert die sog. *Schwarze Madonna,* um 1230–40, holzgeschnitzt, mit silbernen Köpfen von Mutter und Kind. – An der N-Seite die früheren **Klostergebäude.**

Ev. Altstädter Nikolaikirche. Die Pfarrkirche der Altstadt, eine got. Hallenkirche von 3:3 quadratischen Jochen in gedrückten Proportionen, wurde nach der Kriegszerstörung von Bernhard Hopp und Rudolf Jäger 1952–54 zu einer hochräumigen modernen Halle umgestaltet. Unverändert blieb der W-Turm, der 1962 einen neuen Helm erhielt. – Die
● Kirche birgt als vornehmsten Schatz einen großen *Antwerpener Schnitz-*

altar, um 1520. Dargestellt ist das Leben Jesu, im Mittelschrein 10 meisterhaft geschnitzte, auf den Flügeln 14 gemalte Szenen.

Ref. Süsterkirche, ehem. Augustinerinnen-Kirche, Süsterhaus. Spätgot. 1schiffiger Raum, um 1500, nach O und W im 19. Jh. erweitert.

Burg Sparrenberg. Von der 1256 zuerst genannten Burg sind aus dem Mittelalter nur das got. Eingangstor und der 1842 wieder aufgebaute Bergfried erhalten. Der jetzige Hauptbau in der urspr. Vorburg wurde erst 1886 errichtet; heute **Spielkartenmuseum** (s. d.). Der heutigen Anlage geben die 1535 erbauten mächtigen **Bastionen** der Renaissancezeit das Gepräge. Es sind 4 Rondells an den Ecken und der noch zusätzlich der W-Ecke vorgelegte spitzwinklige »Scherpentiener«, dazu ausgedehnte unterirdische »Katakomben«.

Kochs Adlernähmaschinenfabrik AG (Teichstr. 2), 1896/97; Jugendstilarchitektur in Skelettbauweise.

Ravensberger Spinnerei AG (Heeper Str. 35).
Die Ravensberger Spinnerei wurde während der großen Krise in der Textilindustrie des Ravensberger Landes als Aktiengesellschaft der Bielefelder Kaufleute gegründet.
Erster Großbau der Industrie in Westfalen, errichtet 1855–62 unter der Leitung des Textilingenieurs F. Kaselowsky nach englischen und schlesischen Vorbildern. – Die **Hechelei,** ein 2geschossiger Werksteinbau, entstand 1892.

Wohnbauten. Der Bestand wurde durch Kriegszerstörungen 1944/45 stark vermindert. Wiederhergestellt ist das spätgot. Haus **Obernstr. 1** von 1530, dessen zierlicher Treppengiebel mit offenem Maßwerk und Fialen in der Nachfolge des münsterischen Rathauses steht. Erhalten blieben die beiden wichtigsten Renaissance-Bauten: **Kreuzstr. 20** (ehem. Adelshof der Spiegel v. Peckelsheim), erbaut um 1540, mit eigenwillig geformten Rundgiebeln, sowie das **Gymnasium,** ehem. der schloßartige Wohnsitz der Bürgermeisterfamilie v. Greste, aus der 2. Hälfte des 16. Jh. mit Erker, Treppenturm und reichem Flachornament.

Schildesche

Ev. Pfarrkirche, ehem. Nonnenstiftskirche St. Johann Baptist. Hochgot. Bau, um 1330–50, mit 1schiffigem Langhaus, Querschiff und gerade geschlossenem Chor. – Zur Ausstattung zählt ein schöner spätgot. Schnitzaltar mit Szenen aus dem Leben Jesu, 1535 in einer Ravensberger Werkstatt geschaffen. Aus derselben Zeit das zierliche, reichdekorierte Sakramentshäuschen. Wandbild des hl. Christophorus, um 1400.

Museen

Bauernhaus-Museum (Dornberger Str. 82). Fachwerkbauten des 16. bis 19. Jh. aus der Umgebung Bielefelds.

Deutsches Spielkartenmuseum (Burg Sparrenberg). Überblick über die Entwicklung der Spielkarte in aller Welt von den Anfängen bis heute, mit dem Schwerpunkt Mitteleuropa.

Kulturhistorisches Museum (Welle 61). Das Gebäude der Spätrenaissance mit einem got. Kellergeschoß beherbergt u. a. Kunstgewerbe des 16. Jh., Altargemälde um 1400, Skulpturen und eine Münzsammlung.

● **Kunsthalle** (Artur-Ladebeck-Str. 5). Kubischer Neubau von Philip C. Johnson (1966–68). Kunst des 20. Jh., insbesondere deutsche Expressionisten (Maler der »Brücke« und des »Blauen Reiters«), Malerei und Plastik des internationalen Kubismus und der Bauhausmeister. Große Graphiksammlung.

BILLERBECK (Coesfeld D2/3)

Die ländliche Kleinstadt in den Baumbergen wird 809 als Ort eines bischöflichen Amtshofes und einer Taufkirche genannt. 1318 wird der Ort Stadt, 1445 durch eine Burg der Bischöfe von Münster ausgezeichnet.

● **Kath. Pfarrkirche St. Johannes d. T.**
Die mit der Jahreszahl 1234 an einem Türsturz des Chores bezeichnete Hallenkirche gilt als Grundtyp der münsterländischen Stufenhalle, in der sich Basilika und westfäl. Hallenkirche begegnen. Indem das Langhaus dem gebundenen System mit Stützenwechsel folgt (d. h. je 2 Joche in den Seitenschiffen werden an ein Mittelschiffsjoch »gebunden«), ergeben sich eine enge Pfeilerreihung und eine Trennung von Mittel- und Seitenschiff, die dem Charakter der Halle widersprechen. Auch in der Überhöhung des Mittelschiffs bleibt ein Rest basilikalen Aufbaus spürbar. Die 3 Schiffe der münsterländischen Stufenhalle haben zwar die gleiche Kämpferhöhe der Gewölbeansätze, sie verwenden auch die kuppligen tiefen Gewölbe, die den Raum der westfäl. Halle prägen, die Mittelschiffe legen jedoch zwischen Kämpfer und Gewölbe ein kurzes Wandstück ein, das keine Fenster hat, oder sie überhöhen die Mittelschiffsgewölbe über die Gewölbe der Seitenschiffe. Einwirkungen des Rheinlandes in die westfäl. Architektur werden deutlich. Die Mischung dieser Elemente wird im Außenbau der Johanniskirche sichtbar. Die hervorgehobene Mittelschiffsoberwand tritt in einem kleinen Wandstreifen über die Pultdächer der Seitenschiffe. Mittelschiff und Seitenschiffe liegen nicht unter dem einheitlichen bergenden Haubendach, das der westfäl. Hallenkirche eigen ist. Die Teilung der Baukörper setzt sich im Altarraum fort, der mit eigenem niedrigerem Satteldach versehen wurde. Einflüsse des

Rheinlandes werden auch in der für Westfalen ungewöhnlichen Schmuckfreudigkeit des Außenbaues wirksam. Ein kräftiges Gesims aus Rundbogen umläuft die Wände vom Mittelschiff und Seitenschiff unterhalb der Dachtraufe. Es wiederholt sich am Altarhaus. Die Fenster nehmen diese Schmuckform nicht mehr rein auf, da sie in got. Zeit zum größten Teil erneuert wurden. Die nach Art der westfäl. Halle an den Seitenschiffen angebrachten *Portale* erhalten eine kräftige Profilierung durch Rundwülste, in denen das abstrakte Ornament des 13. Jh. sich in vielfachen Formen ausprägt. Das N-Portal wird überhöht durch einen eigenen kleinen Quergiebel, der in seiner Stirnwand ein halbrundes Fenster und ein großes Radfenster zeigt. Die ungewöhnliche Betonung des Portals entspricht der rheinischen Zierfreude, das Bestreben, die Aufgabe architektonisch ohne figürliche Plastik zu lösen, ganz dem elementaren Architektursinn der Westfalen. Westfälisch ist die Gesamtanlage mit dem vorgesetzten 4kantigen W-Turm und dem platt schließenden quadratischen Altargehäuse.

Der Innenraum hat im Mittelschiff 3 quadratische, in den Seitenschiffen je 6 rechteckige Joche. Die Seitenschiffe münden in halbrunde Nebenapsiden, der mittelschiffsbreite Chor schließt platt. Die Einzelformen sind straff und edel gebildet, die Pfeiler mit Halbsäulen und schlanken Diensten gegliedert. Gleich den Zwischenstützen (im N Säulen, im S Bündelpfeiler) haben sie präzise geschnittene Blattkapitelle. In den Gewölben des Mittelschiffes, 8teilig gebildet, liegen starke, unterlegte Rundrippen. Sie treffen sich im Scheitel in einem Ring, aus dem Schlußsteine verschiedener Form herabhängen.

Von der Ausstattung seien besonders erwähnt der 8eckige spätgot. Taufstein von 1497, ein Werk der Beldensniderschule, mit feinen, auf die Taufe bezüglichen Sandsteinreliefs, der steinerne Osterleuchter, um 1500, eine hängende spätgot. Doppelmadonna, die geschnitzte Renaissance-Kanzel von 1581 und im Chor eine Muttergottes und ein Salvator aus Stein von 1618. Der Beachtung wert ist auch das Vesperbild des nördl. Seitenaltares, 1715, von Wilhelm Gröninger, von dem auch das Relief mit dem Sturz des Saulus vom Pferd (nach Rubens, 1719) stammt.

Auf der S-Seite der Kirche steht – heute in Nachbildung – ein für die westmünsterländische Volksreligiosität des 16. Jh. charakteristisches Steinmonument, eine **Martersäule** mit den Leidenswerkzeugen Christi; am Fuße der Säule wird der Gemarterte als »Christus im Elend« dargestellt. Ähnliche Bildwerke sind u. a. in Ahaus-Wessum, Borken, Dülmen und Metelen erhalten geblieben. – Auf der N-Seite, am Zugang zum Kirchplatz, eine kleine Steinfigur des **hl. Antonius,** um 1430, in vergittertem Häuschen, aus der Schule des »Meisters der Paderborner Gaukirche«.

Kath. Propstei- und Wallfahrtskirche St. Ludgerus. Der sog. Baumberger Dom, 1892–98 von Wilhelm Rincklake errichtet, ist ein bedeutendes Werk des späten Historismus mit vollständig erhaltener Bemalung, Verglasung und Ausstattung. Der 2türmige W-Teil ist der Marburger Elisabeth-Kirche nachgestaltet.

Die **Ludgerus-Brunnenkapelle,** 1702, entwarf Lambert Friedrich v. Corfey als offenen Ziegelbau. – Der **Ludgerus-Brunnen,** der Überlieferung nach Taufbrunnen des hl. Ludgerus, wurde 1953 neu gestaltet.

Ehem. Richthof (Mühlenstraße), ehem. Amtssitz der Stadtrichter. Nach 1820 in klassizist. Formen errichtete Vierflügelanlage. Die Geschichte des Gebäudes läßt sich bis zur Gründung der Stadt zurückverfolgen; Teile mittelalterl. Bausubstanz sind in den Bau des 19. Jh. einbezogen. 1966–71 restauriert.

Haus Beckebans (Münsterstr. 6), ehem. Burgmannshof. Um 1570–80 gebaut. Der reich gestaltete Giebel mit Steinkreuzfenstern in Ziegelmauerwerk wurde 1972–74 freigelegt und z. T. wiederhergestellt.

Haus Kolvenburg

Im oberen Berkeltal am S-Rand der Stadt Billerbeck liegt die ehem. Wasserburg der Herren v. Kolven. Nach vielfachem Besitzerwechsel und Verwahrlosung erfolgte in den 1970er Jahren Instandsetzung und Nutzung als Museum und Ausstellungshaus des Kreises Coesfeld.

Das Herrenhaus ist ein wuchtiger Kubus aus Baumberger Stein unter einem hohen Krüppelwalmdach mit Giebelschilden aus Backstein. Die heutige Gestalt entstammt dem letzten Umbau vom Ende des 16. Jh. Das scheinbar so einheitliche Gebäude entstand jedoch in vielen An- und Umbauvorgängen vom 14. Jh. an. Besonders im Inneren sind diese komplizierten Zusammenhänge zu sehen. Schöne got. Kaminbosen, Balkendecken, Nischen und Türen vermitteln einen Eindruck von Wohnformen des 15. und 16. Jh. *KEM*

Gerleve (D3)

Benediktinerabtei St. Joseph, 1899 von der Beuroner Kongregation gegründet. Kloster und Kirche in neuroman. Formen von Wilhelm Rincklake, 1901–04. 1938 baute Dominikus Böhm die Kirche um. – Turmreliquiar aus vergoldetem Silber, 2. Hälfte des 14. Jh., eventuell aus einer Paderborner Werkstatt.

BLANKENHEIM (Euskirchen B8)

In röm. Zeit befand sich hier ein Gutshof mit Herrenhaus und Wirtschaftsgebäuden, wovon Reste freigelegt sind. Das Gebiet um die Stadt war bis zur Französischen Revolution eine selbständige, reichsunmittelbare Herrschaft der Grafen von Manderscheid-Blankenheim.

Die **kath. Pfarrkirche St. Mariä Himmelfahrt** entstand 1495–1505 neben einer älteren Kapelle und wurde 1508 zur Pfarrkirche erhoben. Sie ist ein schmaler langgestreckter Saalbau mit vorgesetztem W-Turm und 3seitig abschließendem Chor. Das einheitliche Sterngewölbe der 3 Joche erweckt den Eindruck der Weiträumigkeit. Da die Kirche ihre N-Seite dem Berghang zuwendet, hat sie nur auf der S-Seite und am Chor 3teilige Maßwerkfenster. Gräfin Ursula ließ als Grabstätte ihres Mannes 1616 unter dem W-Ende der Kirche eine 2schiffige Krypta anlegen. 1906 wurde der Turm erhöht. Beachtenswerte Ausstattung.

Kapelle Hülchrath. Die kleine Kreuzkirche, die auch Wallfahrtskapelle war, ließ Ludwig Reichsgraf von Manderscheid-Blankenheim-Gerolstein beim Tode seiner 3. Gemahlin als Sühnekapelle 1773–80 erbauen. Reiches Rokoko-Ornament schmückt das Innere, ein Gitternetzwerk überzieht die flache Decke.

Die **Burg,** eine umfangreiche Anlage ohne Bergfried, im 15./16. Jh. erbaut, war Sitz der Grafen von Blankenheim und, als dies Geschlecht im 15. Jh. ausstarb, der Grafen von Manderscheid-Blankenheim. Sie wurde Anfang des 19. Jh. auf Abbruch verkauft und verfiel zur Ruine. 1929–33 setzte man sie als Jugendherberge instand.

Von der **Stadtbefestigung** sind nur Reste von Mauern des 15. Jh., das **Georgstor** und der **Portenturm** (Hirtenturm) aus dem 16. Jh. erhalten. Zwischen diesem und dem **»Gildehaus«** (Johannesstr. 6), einem stattlichen Fachwerkbau des 18. Jh. (jetzt **Kreismuseum,** s. d.), die **Ahrquelle** in einem 1726 erbauten Brunnenhaus.

Kreismuseum Blankenheim, Museum des Kreises Euskirchen (Johannesstr. 6 und Am Hirtenturm 11). Die Schausammlung ist auf 3 Häuser verteilt. Im großen Haus Johannesstr. 6: Bäuerliche und bürgerliche Wohnkultur. Naturkunde. – Im alten Amtshaus am Hirtenturm 11: Vor- und Frühgeschichte, Geologie und Petrologie, Fossilien der Eifler Kalkmulden, keltische, röm. und fränkische Funde, Geschichte der Burg Blankenheim. – Das Alte Fachwerkhaus am Hirtenturm bietet die vollständige Einrichtung eines alten Bürgerhauses.

BLOMBERG (Lippe H3)

Ref. Pfarrkirche, ehem. Augustiner-Klosterkirche zum hl. Leichnam. Nach einem Hostien-Frevel im Jahre 1460 (eine Frau soll geweihte Hostien in einen Brunnen geworfen haben, der daraufhin wundertätiges Wasser spendete) wurde über dem Wunderbrunnen 1462–79 die spätgot. 3schiffige Hallenkirche erbaut. Unter dem Langhaus Gruft der Grafen zur Lippe.

Die *Tumba des Edelherrn Bernhard VII. zur Lippe* († 1511) *und seiner Gemahlin Anna v. Schaumburg* († 1495) ist das früheste bekannte Werk des Münsteraner Bildhauers Heinrich Brabender gen. Beldensnider, entstanden 1491/92. Die auf der Deckplatte liegenden Figuren vielleicht ●

etwas jünger, restauriert durch E. v. Bandel um 1840. Die Reliefs der beiden Schmalseiten beziehen sich auf den Wunderbrunnen. Die Tumba zählt zu den besten Werken der westfäl. Skulptur.

Burg. Von der 3flügeligen Anlage stammen das Burgtor und der steinerne Palas aus dem 15. Jh.; der Mittelflügel wurde 1569 in Renaissanceformen vollendet mit dem steinernen Erker des Lemgoer Meisters Hermann Wulff und den reichen Zierschnitzereien des Obergeschosses von Meister Bartold Sander aus Horn. Von diesem auch die Schnitzereien des sog. **Amtshauses,** ehem. Pforthauses der Burg, von 1572, eines der schönsten lippischen Fachwerkhäuser.

Rathaus. Erbaut 1586/87. Der noch gotisierende steinerne Unterbau mit seinen 2 Geschossen wird in großartiger Kontrastwirkung bekrönt von einem stark vorgekragten Fachwerkgeschoß mit 3 Zwerchgiebeln.

Niederes Tor. Spätgot. Stadttor, um 1545.

Zahlreiche **Fachwerk-Giebelhäuser** vom Ende des 16. bis zum 18. Jh. bestimmen heute noch das Straßenbild. Besonders beachtenswert **Kuhstr. 38** mit figürlichen Schnitzereien von 1606.

BOCHOLT (Borken B3)

Die günstige Lage des Platzes am Übergang über das Flüßchen Aa gibt ihm frühzeitig wirtschaftliche und militärische Bedeutung. Wahrscheinlich gründet bereits der hl. Ludger die Pfarrei Bocholt. Die Stadt, die sich um einen bischöflichen Amtshof bildet, erhält 1222 Stadtrecht und wird im späten Mittelalter zu einer starken Festung ausgebaut. Die Ackerbürgerstadt erblüht im 15. und 16. Jh. zu einem Handelsplatz für Leinen- und Wollgewebe, die auch in heimischer Industrie hergestellt werden. Nach dem Niedergang im 17. und 18. Jh. gibt die Textilindustrie ihr im 19. und 20. Jh. wieder wirtschaftliche Bedeutung. In der Kunst war Bocholt ein Ort des Austausches zwischen dem Niederrhein und Westfalen. Davon zeugt das Werk des Kupferstechers Israhel van Meckenem, der von 1475 bis zu seinem Tode 1503 in Bocholt lebte. Er war einer der ersten Meister des Kupferstichs in Europa. Der Übergang wird auch im bedeutenden Renaissance-Rathaus sichtbar. Die Bomben des 2. Weltkrieges trafen die Stadt schwer.

Kath. Pfarrkirche St. Georg

An der Stelle einer spätroman., vermutlich als Stufenhalle errichteten Kirche, deren Fundamente ausgegraben wurden, begann man 1415 mit einem got. Neubau, der 1486 vollendet wurde.

Die schöne stattliche Hallenkirche mit einem erhöhten Mittelschiff, die für das Münsterland charakteristische Stufenhalle, hat 5 Joche, ein nicht ausladendes Querschiff und einen 1jochigen Chor mit 5seitigem Abschluß. Der 1472 begonnene, prächtige 2geschossige W-Turm ist zwischen den Seitenschiffen bündig eingezogen und bildet mit diesen einen einheitlichen W-

Bau. Die barocke hochragende Turmhaube von dem Augsburger Baumeister Johann Neher ging im 2. Weltkrieg zugrunde. Sie wurde durch einen 4kantigen, eingekehlten und kupfergedeckten Helm von Rudolf Schwarz ersetzt (1958). Mit Ausnahme von Chor und Querschiff erinnert die Kirche in ihrer Anlage an niederrheinische Kirchen. Besonders eindrucksvoll ist die *westl. Turmseite* als Fassade ausgebildet. Das reichprofilierte Gewände des riesigen 6teiligen Maßwerkfensters ist bis zum Boden herabgezogen und umrahmt hier einen 2teiligen Eingang mit geradem Sturz. Das 2. Geschoß zieren hohe 3teilige Maßwerkblenden.

Auf dem *Hochaltar* ist ein spätgot. Tafelgemälde, die Kreuzigung vom Meister des Marienlebens, um 1480, aufgestellt. Die Kirche bewahrt ein spätgot. Astkruzifix, ein schönes Werk der bedeutenden Gruppe münsterländischer Andachtsbilder der Mystik, ferner ein Diptychon, Köln um 1320–30. Am Eingang die monumentale Sitzende hl. Maria von Wilhelm Hanebal, 1956.

Die **Liebfrauen-** oder **Minoritenkirche** ist ein 1schiffiger 5jochiger Saalbau von 1785–92, dem 1914 ein nördl. Turm angebaut wurde. Der 1jochige Chor schließt 5seitig ab.

Die **Agneskapelle** ist ein einfacher spätgot. Bau von 1484–89. Im 2. Weltkrieg stürzten die Gewölbe mit den Malereien von 1489 ein.

Rathaus. Die Schauseite des 1618 begonnenen Gebäudes, das zu den edelsten Werken der deutschen Renaissance-Architektur gehört, hat im Erdgeschoß eine reichverzierte Bogenhalle. Die beiden folgenden Geschosse aus Backsteinflächen und Hausteingliederung in niederländischer Art sind durch korinthische Halbsäulen und Pilaster rhythmisch geschmückt. Im 1. Geschoß sitzt ein üppig verzierter Erker; über dem 2. Geschoß verläuft eine Dachgalerie, die in der Mitte von einem 3fach gestaffelten Giebel durchbrochen wird. Das große Satteldach hat an beiden Stirnseiten Volutengiebel, die sich mit reich verzierten Schornsteinen verbinden. Nach Zerstörung im 2. Weltkrieg wurde das Rathaus unter Wahrung des historisch Gegebenen wiederaufgebaut.

Mit der Altstadt gingen im 2. Weltkrieg fast alle alten Wohnhäuser zugrunde. – Die starke Zerstörung der Stadt hat eine lebhafte Bautätigkeit zur Folge gehabt. Schon vor dem Krieg entstand die **Heiligkreuzkirche** von Dominikus Böhm 1936/37, nach dem Krieg 1954 die **kath. St. Ewaldikirche** von Ketteler, 1955 die **Josef-Schule** von Wellmann, 1963 die **kath. Rektoratskirche St. Paul** von Gottfried Böhm.

Mehrere großzügige Siedlungen wurden gebaut, die **Parksiedlung »Henting Esch«** von Gerschell 1951 und die umfangreiche **Siedlung Giethorst**

Bocholt. Rathaus (zu S. 67)

mit der **Edith-Stein-Schule,** einer Flachbau-Schule von P. Poelzig, 1957.

Neues Rathaus und Kulturzentrum, 1973–77 von Gottfried Böhm. Der neue Stadtplatz, das »Herz« des Gemeinwesens, wurde auf einer Insel angelegt, die von der Aa umflossen ist. Transparente Stahlbetonbauweise kennzeichnet die moderne Lagunenarchitektur.

Galerie der Stadt Bocholt (Berliner Platz 1). Werke des Bocholter Kupferstechers Israhel van Meckenem († 1503), zeitgenössische Kunst aus Bocholt und dem westfälisch-niederländischen Grenzraum. Nachlaß des Bocholter Künstlers Josef Fenneker.

BOCHUM (CD4/5)

1041 als »villa publica« genannt. Seit 1321 Stadt. Noch Anfang des 19. Jh. ein kleiner ländlicher Ort, begann um 1850 ein starker Aufschwung infolge der Industrialisierung des Ruhrgebietes. In der heutigen Großstadt mit ihren vielen, nach den starken Zerstörungen des Krieges wiedererrichteten Großanlagen aller Art sucht man die wenigen Bauten der Vergangenheit mit einiger Mühe auf. 1965 nahm die Ruhr-Universität Bochum ihren Betrieb auf.

Kath. Propsteikirche St. Peter und Paul (Brückstraße). Erhalten ist der stattliche, durch spitzbogige Nischen reich gegliederte Turm des 14. Jh. Das Langhaus, eine 3schiffige Halle mit Rundpfeilern, nach 1517 begonnen, erlitt starke Zerstörungen und ist wiederholt, zuletzt nach 1945, wiederhergerichtet worden. Aus roman. Zeit erhielt sich ein Taufstein, der in schweren einfältigen Reliefs Christi Geburt, Anbetung der Könige, Kindermord, Taufe Christi und Kreuzigung zeigt. Beweinung Christi, um 1520.

Ev. Christuskirche (Gußstahlstraße). Der 1957/59 von Dieter Oesterlen ausgeführte Backsteinbau hat einen bemerkenswerten Innenraum von starker Wirkung: ein Saal auf trapezförmigem Grundriß unter vielfach gefaltetem Gewölbe, das an den Seiten auf schräggestellten Wandstücken ruht, zwischen denen das Tageslicht einfällt – ein mustergültiges Beispiel der neokubistischen Architektur. Der neugot. Kirchturm stammt vom Vorgängerbau.

Ganz von hohen Häusergruppen umgeben ist die **ev. Pauluskirche** (Grabenstraße), 1655–87, ein schlichter, modern wiederhergestellter Bruchsteinbau mit Holzdecke. Bauherr war Pastor Ostermann, der Vater des russischen Kanzlers. Am schlichten W-Portal die Wappen adliger Geschlechter der Umgebung.

Unter den nur noch wenigen bürgerlichen Bauten des 19. Jh. von einigem Rang wäre das alte **Amtshaus** in Altenbochum (Wittener Straße), 1830, zu nennen.

Von den zahlreichen Großbauten der neuesten Zeit sind von Rang vor allem das repräsentative **Rathaus** aus den Jahren 1926–32 mit seinem brunnengeschmückten Innenhof und das **Stadttheater** von G. Graupner, 1953.

Unter den vielen Hochhäusern fällt das **Haus der Städt. Sparkasse** (Dr.-Ruer-Platz) durch seine kühne Ecklösung auf. Weitere beachtenswerte Neubauten sind die **Berufsschule** (Ostring) und die **Verwaltungsakademie** (Wittener Straße), beide mit ansprechenden Vortragssälen, ferner der 1957 vollendete **Hauptbahnhof** und die monumentale Front des **Bergbaumuseums** (Vödestraße).

Haus Kemnade (Kemnader Straße). Die Wasserburg im Ruhrtal wurde 1602–1704 auf dem Platz einer Burganlage des 12. Jh. gebaut. Heute Sitz der **Stadthistorischen Sammlung** (s. d.).

Dahlhausen

Ruhrschleuse → Hattingen.

Harpen

Ev. Pfarrkirche, ehem. St. Vinzenz. Den Kern bildet eine spätroman. Gewölbebasilika mit Stützenwechsel. Chorquadrat und 2jochiges Mittelschiff haben Kreuzgratgewölbe, das N-Schiff ist kreuztonnengewölbt (im O-Teil ein jüngeres Rippengewölbe). Der 5seitige Chorschluß stammt aus dem 15. Jh., der W-Turm von 1876, die neugot. Erweiterung des S-Schiffes von 1905.

Stiepel

Ev. Pfarrkirche, ehem. Marien-Wallfahrtskirche (Brockhauser Str. 74). Erster Bau 1008 gegründet. Der Nachfolgebau war eine roman. Basilika des 12. Jh. Zu ihr gehört im Kern der noch bestehende Turm. Im 13. Jh. Umbau zu einer 2jochigen Hallenkirche. Der Chor mit 3/8-Schluß und Rippengewölbe um 1400. Im Raum erhielten sich beachtenswerte Wandmalereien des 12.–16. Jh. Sakramentshäuschen mit Kreuzigungsgruppe, um 1460. – Auf dem **Friedhof** zahlreiche Grabsteine in Form der 2teiligen Gesetzestafeln Mosis.

Sundern

Ehem. Zeche »Brockhauser Tiefbau« (Am Bliestollen). Malakoffturm von 1874, der bis 1887 der Kohleförderung, bis 1912 der Bewetterung diente. Schlichteste erhaltene Form eines Malakoffturmes in Bruchsteinbauweise. *HB*

Museen

Antikenmuseum der Ruhr-Universität (Querenburg, Universitätsstraße). Antike Kunst des Mittelmeerraumes. Der bedeutende Bestand, vor allem an Vasen, beruht auf Schenkungen aus 2 privaten Sammlungen.

Bergbau-Museum (Vödestr. 28). Das Museumsgebäude von 1936 wird überragt von einem Förderturm, der von der Zeche Germania in Dortmund-Marten nach hier versetzt wurde (Architekt war Fritz Schupp, 1953). Das Bochumer Museum mit seiner Darstellung der wirtschaftlichen, sozialen und kulturellen Umwelt des Bergbaus ist das größte bergbauliche Fachmuseum der Welt.

Geologisches Museum des Ruhrbergbaus (Herner Str. 45). Geologie und Paläontologie des Steinkohlengebirges an der Ruhr. Vor- und Frühgeschichte.

Museum Bochum, Kunstsammlung (Kortumstr. 147). Internationale Kunst nach 1945 mit besonderem Schwerpunkt bei den Werken osteuropäischer Künstler.

Sammlung Schulze-Vellinghausen der Ruhruniversität (Querenburg, Universitätsstraße). Kunst des 20. Jh. Stiftung des Kunstkritikers Albert Schulze-Vellinghausen (1905–67), die vollkommen Geschmack und Neigung eines kultivierten Sammlers widerspiegelt.

Stadthistorische Sammlung (Haus Kemnade, Kemnader Straße). Ansichten von Bochum, bedeutende Musikinstrumentensammlung. Dokumente zu Leben und Werk des Bochumer Schriftstellers C. A. Kortum (1745–1824). – In der Nähe ein hierher übertragenes **Bauernhaus,** ein Vierständer-Fachwerkhaus von 1800. Ausgestellt: bäuerliches Gerät, Möbel aus Westfalen und dem Bergischen Land.

BONN (CD7)

Am Anfang der Ortsgeschichte steht nahe einer alten Fähr- und Fischersiedlung eines der 50 Kastelle, mit denen der röm. Feldherr Drusus um 10 v. Chr. die Rheinlinie sicherte. Nördlich davon, gegenüber der Siegmündung, wurde etwa ein halbes Jahrhundert später das Lager der I. Legion »Castra Bonnensia« oder »Castrum Bonna« angelegt, das in nachröm. Zeit als fränkische »civitas bonnensis« weiterlebte. In der südwärts gelegenen Vorstadt bildete sich die Siedlung »villa Basilica« bei der Kirche, die nach der Legende im 4. Jh. die hl. Helena zum Gedächtnis der Märtyrer Cassius und Florentius gegründet hatte (das heutige Münster). Hierhin verlagerte sich im 11. und 12. Jh. das Schwergewicht der Siedlung, nachdem bei ihr auch eine Fernhändlerkolonie (»vicus bonnensis«) entstanden war und der Kölner Erzbischof den lothringischen Pfalzgrafen als Besitzer abgelöst hatte. Erster Mauerbau spätestens nach der Zerstörung von 1114; Stadterweiterung bis zum Rhein 1244 – ohne daß Bonn je zu einer eigentlichen Rheinhandelsstadt geworden wäre –, gleichzeitig Bestätigung der Stadtrechte. Die 3. Epoche seiner Geschichte, als Haupt- und Residenzstadt der Kurfürsten von Köln und zugleich Hauptlandesfestung, leitete ein größerer Schloßbau Salentins von Isenburg 1570 ein. Seitdem teilte Bonn im Guten wie im Bösen die Geschicke seiner Landesherren. Auf der einen Seite erlitt es Belagerungen und Eroberungen: 1584 und 1587, 1631 und 1642, 1673, am furchtbarsten 1689 und 1703; Entfestigung 1715. Auf der anderen Seite erfuhr es einen glänzenden Aufstieg als Barockresidenz unter den baulustigen und verschwenderischen Kurfürsten aus dem Haus Wittelsbach, Joseph Clemens und Clemens August (Errichtung der kurfürstlichen Residenz und des Jagdschlosses Poppelsdorf, Anlage der Poppelsdorfer Allee). Die Errichtung der rheinischen Landesuniversität 1818 (eine kurfürstliche bestand 1786–97; 1815 war Bonn preußisch geworden) leitete ein neues Kapitel der Stadtentwicklung ein. Professoren wie Arndt, Schlegel und Niebuhr prägten das Geistesleben der Stadt und gaben ihm eine außerordentliche Bedeutung (siehe auch »Alter Friedhof«). Neben einer Reihe von Institutsgebäuden entstanden weitere Baulichkeiten für neue Einrichtungen (Landgericht, Oberbergamt, Garnison). Seit 1825 wurden, beginnend mit dem Abbruch des Kölntores, die alten Stadtbefestigungen niedergelegt. Die räumliche Ausdehnung der Stadt über ihren mittelalterl. Bereich hinaus kam zunächst nur zögernd in Gang. In der 2. Hälfte des 19. Jh. entstand u. a. die Bonner Südstadt, ein bürgerliches Wohnviertel, das heute zu den am besten erhaltenen Wohnquartieren seiner Zeit in Deutschland zählt. Der 2. Weltkrieg zerstörte Bonn zu rund einem Drittel, doch blieb wenigstens die alte Stadtsilhouette erhalten. Sie wurde erst in den 1970er Jahren durch den Bau des Stadthauses gestört. Seit 1949 ist Bonn Sitz der Bundesregierung mit ihren neugeschaffenen Institutionen.

● **Münster St. Martin,** ehem. Stiftskirche St. Cassius und Florentius

Über einer cella memoriae aus der Zeit um 260 n. Chr. inmitten eines röm. Gräberfeldes, das vor den Toren der Lagerstadt liegt, wird Ende des 4. Jh. eine Märtyrerkirche errichtet. Zwischen 774 und 788 entsteht eine karoling. Klosteranlage. Während der Regierung Erzbischofs Annos II. von Köln (1056–75) baut das Cassiusstift eine 3schiffige, kreuzförmige Basilika mit einem langgestreckten, von Kapellen begleiteten Chor im O und einem kleinen Altarraum im W. Unter beiden Altarräumen befinden sich Krypten. 2 W-Türme und ein entsprechendes Turmpaar zu seiten des Langchores wurden möglicherweise von einem quadratischen Vierungsturm überragt. Um die Mitte des 12. Jh. begann unter dem tatkräftigen Propst Gerhard von Are ein Neubau, in dessen erster Periode (bis 1166) das äußerste Joch, die 1152 geweihte O-Apsis mit den O-Türmen und der Kreuzgang entstanden. Nach 1200 wurde das heutige Querschiff und, nach einer Bauunterbrechung, das Langhaus um 1220–30 errichtet. – 1803 Säkularisierung des Kollegiatstiftes. Die Kirche 1883–89 und 1934 restauriert. Im 2. Weltkrieg erleidet der nördl. Querschiffarm (Gewölbe, Zwerggalerie) Bombenschäden; ihre Behebung wird auf eine allgemeine Wiederherstellung ausgeweitet.

Die jüngeren Teile des Münsters gehören zu den niederrheinischen Bauten, in denen sich mit den reifen Formen der heimischen Spätromanik nordfranzös.-normannische Konstruktionsgedanken begegnen, die in den breit gelagerten, schmuckfreudigen Anlagen die strenge, klare Vertikale zur entscheidenden Wirkung bringen. Der Grundriß zeigt ein breites Mittelschiff, schmale Seitenschiffe und ein 1schiffiges Querhaus. Seine Arme enden in Apsiden, die mit der Chorapsis einen rheinischen Dreikonchenschluß bilden; doch behält die O-W-Richtung durch die ungewöhnliche Länge des Stiftschores das entscheidende Übergewicht.

Äußeres. Der W-Bau hatte ursprünglich eine kleine, im 13. Jh. zugeschüttete Krypta und eine halbrunde, eckig um-

Bonn. Münster von Nordosten

mantelte Apsis. Die willkürliche Restaurierung im 19. Jh. hat eine ursprünglich nicht beabsichtigte Fassadenwirkung erreicht. Hierzu trug auch die Erhöhung der schlichten runden Begleittürme um ein reichgegliedertes Obergeschoß bei. Da der W-Bau nur die Breite des Mittelschiffes hat, sind – von den Flankentürmen nur halb verdeckt – die Wände der Seitenschiffe, ihre aufsteigenden Rundbogenfriese und darüber die flachen Strebebogen des Langhauses zu sehen. Die offenen Strebebogen sind nach denen von St. Maria im Kapitol und neben denen von St. Gereon in Köln die ältesten in Deutschland. An der N-Seite ist die Oberwand des Mittelschiffes besonders reich gestaltet. In jedem Joch sind zwischen den Streben 5 schmale Rundbogenfenster in einer pyramidal aufsteigenden Gruppe hinter einer 5teiligen, spitzbogigen Arkadenreihe angeordnet. Unter dem Konsolengesims der Seitenschiffe öffnet sich in jedem Joch ein 7blättriges Fächerfenster, von einer halbrunden Blende eingefaßt. Die N-Seite hat ein großes, viermal abgetrepptes, ursprünglich mit einer Vorhalle versehenes *Säulenportal*, dessen Bogenfeld einst Malereien trug (und nun mit einem Mosaikbild des späten 19. Jh. gefüllt ist). Das ältere niedrigere Querschiff stößt etwas unvermittelt an das Langhaus an. Es endet nach N und S in Apsiden aus 5 Seiten des Zehnecks. Die Wände des Polygons sind 3geschossig aufgebaut: unten an der N-Seite Rundfenster, in der Mitte hohe, rundbogig schließende Fenster, oben eine Zwerggalerie. Jedes Geschoß wird oben durch einen Rundbogenfries abgeschlossen. Die starken Ecklisenen gehen durch alle 3 Geschosse hindurch und unterbrechen die Zwerggalerie. Die 2geschossigen Außenwände des *Chorhauses*, in ihrer Anlage noch dem 11. Jh. angehörig, lassen die einzelnen Bauperioden deutlich erkennen. Von der ersten Anlage stammen die hohen flachen Blenden am Untergeschoß und die 2 niedrigeren am östl. Teil des Obergeschosses. Die beiden großen Rundbogen darüber entstanden im 12. Jh. Sie vermitteln den Übergang zu den Chor-Türmen. Nach der Errichtung des Querschiffes wurden die Chormauern erhöht und die beiden Spitzbogenblenden mit den Rundfenstern am westl. Teil des Obergeschosses angelegt. Die ebenfalls neu hinzugefügten Lisenen verbindet ein Rundbogenfries. Die viereckigen *Türme*, die sich wie die Türme von St. Gereon in Köln nach oben leicht verjüngen, lehnen sich seitlich an die Chorwände an und fassen den O-Giebel ein. Die vielfältige und reiche Gliederung ihrer Geschosse setzt sich an den unteren Teilen der Apsis fort: flache Rundbogenblenden, im 3. Geschoß der Apsis von Fenstern mit spätgot. Maßwerk durchbrochen, Halbsäulen mit zierlichen, verschieden geformten Kapitellen etc. Als oberster Abschluß ziert eine Zwerggalerie von 22 Bogenstellungen unter einem stark vorspringenden Dachgesims die Apsis. Der Giebel des Chorhauses hat einen Plattenfries als Basis und eine pyramidale Dreiergruppe von ausgenischten Rundbogenblenden darüber. Der große 8seitige Vierungsturm schließt nach 2 Geschossen in 8 Giebeln mit einem überhohen jüngeren Spitzhelm (Ende des 16. Jh.) anstelle des roman. Faltendaches.

Inneres. Das Langhaus unterscheidet sich als jüngster Teil des Baues deutlich von dem älteren Querschiff und der Vierung. Den 4 weiten rundbogigen Arkaden entsprechen die Fächerfenster in den Seitenschiffen. Über den Arkaden verläuft durch das ganze Mittelschiff ein anmutiges Triforium mit 5 Bogenstellungen auf gekuppelten Säulchen. Darüber im Lichtgaden sind die Wände wie die Triforienzone in 2 Schalen zerlegt und in Gruppen von je 5 rundbogigen schlanken Fenstern aufgelöst, die sich in die spitzen Schildbögen des Gewölbes einfügen. Das roman. gebundene Gewölbesystem ist aufgegeben. Auf ein Joch des Mittelschiffs kommt je eines in den Seitenschiffen. Im Innern des ehem. *W-Chores* ist die ursprünglich halbrunde Apsis polygonal umgebaut und durch eine Tür in der Mitte geöffnet. In den Ecken stehen je 2 gekuppelte hohe schwarze Schiefersäulen mit Rundbogen und einem Gesims, das früher an den Seiten fortgeführt war. Der W-Chor war also ähnlich geschmückt wie der O-Bau. Querschiff und Langchor haben spitzbogige Gewölbe, die vor denen des Langhauses angelegt wurden. Die Wand der O-Apsis (Mitte des 12. Jh.) blieb ungegliedert, ihre Fenster sind erst in spätgot. Zeit von 3 auf 7 vermehrt worden. Im Langchor hat man um 1200 den alten geschlossenen Wänden Pfeilervorlagen mit Diensten auf prachtvollen Konsolen vorgesetzt, die sehr schöne Blattkapitelle tragen. Ein Fries aus Palmetten und Ranken setzt den Kapitellschmuck fort (ähnlich Köln, St. Andreas). Die qualitätvolle Bauplastik wird dem Meister des Laacher Samson und seiner Werkstatt zugeschrieben. Die Querarme schließen auch innen 5seitig ab. Sie haben rundbogige Fenster und darunter auf der N-Seite 5 Sechspaßfenster in runder Umrahmung. Die kreuzgewölbte *Krypta* hat 3 Schiffe und im ganzen 9 Joche. Ihr westl. Teil mit 3 Pfeiler- und 4 Säulenpaaren gehört zu der urspr. Anlage aus den Jahren 1060–70, ihre östl. Verlängerung mit 2 weiteren Säulenpaaren entstand um 1150. Im Unterschied zu den gedrungenen Raumproportionen salischer Zeit mit ihren einfachen Rechtkantpfeilern und stämmigen Säulen mit steilen Basen und blockhaften Würfelkapitellen ist der angefügte O-Teil von hochroman. Raumgefühl geprägt: In höher und weiter gespannten Jochen ruhen die Gewölbe auf schlankeren Säulen mit Eckblattbasen, reicher gestalteten Kapitellen und feingliedrigeren Deckplatten.

Von der Ausstattung wurde das meiste im 17. und 18. Jh. neu beschafft, nachdem durch die Zerstörungen im Truchseßschen Kriege 1583–87 von der mittelalterl. Ausstattung nur noch Reste übrig waren. Eine einschneidende Änderung erfolgte 1734 mit der Errichtung der barocken Freitreppe anstelle des Lettners. Weitere Veränderungen brachten Restaurierungen der 2. Hälfte des 19. Jh., 1934 und seit 1950 im Anschluß an die Beseitigung der Kriegsschäden. Wichtigste Stücke: Der Chor wird durch den *Hochaltar* (1863 nach Entwurf von H. Wiethase, Plastiken von E. Renard; die Retabelspitze fehlt) und die 1894 z. T. über alten Resten angebrachten Wand- und Gewölbemalereien sowie das Apsismosaik von Fr. Geiges stark vom 19. Jh. geprägt. An der N-Wand ein 5geschossiges, reich skulptiertes *Sakramentshaus* von 1619. Glasfenster von J. Strater (Apsis), 1951, und P. Weigmann (Langchor), 1969. Der Choraufgang von 1734 mit dem Zugang zur Apsis zwischen seinen beiden Treppenläufen bezieht die spätgot. Querhausemporen mit den Balustraden von 1696 ein. Die Barockaltäre von 1735/36 an den östl. Vierungspfeilern werden den Kölner Bildhauern Johannes van Damm und Josef Metzler zugeschrieben. Beiderseits der Chortreppe 2 steinerne *Chorstuhlwangen* mit den Darstellungen von Engel und Teufel, im frühen 13. Jh. entstandene und z. T. neuzeitlich übergangene Plastiken von hoher Qualität, wie die Bauskulptur des Langchores aus dem Umkreis des Samsonmeisters. – Im nördl. Querhaus sind u. a. zu erwähnen die Tumba des Kölner Erzbischofs Ruprecht von der Pfalz, † 1480, darüber als Wandbild eine übermalte Anbetung der Könige, 15. Jh., sowie der Allerseelenaltar von 1699 mit einer Madonna des 15. Jh., im S-Querhaus der Sakramentsaltar von 1608 (die wohl got. Büste der Schmerzensmutter 1732 eingesetzt) und ein got. Wandbild mit dem Schweißtuch der hl. Veronika, um 1400. – Langhaus: An den westl. Vierungspfeilern stehen rechts der *Krippenaltar* mit seinem sehr lebendig gearbeiteten Aufsatz von 1622 in verschiedenfarbigem Marmor (vom Kölner Meister HK?), links der Dreikönigsaltar von 1713, mit einem Ölgemälde (Anbetung) aus der Rubensnachfolge. Die prächtige *Rokokokanzel* von 1750/60 stammt aus der alten Remigiuskirche. Der Aufsatz des Magdalenenaltars trägt ein Bild, Anfang 17. Jh., Hans von Aachen zugeschrieben. Als Gegenstück im nördl. Seitenschiff der Dreifaltigkeitsaltar von 1704, auf dem Altargemälde unter der Darstellung der Hl. Dreifaltigkeit mit den Bonner Stadtpatronen Helena, Cassius, Florentius und Malusius eine Ansicht der Stadt. Neben dem Altar der

Taufstein aus der ehem. Martinskirche aus dem 12. Jh. Ein Kunstwerk von außerordentlichem Rang ist die überlebensgroße *Bronzefigur der hl. Helena,* neuerdings als um 1630 entstandenes Werk von J. Geisselbrunn angesehen. – Im W-Chor unter der Orgelempore (Orgel von Joh. Klais, Empore und Prospekt 1965–75 von M. Gaul) sind 2 Inschriftplatten aus dem 12. Jh., die sie auf Gerhard von Are beziehen, und die um 1400 entstandene Grabplatte des Kölner Erzbischofs Engelbert II. († 1275) zu nennen. In der Apsis Glasfenster von Heinrich Campendonk (1930, 1951 erneuert).

Der architektonisch bedeutende und sehr stimmungsvolle **Kreuzgang**, bald nach 1140 unter Gerhard von Are in mehreren Etappen erbaut, hat 3 2geschossige Flügel (der N-Trakt wurde beim Neubau des Langhauses im 13. Jh. beseitigt), die dem Kapitelhaus und anderen Stiftsgebäuden einbezogen sind. Die abgeschrägten Strebepfeiler am O- und W-Flügel gehören zu den frühesten Beispielen dieser Bauform. Große Rundbogen – am S-Flügel auf frei vortretenden Säulen – fassen die Gruppen von je 4 rundbogigen Säulenstellungen zusammen. Im Oberbau nimmt die wechselvolle Reihung der rundbogigen Fenster einer Galerie die Motive des Erdgeschosses auf. Je ein Portal mit skulptiertem Bogen führt vom O- und W-Flügel in die Kirche. Die Kapitelle zeigen Palmetten, Ranken, Blätter und die Formen des Würfels und des Kelches. – Die Grabdenkmäler wurden im 19. Jh. hierher versetzt. Im 3. Joch des S-Flügels 3 Memoriensteine des 9. und 10. Jh. (früher in der Krypta).

Vor dem N-Portal des Münsters die ehem. **Gerichtssäule,** ein röm. Säulenschaft, der eine (Welt-)Kugel trägt.

Auf dem Münsterplatz das **Beethoven-Denkmal** von Ernst Hähnel, 1845.

Kath. Pfarrkirche St. Elisabeth (Schumannstraße). Die 1906–09 von L. Becker errichtete neuroman. Kirche mit Pfarrhaus und Kaplanei bedeutet im historistischen Kirchenbau Bonns einen gewissen Abschluß. Ihrem Standort in der bürgerlichen Südstadt entsprechend wurde gerade bei der (weitgehend erhaltenen) Innenausstattung an kostbaren Materialien wie Sandstein, Marmor und Mosaiken nicht gespart; der bildnerische Schmuck von Altären und Mittelschiffspfeilern verrät einigen Anspruch, der auch in der sehr vornehmen, zurückhaltenden Farbigkeit seinen Ausdruck findet.

Helenakapelle (Am Hof 32/34). Um 1150/60 errichtete roman. Hauskapelle einer ehem. Stiftskurie (Propstei?), ein kleiner kreuzgratgewölbter Raum mit tonnengewölbtem Vorchor und halbkreisförmiger Apsis. Die Reste der Wandmalereien aus dem 15. Jh. wurden 1948–54 restauriert.

● **Kath. Pfarrkirche und Minoriten-Klosterkirche St. Remigius** (Brüdergasse)

Nach der Niederlassung der Minoriten in Bonn 1274 wird der Bau der Kirche begonnen und 1317 geweiht. 3 Bauperioden sind unterscheidbar. Der ersten gehören der Chor und das Langhaus bis zum zweiten Pfeilerpaar an, der zweiten 3 weitere Joche, der dritten das W-Joch und die Fassade. Nach Aufhebung des Konvents wurde der Pfarrgottesdienst 1806 aus der abgebrochenen Remigiuskirche hierher verlegt. 1944 durch Bomben schwer beschädigt, 1950 wiederaufgebaut. Seit 1957 Minoritenkirche. Neugestaltung des Innenraumes 1957–59.

Die Kirche ist eine hochgot. 3schiffige Basilika von 6 Jochen mit langgestrecktem Chor aus 2 Jochen und ⅝-Schluß. An das nördl. Seitenschiff schließt sich nebenchorartig eine halbrunde Kapelle an; ihr entspricht an der S-Seite die Sakristei. – Äußeres. Da die Straße das W-Joch des nördl. Seitenschiffes abschrägt und so die Fassade verengt, kommt allein der Mittelteil zur Geltung. 2 hohe abgetreppte Strebepfeiler rahmen ihn ein und begleiten ein hohes Maßwerkfenster, dessen Gewände nach niederrheinischer Art auch das darunterstehende Portal umfaßt. Die Rose im Giebel von 1883 ersetzt 3 schmale spitzbogige Fenster. – Inneres. Den rechteckigen Jochen des Mittelschiffes entsprechen quadratische in den Seitenschiffen. Kreuzrippengewölbe auf kapitellosen Rundpfeilern mit Diensten decken die Schiffe. Die Strebepfeiler sind in die Seitenschiffe eingezogen und hier durch spitzbogige Blenden verbunden. Der Chor hat eine bedeutende Raumwirkung. Er trägt an seiner S-Seite eine 2teilige Spitzbogennische mit schönstem Maßwerk kölnischer Schule und 3teilige Maßwerkfenster. Die Nische im Chorschluß mit ihrem 2bahnigen Maßwerk stammt noch aus der Erbauungszeit der Kirche.

Von der älteren Ausstattung ist zu nennen die qualitätvolle hölzerne Kanzel aus dem frühen 18. Jh. (Fassung verloren), das Rokoko-Taufbecken, Marmor, mit Holzdeckel. Über dem südl. Seitenaltar Halbfigur der Madonna, Anfang 17. Jh., J. Geisselbrunn zugeschrieben. – Zu den schmerzlichen Verlusten gehört die großartige Barockorgel (1748 von Ludwig König), an der der junge Beethoven spielte.

● **Kath. Universitätskirche,** ehem. Jesuitenkirche (Bonngasse)

Erzbischof Maximilian Heinrich bestimmte in seinem Testament große Summen für den Bau einer Jesuitenkirche, der nach dem Plan des Schweizers Jakob de Candrea ab 1686 ausgeführt wurde. Die Fassade war 1692 vollendet; die Kirche wurde erst 1717 geweiht. Bei der Nachkriegserneuerung konnte 1953 die eigenartige Ausmalung aus der Erbauungszeit wiederhergestellt werden.

Die bemerkenswerte 5jochige Hallenkirche ist ein Werk des rheinischen Manierismus, der romanisierende und gotisierende Elemente mit barocken Formen vereint (ähnlich Köln, St. Mariä Himmelfahrt). 4 mächtige Strebepfeiler mit korinthischen Kapitellen gliedern die *Fassade* und tragen in der Mitte über einem verkröpften Gesims einen Aufsatz, der in einer großen barocken Blende die Statue des Salvators umfaßt. Über dem Portal hängt eine beschwingte Dekoration mit dem Monogramm Christi, dem kurfürstlichen Wappen und dem Kurhut, den 2 Putten halten. Die 2 massiven, 5geschossigen Türme mit welschen Hauben verbreitern die Fassade, die bewegt wird vom Pathos des Barock, mag sie sich auch mit Selbstverständlichkeit in die Zeile der Bürgerhäuser stellen. – Im Innern trennen schmale Gurte die höheren Rippengewölbe des Mittelschiffes von den niedrigeren der Seitenschiffe, die wie das Hauptschiff apsidial enden. In dem zusätzlichen Joch zwischen den W-Türmen ist auf Spitzbogen zwischen den Pfeilern eine Orgelempore eingebaut, die auch das folgende Jochpaar der Seitenschiffe einnimmt.

Die Einrichtung ging in der Franzosenzeit (die Kirche war damals Pferdestall) zugrunde, nur die Kanzel von 1698 und Teile des Gestühls blieben erhalten. Die Altäre (1754–56) stammen aus anderen Kirchen; den Hochaltar schuf Bartholomäus Dierix, die Nebenaltäre M. Jouanny, beide vorzügliche Hofkünstler des Fürstbischofs Clemens August.

Geblieben ist eine überraschend einheitliche Kirche, in deren Verhältnis zu dem ihr einbezogenen Altarraum die Grundordnung der mittelalterl. Hallenkirche nachwirkt.

● Das **Rathaus** (Markt), das mit seiner wirkungsvollen Fassade den gestreckt dreieckigen Platz abschließt, wurde 1737/38 nach einem Entwurf von Michel Leveilly unter Bauleitung von Roth gebaut. Über dem Sockel des Erdgeschosses gliedern kräftige Pilaster die Putzwände in 7 Achsen. Das Portal erhält Rang und Akzent durch eine doppelläufige *Freitreppe* mit dem reizenden Eisengitter des Schlossermeisters Pfeiffer, durch den Wappenaufsatz im Mansarddach und die bekrönende Uhr. Die Innenausstattung ging im 2. Weltkrieg verloren; die wiederhergestellte Schauseite ist in der gegenwärtigen Umbauung des Marktplatzes von besonderer Wirkung.

Der **Marktbrunnen,** 1777 von der Stadt zu Ehren des Kurfürsten Maximilian Friedrich errichtet, hat die Form eines Obelisken und ist mit Wasserspeiern, Festons und Medaillons verziert.

● **Kurfürstliche Residenz – Universität**

Ein festes Haus der Kölner Erzbischöfe aus dem 13. Jh., im 16. Jh. umgebaut, im 17. Jh. erweitert, wurde bei der Beschießung der Stadt 1689 zerstört. Kurfürst Joseph Clemens ließ nach den Plänen des Graubündener Baumeisters Enrico Zuccalli 1697–1702 einen Neubau in Gestalt einer 2½geschossigen Vierflügelanlage mit 4 schweren Ecktürmen um einen großen Hof und einen Ehrenhof im NO errichten. Nach seiner Rückkehr aus dem französ. Exil (1715) erteilte der Kurfürst dem Oberbaudirektor Ludwigs XIV., Robert de Cotte, den Auftrag zu völliger Umgestaltung des bereits Geschaffenen; örtlicher Bauleiter war Guillaume Hauberat.

Aus dem geschlossenen Barockbau in der Art eines italienischen Stadtpalastes wurde so durch die seitlichen Anbauten des »Neuen Quartiers« und des »Buonretiro« ein nach SO 3flügelig geöffnetes Schloß mit Blick über das einstige Festungsglacis, jetzt **Hofgarten,** zum Siebengebirge. Ein langer Galeriebau zweigte im stumpfen Winkel vom »Neuen Quartier« ab und suchte eine Verbindung über das **Michaelstor** (Koblenzer Tor) hinweg zum Rheinufer herzustellen. Das recht stattliche Tor, Sitz des Michaelordens, 2½geschossig mit doppelten Säulenstellungen, Abschlußbalustrade, Aufsatzfiguren und Dachlaterne, baute wahrscheinlich der Stadtbaumeister Michel Leveilly 1751–55. Bei dem großen Schadenfeuer 1777 brannte das Schloß fast gänzlich nieder. Die folgenden Jahre stellten die 2türmige Hofgartenseite vereinfachend wieder her; mit der neuen **Schloßkapelle** (im O-Flügel des Hauptgebäudes) schuf Johann Heinrich Roth 1779 einen frühklassizist. Raum; er diente seit 1817 dem Gottesdienst der ev. Gemeinde. Die der Stadt zugewandte Schloßhälfte blieb auf das Erdgeschoß beschränkt. 1818 bezog die neuerrichtete Friedrich-Wilhelms-Universität das Schloß. Raumnot veranlaßte 1926–30 einen Ausbau, der die Pläne Zuccallis in großen Zügen verwirklichte: die geschlossene Anlage um einen Arkadenhof und die 2 stadtseitigen Ecktürme. Die Bombenangriffe überstanden vom Hofgartenflügel, dem kunstgeschichtlich wertvollen Teil des Gebäudekomplexes, nur die Umfassungsmauern und einige Decken im Erdgeschoß. Sie sind in den Wiederaufbau, der den letzten Zustand im ganzen wiederholt, einbezogen. Dabei wurde die Kapelle unter Verwendung geretteter Stuckreste wieder als Universitätskirche hergerichtet. Auch die Fresken aus der Schule von Peter Cornelius in der *Alten Aula*, 1823–36, fielen den Bomben zum Opfer. Der prächtige Innenausbau und das Mobiliar waren schon in den Jahren um 1800 zugrunde gegangen und verschleudert worden. Die »Regina Pacis« von

Bonn. Schloßkapelle

1744 an der Hofgartenfront jedoch und die Michaelsfigur von 1730 (Original im Inneren, Kopie am alten Standort am Koblenzer Tor), beides Bleigüsse des Niederländers Willem Rottermondt, entgingen dem Feuer.

Das **Akademische Kunstmuseum,** vormals Alte Anatomie (Am Hofgarten 21), wurde 1824/25 nach einem von Schinkel korrigierten Plan Fr. Waesemanns erbaut. Flache Trakte umgeben einen mittleren Rundsaal, der von einem hohen, durchlichteten Tambour überragt wird. Spätere Anbauten beherbergen das **Archäologische Institut.** – Der heutige cremefarbene Anstrich stört etwas den Eindruck.

Universitätsbibliothek (Adenauerallee 39–41), 1957–60 von Fr. Bornemann und P. Vago. Im Garten Plastiken von O. H. Hajek und H. Arp.

Juridicum (Adenauerallee 24–42), 1963–67 nach einem Entwurf des Staatshochbauamtes der Universität. Wandmosaik von V. Vasarely.

Die Adenauerallee (bis 1967 Koblenzer Straße), im 19. Jh. die bevorzugte Straße des begüterten Bonn, ist heute Zentrum der Bundeshauptstadt. Die **Villa Hammerschmidt,** 1863–65 erbaut, ist Sitz des Bundespräsidenten. Das 1858–60 gleichfalls in Renaissanceformen errichtete **Palais Schaumburg** wurde Amtssitz des Bundeskanzlers. Im Park der **Kanzlerbungalow,** 1963/64 von Sep Ruf.

Das **Bundeskanzleramt,** 1976 von der Planungsgruppe Stieldorf gebaut, ist eine weitläufige Anlage aus 4 3stöckigen Trakten, die durch Querbauten verbunden sind und 2 Innenhöfe umschließen. Alle Außenwände sind mit schwarzem Aluminium verkleidet. – Davor, als Kontrapunkt zu dieser »architecture brute«, die monumentale Bronzeplastik »Large Two Forms«, ein Werk von Henry Moore (1964).

Baukünstlerischen Rang hat das am Rhein gelegene **Bundeshaus.** Den Kernbau schuf Neuhaus 1930–33 als Pädagogische Akademie. Die klare, in den einfachen Verhältnissen von Wand, rechtem Winkel und gut geschnittenen Fenstern wirkende Architektur zeigt die überdauernde Kraft des Bauhaus-Stils. Der Erweiterungsbau, in dem Hans Schwippert 1949 vor allem dem Sitzungssaal Raum gab, greift diese Bauweise verwandelt auf, lockert sie mit den Erfahrungen, die das neue Bauen inzwischen sammelte, und löst die Bauaufgabe des Parlamentshauses funktional und zugleich baukünstlerisch. Der N-Flügel des Gebäudekomplexes, der dem Bundesrat dient, hält sich nicht auf diesem architektonischen Niveau.

Als Ergänzung baute Egon Eiermann 1969 das **Abgeordnetenhaus,** ein Arbeits- und Wohngebäude für die Mitglieder des Bundestages, 1979/80 ergänzt durch einen freistehenden Treppenturm aus Beton.

Unter den Neubauten für Ministerien fällt das **Auswärtige Amt** durch eine einfache, bündig-klare Architektur auf.

Stadthaus (Münsterstraße). Als gestuftes Turmhaus 1973–78 von der Stuttgarter Architektengruppe Erwin Heinle, Robert Wischer und Partner gebaut als »Trutzburg aus Beton und Glas«, aber für die architektonische Umwelt zu groß und mächtig geraten.

Die **Kaiserpassagen** zwischen Martinsplatz und Kaiserplatz, bis 1978 von D. Klose (Mitarbeiter M. Vahlert) errichtet, sind ein gelungenes Beispiel für eigenständige moderne Architektur in historischer Umgebung und an städtebaulich empfindlicher Stelle (gegenüber dem Münster und in der Nähe der ehem. Residenz). Die Bauaufgabe einer Ladenpassage wurde hier mit den architektonischen Mitteln unserer Zeit auf glückliche Weise gelöst, ohne die Vorbilder des 19. Jh. zu leugnen.

Beethovenhalle. Die 1959 von Siegfried Wolske gebaute Halle ist ein Mehrzweckbau, der im großen Saal und in 3 Nebensälen, in Bühnenbauten und Restaurant musikalischen Ereignissen und Versammlungen dient. In einer dynamischen Architektur hohen Ranges wird das Bauprogramm schön und zweckmäßig erfüllt.

Stadttheater, typischer Betonbau der »architecture brute«, 1965 von Klaus Gessler und Wilfried Beck-Erlang verwirklicht.

Das **Haus Radermacher,** heute **Postgebäude** (Münsterplatz), wurde 1751–53 vom Stiftsdechanten Radermacher errichtet.

An der Reuterstraße entstand 1949–52 nach einem Plan von Max Taut ein **Wohnviertel,** das erste größere Bauvorhaben der Stadt nach dem 2. Weltkrieg.

Beethovenhaus (Bonngasse 18–20). Das bürgerliche Anwesen, im Anfang des 18. Jh. errichtet, zeigt der Straße ein repräsentatives Vorderhaus. Dem Hof wendet es einen bescheidenen Flügelbau zu. In ihm erblickte Ludwig van Beethoven 1770 das Licht der Welt. Das Haus dient seit 1889 als **Beethoven-Museum** (s. d.).

Ernst-Moritz-Arndt-Haus (Adenauerallee 79). Das Wohnhaus, das E. M. Arndt sich 1819 durch Fr. Waesemann, den Architekten des Berliner »Roten Rathauses«, erbauen ließ und in dem er 1860 starb, ist als **Arndt-Museum** eingerichtet. – Erinnerungsstücke an Arndt sowie alte Ansichten der Stadt Bonn und romantische Rheinlandschaften.

Alter Friedhof (Bornheimer Straße) •

Der Alte Friedhof, 1715 eröffnet und von J. P. Lenné im 19. Jh. geformt, gibt in seinen Gräbern einen Begriff des Ranges, den Bonn im Geistesleben des 19. Jh. hatte. Auf ihm ruhen u. a. Ernst Moritz Arndt, August Wilhelm v. Schlegel (Bronzerelief von Ernst v. Bandel), Robert und Clara Schumann, Karl

Bonn. Alter Friedhof. Adolf v. Donndorf: Grabmal Robert Schumann

Simrock, Adele Schopenhauer, Beethovens Mutter, Schillers Gattin Charlotte und sein Sohn Ernst, B. G. Niebuhr (Grabmalentwurf von Schinkel), Sulpiz Boisserée (mit einem Bild des Antlitzes Christi von Chr. D. Rauch) und Melchior Boisserée.

Friedhofskapelle

Sie stand ursprünglich als Deutschordenskapelle zu Ramersdorf am Fuße des Siebengebirges. Zwischen 1225 und 1250 erbaut, verfiel sie im Laufe der Zeit und sollte 1844 abgebrochen werden. Es gelang J. C. v. Lassaulx aber, sie Stein für Stein nach Bonn zu übertragen und hier auf dem Alten Friedhof wiederaufzubauen, wenn auch unter Verlust der Wandmalereien und des Turmes.

Sie ist ein 3schiffiger Hallenbau mit 3 × 3 Jochen (in dieser Zeit im Rheinland einzigartig), einem 5seitigen, innen runden Chorabschluß und 2 kleinen 3seitigen, innen ebenfalls runden

Bonn. Alter Friedhof. Friedhofskapelle

Nebenchören. Der turmlose Bau erreicht mit Mitteln der roman. Kunst eine schon got. Leichtigkeit und Anmut. – Außen sind an allen Kanten Lisenen angesetzt, oben durch einen umlaufenden Dreipaßfries verbunden. Auf jeder Langseite brachte Lassaulx 3 neue Vierpaßfenster an, wie im Mittelchor, in den Seitenchören je ein schlankes rundbogiges Fenster. Das Portal setzte er von der S- an die W-Seite. – Im Inneren tragen freistehende schlanke Säulen mit Schaftringen in der Mitte die Gurte und Rippen des Gewölbes.

Die wichtigen Deckengemälde (um 1300) sind in Nachzeichnungen erhalten. Die neuen Glasgemälde entwarf Georg Meistermann.

Von der um 1245 geschaffenen **Stadtbefestigung** stehen nur noch geringe Reste; die des **Sterntors** (im W) wurden an etwas anderer Stelle neben einem alten Halbturm wieder aufgerichtet. (Dabei vor dem Krieg eine roman. Säule, die das Stadtwahrzeichen, das sog. **»Wölfchen«**, trug, in Wirklichkeit einen Löwen, der einen Eber geschlagen hat [roman. Nachbildung einer röm. Skulptur]. Dieses Bildwerk ist auf dem ältesten Stadtsiegel dargestellt.) – Der sog. **»Alte Zoll«,** der die schönste Rhein-Aussicht bietet, ist aus einer starken Bastion des 17. Jh. entstanden.

Das **Ernst-Moritz-Arndt-Denkmal** (Alter Zoll), 1865 von B. Afinger.

Friedrich-Ebert-Brücke (Nordbrücke). 1964–67 nach einem Entwurf von Hellmut Homberg errichtete Schrägseilbrücke von 520 m Gesamtlänge bei einem Abstand der Pylone von 280 m. Die verhältnismäßig dünnen Seile sind fächerartig in einer vertikalen Ebene übereinandergespannt, weshalb dieses sehr elegante Bauwerk im Volksmund den treffenden Namen »Luftharfe« erhielt.

Bad Godesberg

Die Heilquelle war schon den Römern bekannt. Der letzte Kölner Kurfürst Max Franz errichtete 1790 eine Brunnen- und Badeanlage. Seit dem Ende des 19. Jh. großer Zuzug meist wohlhabender Bürger, was zur Entstehung des Godesberger Villenviertels führte. Seit 1926 die Bezeichnung Bad, erst 1935 Stadtrechte. 1969 Bonn eingemeindet.

Die **ev. Christuskirche,** 1953/54 von Otto Bartning und Otto Dörzbach, ist Mitte eines kirchlichen Bezirkes, der das Gemeindehaus und einen Kindergarten in den Schatten des Kirchturmes holt. Auf einem Grundriß, der aus Dreiecken und Trapezen gebildet ist, errichtete Bartning mit Betonstützen, Glaswänden und hölzernen Decken ein bewegtes Zelt Gottes.

Kath. Pfarrkirche St. Evergislus (Hardtstraße/Auerhofstraße), 1870 von Vincenz Statz.

Kath. Pfarrkirche St. Marien (Burgstraße), 1860 von Vincenz Statz, 1894 im O von Franz Statz erweitert.

Godesburg

Röm. Funde und der germanische Name deuten darauf hin, daß der Berg eine röm. und später germanische Kultstätte war (Godesberg = Wodansberg). Der Kult ging in christlicher Zeit auf St. Michael über, dem schon früh eine Kapelle geweiht war. Der Kölner Erzbischof Theoderich I. von Hengebach begann 1210 während des Kampfes, in den er durch seine Parteinahme für Otto IV. geraten war, den Bau der Burg. Eine elliptische Ringmauer umgab das Hochschloß. Auf der N-Seite lag der Palas. Um 1244 erstand unter Konrad von Hochstaden, dem ersten Bauherrn des neuen Kölner Domes, in der Mitte des Burghofes der runde Bergfried, der in 17 m Höhe mit einem Kranz von spätroman. Kragsteinen abschloß. Um 1340 wurde er um weitere 11 m erhöht und nun mit hochgot. Kragsteinen bekrönt. Gleichzeitig erweiterte man die Befestigung durch einen Vorhof und bezog die Michaeliskapelle ihrem Bering ein. Die Burg blieb fast 250 Jahre ein Lieblingssitz der Kölner Erzbischöfe. Im Kampf zwischen Gebhard Truchseß und dem Herzog Ferdinand von Bayern unterminierten die Belagerer die uneinnehmbare Burg und sprengten sie am 17. Dezember 1583 in die Luft. Die ganze N- und O-Seite stürzte ein. Seither ist die Godesburg Ruine, die den einstigen Bau in seinen Grundzügen und seiner Baugeschichte aber noch erkennen läßt.

Zur ältesten Anlage gehören der **Palas,** der mit ihm durch einen runden Treppenturm verbundene kurfürstliche **Kammerbau** und der Unterbau des **Hochschlosses.** Der Palas war ursprünglich 1geschossig unter einfachem Satteldach; um 1340 wurde er wie der Bergfried erhöht. Das Wagnis des bewußt modernen Ausbaus zu einem Restaurant durch G. Böhm, 1960, ist geglückt.

Von der **Vorburg** sind nur geringe Reste zu sehen. Die **Michaelskirche,** die in ihrem Bering lag, hat einen roman. Chorabschluß vom Anfang des 13. Jh. Das barocke Langhaus wurde 1697–99 im Auftrage des Kurfürsten Joseph Clemens erbaut, der die Kapelle zum Oratorium für die von ihm gegründete Michaelsbruderschaft und den Michaelsorden bestimmte.

Die reiche Stuckdekoration stammt von Giovanni Pietro Castelli. Prächtig ist der barocke *Hochaltar* mit seinem breit ausladenden Aufbau, dem geschweiften durchbrochenen Giebel und dem vergoldeten Standbild des hl. Michael.

Das **Kurhaus Redoute,** um 1780–90 für den letzten Kölner Kurfürsten Max Franz erbaut von Martin Leydel, von dessen Sohn Adam Franz Friedrich um 1820 vollendet, besteht aus einem durch Pilaster gegliederten Mitteltrakt mit einer Attika und 2geschossigen Nebenbauten mit Mansarddächern. Im Inneren der noble sog. *Beethoven-Saal* in englischer Stilattitüde. (Nach Restaurierung und Umbau 1976 wiedereröffnet.) –

Das schmiedeeiserne **Parkgitter** von 1754 stammt vielleicht aus dem Kölner Jesuitenkolleg.

Neben der Redoute das **Hoftheater,** 1790–92 errichtet und 1861 umgebaut. – Daran anschließend die **ehem. Logierhäuser** des Badeortes, Ende 18. und Anfang 19. Jh.

Außerhalb des eigentlichen Godesberger Villenviertels (zwischen der Ubierstraße und der Bahnlinie) stehen mehrere qualitätvolle **Villen,** von denen folgende hier erwähnt seien: die **»Stella Rheni«** (Petersberger Straße), der 1890–93 erbaute Sommersitz des Freiherrn Karl von der Heydt, die **Villa Cahn** (Büchelstraße), 1867–72 in noblen neugot. Formen von Edwin Oppler errichtet, und **Haus Carstanjen,** jetzt **Finanzministerium** (Von-Sandt-Ufer), 1892 von August Hartel und Skjold Nekkelmann, mit einem Kuppelbau als Mausoleum.

Friesdorf

Die **Burg,** Turmhof genannt, stammt in ihrem Baukörper aus dem 12. Jh. Fenster und Freitreppe wurden im 18. Jh. verändert. Im 2. Weltkrieg erlitt der Bau schwere Schäden. – Sehr beachtenswert ist das *Hochkreuz*, von dem die Sage erzählt, daß es der Ritter Heinrich von Drachenfels als Sühne für einen Brudermord errichtet habe. In Wahrheit wurde es von Bischof Walram (1332–49) gesetzt und von Kölner Domsteinmetzen geschaffen. 1859 erneuerte der Kölner Dombaumeister E. Fr. Zwirner den 11 m hohen Pfeiler.

Graurheindorf

Rheindorfer Burg. Die seit 1131 als Lehen des Bonner Cassiusstiftes genannte Burg wurde um 1755 wohl von M. Leveilly neu erbaut.

Impekoven

Kath. Pfarrkirche St. Maria Verkündigung, 1967–69 von G. Böhm.

Limperich

Kath. Pfarrkirche Hl. Kreuz. Die mit Ziegel verblendete Vierkonchen-Anlage über dem Grundriß eines griechischen Kreuzes wurde 1966/67 von A. v. Branca erbaut.

Muffendorf

Seit karolingischer Zeit gab es in Muffendorf eine königliche Villa; 1254 in den Besitz des Deutschritterordens übergegangen.

Alte kath. Martinskirche. Die 912 erwähnte Kapelle der königlichen Villa, 888 zuerst genannt, wurde im 12. Jh. neu erbaut als Saal mit flacher Decke, kreuzgratgewölbtem Chorjoch und halbrunder Apsis. Nicht lange nach seiner Vollendung trat ein nördl. von einem Quergiebel mit Kleeblattfenster überhöhtes Seitenschiff hinzu, in das seitdem der Haupteingang führt. Die urspr. Doppelarkade zwischen Haupt- und Nebenschiff ersetzte der Umbau von 1746 durch einen weiten, ungeteilten Bogen. Von der Barock-Ausstattung des Gotteshauses nach Erringung der pfarrechtlichen Unabhängigkeit von Mehlem, Anfang des 17. Jh., stammen die beiden Seitenaltäre (bez. 1643); der Hochaltar kam im Rokoko dazu. Reizvoll ist die dörfliche Lage des Kirchleins, dessen Außenanstrich (1934) sich an die alte Farbgebung rheinischer Kirchen aus roman. Zeit anlehnt. Letzte Instandsetzung 1970 abgeschlossen.

Von der 1254 gegründeten **Deutschordenskommende** steht noch das 2geschossige Herrenhaus mit Mansarddach von 1760, heute Sitz der Königlich Belgischen Botschaft.

Königlich Niederländische Botschaft (Sträßchensweg), 1962–64 von E. van Dorp.

Siedlung Muffendorf, eine 1952 von Sep Ruf unter Mitarbeit der Gartenarchitekten Mattern und Raderschall gebaute Wohnsiedlung.

Oberkassel

Fürstlich zu Lippesches Landhaus, 1764 nach Plänen von J. C. Schlaun errichtet. Vornehm wirkende Anlage, bestehend aus einem 1geschossigen Herrenhaus und ursprünglich 2 winkelförmigen Flügelbauten, von denen sich nur der im 19./20. Jh. veränderte linke Flügel erhalten hat. Der Hof wird zur Straße hin von einer Mauer geschlossen. – Zugehörig ein großer **Park.**

Poppelsdorf

Wallfahrtskirche auf dem Kreuzberg

1429 wird zum ersten Mal von der Verehrung eines Kreuzes auf dem Kreuzberg urkundlich berichtet. Ältester steinerner Zeuge dieser Verehrung ist ein 1616 datierter Bildstock an der Straße nach Ippendorf. Eine Reihe von Prozessionswegen mit verschiedenen Stationen, die von den umliegenden Ortschaften heraufführen, zeigen die Beliebtheit dieses Wallfahrtsortes. Die heutige Kirche ließ Erzbischof Ferdinand 1627/28 von Christoph Wamser, dem Architekten der Jesuitenkirchen in Köln und Molsheim (Elsaß), errichten. 1637 holte Ferdinand Serviten aus Innsbruck und baute ihnen einen kleinen Konvent. Nachdem die Kirche 1714 restauriert worden war, stattete sie Erzbischof Clemens August 1746–57 neu aus und errichtete auch das »Haus des Pilatus« mit der »Heiligen Stiege«, dessen Planung Balthasar Neumann zugeschrieben wird. Nach der Säkularisation waren 1855–72 Jesuiten, 1889–1969 Franziskaner auf dem Kreuzberg ansässig. Heute beherbergt das Kloster eine internationale Begegnungs- und Bildungsstätte. – 1978/79 wurde das Äußere von Kirche und Kloster neu gefaßt.

Der schlichte, kreuzförmige Bau mit 3seitigem Chor, seitlichen Kapellen und W-Turm bewahrt im Inneren eine schöne Barock-Ausstattung

(1956–59 restauriert): Aus der Zeit des Kurfürsten Ferdinand stammen das Gestühl, die Aufbauten der Seitenaltäre (Altarblätter heute 19. Jh.), eine Kopie des Verkündigungsbildes aus der Servitenkirche SS. Annunziata in Florenz sowie ein Vesperbild aus der als wundertätig angesehenen Eiche von Foy-Notre-Dame in Belgien, das Ferdinand um 1628 wohl von Hans Krumpper anfertigen ließ. Der Orgelprospekt entstand während der Restaurierung 1714. – Von besonderem Wert sind die von Clemens August gestifteten Teile der Ausstattung. Neben den leider wenig gut erhaltenen Malereien in Chor und Gewölbe, 1751/52 von Johann Adam Schöpf, der *Hochaltar* und die *Kanzel,* 1747–50, beides Werke der Stukkateure Martin Hörmannstorffer aus München sowie den Wessobrunnern Ignatius Finsterwalder und Jakob Rauch. Auf dem Hochaltar, dessen Tabernakel 1958 nach alten Fotos rekonstruiert wurde, eine Skulptur der hl. Helena, 1756 als verkleinerte Kopie der Figur im Bonner Münster von Willem und Hendrik Rottermondt in Blei gegossen und vergoldet. Unter dem Wappen von Clemens August wird das Fenster des Oratoriums sichtbar, von dem aus der Kurfürst und Erzbischof am Gottesdienst teilnahm.

● **Heilige Stiege.** 1746–51 vor dem Chor der Kirche angesetzt, birgt dieses als »Haus des Landpflegers Pilatus« bezeichnete Gebäude außer der Nachbildung der Scala Sancta in Rom ein Heiliges Grab, eine Geburtsgrotte, eine Kapelle und das oben erwähnte Fürstenoratorium. Die von einer Laterne bekrönte, 2geschossige und 3achsige Fassade ist durch Pilaster gegliedert. Auf einem Altan über dem mittleren der 3 Portale erscheint der Schmerzensmann zwischen Pilatus und einem Kriegsknecht (Kopien, wie auch die Ziervasen mit Leidenswerkzeugen; die Originale im Landesmuseum). Vorbilder für diese Fassadenkomposition waren Bauten in Wien (Heilige Stiege, ehem. Minoritenkirche) und Prag (Heilige Stiege der Augustinerkirche in Karlov). Die Stuckarbeiten stammen von Martin Hörmannstorffer, Ignatius Finsterwalder und Jakob Rauch, die Fresken, die nur am Heiligen Grab noch gut erhalten sind, sonst aber 1957 restauriert und stark ergänzt wurden, von Johann Adam Schöpf.

Clemensruhe, ehem. kurfürstliches Schloß, heute **Botanisches Institut** der Universität

Der Plan, die Bonner Residenz mit der alten Wasserburg, die in den Kriegen des 16. und 17. Jh. weitgehend zerstört worden war, durch eine großzügige Alleeanlage zu verbinden, wird bereits 1704 von Kurfürst Joseph Clemens erwogen. Zum Neubau des Schlosses läßt er 1713 einen ersten Plan durch den französischen Architekten Robert de Cotte ausarbeiten. Ein neuer Entwurf für den 1715 begonnenen Bau erfolgt 1718 durch Guillaume Hauberat, der 2 Jahre vorher B. de Fortiers in der örtlichen Bauleitung abgelöst hatte. Nach langer Unterbrechung durch den

Tod des Kurfürsten (1723) wird die erste »französische« Bauepoche durch eine zweite »fränkische« abgelöst. 1744 erhält Balthasar Neumann von Clemens August den Auftrag zur Fortführung der Arbeiten, die vor allem der Ausstattung und dem Schloßgarten gewidmet und 1756 vollendet sind. Die entscheidende Leistung de Cottes ist die Wahl des runden Innenhofes. Damit stößt er unmittelbar vom »Spätbarock« in die neue Stilbildung des Dixhuitième vor. 1978/79 wurde das Äußere nach alten Ansichten neu gefaßt.

Das Lustschlößchen Clemensruhe, das durch die erhaltene Allee mit dem damals neu erbauten Buonretiro des Stadtschlosses in axialer Beziehung steht, gehört zu jenen barocken Anlagen, bei denen die Lage der Vorgängerbauten, Muster fürstlicher Bauvorbilder und die Vorstellungen der Zeit von Herrschaft, höfischem Leben und Kunst in der schöpferischen Idee eines Baumeisters zu einer großartigen architektonischen Gestalt zusammenwirkten. Da das Schloß im 2. Weltkrieg fast zur Hälfte zerstört wurde und der vereinfachende Wiederaufbau (bis 1959, dabei u. a. der 1geschossige N-Flügel 2geschossig erhöht) der rhythmischen Lebendigkeit im Wechsel der Geschoßhöhen und Dachformen über einem leicht variierten Kranz rundbogiger Erdgeschoßfenster Eintrag tat, ist eine Vorstellung von der geistreichen Anlage nur schwer zu gewinnen. Bewahrt blieb die 4flügelige Ordnung um einen inneren Rundhof mit rundbogigem Arkadenumgang und entsprechender Plattform darüber.

Von der einst glanzvollen, seit 1818 schon weitgehend verlorenen Ausstattung blieben nicht einmal mehr erinnernde Reste. Sowohl die 1746 geweihte Kapelle als auch der berühmte Muschelsaal (vgl. Brühl, Falkenlustkapelle), den Pierre Laporterie 1746–53 schuf, ist vernichtet.

Der barocke Zier- und Nutzgarten erfuhr im 19. Jh. eine Umgestaltung im englischen Landschaftsstil zum **Botanischen Garten** der Universität.

Universitätsinstitute

An der Meckenheimer Allee und der von ihr abgehenden Nußallee, einer ursprünglich bis Brühl geplanten Barockachse, schließen sich in der Nähe des Poppelsdorfer Schlosses mehrere Institutsgebäude zu einer eindrucksvollen Gruppe zusammen, u. a. an der Nußallee die **Neue Anatomie,** 1867–72 von August Dieckhoff und Jacob Neumann, an der Meckenheimer Allee das **Institut für Kartographie** von 1890, das sog. **Direktionsgebäude der Landwirtschaftlichen Fakultät,** 1850–52 nach einem Entwurf von E. Fr. Zwirner errichtet, sowie das **Institutsgebäude der Landwirtschaftlichen Fakultät,** 1866/67 von Schubert (Hörsaalanbau 1913/14). Wichtigstes Gebäude dieser Gruppe ist das **Chemische Institut,** 1864–67 von A. Dieckhoff nach einem Programm des neu nach Bonn berufenen Chemikers Hofmann als größtes und modernstes Institut seiner Zeit errichtet. Der repräsentative 4flügelige Bau mit kreuzförmig angelegten Innentrakten verrät in seiner architektonischen Anlage wie auch im antikisierenden Detail höchsten Anspruch. In dem Obergeschoß des besonders prächtig gestalteten Flügels zur Meckenheimer Allee war die Wohnung des Institutsdirektors untergebracht (12 Fensterachsen ohne die Seitenrisalite!); der Eingang zu den Arbeitsräumen liegt an der Seite. – Vor dem Institut ein **Denkmal für August Kekulé von Stradonitz,** 1903 von Hans Everding.

Der Entwurf P. J. Leydels für die 1840–45 erbaute **Sternwarte** (Poppelsdorfer Allee), ein in Backstein aufgeführtes, ganz von seiner Funktion bestimmtes Gebäude, wurde von Schinkel korrigiert und umgestaltet.

Ramersdorf

Ehem. Deutschordenskommende (Kommendeweg, heute unmittelbar an einem Autobahn-Kleeblatt gelegen)

Die Niederlassung des Ordens wurde 1220/30 gegründet. Der weitgehende Neubau aus der Zeit des Kurfürsten Clemens August, der auch Hochmeister des Ordens war, blieb im wesentlichen erhalten, obwohl die Kommende 1802 säkularisiert wurde, 1842 Brandschäden erlitt und mehrmals, zuletzt 1885 von Wilhelm Hoffmann für den damaligen Besitzer Oppenheim, um- und ausgebaut wurde. Nach umfassender Restaurierung ist auch das Innere zugänglich.

Bei den Umbauten des 19. Jh. im Sinne der rheinischen Burgenromantik wurde der Barockbau neugotisch ummantelt und mit einer bewegten Dachlandschaft versehen sowie durch Türme zu beiden Seiten, im O schließlich noch um einen Trakt über dem roman. Portal erweitert.

Die an der Rückseite sich anschließenden **Wirtschaftsgebäude** gehören ebenfalls dem 19. Jh. an.

Aus der Gründerzeit der Kommende stammt noch das ursprünglich freistehende **roman. Portal** mit der daneben angeordneten **Fußgängerpforte**. Die aus der gleichen Zeit stammende **ehem. Kapelle** wurde 1846 auf den Alten Friedhof in Bonn übertragen (s. d.).

Schwarzrheindorf

● **Kath. Pfarrkirche St. Klemens,** ehem. Burgkapelle, dann Stiftskirche

Dem röm. Castrum Bonn gegenüber auf leichter Anhöhe am Rhein stand an der Stelle der Kirche vermutlich eine röm. Wachstation, die den Rheinübergang sicherte. Nachdem der Platz als fränkische Siedlung und Friedhof gedient hatte, kam er in den Besitz der Grafen von Wied. Graf Arnold von Wied, später Erzbischof von Köln, baute sich auf ihm eine Burgkapelle, geweiht am 24. April 1151. Von der Weihe berichtet die Inschrift einer Kalksteinplatte hinter dem Hochaltar der Unterkirche. 5 Jahre später wird Arnold in der Kirche beigesetzt. Noch zu seinen Lebzeiten hatte er sie seiner Schwester Hedwig vermacht, die vor 1173 ein

Bonn. Schwarzrheindorf. St. Klemens

Benediktinerinnenkloster einrichtet. Sie erweitert die Hauskapelle durch einen westl. Nonnenchor. Nach verschiedenen Beschädigungen im Laufe der Jahrhunderte läßt Kurfürst Clemens August 1747–52 die Kirche wiederherstellen, neu einrichten und mit neuen Dächern versehen. Das Kloster, seit dem späten Mittelalter ein freiweltliches Stift, wird 1803 säkularisiert. Die Kirche bleibt erhalten, dient aber als Stall und Scheune. 1832 wird das Obergeschoß, 1865 auch das Untergeschoß dem Gottesdienst zurückgegeben. 1902 Wiederherstellung mit Neubauten am W-Flügel. Bei der 1973 abgeschlossenen äußeren Renovierung wurde eine farbige, auf historische Vorbilder zurückgehende Außenfassung angebracht.

Der verhältnismäßig kleine Bau gehört zu den schönsten Werken der roman. Architektur. Maß und Gelassenheit und Adel der Form geben ihm eine Monumentalität, die nicht durch äußere Größe, sondern durch innewohnende Würde bis in die Einzelheiten von Säule, Kapitell und Rundbogen überzeugt. Eine Wandmalerei gleichen Geistes tritt hinzu und vollendet den Raum im Sinn der Erbauungszeit. – Die Kirche ist eine Doppelkapelle, ein roman. Bautyp, der als Burgkapelle weit verbreitet ist und an den Aufbau der Pfalzkapelle in Aachen und der karoling. Westwerke erinnert. 2 übereinanderliegende Räume sind in der Mitte durch eine 8eckige Öffnung verbunden. Die Oberkirche war bei den Gottesdiensten dem Burgherrn vorbehalten, die Unterkirche der Platz für das Gefolge. Der Grundriß zeigt einen Zentralbau mit 4 Kreuzarmen, deren westlicher durch die Äbtissin Hedwig langhausartig um 2 Joche verlängert wurde. Die 4 Arme schließen innen halbkreisförmig; außen endigt nur der östl. Chorarm in einer Apsis, die anderen rechteckig. Die Mauer der Unterkirche hat eine Stärke von 2,80 m, die der Oberkirche von 1,20 m; sie tritt außen zurück und schafft so den Raum für die umlaufende Zwerggalerie.
In der Außen-Ansicht hat der Hedwigsbau, der sich hier, wie auch innen, deutlich abhebt, die ursprünglich zentrale Geschlossenheit des O-Baues beeinträchtigt. Dieser baut sich in 3facher Steigerung auf: Über der ungegliederten Mauermasse des Untergeschosses und der Zwerggalerie erheben sich, nach allen Seiten ausstrahlend, die gegliederten Oberwände des Langhauses und der Kreuzarme. Aus ihrer Mitte steigt der viereckige Turm auf, mächtig und zugleich zart gegliedert. Unter Äbtissin Hedwig wurde sein oberstes Geschoß hinzugefügt, der überschlanke Helm ist gotisch. Die Zwerggalerie, die älteste am Niederrhein, führt um den ganzen älteren Bau und tritt wieder an der W-Seite auf. Ihre Rundbogen ruhen auf

Pfeilern, gekuppelten und einfachen Säulchen. Die Kapitelle sind von köstlicher Mannigfaltigkeit. Vom einfachen Würfelkapitell bis zum reichsten Blattkapitell treten alle erdenklichen Formen auf, in besonderer Schönheit die Tiermotive: hokkende Affen, verschlungene Drachen, Adler, Löwen, Widder und Fabeltiere. – Ein Portal am nördl. Kreuzarm führt ins Innere. Der Raum der *Unterkirche* wirkt gedrängt, fast höhlenartig; er endet in Apsiden, in die kleine Nischen eingetieft sind. Die zentralisierende Raumtendenz wird bestärkt durch die Öffnung im kuppeligen Gewölbe.

Die roman. *Wand- und Deckenmalerei* stellt in einem umfangreichen theologisch-symbolischen Programm die Visionen Ezechiels dar. Durch ornamental geschmückte Gurte und Grate getrennt, bilden die Gewölbekappen jede für sich eine geschlossene Einheit und in ihrer Folge dennoch ein Ganzes von dramatischer Gewalt und zugleich großer Raumwirkung. Der Zyklus beginnt im östl. Kreuzarm mit der Berufung des Propheten und setzt sich fort im südl. Kreuzarm mit der Offenbarung Gottes über das Schicksal der Juden, im westlichen mit der Abgötterei und im nördlichen mit dem Strafgericht. Die 4 Felder der Vierung stellen die Weissagungen vom Neuen Jerusalem dar. Die Visionen deuten sinnbildlich auf das Leben und Leiden Christi; daher erscheinen in der O-Apsis (Medaillon) der Salvator und die Evangelisten. In der nördl. Apsis ist die Kreuzigung dargestellt, in der südl. die Verklärung auf dem Berge Tabor, in der westl. die Austreibung aus dem Tempel. In den Fenstergewänden des westl. Kreuzarmes erscheinen die Tugenden als gepanzerte Frauen, in den kleinen Nischen sitzen alttestamentliche Könige, die Vorfahren Christi. Die *Oberkirche* enthält Malereien im östl. Kreuzarm und in der Apsis: das himmlische Jerusalem mit dem apokalyptischen Lamm inmitten der Auserwählten; der Himmelskönig mit den Evangelistensymbolen, zu seinen Füßen die Stifter Arnold und Hedwig. Die Bilder sind mit dünner roter, gelber und grauer Kalkfarbe auf stumpfem blaugrünem Grund gemalt, nachdem vorher mit Rötel und Goldocker die Vorzeichnung auf den feuchten Putzgrund aufgetragen war. – Die Malereien in der Unterkirche wurden um 1151 ausgeführt, die in der Oberkirche um 1170. Obwohl die Malerei beschädigt ist und Teile in der Unterkirche 1854 von Christian Hohe erneuert wurden (seine eigenen Wandgemälde sind in der O-Apsis erhalten, im übrigen hat man 1935/36 die Übermalungen entfernt), blieb hier das Werk des bedeutendsten rheinischen Malers im 12. Jh. erhalten. Die umfangreichen, symbolisch aufgebauten Bildprogramme roman. Malerei werden für uns in einem großen Beispiel sichtbar; die Einheit von Malerei und Architektur erweist ihre Möglichkeiten. Was die roman. Malerei zu sagen hat, sagt sie in der Gestalt des Menschen. Sie wird in Schwarzrheindorf bedenkenlos dem Gefüge der Wände, Gewölbe und Nischen untergeordnet, verliert dabei aber nichts von ihrer Ausdruckskraft, da sie nicht mehr in den scherenschnittartigen Farbflächen der salischen Zeit auf der Wand liegt, sondern schon von jener schönen Körperfreude belebt wird, die wir auch am Außenbau der Kirche beobachten. Bild und Bauwerk wachsen aus gleichem Geist und gleicher Form. – In der Ausstattung finden wir ein gutes holzgeschnitztes Standbild der Muttergottes, eine schwäbische Arbeit des frühen 17. Jh. (aus der Bonner Minoritenkirche), und in der Oberkirche ein ausgezeichnetes Orgelwerk des beginnenden 18. Jh. Neue Chorausstattung von Hans Schwippert.

Vilich

Kath. Pfarrkirche St. Peter, ehem. Benediktinerinnenklosterkirche

Um 983 wird das Kloster der Benediktinerinnen gegründet; 1488 verwandelt es sich in ein freies Damenstift, das 1803 aufgehoben wird. Der erste Kirchenbau auf diesem Platz ist eine Kleinkirche auf einem fränkischen Friedhof des 6. und 7. Jh. Ihr folgt eine Saalkirche mit rechteckigem Altarraum, die als erste Abteikirche anzusehen ist. Sie wird zu einer 3schiffigen Basilika mit Querschiff, Chor und Krypta ausgebaut.

Von der Pfeilerbasilika des 11. Jh. konnte der Wiederaufbau um 1640 die Pfeiler- und Bogenstellungen des 9 m breiten Mittelschiffes benützen. Man wölbte sie neu ein und restaurierte sie wie das Querhaus. – W-Front und Turm wurden erneuert. Dem reizvollen Adelheids-Chörchen des 13. Jh., an der S-Seite gelegen, gab man an der N-Seite im Magdalenen-Chörchen ein Gegenstück des 17. Jh. Querschiff und Chor wurden um 1290 in den erlesenen Formen der got. Kölner Bauschule (vgl. Siegburg, St. Servatius) errichtet. An das Querschiff schließen sich nach O 3 Apsiden aus 5 Seiten des Achtecks an, die mittlere als Hauptchor von doppelter Höhe und um ein vorgelegtes rechteckiges Joch verlängert. Die 2teiligen Fenster und die Strebepfeiler sind schlicht gehalten.

Von der Ausstattung verdienen der ornamentierte Taufstein (um 1300) und ein frühroman., neben dem Turm eingemauerter Grabstein Beachtung.

Die **Stiftsgebäude** sind schlichte Zweckbauten des 17. Jh. Sie beherbergen heute ein Kloster der Augustinerinnen.

Die **Burg Lede,** eine mittelalterl. Anlage, seit 1583 Ruine, wurde im 20. Jh. wiederaufgebaut. Das viereckige Burghaus gehört im Kern dem 14. Jh. an, die Bausubstanz des Turms dem 13. Jh. Das schöne spätroman. Tor, das in die Vorburg führt, wurde aus dem Fronhof von Niederdollendorf hierher übertragen.

Museen

Akademisches Kunstmuseum der Universität, Alte Anatomie (Am Hofgarten 21). August Wilhelm von Schlegel und Friedrich Gottlieb Welkker gründeten das Akademische Kunstmuseum 1818 als erste systematische Sammlung von Gipsabgüssen antiker Bildwerke an einer deutschen Universität. Im Laufe der Zeit konnte diese Sammlung einen Stand von internationalem Rang erreichen. Georg Loeschcke (Direktor 1889 bis 1912) legte zudem eine umfassende Sammlung von Originalen des Kunsthandwerks im Mittelmeerraum von der Bronzezeit bis zur Spätantike an.

Beethoven-Museum (Bonngasse 18–20). Das im Geburtshaus des Komponisten (→ **Beethoven-Haus**) eingerichtete Museum beherbergt die größte und wertvollste Beethoven-Sammlung der Welt. Ihm schließt sich das Beethoven-Archiv mit einer Bibliothek von 20000 Bänden an.

Ernst-Moritz-Arndt-Museum (Adenauerallee 79) im → **Ernst-Moritz-Arndt-Haus.**

Museum Alexander Koenig (Adenauerallee 150–164). Zoologisches Forschungsinstitut mit Schausammlung von Weltruf. Der 3geschossige, repräsentative Werksteinbau wurde 1911–14 von G. Holland errichtet und diente auch als Tagungsstätte des Parlamentarischen Rates.

● **Rheinisches Landesmuseum** (Colmantstr. 14–16). Kunst und Kultur des Rheinlandes von der Urzeit bis zur Gegenwart in einer der bedeutendsten Museumssammlungen des Landes. Hervorzuheben sind die röm. Funde und innerhalb der Mittelalterabteilung die fränkischen Gläser und Schmuckstücke sowie die roman. Bauplastik und die Skulptur der Gotik. Zum Bestand gehört auch eine gute Kollektion niederländischer Gemälde des 17./18. Jh.

Städtisches Kunstmuseum (Rathausgasse 7). Schwerpunkt ist die deutsche Kunst vom Beginn des 20. Jh. (August Macke und der Kreis rheinischer Expressionisten) und seit 1950. Der Sammlungsbestand ist im übrigen vornehmlich auf Regionales (Bonn und der Rhein im 16.–19. Jh.) ausgerichtet.

BORGENTREICH (Höxter H4)

● Die **kath. Pfarrkirche St. Johannes Baptist,** ein neugot. Bau von 1833 bis 1836 birgt eine der bedeutendsten *Orgeln* im nordwestdeutschen Raum. Das um 1730, mit Sicherheit von Johann Patroclus Möller, geschaffene Instrument war für das Kloster Dalheim (Lichtenau) bestimmt. Von dort kam es 1803 nach Borgentreich. Die Orgel hat nicht nur als Musikinstrument – als die viertgrößte historische Orgel in Deutschland und die größte erhaltene Springladenorgel der Welt – hohe geschichtliche Bedeutung. Ihr großes Gehäuse, 1951–53 unter Wiederherstellung des Rückpositivs soweit wie möglich wieder in den originalen Stand versetzt, zeigt die für Westfalen charakteristische rasche Folge in der Höhenstaffelung der Türme; das reiche Akanthus-Laubwerk an der Schwelle zur Régence ist vom architektonischen Aufbau pastellzart abgehoben.

Im spätklassizist. alten Rathaus, gegenüber der Pfarrkirche, seit 1980 das **Orgelmuseum** (Marktstr. 6). Die orgelkundliche Ausstellung informiert über die Funktionsweise von Orgeln, die Geschichte des Orgelbaues und Probleme der Restaurierung historischer Instrumente.

BORGHOLZHAUSEN (Gütersloh F2)

Holtfeld (F2)

Wasserschloß (Privatbesitz) in den Formen der Lippe-Renaissance, 1599–1602 vom Baumeister Johannes von Brachum für Matthias v. Wendt erbaut. Das Schloß steht über rechteckigem Grundriß, die S-Giebelseite mit Eckturm und einem prächtigen Ziergiebel, der völlig mit Beschlagwerk überzogen ist. Ursprünglich hob sich das Ornament dunkelfarbig vom weißen Grund ab. Der bekrönende Schornstein wurde 1938 abgebrochen. – Dem Schlosse vorgelagert sind in der Unterburg 2 **Wirtschaftsgebäude** mit Tordurchfahrten, das innere von 1632, das äußere von 1705. Weiter entfernt die äußerste Tordurchfahrt in einem landwirtschaftlichen Fachwerkbau aus der Zeit um 1700.

BORKEN (Borken C3)

Gemen (C3)

Schloß

Die Burg der Herren von Gemen war Sitz des bedeutendsten Dynastengeschlechts im Münsterland; es führte seinen Ursprung über die Grafen des Gaues Hamaland auf den Herzog Widukind zurück. Die Burg, bereits 1108 urkundlich genannt, folgt in ihrer Anlage einer frühgeschichtlichen Ringburg.

Steil und mächtig ragen die Mauermassen aus dem Wasser empor. Zwischen dem Archivturm im NW und dem Ballturm im SO, in dessen Nähe das Burgportal liegt, ist der große rechteckige Palas von 1411 eingespannt. Ein barocker Umbau von 1693 bestimmt das heutige Aussehen. Der Palas wurde um ein Geschoß erhöht und mit einem hohen Walmdach versehen, der Ballturm bekam eine barocke Haube, die umlaufende Dachgalerie wurde am nördl. anschließenden Flügel weitergeführt.

Die eher romantische als künstlerisch bedeutende Anlage dient heute als **Jugendburg** des Bistums Münster. In der neueingerichteten **Kapelle** stehen ein Altar und ein Altarkreuz, gute Arbeiten von Hein Wimmer, 1953.

Vor den 2 Inseln mit der Ober- und der Unterburg liegen noch 2 Inseln mit der **»Obersten«** und der **»Niedersten Freiheit«,** auf denen die Wohnungen der Burgmänner, Handwerker und Ackerbürger lagen.

BORNHEIM (Rhein-Sieg-Kreis C7)

Merten (C7)

Von der **ehem. kath. Pfarrkirche St. Martin,** unter Erzbischof Philipp von Heinsberg (1167–91) erbaut, steht nur noch die Chorapsis, heute **Friedhofskapelle.** Der kleine Bau ist reich und kraftvoll gegliedert: im Hauptgeschoß Blendbögen mit plastisch vortretenden Wandsäulen, darüber eine abgewandelte Form der Zwerggalerie: eine Reihe kleiner Doppelarkaden, durch geschlossene Mauerstücke voneinander getrennt. – An der Friedhofsmauer spätroman. **Portal,** um 1200.

Rösberg (C7)

Die **kath. Pfarrkirche St. Markus,** ein tonnengewölbter Saal mit Halbrundapsis und eingebautem W-Turm, 1707, erfreut durch die Einheitlichkeit ihrer Barockausstattung, bei der auch Wappenscheiben und Kabinettmalerei nicht fehlen.

Auf dem Burgplatz eines der ältesten Dynastensitze im Vorgebirge, dem Höhenzug zwischen Bonn und Köln, entstand nach Plänen Johann Conrad Schlauns, des Baumeisters der Schlösser in Brühl und Münster, 1730/1731 das neue **Herrenhaus.** Die Wände sind in Backstein aufgeführt. Hausteinglieder durchlaufen sie und umfassen Fenster und Türen. An der Hofseite tritt ein Mittelrisalit vor, dessen Grundriß aus 3 Seiten eines Achtecks gebildet wurde. Der durch ein 3. Geschoß (1833) einst stark beeinträchtigte Bau wurde im 2. Weltkrieg schwer beschädigt, dann ohne das oberste Stockwerk wieder aufgebaut.

Walberberg (C7)

Pfarrkirche St. Walburgis, ehem. Klosterkirche der Zisterzienserinnen

Zur Zeit des Erzbischofs Siegfried von Köln (1079–89) bestand in Walberberg bereits eine Kirche. Unter Anno (1056–75) wurden die Reliquien der hl. Walburgis von Eichstätt nach Köln übergeführt. Walberberg erhielt Reliquien aus diesem Schatz. 1118 wird der Ort Walberberg genannt. Zwischen 1167 und 1191 gründete Erzbischof Philipp von Heinsberg ein Mönchskloster, das bald einging. 1197 entstand ein Zisterzienserinnenkloster. Es wurde 1447 in ein Zisterzienserpriorat verwandelt. 1591 erwarb das Kölner Jesuitenkolleg das Kloster.

Im Boden der Kirche wurde ein rechteckiger Chor ausgegraben, der zu einem Bau aus der 1. Hälfte des 11. Jh. gehört haben dürfte. Ihm folgte in der 2. Hälfte des 11. Jh. eine Basilika, von der im heutigen Bau das Mittelschiff zu fast 2 Dritteln, bis zur Höhe der Fenstersohlbank, erhalten blieb. Diese Basilika wurde noch im 11. Jh. durch ein Querschiff erweitert; 1197 verlängerte man sie nach W und baute für die Zisterzienserinnen eine Nonnenempore ein. (Heute abgebrochen.) Im 13. Jh. fügte man dem Querschiff ein Chorquadrat mit Apsis hinzu. Zugleich wurde das nördl. Seitenschiff bis zum Ansatz der Apsis vorgezogen. An der S-Seite wurde die Jodocuskapelle angebaut. Sie ist eine 2geschossige Anlage mit einem quadratischen Raum unter Kreuzrippengewölbe im Untergeschoß, dem ein ähnlicher im Obergeschoß entspricht. Das 14. Jh. verlängerte die Nonnenempore weiter nach W; die Hochschiffswände wurden in großen Spitzbögen durchbrochen. Über dem Chor errichteten um 1600 die Jesuiten den für ihren Orden charakteristischen O-Turm. Das Jahr 1860 brachte eine durchgreifende Wiederherstellung, bei der ganze Bauteile erneuert wurden. Im 2. Weltkrieg erlitt der Bau erhebliche Schäden, die inzwischen behoben sind.

Das silbervergoldete *Walburgisreliquiar* mit dem Schädel der Heiligen stammt aus dem 17. Jh., die silberne Reliquienbüste aus dem 16. Jh. Der Schmerzhafte Kruzifixus, gegen 1400, ist einer der letzten der Gruppe (vgl. Krefeld-Linn, St. Margaretha), die mit der Crux miraculosa der Kapitolskirche in Köln von 1304 einsetzte.

Hexenturm. Der runde 5geschossige Turm ist der letzte Rest der Burg aus dem 12. Jh.

Rheindorfer Burg. Die Burg, ein altes kurkölnisches Lehen, hat eine 3flügelige Vorburg und ein Burghaus, das viereckig einen kleinen Binnenhof mit einem Brunnenbecken aus dem 17. Jh. umschließt. An seiner Rückseite steht ein runder 4geschossiger Turm mit welscher Haube. (Heute Teil des 1926 gegründeten Dominikanerklosters.)

Kitzburg. Die kölnische Wasserburg wurde im 18. Jh. auf altem Burgplatz neugebaut. Das 19. Jh. veränderte die Anlage zu einem einfachen und anspruchslosen Herrenhaus von 7 Achsen und 2 Geschossen. Der Bau beherbergt eine kleine Sammlung rheinischer Malerei.

BOTTROP (C4)

Der Ort wird um 1092 zum ersten Mal genannt. Eine Kommende Welheim des Deutschen Ritterordens, 1252 gegründet, bestand bis 1809; der Kommendebau von 1723 wurde im 2. Weltkrieg zerstört. Die Entwicklung zur Industriestadt vollzog sich im 19. Jh. im Gefolge des Kohlebergbaus.

Kath. Pfarrkirche St. Cyriakus, ehem. Propsteikirche. Um 1160 Filiale des Klosters Deutz, seit dem 17. Jh. Pfarre. Neugot. Hallenkirche von

Bottrop. Kath. Pfarrkirche zum Hl. Kreuz

Emil v. Manger, 1861/62 als Backsteinbau errichtet. Geschnitztes Altarretabel mit 7 Passionsdarstellungen, Anfang 16. Jh. Vesperbild, Holz, 3. Viertel 15. Jh.

Kath. Pfarrkirche St. Franziskus, 1960–62 von Ernst Burghartz gebaut. Präzises Pyramidenzelt auf V-förmigen Betonstützen.

Kath. Pfarrkirche zum Hl. Kreuz. Rudolf Schwarz hat in diesem Bau 1955–57 den Kirchentyp des »heiligen Wurfes« aus seiner Theorie »Vom Bau der Kirche« verwirklicht: Grundriß des Raumes ist eine Parabel, die sich wie ein großer Seilwurf um den Altar legt. Die Gemeinde wird im Trapez der Bankreihen mit der Kraft eines Stoßkeils auf ihn gelenkt. Der schlichte, durch kräftig konturiertes Ziegelmauerwerk umfaßte Raum, der an der rechten Seite eine eigenständige Werktagskapelle erhielt, stellt Lichtführung und Glasmalerei in den Dienst des Kirchengebäudes.

Die Eingangswand, mit der die Parabel platt geschlossen wird, ist ganz in Glas ausgeführt. Das einfallende Licht strömt stark zum Altar und nimmt auf seinem Weg die Sinne der Gemeinde mit zu ihm hin, es vereinigt sich mit dem Oberlicht, in dem die flache Holzdecke über dem Altar aufbricht. Sinnbildlichen Akzent erhält der Altar durch das transparente Emblem des Auges Gottes, das über ihm hängt. Altarraum und Ausgang treten in den alten Sinnbezug. Schwarz verwirklichte die Eingangswand als Grenzmauer gegen die Welt und zugleich als Fenster in das Unendliche. Georg Meistermann lieh diesem Anliegen des Architekten die Meisterschaft seiner Malerei. Wer draußen vor der Wand steht, fühlt sich von ihr eher abgewehrt als eingeladen. Verweilt er, so spürt er, daß in dem kräftigen Betongerüst kreisende Formen seine Aufmerksamkeit erwecken. Es scheint, daß die Wand sich zurückhaltend in großen, einem Gesetz der Harmonie folgenden Spiralen bemüht, ihn zu sich zu holen, anzuziehen, und ihn einlädt. Wendet er sich nach der Messe dem Ausgang zu, so sieht er die Rückwand im großen Licht des durchlässigen Glases. Die Spirale der abstrakten Malerei Meistermanns, die ihn von draußen in die Kirche zog, öffnet sich jetzt in entgegengesetzter Rotierung. Stücke von rotem, blauem und gelbem Glas verstärken die Harmonie und Größe der sich lösenden Bewegung. Während er der Wand entgegenschreitet, die sich im Sinne got. Fensterrosen bemüht, einen Abglanz des himmlischen Lichtes zu vermitteln, wird er durch ihren lösenden Rhythmus zugleich aus dem Haus Gottes entlassen. – Auf dem schlichten Tischaltar steht ein Kastentabernakel von Karl Schrage, das seine Qualität aus den Proportionen, dem Material und den abstrakten Reliefs in Halbedelstein und Emaille erhält.

Quadrat (Im Stadtgarten 20). Weiterbildungszentrum der Stadt. Moderne Galerie. Josef-Albers-Sammlung. Heimatkundliches Museum.

Feldhausen

Kath. Pfarrkirche St. Mariä Himmelfahrt. Chor der Backsteinkapelle um 1470 erbaut, Langhaus von 1882; nach schwersten Kriegsschäden 1950–55 erneuert und erweitert. – In 2 Chorfenstern spätgot. *Glasgemälde* mit Kreuzigung, Madonna im Strahlenkranz und Johannes Ev., um 1485. – Thronende Muttergottes, Holz, um 1300. *UDK*

● **Haus Beck.** Das kleine Schloß, 1766–71 gebaut, gehört zu jenen Bauwerken, um deren Gestalt Johann Conrad Schlaun sich besonders bemühte. In verschiedenen Entwürfen war er bestrebt, seinen Gedanken einer symmetrischen Anlage nach dem Ideal der französ. Maison de plaisance durchzusetzen; zumindest der Grundriß erläutert dies: In der Mitte des Schlosses liegen das runde Vestibül und der Salon, die nach beiden Seiten dreieckig aus der Front vorspringen. Eine doppelte Freitreppe führt zum Eingang des im übrigen keineswegs französisch proportionierten Baues empor. Der in dem Vestibül vortretende Mittelteil erhält die Gliederung eines

Risalits; er wird von einem Giebel gekrönt, der vor dem schönen Mansarddach aufschwingt. Der Klassizismus setzt sich durch in dem strohfarbenen Putz der Wände, der gegen blaugraue Gliederungen steht. – Auch in der Innen-Ausstattung werden Einflüsse des Klassizismus deutlich. Sie vertragen sich gut mit der barocken Grundhaltung der Anlage und geben ihr eine Disziplin, die nicht der Eleganz entbehrt.

Kirchhellen

Haus Brabeck. Wasserburg, die ursprünglich auf 2 Inseln lag. 2geschossiges Herrenhaus, um 1700, mit älterem Kern. – Speicher um 1600. – Bauhaus in Ziegelmauerwerk mit Rautenmusterung, 1617.

BRAKEL (Höxter H3)

Kath. Pfarrkirche St. Michael und St. Johannes d. T. Den ältesten Teil bildet eine kreuzförmige Gewölbebasilika des gebundenen Systems aus der 2. Hälfte des 12. Jh.; ihr Äußeres ist an der N-Seite erhalten. Das Raumbild des kurzen Langhauses, der westl. Einturm (der heutige von 1852) und die Wölbung sind westfälisch, die Pfeilerform mit eingelegten Ecksäulchen dagegen niedersächsisch. In got. Zeit wurde die Kirche erweitert durch den Chor (um 1350) und das südl. Seitenschiff (1. Hälfte des 16. Jh.). – Interessante Barockausstattung, Orgelflügel mit Gemälden von Johann Georg Rudolphi, 1683. – Außen an der O-Seite »Kreuzstein« mit Inschrift von 1338.

Auf dem **Friedhof** Kreuzigungsgruppe und Totenleuchte.

Ehem. Kapuzinerkirche St. Franziskus. Der früheste Bau von J. C. Schlaun, 1715–18 errichtet, zeigt im Innern noch die gotisierenden Formen des barocken Sakralbaus Westfalens. Bei den bewußt schlicht gehaltenen Formen der Kirche ist am ehesten an der Fassade mit dem Barockportal und dem Giebelabschluß die Hand des künftigen großen Baumeisters zu spüren.

Rathaus. Got. Bau aus der Mitte des 14. Jh. mit Treppengiebeln, deren Stufen von Vierpässen durchbrochen sind. Portal in Weserrenaissance-Formen, bezeichnet 1573.

Rolandsäule, jetzt am Thie. Gotisch, wohl Ende 14. Jh. Die kleine bekrönende Figur seit 1824 durch Kugel mit Fahne ersetzt.

Gehrden (H4)

Kath. Pfarrkirche St. Peter und Paul, ehem. Benediktinerinnenkirche *Das vom Paderborner Bischof Bernhard von Oesede gegründete, 1138 erstmals bezeugte Kloster wurde vor 1148 von der Iburg bei Driburg herverlegt, die roman. Kirche bis etwa 1165/70 erbaut. Bis auf die gotisie-*

rende Chorerweiterung von 1667 ist sie gut erhalten, auch die urspr. Fußbodenhöhe um 1960 wiedergewonnen.
Kleine Gewölbebasilika auf kreuzförmigem Grundriß mit Chor, offensichtlich in engem Anschluß an die Klosterkirche Lippoldsberg (Hessen) entworfen. Langhaus mit 2 Doppeljochen, als Zwischenstützen im Langhaus Pfeiler mit sächsischen Ecksäulchen, im Chor Säulen mit schweren Würfelkapitellen. W-Turm in Breite des Mittelschiffes. – Ansehnliche Barock-Ausstattung. Der aufwendige *Hochaltar*, 1682, mit Verkündigungsbild von Johann Georg Rudolphi zwischen den Figuren der Apostelfürsten, im Aufsatzbild die Hl. Dreifaltigkeit; Nebenaltäre von 1667 und 1672; Kanzel um 1700. Die *Orgel*, 1677–79 von Andreas Schneider gebaut, kam 1737 aus Marienmünster hierher.

Rheder (H4)

● **Kath. Pfarrkirche St. Katharina**

1716–18 errichtet von dem jungen Johann Conrad Schlaun, der kurz zuvor mit der Kapuzinerkirche im benachbarten Brakel eine gute Probe seines Könnens gezeigt hatte.

Die Kirche erscheint von außen als schlichter Saalbau mit ungewöhnlichem Dreikonchenchor. In der dichten Reihung der Strebepfeiler klingt die landesübliche Nachgotik an. – Das Innere erweist sich bei kleinen Dimensionen (20 m Länge und 8,15 m Breite) überraschend weiträumig und originell disponiert: ein 3jochiger, von gedrückten Kreuzgratgewölben überspannter Saalraum mit 5seitigem Chorpolygon. Die kleineren Nebenkonchen, die von außen wie ein Querschiff wirken, treten innen nur in ihrem oberen Teil als räumliche Erweiterung in Erscheinung; im unteren Drittel sind sie durch reichdekorierte Holzwände abgeschrankt und enthalten die Sakristei, den Beichtstuhl und den herrschaftlichen Kirchensitz.

In diesem reizvollen Architekturgehäuse dominiert die reiche, vollständig erhaltene Ausstattung mit üppiger, auf blaugraue Marmorierung, Weiß, Gold und Rot gestimmten Farbigkeit. Vorzüglich der sicher von Schlaun entworfene *Hochaltar* (datiert 1718). Das Hochaltarbild mit der hl. Familie stammt von Johann Martin Pictorius. Die übrige, reich mit dekorativem Schnitzwerk besetzte Ausstattung wirkt etwas trocken.

Schloß. Gleichzeitig mit der Pfarrkirche entstand der großzügig angelegte Dreiflügelbau der **Wirtschaftsgebäude** des Schlosses. Die abweisende Nüchternheit der fast 130 m langen Straßenfront mildern 2 8eckige Pavillons an den Enden. Die für Wirtschaftsgebäude anspruchsvolle Architektur ist Johann Conrad Schlaun zugeschrieben worden, stammt aber wahrscheinlich von dem münsterischen Landbaumeister Gottfried Laurenz Pictorius. – Nach diesem Auftakt wirkt das 1750 für Franz Joseph v. Mengersen und Antoinette v. Spiegel zum Desenberg errichtete **Herrenhaus** enttäuschend schlicht und fast disproportioniert, mit schmalbrüstigem Mittelrisalit und kurzen aber breiten Flügeln. Der Architekt ist unbekannt, vielleicht war es der hildesheimische Landesbaumeister Georg Ludwig Hoefer. Der Reiz dieses Hauses liegt im Gegensatz von einfachem Außenbau und (nicht zugänglichem) Inneren, das nach Art der französ. »maison de plaisance« disponiert ist. – Die zugehörigen **Gartenanlagen** wurden im 19. Jh. zu einem romantischen Landschaftspark umgeformt. *UDK*

BRECKERFELD (Ennepe-Ruhr-Kreis D5)

Ev. Pfarrkirche, ehem. kath. Pfarrkirche St. Jakobus

Im Mittelalter war Breckerfeld eine der Stationen auf dem Pilgerweg zum Grabe des hl. Jakobus in Santiago de Compostela. Die im 14. Jh. entstandene Kirche ist die einzige hochgot. Basilika Westfalens.

Das nur 2 Joche umfassende, jedoch weiträumige Langhaus wird von einem Kreuzrippengewölbe überspannt; im O schließen ein breites Querschiff und ein 3seitig schließendes Chorjoch an.

Im Chor ein *Schnitzaltar* von ungewöhnlich hoher Qualität, um 1520 ● entstanden, wahrscheinlich lübischer Herkunft (Breckerfeld war Mitglied der Hanse). In den 3 Arkaden des Mittelschreines Maria mit dem Kind zwischen den hll. Jakobus und Christophorus. In den Flügeln verschiedene weibliche Heilige, in der Predella das Abendmahl und die Fußwaschung.

BRILON (Hochsauerlandkreis G5)

Der Ort wird 972 urkundlich genannt. 1180 ist die Stadt befestigt und blüht im 13. und 14. Jh. als Handelsplatz auf. In späteren Jahrhunderten nimmt sie die Züge einer westfäl. Ackerbürgerstadt an, die sie bis heute bewahrt.

Kath. Propsteikirche St. Petrus und St. Andreas

Mit dem Aufblühen der Stadt Brilon neben Altenbrilon war es notwendig geworden, eine eigene Kirche in der Nähe des Marktplatzes zu bauen. Das überlieferte Weihedatum 1276 bezieht sich wahrscheinlich auf eine Neuweihe nach durchgreifenden Um- und Erweiterungsbauten. Der frühgot. W-Turm stammt aus der 2. Hälfte des 13. Jh., das got. Querschiff und der Chor aus der Mitte des 14. Jh.

Die 3schiffige, in der Anlage spätroman. Hallenkirche hat 3 Joche im Langhaus, ein wenig ausladendes Querschiff und einen 2jochigen Chor mit geradem Abschluß. Blattknospen und Menschenköpfe zieren die gedrückten Kelchkapitelle. Von den beiden unvollendeten Turmhallen war die obere vielleicht als Ratskapelle gedacht. Das schöne N-Portal zeigt im Blattwerk und in den Knospen seiner Kapitelle sowie in den Schaftringen des Wulstbogens über dem Dreipaßgiebel schon ausgesprochen frühgot. Formwillen.

● Wertvollster Besitz der Kirche ist das *Pankratius-Kreuz*, das zu Anfang des 12. Jh. in einer Roger von Helmarshausen nahestehenden Werkstatt entstanden ist.

Kath. Gymnasialkirche St. Nikolai. Die Kirche von 1772–82 besitzt noch die einheitliche Ausstattung der Erbauungszeit.

Rathaus. Vom Bau des Mittelalters blieben Mauern und Grundriß im Kern bewahrt. 1755 wurde eine barocke Fassade vorgeblendet. Über einer 2teiligen Laube, noch dem spitzen Bogen einer sich in Westfalen im Barock wiederbelebenden Gotik verpflichtet, erhebt sich eine Schauseite, die in geschweiftem Giebel ausklingt. Sauerländisches Ackerbürgerhaus und Formen eines ländlichen Barock verbinden sich zu malerischer Wirkung. – Im Rathaus das **Heimatmuseum.**

Bontkirchen (G5)

Kath.·Pfarrkirche St. Vitus. In dem neugot. Bau von 1896 die Statue einer stehenden Muttergottes mit Kind aus Baumberger Sandstein, 1. Viertel des 15. Jh., ein typisches Beispiel der Arbeiten einer münsterländischen Werkstatt, die im ganzen westfäl. Raum anzutreffen sind.

BRÜGGEN (Viersen A5)

Kath. Pfarrkirche St. Nikolaus, ehem. Kreuzherrenkirche. Der gotisch langgestreckte, 1schiffige, 1457 vollendete Kirchenbau wurde 1754–60 völlig umgestaltet und erhielt eine gute einheitliche Ausstattung. Die große, auch klanglich gut erhaltene *Orgel*, 1751–57 von Johann Heinrich Titz, und das Chorgestühl verdienen besondere Beachtung.

Burg. Um 1264 erbaute Wasserburg der Herzöge von Jülich, von deren 4flügeligem Hochschloß 2 Flügel mit einem runden Eckturm und ein Torbau erhalten sind. Von der im 19. Jh. erneuerten Vorburg sind ein Torturm, ein runder Eckturm und Teile der Ringmauer alter Bestand.

BRÜHL (Erftkreis C7)

● Das **Schloß Augustusburg,** Köln näher gelegen als Bonn, ist ein Teil der barocken kurfürstlichen Residenz Bonn, sie als Lust- und Jagdschloß ergänzend, als Architektur weit überragend. Das zugleich monumental-pathetische und überlegen-geistvolle Gesamtkunstwerk aus Architektur, Malerei, Plastik und Gartengestaltung ist die bedeutendste Anlage des Barockzeitalters am Rhein.

Gleich Schloß Poppelsdorf steht Brühl auf dem Platz und zum Teil auf den Fundamenten älterer Anlagen. Bei einem erzbischöflichen Wildpark erbaute Philipp von Heinsberg um 1180 ein Hofgut. 1284 begann Erzbischof Siegfried von Westerburg an neuer Stelle mit dem Bau einer Burg, die ihm im Verein mit der Stadt (1285) in seinen heftigen Kämpfen mit der Stadt Köln als Stützpunkt dienen sollte. Von seinen Nachfolgern 1298 vollendet und wiederholt umgebaut, stand die Feste noch oft im Mittelpunkt von Fehden und Belagerungen, diente aber als bevorzugte Residenz der Erzbischöfe, bis sie 1689 in die Luft gesprengt wurde. Es war eine mit Wehrtürmen stark befestigte, von Gräben umgebene Wasserburg niederrheinisch-westfäl. Art. Reste sind im Keller und auf der N-Seite bis ins 3. Geschoß des barocken Schlosses erhalten. Kurfürst Joseph Clemens plante 1715 ein neues großes Schloß, aber erst sein Nachfolger Clemens August konnte den Plan ausführen. 1725 legte er den Grundstein zu dem Schloß, das nach ihm den Namen Augustusburg erhielt.

Der erste Entwurf (1724) von Guillaume Hauberat, dem Bauleiter am kurkölnischen Hof, schied aus zugunsten eines zweiten von Johann Conrad Schlaun, der eine Dreiflügelanlage mit verhältnismäßig schmalen und tiefen Höfen vorsah. Er war nach 3 Jahren im Rohbau ausgeführt. Zu dem erhaltenen alten Rundturm an der NW-Ecke kam ein gleicher an der SW-Ecke hinzu; ein Wassergraben umschloß das Ganze und versuchte, den Charakter des alten Bauwerkes zu bewahren. – Dieses vom süddeutsch-italienischen Barock her bestimmte Wasserschloß wurde in der 2. Bauperiode 1728–40 durch François de Cuvilliés im Sinne des französ.-bayerischen Rokoko umgestaltet: die beiden Türme und die Wassergräben wurden beseitigt, die Fassade Schlauns überarbeitet, das Gartenparterre an die S-Seite des Schlosses verlegt und ihm eine breite Terrasse vorgelagert. Neben Cuvilliés haben viele andere Künstler mitgearbeitet: als Bauleiter Michel Leveilly, als Stukkateure Giovanni Pietro Castelli und Carlo Pietro Morsegno, als Bildhauer J. Fr. van Helmont, B. Dierix und I. A. Heydeloff und schließlich Willem de Groff, der die Gruppen von Putten und Schwänen im Speisesaal aus vergoldetem Blei schuf. Eine 3. Bauperiode, vornehmlich mit der inneren Ausschmückung beschäftigt, begann mit den Entwürfen von Balthasar Neumann für das Treppenhaus (1740–48). An die Stelle des alten Treppenhauses südl. der Durchfahrt kam ein großer Speisesaal. Auch jetzt wurden zahlreiche Künstler beschäftigt: Carlo Carlone malte die schönen Deckengemälde, C. P. Morsegno, Giuseppe Artario und Giuseppe Brillie führten die Stuckarbeiten, H. Sandtner die Schmiedearbeiten aus. – In einem 4. Bauabschnitt, schon im Schatten des französ. Klassizismus, kam der Bau 1754–70 zum Abschluß. Leitender Architekt war Johann Heinrich Roth. Die Prunkräume in den oberen Geschossen wurden ausgestaltet, die schönen Dekkenmalereien von Joseph Billieux ausgeführt. – Nach der Ablösung Schlauns durch Cuvilliés herrschte auch in der Gestaltung des Gartens unter Dominique Girard die französ. Richtung. In die strenge Ordnung der Wege, Alleen und Blumenbeete wurden Wasserkünste und Gartenhäuser lockernd und Schwerpunkte bildend eingefügt.

Im Jahre 1794 kam das Schloß in den Besitz der französ. Revolutions-

Brühl. Schloß Augustusburg. Treppenhaus

regierung. Das Mobiliar wurde verkauft. Die preußische Krone, der das Schloß seit 1815 gehörte, ließ es 1876/77 restaurieren. Sie versuchte auch, alte Bilder und Möbel zurückzukaufen. Im Jahre 1944 schlug eine Bombe in den N-Flügel, die vor allem das Indianische Lackkabinett im Gelben Appartement zerstörte; 1945 wurden W-Flügel und Gartenparterre getroffen, Sommerspeisesaal und Gartensaal schwer beschädigt. Die Wiederherstellungsarbeiten und Erneuerungen sind Ende der 1960er Jahre beendet worden.

Über dem rechteckigen Grundriß der alten Burg stellt sich der Neubau des Schlosses als eine nach O geöffnete Anlage dar, deren 3 Flügel den Ehrenhof umrahmen. Im Blick von O erweist sich der Bau als Werk J. C. Schlauns, der über 2 hohen Geschossen ein niedrigeres unter ein schweres Gesims legt und das Mansarddach durch die Aufbauten der Risalite in die Schauwände einbezieht. Die ebenerdige Portalgruppe mit Einfahrt ins Vestibül hebt er heraus durch einen mit Pilastern gegliederten, von einem Dreieckgiebel zusammengefaßten Mittelrisalit. Die Stirnseiten der Flügel mit ihren für Schlaun charakteristischen Eckabrundungen sind gleichfalls mit Pilastern besetzt und durch rundbogige Fenster und einen Giebelaufbau im Mansarddach mittenbetont. Die Bestimmung der S-Front zur neuen Schauseite durch Cuvilliés verwandelt die Anlage in ein Gartenschloß à la moderne, wobei er die asymmetrische Stellung des breiten, figurenbekrönten Mittelrisalits – bedingt durch den Fortfall des Schlaunschen Eckturmes im SW – in Kauf nimmt. Eine großzügige Terrassenanlage vermittelt einerseits zum Gartenparterre nach D. Girards Plänen, andererseits bildet sie ein wirkungsvolles Postament für den Baukörper in der Gartenansicht.

Im Inneren weicht der strenge, edle Barock des jungen Schlaun der bewegteren Welt der späteren Bauabschnitte. Die Eingangshalle öffnet sich an ihrer rechten Seite dem *Treppenhaus,* dem B. Neumanns »Haubt-Idee« zugrunde liegt und das im ganzen außersüddeutschen Raum seinesgleichen nicht hat. Auf dem Zwischenpodest teilt sich die Treppe in 2 von Karyatiden getragene Läufe, die zum Hauptgeschoß mit an 3 Seiten umlaufender Galerie führen. Über dem 2. Obergeschoß öffnet sich die Decke, die von paarig einander zugeordneten Halbfiguren gestützt wird, zu einem letzten Stockwerk im Dachraum. Gleich einem Altarretabel erhebt sich an der N-Wand über dem Treppenabsatz ein Architekturaufbau aus gedoppelten Säulen mit korinthischen Kapitellen und schwerem Gebälk, beiderseits der üppigen Wappenkartusche zuoberst die lebensgroßen Personifikationen von Glaube und Gerechtigkeit. Anstelle der großen Trophäe mit der *Büste des Erzbischofs und Kurfürsten Clemens August* von G. Brillie öffnete sich ursprünglich eine Balkontür, in der der Hausherr selbst erscheinen konnte. Geländer und Lampe sind Kunstschmiedearbeiten von J. Sandtner. Im Treppenhaus umfängt uns ein monumentales Gehäuse, das in den plastischen Formen und in den (aufgefrischten) auf Weiß und Blau gestimmten Farben reich, aber nicht überladen gestaltet ist, dessen Festlichkeit in der leuchtend farbigen Huldigung der Künste und dem Sturz der Widersacher an Carlones Decke triumphal ausklingt. – Der N-Flügel enthält unten das im 1. Drittel des 18. Jh. bereits fertiggestellte *Blaue Winterquartier,* darüber das *Gelbe Appartement* mit dem sog. Cuvilliés-Speisezimmer. Seine Wandschnitzerei (van Helmont, Heydeloff) und der Deckenstuck (Castelli, Morsegno) sind von delikater Noblesse; in Wandnischen dekorative Brunnengruppen aus Blei von W. de Groff. Plastizität und Farbe der Wand ändern sich gegenüber dem Treppenhaus in dem anschließenden *Gardensaal.* Wir spüren unmittelbar den Übergang vom römisch gefärbten süddeutschen Barock des Balthasar Neumann zu dem schon vom Klassizismus bedrängten französ. Rokoko. Die plastische Wanddekoration wird dichter und kleinteiliger; sie tritt zugleich flächig in die Wand zurück. Die Farben schimmern in den weißen und gelben Tönen des abendlichen Rokoko. Im Deckenfresko verherrlicht Carlone das Haus Wittelsbach. Im *Speise- oder Musiksaal* – wie so manches erst nach Clemens Augusts Tod (1761) vollendet – ergreift der französ. Klassizismus eines Brillie weiß und ein wenig spröde die von einer Galerie umzogenen Wände. Das Deckengemälde, wiederum von Carlone, stellt das Konzert Apolls mit den Musen im Olymp dar. Indessen bildet die Malerei nicht lediglich eine Apotheose der Musik ab, sondern erfüllt im Verein mit den Stukkaturen das Programm einer kosmologischen Hierarchie. – Den großen Repräsentationsräumen folgt das *Staatsappartement* im S-Flügel des Schlosses. Seine Wandtäfelungen sind wie die Marmorkamine meist aus dem (abgebrochenen) Jagdschloß Herzogsfreude hierher übertragen. Die Plafondmalereien stammen z. T. von J. Billieux, besonders reizvoll in der Verbindung mit den vergoldeten Stukkaturen im Audienzraum und im Paradeschlafzimmer. Im Erdgeschoß des S-Flügels, dem *Sommerquartier,* dessen Wände mit blauweißen Ornamentkacheln aus Delft geplattet sind, hat der Besucher Gelegenheit, sich in den notdürftig mit dem alten Mobiliar wieder eingerichteten Räumen eine Vorstellung vom Leben des Fürsten zu machen. Hilfreich mag dabei ein Blick in Girards **Garten** mit seinem wiederhergestellten »tapis de borderie« sein, in dem die Räume sich fortsetzen. Unerläßlich ist es, sich zu erinnern, daß Schloß Augustusburg trotz des bewahrten Zusammenklangs von Bauwerk, Malerei, Plastik und Garten heute nur noch Bruchstück eines verlorenen größeren Ganzen ist. Sinn und Vollendung fand es in jenen Jahren vor der Französischen Revolution, in denen die große gesellschaftliche und geistige Selbstdarstellung des Barock sich an den Festtagen in ihm entfaltete.

Von der **Hl.-Geist-Kapelle** und der darüberliegenden **Nepomuk-Kapelle** in der südwestl. Schloßecke vermittelt der lange Orangerietrakt zum Oratorium des Erzbischofs am Chorhaupt der **kath. Schloßkirche zur hl. Maria zu den Engeln,** ehem. Franziskaner-Klosterkirche. Nach dem Abbruch des südwestl. Eckturms, der die (1735 vollendete) Schloßkapelle Schlauns enthielt, wurde die Kirche des **ehem. Franziskanerklosters** zur Hofkirche bestimmt. Sie ist ein 1schiffiger got. Bau (Weihe 1493), dessen prächtige Ausstattung dem 18. Jh. angehört. Von barockem Pathos erfüllt ist der *Hochaltar,* dessen Baldachin ● B. Neumann 1745 entwarf, mit der Verkündigungsgruppe des Würzburger Hofbildhauers J. W. van der Auwera. Die Kirche wurde im 2. Weltkrieg schwer beschädigt, die alte Ausstattung weitgehend zerstört; die Wiederherstellung ohne Seitenaltäre 1961 abgeschlossen.

Von den Gartenbauten hat sich nur das durch eine Allee mit Augustusburg verbundene **Jagdschloß Falkenlust** erhalten. Die ● reizende 2geschossige »maison de plaisance«, 1729–40 nach den Plänen Cuvilliés von M. Leveilly errichtet, erinnert an einen andern Bau des Künstlers, die Amalienburg in Nymphenburg. Kostbarstes Zimmer neben dem Lackkabinett im Erdgeschoß ist das von Gilles Marie Oppenord 1736 gestaltete Cabinet des Appartements im Oberstock. Als Stukkateure begegnen wieder Morsegno und Castelli, als Deckenfreskant L. de la Roque. Die vielfache Verwendung von Delfter Kacheln bezieht sich außer der farblichen Anspielung auf das Haus Wittelsbach auf das Blau-Silber der Falkenjagduniform. – Vortreffliches Porträt des Kurfürsten Clemens August von J. Vivien.

Die unweit im Park gelegene **Kapelle** der gleichen Zeit (1730) ist ein Oktogon. Ihr Inneres wurde von Pierre Laporterie mit Muscheln, Glas und Lavakrotzen in Blau und Weiß ausgekleidet, der Boden mit Glas und Steinen mosaiziert, Altarnische und Sockel aus grobem Bergkristall. Der Raum ist nach Verlust des Muschelsaals von Clemensruhe in Bonn-Poppelsdorf der einzige seiner Art im Rheinland.

Die **kath. Pfarrkirche St. Margaretha** zeigt noch Teile des Gründungsbaues, um 1340, neben den Erweiterungen vom Ende des 19. Jh. (Chor und Querhaus). Bemerkenswert die Reliquientruhe, um 1500, deren Wände Malereien aus der Legende der hll. Gereon und Ursula schmükken, das Marmorepitaph des Freiherrn v. Roll († 1733) und die silberne Ewige Lampe derselben Zeit.

Das **Feierabendhaus der ehem. Knapsackwerke,** 1954–57 von Karl Hell gebaut, ist ein von dem parabolischen Hängedach aus entwickeltes gläsernes Betonzelt, das in knapper, guter Architektur einen neuen architektonischen Zwecktyp entwickelt.

Kierberg (C7)

Bahnhof. Der ursprünglich in einem Park gelegene Sandstein-Ziegelbau mit einer Art Aussichtsturm und einer Pergola übersteigert die Bedeutung des Streckenhaltepunktes beträchtlich. Grund dafür war der Umstand, daß die 1874 fertiggestellte Station, die ein renommiertes Ausflugsziel der Bonner und Kölner Gesellschaft wurde, den Ausgangspunkt für die Manöverbesuche des deutschen Kaisers zu bilden pflegte (daher bald »Kaiserbahnhof« tituliert). *AF*

BÜNDE (Herford G2)

Der Ort wird 853 zum ersten Mal genannt. Ausbau seit dem 17. Jh., 1719 Stadt. Seit dem 19. Jh. Zentrum der westfäl. Zigarrenindustrie.

Kath. Pfarrkirche St. Josef, 1968 von J. G. Hanke gebaut als Beton- und Eisenkonstruktion mit frei im Raum stehendem Tragwerk. Die Außenfront in plastischen Betonstrukturen von Marc Hénard gestaltet, der Innenraum von O. H. Hajek mit ungegenständlichen Kompositionen ausgemalt (1972). Auch Altar, Kreuz und Tabernakel von Hajek.

Ev. Laurentiuskirche. Eine erste Kirche schenkte König Ludwig der Fromme zwischen 826–30 dem Stift Herford. Die heute stehende Kirche ist ein 1schiffiger Kreuzbau des 13. Jh. mit W-Turm und platt geschlossenem Chor. In der Spätgotik wurde das Langhaus nach N durch ein Seitenschiff erweitert. So entstand eine 2schiffige Halle mit Rundpfeilern. – Die *Kanzel* mit Evangelistenbildern ist 1660 datiert. Beachtenswert ferner das *Taufbecken* auf Leuchterfuß, Bronze, 16. Jh., mit einem Deckel (Taufe Christi) aus Holz, Anfang des 17. Jh.

Brühl. Kierberg. Bahnhof

Kreisheimatmuseum (Fünfhausenstr. 10–12). Als Museumsgebäude dient der **Striedieckshe Hof,** ein schönes Fachwerkhaus, um 1840 gebaut, mit Nebengebäuden von 1736 und 1786. – Angeschlossen das **Deutsche Tabak- und Zigarrenmuseum:** Kulturgeschichte des Rauchens, Tabakspfeifen aus aller Welt, Schnupftabaksdosen des 17.–19. Jh., Geschichte der Bünder Zigarrenindustrie.

BÜREN (Paderborn FG4)

Am Ort steht im 12. Jh. eine Burg der Edelherren von Büren. Die Gemeinde erhält am Ende des 12. Jh. Stadtrecht und Befestigung. Der Besitz des 1661 ausgestorbenen Adelsgeschlechtes fällt an den Jesuitenorden. Er richtet in Büren ein Kloster mit Kirche ein.

Kath. Pfarrkirche St. Nikolaus. Die spätroman. Pfeilerbasilika entstand in der 1. Hälfte des 13. Jh. (Anbauten im 19. Jh. und kurz nach 1900). Ein kräftiger quadratischer W-Turm, breiter als das Mittelschiff, beherrscht den ansehnlichen Bruchsteinbau. Die S-Seite des Querschiffes erhielt ein spätroman. Radfenster und einen reichgegliederten Giebel. Der gerade schließende Chor hat zu beiden Seiten rechteckige Nebenchöre. – Im Inneren erweist sich der Bau als 3schiffige Pfeilerbasilika mit ausladenden Querhausarmen. Kräftige Pfeiler wechseln mit schmächtigen Zwischenstützen.

Wertvollstes Stück der Ausstattung ist die *Orgel* aus dem Kloster Böddeken, 1744 von Johann Patroclus Möller. Ihr großzügig aufgebauter Prospekt bezieht die Orgelpfeifen in einen bewegten architektonischen Aufbau ein; das zierliche Ornament verbindet Akanthus und Bandelwerk. Die Figuren des Königs David und zweier Engel krönen das Gehäuse. – Der Kirchenschatz bewahrt ein wertvolles *Reliquienkreuz* vom Ende des 15. Jh.

● **Ehem. Jesuitenkirche Maria Immaculata**
Der Bau folgt nicht dem gotisierenden Manierismus, in dem die westfäl. Jesuitenkirchen von Paderborn, Münster und Coesfeld errichtet wurden. Als einsamer Vorposten des süddeutschen Barock steht er im gebirgigen O-Teil Westfalens.

Nach den baureifen Entwürfen sollte die Kirche als S-Flügel des Kolleggebäudes, das seit 1716 im Bau war, errichtet werden. Da aber die Räumlichkeiten der beiden anderen Flügel nicht ausreichten, baute man auch den S-Flügel als Kolleg aus und verschob den Baubeginn der Kirche. Erst 1751 begann man mit ihr, und zwar parallel zum S-Flügel, zu dem ein Verbindungsbau vorgesehen war, der aber nicht ausgeführt wurde. Infolge der anders gelagerten Verhältnisse mußte auch ein neuer Plan entworfen werden. Ihn lieferte Franz Heinrich Roth, der Bonner Hofbaumeister des Kurfürsten Clemens August, der zugleich Bischof von Pader-

Büren. Ehem. Jesuitenkirche

born war. 1754 begann man zu bauen. Die Oberleitung übernahmen der Paderborner Ingenieur Franz Christoph Nagel, der den Entwurf Roths als Gutachter gutgeheißen und den Bauplatz für die Kirche angeraten hatte, und als sein Vertreter der Jesuitenbruder Christoph Seeberger aus Tirol. 1760 war der Bau vollendet. 1761–65 schuf Josef Gregor Winck aus Deggendorf, wahrscheinlich einst Schüler und Gehilfe des Cosmas

Damian Asam in München, die Deckenmalereien, 1767–70 die Brüder Bernhard und Johann Nepomuk Metz die Stuckierung. Die Bildhauerarbeiten führten 1755 Johann Theodor Axer und Johann Jakob Pütt aus.

Die Kirche stellt im Grundrißkern ein Kreuz dar, dessen Längsarme doppelt so lang sind wie die Querarme. Da die Seitenschiffe die Kreuzwinkel ganz ausfüllen, bildet der Grundriß im Ganzen ein Rechteck. Der Chor liegt im W an der Turmseite, die O-Seite ist Fassade. Den Schwerpunkt bildet in der Mitte die Vierung mit der Kuppel. Eine besonders reiche und blendende Gestaltung erfuhr die Fassade, aber auch die Chorseite und die Längsseiten sind, wie sonst selten bei Jesuitenkirchen, gut ausgebildet. Nur die Stirnseite des nördl. Querarmes ist Rohbau geblieben, weil hier der Anschlußtrakt zum Kolleg vorgesehen war. Der vorspringende 3achsige Mittelteil der Fassade wird durch gewichtige Gesimse in 3 Geschosse geteilt, doch bilden die Linien der Pilaster zugleich einen Vertikalstrom, der das Gewicht der Horizontalen ausgleicht und das Ebenmaß verbürgt. Pilaster, Säulen, korinthische Kapitelle, Blumengehänge, Nischen mit den überlebensgroßen Statuen der hll. Ignatius und Franz Xaver, Engel, Flammenurnen, Wappen, Kartuschen und Reliefdarstellungen schmücken den Aufbau. Eine Balustrade bekrönt die Attika, über deren Mitte die Statue der Immaculata emporragt, seitlich begleitet von den Figuren der hll. Aloysius und Stanislaus. Der quadratische, an den Ecken abgeschrägte Turm an der N-Seite folgt im Sockel und Obergeschoß dem Aufbau der Kirche; sein letztes Geschoß ist reicher gegliedert und mit Pilastern, Giebelaufbauten und Attika aufwendiger instrumentiert, mit Blumengehängen geziert und von einer ausladenden Laterne bekrönt. – Inneres. Der Raum stellt sich, jede Überladung vermeidend, in den Formen des späten Rokoko dar. Die blendend weißen Stukkaturen, das zierliche Ranken-, Muschel- und Gitterwerk, die lieblichen Blumengehänge, die feinen rosafarbenen und mattblauen Töne der Wandflächen, die zarte Marmorierung der Pilaster und des Hauptgesimses, die heiteren Farbenspiele und kühnen Perspektiven der Deckenmalereien – alles kommt zusammen, um den Augen und dem Gemüt genugzutun.

Die *Malereien* des Asam-Schülers Winck stellen Szenen aus dem Marienleben dar. Bemerkenswert ist, wie der Hochaltar sich mit der Architektur des Raumes verbindet, wie das umlaufende Hauptgesims hier zum Gebälk des Altaraufbaues wird und wie die Segmentbogen mit Engeln und Flammenvasen die Bildbekrönung zusammenfassen und emporheben. Der mächtige Aufbau mit dem Ölgemälde der Immaculata im Hintergrund wirkt wie eine Fassung für das Zentrum des Altars, das aus dem freistehenden Altartisch mit seinem geschwungenen Tabernakelaufbau und den vergoldeten Figuren des Glaubens und der Hoffnung besteht.

Jesuitenkolleg •

Die Jesuiten ließen sich zunächst im adligen Damenstift, das von der Familie von Büren an der Königstraße unterhalten wurde, der sog. Residenz, nieder. 1714 faßte Arnold v. Metternich, Fürstbischof von Paderborn, den Plan, den Jesuiten ein neues Kolleg mit Kirche zu errichten. Er beauftragte den jungen Johann Conrad Schlaun. Schlaun plante einen Dreiflügelbau, aus dessen Mitte die Kirche als Kuppelbau mit 2 seitlichen Türmen auf den Binnenhof treten sollte. Gleichzeitig zog man den münsterschen Baumeister Gottfried Laurenz Pictorius beratend hinzu. Pictorius lehnte den Rundbau der Kirche ab. Da seine eigenen Pläne praktischer erschienen als die bedeutenderen Vorschläge Schlauns, kam es zu einem Kompromiß. Man verzichtete auf die vorgeschlagene Kirche und vereinfachte den Bau Schlauns in der Art des niederländischen Klassizismus, dem Pictorius huldigte. Schlaun und Pictorius übernahmen gemeinsam die Bauleitung (1719–28).

Den Widerschein des heiteren rhein-fränkischen Barock, der den Jesuitenbau von Büren verklärt, verdanken wir der Hand des genialen jungen Architekten Schlaun. In Hufeisenform umgeben an 3 Seiten 3geschossige Flügel einen großen Ehrenhof. Der architektonische Aufbau ist schlicht; über einem kräftigen Sockelgeschoß erheben sich die beiden oberen zusammengezogenen Geschosse. An der W-Front tritt ein fünffacher Risalit nur wenig vor. Reicher ausgebildet sind die Stirnseiten der beiden Flügel.

Brenken (G4)

Kath. Pfarrkirche St. Kilian. Die Gewölbebasilika des 12. Jh. gehört zu jenen kleinen westfäl. Bauten, in denen urtümliche Kraft und architektonische Solidität sich vereinigen. In der kurzräumigen, zentralen Mustern zuneigenden Anlage, in der Freude an kräftigen, raumbestimmenden Gewölben, in dem Echo, das der quadratische Chor in einem quadratischen W-Turm findet, kündigen sich die Grundzüge der westfäl. Sonderentwicklung in der Architektur des 12. und 13. Jh. an, die ihr Ziel in der Hallenkirche erreichen sollte.

Von der Ausstattung seien ein Taufstein des späten 12. Jh., auf 4 Löwen ruhend, und das große Epitaph der Familie von Brenken, aus Sandstein im Spätrenaissancestil gemeißelt, erwähnt.

● **Schloß Erpernburg**
In herrlicher Lage, hoch auf dem nördl. Steilufer des Almetales breitet sich landschaftsbeherrschend die barocke Schloßanlage aus. Das **Herrenhaus,** in langer Bauzeit zwischen 1711 und 1730 errichtet, ist ein verputzter schlichter 2stöckiger Rechteckbau unter hohem Schiefer-Walmdach. An den Schmalseiten je 2 angeschobene Pavillontürme unter Schweifhauben. Errichtet durch den Maurermeister Nikolaus Wurmstich, unter der Mitarbeit der Steinhauermeister Bartholomäus Rabaliatti (1711/12) und Anton Hensemann (seit 1713), beide aus Rüthen.
Der N-Seite vorgelagert ein weitläufiger **Ökonomiehof** mit Gebäuden des 18. und 19. Jh. – Auf der S-Seite ein barocker **Terrassengarten** mit Belvedere-Pavillon über dem Almetal. – Nach beiden Seiten hin schöne englische Gartenanlagen mit wertvollem Baumbestand. Eine barocke Querallee zeigt im O in der Ferne die Wewelsburg, im W führt sie zu einer Loreto-Kapelle.
Die Erpernburg gehört zu den wenigen großen Schloßanlagen, die unversehrt und gut gepflegt auf unsere Tage gekommen sind. *KEM*

● **Wewelsburg** (G4)

Anstelle einer altsächsischen Wallburg wurde 1123 durch Graf Friedrich von Arnsberg, Paderborner Stiftsvogt, die erste steinerne Burg errichtet. Aus Schwalenberg-Waldecker Besitz kam sie 1301 an den Bischof von Paderborn, der sie den Edlen von Büren zu Lehen gab, bis sie 1589 Bischof Dietrich v. Fürstenberg zurückerwarb. Dieser ließ sie 1604–07 ausbauen. 1646 von den Schweden in Brand gesetzt, erfolgte 1654–60 eine Wiederherstellung. Nachdem die Burg lange Zeit verwahrlost und 1815 durch Blitz der große N-Turm ausgebrannt war, wurde sie nach 1925 als Jugendburg eingerichtet und später von der SS übernommen, die sie 1945 in Brand steckte. Die Instandsetzung war 1952 abgeschlossen. Jetzt Jugendherberge und Kreisheimatmuseum.
Die auf einer vorspringenden Bergnase beherrschend über dem Almetal liegende **Burg** mit ihren wuchtigen Ecktürmen ist die eindrucksvollste Höhenburg Westfalens. Ihr Grundriß bildet ein gleichschenkliges Dreieck, dessen Spitze nach N gerichtet ist. Sie hat an allen 3 Ecken mächtige Rundtürme (der größte nach N mit 20 m Durchmesser). Der Eingang liegt im O-Flügel; über dem Tor ein Erker. Im Hof ein Treppenturm. Baumeister der entscheidenden Bauperiode 1604–07 war Hermann Baumhauer; ältere Teile wurden in den S-Flügel einbezogen. Die

Türme, ursprünglich vermutlich flach mit Zinnenkranz abgeschlossen, tragen seit 1658 Barockhauben. Der N-Turm ist seit 1815 ohne Haube. Die wuchtigen Türme und die langen ungegliederten Fronten erwecken den Eindruck eines Barockbaus, obwohl die Einzelformen dem Renaissancestil angehören.

Die **ehem. Burgkapelle,** heute **kath. Pfarrkirche St. Jodokus,** war in der Vorburg angelegt, aus der sich im 15. Jh. das Dorf Wewelsburg entwikkelte. Die Kapelle des 14. Jh. wurde 1599–1601 umgebaut. 1884/85 kamen der W-Turm und der Chor hinzu.

CASTROP-RAUXEL (Recklinghausen D4)

Eine »villa Castrop« ist bereits für das Jahr 834 bezeugt. Im Mittelalter entwickelt sich ein Marktflecken, der von den Klever Herzögen befestigt wird. Zentrum ist die Pfarrkirche St. Lambertus; Teile der Kirche aus dem 13. Jh. sind in den Neubau des 19. Jh. einbezogen. – 1926 wurde Castrop mit 9 umliegenden Gemeinden zur Stadt Castrop-Rauxel zusammengefaßt.

Neues Stadtzentrum (Europaplatz)

Zwischen den Stadtteilen Castrop und Rauxel begannen die Kopenhagener Architekten Arne Jacobsen und Otto Weitling 1966 mit der Gestaltung eines neuen Zentrums für die Gesamtstadt Castrop-Rauxel. Nach Jacobsens Tode (1971) arbeitete die Architektengemeinschaft Dissing und Weitling, Kopenhagen, an dem Projekt.

An einer Längsseite eines gestreckten, rechteckigen Forums sind die Gebäude der Volkshochschule, eine Sporthalle, ein Restaurant und die Stadthalle aufgereiht, die andere Seite wird ganz von dem Rathaus mit davorliegendem Ratssaal eingenommen. Die Schmalseiten des Forums sind zur Umgebung hin geöffnet.

COESFELD (Coesfeld C3)

Die Siedlung besteht schon 809, im Jahre 1123 kommt sie zum nahen Prämonstratenserkloster Varlar, 1197 verleiht ihr der Bischof von Münster Stadtrecht. Es folgt im 13. Jh. eine Befestigung. Die Stadt blüht durch Fernhandel auf und wird Mitglied der Hanse. Nach dem 30jährigen Krieg findet sie das besondere Interesse des streitbaren Fürstbischofs Christoph Bernhard von Galen, der sie neu befestigen läßt. Große Brände im 16. und 17. Jh. suchen die Stadt heim. Seit dem 19. Jh. erholt sie sich als Ort der Textilindustrie. Im 2. Weltkrieg wird die innere Stadt fast ganz zerstört.

Kath. Pfarrkirche St. Jakobi

Eine bischöfliche Kapelle wurde vor 1258, als die Stadt sich vergrößerte, zur 2. Pfarrkirche umgebaut und erweitert. Der Bau, der im 19. Jh. ein

Coesfeld. Kath. Pfarrkirche St. Lamberti. Christuskopf vom Gabelkruzifix

neues Querschiff und einen neuen Chor erhalten hatte, wurde im 2. Weltkrieg zerstört. Neubau 1948/49.

Dem Neubau fügte man das erhaltene berühmte *Portal* ein, reinstes Beispiel der westfäl. Stufenportale, die jede Figur meiden. Reich und üppig mit Laubwerk, Ranken und Schuppen verzierte Säulen und Kanten tragen auf phantastisch gebildeten Kapitellen die Bogen, von denen der innerste sich zum Dreipaß formt und solcherart das Giebelfeld einschließt. ●

In der Kirche ein reich skulptierter spätroman. *Taufstein* aus der Zeit um 1240. ●

Kath. Pfarrkirche St. Lamberti

Im spätgot. Neubau, einer um 1473 begonnenen Stufenhalle, sind Pfeiler eines älteren roman. Baues (13. Jh.) benutzt. Den vorgesetzten barocken W-Turm errichtete 1686–1703 Gottfried Laurenz Pictorius.

Im Chor, einem 2jochigen Hallenraum mit 3 Apsiden das *Coesfelder Kreuz,* eine der künstlerisch vollkommensten Ausprägungen des sog. Gabelkruzifixus, der im 14. Jh. in Westfalen und im Rheinland verbreitet ist. Das Christuserlebnis der Mystik findet darin einen einzigartigen plastischen Ausdruck. Die scharf hervortretenden Züge des Gesichts – die starken Brauenbögen, die Nase, der Mund – bringen den Schmerz erschütternd zum Ausdruck; doch erscheint dieser vergeistigt und als trostreiche Erlösungstat. Die Pfeilerfiguren der Apostel (1506–20) und des hl. Christophorus sind Arbeiten Johann Düsseldorps. ●

Kath. Gymnasialkirche St. Ignatius, ehem. Jesuitenkirche

Baumeister der 1673–92 errichteten und 1710 geweihten Kirche war der vielbeschäftigte Architekt des Jesuitenordens, Laienbruder Antonius Hülse, von dem sein Nekrolog sagt: »Im Entwerfen von Plänen und in der Baukunst überaus erfahren, hat er an verschiedenen Orten Kirchen, Kollegien, Gymnasien und Klöster zu unserer und anderer Zufriedenheit erbaut.« Von ihm stammen auch die Jesuitenkirchen in Paderborn und Siegen. – Kirche und Ausstattung wurden im 2. Weltkrieg zerstört. Wiederaufbau 1955–57.

Der 1schiffige mächtige Saalbau hat 6 kreuzrippengewölbte Joche, einen 3seitigen Chorschluß, an den sich beiderseits Sakristeibauten und in der Mitte ein Chorturm anschlossen. Die Nischen zwischen den eingezogenen Strebepfeilern bildeten je eine Reihe flacher Kapellen. Die Fassade nach dem Vorbild der Kölner Jesuitenkirche, aber ohne Seitentürme und Seitenportale, ist ein prunkendes Schaustück, doch ohne organischen Zusammenhang mit der Struktur des Bauwerkes.

2 Kreuzwegkapellen, beide Mitte des 17. Jh. im Auftrage des Fürstbischofs Chr. B. v. Galen von Peter Pictorius errichtet. – Die eine, außerhalb des Ortes an der Holtwicker Straße, ist ein quadratischer Pfeilerbau, die andere, nordwestl. von Coesfeld im Walde gelegen, ein 8eckiger Zentralbau mit rundbogigen Arkaden und einer Laterne.

DAHLEM (Euskirchen B8)

Baasem (B8)

Kath. Pfarrkirche St. Maria. Die 2schiffige Halle, um 1500 mit reichen Netz- und Sterngewölben auf je 4 runden und 8eckigen Pfeilern errichtet, ist bedeutend in der Raumbildung. Das südl. Schiff schließt 3seitig, das nördl. mit flachbogiger innerer Apsis. Diese und der Unterbau des Turmes gehen vielleicht in roman. Zeit zurück; die Obergeschosse des Turmes entstanden 1559. Eindrucksvolles steinernes Altarretabel von 1625.

Kronenburg (B8)

Kath. Pfarrkirche St. Johann Baptist, um 1500. Das Sterngewölbe der einheitlichen Hallenkirche ruht auf einer Mittelstütze, einem Rundpfeiler mit 4 Diensten. Über dem quadratischen sterngewölbten Chor erhebt sich ein niedriger O-Turm. Das schöne Gesamtbild bereichern die Anbauten, im N die Sakristei von 1517, im S die ehem. Grabkapelle. Reste alter Wandmalerei.

Ruine der im 14. Jh. erneuerten 5seitigen **Hochburg** und der darumgelagerten **Vorburg,** die in Verbindung mit der **Ortsbefestigung** stand, von der auch wesentliche Teile wie N-Tor, O-Tor, Mitteltor und Burgtor erhalten sind: ein Gesamtbild von landschaftlicher Schönheit und Eigenart.

DELBRÜCK (Paderborn G3)

Kath. Pfarrkirche St. Johannes d. T. Von der ursprünglich roman. Gewölbe-Basilika aus der Zeit um 1200 sind nur das Mittelschiff mit seinen kuppeligen Kreuzgratgewölben und der W-Turm mit steil aufragendem Pyramidenhelm erhalten. Unter Abbruch der alten Seitenschiffe wurde der Kirchenraum im 14. und 19. Jh. zur Halle umgebaut. Ungewöhnlich sind die Doppelsäulen, die als Arkadenstützen zum nördl. Seitenschiff dienten und in der Turmhalle erhalten sind. – Der kleine Kirchenschatz bewahrt ein bemerkenswertes *Kreuz* vom Anfang des 17. Jh. und einen schönen *Kelch* von 1733.

Ein Kranz von Giebelhäusern umschließt den **Kirchplatz,** in dem die urspr. Kirchenburg noch zu erkennen ist. – **Pfarrhaus** 1716 von J. C. Schlaun.

DETMOLD (Lippe G3)

Der Ort wird 783 anläßlich einer Schlacht zwischen Karl d. Gr. und den Sachsen erstmals genannt. Er war Zentrum des Theotmalli-Gaues mit der dem hl. Vitus geweihten Urpfarrkirche. Im Anschluß an die Burg wurde Mitte des 13. Jh. die Stadt in dem 3-Straßen-Schema angelegt, wie es für die lippischen Städte typisch ist (1 Längs-, 3 Querstraßen), wobei jedoch in Detmold die Querstraße (Lange Straße) zur Hauptstraße wurde. Seit 1511 diente das Schloß den Grafen (seit 1789 Fürsten) zur Lippe als ständiger Wohnsitz. Der Ausbau zu einer kleinen Residenzstadt am Anfang des 18. Jh. (Neustadt) und in der spätklassizist. Zeit um etwa 1820–60 (z. B. Allee, Leopoldstraße) bestimmt heute noch wesentlich das Stadtbild. – In der Bruchstr. 27 wurde der Dichter Christian Dietrich Grabbe (1801–36) geboren; auf dem Friedhof an der Weinbergstraße liegt er begraben. Sein Sterbehaus Unter der Wehme 7 steht neben dem Geburtshaus des Dichters Ferdinand Freiligrath (1810–76). Im Haus Wehme kam 1822 der Dichter und Sozialkritiker Georg Weerth zur Welt.

Ref. Marktkirche, ehem. St. Vitus, jetzt **Erlöserkirche.** Unter Verwendung älterer Bauteile (Chor um 1300, Mittelschiff Ende 14. Jh.) nach dem Stadtbrand von 1547 als Spätling der westfäl. Hallen erbaut. Das 3schiffige, 2jochige Hallenlanghaus, das von 2 parallelen Satteldächern überdacht wird, mündet in einen platt geschlossenen Chor. Kleine kreuzförmige Pfeiler tragen die stark ansteigenden rippenlosen Kreuzgewölbe. Statt des alten W-Turmes (vor 1000) wurde 1564 der an der S-Seite stehende Turm noch in got. Formen errichtet und 1592 mit einer Renaissance-Haube abgeschlossen. – Die *Kanzel* mit qualitätvollen Schnitzereien stammt aus der Mitte des 17. Jh. Johann Marcus Östreich aus Oberbimbach bei Fulda schuf 1793–95 die *Orgel*, deren Werk gut erhalten ist (Rückpositiv von 1940). Östreich setzte die einzelnen Werke nicht übereinander, wie sonst üblich, sondern gliederte das Gehäuse durch Einfügung eines Positivs zwischen Hauptwerk- und Pedaltürme in 15 Feldern nebeneinander. Bekrönungen und Behänge sind in den Zierformen des Zopfstiles gehalten. Das *Epitaph* der *Margarethe v. Kerssenbrock* (1567) gilt als Frühwerk des Bildhauers Hermann Wulff; das *Epitaph v. Zerssen* (nach 1586) ist ein besonders reiches und zierliches Werk dieser Art im lippischen Raum.

Ev. Christuskirche, 1905–08 von Otto Kuhlmann in frühgot. Formen errichtet.

Lutherische Kirche, 1896–98 nach Plänen von G. A. Fischer.

Ehem. Synagoge (Exterstr. 8). 1742/43 wurde die frühere Scheune von der israelischen Gemeinde zur Synagoge umgestaltet; bis 1907 genutzt.

Ev. Versöhnungskirche, 1963–67 von Lothar Kallmeyer.

Aus der Zeit nach dem Stadtbrand von 1547 haben sich noch einige **Wohnhäuser** erhalten, so das Fachwerkhaus **Krumme Str. 44** und das steinerne Haus **Lange Str. 14** in Formen der Weserrenaissance. Gleichfalls dem 16. Jh. gehören die Fachwerkhäuser **Krumme Str. 20, Meierstr. 2** (etwa 1567–70) und **Lange Str. 36** (1593) an, mit aufwendigem Schnitz-Dekor. Das **ehem. Pfortenhaus des Augustiner-Kanonissenstiftes** (Schülerstr. 25) ist das älteste erhaltene Fachwerkhaus des Lippischen Raumes (1506).

● **Residenzschloß**

Aus einer mittelalterl. Wasserburg, von der der mächtige Bergfried erhalten blieb, entwickelte sich im 16. Jh. die heutige, noch großenteils von Wall und Graben umschlossene Anlage. Unter Einbeziehung älterer Bauteile entwarf der Schloßbaumeister Jörg Unkair aus Tübingen um 1549 den großzügigen 4-Flügel-Bau um den weiten Rechteck-Hof mit den 4 Treppentürmen in den Winkeln. Auch nach seinem Tode 1553 blieb dieser Entwurf richtunggebend. Zunächst vollendete Cord Tönnis, der bekannte Hamelner Baumeister, den nordöstl. Eingangsflügel, der an der Hofseite in dem Steingang des Meisters J. R. (1557) ein wirkungsvolles Schaustück klassischer Frührenaissance erhielt. Die Vollendung des Renaissance-Baues zog sich – mit langen Unterbrechungen – bis 1621 hin. Der frühbarocke SW-Flügel mit den Königszimmern wurde erst 1670 erbaut. Die beiden Langflügel büßten ihren urspr. Charakter ein, als sie 1706 bzw. 1713 nüchtern umgebaut und erhöht wurden. Von den ursprünglich erhaltenen Bauteilen sind bemerkenswert: von Jörg Unkair der östl. Treppenturm (1550), der nördl. Treppenturm (1551 mit Meisterzeichen) und der rechte Erker der Eingangsfront; von Cord Tönnis der linke Erker der Eingangsfront (mit dem frühesten Vorkommen seines Meisterzeichens), das Hofportal und die Giebel des NO-Flügels. Aus der Zeit gegen 1600 stammt die großartige Haube des Schloßturmes mit 3 Reihen von Dacherkern übereinander; schon frühbarocke Formen zeigt das Küchenportal des NW-Flügels von 1620.

Im I n n e r e n ist in den Königszimmern und im Roten Salon die *Einrichtung* aus dem Anfang des 18. Jh. erhalten: Parkettfußböden, Stukkaturen, sowie Supraporten und Deckengemälde des Hamburger Malers Hans Hinrich Rundt. Zu den Ende des 19. Jh. eingerichteten Räumen zählt der *Ahnensaal,* 1882 von Lorenz Gedon, mit einer hölzernen Einrichtung im Stile des ausgehenden Mittelalters. Möbel, Bilder, Gläser und hervorragende Porzellane führender Manufakturen geben einen vorzüglichen Überblick über Kunst und Kultur eines Fürstenhofes für die Zeitspanne vom 17. bis zum frühen 20. Jh. Wertvollster Besitz sind die 8 großen Gobelins, welche die Siege Alexanders d. Gr. darstellen und nach Entwürfen von Le Brun um 1670 in der Werkstatt des berühmten Brüsseler Teppichwirkers Jan Frans van den Hecke gearbei-

Detmold. Hof des Residenzschlosses

tet sind. 2 weitere Gobelins um 1700 zeigen Szenen aus dem Zyklus des Konsuls Decius Mus nach Entwürfen von Rubens.

Der **Schloßplatz** wird umrahmt von den Gebäuden der ehem. Hofhaltung. Im Flügel zum Marktplatz das um 1670 entstandene **Dikasterialgebäude;** die übrigen Bauten im Gesamtentwurf von Christian Teudt, 1800 ausgeführt: 4 Längsbauten **(Wagenremisen, Marstall, Reithaus),** von Pavillons gerahmt, die mit ihren Mansarddächern die langen Fronten wirkungsvoll gliedern. Diese Bauten fassen das kunstvoll geschmiedete **Haupttor** zur Langen Straße.

Neues Palais (jetzt **Nordwestdeutsche Musikakademie**). Vom Burggraben des Schlosses führt ein ab 1701 angelegter Kanal bis zu dem untergegangenen Terrassen-Park Friedrichstal am Büchenberg (Krummes Haus). Näher an der Stadt wurde 1706–18, wohl nach Entwurf des Malers Rundt, das Neue Palais in den »klassizist.« Formen des Barock errichtet. Statt des urspr. Mansarddaches wurde seit 1846 das 2. Obergeschoß aufgesetzt. – Der **Palaisgarten** wurde in seiner heutigen Form 1851–53 angelegt.

Grotenburg und **Hermannsdenkmal**
Die **Grotenburg,** eine Bergkuppe des Teutoburger Waldes südwestl. von Detmold, wird von vielen Forschern für die »Teutoburg« gehalten, in deren Nähe der Ort der Varus-Schlacht vom Jahre 9 n. Chr. zu suchen ist. Auf der Grotenburg ist der »Große Hünenring«, eine germanische Volksburg, z. T. erhalten. Am Fuße des Berges, in der Nähe des alten Teuthofes, liegt der besser erhaltene »Kleine Hünenring«.

● Innerhalb des »Großen Hünenringes« wurde 1838–75 das **Hermannsdenkmal** errichtet (der Sockel entstand 1838–45, die Vollendung der Statue zog sich bis 1875 hin). Dieses bedeutende Denkmal ist mehr als eine touristische Attraktion. Zwischen große Kuppen des Teutoburger Waldes gestellt, verbinden sich in ihm die romantische Erinnerung an die Taten des Arminius mit der Gegenwart der Denkmalserbauer. Das Monument, Ausdruck einer »offiziellen« deutschen Kunst, hatte die Aufgabe, die Stärke Deutschlands durch die Einigung des Reiches zu symbolisieren. Hermann wird als Vorbild des deutschen Kaisers verstanden. Der Bildhauer, Ernst v. Bandel, stellte das riesenhafte Standbild Hermanns des Cheruskers mit gestreckter Schwertfaust auf einen kräftigen Unterbau, in dem der Ruhmestempel des 19. Jh. und die als national empfundenen Spitzbogen der Gotik einander merkwürdig durchdringen.

Lippisches Landesmuseum (Ameide 4). Bedeutende naturkundliche und völkerkundliche Sammlungen, u. a. altperuanische Textilien, Plastiken und Keramiken, wie sie in Deutschland selten zu sehen sind. Ein von Schieder nach Detmold versetzter mächtiger Fachwerkbau (um 1595), das »Heimathaus«, zeigt Kunst und Kultur sowie Vorgeschichte in Lippe, eine aus Sabbenhausen stammende Zehntscheune von 1555 gibt einen Überblick über bäuerliche Geräte.

Westfälisches Freilichtmuseum Bäuerlicher Kulturdenkmale – Landesmuseum für Volkskunde (Krummes Haus)
Das Museum wurde 1960 gegründet. Auf dem 80 ha großen Gelände sind 60 Gebäude wiedererrichtet; im Endzustand wird das Museum aus 3 Dörfern, 9 Einzelhöfen und 3 kleineren Baugruppen bestehen (ca. 160 Gebäuden).

Das Paderborner Dorf, die größte Baugruppe eines europäischen Freilichtmuseums, besteht aus dem Zentrum mit der Kirche auf einem Wehrfriedhof und einem Dorfanger mit Teich. Zu den wiedererrichteten Höfen und Gebäuden gehören: Der **Valepagenhof aus Delbrück,** 1577, ein Hallenhaus mit einem reich und qualitätvoll geschnitzten Schmuckgiebel im Stil der Weserrenaissance, darunter Fächerrosetten, die Auferstehung Christi und eine Jagdszene. Der **Schönhof aus Wiedenbrück** ist der um 1700 errichtete ehem. Sitz eines Amtsrentmeisters; der Bau enthält einen Saal mit illusionistischer Wand- und Deckenmalerei. Der **Hof aus Grohnde** besteht aus dem 1731 errichteten Haupthaus und der Scheune aus dem 17. Jh. Neben dem Dorfweiher das **Haus Stahl aus Gütersloh,** 1730, das als Weinbrennerei diente. Der **Kirchhofspeicher aus Mellrich** ist ein Bau des frühen 16. Jh. Am Dorfrand eine **Bockwindmühle aus Groß-Lobke** (bei Hildesheim), 1812. Die **Kappenwindmühle aus Tonnenheide,** 1789 bzw. 1842, wird von einem Museums-Windmüller betrieben.

Der Westhellweg-Hof repräsentiert die bäuerliche Bauweise des Ruhrgebietes: das **Haupthaus aus Dortmund-Brackel,** 1793, zeigt eine für diese Gegend typische Konstruktion mit langen Kopf- und Fußstreben sowie kleinen Andreaskreuzen neben dem Tor; der **Speicher** stammt aus der Mitte des 18. Jh., das benachbarte **Spritzenhaus aus Einecke** wurde 1846 gebaut; die **Dorfschule aus Tönigsen** (bei Soest) entstand 1837.

Der Westmünsterländer Hof setzt sich aus Gebäuden des 18. Jh. zusammen, zumeist Fachwerkbauten mit großen backsteinausgemauerten Gefachen. Das 1789/90 errichtete **Haupthaus aus Rhedebrügge** ist ein Zweiständerbau in altertümlicher Ankerbalken-Zimmerung. Zu den Nebengebäuden gehört ein **Lehmspeicher aus Grasdorf,** ein spätmittelalterl. Fachwerkbau mit wandhohen Andreaskreuzen zur Versteifung des Gerüstes, ursprünglich vollständig lehmummantelt, das älteste Gebäude des Museums, um 1500.

Der Innermünsterländer Gräftenhof ist eine Vierinselanlage mit Hof, Scheunen, Speicher und Garteninsel. Das **Haupthaus aus Albersloh-Alst,** ein Hallenhaus, wurde 1787 errichtet. An den 3schiffigen Deelenteil schließen sich das Flett und das sog. Kammerfach an. Die Hauptinsel des Hofes betritt man durch das **Torhaus aus Nienberge,** 1767; auf einer eigenen Insel befindet sich der **Fluchtspeicher aus Wieningen** (bei Warendorf), Mitte des 16. Jh.
Osnabrücker Hof. Das **Haupthaus aus Kalkriese** entstand 1609, hier gibt es noch keine Trennung zwischen Deele und Flett, vielmehr fanden alle wichtigen Wohn- und Wirtschaftsfunktionen in einem gemeinsamen Raum Platz. Das anschließende Kammerfach mit Saal und Schlafkammern entstand erst zu Beginn des 18. Jh. Der **Kotten aus Höveringhausen,** 1784, zeigt die einfachen Wohnverhältnisse der ärmeren Bevölkerungsschichten, die ein solches Gebäude vom Eigentümer pachteten und dafür als Tagelöhner auf seinem Hof arbeiten mußten. Das **Doppelheuerhaus aus Hüsede,** 16. Jh., umgebaut 1738, war sogar an 2 Familien vermietet.
Auf dem Mindener Hof stehen zumeist Gebäude des 17. Jh. Das **Haupthaus aus Kleinenheerse** wurde 1673 errichtet, das Kammerfach mit dem rückseitigen Backsteingiebel stammt aus dem Jahre 1780. Auch hier gibt es keine Trennwand zwischen Deele und Flett, der Küchenbereich ist jedoch mit einem Schmuckpflaster aus dem Jahre 1828 ausgelegt. Vor der Hofgruppe steht der **Glockenstuhl aus der Bauerschaft Schwenningdorf** aus dem Jahre 1877.
Der Lippische Meierhof hat mehrere besonders alte Gebäude. Das **Haupthaus aus Wittigenhöfen** entstand im Kern 1569/70 und wurde um 1600 durch ein Kammerfach erweitert. Eine Trennwand zwischen Deele und Flett gibt es nicht, die Feuerstelle ist wie bei allen älteren Höfen offen, d. h. der Rauch zieht durch das gesamte Gebäude hindurch. Die benachbarte **Scheune aus Bexten** wurde 1597–99 errichtet, der **Speicher aus Brosen** am Hofweiher entstand um 1580. Alle Gebäude sind mit einem Strohdach gedeckt. An der Seite steht noch ein **Leibzuchtgebäude aus Bremke,** 1619 erbaut, ein kleines Haus mit Stall und Kammern an der Seite der Deele. **Backhaus** und **Stallspeicher** entstanden 1790.

DINSLAKEN (Wesel BC4)

Der Ort, geschützt durch den Rittersitz der Herren von Dinslaken, kommt 1220 an Kleve. 1273 erhält er Stadtrecht.

Kath. Pfarrkirche St. Vinzentius. 3schiffige Hallenkirche mit eingezogenem Turm, um 1450 errichtet, im 2. Weltkrieg weitgehend zerstört und stark verändert wiederaufgebaut. Im Mittelschiff 3 quadratische, in den Seitenschiffen längsrechteckige Joche. Die Kreuzrippengewölbe auf Rundpfeilern. Als Altarraum dient eine 5seitige Apsis.

Im *Hochaltar* (flämisch um 1490) ist die Passion plastisch dargestellt; die Flügel tragen innen und außen Malerei. Ein großes, in Holz gearbeitetes Kruzifix gehört zu den Spätlingen der expressiven Crucifixi dolorosi der rheinischen Bildhauerei am Ende des 14. Jh. (vgl. Krefeld-Linn). Die 1959 wiedergefundenen Figuren der hl. Lucia und eines ausdrucksvollen Johannes d. T. aus Eichenholz sind niederrheinisch, ein Relief der Gefangennahme Christi eine flandrische Arbeit vom Ende des 15. Jh.

Burg. Der bis auf Reste der Umfassungsmauern zerstörte Bau wurde 1950–52 rekonstruiert. Er geht zurück auf das 12. und 17./18. Jh.

Haus der Heimat (Brückstr. 31). Vorwiegend volkskundliches Regionalmuseum.

DORMAGEN (Neuss C6)

Knechtsteden (BC6)

Ehem. Prämonstratenser-Klosterkirche St. Maria und St. Andreas, heute kath. Pfarrkirche ●

Der Kölner Domherr Hugo von Sponheim errichtete auf einer Sandbank des alten Rheinarmes 1130 ein erstes Kloster. Erzbischof Friedrich I. von Köln übergab es den Prämonstratensern. Sie brachten das Kloster im 12. und 13. Jh. zu hoher Blüte. 1802 wurde es säkularisiert und verkauft. Seit 1895 diente es dem Orden vom Hl. Geist als Ausbildungszentrum für Missionspriester. – Die Kirche ist ein einheitlicher Bau des 12. Jh. Propst Christian begann 1138 den Bau der O-Teile einschließlich ihrer Gewölbe. Zwischen 1151 und 1162 ließ Propst Albert den W-Chor, das Langhaus, den Oberbau der 2 Türme und den Vierungsturm errichten. Er machte 1162 eine Stiftung, die es ermöglichte, die W-Apsis auszumalen. 1477 wurde der O-Chor neu gebaut. Nach Brand (1869) Restaurierung durch H. Wiethase.

Die doppelchörige Gewölbebasilika ist bedeutsam in der Baugeschichte des 12. Jh. am Niederrhein. Die O-Teile mit dem Querschiff und 3 Türmen waren die eigentliche Mönchskirche; der schlichte W-Chor diente dem Pfarrgottesdienst. Auch in den künstlerischen Formen zeigt das Bauwerk betonte Eigenart. Die reichen Zierformen der rheinischen Romanik verwendet der strenge Ordenssinn der Prämonstratenser nur mit betonter Zurückhaltung; um so eindringlicher tritt die reine Architektur in den Vordergrund.

Der Außenbau wirkt durch die kubischen Massen und ihre ausgewogenen Proportionen. Die Turmgruppe aus dem gedrungenen 8eckigen Vierungsturm mit Zeltdach und den schlanken Seitentürmen in den östl. Ecken des Querschiffes betont die O-Partie. Zurückhaltende Gliederung von Lisenen und Bogenfriesen schmückt die Wände von Querschiff und

Langhaus. Reicher ist hier nur das etwas jüngere S-Portal mit 5fach gestufter Laibung. Die einfache W-Apsis tritt mächtig in ihrer schlichten Rundung vor die schmucklose Giebelwand.

Der Innenraum ist 60 m lang, 19 m breit, 15 m hoch. Das Langhaus hat 4 Doppeljoche im gebundenen System. Als Hauptstützen dienen kreuzförmige Pfeiler mit starken Halbsäulen an allen 4 Seiten: die Zwischenstützen sind nicht einheitlich gestaltet; im W-Joch stehen schlanke Pfeiler, sonst Säulen und Säulenbündel. Die Kapitelle tragen schlichtes Ornament in dennoch bunt wirkender Fülle des Formenreichtums. Über den Arkaden des Mittelschiffes läuft ein reichprofiliertes Gesims; darüber stehen in jedem Joch 2 Fenster. Das Langhaus ist mit Gratgewölben gedeckt, das Querhaus hat statt der ursprünglich geplanten Flachdecke 3 Kuppelgewölbe, eine im Rheinland seltene Form. An den O-Wänden der Querschiffarme kleine Apsiden; der durch Chorschranken abgegrenzte Hauptchor ist nur wenig überhöht; in seiner got. Erneuerung ordnet er sich dem einheitlichen Raum des 12. Jh. harmonisch ein. Für den Gesamteindruck wichtig ist die 1938 nach alten Farbspuren erneuerte Fassung der Architektur.

Die *Ausmalung* der W-Apsis, um 1160, gehört, trotz mehrfacher restaurativer Eingriffe, zu den bedeutendsten Monumentalmalereien des 12. Jh. in der großartig-sicheren Harmonie, die das Kunstschaffen dieser Zeit auszeichnet. In der Halbkugel thront segnend Christus in der Mandorla, umgeben von den Sinnbildern der Evangelisten: Adler, Löwe, Stier und Engel. Petrus und Paulus stehen zu seinen Seiten, ihm zu Füßen Propst Albert von Sponheim, der Vollender des Kirchenbaues. In der Fensterzone die monumentalen Gestalten der Apostel in Zweier- und Dreiergruppen vor blauem Grund. Stilistisch sind in dieser Malerei Verbindungen zur byzantinischen Kölner Buchmalerei erkennbar. – Ergreifend das Vesperbild, ein westfäl. Holzbildwerk aus dem 3. Viertel des 14. Jh.

Die **Klostergebäude,** im 17. Jh. großzügig erneuert, seit 1869 Ruinen, wurden 1896 wiederaufgebaut. Schöner **Torbau** in Barockformen (1705).

Das **Missionsmuseum** hat eine kleine, aber höchst qualitätvolle Sammlung von Plastiken und Geräten aus Afrika und der Südsee.

Zons (C6)

Die alte Stadt wurde 1373–1400 von Erzbischof Friedrich von Saarwerden als kölnische Zollstadt (in der Nachfolge von Neuss) am Rhein errichtet. Der Ort 1620 durch Brand zerstört. Die einheitliche Anlage, 1908 restauriert und 1949–56 nach Kriegsbeschädigungen in-

Dormagen. Knechtsteden. Ehem. Prämonstratenser-Klosterkirche

standgesetzt, gehört zu den eindrucksvollsten Stadtgründungen des 14. Jh. am Niederrhein.

● An einem kleinen, aber ganz erhaltenen Beispiel gewinnen wir eine Vorstellung von einer mittelalterl. **Festung,** die nicht nur Macht ausüben, sondern auch darstellen sollte: Die Mauern des regelmäßigen Vierecks von 300 × 250 m, der Wehrgang, besetzt mit Wachhäusern, und die Doppeltore sind bewußt auf große architektonische Wirkung hin angelegt. Verstärkt wird die Kraft von Konstruktion und Form durch das Material. Basalt, Trachyt, Tuff und Backstein sind mit wohlberechneter Wirkung verwendet. – Die südöstl. Ecke der Stadt, unmittelbar am Rheinufer, nimmt die **Burg Friedestrom** (Ruine) mit Zwinger und eigenem Graben ein.

Die **kath. Pfarrkirche St. Martin,** 1875–79, ist ein neugot. Bau von V. Statz.

DORSTEN (Recklinghausen C4)

Lembeck (C3)

Kath. St.-Michaels-Kapelle beim Michaelsstift (Krankenhaus), einfacher Saalbau mit Apsis, von Johann Conrad Schlaun 1726 errichtet für Maria Anna Theodora, die Witwe des letzten Grafen Westerholt.

● **Wasserschloß**

Die Familie v. Westerholt, in deren Besitz das Schloß 1526 gekommen war, ließ Ende des 17. Jh. an dessen Stelle den jetzigen großen Bau errichten. 1708 wurden durch Heirat die Grafen v. Merveldt Besitzer.

Der Zugang führt in der Mittelachse der Anlage über einen Brückenkopf mit reicher Barockarchitektur zum 1692 bezeichneten Portal im Torturm der **Vorburg.** Diese umschließt mit 3 Flügeln hufeisenförmig einen Hof, von dem der Weg axial weiterführt über die Schloßbrücke zum Portal des **Herrenhauses** und durch dieses hindurch geradeaus weiter durch den **Park,** in dem er mit einer Obeliskenarchitektur abschließt. Die 2flügelige Vorburg hat an ihren 4 Ecken quadratische Türme, deren barocke Hauben und Laternen das Hauptdach überragen. Der nördl. Flügel brannte 1887 ab. Auch das Herrenhaus, das aus 2 rechtwinklig aneinanderstoßenden Flügeln besteht, hat quadratische Türme an 3 seiner Ecken. Die Mitte der 2geschossigen Herrenhausfassade nimmt das hohe, üppige Barockportal mit einer Muttergottesstatue und einem Wappenschild ein. Im Inneren sind bemerkenswert der *Große Saal* von Schlaun, mit schöner Holzvertäfelung, Marmorkaminen, Stuckdecke und gemalten Supraporten, und der *Kleine Saal,* mit bemalter Wandbespannung, barocken Möbeln und beachtlicher Stuckdecke. – Die *Schloßkapelle* ist ein gotisierender Umbau von 1851.

Das **Schloßmuseum** zu Dorsten-Lembeck spiegelt die Wohnkultur des 16.–19. Jh. mit flämischen Wandteppichen, Bildtapeten und niederländischen Gemälden. Eine Sonderabteilung ist dem Werk des Malers Hans Hubertus Graf v. Merveldt (1901–69) gewidmet. – Die Bestände des 1966 angegliederten **Heimatmuseums** umfassen sakrale Kunst (niederrheinischer Schnitzaltar um 1500), Zeugnisse der bäuerlichen Kultur und frühgeschichtliche Funde.

DORTMUND (D4/5)

In vorgeschichtlicher Zeit liegt eine Siedlung im W der heutigen Stadt. Sie erhält in fränkischer Zeit eine Taufkirche. In der Gegend des heutigen Hauptbahnhofes legt Karl d. Gr. einen Königshof an, der Etappenstation auf dem Hellweg wird, jener Heerstraße, die den Rhein mit der Weser verbindet. Im Schutze des Königshofes entwickelt sich ein Markt und eine neue Siedlung. Seit Otto I. hat der Ort Münzrecht. Er erhält eine Pfarrkirche, die auf dem Platz der heutigen Reinoldikirche gestanden haben dürfte. Um 1200 wird eine ältere Befestigung ausgebaut, die im heutigen Wall abzulesen ist. Neben der Reinoldikirche hat die Stadt im 13. Jh. noch 2 andere Pfarrkirchen. Sie entwickelt sich zu einem Ort der Tuchindustrie; die Erdgeschoßräume des alten Rathauses waren Tuchhallen. Der Tuchindustrie folgt der Scherenhandel. Dortmund wird wichtiger Ort der Hanse und durch sein Stadtrecht maßgebend im niederdeutschen Raum. Der Rat macht sich frühzeitig von den Fürsten, vor allem von dem Erzbischof von Köln (als Herzog von Westfalen) und den Grafen von der Mark, frei. Dortmund wird Freie Reichsstadt. Bereits zu Anfang des 14. Jh. wird Kohle abgebaut. Um 1800 ist Dortmund zu einer ländlichen Kleinstadt herabgesunken, die sich im 19. Jh. rasch zu einer der größten Industriestädte Europas entwickelt. Grundlage der neuen Blüte sind Kohlenförderung, Stahlindustrie und Bierbrauerei. Dortmund ist Sitz einer 1968 eröffneten Universität. – Künstlerische Blütezeit der Freien Reichsstadt ist das spätere Mittelalter, Gipfel seiner Kunst das malerische Werk seines Bürgers Konrad von Soest. Der 2. Weltkrieg vernichtete die Stadt fast völlig. Das Rathaus, der älteste erhaltene deutsche Rathausbau, ging verloren. Das gleiche Schicksal teilte das Gildenhaus. Die Reinoldikirche verlor ihre Gewölbe, die benachbarte Marienkirche den got. Chor. Ähnliche Schäden erlitten Petri- und Propsteikirche. Erhalten blieb das wertvollste Kunstdenkmal der Stadt, der Marienaltar des Konrad von Soest.

Ev. Reinoldikirche ●

Der hl. Reinoldus, dem die Kirche geweiht ist, war ein Schwestersohn Karls d. Gr. Er ist aus der Volkssage als das tapferste der 4 Haimons-

kinder bekannt. Nach der Legende war er schließlich Mönch in Köln geworden und hatte bei einem Kirchenbau die Steinmetzen zu beaufsichtigen, die den frommen Mann erschlugen und in einem Tuche im Rhein versenkten. Als man seine Leiche fand, sollen alle Glocken in Köln von selbst geläutet haben. Die Dortmunder erhielten seine Reliquien und machten ihn zum Patron der Kirche und der Stadt. Das Haupt des Heiligen, von 3 Sternen umgeben, ist auf alten Münzen der Stadt dargestellt. – Im Kern der Legende lebt die Erinnerung an den Gründungsbau, der zu den schlichten, großräumigen Kirchen des Erzbischofs Bruno von Köln, Bruder Kaiser Ottos I., gehörte (925–965). Er wich etwa 1260–80 einem Neubau im Übergangsstil. Von ihm ist das Langhaus erhalten. 1421–50 entstand der spätgot. Chor von Meister Roseer und nach 1444 ein 100 m hoher W-Turm, der 1611 einstürzte und an dessen Stelle 1701 unter Benützung alten Mauerwerks ein neuer Turm nach einem Entwurf von J. Degener vollendet wurde.

Das 3schiffige basilikale Langhaus ist mit Kreuzrippengewölben gedeckt; die Kapitelle zeigen schönes frühgot. Blattwerk. Da die Scheitel der spitzbogigen Arkaden sehr hoch liegen, haben darüber nur noch halbe fächerförmige Fenster Platz. An das Querhaus, das nicht über die Flucht der Seitenschiffe ausládt, schließt sich der stark erhöhte 2jochige Chor mit reichen Sterngewölben und 5seitigem Abschluß an.

Die schöne Ausstattung blieb an verschiedenen Bergungsorten vor Kriegsschaden bewahrt. An den Pfeilern des Triumphbogens stehen auf steinernen Konsolen und unter hohen spitzen Baldachinen die mächtige *Holzstatue Karls d. Gr.* und die des *hl. Reinoldus.* Sie stammen wie die Steinfiguren der Apostel an den Chordiensten aus der Erbauungszeit des Chores. Niederländischer Herkunft ist wohl der große spätgot. Schnitzaltar, um 1420–30, mit einer Kreuzigungsgruppe, den 12 Aposteln und den einseitig bemalten Flügeln mit Szenen aus dem Leben Jesu und Mariae. Ein imposantes *Adlerlesepult* aus Messing ist um 1450 im Maas-Gebiet gefertigt worden. – Eine gute Arbeit auch das Taufbekken, ein Bronzeguß von Johann Winnenbrock, 1469.

Die **kath. Pfarrkirche St. Bonifatius** baute Emil Steffann 1955 aus den Ruinen einer im 2. Weltkrieg zerstörten neuroman. Kirche, deren einen W-Turm und die beiden Chortürme er der neuen Anlage überzeugend eingestalten konnte. Das Kirchenschiff richtet sich unter einem Giebeldach als Einraum auf eine halbrunde Altarapsis. Der Altar rückt in das Schiff vor, so daß er sich umschreiten läßt und Umraum für feierliche Gottesdienste erhält. – Glasfenster von Hans Kaiser. – Mustergültig wird an diesem Bau sichtbar, daß man auch Bruchstücke der Architektur des Historizismus einem modernen Bau glücklich einbeziehen kann. Taufbrunnen von H. H. Buckes.

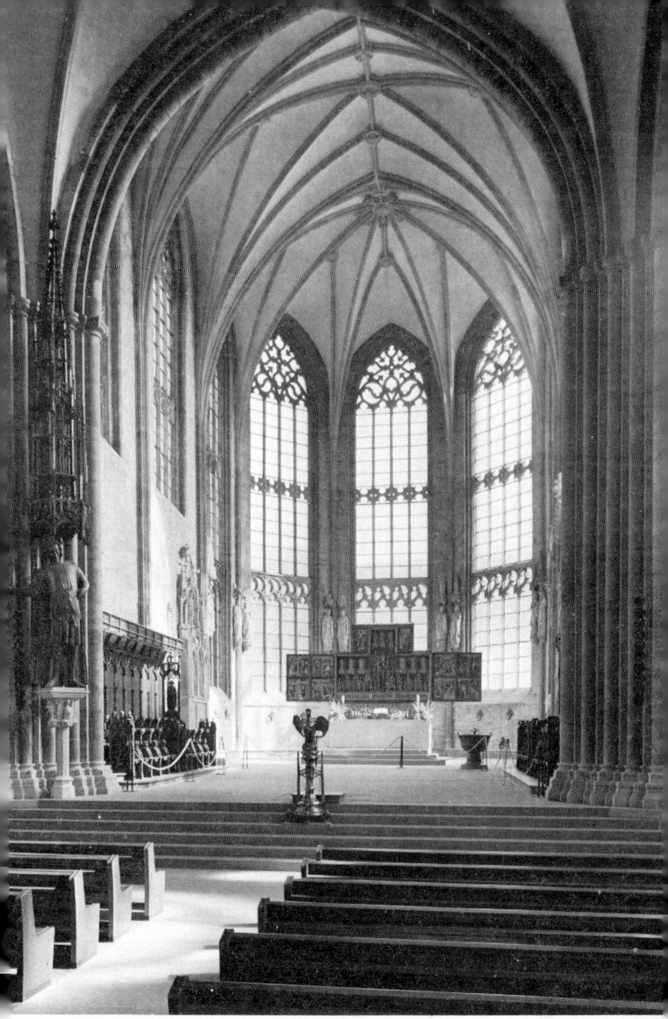

Dortmund. Ev. Reinoldikirche. Chor

Um die Kirche, die von der Straße zurücktritt, sind **Pfarrhaus, Kindergarten** und andere **Pfarrgebäude** geschart. Innerhalb dieses Gebäudekomplexes entsteht ein stiller, von einer Mauer umzogener Hof als Ort der Meditation und der Besinnung.

Ev. Marienkirche

Die roman. Basilika stammt aus der 1. Hälfte des 12. Jh.

Das Langhaus besteht aus 3 Doppeljochen im gebundenen System. Über den westl. Seitenschiffsjochen erhoben sich 2 Türme, von denen der nördliche 1805 abgebrochen wurde. Der alte Chor wich um 1350–60 einem spätgot. Neubau von 2 Jochen mit 5seitigem Abschluß. – Im Innern tragen je 2 den kräftigen Pfeilern vorgelegte Säulen auf zierlichen Blattwerkkapitellen die Arkadenbogen, nach den Seitenschiffen zu je eine den Gurtbogen. Die Halbsäulen im Mittelschiff führen hoch hinauf und tragen auf einfachen Würfelkapitellen die leicht spitzbogigen Gurte. Die Wand, die sich über den Arkaden und dem Gesimsstreifen großartig bis zu den hochsitzenden Fenstern im Lichtgaden ausweitet, trug vor einem Jahrhundert noch Reste von Wandmalereien. Im 2. Weltkrieg brannte die Kirche aus; die roman. Kuppelgewölbe blieben erhalten, die got. Chorgewölbe stürzten nachträglich ein. Bis 1957 wiederhergestellt.

Die Kirche bewahrt eines der bedeutendsten Zeugnisse deutscher Malerei aus dem frühen 15. Jh.: den vermutlich um 1415–20 entstandenen ● *Hochaltar des Konrad von Soest,* sein letztes uns bekanntes Werk. Die 3 Bildfelder, die in wenigen großen Gestalten Geburt Christi, Anbetung der Könige und Marientod zeigen, wurden stark beschnitten, als man sie 1720 einem barocken Altar einpaßte. In strenger, fast mathematisch durchdachter Komposition werden die Szenen vor den Goldgrund gesetzt. Im Vergleich zu den kleinteiligen, reich bewegten Frühwerken des Konrad von Soest (v. a. dem Wildunger Altar von 1403/04) sind die Figuren im Dortmunder Marienaltar nicht nur äußerlich größer geworden, sondern auch plastischer modelliert und von hoher Monumentalität erfüllt. Dem entspricht der Verzicht auf kleinteilige Vielfarbigkeit zugunsten großer, leuchtender Farbflächen. – Im nördl. Seitenschiff der ● sog. *Berswordt-Altar,* ein Triptychon mit Kreuztragung, Kreuzigung und Kreuzabnahme, von einem nach diesem Werk benannten Maler aus dem Umkreis des Konrad von Soest, um 1390. – Ein Meisterwerk mittelalterl. Skulptur stellt die *sitzende Muttergottes* dar, um 1230, im schönen Sakramentshaus vom Ende des 14. Jh.

Die **ev. Nicolai-Kirche,** 1930 von Karl Pinno und Peter Grund, gehört zu den grundlegenden neueren Kirchenbauten. Die Architekten nahmen das Trapez als Grundrißform eines Baues, den sie einhellig auf den Altar orientierten und kompromißlos in den neuen Materialien Beton

Dortmund. Ev. Marienkirche. Marienaltar des Konrad von Soest (Detail)

und Glas errichteten. Das große kastenartige Gehäuse wird überhöht durch einen freistehenden Glockenturm. Das Bauwerk gewinnt Distanz von der Straße und eine phrasenlose Selbstbehauptung in seinem Stadtviertel. – Glasfenster von G. v. Stockhausen.

Ev. Petrikirche

Die spätgot. Hallenkirche, die um 1320 begonnen und deren Chor 1353 vollendet wurde, besteht aus 3 Jochen im 3schiffigen Langhaus, aus einem Chorjoch mit 5seitigem Abschluß und einem quadratischen, vorgesetzten W-Turm mit einer 2jochigen Turmhalle. An der N-Seite des Chores liegt die Sakristei, an der S-Seite des Langhauses ein 2geschossiger Anbau mit einer Vorhalle. Der Turm wurde 1396 begonnen und bekam 1523 von Meister Hermann »mit der Hasenscharte« einen Helm, der 1752 zusammenbrach und später ersetzt wurde. – Auch diese Kirche brannte völlig aus und verlor fast alle Gewölbe.

● Hauptwerk der Ausstattung ist der mächtige *Flügelaltar* von Meister Gilles aus Antwerpen, 1521. Das Werk stand bis ins 19. Jh. in der ehem. Minoritenkirche. Die geschnitzte Innenseite zeigt 30 Darstellungen aus dem Leben Jesu, der Gregorsmesse und der Geschichte des Hl. Kreuzes. Die Malereien der Rückseiten und äußeren Flügel stellen in 36 Bildern Szenen aus dem Leben der hll. Emerentia, Anna, Maria und aus dem Leben Jesu dar; weitere 18 beziehen sich auf das Altarsakrament.

Kath. Propsteikirche St. Johannes der Täufer, ehem. Dominikanerkirche

Das Dominikanerkloster wurde 1331 gegründet, der Chor der Kirche 1354, das Langhaus 1458 geweiht. Wiederaufbau nach Kriegszerstörungen 1965 abgeschlossen.

An das 3jochige Mittelschiff der turmlosen spätgot. Halle mit den hohen schönen Sterngewölben schließt gleich hoch und fast gleich lang der Chor mit 3 kreuzrippengewölbten Jochen und 5seitigem Abschluß an. Das Mittelschiff hat auf der N-Seite rechteckige Pfeiler mit je einem runden Dienst, auf der S-Seite Rundpfeiler mit je 4 runden Diensten. Das südl. Seitenschiff ist etwa ein Drittel schmaler als das Mittelschiff und trägt Kreuzrippengewölbe; das nördl. Seitenschiff ist in ungewöhnlicher Form als schmaler tonnengewölbter Gang gebildet.

Von der alten Ausstattung wurde das mächtige, 1476 vollendete ● *Altarwerk* von Derick Baegert gerettet: im Mittelbild eine Kreuzigung und in den Flügelbildern die Hl. Sippe, die Anbetung der Könige, Christus mit dem Stifter und vielen Heiligen.

Haus des Volkswohl-Bundes, 1968–73 von Harald Deilmann. Ein Musterbeispiel für die glückliche Gliederung eines großen Baukörpers: Aus dem breit gelagerten, 5stöckigen Bürogebäude ragt ein zentraler Hochhausturm auf, getreppte, vorkragende Geschosse vermitteln zwischen ihm und den niedrigen Trakten. – Schöne neokubistische Innenarchitektur, u. a. in der Eingangshalle.

Westdeutsche Landesbank und Dresdner Bank, 1975–78 von H. Deilmann.

Westfalenhalle. Die Halle, eine der größten in Deutschland, steht auf dem Platz eines Vorgängerbaues, der 1925 von Moshammer und Delfs errichtet worden war. Die Holzkonstruktion ihrer Kuppel erschien mit einer Spannweite von fast 75 m als technischer Triumph. Der Bau wurde im 2. Weltkrieg zerstört und 1951/52 durch einen Neubau von Walter Höltje ersetzt. Er überwölbt mit einem riesigen gläsernen Zelt, zwischen Eisenkonstruktion gespannt, die komplizierte Anlage eines modernen Amphitheaters, das auf elliptischem Grundriß etwa 20 000 Besuchern Platz bietet. Die kühne, neuartige Hängekonstruktion liegt unverhüllt im Raum, der dank dieser Ehrlichkeit an Qualität gewinnt.

Gegenüber der Westfalenhalle liegt der **Westfalenpark,** der anläßlich der Bundesgartenschau 1959 geschaffen wurde.

Aplerbeck

Ev. Pfarrkirche, ehem. St. Georg. Die kleine roman. Basilika gehört zum westfäl. Typ der märkischen Gewölbebasiliken des 12. Jh., der in der Marienkirche von Dortmund ausgebildet wurde. Besonders eigentümlich ist ihm die Verwendung von gekuppelten Säulen als Vorlage für die Scheidbögen. Der Bau hatte ursprünglich ein roman. Gewölbe, das im 13. Jh. im Mittelschiff und in der Vierung durch spitzbogige Rippengewölbe ersetzt wurde, die auf Konsolen ruhen. Turmhallen und Chor wurden in frühgot. Formen eingewölbt.

Bodelschwingh

Ev. Pfarrkirche. Gewölbter, 2jochiger Einraum über querrechteckigem Grundriß, 1312; der Chor aus der 2. Hälfte des 14. Jh., der W-Turm aus dem 17. Jh. – Kanzel aus der 1. Hälfte des 18. Jh.

Haus Bodelschwingh
Die stattliche Wasserburg ist das Stammhaus der Familie von Bodelschwingh; es wird im Jahre 1302 zum ersten Male urkundlich erwähnt. Bis in diese Zeit reichen auch Teile des heutigen Hauptgebäudes zurück. Das 2geschossige **Herrenhaus** besteht aus 2 rechtwinklig zueinander liegenden Trakten; die geschweiften Giebel mit Kugelaufsätzen sind stilistisch vom Niederrhein beeinflußt. Von größeren Erweiterungsmaßnahmen des 16. und 17. Jh. stammen die beiden kräftigen Ecktürme mit ihren welschen Hauben. – Westlich der Hauptburg stehen die von einer Gräfte umgebenen Gebäude der **Vorburg.** Bis auf das klassizist. Kavaliershaus im N sind sie neueren Datums. – Der sog. **»Vogtsturm«** südlich des Herrenhauses besteht aus einem im Kern mittelalterl. Unterbau und

einem reizvollen vorkragenden Fachwerk-Obergeschoß aus dem 18. Jh.
Die ehemals barocke **Gartenanlage** wird heute leider von der Autobahn durchschnitten. Erhalten ist neben einigen Putten eine barocke Treppe, die zu einem Gartenhäuschen im N des Parkes führt. Im westl. Gartenbereich steht der **»Tempel der Ruhe«,** ein Monopteros mit kannelierten Säulen. Er bildet das Zentrum eines polygonal ummauerten Bereiches, der als Erbbegräbnis der Familie dient. *RB*

Bövinghausen

Maschinenhalle der Zeche Zollern 2/4, 1902/03 von Reinhold Krohn und Bruno Möhring, Berlin. Stahlskelettkonstruktion mit Backsteinausfachungen und großen Glasflächen. Mittelrisalit mit Eingangstor in Jugendstilformen. – Im I n n e r e n eine neuartige Dachbinderkonstruktion in Stahlskelettbauweise. – Hier auch die *erste elektrische Fördermaschine der Welt* mit einem Ilgner-Aggregat mit Leonard-Schaltung von Siemens & Halske, Berlin, die i. J. 1900 auf der Weltausstellung in Paris gezeigt worden war. *AF*

Brechten

Ev. Pfarrkirche, ehem. St. Johannes der Täufer
Eine vorzügliche frühe westfäl. Hallenkirche, in der 2. Hälfte des 13. Jh. über einem fast quadratischen Grundriß errichtet, mit plattgeschlossenem Chor und mächtigem W-Turm. – Der I n n e n r a u m wird von einer ungewöhnlichen, präzisen architektonischen Dekoration und entsprechenden Wandmalereien bestimmt.

● Die D e k o r a t i o n gipfelt in den figürlichen Malereien des Chores, die 1911 freigelegt und bei einer allgemeinen Restaurierung 1961 von Übermalungen befreit wurden. Eindrucksvolle Darstellung des Weltgerichtes; weibl. Heilige und Christus als Sieger. Die Malerei steht im Übergang vom spätroman. Zackenstil zur Gotik. – Taufstein in Becherform, 2. Hälfte 13. Jh.

Brünninghausen

Haus Brünninghausen, ehem. Wasserburg im großen Park. Torhaus 17. Jh., nach Kriegsschäden 1957–59 wiederaufgebaut. – An der Stelle des zerstörten Herrenhauses steht eine **Hotelfachschule,** 1959 von Groth und Lehmann gebaut.

Heim für Sonderpädagogik (Zillestraße), 1963 von Fido Spröde. – Auf dem Schulplatz die Spielplastik aus Muschelkalk, »Das kleine Weltmeer mit der Regenwolke«, Liesel Bellmann (1976).

Hohensyburg

Ev. Peterskirche

Der Bau steht innerhalb der Umwallung der alten sächsischen Volksburg Sigiburg, die Karl d. Gr. auf seinem 2. Sachsenfeldzug 775 eroberte. 799 soll eine von ihm gegründete Kirche geweiht worden sein. Von der got. Burg stehen nur einige Mauerreste. Bei den Ausgrabungen der Nachkriegszeit wurden Fundamente einer einfachen karoling. Saalkirche gefunden. Im Mittelalter war hier ein vielbesuchter Wallfahrtsort zur Verehrung des Hauptes der hl. Barbara. Als wundertätig galt der Petrusbrunnen. Dieser ist am NO-Rand der Wallanlage zu finden.

Die Kirche ist ein 1schiffiger Raum des 12. Jh. mit einigen älteren Bauteilen, hochliegenden kleinen Rundfenstern und einem spätgot. Chor. Der Bau, eine der wenigen roman. Saalkirchen, ist leider bei Behebung seiner Kriegsschäden verändert und vereinfacht worden. Glasfenster von Walther Benner, 1956. – Auf dem **Friedhof** ältere Grabsteine in Form der Gesetzestafeln Mosis.

In der Nähe der **Vincketurm,** 1857 als Denkmal für den ersten Oberpräsidenten Westfalens, Ludwig Freiherr v. Vincke, errichtet. Das **Kaiser-Wilhelm-Denkmal,** 1893–1902, wurde 1935 in seinem Bestand reduziert.

Huckarde

Kath. Pfarrkirche St. Urbanus. 2jochige Hallenkirche des 13. Jh. mit kräftigem W-Turm, 1897–99 nach O erweitert. An der N-Seite Stufenportal mit gutem Tympanon: Lamm Gottes zwischen Engeln. – Gute geschnitzte Kanzel, um 1500. Sitzbild des hl. Urban, Holz, 14. Jh. Vesperbild, 15. Jh. 2 moderne Tischaltäre von Liesel Bellmann, 1977.

Museen

Museum für Kunst- und Kulturgeschichte, Abteilung II (Rittershausstr. 34/Am Westpark). Neben Exponaten aus Vor- und Frühgeschichte und röm. Kaiserzeit, zur Stadtgeschichte und westfäl. Volkskunst eine Dokumentation zum Vermessungswesen von der Antike bis zur Gegenwart.

Museum am Ostwall (Ostwall 7). 1947–56 wurde ein Neubau errichtet, in den Teile des alten Bauwerkes einbezogen werden mußten. Es entstand eine schöne, schlichte Folge von Räumen. Die Sammlung ist bedeutend als Galerie des deutschen Expressionismus und Skulpturenkollektion des 20. Jh. Die Bestände umfassen daneben Kunst unserer Zeit, insbesondere der 1960er Jahre.

DRENSTEINFURT (Warendorf E3)

Rinkerode (E3)

Kath. Pfarrkirche St. Pankratius, 1721–24 von Gottfried Laurenz Pictorius. Wandpfeilersaal mit eingezogenem Chor. – Bemerkenswerte Ausstattung.

● **Haus Borg**
Die Wasserburg gilt als eine der schönsten Westfalens. Sie verdankt diesen Ruf weniger einer bedeutenden Architektur als vielmehr dem großartigen Zusammenspiel von Bauteilen verschiedener Herkunft mit Park und Parklandschaft des Münsterlandes. Um 2 Höfe gruppieren sich Bauten, die in Backstein und Sandstein aufgeführt sind. Formen der Architektur des 15., 16. und 17. Jh. finden in schöner Harmonie zueinander. Das **Herrenhaus,** ein Bau des 15. Jh., der im 16. erweitert wurde, erhielt im 17. Jh. in seinem bedeutenden Mittelbau eine neue Inneneinrichtung mit bemerkenswerten Stuckarbeiten von Antonio Rizzo, Anfang 18. Jh. Die barocke Außenfassung mit gemalten Backsteinen wurde 1979 wiederhergestellt.
Im 18. Jh. sollte G. L. Pictorius ein neues 3flügeliges Schloß errichten. Gebaut wurde nur ein **Seitenflügel** (1719). An diesem Bruchstück der größer geplanten Anlage, einem roten Backsteinbau, mit warmem Haustein gegliedert, zeigt sich die Einwirkung des niederländischen Klassizismus auf die barocke Architektur des Münsterlandes. Auch dieser Bau erhielt Stuckdekorationen und Kaminaufbauten von A. Rizzo. Neben der Architekturausstattung bewahrt das Schloß gute Möbel des Barock. – Der **Wachturm** stammt von 1618, das **Torhaus** von 1664.

Bad DRIBURG (Höxter GH3)

Die im 13. Jh. nahe der Iburg angelegte Siedlung erhielt schon Ende des Jh. das Stadtrecht. Heilquellen sind seit dem 16. Jh. bekannt, aber erst seit dem 18. Jh. ist die Stadt Badeort.

Badeanlagen. Seit 1782 ausgebaut. Großer Naturpark. Badehäuser und Unterkünfte für die Gäste, 2geschossige Fachwerkbauten, 1782–1842.

Fachklinik, 1960–66 von Harald Deilmann gebaut. Vorbildliche Integration von Funktion und Form in einer allgemeingültigen Krankenhaus-Architektur.

Iburg. Südwestl. der Stadt auf einer Anhöhe des Egge-Gebirges. Zwischen frühgeschichtlichen Wällen liegen die Ruinen hochmittelalterl.

Anlagen. – Im SO Fundamente der **Peterskirche,** eines kleinen Saalbaus mit Apsis, der Überlieferung nach von Karl d. Gr. gegründet.

Neuenheerse (G4)

Kath. Pfarrkirche St. Saturnina, ehem. Damenstiftskirche ●

Der Paderborner Bischof Luidhart und seine Schwester, die hl. Walburg, gründeten auf dem Gebiet des Dorfes Heerse ein Stift für adelige Frauen. 868 ließ sich Luidhart auf einem Konzil in Worms die Stiftung bestätigen. Die Stiftskirche aus dem 1. Viertel des 12. Jh. war eine flachgedeckte Säulenbasilika mit Querschiff, geradem Chor und einem Westwerk mit 2 flankierenden Treppentürmen. Unter dem Chor und der Vierung lag die Krypta.

Von diesem Bau erhalten sind die unteren Teile des Westwerkes, die nördl. Säulenreihe mit den Würfelkapitellen, die Vierungspfeiler, Teile der Querhausmauern, die Chorwände, die 3schiffige Krypta, die anschließende Confessio der hl. Saturnina und die 2geschossige Kapelle im südl. Winkel zwischen Chor und Querarm. An die Krypta schließt sich im W eine tonnengewölbte Kultgrabanlage aus dem Anfang des 12. Jh. an. Nach einem Brand von 1165 erfolgte eine Wiederherstellung: man gab das Westwerk auf und erhöhte den Mittelbau um einige Geschosse, baute die Lambertikapelle an die O-Seite des Chores und gestaltete den südl. Querarm zur Nonnenempore und einem darunterliegenden Kapitelsaal um, der vom tiefer liegenden Untergeschoß, der ehem. St. Georgskapelle, über einige Stufen zugänglich war. Ende des 14. Jh. erfolgte ein weitläufiger Umbau des Mittelschiffes und des südl. Seitenschiffes zur got. Hallenkirche. Man benützte dazu außen einfache kräftige Strebepfeiler, innen 8eckige Pfeiler, veränderte die Fenster spitzbogig. 1693 erneuerte man die Chorgewölbe und setzte 1730, um der Einsturzgefahr vorzubeugen, in die Turmhalle des Erdgeschosses einen schweren Mittelpfeiler; 1797 wurde der Turmhelm durch eine Haube mit Laterne ersetzt.

Die Ausstattung gehört vorwiegend dem Barock an: Hochaltar von 1705, die Seitenaltäre von 1701 und 1704; sie werden der Werkstatt des Heinrich Papen aus Giershagen zugeschrieben. Bedeutende *Orgel,* Anfang 18. Jh., wahrscheinlich von Peter Henrich Varenholt, auch Andreas Schweimbs aus Einbeck zugeschrieben; Prospekt und Orgelwerk wurden 1965/66 rekonstruiert, so daß der tiefe räumliche Aufbau einer westfäl. Orgel mit gestaffelten Höhenlinien wiedergewonnen ist.

DROLSHAGEN (Olpe E6)

Der 1214 zum ersten Male erwähnte Ort erhielt 1477 das Stadtrecht. 1838 durch einen verheerenden Brand völlig zerstört, wurde er nach geändertem Plan wieder aufgebaut.

Die **kath. Pfarrkirche St. Clemens,** eine ehem. Zisterzienserinnen-Klosterkirche, ist wohl eine kölnische Gründung des 11. Jh. – Der bestehende Bau der 2. Hälfte des 12. Jh. ist eine 5jochige querhauslose Basilika mit mächtigem W-Turm. Die große Kirchenerweiterung nach S erfolgte nach Plänen von Karl Band, Köln, 1962–65. – Das Innere ist geprägt von den wuchtigen Halbsäulenvorlagen des Mittelschiffes. Diese, die Gratgewölbe sowie die kleeblattförmige Gestaltung der Hauptapsis durch flache Halbrundnischen sind Ergebnis einer Umgestaltung um 1242. 4 Sintersteine aus röm. Wasserleitungen als Säulen auf als Basen wiederverwendeten Kapitellen belegen auch materiell rheinischen Einfluß. – Dieser wird auch sichtbar an dem säulengetragenen Taufbecken, um 1242. Erhalten sind Reste von *Ausmalung*: in der nördl. Seitenapsis eine thronende Maria mit Engeln sowie Architekturmalerei, um 1200; in der S-Aspsis die Steinigung des Stephanus, um 1500. Spätgot. Pieta, nach 1450; Kreuzigungsgruppe mit Maria Magdalena, Ende 17. Jh.; beachtliche *Kanzel* von Peter Sasse aus Attendorn, 1718. *GW*

DUISBURG (BC4/5)

Die um eine fränkische Königspfalz herum entstandene Stadt ist im 13. Jh. reichsunmittelbar, kommt aber 1290 an die Grafen von Kleve, im 17. Jh. an Brandenburg. Der Handelsplatz erhält geistige Bedeutung durch die reformierte Universität, die 1655 vom Großen Kurfürsten gestiftet wird. Sie wird 1818 aufgegeben. Die Industrialisierung und der Bau der Verbindungskanäle zu Rhein und Ruhr machen Duisburg im 19. und 20. Jh. zu einer bedeutenden Industrie- und Hafenstadt.

Ev. Salvatorkirche

1187 erwähnt, 1254 Deutschordenskirche, seit 1571 evangelisch. Der bestehende Bau stammt aus der 1. Hälfte des 15. Jh., der W-Turm von 1479–1513. Eine Restaurierung fügte 1904 Strebebogen und ein 8eckiges Turmgeschoß mit Helm hinzu. Im 2. Weltkrieg verlor die Kirche Dächer, Gewölbe und einige Fenster. Da das Mauerwerk im wesentlichen bestehen blieb, war eine getreue Wiederherstellung möglich.

Die Kirche steht auf erhöhtem Gelände und kommt dadurch mit W-Turm und W-Seite zu besonderer Geltung. Das wurde architektonisch genützt durch ein großes Portal, das mit einem Fenster verbunden ist. Die folgenden Geschosse sind mit je 3 Blenden geschmückt. Der Turmseite entsprechen die Stirnseiten des Querschiffes mit ähnlichen hohen Portalfenstern. – Die 3schiffige Basilika hat ein Langhaus von 5 Jochen und ein Querhaus, dessen Arme nicht über die Seitenschiffe hinausgreifen. Der Chor hat 2 Joche und 5seitigen Abschluß. – Unter den

Denkmälern verdient das *Epitaph für Gerhardus Mercator* besondere Beachtung. Der 1594 verstorbene Gelehrte, Kosmograph des Herzogs von Jülich, ist der Begründer der modernen Kartographie.

Hamborn

Kath. Pfarrkirche St. Johann, ehem. Prämonstratenser-Stiftskirche
Die Kirche des 1136 gegründeten Prämonstratenserklosters wurde 1170 geweiht. Von dieser Anlage ist der Turm erhalten. Die roman. Basilika wurde im 15./16. Jh. durch eine spätgot. Halle ersetzt. Die im 2. Weltkrieg zerstörten Gewölbe wurden 1951 durch Flachdecken ersetzt.
Der 3schiffige Hallenraum von 4 Jochen Länge setzt sich in 2 Chorjochen mit ⅝-Schluß fort. – Das *Gnadenbild,* eine Anna Selbdritt, stammt aus dem Ende des 15. Jh. – Unter den liturgischen Geräten eine bemerkenswerte *Strahlenmonstranz* von 1710. – Der roman. **Kreuzgang** von 1170 erhielt sich in seinem N-Flügel (1913 restauriert).

Hohenbudberg

Die **kath. Pfarrkirche St. Matthias** ist ein Bau von Vincenz Statz, 1852–54, ausgenommen der W-Turm des 12. Jh. Gute alte Ausstattung, die aus verschiedenen westfäl. Kirchen angekauft worden ist.

Der 1916 errichtete **Doppelwasserturm** in der Nähe des Verschiebebahnhofes hat 2 Behälter, von denen ursprünglich einer Brauchwasser zur Versorgung von Dampflokomotiven enthielt; der andere diente zur Trinkwasserversorgung der benachbarten Eisenbahnersiedlung. *AF*

Homberg

Turm des Eisenbahntrajekts
1854–56 verbesserten die Köln-Mindener und die Ruhrort-Krefeld-Kreis-Gladbacher Eisenbahngesellschaften die Möglichkeit des Flußüberganges ihrer Waggons, die bis dahin über schiefe Ebenen vom Gleis auf die Fähre gebracht worden waren, durch die Errichtung zweier Hebetürme in Homberg und Ruhrort.
Der in Duisburg-Homberg an dem für den Fährbetrieb eingerichteten Hafenbecken noch stehende, etwa 30 m hohe Turm barg ursprünglich die hydraulische Maschinerie für die Waggon-Hebebühnen. Wie erfolgreich diese vor dem Bau fester Rheinbrücken (die erste 1859 in Köln) arbeitende Anlage war, geht aus der Tatsache hervor, daß bereits im ersten Betriebsjahr (1856) über 47000 Waggons befördert wurden, hauptsächlich mit Steinkohle aus dem Oberhausener Revier für den linken Niederrhein. *AF*

Eine weitere beachtliche Turmkonstruktion findet sich ganz in der Nähe auf der Homberger Zeche Rheinpreußen, deren **Malakoffturm** im Jahre 1879 über Schacht I fertiggestellt worden war. Hier und auf Schacht II der Hanielzeche (seit 1876) fand die erste Kohlenförderung auf der linken Rheinseite statt. *AF*

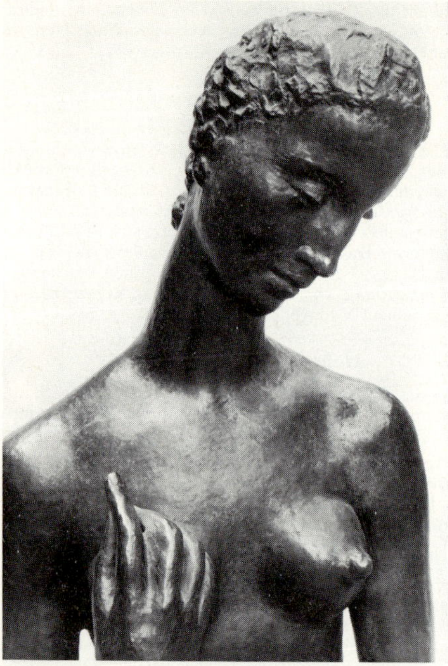

Duisburg. Wilhelm-Lehmbruck-Museum
Wilhelm Lehmbruck: Die Kniende

Mündelheim

Kath. Pfarrkirche St. Dionysius. Die 3schiffige Pfeilerbasilika gebundenen Systems stammt mit Chorquadrat, Dreiapsidenschluß und 5geschossigem W-Turm (nach Kriegszerstörung in der alten Gestalt wieder aufgeführt) aus dem Anfang des 13. Jh. Die Säulenvorlagen zeichnen sich durch z. T. vorzüglich ornamentierte Knospenkapitelle aus. An den Blendarkaden der inneren W-Wand ist die Bauplastik einer Vorgängerkirche des frühen 12. Jh. wiederverwendet.

Die **kath. Pfarrkirche St. Anna,** 1954 von Rudolf Schwarz, ist ein Betonskelettbau, außen mit rotem Backstein verblendet. Bestimmendes Formelement sind die 3fach übereinandergestellten, die Wand auflösenden Fenstergruppen.

Ungelsheim

Die **kath. Pfarrkirche St. Stephanus,** 1957 von Wilhelm Seidensticker gebaut, ist eine Stahlbetonkonstruktion, mit Backstein ausgemauert. Der Raum erhebt sich über parabolischem Grundriß. Der Bau erhielt einen starken Turm an der Eingangsseite.

Wanheimerort

Dickelsbachsiedlung. Einen eigenen Lösungsversuch des Wohnungsproblems in den 1920er Jahren stellt diese Wohnsiedlung nach Plänen des Stadtbauamtes (H. Bähr) dar. – 400 Einfamilien-Reihenhäuser, die in linearen, bis zu 146 m langen Zeilen ein großes Quadrat umschließen, boten mit Einzelbaukosten von nicht mehr als 5500 RM für den kleineren Haustyp ca. 2500 Menschen eine räumlich begrenzte, aber funktional gut durchdachte Wohnmöglichkeit. Architektonisch beeindruckt die den Einzelbau fast unkenntlich machende Reihung der langen Front zur Straße hin, die mit den Häusern eine räumliche Einheit bildet. Die Straße war ursprünglich mit dem gleichen Ziegelmaterial gepflastert, das auch für die Fassaden der Häuser verwendet ist. *AF*

Museen

Niederrheinisches Museum (Friedrich-Wilhelm-Str. 64). Die Bestände umfassen u. a. ur- und frühgeschichtliche, röm. und fränkische Funde, z. T. aus eigenen Grabungen des Museums. Die sog. Mercator-Sammlung enthält Globen, Atlanten und Quellenmaterialien zur Stadtgeschichte.

Museum der deutschen Binnenschiffahrt (Ruhrort, Dammstr. 11). Sammlungen zur Geschichte der Binnenschiffahrt und der Stadt Duisburg-Ruhrort. Zu dem Museum gehört ein Radschleppdampfer aus dem Jahre 1922: »Oscar Huber« (Ruhrort, An der Steiger Schiffahrtsbörse).

Städtische Sammlungen (Händelstr. 6). Den Grundbestand bilden das Œuvre des Keramikers Josef Hehl (1877–1953) und die Stiftung Deneke mit Malerei, Graphik und Plastik des 17.–20. Jh.

Wilhelm-Lehmbruck-Museum (Düsseldorfer Str. 51). In einem der beiden 1959–64 von Manfred Lehmbruck gebauten Trakte ist das Gesamtwerk des Bildhauers Wilhelm Lehmbruck (1881–1919) versammelt, im anderen internationale Bildhauerkunst des 20. Jh., Objektkunst, deutsche Malerei des 20. Jh., ferner Graphik des 20. Jh., vor allem Bildhauergraphik. ●

DÜREN (Düren B7)

Aus dem fränkischen Königshof am Eingang des Bannforstes wird im 12. Jh. als Reichsbesitz eine Stadt, die seit 1242 dauernd an die Grafen von Jülich verpfändet ist. Sie wird 1543 im Kriege Karls V. gegen den Herzog von Jülich durch Brand vernichtet, auch im 17. Jh. durch Belagerungen beschädigt. Die Bombenangriffe des 2. Weltkrieges zerstören das alte Stadtgebiet völlig. – Bei Grabungen konnten für die Zeit vom 8. bis zum 13. Jh. 4 Kirchen nachgewiesen werden.

Von der **Stadtbefestigung** blieben erhalten Mauerreste, der »dicke Turm« aus dem 16. Jh. und 4 weitere Türme.

● **Kath. Pfarrkirche St. Anna**

Auf dem Platz der got. Basilika mit dem das Stadtbild beherrschenden W-Turm und hervorragender Ausstattung, die im 2. Weltkrieg unterging, baute Rudolf Schwarz 1954–56 eine neue Kirche.

Ihr Langhaus steht auf dem Rechteck, wie Schwarz es 1930 in der Fronleichnamskirche zu Aachen baute. Wie dort entlastet ein niedriger Seitenraum die Kirche. In ihm finden der Taufstein, der Schrein mit den Reliquien der hl. Anna und die Beichtstühle Platz. Der Raum dient zugleich als Vorhalle. Im rechten Winkel zum Gemeinderaum öffnet sich rechts des Altars ein kurzer Nebenraum. Er dient als Werktagskapelle. Sonntagskirche und Werktagskapelle erhalten denselben Altar. Statt des rechten Winkels und der präzisen Rechtecke von Aachen verwendet Schwarz hier eine Kombination von Rechteck und Trapez. Unregelmäßige Trapeze dienen dem Seitenraum wie der Werktagskapelle als Grundriß. So entsteht ein zentrales Muster, das die Raumeinheiten der 3teiligen Kirche bereits im Grundriß auf den Altar orientiert. Aufbau und Strukturen entsprechen dieser Ordnung. Sie wird vor allem vom Licht unterstützt. Die S-Wand des stützenlos erbauten Schiffes und die W-Wand der Werktagskapelle öffnen sich im unteren Drittel dem Nebenraum, im oberen Teil werden sie zu Glas. Voll bricht das Licht in die liturgischen Raumteile ein, gebrochen ordnet es ihnen den Nebenraum unter, bildet aber auch in ihm Schwerpunkte. Seine Decke bricht in gläsernen Flachkuppeln über dem Taufstein und dem alten Reliquienschrein auf. Strukturell durchdringen sich zelthafte und monumentale Bauweise, alte und neue Materialien. Die Mauern sind aus den Bruchsteinen der zerstörten St.-Anna-Kirche aufgeschichtet und unverputzt. Die Decken mit dem kräftigen Rautengebälk wurden ebenso in Beton gefertigt wie das Skelett der Glaswände. Wie alle große Architektur lebt auch diese

Kirche nicht aus der Betonung einzelner Bauteile und schmükkender Zutat, sondern aus den elementaren Kräften von Konstruktion und Raumbildung.

Zum alten Besitz der Kirche zählt eine *Reliquienbüste* der hl. Anna, 14. Jh. (im 19. Jh. überarbeitet).

● **Ev. Pfarrkirche.** Die Kirche, 1954 von Hentrich und Petschnigg gebaut, erfüllt zwei Grundtendenzen des neuen Kirchenbaus beider Konfessionen in äußerster Konsequenz: Sie ist ein reiner Zentralraum und wurde ganz als diaphanes Zelt aufgebaut. Als Grundriß dient ein griechisches Kreuz mit kurzen Armen. Im Schnittpunkt der Arme steht der Tischaltar, dem sich Kanzel und Taufstein seitlich zuordnen. Die Gemeinde wird in den Kreuzarmen untergebracht. Treppenartig ansteigende Sitzreihen erhöhen die Konzentration. Da das Licht von allen Seiten durch die Glaswände einfällt, entsteht ein einheitlicher, auf die Mitte bezogener Raum. Das Zelt des Betonskeletts trägt eine ebenso immateriell wirkende Holzdecke. Der Raum gibt sein Eigensein weitgehend zugunsten der Funktion auf. Der von der Straße zurücktretende, freiliegende Bau erfreut durch die Identität von Raum und Gehäuse. Er stellt einen monumentalen Glockenturm, dessen Grundriß das griechische Kreuz der Kirche verkleinert wiederholt, an die Straße.

● **Leopold-Hoesch-Museum** (Hoeschplatz 1). In einem neubarocken, von Georg Frentzen 1903–05 errichteten Bau eine gute Sammlung von Kunst der klassischen deutschen Moderne und der internationalen zeitgenössischen Kunst. Beachtlich daneben die vor- und frühgeschichtlichen Funde und eine Glaslehrsammlung von der Antike bis zum Jugendstil.

Arnoldsweiler (B7)

Alte kath. Pfarrkirche. Eine Arnolduskirche wird 922 erstmals erwähnt (der Ort schon 888). Kern der heutigen Kirche war ein 1schiffiger Bruchsteinbau des 11. Jh. Der bei der Erneuerung im 12. Jh. angesetzte Turm ist im Obergeschoß rundbogig zum Kirchenschiff hin geöffnet. Daran schließt sich das jetzige Seitenschiff an, ein Bau des 15. Jh. aus Backstein mit 3seitigem Chorschluß und Rippengewölbe. Das gleichzeitige, nördlich angebaute Mittelschiff ist nur als Ruine erhalten, nachdem im 19. Jh. eine neue Pfarrkirche gebaut worden war. Die alte Kirche erlitt im 2. Weltkrieg starke Schäden. Bei der Wiederherstellung war Peter Hecker 1952 Neugestalter seiner eigenen Ausmalung von 1913.

Nahebei die **Wasserburg Rath,** ein großzügiger, weitgehend einheitlicher Bau von 1618–37. Ein barockes Portal führt in den grabenumzoge-

Zu nebenstehendem Plan:

1 Kath. Pfarrkirche St. Andreas
2 Ev. Johanneskirche
3 Ehem. Kreuzherren-Klosterkirche
4 Kath. Pfarrkirche St. Lambertus
5 Kath. Pfarrkirche St. Maximilian
6 Ev. Neanderkirche
7 Kath. Pfarrkirche St. Rochus
8 Altes Rathaus
9 Reiterstandbild Kurfürst Johann Wilhelms
10 Schloßturm
11 Schloß Jägerhof, Kunstsammlung Nordrhein-Westfalen
12 Ehem. Hofgärtnerhaus, Goethemuseum
13 Ratinger Tor
14 Staatskanzlei
15 Horion-Haus, Palais des Ministerpräsidenten
16 Stadthaus
17 Justizministerium
18 Landtagsgebäude; Brunnen: Vater Rhein und seine Töchter
19 Polizeipräsidium
20 Oberfinanzdirektion
21 Kunstakademie
22 Kaufhof
23 Mannesmann-Verwaltungsgebäude
24 Mannesmann-Hochhaus
25 Wilhelm-Marx-Haus
26 Stahlhof
27 Stummhaus
28 Thyssen-Hochhaus, Dreischeibenhaus
29 Landesversicherungsanstalt
30 Kunstmuseum
31 Landesmuseum für Volk und Wirtschaft
32 Tonhalle
33 Café Rheinterrassen
34 Kunsthalle
35 Schauspielhaus
36 Bismarck-Denkmal
37 Denkmal für Kaiser Wilhelm I.
38 Heinrich-Heine-Denkmal
39 Hetjens-Museum
40 Stadtgeschichtliches Museum

---

nen, 3seitig umbauten Wirtschaftshof. Neben ihm inmitten von Gräben das Herrenhaus von quadratischem Grundriß mit 4 4seitigen Ecktürmen, das einen Binnenhof umschließt, zu dem sich die Flügelbauten in Lauben öffnen. Nach dem Hof zu kragt der Erker einer Hauskapelle von 1726 aus. Seitlich der Garten, dessen Anlage im französ. Stil ziemlich ungestört erhalten ist. Das Schloß erlitt starke Schäden durch Artilleriebeschuß.

DÜSSELDORF (BC5/6)

Das zwischen 1135 und 1169 erstmals erwähnte Fischerdorf an der Düssel wird 1288 von Graf Adolf von Berg nach seinem Sieg über den Kölner Erzbischof in der Schlacht bei Worringen zur Stadt erhoben, die Pfarrkirche wird Stiftskirche. Der alte Stadtkern umfaßt ein unregelmäßiges Viereck nördl. der Burg bis zu den Straßen Altestadt und Liefergasse. 1380 erwerben die Grafen von Berg den Herzogstitel und bestimmen Düsseldorf zu ihrer Residenzstadt, die sich in der Folgezeit nach S und O erweitert. Die Bedeutung der Stadt wächst, als sie 1521 Hauptstadt der Herzogtümer Jülich, Kleve, Berg, Mark und Ravensberg wird. Wilhelm

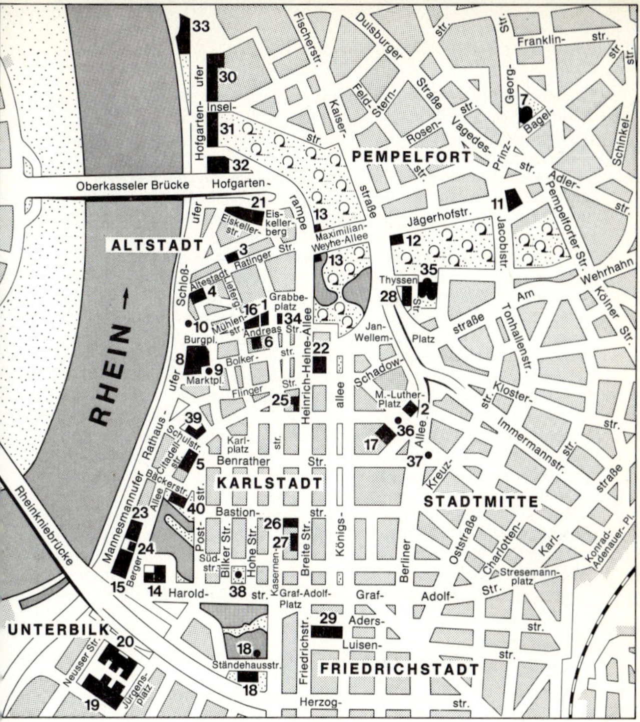

Düsseldorf. Innenstadt-Lageplan

der Reiche (1539–92) erweitert Düsseldorf um eine regelmäßige Anlage mit rechteckigem Marktplatz; Rathaus und Schloß entstehen neu. Nach dem Niedergang der Dynastie kommt Düsseldorf mit Berg 1614 an Pfalz-Neuburg, bleibt aber Residenz der Pfalzgrafen und späteren Kurfürsten von der Pfalz. Unter der Herrschaft des sehr kunstliebenden und volkstümlichen Johann Wilhelm (»Jan Wellem«, 1690–1716) erlebt Düsseldorf seine Glanzzeit. Johann Wilhelms Plan für ein riesiges Residenzschloß gehört allerdings zu den vielen großen Projekten des Barock, die nie verwirklicht wurden. Die bedeutende Gemäldesammlung des Kurfürsten kam 1805 nach München und bildet dort den Grundstock der Alten Pinakothek. – Carl Theodor (1742–99) war der nächste für Düsseldorf bedeutende Herrscher, der zudem in Graf Goltstein einen tüchtigen Statthalter hatte. Unter seiner Herrschaft entsteht u. a. Schloß Benrath;

nach der Schleifung von Bastionsanlagen wird die Karlstadt angelegt. Nach einer Zeit französ. Besetzung (1795–1801) wird Düsseldorf 1806 Hauptstadt des von König Max I. Joseph von Bayern an Napoleon abgetretenen Großherzogtums Berg. Die Festungswerke werden endgültig geschleift. Unter der Leitung der Architekten Vagedes und Weye entsteht mit der Anlage von Königsallee, Heinrich-Heine-Allee und Hofgarten die klassizist. Gartenstadt Düsseldorf. – 1815 kommt Düsseldorf an Preußen. Die 1819 wieder eingerichtete Kunstakademie (eine erste bestand seit 1766), deren erster Leiter Peter Cornelius, der zweite Wilhelm Schadow ist, prägt nicht zuletzt durch die »Düsseldorfer Malerschule« das kulturelle Leben Düsseldorfs und gibt ihr den Ruf einer Kunststadt. – Im Laufe des 19. und des frühen 20. Jh. wandelt sich die Bedeutung Düsseldorfs: Aus der Residenz- und Gartenstadt wird die Hauptstadt der Rheinprovinz und die Verwaltungsmetropole von Handel und Industrie am Rande des Rheinisch-Westfälischen Industriegebietes. Bauten für die Regierung, Verwaltungs- und Bankgebäude prägen den Stadtkern. Eine Reihe von Vorstädten entsteht, u. a. die 1853 angelegte Friedrichstadt. 1883 wird Düsseldorf Großstadt. An den 1. Weltkrieg schließt sich eine von 1921–25 dauernde französ. Besetzung an. Die Ausstellung »Gesolei« von 1926 schafft mit ihren ständigen Ausstellungsbauten, der Ehrenhofanlage, neue städtebauliche Akzente und gibt darüber hinaus der Architektur neue Impulse. – Nach dem 2. Weltkrieg, durch den die Stadt schwere Zerstörungen erleidet, wird Düsseldorf 1946 Hauptstadt des neu geschaffenen Landes Nordrhein-Westfalen. Die Neuplanung und moderne Architekturen prägen seitdem das Gesicht der Stadt, darunter viele Kirchen, die an die Stelle der zerstörten Bauten, gerade des 19. und frühen 20. Jh., getreten sind.

● **Kath. Pfarrkirche St. Andreas,** ehem. Jesuitenkirche (Andreasstraße)

Pfalzgraf Wolfgang Wilhelm von Neuburg, der die dortige Hofkirche nach seinem Konfessionswechsel als kath. Hof- und Jesuitenkirche vollenden ließ, errichtete eine solche 1622–29 auch in der Hauptstadt seiner niederrheinischen Besitzungen (die später hinzugefügten Türme waren 1637 vollendet, ein Mausoleum wurde nach 1667 dem Chor angefügt). Als Werk des röm.-süddeutschen Barock unterscheidet sie sich von den übrigen westdeutschen Jesuitenkirchen der Zeit, die einen gotisierenden Manierismus vertreten. Ihre Anlage wiederholt und verbessert die der Hofkirche in Neuburg. Kein Kirchenbau des 17. Jh. im niederrheinisch-westfäl. Raum kann an künstlerischer Bedeutung mit St. Andreas in Düsseldorf verglichen werden.

Der Außenbau ist von ernster Monumentalität. Aus schlichten Wänden und Massen aufgebaut, erhält er Leben durch eine stark vortretende Pilastergliederung. Die nach italienischem Muster aufgebaute Fassade ist dreigeteilt. Über dem Hauptportal in der Mitte durchbrechen ein Augenfenster und ein Rechteckfenster die Wand; über den seitlichen Türen stehen

Rund- und Rechteckfenster. Diese Hausfassade, die der Einordnung in die Häuserreihe entspricht, klingt über kräftigem Gebälk in einem Flachgiebel aus, der von geschweiften Seitenteilen flankiert wird. Kräftige Pilaster gliedern auch die Seitenwände, die wegen der Emporen eine 2geschossige Fensterordnung zeigen: unten halbrunde Fenster unter waagerechter Bekrönung, oben Augenfenster. Dem kräftigen Sockel entspricht unter den Dachtraufen ein starkes Doppelgesims. Am Choransatz erheben sich 2 Türme, deren geschweifte Hauben mit Laternen nach dem 2. Weltkrieg erneuert wurden. Hinter ihnen springt der Chor um die Breite der Seitenschiffe ein, flankiert von den 1stöckigen Sakristeibauten. In seiner Achse beschließt das Mausoleum die im Langhaus monumentalere, in der Chorpartie kleinteiliger werdende Anlage.
Der Innenraum ist eine hochräumige, festliche Emporenkirche, der Anlage nach eine Halle von 3 Schiffen und 5 Jochen. In die Seitenschiffe sind über halbrunden Bogen von Pfeiler zu Pfeiler Emporen eingespannt, die mit der Orgelempore der Eingangsseite in Verbindung stehen. Die Seitenschiffe enden beim Ansatz des Altarraumes, der die Breite des Mittelschiffes in 2 Gewölbejochen fortsetzt und 3seitig schließt. Die Türme an seinem Ansatz enthalten im Erdgeschoß Oratorien, darüber Emporenräume. Die Bauformen zeigen die Monumentalität des über Süddeutschland vermittelten italienischen Barock. Kannelierte korinthische Pilaster treten an allen Seiten aus den quadratischen Pfeilern vor. Ihre Kapitelle tragen ausladende Kämpfer mit stark vortretenden Horizontalgesimsen. Die Gewölbe sind einfache Kreuzgewölbe.

An ihnen wird die Einheit von Konstruktion und *Dekoration* ersichtlich, die Eindruck und Wirkung des Raumes bestimmt. Johann Kuhn aus Straßburg überzog Pfeiler und Decken mit einer Stuckdekoration, die den Bauformen folgt und sie vollendet. Ohne die bandartigen Rippen und reichdekorierten Schlußsteine wären die Gewölbe wenig bedeutend. Die Dekoration, in Weiß und Gold gehalten, benutzt antike Motive und ist eher der italienischen Hochrenaissance als dem Barock zuzurechnen. Putten an den Pfeilern, Holzbildwerke an den Wänden der Seitenschiffe, die Beichtstühle in den Fensternischen, der Orgelprospekt und die Kanzel nehmen das in Bau und Dekoration Gestalt gewordene Lob Gottes auf und steigern es, bis es in dem großen Hochaltar seinen Höhepunkt erreicht. – An den Chor schließt sich das Mausoleum des Fürstenhauses an. Der innen 6eckige, außen 12seitige Zentralraum ist mit einem Kuppelgewölbe gedeckt und umschließt die Sarkophage der Angehörigen der Neuburger Pfalzgrafenlinie, darunter den Sarg Jan Wellems (1716).

Ev. Johanneskirche (Martin-Luther-Platz). Der 1875–81 nach Plänen der Berliner Architekten August Kyllmann und Adolf Heyden errichtete Kirchenbau ist der späten Schinkel-Nachfolge verpflichtet. Seine Stellung nimmt auf die schräg in den Platz einmündenden Straßen Rücksicht; besonders der Turm ist auf die Fernwirkung von der Königsallee her berechnet. Leider wurde beim Wiederaufbau 1951–53 das Innere völlig verändert und die Dachzone im Äußeren vereinfacht wiederhergestellt.

Ehem. Kreuzherren-Klosterkirche, heute **kath. Pfarrkirche** (Ratinger Straße)
Die Kirche des 1443 gegründeten Klosters, seit 1811 profaniert, wurde 1960–69 in den alten Zustand zurückversetzt.
Es handelt sich um eine hohe, 2schiffige Hallenkirche des 15. Jh. mit Kreuzrippengewölben, 2 3seitigen Chorschlüssen und einem zwischen ihnen gelegenen schlanken Turm.

● **Kath. Pfarrkirche St. Lambertus,** ehem. Stiftskirche (Stiftsplatz)
An der ältesten Straße Düsseldorfs, der Altestadt gelegen, wurde die Hofkapelle 1206 zur Pfarrkirche erhoben; 1288–1805 bestand hier ein Kollegiatstift. Die ursprünglich roman. Basilika mit vorgesetztem W-Turm wurde zwischen 1288 und 1394 durch eine got. Hallenkirche ersetzt. Um 1350 war der Chor vollendet; 1370–94 wurde das Langhaus umgebaut, Chorumgang und eine 2geschossige Sakristei hinzugefügt. Den neuen Turmhelm errichtete 1817 A. v. Vagedes. Die Kirche wurde im 2. Weltkrieg beschädigt, konnte aber bis 1960 wiederhergestellt werden.
Der Außenbau zeigt die am Niederrhein häufige Mischung von Tuffstein und rotem Backstein. Der 72 m hohe, vorspringende W-Turm findet ein wirksames Gegengewicht im O-Bau, der durch den breiten Chorumgang und die 2geschossige Sakristei stark betont ist. Das schlichte Langhaus wird nur durch die vortretenden Strebepfeiler gegliedert. 3 parallele Satteldächer decken die 3 Schiffe. Wie der Außenbau mit dem wehrhaften W-Turm und den 3 Satteldächern, so vertritt auch der Innenraum den klevischen Typ der Hallenkirche. Die 3 Schiffe sind gleich breit. Schlanke Pfeiler von verschiedener Profilierung stehen in weiten Abständen und tragen hochgespannte Kreuzrippengewölbe. Vereinheitlichung des Raumes und Tendenz zum Zentralbau bekunden sich in der querrechteckigen Gestalt des Grundrisses. Von anderer Art ist der Chor, der mit seinem Umgang an hochmittelalterl. Kathedralen erinnert, bedingt durch den Chordienst der Stiftsherren. Die doppelte Aufgabe des Baues als Bürgerkirche und Stiftskirche kommt so in dem verschiedenartigen Charakter von Langhaus und Chor zum Ausdruck.

Düsseldorf. Kath. Pfarrkirche St. Lambertus
Fresko über der Sakristeitür

Düsseldorf. Kath. Pfarrkirche St. Lambertus
Grabmal des Herzogs Wilhelm V.

Düsseldorf. Kath. Pfarrkirche St. Lambertus. Kopfreliquiar des hl. Vitalis

Aus der got. Ausstattung stammen der *Sakramentsturm* (1475–79), ein figurenreiches Meisterwerk der Spätgotik und das bedeutendste Werk dieses Typs am Niederrhein, und das Grabmal der Gräfin Margarethe von Berg (1388). Ein modernes Tabernakelgehäuse birgt seit 1975 das »Schöne Vesperbild«, ein Werk der südostdeutschen Kunst um 1395. Reste der Wandmalereien blieben an der S-Wand erhalten. Hochaltar und Kanzel sind barock, Ende des 17. Jh. – Bis zum Bau der Andreaskirche war St. Lambertus Grabstätte der Fürsten. Das bedeutendste ihrer Grabmäler ist das *Wandgrab des Herzogs Wilhelm V.* von dem Kölner Meister Gerhard Scheben 1595–99. Das wertvolle Werk des rheinischen Manierismus wetteifert in dem Aufbau von Säulen, Gebälk und Nischen, in den Maßen und vor allem in dem mehrfach abgestuften Unterbau, der den Sarkophag wie ein Tabernakel trägt, mit dem Hochaltar, hinter dem es im Chorumgang steht, Herrschaftsanspruch und Ruhmwillen des Fürsten auch im kirchlichen Raum proklamierend.
Im Schatz u.a. ein Kopfreliquiar des hl. Vitalis, Silber, vergoldet, um 1160.

Der **Stiftsplatz,** früher Friedhof des Stiftes, hat sich im alten Grundriß, wenn auch mit neuer Umbauung, erhalten.

● **Kath. Pfarrkirche St. Maximilian,** ehem. Franziskaner-Klosterkirche (Schulstraße), 1735–37 errichtet. Als Backsteinbau mit Steingesimsen, Walmdach und hübschem Dachreiter vereint sie die niederrheinische Anlage der Hallenkirche mit dem geistvollen Formenspiel des Rokoko. 4 Säulenpaare tragen in dem 3schiffigen Raum flache Gratgewölbe. Vorzügliche *Stukkaturen* (1766) schließen Raum und Einrichtung zu einer heiter-frommen Einheit von Architektur, Plastik und Malerei zusammen. – Die Kirche bewahrt ein *Adlerpult* aus Bronze (2 m hoch), eine ausgezeichnete Maastrichter Arbeit aus Kloster Altenberg, 1449. – Das anschließende Refektorium (Antoniussaal der Pfarrgemeinde) hat eine Stuckdecke aus der 1. Hälfte des 18. Jh. mit Darstellungen aus dem Leben des hl. Antonius.

Ev. Neanderkirche (Bolkerstraße). 1683–87 als ref. Pfarrkirche erbaut, erhielt sie ihren Namen von Joachim Neander (1650–80), der 1675–79 als Lehrer und Dichter berühmter Choräle in Düsseldorf wirkte. Außen- und Innenbau, ein tonnengewölbter Saalbau mit Emporen, verkörpern den Typ der schlichten Predigtkirche des 17. Jh. im Rheinland. Interessante Innenausstattung von 1849/50; Kanzel in einer der Langseiten, darumgelegt eine 2geschossige Empore auf gußeisernen Stützen.

Kath. Pfarrkirche St. Paulus (Ackerstraße). Die neuroman. Kirche baute Hans Schwippert in schlichten, knappen Formen wieder auf (1954 vollendet). Wer eintritt, sieht sich einer Taufanlage von Kurt Schwippert gegenüber, die den Weg zu den Bänken und zum Altar zwischen 2 Schranken nimmt und in seine Mitte das bronzene, von der Taube des Hl. Geistes überhöhte Taufbecken stellt. Der Eintritt in die Kirche, der mit der Taufe geschieht, wird so im Kirchengebäude anschaulich gemacht. Die Anlage versucht, Taufraum und Eingang wieder in Sinnbezug zum Ganzen des Kirchengebäudes zu bringen und zu Gliedern seiner Symbolik zu machen.

Kath. Pfarrkirche St. Rochus (Rochusmarkt), 1953/54 von Paul Schneider-Esleben. Der Architekt bildete den Grundriß aus den Segmenten von 3 einander durchdringenden Kreisen. Auf diese Weise gelang es ihm, einen Zentralraum zwanglos auf den Altar zu orientieren. Die Gemeinde umschließt ihn im offenen Ring, bestärkt in ihrer Konzentration durch einen Raum, der über einer niedrigen Randdecke, die den Umgang bedeckt, eine 3teilige Kuppel bildet. Sie ist aus den sphärischen Segmenten von 3 parabolischen Kuppeln zusammengesetzt. In den Nahtstellen liegen gläserne Bänder, die im Scheitel in einer gläsernen Kuppel zusammenlaufen. – Der plastisch gebrochene, harmonische Bau ersetzt die 1898 von J. Kleesattel errichtete, jedoch im 2. Weltkrieg bis auf den Turm zerstörte Vorgängerkirche. Der Turm wurde in die Neuplanung einbezogen.

Düsseldorf. Kath. Pfarrkirche St. Maximilian

Gegenüber dem Eingang von St. Lambertus liegt die **Kapelle des Theresienhospitals,** die ehem. Karmelitessen-Klosterkirche, ein wohlproportionierter kreuzförmiger Bau, der sich eindrucksvoll dem Rheinufer zuwendet, 1712–16 aus rotem Backstein mit Hausteingliederungen errichtet. Die Eingangsseite ist durch Pilaster aus Backstein betont; Portal, Portalfenster und die rundbogigen Nischen mit Heiligenbildern sind aus braungelbem Sandstein. Über den Walmdächern erhebt sich ein zierlicher Dachreiter. Der schlichte Innenraum hat Tonnengewölbe, die sich in einer zentralen Flachkuppel kreuzen. Die Deckenmalereien wurden im 2. Weltkrieg zerstört.

An dem hufeisenförmig umbauten Marktplatz steht das **Alte Rathaus,** das der Baumeister Heinrich Tussmann 1570–73 in Anlehnung an den Typ des niederrheinischen Rathauses der Spätgotik erbaute. Der 3geschossige Backsteinbau ist belebt durch die beiden geschweiften Giebel und den 8eckigen Treppenturm an der Marktfassade. Portal, Balkon und andere Einzelteile kamen 1749 in spätbarocken Formen hinzu. Bei der Restaurierung 1961 im Inneren verändert.

● Mittelpunkt des Marktes ist das 1703–11 von Gabriel Grupello geschaffene **Reiterstandbild Kurfürst Johann Wilhelms,** des »Jan Wellem«. Das lebensvolle Monument, bedeutendstes barockes Reiterdenkmal Deutschlands nächst Schlüters Großem Kurfürsten in Berlin, im Maßstab dem Platzraum vorzüglich angepaßt, zeigt den Dargestellten als Fürsten und Volkshelden; es stellt die Synthese von Adel und Bürgertum, die in der Barockzeit die kleinen Fürstenresidenzen prägte, treffender dar als jedes andere Denkmal seiner Zeit.

Am Burgplatz stand die Burg der Grafen von Berg und später das Residenzschloß der Herzöge. Das Schloß brannte 1872 nieder, erhalten blieb nur der **Schloßturm.** Er gehört im Kern noch dem 13. Jh. an und zeigt den etwas hausbackenen frühen Barock, in dem Maximilian und Alessandro Pasqualini im 16. Jh. die Residenz umbauten. Das Obergeschoß ist eine Zutat von 1845.

Schloß Jägerhof (Jacobistraße)
Johann Josef Couven erbaute das Schloß 1752–63 unter Mitarbeit von Nicolas de Pigage am nördl. Ausgang des Hofgartens als fürstliches Jagdschloß. Der vornehme Spätbarockbau verzichtet auf kleinteiligen Schmuck. An den Ecken treten breite Risalite kaum merkbar aus der Front, dagegen springt der 3achsige, rechteckige Mittelrisalit kräftig vor. Ein aufgesetztes Halbgeschoß und ein flacher, geschwungener Giebel bestätigen seine akzentsetzende Bedeutung. Die anderen Bauteile sind mit Mansardendächern gedeckt. Das Innere der Anlage von

1750 wurde im 2. Weltkrieg vernichtet (jetzt Sitz der Kunstsammlung Nordrhein-Westfalen, s. d.).

Die Fassade des **ehem. Statthalterpalais,** 1766 für Graf Goltstein von Kees gebaut, hat sich im Lichthof des neuen Justizgebäudes (Mühlenstr. 35, erbaut 1912–21 nach einem Plan von Dechant) erhalten.

Das 1804 von A. Huschberger erbaute **ehem. Hofgärtnerhaus** (Jägerhofstraße), heute **Goethemuseum** (s. d.), wurde nach schweren Kriegsbeschädigungen 1950 wieder aufgebaut und erweitert.

● Das **Ratinger Tor** (beiderseits der Maximilian-Weyhe-Allee), ist eine Toranlage aus 2 einander gegenüberliegenden Wachhäusern in dorischen Formen, die ursprünglich durch eine Barriere verbunden waren. Die 1811–15 von A. v. Vagedes in kräftigen Formen, aber mit feinem Gefühl für Maß, Proportion und Rhythmisierung errichteten Gebäude liegen zeitlich noch vor der Neuen Wache Schinkels in Berlin.

Regierungspräsidium (Cecilienallee 2). Das schloßartige, in wuchtigen neubarocken und neuklassizist. Formen gestaltete 4-Flügel-Gebäude wurde 1907–11 von Traugott v. Saltzwedel erbaut. Die Fassade zum Rhein hin wird durch Eckrisalite und einen Mittelbau betont, den eine kolossale Säulenordnung und auf dem Mansarddach eine offene Laterne mit dem Preußenadler darüber auszeichnen. Südlich schließt sich der niedrigere Trakt des Plenar- und Festsaales an, der das Verwaltungsgebäude mit dem im Stil eines barocken Landschlößchens erbauten Palais des Regierungspräsidenten verbindet. Vom Mittelbau gehen 2 schmale Quertrakte ab, so daß 3 Innenhöfe entstehen. – Das Innere des Gebäudes ist fast vollkommen im urspr. Zustand erhalten. Besonders zu erwähnen sind die Mittelhalle mit dem prächtigen Treppenhaus und der Plenarsaal mit der Ausmalung von Adolf Münzer.

Neben dem Regierungspräsidium das neubarocke **Oberlandesgericht,** 1911 nach von Quast überarbeiteten Plänen.

Das ehem. Verwaltungsgebäude der Rheinprovinz, jetzt **Staatskanzlei** (Mannesmannufer 1a), wurde von Hermann v. Endt zusammen mit dem **Horion-Haus,** dem jetzigen **Palais des Ministerpräsidenten** (Haroldstr. 2), 1910/11, also nur 1 Jahr vor dem Mannesmann-Verwaltungsgebäude nebenan, errichtet. Dennoch scheinen Welten zwischen dem noch ganz in der Tradition des Historismus verharrenden öffentlichen Verwaltungsgebäude und dem nach modernen Konstruktionsprinzipien erstellten Bürohaus der Mannesmann-Werke zu liegen.

Weitere öffentliche Verwaltungsbauten des 19./20. Jh. sind: Das **Stadthaus** (Mühlenstr. 31), ursprünglich um 1625 als Jesuitenkloster erbaut, später Regierungsgebäude, 1823 mit einer Fassade nach Plänen von Schinkel versehen; das ehem. Landgericht, jetzt **Justizministerium** (Martin-Luther-Platz 40), 1856–59 von Carl Adolf Krüger; das ehem. Staatsarchiv, jetzt **Justizprüfungsamt** (Josephinenstraße), 1877 ebenfalls von Krüger, und das ehem. Ständehaus, jetzt **Landtagsgebäude** (Ständehausstraße), 1876–80 von J. Raschdorff (der *Brunnen* am Kaiserteich davor, »Vater Rhein und seine Töchter«, wurde 1897 von Carl Janssen und Johannes Tüshaus geschaffen); ferner aus den 1930er Jahren am Jürgensplatz das **Polizeipräsidium,** 1929–32 von Schäfer, und die **Oberfinanzdirektion,** 1937–39 von Weill.

Kunstakademie (Eiskellerstraße), 1875–79 von H. Riffart in Renaissanceformen erbaut. Der mit Mosaiken geschmückte Bau ist typisch für die repräsentative Architektur im letzten Viertel des 19. Jh.

● **Kaufhof** (Königsallee). Das für die Firma Tietz 1907–09 von J. M. Olbrich erbaute Warenhaus zeigt die für derartige Gebäude seit Messels Berliner Wertheimbau typischen Werksteinfassaden mit schlanken Pfeilerstellungen und dazwischen senkrechten Gitterstäben für die Fenster (vgl. z. B. die von W. Kreis errichteten Warenhäuser für Tietz in Köln und Wuppertal-Elberfeld). Olbrich, der die Grundrißdisposition von O. Engler übernahm, fand hier eine überaus qualitätvolle und elegante Lösung mit zurückgesetztem Dachgeschoß, einem großen Mansarddach mit geschwungenen Giebeln zur Theodor-Körner-Straße hin und fein durchgebildeten Details. Teile des bildnerischen Schmuckes von Johannes Knubel.

● Das 1911/12 von Peter Behrens errichtete **Mannesmann-Verwaltungsgebäude** (Mannesmannufer) gilt als einer der ersten modernen Bürobauten. Behrens stellte die Funktion an den Anfang seiner Überlegungen und konstruierte ein offenes Pfeilersystem aus Eisen, das er mit Werkstein verkleidete. 3 der Pfeilerachsen bilden ein Grundmaß für das »Normalbüro«, das sich, je nach Bedarf, mittels herausnehmbarer Wände auf jede beliebige Größe erweitern läßt. Fixpunkte sind das mittlere Treppenhaus mit den Sanitärräumen dahinter und die Nebentreppen mit den Aufzügen an den Seiten. Wie in der Konstruktion war Behrens auch in der Gestaltung des Gebäudes bahnbrechend: »Warum werden nicht die Erfordernisse, die ein solches Haus stellt, als künstlerisches Motiv genommen und der edelste Formausdruck im Innern wie nach außen durch die abgewogene Proportion erstrebt?«, fragte der Architekt in seiner Einweihungsrede. Die Konsequenz, die er für sich selbst zog, ist die Abkehr von gründerzeitlichen »Erkern, Giebeln und der bekannten Überfülle billiger Bauplastik«, hin zu Großkörperlichkeit und kubischer Geschlossenheit, aber auch zu ursprünglichen, hier »vornehm« wirkenden Materialien (Marmor im Treppenhaus, Muschelkalk und Tuff außen). 1936–38 wurde der rückwärtige Erweiterungsbau von der Baudirektion Mannesmann (Architekt Hans Vith) erstellt, wobei die Pläne mit dem damals 70jährigen Behrens abgestimmt wurden.

Daß das beim Mannesmannhaus aufgenommene Prinzip seine Bedeutung behielt, zeigt beispielhaft das 1956–58 von Paul Schneider-Esleben daneben errichtete 22geschossige **Mannesmann-Hochhaus.** Auch hier umgibt den festen Kern eine Stahlskelett-Konstruktion, die in den Geschossen eine variable Raumeinteilung erlaubt; die Fassaden sind vorgehängt. – Vor dem Gebäude eine 1961 aufgestellte »Raumplastik« von N. Kricke.

Wilhelm-Marx-Haus (Heinrich-Heine-Allee 53). 6geschossiger Winkelbau mit 12geschossigem Eckturm über kreuzförmigem Grundriß, erbaut 1922–24 von W. Kreis. Obwohl nicht das erste Hochhaus Deutschlands – dieses Prädikat wird dem Düsseldorfer **Industriehaus** (Am Wehrhahn) von Hans Tietmann und Karl Haake, 1921/22, zugesprochen –, ist es wegen der Qualität seiner Architektur und wegen seiner städtebaulichen Situation von außerordentlicher Bedeutung. Die Eisenbeton-Konstruktion wird in den beiden unteren Geschossen mit Werkstein, darüber mit Backstein und Betonbändern verblendet. Den Turm krönt eine an got. Vorbilder erinnernde Maßwerkgalerie, die den Feuerlöschbehälter kaschiert. Das Gebäude diente zeitweise als Börse.

Am südl. Ende der jetzigen Heinrich-Heine-Allee war mit der Rückfront des Kaufhofes, dem Hotel Breidenbacher Hof, dem Wilhelm-Marx-Haus und dem Carschhaus eine der bedeutendsten Platzanlagen des frühen 20. Jh. in Deutschland entstanden. – Der 1927 von Emil Fahrenkamp umgebaute **Breidenbacher Hof** (Heinrich-Heine-Allee 34) erlitt im 2. Weltkrieg schwere Beschädigungen und wurde verändert vom selben Architekten wiederaufgebaut. – Die endgültige Vernichtung dieser Platzsituation erfolgte jedoch erst 1979 mit dem Abbruch des Carschhauses, einem von Otto Engler 1914/15 errichteten Warenhaus.

Pressehaus (Martin-Luther-Platz 23). Der 1926, im Jahre der »Gesolei«-Ausstellung, von den Architekten Hans Tietmann und Karl Haake fertiggestellte Zweckbau verkörpert in seiner Schauseite eine schöne, für seine Jahre typische Mitte zwischen Expressionismus und Backsteingotik. Enggestellte Wandpfeiler aus Werkstein gliedern die breite Fassade, ein dreimal gestufter Giebel mit Blendarkaden bekrönt sie. Erweiterungsbau von Bernhard Pfau, um 1950.

Der sog. **Stahlhof** (Bastionstr. 39) wurde 1906–08 von Johannes Radke als Haus des Stahlverbandes gebaut. Hier sind Elemente der Baugattungen Schloß, Rathaus und – besonders in der Pfeilergliederung der Sandsteinfassaden mit ihren gotisierenden Jugendstil-Formen – Warenhaus auf eigentümliche Weise miteinander verschmolzen. Während Radke die Entwürfe für den Bau und die Innenausstattung lieferte, wurden die figürlichen Reliefs und Plastiken, die in vielfältiger Weise das Thema der Stahlgewinnung variieren, nach Modellen von A. Simatschek angefertigt. Im sehr gut erhaltenen Treppenhaus ein *Gemäldezyklus* über den Werdegang der Stahlschiene von dem Düsseldorfer Maler Hermann Pohle, 1910; die Beleuchtungskörper entwarf Walter Ortlieb.

Stummhaus (Breite Str. 67–69), 1923–25 von Paul Bonatz. Für den Stumm-Konzern baute der Architekt des Stuttgarter Hauptbahnhofes um einen rechteckigen Hof einen mehrflügeligen Gebäudekomplex mit einem Hochhaus, dessen 9 Geschosse von dem in der Mitte angelegten Treppenhaus um ein weiteres Geschoß überragt werden. Die Stahlbetonkonstruktion ist mit Backstein verkleidet. Eng gestellte und spitz vorspringende Strebepfeiler betonen die Vertikale. In krassem Gegensatz dazu das zugehörige kleine Landhaus mit den Wohnungen für Pförtner und Hausmeister.

● **Thyssen-Hochhaus** (August-Thyssen-Str. 1), 1957–60 von H. Hentrich und H. Petschnigg, wegen seiner hohen und schmalen, gegeneinander etwas versetzten Baukörper treffend »Dreischeibenhaus« genannt, ist zu einem neuen Wahrzeichen Düsseldorfs von stadtbildprägender Wirkung geworden. »Sensationen erregt der Bau gewiß nicht mehr, und es fällt schwer, seine Verdienste zu würdigen, ohne die Folgen zu bedenken, die der Hochhausboom unseren Städten angetan hat. Der frühe Sündenfall war der schönste. Für die Schwerelosigkeit der großen Masse und die Selbstsicherheit, mit der das Haus seinen Platz im Stadtbild gesucht und gefunden hat, wußten nur die wenigsten seiner Nachfolger Äquivalente zu bieten.« (W. Pehnt) – An der Hofgartenseite des Gebäudes eine 1971 aufgestellte **Stahlplastik** von E. Chillida.

Freiherr-vom-Stein-Haus (Friedrichstraße), Verwaltungsgebäude, 1953 von Bernhard Pfau.

RWI-Haus (Neusser Str. 111), 1972/73 von Helmut Hentrich, Hubert Petschnigg und Michael Zotter erbaut. Über einem 2geschossigen Sokkel 2 4flügelige Hochhäuser in kreuzförmiger Anordnung, deren einander wechselseitig spiegelnde Glasflächen den eigentümlichen Reiz dieser Architektur ausmachen.

Landesversicherungsanstalt (Königsallee 71). Das höchste Turmhaus der Stadt (120 m) wurde 1974–76 von Harald Deilmann errichtet. Den Grundriß bilden 3 ineinandergeschobene Quadrate.

Haniel-Hochgarage (Grafenberger Allee 258), 1953 von Paul Schneider-Esleben. Der Bau steht auf 3beinigen Rahmenböcken; Stützen und Decken aus Stahlbeton, die Wände ganz aus Glas.

Deutsch-Japanisches Center (Immermannstraße / Ecke Charlottenstraße), 1977–79 von Hentrich, Petschnigg & Partner und Takenaka

Komuten. Um einen bepflanzten Innenhof sind ein Hotel, ein Verwaltungsgebäude und verschiedene Einzelhandelsgeschäfte angeordnet. Wahrzeichen der Anlage ist ein »Tor«, das alle übrigen Bauteile an Höhe übertrifft; es enthält die Treppen und Aufzüge des Bürogebäudes.

Ehrenhof ●

Eine Gruppe von Bauten mit dem Kunstmuseum (s. d.), dem Landesmuseum Volk und Wirtschaft und der heutigen Tonhalle, 1925/26 von Wilhelm Kreis für die Gewerbeausstellung »Gesolei« errichtet, die »Große Ausstellung für Gesundheitspflege, soziale Fürsorge und Leibesübungen«.

Diese Gebäude, die während der Zeit der Ausstellung durch weitere Bauwerke von namhaften Architekten (u. a. P. Behrens, O. Engler, Br. Taut) ergänzt wurden, schlossen an der Rheinfront eine Bebauungslücke zwischen der Altstadt und dem Regierungspräsidium. Sie gruppieren sich entlang einer parallel zum Rhein angelegten Achse: im N das **Kunstmuseum** (s. d.) mit dem umgebauten **Kunstpalast** gegenüber, verbunden durch einen offenen Torbau, anschließend an der Rheinseite ein Gartenparterre mit dem **Landesmuseum Volk und Wirtschaft,** dem ehem. Reichswirtschaftsmuseum, und als krönender Abschluß im S der Kuppelbau der **Tonhalle** (s. d.), des ehem. Planetariums. **Tortempel** mit Mosaiken von J. Thorn-Prikker (zwischen den Museen) und H. Nauen (zwischen Wirtschaftsmuseum und ehem. Planetarium) flankieren die Durchgänge zum Rhein.

Die langgestreckten **Museumsbauten** erheben sich über geböschtem Kalksteinsockel in klaren, die Horizontale betonenden Kuben, deren Klinkermauerwerk besonders auf der Rheinseite eine lebhaft gemusterte Oberfläche erhielt. Der architektonische Expressionismus wird hier vom Neoklassizismus gebändigt.

Zu dem Baukomplex gehört auch das in bewegteren Formen gestaltete **Café Rheinterrassen.**

Das ebenfalls mit Klinkern verblendete ehem. Planetarium, die heutige **Tonhalle,** gilt als ein Hauptwerk des rheinischen ● Expressionismus in der Architektur. Der kreisrunde Kuppelbau erhebt sich über einem quadratischen Sockel, in dem sich die Nebenräume befanden. Enge Pfeilerstellungen, im Erdgeschoß durch Treppenanlagen unterbrochen, am Kuppeltambour mit ursprünglich nicht verglasten spitzbogigen Arkaden dazwischen, erzeugen ein reiches Spiel von Licht und Schatten. – Das Gebäude, 1954 nach Kriegsschäden zunächst mit einer flacheren Kuppel wiederhergestellt, wurde in den Jahren 1975–78 auf Initiative und nach Entwürfen der Architektengemeinschaft Hentrich, Petschnigg & Partner zum Konzerthaus umgebaut. – Dabei wurde im Äußeren die Kuppel in ihrer urspr. Form rekonstruiert. Die Veränderung der Rheinfront und die Verglasung der ehemals offenen Arkaden war bedingt durch die völlige Neukonzeption des Inneren. Aus verkehrstechnischen Gründen erfolgt der Zugang nunmehr nicht von N durch das sog. »Grüne Gewölbe«, jetzt Raucherfoyer, den einzigen noch weitgehend erhaltenen Innenraum, sondern von O her. Der innen ganz mit Holz ausgekleidete runde Konzertsaal ist in das statische Gefüge eingehängt und läßt im Umgang und unter sich noch Platz für das Foyer. – An die urspr. Funktion als Planetarium erinnert die *Hohlspiegelplastik* von Adolf Luther in der Kuppel des Saales, während Günther Ueckers *»Stalaktitenfeld«* im Foyer ein Nachklang der urspr. Innengestaltung ist. Die zur urspr. Ausstattung gehörenden *Zwickelbilder* von J. Adler, A. Kaufmann und anderen hängen heute etwas unmotiviert in den ehemals nicht durchgebrochenen Arkaden des Umganges. Das marmorne Portrait von W. Kreis stammt von Arnold Breker.

Auf dem Gelände des Ehrenhofes und des anschließenden Rheinparkes sind einige **Plastiken** aus der Erbauungszeit erhalten, u.a. eine vergoldete *Athene-Figur* von Johannes Knubel auf der Brückenrampe, der *»Aufsteigende Jüngling«* von Georg Kolbe, *»Die Nubierin«*, 1925 von Bernhard Sopher, die *»Plastische Säule«*, 1963 von Karl Hartung, *Frauengestalten* von Ernst Gottschalk und eine *»Aurora«* von A. Breker auf dem Torbau, ferner Reste des 1926 geschaffenen, 1933 zerstörten *Denkmals der »39er«* von Jupp Rübsam.

Kunsthalle (Grabbeplatz 4) von Konrad Beckmann und Christoph Brockes errichtet, 1967 eröffnet. Über dem Eingang ein Relief von K. Hartung. Vor der Fassade 4 *Karyatiden* von der 1879–81 erbauten, 1959 nach Kriegsbeschädigungen abgebrochenen alten Kunsthalle von Leo Müsch, außerdem die Plastik *»Habakuk«*, die 1971 nach einem 1934 von Max Ernst geschaffenen Gipsmodell gegossen wurde.

Schauspielhaus (Bleichstr. 1). Das Gebäude, 1968–70 von Bernhard Pfau errichtet, verwirklicht die Architektur des fließenden Raumes bis in die Umrisse des Baukörpers. Es vereint 2 Theater unter einem Dach. Eine frei im Foyer stehende monumentale Stütze aus Stahlbeton trägt den Zuschauerraum des Großen Hauses. Das große Foyer vermittelt zwischen den 2 Häusern und öffnet sich in seinen Glaswänden zum Hofgarten wie zum Jan-Wellem-Platz.

Düsseldorf. Tonhalle

Wohnhäuser

Die ältesten erhaltenen Wohnhäuser stammen aus dem 17. Jh., z. B. in der Flinger Straße die Häuser **Nr. 1: »Goldener Helm«** oder **Nr. 36: »Zum Kurfürsten«,** ein 3geschossiges Backsteingebäude mit hohem Treppengiebel aus dem Jahre 1627. Die Citadellstraße weist eine noch weitgehend geschlossene Reihe von Stadthäusern des 17. Jh. auf, deren Hofflügel zum größten Teil noch erhalten sind; das Gebäude **Nr. 2a,** die **Maximilian-Schule,** wurde 1854–56 von dem Düsseldorfer Baumeister A. Schnitzler erbaut. Den nördl. Abschluß der Straßenzeile bildet das nach 1945 wiedererrichtete, ursprünglich barocke **Palais Nesselrode** (Schulstr. 4), das heutige **Hetjensmuseum** (s. d.). – In der Karlstadt hat sich eine Reihe von meist schlichten Wohnhäusern aus der Zeit um 1800 und aus der 1. Hälfte des 19. Jh. erhalten, z. B. an der Bilker Straße, der Bastionstraße und – besonders bemerkenswert – an der Ecke Südstraße/Poststraße eine 1843 von A. Schnitzler errichtete Häusergruppe. – Vom Wohnbau des ausgehenden 19. Jh. und der letzten Jahrhundertwende hat sich nur wenig Erwähnenswertes erhalten, so u. a. die reizvolle Fortführung der Citadellstraße durch die Berger Allee und das Rathausufer zwischen Thomas- und Schulstraße. – Die Ausstellung »Gesolei« (1926) gab dem Wohnungsbau neue, wichtige Anregungen. Hier seien als Beispiele für den gehobenen Wohnbedarf genannt in der Kaiserswerther Straße die Baugruppe **Nr. 156–166,** Ecke Golzheimer Platz, 5geschossige Backsteinhäuser mit großzügig geschnittenen 6-Zimmer-Wohnungen, 1926 von Fritz Becker und Fritz Kutzner errichtet, und in Golzheim (s. d.) an der Ecke Uerdinger Straße / Kaiserswerther Straße die Brückenkopfbauten zu beiden Seiten der (damals erst geplanten) Theodor-Heuss-Brücke. – Ein gutes Beispiel für den sozialen Wohnungsbau dieser Zeit bildet der städtebaulich wie architektonisch eindrucksvoll gestaltete W-Abschluß der von der Düssel durchflossenen Karolingerstraße: Im Auftrage der Stadt und verschiedener Baugenossenschaften errichteten Otto Engler, Fritz Hofmeister, Gotthold Nestler u.a. einheitlich gestaltete 4- bis 5geschossige Wohnblocks mit Backsteinfassaden. Die 2- bis 3-Zimmer-Wohnungen für Arbeiter und Angestellte haben einen besonders ausgeklügelten Grundriß und waren überdurchschnittlich gut ausgestattet (mit Fernheizungsanschluß, Bädern, zentraler Wäscherei etc.).

Der **Hofgarten** im N und NO der Altstadt ist ein Hauptwerk des Gartenarchitekten Maximilian Weyhe, der ihn 1803–14 unter Einbeziehung der Reste des alten Hofgartens zwischen Schloß Jägerhof, der Hofgartenstraße und der ehem. Bastion Landskrone anlegte und im Stil eines Englischen Gartens gestaltete. – Von den zahlreichen Denkmälern und Brunnen seien die **»Goldene Brücke«**, 1852/53 von A. Schnitzler genannt, von der aus eine Blickachse über den **»Gröne Jong«-Brunnen** im Runden Weiher, 1900 von J. C. Hammerschmidt, zum Schloß Jägerhof verläuft, ferner das **Maximilian-Weyhe-Denkmal**, 1850 von Karl Hoffmann, die **Stephanien-Büste**, 1860 von Julius Bayerle, das **Peter-von-Cornelius-Denkmal**, 1879 von Adolf Donndorf, das **Denkmal für die Gefallenen des Krieges 1870/71** (zu einem sterbenden antiken Jüngling blickt ein Löwe auf), 1892 von Karl Hilgers, und das **Heinrich-Heine-Denkmal** auf dem Napoleonsberg mit der 1944 als letztes Werk A. Maillols entstandenen Plastik »Harmonie«.

Königsallee. 1802–04 nach einem Plan von K. Huschberger entlang des anstelle eines barocken Festungsgrabens geradlinig gezogenen Landgrabens angelegt. – Brücken, Brunnen und Schmuckplastiken, darunter der **Schalenbrunnen** auf dem Corneliusplatz, 1882 von Leo Müsch, und die 1902 von Fritz Coubillier vollendete **Tritonengruppe**, stammen zum überwiegenden Teil aus dem frühen 20. Jh. – Neben dem **Kaufhof** (vgl. S. 162), dem **Girardethaus**, 1906/1907 von Hermann v. Endt (die Fassade zur Königsallee in den 20er Jahren umgestaltet), sowie dem Gebäude der **Deutschen Bank** sind die Häuser **Nr. 49**, 1907 von G. v. Seidl, und **Nr. 51**, 1907 von O. Engler, bemerkenswert. Beide haben ihre prunkvolle Innenausstattung noch weitgehend bewahrt.

Fürstenplatz. Der **Industriebrunnen** ist eine 1913 fertiggestellte und 1926 an ihren heutigen Standort versetzte monumentale Brunnenanlage. Die 3 Bronzefiguren: Vulkan, Bergmann und Hüttenarbeiter stammen von Fr. Coubillier, der auch die Tritonengruppe in der Königsallee schuf.

Marktplatz. Die **Mariensäule** wurde 1872/73 aufgestellt, aus Anlaß der Verkündigung des Dogmas der Unbefleckten Empfängnis Mariae,

1854. Die Marienfigur auf einer hohen Säule, in deren Sockelnischen die (1930 erneuerten) Figuren der 4 Propheten Jeremias, Daniel, Jesaias und Ezechiel stehen, wurde nach einem 1860 angefertigten Modell des Bildhauers Renn in Speyer von dem Düsseldorfer Bildhauer Reiß angefertigt.

Martin-Luther-Platz. Gegenüber der Johanneskirche (s. d.) das 1899 enthüllte **Bismarck-Denkmal** von August Bauer und Johannes Röttger.

Auf dem Platz der Deutschen Einheit das 1896 von Carl Janssen vollendete monumentale **Denkmal für Kaiser Wilhelm I.** Der Kaiser, hoch zu Roß, wird begleitet von einer Kriegsfurie und der Victoria.

Am Schwanenmarkt das **Heinrich-Heine-Denkmal** von Bert Gerresheim, 1981.

Brücken

Die 4 heute im Düsseldorfer Stadtbereich den Rhein überquerenden Brücken dokumentieren die Entwicklung des Baues von Schrägseilbrükken über einen Zeitraum von mehr als 20 Jahren hinweg in besonders gut gelungenen Beispielen.

Die ersten 3 Brücken wurden vom Baudezernat der Stadt Düsseldorf entworfen, wobei die Gestaltung in den Händen von Friedrich Tamms lag. Die älteste ist die 1957 fertiggestellte **Theodor-Heuss-Brücke** in Golzheim. Eine Gesamtweite von 476 m wurde durch 2 Paare von 40 m hohen Pylonen mit einer Spannweite von 260 m überwunden.

Die 1969 fertiggestellte und dem Verkehr übergebene **Kniebrücke** (die Verlängerung der Reichsstraße südlich der Karlstadt) kommt mit einem 114 m hohen Pylonenpaar aus, das auf dem Oberkasseler Rheinufer steht und, asymmetrisch konstruiert, eine Spannweite von 320 m aufweist.

Die nächste Stufe der Entwicklung zeigt die 1973 eingeweihte **Oberkasseler Brücke.** Nur ein zwischen den beiden Fahrbahnen aufgestellter Pylon bildet die Stütze dieser ebenfalls asymmetrischen Konstruktion mit einer Spannweite von 258 m. Aus verkehrstechnischen Gründen war diese Brücke zunächst auf provisorischen Pfeilern errichtet und später nach Abbruch der alten Oberkasseler Brücke in einer aufsehenerregenden technischen Leistung 47,50 m stromabwärts verschoben worden.

Den vorläufigen Höhepunkt dieser Entwicklung bildet die Ende 1979 eingeweihte **Fleher Brücke,** entworfen von Hans Grasse und Gerd Lohmer. Der erstmals nicht aus Stahl, sondern aus Beton erstellte Pylon hat die Form eines auf dem Kopf stehenden Ypsilons und erhebt sich zu einer Höhe von 145 m. Die Fleher Brücke ist damit das derzeit höchste Bauwerk Düsseldorfs und zugleich mit 368 m Spannweite die größte Schrägseilbrücke der Bundesrepublik.

Museen

Kunstmuseum Düsseldorf (Ehrenhof 5). Es umfaßt eine Gemäldegalerie, ● eine Sammlung von Plastik und Kunstgewerbe und ein Kupferstichkabinett. Bedeutende Bilder repräsentieren die Malerei, vor allem die des 16. und 17. Jh. in den Niederlanden. Das 19. Jh. wird durch die Meister der Düsseldorfer Schule, Nazarener und Deutsch-Römer vergegenwärtigt. Die Expressionisten und die Meister des Bauhauses, ferner die Surrealisten und die Künstler von den 50er Jahren bis heute sind gut vertreten. Innerhalb des Kunstgewerbes vom Mittelalter bis zum 19. Jh. bildet die Glassammlung einen Schwerpunkt.

● **Goethe-Museum** (Jägerhofstr. 1). Etwa 30000 Gegenstände, die unmittelbar mit dem Werk und Leben Goethes verbunden sind und aus seiner Zeit stammen: Handschriften, Erstausgaben, Gemälde, Graphiken, Porzellan, Münzen und Medaillen. Sondersammlungen zum Faustmotiv und zur künstlerischen Silhouette.

● **Hetjens-Museum** (Palais Nesselrode, Schulstr. 4). Das erste Keramikmuseum Deutschlands bietet Keramik aus 8000 Jahren. Schwerpunkte sind Steinzeug und europäische Fayence. Außerdem frühzeitliche Irdenwaren vom 6. Jahrtausend bis zum 1. Jh. nach Chr. Keramik aus Mittel- und Südamerika, 400 v. Chr. bis 1500 n. Chr. Ostasiatische Keramik, europäisches Porzellan und Steingut des 18. und 19. Jh. Moderne Keramik von 1900 bis heute.

● **Kunstsammlung Nordrhein-Westfalen** (Schloß Jägerhof, Jacobistr. 2). Eine der größten und qualitätvollsten Sammlungen moderner Malerei in Deutschland. Schwerpunkte: Kunst des frühen 20. Jh. in Frankreich, Deutschland und Italien. Internationale Kunst der 20er und 30er Jahre. Europäische und amerikanische Malerei nach dem 2. Weltkrieg. Sonderkollektionen Paul Klee und Julius Bissier.

● **Stadtgeschichtliches Museum** (Bäckerstr. 7–9). Vor- und Frühgeschichte. Gemälde des 16.–20. Jh. Etwa 30000 Zeichnungen, Aquarelle und Druckgraphiken. Große Sammlung von Stadtansichten und Bildnissen, von Münzen und Medaillen zur Stadt- und Landesgeschichte. Wohnkultur, Kunstgewerbe, Kostüme, Waffen und Spielzeug.

Vororte

Angermund

Seit dem 14. Jh. Verwaltungssitz des gleichnamigen bergischen Amtes in der sogenannten Kellnerei, einer im Kern mittelalterl. Burganlage aus der 2. Hälfte des 13. Jh. mit späteren Umbauten. Das Herrenhaus wurde 1780 erneuert.

Schloß Heltorf

Wasserumwehrte Anlage, bestehend aus einer 3flügeligen **Vorburg** und einem **Torturm** mit bossiertem Sandsteinportal (1696), sowie dem 1822–27 von H. Th. Freyse erbauten, 3geschossigen klassizist. **Herrenhaus.**

● Seine besondere Bedeutung erhält das Schloß durch die *Ausmalung des Gartensaales* (1825–41) mit Szenen aus dem Leben Barbarossas durch

Maler der Düsseldorfer Akademie, und zwar C. Stürmer (Versöhnung Barbarossas mit Papst Alexander III.), H. Mücke (Kniefall Heinrichs des Löwen, Unterwerfung der Mailänder, Krönung Barbarossas), C. Fr. Lessing (Schlacht bei Iconium) und H. Plüddemann (Erstürmung von Iconium – nach einem Entwurf von C. Fr. Lessing, Bergung der Leiche Barbarossas). Dieser Zyklus gehört zusammen mit A. Rethels Karlsfresken im Aachener Rathaus zu den einzigen erhaltenen Beispielen monumentaler Historienmalerei im Rheinland.
Neben dem Herrenhaus rechts die neuroman. **Kapelle** (1854) und ein neubarocker, sich bis zur Vorburg ziehender Trakt, links die turmartige neugot. **Bibliothek** (1870), wahrscheinlich von V. Statz. – Der **Landschaftspark** wurde 1803 ff. von M. Weyhe angelegt, der in Düsseldorf auch den Hofgarten und den Park des Schlosses Kalkum geschaffen hat.
In der Nähe von Schloß Heltorf einige Höfe, die z. T. noch bis ins Mittelalter zurückgehen, z. B. **Bilkrath** und **Groß Winkelhausen.**

Benrath

Schloß ●

Neben dem Schloß Brühl gilt das elegante Benrath als schönstes fürstliches Jagdschloß in den Rheinlanden. Der alte Burgsitz der Herren von Benrode kam im 13. Jh. an die Grafen von Berg. Reste einer Burganlage des 15. Jh. wurden in der sog. Orangerie des 17. Jh. wiederverwendet. 1662–74 errichtet J. Lolio, gen. Sadler, im Auftrag von Elisabeth Amalie, der Frau des Pfalzgrafen Philipp Wilhelm, ein wasserumwehrtes Hochschloß mit einem Flügelbau, von dem nur der N-Flügel (die sog. Orangerie), die jetzt freistehende Kapelle und die Toranlage an der Urdenbacher Allee erhalten sind. 1756 beginnt unter Kurfürst Carl Theodor der Bau einer Sommerresidenz, die bis 1780 fertiggestellt ist. Architekt war Nicolas de Pigage, der für ihn auch die Schlösser in Mannheim und Schwetzingen schuf. In Benrath gelang ihm ein großer Wurf, eines der besten Bauwerke, die in Deutschland beim Übergang des Rokoko in den Klassizismus französ. Herkunft entstanden. Pigage wirkt nicht mit Bauten allein. Der Park mit Wasser, Baum, gärtnerischer Anlage, Standbild und Treppe wird gleichberechtigter Teil der Gesamtplanung. – Das Schloß ist seit 1928 im Besitz der Stadt.

2 **Kavaliershäuser,** die 3flügelig den Weiher vor dem Schloß umrahmen, empfangen den Besucher. 1geschossig unter schlichten Mansarddächern, in den Vorderfronten leicht geschwungen, geleiten sie ihn zum **Mittelbau** von 1757–60. Dieser tritt ihm mit einer Freitreppe und dem 3türig vorschwingenden Mittelrisalit voll Anmut und Distanz entgegen. Die rechteckige Anlage trägt über dem Erdgeschoß ein Dachgeschoß mit einer bekrönenden Plattform. An den Schmalseiten treten polygonale Pavillons vor, von Giebeln bekrönt, die sich elegant mit dem konvex geschwungenen Mansarddach

verbinden. Die Gartenseite hat einen kräftiger vorspringenden Mittelteil, dessen Fenstertüren auf die Terrasse führen. – Die verputzten Wände sind altrosa gestrichen, die Hausteinglieder hellgrau gehalten. So ergibt sich ein heiterer Farbenkontrast von Schloß und Park. Plastische Details erhöhen den Eindruck eines Kleinods auf grünem Grund.

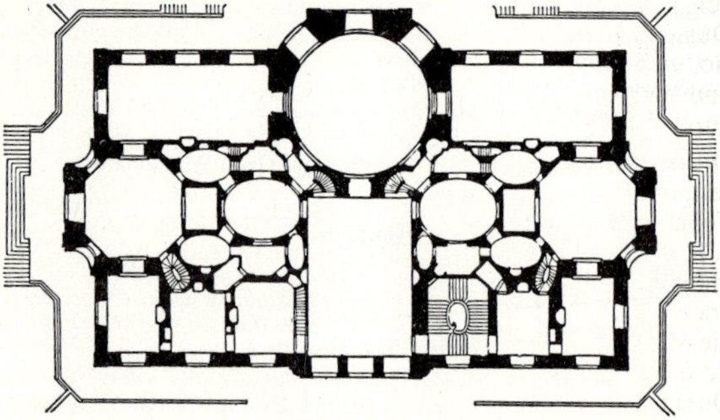

Düsseldorf. Benrath. Schloß. Grundriß durch das Erdgeschoß

An der Auffahrtsseite der N-Front bilden die 3 Türen, die freundlichen Festons darüber und der feierliche Giebel mit Allianzwappen, Löwen und Putten einen harmonischen Aufbau, den eine Uhr und ein Putto bekrönen. Der *plastische Schmuck* stammt von Peter Anton v. Verschaffelt und seinen Gehilfen. Der Künstler stammte aus Gent und war, seit 1752 in Mannheim in kurpfälzischen Diensten, für die Schlösser in Mannheim und Schwetzingen tätig. Er bemühte sich, seine vom italienischen Barock bestimmte Kunst mit der klassischen Eleganz Pigages in Einklang zu bringen. Am schönsten spricht Verschaffelts Kunst an den Giebelfenstern der beiden Schmalseiten. Im O-Giebel sind Putten bei der Schafschur dargestellt, bekrönt von einem Putto im Hirtenkleid, im W-Giebel ein Faun, der Schalmei spielt, zu seinen Seiten Putten, die einen Ziegenbock bekränzen und Gießkannen und Schaufeln halten. Der vortretende Mittelteil der Gartenseite ist weniger anspruchsvoll, doch heiterer. Die Göttin Diana über dem Volutengiebel und der bewegte Jagdzug mit dem Hirsch und den verfolgenden Hunden haben als Hintergrund ein durch seine leicht glockenförmige Schwingung besonders reizvolles Dach. Pigage vermied die Mansarde und versah dafür die ovalen Fenster mit prächtig geschnitzter Umrahmung. Die 6 großen Figuren vor der Gartenfront sind Werke aus dem Gehilfenkreis Verschaffelts.

Im Innern entfaltet sich unter Verwendung des 2geschossigen Baues für eine zum Teil 4geschossige Innenordnung wohlgeordnet eine Folge von 84 Räumen, die sich zum Park und 2 Lichthöfen öffnen. Sie findet ihre Mitte im Vestibül. Dieses führt im Erdgeschoß in den runden Salon, das Zentrum des höfischen Lebens; es trägt im Obergeschoß die Kapelle. Der runde Salon hat eine kassettierte Decke, die beiden Gartensäle Spiegelgewölbe, bemalt von Lambert Krahe, Galeriedirektor in Düsseldorf. Als Stukkateur wirkte Giuseppe Antonio Albuzzio, und als Holzbildhauer arbeiteten J. M. van den Branden und Augustin Egell. Die farbige Gestaltung der Räume wird durch eine Restaurierung wiederhergestellt.

Dieses ganz nach den Erfordernissen eines ländlichen Lusthauses gestaltete Schloß, die Kavaliershäuser und der Garten sind Teile eines einheitlichen Planes. Obwohl der **Park** im 19. Jh. z. T. als Englischer Garten gestaltet und damit in seiner Beziehung zum Schloß beeinträchtigt wurde, ist der Plan de Pigages noch erkennbar. Er richtete den Garten in 2 langen Achsen auf die Mitte des Schlosses. Von S nach N verläuft die Hauptachse; sie führt über den Weiher durch den Salon in das Vestibül, die Querachse über den Französischen Garten durch die Schlafzimmer in den Englischen Garten. Die Diagonalachsen, die sich im Salon schneiden, begnügen sich nicht mit Nebenordnungen. Die eine verbindet das Schloß mit dem Großen Stern und dem am Rhein gelegenen Rondell. Die vielen geometrisch geordneten Gartenwege, die Teiche, Gewässer, Standbilder, Podeste, Brüstungsgitter, Rampen, Treppen und schließlich die Kavaliershäuser weisen alle zum Schloß als Mitte und Höhepunkt des Gesamtkunstwerks, das etwas von dem wehmütigen Glanz bewahrt hat, der die letzten Werke großer Epochen verklärt.

Die **sog. Orangerie** (Volkshochschule und Stadtbücherei) besteht aus dem N-Flügel und einem anschließenden Trakt des Schlosses der Elisabeth Amalie aus dem 17. Jh., die später als Orangerie genutzt wurden. – Den Flügelbau, die Toranlage und die Kapelle hat man 1971–75 wieder aufgebaut und instandgesetzt. Im heutigen Foyer des Festsaales (Artemissaal) sind Kamin und Decke noch reich stuckiert; das *Deckengemälde* stammt von dem Düsseldorfer Hofmaler J. Spielberg.

Bilk

Alte Martinskirche

Die gut proportionierte Kapelle stammt aus der 2. Hälfte des 12. Jh. Sie wurde 1879–81 eingreifend erneuert und umgestaltet.

Trotz der für eine kleine Kirche bewegten Baugeschichte blieb ein einheitlicher, schöner Tuffsteinbau erhalten, dessen Äußeres durch den basilikalen Aufbau in kleinen Verhältnissen, den ungewöhnlich hohen, in 5 Geschossen gut gegliederten Turm und die außen halbrunde Apsis geprägt wird. – Das Innere bildet einen klaren, durch den Rundbogen bestimmten Raum, mehr durch Konstruktion und Raumgefühl als durch Schmuck überzeugend. Schmuck und bildliche Erhöhung bleiben mit feinen Ecksäulen und scharf profilierten Rippen dem Altarraum vorbehalten.

Derendorf

Ev. Zionskirche (Ulmenstr. 92). Die 1969 von Lothar Kallmeyer gebaute Gemeindekirche ist eine plastische, offene Betonarchitektur, die sich in die Straßenzeile einreiht; Wegkirche mit Gemeindesaal im Untergeschoß.

Eller

Ev. Jacobuskirche (Am Schabernack), 1962/63 von E. Schulze-Fielitz.

Garath

Ev. Dietrich-Bonhoeffer-Kirche (Rostocker Str. 64). Der Kirche von Hentrich und Petschnigg (1963–65), die die Mitte eines Gemeindezentrums ist, liegt ein Viereck zugrunde, das von vier gleichförmig abgewinkelten, einander frei überlappenden Wänden umgrenzt ist.

Altenheim und kath. Gemeindezentrum (Ricarda-Huch-Str.), 1966–68 von Gottfried Böhm. Die vorbildliche Konzeption verbindet organisch beide Bauaufgaben. Die Mitte der Anlage bildet die 1970 vollendete **Kirche St. Matthäus,** ein zentralisierter farbiger Betonbau. – Das **Altenheim** ist in eine stark differenzierte Reihe von Einzelräumen gegliedert; Backsteinmauerwerk, Holz und Sichtbeton bestimmen den Gesamteindruck.

Gerresheim

● **Ehem. Damenstiftskirche,** heute **kath. Pfarrkirche St. Margaretha** (Gerricusplatz)

Die erhaltene Kirche des vor 870 von dem Edelherren Gerrich gegründeten, hochadeligen Kanonissenstiftes wurde im Jahre 1236 geweiht. Nach der Auflösung des Stiftes (1803) und der Abtragung der Pfarrkirche des Ortes (1892) übernahm die ehem. Stiftskirche deren Funktion und Patrozinium.

Die Kirche ist eine kreuzförmige Basilika von 47 m Länge mit 3 Doppeljochen im Langhaus. Das Querschiff tritt nur um Mauerstärke über die Flucht der Seitenschiffe vor. Der Chor besteht aus einem kurzen Joch und halbrunder Apsis. Der Bau steht künstlerisch in der Nachfolge von St. Quirin in Neuß und ist neben diesem die beste und ausgeglichenste Leistung der Spätromanik am Niederrhein.

Der Außenbau wirkt nicht durch Schmuckreichtum, seine Gestaltung ist eher hart und klar. Die Bruchsteinwände zeigen nur an der W-Fassade eine spärliche Gliederung durch Hausteinblenden, sonst – auch an den Stirnseiten des Querschiffes – bleiben sie ganz schlicht. Rosettenfenster in den Seitenschiffen, die schlichten Fenstergruppen der Wände von Mittelschiff und Querschiff, Lisenen und Rundbogenfriese gliedern nur zurückhaltend den Außenbau, der sich erst in dem charakteristischen 8eckigen Vierungsturm der rheinischen Spätromanik (vgl. St. Andreas in Köln, das als Vorbild diente) zu voller Wirkung entfaltet. Er baut sich in 2 Geschossen auf und trägt ein gefaltetes Spitzdach. – Der Innenraum bildet zu der harten Gruppierung der Bauteile des Äußeren einen entschiedenen Gegensatz durch den anmutigen Reichtum der Strukturformen. Die Stützen wechseln zwischen kreuzförmigen Hauptpfeilern mit Runddiensten in den Ecken und quadratischen Zwischenstützen mit je einem Runddienst, der die Gewölbe der Seitenschiffe trägt. An allen konstruktiven Teilen – Arkaden, Gurtbogen und Rippen – erscheint der Spitzbogen, während Fenster und Türen den Rundbogen beibehalten. Die Seitenschiffe erhalten reichliches Licht durch die weiten Rosettenfenster; unter den schlanken, gepaarten Hochfenstern lockern 4teilige Blendtriforien die Oberwände auf. Auch an den Gewölben äußert sich die spätroman. Schmuckfreude; die runden Rippen tragen aufgesetzte Scheiben und Wirtel. – Die *Ausmalung* – bis auf die moderne Apsisgestaltung nach Originalbefunden erneuert – tut ein übriges zu dem harmonisch-dekorativen Gesamtbild. – In dem Kuppelgewölbe der Vierung durchdringt eine zentrale Raumtendenz die sonst klar orientierte Basilika, ein Hinweis darauf, wie stark noch nach roman. Tradition die Gewölbe den Raum bestimmen.

Der reiche Schatz an Bildwerken, liturgischen Büchern und Geräten gipfelt in dem *Kruzifix* des 10. Jh. (hinter dem Hochaltar). Erzbischof Gero schenkte das Holzbildwerk um 970 der Kirche. Es steht dem berühmten Gerokruzifix im Dom zu Köln nahe, dürfte sogar älter und der älteste monumentale Kruzifixus (Höhe 210 cm) der abendländischen Kunst überhaupt sein. Obwohl die Körperfreude antiker Standbilder in ihm verwandelt nachwirkt, war er nicht Kultbild im Sinn der Antike, sondern Reliquiengefäß. Der Korpus gehört zu den im 10. Jh. seltenen Freiplastiken, die einen Körper nach allen Dimensionen durchbilden, durch spätere Übermalung und unwesentliche Ergänzung kaum beeinträchtigt. In dem kraftvollen, edlen Leib des Gekreuzigten kommt die Qual des Todes nicht in krasser Gebärde zum Ausdruck, sie erscheint noch gebändigt durch einen Nachklang des idealen Menschenbildes der Antike, aber auch der ehrfürchtigen Zurückhaltung früher christlicher Kunst. Der Gerresheimer Kruzifixus gehört zu den denkwürdigsten und grundlegenden Werken der europäischen Kunstgeschichte. – Beachtung verdienen die schöne spätroman. Altarmensa, der Reliquienschrein aus Limoges (um 1200), die architektonisch gedachte Monstranz des 14. Jh., die Statue der Muttergottes (Anfang 16. Jh.) und der überlebensgroße Kruzifixus aus einem Gabriel Grupello nahestehenden Atelier.

Die kleine **kath. Pfarrkirche St. Reinhold** (Gubener Straße) in der Siedlung Tannenhof, 1957 von Josef Lehmbrock. Der kräftig konturierte Einraum erweitert und lockert in Grundriß und Aufriß das übliche Rechteck der Saalkirchen in Apsis und Decke durch Dreiecke. Betonlamellen zwischen den Stützen bilden die Seitenwände. Das Licht kommt gedämpft durch die seitlichen Lamellen, farbig durch die Rose in der Eingangswand (Günter Pelster). Der Raum wird zurückhaltend beleuchtet. Das bekommt seinen plastischen Strukturen besser als ein volles Tageslicht. Der einfache Tischaltar trägt bei der Messe liturgische Geräte und Gefäße von Erich Reusch.

Golzheim

Wohnbebauung an der Theodor-Heuss-Brücke (Ecke Uerdinger Straße/ Kaiserswerther Straße), 1926–28. Der Versuch des Architekten William Dunkel, für eine geplante Rheinbrücke ein neuartiges Stadtportal zu bauen, überzeugt auch heute noch angesichts der Hochstraße, die seit 1958 die Brückenauffahrt zur Theodor-Heuss-Brücke (s. d.) bildet. Die 5geschossigen Wohnbauten mit einem hohen Attikageschoß, im Erdgeschoß mit Werkstein, in den Obergeschossen mit dunklem Backstein verblendet, gipfeln in mehrfach gestuften, bis zu 11 Stockwerken Höhe sich auftürmenden Eckbauten.

Am Eingang zum Nordpark die »**Rossebändiger**«, 2 monumentale Granitskulpturen, 1937 von dem damals als »entartet« geltenden Bildhauer Edwin Scharff.

Auf dem Nordfriedhof ein 1958 eingeweihtes **Mahnmal** von Jupp Rübsam.

Himmelgeist

Kath. Pfarrkirche St. Nikolaus (Nikolausstraße). 3schiffige roman. Pfeilerbasilika aus der 2. Hälfte des 12. Jh. mit niedrigerem Chorquadrat und 3-Apsiden-Schluß. Ein Anfang des 13. Jh. erfolgter Umbau brachte neben dem Einbau des W-Turmes und der Einwölbung des Langhauses spätroman. Formengut ein, so z. B. die Vierpaßfenster der Seitenschiffe und das N-Portal. Umfassende Restaurierungen 1868/69, 1891 und 1967 ff.

Haus Mickeln, heute **Heimvolkshochschule.** 1839–42 nach Plänen von Alexander Joseph Niehaus errichtete spätklassizist. Villa über quadratischem Grundriß mit risalitartig verstärkten Ecken und großer toskanischer Pilasterordnung. Von den 4 fast gleichartigen Fassaden ist die Eingangsfront durch eine Freitreppe vor den 3 Eingangsportalen, einen Mittelbalkon im Obergeschoß und ein Wappen hervorgehoben. Die von Röpke gemalte Innendekoration »in pompejanischem Stil« wurde bei der Restaurierung 1976–78 freigelegt und ergänzt. – Der Park ist das letzte Werk von M. Weyhe, 1843 begonnen und von seinem Sohn Joseph Clemens vollendet.

Kaiserswerth

Ehem. Stiftskirche St. Suitbertus, heute **kath. Pfarrkirche** ●

Sie liegt auf einer alten Rheininsel, die Pippin II., der Mittlere, um 700 dem hl. Suitbertus, Grafen von Nottingham und Apostel des Bergischen Landes, schenkte. Dieser gründete hier ein Kloster, das im 19. Jh., nach der Säkularisation, abgebrochen worden ist. Daneben entstand die Burg, die sich zur Kaiserpfalz entwickelte. In der 2. Hälfte des 12. Jh. wurde die heutige Kirche errichtet. Ihren Chor hat man um 1230–40 neu gebaut (Weihe 1237).

Außenbau. Der Bau des 11. Jh. ist eine schlichte Basilika mit Querschiff, zu deren ernster Monumentalität der jüngere Chor einen Gegensatz bildet. Schlanke Fenster und Rosetten durchbrechen, Lisenen und Bogenfriese gliedern seine Wände in der schmuckfreudigen Art der rheinischen Spätromanik. Die erst 1877 errichteten W-Türme wurden im 2. Weltkrieg von Bomben zerstört; so konnte beim Wiederaufbau der turmlose Zustand des 13. Jh. wiederhergestellt werden. – Auch im Innern treten die beiden verschiedenen Bauepochen klar hervor. Die 3schiffige Basilika von 68 m Länge und 22,80 m Breite zeigt das strenge und schlichte frühroman. Raumbild mit flachen Decken in allen Teilen. Schwere 4kantige Pfeiler tragen auf ungegliederten Rundbogen die Hochwände des Mittelschiffs. Schon in der Vierung mit ihren hohen, gespitzten Bogen ändert sich das Raumbild. Der basilikale Chor hat 3 Schiffe mit 2 Jochen und 3 polygonale Apsiden. Die reichen Formen des 13. Jh. bilden einen lichterfüllten, bis zu den reichgestalteten Rippengewölben emporstrebenden Raum.

Düsseldorf. Kaiserswerth. Ehem. Stiftskirche St. Suitbertus. Schrein des hl. Suitbertus (Detail)

● Aus dem Schatz des Stiftes erhielt sich der *Schrein des hl. Suitbertus*, ein 1,60 m langer Kasten mit Satteldach. Arkaden ordnen seine Seiten im Sinne spätroman. Architektur. In ihnen sitzen die Apostel. Die Stirnseiten nehmen die Muttergottes zwischen 2 Heiligen und der hl. Suitbertus zwischen Pippin und seiner Gattin Plektrudis (s. Köln, Maria im Kapitol) ein. Das in vergoldeten Kupferplatten mit Goldfiligran und Grubenschmelz ausgeführte Gehäuse mit seinen frühgot., z. T. (an der vorderen Giebelseite) erneuerten Figuren ist eines der großen Werke der Goldschmiedekunst des 13. Jh. (vermutlich 1264 begonnen und kaum vor dem Jahre 1300 vollendet).

Kaiserpfalz ●

Die z. Z. der salischen Kaiser für die deutsche Geschichte bedeutsame Kaiserburg auf einer durch einen künstlich geschaffenen Rheinarm vom Festland getrennten Insel wurde von Kaiser Friedrich I. 1174–84 neu erbaut. Als wichtige Zollstätte war sie später an die Herzöge von Kleve und an die Erzbischöfe von Köln zu Lehen gegeben. Im Kriege gegen Frankreich, das eine Besatzung in die Burg gelegt hatte, wurde sie von den Kaiserlichen 1689 eingenommen und 1702 gesprengt. Sicherung und teilweise Rekonstruktion 1908/09.

Erhalten ist von der Anlage hauptsächlich eine ungefähr 50 m lange und über dem jetzigen Niveau 13 m hohe, 6 m starke rheinseitige Außenmauer des **Palasgebäudes,** die durch ihr sorgfältiges Mauerwerk aus Basaltsäulen mit Eckquadern aus Drachenfelstrachyt von einer eindrucksvollen Kraft ist. Sie zeigt 2 Reihen schmaler Rechteckfenster, deren breitere Innenleibungen von Rundbogen überwölbt sind; ihr Mauerwerk besteht aus flachen Ziegeln, den ersten im Rheinland seit röm. Zeit. In der Mauerstärke steigt eine stattliche geradläufige, von mehreren Podesten unterbrochene Steintreppe nach oben. Zu ihr führt an der N-Seite ein Portal aus Trachytquadern, dessen waagerechter Sturz eine auf den Neubau durch Kaiser Friedrich vom Jahre 1184 bezügliche Inschrift trägt und über dem ein halbrunder Entlastungsbogen steht; das Portal und das darüberstehende Rundbogenfenster wurden 1908 nach dem Befund erneuert. In der N- und O-Mauer des hier gelegenen Raumes weitere Rundbogenfenster; in der N-Mauer ein Kamin. Das Obergeschoß war hier über eine steinerne Wendeltreppe an der SO-Ecke zugänglich und mit einem Tonnengewölbe aus Ziegeln überdeckt. An diesen Raum schließen sich südwärts 3 weitere, durch Quermauern getrennte Räume an, über denen der Große Saal lag. Von der übrigen **Hauptburg,** die in der Mitte den mächtigen 4seitigen Bergfried, ein »Wunderwerk an Stärke und Schönheit«, wie es in einem Protokoll von 1702 heißt, enthielt, und der **Vorburg** sind im Jahre 1900 Mauerzüge aufgedeckt worden und z. T. sichtbar gemacht. Der Palas war mit dem sog. **Klever Turm** durch 2 weitgespannte (erneuerte) Rundbogen verbunden, unter denen ein Kanal die Durchfahrt der Schiffe vom Rhein in den als Hafen dienenden Rheinarm ermöglichte. – Die Burgruine ist eines der bedeutendsten deutschen Geschichtsdenkmäler und ein Beispiel des großartigen Wehr- und Wohnbaus der Hohenstaufenzeit.

Am Suitbertus-Stiftsplatz haben sich Bauten der **ehem. Stiftsimmunität** aus dem 17./18. Jh. erhalten. – Weitere Wohnbauten am Kaiserswerther Markt (u. a. das »**Alte Zollhaus**« von 1635) und an der Straße An Sankt Switbert, wo auch das 1600–72 erbaute **Kapuzinerkloster** steht. – Weiter erwähnenswert ist in der Fliednerstraße die 1807–11 erbaute **ev. Theodor-Fliedner-Kirche,** flankiert von Schule und Pfarrhaus.

Kalkum

Kath. Pfarrkirche St. Lambertus (An St. Lambertus), roman. Pfeilerbasilika des 12./13. Jh. mit nur einem Mittelschiffsjoch, Chorquadrat, 3-Apsiden-Schluß und eingebautem W-Turm.

Schloß Kalkum

Das Schloß geht auf einen im 9. Jh. erwähnten Königshof Calicheim zurück. Dieser Hof besaß wohl seit jeher eine Eigenkirche, Vorgängerin der heutigen Pfarrkirche St. Lambertus. Heute dient das Schloß als Staatsarchiv.

Das heutige 4flügelige **Wasserschloß,** umgeben von einem 1808–25 von M. Weyhe angelegten **Landschaftspark,** ist das Ergebnis verschiedener Bauperioden. Die Wirtschaftsflügel im O und N wurden im Kern im 16./17. Jh., das N-Portal im 18. Jh. errichtet. Der W-Flügel mit dem Renteitrakt im N und dem Herrenhaus im S sowie der zum Herrenhaus gehörende Teil des S-Flügels wurden 1809 ff. von G. P. Leydel in schlichten klassizist. Formen mit kräftig vortretenden Flankierungstürmen umgebaut. Die Tordurchfahrt erfuhr 1817 eine Umgestaltung durch J. P. Cremer. 1818–21 erneuerte A. Schnitzler den Küchentrakt mit der südl. Tordurchfahrt. Unter der Leitung von H. Th. Freyse (1836–39) begann die Innenausstattung mit Malereien von L. Pose und Stukkaturen von Lenart und Moosbrugger. Zu erwähnen sind vor allem der Marmorsaal, der Musiksaal und der Billardsaal, alle 1955–60 restauriert und ergänzt.

An der Parkmauer ein verputzter Pavillon, jetzt **Lassalle-Gedenkstätte.** – Südöstlich des Schlosses einige **Bedienstetenhäuser** und eine **Wassermühle.**

Lichtenbroich

Kath. Rektoratskirche Lichtenbroich. Die kleine Pfarrkirche wurde 1958 von Gottfried Böhm gebaut. Sie steht auf einem dem Quadrat angenäherten Rechteck. In der hinteren Hälfte richten sich 4 Bankgruppen auf den Altar, der unter einem diaphanen Gehäuse steht, das den niedrigen Kubus des Außenbaues als Pyramidenturm überragt.

Oberkassel

Gegenüber der Altstadt am Rhein gelegen, wurde der bis 1909 noch zu Heerdt gehörende Ortsteil 1898 nach dem Bau der Rheinbrücke (Oberkasseler Brücke) durch die Rheinische Bahngesellschaft großzügig erschlossen und ausgebaut. Er entwickelte sich zu einer bevorzugten Düssel-

dorfer Wohngegend. Die Bebauung aus jener Zeit ist besonders noch an der Rheinfront und an einigen Straßen des südl. Stadtteils erhalten.

Ev. Auferstehungskirche (Ecke Quirin-/Arnulfstraße), 1913/14 von den Architekten Wilhelm Verheyen und Julius Stobbe gebaut. Markantes Beispiel für den in der niederrheinischen Bautradition stehenden sog. Heimatstil, zukunftweisend in der einheitlichen Konzeption von Kirche und Gemeindezentrum. In dem Backsteinkomplex dominiert die Kirche mit ihrem steilen Dach, den hohen, von Rundfenstern durchbrochenen Volutengiebeln und dem 8eckigen Turm. Die Ausmalung des Flachtonnengewölbes und der Altarwand im weiten und fast vollständig erhaltenen Inneren stammen von Heinrich Rüter. 1956 restauriert.

Pempelfort

Industriehaus (Adlerstr. 80). Monumentale Betonskelettkonstruktion, 1924 von Hans Tietmann, Karl Haake und Meyer gebaut, in den unteren Geschossen mit Tuffstein ausgefacht, oben verputzt. Frühes Beispiel einer flexiblen Bürohausarchitektur, bei der die inneren Trennwände beliebig versetzt werden können.

Stockum

Rheinstadion (Beckbuschstraße), 1968–74 von Fr. Tamms und E. Beyer erweitert. Stahlbeton-Skelettkonstruktion, die das Spielfeld an 3 Seiten umschließt. 62 abgewinkelte Stützen tragen unten die Sitzreihen, oben das Schalendach.

Die Gebäude des neuen **Messegeländes** wurden 1969–72 nach Plänen von H. Wilke errichtet.

Wersten

Kath. Pfarrkirche zum hl. Franz von Sales (Siegburgstr. 165). Bemerkenswerter Kirchenbau der nachkonziliaren Konzeption, 1969–71 von Hans Schwippert in Verbindung mit Friedrich Kohlmann und Ernst Kayser gebaut. Eine an 3 Seiten sich öffnende freischwingende Mauerschale bildet den annähernd eiförmigen Grundriß. Im Untergeschoß Andachtskapelle und Sakristei.

Kath. Pfarrzentrum Maria in den Benden (Deckenweg 40). Emil Steffann und Nikolaus Rosnig legten diesem 1957–59 gebauten Pfarrzentrum die Konzeption des Atriumhauses zugrunde. Eine Ziegelmauer umschließt Kirche, Pfarrhaus, Gemeindesaal, Küsterwohnung und Kindergarten.

Wittlaer

Kath. Pfarrkirche St. Remigius. 3schiffige roman. Pfeilerbasilika aus dem frühen 13. Jh. (das Mittelschiff vielleicht älter). In der 2. Hälfte des 19. Jh. wurden die Seitenschiffmauern neu aufgeführt, 1969 die gesamte

Tuff-Außenhaut ausgewechselt, dabei die reichen Obergadengliederungen wiederholt. Das Innere wird heute wesentlich bestimmt durch die ● moderne Ausstattung. Hiervon seien erwähnt: Die *Glasfenster* in Langhaus und Chor, 1925–27 von J. Thorn-Prikker; die Glasfenster in der N-Sakristei von E. Mataré, in der S-Sakristei 1937 von W. Teuwen; eine bronzene *Kreuzigungsgruppe* aus den Jahren 1935–39 von E. Mataré, von dem außerdem ein 1936 geschaffenes Altarkreuz in Eisenguß sowie weitere Altargeräte stammen; *Tapisserien* von J. Göttschkes. Von älteren Ausstattungsstücken sind bemerkenswert ein Taufstein des 13. Jh. aus Namurer Blaustein, ein Vortragekreuz des 12. Jh. sowie got. Skulpturen.

EITORF (Rhein-Sieg-Kreis D7)

Merten (D7)

Kath. Pfarrkirche St. Agnes. Die ehem. Klosterkirche der Augustinerinnen wurde kurz vor 1200 auf beherrschender Höhe über dem Siegtal errichtet. Die 3schiffige Pfeilerbasilika hat 5 Joche. Die Schiffe setzen sich in gleichartigen Chorjochen fort und schließen in 3 halbrunden Apsiden. Sie sind flach gedeckt. Die Turmhallen verdienen besonderes Interesse. Die 3teilige Arkade des urspr. Nonnenchors, die sich auf 2 Doppelsäulen mit z. T. ausgezeichneten Kapitellen stützt, konnte nach Abbruch der (um 1700) vorgeschuhten Holzempore wieder zum Mittelschiff geöffnet werden. Bedeutend wirkt die W-Seite mit den 2 Türmen. Der 5geschossige südl. Turm wurde am Ende des 13. Jh. vollendet, der nördliche kam über die 3 Geschosse seines Unterbaus nicht hinaus. Rundbogenfriese und Lisenen, Blendarchitektur unter Kleeblattbogen und 3teilig gekuppelte Schallöcher in den Glockengeschossen gliedern die Türme, Lisenen und Rundbogenfriese die Apsiden.

ELSDORF (Erftkreis B6)

Esch (B6)

Die **kath. Pfarrkirche St. Martin,** ursprünglich ein 2schiffiger roman. Bau der Zeit um 1200, wurde um 1520 zu einer 3schiffigen spätgot. Hallenkirche mit Kreuzrippengewölbe in Mittelschiff und Chor umgebaut und 1864–69 gänzlich restauriert. Vom roman. Bau stammen der 3geschossige, durch Lisenen und Rundbogenfriese gegliederte Turm, die Wände des Mittelschiffes und des Chores, dessen halbrunde Apsis innen 3seitig verändert wurde, und die 2 westl. Joche des nördl. Seitenschiffes.

EMMERICH (Kleve A3)

Auf dem Platz der Stadt gründet der hl. Willibrord, wie die Legende berichtet, um das Jahr 700 dem hl. Martin eine Kirche, die später der hl. Aldegundis geweiht wird. Seit 914 ist ein der Kirche angegliedertes Kollegiatstift bekannt. Ein 2. Besiedlungskern bildet sich nördlich davon in der 2. Hälfte des 11. Jh. um eine neue Stiftskirche St. Martin. Der Ort erhält 1233 von den Grafen von Geldern das Stadtrecht. 1355 fällt die Stadt an den Grafen von Kleve. Seit dem 13. Jh. hat sie Namen und Gewicht im Bund der Hanse. Die Kämpfe, die im 16. und 17. Jh. am Niederrhein toben, geben ihr strategische Bedeutung. Die Befestigungen werden erweitert. Das 19. und 20. Jh. lassen sie in eine ländliche Einsamkeit sinken. Der 2. Weltkrieg zerstört die Stadt, die als Rheinhafen Bedeutung hat, fast ganz. – Der Wiederaufbau bemühte sich, den Charakter der alten Häuser, bestimmt durch den roten Backsteinbau mit weißen Fensterrahmen, beizubehalten. Die Stadt am Rhein, vor dem 2. Weltkrieg eindrucksvoll durch die Türme von St. Aldegundis und St. Martin geprägt, gewann etwas von ihrer stolzen Silhouette zurück.

Ehem. Stiftskirche St. Martin, heute kath. Pfarrkirche

Von der urspr. Anlage aus der Zeit um 1040 sind die Krypta und der O-Bau erhalten. Nach Zerstörungen war die Kirche 1145 in Kreuzform wiederhergestellt worden. Der veränderte Rheinlauf riß 1233–37 mit seiner gewaltigen Strömung die westl. Teile nieder und bedrohte immer wieder den Bau. Die W-Fassade mit den beiden Türmen war verloren; vom Langhaus blieb nur ein Joch übrig, das mit einem Tuffgiebel und im SW mit einem mächtigen Eisbrecher abgeschlossen wurde. Die Zerstörungen durch den Strom wiederholten sich am Ende des 14. Jh. Zu Beginn des 15. Jh. begann man, den Bau statt nach der gefährdeten W-Seite nach N zu erweitern. Ein Brand zerstörte 1439 den südwestl. Teil aufs neue. Der nördl. unbedrohte Teil wurde um die Mitte des 15. Jh. vollendet, der südwestl. Teil bis 1500 wiederhergestellt. Die roman. Chorpartie wurde im 17. Jh. überarbeitet, das westl. Seitenschiff im 19. Jh. nach Abbruch rekonstruiert. – Im 2. Weltkrieg wurde das Münster bis auf die Umfassungsmauern zerstört, ganz erhalten blieben nur die Krypta und der nördl. Nebenchor. Die Wiederherstellung erfolgte in vereinfachter Form. Seit 1981 wird die Hauptapsis des roman. Chores statisch gesichert; zugleich werden die roman. Fenster rekonstruiert.

Äußeres. Der nördl. 2schiffige Anbau mit dem Turm ist eine Anlage für sich. Der aus Backstein errichtete Turm von 3 Geschossen steht auf hohem Sockel; seine 2 unteren Geschosse sind durch je 3 spitzbogige 2achsige Blenden mit schönem Maßwerk gegliedert und verziert. Das urspr. Hauptportal im N unter dem großen Mittelfenster wurde als Eingang durch ein kleines im O eingefügtes Portal ersetzt. Über dem 2. Geschoß eine überdeckte Galerie, darüber ein 3. Geschoß mit je 3 Spitzbogenblenden. – Inneres. Vom alten roman. Bau aus Tuffstein blieb der östl. Teil erhalten: das Chorhaus und die innen runde, außen eckig gebrochene Apsis mit 3 großen Rundbogenfenstern, deren Gewände doppelt abgestuft sind. Zu beiden Seiten, um 5 Stufen erhöht, liegen die Seitenchöre. – Der bedeutendste Bauteil ist die 3schiffige *Hallenkrypta.* 6 schön variierte Bündelsäulen tragen die Gratgewölbe: als Rundpfeiler mit Riefelungen, als Bündel von 8 und von 4 Rundstäben. Die eigenartig flachgedrückten Kapitelle sind Ableitungen von der Würfelform. Zu beiden Seiten schließen sich an die Krypta unter den Seitenchören erhöht liegende Kapellen an, die südl. mit Resten wertvoller roman. Wandmalereien aus dem 12. Jh. Diese Schachtelung der Räume entspricht einem frühroman. Bauprinzip, das wir vornehmlich in der Diözese Utrecht angewandt sehen.

Ausstattung. In der Apsis des Chores blieb, stark restauriert, noch der alte Flurbelag aus der Mitte des 12. Jh. erhalten, ein bedeutender Rest roman. Zierkunst im Wechsel von weißen und blauen Steinplatten. Das *Chorgestühl* von 1486 (etwa zur Hälfte erhalten) gehört zu den bedeutenden Kirchengestühlen der Spätgotik. Von der übrigen Ausstattung seien erwähnt: ein holzgeschnitzter *Kruzifixus* vom Typus des aus Lucca bekannten »Volto Santo« mit langem Gewand (um 1170) und eine *Muttergottes auf der Mondsichel* (2. Hälfte des 15. Jh.). Der Wiederaufbau folgte dem alten Zustand, vereinfachte aber den Kirchenraum und stattete ihn neu aus. Bemerkenswert der Tischaltar, die Türen und der Turmhelm von Waldemar Kuhn, kraftvolle Werke einer modernen, monumental abstrahierenden Plastik.

● Der Kirchenschatz enthält wertvolle Werke der Goldschmiedekunst. Das bedeutendste Stück ist die *Arche des hl. Willibrord*, ein Taschenreliquiar des 11. oder späten 10. Jh. Kern des Werkes ist ein taschenförmig gearbeiteter Behälter aus Eichenholz, der mit vergoldetem Silberblech bekleidet, mit Edelsteinen, Filigran- und Treibarbeit geschmückt und mit den Evangelistensymbolen versehen wurde. Um 1400 erhielt das Reliquiar einen Aufsatz, eine Kreuzigungsgruppe, und um 1520 gab man ihm die Form eines monstranzähnlichen Schaugerätes.

Kath. Pfarrkirche St. Aldegundis

Die Kirche steht auf dem Platz der ersten Martinskirche. Titel und Stift kamen im 11. Jh. an die neue Stiftskirche St. Martin. Die alte Kirche wurde nach einem Brand 1449 neu erbaut. Der Chor wurde 1474 geweiht, 1514 war der Bau vollendet. Im 2. Weltkrieg wurde die Kirche schwer beschädigt; seither in der alten Form wiederhergestellt.

Äußeres. Der W-Turm aus Tuffstein geht über 2 viereckigen Geschossen mit dem 3. Geschoß zum Achteck über. Über dem Portal mit steinernem Mittelpfosten und Säulen mit Blattkapitellen im Gewände steht ein 5achsiges Fenster mit reichem Maßwerk und zu beiden Seiten Spitzbogenblenden. Ein kleeblattförmiger Fries trennt die Geschosse. Das 2. Geschoß enthält 3 2achsige Fenster. Darüber verläuft eine Galerie, deren Pfeiler und Fialen in das 3. Geschoß hinaufragen. Dieses hat an allen 8 Seiten große, von Blenden umgebene Fenster. Am Langhaus haben die 7 Joche der Seitenschiffe zwischen zweimal abgestuften Strebepfeilern hohe Fenster. Die Seitenchöre sind etwas niedriger als die Seitenschiffe; auch ihre Streben sind zweimal abgestuft, die des Hauptchors dreimal. – Inneres. Ursprünglich sollte das westl. Joch des Mittelschiffes den Turm tragen, doch wurde er in einem neuen Plan um 2 Joche weiter nach W hinausgeschoben; die Seitenschiffe wurden bis zu seiner Front vorgezogen und nach W abgeschrägt. Das Langhaus hat 6 Pfeilerpaare und einfache Arkaden. Die Hochwände des Mittelschiffes überragen die Seitenschiffe um ein Drittel der Gesamthöhe, haben aber weder Fenster noch Blenden. Der Raum ist als Pseudobasilika des klevischen Typs gebildet. Das Mittelschiff hat reiche Stern- und Netzgewölbe; in den Seitenschiffen wechseln Sterngewölbe mit einfachen Kreuzgewölben. Der Hauptchor besteht aus 2 schmalen Jochen und 5/8-Schluß.

Ev. Kirche (Geistmarkt). Der Bau, 1690–1715 von Arnold van der Leen errichtet, ist eine Predigtkirche niederländischer Art, nach dem Muster der Oosterkerk in Amsterdam errichtet. Auf 2 gleich langen Kreuzarmen erhebt sich ein Backsteinquader, dessen Zwickel mit niedrigen Bauteilen ausgefüllt und dadurch belebt sind. Erhalten blieb nach dem 2. Weltkrieg nur dieser Baukörper. Der urspr. Raum ging verloren, als man eine Zwischendecke einzog, um einen niedrigen schlichten Gemeinderaum zu gewinnen.

Verwaltungsgebäude Probat, 1975/76 von den Architekten Heinz Graaf und Peter P. Schweger in Form variabler Glaszelte gebaut.

Rheinmuseum Emmerich (Geistmarkt)
Als einziges seiner Art am Niederrhein zeigt das Museum eine stattliche Flotte von Modellen der alten Rheinschiffe, daneben zahlreiche Exponate zur Geschichte der Rheinschiffahrt und eine Dokumentation der Stadtgeschichte.

Hochelten (A3)

Ehem. Damenstiftskirche St. Vitus, jetzt kath. Pfarrkirche

Das Damenstift, eindrucksvoll auf der Höhe am Rhein gelegen, wurde 960 gegründet und von Kaiser Otto II. zur Würde eines Reichsstiftes erhoben. 3 Bauten des 10. Jh. (hölzerner Rechteckbau mit quadratischem Chor, runder Memorialbau, 3schiffige Tuffsteinkirche) wurden durch

Grabung nachgewiesen. Die frühroman. Stiftskirche, um 1100 begonnen, 1129 geweiht, war eine großenteils gewölbte Anlage mit östl. Querschiff, quadratischem Chor mit halbrunder Apsis, Apsiden an den Querhausflügeln und vorgesetztem W-Turm. 1585 weitgehend zerstört, wurde der Bau 1670–77 notdürftig wiederhergestellt, die O-Partie abgebrochen. Nach Kriegsschäden Wiederaufbau 1956–65.

Von dem urspr. Bau blieben der W-Turm und die N-Seite der 3 ersten Doppeljoche des Langhauses erhalten. Der größte Teil der S-Seite ist spätgot. Ergänzung. Beherrschend ist der roman. *W-Turm,* in 5 verschieden hohen Stockwerken aufgebaut und mit Lisenen, Bogenfriesen und Blendbogen kraftvoll verziert. Er ist nur über eine schmale Treppe in der Mauer von der Kirche aus zugänglich. Die beiden unteren Geschosse enthalten gewölbte Räume. Neben dem Turm führt ein reichgegliedertes roman. Portal in das nördl. Seitenschiff. Baugeschichtlich bedeutsam ist der teilweise erhaltene *Wandaufbau des roman. Mittelschiffes.* Die mächtigen Hauptpfeiler haben flache Vorlagen und fast vollrunde Dienste; die schwächeren Zwischenstützen sind in den östl. Jochen Säulen, in den westlichen schlanke Pfeiler, sie tragen in jedem Doppeljoch 2 schlichte Rundarkaden unter einem weiten Blendbogen. Darüber sitzen je 2 kleine Doppelfenster, die sich ursprünglich zum Dachraum der Seitenschiffe öffneten. Der obere Teil der Wand mit den paarweise zusammengerückten Hochfenstern besteht nicht mehr; auf den Kapitellen der Hauptpfeiler sitzen heute niedrige Gewölbe des 17. Jh. Das roman. Mittelschiff war kreuzgratgewölbt, mit Blendbogen an den Hochwänden. Die Pfeilerkapitelle tragen reiches Ornament: Ranken, Palmetten und Masken; in der sorgfältigen Steinbearbeitung erinnert es an den gleichzeitigen Bauschmuck in Quedlinburg. Der Chor wurde im 17. Jh. in gotisierender Form wieder aufgebaut; dabei fanden Werkstücke des 14./15. Jh. Verwendung.

Bemerkenswertestes Stück der Ausstattung ist eine roman. Steinfigur: Abraham mit einer Seele in Gestalt eines Kindes im Schoß. – Während der Rang des Bauwerkes nur noch an Resten erkennbar ist, ● bezeugt der *Schatz* die einstige Bedeutung des Damenstifts. Er gehört zu den größten des an Sammlungen von liturgischen Geräten und Reliquiaren nicht armen Rheinlandes. Der vornehmste Besitz war ein großes Kuppelreliquiar, stilistisch verwandt dem des Welfenschatzes, ein Meisterwerk der Kölner Goldschmiedekunst des 12. Jh. Es befindet sich heute im Victoria-and-Albert-Museum in London. Von den in Hochelten erhaltenen Stücken zählen u. a. ein silbernes Bild des hl. Michael aus der 1. Hälfte des 15. Jh., einige Mantelschließen, ein figürlich geschmückter Kelch des 13. Jh., mehrere Reliquiare und Monstranzen.

Emmerich. Leegmeer. Kath. Pfarrkirche Hl. Geist

Leegmeer

Kath. Pfarrkirche Hl. Geist (Wassenbergstraße), 1966 von Dieter G. Baumewerd. Die Portale schuf Franz-Rudolf Knubel, den Altar Waldemar Kuhn; die Kreuzwegstationen malte Fred Thieler.

EMSDETTEN (Steinfurt D2)

Im 9. oder 10. Jh. Hof des Dompropstes von Münster mit Eigenkirche. Seit 1178 Pfarrei. Im 19. Jh. wurde der Ort zu einem Zentrum der münsterländischen Textilindustrie.

Kath. Pfarrkirche St. Pankratius. Die 1845–48 errichtete Hallenkirche ist eine der frühesten neugot. Kirchen Westfalens. Der übernommene spätroman. Turm wurde 1905 durch eine neue W-Anlage ersetzt. – Kreuztragender Christus mit Engel, 1723, wahrscheinlich aus der Werkstatt Johann Wilhelm Gröningers.

August-Holländer-Museum (Mühlenstr. 20). Geologie und Paläontologie. Vor- und Frühgeschichte, Naturkunde des Münsterlandes, bäuerliches und bürgerliches Kulturgut.

Hollingen (D2)

Kath. Gemeindezentrum Hl. Geist, eine grundlegende Anlage des nachkonziliaren Mehrzweckbaus, 1972 errichtet. Der Architekt Dieter G.

Baumewerd brachte alle Räume, derer die Gemeinde im Gottesdienst und gesellschaftlichen Leben bedarf, unter einem Dach unter. Im variablen Großraum bietet er für Sonntags- und Alltagsgottesdienste, für Tagungen und Pfarrfamilienfeste alle Möglichkeiten der Benutzung an. – Baumewerd dient diesem komplizierten Raumprogramm durch einen Betonskelettbau mit offenen Strukturen und partiellen Glaswänden. Das Zelt Gottes und seiner Gemeinde sieht aus, als sei es in einer architektonischen Form der Arte povera aufgeschlagen worden. Es ist kein Zufall, daß diese mustergültige Anlage auf einen Glockenturm verzichtet. Die Kirche gibt unzeitgemäße Ansprüche in Stadt und Landschaft auf, sie konzentriert sich auf das heute Notwendige.

ENGELSKIRCHEN (Oberbergischer Kreis D6)

Ehreshoven (D6)

Schloß Ehreshoven

Ehreshoven kam Ende des 14. Jh. als Lehen der Abtei Siegburg in den Besitz der Herren v. Nesselrode, die es bis 1920 innehatten. An der SO-Ecke sind Teile einer spätgot. Burg mit einer Kapelle erhalten. Diese alte Wasserburg wurde gegen Ende des 17. Jh. durch die bestehende Anlage ersetzt.

Der mächtige Barockbau hat 3 Flügel. Der Mitteltrakt wendet seine Front mit 11 Fensterachsen dem Schloßhof zu. Er ist durch Eckquaderung hervorgehoben und in seiner Mitte durch eine Freitreppe, ein wappengeschmücktes Portal und einen pilastergeschmückten 2geschossigen Giebelaufbau mit Voluten, Uhrzifferblatt und Segmentgiebel betont. Die beiden Flügelbauten tragen über einem gewalmten Dach mit einer Reihe großer Dachfenster ein aufgesetztes Obergeschoß mit kleinen Fenstern und Walmdach. Im Innern sind neben der barocken Ausstattung die *Glasgemälde* des Kapellenerkers von 1595 bemerkenswert.

Vor dem Schloß liegt die ausgedehnte **Vorburg,** an deren beiden stumpfen Ecken kräftige 3geschossige Türme mit geschweiften Hauben stehen. An der vorderen spitzen Ecke das große, pilasterflankierte und giebelbekrönte **Tor** mit rundbogiger Einfahrt. Im Schloßhof formschönes schmiedeeisernes Gittertor zwischen Steinpfeilern. – **Gartenanlage** aus dem 18. Jh.

ENGER (Herford FG2)

Ev. Pfarrkirche, ehem. Stiftskirche St. Dionysius

Vermutlich errichtete bereits Herzog Widukind, der Führer der Sachsen im Kampf gegen Karl d. Gr., nach seiner Taufe 785 auf seinem Besitztum

Enger
Ev. Pfarrkirche
Tumba des Herzogs
Widukind (Detail)

in Enger eine Eigenkirche. Um 807 wurde er hier begraben. Mathilde, Urenkelin Widukinds, Gemahlin König Heinrichs I., gründete an dieser Stelle 947 das Chorherrenstift St. Dionysius und stattete es mit den Widukindschen Erbgütern aus. Durch Kaiser Otto I. kam Enger 968 an das Erzstift Magdeburg; Vögte waren später die Edelherren zur Lippe. 1414 erfolgte die Verlegung des Stiftes an die Herforder Johanniskirche.
Von einem frühen Bau (vor 1000?) stammen anscheinend die Untergeschosse des freistehenden Glockenturmes. Der Neubau der heutigen Kirche als Kreuzbasilika in verhältnismäßig bescheidenen Maßen wurde gegen Ende des 12. Jh. begonnen. Nachdem die Kirche in einer Fehde Simons I. zur Lippe gegen 1305 stark gelitten hatte, ließ dieser das Langhaus um 1330–40 neu erbauen.
Während durchgreifender Restaurierungsarbeiten wurden Mitte der 1970er Jahre im Chor 3 Gräber freigelegt, darunter möglicherweise das Grab Widukinds.

Der Außenbau der roman. O-Partie hält sich schlicht in den großen Flächen des Mauerwerks; aufwendigere Formen nur an der ganz in Werkstein aufgeführten Hauptapsis mit Bogenfries auf Konsolen. Aus der Bauzeit des Querschiffs (Ende des 12. Jh.) stammt das nördl. Portal mit linearer Profilierung; am südl. Querschiff ein spätroman. Tympanon (um 1225) mit segnendem Christus zwischen Maria und dem Kirchenpatron St. Dionysius.

● Im Chor die *Tumba Herzog Widukinds.* Das Flachrelief in Stuckmasse, auf eine Sandsteinplatte aufgetragen, ist um 1590 einer Renaissance-Tumba mit Pilastergliederung und Wappen eingefügt worden. Die Bildnisplatte aus der Zeit um 1100 gehört zu den bedeutendsten Bildhauerarbeiten der salischen Kaiserzeit. Widukind ist in Königstracht und mit Krone dargestellt; in der Linken hält er das Lilienzepter, während er die Rechte im Zeichen des Segens erhebt. Die Platte war ursprünglich bemalt, die ornamentalen Vertiefungen an Krone und Gewandsäumen enthielten farbige Gläser. Stilgeschichtlich ist zu bemerken, daß sich hier die spätantiken Elemente des Gesichtsausdrucks und der räumlichen Illusionen (z. B. in Armhaltung und Faltengebung) verbinden mit dem neu erwachenden roman. Gefühl für körperliche Plastizität. – Von Rang ist auch der große spätgot. *Schnitzaltar,* 1525 von Hinrik Stavoer in Hildesheim gearbeitet. Die 12 kleineren Passionsszenen und die große Kreuzigung in der Mitte gehen auf Vorlagen des Dürer-Schülers Hans Schäufelin zurück, die Darstellungen der hll. Hubertus und Georg auf Dürersche Anregungen. Künstlerisch noch bedeutender ist die ausdrucksvolle Figur des Titelheiligen Dionysius. – Der *Kirchenschatz,* dem wichtige Werke der deutschen Goldschmiedekunst des Mittelalters angehören, kam 1414 an die Johanniskirche in Herford und 1888 in Berliner Museumsbesitz. 2 seiner Stücke, Taufschale und Bursa, gehen auf die Zeit Widukinds zurück.

Wittekind-Gedächtnisstätte. Das kleine Museum sammelt Erinnerungsstücke an Widukind, den Herzog der Sachsen. Es zeigt den Schatz der Stiftskirche in Kopien.

ERFTSTADT (Erftkreis C7)

Lechenich (C7)

● **Ehem. kurkölnische Landesburg**

Die Burg an der wichtigen Heerstraße über die Ville nach Trier und Reims war neben Hülchrath und Linn (Krefeld) die mächtigste und prächtigste der kurkölnischen Landesburgen. Erzbischof Heinrich von Virneburg begann auf dem Hofgut in Lechenich, das schon im späten 12. Jh. erzbischöflicher Besitz war, um 1315–17 den Bau der Burg, zunächst mit dem Bergfried, einem Wohnturm von ungewöhnlich großen Ausmaßen. Seine Nachfolger Walram von Jülich (1332–49) und Wilhelm von Gennep (1349–62) vollendeten den Bau und verstärkten seine Befestigungen. Seit 1689 ist das Schloß – bis auf die seit 1959 wiederhergestellten barocken

Teile der Vorburg – Ruine, in der Ebene weithin sichtbar, von großartiger und malerischer Wirkung.

Das **Hochschloß,** eine viereckige Anlage, umgeben von breiten Gräben und Weihern, wird an den 4 Ecken von je einem Wehrturm flankiert. Die Verbindung des Backsteinbaus mit Trachytquadern an den Ecken und Wehrgängen ist sorgfältig ausgebildet. Der mächtigste der Türme ist der 5geschossige Bergfried; 2 andere viereckige Türme ragen schlank bis zu 7 Geschossen empor und werden von zinnenbewehrten vorkragenden Wehrgeschossen bekrönt. Der runde Turm enthielt ehemals die Kapelle. Der langgestreckte Palas nimmt die ganze O-Seite ein; er enthielt über den Kellerräumen in 2 Geschossen riesige Säle. Pfeiler oder Säulen stützten in der Mitte die Balkendecke.

In den Fensterlaibungen des unteren Saales Reste von *Wandmalereien* kölnischer Schule (dabei mehrere Figuren von Erzbischöfen). An der O-Seite des Saales die fein profilierten Kragsteine einer Tribüne.

Die **Vorburg** in 2 Flügeln trennt das Schloß von der Stadt völlig ab; auf ihrer W-Seite das Haupttor mit spitzbogiger Durchfahrt, darüber auf einem Bogenfries vorkragend ein Wehrgang mit 2 zinnenbekrönten Ecktürmen. Die an Vorburg und Rittersaal verbauten jüdischen Grabsteine kommen möglicherweise aus Köln.

Die **Stadtbefestigung** vom Ende des 13. Jh. bildet in der Anlage ein Quadrat. Die Mauern schlossen sich unmittelbar an die Türme des Schlosses an. Das **Dürener Tor** an der W-Seite und das **Bonner Tor** an der O-Seite, beide früher Zwingeranlagen mit Außenwerken, sind durch Restaurierung stark verändert.

Das **Rathaus** ist ein neugot. Bau, 1862 von E. Fr. Zwirner.

An der Straße nach Bergheim liegt die charakteristische **Wasserburg Konradsheim,** ein vor 1354 gegründeter, aber auf Geheiß des Kölner Erzbischofs, der keinen befestigten Platz in der Nähe seiner Burg wünschte, alsbald stillgelegter Bau. Wahrscheinlich im 15. Jh. ausgebaut, im 16. Jh. vollendet. Am Herrenhaus ein schöner Renaissance-Erker.

Liblar (C7)

Schloß Gracht, eine mächtige Wasserburg, seit dem Jahre 1538 im Besitz der Grafen Wolff Metternich, ist ein Neubau des 17. Jh. (vollendet 1689). Die S-Seite des Herrenhauses sowie die Vorburg sind 1850–53 und 1879 völlig neu erbaut worden. Zur Vorburg führt ein Portal von 1689 mit Wappen und Inschrift. Im Herrenhaus noch alte Ausstattungsstücke und eine guterhaltene Kapelle. Teile der im französ. Gartenstil gehaltenen Parkanlage sind erhalten.

ERKELENZ (Heinsberg B6)

Der Ort war seit 966 Besitz des Münsterstifts in Aachen. Dieses ernannte die Grafen von Geldern zu Vögten. Als die Grafschaft sich entfaltete, wurde Erkelenz eine ihrer festen Stützpunkte. 1326 erhielt es Stadtrecht. In den Kriegen zwischen Jülich, Kleve und Burgund war die Festung im 16. und 17. Jh. oft umstritten. Sie erlitt in diesen Kriegswirren bereits Verluste an ihrem alten baulichen Bestand. Den Rest zerstörte der 2. Weltkrieg.

Kath. Pfarrkirche St. Lambertus. Die spätgot. Hallenkirche (Vorgängerinnen: Saalkirche mit Rechteck-Chor, 9./10. Jh.; 3schiffige Basilika, 11./12. Jh.) wurde 1944 zerstört und 1954 durch einen Neubau ersetzt. Erhalten blieb der 1452–82 errichtete W-Turm aus Backstein im Wechsel von Blau- und Tuffsteinbändern. – Von der Ausstattung verdienen u. a. ein *Adlerpult,* Mitte des 15. Jh., aus maasländischem Gelbguß und ein schmiedeeiserner *Marienleuchter* von 1517, der größte am Niederrhein (3,27 x 2,70 m), Beachtung, ferner 2 Holzfiguren der hll. Krispin und Krispinian vom Anfang des 16. Jh. und das gemalte Epitaph Scholl, um 1500–10.

Burg. Von der trapezförmigen Anlage hatte sich der Hauptturm des 15. Jh. erhalten. Er überstand auch die Bombenangriffe.

Das **Rathaus** erlitt schwere Schäden, behielt aber so viel architektonische Substanz, daß es wiederhergestellt werden konnte. Der 1540–46 errichtete Bau hat im Erdgeschoß eine spitzbogige, gewölbte Pfeilerhalle. Sie diente dem Markt und anderem kaufmännischem Verkehr. Über dem merkantilen Zentrum der Stadt breitete sich im Obergeschoß ein großer Saal aus. Ein mächtiges Walmdach schloß den Bau ab, der in seiner Struktur und in dem jetzt wieder freigelegten Backstein an Rathausbauten der benachbarten Niederlande erinnert.

ERWITTE (Soest F4)

Der Ort verdankt seinen Ursprung einem Königshof, der in karoling. Zeit an der alten westfäl. Heerstraße, dem Hellweg, errichtet wird. Bischof Meinwerk von Paderborn erhält ihn 1027 vom Kaiser. Die Kirche des Ortes, die im Umkreis des Königshofes entsteht, kommt unter das Patronat des Stiftes St. Patroklus in Soest.

● **Kath. Pfarrkirche St. Laurentius**

Die Kirche, 1167 gegründet, ist eine kreuzförmige Pfeilerbasilika im gebundenen System. Den Außenbau beherrscht der mächtige vorgesetzte *W-Turm.* Um die Mitte des 13. Jh. entstanden, setzt er die eindrucksvolle Reihe der 4kantigen westfäl. Eintürme von Paderborn und Soest würdig fort. Er baut sich in 3 Geschossen auf, deren Hausteinwände mit Lisenen und Rundbogenfriesen geschmückt sind. Über den 4 Giebeln der

Umfassungswände, nach Brand des Vorgängers von 1710, ein neuer Turmhelm nach dem Vorbild des Soester Patrokli-Turmes. Langhaus und Querhaus begnügen sich mit schlichten Bruchsteinwänden. Erst in der Chorapsis findet die Schmuckfreude des Turmes in einem Rundbogenfries ein schwaches Echo. – Inneres. Das Vorbild der Stiftskirche St. Patroklus in Soest, schon im Außenbau sichtbar, wirkt im Inneren noch bestimmender. Zugleich weisen einzelne Kennzeichen auf die enge Bindung der Kirche zum Bischof von Paderborn hin. Die heutige *Turmhalle* hat eine westl. Apsis. Sie war ursprünglich als W-Chor dem Bischof vorbehalten. Raumprägend wirkt das spätroman. Kuppelgewölbe, das mit Rundwülsten und herabhängenden Schlußsteinen plastisch gegliedert ist. Ein Gurtbogen führt in das *Mittelschiff*. Es ist fast so lang wie breit. Seine Pfeiler tragen einfache Stichkappengewölbe. Sie weichen in *Querschiff* und *Chor* rundbogigen gratigen Kreuzgewölben. Die Arme des Querschiffes erhielten Altarapsiden. Der quadratische Chor schließt in einer halbrunden Apsis. – Obgleich die Seitenschiffe im 19. Jh. fast ganz erneuert sind, bewahrt der Raum jene feierlich-strenge Monumentalität, die den westfäl. Gewölbebasiliken des 12. Jh. eigen ist. Der dem Quadrat zuneigende Grundriß und die tiefen Gewölbe erweisen sich als Vorstufen der westfäl. Hallenkirchen.

Die karge, ganz auf Konstruktion und Raum bedachte Architektur verzichtet nicht auf figürliche Bauplastik. Die Portale des Querhauses tragen über den Türen reiche plastische Tympana. Im N steht Christus als Weltenrichter zwischen den Sinnzeichen der Evangelisten Matthäus und Johannes, im S erscheint über dem Eingang der hl. Michael mit dem Drachen, unterstützt vom Kirchenpatron, dem hl. Laurentius. Das Portal des Turmes begnügt sich mit vegetabilem Ornament, das in den Laubkapitellen seiner Ecksäulen ein phantastisches Leben entwickelt. Die Bauplastik ergreift auch den Innenraum. An den Ecksäulen des Chorbogens ist die Jakobsleiter plastisch dargestellt, im südl. Nebenchor findet sogar die Gründung der Kirche eine skulptierte Vergegenwärtigung.

ESCHWEILER (Aachen A7)

Der Ort war röm. Siedlung und fränkisches Königsgut. Im Mittelalter gehörte er zum Besitz des Kölner Erzstifts und wurde im 13. Jh. befestigt. 1420 kam er an Jülich. Im 19. Jh. entwickelte sich Eschweiler zu einem Schwerpunkt des Kohlenbergbaus im Aachener Revier.

Kath. Pfarrkirche St. Peter und Paul. Der spätgot. Bau war 1904 einem Nachfolger gewichen, der nach der Vernichtung im 2. Weltkrieg in vereinfachter Form wieder erstand. Der Neubau vom Anfang dieses Jahrhunderts hatte den Turm des Vorgängerbaues in den beiden unteren Geschossen beibehalten. – Hervorzuhebende Ausstattungsstücke: *Vesperbild* aus gepreßtem Leder (Mitte 14. Jh.), *Muttergottes* von G. Marcks (1954).

Von der **Burg,** einer Anlage des 13. Jh., sind nur Teile der Umfassungsmauern erhalten. Einige der Rundtürme wurden erneuert.

Burg Röthgen. Die Burg entspricht dem Typ der niederrheinischen Wasserburgen. Das Herrenhaus aus dem 15. Jh. hatte ursprünglich 4 Flügel, die sich um einen Innenhof legten. Erhalten blieben die beiden Hauptflügel. Sie sind aus Bruchsteinen schlicht erbaut und mit 2 runden Ecktürmen bewehrt. – Vor dem Herrenhaus liegt eine 3flügelige **Vorburg**, die im Kern aus dem 15. Jh. stammt, aber im 17. und 18. Jh. z. T. erneuert und verändert wurde.

Maschinenhaus der Grube Zentrum (Pumpe). Eines der wenigen noch erhaltenen frühen Zeugnisse für das Eindringen der Dampfmaschine in den deutschen Bergbau ist das Maschinengebäude bei den ehem. Herrenkunstschächten von 1793 an der »Pumpe« genannten Straße. Hatte bis zu diesem Zeitpunkt eine hochentwickelte Wasserhaltungstechnik Schritt halten können mit den auftretenden Wassermassen, so erzwang nun die stetig wachsende Tiefe der Schächte wirksamere Methoden der Wasserlösung, wie der Fachausdruck lautet. Eine in Lüttich hergestellte Dampfmaschine des seit 1712 im englischen Bergbau eingesetzten Newcomentyps mit dem gewaltigen Zylinderdurchmesser von 1,18 m entlastete über ein 42 m langes Pumpengestänge die bisher üblichen Wasserräder von bis zu 14 m Durchmesser. Der wuchtige Schornstein und die Stärke der Mauerung lassen noch heute einiges von Dimension und Leistung dieser zu den ersten Dampfmaschinen des deutschen Bergbaus überhaupt zählenden Anlage ahnen.

Für den Bergbau des Wurm-Inde-Reviers, der eine der Geschichte des Ruhrbergbaus nicht nachstehende Tradition hat, finden sich im Umkreis noch einige Schachtgebäude: so in **Herzogenrath** das um 1820 errichtete **Schachthaus Alt-Voccart,** in **Herzogenrath-Kohlscheid** das etwa gleichzeitige **Haus von Grube Langenberg** und in **Stolberg** die **Grube Atsch.** *AF*

Nothberg

Burg der Grafen von Jülich und ihrer Lehensträger, der Herren von Palant, aus dem 15. und 16. Jh. Gräben trennen Vorburg und Herrenhaus. Dieses ist ein 3geschossiger Bruchsteinbau mit Kreuzfenstern, einem Portal von 1555 und ehemals 4 Rundecktürmen, von denen nur noch die beiden vorderen stehen. An der Vorderseite erkerartiger, giebelbekrönter Renaissance-Vorbau. Auch hier wie in Nörvenich und Binsfeld der für die Jülicher Gegend bezeichnende Übergang von einer Wehranlage zu einem Edelsitz von wohnlichem Charakter, als Ruine noch von großer Wirkung.

Kirchenhof (Meuthens- oder Dahmenshof), Wohnhaus mit rundem Eckturm aus Bruchsteinen, 16. Jh., mit barockem Portal.

Nahebei **Haus Bovenberg,** Wasserburg mit allseitig umbautem Hof, in den ein Torbau führt, und an der Ecke gelegenem, 2geschossigem Herrenhaus, das nach der Zerstörung im 2. Weltkrieg auf den alten Fundamenten in Backstein wiedererrichtet wurde. Die malerische bauliche Erscheinung des 15. und 16. Jh. wurde später mehrfach verändert.

ESPELKAMP (Minden-Lübbeke G1)

Mittwald (G1)

Aus einer 1938 angelegten und 1945 zur Sprengung bestimmten Heeres-Munitionsanstalt entwickelte sich seit 1949 durch das Ev. Hilfswerk, unterstützt durch den schwedischen Pfarrer D. Birger Forell, eine Vertriebenen-Siedlung, die 1959 zur Stadt erhoben wurde.

Als »Stadt im Walde« planmäßig angelegt, zeigt sie moderne Gestaltung der Straßen und verschiedenartiger Wohnbauten. An öffentlichen Bauten sind zu nennen die **ev. Thomas-Kirche,** 1962 von Langmaack in eigenwilligen Formen erbaut, die **Schulbauten** (Gymnasium, Wald- und Birger-Forell-Schule), **Rathaus, Dresdner Bank** und die Sozial-Anlage des **Ludwig-Steil-Hofes.**

ESSEN (C4/5)

Die Geschichte Essens ist bis 1802 identisch mit der Geschichte des Damenstifts, in dessen Schatten sich die kleine Landstadt entwickelt. Im industriellen 19. Jh. entfaltet sie sich schnell, vor allem als Ort der Kruppwerke, zu einem Zentrum der rheinisch-westfäl. Schwerindustrie. Im 20. Jh. findet die moderne Kunst im Bau neuer Kirchen, in den Sammlungen des Folkwang-Museums und in der Folkwangschule bedeutende Möglichkeiten. Seit 1956 bietet der Kruppsche Familienbesitz Villa Hügel (1870–72) alljährlich großen Kunstausstellungen Raum.

Münster, ehem. Stiftskirche. S. Maria, Cosmas und Damian (Kettwiger Straße) ●

Am Platz des heutigen Münsters gründete Altfried, später Bischof von Hildesheim, um 850 bei seinem Landgut ein Damenstift, dessen erste Äbtissin seine Schwester Gerswith wurde (†878). Im Zeitalter der Sachsenkaiser gehörte das Stift zu den Klöstern, die Stütze und Ruhm des Reiches waren. Die Prinzessinnen des Kaiserhauses, Mathilde (Enkelin Ottos I.), Sophia (Tochter Ottos II.) und Theophanu (Enkeltochter

Ottos II.), standen ihm als Äbtissinnen vor. Seit der Mitte des 10. Jh. besaß es Immunität und eigene Gerichtsbarkeit, wurde später reichsunmittelbar und hatte die Schutzherrschaft über die Stadt inne, die sich nach langen Auseinandersetzungen erst 1670 von ihm zu lösen vermochte. – Auf den karoling. Gründungsbau von 852–70 war nach einem Brand (946) eine 2., ottonische Kirche gefolgt. Äbtissin Theophanu (1039–58) ließ sie durch eine glanzvolle Neugründung ersetzen; der bestehende, im 3teiligen Grundriß und der 3-Turm-Anlage dem Vorgänger folgende Westbau und die 1051 geweihte Krypta gehören ihr an. Theophanu selbst scheint für den inneren Aufriß das Aachener Münster als Vorbild bestimmt zu haben. Um 1180 wurden Querhaus und O-Chor dieser 3schiffigen Basilika (mit Stützenwechsel) gewölbt. – Nach einem Brand (1275) kam es bis um 1327 zum Bau des got. O-Chores und des Langhauses als 3schiffige Hallenkirche in den Breiten- und Längendimensionen der Theophanu-Kirche, die selbst noch den Ausdehnungen der karoling. Anlage gefolgt war. – Unmittelbar an den klösterlichen Bezirk baute das 15. Jh. auf den Platz einer alten Taufkapelle eine kleine Pfarrkirche, die Johanniskirche von 1471. Sie schließt sich an das im Kern auf das 11. Jh. zurückgehende Atrium an, so daß sich eine eindrucksvolle Aufeinanderfolge von spätgot. Pfarrkirche, roman. Atrium, ottonischem Westbau und den got. Hallen von Langhaus und Chor ergibt. – Die Schäden aus dem 2. Weltkrieg sind an dem Bau, der heute die Bischofskirche der Diözese Essen ist, behoben.

Die 3 Bauten der einzigartigen Anlage sind sinnvoll aufeinander bezogen.

Die **Johanniskirche** enthält Reste des Vorgängers aus dem frühen 14. Jh. in ihrem gerade schließenden Chor, zu dessen beiden Seiten Eingänge in die Säulenhallen führen. Im ganzen ist die kleine Kirche mit ihrem quadratischen Turm und dem hohen Helm eine 1471 erbaute Halle von 3 Schiffen und 2 Jochen mit Kreuzrippen- und Netzgewölben. Die Fenster (1968) entwarf Ludwig Schaffrath. Die Kirche dient heute als Sakramentskapelle der Bischofskirche.

Das **Atrium** verbindet die Johanniskirche mit dem Westbau des Münsters. Der Vorhof wird im O durch die Chorwand der Johanniskirche abgeschlossen, gegenüber durch den Außenbau des Westwerks, an den Seiten durch Arkadengänge, deren Bogen auf den schweren Würfelkapitellen gleichmäßig gereihter Säulen ruhen. Rundbogenfriese (aus dem Jahre 1848) schließen die Säulen- und Bogenwände nach oben ab. Die strenge und doch weltoffene Klarheit frühroman. Architektur bestimmt die schlichte Anlage (1060/70). Was im frühen und hohen Mittelalter auch anderwärts bezeugt (vgl. Mainz, Dom), aber sonst nirgends mehr in Deutschland erhalten ist, blieb

Essen. Münster. Blick auf den Westbau

hier – in einer modernen Industriestadt doppelt überraschend – in einmaliger Weise bestehen: die Raumfolge von der Eingangs-, hier zugleich Taufkirche über das Paradies, den Ort der Vorbereitung und Reinigung, in den eigentlichen Kirchenbau.

Münster. Mitte und Schwerpunkt ist schon im Außenbau das *Westwerk*. Vom Paradies aus, beim Aufblick aus der Enge dieses Vorhofes, wirkt sein Anblick gewaltig und fast abweisend. Zwischen den beiden Säulenhallen und den Treppentürmen eingespannt, erhebt sich das schwere rauhe Mauerwerk, im Sockelgeschoß durch die gedrungene Kraft der 3 vorkragenden Rundbogen betont und weiter oben durch einen großformigen Rundbogenfries abgeschlossen. Das 2. Geschoß ist weniger streng. Es wird in der Mitte von einem großen 3teiligen und darüber von einem kleineren 2teiligen Rundbogenfenster durchbrochen, geht dann ins Achteck über zum Turmaufbau, der an allen Seiten zwischen Pilastern (von 1848) edelgeformte gekuppelte Fenster trägt. In etwas geringerer Höhe enden auch die Treppentürme mit ähnlich geformten Fenstergeschossen (von 1848) unter den Helmen. – Das Langhaus des Münsters ist in schlichten got. Formen gehalten, mit Strebepfeilern und Maßwerkfenstern (nach dem 2. Weltkrieg vereinfachend erneuert). Die N-Seite ist mit dem *Kreuzgang* (im 19. Jh. erneuert) und mehreren weiteren Anbauten verbunden; an der S-Seite stehen vor dem Querhaus die (spätere) Taufkapelle und die Schatzkammer.

Der Innenraum ist dreifach gegliedert in das feierlich-majestätische Westwerk, das Langhaus und den deutlich abgegrenzten Raum der Geistlichkeit im Querschiff und Chor. – Im ● Inneren des *Westbaues* tragen rundbogige Arkaden eine Empore, die sich mit doppelgeschossiger Bogenstellung zum Kirchenschiff öffnet. Die komplizierten Grundrisse und Muster der Anlage verbergen nicht die bewußte Kopierung der Aachener Pfalzkapelle Karls d. Gr. Die fürstliche Äbtissin ließ 3 Seiten des Aachener Oktogons verwandelt errichten. Die Kapitelle der Säulen sind antikisierend, korinthisch, auch ionisch; daneben tritt bereits das Würfelkapitell auf. In der Mittelempore, die den Raum zwischen der Sechseck-Arkatur und der geraden äußeren Begrenzung einnimmt, sind 2 weitere kleine Emporenräume eingefügt, deren Öffnungen ebenfalls durch Säulen unterteilt sind. Von der umfangreichen Ausmalung der Empore haben sich einige Reste erhalten. Das got.

Langhaus ist eine 3schiffige Hallenkirche von 4 Jochen; die Schiffe sind fast gleich hoch, die Seitenschiffe schmaler als das Mittelschiff, daher sind die Gurtbogen der Mittelschiffsgewölbe gedrückt. Starke Rundpfeiler mit schlichten Kapitellen, ohne Dienste, tragen die Kreuzrippengewölbe. Teile des ottonischen Kirchenbaues mit den Nischenreihen der Umfassungswände und den polygonalen Brechungen der inneren Stirnwände des westl. Querschiffes gingen in den Bau ein. Vorchor und Nebenchöre sind spätromanisch, in ihrer Einheitlichkeit freilich durch spätgot. Erweiterungen gestört. Reiche Kapitellplastik an Pfeilern und Wandvorlagen bekundet einen künstlerischen Zusammenhang mit der Liebfrauenkirche in Maastricht, die ins 11. Jh. datiert wird. Von der Vierung führen 10 Stufen zum Vorchor hinauf. Er hat roman. Gratgewölbe. Der got., gerade geschlossene *Hauptchor* ist wie das Langhaus ein Hallenraum. Sein unregelmäßiger Grundriß erklärt sich aus der darunterliegenden Krypta (die 1958 zur Vierung hin erweitert wurde).

Es könnten in einem Kirchenbau kaum schärfere Gegensätze künstlerischen und vor allem räumlichen Empfindens zusammenstoßen als im Münster zu Essen. Der in seiner Kleinteiligkeit und komplizierten Zusammensetzung noch typisch ottonische Westbau öffnet sich zu einer hochgot. Hallenkirche, der Bauform, in der weitestgehende Vereinheitlichung des Raumes und Vereinfachung der Einzelformen als Ausdruck einer anderen Zeit, des Spätmittelalters, erscheinen. Um so bewundernswerter ist die Leistung des got. Architekten, eines Baumeisters Martin, der es vermochte, den Westbau und andere Teile der ottonischen Anlage mit seinem Werk souverän zu verbinden.

Kostbarste Werke der Ausstattung sind der 7armige *Leuchter,* um 1000 nach dem fernen Muster des goldenen Leuchters im Tempel zu Jerusalem gegossen und Christus mit den 7 Gaben des Hl. Geistes darstellend. Ferner als bedeutendstes Werk die *Goldene Madonna* aus Goldblech (ursprünglich über einem Holzkern), das älteste freiplastische Bild der Muttergottes in der abendländischen Kunst (um 980). Maria wird als die neue Eva, Stammutter der Christen, begriffen, die dem Christuskind den Apfel reicht. Das Kind hält das Buch des Neuen Testaments in Händen. Beachtenswert auch das spätgot. *Hl. Grab* mit kölnischen Holzfiguren vom Anfang des 16. Jh. und die gleichzeitigen Figuren der *hll. Cosmas und Damian.* Zu den überragenden Werken der Kölner Malerschule gehört das große *Altarbild des Barthel Bruyn* (1522–25).

Essen. Münster
Goldene Madonna

Die *Krypta,* mit dem got. Hallenchor überbaut und dabei verändert, besteht aus einer ursprünglich 2geschossigen Außenkrypta von 5 Jochen um eine Innenkrypta, die im Kern auf das 10. Jh. zurückgeht. Zwischen den beiden Geschossen der Außenkrypta vermittelten 8eckige Öffnungen, ein kleines, heute verändertes Grabhaus für die Äbtissin Theophanu schließt sich ihr an. Der heutige Raum setzt sich so hauptsächlich aus einer kleinen Pfeilerhalle und aus einem lichteren Raum zusammen, der in seinen wohlgegliederten Pfeilern und der klaren Struktur von Wand und Gewölbe den Rang des Theophanu-Baues bewahrt. In dem 1958 angeschlossenen Erweiterungsteil steht eine Tumba des 14. Jh., in der die Gebeine des hl. Altfried, des Gründers von Essen, ruhen. – Fenster von Alfred Manessier (1960).

● Der Münsterschatz, neben denen von Aachen, Köln und Bamberg einer der bedeutendsten in Europa, findet sich in der neuen Schatzkammer, zugänglich durch das schöne Portal (1956) von Ewald Mataré. Hervorzuheben sind die Meisterwerke ottonischer Goldschmiedekunst: der um 1050 entstandene *Buchdeckel der Theophanu,* dessen in Gold getriebene Reliefs ein vermutlich in Lüttich gearbeitetes Elfenbein umgeben; *2 Vortragekreuze der Äbtissin Mathilde* (das ältere zwischen 973 und 982, das jüngere, reichere und zugleich gröbere um 1000 entstanden); *Theophanu-Kreuz* (im wesentlichen um 1050). In diesen Kreuzen »ist die Entwicklung der ottonischen Kreuzform von dem Typus mit den kapitellartig schließenden Armen bei allmählicher Verfestigung des Umrisses bis zum Krückenkreuz deutlich zu verfolgen« (H. Jantzen).

Kath. Pfarrkirche St. Engelbert (Fischerstraße). Dominikus Böhm errichtete die Kirche 1934–36 im monumentalisierenden Stil jener Zeit als 3schiffige Flachdeckenbasilika mit Querhaus und einer völlig durchfensterten Apsis. Im Gegensatz zu dem lichten Altarraum blieben die Seitenschiffe niedrig unter schweren Obergadenwänden. Der breite Westblock, nur in einer Rose über den kleinen Portalen geöffnet, trug 2 Turmaufsätze; er erinnerte an roman. Westbauten. – Beim Wiederaufbau (bis 1955) der im 2. Weltkrieg weitgehend zerstörten Kirche mußte Böhm auf den Westbau verzichten und sich mit einer offenen Glockenaufhängung begnügen (später durch einen Campanile ersetzt), auch entfiel das südl. Seitenschiff, so daß der Raum einhüftig wurde. Nur in den tiefen Farben des von Böhm neu entworfenen *Chorfensters* konnte die Kirche ihre urspr. Ausdruckskraft zurückgewinnen.

Franziskanerkirche und -kloster (Franziskanerstraße). Moderne Bettelordensarchitektur, 1965/66 von Ernst A. Burghartz.

Kath. Pfarrkirche St. Michael. Heinrich Böll erbaute 1953/54 die klar gegliederte Basilika. An die 7 Joche des Mittelschiffes schließt der eingezogene Altarraum an, dessen Stirnwand nach innen einschwingt, ein Motiv, das von der gegenüberliegenden Empore wieder aufgenommen wird. Die Fenster steigen als jochbreites Band seitlich der Eingangswand nach oben, ziehen sich dort entlang und senken sich vor dem Altarraum wieder herab. Der Hauptraum ist betont, der Hochaltar als liturgische Mitte herausgehoben, dem privaten Andachtsbedürfnis sind die Seitenräume zugedacht. – Unter den »traditionellen« Kirchenbaulösungen der Nachkriegszeit gehört diese zu den besten.

Ehem. Synagoge (Steeler Str. 29). Die größte Synagoge nördlich der Alpen wurde 1911–13 nach Plänen von Edmund Körner errichtet. Sie ist seit 1980 **Gedenkstätte für alle Opfer der Gewalt.**

Synagoge (Saarbrücker Straße). 1958/59 von den Architekten Dinser, Knoblauch und Heise errichteter Halbkuppelbau, außen mit Metall verkleidet. Kurze Querbänder aus Glas dienen als Lichtdurchlaß.

Altenessen

Malakoffturm auf Schacht Carl I des Cölner Bergwerksvereins (Hömannstraße)

Im Ruhrbergbau war seit den 50er Jahren des 19. Jh. endgültig der Übergang zum Zechentiefbau erfolgt. Die wachsende Tiefe der Schächte, die steigende Förderkapazität und der Einsatz der Dampfmaschine zu Förderzwecken bedingte den Bau der seit dem Ende des Krimkrieges nach einem Teil der Festung Sewastopol benannten Malakofftürme. Es waren Schachttürme von bis zu 33 m Höhe und mit bis zu 2,50 m starken Außenwänden, die die gesamte Fördertechnik aufnahmen. Ehe seit etwa 1880 die stählernen Fördergerüste mehr und mehr das Bild bestimmten, prägten die Malakofftürme dominant die Silhouette der Bergbaustädte des Reviers.

Der Altenessener Turm von 1859/61 repräsentiert als der älteste erhaltene dieser Art die Frühzeit der Malakoffbauweise. Dem über dem Schacht gelegenen Turmgebäude sind 2 niedrigere Seitenbauten für die Wasserhaltung und die Förderdampfmaschine unmittelbar angegliedert. *AF*

Borbeck

Kath. Pfarrkirche St. Franziskus, 1958 von Rudolf Schwarz und Karl Wimmenauer.

Schloß Borbeck

Der ehem. Besitz der Ritter von Borbeck geht 1227 in die Hände der Äbtissinnen von Essen über. Das Schloß aus dem 16./17. Jh. wurde im

18. Jh. durchgreifend umgebaut; es diente bis zur Säkularisation als Residenz der Essener Abtei. Erhalten sind das Herrenhaus und ein Flügel der Wirtschaftsgebäude in einem ausgedehnten Landschaftsgarten.
Das **Herrenhaus** ist ein dreistöckiges Gebäude mit 2 Flankentürmen; im Hauptportal die Jahreszahl 1744. – Das klassizist. **Wirtschaftsgebäude** errichtete H. Th. Freyse im Jahre 1842.

Bredeney

● **Villa Hügel,** 1869–73 nach Entwürfen von Alfred Krupp in klassizist. Formen erbaut, ursprünglich als Wohn- und Repräsentationsgebäude der Familie Krupp. Im Inneren große Fluchten von Hallen, Salons und Galerien: der Großbürger als Nachfolger fürstlicher Bauherren. – Seit 1953 wird die Villa als Ausstellungs- und Tagungsort genutzt.

Dellwig

Kath. Pfarrkirche St. Bernhard, 1957 von Eberhard Michael Kleffner.

Holsterhausen

Kath. Pfarrkirche St. Stephan. Anstelle einer völlig zerstörten Kirche von 1930 errichtete Emil Jung unter Benutzung einiger Grundmauern 1953/54 einen Neubau. Den basilikalen Raum auf ovalem Grundriß eröffnete eine Eingangsfront mit Rose. – Das Innere ist, auch in der Anordnung des Gestühls, auf den Hochaltar konzentriert. Das hier verwirklichte Prinzip, bei dem der umbaute Zentralraum den Ausschnitt aus einem größeren darstellt, der die Anlage von Altarplatz und Gestühl bestimmt, geht letzten Endes auf die Schriften des Architekturtheoretikers und Baumeisters Leonhard Christoph Sturm (1669–1719) zurück. – Von Wilhelm de Graaff stammt das blaugrundige *Chorfenster* mit den roten Farbakzenten des Blutzeugen Stephanus.

Huttrop

Ev. Auferstehungskirche (Kurfürstenplatz). In dem expressionistischen Modell einer »Sternkirche« hatte Otto Bartning 1922 den Gedanken des konzentrischen Zentralraumes als geeignetster Stätte für den protestantischen Gottesdienst entwickelt, hier, in der Essener »Rundkirche«, verwirklichte er ihn 1929/30 im Stil der Neuen Sachlichkeit. Grundriß des Betonskelettbaues ist ein Kreis. Bartning gliederte ihn in der Grundordnung so, daß die Forderungen nach einer Predigtkirche und einem Abendmahlsraum in Einklang kommen. Altar und Kanzel standen vereint in der Mitte des Kreises. Die eine Hälfte der Grundfläche nimmt die Gemeinde ein, die andere dient dem Abendmahlsraum. Der dreimal gestufte, in einer großen

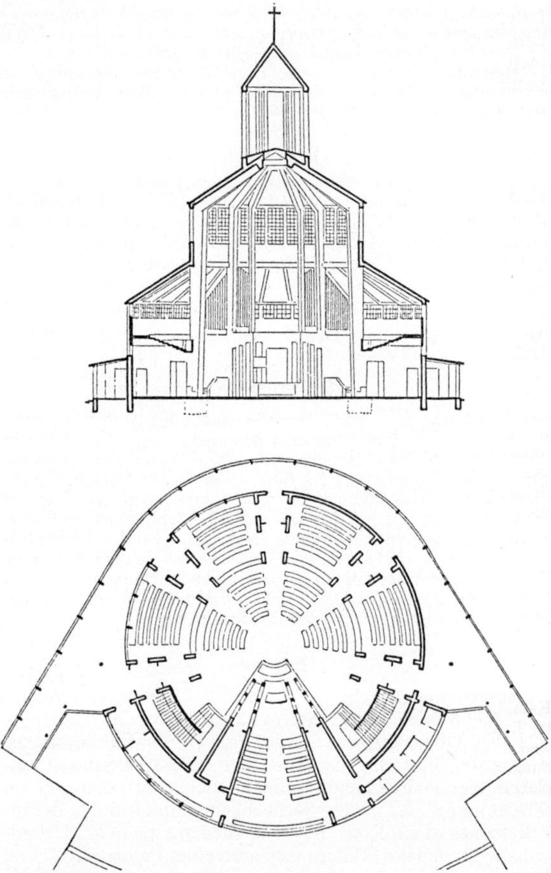

Essen. Ev. Auferstehungskirche
Längsschnitt und Grundriß

Laterne endende Aufbau des Zentralraumes gibt die Möglichkeit, die Sitzplätze der Predigtkirche durch Emporen zu vermehren. – Bei der Wiederherstellung des im 2. Weltkrieg beschädigten Baues (1954/55) rückte Bartning die Kanzel aus der Mitte und ordnete sie damit dem Altar nach.

Katernberg

Kath. Pfarrkirche zum Hl. Geist. Eine der interessantesten Zeltkonstruktionen des neuen Kirchenbaus, 1955–58 von Gottfried Böhm verwirklicht. Im beinahe quadratischen Raum 2 Dreieckspfeiler, deren Verbindungsbalken eine vorn und hinten scheinbar herabgleitende Decke an Zugseilen halten.

● **Zeche Zollverein,** Schacht XII (Gelsenkirchener Straße). Eine großartige, später nicht mehr übertroffene Leistung stellt die Architektur dieser 1932 vollendeten Zentralschachtanlage dar. Fritz Schupp war es gleich am Anfang seiner Karriere als Industrie-Architekt gelungen, die zu jener Zeit gestalterisch schon aus dem Griff geratene Vielfalt technisch-baulicher Anlagen eines Großzechengeländes in Auseinandersetzung mit allen ingenieurmäßigen Belangen einem klaren Ordnungsprinzip zu unterwerfen. Die rechtwinklige Anordnung der Gebäude zueinander, die Ausrichtung auf die Hauptachsen Eingangszone–Fördergerüst/Schachthalle und Zechenhof–Kraftwerksbau sowie die stufenartig auf die optischen Höhepunkte Fördergerüst und Kraftwerksschornstein hin ansteigenden Baumassen verdeutlichen in überzeugender Weise Zweck und Zuordnung der einzelnen Teile der Anlage. Das konsequent eingesetzte gliedernde Strukturelement des Stahlfachwerks sowie die hier zum 1. Mal verwandte Form des Vollwand-Strebengerüstes vereinigten sich mit den übrigen Qualitäten zu einer der besten Industriearchitekturen des 20. Jh. überhaupt. *AF*

Kettwig

Kath. Gemeindezentrum Kettwig-Nord, 1973–77 von G. Böhm und Günter Kaintoch. Küsterwohnung, Pfarrheim, Bücherei und Kindergarten sind als einzelne Giebelhäuser gebildet, die mit der **Kirche St. Matthäus** durch ein übergreifendes Dach verbunden sind, das zugleich den Kirchplatz zwischen den Gebäuden überdeckt.

Kupferdreh

Deilbachhammer (Nierenhoferstraße). Die 1788 erstmals erwähnte Anlage ist das letzte Zeugnis der ausgedehnten Hammertätigkeit in den Essener Ruhrseitentälern. Mit dem – 1958 ergänzten – Hammerrad und dem Rad für den Blasebalgantrieb, den beiden Schwanzhämmern und der Exzenterschere informiert der 1889 erneuerte Deilbachhammer zusammen mit dem als 2. Außenstelle des Ruhrlandmuseums (s. d.) betriebenen Halbachhammer im Nachtigallental über den Stand der Technik in der Frühzeit der Essener Eisenverarbeitung. *AF*

Margarethenhöhe

● **Gartenstadt**
Für die Geschichte des Siedlungsbaues im Deutschland des 20. Jh. von herausragender Bedeutung ist die auf eine Stiftung von Margarethe Krupp zurückgehende Anlage einer Gartenstadt, die seit 1909 u. a. durch den Kruppschen Architekten Georg Metzendorf errichtet wurde. Bis in die 30er Jahre entstand hier ein ganzer Stadtteil; in seinem von öffentlichen Bauten umstandenen Markt, den verwinkelt angelegten Straßen und Gassen sowie der Vielzahl der einzelnen Haustypen ist die ideale Vorstellung eines organisch gewachsenen Stadtganzen in hervorragender Weise verwirklicht.
Auf Metzendorf selbst gehen die Bereiche nördlich des Laubenweges zurück mit der städtebaulich besonders beeindruckenden Anbindung des neuen Komplexes durch die **Brücke über den Mühlenbach** und die torartig wirkende **Häusergruppe »Am Brückenkopf«.**
Gruppierung und Erscheinungsform der einzelnen Bauten sind dem zeitgenössischen »Heimatstil« verpflichtet. *VO*

Rellinghausen

Siedlung Gottfried-Wilhelm (Frankenstraße). Die Zechensiedlung, 1908 bis 1911 von Oskar Schwer gebaut, ist ein gutes Beispiel des nach der Jahrhundertwende in Deutschland sich ausbreitenden Gartenstadtgedankens. Unterschiedliche Haustypen, Variation der Einzelformen und geschickte Ausnutzung des Hügelgeländes erwecken den Eindruck einer organisch gewachsenen abwechslungsreichen Kleinstadtanlage. Ihren Gipfelpunkt sollte diese Entwicklung in der fast gleichzeitig begonnenen Kruppschen Siedlung Margarethenhöhe finden. *AF*

Rüttenscheid

Kath. Pfarrkirche St. Andreas. Rudolf Schwarz hat hier 1954–57 seine Raumlösung von St. Michael in Frankfurt am Main leicht abgewandelt wiederholt. In dem kreuzförmigen Bau zieht sich der verlängerte Gemeinderaum zum Altarplatz in der Vierung hin leicht zusammen; die 3 anderen Kreuzarme sind untereinander gleich; die Taufe ist hinter den Altar verlegt. Die architektonische Durchformung ist, wie fast stets bei Schwarz, sehr zurückhaltend. – Außen ist in einen Winkel eine Hofanlage mit Sakristei und Kapelle eingefügt.

Kath. Seelsorgezentrum St. Martin. 1966/67 von Ernst A. Burghartz gebaut als Zeltkirche auf quadratischem Grundriß mit offenem Tragwerk. Der Bau ist samt dem Gemeindezentrum auf das äußerst Notwendige reduziert, architektonische Arte povera.

Steele

Franziska-Christine-Stift. Das Essener Stiftswaisenhaus ist nach der Gründerin, der vorletzten Essener Fürstäbtissin († 1776) benannt. Der 1765–69 errichtete Wohntrakt und die 1770 vollendete Kirche sind weitgehend unbeeinträchtigt erhalten.

Stoppenberg

Die **Karmelitessenkirche,** ehemals Damenstiftskirche St. Nikolaus, ist eine roman. Pfeilerbasilika aus der Mitte des 12. Jh. von 3 Jochen im gebundenen System, mit quadratischem Chor und einem Westbau mit Nonnenempore des 15. Jh., die teilweise ins Mittelschiff einspringt, teilweise einen besonderen Anbau einnimmt. Die roman. Gewölbe wurden von späteren Ziegelsteingewölben mit hohlprofilierten Rippen und nach dem 2. Weltkrieg z. T. durch Flachdecken abgelöst. Die nördl. Kapelle, jetzt Sakristei, stammt aus dem 15. Jh. Das 17. Jh. hatte den Bau gesichert (Strebepfeiler!) und neu gedeckt.

Kath. Pfarrkirche St. Nikolaus, 1906/07 von Carl Moritz. Die querschifflose Basilika mit 2 W-Türmen und eingezogener Apsis bietet im Inneren einen ungewöhnlichen, deutlich vom Jugendstil beeinflußten Anblick. Im Mittelschiff tragen frei vor den Hochschiffswänden stehende Rundpfeiler ein kassettiertes Tonnengewölbe. Eberhard Michael Kleffner ließ den eigenwilligen Raum nach dem 2. Weltkrieg umfassend restaurieren und farbig neu fassen.

Werden

Ehem. Benediktiner-Abteikirche St. Liudger, jetzt kath. Propsteikirche ●

Die Kirche steht auf älteren Fundamenten als die Essener Stiftskirche. Der hl. Liudger, seit 805 Bischof von Münster, gründet um 800 hier ein Kloster. Eine erste Kirche wird 804 geweiht und bis 875 vor allem um eine Krypta erweitert. Diese Salvatorkirche erhält ein Westwerk (»turris S. Mariae«), das 943 geweiht wird. Die Salvatorkirche brennt 1256 ab. Über der erhaltenen Krypta errichtet man eine neue Klosterkirche, die dem stehengebliebenen, später Peterskirche genannten Westwerk angegliedert wird (1256–75).

Äußeres. Das *Westwerk* ist der Anlage nach ein quadratischer Zentralbau, unmittelbar vor das Langhaus der Salvatorkirche gestellt. Über seiner Mitte, einem ebenfalls quadratisch angelegten Raum mit 2geschossigen Seitenräumen auf 3 Seiten, steht ein gedrungener 4eckiger Turm, dessen oberstes Geschoß im 19. Jh. ausgebaut wurde; vorher trug er eine einfache Zwiebelhaube des 17. Jh. Der im 13. Jh. erhöhten Fassade war ursprünglich ein 2geschossiges Paradies vorgelagert. – *Langhaus* und *Querhaus,* der Neubau nach der Mitte des 13. Jh., bleiben trotz mancher got. Elemente und Motive so entschieden romanisch in ihrer Gesamthaltung, daß die sicher überlieferte späte Entstehungszeit, gleichzeitig mit dem Kölner Domchor, nur durch die konservative Haltung der Benediktinerabtei erklärt werden kann. Am Mittelschiff stellt sich die Gliederung des Innenraumes in 2 Doppeljoche durch eine mittlere Lisene und je 2 große 8teilige Rosettenfenster dar. Ein Rundbogenfries begleitet das Dachgesims. Die Seitenschiffe haben große 3teilige Fenster (auf der N-Seite statt des vierten ein Portal) und darüber in schlichter Reihung einfache Rundbogenfenster der Emporen. Die Querarme übernehmen Gliederung und Rundbogenfries des Mittelschiffes. Ihre Stirnseiten sind durch 3 Fenster, die Giebelwand ist durch Rundfenster mit Vierpässen belebt. – Der kräftige *Vierungsturm,* der sich im Gesamtbild neben dem Westwerk behauptet, wird aus dem Quadrat durch abgeschrägte Kanten in das Oktogon übergeführt; seine 8 Seiten, von Rundbogenfriesen und Lisenen eingefaßt, enthalten je ein schlankes got. Fenster und tragen über kleinen Giebeln den Helm.

Inneres. In der mächtigen Vorhalle, deren Gratgewölbe auf Eckpfeilern ruhen, führt eine breite Treppe zum Portal empor, das mit der Vorhalle zusammen dem alten, nun verdeckten Portal des Westwerkes vorgesetzt ist. In diesem begleiten Seitenräume mit je 2 quergestellten Tonnengewölben auf schlichten Pfeilern das innere Turmquadrat. Über ihnen öffnen sich Emporen mit je 2 Doppelarkaden, deren Achsensäulen – interessante Bauglieder des 10. Jh. – auf einer hohen Brüstung stehen. Sie haben Tonnengewölbe mit Stichkappen; Pilaster gliedern die Wände. Die Raumformen vereinfachen den Aufbau und die Bauformen des karoling. Westwerks in Corvey (→ Höxter). Reste von Wandmalerei aus der Erbauungszeit finden sich auf den Emporen, vor allem im Tonnengewölbe der südl. Altarnische. (Die Ausmalung ist von J. v. Heekeren nach dem sorgfältig aufgedeckten alten Befund wiederhergestellt worden.) Der Bau des 13. Jh., in den das Westwerk einbezogen wurde, ist eine Emporenbasilika in der vielteiligen, auf plastische Wirkung bedachten Konstruktion der Spätromanik. Das Mittelschiff ist durch einen Quergurt auf starker Vorlage in 2 Doppeljoche geteilt. Jedes Doppeljoch aber hat 2 schmalrechteckige Rippengewölbe, die über den Nebenpfeilern von runden, in der Höhe des Emporengesimses abgekragten Diensten getragen werden. Die Wölbung ist also nach dem roman.

gebundenen System angelegt, aber dann nach dem ungebundenen System der Gotik ausgeführt worden, bei dem jedem Mittelschiffsgewölbe ein Gewölbe im Seitenschiff entspricht. Über den 2teiligen Emporenöffnungen, Spitzbogenblenden, reihen sich im Obergaden die Rosettenfenster. Diese schöne und eindrucksvolle Gliederung des Langhauses wird auch im Chorjoch fortgesetzt. Die beiden alten seitlichen Sakristeien wurden erhöht, ihre Logen öffnen sich gleich den Emporen in das Chorquadrat. Die bewegte Raumbildung, die niemals das konstruktive Gefüge verunklärt, gipfelt in der 8eckigen Vierungskuppel. – In dem großartigen Bau begegnen sich roman. und got. Formen. Zugleich wird die Grenzlage Werdens zwischen Westfalen und dem Rheinland deutlich. Im Inneren entfaltet der Bau alle Möglichkeiten der späten Romanik des Rheinlandes, wie sie in St. Quirin in Neuß vorgebildet war.
Die innere *Krypta* mit der Grabkammer Liudgers unter dem Chor ist von einem halbringförmigen Umgang umschlossen, zu dem 2 schmale Gänge führen. Nach O zu, schon über den Chor hinaus – eine sog. Außenkrypta –, schließt sich die Liudgeridenkrypta an, eine Halle mit 3×3 Kreuzgewölben, die von Wandpilastern und 4 Säulen mit korinthisierenden Kapitellen getragen werden (1059 geweiht). Der Mosaikfußboden der Grabkammer, 2. Hälfte des 11. Jh., zeigt auf weißem Grund schwarzblaue Mäander.

Kirchenschatz. Von den Bildwerken und Geräten, die der Kirche dienten, haben sich bedeutende Stücke erhalten, so ein liturgischer Behälter (Pyxis) aus Elfenbein, 5. Jh. Der um 1060 geschaffene *Bronzekruzifixus* gehört zu den bedeutendsten Bildwerken des 11. Jh. Die *Reliefplatten,* auf denen Heilige in Arkadennischen sitzen, nehmen einen nicht geringeren Platz in der Steinbildhauerei dieses Jahrhunderts ein (sie entstanden zwischen 1050 und 1063). Der kleine sog. *Kelch des hl. Liudger* (um 900) stellt die reine Form des Kelches der deutschen Kunst dar.
Die **Abteigebäude** wurden im 18. Jh. durch neue Bauten ersetzt, von denen vor allem der Torbau im W, 1794, künstlerischen Wert hat.

Kath. Pfarrkirche St. Lucius

Am Anfang der Baugeschichte steht eine um 995 aufgeführte 1schiffige Kirche. Eine zweite, 1063 geweiht, war eine gewölbelose 3schiffige Basilika mit Stützenwechsel, weitgehend nach dem Vorbild des Essener Münsters (Theophanu-Bau); als sie 1811 profaniert und 1862 zum Wohnhaus degradiert wurde, bestand sie nur noch aus einem Schiff und dem um 1100 angebauten W-Turm. So ist ihre heutige Gestalt das Ergebnis einer genauen Rekonstruktion von 1957–59 (Wiederherstellung des Chores bereits 1906).

Kunstgeschichtlich von höchstem Interesse ist die in ihrem Reichtum typisch ottonische, an das Essener Münster anschließende 3geschossige Gliederung der Chorwände. Zwischen den Arkaden des Erdgeschosses und der Fensterzone ist die Wand durch eine Nischengruppe plastisch gegliedert. In einigen Nischen blieb Wandmalerei erhalten, monumentale Einzelgestalten von Heiligen und Äbten, etwa aus der Mitte des 11. Jh.

3 noch erhaltene **Schleusenanlagen** auf dem Gebiet der Stadt Essen (die beiden anderen nicht öffentlich zugänglichen in Horst und Spillenburg) weisen auf die Bedeutung der Ruhrschiffahrt im 19. Jh. hin. Nach 1773 begonnen, ermöglichten seit 1801 die 10 Schleusen zwischen Witten und Ruhrort einen ständig wachsenden Warenverkehr, vor allem den Kohletransport von den immer zahlreicher werdenden Zechendepots entlang der Ruhr. Zwischen 1850 und 1873 herrschte hier ein so starker Schiffsverkehr, daß die Ruhr als meistbefahrener Strom Deutschlands galt, doch brachte die Eisenbahn den Kohlentransport auf dem Fluß bald zum Erliegen; nach 1890 ist keine Kohle mehr verschifft worden. – Die 3 Essener Schleusen sind in den 1840er Jahren baulich überholt worden.

AF

Museen

Museum Folkwang (Bismarckstr. 64–66). Das Museumsgebäude 1960 von Hans Loy. – Grundbestand des Museumsbesitzes ist die Sammlung, die Karl Ernst Osthaus 1902 in Hagen als Folkwang-Museum der Öffentlichkeit zugänglich machte; sie wurde nach seinem Tode 1921 an die Stadt Essen verkauft. Die Sammlung von Werken deutscher Maler des späten 19. Jh. und des Expressionismus erlitt 1937/38 schwere Verluste durch die Aktionen gegen »entartete Kunst«. Heute bietet das Museum eine hervorragende Übersicht vor allem über die Malerei des 20. Jh. – Dem Museum Folkwang angeschlossen ist die **Sammlung Deutsches Plakat-Museum** (Ausstellungsgebäude in der Steeler Str. 29, der ehem. Synagoge). Sie umfaßt etwa 30000 Plakate vom 19. Jh. bis zur Gegenwart und eine Spezialbibliothek zu den Themenbereichen Plakat und Werbung.

Ruhrlandmuseum (Goethestr. 41). Die natur- und kulturgeschichtlichen Sammlungen umfassen Exponate u. a. zur Vor- und Frühgeschichte, zur klassischen Archäologie und zur Ortsgeschichte. Außenanlagen des Museums sind der von Remscheid hierher versetzte **Halbachhammer** auf der Margarethenhöhe, der **Deilbachhammer** in Kupferdreh (s. d.) und die **Ruine der Isenburg,** oberhalb des Baldeneysees am Schellenberger Wald, 1241 vollendet, schon 1288 zerstört.

EUSKIRCHEN (Euskirchen C7)

Der Ort scheint schon im 7. oder 8. Jh. als Siedlung bestanden zu haben. Um 1190 wird zum ersten Male eine Pfarrei erwähnt, im Jahre 1355 wird der Graf von Jülich als ihr neuer Herr genannt.

Kath. Pfarrkirche St. Martin

Der heutige Bau verdankt große Teile seiner Substanz einer Pfeilerbasilika vom Ende des 12. Jh., die 3 Joche, einen O-Chor und einen W-Turm hatte. Von ihr erhielt sich das Untergeschoß des Turmes und das gesamte Mittelschiff. Ungewöhnlich sind die sehr dicken Pfeiler, die ursprünglich Kreuzgewölbe trugen. Die Hochschiffswand erhielt eine schöne Gliederung aus Lisenen und Rundbogenfriesen. In den letzten Jahrzehnten des 13. Jh. wurde der Chor aus einem Joch und 5seitigem Abschluß errichtet. Seine Fenster zeigen edle got. Maßwerkformen. Gleichzeitig wurde das rechteckige O-Joch des nördl. Seitenschiffes angebaut. Am Anfang des 14. Jh. fügte man das Chörchen des südl. Seitenschiffes hinzu. Wenige Jahrzehnte später erhielt die Kirche ihre vielteiligen got. Gewölbe. Um 1434 begann man mit dem Neubau des südl. Seitenschiffes. Bald darauf wurde auch das nördl. Seitenschiff umgebaut. Diese spätgot. Bauarbeiten schlossen mit der Einwölbung des Mittelschiffes. Es erhielt vielteilige Netzgewölbe. – Die Wiederherstellungsarbeiten des Jahres 1951 sicherten die Gewölbe und gaben der Kirche eine lichte neue Ausmalung, nachdem Restaurierungen des 19. Jh. die Gesamterscheinung in ihrem Sinne mitgeprägt hatten.

Ausstattung. Der Taufstein des 12. Jh. ist mit rohgehauenen Drachen und Löwen von barbarischer Kraft verziert. Ein Kruzifix des 14. Jh. verwendet den natürlichen Baumstamm in der Form des lateinischen Kreuzes. Von vollendeter Feinheit das *Sakramentshäuschen* vom Ende des 15. Jh., in seinen Formen mit dem gleichzeitigen Chorgestühl wetteifernd. Flandrischer Schnitzaltar mit der Hl. Sippe, um 1520. ●
Das beachtliche Renaissance-*Epitaph des Heinrich v. Binsfeld* († 1576) stammt wahrscheinlich von Gerhard Scheben in Köln. – Im *Kirchenschatz* finden wir eine prachtvolle Monstranz von 1500, eine Kasel des 16. Jh. aus einer Kölner Werkstatt und ein Missale der 2. Hälfte des 15. Jh.

Kath. Pfarrkirche Herz Jesu. Nach Plänen aus dem Jahre 1903 baute Aloys Schlößer aus Neuss 1905/06 die gotisierende Hallenkirche mit Chor in Mittelschiffsbreite, Querhaus und westl. Einturm. 1944 wurde sie schwer beschädigt. Gottfried Böhm begnügte sich beim Wiederaufbau 1956 mit einer Flachdecke und der zentralisierenden Neugestaltung des Altarplatzes. Aus konservatorischen und statischen Gründen beschloß man 1975 die Wiedereinwölbung, die Karl Josef Ernst aus Zülpich bis 1976 ausführte. – Die schöne farbige Raumfassung schuf Gangolf Minn. Kreuzwegstationen von Gerhard Brüx, 1909; Hauptportal (Bronzetür und Tympanon) von Helmut Moos, 1962/63; Sakramentshaus von Sepp Hürten, der auch das Gehäuse der Orgel entwarf, 1978/79.

Die **Stadtbefestigung** aus der 2. Hälfte des 14. Jh. ist teilweise erhalten, vor allem der **»Dicke Turm«,** ein 3geschossiger Rundturm bei St. Martin, und der **Kahlenturm** mit einem Kuppelgewölbe und dem Durchlaß des Mühlenbaches.

Frauenberg (B7)

Kath. Pfarrkirche St. Georg. Kern des Baues ist eine roman. Pfeilerbasilika, um 1100. In spätroman. Zeit werden Rippengewölbe angelegt, der W-Turm erhöht und der Hauptchor neu gebaut. Das 15. Jh. baut das nördl. Seitenschiff neu und gibt ihm einen chorförmigen O-Abschluß, der, breiter und höher als der Hauptchor, auch in der Länge über ihn hinausgeht. So bildet der Bau vor allem im O eine bewegte Gruppe. Die alte Ausmalung vom Anfang des 16. Jh. ist freigelegt. – Gemaltes ● *Altartriptychon* des Kölner Meisters der hl. Ursula, um 1480, im Mittelbild die Hl. Sippe mit den Bildnissen der Stifter Johann von Hompesch zu Bollheim und seiner Frau. Ein *Kruzifix* in originaler Fassung, um 1160, eine *Anno-Figur* vom Ende des 15. Jh. und ein Kelch (»Anno-Kelch«), um 1200, sind weiterer herausragender Kirchenbesitz.

Veynau (B7)

Wasserburg. In der 2. Hälfte des 15. Jh. ausgebaute Anlage des 14. Jh. mit turmbewehrter Mauer und einem Herrenhaus, das einen viereckigen und einen runden Eckturm aufweist. Große Vorburg mit Torbau und 3 runden Ecktürmen. In die Umfassungsmauer wurde ein ehem. Torbau einbezogen. Trotz Zerstörungen (1708) und Veränderungen eine sehr malerische Gesamterscheinung.

EXTERTAL (Lippe H2)

Linderhofe (H2)

Burg Sternberg. Auf beherrschender Höhe über dem weiten Begatal liegt die Burg, die im 13./14. Jh. Residenz der Grafen von Sternberg war. Ein got. Tor (1520) führt in die **Vorburg,** die jetzt als **Jugendherberge** genutzt wird. Die Front der Hauptburg wird von 2 ehem. Wohntürmen (»Steinwerke«) des 15. Jh. flankiert; dazwischen steht der Torbau mit

Freudenberg (zu S. 214)

der Einfahrt (1570–73). An den linken Wohnturm schließt sich der Palas (erbaut um 1575–89) an, der im Erdgeschoß den berühmten *Burgbrunnen* und im Obergeschoß den Rittersaal enthält. Die Ringmauer geht vielleicht noch auf die Gründungszeit (Anfang des 13. Jh.) zurück. – In der **Hauptburg** eine **Musikschule** mit interessanter Sammlung alter Musikinstrumente.

FREUDENBERG (Siegen E6)

Der Ort verdankt seine Entstehung der Burg Freudenberg, die im 14. Jh. vom Grafen von Nassau zur Abschirmung seines Territoriums errichtet wurde. Die Anlage entstand über dem Weibetal als Abschnittsburg mit Bergfried, Palas und einer Vorburg mit Kapelle. Ostwärts der Burg fand sich auf einer kleinen Terrasse der Platz für die Anlage der ersten Burgmannshäuser. Bereits 1456 bestätigt Graf Johann von Nassau die Stadtrechte. – Um die Mitte des 16. Jh. entstand unterhalb des Schloßberges eine neue städtische Bebauung: 4 nahezu parallel angelegte Straßen gliedern den Flecken; die gestaffelten Häuserzeilen sind entsprechend der Hanglage angelegt. Nach einem Großbrand 1666 erfolgte ein einheitlicher Wiederaufbau. Das Straßenmuster wurde dabei unverändert übernommen.

● Der »**Alte Flecken**« ist als städtebauliche Einheit das ungewöhnliche Dokument einer ganz in Fachwerk errichteten, nahezu unveränderten Stadt des 17. Jh. – Der für die **Gesamtanlage** verbindliche Typus ist ein mit der Schmalseite zur Straße gestelltes Haus, in der Regel mit 2 Vollgeschossen. Bedingt durch die Hanglage liegen die Kellergeschosse an der Talseite oberirdisch und bieten so Platz für Stallungen. Der Feuersicherheit wegen stehen die Scheunen außerhalb der Wohnbebauung.

Die mit dem Brand zerstörte Burg wurde nicht wieder hergestellt, da sie für die Landesverteidigung ihre Bedeutung verloren hatte. Nur ein **Turm** – in die ev. Pfarrkirche einbezogen – ist heute letzter baulicher Zeuge der ehem. Schloßanlage. *HG*

FRÖNDENBERG (Unna E4)

Ev. Pfarrkirche, ehem. Stiftskirche St. Maria

Der Bau gehört zu jenen Klosterkirchen, die sich im 13. Jh. bewußt von der allgemeinen Entwicklung der westfäl. Architektur, bestimmt durch die Hallenanlage, fernhalten. Sie begnügt sich in Langhaus und Querhaus mit einem Schiff; der Chor schließt flach. Der um 1230 begonnene, 1262 fast vollendete Bau spiegelt von W nach O ein Jahrhundert abendländischer Stilentwicklung. Das Langhaus zeigt die klassischen Formen der Romanik; im Querhaus kommen die bewegten, aufstrebenden Tendenzen des got. Spitzbogens zur Wirkung, im Chor triumphieren sie. Durchbrüche und Blendarchitektur gliedern die Stirnwand des Chores. Über einer Gruppe aus 3 Fenstern eine Blendrose als Sinnbild der Muttergottes, die in der Spitze der Giebelwand als großes Standbild erscheint, von Engeln gekrönt.

Schlicht, aus der Form des Trapezes gebildet, ist der Grabstein der Äbtissin Aledis († 1280). Auf der *Tumba des Grafen Eberhard von der Mark* († 1308) *und seiner Gattin* († 1293) die plastischen Liegefiguren der Entschlafenen in der Art der Grafengräber von Marburg und Bielefeld. Die große Form jener Plastiken auf der Höhe des beginnenden 14. Jh. wird mit Anstand ins Provinzielle reduziert. Die 2 Altarbilder mit 8 Szenen aus dem Marienleben, schöne Tafeln, die das Mittelstück eines Flügelaltares (um 1420) bildeten, sind Werke des »Meisters von Fröndenberg«, in dem man Konrad von Soest vermutet. ●

GANGELT (Heinsberg A6)

Der Ort wird 827 als karoling. Hof genannt. Er kommt später in den Besitz der Grafen von Heinsberg und wird 1484 von Jülich erworben.

Die **kath. Pfarrkirche St. Nikolaus** ist eine stattliche 3schiffige got. Basilika aus Backstein mit einem eingezogenen W-Turm, deren Erscheinungsbild allerdings wesentlich von der Restaurierung 1860 bestimmt wird. Der 4geschossige Turm aus Kalksteinquadern wurde im 14. Jh. erbaut; er steht nur in seinen beiden oberen Geschossen frei. Das mächtige Langhaus aus der 1. Hälfte des 15. Jh. hat 9 Achsen, wovon eine erst zu Beginn des 16. Jh. angefügt wurde im Zusammenhang mit dem W-Bau, der das basilikale Schema übernimmt und nach W mit einem Giebel und einem vorgesetzten Treppentürmchen schließt. Im Obergaden kleine Rosettenfenster. – Schöne *Triumphkreuzgruppe* vom Anfang des 16. Jh.; neugot. Ausstattung durch den Restaurator H. Wiethase, 1871.

Von der **Burg** der Herren von Heinsberg ist der 5geschossige Bergfried erhalten, ein Backsteinbau des 14./15. Jh. Er diente ursprünglich als Stadttor.

Erhalten sind auch Teile der **Stadtbefestigung:** das **Heinsberger Tor** und das **Broichtor,** beide um 1400.

GELDERN (Kleve B4)

Der Sage nach schon im 9. Jh. gegründet, wird Geldern später Hauptort der Grafschaft und des Herzogtums Geldern und erhält 1230 Stadtrecht. 1473 besetzt Karl d. Kühne von Burgund die Stadt, die nun lange zu den burgundisch-spanischen Niederlanden gehört. Nach dem Frieden von Utrecht 1713 kommt sie an Preußen. Die Befestigungen werden 1764 geschleift. Schwere Kriegsschäden 1944/45.

Kath. Pfarrkirche St. Maria Magdalena, ehem. Karmelitessen-Klosterkirche.
Graf Reinhart I. von Geldern schenkte 1306 seine Hofkapelle den Karmelitessen. Von den spätgot. Bauten hat der 2. Weltkrieg Kirche und Kloster bis auf den Turm der 1. Kirche (1339) zerstört; Wiederaufbau durch Dominikus Böhm 1952 unter Verwendung der Mauern einer 2. got. Kirche von 1410–18.
Der Backsteinbau war eine geräumige Halle von 3 ungefähr gleich breiten Schiffen mit schmalrechteckigen Jochen, Kreuzgewölben, einem Hauptchor mit Vorjoch und fünfseitigem Abschluß und 2 Nebenchören. An das östl. Joch des Langhauses sind seitlich querschiffartige Erweiterungen angefügt. Der 4geschossige Turm, an den im N ein pfeilerartiger Treppenturm anschließt, besteht bis zur halben Höhe aus Tuff, darüber aus Backstein (15. Jh.).

Das **ehem. Augustiner-Nonnenkloster Nazareth,** heute **Kreisberufsschule,** wurde 1418 gestiftet und 1440–57 erbaut. Im 2. Weltkrieg bis auf das Refektorium von 1627/28 und einige Mauerreste zerstört.

Ev. Kirche. Backstein-Saalbau von 1736–40 auf quadratischem Grundriß, im 2. Weltkrieg zerstört, 1955 wiederaufgebaut, in die Straßenzeile eingefügt.

Von der Stadtbefestigung ist der **Mühlenturm** erhalten.

GELSENKIRCHEN (C4)

Im 19. Jh. wuchs das Dorf zu einer der großen Industriestädte des Ruhrreviers heran.

Kaufhaus Sinn. Schöner Zweckbau von Bruno Paul, 1928.

Stadttheater. Der 1960 vollendete Bau ist vorbildlich in der funktionellen Anlage und in der Integration von Architektur und bildender Kunst. Architekten: M. C. v. Hausen, Rave und Ruhnau; künstlerische Gestaltung durch Yves Klein, Norbert Kricke und Jean Tinguely.

Zeche Consolitation, Schachtanlage Oberschwier (Boniverstraße), erbaut 1908/09. Architektonisch sehr qualitätvolle Stadtzeche in Formen des späten Jugendstils. Gesamtanlage mit Schachtgerüst, Waschkaue und Maschinenhalle samt technischer Einrichtung (elektrische Bobinenfördermaschine, Gleichrichter und Ventilatoren) aus der Erbauungszeit erhalten. *HB*

Buer

Am N-Rand des Stadtteiles Buer liegt in schöner Landschaft die **Wasserburg Lüttinghof.** Nach langer Verwahrlosung ist die Hauptburg im Äußeren wiederhergestellt. Einst auf einer kleinen quadratischen Insel gelegen, ist das Herrenhaus ein Zweiflügelbau, der im Kern noch aus dem 14. und 15. Jh. stammt. Barocke Umbauten des 17. und der Mitte des 18. Jh. haben Dach und Fenster verändert. – Bemerkenswert ist ein gut erkennbares ehemals barockes **Gartenparterre** auf der O-Seite. Ein weit verzweigtes und gut gefülltes Gräftensystem und eine prächtige Eichenallee-Achse sind weitere Erinnerungen an die barocke Gestaltung des alten Adelssitzes.

Die **Städtische Kunstsammlung** (Horster Str. 5–7) umfaßt Kunst von 1870 bis zur Gegenwart.

Horst

Wasserschloß Horst ●

Schloß Horst ist der erste und schulbildende Bau der westfäl. Renaissance, deren Eigenart in den erhaltenen Bruchstücken sichtbar wird. Der Sinn für malerisch-plastische Möglichkeiten innerhalb des Bauwerks, an französ. und niederländischen Bauten entwickelt, zeigt sich in den roten Backsteinflächen, die sich mit reich ornamentierten Fenstergewänden und Wandgliederungen aus gelbem Haustein sowohl farbig wie plastisch beleben.

In seiner Stellung als kurkölnischer Statthalter und Berater seines Landesfürsten hatte der lebensfrohe Marschall Rutger von der Horst große Reichtümer erworben, die es ihm möglich machten, auf den Grundmauern der alten Burg ein neues prächtiges Schloß zu errichten. 1558 wurde mit dem Bau begonnen. Bauleiter war der Arnheimer Stadtbaumeister Arndt Johannsen. Unter ihm arbeiteten der Kalkarer Bildhauer Heinrich Vernukken und dessen Sohn Wilhelm, ferner der »stein- und antycksnyder« Laurenz von Wesel, später Laurenz von Brachum genannt. 1567 übernahm der Franzose Joist de la Court die Leitung, der 1578 auch den inneren Ausbau vollendete. Im 19. Jh. verwahrloste der Bau, dessen W-Flügel damals schon nicht mehr stand. 1849 war auch der S-Flügel nicht mehr vorhanden. 1851 mußte das Schloß abgetragen werden. Bestehen blieben nur der Dienerflügel und das Erdgeschoß des östl. anschließenden Herrenhausflügels.

Das Schloß bestand ursprünglich aus 4 Flügeln um einen quadratischen Hof. 4 quadratische Türme verfestigten die Ecken. Eine Brücke stellte die Verbindung zum Unterhof her. Der erhaltene nördl. 3geschossige Eingangsflügel, der sog. Dienerflügel, hat in der Mitte einen reichverzierten Erker; östlich schließt das erhaltene Erdgeschoß des N-Flügels an. Die Wasserseite des Dienerflügels ist in rheinisch-flandrischer Art reich mit Säulen, Hermen, Roll- und Bandwerk verziert. Der Zierat hebt sich wirkungsvoll von den roten Backsteinflächen ab. Besonders reich und prunkend ist der Erker, der in 3 Geschos-

Gelsenkirchen. Schloß Horst

sen emporsteigt. Rechts neben der Fassade befindet sich das mächtig in Rustikaquadern gegliederte Portal. Die Hoffassade dieses Flügels, 1559 vollendet, mit ihren breiten Mauerpfeilern, ihrer Reihung von gekuppelten rundbogigen Fenstern, Blendarkaden und Figurennischen hat oberitalienische Vorbilder. Die Kamine befinden sich heute im Schloß Hugenpoet und im Horster Museum.

GESEKE (Soest F4)

Der Ort liegt am Hellweg, der schon in vorgeschichtlicher Zeit angelegten großen west-östl. Heerstraße. Bodenfunde weisen auf eine frühe Besiedlung hin, die 833 durch urkundliche Erwähnung im Propsteiregister der Abtei Werden bestätigt wird. Der karoling. Königshof erhält 952 ein Damenstift. Gleichzeitig wächst der Ort, bald mit Marktrecht, Gerichtsbarkeit und Rathaus ausgestattet, 1217 zur Stadt erhoben. Die im Schatten des 1803 aufgehobenen Stiftes gewachsene Siedlung bewahrt bis in die neuere Zeit das Bild einer westfäl. Ackerbürgerstadt mit zahlreichen giebelständigen Fachwerkhäusern des 16.–18. Jh.

● **Kath. Stiftskirche St. Cyriakus**
Chor, Vierung und Kreuzarme entstammen einem flachgedeckten Bau des 12. Jh. Dieser Bauperiode gehören auch Teile des nördl. Seitenschiffes an. Im späten 12. Jh. werden Chor und Querschiff eingewölbt und der W-Bau errichtet. Um die Mitte des 13. Jh. baute man das Langhaus neu und erneuerte die Gewölbe des nördl. Querhausarmes. Der obere Teil des

Geseke. Stiftskirche St. Cyriakus

westl. Turmes wurde im 19. Jh. neu geformt, die Fenstergruppe im monumentalen Abschluß des Chores eingesetzt.

Die Betrachtung des Äußeren der Stiftskirche beginnt zweckmäßigerweise im O vor der Giebelwand des Chores. Mit den 2 sie in gerader Flucht verbreiternden Türmen bietet sich ein ungewöhnlich wehrhaftes, architektonisch großartiges Baugebilde, gestört nur durch die Fenstereinbrüche des 19. Jh. Der monumentalen Baugruppe antwortet im W ebenso kräftig der quadratische Turm, in den unteren Teilen ohne Fenster und Tür, in den oberen Geschossen sich in 3 Reihen von 3 schmalen Durchbrüchen öffnend. Die Anklänge an den mächtigen W-Turm des Paderborner Domes sind vom Restaurator des 19. Jh. (dem Paderborner Dombaumeister A. Güldenpfennig) verstärkt worden. Die westfäl. Vorliebe für den monumentalen westl. Einturm wird an diesem Bauwerk eindrucksvoll bestätigt. Zwischen diese kräftigen Akzente ist, leicht in den Konstruktionen, die Halle des 13. Jh. eingespannt. Ihre Fenster, gefüllt mit dem Maßwerk der späteren Gotik, sind fast alle im 14. und 15. Jh. erweitert worden. – Im Inneren zeigt sich die westfäl. Bauentwicklung der Mitte des 13. Jh. Die bürgerliche Hallenkirche des Soester Typs dringt in den Bau der Klosterkirche ein, die naturgemäß den roman. Grundrissen und Konstruktionsformen besonders verhaftet ist. Das Mit- und Gegeneinander dieser Ordnungen und Formen ergibt ein spannungsvolles Bauwerk im Übergang zwischen Romanik und Gotik. Kreuzförmige Pfeiler tragen auf halbkreisförmigen Vorlagen die spitzbogigen Kreuzgewölbe des Mittelschiffes, die mit Wulstrippen versehen sind. Gleiche Gewölbe erhielt der nördl. Arm des Querschiffes. Alle anderen Räume liegen unter rundbogigen Kreuzgratgewölben, die in den Seitenschiffen die stark kupplige Abart roman. Gewölbe in Westfalen entwickeln. Ungewöhnlich ist der platte Schluß des Chores. Ursprünglich hatte er eine halbrunde Apsis, deren Widerhall wir im Querhaus finden. In seinem südl. Arm hat sich die halbrunde Altarapsis erhalten, während sie im nördl. Arm einer rechteckigen Altarnische wich. Im Mittelschiff treffen wir auf Versuche dekorativer und figürlicher Bauplastik. An den Köpfen der Pfeiler entwickeln sich in den Kapitellzonen Spitzbogenfriese und Stäbe. An den wulstigen Rippen der Gewölbe schweben kurz über ihrem Ansatz kleine Engel.

Von der Ausstattung hat sich ein reiches Sakramentshäuschen aus dem Beginn des 16. Jh. erhalten. Der Hochaltar von 1727 und die 2

Nebenaltäre von 1729 und 1731 schließen sich zu einer schönen dekorativen Gruppe zusammen. Die mit Standbild und Relief in einem rustikalen Barock ausgestatteten Altäre können dem westfäl. Bildhauer Christophel Papen zugeschrieben werden.
An der S-Seite des Querschiffes liegt der roman. **Kapitelsaal** (Sakristei). Seine 4 Kreuzgratgewölbe ruhen auf einem mittleren Pfeiler. Wie die Fragmente des Kreuzganges stammt der Saal aus dem Ende des 12. Jh.

Kath. Stadtkirche St. Peter

Im 13. Jh. wurde in eine kreuzförmige Pfeilerbasilika des 12. Jh. eine Hallenkirche des Soester Typs eingebaut. Aus dem alten Bau übernahm man die Außenwände des Querschiffes, 2 der Vierungsbögen und Teile der Pfeiler. Es entstand ein unregelmäßiger, von dem W-Turm beherrschter, von dem großen Haubendach bergend überdeckter Bau, der seine komplizierte Entstehungsgeschichte nicht verleugnet. Zwischen dem W-Turm und dem 3jochigen Hallenlanghaus liegt ein gewölbter Zwischenbau, der die Breite des Mittelschiffes hat. Offensichtlich reizte das Bauwerk auch die folgenden Jahrhunderte zum Umbau. Die gratigen Gewölbe der Seitenschiffe, ihre Maßwerkfenster, die Strebepfeiler und die auf den Außenwänden stehenden Giebel der Querdächer dürften einem Umbau des 14. Jh. angehören. 1469 erhielt die Kirche einen einheitlichen neuen Chor. Er ist 1schiffig, hat 2 Joche und schließt 5seitig. Seine Fenster sind mit elegantem spätgot. Maßwerk geschmückt.

In der Ausstattung fällt neben der spätgot. Sakramentsnische und dem 8seitigen Taufbecken von 1576 die *Kanzel* auf. Sie ist das schöne Werk eines unbekannten Bildhauers aus der 1. Hälfte des 18. Jh., der den gut proportionierten Körper mit Reliefs und Gestalten reich schmückte. – Im Schatz der liturgischen Geräte und Gefäße erhielt sich ein Reliquiar des 12. Jh. 4 Füße tragen in einer vergoldeten Fassung ein Gefäß aus Bergkristall.

Das **Dieckmannhaus** (Hellweg 13), ein geräumiges Handelshaus des 17. Jh., beherbergt heute das **Hellweg-Museum** mit den heimatkundlichen Sammlungen der Stadt Geseke.

Eringerfeld

Wasserschloß. 1676–99 durch den Baumeister Jobst Scheck, vermutlich nach Plänen von Ambrosius von Oelde, errichtet. Im Herrenhaus von 1678 eine eigenartige Treppenanlage mit zahlreichen gewundenen Holzsäulen. – Der 3flügelige Wirtschaftshof stammt aus dem 17. und 18. Jh.

GOCH (Kleve A4)

Die Stadt, eine alte röm. und später fränkische Siedlung, liegt am Übergang mehrerer kleinerer Römerstraßen über die Niers. Um 1240 erhielt der Ort Stadtrecht; seit 1473 gehörte er zum Herzogtum Kleve.

● **Kath. Pfarrkirche St. Maria Magdalena**

Der Bau ist neben den Kirchen von Kalkar und Kleve die größte Backsteinkirche am nördl. Niederrhein und eine der bedeutendsten. Nachfolgerin einer 3schiffigen roman. Tuffsteinbasilika aus der Mitte des 13. Jh. wurde eine 1323 vollendete Anlage, von der die erhaltenen 4 ersten W-Turm-Geschosse stammen. Der bestehende Chor ist ein Werk der 2. Hälfte des 14. Jh.; das Langhaus folgte in 2 Planungsabschnitten während des 15. Jh. und bis ins 16. Jh. hinein: zunächst das N-Seitenschiff und das Mittelschiff im Charakter einer Halle, dann das an Länge und Höhe alles übertreffende S-Seitenschiff als eigentliches Hauptschiff.

Die Unregelmäßigkeit der Anlage zeigt sich sehr deutlich in der Außen-Ansicht, besonders der W-Fassade, die von dem vorgesetzten Turm (mit oberstem Geschoß und Pyramidenhelm vom Anfang des 16. Jh.) beherrscht wird. Er hat im Erdgeschoß über dem Portal ein 6achsiges Fenster, im 2. und 3. Geschoß je 3 spitzbogige Blenden und im 5. 2 Blenden, die 1achsige Fenster einschließen. An seiner S-Seite steigt bis zum 4. Geschoß der Treppenturm empor. Die N-Seite der Kirche ist gekennzeichnet durch die Reihung der 5 Giebel, deren Dächer ähnlich wie in Kempen, St. Maria, über den Jochen quergestellt sind. Besonders reizvoll ist die S-Seite in der Choransicht. Hier tragen die Strebepfeiler krabbenbesetzte Fialen und Wasserspeier in Tiergestalt. Am oberen Rand von Chor und Seitenschiffen läuft eine steinerne Galerie zwischen den Streben. Inneres. Die beiden nördl. Schiffe der ehem. Hallenkirche werden durch 3 starke Rundpfeiler voneinander geschieden, während sie vom südl. größeren Schiff durch gegliederte Pfeiler getrennt sind. Dieses S-Schiff hat reich ausgebildete Sterngewölbe.

Das hohe Sakramentshäuschen aus Sandstein, aus der 2. Hälfte des 15. Jh., trägt ein Türmchen mit einem Pelikan als Bekrönung. Stehende Muttergottes, um 1750.

● Bemerkenswert ist das **»Haus zu den 5 Ringen«** (Steinstr. 1), ein Backsteinbau aus dem frühen 16. Jh. mit Treppengiebel und Seitentürmchen. 1900/01 umfassend erneuert.

Von der alten Stadtbefestigung mit ihren 28 Türmen ist nur das **Steintor** an der Landstraße nach Kleve erhalten, eine 4geschossige Anlage aus dem 14. Jh. – Heute ist hier das **Steintormuseum** untergebracht, das Heimatmuseum der Stadt Goch.

Goch. Haus zu den 5 Ringen

GREVEN (Steinfurt D2)

Siedlung der röm. Kaiserzeit in der Bauerschaft Herbern. Um 800 legten die Franken eine Siedlung an der Ems an, die von Greven ab schiffbar war. Bedeutend als Straßenpunkt und Brückenkopf, Schutz- und Zollburg. Seit dem 13. Jh. Marktzentrum. Im 19. Jh. Industrialisierung der ansässigen Textilweberei. Seit 1949 Stadt.

Kath. Pfarrkirche St. Martin
Die Kirche steht auf einem das Ortsbild beherrschenden Hügel, der wahrscheinlich schon in karoling. Zeit eine Kirche trug. Jedenfalls war sie Liudgerianische Urpfarre, obwohl erst 1181 urkundlich genannt.

Ältester Teil des bestehenden Bauwerkes ist der roman. Turm eines Vorgängerbaues aus der 1. Hälfte des 12. Jh., eine wehrhafte Anlage, deren Untergeschoßmauern so dick sind, daß eine Treppe in ihnen Platz findet; das Obergeschoß ist gotisch. Um 1500 baute man die anschließende Hallenkirche. Ihr fast quadratisches Langhaus mit 3 Schiffen und 3 Jochen vereint die Gedrungenheit roman. Hallen mit den weiten Pfeilerstellungen und den leichteren Formen der Gotik. Der harmonische, für seine Zeit einzigartige Raum wurde 1891 durch einen Erweiterungsbau verdorben.
Im Chor steht eine *Kreuzigungsgruppe* von Johann Wilhelm Gröninger, eine qualitätvolle Freiplastik des westfäl. Barock, 1722. Sie hat ikonographische Bedeutung, da in ihrem Kreuz der Typ des Gabelkruzifixus, im 14. Jh. vor allem in Westfalen ausgeprägt, im 15. Jh. aber allgemein in der europäischen Kunst erloschen, verwandelt wiederkehrt. – Im Turmraum ein Epitaph mit Kreuzigungsgruppe, Stein, 1700.

Kath. Pfarrkirche St. Joseph. 1953 von Th. Burlage und B. Niebuer.

In der neuen **»Emsstadt«,** die sich durch einen hohen architektonischen Standard auszeichnet, baute Dieter Oesterlen das neue **Rathaus,** 1972. – Vor dem **Gymnasium** die »Drei Jünglinge im Feuerofen«, eine Bronzegruppe von Hilde Schürk-Frisch.

Hof Thünemann. Der in der Bauerschaft Aldrup 1955 errichtete Bauernhof gehört zu den wenigen Versuchen der neuen Architektur, der Mechanisierung des landwirtschaftlichen Betriebs durch einen neuen Typ des Bauernhauses zu entsprechen.

GREVENBROICH (Neuss B6)

Neukirchen (B6)

● **Schloß Hülchrath**
Das Schloß der Kölner Erzbischöfe, seit 1314 durch Erzbischof Heinrich von Virneburg ausgebaut, besteht aus der im 17. Jh. erneuerten **Vorburg,** zu der eine 3bogige Brücke führt, und

dem um 1900 stark restaurierten **Hochschloß** des 14. Jh. Die Vorburg hat außer der jetzigen rundbogigen Durchfahrt noch einen mittelalterl. Spitzbogenturm, Zugbrückengelände und Bogenfries. Das Hochschloß, von unregelmäßig ovalem Grundriß, ist durch ein rundbogiges Portal über eine Zugbrücke zugänglich und hat eine starke und hohe Ringmauer aus Basalt und Tuffstein (wie bei den Stadtmauern von Köln und Neuss). Nach dem Hof zu ist wie dort ein Wehrgang vorgelagert, der auf Blendbogen ruht. Das Hochschloß ist bewehrt mit 4 halbrunden Türmen, von denen 2 als Ecktürme zu dem Palasbau an der S-Seite gehören, der nach Ausweis eines Maßwerkfensters dem 14. Jh. angehört. Sein Untergeschoß hat eine 2schiffige tonnenüberwölbte Halle mit viereckigen, an den Kanten abgefasten Steinpfeilern. Neben dem Tor steigt ein starker, 5geschossiger **Bergfried** auf, der im Erdgeschoß eine offene Halle bildet und mit einem angebauten Treppentürmchen verbunden ist. Das oberste Geschoß kragt allseitig zwischen 4 8seitigen Ecktürmchen aus und wird von Kragsteinen getragen, die mit Spitzbögen verbunden sind und Gußlöcher einschließen. Wie in Lechenich sind an den Architekturteilen jüdische Grabsteine aus Köln (?) verwendet, was vielleicht auf eine Bauzeit nach 1349 schließen läßt. Die Burg war neben Lechenich (→ Erftstadt), Linn (→ Krefeld) und Kempen eine der stärksten Landesburgen des Niederrheins. – Mit ihr verbunden war die regelmäßige Anlage des fast quadratischen Ortes.

GUMMERSBACH (Oberbergischer Kreis D6)

Gimborn (D6)

Kath. Pfarrkirche St. Johann Baptist. Innen wie im Äußeren einheitlich neugot. Bau von Vincenz Statz, 1867.

Schloß. Seit 1273 Besitz der Grafen von der Mark, nach 1550 schwarzenbergischer Besitz, 1630–1787 reichsunmittelbare Herrschaft der Fürsten von Schwarzenberg. An den südl. Hauptturm aus dem 15. oder 16. Jh., der später einen geschweiften Helm mit hoher Laterne erhielt, schließt sich das Herrenhaus von 1602 an, das an den anderen 3 Ecken kleinere Türme, an der W-Seite neben der ehem. Durchfahrt mit der Blende für die Zugbrücke einen 2achsigen erkerartigen Vorbau aufweist, an der Gartenseite eine spitzbogige Steinlaube mit einer im 19. Jh. erneuerten Holzgalerie. An der N-Seite ein Stallgebäude von 1741. Die ehem. Gräben des Schlosses und Reste einer älteren Burganlage südl. des jetzigen Herrenhauses sind nicht erhalten.

Lieberhausen (E6)

● **Ev. Pfarrkirche**
1174 als dem Kölner Severinsstift zehntpflichtig erwähnt.
Mit seinem 3schiffigen, kreuzgratgewölbten Langhaus und dem vorgestellten W-Turm, beide aus dem 12. Jh., vertritt der Kirchenbau einen im Oberbergischen verbreiteten Typ spätroman. Kleinbasiliken, denen ebenso regelmäßig im 15. Jh. ein Querschiff samt plattgeschlossenem Altarhaus angefügt wird – hier die O-Wand um 1850 niedergelegt und ein 3seitiger, die Sakristei enthaltender Chorschluß aufgeführt.
Die »bunte Kerk« (»so bunt wie die Lieberhäuser Kirche«) ist der Prototyp der sog. bunten Kirchen – heute noch in Wiedenest (→ Bergneustadt), Müllenbach (→ Marienheide) und Marienberghausen (→ Nümbrecht) anzutreffen –, die in spätgot. Zeit mit reichen *Wand- und Gewölbemalereien* ausgestattet wurden. Die nach ihrer Entdeckung 1911 von A. Bardenhewer stark erneuerten Malereien in Lieberhausen sind jetzt von ihren Übermalungen, soweit möglich, befreit. Es befinden sich an den Chorseitenwänden Apostelreihen, im Vierungsgewölbe ein Weltgericht, an den Gewölben in Chor und Querhaus Rankenornamente, an den Querschiffwänden Seelenwaage, St. Georgs Drachenkampf, die Kreuzigung und Heilige; in den östl. Arkadenlaibungen, teils auch an den Hochschiffwänden sind Passionsszenen vom Einzug in Jerusalem bis zu Kreuzaufrichtung und (einer 2.) Kreuzigung wiedergegeben. Einige der z. T. recht qualitätvollen Darstellungen entstanden noch vor der Mitte des 15. Jh. Aus der Zeit der Erneuerung von 1589 (Inschrift), wobei die Apostelfolge ihres urspr. Charakters beraubt wurde, stammen Sündenfall und Taufe Christi, ferner auch die 10 Gebote und Bibelsprüche mit Rankenwerk und Wappen als charakteristische Zutaten der Reformation, die nach 1570 in Lieberhausen einzog.

HAAN (Mettmann C5)

Kath. Pfarrkirche St. Chrysanthus und Daria. Emil Jung vollendete 1956 den interessanten Zentralbau, in dem 2 Grundrißformen miteinander verschränkt sind: ein Oval hebt sich aus einem Kreis heraus, den es mit dem in sich ovalen Altarplatz durchstößt. Innen bildet der äußere Kreis die Seitenschiffe, das innere Oval umfängt das leicht kurvig gestellte Gestühl. – Die Eingangsfront schmückt sich mit einer großen, im Quadrat sitzenden Rose und schöner Maßwerk-Gliederung.

HAGEN (D5)

Der Ort wird im 11. Jh. als kölnischer Besitz genannt. 1392 fällt er an die Grafen von der Mark. Erst 1746 erhält er Stadtrecht, blüht dann aber infolge der Industrialisierung schnell zu einer bedeutenden Stadt auf.

Hauptbahnhof. In der Eingangshalle das erste Glasbild des Malers Jan Thorn-Prikker, 1910/11, ein monumentales Fenster mit dem Thema »Huldigung der Gewerbe vor dem Künstler«.

Delstern

Eduard-Müller-Krematorium, 1906/07, einer der besten Jugendstilbauten von Peter Behrens. Im Inneren Halbkuppelmosaik von Emil Rudolf Weiß. ●

Auf dem **Friedhof** das Grab des 1938 in Hagen gestorbenen Malers Christian Rohlfs: Grabstein von Ewald Mataré, Lehrender Christus (Bronze) von Ernst Barlach.

Emst

Reihenhaus-Siedlung (Walddorfstr. 3–21). Häuser in Bruchstein, 1910 von Richard Riemerschmid für Arbeiter der Textilindustrie gebaut. Initiator war Karl Ernst Osthaus.

Eppenhausen

Gartenstadt Hohenhagen

Architekten waren Henry van de Velde, Peter Behrens und Johannes L. Matheus Lauweriks. Von den Plänen wurden ab 1906 ausgeführt: der Hohenhof und das Wohnhaus von Osthaus (van de Velde), 3 Häuser (Behrens) und die Straßenzeile Stirnband (Lauweriks).

Hohenhof. Seit 1906 von Henry van de Velde gebautes 2geschossiges Landhaus mit Nebengebäuden und Gärten. Bedeutendes Frühwerk des Architekten, das er, wie Osthaus sagte, »bis herunter auf die Petschaft auf dem Schreibtisch einheitlich durchbildete«. Bemerkenswert der Regionalismus, der sich in der Wahl der Baustoffe und der Farben an dem Stil der Bergischen Bürgerhäuser orientiert. Im Haupteingang Reliefs von Hermann Haller. Das Arbeitszimmer von Osthaus blieb gut erhalten. Dekorative Malerei von Jan Thorn-Prikker. Von ihm auch die Glasmalerei im Treppenhaus. Im Wintergarten ein Triptychon von Henri Matisse, in Fliesen ausgeführt. – Das **Haus Cuno** (Haßleyerstr. 35), 1908–11, und das **Haus Goedeke** (Amselgasse), 1910, sind Bauten von Peter Behrens. – **Im Stirnband Nr. 38** war Wohnhaus und Atelier Thorn-Prikkers. ●

Haspe

Haus Harkorten. Der Bau von 1756/57 gibt eine Vorstellung vom bergischen Bürgerhaus des 18. Jh. Über einem Sockel erheben sich 2 mit Schieferplatten verkleidete Geschosse. Bekrönt wird der breit gelagerte Baukörper von einem Mansarddach, das ein 2geschossiger Giebel durchbricht. Symmetrische Reihen weißgerahmter Schiebefenster umlaufen das Haus. Künstlerische Akzente im Außen- wie im Innenbau sind die Türen, auf die der zurückhaltende bergische Barock, der auch im Umriß des Hauses wirksam wird, besonderen Wert legte.

Museen

- **Karl-Ernst-Osthaus-Museum** (Hochstr. 73)
1900–02 errichtet, 1972–74 umgestaltet und durch einen Neubau erweitert, erinnert das Haus in seinem Namen an den Hagener Kaufmann, Kunstförderer und -sammler, der die Stadt zu Beginn des 20. Jh. zu einem Zentrum moderner Kunstbestrebungen machte. Neben alter Kunst sammelte er die bedeutendsten Maler des Impressionismus und des beginnenden Expressionismus. Für den Innenausbau des Museums, in dem er diese Schätze ausstellen wollte, gewann er Henry van de Velde. Dieser fand in der Innenausstattung des im übrigen konventionellen Baus Lösungen für Wände, Decken, Träger, Türen und Vitrinen, die sich organisch aus der Funktion entwickelten. Kraftvolle Linien und zurückhaltende plastische Form machten aus Teilen eines Raumes ein sinnfälliges Ganzes. Erhalten hat sich von der Innenausstattung des später seinem Zweck entfremdeten Hauses die *Eingangshalle,* eine bezeichnende Innenarchitektur des Jugendstils. (Die Bestände des Osthausschen Museums Folkwang wurden nach seinem Tod nach Essen verkauft, wo sie den Grundstock des dortigen Folkwang-Museums bildeten.)
Die Sammlung zeigt deutsche Malerei, Skulptur und Graphik vom Expressionismus bis zur Gegenwart (u. a. die größte Rohlfs-Sammlung in Museumsbesitz) und kulturgeschichtliche Dokumente, ferner wertvolle Porzellane, besonders die frühen Erzeugnisse der Meissener und Fürstenberger Manufaktur.

- **Westfälisches Freilichtmuseum technischer Kulturdenkmale** (Selbeke, Mäckingerbachtal)
Das Museum wurde 1960 gegründet und hat die Aufgabe, technische Bauten der vorindustriellen Zeit zu dokumentieren. Auf einem Gelände von etwa 40 ha sollen im Endausbau rund 80 Gebäude stehen. Die Baugruppen sind nach technischen Gesichtspunkten zusammengestellt und informieren über verschiedene Produktionszweige.
Die Baugruppe der Nicht-Eisen-Metalle enthält das **Zinkwalzwerk** von Eberhard Hoesch und die **Gelbgießerei** Kunstmann. Das **Reidemeisterhaus** Piepenstock aus Iserlohn, Ende 18. Jh., ist als Ausstellungsgebäude für diese Baugruppe vorgesehen. Ferner entsteht der **Kupferhammer** aus Kassel-Bettenhausen, von Landgraf Karl 1688 errichtet.
Die Baugruppe Stahl und Eisen besteht aus dem **deutschen Schmiedemuseum,** untergebracht in dem Fachwerk-Rathaus aus Neuenkirchen bei Siegen, 1756, sowie einer **Windenschmiede,** einer **Nagelschmiede,** einer **Bohrerschmiede,** einer **Feilenhauerei,** einer **Kleineisenzeugschmiede** und einer **Kettenschmiede;** am Rande steht der wassergetriebene **Eisenhammer »Ante«,** 1800.
Im Bereich der Holzverarbeitung werden eine **Puppemühle,** eine **Papiermühle** und eine **Säge- und Ölmühle** gezeigt. In dieser Gruppe steht ferner der **Sensenhammer** aus Suberg, ein 3teiliger Bau der Jahrhundertwende und ein **Zinkwalzwerk.**

Hagen. Karl-Ernst-Osthaus-Museum. Eingangshalle

In einem kleinen Dorf sind die unterschiedlichen Dorfhandwerke repräsentiert, es gibt ein **Weberhaus,** eine **Blaufärberei,** eine **Weißgerberei,** eine **Brauerei,** eine **Huf- und Wagenschmiede,** eine **Stellmacherei,** eine **Schreinerei,** eine **Fleischerei,** eine **Bäckerei,** eine **Tabakfabrik,** eine **Goldschmiede,** eine **Dampfmahlmühle** und eine **Reeperbahn.**

HALLE/WESTF. (Gütersloh F2)

Tatenhausen (F2)

Wasserschloß, seit 1525 im Besitz der Grafen v. Korff-Schmiesing. Die Lage in der Parklandschaft und inmitten der großen Wasserflächen der Gräften ist von überaus malerischer Wirkung. Von den 3 Flügeln hat der südwestl. Seitenflügel mit dem Treppenturm die Formen der Bauzeit um 1540 bewahrt. Die charakteristischen Halbkreisgiebel mit ihren Kugelverzierungen lassen auf den Baumeister Jörg Unkair schließen. Die beiden anderen Flügel sind im 17. und 18. Jh. in einfachen Barockformen umgebaut. – Die langgestreckten **Wirtschaftsgebäude** der Vorburg z. T. mit Treppengiebeln. Großes, 3geschossiges **Torhaus** (1739/40) am äußeren Graben. – Im Park das **Treibhaus** (jetzt Wohnhaus), von Johann Conrad Schlaun um 1738 erbaut, mit ovalem Saal in der Mitte.

HALTERN (Recklinghausen D3)

Die Stadt liegt an einem Übergang über die Lippe, den schon die Römer auf ihren Zügen durch das rechtsrheinische Germanien benützten. In seiner Nähe wurden bedeutende römische Anlagen ausgegraben. Auf dem Anna-Berg lag das Kastell des Drusus, zwischen dem Anna-Berg und der Stadt eine jüngere Befestigungsanlage der Römer. Haltern beherrschte im Mittelalter den Übergang der Lippestraße in das Münsterland. Der Ort wurde 1289 Stadt und behielt Bedeutung als Grenzfeste des Fürstbistums Münster.

● **Kath. Pfarrkirche St. Sixtus.** In der Kirche von 1879 das *Halterner Kreuz* aufbewahrt, ein bezeichnendes Werk im Kreis der westfäl. Gabelkruzifixe. Gegenüber der expressiven Gewalt des Coesfelder Gabelkruzifixus (in Coesfeld, St. Lamberti) wirkt das Halterner Werk ruhiger in Körperhaltung und Gesicht. Es steht jenem Typus näher, der im 14. Jh. gelöst und linear die mystische Ausdruckskraft mit den allgemeinen formalen Bestrebungen der »schönen« Gotik in Einklang zu bringen versucht. (Eiche, 1330–40).

Römisch-Germanisches Museum (Goldstr. 1). Die vorgeschichtliche Abteilung zeigt Funde aus dem Halterner Gebiet. Überörtlichen Rang hat die röm. Abteilung, in der Ausgrabungsfunde der bedeutenden Grabungen in dem röm. Lagergebiet zwischen Haltern und dem Anna-Berg aufbewahrt werden, besonders die große Münzsammlung mit 188 Gold- und Silbermünzen.

HAMM (E3/4)

Ähnlich wie Lippstadt ist Hamm in planmäßiger Anlage 1227 durch Graf Adolf von Altena-Mark gegründet. Im Mündungswinkel zwischen Ahse und Lippe gelegen, war die Stadt von 2 Seiten gesichert, an der offenen Seite schützte sie sich durch einen Verbindungsgraben. Ein innerer Wassergürtel und die aufgeschütteten Wälle an dessen Ufern verstärkten den Schutz. 2 Straßenzüge von N nach S und von W nach O kreuzten sich in der Mitte rechtwinklig und führten zu 4 Toren; an der Kreuzungsstelle war ein Platz für den Markt und die Kirche ausgespart. Parallelstraßen teilten die Anlage in rechteckige Blöcke, die gleichmäßig die Hofparzellen zusammenschlossen. Die alte Befestigung wurde Anfang des 18. Jh. niedergelegt; eine neue, zeitgemäße ließ 1762 Herzog Ferdinand von Braunschweig anlegen; sie wurde schon 1763 abgetragen. – Die Industriestadt des 19. Jh. wurde zu einem bedeutenden Eisenbahnknotenpunkt und zum größten Güter-Verschiebebahnhof Europas. Die Entwicklung des 19. Jh., die wiederholten Stadtbrände vergangener Jahrhunderte und die Bomben des 2. Weltkriegs haben die Baudenkmäler sehr reduziert.

Ev. Pauluskirche, ehem. St. Laurentius und Georg ●

Wenn auch keine Baudaten überliefert sind, so sprechen doch die Formen von der Baugeschichte. Querschiff und Chor-Vorjoch bilden einen einheitlichen spätroman. Teil und sind vor der Mitte des 13. Jh. entstanden. Die got. Portale, Fenster und Strebepfeiler sind später eingesetzt. Der frühgot. Chor entstand wohl nach dem Brand von 1275. Turm und Langhaus wurden in der 1. Hälfte des 14. Jh. errichtet, vermutlich nachdem 1337 die Kirche zur Pfarrkirche erhoben worden war. Während der Turm in die Höhe wuchs, schritt der Bau des Langhauses von W nach O fort; das Turmfenster über dem W-Portal hat das gleiche Maßwerk wie das westl. Langhausfenster; die Schallöffnungen des obersten Geschosses sind von der gleichen Art wie das östl. Langhausfenster. Nach dem Brand von 1741 wurde der alte 8eckige Helm, der auf 4 Dreiecksgiebeln ruhte, durch einen barocken ersetzt; gleichzeitig bekam auch das Mittelschiff neue gratige Gewölbe, die 1 m tiefer als die anderen sitzen. – Durchgreifende Restaurierung 1893–95. Die Schäden des 2. Weltkrieges wurden bis 1954 behoben.

Die Pauluskirche gehört zu den großen städtischen Hallenkirchen Westfalens. Sie ist ein 3schiffiger Bau von 5 Jochen, einem Chor-Vorjoch und 7seitigem Chorschluß. Der quadratische W-Turm ist zur Hälfte eingezogen und sitzt mit seiner O-Wand auf dem verstärkten westl. Pfeilerpaar des Langhauses auf; sein unteres Geschoß verlängert das Mittelschiff um ein 6. Joch. Je 2 Mittelschiffsjoche entsprechen dem Quadrat der Vierung. – Inneres. Der schöne frühgot. Chor nahm, so scheint es, die Elisabethkirche in Marburg zum Vorbild. Die hohen, großen Fenster, innen und außen von Rundstäben gerahmt, lösen die Wände völlig auf. Von der spätroman. Entstehungszeit des Vorjoches und des Querhauses zeugen die halbrunden Schildbogen und die rundbogige Sakristeitür, ferner die spätroman. Eckpfeiler sowie das Portal in der S-Wand. Im Langhaus ruhen die Gewölbe auf massigen Rundpfeilern, an den Wänden auf Dreiviertelsäulen. Der Raum wirkt durch seine Ruhe und Wucht.

Kath. Pfarrkirche St. Agnes. Anstelle einer Burgkapelle der Grafen von der Mark begannen 1507 die Mönche des 1455 von den Grafen gegründeten Franziskanerklosters einen Neubau. Der in franziskanischer Weise turmlose Bau ist eine 3schiffige kreuzrippengewölbte Hallenkirche von 57,5 m Länge. Da der Triumphbogen, der die 7 Joche des Mittelschiffes von den 2 Chorjochen schied, 1848 ausgebrochen wurde, entstand ein durchgehender Mittelraum von 9 rechteckigen Jochen mit 5seitigem Chorschluß. Schlanke Rundpfeiler tragen die erneuerten Gewölbe. Durch Bomben wurde die Kirche schwer beschädigt. Der Wiederaufbau brachte im W-Teil einige Veränderungen.

Ev. Luther-Kirche. Die 1734–39 gebaute Pfarrkirche hat eher kunstgeschichtlichen als künstlerischen Wert. Sie bedient sich noch in der 1. Hälfte des 18. Jh. des Vorbildes der westfäl. Hallenkirche und zeigt, daß die Form der mittelalterl. Bürgerkirche auch den Erfordernissen einer ev. Predigtkirche genügte.

Städtisches Gustav-Lübke-Museum (Museumsstr. 2) mit vor- und frühgeschichtlicher Abteilung und großer Schausammlung der Kunst und der Kultur von der Gotik bis zum 19. Jh. Als einziges westfäl. Museum besitzt es eine vorzügliche Sammlung ägyptischer, griechischer und römischer Kunst. Bedeutenden Rang hat das Münzkabinett, das 18000 Stücke umfaßt.

Mark

Ev. Pfarrkirche, ehem. St. Pankratius
Die vermutlich Anfang des 10. Jh. gegründete Kirche ist ein 1schiffiger Bau mit Querhaus, W-Turm und einem Chorjoch mit 3/6-Schluß. Das Langhaus und Teile des Turmes stammen aus dem 12. Jh., Querhaus und Chor aus dem frühen 14. Jh.
Interessant ist die reiche *Ausmalung* des Chores aus der Zeit um 1330: die Fresken weisen eine enge stilistische Verwandtschaft mit Wandmalereien in Stromberg auf (→ Oelde), zum gleichen Kreis zählen auch die Glasgemälde im Chor der Soester Wiesenkirche. Das Programm umfaßt das Jüngste Gericht und die Majestas Domini mit Maria, den hll. Johannes Bapt. und Martin und den Evangelistensymbolen im Gewölbe; an den Wänden die Apostel und verschiedene Heilige.

HAMMINKELN (Wesel B3)

Marienthal (B3)

Kath. Pfarrkirche St. Mariä Himmelfahrt. Die Kirche des ehem. Augustiner-Eremitenklosters, der ältesten Niederlassung des Ordens in Deutschland, ist ein 1schiffiger Backsteinbau mit Kreuzrippengewölben, 1345 erbaut. – Pfarrer Augustinus Winkelmann machte die Kirche, in der got. Deckenmalerei erhalten blieb, seit 1924 zu einem Zentrum moderner christlicher Kunst am Niederrhein. Junge Künstler fanden Unterkunft, Meister erhielten Aufträge, die sich auch auf Grabmäler (auf dem sehr sehenswerten Friedhof) erstreckten. – Das Hauptwerk der Ausstattung ist die *Bronzetür* von Edwin Scharff, 1950, ein ● fundamentales Werk der neuen kirchlichen Kunst; Einzelgestalten, in ein fortlaufendes Band gestellt, bilden das Glaubensbekenntnis ab. An weiteren Künstlern sind Heinrich Dieckmann (Chorfenster), Anton Wendling (Fenster der N-Wand), Heinrich Campendonk (Glasgemälde im Kreuzgang), Jan Thorn-Prikker (Glasgemälde im Obergeschoß des Kreuzganges) und Dominikus Böhm zu nennen.

HARSEWINKEL (Gütersloh F3)

Marienfeld (F3)

Kath. Pfarrkirche Mariä Empfängnis, ehem. Zisterzienser-Klosterkirche ●

Eines der reichsten und bedeutendsten Klöster des Münsterlandes, 1185 von Widukind von Rheda, dem Edelvogt von Freckenhorst und Liesborn, und seiner Mutter Luttrudis gegründet. Kirche und Abtei besaßen einen außerordentlichen Schatz an Malerei und Skulptur, der bei der Säkularisation 1803 verstreut wurde. – Bald nach der Gründung begann man mit dem Bau der Kirche, die 1222 geweiht wurde. Sie war eine 1schiffige kreuzförmige Anlage mit geradem Chor. Von diesem Bau sind das Langhaus und das Querhaus mit je 3 quadratischen Jochen und der Chor mit 1½ Jochen in fast urspr. Zustand erhalten. Die an das Langhaus nördlich anschließenden Kapellen wurden bald zu einem Seitenschiff umgewandelt, das man 1714 gotisierend erneuerte. Gleicherweise wandelte man die seitlichen Nebenkapellen des Chores zu Chorseitenschiffen um und erweiterte diese unter Abt Nikolaus (1322–44) zu einem rechteckigen got. Chorumgang. Ein südl. Seitenschiff hat es nie gegeben. An seiner Stelle liegt, durch eine Mauer vom Hauptschiff abgetrennt, der N-Flügel des got. Kreuzganges, den 1294–1321 Abt Ludbertus erbaute. Die beiden östl. Kapellen mit den barocken Helmen entstanden 1717–48, die Sakristei 1754. 1705–13 bekamen alle Obergadenfenster (mit Ausnahme des Paares in der SW-Ecke) und 1828 der Dachreiter ihre heutige Form.

Der langgestreckte turmlose Bau entspricht dem schlichten Typ der Zisterzienserkirchen, gleicht sich aber in einigen Zügen den Eigenarten westfäl. Architektur des 13. Jh. an. Er wird als 1schiffiger Saal mit Querhaus, platt schließendem Chor und 3 Nebenkapellen angelegt. Auf die für Zisterzienserkirchen typischen querrechteckigen Gewölbejoche ist zugunsten des quadratischen westfäl. Joches verzichtet. Die Gewölbe zeigen die frühesten Rippen in Westfalen, doch handelt es sich nicht um wirkliche »Rippengewölbe« zisterziensischer Art: Die Rippen sind den Kuppelgewölben, deren Einführung in Westfalen (aus dem westl. Frankreich) durch die Marienfelder Bauhütte erfolgte, rein dekorativ unterlegt. – Die durch das Abteigebäude verbaute W-Front trug früher über einer Vorhalle eine großartige Fensterrose; über dem Dach des Anbaues ist der Giebelaufbau aus Blendarkaden und steigendem Rundbogenfries z. T. noch sichtbar. Der Rundbogenfries läuft unter der Dachlinie weiter und läßt die 3 übrigen Giebelfronten aus. Die südl. Giebelfront wird nur im oberen Teil durch mächtige Blenden gegliedert, an den unteren Teil schlossen sich die Klostergebäude an. Die N-Front schmücken Lisenen, eine schöne Fenstergruppe und ein frühgot. Portal, das von schlanken Säulchen mit Schaftringen und eleganten Kelchkapitellen und einem Dreiecksgiebel gebildet wird. Die O-Front war vermutlich in ähnlicher Weise wie die W-Front gegliedert. – Inneres. Die hohen, spitzen Arkaden zum nördl. Seitenschiff werden im gebundenen System abwechselnd von rechteckigen Hauptstützen und von Säulen mit schönen Blattkapitellen als Zwischenstützen getragen. Im Hauptjoch des Chores bestehen die Zwischenstützen aus je 4 gekuppelten Säulen. Die hohen kuppelartigen Gewölbe sind mit dünnen Rippen versehen (s. o.). Die Quer- und Schildgurte ruhen im Chor auf Säulenvorlagen, von denen einige bis zum Fußboden herabreichen, andere in der Höhe von 2 m über dem Fußboden auf Konsolen endigen; im Langhaus sind sie an der Hochwand abgekragt und sitzen auf Konsolen. In ihrer Höhe läuft ein Wulststab herum, der sich mit den Diensten verkröpft und die Arkadenzone von der Gewölbezone scheidet. Der Mönchschor umfaßte auch die Vierung, die um eine Stufe erhöht ist und durch steinerne Schranken von den Querarmen und durch einen Lettner vom Längsschiff getrennt war.

Aus der reichen Ausstattung hervorzuheben sind die *Lettnerfiguren,* 12 sitzende Apostel, um 1520–30, jetzt im Seitenschiff; der 1680

Harsewinkel. Marienfeld. Ehem. Zisterzienser-Klosterkirche

● und 1693 bezeichnete Hochaltar; auch die Kanzel des 18. Jh. Die *Orgel,* 1747–51 von Johann Patroclus Möller gebaut (das Werk 1962 restauriert), ist wohl die großartigste Westfalens; das sparsame Akanthus-Ornament ordnet sich dem beherrschenden architektonischen Rahmen unter. Schönes Chorgestühl, um 1800. Der Hochaltar, 1680–93 von Johann Böckelmann nach dem Entwurf des Paderborner Hofmalers Johann Georg Rudolphi im Typ eines monumentalen Portals errichtet, ist ein Ersatz für den großartigen Altar des Johann Koerbecke von 1457, dessen Teile seit der Säkularisation an zahlreichen Orten verstreut sind.

Das **Abteigebäude** wurde 1699–1702 unter Abt Cuelmann neu gebaut. Bedeutend unter den älteren Bauteilen ist der Kreuzgangflügel von 1295–1321, ein Meisterwerk der Hochgotik.

HATTINGEN (Ennepe-Ruhr-Kreis C5)

Im Mittelalter war Hattingen ein bedeutender Handelsplatz und Mitglied der Hanse. Nach einer wirtschaftlichen Hochblüte im 16. Jh. schwand die Bedeutung des Ortes; erst die Erschließung und Nutzung von Erzvorkommen Mitte des 19. Jh. führte zur Gründung von Eisenhüttenbetrieben und damit zu einer erneuten ökonomischen Belebung der Stadt.

Ev. Pfarrkirche, ehem. St. Georg. Die Kirche ist bereits kurz nach der Jahrtausendwende urkundlich nachgewiesen. In dem heutigen Gebäude sind Teile eines Vorgängers aus dem 13. Jh. erhalten, der 1424 abbrannte und um 1450 wiederaufgebaut wurde; das Langhaus 1807–10 erneuert. – Saalkirche mit roman. Turm und got. Chor. Der Kanzelaltar mit Orgel um 1810.

Die Altstadt zeichnet sich durch eine Vielzahl gut erhaltener **Fachwerkhäuser** des 16.–19. Jh. aus.

Ruhrschleusen

Mit dem Bau von Kammerschleusen an allen Stauwehren setzte Preußen 1776–80 die Schiffbarmachung der Ruhr – auch im damals noch nicht preußischen Unterlauf des Flusses – durch, um die Wirtschaft in der Grafschaft Mark mit ihrer Eisengewinnung und -verarbeitung im Sauerland und der Kohlenförderung im Ruhrtal zu beleben. Trotz der im Sommer meist unzureichenden Wasserverhältnisse transportierte die Ruhrschiffahrt 1860 dank des aufblühenden Bergbaues fast 1000000 t, erlag aber dann in wenigen Jahrzehnten der Konkurrenz der Bahn.

Von der letzten Modernisierung im frühen 19. Jh. zeugen die Schleusen in Hattingen, Hattingen-Blankenstein (dort mit Wärterhaus) und Bochum-Dahlhausen, denen weitere auf rheinischer Seite folgen (→ Essen-Werden). Die Schleusenkammern mit meist gerundeten Häuptern sind zum Schutz gegen die Strömung bei Hochwasser am Oberhaupt etwa 1 m höher geführt als die Mauerkronen von Kammer und Untertor und aus schweren Sandsteinquadern mit Aussparungen für Dammbalken zur Abdichtung bei Reparaturen, mit Nischen für die Flügel der

Tore und für eine Treppe in der Kammerwand zum An-Bord-Gehen errichtet. In Hattingen künden beiderseits in das Mauerwerk am Unterwasser eingelassene gußeiserne Tafeln von der Erbauung 1829/30 unter König Friedrich Wilhelm III. *FM*

HAVIXBECK (Coesfeld D3)

Kath. Pfarrkirche St. Dionysius

Auf den Kirchplatz führt ein got. Torhaus an der SW-Ecke. Dem Torhaus gegenüber wurde im 17. Jh. eine kleine Andachtskapelle errichtet, die ein Vesperbild von 1654 enthält. Inmitten dieses Bezirks lag bereits 1137 eine Kirche. Der bestehende Bau, errichtet in der 2. Hälfte des 14. Jh., ist eine typisch westfäl. Hallenkirche mit 3 Schiffen zu 3 Jochen. Den schlanken Rundpfeilern sind 4 Dienste vorgelegt; Kelchkapitelle entsenden präzise geschnittene Kreuzrippen in die Gewölbe. Prächtige Schlußsteine fassen die Rippen zusammen. Die Krönung Mariens, der Kopf Christi, das Bild eines Bischofs, das Zeichen des Lammes erscheinen in den Gewölben. Das Gemeindehaus und der Chor, der etwas breiter als das Mittelschiff ist, verschmelzen zu einer zentralisierenden Einheit. Die Fenster setzen den Reichtum der Bauplastik in einem hochgot. Maßwerk fort, das vorwiegend Dreipässe benützt. Der quadratische W-Turm, eine massige Anlage des 12. Jh. mit Helm von 1690, ist durch rundbogige Schallöcher gegliedert, deren Zwischensäulen Würfelkapitelle tragen. Wer sie mit den Pfeilern des got. Raumes vergleicht, begreift die Qualität dieser kleinen Hallenkirche.

Zur Ausstattung gehören gute Skulpturen. Der *Sakramentsturm* von ca. 1450 vereint elegantes got. Zierwerk mit Figur und Ornament. Er gehört zu den schönsten Beispielen dieser monumentalen Form der Monstranz in Westfalen. Bemerkenswert das *Epitaph* von 1522 mit einem Relief der Beweinung Christi. Die got. Steinkanzel und der 8eckige Taufstein stammen aus der Zeit um 1450.

1 km vom Dorfe entfernt liegt die Wasserburg **Haus Havixbeck,** seit 1601 im Besitz der Freiherren von Twickel. Das schlichte Herrenhaus von 1561 mit Umbauten des 17. und 18. Jh., in zierlichen Renaissanceformen dekoriert, hat an der Hofseite Umbauten des 18. Jh. Zu dem im Winkel liegenden Torhaus vermittelt eine Dreibogenbrücke den Zugang über den Wassergraben. Die 3flügelige Anlage setzt sich – nach Zuschüttung des Trenngrabens zwischen Haupt- und Vorburg – in den niedrigeren Wirtschaftsgebäuden mit quadratischen Ecktürmen fort und schließt mit von Putten und Vasen besetzten Torpfeilern nach dem Entwurf von Johann Conrad Schlaun ab.

Etwa 2 km nördlich des Ortes liegt **Haus Stapel.** Eine Wasserburg ist schon 1211 bezeugt, das heutige **Herrenhaus** ist ein großes klassizist. Gebäude nach Plänen von August Reineking. Es entstand in den Jahren 1819–27. Die **Vorburg** mit dem **Torhaus** wurde 1719 vollendet, ihr Baumeister ist unbekannt.

HEIMBACH (Düren B7)

Der Ort, durch die landschaftlichen Reize seiner Lage um einen Burgberg im Tal der Rur ausgezeichnet, erhielt 1614 Marktrecht. Die Bewohner des jülichschen Amtssitzes befestigten den im Schatten der Burg wachsenden Flecken früh und nannten sich Bürger, obwohl sie keine Stadtrechte hatten.

Die **kath. Pfarrkirche St. Klemens,** 1725 geweiht, ist ein Saalbau mit vorgesetztem W-Turm und 3seitigem Chor. Das Kreuzrippengewölbe ruht auf flachen Wandvorlagen. – Bedeutender als der Bau ist die Ausstattung, 3 große Altäre vom Anfang des 18. Jh. Der Hochaltar enthält eine Kopie der Kreuzabnahme von Rubens. Aus Kloster Mariawald stammt das Hl. Grab, eine niederländische Arbeit um 1500.

Ehem. Burg
Die Burg der Edelherren von Hengebach und später der Grafen von Jülich wurde im 12.–14. Jh. erbaut. Nach schwerer Beschädigung im 17. Jh. neu errichtet, wurde sie durch den 30jährigen Krieg und den Stadtbrand von 1687 zur Ruine, 1904 restauriert und wieder ausgebaut zum Hotel.
Der älteste Teil ist der Bergfried, dessen quadratisches Untergeschoß noch romanisch ist, während seine 2 runden Obergeschosse dem 16. Jh. angehören. Romanisch sind auch die Reste des Palas, der sich westl. an den Bergfried anschließt, ferner die Apsis der zerstörten Kapelle und die innere Burgmauer an der N-Seite. Die Reste der äußeren Ringmauer und die Torbauten stammen aus dem 14. Jh.

Nicht weit davon liegt das **ehem. Zisterzienserkloster Mariawald,** Ende des 15. Jh. erbaut mit 1511 geweihter 1schiffiger Kirche, zu deren Ausstattung bedeutende Glasmalerei gehörte (heute in St. Stephan in Norwich und im Victoria-and-Albert-Museum, London). Nach der Erneuerung des Klosters, 1861, und einem Neubau der Kirche durch Friedrich Albert Cremer, 1887–91, blieben vom alten Bestand 2 Flügel des Kreuzganges, der Kapitelsaal mit einem 5seitigen Chörlein und verschiedene andere Räume mit alten Türen und Stuckdecken erhalten. 1961–64 restauriert. Heute Trappistenabtei.

Hasenfeld

● **Wasserkraftwerk**
Die zur Erbauungszeit (1904) größte europäische Talsperre mit 45 Millionen Kubikmeter Stauinhalt versorgt durch eine Druckstollenleitung mit

dem für Mittelgebirge sehr hohen Gefälle von 110 m die Turbinen des 1899–1904 gebauten Wasserkraftwerks Heimbach-Hasenfeld unterhalb des Urftstausees.
Der architektonisch hochoriginelle Bau mit seiner der Rur zugewandten querovalen Fassade trägt im Inneren wie im Äußeren allenthalben ornamentale Hinweise auf seine Bestimmung: Angefangen bei der aus Turbinen- und Generatorenelementen gebildeten Putzrosette des Giebels, von der 10 über die Fassade zuckende Pfeilblitze ausgehen, der die Antriebskraft versinnbildlichenden Wellenmotive der Längswände bis zu Tür-, Fenster- und Armaturendetails im Inneren der Generatorenhalle spricht alles die symbolische Sprache der Funktion des Baues. In einzigartiger Weise hat hier ein vom Jugendstil beeinflußter Architekt Funktion und Gestalt einer technischen Anlage mit wahrhaft schöpferischer Phantasie miteinander verwoben. *AF*

HEINSBERG (Heinsberg A6)

Der Ort entstand aus einem Fiskalgut am Fuße der Burg der Herren von Heinsberg; 1484 kam er an Jülich. Der 2. Weltkrieg hat ihn fast völlig zerstört.

Kath. Pfarrkirche St. Gangolf, ehem. Stiftskirche
Oda von Heinsberg gründet 1128/29 ein Kanonikerstift, dem bald eine Kirche zugehört, die bis kurz nach 1400 Bestand hat. Dann folgt in langer Bauzeit die heutige 3schiffige Pfeilerbasilika, die der 2. Weltkrieg schwer beschädigt.
Die mächtige 3schiffige Hallenkirche aus Backstein hat 5 schmale Joche im Langhaus und 3 im Chor, der mit 5 Achteckseiten schließt. Die Seitenschiffe sind im W bis zur Turmfassade vorgezogen und im O gerade geschlossen. In der am Niederrhein üblichen Art sind je 2 der 6 Turmgeschosse zusammengefaßt, durch Gesimse und Maßwerkblenden gegliedert. Im Glockengeschoß öffnen sich die oberen Teile dieser Blenden als Schallfenster. Die eingezogenen Strebepfeiler des Langhauses werden außen nur als flache Vorlagen sichtbar, zwischen denen die hohen 2teiligen Maßwerkfenster stehen. Die Jochgiebel der Seitenschiffe sind neu; früher war das große Satteldach auch über sie herabgezogen. Abgetreppte Strebepfeiler stützen den Chor. Zwischen ihnen stehen große 3teilige Maßwerkfenster, die in halber Höhe abgeteilt sind. Im Winkel zwischen Chor und nördl. Seitenschiff ist die Sakristei eingebaut; sie hat 2 Joche und 3seitigen Schluß. Das Mittelschiff und

der sehr viel höhere Chor waren mit Netzgewölben, die Seitenschiffe und die Sakristei mit Kreuzrippengewölben gedeckt. – Unter dem Chor die 3schiffige *Krypta* der Zeit um 1130 mit 4 Jochen und Kreuzgratgewölben; das 5. westl. Joch wurde im 19. Jh. beseitigt.

● Das um 1450 von einem Brabanter Bildhauer geschaffene *Grabmal für die Familie von Heinsberg,* lebensgroße Gestalten auf dem Tumbendekkel, gehört zu den besten Arbeiten der rheinischen Plastik des 15. Jh. Gute Figuren enthält die Kreuztragungsgruppe, Anfang 16. Jh., und eine beachtliche Arbeit ist auch das Taufbecken aus Gelbguß, um 1500 (obenauf der hl. Gangolf).

Von der **Burg** der Herren von Heinsberg sind nur geringe Reste erhalten (12. Jh.?).

Das **Torbogenhaus** ist ein 2geschossiger Backsteinbau des 18. Jh. mit einem spätgot. Treppentürmchen im Hof. Heute **Kreisheimatmuseum,** u. a. mit Bildern des Malers Karl Begas, der 1794 in Heinsberg geboren wurde.

HELLENTHAL (Euskirchen B8)

Reifferscheid (B8)

Kath. Pfarrkirche St. Matthias. Die in den Burgring einbezogene Kirche, deren Chor 1489 vollendet war, ist eine spätgot. 3schiffige Hallenkirche mit erhöhtem, sterngewölbtem Mittelschiff, eingezogenem 2geschossigem W-Turm und einem Chor mit 3seitigem Schluß. Bei der Restaurierung 1865–67 durch August Lange wurden Turm und Mittelschiff erhöht und die Seitenschiffe mit eigenen Pultdächern gedeckt. In die Sakristei ist ein runder Eckturm der Ortsbefestigung einbezogen.

Die **Burg** war seit 1195 und ist heute wieder Besitz der Herren von Reifferscheid. Von der Anlage des 14. Jh. blieben nur der 7geschossige Bergfried, ein Tor und Reste der Umfassungsmauern erhalten. Auch von einem Neubau nach dem Brand von 1669 sind nur noch Kellerteile übrig. Nach 1689 entstand der mächtige Torbau an der O-Seite des Innenhofes, der von 2 im Grundriß hufeisenförmigen Türmen flankiert wird. – Zur äußeren Umwehrung gehören das N-Tor, die »große Porz« oder »Matthiastor« genannt, ein schwerer Torbau des 14. Jh. mit vorspringenden Ecktürmen, ein »neues Tor« von ähnlichem Aufbau an der O-Seite, 1581 erneuert, sowie einige Halbtürme. – Burg und Burgsiedlung mit Kirche bieten in ihrer Höhenlage eine reizvolle Einheit.

HENNEF (Rhein-Sieg-Kreis D7)

Blankenberg (D7)

Blankenberg, das schon 1245 das Stadtrecht erhielt, war mit etwa 250 Einwohnern lange eine der kleinsten Städte Deutschlands; heute ist es Ortsteil von Hennef.

Die **kath. Pfarrkirche St. Katharina** ist ein 1schiffiger Saalbau des 17. Jh. mit einem 5seitig geschlossenen Chor aus der Mitte des 13. Jh. und einem Anbau von 1960. Die Rippen des zierlichen Chorgewölbes werden von 3teiligen gekuppelten Diensten mit Schaftringen und Knospenkapitellen aufgefangen. Große Mittelpfosten stützten ehemals die flache Decke des Schiffes. Über dem Chorjoch ein Glockenturm. Reste von Wandmalereien (Legende der hl. Katharina) aus dem 13. und 15. Jh., 1928 restauriert.

Burg und Stadt ●

Als Stützpunkt für ihre Güter um Blankenberg gründeten die Herren von Sayn um 1180 die Burg, die 1363 an Jülich-Berg kam. Sie wurde nach dem 30jährigen Krieg (1676) geschleift und ist seither Ruine.

Die **Burg,** eine der größten Landesburgen in diesem Teil des Rheinlandes, ist in Verbindung mit der Landschaft von starker Wirkung. Vergleichbar ist die Anlage von Stadt und Burg → Nideggen. – Die rechteckige Anlage auf langem Bergrücken hat eine vorgeschobene schwere Bastei. Erhalten sind Reste des Palas, des Pfortenhauses und spärliche Reste einer Doppelkapelle; deren ausgezeichnete Bauplastik aus der Zeit um 1200 wurde im 18. Jh. großenteils im nahen Bödingen wiederverwendet. Auf der S-Seite steht ein mächtiger Bastionsturm des 15. Jh., an der N-Seite der runde Bergfried. – In der **Vorburg** ebenfalls ein starker Rundturm mit einer hohen Schildmauer und einem Torturm. – Durch einen Graben davon getrennt das Gelände der stark befestigten, später verlassenen **Altstadt.** – Wiederum durch einen Graben getrennt die wahrscheinlich nach 1363 befestigte **Neustadt** mit dem **Kölner Tor** und dem hohen **Katharinentor** (darin ein **Heimatmuseum**).

Bödingen (D7)

Ehem. Stiftskirche Maria Mater dolorosa

Die Kirche des Augustinerchorherrenstifts, das 1423 gegründet wurde, verdankt ihre Entstehung einem Gnadenbild der Schmerzhaften Muttergottes. 1397 begonnen, wurde der Bau 1408 geweiht. Für die Bedürfnisse des Stifts erweiterte man ihn 1440 um ein Querhaus und 1490–1500 um einen Chor. Seit Aufhebung des Stifts (1803) kath. Pfarrkirche. 1884–89 umfassende Erneuerung.

Der Außenbau wird bestimmt durch das eindrucksvolle Zusammenwirken des 4geschossigen W-Turmes mit dem Chor, der ein 10eckiges Zeltdach trägt. Die Kirche ist eine 3schiffige got. Pfeilerbasilika mit eingezogenem 4geschossigem W-Turm. Die Kreuzarme schließen 3seitig ab. – Inneres. Das Turmuntergeschoß entspricht dem westl. Mittelschiffsjoch. Erst im Querhaus und im Chor kommt der Raum zu eindrucksvoller Entfaltung. Der Chor schließt unmittelbar an die nach O sich trapezförmig verbreiternde Vierung an und ist aus 7 Seiten des Zehnecks gebildet, so daß seine Wirkung der eines Zentralbaus nahekommt. Das Schwergewicht des klösterlichen Chordienstes wird in seiner Anlage deutlich, zugleich die Vereinigung der Chorgemeinschaft um das Opfergeschehen in dem unvollständigen Zentralraum sichtbar. Die in Bruchstein ausgeführte Basilika hat 4 Joche mit niedrigem Obergaden. Das schmale Querhaus endet an beiden Seiten in Abschlüssen aus 5 Seiten eines Achtecks. Die Kreuzrippen der Langhausgewölbe wachsen aus Diensten, die mit dem Stützenkern jeweils zu einem 6eckigen Pfeiler verschmolzen sind. Im Chor tragen Dienste mit reichen Blattwerkkapitellen die Gewölberippen.

Im Chorscheitelfenster das vorzügliche, wenn auch stark ergänzte *Glasgemälde* einer Kreuzigung mit dem hl. Augustin und dem Stifter, dem Kölner Erzbischof Hermann von Hessen († 1508), sowie der hl. Elisabeth.

Vom **Klostergebäude** stehen noch 2 Flügel, 1677 und 1692 erbaut. Beachtung verdient das Sommerrefektorium von 1732, ein freundliches Bauwerk, das an seiner Fassade Säulen samt hervorragenden Basen und Kapitellen vom Anfang des 13. Jh. mit einer Barockmadonna in der Ädikula zu einer höchst originellen Komposition vereinigt. Die roman. Bauplastik stammt wie die von 4 Prozessionsaltären an den Dorfausgängen aus der Burg Blankenberg.

Seligenthal (D7)

Ehem. Franziskaner-Klosterkirche, jetzt **kath. Pfarrkirche St. Antonius**
Das Kloster ist eine der ältesten Minoritensiedlungen im Rheinland, die Kirche die älteste erhaltene Bettelordenskirche in Deutschland. Die Niederlassung der Franziskaner wurde 1231 von Graf Heinrich III. von Sayn und seiner Gemahlin Mechtildis gegründet.

Die Kirche, eine Basilika im Übergangsstil von der Romanik zur Gotik, mit nur einem Seitenschiff und rundgeschlossenem Chor, war wohl 1256 vollendet. Nach schweren Brandschäden 1647 stellte man die Kirche wieder her und erbaute an der W-Front eine Vorhalle, an deren Stelle 1894/95, bei einer umfassenden Restaurierung, eine neue in romanisierenden Formen errichtet wurde. Dabei wurde auch das Seitenschiff gewölbt. Vor dem unteren Geschoß der W-Fassade steht die Vorhalle, darüber im 2. Geschoß ein hohes Spitzbogenfenster, beiderseits von kleinen runden Öffnungen begleitet, im Giebel 3 halbrunde Nischen. Ein Dach bedeckt das Mittelschiff und den gleich hohen Chorabschluß, den Lisenen und verbindender Rundbogenfries in 5 Abschnitte mit je einem schlanken Rundbogenfenster gliedern. Lisenen und Rundbogenfries gliedern und schmücken auch den Obergaden des Mittelschiffes, der auf jeder Seite 4 schöne Fünfpaßfenster aufweist. Im Innern tragen Arkaden ohne Kämpfer die Scheidbogen. Die westl. Hälfte des Mittelschiffs ist flach gedeckt, die östl. und der Chor haben Kreuzrippengewölbe. Seit der Gesamtrenovierung 1964/65 ist innen wie außen die ursprünglich farbige Fassung der Architektur wieder zu sehen. – In der Kirche die schöne Holzfigur eines Engels aus dem 3. Viertel des 15. Jh., Kölner Arbeit.

HERDECKE (Ennepe-Ruhr-Kreis D5)

Ev. Pfarrkirche, ehem. Stiftskirche St. Marien. Das Frauenstift wurde im 9. Jh. gegründet. Die heutige Kirche ist eine roman. Pfeilerbasilika, deren ursprünglich flachgedeckten Schiffe mit Resten des karoling. Baues in der Mitte des 13. Jh. eingewölbt wurden. Später hat man die Kirche öfter umgebaut; zuletzt erhielt sie 1908 einen neuen Turm über dem westl. Gewölbejoch. – Die Fenster entwarf Walther Benner (1958, 1960).

HERFORD (Herford G2)

Vermutlich an einer um 790 gegründeten Eigenkirche des sächsischen Edlen Waltgerus oder Wolderus erstand um 822 das erste Frauenstift im Sachsenlande, das sich schnell zu einem der bedeutendsten Reichsklöster der ottonischen Zeit entwickelte, Wirkungsort großer Frauen aus der sächsischen Kaiserfamilie. Schon früh, wohl 833, erhielt das Stift das Marktrecht, das Otto II. 973 erneuerte und das die Grundlage der Entwicklung zur städtischen Siedlung bildete. Weniger das Bürgertum als vielmehr die zahlreichen Kirchen und Klöster gaben dem »hilligen Hervorde« seine Bedeutung im Mittelalter. Stadt und Stift waren beide von jeher reichsunmittelbar. 1547 unterstellte sich die Äbtissin dem Schutz der Herzöge von Jülich. Die Stadt büßte 1647 durch den Übergang an Brandenburg ihre politische Selbständigkeit ein. Das freiweltliche Damenstift bestand bis 1803.

Die **Stadt** ist aus 4 Siedlungen zusammengewachsen: Kern der **Altstadt** ist das Frauenstift; eine frühe Marktsiedlung bildete die **Radewig** mit Jakobikirche und dem ehem. Königshof; die **Neustadt** um die Johanniskirche wurde 1224 planmäßig gegründet; jenseits der Werre bildete sich um das Stift St. Marien die dörfliche Siedlung **Berg.**

● **Ev. Münsterkirche,** ehem. St. Marien und Pusinna

Die ehem. Frauenstiftskirche ist die Keimzelle der Stadt Herford. Wenig wissen wir von der karoling. Kirche des 9. Jh.; nach 2 Vorgängerbauten erhielt sie einen der Klosterkirche Corvey ähnlichen Grundriß mit sehr schmalen Seitenschiffen und Halbkreis-Apsis im O, jedoch keine O-Krypta. Titelheilige war Pusinna, deren Reliquien 860 aus Frankreich übertragen wurden. Die jetzige spätroman. Kirche, einer der wichtigsten Bauten für die Geschichte der westfäl. Hallenkirche, ist von der Äbtissin Gertrud zur Lippe um 1220 begonnen und gegen 1280 vollendet worden. Die got. Zeit fügt als Erweiterungen nach S den Krämerchor (um 1340) und die Beichtkammer (um 1400), nach O ein Chorjoch (um 1430) hinzu. Das oberste Turmgeschoß und der Helm stammen von 1856–60.

Das Herforder Münster ist die erste große Kirche, in der das Mittelschiff seine beherrschende Stellung im Kirchenraum verliert, indem die Seitenschiffe die gleiche Höhe erhalten und auf 2 Drittel der Mittelschiffsbreite verbreitert werden. Es handelt sich um den ersten großen westfäl. Hallenbau und zugleich den einzigen in spätroman. Formen. Bemerkenswert, daß dabei in der Doppelturmfront, dem Querschiff und den beiden O-Türmen (von denen nur der nördliche erhalten blieb) noch die älteren Grundzüge der roman. Basilika beibehalten wurden. Da ursprünglich ein W-Portal fehlte – das jetzige ist etwa 1340 eingebrochen –, sollte der Raum nicht in der Längsachse, sondern in perspektivisch wechselnden Durchblicken von der Seite her erlebt werden.

Das Langhaus mit 3 Schiffen und 3 Jochen bildet im Grundriß nahezu ein Quadrat, das Querschiff lädt nur wenig aus, daran schließt sich der ursprünglich 2jochige Chor, dem – an Stelle einer $^5/_{10}$-Apsis – ein 3. got. Chorjoch mit geradem Schluß angefügt ist. Die W-Türme »reiten« auf den westl. Seitenschiff-Jochen. Daß der nördliche ein unvollendeter Stumpf blieb und nur der südliche hochgeführt wurde, läßt sich aus der westfäl. Vorliebe für den Einturm erklären. Langhaus und Anbauten haben quergestellte Satteldächer mit Dreiecksgiebeln, ein Motiv, das sich aus dem Hallenbau ergab und hier erstmalig Verwendung fand. Die übrigen Herforder Kirchen und viele andere der Landschaft haben diese Dachform übernommen.

Hauptansichtsseite ist von jeher die malerische *S-Front* mit den mächtigen Giebeln in wechselnden Formen. Links öffnet sich die Eingangshalle, das *»Paradies«,* mit 4 Kreuzgewölben auf 2 Mittelsäulen, mit reizvollen Wandarkaturen rheinischer Art und dem doppelten Säulenportal. Rechts schließt sich der

Herford. Ev. Münsterkirche

Krämerchor an mit dem Beinhaus im Untergeschoß, mächtigem Maßwerkfenster und reichem got. Ziergiebel. Es folgt die *Fassade des Querschiffes,* die in den Eckstrebepfeilern, dem Fenstermaßwerk und in der Kapitellornamentik (gebuckeltes Blattwerk im Reimser Typ) die spätesten, schon zur Frühgotik übergehenden Formen des urspr. Kirchenbaues zeigt. Vor der *»Siebensonnentür«* ein Portalvorbau mit den Steinskulpturen eines Löwen und Drachen, darüber im Maßwerk des Fensters die sagenumwobenen Sieben Sonnen, nämlich 7 kreisrunde Kupferscheiben, mit denen das Blendmaßwerk gefüllt ist. Im Winkel zwischen S-Querschiff und Chor steht, an der Stelle des ehem. O-Turmes, ein 2geschossiger spätgot. Anbau mit der *»Beichtkammer«* im Erdgeschoß und der *»Bibliothek«* im Obergeschoß. In der Bibliothek 2 prachtvolle Maßwerkfenster mit dem Rad-Motiv. Soweit der spätroman. Chor erhalten ist, wird er gekennzeichnet durch die Lisenengliederung und einen Bogenfries auf Konsolen mit Tier- und Menschenköpfen. An der O-Seite des got. Chores ein großes Fenster mit spätgot. Fischblasen-Maßwerk und ein fialengeschmückter Giebel. – An der *N-Seite des Langhauses* kommen die urspr. spätroman. Formen noch voll zur Geltung. Die wuchtig geschlossene Mauer öffnet sich nur im oberen Teil in zierlichen und reichdekorierten Fenstergruppen. Ein Fensterkapitell am Querschiff zeigt die Halbfigur des Baumeisters, eines am Langhaus die Allegorie der »Wollust«. Im Winkel zwischen nördl. Querschiff und Chor steht der erhaltene O-Turm, dessen oberstes Geschoß 8eckig ist.

Das Innere ist von großartiger Raumwirkung. Die wuchtigen Pfeiler sind reich gegliedert: Ihrer kreuzförmigen Grundform sind Säulendienste vorgelegt; oben schließt sie ein durchlaufender Kapitellfries ab. Darüber erheben sich die schweren Gurtbögen, zwischen denen wie Kuppeln die weitgespannten, rippenlosen Domikalgewölbe in die Höhe streben. Nur das östl. Mittelschiffsjoch hat ein Gewölbe mit 8 Zierrippen, auf deren Zierscheiben in abgekürzter Form das Jüngste Gericht dargestellt ist. Im nördl. Querschiff die Nonnenempore auf einer schlichten gewölbten Säulenhalle, an der O-Wand des südl. Querschiffes – statt einer Nebenapsis – ein Säulen-Ziborium.

Ausstattung. Im Chor: Auf dem Hochaltar Teil eines holzgeschnitzten Altaraufsatzes mit phantasievollem Fischblasen-Maßwerk. Grabstein der Jutta v. Bavenhausen († 1315), schöne got. Figur in Ritztechnik. *Tumba der Äbtissin Mechthild v. Waldeck* († 1442), die Deckplatte bemerkenswert wegen der verschiedenen Techniken: die Figur in Sandstein-Relief, der architektonische Rahmen in Ritztechnik, die 4 Wappen in Bronzeguß und die Inschrift in schwarzer Asphaltfüllung. – 4 große Äbtissinnen-Tumben aus der Renaissance-Zeit (1578–1640). Bronzene Inschrifttafel für die bekannte Äbtissin Elisabeth II. v. d. Pfalz († 1680). Niederländisches Ölbild mit figurenreicher Darstellung des Kalvarienbergs, Anf. 16. Jh. – Im Querschiff der Lettner-Altar aus der Bauzeit um 1230. Unter der Empore der reichgeschmückte spätgot. *Taufstein* mit je 4 alt- und neutestamentlichen Szenen und 8 Heiligenfiguren, in der Art des Heinrich Beldensnider um 1490 gearbeitet. – Im Langhaus eine prächtige Kanzel in Weiß und Gold, um 1635, mit holzgeschnitzten biblischen Szenen und reichem Knorpel-Ornament, die Kanzeltür 1669 hinzugefügt. An spätgot. Holzschnitzarbeiten sind 10 Apostelfiguren an den Pfeilern (Ende 15. Jh.) und der große Christophorus (um 1520) über der Paradiestür erhalten. An der Empore im nördl. Seitenschiff sind die Zeichen des Kramer-Amtes (Flachsbündel), des Schuhmacher-Amtes (Stiefel) und des Linneweber-Amtes (Weberschiffchen, darüber Sündenfall) bemerkenswert. – In den Fenstern der Kirche vorzügliche *Glasmalereien* von Erhard Klonk, 1953.

Ev. Jacobikirche

Vermutlich als Marktkirche zu Odenhausen schon früh gegründet, blieb die jetzige Pfarrkirche des Stadtteils Radewig bis 1630 eine von der Münsterkirche abhängige »Kapelle« ohne eigene Pfarrechte. Sie wurde bis zur Reformation von den nach Santiago de Compostela ziehenden Jakobspilgern aufgesucht und deswegen 1530 vom Rat der Stadt geschlossen. Bürgermeister Anton Brutlacht ließ die Kirche neu ausstatten und 1590 wieder dem Gottesdienst öffnen. – Der heutige Bau wurde gegen 1300 mit dem frühgot. Chor begonnen und um 1360 mit dem Turm vollendet; die barocke Turmhaube von 1786.

Das 3schiffige und 3jochige Langhaus ist im Grundriß quadratisch. Das westl. Mittelschiffjoch trägt den Turm, ist aber zum Innern völlig geöffnet. Der Chor hat 1 Joch und 5/8-Schluß. Die vorzüglichen Bauformen des Chores mit reichprofilierten Dienstbündeln und Kapitellfriesen aus Eichen- und Weinlaub sind vom Mindener Dom abhängig. Die 4 Langhauspfeiler sind paarweise verschieden: die beiden nördlichen 8eckig mit 4 vorgelegten Diensten, die südlichen rund, wobei die beiden westlichen als Turmträger erheblich stärker als die östlichen sind. Rippenlose Gewölbe mit starker Steigung der spitzbogig gebrochenen Kappen.

Ausstattung in reichen Holzschnitzereien der Spätrenaissance. Kanzel 1590 mit eingelegten Arbeiten; Taufe 1611; Wandvertäfelungen mit eigenartig manieristischen Hermen (um 1610), an der N-Seite für den Bäcker-Amtsstuhl (mit 3 Gebäckarten), an der S-Seite für den Kramer-Amtsstuhl. An der W-Seite die Bürgermeister-Prieche mit Bildern von

9 jüdischen Königen und der Orgelprospekt von 1638. Hänge-Epitaph des Bürgermeisters Anton Brutlacht und seiner Frau Catharina geb. Freithof, um 1620, mit gemalten Porträts und Hauptbild der Auferweckung des Lazarus. Ein Hängeleuchter mit Rentiergeweih (Kopf nach Absturz 1945 erneuert), um 1600, und eine Walfischrippe von 1589 sind gewissermaßen museale Kuriositäten.

Kath. Pfarrkirche St. Johannes Baptist, auf dem Komturhof der 1810 aufgehobenen Johanniter-Kommende. Stuckierter Saalbau von 1715 mit westl. Erweiterungsbau von 1890. Bemerkenswert ein künstlerisch hervorragendes *Vesperbild* (Pietà) aus dem Anfang des 16. Jh., das, aus der spätgot. Tradition herauskommend, die edlen und schönen Formen der Frührenaissance zeigt. – **Komturhaus,** jetzt kath. Pfarrhaus, Steinbau mit alter Rückgiebelseite zur Bowerre um 1500 und Barock-Portal um 1715.

Ev. Johanniskirche

Nachdem die Neustadt 1224 gegründet war, begann man wohl erst gegen 1250 mit dem Bau der Johannes dem Täufer geweihten Pfarrkirche. Unter mehrfachem Wechsel der Planungen und Stilformen wurde die Kirche bis etwa 1360 fertiggestellt. In der ersten (frühgot.) Bauperiode errichtete man die beiden westl. Langhausjoche, zu denen das mit Laubwerk geschmückte S-Portal gehört. Dann entstand um 1330–40 der Turm in hochgot. Formen, und schließlich wurde um 1350–60 die Kirche um das östl. Langhausjoch verlängert und der Chor erbaut. 1414 verlegte man das Dionysius-Kapitel aus Enger hierher, das bis 1810 bestand. 1903–10 erhielt die Kirche, die auf eingerammten Eichenpfählen stand, ein neues Beton-Fundament. Da eine Unterfangung des Turmes nicht möglich war, mußte er abgebrochen und neu erbaut werden.

Die Johanniskirche ist eine 3schiffige und 3jochige got. Halle über quadratischem Gesamtgrundriß. Der Turm wird an der N- und S-Seite von einem schmaleren Seitenjoch begleitet, öffnet sich jedoch nur zum Mittelschiff. Als Stützen dienen Rundpfeiler mit Laubkapitellen. Der Chor hat 1 Joch und ⅝-Schluß mit geometrischem Fenster-Maßwerk der späten Hochgotik.

● Ausstattung. Von besonderer künstlerischer Bedeutung, wenn auch durch Restaurierungen beeinträchtigt, sind die *Glasmalereien der Chorfenster.* Im S-Fenster ist in 18 kleinen, farbkräftigen Medaillon-Bildern die Geschichte Jesu dargestellt (um 1320); in den Fenstern der beiden Schrägseiten finden sich (stark ergänzte) Glasmalereien der Hochgotik aus der Bauzeit des Chores (um 1360) mit Heiligenfiguren, kleiner Kreuzigungsgruppe und reichen Baldachin-Architekturen; im Mittelfenster eine große Kreuzigungsgruppe mit Stiftern, spätgotisch um 1520–25. – Von der Ausstattung des Chors sind bemerkenswert der Zelebrantenstuhl in zierlicher spätgot. Schnitzerei, um 1520–25, ein großes Ölbild »Der Zinsgroschen«, um 1600, und die Kopie eines holzgeschnitzten Lesepultes aus dem Ende des 13. Jh. (das Original kam 1885 mit dem Dionysius-Schatz in die Berliner Museen). – Der Innenraum der Kirche hat mit der alten Ausstattung, dem *Gestühl* und den *Handwerker-Priechen* (Emporen) – alles in erneuertem, farbenfreudigem Anstrich – getreu das Bild aus dem 17. Jh. bewahrt. Die in Herford blühende dekorative Holzschnitzkunst gibt diesen Werken ihren besonderen Charakter und entwickelt bisweilen geradezu phantastisch-seltsame Formen: Kanzel (1602), Wandvertäfelungen (um 1610), Hänge-Epitaph der Familie Lasterpagen (um 1625), Taufstein-Deckel (um 1625), ehem. Orgel-Wangen (um 1630) auf dem Sakristei-Einbau in der SO-Ecke. Dazu kommen die Emporen-Brüstungen mit ihren Schnitzereien, den Amtswappen der Gilden und Gemälden oder Sprüchen: an der W-Seite des Mittelschiffes der Ratsherren-Stuhl mit Bildern von 9 Königen Judae, es folgen an der N-Seite die Amtsstühle der Leineweber (1658), der Schuhmacher (1667), der Schneider (1669) und der Kapitelherren-Stuhl (um 1600), an der S-Seite die Amtsstühle der Bäcker (1662) und der Höker (1668).

Ev. Marienkirche, ehem. Stiftskirche ●

Auf dem Luttenberge erschien, der Legende nach, am 18. Juni 1011 einem armen Hirtenknaben die Jungfrau Maria in Gestalt einer Taube. Ein Baumstamm bezeichnete den Platz dieser Erscheinung, der »Vision«, die bis auf den heutigen Tag als Kirchweihfest gefeiert wird, und der als Heiligtum verehrte wundertätige Baumstamm (»truncus«) ist noch jetzt in einem prachtvollen Tabernakel erhalten. Aus diesem Anlaß wurde 1011 das Frauenstift »St. Marien zum Kreuz auf dem Berge« als Filiale des Stifts bei der Münsterkirche gegründet und für den niederen Adel bestimmt. Der roman. Kirchenbau des 11. Jh., den Bischof Meinwerk (1009–36) weihte, war wahrscheinlich eine 1schiffige Kreuzkirche, von der Teile der Querschiffsmauern und der Nonnenempore erhalten blieben. Der alte W-Turm der Kirche, der 1900 abgebrochen und durch den neugot. Turm ersetzt worden ist, stammte vermutlich von einer vorangehenden Michaelskapelle (vor 1000). In der Zeit von etwa 1300–30 wurde die roman. Kirche zur heutigen got. Halle umgebaut und erweitert. Dabei stellte man als letzte Bauteile das östl. Langhausjoch – jenseits des alten Querschiffes – und den Chor fertig.

Das Äußere des Langhauses wirkt wie ein mächtiger Kubus, der von den 4 quergestellten Satteldächern mit ihren Fialengiebeln bekrönt wird. Die S-Giebel sind mit Blendmaßwerk, Figurenreliefs oder Wappen geschmückt und tragen auf ihrer Spitze (erneuerte) verzierte Maßwerkkreuze. Straffere Formen zeigt der Chor, dessen O-Giebel ein hervorragendes Meisterwerk got. Linienkunst ist. Es handelt sich um das früheste Vorkommen der Kombination von Dreieck- und Staffel-Giebel, wie sie später, im 16. Jh., von der bürgerlichen Architektur dieser Landschaft aufgenommen wurde, verziert mit Fialen, Stab- und Maßwerk sowie figürlichen Reliefs. – Im Inneren bildet das Langhaus mit seinen 3 Schiffen und 4 Jochen einen weiten, durchlichteten Raum, der in sich zu ruhen scheint, da alle Joche nahezu quadratischen Grundriß haben. Die Proportionen sind in die Höhe gereckt; fast schwerelos steigen die schlanken Pfeiler empor, und die Bewegung ihrer Säulendienste setzt sich nach oben in den Rippen der Gewölbe fort. In der stilistischen Entwicklung bildet dieser Bau einen besonderen künstlerischen Höhepunkt auf dem Wege vom Mindener Dom zur Soester Wiesenkirche. Der Chor, mit geometrischem Maßwerk der Hochgotik in den Fenstern, hat 2 Joche, deren östliches – trotz des geraden Schlusses – ein ⅝-Gewölbe deckt, so daß die Winkel mit besonderen Gewölbezwickeln gefüllt sind. Die von unten sehr dünn aufsteigenden Kappen werden von Maßwerkformen durchbrochen, unter denen sich auch die in der Spätgotik so beliebte Fischblase findet. Das Vorkommen der Fischblase im S-Fenster des 1. östl. Langhausjoches gilt als das früheste in Westfalen. – Die Nonnenempore im westl. Mittelschiffjoch ist um 1400 in spätgot. Formen neu gestaltet worden; 1904 wurde sie in die Seitenschiffe verbreitert.

Ausstattung. Das Innere wird beherrscht von dem großartigen *Altar-Tabernakel,* das am Ende des 15. Jh. geschaffen wurde. Es enthält in seinem Gehäuse den wundertätigen Baumstamm der »Vision«, wird von 3 Baldachinen bekrönt, aufs reichste mit spätgot. Ornamenten verziert und mit 6 Heiligenfiguren und einer Doppelmadonna ausgestattet. An der südl. Chorecke das Sakramentshäuschen aus derselben Zeit, während sich die urspr. Sakramentsnische in der O-Wand des Chors befindet. *Stehende Muttergottes* aus Stein, um 1330–40, S-förmig geschwungen. Spätgot. Schnitzaltar aus heimischer Werkstatt, um 1500, mit 4 Szenen im Schrein und 6 Heiligenfiguren in den Flügeln. »Weinende Maria« auf einer Bank sitzend, ebenfalls ein Werk heimischer Holzschnitzkunst um 1500. Der spätgot. Taufstein ist eine Kopie (von 1866) des verwitterten Originals. Die modernen Glasmalereien der Chorfenster von Erhard Klonk (1955). – Außen an der Kirche zahlreiche Grabmäler von Stiftsdamen und Pastoren mit Bildnissen oder Wappen aus der Zeit von 1470 bis 1787.

Profanbauten. Der Bestand an alten Bürgerbauten ist durch Abbruch stark zusammengeschrumpft.

Steinbauten: Spätgot. Giebelhaus **Höckerstr. 4** von 1538, mit offenem Maßwerk, Kielbögen und Fialen auf den Giebelstaffeln und schönem Schriftband an der Front. Es gilt als Geburtshaus des Baumeisters Matthes Daniel Pöppelmann (geb. 1662), der als Erbauer des Dresdener Zwingers weltberühmt geworden ist. – **Frühherrnstr. 11,** erbaut 1553 für den Dekan des Dionysius-Stiftes. Aus dieser Zeit der kombinierte Dreieck- und Staffelgiebel. Von der Überarbeitung der Fassade 1591 stammen das Säulenportal und die Zahnschnitt-Simse. – **Neumarkt 2,** erbaut 1560, der Beschlagwerk-Giebel in Formen der

»Lippe-Renaissance« als dekoratives Schaustück erst um 1578 von Johannes von Brachum aufgesetzt.
Fachwerkbauten: Ältester ist das **Kantorhaus Elisabethstr. 2,** erbaut um 1490. – **Brüderstr. 26** von 1521, ein – auch volkskundlich – überaus interessantes spätgot. Giebelhaus mit zahlreichen Figurenknaggen, Inschriften und Wappen. – Auch das kleine Traufenhaus **Triebenstr. 8** hat Figurenknaggen. – Als weitere spätgot. Giebelhäuser seien genannt **Brüderstr. 28** (1532) und **18** (um 1540) und **Rennstr. 47** (1537). – Den Übergang zur Frührenaissance zeigt das große Traufenhaus **Brüderstr. 15** (um 1560). Fast als einziges Beispiel der typisch Herforder Renaissance-Schnitzerei ist **Neuer Markt 5** (um 1575) erhalten. – Frühbarocke Schnitzornamente zeigen die – nach dem Brand der Radewig von 1638 entstandenen – Häuser **Steinstr. 17** (1639), **Radewiger Str. 17** (1646) und **27** (1645). – An die ehem. »Freiheit« des Stiftes erinnert die Bebauung der **Elisabethstraße: Nr. 3, 7, 9, 11.**

Als moderner Bau ist das 1961 erbaute **Städtische Theater** an der Mindener Straße bemerkenswert.

Das **Städtische Museum** (Deichtorwall 2) gibt in seinen Sammlungen einen guten Überblick über die Geschichte der Stadt und enthält wichtige Werke got. Plastik, ornamentale Werke der Renaissance und des Frühbarock sowie Gemälde des 17./18. Jh. aus der Abtei.

HERNE (CD4)

Schloß Strünkede. Das in einem gepflegten Park gelegene, von Wasser umflossene Schloß der seit 1142 nachweisbaren Herren von Strünkede hat seine Vorgänger in der in der Nähe gelegenen ehem. Ringwallburg in »Lackmanns Busch« und in einer mittelalterl., durch Wasser und Wälle stark befestigten Burg und Vorburg. Um 1600 beginnt der Neubau des jetzigen Renaissance-Schlosses, eines Bruchsteinbaus in Winkelform mit einem vorspringenden quadratischen Eckturm und einer Toreinfahrt. – Im Schloß das vor allem durch seine vor- und frühgeschichtlichen Sammlungen bekannte **Emschertal-Museum.** Hier sind auch die Geschichte des Schlosses, Orts- und Heimatgeschichte dokumentiert und Spezialsammlungen mit Zinngerät, Sonnenuhren und Öfen aufgebaut.

HERTEN (Recklinghausen C4)

Wasserschloß

Graf Bertram v. Nesselrode, der durch Heirat in den Besitz des Hauses Herten gekommen war, begann 1530 mit dem Ausbau einer rund 10 Jahre zuvor begonnenen befestigten Burg, die so stark war, daß sie später in den truchsessischen Wirren eine Belagerung aushalten konnte. Seine jetzige Gestalt erhielt das Schloß, nachdem es 1650 ausgebaut, aber 1687 großenteils niedergebrannt war, bis um 1702. Es wurde 1979 und in den folgenden Jahren restauriert.

Das ursprünglich in den Formen der Übergangszeit von der Gotik zur Renaissance erbaute Herrenhaus mit dem barocken Tor steigt unmittelbar aus dem Wasser empor. 4 Flügel umschließen einen Hof, 3 Rundtürme verfestigen 3 Ecken der Anlage. Während die übrigen Flügel über einem Kellergeschoß aus 2 Wohngeschossen bestehen, ist der südl. Bibliotheksflügel nur 1geschossig; er zeigt auf der Hofseite einen schönen offenen Laubengang, dessen flache Rundbogen auf Säulen mit geriefelten Schäften ruhen. Die Rundtürme, die ausgedehnten Fronten, die ragenden Treppengiebel und der niedrige Bibliotheksflügel bilden eine malerische Baugruppe. – Im Inneren beachtenswert sind der große Saal im O-Flügel mit Deckenmalerei vom Ende des 17. Jh. und in der Saalkammer Stuckdecke und Kamin vom Anfang des 18. Jh.

Orangerie. Der reizende langgestreckte 1geschossige Bau von 1725 ist heute Ruine.

Die **Schloßkapelle** (16. Jh. und 1747) stand früher auf Schloß Grimberg. Sie wurde 1908 nach Herten übertragen.

Der **Park** ist ein Landschaftsgarten, den Maximilian von Weyhe am Anfang des 19. Jh. schuf.

HILDEN (Mettmann C5)

Ev. Pfarrkirche, ehem. St. Jakobi. Der gegen Mitte des 13. Jh. entstandene Bau verharrt bei streng roman. Formen und einem an Westfalen erinnernden, gedrängten Raumbild. In dem 2jochigen Langhaus sind Länge, Breite und Höhe gleich; etwas niedriger schließen sich im W die Vorhalle im Turm und im O das Chorquadrum mit Apsis an. Das Langhaus ist eine Emporenbasilika von reifer, edler Form; die Emporenöffnungen sind nicht viel weniger hoch als die Arkaden des Erdgeschosses, jeweils durch kleeblattförmige Blenden zu zweien zusammengefaßt; darüber in jedem Joch 2 verhältnismäßig hohe Rundbogenfenster. Die Hauptpfeiler haben starke halbrunde Dienste mit schönen Kapitellen für die Gurtbogen der rippenlosen Gewölbe. – Der W-Turm wurde 1696 neu errichtet.

Bad HONNEF (Rhein-Sieg-Kreis D7)

Kath. Pfarrkirche St. Johann Baptist. Von einem roman. Bau aus dem 12. Jh. stammen der schöne 3geschossige Turm sowie die Scheidemauer zwischen Chor und Langhaus. Die got. Anlage wurde als Hallenkirche in der 2. Hälfte des 15. Jh. (Hauptteile des Chores) und am Beginn des 16. Jh. (Langhaus) erbaut. Sie hat 3 Joche mit Netzgewölben über

8seitigen Pfeilern; über dem westl. Joch des Mittelschiffes spannt sich ein Sterngewölbe. Um die 3 Apsiden und das Querhaus bereicherte man den Bau 1912. Reichgebildetes Sakramentshäuschen (1494) und Heiliges Grab mit 7 Figuren unter reich verziertem spätgot. Flachbogen (1514).

Die **Servatiuskapelle** ist ein 1schiffiger Bruchsteinbau mit schmalem, 3seitig geschlossenem Chor. Chor und Chorbogen sind spätromanisch, das Langhaus spätgotisch. Im 17. und 18. Jh. wiederholt restauriert.

HORN – Bad MEINBERG (Lippe G3)

Horn (G3)

Der Ort wird 1031 zuerst genannt; die Pfarrkirche bestand sicherlich schon früher. Gegen 1248 planmäßige Stadtgründung in dem typisch lippischen 3-Straßen-Schema.

Ev. ref. Pfarrkirche, ehem. St. Johannes d. T. Got. Hallenkirche aus der 2. Hälfte des 15. Jh. Das Langhaus hat 3 Schiffe und nur 2 Joche, ist daher breiter als lang, der Chor besteht aus 1 Joch mit ⅝-Schluß. Der W-Turm ist romanisch, 2. Hälfte des 12. Jh., sein oberer Abschluß mit Barockhaube von 1823. Für den Raumeindruck ist entscheidend, wie von den 2 niedrigen Rundpfeilern die weit und hoch gespannten Gewölbe aufsteigen. – Ausstattung. Spätgot. Chorgestühl um 1500. Taufstein von 1589. 5 Hängeleuchter, 1708 von einem Nürnberger Messingschmied angefertigt. Orgelgehäuse um 1700, 1968 ergänzt. – Neben der Kirche ein alter Brunnen, der sog. **Pfeifenkump.**

Ehem. landesherrliche Burg, jetzt **Heimatmuseum** und **Gemeindehaus.** Der mittlere Teil bildete den got. Palas-Bau von 1348, von dem der Inschriftstein erhalten ist. Umbau und Erweiterung 1656–59 durch den Baumeister Hans Degener (später in Arnsberg, Dortmund und Osnabrück tätig). Aus dieser Zeit das schöne frühbarocke Treppenhaus mit Balustern, Pfeilern und Gewölben. Das oberste Geschoß und die wuchtige Barockhaube des Treppenturmes wurden Ende des 18. Jh. abgebrochen.

Ehem. v. Kotzenbergscher Hof (Domensoot 1), 2flügeliger Bau der Spätrenaissance, 1616. An der Marktseite zierlicher Renaissance-Erker und ein barock ornamentiertes Portal von 1680.

Bürgerhäuser. Mittelstr. 71, Steinbau der Renaissance mit Erker, 1563/1564 errichtet, Giebel (zum Teil ergänzt) von 1579. Zahlreiche Fachwerkhäuser im Typ des Hallenhauses, zumeist Ackerbürgerhäuser, die meisten mit schönen Torbögen. Am besten erhalten an der Nordstraße: **Nr. 5** (1613), **Nr. 9** (1579), **Nr. 21, 23, 29** und **31** (1731) sowie **Nr. 25** (1710).

Am Ortsausgang Richtung Steinheim stehen ein **Meilenstein** des 19. Jh. und ein mittelalterl. **Steinkreuz.**

● **Externsteine** (G3)

Der alte Verkehrsweg vom Rhein zur Elbe führte am N-Abhang des Teutoburger Waldes unweit der Stadt Horn an einer Gruppe wuchtiger Sandsteinfelsen vorbei. Anzeichen für eine Nutzung der Externsteine zu kultischen oder militärischen Zwecken vor dem Jahre 1100 gibt es nicht. Der Paderborner Bischof Heinrich von Arnsberg († 1127) ließ 1115 an den Felsen die heiligen Stätten Jerusalems nachbilden, ausgenommen die Hl.-Grab-Kapelle, die auf sein Geheiß auf der Krukenburg bei Helmarshausen errichtet wurde. Der Bischof verwendete hierfür Gelder, die für eine gelobte, aber nicht ausgeführte Wallfahrt nach Jerusalem gesammelt worden waren. (Eine Erwähnung der Externsteine aus dem Jahre 1093 beruht auf einer offenbar gefälschten Urkunde des Abdinghofklosters.) Die Externsteine dienten einem Reklusen, einem lebenslang eingeschlossenen Einsiedler, als Kultstätte und Unterkunft.

Nachgebildet sind die 2 Heiligtümer des Golgatha-Felsens, nämlich die untere Adamskapelle mit der Weihe-Inschrift Bischof Heinrichs von 1115 und die obere Kreuzkapelle im Kopfe des 2. Felsens sowie das Grab Christi in der urspr. Arkosol-Form. – Den 2 Kapellen entspricht die thematische Zweiteilung des großen Reliefs (um 1150), das außen in den Felsen der unteren Kapelle gemeißelt ist: unten Adam und Eva von der Schlange umstrickt, oben die Abnahme Christi vom Kreuz. Das Relief der Kreuzabnahme, von 3,25 m Höhe mit lebensgroßen Gestalten, gehört zu den bedeutendsten Werken der deutschen Großplastik. Dargestellt ist der Augenblick, in dem Nikodemus, auf einem gebogenen Baum stehend, den Leichnam des Herrn vom Kreuz gelöst hat und ihn in die Arme des Joseph von Arimathia gleiten läßt, während die Mutter Maria in ergreifender Gebärde das Haupt des toten Sohnes umfängt. Über dem Kreuzbalken erscheint Gottvater mit der Seele des Sohnes und der Siegesfahne; zu beiden Seiten verhüllen Sonne und Mond trauernd ihr Antlitz. Expressive Gestaltungskraft steigert das Ereignis zu ergreifender Dramatik. Die Formgebung steht schon im Zeichen des monumentalen roman. Stils, wenn sich auch in der Komposition – vielleicht durch Elfenbein-Vorlagen bedingt – das byzantinische Flächenprinzip paralleler Diagonal-Linien bemerkbar macht.

Bad Meinberg (G3)

Der Ort wird 978 zum ersten Male erwähnt; seit 1767 Kur- und Badebetrieb.

Ev.-ref. Pfarrkirche. Als Eigenkirche eines schon um 990 genannten Corveyer Haupthofes wurde um 1150 ein kleiner roman. Gewölbebau

Horn-Bad Meinberg
Horn. Externsteine. Relief der Kreuzabnahme

mit längsrechteckigem Schiff und quadratischem Chor errichtet, eine der ältesten erhaltenen in Lippe. Der ebenfalls roman. W-Turm wurde etwas später angebaut. Die Kirche wurde 1882 und 1928/29 zur heutigen Kreuzform erweitert.

Kuranlagen

Der **Kurpark** entstand 1768–75 und erhielt 1820 seine heutige Form. **Brunnentempel** von 1842 in ägyptisierenden Formen, **Musikmuschel** von 1928. Am Rande des Kurparkes die **Kurhäuser Stern** (1769–73) und **Rose** (1775). (Rose und Stern sind die Wappensymbole der Fürsten zur Lippe und der Grafen von Schwalenberg.) – Vor dem Kurhaus Stern eine **Sonnenuhr** des späten 16. Jh.

HÖRSTEL (Steinfurt D1)

Riesenbeck (D2)

● **Kath. Pfarrkirche St. Calixtus.** In der Kirche von 1807–15 wird ein bedeutendes Werk der roman. Plastik in Westfalen bewahrt. Der *Grabstein der Dame Reinhildis,* um 1130–35, ist ein frühes Beispiel deutscher Bildnisgrabsteine, erfüllt von dem urtümlichen, unbeholfenen Bemühen um die Gestalt der Verstorbenen. Ihr Bild ist in eng gehäuften Furchen graphisch in die Steinplatte eingegraben. Es bleibt in ihrer Fläche, die von der Aktivität der ornamental die Figur bildenden Linie nicht durchbrochen wird. Die expressive Linienkraft greift über auf die Engel zu Häupten der Verstorbenen und den sich öffnenden Himmel. Das Bild wird zusammengefaßt durch einen Rahmen, der eine Schriftleiste trägt und von einer schönen Blattranke umschlossen wird.

HORSTMAR (Steinfurt D2)

Die kleine **Stadt,** mächtig auf einer Höhe im Flachland gelegen, verdient Beachtung als Gesamtanlage. Im Zentrum der planmäßig angelegten Stadt, die von Wällen und Graben gesichert war, liegt das **Rathaus** des 16. Jh., neben ihm die **kath. Pfarrkirche St. Gertrud,** eine schöne Halle vom Ende des 14. Jh. Am Rande der Stadt stehen noch **4 Burgmannshöfe,** schlichtschöne Backsteinbauten des 16. Jh. für die Gefolgsleute des Dynastengeschlechts, dessen Burg 1635 ganz zerstört wurde. Der Ort wird mit liebevoller Übertreibung als westfälisches Rothenburg gepriesen.

HÖXTER (Höxter H3)

Ein fränkischer Königshof und die wohl schon um 800 gegründete Kilianskirche waren Ausgangspunkt der Marktsiedlung an dem wichtigen Weserübergang der alten Handelsstraße vom Rhein zur Elbe. Neue Möglichkeiten gewann die Siedlung durch das 822 in ihre Nähe verlegte

Kloster Corvey, dessen Abt bis 1807 Herr der Stadt blieb. Freilich vollzogen sich die Stadtwerdung und die Behauptung städtischer Rechte oft genug im Kampf gegen die Äbte und die Marktsiedlung Corvey. Der Aufschwung zur Stadt mit der Stadtkirche St. Kilian, mit Markt-Statuten und Befestigungsanlage erfolgte in der 1. Hälfte des 12. Jh. Um 1230 erhielt Höxter städtische Verfassung, um 1260 nahm es das Dortmunder Stadtrecht an, im 16. Jh. erreichte es seine höchste wirtschaftliche Blüte. Seit dem Niedergang durch den 30jährigen Krieg war Höxter eine ackerbürgerlich geprägte Kleinstadt. Dadurch blieb das Stadtbild aus dem Anfang des 17. Jh. weitgehend erhalten, in dem die Kirchen aus rotem Sollinger Sandstein mit den reichgebildeten und ornamentierten Fachwerkhäusern farbig und behäbig abwechseln.

Ev. Kilianikirche

Anstelle einer kleinen karoling. Saalkirche entstand im letzten Viertel des 11. Jh. der roman. Bau als ursprünglich flachgedeckte Kreuzbasilika mit 4 Pfeiler-Arkaden im Mittelschiff, niedrigeren Querschiffsarmen mit Nebenapsiden und gerade geschlossenem Chor. Der großartige *Westbau* ist ungewöhnlich für diese Landschaft, er folgt dem sächsischen Typ (vgl. z. B. Jerichow a. d. Elbe): 2 kräftige Türme mit je 2 gekuppelten Schallarkaden in den 3 oberen Geschossen flankieren den vorspringenden hohen Mittelbau, der eine hohe W-Halle und darüber das Glockenhaus enthält. Gegen 1200 begann die Einwölbung der Kirche auf eingezogenen, sehr kräftigen Pfeilervorlagen. Im nördl. Seitenschiff z. T. figürliche Kapitelle um 1230. Das südl. Seitenschiff wurde im Anfang des 15. Jh. ersetzt durch eine spätgot. Halle von 2 Schiffen.

Ausstattung. Auf dem Hochaltar steht eine Kreuzigungsgruppe mit Maria und Johannes (Holz), um 1520, charakteristisch für den Übergang der Spätgotik in die Frührenaissance. Kanzel von 1597 mit Alabasterreliefs. Bemerkenswert sind ferner die Taufe von 1631, die Orgel, 1709–11, von Hinrich und Johann Berenhard Klausing aus Herford, sowie Kron- und Wandleuchter des 17. und 18. Jh.

Ev. Marienkirche, ehem. Minoritenkirche. 1281 im Bau, 1320 geweiht. Die wenig aufwendige Kirche hat dennoch baugeschichtlichen Rang. Das 4jochige Langhaus ist eine Stufenbasilika mit nur einem Seitenschiff; statt des 2. Seitenschiffes schließt das Kloster direkt an die Mittelschiffswand. Möglicherweise ist die Kirche das älteste Beispiel dieses »reduzierten« Typus, der von der Dominikanerkirche in Marburg aufgenommen und zur Halle umgeprägt wurde und so in Hessen zu weiterer Verbreitung gelangte. – Das Hauptschiff wird vom daran schließenden Chor durch einen eigenartigen, aus der Bauzeit stammenden *Lettner* getrennt, der aus 2 seitlich stehenden, spitzbogigen Baldachinen besteht. W-Giebel mit großem Maßwerkfenster und barockem Dachreiter.

Die **kath. Pfarrkirche St. Nikolai** entstand 1766–70 als Saalbau mit bewegter Barockfront. Erweiterungen von 1896.

Rathaus. Langgestreckter Bau mit Treppenturm an der Eingangsfront, erbaut um 1610–13 und erneuert 1899–1906. Untergeschoß in Stein, Obergeschoß und Giebel in Fachwerk. An der nordwestl. Giebelseite ein reichgeschnitzter Erker, interessant als Nachahmung von Steinarchitektur in Holz. – Im Inneren ist eine ehemals an der Stadtwaage angebrachte *Figurengruppe* aufgestellt, ein ungewöhnliches Werk der spätroman. Profan-Skulptur aus der Zeit um 1265. Auf dem Steinrelief ist als Hauptfigur ein richterlicher Amtswalter auf einer Bank sitzend dargestellt. Er hält eine Waage, und 2 Männer tragen ihm Waren zu.

● Das Stadtbild wird geprägt durch eine Fülle schöner **Fachwerkhäuser** von der Spätgotik bis zum Ende der Renaissance (Datierungen 1537 bis 1621). Zu den vorherrschenden westfäl. Formen gesellen sich auch niedersächsische und hessisch-fränkische, so daß sich eine überraschende Mannigfaltigkeit ergibt. Wenn auch der Abbruch nach 1945 Lücken gerissen hat, sind doch immer noch in einigen Straßenzügen, wie in der Westernbachstraße und Stummrigestraße, einheitliche Häuserzeilen erhalten geblieben. Als bemerkenswerte Häuser seien genannt: **Westernbachstr. 34** (1537, spätgotisch), **Westernbachstr. 2** (1548, mit Blattfries der Frührenaissance), die sog. **Dechanai** am Markt (1561, ehem. Adelshof von Amelunxen), der älteste Bau im Fächer-Schnürrollen-Stil, mit Auslucht und polygonalem Erker, einer der schönsten deutschen Fachwerkbauten. Im Fächer-Schnürrollen-Stil folgen **Nikolaistr. 10, Marktstr. 13** und das Küsterhaus Holenbergstr. 11, jetzt umgesetzt: **Am Rathaus 7** (alle drei von 1565), **Westernbachstr. 10** (1568) und **4** (1578). Interessant durch figürliche Schnitzereien sind **Stummrigestr. 19** (1554, mit Landsknechten) und **Stummrigestr. 27** (1571, mit Sündenfall). Spätrenaissance-Formen im Anschluß an die Steinarchitektur zeigen **Westernbachstr. 33** (um 1584, ehem. Stadthaus v. Zielberg), in dem Tilly 1631 gewohnt haben soll, und **Am Rathaus 5** (1621).

Corvey

● Ehem. Benediktinerabtei (jetzt Schloß) und Kirche

Das weitläufige Schloß des Herzogs von Ratibor, das wie ein ferner Gruß des mainfränkischen Barock an das walddunkle Wesertal erscheint, war bis zur Säkularisierung eine der bedeutendsten Abteien des Abendlandes. 815 gründen 2 Angehörige des Kaiserhauses im nahen Hethi, in den Wäldern des Solling, dem heutigen Neuhaus, ein Benediktinerkloster. Seine Mönche kommen aus der Abtei Corbie an der Somme. Sie nennen ihre neue Niederlassung Nova Corbeia. 822 verlassen sie den ungünstigen Gründungsort und siedeln sich an der Weser, auf dem heutigen Platz von Corvey, an. Sie beginnen mit dem Neubau von Abtei und Kirche. Die Abteikirche wird 848 geweiht. 873–885 erhält sie ihr Westwerk.

Corvey, von den zeitgenössischen Chronisten das Wunder Sachsens und des Erdkreises genannt, entwickelt sich zu einem Zentrum der Reichspolitik, der Christianisierung und der Kultur. Die Kaiser halten ihre Hoftage in Corvey ab und weilen oft zu Gast in den Mauern der Abtei. Heinrich II., der Heilige, ist siebenmal in Corvey. Die Abtei wird zum Ausgangsort der Missionierung des deutschen und des skandinavischen Nordens. Ansgar, der Apostel Norwegens, ist Mönch von Corvey. Hier schreibt Widukind, ein Prinz des sächsischen Kaiserhauses, die Geschichte der Sachsen auf dem Thron. Die Bibliothek des Klosters sammelt das antike Schrifttum. Was wir von den Schriften Ciceros kennen und die ersten 6 Bücher der Annalen des Tacitus wurden in Corvey der Nachwelt bewahrt. Nach 300 Jahren der Blüte versinkt die Abtei mit dem Niedergang des Kaisertums in Provinzialität.

Nach dem 30jährigen Krieg versucht der tatkräftige münstersche Fürstbischof Christoph Bernhard v. Galen, zugleich Fürstabt von Corvey, neues Leben in den Konvent zu bringen. Die Abtei verdankt ihm den Neubau ihrer zerstörten Klostergebäude und der baufällig gewordenen Kirche. Wachsende Armut hindert das Kloster, den vorgesehenen Neubau des Kirchen-Westwerks in Angriff zu nehmen. Einem Mangel an materiellen Mitteln verdanken wir die Erhaltung eines der wesentlichsten Dokumente der abendländischen Baugeschichte. 1803 wird die Fürstabtei säkularisiert. Ihr Gebiet fällt an das Haus Nassau-Oranien, 1807 an das napoleonische Königreich Westfalen und 1815 an Preußen. Die Gebäude und der landwirtschaftliche Besitz gelangen an den Landgrafen von Hessen-Rotenburg. Er bringt, als Ersatz für die im 30jährigen Krieg untergegangene Klosterbibliothek, seine wertvolle, 80000 Bände zählende Bibliothek nach Corvey. Sie wird 1860–74 von August Heinrich Hoffmann von Fallersleben betreut. Der Dichter des Deutschlandliedes findet nach ruhelosem Wanderleben in Corvey Muße und ein Grab im Schatten der Klosterkirche. Schloß und Besitz kommen auf dem Erbweg an einen Neffen des Landgrafen, der seit 1840 den erblichen Titel eines Herzogs von Ratibor und Fürsten von Corvey führt.

Die Abtei wurde an einem Weserknie in hochwasserfreier Lage errichtet. Der **Gesamtplan** des urspr. Klosters des 9. Jh. zeigt eine regelmäßige rechtwinklige Anlage, die ihre Abkunft von dem röm. Schema der Militärlager nicht verleugnet. Die Kirche, die heute an die Seite gerückt ist, bildete ursprünglich den Mittelpunkt des Ganzen. Eine WO-Achse führte von dem sog. »Alten Weg« durch das heute mit einem Uhrturm überbaute W-Tor des Wirtschaftshofes gerade auf das Westwerk zu, »eine via sacra der Pilger und eine via triumphalis der Kaiser und Könige«. Das Ganze war durch eine mit 4 Toren

und zahlreichen Wehrtürmen ausgestattete feste Mauer mit Wassergraben geschützt.
1699 wurde mit der Errichtung der weitläufigen Anlage des **neuen Abteigebäudes** begonnen, eine weitgedehnte Schöpfung des Barock, die eine Freifläche von 10 Morgen umschließt. Unter Abt Florenz v. Velde (1696–1714) entstand die 113 m lange W-Front, die 90 m breite, zum Park hin gelegene N-Seite mit den beiden Türmen und ein Teil des O-Flügels. Hier richtete der Erbauer eine Bildnisgalerie aller Äbte ein. Sein Nachfolger, Abt Maximilian v. Horrich (1714–21), vollendete den O-Flügel und den Querbau, der den quadratischen Einfahrtshof von dem weiträumigen **Kreuzgang** trennt, der ebenfalls in den Jahren 1714–21 entstand. Im Kreuzgang ein bedeutendes roman. *Kruzifix* (um 1220).
Abt Horrich ließ auch die Corvey mit Höxter verbindende Allee, den **»Neuen Weg«,** anlegen. Gegen Mitte des 18. Jh. war die Gesamtanlage mit einem ausgedehnten Wirtschaftshof, Wacht-, Wohn- und Remisengebäuden fertiggestellt, ein imponierender Anblick selbstsicherer Größe. Im Inneren werden der festliche 2geschossige *Kaisersaal* mit Kaiserbildern und Stuckarbeiten italienischer Werkleute, in klassizist. Stil ausgestattete Räume für die wertvolle *Bibliothek* und das im 1. Stock eingerichtete **Museum** (s. u.) gezeigt.

Klosterkirche

Die 822 begonnene Klosterkirche wurde 848 zu Ehren des hl. Erzmärtyrers Stephan geweiht. 836 waren die Gebeine des hl. Vitus von St-Denis nach Corvey gebracht und die Kirche auch seiner Patronatschaft unterstellt worden. Dieser Heilige genoß in der Folge große Verehrung in Sachsen. Die erste Abteikirche war eine 3schiffige Basilika. Sie hatte einen langgestreckten Kirchenraum mit Chorquadrat und Apsis. Das übliche Querhaus karoling. Großbauten fiel fort. Vor dem Ansatz des Chores bildeten die Außenwände lediglich kleine querrechteckige Seitenräume. Das Langhaus hatte sehr schmale Seitenschiffe. Sie maßen nur etwa ⅕ der Breite des Mittelschiffes, so daß sie den Eindruck von Seitengängen machten. Soweit wir aus dem Grundriß ersehen, entstand ein erstaunlich durchsichtiger einheitlicher Raum. Die Krypta, uns ebenfalls aus Ausgrabungen bekannt, war eine erweiterte Außenkrypta. Ihr Umgang erweiterte sich nach O zu 2 rechteckigen Kapellen. Ein breiter Mittelteil lief über diese Kapellen hinaus und verzweigte sich jenseits des Chores zu einem lateinischen Kreuz. Die Kapellen und der kreuzförmige Raum lagen außerhalb des Chores. Einige Jahrzehnte später, 873, legte Abt Adalgar die Grundmauern des Dreitürmebaues (trium turrium). 885 Weihe.

● Dieser als *Westwerk* bezeichnete Bau steht im wesentlichen

noch. Er ist das älteste noch erhaltene Baudenkmal des frühen Mittelalters in Westfalen.
Vor der jetzigen W-Front lag ein 2geschossiger Vorhof, auch Paradies oder Atrium genannt (nicht erhalten). Seine ehem. Ausdehnung ist heute durch eine Mauer und durch Pflasterung angedeutet. Eine Freitreppe, zu deren Seiten Standbilder der hll. Stephanus und Vitus von 1746 aufgestellt sind, bildet den Abschluß. In die Vorhalle der Kirche führt ein rundbogiger Mitteleingang, links und rechts begleitet von je einer rundbogigen Öffnung. Die *Fassade* bildet bis zur Höhe der Statuennische eine einheitliche Mauer, über der sich in der Mitte ein Pultdach und links und rechts ein Glockengeschoß erhob. Im 12. Jh. wurden der dahinterliegende große Mittelturm abgetragen und der Johannischor mit einem Pultdach überdeckt, die Treppentürme um ein Geschoß erhöht und zwischen sie ein 2geschossiges Glockenhaus gespannt. Für das untere Geschoß verwendete man Zwischensäulen aus den Bogenöffnungen der Empore des Johannischores, für die 6 Schallöcher des oberen Glockengeschosses wurden neue Säulchen im Stil des 12. Jh. gearbeitet. Der Mittelrisalit wurde in späterer Zeit erhöht und mit einer Nische für die barocke Statue des Salvators versehen. Die spitzen Helme auf 4 Giebeln wurden 1583 errichtet.
Das Innere betritt man zunächst über die von den 2 Türmen begrenzte 3teilige Vorhalle, die in eine 5schiffige 3jochige Mittelhalle, als *»Krypta«* bezeichnet, führt. Die 12 massigen Pfeiler und die 4 Säulen mit korinthischen Kapitellen tragen ein niedriges Gewölbe. Es entsteht so eine enge Gangreihe von großer Wucht. Dieser mächtige Unterbau trug einst den quadratischen Mittelturm und trägt noch den Fußboden des darüberliegenden 2geschossigen Kernraumes des Westwerks, den *Johannischor,* die einstige Gastkirche der Kaiser, wenn sie auf ihren Reisen in Corvey einkehrten. Der Johannischor ist ein stützenfreier 2geschossiger, fast quadratischer Zentralraum von großer Schönheit der Maßverhältnisse. Das westl. Joch enthält die *Kaiserloge.* Deren mittlere Arkadenöffnung ist so gelegt, daß der Herrscher von seinem Thronsitz dem Gottesdienst am Johannisaltar folgen und durch die Bögen der – jetzt wieder errichteten – 2geschossigen Arkadenwand im O des Chores auch die langgestreckte Abteikirche überschauen konnte. Der Platz des Kaiserstuhles kann durch 2 einander gegenüberliegende Mauerlöcher und darunterliegende schräg eingehauene Vertiefungen als Auflage für das Podium genau

Höxter. Corvey. Ehem. Abteikirche. Johannischor im Westwerk

festgelegt werden. Das O-Joch des Johannischores war früher durch eine große Bogenöffnung mit der alten Kirche verbunden. Jetzt versperrt die Orgelempore den Blick in das barocke Kirchenschiff. Ursprünglich waren auch die Seitenschiffe mit Emporen versehen. Die Säulen und Kapitelle der Arkaden des obersten Geschosses fanden im 12. Jh. neue Verwendung in den Schallöffnungen des Glockenhauses. 2 dieser Säulen des 9. Jh. wurden 1956 wieder an ihren urspr. Platz in die Seitenöffnungen der Kaiserlaube zurückversetzt. Jetzt sind auch die Säulen-Arkaden der Seitenschiff-Emporen wiederhergestellt worden; ihre Kapitelle sind Neuschöpfungen von Karl Ehlers. Über dem Johannischor lag ehem. eine Aula regia, ein Kaisersaal, ein besonderer Raum für den Kaiser zur Ausübung weltlicher, politischer und richterlicher Funktionen. Der Aufbau der Kaiserkapelle erinnert an die Pfalzkapelle Karls d. Gr. in Aachen. Sie ist in Corvey sozusagen auf die Stützen der Erdgeschoßhalle gestellt, die den Zugang zur Klosterkirche freigibt und über ihren Gewölben einen eigenen Kaiserbau, für geistliche und weltliche Zwecke gleicherweise bestimmt, trägt. Dieser Bau gehört zu den bedeutendsten Urkunden der Baugeschichte des Abendlandes.

Die Baukunst nördlich der Alpen entwickelt sich zu eigener Form. Der durch Acht- und Sechzehneck bestimmte Aachener Grundriß wird hier auf die elementaren Formen des Rechtecks und Quadrats reduziert. Aus den antiken Säulen von Aachen werden in Corvey rustikale Sandsteintrommeln, aus den reichen röm. korinthischen Kapitellen blockhafte Würfel mit nur wenig schlichtem Blattwerk. Die Vereinfachung und zugleich Neubildung eines Raumes, wie sie in Aachen bereits zu spüren war, setzt sich eindeutig fort. Wir erleben an einem großen Beispiel, wie das Erbe der Antike einverleibt wird, wie in der lapidaren Kraft des Anfangs etwas sehr Schlichtes, aber Neues entsteht, geeignet, Fundament der abendländischen Architektur zu werden. Den Vorgang spüren wir in der gedrungenen Erdgeschoßhalle, wir spüren ihn in der einfachen und doch von großem Maß röm. Bautradition erfüllten Kaiserkapelle. Wie in der Gottesvorstellung der christianisierten Germanen und im Weltbild Karls d. Gr. irdischer und himmlischer König sich begegneten, so vereinigen sich in dieser neuen burgartigen Kirche symbolisch der König des Reiches und der König des Himmels. Das Westwerk ist Kirche und Amtsstatt des irdischen Königs, aber zugleich Haus und Opferstätte Gottes.

Während der Wiederherstellungsarbeiten nach dem 2. Weltkrieg wurden an verschiedenen Stellen bedeutende Reste von ornamentalen und figürlichen *Wandmalereien* aus dem 9. Jh. aufgedeckt, die eine gewisse Vorstellung von der Pracht der einstigen Ausmalung des Westwerks vermitteln können.

Die alte, im 30jährigen Krieg sehr mitgenommene Kirche ließ Fürstbischof Christoph Bernhard v. Galen 1665 abbrechen. An ihrer Stelle entstand eine 6jochige weiträumige barocke *Saalkirche,* von gotisierenden Kreuzgewölben überdeckt und mit Fenstern mit spätgot. Maßwerk versehen. Die ersten 3 Joche mit eingezogenen Strebepfeilern bilden die Laienkirche, in den 3 folgenden des 5seitig schließenden Chors sind die Strebepfeiler nach außen verlegt.

Die barocke Gesamt-Ausstattung der Kirche ist wohlerhalten. Nach dem Entwurf des fürstlich Paderborner Malers Johann Georg Rudolphi fertigte der Holzbildhauer Johann Sasse die 3 Altäre und das Chorgestühl. Die Orgel, 1690 von Andreas Schneider gebaut, schließt mit ihrem barocken Prospekt diese einheitliche, etwas derbe Ausstattung.

Museum Höxter-Corvey (Abtei Corvey). Geschichte der Abtei und der Stadt Höxter, sakrale Kunst bis zum Barock, Porzellan der Manufaktur Fürstenberg. Gedenkräume für die Dichter Heinrich Hoffmann v. Fallersleben (1860–74 Bibliothekar in Corvey), Friedrich Wilhelm Weber (1813–94) und Peter Hille (1854–1904).

HÜNXE (Wesel C4)

Gartrop-Bühl (C4)

Schloß Gartrop

Wasserschloß mit 4flügeligem Herrenhaus, 3flügeliger Vorburg und Parkanlage. – Das nach der Portalinschrift 1675 datierte Herrenhaus geht wohl auf Pläne von Paul Heelen und Deliaentien Pannecoek zurück; beim N- und W-Flügel stammen die gewölbten Keller und z. T. auch aufgehendes Mauerwerk von einem Vorgängerbau. Risalitartig springen O- und W-Flügel vor; der O-Flügel ist an der Hofseite durch ein Sandsteinportal und einen gedrungenen Turm mit geschweifter Haube und offener Laterne ausgezeichnet. Um 1880/90 erfolgte die Ausgestaltung des Inneren; dabei überdeckte man den Innenhof.

Die 3flügelige **Vorburg,** ehemals auf einer eigenen Insel östlich des Herrenhauses, wurde 1836 abgerissen, dabei der Graben zum Herrenhaus hin zugeschüttet. Im gleichen Jahr entstanden eine neue, nach N versetzte Vorburg und eine **Orangerie.** Gleichzeitig gestaltete man die 1698 errichtete **Schloßkapelle** im neugot. Stile um.

Der **Park** stammt aus den ersten Jahrzehnten des 18. Jh., in dieselbe Zeit sind auch das **Portal** südlich des Schlosses mit seinen beiden flankierenden **Gartenhäuschen** zu datieren. Die Portalskulpturen, um 1715–20, werden Johann Wilhelm Gröninger zugeschrieben. – Im Park ein **Mausoleum** in aufwendigen neuroman. Formen, 1901.

Hünxe. Gartrop-Bühl. Schloß Gartrop

HÜRTH (Erftkreis C6)

Kalscheuren (C6)

Kath. Pfarrkirche St. Ursula. Den Zentralbau, eine der schönsten Kirchen nach 1945, errichtete Gottfried Böhm 1956. Der Grundgedanke ist der eines Kreises, der aus einem größeren herausgeschnitten erscheint, dem das Gestühl in seiner Anordnung folgt, während sein Zentrum, der Altar, an die Peripherie des umbauten Raumes gerückt ist (ein Gedanke, den Leonhard Christoph Sturm zuerst für den protestantischen Kirchenbau entwickelt hatte). Böhm umfaßt den Altar mit einer Konche, die den Kreisgrundriß überschreitet; er wiederholt dieses Motiv rings um die Kirche im 6teiligen Rhythmus, während die freistehenden Außenstützen das kreisförmig abschließende Schalendach tragen. Der axial gestellte Turm enthält den Eingang. Innen sind die Konchen für Taufe, Sänger, Orgel, Beichte und Andacht genutzt. ●

ISERLOHN (Märkischer Kreis E5)

Ev. Marienkirche. 2schiffiger Hallenbau mit Querhaus und einem polygonal abschließenden Chor, Mitte 14. Jh.; der Turm stammt von einem Vorgängerbau. – Im Chor ein wertvoller *Schnitzaltar* der Zeit um 1400, wahrscheinlich aus den Niederlanden stammend. Im Mittelteil eine Kreuzigung, darunter die Figuren von 18 Heiligen, jede unter einem geschnitzten Baldachin. Die bemalten Flügel, um 1450 in Westfalen entstanden, zeigen Szenen aus dem Marienleben; sie sind abgenommen und hinter dem Chorgestühl angebracht worden.

ISSELBURG (Borken B3)

Anholt (B3)

Der zentrale Ort einer reichsunmittelbaren Herrschaft erhielt 1349 Stadtrecht und wurde im Ausgang des 15. Jh. befestigt. Schwere Schäden erlitt er in der Geldernschen Fehde (1512), im Spanisch-Niederländischen Krieg (1568–1609) und im Spanischen Erbfolgekrieg (1711). Die Stadtmauer wurde 1820/21 geschleift. Der 2. Weltkrieg vernichtete die kleine Residenzstadt fast ganz (1945).

Kath. Pfarrkirche St. Pankratius. Die neuroman. Basilika mit Querhaus ist ein Ziegelbau von 1851–62. Architekt war Bruno Schmitz aus Trier. Westl. Bauteile 1945 zerstört. – Schönes Chorgestühl, 2. Hälfte des 18. Jh. Spätgot. Zylindermonstranz, Anfang 16. Jh.; Ziborium, 1. Hälfte des 18. Jh. Unter den Paramenten beachtenswert ein Chormantel mit prächtiger Stickerei, ursprünglich ein chinesisches Festgewand des 17. Jh.

Rathaus. Umbau eines Gebäudes aus dem 14. Jh. von 1567. Fialengiebel nach niederrheinischer Art. Freitreppe von 1795. Die Giebelfront wurde 1834 neugot. verändert, 1952–55 wurden die Steinkreuzfenster wiederhergestellt.

Wasserschloß

1313 zum ersten Mal erwähnt, seit der 2. Hälfte des 17. Jh. zum Barockschloß ausgebaut. 1945 schwere Kriegsschäden in Schloß und Park, 1949–66 wieder aufgebaut (ohne den urspr. barocken Verputz).

Das Schloß wirkt als Ganzes mit Park und Wassergräben bedeutender als im Detail. Ober- und Vorburg liegen auf 2 großen Inseln. Die **Oberburg** ist ein unregelmäßiger Vierflügelbau mit Innenhof des 13.–17. Jh.

Ältester Teil ist der Bergfried des 13. Jh. Der anschließende W-Flügel stammt im Kern aus dem 14. Jh.; Anfang des 18. Jh. umgebaut. Im 15. Jh. kamen der N-Flügel und wohl schon der O-Flügel mit dem Treppenturm im Winkel dazu. In der 2. Hälfte des 17. Jh. begann der Umbau im Stil des niederländischen Barock. Als Architekten sind namentlich Blasius Andreas Terlinden und ein Meister Thomas bekannt.

Beachtenswert das *Haupttreppenhaus* mit barocker Deckenmalerei und die hölzerne Treppe (1699). Der *Rittersaal* mit einer stuckierten Balkendecke von 1665 enthält Porträts, die in die marmorierte

Wandvertäfelung eingefügt sind. *Grüner Saal* mit prächtiger flämischer Ledertapete, 17. Jh.
Die **Vorburg,** der Umbau einer Anlage des späten Mittelalters aus der Zeit um 1700, ist eine Dreiflügelanlage, die sich zum Oberschloß hin öffnet (Hotelrestaurant). – Vor dem Schloß 2 **Mühlenhäuser** des 18. Jh. – Der große **Park** wird heute noch von den Entwürfen des englischen Gartenarchitekten Edward Milner bestimmt, der den Landschaftsgarten 1831–58 in einen englischen Park verwandelte. Die sogenannte Anholter Schweiz (Leopolds-Park) von 1895–1902.
In der Oberburg das **Museum Wasserburg Anholt.** Große und bedeutende Gemäldegalerie mit etwa 800 Bildern, vor allem Niederländer des 17. und 18. Jh., u. a. Rembrandt (Diana mit Actaeon und Callisto, 1635), Jan Brueghel d. J., Honthorst, Teniers d. J., Terborch. Dazu v. a. örtliche Plastik, flämische Wandteppiche, Ledertapeten des 17. und 18. Jh., Möbel, Porzellan aus Europa und Ostasien. Nachlaß des Malers Franz J. H. Nadorp, eines Deutschrömers aus Anholt (1794–1876).

JÜCHEN (Neuss B6)

Bedburdyck (B6)

Schloß Dyck ●

Das Schloß, seit dem 11. Jh. bezeugt, ist seit 1395 im Besitz der Herren von Reifferscheidt (seit 1416 Grafen, seit 1804 Fürsten von Salm-Reifferscheidt-Dyck). Es besteht aus 2 Vorburgen und dem 1656–63 neu erbauten Herrenhaus, die alle 3 von Wassergräben umzogen sind.

Die **äußere Vorburg,** zu der ein Torturm führt, enthält Stallungen, Remisen und einen umschlossenen Wirtschaftshof, die **innere** einen 3flügeligen 2geschossigen Bau mit einer überwölbten Durchfahrt. Zum **Herrenhaus** führt eine 4bogige Steinbrücke mit 2 Wachthäuschen. Es ist ein 4flügeliger, teils 2-, teils 3geschossiger Bau mit 4 mehrseitigen Ecktürmen, die von geschweiften Helmen gekrönt sind. Der Bau umschließt einen fast quadratischen Hof. Im N- und W-Flügel sind Baureste aus dem 12. Jh. erhalten, kenntlich an ihrem schweren Basaltmauerwerk. Die Bauformen sind außen sehr schlicht, während der Hof an der N-Seite ein barockes Portal von 1663, an der S-Seite eine durchgehende Pfeilergliederung mit ionischen Kapitellen zeigt und die Fenster beider Obergeschosse durch Balusterbrüstungen miteinander verbunden sind.

Der W-Flügel enthält die 1763 geweihte *Schloßkapelle* mit Stukkaturen in der Art des François de Cuvilliés und einer Madonna von Gabriel de Grupello, Ende 17. Jh. – Im O-Flügel ein großer *Gobelinsaal* mit Dekkengemälde aus dem 17. Jh. Die übrige gute Ausstattung des Schlosses größtenteils aus der 2. Hälfte des 18. Jh.

Jülich. Zitadelle

Dem Schloßbau vorgelagert eine Terrasse mit Balustraden und einem Eckpavillon. In den im Stile eines englischen Landschaftsgartens angelegten **Park** führt über den Weiher eine 5bogige Brücke mit einem eleganten Pavillon über der Mitte, 1. Hälfte des 18. Jh.

JÜLICH (Düren B6)

Das röm. Kastell Juliacum sicherte den Weg Köln–Maastricht an einem wichtigen Knotenpunkt. Aus ihm bildete sich die Stadt Jülich, die im Mittelalter zum Erzstift Köln gehörte. In der Schlacht von Worringen (1288) fiel sie an die Grafen von Jülich, 1423 mit Berg an den Herzog von Kleve. Er baute sie zu einer starken Festung aus. Nach dem Brand von 1547 wurde die Stadt nach Plänen von Alessandro Pasqualini neu gebaut. Ihre Blüte endete mit dem Aussterben der Herzöge von Kleve 1609. Im 2. Weltkrieg wurden die historischen Bauwerke der Stadt fast völlig zerstört.

Die **kath. Pfarrkirche St. Mariä Himmelfahrt** von 1952, ursprünglich ein Bau des 12. Jh. aus rotem Rursandstein, hatte einen neugot. Bau von 1878 als unmittelbaren Vorgänger. Der beibehaltene alte *W-Turm,* nach dem 2. Weltkrieg z. T. eingestürzt, jetzt wiederaufgebaut, hat einen bemerkenswerten inneren Aufbau. Das Erdgeschoß öffnet sich als tonnengewölbte Halle mit je einem großen Rundbogen als Portal und Übergang zum Kirchenschiff. Ein Gurtbogen auf Pfeilervorlagen teilt die Halle in 2 Raumeinheiten, deren Seitenwände durch je 3 Blendarkaden auf Säulen schön gegliedert werden. Die beiden Obergeschosse des Turmes schließen sich zu einem hohen Kuppelraum zusammen, der sich in einer großen Bogenstellung zum Mittelschiff öffnet. Es scheint sich hier um eine verkleinerte Abart der reduzierten Westwerke zu handeln.

Das letzte Zeugnis der Stadtbefestigungen ist das **Rurtor** (»Hexenturm«), Anfang des 14. Jh., im 17. Jh. umgebaut. Der 3geschossige Bruchsteinbau besteht aus dem spitzbogigen Mitteltor und 2 runden Türmen, die im 17. Jh. barocke Hauben erhielten (im 2. Weltkrieg zerstört).

Zitadelle und Schloß, berühmte Festungsanlagen der Renaissance, 1594 begonnen, im 17. und 18. Jh. vielfach ausgebaut und ergänzt, waren schon vor dem 2. Weltkrieg nicht mehr in bestem Zustand, da das Schloß im 17. Jh. zur Kaserne degradiert und später durch verschiedene Abbrüche und Ergänzungen verunstaltet worden war. Immerhin waren noch bemerkenswert das 2geschossige Wachhaus von 1697 aus Backstein unter geschweiften Giebeln und das Zeughaus auf der W-Seite der Anlage, ein 2geschossiger Backsteinbau des 17. Jh. Diese Teile wurden gleich den unwesentlichen Nachbauten des 19. Jh. schwer getroffen oder völlig zerstört. – Erhalten, wenn auch schwer beschädigt, ist die Giebelfassade der **Kapelle** und ihre halbrunde Apsis, die innen durch Halbsäulen gegliedert ist.

Römisch-Germanisches Museum (Marktplatz 1, Altes Rathaus). Vor- und Frühgeschichte, Bodenfunde aus röm.-fränkischer Zeit, Dokumentation zur Geschichte der röm. Stadt, Münzsammlung.

Barmen (AB6)

Kath. Pfarrkirche St. Martin. Die 3schiffige Hallenkirche, um 1500 aus Backstein erbaut, folgt in ihrer Anlage eher dem westfäl. als dem klevischen Hallenmuster. Das Langhaus wirkt fast quadratisch; das Querrechteck des Chores schließt mit 3 Seiten eines Achtecks. Der vor der W-Wand stehende vierschrötige Turm wurde im 12. Jh. aus Tuff errichtet. – In der Einrichtung der Dorfkirche fällt ein Schnitzaltar mit gemalten Seitenflügeln auf, ein gutes Werk der flandrischen Exportkunst (1520).

Haus Kellenberg und **Haus Overbach,** in der Nähe von Barmen gelegen, sind niederrheinische Wasserburgen des 15. und 16. Jh., die später verändert und erweitert wurden. Sie sind charakteristische Beispiele höfischer Wohn- und Wirtschaftsbauten des Landes. Kellenberg war im 17. Jh. Wohnsitz des Reitergenerals Jan van Werth.

Güsten (B6)

Die **kath. Pfarrkirche St. Philippus und Jakobus,** eine got. Basilika aus Backstein, stammt aus dem 14. Jh. Der 3geschossige Turm wurde im 2. Weltkrieg weitgehend zerstört und im Unterschied zum übrigen Bau modern aufgerichtet. – Der *Hochaltar* aus dem Anfang des 16. Jh. ist ein schönes Antwerpener Schnitzwerk, wenn auch z. T. erneuert. Nicht weniger Beachtung als er verdient das als Lebensbaum gestaltete roman. *Kreuz,* um 1170.

KALKAR (Kleve B3)

Die Stadt gehört zu den planmäßigen Gründungen der Grafen von Kleve. 1230 angelegt, wird sie bald zu einem bedeutenden Handelsplatz und Mitglied der Hanse. Im 14., 15. und beginnenden 16. Jh. blüht der Handel, die Stadt erhält ihre bis heute bewahrte Gestalt und ihre bedeutenden Bauten. Kalkar wird zugleich zu einem Zentrum der Kunst am Niederrhein, die ihre unverwechselbare Art in den großen plastischen Altären der »Kalkarer Schule« ausbildet.

● **Kath. Pfarrkirche St. Nikolai**

Nach einem Brand 1409, der einen älteren, um 1230 errichteten Bau zerstörte, begann der Neubau; 1418 wurde der Hochaltar geweiht, 1421 wölbte Meister Johann von Kleve den Chor. Die junge Stadt (seit 1441) übertrug den Langhaus-Neubau 1443 Johann Wyrenberg. Seit 1484 legte man zu beiden Seiten des W-Turmes Kapellen an und verband sie mit den Seitenschiffen. 1493 wurde das südl. Seitenschiff nach O erweitert. Der

Kalkar. Kath. Pfarrkirche St. Nikolai
Hochaltarflügel von Jan Joest (Detail)

Turm erhielt 1497–1501 ein 3. Geschoß. Restaurierungen vor und nach 1900 sowie nach 1945.

Äußeres. Der stattliche Backsteinbau ist eine 3schiffige Halle. Der W-Turm in 3 Geschossen und mit viermal abgestuften Strebepfeilern hat im Erdgeschoß ein Doppelportal, darüber ein 5achsiges Fenster mit schlichtem Maßwerk, im 2. und 3. Geschoß je 2 maßwerkverzierte Blenden. Die S-Seite des Langhauses, aus Tuffstein erbaut, hat schlanke, dreimal abgestufte Strebepfeiler mit kleinen Giebeln. Mit den hohen schmalen Fenstern und ihren Stäben verstärken sie die Betonung der Vertikalen. Am 3. Joch ist die Vorhalle, am 7. die neue Sakristei vorgesetzt. Auch die N-Seite hat eine Vorhalle. Der Bau ist mit 3 parallelen Satteldächern gedeckt, entsprechend dem Typ der Klever Hallenkirche, einer niederrheinischen Spielart des Hallenbaues. – Inneres. In den 5 Jochen des Langhauses haben die schlanken gemauerten Rundpfeiler auf beiden Seiten Bündel von Diensten, die über Kapitellen mit feinem Laubwerk die Rippen der Netzgewölbe tragen. Die später angefügten Kapellen des W-Baues sind etwas niedriger als die Seitenschiffe. Die Turmhalle ist durch starke Mauern abgetrennt. Der älteste Teil des Innenraumes ist das O-Joch des nördl. Seitenschiffes; es ist nur halb so hoch wie die übrigen Bauteile. Ganz anderer Art ist das anmutige Liebfrauenchörchen, die östl. Verlängerung des südl. Seitenschiffes, mit 5/8-Schluß und reichen Sterngewölben.

● Die Pfarrkirche von Kalkar wurde vor allem durch ihre Ausstattung berühmt. Die Fülle von Holzschnitzwerken der Zeit um 1500, die trotz mancher Verluste auch heute geblieben ist, hat den Begriff einer »Kalkarer Schule« entstehen lassen, obwohl die meisten Bildschnitzer, denen die reichen Kalkarer Bruderschaften Aufträge gaben, nicht am Ort ansässig waren. Henrik Douvermann und Arnt von Tricht sind die bedeutendsten. Die Altäre haben durch Restaurierungen des 19. Jh. ihre urspr. farbige Fassung, meist auch den originalen Zusammenhang und ● jedenfalls den alten Standort verloren. – Der *Hochaltar* 1488–1500 von Arnt von Zwolle, dann Jan van Halderen und Ludwig Juppe aus Marburg (= »Meister Loedewich«) geschaffen, ist ein gewaltiges Schnitzwerk, dessen Schrein die ganze Passion in einer einzigen Bildfläche mit 208 kleinen Figuren von erstaunlicher Ausdruckskraft und Charakteristik darstellt. In den 20 Bildfeldern der Flügel malt 1506–08 Jan Joest eines seiner Hauptwerke: das Leben Jesu (außen) und die Mitteltafel ergänzende Passionsszenen (innen). Ein lebendiger, einfallsreicher Schilderer und hervorragender Kolorist dazu, verlegt der gebürtige Weseler und Neffe Dirck Baegerts die Geschehnisse in seine rheinische Heimat; die Auferweckung des Lazarus ereignet sich gar

Kalkar. Kath. Pfarrkirche St. Nikolai. König David aus der Predella des Altares der 7 Schmerzen Mariae

Kalkar. Kath. Pfarrkirche St. Nikolai
St. Georg als Drachentöter

inmitten Kalkarer Bürgersleute vor ihrem Rathaus. – Am Eingang zum Chor stehen nördl. der *Georgsaltar,* zusammengestellt aus mehreren früheren Altären, und südl. der *Altar der 7 Freuden Mariens,* um 1507–09, von L. Juppe (?). Die einzelnen Szenen wurden zu einem Bild zusammengefaßt, setzen sich aber noch deutlicher voneinander ab als am Hochaltar. – Nicht viel später wird der Schrein des großfigurigen Annenaltars entstanden sein. – Der *Marienaltar der 7 Schmerzen* (im Liebfrauenchor) wurde von Henrik Douvermann 1519–22 geschaffen. Wie bei seinem Marienaltar in Xanten umrahmt er die Szenen mit reichem Rankenwerk, vor allem in der Predella, wo Jesse und seine Nachkommen hinter einem kunstvollen Schleier aus Geschlinge sichtbar werden. Temperamentvolle Realistik seiner Einzelgestalten zeichnet den Künstler aus (Flügel 1636, z. T. nach Stichen von Hendrik Goltzius). – Ein Spätwerk Douvermanns ist der Schrein des Dreifaltigkeits- oder *Crispinusaltars,* um 1528, in niederländischen Renaissanceformen. – Bildwerke hohen Ranges sind die Standbilder von Maria und dem Evangelisten Johannes in der *Kreuzigungsgruppe,* die früher als Triumphkreuz über dem Lettner stand. Zu seinem ausdrucksvollen Kruzifixus auf dem Kalvarienberg mit dem Gerippe Adams, geweiht 1469, sind die dramatisch bewegten Assistenzfiguren erst nachträglich, um 1500, hinzugekommen. Das Pathos ihrer Mienen und Gesten wird durch die faltenreichen Gewänder noch gesteigert. – Arnt von Tricht arbeitete 1543/44 den Schrein des *Johannisaltars,* dem Dreifaltigkeitsaltar in Größe und Anordnung sehr ähnlich, die Figuren stilistisch weiter entwickelt. – Ein vortreffliches Schnitzwerk ist das *Chorgestühl,* 1505–08 von Henrik Bernt d. J. aus Wesel geschaffen, mit reicher Ornamentik und Figuren. Auf dem später veränderten Baldachin stehen die kleinen Apostelgestalten (um 1450) des 1818 beseitigten Lettners. Manche Einzelstücke der Plastik und Malerei, vielfach zu ehem. Altären gehörig, befinden sich noch in der Kirche. Erwähnt seien wenigstens der grazile Marienleuchter Henrik Bernts d. J. von 1508 und ein *hl. Georg* als Drachentöter, ebenfalls frühes 16. Jh.

Das **Rathaus** baute 1438–46 der herzoglich-klevische Baumeister Johann Wyrenberg. Es ist durch seine Lage an dem großen Marktplatz begünstigter, eindrucksvoller 3geschossiger Backsteinbau. Der schlichte Baukörper wird durch wenige Elemente wirksam belebt: durch das hohe Walmdach, den Zinnenabschluß mit Ecktürmchen, den im Achteck über den Baukörper emporwachsenden Treppenturm, der die Langseite teilt und gliedert.

Am Markt und in den Straßen mehrere charakteristische **Giebelhäuser** aus Backstein (16. und 17. Jh.), das schönste **Grabenstr. 66,** Anfang 16. Jh.

Städtisches Museum (Hanselaer Str. 5). Vor- und Frühgeschichte, röm. und fränkische Zeit. Stadtgeschichte. Sammlung von Gemälden und Graphiken des 19. und 20. Jh. Nachlaß des Malers Heinrich Nauen (1880–1940).

Kalkar. Rathaus

Hanselaer (B3)

Bedeutender als die Architektur der malerisch gelegenen 1schiffigen **Dorfkirche St. Antonius Abbas,** die man im 14. Jh. (W-Turm, Chorunterteile) und gegen 1440 um ein im Kern roman. Schiff herum errichtete, ist die Ausstattung. Der *Hochaltar* aus den Jahren um 1530 zeigt in dem 3teiligen Schrein seines Schnitzwerkes die Muttergottes und die hll. Barbara und Katharina. Im Aufsatz mit der Marienkrönung sind das Rankenwerk und die Stabarchitektur der späten Gotik verschwenderisch angewandt. Der Altar steht der Kalkarer Schule nahe. Nach Kalkar, in die Nähe von Henrik Douvermann, weist auch der Nebenaltar, ebenfalls um 1530, der das zentrale Heiligenbild mit den Schmuckformen der deutschen Renaissance umkränzt. Seine Predellen-

und Seitenfiguren sind nicht ursprünglich zugehörig, aber gleichzeitig. Bemerkenswert der Taufstein des 13. Jh. und die Kreuzigungsgruppe vom Ende des 15. Jh. über dem Eingang zum Chor.

Wissel (B3)

Kath. Pfarrkirche St. Klemens, ehem. Stiftskirche, eine 3schiffige Gewölbebasilika mit 2 O-Türmen, um die Mitte des 12. Jh. gebaut (der polygonale Chorschluß kam in der 1. Hälfte des 15. Jh. hinzu). Das Mittelschiff zeigt zwischen Arkaden und Lichtgaden emporenartige Öffnungen, die in den Dachraum der Seitenschiffe führen. Die gut erhaltene, stattliche Basilika trägt im Hochschiff die wohl ältesten Rippengewölbe des Niederrheingebietes. Ihr rechteckiges Profil (»Bandrippen«) verrät die Herkunft aus der Utrechter Marienkirche. – Hervorzuheben sind der *Taufstein* des 12. Jh. und die Holzkanzel, um 1700, mit den 4 Evangelisten und den hll. Liuthart und Clemens, ferner ein gutes *Vesperbild* vom Anfang des 16. Jh., das H. Douvermann zugeschrieben wird.

Haus Kemnade (am Ortsausgang, Richtung Grieth). Ehem. Wasserschloß der spätesten Gotik, im 19. Jh. verändert und erweitert.

KALL (Euskirchen B8)

Steinfeld (B8)

Ehem. Prämonstratenser-Abteikirche St. Maria und Potentinus ●

Um 920 wird die erste Kirche gegründet. Sie erhält die Gebeine des hl. Potentinus, des Apostels der Mosel. 1121 wird das um 1070 gegründete Frauenkloster Sitz der Augustinerchorherren. Sie nehmen 1126 die Ordensregel der Prämonstratenser an. Steinfeld ist das erste deutsche Kloster (seit 1184 Abtei) des Ordens, den der hl. Norbert von Xanten (1080–1134) gegründet hatte. Es bleibt Stützpunkt für die Christianisierung des deutschen Ostens, als Norbert 1126 Erzbischof von Magdeburg wird. Das Kloster, 1803 säkularisiert, dient seit 1923 als Kolleg der Salvatorianer.

Die Kirche, deren Bau 1142 begann (Inschrift am nördl. Chorpfeiler), hat sich trotz Restaurierungen fast unverändert als große kreuzförmige Gewölbebasilika des gebundenen Systems erhalten. Den 4 quadratischen Doppeljochen im streng gebundenen System folgen das Quadrat der Vierung und das des Chores mit halbrunder Apsis. Östl. an den Kreuzarmen nach zisterziensischem Vorbild je 2 quadratische Kapellen mit flachen Chornischen in der O-Wand. An die S-Wand des Querschiffes sind die roman. ehem. Stephanuskapelle mit flacher Chornische und die Ursulakapelle angebaut, an die N-Wand die Sakristei, um 1740 in gotisierenden Formen anstelle der alten got. Sakristei erbaut. – Das Äußere ist schlicht, aber vor allem durch den Vierungsturm eindrucksvoll. Die mächtige ungegliederte Fassadenfläche der W-Front geht an beiden Seiten in Rundtürme über, die nach 1873 durch Heinrich Wiethase ausgebaut wurden, und zwar nach einer in den Wandputz einer Nebenkapelle eingekratzten Handskizze von 1511. Gleichzeitig erhöhte er den verbindenden Mittelteil. Von den ehemals 3 W-Portalen ist das unauffällige mittlere, das für die Chorherren bestimmt war, erhalten; die beiden seitlichen sind zugemauert. Einziger Schmuck in der großen Fläche sind über dem Portal ein Rundfenster und unter dem Dachgesims 3 kleine rundbogige Fenster. In die S-Seite des S-Turmes setzte man im 17. Jh. ein neues Portal ein, um das benachbarte Laienportal zu ersetzen. Die Fenster der Seitenschiffe wurden Anfang des 16. Jh. spitzbogig erweitert. Die Fenster des Obergadens, paarweise gruppiert, sind alt; ihre Reihe setzt sich am Querschiff und Chor fort. Die Hauptapsis zieren 3 große rundbogige Fenster und ein Rundbogenfries. Der 1884 erneuerte, kräftige 8seitige Vierungsturm, der ursprünglich ein niedriges roman. Zeltdach trug, ist auf 4 Sprengbögen konstruktiv interessant aufgebaut.

Inneres. Urspr. Eingang ist die schlichte, quadratische westl. Vorhalle. Sie führt in das Langhaus, das vor der Vierung 4 Doppeljoche hat. Kreuzpfeiler wechseln mit quadratischen Pfeilern. Sie tragen einfache rundbogige Gratgewölbe. Verhältnismäßig große Fenster durchbrechen paarweise, um das statische Gefüge nicht zu gefährden, die Wand. Der Chor hat ein quadratisches Joch mit halbrunder Apsis; das Querhaus öffnet sich nach beiden Seiten in quadratische Nebenkapellen mit flachen Nischen. Der auf große Ordnungen bedachte Sinn des Ordens schuf sich einen Kirchenraum, der ohne schmückende Zutat in den wohldurchdachten, abgewogenen Verhältnissen der Raumteile überzeugt. – Die Bindung des Kolonisationsordens an das Kaiserhaus fand im Westbau Gestalt. Er enthält über der Vorhalle eine dem Erzengel Michael geweihte Kapelle, deren Typ uns aus der Kaiserkirche des Westwerks in Corvey vertraut ist. In ihr finden sich einige Säulenkapitelle von besonders origineller Ausführung.

Ausstattung. In der Ursulakapelle sind *Wandmalereien* des 12. Jh., in der Apsis, an den Vierungspfeilern und im südl. Kreuzarm solche des 14. Jh. erhalten. Die Ausmalung durch Hubert von Aachen unter Abt

Gottfried von Kessel (1509–17), zeigt ein reiches spätgot. Rankenwerk in den Zwickeln und Scheiteln der Gewölbe, figürliche Darstellungen an den Vierungsbogen und einen Engelsturz über dem urspr. Standort des Lettners. – Die Jahrhunderte haben zur Einrichtung der Kirche auf ihre Art beigetragen. Aus der Fülle des Erhaltenen, das nicht von gleicher Qualität ist, sei die spätgot. Tür des ehem. Lettners erwähnt (jetzt zwischen Vorhalle und Kirchenraum; der Lettner selbst seit 1509 als Orgelbühne an der W-Wand). Die barocke *Orgel,* 1690 und 1732 von den Kanonikern Windheiser und Winterer gebaut, vereint große Fassadenarchitektur, plastische Fülle und Farbe des Barock mit einer großartigen musikalischen Apparatur. Im Mittelschiff steht der 1701 aufgestellte Sarkophag des sel. Hermann Joseph (Prämonstratenser, † 1241, als mystischer Dichter bekannt). Eine Marmorplatte verschiedener Steinarten trägt die Gestalt des Seligen (1732). Gute Holzfiguren der Madonna, des hl. Potentinus und des sel. Hermann Joseph aus dem späteren 15. Jh., wahrscheinlich Kölner Arbeit.

Die **Klostergebäude** liegen an der N-Seite der Kirche. Der **Kreuzgang** wurde 1495–1587 erbaut und im 18. Jh. um ein Geschoß erhöht. Zu den got. Teilen des Kreuzganges gehört am O-Flügel die Totenkapelle mit einem halben Sterngewölbe. Der W-Flügel enthält eine Nische für einen Standbrunnen, in der Mitte ein Brunnenhaus mit gotisierendem Sterngewölbe aus der Zeit des Abtes Theodor Firmenich (1680–93) und im Hof einen Ziehbrunnen aus dem 18. Jh. Hohen Rang hatten die *Glasmalereien* des Kreuzganges. In die großen Maßwerkfenster wurden im 16. Jh. 75 Glasgemälde mit Darstellungen aus der Heilsgeschichte eingesetzt. 150 Bilder mit Propheten, Evangelisten und Symbolen ergänzten diese großartige Bilderbibel. Den einzigartigen Zyklus verstreute die Säkularisierung. 38 Scheiben bewahrt heute das Victoria and Albert Museum in London. – Die weitläufigen Klostergebäude des 17. und 18. Jh. sind im einzelnen nicht von architektonischer Bedeutung, doch bilden sie im ganzen eine gut komponierte Folge in schlicht-ernstem Aufbau. An der W-Seite des Kreuzganges liegt das 2geschossige **Abteigebäude,** dessen Mittelflügel mit Portal und Uhrengiebel 1738 von dem Laienbruder Leonard Eggen erbaut wurde. – An das Abteigebäude schließen sich südl. das »neue Krankenhaus« von 1661 und im N der Abtflügel aus der 2. Hälfte des 18. Jh. an. Der jüngste Bauteil der Anlage ist das Haupteingangstor in der neuen Umfassungsmauer von 1789. Ein anderes Torhaus von 1772 im S-Flügel des engeren Wirtschaftshofes hat einen Rundbogen auf Pilastern mit Rokokoschmuck. Einfache Gebäude aus dem 18. und dem Anfang des 19. Jh. umgeben den Hof.

Wildenburg (B8)

Ehem. Burg und Klostergebäude

Romantisch wie eine altdeutsche Ritterburg liegt die seit dem 12. Jh. bezeugte Burg der Herren von Wildenburg auf einem steilen, schmalen Bergrücken. Sie kam 1715 durch Kauf in den Besitz der Prämonstratenserabtei Steinfeld, die sie zu einem Prämonstratenser-Priorat umbaute.

Das got. Burghaus mit dem angegliederten Wohnturm wurde 1717 zur Kirche, jetzt **Pfarrkirche St. Johannes,** einem kreuzgewölbten Saalbau mit geradem Chor, umgestaltet. Anschließend wurde aus dem schweren Bastionsturm das Prioratsgebäude, jetzt Pfarr- und Schulhaus, aus dem Treppenturm der Glockenturm an der SO-Ecke. An der SW-Ecke des Berings steht ein starker Turm, der sog. **Hexenturm** aus dem 16. Jh. mit einem Mansard-Dach aus dem 18. Jh. An der Ringmauer einige Fachwerkhäuser, darunter das **Burgwarthaus** von 1600.

KALLETAL (Lippe G2)

Varenholz (G2)

● **Schloß Varenholz**

Das Schloß war bis 1323 im Besitz der Herren von Vornholte und kam dann an die Edelherren zur Lippe, die es als Lehen an Burgmannen vergaben. Nach 1500 war es fast ganz im Lehnsbesitz der von Wendt, nach deren Aussterben (1548) es an die Landesherrschaft zurückfiel. Graf Simon VI. zur Lippe ließ Varenholz 1591–1600 zu einem der bedeutendsten Schlösser der Weserrenaissance ausbauen.

Malerische Schloßanlage auf einer Höhe über der Weserniederung. 4 Flügel umschließen den Innenhof. Sie zeigen anschaulich die Entwicklung des ritterlichen Wohnbaus von der Gotik bis zur Renaissance. Ältester Teil ist der mittelalterl. Wohnturm an der W-Ecke, um 1540 errichtet und 1592 überarbeitet, der in 5 Geschossen Weinkeller, Saal und 3 Wohngemächer enthält, zugänglich durch einen Fachwerk-Treppenturm von 1591/92. Der Eingangsflügel an der SO-Front wurde als spätgot. Palas 1542/43 erbaut; im 1. Obergeschoß 2 Wohngemächer, darüber der große Rittersaal und das »Herren-Gemach«. Der verbindende SW-Flügel, ursprünglich Wirtschaftsbau, zeigt zur Hofseite eine Fachwerkwand des 17. Jh. – Der 1591 begonnene 3flügelige Renaissancebau enthielt im Erdgeschoß neue Wirtschaftsräume (Back- und Brauhaus, Küche, Hofestube) und im obersten Geschoß des NW-Flügels den neuen Rittersaal. Es handelt sich um die architektonisch ideenreichste Schöpfung der Weserrenaissance, mit den vielen Giebeln und Türmen noch im Typ der mittelalterl. Burg. Die Weserfront wird beherrscht von 2 mächtigen Ecktürmen (»Zwinger«), die im Grundriß von der spitzwinkligen Bastion zum Quadrat und zum Achteck übergehen und von eigenartigen flämischen Hauben bekrönt sind. An der Hoffront in den Winkeln 2 hohe Treppentürme und in der Mitte ein durch alle Geschosse bis zum Dach aufsteigender Erker. Die Portale der Treppentürme

und des NW-Flügels, das Flachornament der Fenster und die Giebel zeigen den ganzen dekorativen Formenschatz der Weserrenaissance, wobei Beziehungen zu Joh. und Arend Robin, Joh. Hundertossen und zur Herforder Ornamentik festzustellen sind. Die Mauerflächen tragen Kratzputz mit einem Rautenmuster aus glatten und aufgerauhten Schrägstreifen, der für das 16. Jh. mehrfach belegt ist (z. B. in Lemgo). Die italienische Inkrustation wird hier zu einer flimmernden manieristischen Wanddekoration umgedeutet.
Im Inneren blieben einige Steinkamine erhalten, der schönste jetzt im Erdgeschoß des Eingangsflügels.

An der Ringmauer die **ev. Pfarrkirche,** 1680–82 aus dem Umbau eines Profangebäudes gewonnen.

KAMEN (Unna E4)

Methler (D4)

Ev. Pfarrkirche, ehem. St. Margaretha ●

Der Bau aus der Mitte des 13. Jh., der den massigen W-Turm einer älteren Kirche übernahm, gehört zum Typ der Soester Hallenkirche (vgl. → Soest, St. Maria zur Höhe). Breiter als lang und mit weiten Domikalgewölben gedeckt, wirkt er straff, licht und elegant. Die kreuzförmigen Pfeiler sind schlank, haben nicht nur Halbsäulen als Vorlagen, sondern auch je 4 dünne Ecksäulen. Die geheime Gotik, die in den Pfeilern wirkt, ist im ganzen Raumgefüge spürbar: in den Fenstern, den Blendarkaden des Chores und in den Nebenchören, die aus 3 Seiten eines Achtecks gebildet sind. Das Gemeindehaus zeigt im Mittelschiff 2 quadratische Joche; in den Seitenschiffen folgen die Joche einem gestreckten Rechteck. Die kuppeligen Gewölbe sind erfüllt vom Widerstreit zwischen Ruhe und Dynamik, bewirkt durch kuppelige, von präzis gearbeiteten Kreuzrippen getragene Domikalgewölbe.

1851 wurden bedeutende *Wand- und Gewölbemalereien* aus der Erbauungszeit, Werke des spätroman. Zackenstils, aufgedeckt. Sie sind mittlerweile oft restauriert worden, wobei viel vom Original verloren ging. Im Chorgewölbe Christus in der Mandorla mit Heiligen. An den Chorwänden in 2 Zonen übereinander Standfiguren: unten die 12 Apostel, oben im O Verkündigung, im N und S Heilige. In der Nebenapsis Christus in der Mandorla mit den Symbolen der Evangelisten. Besser als diese figürlichen Malereien blieb das dekorative System des Innenraumes erhalten. Aufgrund guter originaler Fragmente konnte es 1952/

1953 rekonstruiert werden. – Beachtung verdienen außer der Kanzel von 1701 der roman. Kapitellschmuck und die kleine Holzskulptur des hl. Johannes Ev., um 1250.

KAMP-LINTFORT (Wesel B4)

Kath. Pfarrkirche St. Maria, ehem. Zisterzienser-Abteikirche
Das 1122 vom Kölner Erzbischof Friedrich gestiftete und mit Mönchen aus Morimond besiedelte Zisterzienser-Kloster (»Altenkamp«) auf dem S-Ende des vordersten Höhenrückens nach der Ebene des Rheintals hin erlangte durch seine unmittelbaren und mittelbaren Tochtergründungen eine weitreichende Wirkung und durch Schenkungen großen Besitz. Es war zudem die erste Gründung des Ordens in Deutschland. 1410–15 fand ein Neubau der Kirche, um 25 Fuß nach W verlängert, 1430–52 ein solcher des Klosters statt. Nach Kriegszerstörungen erfolgte 1683–1700 ein abermaliger Neubau, diesmal des Langhauses allein und zweier Türme über den alten O-Jochen der Seitenschiffe. Das Kloster erhielt eine Ausgestaltung, die einer reichsunmittelbaren Abtei, zu der es 1739 erhoben wurde, nach damaliger Auffassung besser entsprach als die bisherige mönchische Bescheidenheit. Nach Auflösung des Klosters 1802 wurde die Kirche für den Pfarrgottesdienst bestimmt, das Kloster abgerissen.
Von dem got. Backsteinbau, der weder an Umfang noch an baugeschichtlichem Interesse einen Vergleich mit Altenberg, Heisterbach und Himmerod aushält noch der Bedeutung des Klosters entsprach, sind der rechteckige Chor mit rechtwinklig angesetzten Strebepfeilerpaaren und die 3 westl. davor liegenden Joche erhalten. Das Rippenkreuzgewölbe des Chores geht westl. von 2 gutausgebildeten Bündelpfeilern mit Blattkapitellen aus. Den Chor flankieren 2 über den östl. Gewölben der Seitenschiffe errichtete, mit Spitzbogenblenden gegliederte 4seitige Türme, die geschweifte Helme aus der Zeit des Barock tragen. Diese Chorgruppe ist auf die weite Sicht vom Rheintal aus berechnet. An sie schließt sich eine 3schiffige Hallenkirche mit 5 Jochen und etwas verbreitertem Mittelschiff an. Die Pfeiler von quadratischem Grundriß mit 4 Vorlagen für die Gurtbögen tragen über schwachen Gesimsen die Kreuzgewölbe. Die Außenmauern mit 3teiligen Fenstern haben keine Strebepfeiler. Auch die W-Wand mit einem vermauerten Spitzbogenfenster scheint noch dem got. Bau anzugehören. – An die N-Seite, an der die Eingangstür liegt, ist eine 2jochige alte Sakristei mit Kreuzgewölben angebaut, die das Langhaus mit einer 6seitigen **Marienkapelle** von 1714, der heutigen Sakristei, verbindet, deren Kuppelgewölbe von 6 Pfeilervorlagen an den Ecken des Raumes ausgeht und die ein geschweiftes Dach trägt.
Von der Kirchen-Ausstattung sind die barocken Chorbänke von dem Kölner Bildhauer Brüll (1699), die Kanzel und die Orgelbühne (Mitte 18. Jh.) besonders erwähnenswert, ferner ein hervorragendes *Antependium* mit 14 in Nadelmalerei gestickten Heiligenfiguren und einer Marienkrönung mit einem knienden Zisterzienser als Stifter unter 7 Arkaden auf grünem Samt, eine Kölner Arbeit um 1320–30.

Nördl. vor der Kirche liegt der weite ehem. **Klosterbering,** von dem nur das ehem. Krankenrevier, heute **Pfarrhaus,** erhalten ist. Darin eine Galerie mit mehreren guten Gemälden, so einer alten Wiederholung der Madonna des Herzogs von Cleve, eines Werkes von Bartel Bruyn d. Ä., um 1520, und eine niederländ. Anbetung der Hirten von 1544; der interessante Stammbaum des Klosters von 1723. – Von den S-Fenstern aus überblickt man den im Geschmack des 18. Jh. angelegten **ehem. Klostergarten,** dessen mehrfache Terrassen noch gut erkennbar sind.

KEMPEN (Viersen B5)

Der Ort wird 890 zum erstenmal genannt. Die spätere kölnische Marktsiedlung erhält 1294 Stadtrechte. Das Zentrum des fruchtbaren Ackerlandes am Niederrhein entwickelt sich zu einer kreisförmig angelegten festen Stadt – 1396–1400 erhält es Burg und Mauer –, deren Mitte bis heute die Marktkirche St. Marien blieb. In Kempen wurde Thomas von Kempen geboren, Augustiner-Chorherr, einer der bedeutendsten geistlichen Schriftsteller des 15. Jh. (1379–1471), Verfasser der »Imitatio Christi«.

Kath. Pfarrkirche St. Maria

Die heute bestehende Kirche spiegelt in Bauteilen aus 3 Perioden die baugeschichtliche Entwicklung vom 13. bis zum 15. Jh. Um 1200 entstand ein wahrscheinlich 1schiffiger roman. Bau, der um die Mitte des 13. Jh. erneuert wurde; gleichzeitig fügte man einen W-Turm hinzu. Offensichtlich hatte man eine basilikale Anlage im Sinn. Im 14. Jh. wurde ein niedrigeres südl. Seitenschiff angebaut, der Hallenchor angelegt und das Mittelschiff gewölbt; im 15. Jh. folgte erst das Chorpolygon, dann die Einwölbung des Mittelschiffes und das nördl. Seitenschiff in gleicher Höhe mit dem Mittelschiff, zuletzt, 1453–60, der Hallenumgang des Chores. So entstand eine langgestreckte unregelmäßige Anlage, halb Stufenhalle, halb echter Hallenraum. Starke Beschädigungen des Baues im 2. Weltkrieg sind bis 1958 behoben worden.

Den Außenbau beherrscht der mächtige 4kantige W-Turm. An seiner W-Seite steht ein rundbogiges Portal, im Gewände je 2 Säulen mit Würfelkapitellen. Im 2. Geschoß gliedern 3 Blenden und ein gekuppeltes Rundbogenfenster die Fläche; die beiden folgenden Geschosse sind ähnlich aufgeteilt; das 4. hat in jeder Blende ein gekuppeltes Rundbogenfenster. Die 4 Giebel enthalten je 2 Fenster und ein Rundfenster; sie leiten zum 8eckigen spitzen Helm über. Der Turm wird von den Stirnen der Seitenschiffe mit schmalen Fenstern flankiert. Das südl. Seitenschiff ist hier durch einen steilen Giebel, das nördl. durch ein Querdach abgeschlossen. Die Seitenwände des Langhauses sind durch hohe Maßwerkfenster und abgestufte Strebepfeiler gegliedert; am 4. Joch der S-Seite ein schönes spitzbogiges Portal. Das südl. Seitenschiff hat ein eigenes langgestrecktes Satteldach, das nördl. quergestellte Satteldächer mit einer Giebelreihe, die sich auch am Chor fortsetzt. Das Baumaterial ist Tuffstein; die Fenstereinfassungen sind aus Haustein. – Inneres. Das Erdgeschoß des Turmes dient als Vorhalle. Das Langhaus ist eine geräumige Halle von 5 Jochen in 3 gleich breiten Schiffen. Der Chor behält die 3 Schiffe bei. Die etwas einspringenden Seitenschiffe führen als Umgang um den 5seitigen Chorschluß. Der Haupteindruck ist der einer großen Weiträumigkeit.

Von der reichen und großartigen Ausstattung des 15./16. Jh. sind bedeutende Teile erhalten geblieben, vor allem der Chor bietet noch das alte Bild. Von 20 urkundlich bekannten Altären bestehen noch 3: Der *Hochaltar* wurde 1513 dem Antwerpener Bildschnitzer und Maler Adrian von Overbeke in Auftrag gegeben, seine Darstellungen haben das Motiv der Hl. Sippe als Mittelpunkt; der Bruderschaftsaltar im S-Seitenschiff, 1525, und der Antoniusaltar, 1540, sind beide gleichfalls niederländischer Herkunft, mit reicher Schnitzerei. – Besonders wertvoll ist das *Chorgestühl,* 1493 von Johann Gruter, durch Schönheit des Aufbaus und Qualität des nicht überreichen plastischen Schmuckes gleich ausgezeichnet. Auch der 3sitzige Zelebrantenstuhl von 1486 ist von hohem Wert, wohl von demselben Meister, nicht minder das elegante Sakramentshäuschen, 1461 von Konrad Kuyn. Teile von ehem. Altären und die echt niederrheinischen Figuren der Madonna und des hl. Christophorus aus dem 14. Jh. sowie ein sehr eindrucksvoller *Kruzifixus* des 16. Jh., der wohl nach dem Vorbild Douvermanns geschnitzt wurde, und weitere kostbare Stücke aus dem 15. Jh. bereichern das Gesamtbild. Hervorzuheben ist ferner der Kronleuchter mit Doppelmadonna, 1508. – Der Kirchenschatz besitzt wertvolle Goldschmiedearbeiten.

Kath. Rektoratskirche St. Katharina, ehem. Franziskaner-Klosterkirche von 1637, 1748 restauriert und gewölbt mit 1schiffigem Langhaus in 6 kreuzgewölbten Jochen, Chor von 2 Jochen und 3seitigem Abschluß, hat gute räumliche Verhältnisse und eine schöne, seit 1953/54 wieder in der alten Fassung zu sehende Ausstattung. – In dem großen **Klosterbau** aus dem 18. Jh. befindet sich das **Städtische Kramer-Museum** (s. d.).

Die **Peterskapelle** aus der Zeit um 1200, außerhalb der Altstadt gelegen, ist eine 1schiffige roman. Anlage mit flacher Decke und rechteckigem Chor. Sie gilt als der älteste Bau des Kempener Landes. An der N-Seite ein spätgot. überwölbter Anbau.

Heiliggeistkapelle (am Markt). 1421 mit spitzbogigem Kreuzgewölbe und 3seitigem Chorschluß erbaut. Darin auf der W-Wand ein Gemälde des Jüngsten Gerichts, um 1450.

Die ehem. kurkölnische **Burg** wurde in den Jahren 1396 bis 1400 durch Baumeister Johannes Hundt, der 1391 zum Kustos der Pfarrkirche ernannt worden war, neu gebaut. Durch

Erweiterungsbauten des 17. Jh. wurde sie zu einem reinen Amts- und Wohnbau. Das 2geschossige, abgewinkelte Gebäude mit 3 runden Ecktürmen erinnert an holländische Schlösser und gehört zu den besten profanen Backsteinbauten am Niederrhein. 1861–63 durch Heinrich Wiethase neugotisch verändert.

Von der **Stadtbefestigung** ist u. a. das **Kuhtor** erhalten, ein eindrucksvoller, mächtiger Backsteinbau mit 2 schlanken Ecktürmen an der Außenseite, um 1370. Das Obergeschoß im 19. Jh. von H. Wiethase erneuert.

Städtisches Kramer-Museum (Burgstr. 21). Niederrheinische Kunst vom 13.–19. Jh., vor allem eine bedeutende Sammlung niederrheinischer Plastik.

KERKEN (Kleve B4)

Aldekerk (B4)

Kath. Pfarrkirche St. Peter und Paul ●

In der heutigen Pseudobasilika stecken noch wesentliche Teile der spätgot. Hallenkirche (des Typus von St. Peter und Paul in Straelen), die nach Umbauten des 16./17. Jh. 1863/64 durchgreifend restauriert wurde und 1888–90 durch Julius Busch ein neues W-Joch und den von Kapellen flankierten W-Turm bekam.

Die Kirche besitzt seit der 1976/77 erfolgten Restaurierung wieder einen der am besten erhaltenen neugot. Kirchenräume aus der Zeit um 1900 im Rheinland.

Der Zusammenklang von Wandmalerei, 1910 von G. Lamers, Glasfenstern aus der Werkstatt Wilhelm Derix und Ausstattungsstücken ergibt eine Fülle von formalen und thematischen Bezügen. Der *Hochaltar* von 1905 zeigt im Schrein Passionsszenen, die Flügelmalereien veranschaulichen Lehramt, Hirtenamt und Priesteramt. Die *Wandgemälde* zeigen die Himmelfahrt Christi und die Aufnahme Mariens in den Himmel, die Fenster des Hochchores (nach Entwürfen von Fr. Stummel) die Verehrung der Dreifaltigkeit und die Spendung der Sakramente. Der Annenaltar im N-Querschiff, 1885–88 von F. Langenberg geschnitzt, mit Flügelmalereien von Fr. Stummel, 1916, zeigt Szenen aus dem Marienleben; dazu an der Wand der Stammbaum Mariens. Im Marienchor der Schnitzaltar 1881 von Peray, die Flügel von Stummel, 1916, an der Wand Mariensymbole aus der Lauretanischen Litanei. In den Arkadenzwikkeln des Mittelschiffs die 12 Apostel mit dem Credo. – Der Taufstein von 1218 (Ecksäulen verloren), die Kanzel des 17. Jh. sowie einige Barockfiguren in den Seitenschiffen sind Überbleibsel der älteren Ausstattung. *VO*

Nieukerk (B4)

Kath. Pfarrkirche St. Dionysius. Spätgot. 3schiffige Pseudobasilika in Backstein und Tuff, der Chor 1421 mit Vorchor, die Untergeschosse des W-Turmes um 1400. Inwieweit der roman. Vorgängerbau das Langhaus beeinflußte, ist nicht gesichert, 2 halbrunde roman. Nebenapsiden wurden durch Ausgrabungen nachgewiesen. In Altar und S-Apsis wurde ein röm. Votivstein mit einer frühchristlichen Inschrift gefunden (jetzt in der S-Kapelle eingemauert). Die Kreuzrippengewölbe im 17. Jh. erneuert, der 4geschossige W-Turm nach einem Brand 1680 ausgebessert, dabei die barocke Haube aufgesetzt. Weitere Anbauten aus dem 19. Jh. *VO*

KERPEN (Erftkreis B6)

Kath. Pfarrkirche St. Martin, ehem. Stiftskirche. Das Kollegiatstift verehrte Karl d. Gr. als seinen Stifter. Von der erhaltenen Kirche stammen Chor und Querschiff aus dem 13. Jh. Im 15./16. Jh. kam das Langhaus als 3schiffige Basilika hinzu. 1513 erweiterte man den Bau durch ein 4. Nebenschiff an der S-Seite und die Sakristei. 1496 begann der Bau des mächtigen 5geschossigen W-Turmes. Die Kirche, in Tuffstein und Backstein aufgeführt, hatte im Langhaus 6 Joche. Alle Räume hatten schön ausgebildete Kreuzrippengewölbe. Die südl. Seitenschiffe trugen quergestellte Satteldächer mit Giebeln; das nördl. Seitenschiff hatte ein Pultdach. Das Gebäude wurde im 2. Weltkrieg schwer getroffen. Der Wiederaufbau vereinfachte den alten Zustand; das Langhaus ist ein völliger Neubau.

In der Nähe die typischen **Wasserburgen Hahn** (18. Jh.) und **Lörsfeld** (hauptsächlich 16. und 18. Jh.) mit Vor- und Hauptburgen. In Lörsfeld ist das Herrenhaus ein 4seitiger Backsteinbau mit vorgekragtem Wehrgang unter dem Dach und 4 Eckwarten.

Türnich (BC 6/7)

Schloß

Wasserumwehrte Anlage, bestehend aus dem freistehenden Herrenhaus und einem 3flügeligen Wirtschaftshof, 1756–66 wahrscheinlich nach einem Plan von Michael Leveilly errichtet.

Im Inneren (nur das Erdgeschoß ist zugänglich) hat das Herrenhaus die alte Raumabfolge behalten. Die Stukkaturen entsprechen zumeist dem Zweiten Rokoko des 19. Jh.; zum Teil sehr bemerkenswerte Ausstattungsstücke des 17.–19. Jh.

Das **Torhaus** des Wirtschaftshofes wurde 1893–95 von Heinrich Krings zusammen mit der **Schloßkapelle** am Herrenhaus neuerbaut. Innen zeigt die Kapelle neuroman. Formen. Reiche Marmorinkrustationen, die Malereien 1895–97 von F. Guillery. Der Altar trägt ein Kreuz des Kölner Goldschmiedes Hermeling. *VO*

KEVELAER (Kleve A4)

Der Ort, seit 1472 Pfarrei, ist berühmt durch die Wallfahrten, die dem Gnadenbild gelten. Es ist ein bescheidener Kupferstich von 1640, der das Gnadenbild der Muttergottes von Luxemburg wiedergibt. Für dieses Bild ließ der Hausierer Hendrick Busman, veranlaßt durch eine Vision, auf seine Kosten ein Heiligenhäuschen erbauen. Als Gnadenbild wurde es bald Anlaß zu großen Pilgerzügen und hat bis heute nichts von seiner Bedeutung in der Volksfrömmigkeit des Rheinlandes und Westfalens, darüber hinaus in der ganzen katholischen Welt, eingebüßt. Hier finden u. a. die zentralen Jahreskongresse der internationalen Pax-Christi-Bewegung statt. Ende 19. Jh. läßt sich der Kirchenmaler Fr. Stummel in Kevelaer nieder. Unter dem Einfluß seiner Werkstatt entwickeln sich verschiedene Zweige des Kunstgewerbes (Glasmalerei, Paramente, Goldschmiede, Devotionalien u. a.).

Gnadenkapelle. Zentrum der Wallfahrt ist ein kleiner 6eckiger Kuppelbau, in den schlichten Formen ländlichen Barocks 1654 um den urspr. Bildstock erbaut. Die Ausmalung und die Vorlagen für das Fußbodenmosaik 1888 von Fr. Stummel.

Die **Kerzenkapelle** baute Hendrik van Arssen 1643–45 als schlichten Saalbau unter 7 Jochen im Kreuzrippengewölbe. Von der barocken Ausstattung verdient das silberne Tabernakel, das die Antwerpener Jean und Philippe Moermans 1682 arbeiteten, besondere Beachtung.

Basilika St. Maria. Die 3schiffige Backsteinbasilika mit Chor, Querhaus und 4 schräggestellten Nebenchören (vgl. Trier, Liebfrauen), wurde 1858–64 von Vincenz Statz in den Formen der frühen Gotik errichtet, der 4geschossige W-Turm 1883/84 vorgesetzt. Die Beichtkapelle von 1857/58 (jetzt z. T. Sakristei) entwarf ebenfalls Statz; weitere Anbauten kamen 1860 und 1890 hinzu. Die Kriegsschäden hat 1968 ff. eine umfassende Restaurierung behoben. Dabei wurden die 1921 zugesetzten unteren Chorfenster wieder geöffnet und das Wandbild mit der Krönung Mariens bis auf Reste zerstört. – Die wohlabgewogenen Proportionen und die klaren Formen kennzeichnen diese Kirche als ein Hauptwerk von Statz. ●

Das Innere wird von der reichen *Ausmalung* der O-Teile bestimmt, die von 1894 bis in die 1920er Jahre hinein von Fr. Stummel und seinen Schülern Karl Wenzel und Heinrich Holtmann geschaffen wurde und seit 1968 von W. Dorn restauriert, z. T. erst freigelegt und ergänzt wird. Die Thematik dieser detailreichen und farbenfrohen Malerei umfaßt das Heilsgeschehen und die besondere Stellung Mariens im Heilsplan Gottes, dargestellt in vielfachen theologischen und ikonologischen Bezügen, Gegenüberstellungen von Altem und Neuen Testament, Einbeziehung von Schriften der Kirchenväter und vieles andere. – Im N-Querhaus Darstellungen der Schöpfungsgeschichte bis zur Ermordung

Abels, weitere alttestamentliche Szenen, die Gegenüberstellung von Adam und Eva und der Immaculata, die Apokalyptischen Reiter und (noch übermalt) Szenen aus dem 1. Weltkrieg. Der Durchgang zur Beichtkapelle wurde als Passionskapelle gestaltet. – Im S-Querhaus Tugenden, Seligpreisungen und Sakramente, das Vierungsgewölbe mit der Anbetung des Lammes durch die 24 Ältesten. – Das Heilsthema wird in den Nebenchören (von N nach S Johanneschor, Marienchor, Josefschor, Antoniuschor) unter Einbeziehung der Heiligen vertieft und erweitert, während im Hochchor die Darstellungen von Marienkrönung (verstümmelt), Auferstehung, Himmelfahrt, Pfingsten und der Himmelfahrt Mariens sowie die Chöre der Engel und die Anbetungsszenen in den Gewölben auf Paradies und Erlösung hinweisen. – Gegenüber diesem Hauptwerk historistischer Malerei im Rheinland muß die Ausmalung des Langhauses, 1972–74 von G. Kadow, als wenig geglückt bezeichnet werden.

Ausstattung. Chorretabel, Ende des 19. Jh. von Joseph Langenberg, Sippenaltar um 1500 im Antoniuschor, Chorgestühl, Chorschranken und Kommunionbank um 1900. Die Fenster im Hochchor von Kaldenhoff, in den Seitenchören von L. Baur, H. Froitzheim u. a. Die Querhausfenster wurden nach den Stummelschen Kartons von Wilhelm Derix rekonstruiert. Die Orgelempore aus der Erbauungszeit des W-Turmes (Orgelprospekt von Romanus Seifert) ist ein interessantes zeitgeschichtliches Dokument des Kirchenkampfes: Die Kopfmasken der Konsolen sind Porträts von Bismarck (überarbeitet) und Mitgliedern seines Kabinetts. *VO*

Die **kath. Pfarrkirche St. Antonius,** ein Bau von 1900, enthält Bildwerke der abgebrochenen spätgot. Hallenkirche. Eine Gruppe der hl. Anna Selbdritt, eine Muttergottes und lebensgroße Figuren eines Kalvarienberges sind beachtliche Werke der niederrheinischen Plastik des 15. und 16. Jh.

Ev. Jesus-Christus-Kirche, 1962/63 von Helmut Duncker als reines Zelt, ohne Unterbau, errichtet. Ein Laufsteg führt durch den frei davor stehenden Glockenturm hindurch auf das Gitterwerk der dreieckigen Eingangsseite zu.

Museum für niederrheinische Volkskunde (Hauptstr. 18). Bäuerliche und bürgerliche Sachkultur des niederrheinischen Raumes. Stadt- und Kreisgeschichte. Sakrale Kunst und Kunsthandwerk. Niederrheinische Keramik, Kupferstiche von Hendrik Goltzius (1558–1617). Spezialsammlung zur Kevelaerer Marienwallfahrt.

KLEVE (Kleve A3)

Die Grafen von Kleve werden 1047 urkundlich genannt. Bei ihrer Burg, die auf karoling. Vorgängerbauten zurückgeht, entsteht eine Siedlung, die 1242 Stadtrecht erhält. 1368 kommt Kleve an die Grafen und späteren Herzöge von der Mark. Im Bau und in der Ausstattung ihrer doppeltürmi-

Kevelaer. Ev. Jesus-Christus-Kirche

gen Schwanenburg wetteifern sie mit den Herzögen von Burgund. 1614 fällt Kleve an Brandenburg. Glückliche Jahre bringt Prinz Moritz von Nassau-Siegen, 1647–79 Statthalter des Großen Kurfürsten, der Stadt. Ihm verdankt sie die Anlage des Tiergartens, des Moritzparks und des Sternbusches. Ein 1742 entdeckter Stahlbrunnen macht Kleve zum Badeort. Ein Badeviertel entsteht am Fuße der Altstadt; es wird von Häusern des späten niederländischen Klassizismus geprägt. Der 2. Weltkrieg vernichtet große Teile der Stadt. Die Stiftskirche wird zum größten Teil zerstört, die Minoritenkirche erleidet erhebliche Schäden, die Reformierte Kirche wird vernichtet.

Ehem. Stiftskirche St. Mariä Himmelfahrt, heute **kath. Pfarrkirche**

Eine roman. Basilika des 12. Jh. ging voraus. 1341 wurde Stift Monterberg bei Kalkar nach Kleve verlegt und mit dem Kirchenneubau begonnen. Die Daten: 1356 Chorweihe, 1380 Baubeginn am W-Turm, 1426 Vollendung des Baues. 1845–69 umfassende Restaurierung. Wiederaufbau nach schweren Zerstörungen (1944/45) bis 1956.

Der 3schiffige Bau ist das Urbild der klevischen Pseudobasilika, bei der das Mittelschiff wie beim basilikalen Aufbau die Seitenschiffe überragt, seine Hochwände aber ohne Fenster bleiben. An das Mittelschiff schließt sich der Hauptchor an, der nach einem Joch mit 5 Seiten eines Achtecks schließt. Die Seitenschiffe haben eigene polygonale Chorschlüsse. Runde Pfeiler mit 2seitigen Diensten tragen die Kreuzrippengewölbe. Die Kirche ist in Backstein und Tuff errichtet; die konstruktiven Teile vorwiegend in Haustein. Wie bei den westfäl. Hallenkirchen dienen Vorhallen an der N- und S-Seite als Eingänge. Die W-Front erhielt ein schlichtes Portal. Sie wird flankiert von 2 Türmen über den letzten Jochen der Seitenschiffe. Im Aufbau des Äußeren wird wie in Teilen des Inneren die Nähe der Stiftskirche von Xanten und ihrer Bauschule wirksam.

Der 2. Weltkrieg vernichtete das Bauwerk fast völlig. Es wurde nach dem alten Bestand wiederaufgebaut, im Inneren aber durch W. Weyres neu geordnet. Von der reichen Einrichtung blieben Teile des *Altarretabels* erhalten, das Henrik Douvermann und Jakob Dericks 1510–13 schnitzten. Der Altar, ein bedeutendes Zeugnis niederrheinischer Schnitzkunst des 16. Jh., gilt als die erste Arbeit Douvermanns. Ferner ein guter Antwerpener Altarschrein, um 1540, und einige, wenn auch beschädigte Grabmäler und Epitaphien (Sakristei, Michaelskapelle und ● südl. Nebenchor): Hervorragend das *Doppelgrab des Grafen Adolf I.* († 1394) *und seiner Frau Margaretha von Berg* († 1425), vom Beginn des 15. Jh.; die Kleidung des Grafen ist ein anschauliches Beispiel der von Burgund kreierten höfischen Mode. Das Doppelgrab des Herzogs Johann I. († 1481) und der Elisabeth von Burgund († 1483) sowie das Epitaph für Johann II. († 1521) und Mechthild von Hessen († 1505) tragen gravierte und emaillierte Metallplatten, beachtliche Arbeiten Wilhelm Loemans in Köln und vor dessen Tod (1512) vollendet. – Im Kirchenschatz verdient ein *Evangeliar* des 15. Jh. Beachtung wegen des Buchdeckels und der Schließe, die dem sonst als Kupferstecher bekannten Israel van Meckenem zugeschrieben werden. Die Figuren von Maria und Johannes entsprechen formal weitgehend den wohl etwas jüngeren Statuen der gleichen Heiligen beim Kreuz hinter dem Hochaltar.

Ehem. Minoritenkirche St. Mariä Empfängnis, heute **kath. Pfarrkirche**

Der Backsteinbau, in der 1. Hälfte des 15. Jh. entstanden, zeigt die am Niederrhein seltene, für Bettelorden sonst nicht untypische Gattung der 2schiffigen Hallenkirche. 4 Pfeiler mit abgefasten Kanten tragen die Gewölbe. Der langgestreckte Chor hat 3 Joche mit einem Abschluß aus 5 Seiten des Achtecks. – Das Chorgestühl von 1474 blieb erhalten. Es zählt zu den besten Arbeiten der weitverbreiteten Kalkarer Schule (nach Kriegszerstörung bis 1950 wiederaufgebaut).

Von hohem künstlerischem Rang ist das zum großen Teil erhaltene *Chorgestühl* (1474) mit Heiligenreliefs an den Seitenwangen, Drolerien und Fabelwesen aller Art sowie 4 – ursprünglich nicht zugehörigen – Freistatuen weiblicher Heiliger. Als Urheber wird ein Arnt Beeldesnider genannt, womit vielleicht Arnt van Zwolle gemeint ist. Prächtige *Kanzel* des Kalkarer Meisters Nikolaus Alberts, 1698. Neugefaßter Kruzifixus eines Triumphkreuzes, zu dem ursprünglich Christus und Johannes von der Gruppe in der Stiftskirche gehörten.

Von der **Schwanenburg,** der nördlichsten Höhenburg am Niederrhein, haben sich Bauteile des 15.–17. Jh. (restauriert) erhalten.

Nördl. der Stadt liegt auf einer Anhöhe der 1656 von Johann Moritz v. Nassau in Terrassen angelegte, im 19. Jh. zu einem englischen Park umgestaltete **Tiergarten.** Er erhielt 1656/57 ein **Amphitheater,** das Jakob van Kampen baute. In seinem Zentrum die Minervafigur des Niederländers Artus Quellinus d. Ä., ein Geschenk des Amsterdamer Magistrats für Johann Moritz, 1660 (Kopie, Original im Städtischen Museum). – Nahebei, auf der Spitze des Springerberges, ein von Friedrich Wilhelm IV. v. Preußen (1795–1861) entworfener **Obelisk.** – Mehrere Wasserbecken mit Bildwerken und Fontänen ordnen sich bewegt und geistvoll dem Park ein.

Südl. Kleve, in »Berg und Tal«, das gußeiserne **Kenotaph des Johann Moritz v. Nassau** († 1679) als Rest einer größeren Grabanlage.

Städtisches Museum Haus Koekkoek (Kavarinerstr. 33). Malerei und Plastik vom Mittelalter bis zum 19. Jh. Einen Schwerpunkt bildet die romantische Schule um den Maler Barend Cornelis Koekkoek (1803 bis 1862). Das heutige Museumsgebäude war sein Wohnhaus (1840–45 errichtet).

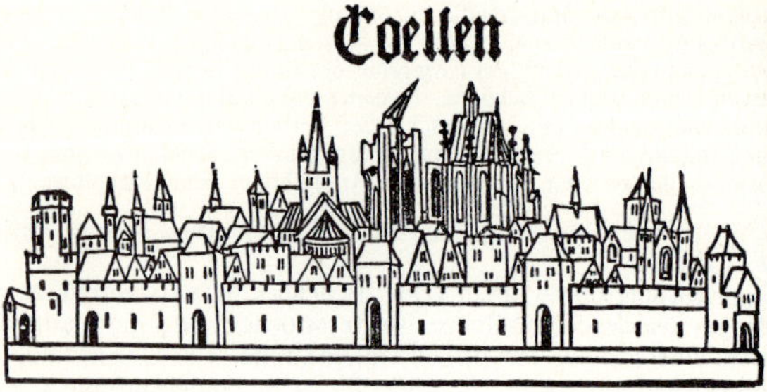

KÖLN (C6/7)

Köln gehört zu den ältesten Städten Mitteleuropas. Stadtbild, Denkmälerüberlieferung und literarische Quellen bezeugen die Geschichte von 2 Jahrtausenden.
Köln liegt beiderseits des Rheins vor dem N-Rand des Rheinischen Schiefergebirges. Die moderne Stadt umfaßt eine Fläche von 405,18 km^2 (1980). Auf den Niederterrassen um Köln liegen jungsteinzeitliche Siedlungen (u.a. die bandkeramische Siedlung Lindenthal beim Stüttgenhof in Junkersdorf) und früheisenzeitliche Grabhügelfelder (rechtsrheinisch in Köln-Dünnwald, Köln-Dellbrück und Köln-Rath). Eisenzeitliche Siedlungsstellen beiderseits des Stromes reichen bis weit in röm. Zeit (Frühlatènespuren u.a. auf dem Altstadtplateau und in Deutz).
Die Wahl des Standortes für die röm. Siedlung am hochwasserfreien linken Hochufer des Rheins war eine militärische Entscheidung. Eine flachwellige, im S von der Senke des Hürther Baches (Duffesbach) begrenzte Schotterplatte liegt vor einem schmalen Auenrand, der sich unmittelbar flußabwärts zum breiten Strombett weitet. Eine Insel trennt den Strom in 2 Arme. Die vorteilhafte Gelände- und Verkehrslage bewirkte eine Siedlungskonstanz über 2 Jahrtausende.
Auf der Schotterplatte werden rechtsrheinische Ubier in den letzten Jahrzehnten v. Chr. in einem nach röm. Muster geplanten Oppidum zwangsangesiedelt. Die Siedlung erhält den Namen Ara Ubiorum mit einem Altar für Roma und Augustus als Kultmittelpunkt einer geplanten »provincia Germania (magna)«. In der Nähe der Ubiersiedlung liegt zeitweise ein Legionslager, die Truppen werden nach Aufgabe der erfolglosen Eroberungszüge in rechtsrheinischem Gebiet nach Neuß und Bonn verlegt.
Das Oppidum, mit einem Holz-Erde-Werk und Ecktürmen aus Stein in der Rheinaue umschlossen, zeigt ein rechtwinkliges Straßennetz mit den Hauptachsen Hohe Straße (vorgeschichtlicher hochwasserfreier Naturweg am Rhein) als Cardo maximus und Schildergasse als Decumanus

maximus. Neben siedlungsbestimmendem Fachwerkbau sind erste Bauten aus fern gehauenem Stein nachweisbar. Das älteste Gräberfeld liegt im NW bei St. Gereon. 3 km südl. der Altstadt lag in der Flur »Alteburg« am Rhein (Köln-Marienburg) bis in die 2. Hälfte des 3. Jh. das Lager der röm. Rheinflotte.

Im Jahre 50 n. Chr. wird das Oppidum in den Rang einer Kolonie erhoben; seit dieser Zeit erscheint als voller neuer Name: Colonia Claudia Ara Agrippinensium (CCAA). Das in augusteischer Zeit abgesteckte Siedlungsareal wird beibehalten, auf der Trasse der alten Befestigungslinie folgt unmittelbar der Neubau einer Steinbefestigung. Auf der so umschlossenen Fläche von 96,8 ha vollzieht sich seit flavischer Zeit ein großzügiger Siedlungsbau. Zwischen Cardo maximus und Hafenseite wird das Praetorium auf 4 »insulae« (Baublöcken) als Amtssitz der Oberbefehlshaber und Statthalter Niedergermaniens gebaut. Der Forumsbezirk als topographischer Mittelpunkt auf mindestens 6 »insulae« am Schnittpunkt von Cardo und Decumanus maximus wird vermutlich an den Schmalseiten im W von der Ara (Agrippinensium), im O vom Delubrum Martis (Marstempel) eingefaßt. Der Kapitoltempel aus flavischer Zeit mit Temenosbezirk liegt im SO an der Hafenseite. Der Abschnitt zwischen Cardo und östl. Stadtmauer ist hauptsächlich mit Bauten der öffentlichen Hand bestanden. Die Lage von Theater und Zirkus ist noch unbekannt. Privatbauten folgen teilweise mit Atrium und Peristyl mediterranen Vorbildern. Straßenseitig sind Kolonnaden vorgelegt. Zwischen den Häusern liegen zahlreiche, teilweise private Heiligtümer und Kultstätten. Feuergefährliche Gewerbebetriebe siedeln sich seit Mitte des 1. Jh. vor der Stadtmauer an: Töpfereibetriebe, Metallwerkstätten, Glashütten. Daran schließen sich im Vorfeld der Stadtmauer suburbane Villen und im Weichbild Weiler und Villae rusticae an (Köln-Braunsfeld, Köln-Müngersdorf). Beiderseits der Fernstraßen nach Bonn, Trier, Aachen und Neuß dehnen sich weitläufige Nekropolen mit variantenreicher Grabarchitektur aus. Mitte des 1. Jh. beginnt auch der Ausbau der vorgelagerten Insel, Versorgungsmagazine (horrea) liegen im 2. Jh. in der Achse des Praetoriums. Der Stadtausbau ist Mitte des 2. Jh. weitgehend abgeschlossen, danach erfolgen nur noch Sanierungen und Neubauten innerhalb fest umrissener Baublockgrenzen.

Im Jahre 58 n. Chr. erfaßt ein Schadensbrand offenbar Teile der Stadt. Während der Wirren der Jahre 68/69 im röm. Reich rufen Truppen des niedergermanischen Heeres in Köln Aulus Vitellius als Kaiser aus. Diesem kurzen Zwischenspiel folgt 70 n. Chr. im Bataveraufstand eine ernste Bedrohung der Stadt, durch Verhandlungen kann die Belagerung und Eroberung abgewendet werden. Seit Domitian (81–96 n. Chr.) ist die CCAA auch rechtlich Provinzhauptstadt Niedergermaniens. Die politische Ruhe an der Rheingrenze fördert im 2. und 3. Jh. die wirtschaftliche Blüte der Stadt, die in dieser Zeit vermutlich bis zu 20000 Einwohner (150–200 Personen pro ha) erreicht. In der 2. Hälfte des 3. Jh. ist Köln unter den Usurpatoren Postumus, Victorinus und Tetricus »Kaiserresidenz«. Die ersten Einbrüche der Franken treffen die Stadt nicht unmittelbar, haben aber wohl wirtschaftliche Folgen.

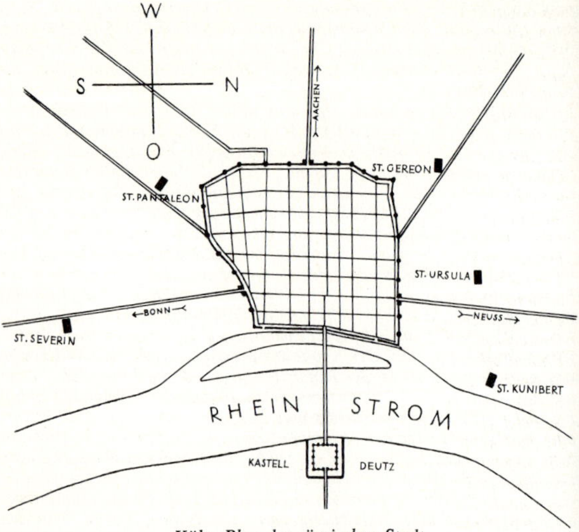

Köln. Plan der römischen Stadt

Nach 312 wird axial auf dem gegenüberliegenden Rheinufer (Köln-Deutz) das Militärkastell Divitia mit einer Innenfläche von 1,81 ha als Brückenkopf errichtet. Der Bau einer festen Brücke war 310/312 abgeschlossen. Seit der 1. Hälfte des 4. Jh. zeichnet sich eine zunehmende Schrumpfung vorstädtischer Siedlungsflächen ab. Im Dezember 355 fällt die Stadt 10 Monate lang in fränkische Hand und wird zerstört. Nach der röm. Rückeroberung beginnt auf den Trümmern noch einmal eine umfangreiche Bautätigkeit der öffentlichen Hand. Der vollständige Neubau des Praetoriums zeigt im Planentwurf keine unmittelbaren Parallelen in der spätröm. Baukunst. Es ist eine Architektur von kaiserlichem Rang, deren Entwürfe in Oberitalien oder in der Residenz Trier entstanden zu sein scheinen. Gleiches gilt für den kühn gestalteten ovalen Raum des Urbaues von St. Gereon mit seinen 9 ausschwingenden Nischen. Der Bau steht in der Tradition kaiserlicher Mausoleen des Mittelmeerraumes. Auch der Gründungsbau von St. Ursula nimmt mit seinem basilikalen Grundriß Vorbilder des Mittelmeerraumes auf. Im NO der Stadt, innerhalb der Mauern, wird wohl die 1. Bischofskirche (an der Stelle des Domes) errichtet; Grundriß und Bauumfang sind jedoch noch unklar. Das Straßenraster bleibt erhalten. Die private Bautätigkeit hat offenbar nur noch zu den dringendsten Wiederherstellungen gereicht. Trotz der

scheinbaren Konsolidierung der Reichsgrenze leidet Köln in den folgenden Jahrzehnten unter der ständigen Bedrohung durch neue fränkische Beutezüge. Die allmähliche ethnische Umschichtung des flachen Landes und der Abzug der Grenztruppen um 406/407 führt zu einer Siedlungsentleerung auf dem Lande und einem partiellen Rückgang der romanischen Stadtbevölkerung.
In der 1. Hälfte des 5. Jh. übernehmen Franken die Herrschaft in Köln als Vorort der Francia Rinensis. Das römisch geprägte Stadtbild bleibt als Gehäuse erhalten. Ein Verfall der privaten Wohnbereiche erstreckt sich wohl bis in das 6. Jh. Zwischen Cardo maximus (Hohe Straße) und westl. Stadtmauer (bei St. Aposteln) setzt ein Prozeß der Verödung ein. Der ehem. röm. Besitz der öffentlichen Hand geht an den merowingischen Fiskus, später an die Kirche. Austrasische Kleinkönige, unter ihnen Theudebert I. (534–548), residieren wohl zeitweise im ehem. röm. Praetorium. Der röm. Bau von St. Gereon wird Hofkirche und Begräbnisstätte des fränkischen Adels. In der NO-Ecke liegt Mitte des 6. Jh. ein Oratorium mit Adelsgräbern, an gleicher Stelle wird im 7. Jh. (?) die Kathedralkirche gebaut. In merowingische Zeit reichen die Kirchen St. Severin (auf der spätantiken Memoria ein Erweiterungsbau des 8. Jh.), St. Kolumba (7./8. Jh.), St. Maria im Kapitol (8. Jh.) und die Stifte St. Peter (Domstift, 8. Jh.), St. Gereon und St. Ursula zurück. Im Kölner Bischofskatalog sind seit Mitte des 6. Jh. wieder Bischöfe nachweisbar, die nun zunehmend als politische Ratgeber Einfluß auf die Dynastenfamilien gewinnen.
Ein neuer Rang wird der Stadt zuteil, als Karl d. Gr. seinen Hofkaplan Hildebold zum Erzbischof erhebt und Köln die Suffraganbistümer Lüttich, Utrecht, Münster, Osnabrück und Minden unterstellt. Ein Neubau der Domkirche wird 870 geweiht. Vor der Stadtzerstörung 881 durch die Normannen bestehen außer dem Dom bereits 6 Männer- und Frauenkonvente. Die Angliederung an das Ostreich 925 leitet eine Epoche ein, in der die Stadt aufs engste mit dem sächsischen Kaiserhaus verbunden ist. Erzbischof Bruno erhält von seinem Bruder Otto d. Gr. das Herzogtum Lothringen und damit die Grafenrechte in seiner Metropole. Seit Pilgrim verbleibt das Kanzleramt beim Kölner Stuhl; der Erzbischof von Köln besitzt das Recht, die deutschen Könige in Aachen zu krönen. Seit der Begegnung Heinrichs III. und Leos IX. 1049 sind Kaiser und Papst Domkanoniker ex officio. Bis zur Mitte des 11. Jh. werden 7 weitere Stifte und Abteien gegründet, so daß sich ihre Gesamtzahl nun auf 14 beläuft: der Dom, St. Andreas, St. Aposteln, St. Cäcilien, St. Georg, St. Gereon, St. Kunibert, St. Maria ad gradus, St. Maria im Kapitol, Groß St. Martin, St. Pantaleon, St. Severin, St. Ursula, dazu St. Heribert in Deutz. 1164 werden die Gebeine der Hll. 3 Könige, die Friedrich Barbarossa seinem Kanzler Rainald von Dassel geschenkt hat, in den Dom übergeführt und machen ihn zu einem der besuchtesten Wallfahrtsorte der Christenheit. Nach der Ächtung Heinrichs d. Löwen 1180 wird Philipp von Heinsberg Herzog in Westfalen; der Kölner Erzbischof ist der mächtigste Fürst des Reiches. Dem Machtstreben des erzbischöflichen Stadtherren nach einem nordwestdeutschen Territorialstaat steht der Unabhängigkeitsdrang der

selbstbewußten Kaufmannschaft entgegen. Nach dem mißlungenen Aufstand gegen Erzbischof Anno II. 1074 bilden im 12. Jh. Schöffenkollegium und Richerzeche (die Gesellschaft der »richen« = reichen Bürger, ehem. Schöffen und Bürgermeister) erste Bürgervertretungen. Der Sieg bei Worringen 1288 bringt der Bürgerschaft die Selbständigkeit; die Erzbischöfe residieren fortan in Brühl und Bonn. Köln wird eine der starken Stadtrepubliken des fortschreitenden Mittelalters. Seiner politischen Bedeutung entspricht wie in der Spätantike sein Rang als Handelszentrum. Im 12. Jh. nehmen Handel und Warenumschlag bereits den 1. Platz in Deutschland ein. Auf Kölns Messen gibt sich ein Stelldichein, was Geld und Ansehen im zisalpinen Europa besitzt.

In diesem ersten Jahrtausend ihrer christlichen Geschichte wird die Stadt zum »heiligen Köln«. Die Legenden vom hl. Gereon und seinen thebäischen Legionären und von der hl. Ursula samt ihren 11 000 Jungfrauen umranken den Glaubenstod früher Blutzeugen. Zu den Stiften, die sich über ihren Gräbern und bei der Friedhofskapelle Severins bilden, gesellen sich weitere Stifte und Klöster im Suburbium. Sie werden zu Keimzellen von Siedlungen, die auf die alte Römerstadt zuwachsen, welche mit ihrem karoling. Dom die Mitte bleibt. Noch vor 950 schlägt man den landfest gemachten röm. Hafen und die vorgelagerte Halbinsel, wo sich unterdessen die Fernkaufleute niedergelassen haben, der Römerstadt zu. 1106, nach der Verleihung des Befestigungsrechtes durch Heinrich IV. an die Bürgerschaft, werden die Vororte im S, W und N durch den Ausbau des Befestigungsgürtels an den Stadtkern angegliedert. 1180 wird die städtebauliche Konsequenz aus dem historischen Siedlungsverlauf gezogen: eine 5 1/2 km lange Mauer, die ausgedehnteste Stadtbefestigung des Reiches, faßt in weitem Halbkreis mit dem Rhein als Basis die antike Stadt samt ihren Vororten und versprengten Immunitäten zu einer Einheit zusammen, die den Kölnern für die nächsten 700 Jahre Raum gibt. Nach Gebietsumfang und Bevölkerungsziffer ist Köln damals die größte Stadt in deutschen Landen.

Die Bautätigkeit gipfelt im Zeitalter der Stauferkaiser. Im »goldenen Jahrhundert« seiner Kirchenbaukunst, in dem der Bauwille der Stadt seinen eigenschöpferischen Ausdruck findet, wird sie zu einem der Zentren des roman. Stiles. Entscheidende Neu- und Umgestaltungen aller Großkirchen formen auf Jahrhunderte hin das Gesicht der »Sancta Colonia Dei Gratia Romanae Ecclesiae Fidelis Filia« (Stadtsiegel von 1149). Die Römerbauten sind, als Steinbrüche ausgenutzt, aus dem Stadtbild verschwunden, das nun von 150 Kirchen und Kapellen geprägt wird.

Die Klöster sind Pflegestätten jeglicher Künste. Die starke Reliquienverehrung drängt zur Gestaltung von Reliquiaren und Schreinen; ein Hauptwerk ist der Dreikönigenschrein im Dom. In den Generalstudien der Dominikaner und Minoriten lehren und lernen Männer wie Albertus Magnus und sein Schüler Thomas von Aquin, Meister Eckhart, Seuse, Tauler und Duns Scotus, die, wie vor ihnen schon Rupertus von Deutz, Köln zu einer Hochburg der Theologie machen.

Das 14. Jh. ist erfüllt von der Rivalität zwischen den Stadtgeschlechtern und den Zünften, aber auch voll von Reichtum und Glanz der frühen

Bürgerzeit. Die erste demokratische Verfassung der Stadt nach dem Sieg über die Patrizier ist der Verbundbrief von 1396 (aufbewahrt im Stadtarchiv), monumentales Siegesmal der Anfang des 15. Jh. von den Zünften errichtete Rathausturm. Die aus der kölnischen und lübischen Hanse hervorgegangene deutsche Hanse beschließt im Kölner Rathaus 1367 den Krieg gegen Waldemar Atterdag von Dänemark. Bis ins 19. Jh. (1831) gilt das vom König mehrmals bestätigte Stapelrecht. Kölns Maße und Gewichte sind maßgebend im ganzen Nordwesten, ebenso auch sein Stadtrecht. Das geistige Köln knüpft mit seiner 1388 errichteten ältesten städtischen Universität Deutschlands an die alten Ordenshochschulen an.

Die schöpferische Kraft des spätstaufischen Kirchenbaues läßt got. Formen nur zögernd und nur im Dienst der herrschenden Kunstauffassung eindringen (so die Strebebögen am Dekagon der Gereonskirche). Erst mit der Grundsteinlegung des neuen Domes (1248) kommt plötzlich die voll entwickelte Hochgotik zum Durchbruch: Den Hll. 3 Königen wird kein Kaiserdom mehr, in der Nachfolge der mittelrheinischen Dome, sondern eine französische Königskathedrale errichtet. Neben den got. Kirchen der Bettelorden erstehen monumentale Bauten des Bürgertums: das Rathaus (erstmals 1135 und 1159 erwähnt) und das Tanzhaus Gürzenich. Die eng werdende Innenstadt, in der Baugelände rar und teuer ist, führt zur Entwicklung des sehr schmalen, hohen Kölner Reihenhauses. Bis zum Ausgang der Gotik läßt die Produktivität der Bildschnitzer, Glas- und Tafelmaler sowie der Kunsthandwerker nicht nach. Mit Stephan Lochner († 1451) gewinnt die kölnische Kunst ein letztes Mal abendländische Geltung.

Die formelle Erhebung zur Freien Reichsstadt 1475 besiegelt die bereits 1288 bei Worringen gefallene Entscheidung im Kampf mit dem Erzbischof. Köln bleibt Bürgerstadt, aber das bedeutet auch: ohne Residenz und ohne außerstädtisches Territorium. Als die weltwirtschaftlichen Veränderungen der Neuzeit auch seine Bedeutung als Handelsstadt sinken lassen, fehlen in der Folgezeit die Voraussetzungen und Impulse für eine monumentale Baukunst. Unter den vereinzelten öffentlichen Bauten, die noch im 16. Jh. entstehen, sind die Erweiterung des Rathauses zum Alter Markt hin (Mitte 16. Jh., zerst.) zu nennen, das später so genannte Stapelhaus bei Groß St. Martin (seit 1558 im Bau, zerst.) und, als herausragendes und erhaltenes Beispiel dieser unter dem Einfluß der niederländischen Renaissance entstandenen Bautengruppe, die Rathauslaube (1569–73). Auch das um die Wende des 16./17. Jh. entstandene Zeughaus und der wenig später errichtete, zum Rathauskomplex gehörende Spanische Bau (zerst.) zeigen das Überwiegen niederländischer Elemente in der Kölner Baukunst der Renaissance. Auf dem Gebiet der sakralen Kunst ist der Lettner in St. Maria im Kapitol sogar ein direkter früher Import flandrischer Renaissance (1523).

Die Reformation scheitert in Köln, die Stadt wird ein Hort der Gegenreformation mit der ersten deutschen Niederlassung der Jesuiten (1544) und der Errichtung der päpstlichen Nuntiatur (1564). Die 1618 begonnene Kirche St. Mariä Himmelfahrt lassen die Jesuiten in einer spezifi-

schen, programmatischen Stilmischung aufführen. In ihrer Nachfolge steht eine Reihe kirchlicher Um- und Neubauten nachgot. Stiles (St. Pantaleon; Köln-Deutz, Alt St. Heribert; Köln-Mülheim, St. Clemens). Die sonstigen noch neu errichteten Klosterkirchen (Ausnahme: die Karmeliterkirche im Dau, seit 1620, zerst.) waren bescheiden in Größe und Aufwand und eingebunden in die Straßenflucht. Sie fielen teilweise der Säkularisation zum Opfer. Der Bau der letzten bedeutenderen Kirchen des reichsstädtischen Köln, der Ursulinenkirche, der beiden Karmelitessenkirchen St. Maria in der Schnurgasse und St. Maria in der Kupfergasse zieht sich bis ins 18. Jh. hinein; sie stehen in starker Abhängigkeit von niederländischen Vorbildern. Die 1771 vollendete Elendskirche St. Gregor beschließt diese Reihe. Neben den Neubauten sind auch die zahlreichen barocken Kirchenausstattungen des 17. und 18. Jh. zu erwähnen, die meist den historistischen Restaurierungsarbeiten und Umgestaltungen des 19. Jh. weichen mußten. Erhalten blieben Meisterwerke wie die Kreuzigung Petri von Peter Paul Rubens für St. Peter von 1637 und der 1717 geschaffene Makkabäeraltar von Johann Franz van Helmont, heute in St. Maria in der Kupfergasse. Von den späten Stifts- und Kloster(neu)-bauten sind noch vorhanden: die Äbtissinnenhäuser von St. Maria im Kapitol und St. Ursula, die heute Wolkenburg genannten Gebäude des Mauritiuskonvents am Mauritiussteinweg und das Weißhaus in Köln-Sülz, der Sommersitz der Äbte von St. Pantaleon. Alle diese Bauten stammen aus der 2. Hälfte des 18. Jh. – Die bürgerliche Baukunst, die sich bis ins 17. Jh. noch in stattlichen Zunft- und Wohnbauten manifestierte (z. B. das barocke Giebelhaus Severinsstr. 15, Haus Balchem), verliert an Bedeutung, nachdem durch die Ausweisung der Protestanten, die bevorzugt im rechtsrheinischen Mülheim Zuflucht finden, der wirtschaftliche Niedergang beschleunigt wird. Dagegen sind aus dem 18. Jh. einige Palais für Rats- und Adelsfamilien zu nennen, so die leider zerstörten Bauten Breite Str. 92, für Ferdinand v. Geyr, und das Palais des Balthasar v. Mülheim, das spätere Erzbischöfliche Palais, in der Gereonstraße.

Die französische Besetzung Kölns (1794) und die Eingliederung in das französische Staatsgebiet (1801) bedeuten das Ende der Freien Reichsstadt und des Erzstifts Kurköln. Der Dom und zahlreiche Kirchen werden 1796 profaniert, St. Mariä Himmelfahrt 1798 zum »Tempel der Vernunft« erklärt. Einzug des Kirchenvermögens (1798) und Reichsdeputationshauptschluß (1803) besiegeln das Schicksal der oft mehr als 1000 Jahre alten Stifte und Klöster der Stadt. Erhalten bleiben nur die dem Unterricht und der Krankenpflege dienenden Orden. Unter Napoleon wird Aachen neuer Bischofssitz des linksrheinischen Raumes, Protestanten und Juden erhalten Religionsfreiheit. Im 1. und 2. Jahrzehnt des 19. Jh. werden die Klostergebäude zu Manufakturen, Fabriken oder Kasernen; zahlreiche kleinere Klosterkirchen werden abgerissen. Ihnen folgt eine Reihe von Pfarrkirchen, deren Funktion jetzt die großen Stiftskirchen der Stadt übernehmen, für deren Erhaltung die Gemeinden aufkommen müssen. Das herrenlos gewordene Kirchengut wird von einigen tatkräftigen, kunstinteressierten Bürgern gerettet; der Grundstock großer öffentlicher Sammlungen wird hier gelegt: Wallraf-Richartz-Museum, Alte Pinakothek München (Slg. Boisserée). Deutliche Spuren des französischen Rechts- und Verwaltungssystems bleiben auch nach 1815 im Rheinland erhalten. Eine Reihe kölnischer Straßennamen ist bis heute als Rückübersetzung aus dem Französischen erkennbar.

Mit dem Übergang an Preußen im Jahre 1815 nimmt Köln seine Tradition als Zentrale von Fernhandel und Gewerbe wieder auf. Dampfschiff und Eisenbahn (die erste Bahnlinie wird 1839 eröffnet) sind die neuen Träger des Verkehrs. Zwischen Köln und Deutz wird i.J. 1822 eine Schiffsbrücke errichtet, 1859 die erste feste Brücke als Eisenbahn- und Straßenverbindung. Industrie, Banken und Versicherungswesen bilden die übrigen Komponenten des raschen Wiederaufstiegs. Die teilweise noch landwirtschaftlich genutzten Randgebiete innerhalb der ummauerten Stadt werden nach den Planungen des damaligen Stadtbaumeisters Johann Peter Weyer mit Wohn- und Industriebauten ausgefüllt. Die enge Altstadt reicht für die wachsende Industrie aber immer weniger aus, so daß es zunehmend zu Industrieniederlassungen im Vorfeld der mittelalterl. Stadt kommt. Damals entstehen die Vororte Kölns zunächst als selbständige Gemeinwesen oder als Teilbereiche von Umlandbürgermeistereien und zwar meist als Industrievororte mit einer gemischten Bebauung von Werksanlagen und Wohnvierteln, später, besonders im 20. Jh., auch als reine Wohnvororte. Köln behauptet sich insofern als Mittelpunkt, als es ihm gelingt, sich diese emporstrebenden Ortschaften rechtzeitig einzuverleiben: 1883 wird die konzentrische Zone vor der mittelalterl. Stadtmauer, das Gebiet der späteren Neustadt, kölnisches Stadtgebiet; 1. großräumige Eingemeindung i.J. 1888 (konzentrischer linksrheinischer Ring, der u.a. die Orte Marienburg, Klettenberg, Bocklemünd, Longerich und Niehl einschließt sowie im Rechtsrheinischen Deutz), 1910 folgt die Eingemeindung von Vingst und Kalk und 1914 die der umliegenden rechtsrheinischen Ortschaften von Flittard über Mülheim bis nach Rath. 1922 schließlich kommt es durch Eingemeindung zu einer Ausweitung des Stadtgebietes im linksrheinischen N bis einschließlich Worringen. 1975 findet die bisher letzte Stadtvergrößerung statt, bei der besonders im S und W neues stadtkölnisches Gebiet geschaffen wird (u.a. Rodenkirchen, Porz, Lövenich und Weiden).

In der Preußenzeit wird Köln zur Festungsstadt ersten Ranges ausgebaut, wobei die seit 1815 verstärkte mittelalterl. Mauer 1881 aufgegeben und in circa 600 m Abstand eine neue Umwallung unter Einbeziehung einiger der mittelalterl. Mauer vorgelagerten Forts errichtet wird. Gleichzeitig (seit 1872) legt das preußische Militär am Stadtrand einen neuen äußeren Fortring an. Auf den als freies Schußfeld offengelassenen Rayons bzw. Festungsgürteln entstehen seit 1881 die Neustadt, nach 1919 der Innere sowie der Äußere Grüngürtel.

In den Bauten des Stadtbaumeisters Johann Peter Weyer spiegelt sich noch in den 20er Jahren des 19. Jh. die von Frankreich ausgehende sog. Revolutionsarchitektur wider, genannt seien das Appellhofgebäude am gleichnamigen Platz (abgetragen) und St. Gereon in Köln-Merheim. Der preußische Klassizismus Karl Friedrich Schinkels und seiner Schule prägte dann bis weit in die 2. Hälfte des 19. Jh. hinein das Erscheinungsbild zahlreicher öffentlicher und privater Bauten, von denen noch heute der östl. Flügel des Regierungsgebäudes und die Alte Wache (beide Zeughausstraße) im Florentiner Palazzostil erhalten sind. Auch die beiden protestantischen Kirchenneubauten Friedrich August Stülers gehören zu dieser Architekturrichtung: die Trinitatiskirche am Filzengraben ist ein Beispiel des Basilikenstils, St. Johannes in Köln-Deutz steht hier für den Rundbogenstil Berliner Prägung.

Beim Wohnungsbau wird in der Altstadt mit ihrer kleinteiligen Parzellierung zumeist am Typ des Dreifensterhauses festgehalten, der auch in die Vororte übertragen wird. Erst mit der Anlage der Neustadt in den 80er Jahren übernimmt Köln das große Miethaus. – Die in der 2. Hälfte des 19. Jh. sich ergebenden Bauaufgaben waren so umfangreich, daß Architekten aus ganz Deutschland angezogen wurden. Der Historismus mit seiner Formenvielfalt prägte jetzt die Architektur weiter Teile des Stadtgebietes, vor allem in der Neustadt.

Im Bereich des öffentlichen Bauwesens entstanden Julius Raschdorffs Rathauserweiterung zum Alter Markt und Georg Frentzens Hauptbahnhof (beide zerst.) in den üppigen Formen der deutschen Renaissance, während für das Justizgebäude am Appellhofplatz die niederländische Renaissance gewählt wurde. Die im gleichzeitigen Kirchen- und Klosterbau vorherrschende Neugotik prägte im Profanbau nur relativ wenige Gebäude, unter ihnen das Wallraf-Richartz-Museum (zerst.), das Postgebäude, die ehem. Reichsbank, heute Landeszentralbank, das ehem. Stadtarchiv (Gereonskloster) und das heutige Hansagymnasium, dazu einige Bürgerhäuser, von denen nach der Kriegszerstörung nur eine Replik mit dem 4711-Haus in der Glockengasse erhalten ist.

Im letzten Jahrzehnt vor dem 1. Weltkrieg entsteht, analog zur Entwicklung der Architektur im übrigen Deutschland, in Köln eine maßvolle, von neuklassizist. Ordnungsprinzipien beherrschte repräsentative öffentliche Baukunst, während sich im Wohnungsbau der Einfluß des Heimatstils ausgleichend bemerkbar macht. Als ein verbindendes Element bleiben Jugendstilformen wirksam.

Antwort auf die Säkularisation ist im kath. Kirchenbau die romantische Bewegung, die im 2. und 3. Jahrzehnt des 19. Jh. mit der staatlichen und kirchlichen Restauration vielfältige Verbindungen eingeht. Wie bei der Sicherung und Sammlung der herrenlosen kirchlichen Ausstattungsstücke gehen auch bei der Dokumentation und (später) bei der denkmalpflegerischen Betreuung der gefährdeten Kirchenbauten des Mittelalters einzelne Persönlichkeiten voran, die durch unermüdliches Wirken die Öffentlichkeit für ihre Ziele zu begeistern vermögen. Besonders die Brüder Boisserée, Joseph Görres und (später) August Reichensperger propagieren die Rettung und den Ausbau des unvollendeten Domes nach den alten Plänen. Der gewaltige Torso, seit 1821 wieder Kathedrale des neu errichteten Erzbistums, wird gleichzeitig zum deutschen Nationaldenkmal. 1842 kann der Ausbau beginnen, unter Ernst Friedrich Zwirner wird die Dombauhütte zur Hohen Schule der (neu-)got. Architektur. Entsprechend der Entwicklung der Romantik zum Historismus wird diese Kölner Schule der Neugotik (Vincenz Statz, Friedrich v. Schmidt, Friedrich Baudri) zunehmend »dogmatischer«; noch bis zum 1. Weltkrieg sind die Architekten des Erzbistums gehalten, ihren Entwürfen historische Stilformen zugrunde zu legen. Wichtige Kirchenbauten dieser Jahre sind: St. Mauritius in der Altstadt, Herz-Jesu und St. Agnes in der Neustadt. Im Gefolge der Neugotik wandelt sich der Rundbogenstil des späten Klassizismus zur Neuromanik, die zunehmend »richtiger« rheinische Formen zu zitieren vermag (Neu St. Heribert in Köln-Deutz). Die Restaurierungsarbeiten an den großen roman. Kirchen der Stadt schulen auch hier das Auge der Architekten.

Unter dem Einfluß neuer Gestaltungsprinzipien, wie sie u. a. im Jugendstil zum Ausdruck kommen, löst sich nach 1900 die dogmatische Verhärtung der Stilfrage. Es kommt zu einer freieren Verwendung historischer Formen: St. Michael und St. Maternus in der Neustadt sind hier zu nennen.

Die Entwicklung zum großstädtischen Köln wird in städtebaulicher Hinsicht in verschiedene Richtungen vorangetrieben: durch Umwandlung von Wohn- in Geschäftsstraßen (z. B. Unter Sachsenhausen), und mit Straßendurchbrüchen (z. B. Zeppelin- und Gürzenichstraße) sowie durch Errichtung von Großbauten für kommerzielle Zwecke (z. B. Schildergasse). Diese zum großen Teil auf das Wirken des seit 1907 in Köln tätigen Stadtbaumeisters Carl Rehorst zurückzuführenden Baumaßnahmen bestimmen noch heute die Zentrierung des Geschäftslebens in der Schildergasse und Hohe Straße sowie den anliegenden Bereichen. Bei allen Großbauten ist die stattliche, aufwendige Werksteinfassade (meistens Muschelkalk) selbstverständlich und trägt wesentlich zur Monumentalisierung und zum geschlossenen Eindruck des Straßenbildes bei.

Überragendes Ereignis dieser Jahre ist die Werkbundausstellung 1914, wo u. a. Henry van de Velde, Walter Gropius und Bruno Taut epochemachende Bauten schaffen. Der Ort der Ausstellung wird bald nach dem Weltkrieg für die Anlage der 1. Messe genutzt, die ihre wesentliche Gestaltung zur Ausstellung »Pressa« 1928 durch Adolf Abel erfährt, der das gesamte Rheinufer zwischen Deutzer Brücke und Mülheimer Hafen baulich neu ordnet. Von Abel stammen ferner das Stadion in Müngersdorf und das Universitätsgebäude in Lindenthal. Er konnte hier auf das Werk seines großen Vorgängers Fritz Schumacher aufbauen, dessen Nachfolge er 1925 angetreten hatte.

In den 3 Jahren seiner Tätigkeit in Köln gab Schumacher entscheidende Impulse für die zukünftige städtebauliche Entwicklung und plante den Inneren und Äußeren Grüngürtel. Schumacher entwarf in jener Zeit für das gesamte Kölner Stadtgebiet ein Grünsystem. Er bezog hierbei die durchgrünten Straßenzüge (Ringstraße in der Neustadt u. a.) und Parks (Volksgarten, Stadtwald u. a.) aus dem ausgehenden 19. Jh. ebenso mit ein wie die in den beiden 1. Jahrzehnten des 20. Jh. durch den bekannten von Berlin berufenen Gartenarchitekten Fritz Encke entworfenen großen Vorortparks (Klettenbergpark, Blücherpark, Vorgebirgspark u. a.). – Der die Neustadt umgebende Innere Grüngürtel war mit seiner Abfolge unterschiedlich gestalteter und genutzter Räume ein langgestreckter gro-

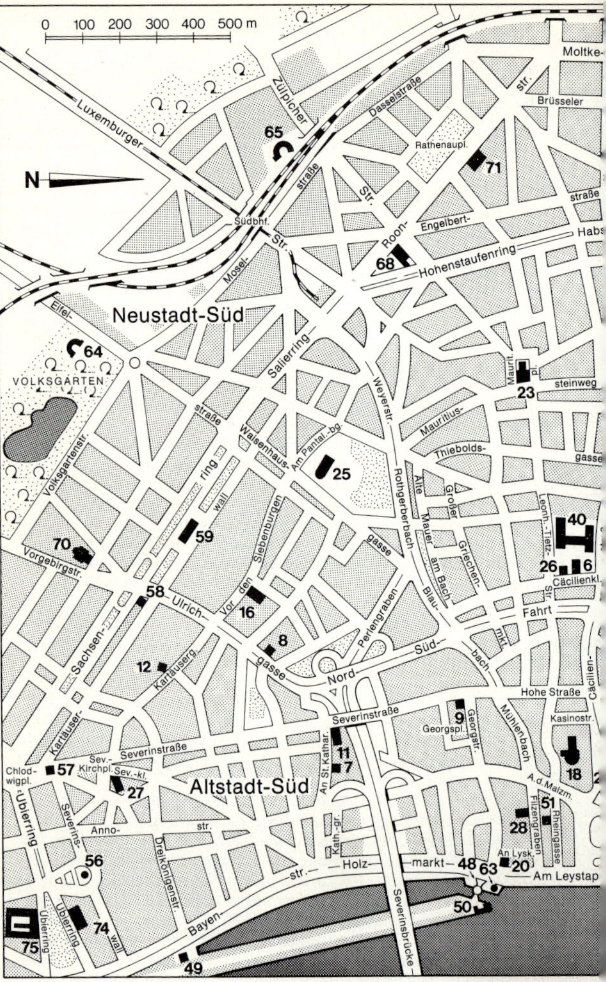

Köln. Plan der

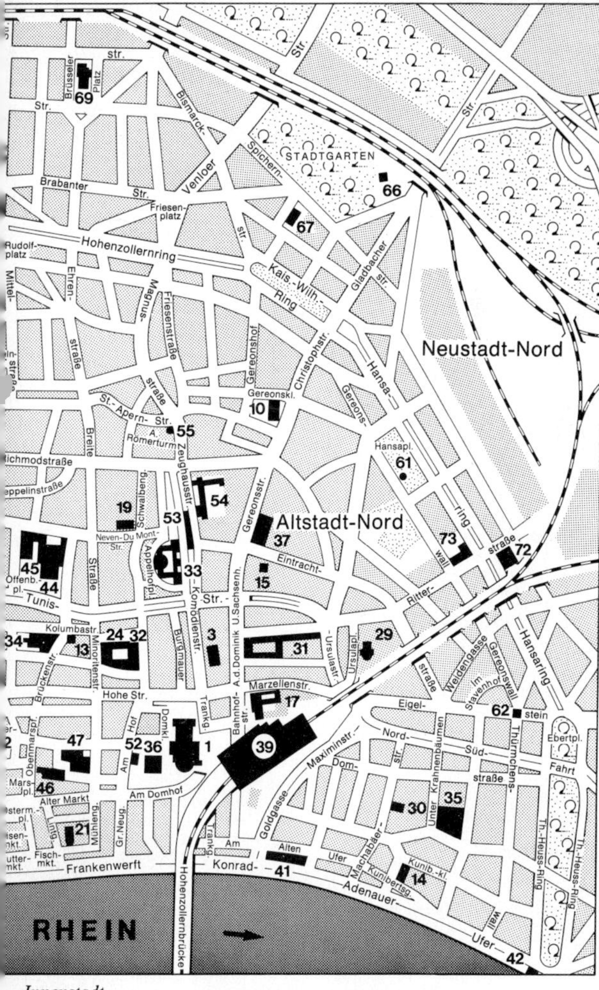
STADTGARTEN
Neustadt-Nord
Altstadt-Nord
Hohenzollernring
Kais.-Wilh.-Ring
Hansaring
Bismarck-
Venloer
Brabanter Str.
Friesenplatz
Rudolfplatz
Brüsseler Platz
Spichern-str.
Gladbacher str.
Christophstr.
Gereonshof
Gereonskl.
Gereonsstr.
Hansapl.
St.-Apern-Str.
Römerturm
Zeughausstr.
Richmodstraße
Breite Straße
Magnus-straße
Friesenstraße
Ehrenstraße
Neven-Du Mont-Str.
Appellhofpl.
Schwalbeng.
Eintracht-
Komödienstr.
Tunis-Str.
Ritter-
Offenb.-pl.
Kolumbastr.
Minoritenstr.
Burgmauer
Brückenstr.
A.d.Dominik
U.Sachsenh.
Ursulastr.
Ursulapl.
Marzellenstr.
Weidengasse
Gereonswall
Im Stavenhof
Eigel-stein
Thürmchens-wall
Hohe Str.
Am Hof
Domkl.
Trankg.
Bahnhof-str.
Maximinstr.
Dom-str.
Nord-Süd-Fahrt
Krannenbäumen
Ebertpl.
Obenmarspf.
Marspl.
Alter Markt
Am Domhof
Mühleng.
Gr. Neug.
Goldgasse
Unter Krahnenbäumen
Machabäer-
Kunibertsg.
Kunib.-kl.
Frankenwerft
Konrad-Adenauer-Ufer
Am Alten Ufer
Fischmkt.
Th.-Heuss-Ring
Hohenzollernbrücke
RHEIN
1 3 10 13 14 15 17 19 21 24 29 30 31 32 33 34 35 36 37 39 41 42 44 45 46 47 52 53 54 55 61 62 66 67 69 72 73

Innenstadt

Zum Stadtplan auf den Seiten 302/303

Altstadt

1 Dom St. Peter und Maria
2 Alt St. Alban
3 St. Andreas
4 Ehem. Antoniterkirche
5 St. Aposteln
6 St. Cäcilien (Schnütgen-Museum)
7 Elendskirche St. Gregor
8 Franziskanerkirche St. Marien
9 St. Georg
10 St. Gereon
11 St. Johann Baptist
12 Ehem. Kartäuserkirche
13 St. Kolumba
14 St. Kunibert
15 St. Maria Ablaß
16 St. Maria vom Frieden (St. Maria in der Schnurgasse)
17 St. Mariä Himmelfahrt mit dem ehem. Jesuitenkolleg
18 St. Maria im Kapitol
19 St. Maria in der Kupfergasse
20 St. Maria in Lyskirchen
21 Groß St. Martin
22 Klein St. Martin
23 St. Mauritius
24 Ehem. Minoritenkirche St. Mariä Empfängnis
25 St. Pantaleon
26 St. Peter
27 St. Severin
28 St. Trinitatis
29 St. Ursula
30 Ursulinenkirche
31 Hauptpost
32 Wallraf-Richartz-Museum mit Museum Ludwig
33 Amtsgericht
34 Dischhaus
35 Musikhochschule
36 Römisch-Germanisches Museum
37 Erzbischöfliches Haus
38 Stadthaus
39 Hauptbahnhof
40 Josef-Haubrich-Kunsthalle
41 Bundesbahndirektion
42 »Die Bastei«
43 Gürzenich
44 Opernhaus
45 Schauspielhaus
46 Rathaus
47 Spanischer Bau (Praetorium)
48 Drehbrücke
49 Hafenamt
50 Hafenzollamt
51 Overstolzenhaus (Kunstgewerbemuseum)
52 Erzbischöfl. Diözesanmuseum
53 Zeughaus (Kölnisches Stadtmuseum)
54 Regierungspräsidium
55 Römerturm
56 Bottmühle
57 Severinstor
58 Ulrepforte
59 Rest der Stadtmauer
60 Hahnentor
61 Gereonsmühlenturm mit Stadtmauer
62 Eigelsteintor
63 Malakoffturm
64 Fort IV der preußischen Befestigungsanlagen
65 Fort V der preußischen Befestigungsanlagen

Neustadt

66 Neu St. Alban
67 Christuskirche
68 Herz-Jesu-Kirche
69 St. Michael
70 St. Paul
71 Synagoge
72 Hansa-Hochhaus
73 Hansa-Gymnasium
74 Rautenstrauch-Joest-Museum
75 Maschinenbauschule

Museen

52 Erzbischöfl. Diözesanmuseum
40 Josef-Haubrich-Kunsthalle
53 Kölnisches Stadtmuseum
51 Kunstgewerbemuseum
32 Museum Ludwig (Wallraf-Richartz-Museum)
36 Römisch-Germanisches Museum
47 Praetorium
74 Rautenstrauch-Joest-Museum
6 Schnütgen-Museum
32 Wallraf-Richartz-Museum

ßer Volkspark. Im urspr. Zustand erhalten sind der Abschnitt zwischen Merheimer und Escher Straße, der Aachener Weiher sowie das Grüngelände hinter dem Universitätsgebäude. Der 1923–29 nach den Ausführungsplänen von Theodor Nußbaum geschaffene Äußere Grüngürtel im Rechts- und Linksrheinischen beiderseits der Militärringstraße ist als Volkspark mit den integrierten preußischen Fortüberresten von seiner Flächengröße und von seiner Vielfalt der Freizeitangebote her vorbildlich gestaltet. Der weitere Ausbau des Äußeren Grüngürtels (seit 1950) geht genauso wie die in der Nachkriegszeit angelegten radialen Grünzüge auf diese Planungen der 20er Jahre zurück. Eine neue Zutat stellen lediglich die nach dem 2. Weltkrieg angelegten »Trümmerberge« dar.

Unter dem Einfluß Englands entstehen kurz vor und nach der Jahrhundertwende wegweisende Villen- und Siedlungsbauten. In dem neuen Vorort Marienburg sind die prunkvollsten Beispiele der Villenarchitektur zu suchen. Bis heute hat diese dem englischen Wohnen im Grünen nachempfundene, als Ganzes geplante große Villenkolonie trotz mancher Einbrüche in jüngster Zeit ihre Geschlossenheit bewahren können, auch wenn die einzelnen Bauten formal völlig frei gestaltet sind. So findet sich als ein frühes Beispiel 1893 die Villa Vorster (Ulmenallee 148) von Otto March, die zu den ersten deutschen Landhäusern im englischen Stil gehört und später, 1908, die Villa Feinhals von Joseph Maria Olbrich (zerst.), in der dieser Jugendstilarchitekt eine klassizistisch ausgeglichene Form gefunden hat. Im Siedlungsbau entsteht ab 1913 in Bickendorf unter dem Einfluß der Gartenstadtidee, die sich in Köln sonst erst nach dem Weltkrieg verbreitet, eine Kleinhaussiedlung. Als wesentliches Bauschaffen der 20er Jahre weisen die Vororte großangelegte Raumplanungen auf: Siedlungen, wie Mauenheim, Zollstock, Höhenberg und die als Zeugnisse des »Neuen Bauens« wichtigen Siedlungen »Blauer Hof« und »Weiße Stadt« in Buchforst von Wilhelm Riphahn und Caspar Maria Grod.

Auf dem Gebiete der Sakralarchitektur ist vor allem Dominikus Böhm mit St. Engelbert in Riehl und St. Elisabeth in Lindenthal-Hohenlind zu nennen. – Jakob Koerfer, von dem mehrere Großbauten in der Innenstadt stammen, errichtet 1924/25 am Hansaring das damals höchste Hochhaus Europas. Beachtung fand 1924 auch das Restaurant »Die Bastei« von Wilhelm Riphahn am Konrad-Adenauer-Ufer. In Rodenkirchen entsteht um 1930 ein Ensemble vorbildlicher Villen.

Die Architektur des Dritten Reiches blieb wesentlich auf Planungen beschränkt. Ausgeführt wurden die Stadtrandsiedlung Vogelsang, die Sanierung des Martinsviertels und die Markthalle in Raderberg. Von dem Achsensystem, das der Generalbebauungsplan für die »Hansestadt Köln« vorsah, wurde lediglich die zu dem projektierten »Gauforum« in Deutz führende O-W-Achse (Hahnenstraße) begonnen.

Im 2. Weltkrieg zu 78% zerstört (die Altstadt zu 90–95%), wird der Wiederaufbau unter Beibehaltung des historischen Stadtgrundrisses begonnen. Es gelingen großartige Wiederherstellungen der Altstadt-Kirchen, des Gürzenichs, des Rathauses. Historisierender Wiederaufbau am Alter Markt und im Martinsviertel. Die im Dritten Reich aufgebrochene

O-W-Achse an der Hahnenstraße wird von Wilhelm Riphahn ab 1947 städtebaulich interessant bewältigt. Die 1950–70 geschlagene Nord-Süd-Fahrt bleibt dagegen weitgehend ohne architektonische Fassung. Maßstabsbrüche in der Innenstadt sind vor allem die Hochhäuser des Fernmeldeamtes an der Cäcilienstraße, des Polizeipräsidiums am Waidmarkt, des Westdeutschen Rundfunks, der ABC-Bank (beide im Zentrum) und der Lufthansa in Deutz.

Von den umfangreichen Siedlungsbauten der Nachkriegszeit ist das größte Projekt die seit 1958 errichtete Trabantenstadt Chorweiler für 100000 Einwohner in architektonisch meist reizloser, wenn nicht bedrängender Form. Eine Ausnahme ist der Wohnkomplex von Gottfried Böhm am Mataréweg (1969–75), ausgezeichnet durch seine Formvielfalt und abwechslungsreiche farbige Gestaltung. In der Innenstadt kommt es 1954–62 zur Herausbildung einer neuen städtebaulichen Dominante durch den Komplex Opernhaus/Schauspielhaus mit großer Platzanlage. In der Domumgebung starke Konzentrierung mehrerer Museen. Nachdem Dominikus Böhm bereits den Kirchenbau in der Epoche vor dem 2. Weltkrieg geprägt hatte, wird Köln nach 1945 durch ihn und seinen Sohn Gottfried, durch Rudolf Schwarz und andere ein wichtiges Zentrum moderner Sakralarchitektur. Entlang der Ausfallstraßen, dem vorgegebenen Radialsystem folgend, werden seit Ende der 60er Jahre Hochhäuser als neue »Orientierungspunkte« gesetzt (z.B. DKV-Gebäude an der Aachener Straße, Unicenter und Justizzentrum an der Luxemburger Straße, Westcenter an der Venloer Straße, Bull-Hochhaus am Wiener Platz, Colonia-Hochhaus am Rheinufer u.a.), die die bisherige Dominanz der Domtürme oftmals erheblich einschränken. Städtebauliches Ideal war zu diesem Zeitpunkt die Vorstellung einer Schüssel mit Altstadt und Dom in ihrer Mitte.

Die Rückbesinnung auf die Qualität der historischen Baukunst hat inzwischen zu einem Umdenken geführt: Aufgabe der nächsten Jahrzehnte ist die behutsame Sanierung der Stadtquartiere mit dem Ziel einer Stadtreparatur unter weitgehender Schonung der Reste der historischen Bausubstanz. Die Identität Kölns soll für seine Bürger wie für seine Besucher bewahrt werden.

DIE ALTSTADT

Sakralbauten

● Dom St. Peter und Maria

Zu ihrer Zeit als größte Kirche der Christenheit begonnen, sollte der reifste der got. Dome nach dem Verständnis seiner Zeit als Kathedrale der Hll. 3 Könige die vollkommenste Repräsentation des himmlischen Jerusalem darstellen. Obgleich Metropolitankirche des Erzbistums Köln, dem die Suffraganbistümer Lüttich, Utrecht, Minden, Münster und Osnabrück unterstellt waren, und obgleich vielbesuchte Wallfahrtsstätte, blieb der Bau seit dem ausgehenden Mittelalter als gigantischer Torso liegen. Erst das 19.Jh. machte es sich zur Aufgabe, die urspr. Absicht zu verwirklichen, und vollbrachte sie – eine enorme Bauleistung – in noch nicht 40 Jahren.

Der sog. Domhügel war schon in röm. Zeit ein Ort bedeutender Architektur. Im NO der CCAA stand seit dem 1.Jh. n. Chr. ein (durch Ausgrabungen nachgewiesener) Podiumstempel, der vermutlich dem Mercurius Augustus geweiht war; südl. davon ein Peristylhaus mit dem Dionysosmosaik (heute Kernstück des Römisch-Germanischen Museums). Daß schon der »Älteste Dom«, d.h. die Bischofskirche des 4.Jh., an der Stelle des heutigen gestanden hat, ist durch die Nachkriegsausgrabungen unter dem Dom und das frühchristliche, 1866 östl. des Domchores entdeckte Baptisterium (unterhalb des Chores sichtbar) erwiesen: ein gewesteter Rechteckbau.

In fränkischer Zeit steht im Atrium ein (1959 aufgedecktes) Oratorium mit O-Apsis. In ihm wurden die (um 550 zu datierenden) Gräber einer jungen Frau und eines Knaben gefunden; die überreichen Beigaben (heute im Diözesanmuseum) lassen auf Angehörige des fränkischen Königshauses schließen. Gegen Ende des 6. Jh. kommt es durch Überbauung des östl. Atriums zu einer Erweiterung der Bischofskirche mit Anlage eines Bema (einer bühnenartigen Kanzel) im Bereich des O-Chores. Nach 782 errichtet Bischof Hildebold († 818), Hofkaplan Karls d. Gr., ein westl. Querhaus mit Apsis und ringförmigem Atrium. Vor 818, Hildebold ist inzwischen zum 1. Erzbischof von Köln ernannt worden, wird nach Abriß der seit über 400 Jahren bestehenden Anlage der sog. Alte Dom begonnen, der erst von Erzbischof Willibert 870 geweiht wird. Bei einer Länge von 96 m (von der Scheitelkapelle des got. Chorumganges bis zum 2. westl. Langhausjoch) war der Alte Dom eine doppelchörige, 3schiffige Pfeilerbasilika mit 2 Querhäusern und runden Flankentürmen an der W-Apsis. Die Querschiffe hatten an der O-Seite je 2 Nebenapsiden. Die beiden Krypten, im O unter dem Marienchor und im W unter dem Peterschor, sind als Umgangskrypten ausgebildet. An die beiden Rechteckskapellen des W-Querhauses schließt im W ein langgestrecktes trapezförmiges Atrium an, mit den Baulichkeiten des Domkapitels und einem Brunnen in der Mitte. Östl. folgt ein neues Baptisterium, südl., an das östl. Querhaus anschließend, die Pfalzkapelle. Erzbischof Bruno läßt das 3schiffige Langhaus zu einem 5schiffigen mit Stützenwechsel verbreitern. Unter Erzbischof Anno II. (1056–75) wird östl. des Domes die Stiftskirche St. Maria ad Gradus errichtet (abgebrochen 1817), die durch 2 Säulengänge mit dem Dom verbunden ist. Die gesamte Anlage ist im N von der röm. Stadtmauer begrenzt. Die Grabungsbefunde lassen eine Rekonstruktion zu, die weitgehend der Ansicht des Alten Domes auf dem Widmungsbild des Reichenauer Hillinuscodex (um 1025) entspricht. Mit seiner, nach den Grabungsergebnissen von 1979 rekonstruierbaren, reich gegliederten Baugestalt ist der Dom des 9.Jh. Vorbild für zahlreiche kirchliche Großbauten der folgenden 200 Jahre geworden.

Mit der Übertragung der Gebeine der Hll. 3 Könige durch Erzbischof Rainald von Dassel, 1164, setzt ein Zustrom von Pilgern aus aller Welt ein. Im baufreudigen Köln des 13.Jh. beschließt das Domkapitel, den

hochverehrten Reliquien eine Kathedrale im Stil der französischen Hochgotik zu errichten, in deren Vierungsmitte ein goldener Prachtschrein mit den Gebeinen zur Verehrung aufgestellt werden sollte. Am 15. 8. 1248 legt Erzbischof Konrad von Hochstaden den Grundstein. Der Alte Dom, kurz zuvor infolge unvorsichtiger Abbruchmaßnahmen niedergebrannt, wird in seinem westl. Teil wiederhergestellt. Mit der Vollendung des Chorumganges (um 1265) wird dieser mit dem Rest des Alten Domes verbunden und in Dienst genommen. Der Alte Dom wird dann im Fortschritt der Bauarbeiten Zug um Zug niedergelegt. Die westl. Teile weichen erst im 15. Jh. dem Neubau. Der planende Meister der neuen Kathedrale, Gerhard, war an den nordfranzösischen Bauhütten und in Paris geschult. Unter seinem Nachfolger Arnold (seit 1271) und dessen Sohn Johannes (bis 1331) wird der Hochchor vollendet, mit einer Wand nach W abgeschlossen und am 27. 9. 1322 durch Erzbischof Heinrich von Virneburg geweiht. In schleppender Bautätigkeit werden in den folgenden Jahrhunderten Teile des Querschiffes, des Langhauses und des S-Turmes, der nach 1400 bis zur Höhe des 2. Geschosses gelangt war, errichtet. Nach Ruotger leitet Meister Michael, ein Verwandter des Prager Dombaumeisters Peter Parler, das Werk (1353 erstmals genannt). 1388 stehen außer dem Chor und dem 1. Stockwerk des S-Turmes auch schon Teile des Querhauses und die südl. Seitenschiffe bis knapp über Kapitellhöhe. Nach Andreas von Everdingen haben Nikolaus von Bueren (um 1425–1445), Konrad Kuyn († 1469) und Johann von Frankenberg (nachweisbar bis 1491) das Amt des Dombaumeisters inne. In dieser Zeit werden vor allem die nördl. Seitenschiffe aufgeführt. Die Bautätigkeit verlangsamt sich dann immer mehr, 1560 wird sie ganz eingestellt. Der got. Dom ist zu diesem Zeitpunkt fast auf seiner gesamten Fläche nutzbar. Es fehlen noch folgende Teile: der Obergaden des Querhauses und die beiden Querhausfassaden, der Obergaden des Langhauses, der gesamte N-Turm bis auf einen Pfeilerstumpf, und die 2 oberen Stockwerke des S-Turmes einschließlich des Turmhelmes. Der Bau ruht nun bis auf Verschönerungsmaßnahmen im 18. Jh., denen leider auch wertvolle mittelalterl. Ausstattungsstücke zum Opfer fallen. Der gewaltige Torso mit dem Kran auf dem S-Turm, der zum Wahrzeichen der Stadt wird, kennzeichnet für die folgenden 3 Jahrhunderte das Bild des Kölner Domes.
In den ersten Jahren des 19. Jh. entdeckt die deutsche Romantik mit ihrer Mittelalterbegeisterung den Dom wieder. Bedeutende Männer preisen das unvollendete Werk. Georg Forster, Friedrich Schlegel und Ernst Moritz Arndt werben für ihn, an ihrer Spitze Joseph Görres und Sulpiz Boisserée. Auch Goethe, der Klassizist, setzt sich, angeregt durch Boisserée, für die Vollendung ein. Die Auffindung der beiden Teile des mittelalterl. Fassadenplanes (1814 und 1816) fördert den Gedanken des Weiterbaues. Nach den Freiheitskriegen wird der unvollendete Bau zum Symbol der noch ausstehenden nationalen Einheit der Deutschen. 3 geistige Strömungen unterstützen den Dombaugedanken: die kath. Erneuerungsbewegung in den Rheinlanden, das Streben nach nationaler Identität und die romantische Wiederentdeckung der Kunst des Mittelalters, die in kunstwissenschaftliche Beschäftigung mit got. Architektur mündet.

Zunächst werden schadhafte Teile restauriert oder ausgewechselt. K. Fr. Schinkel fertigt im Auftrag des preußischen Königs Zustandsprotokolle an und prüft die Möglichkeiten zum Weiterbau. Seit 1833 leitet Dombaumeister E. Fr. Zwirner (1802–61) die Arbeiten. 1841 tritt der Zentral-Dombau-Verein ins Leben, der es sich zur Aufgabe macht, den Weiterbau des Domes »nach dem ursprünglichen Plane« zu unterstützen. König Friedrich Wilhelm IV. stimmt der geplanten Vollendung zu und leistet auch finanzielle Hilfe. 1842 legt er – ein nationales Fest – den Grundstein zum Fortbau. Unter dem Nachfolger Zwirners, R. Voigtel, wird 1863 die mittelalterl. Trennwand zwischen Chor und Langhaus niedergelegt. Am 15. 10. 1880 wird der vollendete Dom in Anwesenheit Kaiser Wilhelms I. eingeweiht. Nur kurze Zeit ruhen nun die Arbeiten. Schon 1904 muß unter Dombaumeister B. Hertel eine neue Hütte zur Behebung der Verwitterungsschäden eingerichtet werden. Unter ihm und seinem Nachfolger H. Güldenpfennig (1927–44) wird das gesamte Strebewerk des Chores ausgewechselt. Dombaumeister W. Weyres (1944–72) fällt als erste Aufgabe die Beseitigung der schweren Kriegsschäden zu. Heute steht wieder der Kampf gegen die Steinverwitterung im Vordergrund.

Die Kölner Kathedrale stellt einen Gipfelpunkt nicht nur der hochgot. Architektur, sondern des christlichen Kirchenbaues schlechthin dar. Der mittelalterl. Torso mit dem 1322 geweihten Chor als der reinsten Verkörperung französischen Kathedralstiles wurde im 19. Jh. in konsequenter Weiterführung des Vorhandenen vollendet. Dabei muß betont werden, daß die auch für das 19. Jh. außergewöhnliche Bauleistung in der Vollkommenheit der vorhandenen mittelalterl. Bauteile und des großen Fassadenrisses F (um 1300) begründet liegt. Streben nach technischer und wissenschaftlicher Perfektion sind für die Weiterführung des Baues ab 1842 bis zur Vollendung 1880 ebenso wesentliche Antriebskräfte wie die religiöse Erneuerungsbewegung, die romantische Mittelalterbegeisterung oder der nationale Einigungsgedanke.

Grundriß. Der Dom steht nicht in der Entwicklungslinie des kölnischen Kirchenbaues im 12. und 13. Jh.; er folgt dem System der französischen Kathedralen. Im Grundriß von Köln wird Amiens zu Ende gedacht. Dort beginnt das Langhaus hinter der Turmhalle 3schiffig; nach Durchquerung des 3schiffigen Querhauses setzt es sich im Langchor 5schiffig fort. Das Kölner Langhaus ist dagegen – wie der Alte Dom – 5schiffig; es wird von einem 3schiffigen Querhaus durchkreuzt, das länger ist als das von Amiens. Dem Hang zur Breite tritt schon im Grundriß eine Straffung entgegen; die Schiffe werden schmaler, die Joche in den Seitenschiffen zu Quadraten, im Mittelschiff zu Querrechtecken, die in der Breite 2 Jochen der etwas schmaleren äußeren Seitenschiffe entsprechen. Die Vierung ist quadratisch. Der doppelte Umgang setzt sich am Chorhaupt in einem Umgang und einem Kranz aus 7 gleichförmigen Kapellen fort. Auf diese Weise entsteht ein Grundriß von außeror-

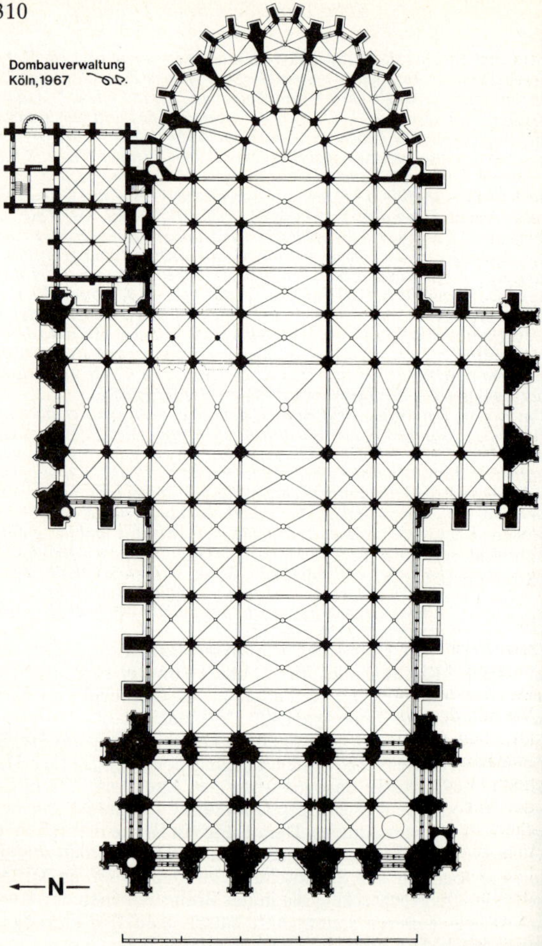

Köln. Dom. Grundriß

dentlicher Harmonie. Auf ihm sollte der gewaltigste mittelalterl. Dom Deutschlands entstehen (Innenmaße: 136,5 m lang, 45,7 m breit, 43,5 m hoch; Länge des Querhauses: 75,2 m, Breite: 31 m). Köln, das sich so lange Zeit der Gotik verschloß, war gesonnen, den Gipfel des Kathedralbaues im ersten Anlauf zu erreichen.

Äußeres. Beim Blick von S zeigt sich der Dom im Außenbau als Ausdruck der Ordnung, die im Grundriß angelegt ist. Türme, Langhaus, ausgreifendes Querhaus und Chor ergeben einen gegliederten Baukörper von hohem Ebenmaß. Ein bewegtes Gefüge aus Strebepfeilern und Strebebogen verschleiert die strenge Stufung des basilikalen Aufbaues und zeigt zugleich die Eigenart hochgot. Wandkonstruktion. Unterscheidbar bleibt, was das Mittelalter und was das 19. Jh. am Außenbau vollbracht haben. Als geschlossene Leistung des Mittelalters beansprucht der *Chor* besondere Beachtung. Die strengeren Formen des 1. Meisters, in der Kapellenzone sichtbar, könnten als gewollte Betonung der Sockelschwere aufgefaßt werden. So drängt der Chor wie in einem natürlichen Wachstum empor, noch mauerhaft in den Gliedern des Untergeschosses, um sich im Hochchor reich wie Spitzenwerk zu lösen. Kranzgesims und Balustrade schließen die untere Zone ab. Fialen entsprießen den die Ecken der Kapellen stützenden Streben; den stärkeren, die die Kapellen trennen, entwachsen die mit Blenden und Wimpergen gezierten Freipfeiler des Strebewerkes, dessen Strebebögen zu der ganz in Fenster aufgelösten Hochwand des Chores hinübergreifen. Das *Langhaus,* im unteren Teil noch mittelalterlich, beruht im Obergaden des 19. Jh. auf erhaltenen mittelalterl. Planzeichnungen und dem Vorbild des Chores. Ureigenste Erfindungen Zwirners sind die Querhausfassaden. Die S-Fassade wurde von ihm in Zusammenarbeit mit Schinkel, Boisserée und König Friedrich Wilhelm IV. entworfen und in den Jahren 1842–55 ausgeführt. In der Verbindung von klassizist. klarer Großgliederung und reichem neugot. Formenvokabular gehört die S-Fassade des Domes zu den bedeutendsten Werken der Neugotik überhaupt. Die N-Fassade (1843–55) folgt in etwas vereinfachter Form der südl. Schauseite. Vor allem dieser Bauteil mußte seit 1962 einer umfangreichen Erneuerung in Londorfer Basaltlava, dem neuen Dombaustein, unterzogen werden.

Die *Turmseite,* bei Vollendung 1880 das höchste Bauwerk der Erde (157 m), ist die einzige got. Turmfassade in Deutschland, die weitgehend nach dem urspr. Riß von etwa 1300 – wenn auch größtenteils erst im 19. Jh. – zu Ende gebaut wurde. Sie ersetzt die herkömmliche, auf 3 Schiffe des Langhauses gerichtete Anlage durch eine auf 5 Schiffe berechnete 2türmige Eingangsseite, die jedoch – nachdem zunächst 5 Portale geplant waren – zu den üblichen 3 Portalen zurückkehrt und statt der Portale in den Achsen der äußeren Seitenschiffe Fenster anbringt. Schon im Erdgeschoß werden die Türme vorbereitet, indem die in Riesen endenden Streben die schwach ausgebildeten Horizontalen überspielen und bis zu den Freigeschossen der Türme durchschießen. 5 das Gesims des Erdgeschosses gleichmäßig überschneidende Wimperge binden einerseits Portale und Fenster zwar zusammen, aber erst in den 5 großen Fenstern des 2. Geschosses kann der Querschnitt des Langhauses in der Fassade zum Ausdruck kommen. An die Stelle der französischen Rose ist ein reich gegliedertes Mittelfenster getreten, das die feingliedrige Flächigkeit der Fassade betont. Die wenigen horizontalen Linien setzen die Dachgesimse der Seitenschiffe und des Mittelschiffes auf der Fassade fort. Wo die Türme frei werden, steht zwischen ihnen der Giebel des Mittelschiffes, der das Wimpergmotiv des mittleren Portals und des Mittelfensters noch einmal anklingen läßt. Im 4. Geschoß gehen die Türme vom Quadrat ins Achteck über. Aus Kränzen von je 8 Wimpergen erheben sich die Helme mit Rippen-Maßwerkpyramiden, ähnlich dem nach dem Kölner Fassadenriß F entstandenen Maßwerkhelm des Freiburger Münsters.

Skulpturenschmuck. Die Verbindung von Plastik und Architektur, am Außenbau der Kathedrale erstrebt, wurde im Mittelalter beim *Petersportal* des S-Turmes verwirklicht. Von den 14 Aposteln des Gewändes sind 5 alt, Petrus, Paulus, Andreas, Jakobus maior, Johannes. In den Gewändestandbildern (um 1375) kündigt sich ein wiedererwachendes Körpergefühl in der deutschen Plastik der 2. Hälfte des 14. Jh. an. Die Reliefs des Bogenfeldes – Triumph und Martyrium der Apostelfürsten – und die Bildwerke in den Bogenlaibungen – Propheten, Kirchenväter, Heilige und Engel – sind Arbeiten der aus Prag eingewanderten Kölner Bildhauerschule der Parler (etwa 1380–90).

Der gesamte übrige Skulpturenschmuck am Außenbau des Domes ist, abgesehen von wenigen Resten mittelalterl. Bauzier und den noch klassizistisch geprägten, von W. J. Imhoff 1834–41 nach Entwürfen K. Fr. Schinkels geschaffenen Baldachin-Engeln über den Chorkapellen, nach einem von S. Boisserée 1845 vorgelegten, breit ausgefächerten theologischen Programm entstanden. In der erstaunlich kurzen Zeit zwischen 1851 und 1884 werden von den Dombildhauern Chr. Mohr und P. Fuchs weit über 1000 Figuren geliefert. Damit besitzt Köln den um-

fangreichsten und auf dem Gebiet der religiösen Kunst auch bedeutendsten Skulpturenzyklus des 19. Jh. Der Bestand ist weitgehend erhalten, bis auf die im 2. Weltkrieg zerstörten und nach dem Krieg in zeitgenössischen Formen erneuerten oder neu geschaffenen Figuren.
Das Programm der *W-Fassade* wurde von Fuchs ausgeführt. *Rechtes Seitenportal (Petersportal):* 9 Apostel im Gewände, die stilistisch an die vorhandenen 5 mittelalterlichen anschließen (1880–83). *Mittelportal:* im Tympanon Heilsgeschichte vom Sündenfall bis zur Bergpredigt. In den Archivolten und im Gewände: Gestalten des Alten Testamentes, Heilige und Engel. Am *Mittelpfeiler:* Maria als Himmelskönigin. Alles von P. Fuchs 1872–80. Die Engel im Wimperg von E. Hoppe 1955/56. *Linkes Seitenportal (Dreikönigenportal):* im Tympanon Geschichte der Hll. 3 Könige. Gewände und Archivolten: 3 Könige, Gestalten des Alten Testamentes und Heilige. Zahlreiche Figuren wurden nach dem 2. Weltkrieg ergänzt oder neu geschaffen. An der Fassade und den Türmen bis zur Höhe der Helme weitere Skulpturen von P. Fuchs. – Die 3 *Bronzeportale* der W-Fassade von H. Schneider (1887–90) haben zarte figürliche und ornamentale Reliefs.
Auch der Figurenschmuck der *N-Querhausfassade* stammt von P. Fuchs (1879–81). Am *Mittelportal-Tympanon* Relief der Apostelgeschichte von der Schlüsselübergabe an Petrus bis zum Apostelkonzil. Gewände und Archivolten mit Schutzheiligen von Berufen und Vertretern geistlicher Stände. Am *linken Seitenportal* im Tympanon Geschichte des hl. Bonifatius, in Gewände und Archivolten Kölner Bischöfe, Kirchenpatrone und Schutzheilige deutscher Bistümer. Den Wimperg erneuerten C. van Ackeren, E. Bell, E. Davepoven, W. Meurer (1964/65). Das *rechte Seitenportal* ist dem hl. Maternus und Kölner Bischöfen und Heiligen gewidmet (teilweise nach dem Krieg ergänzt). – Die *Bronzetüren* der Fassade von W. Mengelberg (1897) stehen stilistisch mit ihren Reliefs, zarten, geschwungenen Mädchengestalten, dem Jugendstil nahe.
Die Skulpturen von P. Fuchs für den Dom gehören einer späten Phase der neugot. Skulptur an, bei der die ursprünglich von der mittelalterl. Skulptur des Weichen Stils um 1400 geprägte lyrische Zartheit einer heroischen Monumentalisierung und wilhelminischem Pathos gewichen ist. Dagegen vertritt das Figurenensemble der *S-Querhausfassade,* seit 1851 von Chr. Mohr nach Entwürfen des Münchner Spätklassizisten L. Schwanthaler, in seiner schönlinigen Formensprache und der gefühlsbetonten Mimik beispielhaft die romantisch neugot. Richtung. Im *Mittelportal-Tympanon* Leben und Passion Christi, in den Gewänden Kölner Märtyrer. Das linke der *Seitenportale* ist dem Leben der hl. Ursula gewidmet, das rechte dem hl. Gereon. – Die *Bronzetüren* des 19. Jh. wurden im 2. Weltkrieg zerstört. E. Mataré schuf neue Türen in Bronze mit Mosaikeinlagen. Generalthema ist das Wirken des Hl. Geistes. In der Mitte die Papst- und Kardinaltür (1948) mit dem Hahn der Wachsamkeit und dem Pelikan als Symbol des Opfertodes Christi; links die Pfingsttür (1953), in der Gott seinen Bund mit den Menschen erneuert (rechts das im Krieg brennende Köln); östl. die Schöpfungstür (1954) mit Gottes Offenbarung vor Moses und auf dem Berge Tabor.

Inneres. Raumbildung und Aufbau des 13. Jh. lassen sich am besten im *Chor* beobachten. Dort werden auch Entwicklungsstufen sichtbar: einfach und etwas kompakt, in starken Konturen und Verhältnissen der noch unter Meister Gerhard ausgeführte, unmittelbar an Amiens erinnernde Kapellenkranz; über ihm das schwerelos wirkende Gehäuse des Hochchores, dessen Wandstücke, Stab- und Maßwerk, Pfeiler und enge Spitzbögen außerordentlich schlank, ohne Aufenthalt zur Höhe streben. Das got. Konstruktionssystem wird bis an seine Grenze geführt, dem Baumaterial, Trachyt vom Siebengebirge, wird statisch das Äußerste abverlangt. Der Aufbau zeigt 3 Stufen: hohe, im Chorschluß sehr eng gestellte Arkaden, darüber das filigranhafte Triforium und schließlich der Obergaden, der bis auf das Skelett der Dienste in gläserne Wände aufgelöst ist. Die schlanken, von Diensten umstellten Pfeiler der Arkaden wachsen schwerelos empor, die Dienste an ihrer Stirnseite überschneiden die horizontalen Teilungen des Triforiums und der Fenster bis zum Anfall der schmalen Rippen der Kreuzgewölbe. Die 17 m hohen Fenster des Hochchores beteiligen sich wie das schon fast in sie einbezogene Triforium durch ihre Teilungsstäbe am Vertikalismus der Bewegung.
Dasselbe gilt im Prinzip für die noch im Mittelalter bis über Kapitellhöhe hochgezogenen *Seitenschiffe des Langhauses* und den *Obergaden des Mittelschiffes,* der zwar erst im 19. Jh. errichtet wurde, aber ganz dem System des mittelalterl. Chor-Obergadens folgt. Spätgot. Elemente klingen verhalten in der krabbengeschmückten Kielbogenrahmung der Mittelschiffsarkaden an. Eigenständige Leistungen des 19. Jh. sind die von Zwirner entworfenen Innenwände der Querhausfassaden. Mit ihrer klaren horizontalen Geschoßgliederung und dem hochrechteckigen, durch reichste got. Bauzier gegliederten und in Skulpturennischen aufgelösten Bildfeld im 1. Geschoß sind diese Wände in der Verbindung von klassizist. anmutender Überschaubarkeit und malerischer neugot. Binnengliederung hervorragende Zeugnisse der bildmäßig denkmalhaften Architekturauffassung der doktrinären Neugotik des 19. Jh., die im Kölner Dom einen ihrer wichtigsten Ausgangspunkte hat.

Dem Rang der Architektur entspricht die Ausstattung, die vor allem im Chor in seltener Vollständigkeit erhalten ist. Vom 10. bis zum 20. Jh. sind im Dom bedeutendste und für ihre Entstehungszeit charakteristische Kunstwerke versammelt. Durch die Barockisierung des 18. und die Purifizierung des 19. Jh. ist zwar einiges verloren gegangen, vor allem das spätgot. Sakramentshaus, Farbfenster und alle mittelalterl. Metall-

Köln. Dom. Mittelschiff von Westen

skulpturen des Binnenchores, doch haben beide Epochen auch künstlerische Höchstleistungen dem Dom zurückgegeben. Nach der Säkularisation haben zudem viele verstreute Kunstwerke im Dom eine 2. Heimat gefunden.

Langhaus: Verhältnismäßig arm an Kunstwerken ist das im Mittelalter unvollendet gebliebene Langhaus. Zum Kostbarsten gehören die ● 5 *Farbfenster* des nördl. Seitenschiffes, die zwischen 1507 und 1509 von der Stadt Köln und Kölner Erzbischöfen gestiftet wurden. Die Entwürfe stammen von herausragenden, durch niederländische Malerei beeinflußten Meistern der Kölner Malerschule, dem Meister von St. Severin und dem Meister der Heiligen Sippe. Dargestellt sind die Stifter mit Wappen, Kölner und andere Heilige, ferner Szenen des Alten und Neuen Testamentes. Die 5 farbenprächtigen Fenster der S-Seite, die sogenannten Bayernfenster, sind Hauptwerke der Glasmalerei des 19. Jh. Gestiftet von König Ludwig I. von Bayern (1842) und hergestellt in der Königlichen Glasmalereianstalt in München unter Leitung von M. Ainmiller, konnten sie 1848 eingesetzt werden. Die beiden Halbfenster sind Johannes d. T. und dem hl. Stephanus gewidmet, die Hauptfenster zeigen die Anbetung der Könige, die Beweinung Christi und das Pfingstereignis. Die malerische, an die Kunst der Dürerzeit anschließende Behandlung steht in scharfem Gegensatz zu der mehr »mittelalterlich« flächig ausgerichteten Malweise der Kölner Glasmalereiwerkstatt von Fr. Baudri, dem das große Obergadenfenster der nördl. Querhauswand zu verdanken ist. Das W-Fenster 1963 von V. Pieper. – An den Pfeilern des Mittelschiffes stehen auf mittelalterl. Konsolen und unter mittelalterl. Baldachinen monumentale *Steinskulpturen* von Heiligen des frühen Frankenreiches, die zwischen 1867 und 1883 von dem Dombildhauer P. Fuchs und von A. Werres ausgeführt wurden. Die Kreuzwegstationen an den Wänden der äußeren Seitenschiffe, 1895–98 von W. Mengelberg, sind die spätesten Ausläufer der neugot. Skulptur im Dom.

Südl. Querhaus: Die Reihe der Pfeilerfiguren von P. Fuchs setzt sich auch im Querhaus fort. Besonders aufwendig die Stirnwand mit dem 1870 ebenfalls von P. Fuchs geschaffenen Skulpturenensemble. Die beiden Fenster der W-Seite bergen 2 weitere Hauptwerke der Königlichen Glasmalereianstalt in München, einmal das 1856 eingesetzte Görresfenster, das zum Gedenken an den bedeutenden kath. Publizisten gestiftet wurde, zum anderen das Vollfenster mit der Darstellung des Apostelkonzils (1879). Zum urspr. Skulpturenbestand gehört auch die *»Schöne Madonna«* auf zugehöriger Engelskonsole an einem der Querschiffspfeiler (um 1420). Monumentale Steinfigur des hl. Christophorus, Meister Tilman van der Burch zugeschrieben (um 1467). Der sogenannte *Agilolphusaltar,* ein prächtiger Antwerpener Schnitzaltar, wurde um 1520 gefertigt.

Vierung: An den Vierungspfeilern 4 Evangelisten und 4 Kirchenväter von P. Fuchs (1866). Hochaltar und Sakramentshaus 1960 und 1964 von E. Hillebrand. Bischofsthron 1952 von W. Weyres. Die hölzerne Kanzel (1544) ist die älteste erhaltene Kanzel Kölns.

Nördl. Querhaus: An der W-Seite 2 *Fenster* aus verschwundenen Kölner Kirchen: Leben-Jesu-Fenster (um 1525 und um 1560) und Gnadenstuhlfenster (um 1435), ein Hauptwerk des Weichen Stiles in Köln. Das große Obergadenfenster der nördl. Innenwand nach dem 2. Weltkrieg von W. Teuwen begonnen und 1980 unter Verwendung der großen Standfiguren des 19. Jh. von H. Schaffmeister vollendet. Die Standfiguren sind Hauptwerke der Glasmalereiwerkstatt des Kölners Fr. Baudri (1865). – Altarblatt mit Darstellung der Unbefleckten Empfängnis Mariens, ein Spätwerk des Nazareners Fr. Overbeck (1854). Vorderfront des ehem. barocken Dreikönigenmausoleums von 1660, als Dreikönigenaltar 1920 hier aufgestellt. Beton-Orgelempore von W. Weyres (1948), an der Unterseite mit Malereien von P. Hecker (1964). Der gesamte Boden der Vierung, des Binnenchores und des Chorumganges ist von einem prachtvollen farbigen *Figurenmosaik* bedeckt, das zwischen 1885 und 1899 nach Entwürfen von A. O. v. Essenwein und Fr. Geiges durch die Firma Villeroy & Boch ausgeführt wurde. Nach der Zerstörung vergleichbarer kleinerer Fußböden im 2. Weltkrieg und danach kommt dem Domfußboden als dem aufwendigsten und künstlerisch herausragendsten Fußbodenmosaik in Deutschland besondere Bedeutung zu.

Binnenchor: Das geistige und architektonische Zentrum des Domes ist der Binnenchor, der auch die kostbarsten Ausstattungswerke birgt. Dem steinernen Skelett ordnet sich als 2. Baumaterial farbiges Glas ein: Die *Fenster* in Umgang, Kapellen und Hochchor sind unerläßliche Elemente des Raumgehäuses. Die mit Szenen, Einzelfiguren und Ornamentteppichen gefüllten Fenster bilden zusammen mit der Architektur eine höhere Einheit, eine diaphane (durchscheinende) Raumgrenze. Sie sind Werke des frühen 14. Jh. Als Bauelement des Raumes wirkt das farbige Licht: gedämpft dringt es in der Kapellenzone durch den Umgang in den Chor, gebrochen durch die engen Bogenstellungen des Triforiums strömt es in der Obergadenzone voll in den Raum. Die Glasmalerei dient zugleich einer bildlichen und sinnbildlichen Darstellung: An den Langseiten des Chores stehen in hohen Tabernakeln 48 Königsfiguren (die 24 Könige Judas und die 24 Ältesten der Apokalypse, 1311 vollendet) als die auf Christus hinführenden geistlichen und weltlichen Mächte. Sie ordnen sich auf das vom Kölner Erzbischof Heinrich von Virneburg gestiftete Mittelfenster hin, in dem Maria mit dem Heiland thront, denen die Hll. 3 Könige huldigen. In der unteren Zone entsprechen ihnen an den Pfeilern Christus und Maria im Kreis der 12 Apostel, elegant bewegte Gewandfiguren um 1270–80, die von einem von französischer Skulptur beeinflußten Bildhauer der Kölner Dombauhütte geschaffen wurden. Die Achse des Pfeilers bestimmt auch sie, und wie dieser hinter den ihn umstehenden Diensten verschwindet, so auch diese Steingestalten in den schwingenden Falten der sie dicht umhüllenden Gewänder. Scharfes, graphisch-ornamentales Lineament zeichnet Antlitz und Haar. Nicht ganz so leicht, etwas schwerer und derber sind die musizierenden Engel auf der Spitze der Baldachine. Die Apostel richten sich auf die Standbilder Christi und Mariae in ihrer

Mitte: der Herr des Himmels und der Erde, im bräutlichen Gespräch mit Maria, der personifizierten Ecclesia. – In der unteren Zone entsprechen im *Chorgestühl* die 48 Domgeistlichen (24 Domherren, 24 Anwärter auf ihren Stuhl) dem oberen Kranz der Könige. Das eichene Gestühl mit seinen 104 Stallen – die beiden östl. Sitze waren Papst und Kaiser vorbehalten – ist das größte in Deutschland, auch eines der frühesten und reichsten: Fabelwesen und Tiere, Liebende und Kämpfende, Musizierende und Tanzende, Darstellungen von Kunst und Wissenschaft, biblische und antike Themen und üppig quellendes Ornament füllen in verschwenderischer Phantasie Wangen und Lehnen. Himmel und Erde, Gott und Welt, Heiliges und Gemeines vertragen sich im Weltabriß dieses Gestühls (1308–11). – Mitte dieses architektonischen, bildlichen und sinnbildlichen Programms ist der *Altar.* Seine Marienkrönung inmitten des Apostelkollegiums an der Frontseite des Stipes, Kleinplastiken aus weißem Marmor, gehören der Weihezeit des Chores an (die durch Kopien ersetzten Figuren der 3 anderen Seiten im Schnütgen-Museum). Hinter ihm steht heute der *Schrein mit den Gebeinen der Hll. 3 Könige,* ein architektonisch-plastisches Meisterwerk der Goldschmiedekunst des 12./13. Jh., zugleich der größte aller mittelalterl. Reliquienschreine (1961–73 restauriert und ergänzt). Das mit vergoldetem Kupfer verkleidete Holzgehäuse hat die Gestalt einer 3schiffigen Basilika. Kleeblattarkaden mit Doppelsäulen umkränzen ihr Erdgeschoß. Blendarkaden gliedern die Pultdächer der Seitenschiffe, rundbogige Nischen die Seitenwände des Obergadens; in den Arkaden unten Sitzfiguren der Propheten, oben sitzende Apostel. Die Stirnseite (reines Gold) zeigt die Hll. 3 Könige, die das Christkind verehren, die Taufe Christi und den triumphierenden Christus. Auf der rückwärtigen Schmalseite sind Geißelung und Kreuzigung dargestellt. Im Giebelfeld darüber krönt Christus die Hll. Felix und Nabor, deren Gebeine ebenfalls im Schrein ruhen. Etwa 2 Jahrzehnte nach der Überführung der Reliquien aus Mailand im Jahre 1164, durch Nikolaus von Verdun begonnen, erhielt der Schrein um die Wende des 13. Jh. durch Stiftung Ottos IV. seine vordere Stirnseite, um 1225 wurde auch die andere geschaffen. Großartig sind die seit 1181 bis um 1205 entstandenen Figuren in den Kleeblattarkaden der Langseiten, reinste Verkörperungen des hochroman. Stilwillens, Höhepunkte der an der Maas und am Niederrhein blühenden Goldschmiedekunst. Unter dem verschwenderischen Reichtum an Juwelen die beiden großen antiken Kameen mit der Apotheose des Augustus sowie Venus und Mars. – Das Mittelschiff des Chores ist vom Umgang durch steinerne *Chorschranken* getrennt, deren innere Flächen bemalt sind. Dargestellt ist über den Zyklen der Kölner Bischöfe und röm. Kaiser das Leben von Heiligen, die mit dem Kölner Dom verbunden sind – Maria, die Hll. 3 Könige, Felix, Nabor und Petrus. Die beiden westl. Schranken der N-Seite zeigen Szenen aus dem Leben des Papstes Sylvester und des Kaisers Konstantin, ein Programm, das die Vorrangstellung des Kölner Erzbischofs bei der Wahl der deutschen Könige in historischer Einkleidung bekräftigt. – Die um 1340 entstandenen *Wandmalereien* sind stilistisch vor allem von der gleichzeitigen französischen Malerei geprägt. – In den Arkadenzwickeln des Binnenchores wurden anstelle stark beschädigter mittelalterl. Engelsbilder 1843–45 von dem Nazarener E. v. Steinle neue Engelsfiguren in Freskotechnik gemalt.

Chorumgang (von links nach rechts): In der *Kreuzkapelle* die Grab-Tumben der Erzbischöfe Engelbert III. von der Mark († 1368), mit Leidtragenden an den Wänden, und Wilhelm von Gennep († 1362), die Figuren aus Marmor. – Das *Gerokreuz,* von Erzbischof Gero vor 976 gestiftet, ist ein ergreifendes Denkmal ottonischer Kunst. Mit dem wahrscheinlich ebenfalls von Gero gestifteten Kruzifix von Düsseldorf-Gerresheim (wenn wirklich so früh) steht das Gerokreuz am Anfang der monumentalen Kruzifixe der abendländischen Kunst. Es schließt mit seiner noch antiken Körperlichkeit an den Christustypus karoling. Elfenbeine an. – In der *Engelbertuskapelle* das Epitaph des Erzbischofs Anton von Schauenburg († 1558) aus der Werkstatt des C. Floris und der Georgsaltar, ein niederländisches Schnitzretabel vom Anfang des 16. Jh. – In der *Maternuskapelle* das Grabmal des Erzbischofs Philipp von Heinsberg († 1191), um 1360, mit Miniaturmauer als Hinweis auf den Bau der Stadtbefestigung unter diesem Kirchenfürsten. Antwerpener Dreikönigentafel, um 1540. – In der *Johanneskapelle* das *Grabdenkmal des Erzbischofs Konrad von Hochstaden* († 1261), des Kathedralgründers, Bronzefigur mit jugendlichem, antik anmutendem Antlitz, nach 1261. Aus der Zeit um 1320 das Allerheiligenfenster, das Jakobus- und das Marienkrönungsfenster. – In der Scheitel-, der *Dreikönigenkapelle* die einzige noch (bis auf das Maßwerk) vollständige *Verglasung* aller 3 Fenster. Das Bibelfenster in der Mitte, um 1260, gibt in typologischem Bezug alttestamentliche Szenen mit solchen des Neuen Testaments (z. B. Passahmahl – Abendmahl), einen heilsgeschichtlichen Zyklus im Sinn der Biblia pauperum (vgl. das zu den Gewölbemalereien in St. Maria in Lyskirchen Gesagte). Links Dreikönigenfenster, rechts Petrus und Maternus; auch die seitlichen »Ornamentteppiche« mittelalterlich. Gedächtnistafel für die Erzbischöfe aus dem Haus Wittelsbach. Neugot. Altar von W. Mengelberg von 1908 mit bedeutender gotischer Sitzfigur der Madonna (Ende 13. Jh.). Prachtvolle neugot. Farbfassung der Kapelle durch Fr. Stummel, 1891. Im Grabmal für Dietrich von Moers († 1463) hinter dem Dreikönigenschrein, das der Dombaumeister Konrad Kuyn in den 60er Jahren des 15. Jh. schuf, gruppieren sich die Vollfiguren – links der von Petrus empfohlene Erzbischof – krippenartig zur Epiphaniasszene. – In der *Agneskapelle* Wandmalereien, um 1340, bezugnehmend auf die hier ruhende hl. Irmgardis († Ende 11. Jh.). Die Fenster mit Kölner Heiligen um 1320. – In der *Michaelskapelle* 3 Fenster vom Anfang des 14. Jh., das mittlere (um 1290) mit dem hl. Thomas und Johannes d. T. aus der ehem. Dominikanerkirche. Tumba Erzbischof Walrams von Jülich († 1349) aus Marmor, Lüttich um 1360. – In der *Stephanuskapelle* der got. Sarkophag des Erzbischofs Gero († 976) mit Deckplatte aus Porphyr und Serpentin um 970. Epitaph des Erzbischofs Adolf von Schauenburg († 1556) aus der Cornelius-Floris-Werkstatt. Bibelfenster, um 1280, ähnlich dem älteren in der Dreikönigenkapelle, und Fenster mit den Aposteln Simon und Judas, beide Fenster aus der Dominikanerkirche. – In der *Marienkapelle* befindet sich das berühmteste und bekannteste aller Altarretabel der Kölner Malerschule, der *Altar* der Stadtpatrone *von Stephan Lochner,* um 1445. Der Ratskapelle als urspr. Aufstellungsort (bis 1809) entspricht das Thema der Festtagsseite: Die Stadtpatrone – die Hll. 3 Könige, St. Ursula mit ihren Jungfrauen, St. Gereon und seine Legionäre – huldigen dem göttlichen Kind auf dem Schoß der Himmelskönigin, der einzigen deutschen »Maria in der Maestà«. Die Werktagsseite stellt farblich zurückhaltender die Verkündigung vor. Komposition, Pracht der Farbe und maltechnische Meisterschaft erheben das auch im Format überlegene Hauptwerk Lochners zu einem Symbol des »heiligen Köln«. Ferner das *Grabdenkmal Friedrichs von Saarwerden* († 1414), um 1415. Während die Bronzefigur dem Erzbischof porträtnahe Züge gibt, zählen die Kalksteinfigürchen der Verkündigung, der Wappenengel und Propheten unter den zierlichen Arkaden der Tumbawände zu den köstlichsten des Weichen Stils. Vom Grabmal des Erzbischofs Rainald von Dassel († 1167) ist nur der Sarkophag gotisch. Tumbafigur Graf Gottfrieds von Arnsberg in Rüstung, um 1375. – An der Außenwand 6 Steinfiguren der Heiligen Sippe, nach 1473. Gestiftet von Victor von Carben. Hl. Hubertus von J. Geißelbrunn, 1. Hälfte 17. Jh. Im Piusfenster von W. Geyer, 1956, die 4 letzten Piuspäpste. – *Sakramentskapelle:* Der Bau wurde 1277 vollendet und von Albertus Magnus geweiht. Kostbarstes Werk der Ausstattung ist die *Mailänder Madonna,* ein Holzbildwerk der stehenden Maria mit Kind, das stilistisch unmittelbar an die Chorpfeilerfiguren anschließt und um 1290 entstanden ist. Sakramentshaus um 1460. Glasgemälde mit Szenen aus dem Leben Christi (um 1460/70) aus St. Cäcilien.

Krypta: Im Zuge der ab 1946 durchgeführten Ausgrabungen unter dem Kölner Dom ist im Bereich der Vierung und unter dem Binnenchor eine Krypta eingerichtet worden, die als Grablege der Kölner Erzbischöfe des 19. und 20. Jh. dient.

Die Schatzkammer enthält, auch nach der Beraubung von 1975, einen der reichsten Domschätze Europas mit weltberühmten Arbeiten aus allen Gattungen des liturgischen Kunsthandwerks. Aus der Fülle sei einiges Wichtige, dem Rundgang folgend, aufgezählt: Unter den Codices der *Hillinuscodex,* um 1025, mit Ansicht des Alten Domes, und das *Limburger Evangeliar,* frühes 11. Jh., beide auf der Reichenau entstanden. – Legendärer Stab des hl. Petrus, ein antiker Elfenbeinstab. – Ein byzantinisches Kreuzreliquiar, um 1100. – Eine ottonische Elfenbeinpyxis, 10. Jh., mit Reliefs der Kreuzigung und der Thomasszene. – Rundscheibe mit graviertem Brustbild Christi, vergoldetes Kupfer, Ende 12. Jh. – Stab des hl. Erzbischofs Heribert († 1021), seine reliefierte Krümme in T-Form. – Dom-Monstranz, kölnisch um 1400. – Prunkmonstranz, 1658, von dem Kölner Chr. Schweling d. Ä. (1975 zerstört, wird rekonstruiert). – *Engelbertusschrein,* 1630–33 von dem Kölner Goldschmied C. Duisbergh nach Entwürfen von J. Geisselbrunn und A. Braun; an den Seiten des Sarkophags die gegossenen Figürchen Christi, der Epiphaniasszene und heiliger Kölner Bischöfe, auf dem

Deckel die Liegefigur des hl. Erzbischofs Engelbert († 1225). – Renaissance-Epitaph des Domherrn Jakob von Croy († 1516) mit Anbetung der Magier und Stifter, vergoldete Bronze, Brabant nach 1518. – Die sog. Clementina, der 1742 in Lyon gefertigte goldgestickte Pracht-Ornat des Erzbischofs Clemens August.
In der Glockenstube das wegen der Klangschönheit seiner Glocken berühmte Domgeläute. Die *Petersglocke* in der Mitte des eisernen Glockenstuhls von 1877/78 wurde 1923 von H. Ulrich in Apolda gegossen und ist mit 24 t die größte läutbare Glocke der Welt (Schlagton c°, Nebenschlagton e°); sie ersetzt die Kaiserglocke (1874 von A. Hamm), die im 1. Weltkrieg eingeschmolzen wurde. Die Glocken *Pretiosa* (1448, 11,2 t, g°) und *Speciosa* (1449, 6 t, a°) tragen reichen Relief-und Inschriftschmuck und gehören zu den hervorragendsten Werken mittelalterl. Glockengießerkunst. Der Größe nach folgen die *Dreikönigenglocke* von 1880 (zuerst gegossen 1418; 3,8 t, h°), die *Ursulaglocke* (1862, 2,55 t, c′), die *Kapitelglocke* (1911, 1,4 t, e′) und die *Aveglocke* (1911, 0,83 t, g′). Außerdem ist das ehem. *Dachreitergeläute* aus der 1. Hälfte des 14. Jh. erhalten (gis′, 0,78 t, und e″, 0,4 t) und 2 kleine *Barockglocken* von 1719 und 1621.

Domumgebung → Altstadt, Profanbauten.

Alt St. Alban (Quatermarkt 4)
Eine der ältesten Pfarrkirchen, um 1080 erstmals bezeugt. Der Gründungsbau des 9. Jh. (oder älter?) war wohl ein Rechtecksaal geringen Ausmaßes; ihm folgte im 11. Jh. eine flach gedeckte Pfeilerbasilika mit W-Vorhalle und Dreiapsidenschluß, die um 1200 mit Emporen über gewölbten Seitenschiffen ausgestattet wurde. Ein 2. N-Schiff mit Empore von 1323. Der nach N verschobene W-Turm mit romanisierender Gliederung von 1494 (vgl. Klein St. Martin); gleichzeitig Verlängerung des Langhauses mit Empore nach W. Äußeres S-Schiff um 1633, ohne Empore. 1668–72 Umbau zu einer zentralisierten 3schiffigen Hallenkirche mit Stern- und Netzgewölben über Pilasterpfeilern unter willkürlicher Benutzung des älteren Bestandes durch A. Gülich. Originelle Lichtführung besonders im steil proportionierten Chor. Restaurierung im späten 19. Jh.
Nach 1945 Dächer, Knickhelm und Gewölbe nicht wiederhergestellt, als Kirche aufgegeben, das Patrozinium auf Neu St. Alban in der Neustadt (s. d.) übertragen. Seit 1954 im Besitz der Stadt, wurde die gesicherte Ruine in den Aufbau des Festhauses Gürzenich (R. Schwarz, K. Band) einbezogen, von dessen Foyer und Treppenhaus sie im O und S umgeben wird. – Seit 1959 zur **Gedenkstätte der Zerstörung und der Toten der Weltkriege** ausgestaltet (Abb. S. 38). Die Kopie des »Trauernden Elternpaares« von K. Kollwitz (1931, auf dem deutschen Soldatenfriedhof des 1. Weltkrieges bei Dixmuiden/Belgien) von E. Mataré. Das Turm-Erdgeschoß seit 1964 St.-Bruder-Konrad-Kapelle. Wand- und Deckenmalerei von P. Hecker, Fenster von W. Thonett. Über dem W-Portal der Kirchenruine vollplastische Skulpturengruppe »Christus bei Maria und Martha« von A. Iven, um 1896.

Köln. Alt St. Alban. »Trauerndes Elternpaar« (zu S. 321)

● **Kath. Pfarrkirche St. Andreas** (Andreaskloster)

Erzbischof Bruno (953–965) versetzt Kanoniker (aus St. Maria im Kapitol?) nach St. Andreas, dem vormaligen, 923 erstmals genannten Jungfrauenstift (?) St. Matthaeus in fossa vor dem röm. N-Tor. Seine Kirche wurde 974 von Erzbischof Gero geweiht. Im 11. Jh. dürfte der außen 5seitig gebrochene Langchor mit einer Krypta angefügt worden sein, deren Marienaltar zwischen 1170 und 1178 erwähnt wird. Den Langchor ausgenommen, erfährt die ottonische Kirche gegen 1200 einen vollständigen Neubau, in dessen wohl vollendeten Vierungsturm (?) 1221 der Blitz schlägt. 1244/45 Nennung des Michaelsaltars im Obergeschoß des W-Baues. Der Langchor weicht etwa 1414 einem gläsernen Saal nach Aachener Vorbild, 1420 noch im Bau. Nicht lange danach Teilumbau der nördl. Querkonche, Neubau der S-Konche 1492. Weitere Bautätigkeit in got. Zeit bezieht sich auf Kapellenanbauten längs der Seitenschiffe; die meisten rühren aus dem späten 13. und frühen 14. Jh. her, die 2jochige Albertuskapelle im SW von 1539. Instandsetzung der Kirche unter Beseitigung von Lettner und Chorschranken 1650. Abermalige Chorerneue-

rung 1770. – Mit der Säkularisierung des Stifts 1802 gelangt seine Kirche an die Gemeinde von St. Paul, deren Kirche abgebrochen wird. Den wiederholten und umfassenden Restaurierungen des 19. Jh. unter H. Nagelschmidt und J. Raschdorff geht 1843 der Abbruch des westl. vorgelagerten Kreuzganges mit den Stiftsgebäuden voraus.
Infolge geringerer Kriegsschäden konnte St. Andreas als erste der größeren Kölner Kirchen 1947 (Ersatzkathedrale bis 1948) wiederhergestellt werden. Die Pfarre wird seitdem von Dominikanern betreut, deren modernes Klostergebäude von K. Band und eine Sparkasse von Th. Kelter (1956) an der S-Seite der Kirche maßstäblich gut abgestimmt sind. Die mit dem got. Chorbau aufgegebene Krypta, 1953 freigelegt und von K. Band neugestaltet, wurde mit einer neuangelegten Gruft unter der Vierung für die Grablege des scholastischen Philosophen und Universalforschers an der Kölner Dominikanerhochschule Albertus Magnus (1193–1280) verbunden. – Renovierung des Kircheninnern durch H. Heider (1965–67). Mit der Renovierung und Konservierung des Äußeren wurde 1979 am Turm begonnen.

Im Grundriß des staufischen Bauwerkes – Länge mit got. Chor 61,85 m – wirkt der ottonische Vorgänger nach. An den Querriegel des W-Baues, der den O-Flügel des einstigen Kreuzganges enthält, schließt ein auffallend kurzes Langhaus an. In der Grundfläche erscheint es infolge der begleitenden Kapellen noch gedrungener. Das Mittelschiff besteht aus nur 2 längsrechteckigen Gewölbejochen, dem sich verhältnismäßig breite Seitenschiffe im gebundenen System, also jederseits 4 Joche, basilikal unterordnen. Der spätgot. Chor ist länger als das Langhaus, doch wird er darin vom Querhaus noch übertroffen. Alle 4 Richtungen begegnen sich in der baldachinartigen Vierung, deren Höhe durch den flachgedeckten ottonischen Vorgänger bedingt ist. Die östl. Treppentürme schränken die zentralisierende Wirkung ein. Der Chor weitet sich nach 3 oblongen Jochen zu einem polygonalen Schluß aus 7 Seiten des Zehnecks. Die urspr. Anlage gleicht der Bonner Dreikonchendisposition mit langem O-Chor.

Im Außenbau dominiert der 8seitige *Vierungsturm* mit 2 Geschossen und Faltdach über Dreieckgiebeln. Rundbogenfriese auf Ecklisenen gliedern seine Geschosse, 2- und 3teilige, gekuppelte Fenster mit Rund- und Spitzbogen durchbrechen die Flächen. Er dürfte älter sein als die gleichartigen Vierungstürme von Bonn und Düsseldorf-Gerresheim. – Der *westl. Querbau* unterteilt sich außen in 3 Stockwerke mit risalitartig vortretendem Mittelgiebel. Diesen vor allem zeichnet ein kraftvolles Schmucksystem von zugespitzten und runden Blendbogen in Dreiergruppen aus: in den beiden unteren Geschossen auf Lisenen, im Obergeschoß, das von einem Rundbogenfries umfaßt wird, und im Giebeldreieck auf Säulen. Dazu öffnen Rundfenster die Rückflächen: unten ein Vierpaß zwischen 2 Rundbogenfenstern, im Hauptgeschoß 3 schlankere Fenster, darüber eine 6teilige Rose. In die seitlichen Tore mündeten ehedem die nördl. und südl. Kreuzgangstrakte; heute Kircheneingänge. Das südl. Bronzeportal von K. M. Winter (1962) stellt die Zentralwahrheiten des Glaubens dar. Der alte Zugang für die Laien, ein reich dekoriertes Löwenportal vom Anfang des 13. Jh., befindet sich im Untergeschoß (jetzt Sakristei) des Annexbaus im Winkel von nördl. Querhausarm und Chor. – Die Dächer des Langchores und der beiden Konchen wurden 1956 bewußt niedrig gehalten – mit Rücksicht auf den Turm. Die letztlich ungot. Proportionen sind jedoch unbefriedigend. Die Strebepfeiler des Chorhauses sind reich profiliert und mit Fialen besetzt.

Den Innenraum bildet ein Ensemble selbständiger Raumteile, von denen *Vorhalle* und Seitenkapellen ihr völlig eigenes Leben führen. Die Gewölbegurte des einstigen Kreuzgangflügels (= Vorhalle) sind mit in Köln sonst unbekannten Zackenbogen malerisch besetzt. Der *»neue Chor«* mit seinem Michaelsaltar reicht als weite Querhalle durch beide Obergeschosse des W-Baues. – Das kurze *Langhaus* baut sich über rhythmischem Stützenwechsel in 3 Zonen auf. Energiegeladen ist die Pfeilergliederung mit starken und schwachen Diensten auf vielfältig gestuften Basen, und voller Phantasie sind allenthalben wie in der Vorhalle die Blattkapitelle. Über einem mit Blättern und Ranken ebenso üppig verzierten Gurtgesims (vgl. Bonner Münsterchor) reihen sich die Bogenfolgen eines Nischentriforiums. Ausgenischt waren früher auch die Seitenschiffwände (wie in St. Kunibert), im NW-Joch allein noch erhalten. Die Schildbögen der Kreuzrippengewölbe umfangen gestaffelte Dreifenstergruppen. In den Nebenschiffen verzichtet man noch auf Gewölberippen. Die *Vierung* ist aus dem geschilderten Grund niedriger als die 4 Haupträume der Kirche. Ihr Kuppelgewölbe – ein 8rippiges Klostergewölbe auf Trompen – besitzt keine eigenen Lichtquellen, so daß der zentrale Raumteil ein dämmriges Kompartiment bleibt. Die spätgot. veränderten *Querhausarme* sind mit ihren polygonalen, ursprünglich halbrunden Enden wegen der Treppentürme nicht exakt auf die Vierung bezogen. Im nördl. Querarm hat der Umbau die staufische Nischen- und Laufganggliederung

entgegen der Radikalveränderung der S-Konche nicht völlig beseitigt. – Der ganze Kirchenraum lebt aus der Spannung zwischen der gesammelten Kraft des Langhauses und der Weite der *Chorhalle.* Zäsurlos gleiten die gebündelten Dienste in die Gurte und Rippen auseinander. Oberhalb des Chorgestühls an den Langseiten stützen sie sich auf Figurenkonsolen, um 1420, mit Propheten und musizierenden Engeln. Über der Sockelzone sind die Wandflächen gänzlich in 2- und 3bahnige Fenster mit Maßwerkbrücken und rotierendem Fischblasencouronnement aufgelöst.
Die Wiederherstellung der *Krypta* behielt die salischen Umfassungswände mit ihren Wandpfeilern für die Gewölbegurte und auch die Raumteilung in 3 Schiffe bei 7 Jochen bei. Mit Rücksicht auf den got. Chor jedoch vertreten Betonsäulen und eine Betondecke mit Kalottenkuppeln die einstigen Gratgewölbe und Pfeiler (mit Ausnahme des westl. Paares). Gewahrt blieb auch die Apsis mit ihrer Unterteilung in eine mittlere Rechtecknische mit dem Marienaltar und 2 begleitende Halbrundmulden. Gesondert schuf K. Band im westl. Anschluß einen überkuppelten Gruftraum als Grabkapelle für Albertus Magnus; ein röm. Sarkophag (aus St. Ursula) birgt die Gebeine des Heiligen.
Die Wandmalereien in den Seitenkapellen und an den Mittelschiffspfeilern sind bis auf Reste an den westl. Kryptastützen schlecht erhalten oder allzu sehr übergangen. In der vollständig ausgemalten 1. Kapelle auf der N-Seite stellt ein die ganze O-Wand füllendes Gemälde *Szenen aus dem Marienleben* dar, 2. Viertel des 14. Jh., das umfangreichste auf einen Altar bezogene Wandgemälde der Rheinlande. Dazu gegenüber ein Christophorus und unter dem Fenster St. Georg mit dem Drachen. Die Figuralfenster des ausgehenden 19. Jh. im Chorschluß wurden durch rechtzeitigen Ausbau gerettet. Die übrige Neuverglasung mit z. T. recht guten Farbfenstern von V. Pieper, W. Plotzke, R. Krüger und E. Horst ist noch nicht in allen Teilen der Kirche zu Ende gebracht.

Ausstattung. In der Wandnische des N-Seitenschiffes ein Vesperbild, um 1370. – Vorzügliche Michaelsfigur wohl von Tilman van der Burch, um 1470 (nach einem Stich des Meisters ES von 1467). – Auf dem Hochaltar ein Flügelretabel von Barthel Bruyn d. J., um Mitte 16. Jh., mit Kreuzigung auf der Mitteltafel. – Rechts im Chor ein Sakramentshaus der südniederländischen Renaissance, vor Mitte des 16. Jh., mit großem Abendmahlsrelief. – Das Chorgestühl mit seinen lebendig geschnitzten Relief- und Vollfiguren, bald nach 1420. – Der vergoldete

Makkabäer-Reliquienschrein mit szenischen Reliefs von Meister Peter »hinter der Paffenporz«, 1504 gestiftet, vollendet 1527 (im südl. Querhaus). – Am südwestl. Vierungspfeiler eine Madonnenstatue, Ende 15. Jh. – In der Albertuskapelle der bald nach 1500 aus der Werkstatt des Meisters von St. Sevérin hervorgegangene *Flügelaltar der 1474 gegründeten Rosenkranzbruderschaft.* Das Mittelbild zeigt die Rosenkranzkönigin als Schutzmantel-Madonna. Unter den Bruderschaftsmitgliedern erkennt man Papst Sixtus IV. und Kaiser Friedrich III. mit seinem Sohn Maximilian. – Am südl. Ausgang eine große Christophorusfigur, Ende des 15. Jh. – In der Vorhalle ein ehem. Triumphkreuz, beginnendes 16. Jh., und der sog. Blutbrunnen der hl. Ursula (aus der Makkabäerkirche), ein 8seitiger Reliquienbehälter mit Deckel, Stein, 2. Hälfte des 15. Jh. – *Glocken:* 4stimmiges Geläute d'–e'–f'–g' (1955).
An der S-Konche (Komödienstraße) Sandsteinfigur des **hl. Albertus Magnus,** in den 1860er Jahren von A. Werres für die O-Fassade des Wallraf-Richartz-Museums geschaffen.

Ehem. Antoniterkirche, ev. Pfarrkirche (Schildergasse 57)
1298 übernehmen die Antoniter (Chorherren nach der Regel des hl. Augustinus) den Besitz des Ordens der Sackbrüder und beginnen 1350 einen Kirchenbau, der 1384 (?) dem hl. Antonius geweiht wird. Im 16. Jh. neues Chorfenstermaßwerk, Ende 16. Jh. Portal an der S-Seite (1896 erneuert). – Nach der Aufhebung des Klosters 1802 übergibt Napoleon das Gotteshaus den Protestanten, für deren Zwecke es nach Plänen des Domkanonikus Ferdinand Franz Wallraf umgebaut wird. Hierbei jedes 2. Pfeilerpaar ausgebrochen und Emporen in den Seitenschiffen und im W eingezogen, dazu Kanzelaltar im O im Stil des Louis-XVI (!). 1850 und 1862 Restaurierung des Außenbaues, 1896 des Inneren: Entfernung der Emporen, neugot. Ausstattung (A. Eberhard). 1934 neue Ausmalung. Wiederherstellung nach schweren Kriegsschäden 1952 abgeschlossen (G. Eberlein), 1961–64 neuer W-Bau wegen Anlage der Nord-Süd-Fahrt (H. O. Vogel). 1979/80 Ausmalung unter Rückgriff auf die mittelalterl. Fassung und auf jene von 1934.
Die kleine turmlose Basilika – Innenlänge 21,50 m – mit schmuckarmem Strebewerk bietet nach Verbleib nur eines Pfeilerpaares bei 4 Gewölbejochen einen in die Breite gehenden Predigtraum, den die rundbogig geführten Arkadenbögen Wallrafs mit 2 Schritten durchmessen. Das Mittelschiff endet in einer 5seitigen Altarapsis; ebenso das nördl. Nebenschiff. Der südl. Seitenchor ist von einem Sakristei-Anbau verdrängt. – Ausstattung. Im Fenster hinter dem Altar ein Glasgemälde, Anfang des 16. Jh., mit Kreuzigungsdarstellung und 2 Antoniterwappen. Die Seitenschiff-Fenster von A. Plum, 1966. – Maasländischer Taufstein mit Köpfen und Bestien (aus dem Schnütgen-Museum), 2. Hälfte des 12. Jh. – Das nördl. Nebenchörchen ist als Gedächtnisstätte für die Toten beider Weltkriege eingerichtet. Im Raum hängt über einer Gedenkplatte der *Todesengel von E. Barlach.* Es handelt sich um einen Zweitguß Barlachs (1938) von der eingeschmolzenen Bronzeplastik, die er 1927 für den Dom von Güstrow schuf. Der Engel mit den

Gesichtszügen der Käthe Kollwitz personifiziert die über den Schlachtfeldern schwebende Totenklage. – Bronzeportal »Aussendung der Jünger« von U. Henn, 1964. – *Glocken:* 3stimmiges Dachreitergeläute d″–e″–g″ (1956).

Kath. Pfarrkirche St. Aposteln (Apostelnkloster 10) ●

Die Kirche ist eines der reifsten Werke roman. Architektur in den Rheinlanden, bewundernswert in der Dreikonchenanlage, die sich außen in einem kraftvoll-harmonischen Aufbau der Glieder dem Neumarkt zuwendet. Gegengewicht bilden im W ein weitausladendes Querschiff und der »Apostelklotz«, der mit beinahe 67 m höchste roman. Kirchturm von Köln. Die heterogenen Bauteile spätottonischer und staufischer Zeit sind im Innern durch die Einwölbung zu ausdrucksstarker Einheit gebracht.

Das den hl. Aposteln (872?) geweihte Gotteshaus, 963 erstmals verbürgt, wird 980 dem Ursulastift übertragen. Erzbischof Pilgrim gründet hier, unmittelbar vor der röm. Stadtmauer, zwischen 1021 und 1036 ein Kollegiatstift mit einem Kirchenneubau, in dessen westl. Vierung er sich beisetzen läßt. Von Pilgrims flachgedeckter Pfeilerbasilika stehen heute noch Langhaus, W-Querschiff und das Joch zwischen Querschiff und W-Turm (der Apostelchor mit Krypta). Da der Apostelaltar (seltenes Patrozinium) im W-Chor stand, muß die Kirche ursprünglich gewestet gewesen sein. Der Gegenchor im O war nicht eingezogen und schloß rechteckig (Grabungen des Römisch-Germanischen Museums, H. G. Hellenkemper, 1975). Mitte des 12. Jh. setzt mit dem Teilumbau der Krypta, der Tonnenwölbung des Zwischenjoches sowie der Errichtung des W-Turms eine neue Bautätigkeit ein, die (anscheinend nach einem Brand des O-Chores, 1192) mit der Errichtung der Dreikonchenanlage fortgeführt wird. Anschließend, gegen 1220, werden die Langhausschiffe gewölbt, zuletzt das Querschiff. Vor 1247 sind auch die Neubauten des Kreuzganges (»maius claustrum«) an der S-Seite und der »Halle« für den Pfarrgottesdienst an der N-Seite der Kirche beendet. Ihm mußte spätestens damals das längst nicht mehr benutzte röm. Stadttor weichen, während die Stadtmauer noch bis zur Säkularisation 1802 als östl. Immunitätsmauer des Stifts diente. Seitdem Pfarrkirche – die »Halle« schon 1786 abgebrochen –, wurde ihr neuerdings das Institut der deutschen Brüderorden angeschlossen. Während das äußere Erscheinungsbild der Kirche bis zur Zerstörung im 2. Weltkrieg so gut wie unverändert blieb, gab man 1643/44 den Apostelchor auf, zerschlug die Kryptagewölbe und machte das Turminnere, in das man eine Orgelempore einzog, durch ein westl. Doppelportal zugänglich. – Die Restaurierung H. Nagelschmidts (1872–91) ersetzte die 1822 von J. P. Weyer eingebrachte Holzwölbung der Hochschiffe durch Steingewölbe in den alten Formen und erneuerte weitgehend die Außenhaut. Kreuzgang und Stiftsgebäude waren bereits vor 1827 gefallen. Um 1900 Mosaizierung der Gewölbe und Wände durch verschiedene Künstler (u. a. A. Kleinertz und Fr. Stummel). –

1945–75 etappenweise Rückgewinnung des Zustandes des 13. Jh. durch W. Weyres, G. Hagen, W. Schorn und O. Schwab. Dabei wurde 1955 die W-Krypta freigelegt und dem Kult zurückgegeben (W-Portal beseitigt). Neu hinzugekommen ist 1956 der Anbau einer Werktagskapelle am S-Seitenschiff mit Apostelfenster von L. Gies.

Außenbau. Die eigentliche »Schaufassade« geht auf den Neumarkt. Die östl. Baugruppe des Dreikonchenchors erscheint als nahezu selbständiger Zentralbau. In feinfühlig abgestimmten Proportionen baut sich das Ganze auf; die Härte winkeliger Konchenansätze wird durch eingestellte Türmchen beiderseits der Hauptapsis nicht nur vermieden, sondern ihre Rundform erzeugt zudem eine schwingend fließende Bewegung. Die gleichmäßig durchlaufende Gliederung mit Blendarkaden in beiden Geschossen läßt große und kleine Rundkörper innig zusammenwachsen und umgürtet sie oben mit Zwerggalerie und Plattenfries. Über den Konchendächern erheben sich durch Nischen und differierend gestaltete Fenster belebte Dreiecksgiebel, zwischen denen die nun 8eckigen Türmchen in 3 Freigeschossen mit Faltdächern emporwachsen. In dem oktogonalen Kuppeltambour mit Zwerggalerie über Plattenfries und zierlicher Laterne als krönendem Abschluß werden alle Teile des O-Baues zu einer letzten Zentrierung zusammengefaßt. Der zu klassischer Harmonie ausgereifte Trikonchos – einst gesteigert noch durch die Farbfassung – muß von oström. Vorbildern mitbestimmt worden sein. Dank seiner 5 Geschosse spricht auch der W-Turm bei weiter entferntem Standort im Blick von O mit. Imposanter bietet er sich mit seinen halbrunden Treppentürmen von dem westl. gelegenen Plätzchen (Apostelnkloster) im Zusammenklang mit dem mächtigen westlichen Querhauschor dar. Mit dem 3. seiner sich verjüngenden Geschosse (Fenster mit Wulstlaibung) wird die Erhöhung des Turms eingesetzt haben; seine wohlabgewogenen Blendbögen beginnen schon über dem roman. Sockel. Das Rautendach dürfte das erste Beispiel dieses rheinisch-staufischen Helmtyps sein.

Von größerer Einheitlichkeit als das Äußere ist der Innenraum. Turmhalle und Querschiff sind über ein tonnengewölbtes Joch miteinander verbunden (vgl. die Dome von Mainz und Paderborn). – Bis zu ihm reicht die *Krypta,* die hier 3schiffig (um 1150 erneuert) ist und in einer halbrunden Mittelnische den Stephansaltar enthält. Im Kryptaraum unter dem Turm stützen sich 4 Kreuzgratgewölbe auf einen kreuzförmigen Mit-

Köln. St. Aposteln

elpfeiler. Die Verbindung beider Raumteile wird durch ein onnengewölbtes Doppeljoch auf einer dichten Reihe von 3 äulen und 2 Pfeilern hergestellt. – Großartig hat der Archiekt des 13. Jh. – der Laie Albero (?) – die Einwölbung des *Mittelschiffes* bewältigt, indem er die Gurtdienste der beiden

6teiligen Rippengewölbe gebundener Ordnung vom Boden aufsteigen ließ, die Dienste der Rippen und Schildbögen dagegen erst von einem kräftigen Sims mit Rundbogenfries; dieser ruht seinerseits auf einer der ottonischen Wand vorgemauerten Segmentbogenfolge bei rechteckiger Pfeilerverstärkung. Das Blendtriforium besteht je Schildwand aus Doppelbögen, über deren Mittelsäule die spätroman. Rundbogenfenster den Obergaden durchbrechen. Die Seitenschiffe sind noch gratgewölbt. – In den *W-Querschiffsarmen,* in denen das Triforium fehlt, ist der 2geschossige Wandaufriß mit den Diensten für die 7teiligen Gewölbe großzügiger und in den Darstellungsmitteln fortgeschrittener (u.a. Spitzbögen und Laufgang). – Im O entfaltet sich der *Kleeblattchor,* der wie in Groß St. Martin auf den Chorumgang der Kapitolskirche verzichtet; dadurch sind die Konchen straffer gefaßt und schließen sich enger um die Vierung zusammen. Eingeleitet wird die ganz in sich ruhende O-Anlage im Mittelschiff durch ein schmalrechteckiges, tonnengewölbtes Zwischenjoch mit einer Nische statt eines Triforiums. Liturgisch gehörte es schon nicht mehr zum Langhaus, sondern zum Kanonikerchor. Etwas breitere, gleichfalls tonnengewölbte Joche schieben sich auch zwischen die 3 Apsiden und die Vierung. Auf die Vierungsmitte konzentrieren sich die großen Raumschalen der im Prinzip völlig gleichartigen Konchen: im O der Marienchor, auf den im Außenbau die Nischenfigur einer Madonna (Kopie) Bezug nimmt, im N der Katharinenchor – der alte »chorus parochialis« –, im S der Laurentiuschor. Über Trompen wird die Vierung in einen 8ekkigen Tambour übergeleitet, die ein Laufgang hinter großen Rundbogenöffnungen umkreist. Darüber erhebt sich ein 8flächiges Klostergewölbe (jetzt ohne barocke Oculi) mit einer Licht spendenden Laterne. 2geschossig und von kräftiger Plastizität sind die Konchenwände. Über 3 weiten Wandnischen, deren Rahmenbögen in der Hauptapsis von Doppelsäulen, in den Querkonchen von Pilastern getragen werden, umzieht ein begehbarer Laufgang alle Räume. Er zerlegt in technisch wirkungsvoller Weise die Wand in 2 Schalen, deren vordere mit Achsenbezug auf die unteren Nischen in 3 Bögen auf Doppelsäulen die Last der Konchengewölbe aufnimmt, deren von 3 Fenstern geöffnete Rückwand dagegen das Widerlager für die Schubkräfte der Gewölbe bildet (vgl. die Bemerkungen zu Groß St. Martin). In den tonnengewölbten Zwischenjochen ist der Wandabschnitt zwischen Laufgang und Kämpfergesims (nach burgundischem Vorbild?) in 2 Reihen kleiner Arkaden aufgelöst. Die Kapitellformen variieren vom schlichten Würfelkapitell bis zu üppig vegetabilischen, selten figürlich verzierten Kapitellen.

Ausstattung. Die Altarinsel in der östl. Vierung wurde 1975 durch S. Hürten neu gestaltet: Zelebrationsaltar unter Verwendung roman. Säulchen, Bronze-Baldachin nach dem Vorbild mittelalterl. Leuchterkronen, eucharistische Taube. Ausmalung der Kuppel nach Entwurf von W. Weyres und M. Ott. Vom Retabel des mittelalterl. Hauptaltars sind die Figürchen der 12 Apostel erhalten, um 1330, in der Nachfolge der Domchor-Apostel stehend. Aus altem Besitz von St. Aposteln ist kürzlich ein *Schmerzensmann,* kölnisch um 1450, in die Kirche zurückgekehrt. Mit seiner originalen Fassung ist er die qualitätsvollste der Skulpturen, von denen weiterhin ein hl. Michael, um 1480, und eine wenig ältere Madonnenfigur genannt seien. Von den übrigen Plastiken sind einige erst in den letzten Jahren aus dem Kunsthandel hinzuerworben worden. Vom barocken Hochaltar Petrus und Paulus (jetzt am W-Chor). Gemälde: Aussendung der Apostel (1510); St. Katharina (1673, von dem Rubensschüler J. W. Pottgießer); St. Michael (1850, Fr. Overbeck). Die Reste der historistischen Mosaizierung wurden nach 1945 entfernt (Ausnahme: N-Seite des W-Querschiffes). Ornament-Fenster von W. Weyres. – Im *Schatz* ein kostbarer Kelch mit Patene, gegen 1220/30. – *Glocken:* Mittelalterl. Geläute des'–es'–f' (1507, 1507, 1402), 1928 um b° und ges' erweitert.

St. Cäcilien (Schnütgen-Museum, Cäcilienkloster 17/19)

Am W-Rand der röm. Thermen gründet Erzbischof Willibert wahrscheinlich zwischen 866 und 881 (Normannensturm) einen Damenkonvent, den er 888 erneuert. Seiner 3schiffigen, querhauslosen Basilika vorauf geht – durch Grabung erschlossen – ein merowingischer (?) Saalbau mit Rechteckchor im O, in dessen Mitte ein Brunnen angetroffen wurde. 965 Stiftung Erzbischof Brunos zur Vollendung des 941 wiederhergestellten Monasteriums. Von der Kirche mit jetzt verstärktem, rechteckigem Altarhaus stammen der O-Teil der Krypta unter dem westl. Damenchor und an der N-Seite des Langhauses der sog. fränkische Bogen (Tuffsteinlagen im Wechsel mit röm. Ziegeln, 10. Jh.; stark rest.). Im 12. Jh. errichtet man auf den alten Langhausfundamenten und unter Beibehaltung der N-Wand westl. des »fränkischen« Bogens eine neue Kirche, deren Bauzeit um 1130–60 durch Vergleich mit der Apsis von St. Gereon und den Seitenschiffen von St. Pantaleon bestimmbar ist. Nachdem das Stift 1479 in ein Augustinernonnenkloster verwandelt ist, wird bis 1483 im Mittelschiff eine Rippenwölbung eingezogen, die nördl. Sakristei angefügt und der westl. (!) Kreuzgang mit Klausur durch eine umfangreiche Neuanlage an derselben Stelle ersetzt. – Nach Aufhebung des Klosters (1802) zieht das Bürgerhospital ein, dessen Neubau man die mittelalterl. Klaustralgebäude 1843–47 opfert. Anschließend wird auch die bis dahin vortretende Mittelschiffsfront der Kirche auf die Flucht der Seitenschiffe zurückgenommen und neu hochgezogen, zugleich die westl. Krypta mit ihrem Maternusaltar freigelegt und (gleichfalls verkürzt) wiedererrichtet. 1894–98 Gesamtrestaurierung, in den 30er Jahren neue Ausmalung. Nach schweren Bombenschäden Einzug einer flachen Holzdecke anstelle der got. Wölbung. Erneuerung des Daches unter Verzicht auf den 8seitigen hölzernen Dachturm von 1787, der einen spätmittelalterl. Vorgänger besaß. – Seit 1956 dient die Kirche, in der am Patronatstag und in der Christnacht noch zelebriert wird, der sakralen Kunst des Schnütgen-Museums (s. d.) als »Heiltumskammer«. Den Verwaltungstrakt im NW errichtete K. Band. 1976 Wiederherstellung der urspr. Gestalt der W-Krypta, Innenrestaurierung der Kirche und Neuordnung des Museumsbestandes. – Mit St. Cäcilien und dem benachbarten St. Peter hat sich in Köln nur hier die Parallelgruppierung von Stiftskirche und zugehöriger Pfarrkirche erhalten (vgl. Mönchengladbach, Maastricht). Ihr zerstörter Verbindungsgang (s. St. Georg) wurde jedoch nicht erneuert.

Das Tympanonrelief des N-Portales (heute im Inneren der Kirche, außen durch einen Abguß ersetzt), um 1160, zeigt die frontale Halbfigur der hl. Cäcilia, begleitet von Valerian und Tiburtius, ihrem Bräutigam und ihrem Bruder; von oben reicht ein Engel die (nicht erhaltene) Märtyrerkrone. Der *Tiburtiusstein* ist ein im Mittelalter wiederverwendeter röm. Grabstein, eng verwandt dem Tympanon von St. Pantaleon (im Schnütgen-Museum) und der Plektrudistumba in St. Maria im Kapitol. – Im Inneren der turm- und querschifflosen Basilika blieb die Apsis ohne jegliche Gliederung, der Chor dürfte also insgesamt ausgemalt gewesen sein. Davon wohl noch die Wandmalereien im gratgewölbten Chorjoch, Ende des 13. Jh.: auf der N-Seite Szenen aus dem Leben der Kirchenpatronin, auf der S-Seite solche aus dem Neuen Testament. – Über der rekonstruierten W-Krypta die ehem. Nonnenempore.

Elendskirche St. Gregor (An St. Katharinen 5). Auf dem »elendigen Friedhof« (der Heimatlosen und Armen) stiftet die Familie v. Groote (noch heute Eigentümerin der Kirche) an der Stelle einer spätgot. Michaelskapelle ein dem hl. Gregor geweihtes Gotteshaus, das H. N. Krakamp nach Entwurf von B. Spaeth 1765–71 als letzte Kirche der freien Reichsstadt errichtet. – Über dem W-Portal eine reliefierte Allegorie auf den Triumph des Todes. Im Dreiecksgiebel vor dem hohen Walmdach das Allianzwappen der Stifterfamilie. – Die einheitliche, noble Zopfstilausstattung ging durch Brand im 2. Weltkrieg teilweise zugrunde. Der Außenbau ist in der früheren Form wiederhergestellt, desgleichen im Inneren die 3 Altäre (K. Band). Als Eingang zum umfriedeten Kirchenbezirk dient das hierher versetzte Gittertor vom zerstörten Spanischen Bau (vgl. Rathaus). – Neben der Elendskirche die **Schönstattkapelle** von 1963.

Franziskanerkirche St. Marien (Ulrichgasse). Die Ruine der neugot. Backsteinkirche, 1893/94 von K. Schellen errichtet, stellte E. Steffann 1953/54 als Oratorium der Mönche wieder her und fügte ihr im rechten Winkel einen neuen Laienraum an. Beide Raumteile, deren Kargheit (Sichtmauerwerk aus Trümmerziegeln) dem franziskanischen Armutsideal folgt, sind auf den übereck gestellten Altar hin ausgerichtet.

Kath. Pfarrkirche St. Georg (Georgsplatz 1) ●

Einzige erhaltene roman. Säulenbasilika des Rheinlandes. An ihrem Platz vor dem röm. Südtor an der Ausfallstraße nach Bonn deckten Grabungen einen Gebäudekomplex auf, in dem eine röm. Benefiziierstation (Polizei-Straßenposten) angenommen werden darf. Seine Mauern benutzt z. T. eine 3schiffige Kirche mit Altar in der O-Apsis, die mit dem überlieferten merowingischen Caesarius-Oratorium identisch sein könnte. An seiner Stelle gründet Erzbischof Anno II. 1059 das letzte der Kölner Chorherrenstifte, St. Georg, dessen flachgedeckte Kirche bald nach 1067 geweiht wird. – Der Gründungsbau Annos ist eine doppelchörige, ursprünglich flachgedeckte Säulenbasilika mit tonnengewölbten Querarmen, deren niedrige, gewölbte Querkonchen 3seitig endigen; östl. folgt ein gestaffelter Dreiapsidenchor mit 5schiffiger Krypta. Ein östl. Kreuzgang umzog mit 3 Trakten die Chorapsiden. – Um die Mitte des 12. Jh. Einwölbung aller Schiffe und des Chores. Vor 1188 wird der Annonische W-Chor – eine halbrunde Apsis mit kleeblattförmiger Ausnischung (und seitlichen Treppentürmen ?) – zugunsten der jetzigen Anlage beseitigt. Eine kolossale, gestufte Schieferhaube mit Zwiebeltürmchen vom Anfang des 18. Jh. deckte zuletzt den mächtigen Rumpf des ohne die geplante Zwerggalerie unvollendet gebliebenen Turmes. Barocke Ausmalung des Kircheninnern mit Blumenwerk und Rankenverzierungen durch J. M. Metz in den 70er Jahren des 18. Jh. Gleichzeitig Abtragung der Querhausarme.

Nach der Säkularisierung des Stiftes (1802) und der Niederlegung des Kreuzganges wird die Georgskirche der Pfarre St. Jakob zugewiesen, deren nördl. gelegenes Gotteshaus abgebrochen wird. Der Verbindungsgang zwischen beiden Kirchen ist in der N-Vorhalle von 1551/52 erhalten. Bauschäden zwingen im 19. Jh. zu Restaurierungen (H. Nagelschmidt); anschließend historistische Neugestaltung des Inneren. Bei der durchgreifenden Instandsetzung durch Cl. Holzmeister, W. Schorn und W. Hartmann 1927–30 werden die Querhausarme wieder aufgeführt, die urspr. Raum- und Bodenverhältnisse wiederhergestellt. – Im 2. Weltkrieg schwerste Bombenschäden an Lang- und Querhaus; dabei die südl. Vorhalle von 1536 zertrümmert. Bis 1964 Wiederherstellung des staufischen Zustandes in der Fassung von 1930 durch W. Schorn, W. Hartmann und W. Weyres. Über dem W-Chor seit 1945 ein steiles Walmdach. 1978 erneute Innenrenovierung (H. J. Schäfer).

Das Äußere beherrscht seit 1188 der *W-Chor,* ein gewaltiger Quader, dessen fast 5 m dicke Trachytmauern über hohem, gestuftem Sockel in ihrer Schmucklosigkeit abweisend wirken. Die begonnene Zwerggalerie nicht ausgeführt. Im Unterschied zum ungegliederten Langhaus beleben Blendbögen die Langseiten der Nebenchöre, Rundbogenfriese die des Hauptchors – jeweils auf Pilastern. Die halbrunden Apsiden dagegen sind oberhalb des Kryptageschosses bis zur Traufe von Pilastern besetzt, die an den Ecken der Querkonchen zu

Paaren verdoppelt sind; die Hauptgesimse ruhen außerdem auf Konsolen.

Inneres. Gesamtlänge 52 m. Die frühe Stauferzeit hat durch ihre Einwölbung den Charakter des ursprünglich flachgedeckten *Langhauses* vollständig umgedeutet, indem sie die kurzen Kastenräume auf beiderseits 4 (wiederverwendeten röm.) Säulen mit ausgeprägten Würfelkapitellen in rhythmisierte Gewölberäume verwandelte. Auf einem in der Querachse des Mittelschiffes eingestellten Pfeilerpaar mit abgetreppter Vorlage für Gurt- und Schildbögen ruhen 2 annähernd quadratische Kreuzgratgewölbe, denen in den Seitenschiffen je 5 Gewölbe auf Säulen und Wandvorlagen entsprechen; mit Rücksicht auf die Schildbögen über den hohen, unartikulierten Lichtgaden sind die neuen Fenster paarig aneinander gerückt.

In gleicher Weise sind über den alten Kreuzpfeilern die Vierung und bei vermauerten Chorscheidbögen auch die *O-Teile* gewölbt. Wie ehedem die W-Apsis, so sind auch die Wände der Annonischen Querkonchen dreimal ausgenischt. Die 5 Fenster der innen in 5 Seiten des Zehnecks gebrochenen Hauptapsis sitzen in schlanken Blendbögen auf Pilastern; von den 5 unteren Nischen ist nur noch die mittlere erhalten. An den Chorlangseiten ein unterteilender Rundbogenfries; die Schildbögen werden von 3 die Fenster begleitenden Säulen gestützt.

Die *Krypta,* dem Gründungsbau des 11. Jh. angehörig, ist 5schiffig und nimmt den ganzen Platz unter dem erhöhten Chor ein. Am nordöstl. Würfelkapitell die Baumeister(?)-Inschrift: »Herebrat me fecit.«

Überraschend großartig ist der außen so nüchterne *W-Chor,* der, für den Gottesdienst der Stiftspfarre bestimmt, sich in einem vielfach abgestuften Bogen auf starken und schwachen Säulenvorlagen zum tieferen Mittelschiff hin öffnet. Eine hochgespannte Hängekuppel zentriert einen quadratischen Raum, dessen S-, W- und N-Wände in 2 Geschossen und jeweils 3achsig straff durchgegliedert sind. Die Erdgeschoßwände enthalten zwischen Lisenen große mittlere und kleine begleitende Rundbogennischen, die allesamt von Blendarkaden auf eingestellten Säulchen gerahmt sind. Über dem als Stockgurt verkröpften Kämpferprofil der Schildbögen umzieht ein Laufgang die 3 Chorseiten, wobei die innere Mauerschale (Gewölbeauflager) in eine Mittelöffnung mit gestuftem Bogen auf Flankensäulen und beiderseitigen Biforien aufgelöst ist, die äußere Schale (Gewölbewiderlager) jedoch nur von mittleren Rundbogenfenstern durchbrochen wird (zur Statik vgl. auch Groß St. Martin). Reichdekorierte Blattkapitelle, auch mit figürlichen Motiven. Entwicklungsgeschichtlich steht der W-Chor von St. Georg zwischen den Dreikonchenchören von Groß St. Martin und St. Aposteln.

Ausstattung. Mit der inneren Größe der roman. Architektur gehen die starkfarbigen *Figuren- und Ornamentfenster* J. Thorn-Prikkers von 1930 ausnehmend gut zusammen; im W-Chor die hll. Georg, Anno und Jakob. Im Hauptchor eine Nachbildung des berühmten Georgskruzifixes, um 1067 (Original im Schnütgen-Museum). Darunter der *Beweinungsaltar* des jüngeren B. Bruyn mit Kreuztragung und Auferstehung auf den Flügeln, gestiftet vor 1558 von Propst Johann Gerhard von Mansfeld. In der Scheitelnische des W-Chors ein hervorragendes *Gabelkruzifix* des 14. Jh. Davor ein zylindrischer *Taufstein* mit Blendarkaden, um 1240. Sakramentstabernakel mit Abendmahls- und Auferstehungsreliefs, 1556. Vierungsaltar, neue Sakramentsstele und Leuchterwand von S. Hürten, 1965. – An den Gurtbögen der nördl. Vorhalle Frührenaissance-Ornamentik über Figurenreliefs. – Im Umgang des Friedhofs mit Gräbern der Bombenopfer ein *Kreuzweg* mit mosaizierten Symbolstationen von J. Thorn-Prikker.

Im N der Waidmarkt, an dessen vormals intimen Charakter nur noch der **Hermann-Joseph-Brunnen,** 1894 von W. Albermann, erinnert. Im W der **Portikus,** einziger Rest des preußischen Wachgebäudes von 1840/41 (vgl. Alte Wache, Zeughausstr. Nr. 3).

Kath. Pfarrkirche St. Gereon (Gereonshof 4) ●

St. Gereon ist eine der großartigsten mittelalterl. Kirchen des Abendlandes: ihr Herzstück ist der spätstaufische Zentralraum mit spätantikem Sockelgeschoß, mit der bedeutendsten Kuppelwölbung zwischen der Hagia Sophia in Konstantinopel (532–537) und Brunelleschis Florentiner Domkuppel (1420–36).

Auf einem Gräberfeld nordwestl. der röm. Stadt wird im letzten Drittel des 4. Jh. ein großartiger Memorialbau errichtet, nach der Legende eine Gründung der Mutter Konstantins d. Gr., der hl. Helena, nach heutigen Kenntnissen wohl unter maßgeblicher Beteiligung des Kaiserhauses z. Z. von Gratian und Valentinian II. An die Grundform einer wohl überkuppelten Ellipse (Längsachse 23,50 m) schließt im O eine Hauptkonche und reihen sich im N und S je 4 kleinere Konchen an; im W ist ein offener, in Querkonchen ausbuchtender Narthex und ein säulenumstandenes Atrium vorgelagert. Tambour und Kuppel sind mit figürlichen Glasmosaiken geschmückt – ein Reichtum, auf den sich Gregor von Tours Bezeichnung für die Kirche bezieht: »ad aureos sanctos« – Zu den Goldenen Heiligen, d. h. der sog. thebäischen Legionäre, deren Anführer Gereon war. (Über den Gräbern dieser Märtyrer soll die Kirche errichtet sein.) – Der Bau steht in der Tradition spätröm. überkuppelter Zentralanlagen (Untersuchungen und Grabungen von A. v. Gerkan, O. Schwab, L. Hugot, G. Binding, H. G. Hellenkemper, J. Deckers). Als Huldigungs- und Grabkirche der ripuarischen Frankenkönige wird sie bereits 727 »basilica s. Gereonis martyris« genannt, und früh schon ist der röm. Hauptmann Gereon einer der Stadtpatrone des heiligen Köln. Nächst dem Dom die ranghöchste Kirche der Kölner Erzdiözese, in der auch ihr 1. Erzbischof Hildebold († 818) seine Bestattung findet, wird bei ihr in merowingischer Zeit schon ein Kollegiatstift gegründet worden sein, erstmals um 839 bezeugt. Anbau des Langchores mit Krypta von Erzbischof Anno II. gegen 1067/69, vor 1156 von Erzbischof Arnold von Wied mit neuer Apsis zwischen 2 Flankentürmen verlängert; Weihe der Märtyrergruft unter der Hochchortreppe 1191. Nach Neuerrichtung des westl. gelegenen Kreuzganges und der Stiftsgebäude, Anfang des 13. Jh., Umwandlung des antiken Ovalbaues, in dem der hl. Norbert 1121 nach Märtyrerreliquien grub, in ein gewölbtes Zehneck mit 4geschossigem Wandaufbau, 1219–27; anschließend der südl. Anbau der Taufkapelle. Um 1315 der südl. Sakristeiflügel von dem Dombaumeister Johannes errichtet. Gegen Ende des 14. Jh. neue Gewölbe und Fenster im Langchor. Barockisierender Eingriff 1766/67; dabei der Lettner abgebrochen und das Kircheninnere von J. Manskirch ausgemalt. – Nach der Aufhebung des hochadligen Stiftes (1802) wird St. Gereon Pfarrkirche anstelle der niedergelegten Christophskirche. Abbruch der Stiftsgebäude bis gegen 1820 und mehrfache Restaurierung, besonders auch statische Sicherung des Dekagons. – 1883–91 Neuausstattung des Inneren durch A. O. v. Essenwein: einheitliche Entwürfe für Kuppel-, Wand- und Glasmalereien. – Im 2. Weltkrieg schwerste Schäden durch Brand der provisorischen hölzernen Stützkonstruktion sowie durch Bombentreffer auf die NW-Seite des Dekagons. Statische Sicherung durch W. Schorn, später durch O. Schwab. Architektonische Leitung des Wiederaufbaus: L. Hugot. 1949 Eröffnung des Langchores, 1956 der Krypta; 1964 Restaurierung der Taufkapelle. 1979 bauliche Wiederherstellung des Dekagons weitgehend abgeschlossen. An der Innenausstattung wird noch gearbeitet.

Die Bindung des Kanonikerchors an die vorgegebene Märtyrermemorie – eines übermäßig gestreckten Saals an einen Zentralbau – ist die Folge historischer Fakten, die, weil aus keiner einheitlichen Bauidee geboren, die disparaten Raumteile nicht zu einer Einheit gelangen lassen. Das für die Zweckbestimmung einer Stiftskirche eher vorteilhafte Ergebnis bedeutet für die heutige Pfarrkirche eine gewisse Schwierigkeit, die bei der endgültigen Ausgestaltung zu berücksichtigen ist. Desungeachtet entstanden Räume, die einschließlich der Krypta zu den führenden Leistungen der kölnischen Kirchenbaukunst des Mittelalters zählen.

Das gilt in erhöhtem Maße für den Außenbau. Erst die zweimalige Fortführung der grundlegenden Ideen – der Ausbau des annonischen Chors mit der fassadenhaften Ausgestaltung seiner roman. Apsis zwischen den beiden Flankentürmen und die Steigerung des antiken Ovalbaus zu einem 4geschossigen Zehneck – schuf eine Baugruppe, die in der Monumentalität wie im Reichtum der Einzelformen ein einmaliges Denkmal darstellt. Dem hochragenden *Dekagon* von 48 m Höhe, das die niedrige und lockere Bebauung dieses Stadtviertels im reichsstädtischen Köln vollkommen beherrschte, antworten die beiden fast ebenso hohen Chortürme als Blickfang für die in damaliger Zeit ungewöhnlich breite Straße, die vom Domviertel auf sie zuführte (Gereonstraße, Unter Sachsenhausen). Wenn die letztere Situation auch im Prinzip unverändert geblieben ist, so mußte sich das Dekagon schon im 19. Jh. bescheiden und hat seit 1950/53 seine Führung abgegeben – an das Hochhaus des Gerling-Konzerns (Gereonshof, s.d.). – Nur die beiden nordöstl. Konchen des röm. Zentralbaues sind außen noch wahrzunehmen. Im übrigen stecken alle im spätroman. Zehneckmantel mit seinen eckbetonenden Strebepfeilern. Über den beiden Untergeschossen tritt der Lichtgaden mit Pultdach zurück, umringt von schlanken Freipfeilern, die ihre Strebebögen zur mittleren Höhe des 4. Geschosses hinüberschlagen. Die Vielfalt der Schmuckelemente, namentlich der von Säulen und Bogenwülsten umrahmten Fenster – vom schlichten Rundbogenfenster über Fächerfenster bis zum frühgot. Spitzbogenfenster mit »Lochmaßwerk« – ist durch Bögen und Bogenfriese geschoßweise und durch das Strebesystem in der Vertikalen fest eingebunden und steigert sich zuletzt zu einer prächtigen Folge von Rundbogenfries, Plattenfries, Zwerggalerie, Spitzbogenfries und Gesims. Das 10seitige Pyramidendach schließlich leuchtete einst mit in Mustern vergoldeten Bleiplatten, wie man sich überhaupt die ganze Architektur in starken, die Strukturen betonenden Farben vorzustellen hat. – In die ursprünglich 2geschossige Vorhalle des 13. Jh. mündete früher der westl. Kreuzgang, während die Taufkapelle an der S-Seite auch heute wenig in Erscheinung tritt.

An der N-Wand des *Langchores* ist die 2stöckige Blendbogengliederung des 11. Jh. über dem Kryptengeschoß deutlich zu erkennen. Die obere Reihe wird samt den paarigen (zugesetzten) Fenstern des 12. Jh. von 2 got. Maßwerkfenstern durchschnitten. Zu der betonten Horizontalteilung der Aspis in 4 Geschosse samt Zwerggalerie und Giebel des Hochchores kontrastieren die energischen Vertikalen der Türme in 7 sich verjüngenden und immer höher werdenden Geschossen. Bei

7achsiger Aufteilung erhält die Apsis ihren Adel aus der ökonomischen Anwendung reicher bauplastischer Mittel. Über differenziertem Sockel faßt ein Rundbogenfries auf Lisenen die von 3 Fenstern durchbrochene Kryptawand; von steigenden Rundbogenfriesen ausgesetzte Blendbögen auf Halbsäu-

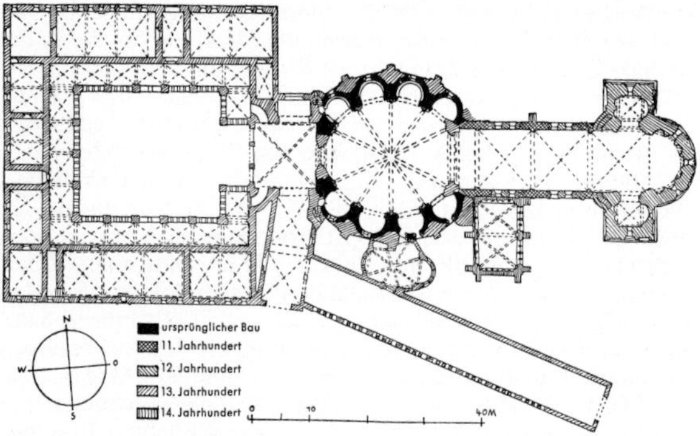

Köln. St. Gereon. Grundriß

len rahmen den geschlossenen Halbzylinder des Hauptgeschosses; im Obergeschoß wechseln unter einfachen Blendbögen auf Halbsäulen Flächen und eingestufte Fenster mit Ecksäulen; zuletzt Plattenfries und Zwerggalerie. Im Chorgiebel abermals eine Zwerggalerie, darüber 3 (jetzt leere) Figurennischen. Die 3 unteren Geschosse der Türme sind mit in die Gliederung der Apsis einbezogen; das 4. Geschoß behält die Zweibogenteilung; in den 3 Freigeschossen wiederholen sich die doppelten Biforien unter Rundbogenfriesen auf Lisenen. Den Ausklang bilden niedrige Faltdächer.

Im Inneren des *Dekagons* gibt noch heute die Antike den Ton an. Über die 8 ehedem marmorverkleideten Konchen hinaus, in deren Gewölbe antike Amphoren als »Entlastungstöpfe« gefunden wurden, reicht das röm. Mauerwerk in der südwestl. Spindeltreppe bis 16,50 m Höhe und als Kernmauerwerk innerhalb der staufischen Wand bis zum Laufgang des 2. Obergeschosses. Der Umbau ersetzt die antiken Zwillings- und Drillingssäulen vor den Zungenmauern der Konchen durch zu

dritt gebündelte Dienste, von denen die starken in der Mitte die 10 Rippen des Kuppelgewölbes aufnehmen, während die begleitenden schwächeren Dienste die 3 unteren Geschosse unter Spitzbögen in einer Art von »Großer Ordnung« gewissermaßen jochweise vereinen. Die Emporen erschließen sich in gestaffelten, rundbogigen Zwillings- bzw. Drillingsöffnungen mit Kleeblättern in den Zwickeln, umgriffen von vegetabilisch dekorierten Spitzbögen auf Ecksäulen. Über der Horizontalen aus Rundbogenfries und Gesims ein Laufgang vor den Fächerfenstern. Im 4. Geschoß wird die Wand nochmals durch einen Laufgang aufgespalten. In den schlanken, spitzbogigen Zwillingsfenstern mit 3blättriger Zwickelöffnung, zusammengefaßt von dicken und dünnen Spitzbogenwülsten auf ebensolchen, gewirtelten Ecksäulen künden sich got. Maßwerkfenster an, wie der Meister dieses faszinierenden Bauwerks sich auch in der Technik der Errungenschaften der französischen Frühgotik in höchst eigenwilliger Weise bedient. Als einer der ersten wendet er das offene Strebewerk an, um die Schubkräfte aufzufangen, die das hochgebuste Kuppelgewölbe mit seiner Spannweite von 21 m (in der WO-Richtung) über die 10 feingliedrigen Rippen ausstrahlt. Diese gehen vom 34,55 m hohen Scheitel aus, von dem ein großer Granatapfel aus lederbeschlagenem Holz herabhängt. – 1979 wurde die Kuppelwölbung ausgemalt: ein »pfingstliches« Rot mit goldenen Zungen überhöht den großartigen Raum, der dem Gedächtnis der Märtyrer aller Zeiten geweiht werden soll. Farbfenster 1980/81 von G. Meistermann und W. Buschulte.
Den gänzlich unregelmäßigen Zentralraum der *Taufkapelle* überspannt eine 8teilige Rippenkuppel; die stichbogige Apsis mit ihren 3 flachen Nischen besitzt ihr eigenes Rippengewölbe. In überschwenglichem Maße setzt die rheinische Architektur der Spätstaufik hier noch einmal alle ihre Ausdrucksmöglichkeiten ein, die der Bauplastik – nicht zuletzt auch die der *Wandmalerei.* Die bewegten Heiligenfiguren, z.T. innerhalb gemalter Arkaden, sind ein Hauptdenkmal der rheinischen Malerei um 1230.
Seiner aufwendigen Ausstattung bis auf einen Aubusson-Teppich beraubt (frühgot. Chorgestühl und barockes Reliquiargeschränk verbrannt), ist der *Langchor* heute ein wenig ausdrucksarm. Eindrucksvoll dagegen wirkt trotz Teilverlust seiner Ausmalung die Apsis. In ihr wird jener für die staufische Baukunst Köln so charakteristische Wandaufriß des »Etagen-

chors« erstmals vorgetragen, der unmittelbar danach in Groß St. Martin seine volle Ausbildung erreicht. In die Wände ihrer beiden Geschosse sind jeweils 7 Rundbogennischen eingetieft, von Blendbogenreihen auf kräftigen Halbsäulen eingefaßt und von Gesimsen abgesetzt. Die auf 3 Obergeschoßfenster beschränkte Wanddurchbrechung verstärkt nur den Eindruck energischer, raumhaltiger Plastizität. Die Wandmalerei aus der 2. Hälfte des 12. Jh. ist (soweit noch vorhanden) farblich nur schemenhaft erhalten: in der Apsiskalotte der thronende Christus in der Mandorla zwischen Maria und Johannes; in der oberen Arkadenregion Gereon mit seinen Thebäern, unten gegen den Unglauben streitende Bischöfe. – Die 3schiffige *Hallenkrypta* unter Chor und Apsis gehört wie diese den Bauperioden des 11. und 12. Jh. an. Die westl. 5 Joche mit gurtlosen Gratgewölben auf stämmigen Säulen werden in der östl. Hälfte von gleichfalls 5 Jochen, aber mit beträchtlich höheren Kreuzgewölben zwischen Gurten auf schlankeren Säulen abgelöst. Die Wand- und Gewölbemalereien des 13. Jh. sind nur in Resten überkommen.

Für eine kostbare Ausstattung des arnoldinischen Chores (wo sie sich ursprünglich befanden) zeugen die (stark restaurierten) *Fußbodenmosaiken* des 12. Jh. mit je 5 Darstellungen aus dem Leben Samsons und Davids, dazu 12 Tierkreisbilder; am besten erhalten Samsons Blendung und David auf dem Thron. Am westl. Ende der Krypta gewährt eine Doppelbogenöffnung Einblick in die Confessio mit Märtyrersarkophagen. Im Tympanon eine gemalte Kreuzigung, um 1300. Die Farbfenster, 1964, von A. Manessier. – In der seitlichen *Nikolauskapelle* mehrere frühchristliche Grabsteine aus dem hiesigen Gräberfeld. – Die beiden Schmalseiten der *Sakristei* sind mit überaus feingliedrigem Maßwerk gefüllt, in den Fenstern schöne figürliche Glasmalereien, ebenfalls um 1315. Lebensgroßer Kruzifixus aus Marmor, um 1640. – Von der sonstigen Ausstattung in den gegenwärtig zugänglichen Räumen der Kirche sind hervorzuheben: im Chor eine Mondsichel-Madonna, Anfang des 15. Jh.; die Sakristeitür, Anfang 16. Jh., mit den flachgeschnitzten Figuren eines Ecce homo und einer Mater dolorosa; weiterhin das Sakramentshaus des W. Beyschlag aus Bretten von 1608 mit Abendmahl und Auferstehung sowie ein Altarblatt mit der Verherrlichung der Trinität durch die Kölner Heiligen, um 1635, von J. Hulsmann mit einer Stadtansicht wohl von J. Toussyn; in der Krypta der Kreuzigungsaltar aus Kalkstein, um 1530–40, ein wichtiges Beispiel rheinischer Frührenaissance. – Im *Kirchenschatz* u. a. ein unter der Kirche gefundener Isis-Altar, ferner 2 prachtvolle Armreliquiare, Kölner Goldschmiedearbeiten um 1220–30. – Berühmtes 5stimmiges *Geläute* h°–cis′–dis′–e′–fis′ von M. Legros, 1779; die beiden großen Glocken im SO-Turm (h° und cis′) nach Kriegszerstörung neu, 1961.

Jesuitenkirche → St. Mariä Himmelfahrt.

Kath. Pfarrkirche St. Johann Baptist (An Zint Jan). Die 948 erstmals erwähnte Filialkirche von St. Severin erhält im späten 11. Jh. Pfarrecht und ist später auch Kirche der Weberzunft. Der staufische Neubau, geweiht 1210, war eine im Mittelschiff flachgedeckte Emporenbasilika mit Hauptapsis am Chorgeviert und W-Turm; im 14. und 16. Jh. durch äußere Seitenschiffe erweitert und im Hochschiff eingewölbt. – Durch Bombenvolltreffer bis auf die N-Seitenschiffswand und 4/5 des Mittelschiffes vernichtet. Dessen 4 Joche mit den erneuerten spätgot. Gewölben bezog K. Band in einen niedrigen Backsteinneubau mit neuem W-Turm (1960–63) als hochragendes Altarhaus mit ein, eine Lösung, die sich durch denkmalpflegerische Rücksichtnahme und erfinderische Gestaltung auszeichnet. – An der N-Seite eine spätgot. Bildnische mit einem Gekreuzigten, um 1460–70.
Von der immer noch ansehnlichen Ausstattung der Kirche, deren prunkvolle Kanzel (von J. F. van Helmont, um 1720) zerstört ist, seien der figurengeschmückte Antoninaschrein aus Holz, 2. Hälfte des 14. Jh., hinter dem Hochaltar, eine Sitzmadonna um 1320, ferner das Kreuzigungsfenster um 1500 (restauriert), die Messingtaufe von 1566 und 2 barocke Adlerpulte genannt. Der Hochaltar mit Darstellung der Wurzel Jesse stammt von H. Gernot, die ornamentale Farbverglasung von W. Strauss (60er Jahre). – In dem beachtlichen Kirchenschatz eine kostbare Kußtafel, 14., 15. und 17. Jh. – *Geläute* 6stimmig: es′–ges′–as′–b′–ces′–des″ (1960).

Ehem. Kartäuserkirche, jetzt **ev. Pfarrkirche** (Kartäusergasse 7–9)
Erst 1334 siedelt sich der Orden in der Geburtsstadt seines Gründers, des hl. Bruno († 1101), an. Die bestehende Kirche wird von einem Meister Konrad nach der Ordensgewohnheit als 1schiffiger Bau mit Dachreiter errichtet und 1393 St. Barbara geweiht. An der N-Seite entsteht 1426/27, wahrscheinlich unter Leitung des Heinrich von Tricht, die Marienkapelle. Ihr wird östl. die »neue Sakristei« 1510/11 angeschlossen. Während das Claustrum minus mit Kapitelgebäude und Refektorium sich wie üblich im S an die Kirche anlehnt, umgreift das Claustrum maius mit den Eremitagen der Mönche aus topographischen Gründen nicht den Chor der Kirche, sondern schließt sich südl. an den kleinen Kreuzgang an. Bei aller Zurückgezogenheit der Einsiedlermönche ist es gerade die Kartause, die im Köln der Reformationsjahrzehnte zuerst die katholischen Abwehrkräfte sammelt. Mit der Barockisierung des Kircheninnern gleichzeitig erfahren die nichtklaustralen Gebäude um 1730–50 eine großzügige bauliche Zusammenfassung um 2 westl. Höfe. – 1794 aufgehoben, diente die Kartause, soweit ihre Baulichkeiten nicht niedergelegt wurden, verschiedensten Aufgaben des Militärfiskus, bis die Denkmalpflege sie nach dem 1. Weltkrieg für die ev. Gemeinde Alt-Köln in Erneuerung des Barockzustandes wiederherstellte. – Die Restaurierung nach den Verheerungen des 2. Weltkriegs knüpft unter G. Eberlein wieder an den got. Zustand der Kirche an. Das Priorat heute Pfarrhaus, die Kreuzgangreste Gemeindesaal; das Kapitelhaus, nach 1451, noch Ruine (Wiederaufbau in Pla-

nung). Die nichtklaustralen Barockgebäude haben jetzt die Verwaltung der Kirchenkreise Köln aufgenommen. Den Zugang bildet ein repräsentatives Hofportal mit einer Madonnenfigur im Aufsatz, um 1730.

Nach dem Fortfall des einstigen Kreuzganglettners, der die Klosterkirche in den östl. Chor der Priestermönche und in den westl. Chor der Laienmönche teilte, bilden nun die in einem $^5/_8$-Schluß endenden 7 Joche eine zäsurlose Raumeinheit. Die Maxime kartäusischer Askese, die das Äußere nach wie vor bestimmt, hat auch die Purifizierung des Inneren inspiriert. Das Schmalbrüstige, Hochgereckte des langgestreckten Saalraumes wird (oberhalb der barocken, jetzt leeren Wandnischen) einerseits durch die hoch auf Konsolen ansetzenden Kreuzrippengewölbe, andererseits durch die auf das urspr. Maß herabgezogenen, überaus schlanken, 2bahnigen Fenster energisch betont. Die Kahlheit der Wände wird durch die Farbfenster von C. Crodel (1954–56) etwas gemildert: im Chorscheitel ist das Leben Jesu, daneben sind die Sakramente der Taufe und des Abendmahls dargestellt. Die Fenster im S schildern die Geschichte der Kölner Kartause, das W-Fenster symbolisiert das Halleluja des 150. Psalms. An der Südwand eine Kartusche mit der Darstellung des Martyriums des hl. Paulus (bez. 1797) – letzter Rest der barocken (und neubarocken) Ausstattung der Kirche. – Scheinbar ein nördl. Seitenschiff, begleiten *Marienkapelle* und *»neue Sakristei«* unter abgestuften Satteldächern das hohe Kirchenschiff. Heute räumlich korrespondierend, zeichnet sich die einstige Kapelle der Laienbrüder, 1426/27 wohl von Heinrich von Tricht erbaut, durch hervorragend skulptierte Schlußsteine und (um 1800 verstümmelte, 1965 ergänzte) Konsolfiguren aus – u. a. Verkündigung und Anbetung der Könige vom Meister des Saarwerden-Grabmals (→ Dom). Die im Rheinland einmaligen kunstvoll ineinander verschlungenen Stern-Netzgewölbe der 3seitig endenden »neuen Sakristei«, jetzt Trau- und Abendmahlskapelle, sind mit spätgot. Blumenornamenten und dem (kaum noch erkennbaren) Stammbaum Christi ausgemalt.

Von der alten Ausstattung, deren bedeutendste Stücke der Thomas- und der Kreuzaltar des Bartholomäus-Meisters, um 1500, waren (jetzt im Wallraf-Richartz-Museum), ist nichts mehr an seinen Ort zurückgekehrt. Als schwacher Ersatz an der N-Wand jetzt eine vielszenige Passionsdarstellung von 1425–30, Tempera auf Leinwand, vielleicht ehemals als Fastentuch dienend. In der »neuen Sakristei« ein Anbetungstriptychon, niederländisch um 1550. Der Orgelprospekt hier, dat. 1770, aus Frechen. – Voll verhaltenen Schmerzes ist der lebensgroße »Christus in der Rast« aus der münsterschen Beldensnider-Werkstatt, um 1520. – Altarkreuz, Leuchter und Bronze-Taufe von G. Marcks. – In den Dachreitern 4 *Glocken:* cis″–e″–fis″–a″ (1953).

Kath. Pfarrkirche St. Kolumba, gen. **»Madonna in den Trümmern«** (Kolumbastr. 2)

Als »parochia primaria« nahm die einst volkreichste der Altkölner Pfarreien den 1. Platz unter ihnen ein. Urkundlich erstmals 988 bezeugt, konnten die Grabungen des Römisch-Germanischen Museums 1974–76

(S. Seiler) mehrere Kirchenbauten seit dem frühen 8. Jh. nachweisen – über den Resten röm. Wohnhäuser errichtet. Einer kleinen Kapelle und einer karoling. Saalkirche scheint im 11. Jh. ein 3schiffiger Neubau mit einer 5-Nischen-Apsis im O gefolgt zu sein, der zweimal erweitert wurde. Im frühen 13. Jh. Ausdehnung nach O, Neubau des W-Turmes, Einbau von 4 Stützpfeilern im Mittelschiff, Seitenschiffe mit Emporen. Aus dieser Bauphase waren erhebliche Teile in der im 2. Weltkrieg untergegangenen Kirche erhalten. Zwischen 1457 und 1533 erweiterte man diesen spätroman. Bau in den Formen der Spätgotik; man verlängerte ihn nach W und fügte ein 4. und 5. Seitenschiff an – jeweils mit Emporen; vor 1681 kam im O ein gotisierender Chorneubau hinzu – ein malerisches Bauensemble war das Ergebnis. – Von der reichen Ausstattung dieser Kölner Bürgerkirche kamen Rogier van der Weydens Dreikönigsaltar (ca. 1460) und der Bartholomäusaltar des nach ihm benannten Meisters (um 1505–10) mit der Slg. Boisserée in die Alte Pinakothek nach München. – Nach 1945 standen nur noch Teile der Außenmauern, deren Höhe später reduziert werden mußte, sowie das Turm-Erdgeschoß samt westl. Vorraum aufrecht. Am NO-Pfeiler zum Choreingang war die Marienstatue – für die Kölner wie durch ein Wunder – erhalten geblieben. Dieser »Trümmermadonna« zu Ehren errichtete G. Böhm 1950 innerhalb der Ruine einen kleinen polygonalen Zentralbau im Anschluß an den Turmstumpf. 1956 kam im N eine Sakramentskapelle hinzu. Eine endgültige Sicherung und Gestaltung des Ruinengeländes wie auch der Grabungsbefunde ist in den 80er Jahren Aufgabe der Denkmalpflege.

Die Kapelle ist ein 8seitiges gläsernes Tabernakel mit zeltförmig geraffter Decke, vor dessen einzig geschlossener O-Wand unter einem Baldachin die Madonna mit dem Jesuskind steht, eine kölnische Steinskulptur um 1470. Die Engel in den Glasfenstern von L. Gies, 1954, sind auf die Madonnenfigur bezogen. Im Turm ein Hl.-Geist-Fenster, 1911, von J. Thorn-Prikker, in der Vorhalle ein Katharinenfenster von G. Meistermann, 1948. Außerdem aus der alten Kirche erhalten: Vesperbild, Anfang 15. Jh., Bronzetaufe um 1550. Hölzerne Antoniusstatuette von E. Mataré, 1937. Mitten in der Sakramentskapelle ein Tabernakelaltar zwischen 4 Kerzenbäumen aus weißem Marmor von E. Treskow.

Kath. Pfarrkirche St. Kunibert (Kunibertskloster 6) ●

Außerhalb der Römerstadt gründet am nördl. Rheinufer der Kölner Bischof Kunibert (um 640–n. 648) eine St. Clemens geweihte Kirche, wo er angeblich 663 begraben wird und in die König Pippin 695 (?) die Märtyrerleiber der beiden Ewalde, zweier angelsächsischer Missionare, transferieren läßt. 866 als Kollegiatstift urkundlich belegt. Mit der Erhebung der Gebeine Kuniberts (1168) tritt das anfängliche Clemenspatrozinium in den Hintergrund. Baudaten vor dem 13. Jh. sind nicht bekannt; Grabungen des Römisch-Germanischen Museums brachten bis 1979 keine neuen Ergebnisse. – Gegen 1215 beginnt Köln mit der Errichtung der letzten, zugleich einheitlichsten seiner großen staufischen Kirchen, deren O-Teile 1226, deren Gesamtbau 1247 (ein Jahr vor der Grundsteinlegung der got. Kathedrale) geweiht werden. Danach erst der Ausbau des

Köln. St. Kunibert

Turmes über dem westl. Querschiff, das den Pfarraltar enthält. – Bis zur Auflösung des Konvents (1802) und der Übergabe der Kirche an die Pfarrgemeinde keine wesentlichen Bauveränderungen. Nach dem Einsturz des W-Turmes 1830 Wiederaufbau in freier Wiederholung des Vorzustandes, jedoch ohne Vorhalle, durch J. P. Weyer, der Skizzen K. Fr. Schinkels benutzte. Bis in die 90er Jahre des 19. Jh. durchgreifende Instandsetzungsarbeiten durch H. Nagelschmidt, der die im frühen 19. Jh. abgetragenen got. Knickhelme der O-Türme in Angleichung an den W-Turm wiederherstellt. Im Inneren historistische Ausmalung. Der nördl. gelegene Kreuzgang des 13. Jh. mit den Stiftsgebäuden verschwindet nach 1802. – Im 2. Weltkrieg W-Turm und W-Querschiff erneut eingestürzt, die O-Türme beschädigt. – Die Wiederherstellung des Kircheninneren durch K. Band war 1956 beendet; die O-Türme erhielten dabei Pyramidendächer wie zu Beginn des 19. Jh. Das W-Querhaus ist durch eine provisorische Wand abgetrennt, sein Wiederaufbau einschließlich des Turmes ist geplant.

Äußeres. An den mächtigen Block des westl. Querschiffes mit ragendem Mittelturm (noch Ruine) schließt das 3schiffige, basilikale Langhaus an, dem 2 wenig ausspringende, starke Rechtecktürme mit breit vorbauchender Apsis östl. vorgebaut sind. Das leicht überschaubare kubische Gefüge der Baugruppe wie die gesamte nördl. Stadthälfte Kölns leiden unter dem Fehlen des W-Baues, der das notwendige Gegengewicht zum O-Bau bot. Allzu ausschließlich steht dieser jetzt im Blick vom Rheinufer her. In 2 Geschossen baut sich die Apsis in Übereinstimmung mit den beiden unteren Stockwerken der Flankentürme auf. Im ganzen stehen 11 schlanke Lisenenarkaden über profiliertem Sockel; unter jeder 2. ein kleines wulstumrahmtes Fenster. Das Obergeschoß hat dieselbe Gliederung, doch sitzen hier die Bögen der über einer Schmiege zurückgenommenen Apsiswand auf Dreiviertelsäulen auf, und die Fenster nehmen ein ganzes Interkolumnium ein. Zuoberst eine rhythmisierte Zwerggalerie (nicht mehr mit Plattenfries) und ein kräftiges Traufsims, die unvermittelt in die Gliederung der 3. Turmgeschosse einschneiden. Diese haben an allen Seiten Kleeblattblenden, die 4. Geschosse gekuppelte Spitzbogenblenden über paarigen Rechteckblenden. Über dem Apsisdach der in 5 Nischen ansteigende Giebel des Hochschiffes. Seiten- und Hochschiffswände sind jochweise unterteilt durch Pilaster mit Rundbogenfriesen; den 8passigen Rundfenstern unten entsprechen Rundbogenfenster im Obergaden.

Im Inneren besteht das Langhaus aus 3 nach der gebundenen Ordnung gewölbten Doppeljochen bei 3geschossigem Aufbau der Mittelschiffswände. Betonte Vorlagenpfeiler alternieren mit unbetonten Rechteckpfeilern. Zwischen den hohen Rundbogenarkaden und den Lichtgadenfenstern ist ein Scheintriforium aus 2 × 2 Blenden je Raumjoch mit Rundbogenwülsten auf Doppelsäulchen ausgespart. Auf dem Sims der Sekundärdienst für die Mittelrippe des 6teiligen Gewölbes, dessen Gurte und Schildrippen spitzbogig geführt sind. Die Wände der über Rechteckvorlagen kreuzrippengewölbten Nebenschiffe mit hängenden Schlußsteinen haben flachbogige Mulden (vgl. St. Andreas). – Von außen so nicht zu erwarten, stellt sich das Raumgefüge des *Chores* dar (der liturgisch bereits beim 2. Hauptpfeilerpaar begann). Zum querrechteckigen, kreuzrippengewölbten Chorjoch öffnen sich die 2 Untergeschosse der beiden O-Türme. Das ist neu und ordnet sich dem Typus der Anlage nach zwischen die Turmabseiten von St. Maria in Lyskirchen und die Querkonchen der Dreiapsidenchöre von Groß St. Martin und St. Aposteln ein. Von diesen übernehmen die Querarme die Scheidung in ein unteres Nischen- und ein oberes Laufganggeschoß; das aber bei geraden, 2achsig geteilten Wänden. Auch die Apsis weist über die genannten Vorgängeranlagen hinaus, indem hier die Untergeschoßwand zu den Fensternischen auch noch durch einen Umgang 2schalig zerlegt ist. Dabei übernimmt die Oberwand im Verein mit der außen aufsitzenden Zwerggalerie statische Funktion (zur Zweischaligkeit vgl. das zum W-Chor von St. Georg Gesagte). Unten wie oben stützen sich die Rundbogenarkaden unter zugespitzten Rahmenbögen mit eingelegten Wülsten auf Drillingssäulen mit Knospenkapitellen. An die Dreikonchenchöre erinnert gleichfalls das jedoch nur gurtbogenbreite Tonnengewölbe zwischen Apsiskalotte und östl. Gurtbogen. Hinter dessen Eckpfeilern setzt sich der obere Laufgang in den Rechteckarmen fort. Statt eines unteren Laufganges hier aber Nischen, wie überhaupt der veränderten Raum- und Gewölbedisposition – 5teilige Rippengewölbe – ein anderes, vereinfachtes Stützengerüst gemäß ist. Mit dem Fortfall der ausbuchtenden Querkonchen geht der Verzicht auf die sammelnde Kraft einer Vierung überein. Das vor allem unterscheidet den Querhauschor der Kunibertskirche von den älteren Kleeblattchören. – Auch der Wandaufriß des *westl. Querschiffes* war (wie in St. Aposteln) 2geschossig mit oberem Laufgang und hatte (ebenfalls) beiderseits des kreuzrippengewölbten Vierungsjochs 7teilige Rippengewölbe (vor der Einfügung der Zwischenpfeiler nach 1830).

Köln. St. Kunibert. Vierungspfeiler. Verkündigung

Die z. T. auf mittelalterl. Reste gestützte *Ausmalung* von H. Heider (1951–56) begnügt sich anstelle der historistischen der 90er Jahre des 19. Jh. mit einer Akzentuierung der Profile, Kapitelle und Schlußsteine; Bogenwülste und Rippen zeigen farbige Bänder. Von den figürlichen *Wandmalereien* der Erbauungszeit sind nur die (stark erneuerten) in der Nische des nördl. Chorarmes und in der nördl. Apsisnische übriggeblieben, dazu in dieser eine Kreuzigung mit Ecclesia und Synagoge hinter dem (beseitigten) Reliquienschrank. Charakteristisch für den Stil der 50er Jahre des 13. Jh. dagegen sind die spitzig ausflatternden Gewandzipfel bei der anderen *Kreuzigungsgruppe*, die sich in der damals in die W-Konche des südöstl. Chorarms eingebauten *Taufkapelle* befindet. – Den kostbarsten Schatz besitzt die Kirche in den *Glasfenstern* der Apsis und der Chorarme. Wohl zur Chorweihe 1226 eingebracht, stellt der thematisch wie künstlerisch einheitliche Zyklus das Hauptdenkmal der spätroman. Glasmalerei der Rheinlande und eines der wichtigsten Zeugnisse dieser Zeit in Deutschland dar. Die Wurzel Jesse im oberen Scheitelfenster verbindet die »Wurzel« statt mit der üblichen Genealogie Christi mit 5 christologischen Szenen samt deren alttestamentlichen Vorbildern und hinweisenden Propheten zu einem typologischen Zyklus. Auf dem Schwert Abrahams die Künstlersignatur(?) »Magister Johannes Coloniensis«(?). Im rechten Nachbarfenster 5 Begebenheiten aus Kuniberts Leben, im linken 5 solche aus der Clemens-Vita. Im Untergeschoß St. Cordula und Ursula, im nördl. Querarm die hll. Cäcilia, Katharina und die Muttergottes, im südl. Johannes d. T. – Gleichfalls aus der Erbauungszeit der in der Art des »opus alexandrinum« verlegte *Chorfußboden* und der säulengegliederte Hochaltar selbst, desgleichen die beiden Nebenaltäre in den Querarmen. – Eine Schieferplatte mit Kinderreigen im Chorjoch von E. Hillebrand (1955) vergittert den *»Kunibertspütz«* in der Tiefe und erinnert zugleich an die Kölner Version der Kinderbornlegende. Der Brunnenschacht öffnet sich nach O zu einem zentralen Untergeschoß mit Mittelsäule. Der 1933 wieder freigelegte Raum ist erst seitdem durch die Errichtung eines Altars seiner urspr. geplanten(?) Bestimmung als Krypta zugeführt worden. Zentralisierende Gewölbebildung zeigt auch die *Sakristei* des frühen 13. Jh., die rechteckig in den Winkel von N-Turm und Apsis gerückt ist.

An der Spitze der umfangreichen historischen Ausstattung steht die monumentale *Verkündigung* aus Stein, die wohl der Kölner Dombaumeister Konrad Kuyn 1439 im Auftrag des Kanonikus Hermanus de Arcka als raumübergreifende Gruppe, an den westl. Chorjochpfeilern placiert, geschaffen hat. Gestik und Gewanddrapierung sind von rauschendem Pathos erfüllt; an der Marienkonsole ein Engelchor. Die Neufassung orientierte sich an alten Farbspuren. Die Kühnheit der Komposition und der Vortrag eines neuen Menschenbildes erweisen den Zeitgenossen Stephan Lochners als einen führenden Neuerer auf dem Weg zum Realismus des 15. Jh. Die Reliquienschreine des 19. Jh. an denselben Pfeilern enthalten die mittelalterl. Holzgehäuse Kuniberts und der beiden Ewalde. In der Apsis-S-Nische ein Wandtabernakel mit gemalten Figürchen in architektonischem Aufbau, 2. Hälfte des 15. Jh. Von Plastiken sind weiterhin zu nennen: ein (unvollständiger) Kalvarienberg, vor 1487, sowie Standfiguren der Madonna und der hll. Quirinus und Clemens, um 1500. 2 mit Figürchen bemalte Altar-Antependien von 1312 und 1321 befinden sich jetzt in den N- und S-Nischen der Chorapsis. Unter den Altargemälden sind eine Gregormesse, um 1470, die Votivtafel Johann de Berkas († 1482) und eine Auferstehung von

Barthel Bruyn d.Ä., um 1525, hervorzuheben. Bemerkenswert ferner ein großer 5armiger Bronzeleuchter mit dem Gekreuzigten, Ende 15. Jh. – Moderne Ausstattungsstücke der 50er Jahre sind u.a. das Hängekruzifix über dem Hochaltar von H. Rheindorf, die Holztüren an der N-Seite und die bronzenen Kreuzwegstationen von E. Hillebrand, Beichtstuhlvorhänge von W. Strauss. – Die Schatzkammer bewahrt u.a. einen sassanidischen Seidenstoff mit einer Jagdszene aus dem Kunibertschrein (7. Jh.) und eine hochbedeutende Altardecke aus blauem Leinen, bestickt mit einer Kosmologie aus dem Ewaldeschrein (10. Jh.); ferner 2 Armreliquiare mit reichen Filigranranken (um 1222). – Von dem hervorragenden Dreiklang-*Geläute* (M. Legros, 1773) sind die beiden großen Glocken Kunibert (c′, 48 Ztr.) und Clemens (e′, 24 Ztr.) z.Z. im südl. Seitenschiff abgestellt, die Ewaldiglocke (g′, 14 Ztr.) kriegszerstört. Beachtenswert der Relief- und Inschriftschmuck. In den O-Türmen kleineres Geläute: h′ und cis″, 1958 sowie dis″ und fis″, 15. Jh.

Kapelle St. Maria Ablaß (Maria-Ablaß-Platz 14). Auf dem kleinen Platz inmitten von Börsen- und Bankgebäuden die 1431–67 errichtete Gnadenkapelle, einziger Rest der 1808 abgebrochenen gleichnamigen Pfarrkirche, die 927 erstmals bezeugt ist. 3jochiger kreuzgewölbter Saalbau mit W-Giebel, Dachreiter, östl. Sakristei; Mitte des 19. Jh. durch V. Statz restauriert. Nach 1945 unter Tilgung der neugot. Spuren wiederhergestellt, 1979 erneut restauriert. In der Kirche, die zum Ursulastift gehörte, wurden am Palmsonntag bei der Prozession vom Dom nach St. Gereon die Ablässe verkündigt. Ein hochverehrtes Wandbild der Muttergottes an der nördl. Seitenschiffswand der Kirche führte zur Anlage der Kapelle. W-Portal von 1687, im Inneren zahlreiche Epitaphien. – Die *Glocke* im Dachreiter 1885 von Goussel-François in Metz.

Karmelitessen-Klosterkirche St. Maria vom Frieden oder **St. Maria in der Schnurgasse** (Vor den Siebenburgen 6–10)

1637 ließen sich aus Belgien stammende Unbeschuhte Karmelitessen in Köln nieder und errichteten 1643–49 ihren Klosterbau, der dem Kölner Karmelitenkoster »im Dau« unterstand. Die dortige, im 2. Weltkrieg untergegangene Kirche prägte den Typus des Neubaues in der Schnurgasse, der 1692 geweiht wurde; die Fassade 1716 fertiggestellt. Nach Aufhebung des Konvents (1803) Pfarrkirche, wurde sie 1819 durch Seitenschiffe und 1882 durch einen nördl. Querhausflügel mit Neurenaissance-Fassade erweitert. Nach schwerer Kriegszerstörung wieder aufgebaut, wobei man das nördl. Seitenschiff abmauerte, wurde die Kirche 1949 dem Kölner Karmel wieder übergeben.

Äußeres. Die 3achsige, 3geschossige Fassade in belgischem Barock mit Figurennischen und Giebelaufsatz bildet den prächtigen Abschluß des von den seitlichen Klostergebäuden und einem hohen Straßengitter umhegten Vorhofes. Über dem Portal die Madonna als Regina pacis. Der seitliche Turm hat über einer Balustrade einen 8eckigen Aufsatz mit welscher Haube (vgl. St. Mariä Himmelfahrt). – Den hellen Innenraum beherrscht die hohe, durchfensterte Vierungskuppel. Die verlorene Einrichtung der Erbauungszeit konnte inzwischen durch eine auswärts besorgte Barock-Ausstattung ersetzt werden – darunter auch eine etwas jüngere Zweitausführung des früheren Gnadenbildes (ein Geschenk der Maria Medici von 1642). Bemerkenswert ein »Crucifixus dolorosus«, ursprünglich an einem Gabelkreuz (um 1345), ein Vesperbild (um 1410–20) und ein Christus in der Rast (frühes 16. Jh.). In der Krypta, vormals Schwesterngruft, eine *Gedenktafel* für die Märtyrerin *Edith Stein,* Mitglied des Kölner Karmels, die 1942 von den Nationalsozialisten ermordet wurde. – 3stimmiges *Geläute* es'–ges'–as' (1956).

● **Kath. Pfarrkirche St. Mariä Himmelfahrt,** ehem. Jesuitenkirche (Marzellenstr. 32–40)

1544 ließen sich die Jesuiten in Köln nieder, 1557 übernahmen sie die Leitung des Gymnasiums Tricoronatum und bezogen das Achatiuskloster an der Marzellenstraße. Diesem gegenüber begannen sie 1618 mit dem Bau der Kirche; der Gesamtkomplex wurde erst 1715 vollendet. Den Entwurf lieferte Chr. Wamser aus Aschaffenburg. Die künstlerische Konzeption wie auch die Ausführung weiter Teile der Ausstattung gehört J. Geißelbrunn aus Augsburg, die heimische Klosterwerkstatt leitete der Laienbruder V. Boltz. Gönner des Baues waren der Kölner Erzbischof Ferdinand (1596–1650) und sein Bruder, Kurfürst Maximilian von Bayern, die wohl auch die süddeutschen Künstler nach Köln vermittelten. Seit 1629 in Benutzung, wurde die Himmelfahrtskirche erst 1678 konsekriert; der Außenbau mit der Fertigstellung des nordwestl. Flankenturmes 1689 beendet. – Nach Aufhebung des Ordens (1773) und Inbesitznahme der Kirche durch die französische Revolutionsbesatzung wurde sie 1798 zum »Tempel der Vernunft« erklärt, 1801 durch Kölner Bürger gerettet und zur Pfarrkirche bestimmt. – Im 2. Weltkrieg wurden sämtliche Dächer und die meisten Gewölbe zerstört, die Ausstattung weitgehend, doch nicht irreparabel, beschädigt. Der Wiederaufbau mit dem Ziel einer Rückgewinnung des urspr. Zustandes einschließlich der originalen Farbigkeit unter W. Schlombs und A. Goergen 1979 im wesentlichen abgeschlossen.

Die Kölner Jesuitenkirche ist der bedeutendste Bau des Ordens im deutschen Nordwesten. Der bewußte Rückgriff auf got. und roman. Stilelemente und deren Verschmelzung mit den zeitgenössischen frühbarocken Formen ist Ausdruck des gegenreformatorischen Programms der Jesuiten: Betonung der Einheit und der Kontinuität der kath. Kirche. Unmittelbares Vorbild war Wamsers Jesuitenkirche in Molsheim/Elsaß (1614–17); Nachfolgebauten entstanden in Coesfeld, Paderborn und Bonn.

Äußeres. Vor der 3schiffigen Emporenbasilika entfaltet sich eine 3achsige, von 4 Pfeilern unterteilte Fassade, die zwischen den Flankentürmen etwas zurückgenommen ist, Gesamtbreite: 37,5 m. In echt barocker Weise wird der Schwung des Straßen-

Köln. St. Mariä Himmelfahrt. Blick von der Westempore

verlaufes aufgenommen und von den Türmen dominiert. Die mit Beschlagwerk und korinthischen Kapitellen ausgestatteten Säulen des mittleren der 3 Portale sind verdoppelt und tragen über ihrem Gebälk eine von 2 Löwen gehaltene Wappenkartusche des Kurfürsten Maximilian von Bayern, des Gönners der Kirche; darüber, von Engeln flankiert, ein großes 6bahniges Spitzbogenfenster mit gotisierendem Maßwerk. In der Giebelnische eine Marienstatue, zuoberst das Kreuz. Über den Seitenportalen die Figuren von Ignatius und Franz Xaver. Der Baudekor – Bildnischen, Giebel, Obelisken usw. – ist in Barockformen vorgetragen. An den von Welschen Hauben mit Laternen bekrönten Türmen dagegen verfolgen Zwillingsfenster und abschließende Rundbogenfriese romanisierende Stiltendenzen. Der Hauptturm, wie häufig bei den Kirchen des Ordens hinter dem Chor, trägt über dem Balustradenumgang eine 8seitige Laternenhaube (vgl. St. Maria vom Frieden und St. Clemens in Köln-Mülheim).

Inneres. Gesamtlänge 60 m. Zwischen das von Rundpfeilern gestützte Langhaus und den 3seitig geschlossenen Hochchor ist ein wenig entwickeltes Querhaus mit polygonalen Nebenchören eingeschaltet. Das breite Mittelschiff umzieht eine Emporenanlage über den schmalen Seitenschiffen und im W-Joch. In Mittelschiff und Chor Netz-Stern-Gewölbe, in den Querhausarmen sowie in den Nebenschiff- und Emporenjochen Sterngewölbe. Alle Bauformen – Gewölbe, Spitzbogenarkaden, Maßwerkbrüstungen und Maßwerkfenster – sowie die Anbringung von Christus mit Maria und den 12 Aposteln als Pfeilerfiguren (vgl. Domchor) gehören zum Stilphänomen der Nachgotik. Die Lichtführung hingegen, mit ihren starken Hell-Dunkel-Kontrasten, ist barock.

Auf diesen Rahmen abgestimmt entwarf J. Geißelbrunn die prunkvolle • Barock-Ausstattung von harmonischer Maßstäblichkeit und hoher Qualität. Der rekonstruierte 3stöckige Hochaltar von 1628 zeigt heute als Hauptbild J. Hulsmanns Himmelfahrt Mariae (aus St. Aposteln) und aus St. Pantaleon stammende sowie im Kunsthandel erworbene Barockfiguren. Die oberen Altarbilder, z. Z. noch abstrakte Farbkompositionen, sind provisorische »Füllung«. Ein Hauptwerk Geißelbrunns ist die *Kanzel* von 1634, nach seinen Modellen auch die Pfeilerfiguren. Ins Paneel der Seitenschiffe einbezogen die Beichtstühle; hervorzuheben ferner der von Rubensbildern inspirierte Bibel-Zyklus im Chor und die Kommunionbank. 1979 neuer Zelebrationsaltar von E. Hillebrand. – *Glocken:* Im O-Turm große Marienglocke (h°, 3,6 t) aus dem H-Dur-Dreiklang-Geläute von J. Reuter, Köln, 1631 (dis′ und fis′ kriegszerstört und noch nicht erneuert). Auf Veranlassung Erzbischof Ferdinands hatte Graf Tilly dem Jesuitenkloster zum Guß der 3 Glocken 11 bei Magdeburg erbeutete Geschütze überlassen. Die 3 kleinen Glocken dis″–fis″–gis″ kamen 1966 hinzu.

Das **ehem. Jesuitenkolleg,** jetzt **Erzbischöfliches Generalvikariat,** schließt, um 2 Höfe gruppiert, im N an die Kirche an. Die differenziert gegliederte Giebelfassade von 1715 am Ende des Straßentraktes bildet kompositionell das Gegenstück zur Kirchenfront. Der straßenseitige Flügel öffnet sich zum Hof in einem gewölbten Laubengang. Der Entwurf stammt wohl von dem kurfürstlich-pfälzischen Oberbaudirektor M. Alberti.

Im S der Kirchenfront in der Marzellenstraße 2 ältere **Bürgerhäuser: Nr. 28** aus dem 18. Jh. (?), **Nr. 26** von 1880–90. Die gute Maßstäblichkeit dieses Ensembles verletzt der bis zum Bahnhofsplatz reichende Baukörper der **ABC-Bank** von 1976 (J. Schürmann). Er beeinträchtigt zudem eines der wichtigsten Gestaltungselemente des Kirchenraumes, das von S einfallende Licht.

Kath. Pfarrkirche St. Maria im Kapitol (Kasinostr. 6)

Ihres einzigartigen Dreikonchenchors wegen und wegen der Verbindung seiner Zentralform mit einem basilikalen Langhaus ist die Marienkirche des einstigen freiadeligen Damenstifts eines der berühmtesten Monumente der salischen Baukunst des Abendlandes. Ihr Beiname »in Capitolio«, der urkundlich allerdings erst aus dem späten 12. Jh. überliefert ist, hält die große Vergangenheit ihrer Örtlichkeit in der SO-Ecke des röm. Köln wach.

In Hügellage erhob sich hier seit flavischer Zeit (durch Ausgrabungen von H. Rahtgens und O. Doppelfeld gesichert) der Staatstempel der kapitolinischen Trias, in dessen 3 Cellae die Götterbilder von Jupiter, Juno und Minerva standen. In merowingischer Zeit wahrscheinlich Sitz der Hausmeier; vor 717 gründet Plektrudis, Gemahlin des Majordomus Pippin von Heristal, einen Frauenkonvent, von Erzbischof Bruno nach Benediktinerregel reformiert; im 12. Jh. adeliges Damenstift. Die merowingische Kirche, anscheinend innerhalb des Tempelgevierts eingerichtet, wird wohl im 10. Jh. erneuert; zu ihrer Vollendung macht Erzbischof Bruno († 965) eine testamentarische Stiftung. Hiervon geringe Reste im W-Bau erhalten.

Den Bau der bestehenden Kirche beginnt die Äbtissin Ida († 1060), Tochter des Pfalzgrafen Ezzo und Enkelin des Kaiserpaars Otto II. und Theophanu unter erneuter Nutzung der Tempelfundamente. 1049 Weihe des Kreuzaltars, welche die Fertigstellung von Krypta, Trikonchos und O-Teil des Langhauses voraussetzt, durch Papst Leo IX. anläßlich seines und Kaiser Heinrichs III. Besuch in Köln; Schlußweihe 1065 durch Erzbischof Anno. Der in der Forschung stets angesprochene Vierungsturm kam wohl nicht über Ansätze in Dachhöhe hinaus. Mitte des 12. Jh. Neubau aller 3 Obergaden des Dreikonchenchores sowie Verstärkung der Umfassungswand des östl. Konchenumganges; aus dieser Zeit auch die nördl. und südl. Vorhalle an den Querkonchen und der Neubau des westl. Kreuzganges. Um 1175 Erneuerung des Mittelturmes der westl. Dreiturmgruppe. Anfang des 13. Jh. nochmalige Umgestaltung der O-Apsis in spätstaufischen Formen, Verstärkung der Umgangsstützen und Einwölbung des querrechteckigen Chorjoches mit einer stark gebusten Hängekuppel über Ovalgrundriß. Die hierdurch eingeleitete Betonung der Längsrichtung gegenüber der urspr. Zentraltendenz des Trikonchos um 1240 durch die Einwölbung des Mittelschiffes weiter verstärkt. 1466 und 1493 Anbau der Hardenrath- und der Hirtzkapelle in den Zwickeln des Trikonchos, danach der Sakristei im NO. 1525 Errichtung des 1523 geschaffenen Lettners zwischen Vierung und Langhaus, der bei der Barockisierung der Kirche 1765 an das W-Ende des Mittelschiffes versetzt wurde. 1637 stürzt der westl. Mittelturm ein; er wird mit einer dürftigen Gliederung durch Spitzbogenblenden nur bis zur Höhe des Hauptschiffes wieder aufgeführt, gedeckt mit einem gedrungenen Knickhelm. 1780 verkürzt man auch die seitlichen Treppentürme. – 1802 Aufhebung des Stifts und Übernahme seiner Kirche durch die Pfarre Klein St. Martin. 1832 Neubau der nördl. Vorhalle und 1849 Umbau der nördl. und westl. Kreuzgangtrakte; 1861–69 durchgreifende Restaurierung der Kirche, der südl. Vorhalle und des südl. Kreuzgangflügels durch H. Nagelschmidt mit nachfolgender historistischer Ausgestaltung des Inneren unter maßgeblicher Beteiligung von A. O. v. Essenwein. 1936–39 statische Sicherung der Dreikonchenanlage durch W. Schorn, Ausarbeitung eines neuen Gestaltungskonzeptes.

Im 2. Weltkrieg von Bomben bis in die Krypta aufs schwerste getroffen: N-Konche, Hirtzkapelle, Sakristei, Vorhallen und Kreuzgang größtenteils vernichtet, desgleichen fast alle Langhausgewölbe; die O-Konche noch 1948 eingestürzt. Krypta 1951, Langhaus (ohne Mittelschiffsgewölbe) und W-Bau 1957, Kreuzgang – der letzte in Köln – 1962 vereinfacht wiederhergestellt. 1955/56 Wettbewerb zur baulichen Gestaltung des Trikonchos. Man entschließt sich, den mutmaßlichen Zustand des 12. Jh. anzustreben; die O-Konche wird so den beiden anderen im N und S angeglichen, die spätstaufischen Formen werden bis auf geringe Reste im Inneren nicht wiederholt. Die Arbeiten einschließlich des Wiederaufbaus der spätgot. Kapellen und der Sakristei waren 1979 im wesentlichen abgeschlossen. Im gleichen Jahr wurden in der O-Konche 5 neue Obergadenfenster nach Entwürfen von A. Wendling (1938) eingesetzt. Verantwortlich für die architektonische Gestaltung: W. Weyres, H. J. Schäfer; für die Statik: W. Schorn und O. Schwab.

St. Maria i. K. ist ein Schöpfungsbau von epochaler Auswirkung; im Grundriß zeigt sich dies am überzeugendsten. Ihre Dreikonchenanlage, deren Charakteristikum in der Fortführung der Langhausseitenschiffe als Umgang besteht, greift den Baugedanken der justinianischen Geburtskirche in Bethlehem wieder auf und gibt ihn, ohne Umgang romanisch gestrafft, an die Chöre von Groß St. Martin, St. Aposteln, St. Quirin in

Neuß und die Münsterkirche in Roermond weiter. Ein 2. historischer Bezug begegnet im W-Bau, dessen Arkadenkonzeption aus dem 11.Jh. den Wandaufriß der Pfalzkapelle Karls d.Gr. in Aachen zitiert. Zudem steht die nächst Speyer größte deut-

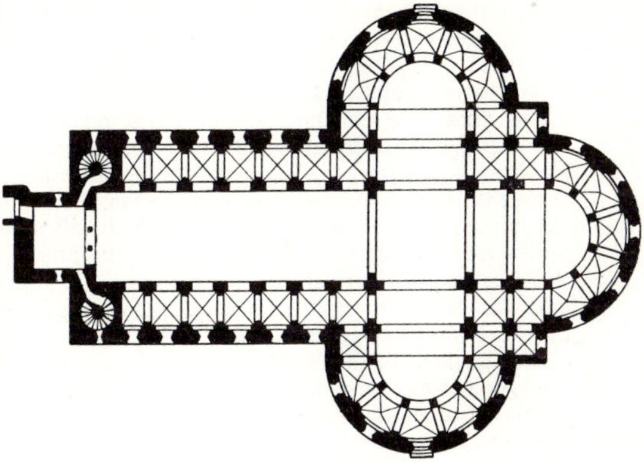

Köln. St. Maria im Kapitol. Grundriß der salischen Kirche

sche Krypta spürbar unter deren Eindruck. – Die große Bedeutung der Kapitolskirche erhellt u.a. daraus, daß in ihr der Erzbischof die erste der 3 Christmetten zelebrierte (die 2. in St. Cäcilien, die 3. im Dom), daß hier der Dankgottesdienst nach Einführung eines neuen Bürgermeisters begangen wurde und daß in ihrem W-Turm die Sturmglocke der Stadt hing.

Äußeres. Der vorgezogene quadratische Mittelbau, ursprünglich W-Chor, der früheren *Dreiturmgruppe,* der nur wenig schmaler ist als das Mittelschiff, wird von zurückgenommenen, in der Front der Seitenschiffe stehenden Treppentürmen begleitet. Der Unterbau enthält Mauerwerk mit getreppten Lisenenrudimenten des 10.Jh. (vgl. St. Pantaleon), wie die vom Quadrat ins Achteck und einst noch ins Rund übergeführten Flankentürme denen von St. Pantaleon eng verwandt waren. Seit der Umgestaltung des 12.Jh. kam der W-Bau dem von Brauweiler am nächsten. Durch die Reduzierungen der Turmgruppe im 17. und 18.Jh. verkümmert, ist der Mittelbau

durch das Vorziehen des Hauptschiffdaches heute seines Turmcharakters vollends beraubt. Einziges Gliederungsmotiv des *Langhauses* sind die Rundbogenblenden der Seitenschiffe. Die Wände der *Konchen* über dem Sockelgeschoß weisen eine großzügige Vertikalteilung auf. In den Wandfeldern zwischen den Pilastern mit rot-weißem Steinwechsel alternieren überschlanke Halbsäulen mit Würfelkapitellen und Rundbogenfenster. Die Fenster der Obergaden werden von Lisenen und Rundbogenfriesen begleitet. Die neu gestalteten Dächer der Konchen sind gegen die im Detail hypothetisch rekonstruierten Giebel des Vierungsbereiches abgesetzt. Der zentralisierende Charakter des gesamten Trikonchos ist so gegenüber dem Vorkriegszustand eindeutiger hervorgehoben. Die neu gewonnene Einheitlichkeit der Anlage wird jedoch mit dem Verlust der Ablesbarkeit ihrer Geschichte und – gestalterisch – mit dem Verzicht auf ein überliefertes »malerisches« Gesamtbild erkauft, was die wiedererrichteten Kapellenbauten mit ihren Altar-Erkern nur bedingt auszugleichen vermögen.
Inneres. Der Zugang für die Nichtstiftsangehörigen erfolgte ehedem ungewöhnlicherweise aus den Vorhallen durch die baugeschichtlich frühen Stufenportale in die Querapsiden, seit der Säkularisation durch die Kreuzgangpforte des W-Baues. Gesamtlänge im Lichten: 74 m, Breite in den Querkonchen: 52 m. Das Obergeschoß der (wiederhergestellten) *Arkadenwand im W* vergittert mit seiner Dreibogenbrücke auf Säulen und seinen beiden sich gegen den Scheidbogen stemmenden Säulen zuoberst die ehem. Damenempore (vgl. Aachen und Essen). – Die hohen, engen *Mittelschiffsarkaden* ruhen auf mauerhaften, basislosen Pfeilern. An den früher gliederungslosen Obergadenwänden verblieben die rhythmisierten, zisterziensisch abgekragten Dienste der 6teiligen Gewölbe des 13. Jh.; an deren Stelle jetzt eine leicht geschrägte Holzdecke von W. Weyres. Die Säulenvorlagen an Pfeilern und Wänden der 7jochigen Seitenschiffe mit hohen attischen Basen und halsringlosen Würfelkapitellen, deren profilierte Kämpferplatten um Pfeiler und Mauern verkröpft sind, tragen die schweren Gurte der Kreuzgratgewölbe. Der Kontrast zwischen der Plastizität der Vorlagen und den Rückflächen der Wandnischen, von denen lediglich noch die beiden W-Joche die alten Rundbogenfenster bewahren, hat durch die großen Fensterausbrüche der Spätgotik, vor allem durch das moderne Betonraster im S-Schiff etwas von seiner beabsichtigten Wirkung verloren.

– Der Umgang des *Kleeblattchors* öffnet sich in schlanken Arkaden auf monolithen Säulen zur Vierung hin; diese haben die gleichen Basen und Kapitelle wie die Seitenschiffsvorlagen. Durch schmale Tonnengewölbe auf kreuzförmigen Pfeilern setzen sich die Überhalbkreiskonchen von dem kuppelgewölbten Vierungsquadrat ab. In den östl. Apsidenwinkeln niedrige Eckkapellen. Der Obergaden aller 3 Konchen ist durch Halbsäulen und Blendbögen belebt, deren gespitzte Formen von der got. Umgestaltung der Fenster zeugt, die schon im 19. Jh. wieder rückgängig gemacht wurde. Die staufische Fassung der O-Konche zeigte vor ihrem Einsturz einen 2schaligen Wandaufbau, vergleichbar der Wandgliederung im Trikonchos von St. Aposteln; außen entsprach ihm das reiche Gliederungssystem des Vorbildes. Der wiedergewonnene großartige Innenraum der Dreikonchenanlage rechtfertigt – bei aller möglichen Detailkritik – die Entscheidung von 1955, das Verlorene zu rekonstruieren. Hier ist ein Bauwerk von europäischem Rang gerettet worden.

Die *Krypta* nutzt den Geländeabfall zum Rhein voll aus, so daß der Chor eine Niveauerhöhung entbehren kann. Ihr Hauptraum mit dem Marienaltar ist eine 3schiffige Halle mit 5 Jochen. Die 5,20 m hohen Kreuzgratgewölbe – schon mit Gurtbögen – lasten auf stämmigen Monolithsäulen mit Würfelkapitellen. Aus der Wandstärke unter dem Umgang der O-Apsis sind 3 Rechteckkapellen mit Altarapsiden ausgespart. Im N und S, durch Doppelarkaden auf Mittelpfeiler erschlossen, quadratische Anräume mit 4 Gewölbefeldern auf mittleren Bündelpfeilern aus 4 Halbsäulen. Die Überlieferung der Kapitolskrypta als Ort des Taufsakraments ist für das 13. Jh. gesichert. Fenster von W. Buschulte 1979/80. – Im N und S der O-Konche die wiedererrichtete *Hardenrath-* und die *Hirtzkapelle* mit reichen spätgot. Gewölben und den charakteristischen Altar-Erkern.

Ausstattung. Zur Hardenrathkapelle gehören die beiden noch im Langhaus stehenden Figuren des Christus Salvator und der Maria als Fürbitterin aus dem Umkreis des Nikolaus Gerhaert (straßburgisch, um 1466). Von der übrigen Ausstattung seien hervorgehoben: die beiden völlig singulären, einst von der N-Vorhalle in die N-Konche überleitenden holzgeschnitzten *Türflügel,* um Mitte des 11. Jh., 4,85 m hoch und ● je 1,12 m breit. Umrahmt von vegetabilisch verzierten Wülsten und Schriftleisten, schildern sie in 2 × 13 von Perlstäben und Flechtbändern mit Eckknäufen eingefaßten Bildfeldern die Kindheit Jesu und seine Passion bis zum Pfingstwunder. Voll lebensprühender Erfindung und drängender Plastizität sind ihre Vorstufen in Elfenbeintäfelchen des Maaslandes zu erblicken. Die stellenweise vernehmlich mitsprechende Fassung 1936 freigelegt. – Außer dem monolithen, trapezförmigen Kalksteinsarkophag der Plektrudis (gefunden 1956) erinnern *2 Tumbenreliefs* an die Stiftsgründerin: die lebensgroße Figur des roman. Tumbadeckels mit Muschelnimbus und Spruchband, wohl bald nach der Mitte des 12. Jh., den Tympana von St. Pantaleon und St. Cäcilien (s. d.) nächstverwandt; ferner die ebenfalls lebensgroße Figur der got. Tumbaplatte mit Krone und Kirchenmodell (mit Vierungsturm!), zu Häupten 2 Kerzenengel, unten zweimal das Wappen der Familie Lyskirchen, gegen 1300 aus der Domhütte hervorgegangen. Jede der beiden Plektrudis-Darstellungen ist ein bedeutendes Zeugnis ihrer Zeit und – bei Tumbenreliefs sonst ungebräuchlich – mit einem Reliquienverwahr im Korpus ausgezeichnet. Geringe Farbspuren an der älteren, ausgedehnte (aus 2 Perioden) an der jüngeren Reliefplatte. Möglicherweise waren beide von ca. 1300 bis 1666 zu einer Doppeltumba – dann der ersten der deutschen Kunst – vereinigt. – *Thronende Muttergottes* mit gekröntem Kind (Nikopoia), um 1150–60, vor dem 2. Weltkrieg in der Giebelnische über der O-Apsis. – *Standfigur einer Madonna* des byzantinischen Typs der Elëusa mit ungewöhnlich großem Kind, 90 cm hoch, um 1180–90. Ursprünglich in Reliefzusammenhang, ist sie die älteste erhaltene Steinplastik einer stehenden deutschen Muttergottes. – Die *Crux miraculosa* von 1304, der Prototyp der rheinisch-westfälischen Gabelkruzifixe (vgl. St. Georg, St. Severin, St. Mauritius). Erschütternd der schauerliche Realismus des Gekreuzigten, der früher über dem Kreuzaltar vor dem Lettner hing. – Von hoher Anmut die *»Limburger Madonna«* (aus Limburg a. d. Haardt), eine Statue aus Holz (Kopf des Christkindes neu), Anfang 14. Jh.; die Fassung vorhandenen Resten angepaßt. Ein Frühwerk der Renaissance im Rheinland ist der *Lettner.* An den reich ornamentierten Brüstungen 8 alt- und neutestamentliche Szenen sowie 22 Propheten- und Heiligenstatuetten, dazu die Stifterwappen der Familie Hackeney u. a.; angefertigt nach Entwürfen des Jan van Roome in Mecheln aus belgischem schwarzem und weißem Marmor, bezeichnet 1523; 1525 aufgestellt. Von 1765 bis 1979 an der W-Seite des Mittelschiffes, wird er nach seiner Restaurierung wieder an seine alte Stelle zwischen Langhaus und Trikonchos zurückkehren. – Aus der Werkstatt des Hans Baldung, gen. Grien, ein Tafelbild mit Marientod (vorn) und Apostelabschied (rückseitig), bezeichnet 1521. – Grablegung, Anfang 16. Jh. – Im Kirchenschatz ein *Tragaltar,* Köln um 1170/80, mit figürlichen Grubenschmelzplatten aus dem Umkreis des Siegburger Gregoriusaltars. – Im südl. Flankenturm ein kleines *Geläute* des″–es″–ges″ (1957), im Dachreiter der Hardenrathkapelle eine as″-Glocke (1977).

Im westl. gelegenen, aber aus der Achse nach S verschobenen **Kreuzgang** die Figur der »Trauernden« von G. Marcks, Muschelkalk, 1949, als Erinnerungsmal für die Toten Kölns im 2. Weltkrieg.

Im W des Stiftskomplexes (Kasinostr. 1–3) das **ehem. Äbtissinnenhaus** von St. Maria im Kapitol, ein schlichter Putzbau mit Werksteingliederungen, 1749–51. Beim Wiederaufbau verzichtete man auf das urspr. Mansarddach (vgl. auch Marienplatz).

Am Lichhof, südöstl. der Kirche, das **Dreikönigenpförtchen,** das letzte der Kölner Immunitätstore, um 1330. Über der Innenseite des spitzbogigen Durchganges ein 4teiliger Maßwerkbaldachin; die vorzüglichen Figuren der Anbetung der Hll. 3 Könige aus der Erbauungszeit z. Z. im Schnütgen-Museum.

Daneben das **»Singemeisterhäuschen«,** eine Stiftung der Familie Hardenrath (15. Jh.) und in engster Verbindung zur gleichnamigen Kapelle stehend, 1980 rekonstruiert (H. J. Schäfer). In der Achse der Kirche die 3läufige **Freitreppe** zur Plektrudengasse, um 1895, deren neuroman. Formensprache auf den Stil der Kirche Bezug nimmt.

Kath. Pfarrkirche St. Maria in der Kupfergasse
(Neven-DuMont-Str. 7)
Aus 's Hertogenbosch vertriebene Unbeschuhte Karmelitessen beginnen 1660, 30 Jahre nach ihrer Niederlassung in Köln, einen neuen Klosterbau auf dem Gelände des Neuenahrer Hofes. Für ihr Gnadenbild der »Schwarzen Muttergottes« errichten sie 1673–75 eine Lauretanische Kapelle, eine verkleinerte Nachbildung des Hl. Hauses in Loreto, die 1705–11 in einen Kirchenneubau einbezogen wird. – Das 1802 aufgehobene Kloster mit der nunmehrigen Pfarrkirche übernimmt 1828 der Kölner Zellitinnenkonvent. 1873 um ein rechtes Seitenschiff erweitert und 1939 restauriert. – Die Kirche im 2. Weltkrieg aller Gewölbe beraubt und ausgebrannt, das Klostergebäude zerstört. Wiederaufbau 1952 (K. Band). 1964 Gewölbe und Dachreiter rekonstruiert. Neue Ausmalung 1979/80.
Die ursprünglich 1schiffige Saalkirche in Backstein mit Werksteingliederungen steht in der Tradition niederländischer Barockkirchen. Vor der Giebelfassade im N ein Vorhof mit Brunnen (1973 aus Villmar/Lahn erworben). Der Turm im W, älter als die Kirche, diente dem Neuenahrer Hof als Treppenturm; Glockenstube modern. Als Ersatz für die im Krieg vernichtete Ausstattung seit 1967 im Chor der *Machabäeraltar,* Eichenholz, 1717 von J. F. van Helmont und J. van Damm für die gleichnamige (zu Beginn des 19. Jh. abgebrochene) Kirche geschaffen. Ihm zugehörig die Kommunionbank. Die Kanzel mit Darstellung der Jonasgeschichte, 18. Jh., stammt aus St. Andreas. – Die Loretokapelle wurde nur vereinfacht wiederhergestellt. – 5stimmiges *Geläute* g' (1974) und a'–c''–d''–f'' (1953).

Kath. Pfarrkirche St. Maria in Lyskirchen (An Lyskirchen 8)
Eine Marienkirche am Rheinufer wird 948 erstmals erwähnt. Der 2. Bau, 1067 für die Vorstadt Noithusen bezeugt, war wohl eine Saalkirche. Im 11. Jh. Eigenkirche des Kölner Bürgers Lysolfus, dessen Name verkürzt bis heute fortlebt. Einheitlicher Neubau der Emporenkirche um 1210–20. Haupt- und Nebenapsiden sowie die Langhausfenster (anstelle von Fächerfenstern) um die Mitte des 17. Jh. in nachgot. Formen erneu-

ert, gleichzeitig die Arkadenunterteilung der Emporenöffnungen ausgebrochen. Restaurierungen 1868–77 (Veränderung der oberen W-Front) und 1928–30. – Geringfügige Kriegsschäden entstanden lediglich an den Gewölbemalereien durch Verlust der Dächer, 1947 behoben; im übrigen die besterhaltene Altstadt-Kirche. O- und S-Seite 1962 weiß geputzt mit farbiger Hervorhebung der Strukturglieder.

Äußeres. Unter Verzicht auf einen W-Turm wendet sich das kleine Gotteshaus ganz der Ansicht von O zu: Unmittelbar hinter der in gelungenem Kontrast ochsenblutrot gestrichenen Sakristei mit dem Küsterhaus des 18. Jh., dessen Front auf der mittelalterl. Rheinmauer der Stadt steht, erhebt sich die schmucklose Apsis, von einem Turmpaar flankiert. Während aber der N-Turm von einer spätstaufischen Gliederung lebhaft geschmückt und mit einem Rhombendach (von 1868) ausgestattet ist, scheint der S-Turm über das 2. Geschoß nie hinausgelangt zu sein. Im W ein stattliches Säulenportal innerhalb eines 2fach gestuften Nischenbogens; das Tympanon mit einem Zackenbogen belegt (vgl. die Vorhallengurte in St. Andreas).

Inneres. An die 3jochige Pfeilerbasilika schließt ohne Querschiff das Chorrechteck an, zu dem sich die Turm-Erdgeschosse wie zu den Seitenschiffen in weiten Arkaden öffnen (vgl. dagegen St. Kunibert). Die Seitenemporen, die durch eine eingestellte W-Empore miteinander verbunden und über westl. Wandtreppen erreichbar sind, haben nur im W-Joch noch ihre urspr. Bogenöffnungen.

● Ausstattung. Die umfangreichen, wenngleich unvollständigen *Gewölbe-* und *Wandmalereien* sind heute der Beitrag von St. Maria in Lyskirchen zur Kunst des 13. Jh. und von weit über das Rheinland hinausreichender Bedeutung. 1879–81 aufgedeckt und von seinerzeitiger Übermalung 1934 befreit, bieten sie einen Überblick über die kölnische Monumentalmalerei von 1230–70. Über dem Haupteingang die recht gut erhaltene Anbetung der Könige, ein Huldigungsbild zur Ehre der Kirchenpatronin (mit Krone und Zepter) und ihres göttlichen Kindes, die mit ihrem weich fließenden Stil der Zeit um 1230 angehört. – In den 3 Mittelschiffsgewölben ist ein typologischer Zyklus in 2 × 12 Bildern von O nach W ausgebreitet, und zwar dergestalt, daß den neutestamentlichen Szenen »sub gratia« der südl. Gewölbehälfte, durch ein Ornamentband getrennt, alttestamentliche Vorbilder »sub lege« der nördl. Hälfte zugeordnet sind. So weisen z. B. im O-Gewölbe Isaaks Verheißung und Geburt auf Verkündigung und Geburt des Heilands, Samuels Aufopferung im Tempel und das Bad Naemans auf Christi Darstellung im Tempel und seine Taufe voraus. Kompositionell fügen sich je 4 Darstellungspaare zwischen den Gewölberippen und gemalten Säulen vor blauem Grund zu einem Bilderkreis zusammen. In 3 Gruppen stehen so

alttestamentliche Verheißung (Typus) und ihre Erfüllung im Neuen Bund (Antitypus) bis hin zum Pfingstwunder einander gegenüber. Hinzu treten Propheten und Heilige in den Gewölbezwickeln. Da Kreuzestod und Auferstehung fehlen, wird man mit ihrer Wiedergabe im alten Chorjochgewölbe und schließlich mit einer Majestas Domini in der Apsiskalotte zu rechnen haben, wie auch an W-Wand und Obergaden (fast erloschene) Einzelgestalten erschienen. Der verhältnismäßig gute Erhaltungszustand der Hochschiffsgemälde aus der Mitte des 13. Jh. wird weit übertroffen durch die besonders lebendigen Darstellungen vom Leben und Wirken des hl. Nikolaus am südl. Turmgewölbe im spitzigen Stil der Jahre um 1260. Etwa ein Dezennium danach entstand die schlecht überkommene Katharinenfolge des nördl. Turmgewölbes (2 Szenen vollständig neu). Seit 1971 statische Sicherung und erneute Restaurierung der Gewölbemalerei im Mittelschiff.
In den nördl. Nebenschiff-Fenstern *Glasmalereien* zwischen 1520 und 1530; spätgot. noch die Verkündigungsgruppe, in Renaissancerahmen dagegen eine Madonna mit Kind. In der Apsis ornamentale Glasfenster von H. Kaldenhoff. – Über dem Hochaltar mit elfenbeinernem Turm-Tabernakel – beides von E. Hillebrand 1956 – eine Muttergottes, Köln, 2. Viertel des 14. Jh., in moderner Mandorla. – Die sog. *Schiffermadonna,* ein in der Mantelfülle breit angelegtes, auch im Format (205 cm) eindrucksvolles Bildwerk aus Holz im Weichen Stil, um 1420. – Aus dem *Kirchenschatz* sind hervorzuheben der Deckel eines Evangeliars, Anfang des 12. Jh., mit dem Elfenbeintäfelchen einer Kreuzigung aus der Mitte des 11. Jh., ferner ein graviertes Vortragekreuz aus vergoldetem Kupfer vom Ende des 11. Jh. mit einer bekleideten Christusfigur nach Art des Volto Santo in Lucca, wohl 1. Viertel des 12. Jh. – 4-stimmiges *Geläute* ges′(1966)–as′(1919)–b′(14. Jh., aus St. Cäcilien) –des″ (1962).

Kath. Pfarrkirche Groß St. Martin (Martinspförtchen 8) ●
Kühn und ungemein kraftvoll wächst der Vierungsturm aus dem Dreikonchenchor der Martinskirche, bis ins 19. Jh. nächst dem südwestl. Domturm das markanteste und durch seine Lage am Rhein besonders hervorgehobene Wahrzeichen der türmereichen Stadt. Steht der Turm unter dem Eindruck normannischer Vorbilder (vgl. den Westminsterturm auf dem Teppich von Bayeux), so wird im Dreipaßchor der Baugedanke von St. Maria im Kapitol erstmals neu verwirklicht. Ihre Synthese ist eine der Großtaten der Kölner Kirchenbaukunst.

Wie die Ausgrabungen des Römisch-Germanischen Museums (in den 70er Jahren durch J. Deckers) ergeben haben, steht die Martinskirche auf den Fundamenten röm. Speicherbauten der 2. Hälfte des 2. Jh. Außerdem wurden in der N-Konche die Reste einer noch älteren Piscina, die zu einer Sportanlage gehörte, gefunden. Den Lagerhallen folgt eine Basilika unter Nutzung röm. Pfeiler. Im 10. Jh. gründet Erzbischof Bruno (953–965) hier ein Kanonikerstift, gleichzeitig wird die Rheinvorstadt (eine ehem. Insel) erschlossen und befestigt. Noch vor der Jahrtausendwende wird das Stift in ein Benediktinerkloster mit iroschottischen Mönchen umgewandelt, die jedoch schon im 11. Jh. durch deutsche Mönche abgelöst werden. Den Chor der brunonischen (?) Kirche versieht Erzbischof Anno II. (1056–75) mit 2 Flankentürmen. Der Stadtbrand von 1150 löst wahrscheinlich einen Neubau aus, den Erzbischof Philipp von Heinsberg 1172 weiht. Neuerlicher Brand 1185 und Bautätigkeit im frühen 13. Jh. bezeugt. Einführung der Bursfelder Reform 1455. Der got. Helm ersetzt vor 1450–60 das roman. 4giebelige Turmdach; das südwestl. Trabantentürmchen 1527 abgestürzt, das nordwestl. 1789 abgetragen. Im selben Jahr beginnt Ferdinand Franz Wallraf eine spätbarock-klassizist. Ausgestaltung des Kircheninneren nach einem großangelegten, immer noch typologischen Programm, dessen Vollendung die französische Besetzung verhindert. – Nach der Aufhebung des Konvents Abbruch der südl. angebauten Brigidenkirche (1805/06), deren Funktion als Pfarrkirche Groß St. Martin übertragen wird. Der roman. Kreuzgang mit den Klostergebäuden 1821 und 1839 abgerissen. Wiederholte Restaurierungen des Außenbaues, vor allem 1857–75 durch H. Nagelschmidt; komplette romanisierende Innenausstattung durch A. O. v. Essenwein 1868–85. – Unter den Bomben des 2. Weltkrieges Vierungsturm, Langhausgewölbe und westl. Vorhalle zusammengebrochen. Seit 1963 steht als getreue Kopie wieder der alte Vierungsturm. Eine andere Lösung als die der exakten Wiederholung wäre nicht zu verantworten gewesen. Allzu unentbehrlich für die Rheinansicht beherrscht der Turm von Groß St. Martin das Stadtbild von Köln. Die Wiederaufbauarbeiten an Langhaus und Trikonchos unter Leitung von W. Schorn und J. Schürmann wurden 1979 im wesentlichen abgeschlossen. – Die archäologischen Bauzeugnisse sollen in einer neu gestalteten Krypta zugänglich bleiben. Nach vollendetem Innenausbau – die Reste der Essenwein-Fassung werden konserviert – wird die Kirche der Ausländer-Seelsorge dienen.

Äußeres. Die 3 Konchen des *Kleeblattchores* werden samt den Treppentürmchen in den O-Winkeln von einer 2geschossigen Blendgliederung umkreist: über der unteren Pilaster-Bogen-Zone eine axial gestellte Bogenfolge auf Dreiviertelsäulen mit je 3 arkadenfüllenden Fenstern, zuoberst Plattenfries, rhythmisierte Zwerggalerie und Traufgesims auf Konsolen. So weit gehört noch der gesamte O-Bau zur 1172 geweihten Kirche. Statt des älteren 8eckigen Vierungsturms (vgl. St. Aposteln und St. Andreas) beginnt man nach 1185 das gewaltige Massiv des quadratischen Turms, vollendet um 1220. Er steigt mit seinen ins Oktogon übergeleiteten Ecktürmchen hinter Stirngiebeln auf, die mit $^3/_4$-Radblenden zwischen Vierpaßfensterchen geschmückt sind. Sein hohes Glockengeschoß über dem ringsumlaufenden Band aus Plattenfries und Blendbogengalerie öffnet sich an allen 4 Seiten in je 3 gekuppelten Biforien, die von einer

Köln
Groß St. Martin
Ansicht
von Südosten

auch die Trabantentürmchen umgreifenden Gliederung aus Lisenen und Rundbogenfries eingefaßt sind. Die beiden Freigeschosse der Ecktrabanten wandeln die bereits angewandten Motive noch einmal ab und enden in gegiebelten Faltdächern. Ohne überladen zu sein, ist der Vierungsturm von Groß St. Martin in einzigartiger Weise plastisch ausgeformt, wozu einst überdies noch – was mitbedacht sein will – klärend und bereichernd der weiße Flächenputz und die Farbigkeit der Strukturelemente hinzukamen. – Zurückhaltend dagegen ist das *Langhaus* behandelt. Dem W-Giebel mit aufwendigem Säulenportal, einer gestaffelten Dreiergruppe schlanker Spitzbogenfenster (abweichend vom Vorkriegszustand rekonstruiert) und steigendem Rundbogenfries fehlt noch die (im 19. Jh. auf 1 Joch verkürzte) Vorhalle aus der Mitte des 13. Jh., deren Wiedererrichtung durch die zu nah gerückte Häuserzeile im NW erschwert wird. Gliederung und Rundfenster des N-Seitenschiffes sind, nach Abbruch des Kreuzganges, im 19. Jh. gestaltet; die Wand selbst noch 10. Jh. Auch die S-Seite war eingebaut; der eingerückte W-Teil des Nebenschiffes berücksichtigt die 1172 erstmals genannte Brigiden-Pfarrkirche, mit deren Abbruch auch ihr einstiger nordwestl. Turm bis zum Seitenschiff der Martinskirche abgetragen wurde. Der Grundriß dieser Kirche ist in der Platzpflasterung nachgezeichnet.

Der Turm spricht im Inneren der *Dreikonchenanlage,* im Gegensatz zu St. Aposteln, nicht mit. In die Vierung ist ein Kuppelgewölbe eingehängt, von der die mittenbezogenen Konchen – die Martin (östl.), Petrus (nördl.) und Maria (südl.) geweihten Chöre – durch nur schmale, tonnengewölbte Zwischenjoche abgesetzt sind. Das Raumbild kommt St. Aposteln am nächsten. Unten sind 7 Rundbogennischen mit vor die Zungenmauern gestellten Säulen in die Wand eingetieft. Das Obergeschoß besitzt einen umlaufenden Gang, der sich zur Vierung in 3 × 7 Arkaden mit rhythmischen Intervallen erschließt, indem jeweils 3 weite und hohe Bögen auf die Fenster Bezug nehmen, wohingegen vor den Wandstücken 4 engere, zugleich auch niedrigere Bögen stehen (wiederaufgegriffen in Brauweiler, nach 1187). Die sehr schlanken Stützen mit architravierten Kapitellen setzen sich aus einem Vierkantpostament, 8eckigen Pfeilern und oberen Säulen zusammen. In den tonnengewölbten Zwischenjochen hohe Muldennischen unten, in Laufganghöhe offene Biforien, die sich darüber noch einmal wiederholen, und Schlüsselfenster zuoberst. Neben schmucklosen Würfelkapitellen vielfältige, ein wenig robuste Kapitellzier. Erstmals ist hier in der Martinskirche das Prinzip der kölnisch-roman. »Etagenchöre« (vgl. St. Gereon) mit einem Laufgang innerhalb der 2schalig zerlegten Oberwand ausgebildet, wobei Last und Schub der Konchengewölbe im Zusammenwirken mit der Zwerggalerie auf Arkade und Wand verteilt werden. – Zwischen Kleeblattchor und eigentlichem *Langhaus* ist wie bei St. Aposteln ein tonnengewölbtes Gelenkjoch – ehedem noch zum Mönchschor gehörig – auf flankierenden Diensten eingeschaltet. Sein Wandaufriß ist wie bei den anderen Zwischenjochen 2geschossig: über dem niedrigen Scheidbogen eine verblendete, gekuppelte Dreibogenstaffel mit vermauerter Mitteltür und seitlichen Nischen. Über den östl. Seitenschiffsjochen befinden sich quadratische Räume (im nördl. einst Archiv, im südl. Bibliothek) mit stark gebusten Bandrippengewölben – den einzigen in Köln –, auf denen (zu bedenkenlos) das Gewicht der westl. Ecktürmchen lastete (jetzt ausgesteift). In den Obergeschoßwänden des Mittelschiffes sind begehbare Triforien ausgespart, die von den auf Blattkonsolen abgekragten Bündeldiensten der Rippengewölbe in spitzbogige Drillingsöffnungen auf Doppelsäulchen aufgeteilt sind. In den spitzbogigen Schildwänden mittlere Rundbogenfenster, die von niedrigeren Rundbogennischen begleitet werden. Die mehr als 25 m hohen Gewölbe sind stark hochgebust, Gurt- und Rippenprofile fast unterschiedslos; frühgot. Knospenkapitelle. Die Obergaden, bis zum östl. Drittel des W-Joches (Baunaht) Bestand von 1185 bis um 1220, hatten eine rundbogige Blendgliederung zwischen rechteckigen Wandvorlagen. Rund 20 Jahre danach wurden die Triforiengänge und oberen Nischen aus der Wanddicke herausgestemmt, die Vorlagen abgearbeitet und der Wandaufriß in das spätstaufische System mit frühgot. Wölbung verändert. Die westl. Drittel des W-Joches (ausgenommen der Brigidenturm, s.o.), dazu die (rekonstruierte) W-Wand, vor deren Fenstergruppe sich eine zierliche Spitzbogen-Arkatur auf schlanken Doppelsäulen spannt, sind in der Bauperiode von ca. 1240 neu hinzugekommen. – Gesamtlänge im Lichten: 50,5 m.

Die Reste der mittelalterl. Ausstattung werden in die Kirche zurückkehren. – In der nordwestl. Seitenschiffswand 1949 die spitzbogige Sandsteinumrahmung des ehem. Kreuzaltars von 1509 entdeckt, der ursprünglich vor dem Lettner stand. Überkommen nur 3 zierliche Figürchen, Adam, Eva und ein Prophet, in Baldachin-Nischen mit Fialenbekrönung.

Im N und W der Kirche Neubauten, die z.T. dem alten Klostergrundriß folgen, von J. Schürmann (1975–78). Vom selben Architekten (1978/1979) im S das **Seelsorgezentrum** der Pfarrei, die Maßstäblichkeit des Viertels geschickt aufnehmend und durch Eisen-Glas-Passagen der Kirche verbunden.

Ehem. kath. Pfarrkirche Klein St. Martin (Augustinerstraße). 1140 erstmals erwähnte Pfarrkirche, deren Sprengel um 1100 aus der Vereinigung der alten St.-Peter-und-Pauls-Pfarre (neben St. Maria im Kapitol) mit einem Teil der Rheinvorstadt entstand. Bei der Säkularisation Verlegung des Pfarrgottesdienstes nach St. Maria im Kapitol und 1824 Abbruch der spätgot. 5schiffigen Anlage mit Ausnahme des Turmes von 1460–86, der seither der Marienkirche als Glockenturm diente. Bei seinen Obergeschoßwänden greift die Spätgotik auf die roman. Stilelemente von Lisene, Rundbogenfries und gekuppelter biforaler Schallöffnung historisierend zurück (so u.a. auch am Turm von Alt St. Alban). – Den im Krieg abgebrannten schlanken Achteckhelm ersetzt ein Pyramidendach. Seit 1954 dient das heute unter Straßenniveau liegende Erdgeschoß als Andachtskapelle, Architekt: W. Hartmann. Madonnenfigur um 1440. Portal von H. Calleen, 1963. Der Turm ist im O und S von flachgedeckten Bauten der 50er und 60er Jahre umgeben.

Kath. Pfarrkirche St. Mauritius (Mauritiussteinweg 61)
Bis 1859 erhob sich hier der erste in allen Raumteilen gewölbte Kirchenbau Kölns, geweiht 1141: eine querschifflose roman. Pfeilerbasilika mit Dreiapsidenschluß und östl. Flankentürmen. Der mächtige W-Bau glich dem der Ursulakirche. Er gehörte seit 1144 einem Benediktinerinnenkonvent, während das Langhaus als Pfarrkirche diente, die dem Pantaleonsstift unterstand.
1861–64 Totalabbruch wegen angeblicher Einsturzgefahr und vollständiger Neubau durch V. Statz; die Kosten übernahm der Kölner Bürger Franz Heinrich Nikolaus Frank als Stiftung. Statz errichtete eine neugot. Basilika mit hohem W-Turm (krabbenlose Mauerwerkspyramide) und einer der Liebfrauenkirche in Trier nachempfundenen zentralisierten O-Anlage in gelbem Backstein mit Werksteingliederungen – ein Hauptwerk des rheinischen Historismus unter dem Einfluß der Kölner Domvollendung.
Die Zerstörungen des Krieges ließen hier nur einen Torso zurück. Fr. Schaller schuf 1956/57 aus den unteren Wandzonen von Chor, Querschiff und den Zwickelkapellen einen neuen Zentralbau mit segmentbogigem Abschluß nach W. Das rautenartige Gitter der Betondecke über dem Fensterband zielt konzentrisch auf den Altarraum, dessen polygonale Grundform in der Zone des neuen Faltdaches (ein Altkölner Motiv!) zu einem 8eckigen Turmtabernakel wird. Zum nahezu unversehrt gebliebenen W-Turm (neue Fensterfüllungen) vermittelt ein Binnenhof mit überdachten Seitengängen entlang den Mauerresten des alten Langhauses. – Der Anblick von O zeigt durch Beibehaltung der kleinen Treppentürme und die originelle Dachgestaltung eine in der Architektur der 50er Jahre seltene Zierlichkeit. 1978/79 Sanierungs-

maßnahmen und Kupferverkleidung. Am Turm Portalskulpturen (Mauritiusmartyrium, St. Dionysius, St. Reinoldus) von P. Fuchs 1878; auf der Spitze Mauritiusfigur. Ausstattung innen: E. Hillebrand, 1957ff., Fenster Fr. Pauli 1961. Crucifixus dolorosus am grünen Gabelkreuz (= Lebensbaum), eines der letzten Beispiele seiner Art, um 1415 aus der Werkstatt des Meisters der Rathauspropheten. – *Geläute* as° (5,2 t) –c′–es′–f′–as′ (1959/60).

Ehem. Minoritenkirche St. Mariä Empfängnis (An Minoriten)

Dem Generalabbruch aller Gotteshäuser der Franziskaner, Observanten, Klarissen und Dominikaner als Folge der Säkularisation – 14 an Zahl –, unter denen besonders der Verlust der spätroman. Dominikanerkirche mit dem 1271 begonnenen neuen Chor des Albertus Magnus zu bedauern ist, entging allein die Kirche der Minderbrüder. – Nach einer ersten Niederlassung im Severinsviertel (1229) übersiedelt der Konvent 1244/45 in die volkreiche Kolumbapfarre und beginnt noch kurz vor der Grundsteinlegung des got. Domes einen Kirchenbau, dessen Chor 1260 geweiht wird. Aus derselben Zeit die Sakristei. Das Langhaus, als 3schiffige Halle angefangen (durch Mauerbeobachtung gesichert), wird nach Planwechsel als 3schiffige Basilika ausgeführt und mit der W-Fassade im mittleren 14. Jh. vollendet. Der Kreuzgang an der N-Flanke der Kirche entsteht am Ende des 14. Jh. (vollendet 1408), die Klostergebäude in nachmittelalterl. Zeit erneuert. Veränderungen des 17. und 18. Jh. betreffen hauptsächlich die Choreinrichtung von 1621–42. – Aufhebung des Klosters 1802 und Übernahme der Kirche durch das Domkapitel 1849. Äußere Instandsetzung durch die Dombaumeister E. Fr. Zwirner und R. Voigtel 1850–63, anschließend Neugestaltung des Innern durch V. Statz. Abbruch der Klosterbauten zugunsten des neugot. Wallraf-Richartz-Museums von J. Raschdorff und J. Felten, 1855–61, unter Bewahrung des Kreuzganges, des einzig original überkommenen im Vorkriegs-Köln. Seit 1927 Kirche der Kolpingsfamilie und seit 1956 wieder vom Minoritenorden betreut (s. St. Kolumba), birgt sie die Gräber zweier bedeutender Männer: des schottischen Franziskaner-Theologen Johannes Duns Scotus († 1308) und des Gesellenvaters Adolf Kolping (1813–65), des Gründers der kath. Gesellenvereine. – Bomben des 2. Weltkrieges zertrümmerten sämtliche Kirchengewölbe, wobei auch der graziöse bleiverkleidete Dachreiter vernichtet wurde, sowie den W-Teil des S-Schiffes. Von der Ausstattung gingen u. a. die reiche Kanzel, um 1640, und der Orgelprospekt von 1727 mit dem 1747 erneuerten tönenden Werk verloren. Der Kreuzgang bis auf die Arkadenwand des W-Flügels z. T. noch nach 1945 zerstört. – Wiederaufbau des Vorzustandes, 1958 abgeschlossen, unter Rückgriff auf die urspr. Rundfenster im südl. Seitenschiff anstelle der spätgot. Maßwerkfenster. In den 60er Jahren Neuordnung der Ausstattung. Architekten: A. Weiß, G. Hagen; Statiker: W. Schorn, J. Mols. Den ergänzten Kreuzgangtrakt hat R. Schwarz in seinen Museumsneubau von 1955/56 einbezogen.

Der Verzicht auf Querschiff und Turm und die Beschränkung

allen Zierates auf ein Minimum sind charakteristisch für die Baugesinnung der Bettelorden. Die Anwendung des offenen Strebewerks macht die Kölner Minoritenkirche zur einzigen Ausnahme unter den Ordenskirchen der Franziskaner und Dominikaner in Deutschland (vgl. dagegen die beiden Bettelordenskirchen in Maastricht).

Äußeres. Das polygonale Chorhaupt umstehen 2fach getreppte Strebepfeiler mit Sattelverdachung. Sie sind, wie wenig später bei St. Ursula, für den als Laufgang ausgebildeten Sokkelsims, der mit dem ringsum verkröpften Kaffgesims identisch ist, türartig durchbrochen (vgl. hierzu und für den begonnenen Hallenbau St. Elisabeth in Marburg). Die Vertikalgliederung der turmlosen W-Fassade korrespondiert mit den 3 Schiffen. Bestimmend für die Wirkung der Front ist das große Fenster, dessen differenzierte Maßwerkgliederung dieses als den ornamental »gefüllten« letzten Jochbogen des Kirchenraumes interpretiert.

Im Inneren setzt das halbierte Rundpfeilerpaar eine deutliche Zäsur zwischen dem Chor und den 8 Jochen des basilikalen Langhauses – anschauliches Indiz für den Planwechsel Hallenkirche – Basilika. Im Chor füllen die schlanken 2bahnigen Fenster die Polygonseiten vollständig aus. Im Langhaus sind die stämmigen Rundpfeiler von 4 Diensten mit gekehlter Kapitellzone besetzt; nur an den östlichen findet sich mageres Blattwerk. Die auch am Außenbau festzustellende »Naht« zeigt sich im Gewölbe: in den östl. Jochen sind die Rippen gekreuzt, in den westlichen treffen sie sich in Schlußsteinen mit Blattwerk. Gleichfalls findet sich unterschiedliches Maßwerk (Rhombenpässe) im Couronnement der 2bahnigen Fenster des Obergadens. Die Wandflächen selbst sind ungegliedert. – Im nördl. Winkel von Chor und Seitenschiff die *Sakristei.* Ihre 4 Gewölbe mit schlußsteinlos einander kreuzenden Rippen auf mittlerem Rundpfeiler. Die Arkadenwand des (einst flachgedeckten) *Kreuzganges* ist in Dreiergruppen unter Segmentbögen mit Drei- und Vierpaßmaßwerk geordnet.

Ausstattung. Am südwestl. Mittelschiffspfeiler eine relativ gut erhaltene Kreuzigungsgruppe der 1. Hälfte des 14. Jh. in Tempera. – Im Chor ein geschnitztes Flügelretabel (aus Alfeld), um 1480, mit einer Madonnenfigur und Szenen aus dem Leben Jesu sowie der hl. Katharina und des hl. Nikolaus. – Der Sarkophag des Duns Scotus mit der Liegefigur des »Doctor subtilis« 1957 von J. Höntgesberg. – Die Chorfenster von H. Kaldenhoff, Szenen aus dem Marienleben, 1963/64. Vom gleichen Künstler die Fenster im Obergaden des Langhauses; das W-Fenster schuf Fr. Pauli, die Rundfenster in den Seitenschiffen und das Tympanonfenster über dem S-Portal R. Rexhausen (1960er Jahre). – *Ehem. Reliquienkruzifix der Pfalzgräfin Mathilde,* gestiftet 1024 (aus Brauweiler). Am vergoldeten Kupferkreuz (120 cm hoch) des 11. Jh. mit Bergkristallen, das ein Astkreuz und den Nimbus im Kupferton ausspart, ein silberner, teilvergoldeter Korpus aus der Mitte des 14. Jh. – Auf dem Dachreiter 2stimmiges *Geläute:* h'–d'' (1952).

Kath. Pfarrkirche St. Pantaleon (Am Pantaleonsberg 6) •

Die Grabkirche Erzbischof Brunos (953–965) und der Kaiserin Theophanu († 991), der byzantinischen Gemahlin Ottos II., ist einer der wenigen erhaltenen Großbauten der Spätzeit des 1. Jahrtausends, der älteste in Köln, mit einem Westwerk höchsten Maßstabs, das wie kein anderes den Bauwillen des ottonischen Herrscherhauses repräsentiert.

Als Lieblingsgründung Brunos und vom sächsischen Kaiserhaus begünstigt – zumal sich Theophanu zu dem orientalischen Märtyrer Pantaleon hingezogen fühlte –, genießt die Abtei im Mittelalter hohes Ansehen. Ihr Abt verfügt über gewisse Vorrechte vor den Pröpsten der älteren Stifte in der Stadt. Im Pantaleonskloster wird auch die berühmte Kölner Goldschmiedewerkstatt des 10. bis 12. Jh. vermutet.

Auf einem Hügel südwestl. der Römerstadt lag bis zur ersten Zerstörung Kölns i. J. 355 durch die Franken der ausgedehnte Komplex einer Villa suburbana (durch Grabung von P. A. Tholen 1941 und von W. Lung und Fr. Mühlberg 1956–62 festgestellt; zugänglich nur noch ein Keller unter dem östl. Mittelschiff). Nahe der 866 bezeugten »ecclesia s. Pantaleonis« gründet 957 Erzbischof Bruno, der jüngste Bruder Ottos d. Gr., eine Benediktinerabtei, die er mit Mönchen aus dem Gorzer Reformkloster St. Maximin bei Trier besetzt. Bei der Fundamentierung der brunonischen Klosterkirche stürzt die alte Kirche 966 ein. In ihrem Vorhof werden bei den Ausschachtungsarbeiten die Gebeine des Märtyrers Maurinus gefunden. Der Neubau, 980 von Erzbischof Warin geweiht (ottonisch I), war nach H. Fußbroich ein Saalbau mit vorgelagertem Westwerk, dessen risalitartig vortretenden Mittelbau 2 Türme flankierten. Dieses auf das Vorbild von Lorsch zurückgehende Westwerk scheint nicht über Erdgleiche gediehen zu sein; der frühe Tod des Klostergründers war wohl der Anlaß zur Planänderung. Im O flankierte je ein nahezu quadratischer Querarm mit einer östl. Apside das flachgedeckte Langhaus; eine eingezogene Apsis schloß den von Bruno als »aula Dei« konzipierten Bau. Außen verliehen gestufte, die 6 Obergadenfenster umgreifende Blendbogen den Wänden Plastizität (unter den Seitenschiffsdächern noch sichtbar). Vorchor und Apsis nahmen eine Krypta nach dem Vorbild der Krypta des alten Kölner Domes auf. – 984 überbringt die Witwe Ottos II., Theophanu, den Leib des hl. Albinus aus Rom. Eine neue Hauptapsis mit wenig erweiterter Krypta, die den Grundriß ihrer Vorgängerin übernimmt, wird der Kirche angefügt. Im W verlängert man den Saal um etwa 8 m und errichtet das bis heute erhaltene Westwerk (ottonisch II).

Um die Mitte des 12. Jh. wurde die Saalkirche zu einer 3schiffigen Basilika erweitert. Umbau des südöstl. Querarmes, Anfügung der (1578 umgestalteten) Sakristei an der N-Seite und der Katharinenkapelle mit Antoniuskrypta zwischen SO-Querarm, 1216. – 1488 Beitritt der Abtei zur Bursfelder Reformkongregation. Neubau der Apsis und Einzug eines Netzgewölbes in Hochschiff und Chor über neuem Obergaden 1620–22 durch Chr. Wamser (s. Mariä Himmelfahrt). 1673–84 residiert Kurfürst Maximilian Heinrich im Kloster und seinem barocken »Kaisersaal«. Mit der Aufgabe der Krypta 1695/96 wird der Lettner als Orgelbühne vor das nun abgemauerte Westwerk versetzt und der nördl. Querarm eingewölbt. Nach Einsturz des südwestl. Treppenturmes 1757 Abbruch seines nordwestl. Pendants, des südl. Emporengeschosses und der Vorhalle; die Turmstümpfe und der neuerrichtete Mittelturm erhalten 1766–68 Barockhauben. Zuletzt, 1779, der Flügelbau zwischen dem Westwerk und dem inneren spätgot. Klostertor aufgeführt.

1802 Auflösung der Abtei. Die nunmehrige Pfarrkirche seit 1819 ev. Garnisonkirche, seit 1922 wieder kath. Pfarrkirche. Bis auf 2 Joche mit dem sog. Kapitelsaal darüber Abbruch des nördl. gelegenen Kreuzganges und eines großen Teils der Klostergebäude 1820. 1833 der Haubenkopf des Hauptturmes zur Aufstellung eines optischen Telegraphen für die Linie Berlin-Koblenz abgenommen (vgl. auch Köln-Flittard). Unter den denkmalpflegerischen Maßnahmen gilt die wichtigste dem Rückgewinn der äußeren Gestalt des Westwerkes 1890–92. – Im 2. Weltkrieg schwere Bombenschäden. Der Wiederaufbau von St. Pantaleon durch W. Hartmann und W. Weyres im wesentlichen 1962 abgeschlossen. Dabei die Krypta verändert wiederhergestellt, nach Rückversetzung des Lettners das Westwerk wieder zum Mittelschiff geöffnet und in diesem eine Flachdekke eingezogen. Sakristei erweitert.

Äußeres. St. Pantaleon stellt sich heute als 3schiffige Basilika dar mit polygonaler Hauptapsis und weiten, halbrunden Nebenapsiden an den niedrigen Querarmen, dazu einem 3flügeligen, 3türmigen *Westwerk*. Dessen äußere Erscheinung ist zwar das Resultat der Rekonstruktion vom Ende des 19. Jh., die sich hauptsächlich durch die halbe Verkürzung der Vorhalle von dem (durch Abbildungen gut belegten) Originalzustand (ottonisch II) unterscheidet. Dennoch vermag die sich in streng gegliederten Körpern auftürmende Baugruppe den Eindruck imperialer Größe zu erwecken. In einem weitgespannten Rundbogen öffnet sich die 2geschossige, übergiebelte Vorhalle, das Paradies, gleich der ihr nachgebildeten von Münstereifel. Ihre Fassade war ursprünglich mit monumentalen Nischenfiguren nach einem nicht mehr faßbaren Programm großartig bereichert (Relieffragmente von einem Christuskopf, 2 weiteren Köpfen und 2 Engeln im Kapitelsaal). Eine direkte Parallele in der Zeit um 1000 ist bislang nicht bekannt.

Wandnischen auch in den inneren Langwänden der tonnengewölbten Vorhalle (heute nur noch je 2 statt 5 Nischen). Die 2geschossige Gliederung durch Stockgesimse oberhalb von Rundbogenfriesen auf Konsölchen umgreift auch, über die (noch originalen) rechteckigen Untergeschosse der Winkeltürme fortlaufend, die Querarme des Westwerks; die senkrechte Teilung durch Tufflisenen hinter Rotsandsteinpilastern mit trapezförmig einschwingenden Kapitellen, hier allerdings 2- statt 3achsig. Das zeltdachgedeckte Vierkantmassiv des Hauptturms mit 2 doppelbogigen, gekuppelten Klangöffnungen an allen Seiten überragt die Satteldächer der Westwerksarme und des Hochschiffs und wird von den beiden höheren Treppentürmen flankiert. Die Rundbogenfriese – die ersten in Deutschland – und Fensterbögen zeigen Wechsel von Tuffsteinen und röm. Ziegeln. – Die *S-Seite* der staufischen Nebenschiffe hat eine die nachgot. Fenster einfassende Blendbogengliederung und Konsolfries (Strebepfeiler nachträglich); im W-Joch ein rundbogiges Stufenportal, darüber ein kleines roman. Fenster. Unterhalb des nachgot. Obergadens (aus Ziegeln), hinter den Seitenschiffsdächern verborgen, ist die Wandgliederung des 10. Jh. (ottonisch I) noch vorhanden: einmal gestufte Lisenen, die einst 6 bzw. 8 Obergadenfenster umgriffen. Erinnerungen an vergleichbare Großgliederungen der konstantinischen »aula palatina« in Trier sowie Karls d. Gr. »aula regia« in Aachen dürften bestimmend gewesen sein. – Von den schmucklosen *Querarmen* hat der nördliche noch seine ottonische Nebenapsis, die des südlichen ist spätstaufisch mit großen Rundbogenfenstern (jetzt ohne Gewändesäulen erneuert). Die 3seitige, mittelschiffhohe *Apsis* von Chr. Wamser steht auf dem Unterbau der alten Apsis (ottonisch II), deren 2geschossige Gliederung dem gleichzeitigen Westwerk entsprach. Im Winkel von Chor und S-Apsis befindet sich die (wiederhergestellte) Katharinenkapelle des frühen 13. Jh.

Inneres. Den stärksten Eindruck vermittelt das im Innern völlig intakte *Westwerk*. Der durch beide Geschosse reichende, rechteckige Mittelraum mit (nicht urspr.) Flachdecke – 11 m breit, 9 m tief, 17,70 m hoch – öffnet sich dem (Mittel-)Schiff (wieder) in einem riesigen Rundbogen, während ihn seinerseits an den übrigen 3 Seiten Kapellenräume umlagern. Im N und S sind es untere und obere Kapellen mit Altarkonchen, die sich durch 2fache Rundbögen auf kräftigen Frei- und Wandpfeilern mit dem mittleren Raumschacht verbinden; im W hinter einer

gleichartigen Dreierarkade das Emporengeschoß der Vorhalle. Die unteren Kapellen – im N der Johanneschor, im S der Martinschor – erhielten erst im 12. Jh. Gewölbe. Bei aller Verwandtschaft mit dem Westwerk der Benediktinerkirche Essen-Werden übertrifft der Raum von St. Pantaleon dieses bei weitem. Gewaltiger sind seine Maße, wuchtiger seine Bauglieder, gesteigert noch durch den rotweißen Farbwechsel aller Bogen und der oberen Arkadenpfeiler (vgl. das von der Pantaleonskirche beeinflußte St. Michael in Hildesheim). War auch das Westwerk von St. Pantaleon mehrfachen Zwecken zugedacht – das Untergeschoß dem Taufsakrament (nachgewiesen) und dem Pfarrgottesdienst – und waren auch wohl hier die 3 Obergeschoßaltäre den Erzengeln geweiht (in Werden überliefert) und dienten zugleich als Sängeremporen, so wird die W-Empore vor allem mit dem Herrschersitz in der Achse des Mittelbogens (analog dem Karlsthron in der Aachener Pfalzkapelle) ausgestattet und also der kaiserlichen Familie insbesondere vorbehalten zu denken sein.
Im *Mittelschiff* mit seiner Breite von 12,60 m wurde zum 1. Mal der Saaltypus der frühen Kleinkirche zu monumentaler Größe gesteigert, wohl unter Anregung der kaiserzeitlich-röm. Aula (vgl. Trier), wie ja auch das Nischenmotiv und der Ziegeldurchschuß am Westwerk (ottonisch II) röm. Baukunst wiederaufleben läßt. Die fragmentarisch erhaltenen Rundbogenblenden der Chor- und Schiffswände schlossen im Unterschied zu den Außenblenden die Obergadenfenster nicht ein. Die jetzigen nachgot. Fenster wurden beim Wiederaufbau belassen; statt des Gewölbes schließt jetzt wieder eine (kassettierte) Flachdecke den einstigen Saal. Die beiderseitigen 5 Langhausarkaden sind erst in der Mitte des 12. Jh. bei Anlage der kreuzgratgewölbten Seitenschiffe ausgebrochen worden. An den Pfeilerrückseiten kapitellose Halbrundvorlagen mit verkröpften Kämpfern, von denen Wulstgurte (vgl. St. Cäcilien) zu den halbrunden Wandvorlagen herüberschlagen. – Die östl. *Querarme* kommunizieren mit dem Schiff durch große Scheidbogen. Der nördl. Peterschor ist bis auf die durch eine Wandverstärkung (17. Jh.) verengte Apsis und das neue Holzgewölbe unverändert „ottonisch I" (sein Portal-Tympanon, um 1160, jetzt im Schnütgen-Museum). In der W-Wand der Rest einer gekuppelten Arkade unter Überfangbogen. Sie verband das Obergeschoß eines Anbaues, das (nach H. Fußbroich) über einem tonnengewölbten Raum (ottonisch II) lag, mit dem

Querarm. Die 2geschossige Anlage erinnert in ihrem Aufbau und der räumlichen Verbindung mit dem Kirchenraum an die ebenfalls 2geschossige Anlage des sog. Kapitelsaales, der, nur wenig versetzt, vermutlich in ihrer Nachfolge errichtet wurde. Es könnte sich um ein Archiv oder eine Schatzkammer gehandelt haben. Der südl. Querarm, Pauluschor, ist mit Kreuzrippengewölbe und spätstaufischer Wandgliederung ausgerüstet: an der S-Seite 3 Kleeblattbogen auf Säulen, darüber ein Rundbogenfries und ein Laufgangsims, in der Oberwand 3 gestaffelte Rundbogenfenster. Die *östl. Apsis* Wamsers mit $^3/_8$-Schluß ist durch einen profilierten Triumphbogen vom Langhaus getrennt, dessen Zäsurwirkung infolge der fehlenden Einwölbung des Mittelschiffes heute strenger ist als vor dem 2. Weltkrieg. Die *Krypta* nimmt, wohl unbeabsichtigt, die Grundrißdisposition der ottonischen Anlage weitgehend auf (H. Fußbroich). Sie war nach 966 als Grabanlage für den 965 verstorbenen Klostergründer, Erzbischof Bruno, errichtet worden. Seine Gebeine ruhen heute wieder an urspr. Stelle in einem schlichten röm. Sarkophag, für den S. Hürten eine neue Abdeckung schuf. Die Scheitelnische, die durch Erweiterung einer Fensternische gewonnen worden ist, wird von spätstaufischen Zierrippen und einer Blendarkatur aus Spitzbogenwülsten auf Säulchen belebt. Die niedrige, flachgespannte Decke aus Beton und der westl. Raumteil zwischen den Niedergängen des 10. Jh. aus dem Chor sind modern.

Im Westwerk Ausstattung der 60er Jahre: Fußbodenmosaik von E. Hillebrand, Türflügel von Th. Heiermann, Deckenbild (die Himmelsstadt) von G. Kadow, Siebenarmiger Leuchter von R. Bendgens, Sockel und Lichterkranz des Vesperbildes aus dem 15. Jh. in der S-Kapelle von P. Nagel. – Seit der Rückversetzung des *Lettners* (freilich ein Pfeilerpaar weiter östl. als zu Anfang) ist das spätmittelalterl. Raumbild der Pantaleonskirche vor der Wölbung des Mittelschiffes weitgehend zurückgewonnen. Im Verein mit dem Orgelprospekt von 1652 auf seiner Empore schafft der Lettner, selbst raumhaltige Architektur, in Langhaus und Chor unterschiedliche Raumquantitäten, ohne daß diesen zugleich noch die urspr. liturgischen Qualitäten eigen wären. Wohl um 1503 von Abt Johann Lünninck gestiftet und unter brabantischem Einfluß entstanden, ist er mit bemerkenswerten Figuren geschmückt. An der Maßwerkbrüstung des auf 4 (erneuerten) Säulen nach W vortretenden Lettners befindet sich eine Sacra conversazione: Über dem mittleren Korbbogen steht die Madonna, umringt von den hll. Pantaleon und Mauritius, den 4 Evangelistenfigürchen und 2 Mönchen, darunter Veronika mit dem Schweißtuch; zwischen den beiderseitigen maßwerkgefüllten Kielbögen Johannes Ev. und Quirinus. – Über dem neuen

Lettneraltar von E. Hillebrand ein Astkruzifix, 3. Viertel 14. Jh. Bemalung der Rückwand: Cl. Fischer. – In den Apsisfenstern 3 leuchtende, noch ganz mittelalterlich empfundene *Glasgemälde* mit Kreuzigungsgruppe und Heiligenfiguren von H. Bruin d. J., 1622, die letzten namhaften Glasmalereien in Köln. Davor der Pantaleonsaltar aus dem 18. Jh., Stuckmarmor und Holz. – Im südl. Pauluschor steht (an urspr. Stelle) eine moderne Tumba der Kaiserin Theophanu von S. Hürten, ferner ein (neu beschafftes) Altarretabel mit einer Kreuzigungsgruppe, flankiert von den Apostelfürsten sowie Katharina und Gertrud, Mitte des 16. Jh., aus dem Umkreis des Barthel Bruyn d. Ä. – Ebendort die beschädigten Ritterfiguren Graf Friedrichs IV. von Moers und seines Sohnes Vincenz von einem einstigen Doppelhochgrab aus der Werkstatt des Meisters Tilman van der Burch, Ende 15. Jh. – Im nördl. Seitenschiff eine Kalvarienberg-Tafel, niederrheinisch um 1510. – Neben dem prunkvollen Hochaltar von 1749 ist die gleichzeitige Kanzel zu nennen. – Wandgemälde des 12. und 13. Jh. aus Kirche und Krypta z. Z. im Pfarrhaus, außerdem der Rest eines ottonischen Mäanderfrieses.
Zum *Kirchenschatz* gehören die prachtvollen *Reliquienschreine* des hl. Maurinus, um 1170, mit seitlichen Engeln, Seraph und Cherub in Grubenschmelz und des hl. Albinus, um 1186, mit ausgezeichneten Giebelkämmen, verwandt denen des Annoschreins in Siegburg von Nikolaus von Verdun und dem Aetheriusschrein in St. Ursula. (Beide Schreine jetzt im Kapitelsaal aufgestellt). Während die szenischen Dachreliefs erhalten blieben, sind die seitlichen vollplastischen Figuren abhanden gekommen. – Ferner das sog. *Albertuskreuz,* um 1170, mit Emailornament und Gravierungen. Möglicherweise sind alle 3 Kunstwerke in der Abtei selbst gearbeitet. – 4stimmiges *Geläute* b°–c′–des′–f′ (1956/57).

Vom **Kreuzgang** Erzbischof Brunos sind eine 6bogige Arkade des O-Flügels auf mittlerem Pfeiler und 4 Säulchen mit gedrechselten Pilzkapitellen aus Kalkstein – den frühesten, soweit wir sehen – gerettet, wohl vor 965: der älteste Kreuzgangrest in Deutschland. Vom S-Trakt aus der Mitte des 12. Jh. stehen nur noch 2 stark restaurierte Joche. Sie sind überbaut vom *sog. Kapitelsaal* (die Obergeschoßlage u. a. in Karden a. d. Mosel), dessen 8teilige Rippenkuppel mit hängendem Schlußstein auf Wandsäulen, 2. Jahrzehnt des 13. Jh., eine technische und stilistische Vorstufe zum Dekagongewölbe von St. Gereon bildet.

Neubau von **Altersheim** und **Kindergarten** durch W. Hartmann z. T. auf dem alten Klostergrundriß im N der Kirche, umgeben von einer neugeschaffenen ausgedehnten Grünanlage. Die spätgot. Toreinfahrt von Sternengasse 3 hierhin übertragen. Ein Teil des alten Immunitätsbezirks wird so wirkungsvoll erschlossen.

Auf der S-Seite der Pantaleonskirche ist der Unterbau der 1094 geweihten, 1695 niedergelegten **Apostel-** oder **Hl.-Kreuzkapelle** Abt Hermanns I. ergraben: ein kreuzförmiger, tonnengewölbter (?) Saal mit Vierungskuppel und außen 3-, innen 5seitig gebrochener Apsis. – Vor dem Westwerk das Fundament eines über kreuzförmigem Grundriß mit

Apsidiolen in den Winkeln errichteten *Zentralbaues*. Der 8seitige Innenraum dürfte von Erzbischof Bruno zur eigenen Grablege bestimmt gewesen sein. Sein früher Tod verhinderte die Vollendung des bis dahin wohl nur im Fundament angelegten Baues. – Der Grundriß beider Bauten ist in der Pflasterung kenntlich gemacht.

Kath. Pfarrkirche St. Peter (Leonhard-Tietz-Str. 6)

Auf dem Gelände der röm. Thermen ist ein 3schiffiger (karoling.?) Kirchenbau (?) nachgewiesen (Grabungen von O. Doppelfeld 1953). Umbau im 10./12. Jh., Neubau einer geosteten Basilika Mitte des 12. Jh., deren W-Turm in den heutigen Bau von 1515–1525/30 mit einem südl. Kreuzgang (anstelle eines älteren) einbezogen wurde. – St. Peter war nachweislich Mitte des 12. Jh., wahrscheinlich schon 941 als Pfarrkirche dem benachbarten Cäcilienstift inkorporiert. Beide Kirchen galten im Mittelalter als Nachfolger der 1. Kölner Kathedrale, was die neuesten Forschungen jedoch eindeutig ausschließen. – Der Turm nach Blitzschlag gegen 1618 aufgehöht und von steilem Knickhelm bekrönt. – Der Kreuzgang 1849 beseitigt. Innere und äußere Instandsetzungen in den 60er und 80er Jahren des vorigen Jahrhunderts. 1925–28 Gewölbeausmalung al fresco von H. Zepter. – Schwerste Schäden im 2. Weltkrieg: alle Gewölbe in Mittelschiff, N-Empore und N-Seitenschiff eingestürzt, in S-Schiff und S-Empore zum Teil; große Bresche an der NO-Ecke des Altarraums. Nach Wiederaufbau durch K. Band mit flacher Holzdecke im Hochschiff, flacher Turmpyramide und neuen Dächern (mit geringerer Neigung als zuvor) seit 1960 wieder in Benutzung. Die Seelsorge ist 1957 den Jesuitenpatres übertragen worden, deren Niederlassung in einem modernen Backsteingebäude untergebracht ist. Mit dem kleinen Hof im S erinnert es an den ehem. Kreuzgang; im W ein größerer Hof mit Rundbogentor zur Cäcilienkirche.

Mit der nördl. gelegenen ehem. Stiftskirche St. Cäcilien bildet St. Peter die letzte erhaltene »Kirchenfamilie«, wie sie einst St. Gereon – St. Christoph und St. Georg – St. Jakob gleichfalls darstellten. – Der letzte got. Kirchenbau Kölns ist eine (heute nüchtern wirkende) Emporenbasilika mit roman. Westturm, dem im 17. Jh. ein zusätzliches Glockengeschoß in romanisierender Stilangleichung aufgesetzt wurde. Unter Verwendung eines westl. Teils der roman. N-Wand ist der einheitliche Neubau des 16. Jh. nach S erweitert, so daß der 3seitig umfaßte Turm nicht mehr auf der Längsachse der Kirche steht (Gesamtlänge im Innern 37,50 m, mittlere Breite 21 m). Sein weit unter dem heutigen Langhausniveau befindliches Erdgeschoß jetzt Taufkapelle. Die seitlichen Emporen der 6jochigen Pfeilerbasilika enden vor der letzten Travée, die darum querschiffähnlich wirkt. Das Mittelschiff war (vor 1942) bis in das 3seitige Chorpolygon hinein von einem ohne Zäsur durchlaufenden Netzgewölbe überspannt. Die Joche in Seitenschiffen und

Emporen sind mit mittenbezogenen Netzgewölben gedeckt. Arkaden, Emporenöffnungen und Gurte entweder gar nicht oder (wie die breiten Fenster) nur wenig gespitzt. Die Anlage der an 3 Seiten umlaufenden Emporen und der Verzicht auf den verselbständigten Chor sind Kennzeichen auch einer kath. Gemeindekirche im Zeitalter der Reformation, in der die Bedeutung der Predigt ihren zweckgebundenen Ausdruck findet.

● Ausstattung. Einen letzten Höhepunkt der mittelalterl. *Glasmalerei* in Köln bilden die leuchtend farbigen Fenster der Peterskirche, bez. 1528 und 1530; im Ornament herrscht bereits die Renaissance vor. Im mittleren Chorfenster die Kalvarienbergszene, darunter die Äbtissin Elisabeth von Manderscheid, von der hl. Cäcilia empfohlen; im nördl. Chorfenster die Kreuztragung, im südl. die Beweinung Christi, je mit Stiftern und Heiligen. Als interessant und geglückt erweist sich in den 60er Jahren der Versuch von H. Gottfried, Fr. Pauli und H. Lünenborg, in den Seitenschiff- und Emporenfenstern die alten Darstellungen in moderne Flächenornamentik einzubetten: im großen nördl. Fenster Petrus und Johannes d.T., es folgen St. Evergislus, St. Michael und die Epiphanie (19. Jh.); im großen südl. Fenster Jesus und Paulus, es folgen Mariä Verkündigung, Anna selbdritt und Paulus; zuletzt an der W-Seite Katharina sowie Johannes Ev. und Paulus. In den 6 Emporenfenstern Kölner Bischöfe der Frühzeit.
Das bekannteste Ausstattungsstück der Kirche ist die *Kreuzigung Petri* vom ehem. Hochaltar, eines der letzten Bilder von P. P. Rubens. Den Auftrag erteilte der Kölner Kunstsammler Everhard Jabach 1637 bei freier Themenwahl. Und Rubens wählte, was seinem Temperament entgegenkam und malte es in Erinnerung an die Pfarrkirche seiner Kindheit und an seines Vaters Grab in ihr. Pathos erfüllt das dramatische Geschehen: Unter Aufbietung aller Kraft bändigen die Schergen den athletischen Körper des Märtyrers (des »Athleta Christi«). – Weiterhin zu nennen eine Madonna des ausgehenden 14. Jh., die Messingtaufe von 1569 (die bekrönende Taufe Christi verloren) und das Eisengitter, 17. Jh., vor der früheren Taufkapelle. – Die expressionistische Ausmalung H. Zepters in 3 Gewölben noch vorhanden. Auf Grau und Grün abgestimmt, paßt sich ihr vorwiegend ornamentaler, textilartiger Vortrag gut in die Netzstruktur ein. – Beachtenswerter *Kirchenschatz* aus spät- und nachgot. Zeit; darunter eine vorzügliche Reliquienbüste des hl. Aloisius aus Silber, z.T. vergoldet, um 1638, aus St. Mariä Himmelfahrt. – Im N *Bronzetür* von K. Burgeff (Darstellung des Sündenfalles). – Im W-Turm 3 größere alte *Glocken* von 1416 (aus St. Maria Ablaß), um 1560 (aus St. Cäcilien) und 1393, außerdem kleines Wandlungsglöckchen (1700 von J. Wickrath) aus dem kriegszerstörten Chordachreiter.

St. Petrus Canisius → Gereonstraße.

Kath. Pfarrkirche St. Severin (Severinskirchplatz) ●
Die Kirche mit dem 3. uns bekannten Kölner Bischof zum Patron ist eines der ältesten Gotteshäuser der Stadt. Seine vielschichtigen Frühepochen bietet der Ausgrabungsbereich unter dem Langhaus sehr eindrucksvoll und anschaulich dar. St. Severin nimmt seinen Ausgang von einem zunächst noch heidnischen Gräberfeld des 1.–3. Jh. n. Chr., dann christlichen Coëmeterium des 4. Jh. an der röm. Fernstraße nach Bonn, weit vor dem S-Tor der CCAA. Seit dem späteren Mittelalter akzentuieren seine 3 Türme die Stadtveduten im S.

Kern der Baufolge ist ein Saal mit gewesteter Apsis von 11,60 m Länge und 7,60 m Breite (Periode I). Die zahlreich im Mauerwerk eingestreuten Spolien von heidnischen Grabdenkmälern legen eine Datierung des Memorialoratoriums in das ausgehende 4. Jh. nahe, in eine Zeit, in der Severin, der Zeitgenosse des hl. Martin von Tours († 397), hier der Überlieferung nach die 1. Kirche gebaut hat. Die Ansicht der Ausgräber (Fr. Fremersdorf und P. A. Tholen), es handele sich um eine Märtyrermemorie, ist abzulehnen. Noch in der Spätantike oder erst im 6. Jh. (?) wird Bau I zu einer 3schiffigen, 18,35 m breiten Anlage (Bau II) mit einer öst. Vorhalle erweitert. In dieser glaubt Fremersdorf (zu Unrecht) das Grab des hl. Severin gefunden zu haben. Wohl erst um Mitte des 8. Jh. wird der Erweiterungsbau auf Kosten einer Fachwerkeinfriedung des 6. Jh. (III) nach W verlängert und mit einem rechteckigen Altarraum ausgestattet (Länge 37 m; Periode IV). Damals schon wird sich bei der Kirche, die 804 bereits ihren heutigen Namen führt, ein Konvent von Weltgeistlichen gebildet haben. 866 erscheint St. Severin in der sog. Guntharschen Teilung nach Dom und St. Gereon an 3. Stelle unter den Stiftskirchen der Erzdiözese. Im selben Jahrhundert kommt es zu dem folgenreichen Neubau einer 4achsigen Pfeilerbasilika (V), indem bei wenig verbreitertem Mittelschiff ein Chorrechteck mit unbekanntem Schluß nun im O errichtet wird und nach Planwechsel im Anschluß an die Seitenschiffe wenig ausladende, mit der Chor-O-Seite übereingehende Pastophorien angefügt werden; dazu im W ein weiträumiger, quergelagerter W-Bau (kein Gegenchor; vgl. die urspr. Stiftskirche in Vreden). Unter dem O-Chor legt man in einem tonnengewölbten Längsstollen, mit dem Hochaltar durch 2 Fenestellae verbunden, eine Confessio an, in deren Grab der hl. Severin gebettet wird. Wohl durch den Normannensturm 881 verzögert, wird der Bau erst mit der Weihe 948 vollendet. Die gegenwärtige Anlage der Confessio mit 2 begleitenden, zum westl. Querstollen führenden Gängen datiert aus der Zeit des Langchors mit 3schiffiger Hallenkrypta, Weihe 1043 durch Erzbischof Hermann II. Hierzu gehören auch die beiden Chorkapellen samt ihren Krypten (allein im N erhalten) und die Veränderung der östl. Querarme der Oberkirche. Die Chorapsis dürfte von 2 Türmen, den Vorgängen der heutigen, flankiert gewesen sein. Hinter dem Maria geweihten Hauptaltar der Krypta wird damals wiederum ein Bodengrab für den Kirchenpatron mit Fenestella-Verbindung zum neuen

Hochaltar angelegt. Verlängerung von Chor und Krypta und Neuerrichtung der beiden Seitentürme noch in der Nachfolge von St. Gereon und Bonn, St. Martin, geweiht 1237. Im Anschluß daran wird anscheinend mit langer Bauzeit ein frühgot. Langhaus unter Benutzung der Seitenschiffwände des 9./10. Jh. und in den Abmessungen des heutigen spätgot. Langhauses mit einem W-Turm aufgeführt; anschließend die südöstl. Margarethenkapelle oder Stiftssakristei, mit der Johann Baptist geweihten Krypta an der Stelle der salischen Flankenkapelle. In der 2. Hälfte des 14. Jh. folgen der Ausbau der östl. Treppentürme sowie 1393–1411 der neue W-Turm. Den alten roman. Ambitus auf der N-Seite der Kirche ersetzt in der 1. Hälfte des 15. Jh. der spätgot. Kreuzgang. Schließlich, 1479, wird noch einmal ein Um- und Neubau des basilikalen Langhauses in Angriff genommen, der sich mit der südl. Pfarrsakristei und der Stiftsbibliothek darüber bis ins neue Jahrhundert hinzieht. Die Barockisierung des Inneren von 1768–70 betrifft hauptsächlich die Umgestaltung der »Vierung«. Mit der Aufhebung des Kollegiatstifts 1802 gelangt die Kirche an die Pfarrgemeinde, die sich nach langem Sträuben aus Armut zum Abbruch des Kreuzganges mit Ausnahme des S-Flügels und der beiden westl. und östl. Anschlußjoche entschließen muß. Zwischen 1879 und 1887 umfängliche Instandsetzungen, dabei die Pfarrsakristei in einen Eingangsraum verwandelt. 1890 die Confessio wiederaufgefunden. – Historistische Ausmalung unter Anlehnung an die spätmittelalterl. Befunde. Zum Abschluß der Arbeiten entsteht 1906–08 der neue W-Turmhelm nach dem Muster des Trierer St.-Gangolf-Turmes. Planmäßige Ausgrabungen seit 1925, vor allem 1938–43. Neue Ausmalung von H. Zepter in den 30er Jahren. Im 2. Weltkrieg Zerstörung durch Sprengbomben: die O-Seite des Turmes und die anschließenden Langhausgewölbe betroffen, Schäden auch im Chor. Wiederaufbau 1947–50 durch K. Band. Der Helm des W-Turmes 1961 ohne die neugot. Zutaten aufgesetzt, gleichfalls die Spitzen der O-Türme vereinfacht erneuert. – Sicherungs- und Restaurierungsmaßnahmen seit 1968, 1980 im wesentlichen beendet. Nach Erneuerung der Gewölbe des Kreuzgang-S-Flügels Ergänzung des W-Traktes zu 4 Jochen und Wiederherstellung des Quadrums durch moderne Baukörper 1957–59. – Die nördl. Seitenkrypta jetzt Taufkapelle.

Die besondere, überregionale Bedeutung von St. Severin beruht auf einer zweifachen, greifbar demonstrierten Kontinuität: auf der seit der spätantiken Missionszeit bis zur Säkularisation nicht abreißenden christlichen Bestattung und auf der ununterbrochenen Pflege des eucharistischen Opfers bis zum heutigen Tag, einsetzend mit einem die Lage und die südöstl. Ausrichtung aller Nachfolgebauten bestimmenden Oratorium. Dazu läßt sich exemplarisch der Wandel in der Verehrung des Kirchenpatrons vom karoling. Altargrab in der Confessio über ein Tumbagrab in der Hallenkrypta, 1. Hälfte 11. Jh., über die Umbettung in einen goldenen Reliquienschrein, Ende des

11. Jh., bis zu dessen erhöhter Placierung hinter dem Hochaltar, 1237, verfolgen. Hinsichtlich der 1. Grablege St. Severins wird mit der Sarkophagbeisetzung in einer Grabkammer zu rechnen sein (vgl. die frühchristl. Bischofsgräber in Trier).

Äußeres. Das Erscheinungsbild der gegenwärtigen Kirche ist ein Konglomerat ablesbarer Architekturepochen. Das spätgot. basilikale Langhaus und der fast ein Säkulum ältere W-Turm sind die größten Bauunternehmen des spätmittelalterl. Köln. Als einzige der staufischen *Apsiden* ist die von St. Severin außen polygonal in 5 Seiten des Zehnecks gebrochen. Über dem hohen Basaltsockel baut sie sich in 2 Geschossen auf, wobei die Stockgurte die sonst schmucklosen, 4kantigen Flankentürme in die Zweiteilung miteinbeziehen. – Die in der Substanz salischen Wände des *Langchores* und die Stirnseiten der wenig ausladenden, niedrigen Querarme zeigen die Schmuckformen der Apsis vereinfacht; im Giebel 3 Nischen. – Die Strebebögen und unteren -pfeiler des *Langhauses* sind im 19. Jh. zugefügt. In der äußeren S-Seitenschiffswand stecken noch Fensterlaibungen des 13. Jh., in der nördl. sind außen und innen ziegeldurchschossene Fenster- und Türbögen des 9. oder 10. Jh. konserviert. – Niederländisch-niederrheinisches Gepräge weist der mächtige *W-Turm* von nur 2 Geschossen auf – der südlichste Repräsentant dieses Typs. Material: Tuffsteinverkleideter Ziegel, welch letzteren unkaschiert zu verwenden Köln lange gezögert hat. Das dekorlose Untergeschoß von Mittelschiffshöhe öffnet sich an der Frontseite (wie bei dem 1369 bereits vollendeten Turm der Duisburger Salvatorkirche) in einem riesigen Gewändebogen, der das 2achsige Portal mit dem 4bahnigen Maßwerkfenster zu einer Einheit zusammenbindet. Der neue Helm greift die schlichte Achteckspitze des mittelalterlichen wieder auf.

Inneres. Das Turm-Erdgeschoß erschließt sich in voller Höhe dem 2zonigen *Mittelschiff* (Gesamtlänge: 76,50 m). Das Netzgewölbe in den 4 Jochen des Hochschiffes und in der »Vierung« ist mittenbezogen konstruiert und ruht auf halbrunden, von dünnen Rippendiensten begleiteten Gurtdiensten. Die Bündelpfeiler, von denen das westl. Paar aus der frühgot. Basilika beibehalten ist, sind aus 4 alten und 4 jungen Halbsäulen gebildet. Die Fenster sind 3bahnig und im S-Schiff mit aufwendigerem Fischblasen- und Dreipaßmaßwerk ausgestattet. – Die bis 1879 flachgedeckten *Querarme* kommunizieren mit der »Vierung« durch Zwillingsbögen auf Säulen mit 8eckigen spätgot. Kämpferkapitellen und seitlichen Pilastern. Eine doppelbogige, gekuppelte Öffnung auf einer Mittelsäule vermittelt auch zwischen der hochgelegenen *Severinuskapelle* und dem nördl. Querarm. Das korinthisierende Bossenkapitell (Kopie) mit architraviertem Kämpfer erinnert an ähnliche Formen in der Damenempore von St. Marien im Kapitol. Der quadratische Kapellenraum mit Altarapsis sonst im 19. Jh. völlig erneuert.

Der Gurtbogen der beiden Kreuzrippengewölbe im *Langchor* stützt sich auf eine von Diensten flankierte Rechteckvorlage, deren Eckblattbasen auf reichverzierten Blattkonsolen, eng verwandt denen des Bonner Münsters, sitzen. Die beiden mit Achtpaß ausgesetzten Rundfenster wurden im 14. Jh. vermauert. Die *Apsis* zeigt bei großem Detailaufwand zum letzten Mal das statisch durchdachte System der kölnischen »Etagenchöre« staufischer Baukunst mit unteren Wandnischen und oberem Laufgang (vgl. Groß St. Martin). Das Halbrund der Konchenwand erscheint wegen der die zugespitzten Gewölberippen tragenden Dienste als mehrseitig gebrochen. Bes. reizvoll ist die Gewölbebildung der tiefen Scheitelnische mit dem Aegidiusaltar. Es ist eine der Kryptanische von St. Pantaleon ähnliche Rippenkuppel mit hängendem Schlußstein auf Konsolen und wulstigen, um das Rosettenfenster herumsteigenden Schildbögen.

Die 3jochige *Sakristei* (Margarethenkapelle) des frühen 14. Jh. mit 3achsigen Maßwerkfenstern hat 100 Jahre jüngere Rippengewölbe mit barocken Schlußsteinen (1683).

Krypta. Die Parallelstollen der Severinus-Confessio (s. o.) leiten in die Seitenschiffe der Langkrypta, deren westl. 5 Joche des 11. Jh. auf quadratischen Pfeilern in 3 höheren Jochen auf spätroman. Achteckpfeilern mit Würfelkapitellen Fortsetzung finden. Die so früh schon zwischen Gurten eingespannten Kreuzgratgewölbe werden aber bereits nach dem 4. Pfeilerpaar von Gewölben mit Wulstrippen – im östl. ein großer hängender Schlußstein – abgelöst. In den beiden östl. Zwickeljochen der Apsis kommen die ersten deutschen Rippendreistrahl-Gewölbe vor. – Von der *Kryptaausmalung* des auslaufenden 13. Jh. blieben leidlich gut erhalten im Gewölbe über dem Marienaltar Verkündigung und Krönung Mariae, ferner Katharina und Agnes je mit einem Engel. Besser als Geburt, Anbetung der Hirten und bethlehemitischer Kindermord im nördl. 3teiligen Gewölbe sind Darstellung im Tempel, Anbetung der

Könige und Flucht nach Ägypten überkommen. Weitere Bilder in den östl. und südöstl. Fensterlaibungen. 2 Kreuzigungsgruppen des zeitigen 15. Jh. in der südl. Nebenkrypta.

Ausstattung. Seit der Weihe 1237 steht der Schrein des Bischofs Severin hinter dem Hochaltar erhöht auf 4 Säulen mit spätroman. Blattkapitellen. Den Goldschrein vom Ende des 11. Jh. (heute im Kirchenschatz) vertritt seit 1819 eine 1936 umgearbeitete, vergoldete Kupfer-Lade mit wenigen Originalteilen. Im Chorboden der Rest geometrisch verlegter Platten, Mitte des 12. Jh., in Opus alexandrinum aus gelblichweißem und schwarzem Marmor (vgl. St. Kunibert). Vom Ende des folgenden Jahrhunderts stammt das figürlich und ornamental beschnitzte Chorgestühl der Stiftsgeistlichkeit mit 62 Sitzen in beiderseits 2 Reihen. Darüber in den vermauerten Rundfenstern die 1978/79 restaurierten Wandbilder mit Marienthemen, im 19. Jh. den beschädigten Vorgängern des 14. Jh. nachgeschaffen. Die von Engeln geblasenen Tuben öffnen sich in sog. Schalltöpfe, im Mittelalter eingemauerte offene Gefäße zur Verbesserung der Akustik. Links im Chor eine »arca reliquiarum« von 1383 nach Art eines Wandschrankes und rechts ein ungewöhnlich spätes Wandtabernakel, gegen 1607. – Im W-Fenster des S-Schiffes das Glasgemälde eines Kalvarienberges, Anf. 16. Jh., Umkreis des Meisters von St. Severin. Am südöstl. Langhauspfeiler eine Madonnenfigur mit Kind, Kalkstein um 1280–90. Im südl. Querarm ein ausdrucksstarkes *Gabelkruzifix,* um 1330–40, in der Nachfolge des Crucifixus dolorosus von St. Marien im Kapitol. Gute Epitaphien. Unter den Altargemälden ist die im geschlossenen Garten zwischen den hll. Severin und Bartholomäus thronende Muttergottes des A. Woensam, bez. 1530, hervorzuheben. – Im östl. Schildbogen der Sakristei das Wandgemälde einer Kreuzigungsgruppe mit Heiligen vom Veronika-Meister, 2. Jahrzehnt des 15. Jh. (Das dem Maler seinen Namen leihende Tafelbildchen mit der hl. Veronika gelangte aus St. Severin in die Alte Pinakothek München.) Vorzüglich die beiden *Altarflügel* mit den hll. Agatha und Cornelius sowie Stephanus und Helena, reifste Werke des Meisters von St. Severin, Anfang 16. Jh. – In den beiden Querarmen werden die 18 Tafelbilder mit dem Leben des Kirchenpatrons, um 1500 gemalt vom gleichen Meister, ihren neuen Platz finden. – Der *Kirchenschatz* bewahrt vom Reliquienschrein des hl. Severin, dem einst kostbarsten der Kölner Schreine nächst dem der Hll. 3 Könige, gestiftet von Erzbischof Hermann III. (1089–99), ein überaus kostbares Goldmedaillon mit der Sitzfigur des Kirchenpatrons in Zellenemail. – Aus der Mitte des 11. Jh. ein (nicht mehr vollständiges) Vortragekreuz mit Kreuzreliquie, an dem 2 orientalische Kristallfläschchen hängen. Weiterhin das Corneliushorn, 2. Hälfte des 14. Jh., und der Severinusstab, Ende des 15. Jh. – *Geläute* des'–es'–f'–ges', 1771 von M. Legros, ges' nach Kriegszerstörung neu (1959).

St. Trinitatis, ev. Pfarrkirche (Filzengraben 6). 1857–60, in den Jahren, in denen sich das Dominnere seiner Vollendung im hochgot. Stil näherte, und sein Baumeister E. Fr. Zwirner die Synagoge in der Glokkengasse im maurischen Moscheenstil errichtete (1857–61; zerstört), entstand der erste ev. Kirchenbau in der Kölner Altstadt, Kölns größte ev. Kirche überhaupt. Der Schinkel-Schüler Fr. A. Stüler baute sie im Stil des Berliner Spätklassizismus als Emporenbasilika in Ziegelstein, ein Bautyp, der von Friedrich Wilhelm IV. besonders geschätzt wurde. – Die Giebelseite mit Radfenster und zierlicher Säulenvorhalle ist in Anpassung an die kölnische Sakralarchitektur mit Tuffstein verkleidet. Der schlanke, lisenengegliederte Campanile flankiert die rechte Langseite in Höhe des Chores. In allen Teilen flachgedeckt, ist das 4achsige Mittelschiff an 3 Seiten von Emporen umgeben und im S auf eine monumentale Apsis hin ausgerichtet. – Bis auf die Umfassungsmauern und den Turm gänzlich zerbombt. Der Wiederaufbau, fast genau in den alten Formen, doch ohne die farbenreiche Ausmalung, wurde 1965 beendet; Architekten: G. Eberlein, Fr. Renné. Die Stuckdecke schuf K. W. v. Borries. – H-Dur-Dreiklang-*Geläute* 1861 von Chr. Claren in Sieglar, 1962 mit 2 neuen Glocken auf h°–dis′–fis′–gis′–h′ vergrößert.

Kath. Pfarrkirche St. Ursula (Ursulaplatz 30)

Die »Kirche der heiligen Jungfrauen« – so ihr bis ins 17. Jh. gebräuchlicher Titel – liegt nördl. der röm. Stadt in einem antiken Gräberfeld an der Fernstraße nach Neuß. Laut erhaltener Inschrift in der südl. Chorwand hat Clematius, ein Mann von Senatorenrang, um 400 die »basilica« an der Stelle, »wo heilige Jungfrauen ihr Blut für Christi Namen vergossen haben«, von Grund auf wiederhergestellt. Dieser Bau setzt demnach eine wohl im Frankensturm d. J. 355 verheerte Totenmemorie voraus. Die Grabungsbefunde (von P. A. Tholen 1942/43 und E. Kühnemann 1960–62 und 1965/66) führen zu folgendem Ergebnis: Die 1. Anlage war ein 3schiffiger Steinbau mit halbrunder O-Apsis von 28 m Länge. Vermutlich ruhte die Dachkonstruktion auf Holzständern, die das Langhaus in 3 ungleich breite Schiffe teilten. Die Mittelschiffsbreite betrug 8,2 m, das S-Schiff übertraf das 2,5 m breite N-Schiff um einen halben Meter, wobei seine Weite nach W hin merklich zunahm. Die Unregelmäßigkeit der Fundamentabstände von etwa 2 m wird durch die Positionen der Stützen ausgeglichen worden sein. Die Apsismauer wurde durch eine innere Mauerschale (keine Priesterbank!) nachträglich verstärkt, welche die Apsis auf die Mittelschiffsbreite verengte und weiterhin ihre (zunächst wohl kaum beabsichtigte) Einwölbung erlaubte. Die Fortsetzungen beider Seitenschiffsmauern nach O könnten einen Hof (zum Aufenthalt von Pilgern?) umschlossen haben. Der Wiederaufbau des Clematius dann, dem wohl neben der Erweiterung des S-Seitenschiffs auf 5 m ein westl. Narthex von 8 m Länge zugewiesen werden könnte, dürfte als wesentliche Neuheit ein Bema vor der Apsis erhalten haben, wie solche amboartigen Einbauten aus der Trierer Doppelbasilika, Boppard und dem Dom bekannt geworden sind. Daher erscheint eine Datierung um 400 glaubhaft. Unter dem 7,3 m langen Gang von O in das 2,7 m große Rund des Bema wurde ein bereits entleerter röm. Sarkophag gefunden, der mit der Bestattung der Märtyrerinnen in Verbindung gebracht werden könnte.

Sind auch Bautätigkeit oder Altarweihen vor dem 12. Jh. nicht überliefert, so setzen immerhin im 9. Jh. die schriftlichen Belege zum Kult der Märtyrerinnen ein. Und schon bald werden neben der Elfzahl 11 000 Jungfrauen genannt, im späten 10. Jh. Ursula an ihrer Spitze. Es ist dies auch das Jahrhundert, in dem sich die rührende Legende vom Glaubenstod der schönen Königstochter aus England und ihres Gefolges zu bilden beginnt. Vor diesem Hintergrund wird man die Versetzung von Kanonissen durch Erzbischof Hermann I. 922 aus dem von den Ungarn kurz zuvor zerstörten Stift Gerresheim nach St. Ursula sehen müssen. Hinzu kommen Schenkungen, von denen die nahegelegene Marienkirche (die nachmalige Pfarrkirche St. Maria Ablaß), 927, und die Überweisung der Apostelkirche, 980, die wichtigsten sind. Die Grabungen liefern für diese Zeit außer einer stark gestelzten südl. Nebenapsis nur einen, allerdings höchst belangreichen Beitrag: Über einem karoling. Memorienaltar und dem Bema wurde eine mächtige Memorialanlage von T-förmigem Grundriß gemauert, der 11 trapezförmige »loculi« (120 × 30 cm) enthielt – je 3 Gebeinkammern in 2 Reihen, 5 in einer 3. westl. Reihe.

Neuen Aufschwung erhält die Verehrung der Märtyrerjungfrauen, als bei der Stadterweiterung von 1106 unzählige Bestattungen auf dem »ager Ursulanus« zutage treten. Und damit hebt ein emsiges Suchen nach Märtyrergebeinen, für die man sie ansieht, auch unter der Kirche an (sehr zum Nachteil der heutigen archäologischen Forschung). Hauptbeteiligte sind 1121 der hl. Norbert von Xanten (s. St. Gereon) und 1155–64 die Äbte von St. Heribert in Deutz. Aus den ersten Jahrzehnten des 12. Jh. stammt die 3schiffige Emporenbasilika mit Nebenapsiden an den östl. Querarmen und einem langgestreckten, kryptalosen Hauptchor über dem einheitlichen Basaltfundament. Das ungefähre Bauende dürfte die Weihe des Cordula-Altars von 1135 im Erdgeschoß des W-Baues bezeichnen. Die Memorialanlage mit den 11 Loculi hat man damals beseitigt und den neuen Kreuzaltar mit einer Fundamentaussparung als Confessio über der spätantiken Apsis vor dem Langchor plaziert. Im 1. Viertel des 13. Jh. erst erfolgt der Ausbau des W-Turmes, erneuert 1436; der Agnesaltar auf der Jungfrauenempore um 1230 dotiert. In der 2. Jahrhunderthälfte wird das angeblich 1287 geweihte got. Chorhaus errichtet. Es folgen noch vor 1300 der Anbau eines 2. S-Schiffes, die sog. Marienkapelle, die Ende des 15. Jh. noch einmal umgebaut wird, und Anfang des 14. Jh. die Einwölbung des Mittelschiffes. Einschneidend sind die Veränderungen von 1642/43 und 1657, die den Lettner entfernen, die Emporen in den jetzt eingewölbten Querarmen ausbrechen und diese querschiffähnlich zum Mittelschiff öffnen und endlich die östl. Nebenkapellen – Nikolaus im N, Johann Baptist im S – durch größere Neubauten ersetzen. Hinzu tritt anstelle der kleinen, 1528 erwähnten »gulden kamer« die gegenwärtige Schatzkammer im Winkel von W-Bau und äußerem S-Schiff. Aus dieser Zeit wohl auch das südl. Emporengewölbe. Nach dem Brand von 1680 erhält der Turm seine charakteristische Haube mit der »Ursula-Krone«. Ende des 18. Jh. wird der Chor umgestaltet: das Polygon füllt eine Rundapsis, deren Malerei einen spätbarocken Hochaltar umgibt.

1802 wird das freiadelige Damenstift aufgehoben und sein Gotteshaus der Maria-Ablaß-Gemeinde als Pfarrkirche zugewiesen. Der Kreuzgang in der Folge abgerissen. Mehrfache Restaurierungen: dabei 1873–77 die Front von Turm und »Goldener Kammer« romanisierend bzw. gotisierend ausgestaltet, die nördl. Hälfte der Erdgeschoßhalle zur Sakristei abgetrennt, eine Hilfskonstruktion zur Stütze der Turm-O-Seite eingezogen und die N-Empore eingewölbt; 1882/83 die Querarmkapellen neuromanisch umgestaltet; 1889 der Langchor regotisiert, das gesamte Innere historistisch ausgemalt (J. Osten). 1930 neue Ausmalung von H. Dieckmann. – Brand und schwere Bombenschäden im 2. Weltkrieg: die Gewölbe in Hochschiff (bis auf das Chorhaupt), in Querarmen, N-Empore und beide südl. Seitenschiffe z. T. eingestürzt; die südl. Chorwand aufgerissen. Der Wiederaufbau unter Leitung von K. Band bis 1966 ersetzt die Gewölbe durch eine Stichbogentonne im Mittelschiff und Flachdecken in den Querarmen aus Holz. Die Barockhaube in alter Form aufgebracht. Die Nebenapsiden über den roman. Grundmauern wieder hochgezogen; im äußeren S-Schiff die neue Sakristei eingebaut, 1971–74 Erneuerung der Vorhalle mit 2. Schatzkammer im NW-Joch. Die neuroman. Blendgliederung der äußeren W-Wand nicht wiederhergestellt. Ausmalung von H. Heider.

Von St. Ursula nimmt der über das ganze Abendland verbreitete Kult der hl. Märtyrerin und ihrer Gefährtinnen seinen Ausgang. Ihr Ruhm findet als 11 Flammen Aufnahme in das Kölner Stadtwappen, und Ursula wird zur Patronin der weiblichen Bürgerschaft. Einzigartig ist das Reliquiengehäuse der Goldenen Kammer. Architektonisch verdient die Kirche besondere Würdigung als früheste Emporenbasilika am Niederrhein, bei der zudem die Querarme mit Emporen gefüllt waren. Bestimmend für den Aufbau war die (1067 geweihte) normannische Abteikirche Jumièges.

Äußeres. 3 Baukörper bestimmen das Bild des Gotteshauses. Dabei vermittelt das basilikale *Langhaus* der Romanik mit seinem südl. angegliederten got. Trakt zwischen dem got. Chorhaus mit seinem höheren Satteldach und dem roman. W-Bau mit seinem alles überragenden Turm und der Barockhaube. – Den Langhaus-Obergaden schmückt eine Bogengliederung, bei der je ein Rotsandsteinpilaster mit 2 (urspr.) Kalksintersäulchen wechselt und diese jeweils die etwas höheren Rundbogenfenster flankieren; die Kapitelle mit ionisierenden und korinthisierenden Formen neben solchen mit roman. Würfeln zumeist erneuert. Nur an der N-Seite treten das alte Seitenschiff und der niedrige Querarm mit 2geschossigen Rundbogenfriesen in Erscheinung. Auf der S-Seite fluchtet der verlängerte Querarm mit dem äußeren S-Schiff und der Goldenen Kammer. – Der mächtige *W-Turm* löst sich aus dem doppelstöckigen W-Bau in 2 Freigeschossen, die von zarten, 3achsigen Blenden gegliedert sind: unten spitzbogig und oben, wo sich in jedem Feld biforale, gekuppelte Schallöffnungen befinden, mit Rundbögen geschlossen. Die vorgeblendeten Erdgeschoßarkaden (ganz erneuert) bezeichnen den einstigen Anschluß des östl. Kreuzgangflügels. Eine kreuzüberhöhte Bügelkrone, das Wahrzeichen der königlichen Märtyrerin, ziert die 8eckige Turmhaube. – Der *Chor* ist von dreimal abgetreppten Pfeilern mit Satteldächern umstellt. Das Kaffgesims der symbolisch gemeinten 11 Fenster ist als Laufgang ausgebildet, für den die Strebepfeiler nach dem Muster der Minoritenkirche durchbrochen sind. Zuoberst ein kräftig profiliertes Kranzgesims. Die Sattelbekrönungen der Strebepfeiler ersetzen neugot. Fialen. Firstkamm und Eckknäufe von K. M. Winter.

Inneres. Die Gesamtlänge der Kirche beträgt 56,50 m, davon entfallen auf den Chor 20,30 m. Wegen der die westl. Querachse einnehmenden Damenempore verbleiben von den 4 Langhausachsen für die untere Raumzone optisch noch 3 Querachsen mit Rundbögen auf stämmigen Vierkantpfeilern. Ursprünglich waren es jedoch deren 5; durch den Ausbruch des östl. Pfeilerpaares im 17. Jh. sind die beiden östl. Bögen auf jeder Seite durch querschiffartige Öffnungen ersetzt (vgl. dagegen die Querarme von St. Severin). Auch im Emporengeschoß sind die gekuppelten Triforien (wegen der Empore) auf nur 3 Achsen beschränkt. Die Triforien stützen sich bei betonter Mittelarkade auf Säulen mit Würfelkapitellen und Wandpfeiler. Auf den Kämpfern der Mittelschiffpfeiler fußen flache Pilaster, deren Kämpfer in halber Höhe zwischen Empore und Obergadenfenstern sitzen. Für den Verlust der got. Gewölbe (jetzt gewölbte hölzerne Kassettendecke) entschädigen die freigewordene Wandgliederung des 3. Geschosses – erhalten in allen 6 Langhausachsen – und damit die Rückgewinnung des gesamten roman. Wandaufrisses. Überraschenderweise sind es Halbrunddienste, deren Kapitelle einen Rundbogenfries tragen, und zwar in der Weise, daß jeder mittlere Bogen – wie außen – ein Fenster umfaßt (die Laubwerkfiguren-Kapitelle der got. Gewölbe hat man belassen). Die Seitenemporen setzten sich ehedem in den flachgedeckten Querarmen auf mittleren Vierpaßpfeilern fort; die Querarmapsiden waren dementsprechend 2geschossig (jetzt ungeteilt und niedriger). Die ehem. Marienkapelle mit spitzbogigen got. Blendarkaden ist leider von der neuen Sakristei zerteilt.

Die gesamte *W-Anlage* glich der von St. Mauritius. Die gedrückte, 2 Joch tiefe Erdgeschoßhalle, auf deren starken Pfeilern der Turm lastet, kann sich seit der neuerlichen Hinzunahme des nordöstl. Joches wieder freier entfalten, während der 2achsige Mittelteil auf zentralem Pfeiler durch eine Hilfskonstruktion für den Turm beeinträchtigt ist, zum besonderen Nachteil der östl. Mittelstütze mit ihren angefügten Voll- und Halbsäulen. Der kreuzgratgewölbte, nach den seitlichen Anräumen abgemauerte Jungfrauenchor im Obergeschoß erschloß sich einst zur vorgebauten Empore (jetzt durch Turmhilfskonstruktion und Orgel verstellt) in einem Doppelbogen auf einer Säule mit einem Kapitell (des 11. Jh.?) mit 3fachem Palmettenkranz. In der axialen W-Wandnische der von einem Rundbogen auf Säulen umrahmte Äbtissinnensitz.

Die Kreuzrippengewölbe des 3jochigen *Chores* mit $^5/_8$-Schluß werden von Dienstbündeln mit Laubkapitellen aufgefangen, die einer umlaufenden Bank aufsitzen. Die Fenster mit (erneuertem) Maßwerk nehmen die volle Breite zwischen den Gewölbestützen ein. Die Pfosten der 3achsigen Fenster im Chorhaupt und der 4achsigen an den Langseiten unterteilen auch die untere Wandzone. Unter dem Kaffgesims ringsum vergitterte Reliquiengehäuse. Entwurf und Ausführung des Chores samt seinen meisterlichen Steinmetzarbeiten sind der Domhütte zuzuschreiben. – Spannungsreich ist die Lichtführung in der Kirche: Sie steigert sich von der dämmrigen Vorhalle über das Mittelschiff mit seinem 3fach variierten Helligkeitseinlaß in Arkadenzone, Emporengeschoß und Obergaden bis zum lichterfüllten Chorhaus.

Gemessen an anderen Kölner Kirchen verfügt St. Ursula noch immer über eine reiche Ausstattung. Erhöht steht hinter dem got. Hochaltar mit den 11 zierlichen Jungfrauenstatuetten von A. Iven, um 1890, der Ursulaschrein, Neuanfertigung von 1883 unter Verwendung erhaltener Grubenemails um 1170; früher von den Schreinen des Aetherius (s. u.) und des Hippolytus flankiert. Die figürlichen Chorfenster stammen aus dem Ende des 19. Jh., die ornamentalen von W. Buschulte, 1962/63. – Wandgemälde mit kreuztragendem Christus in der Kelter, um 1470, im S-Schiff. Von dessen Neuausstattung anläßlich des Umbaus, ca. 1491, stammen die überlebensgroßen Steinfiguren von Salvator, Maria und Schutzmantel-Ursula: jene in der Nachfolge der entsprechenden Figuren von St. Marien im Kapitol, diese (jetzt in der nördl. Nebenapsis) dem Kölner Steinmetz Tilman van der Burch zugesprochen. Ebendort 10 auf Schiefertafeln gemalte Apostel, um 1250, von der roman. Chorschranke (?). Im nördl. Querarm ein Gemäldezyklus mit der Ursula-Legende auf 19 Tafeln, bez. 1456, aus der Schule Stephan Lochners.

Hier auch das Grabmal der hl. Ursula aus schwarzem Marmor mit fein skulptierter Alabasterfigur der Kirchenpatronin von J. F. W. Lentz, 1659; durch seitliche Öffnungen ist die got. Tumba sichtbar. In der südl. Nebenapsis ein Holzkruzifix der 2. Hälfte des 14. Jh. mit spätgot. Assistenzfiguren. Am nordwestl. Langhauspfeiler das Grabmal der Viventia, ein auf Säulen gestellter roman. Kindersarkophag. Darüber das Steinrelief einer Kreuztragung vom Anfang des 16. Jh. Ferner: eine lothringisch-kölnische Muttergottes aus Kalkstein, um 1330, die gleichzeitige Sitzfigur wohl eines hl. Nikolaus, ein Vesperbild des früheren und ein Schmerzensmann des späteren 15. Jh. Auf den Emporenbrüstungen doppelgesichtige spätgot. Reliquienbüsten. – Beachtliche moderne Ausstattungsstücke.

Goldene Kammer. Der 2jochige Kapellenraum birgt außer dem reichen *Kirchenschatz* 116 weibliche und männliche Reliquienbüsten vom späten 13. bis 17. Jh., aufgestellt in Nischen mit vergoldeter Akanthusumrahmung, um 1700. An den Schildbogenwänden über dem Holzgeschränk sind höchst originell zahllose Gebeine zu Worten und Symbolen ornamental angeordnet. Die besten Reliquienbüsten aus Holz stammen aus dem 14. Jh.: z. B. St. Johannes Presbyter, die Jungfrau mit dem »Krüseler«, vor allem die beiden bärtigen Edelleute. – Der *Aetheriusschrein,* um 1170, der seitlichen Figuren beraubt, besitzt einzigartige kreuzförmige Tonnendächer mit Kassettenteilung und Emailscheiben (stilverwandt mit dem gleichzeitigen Antependium, jetzt im Schnütgen-Museum, und dem Maurinusschrein in St. Pantaleon). – Außerdem sind besonders bemerkenswert ein fatimidischer Löwe aus Bergkristall, 10. Jh., ein französisches Minnekästchen aus Elfenbein, Anfang des 14. Jh., mit geschnitzten Minneszenen und ein Ostensorium mit waagerechtem Kristallzylinder unter einem maßwerkverzierten Sattelbaldachin auf 4 Strebepfeilern, um 1350. – Kostbare sassanidische und byzantinische Seidenstoffe des 6./7. Jh. – 6stimmiges *Geläute* a° (3,7 t) –c'–d'–f'–g'–a' (1962).

Von Anfang an werden die **Stiftsgebäude** im W vor der Kirche um den »Pesch« (= pasculum, Weide; daher auch St. Maria im Pesch, ehem. vor dem Dom) gelegen haben – wie übrigens außergewöhnlich oft in Köln, so beim Alten Dom, bei St. Andreas, St. Aposteln, St. Cäcilien und St. Maria im Kapitol. Im 17. Jh. wird der Kreuzgang bis auf den N-Flügel niedergelegt.

Die 1502 abgebrannte Abtei, das **Äbtissinnenhaus** (Ursulaplatz 17) der Kirche südl. gegenüber, wird nach vorläufiger Wiederherstellung im 18. Jh. noch einmal neu gebaut; ein Putzbau mit Stuckgliederungen und Mansarddach.

Ursulinenkirche St. Corpus Christi (Machabäerstr. 75)

Die 1639 aus Lüttich kommenden Ursulinen führen 1673–76 einen Klosterneubau in der Machabäerstraße auf, deren Corpus-Christi-Kirche der kurfürstlich-pfälzische Oberbaudirektor Graf M. Alberti aus Venedig nach Entwurf und Modell von A. Bartolus, 1709–12, errichtet. Als Mädchenpensionat entgeht das Kloster der Säkularisierung. – Bis

auf die Umfassungsmauern im Bombenkrieg ausgebrannt, das linke Türmchen abgestürzt. 1954 von W. Weyres und K. Bong wiederhergestellt.
Das Gotteshaus selbst ist nur klein, entwickelt aber mit Hilfe der Flankentürme eine stattliche, mit der Häuserzeile fluchtende Fassade. 4 ionische Pilaster stützen eine Attika, über der ein Segmentgiebel die Kirchenfront zwischen den ins Achteck übergeführten Laternentürmchen überbrückt. Großfigurige Engel in den seitlichen Nischen huldigen Kelch und Hostie in der Mittelnische über dem Portal. Die (1921) abgenommene Giebelfigur der hl. Ursula bedarf noch des Ersatzes. Im übrigen hat die Fassade durch die Neufassung der 70er Jahre ihren festlichen Charakter zurückerhalten. – Inneres. 2achsiger, weiß gehaltener Saal mit eingezogener Apsis. Am Apsisbogen in Stuckrelief die glorifizierte und von Engeln verehrte Hostie. Die urspr. Spiegelstukkaturen am Tonnengewölbe (vor 1939 in Holz, jetzt in Rabitz) sind durch stuckierte Rautengitter zwischen breiten, gerippten Gurten ersetzt. – Kostbarer Paramentenschatz.

Profanbauten

(nach Straßenzügen geordnet)

Agrippinaufer → Rheinauhalbinsel.

Alter Markt. Der mindestens seit dem 12. Jh. in seiner länglichen Form bestehende Platz von ausgesprochen niederrheinischem Charakter behielt seine Geschlossenheit und Einheitlichkeit trotz nahezu völliger Kriegszerstörung, da der Wiederaufbau der Wohn- und Geschäftshäuser die alte Struktur wenigstens in den Umrissen der Häuser berücksichtigte. Der einzige Einbruch in die einst völlig geschlossene ruhige Platzwand geschah an der W-Seite mit der Anlage der Treppe zum Rathausplatz und der wuchtigen, stark plastischen Fassade des Rathausneubaues, der aus den übrigen kleinteiligen und flächigen Fassaden-Strukturen herausbricht. Der am Rathausturm befestigte, zum Alter Markt gewandte Kopf des »Platzjabbeck« mit seiner herausgestreckten (= jabbenden) Zunge wurde im Zuge der Turmrestaurierung wiedererstellt. An der Ecke zur Lintgasse ist das 1580 erbaute 5geschossige **Doppelhaus »Zur Brezel«** und **»Zum Dorn«** mit Volutengiebeln als letztes Beispiel der originalen Architektur des Platzes aus der Zeit der Renaissance erhalten. Am Nachbarhaus **Nr. 24** der an die sanitären Mißstände im alten Köln erinnernde »Kallendresser«, eine kleine Bronzefigur von E. Mataré. Auf dem Platz der dem volkstümlichen Kölner Reiterführer des 30jährigen Krieges gewidmete *Jan-von-Werth-Brunnen* (1884 von W. Albermann) und eine Pumpe aus der Mitte des 18. Jh.

Am Hof. **Nr. 41:** »Zur Glocke«, 1691. Freie Wiederherstellung nach Kriegsbeschädigung. – **Nr. 50,** Ecke Unter Taschenmacher 15–17: **Haus Saaleck,** Rekonstruktion des kriegszerstörten spätgot. Hauses von 1461, mit typischen Eckwarten. – **Heinzelmännchenbrunnen,** 1899 bis 1900 von E. und H. Renard. – **Steinerne Pumpe,** Mitte 18. Jh.

Am Pantaleonsberg. **Nr. 6: St. Pantaleon** (s. d.).

Am Römerturm. **Nr. 3:** Einziges erhaltenes klassizist. Wohnhaus in Köln, erbaut vor 1840 mit Verwendung von Bauteilen des St.-Claren-Klosters vom Anfang des 14. Jh. (Gewölbekeller). Wiederaufbau von Fr. W. Kraemer.

An den Dominikanern. **Nr. 4: Hauptpost,** 1889–92, Vierflügelbau mit 3 Innenhöfen, auf dem Gelände des ehem. Dominikanerklosters, einer der in Köln seltenen neugot. Profanbauten (unter Einfluß A. Reichenspergers), bereits vor 1933 modernisiert; nach Kriegsbeschädigung nur vereinfacht wiederaufgebaut.

An der Rechtschule. **Museum Ludwig** (s. d.) und **Wallraf-Richartz-Museum** (s. d.)

An Lyskirchen. **Nr. 8: St. Maria in Lyskirchen** (s. d.).

An Minoriten. **Ehem. Minoritenkirche St. Mariä Empfängnis** (s. d.).

An St. Katharinen. **Nr. 5: Elendskirche St. Gregor** (s. d.).

An Zint Jan. **St. Johann Baptist** (s. d.).

Apostelnkloster. **Nr. 10: St. Aposteln** (s. d.).

Appellhofplatz. **Amtsgericht,** 1883–93 (Ministerium für Öffentliche Arbeiten). Die halbkreisförmige Bauflucht des Platzes durch den alten Appellhof von 1826 von J. P. Weyer festgelegt. Mehrflügeliger Bau, 3geschossig, in niederländisch beeinflußter Neurenaissance, von P. Thömer unter Leitung von A. Endell; der urspr. Charakter eines Justizpalastes aber durch die radikal vereinfachende Wiederherstellung nach Kriegsbeschädigung verloren. – Gegenüber der Schauseite, zwischen Burgmauer und Komödienstraße, der sog. **Römerbrunnen** mit einer Plastik der kapitolinischen Wölfin und Relieftafeln mit Motiven aus der röm. Geschichte, von Fr. Brantzky, 1915 aufgestellt; nach Kriegsbeschädigung durch K. Band verändert wiedererrichtet. – **Nr. 21: El-De-Haus,** 1933/34 von J. J. Erberich. Büro- und Geschäftshaus; im Dritten Reich Gestapo-Hauptquartier, der Keller **Gedenkstätte** für die dort inhaftierten politisch Verfolgten, zahlreiche erschütternde Inschriften an den Zellenwänden.

Auf Rheinberg. **Nr. 4:** Barockes **Wohnhaus** mit Mansarddach von 1720/30. Bildet mit dem neugot. Nachbarhaus eine malerische Baugruppe am Rhein.

Augustinerstraße. **Klein St. Martin** (s. d.).

Breite Straße. **Nr. 103–135, Karstadt,** ehem. Kaufhaus Peters, 1911–14 von C. Moritz. An der Zeppelinstraße durch einen Neubau ersetzt bzw. ummantelt; nur die Fassade an der Breiten Straße ist erhalten, doch läßt die vereinfachende Wiederherstellung kaum noch die Sensibilität dieses späten Jugendstils für das dekorative Gesamtkunstwerk ahnen, das einst alles bis zu den eigens entworfenen Straßenlaternen bzw. -kandelabern umfaßte.

Brückenstraße. **Nr. 19: Dischhaus,** Verwaltungsgebäude, 1929/30 von Br. Paul anstelle des Hotel Disch. Die wie ein Schiffsbug an die Ecke zur Herzogstraße gesetzte »Büromaschine« mit einem hervorragenden Treppenhaus und originalem Paternoster steht mit den horizontalen Fensterbändern in der Nachfolge der Kaufhäuser von E. Mendelsohn und ist eines der bedeutendsten Baudenkmäler der Moderne in Köln.

Cäcilienkloster. **Nr. 17/19: St. Cäcilien** (s. d.).

Cäcilienstraße. **Nr. 29: Schnütgen-Museum** (s. d.).

Dagobertstraße. **Musikhochschule.** 1973–76 nach Entwürfen von »Werkgruppe 7« und »Bauturm« (Architekten: P. Busmann, H. P. Hachenberg, J. Pahl, W. Ruoff, E. Schneider-Wessling, P. Trint, E. H. Zander) als vielfältig strukturierter Großbau in Sichtbeton mit roten metallenen Fassadenteilen errichtet: Versuch einer Anpassung des großen Bauvolumens an den Charakter des Viertels, das die ehemalige kleinteilige Stadtstruktur noch erkennen läßt.

Domumgebung

Nach der Fertigstellung des Domes im 19. Jh. (1842–80) wurde seine Umgebung mit axial ausgerichteten freien Plätzen und palastartigen Architekturen gestaltet, von denen vor allem noch das **Domhotel** im S (1890–93 von H. J. Kayser und von K. v. Großheim, die im Krieg zerstörten überkuppelten Dächer noch nicht wiederaufgebaut) sowie im N das **Hotel Fürstenhof** (1912 von C. Moritz), das **Hotel Excelsior** (1910 von Fr. Ahrens) und das **Deichmannhaus** (1913/14 von H. Müller-Erkelenz) erhalten sind. – Die Kaiserstraße im W wurde nicht verwirklicht, ihr Planungsrest ist der Platz am Margarethenkloster mit dem **Reichardhaus** (1903/04).

Die seit Beginn des 20. Jh. gegen die schnell verpönte Freilegung des Domes anlaufenden Planungen führten erst nach dem 2. Weltkrieg zu teilweise wenig geglückten Veränderungen – durch Anheben des Terrains und Bau der Domplatte (1968–70 von Fr. Schaller, darunter 2geschossige Tiefgarage) sowie durch Verkleinerung des ursprünglich gärtnerisch gestalteten S-Platzes (Roncalliplatz) mit dem Bau des **Römisch-Germanischen Museums** (s. d.) von H. Röcke (1974 eröffnet). Auf das Niveau der Domplatte gehoben auch der **Petrusbrunnen** (1870 von Dombaumeister R. Voigtel und P. Fuchs) im O und der Rest des N-Tores der röm. Stadtmauer im W. Von den Neubauten der Domumgebung ferner erwähnenswert am Domkloster **Haus Bräckerbohm** (1929 von P. Bonatz) und die **Bank für Gemeinwirtschaft** (1952/53 von Fr. Schaller) sowie das **Kuriengebäude** am Roncalliplatz (1961/63 von B. Rotterdam u. W. Weyres). (Siehe auch: Hauptbahnhof.)

Eigelstein. Eine der großen Torstraßen Kölns, in direkter Linie von der Hohe Straße herkommend und durch das Eigelsteintor nach N führend. Im S entspricht ihr die → Severinstraße mit der Severinstorburg. Die beiden volkstümlichen Viertel haben viel Gemeinsames in der Bevölkerungsstruktur und in ihrer Bausubstanz, meist vom Spätklassizismus geprägte einfache Häuser aus der Zeit von etwa 1860–1900, als auch diese Außenbezirke des mittelalterl. Areals dicht besiedelt wurden

Köln. Die Mariensäule an ihrem ursprünglichen Standort
Im Hintergrund St. Gereon (zu S. 392)

und sich zu Arbeitervierteln entwickelten. Der damit verbundene bescheidene Standard sicherte ihnen das Weiterleben schlichter Haustypen und damit eine Einheitlichkeit, die sich bis heute wohltuend bemerkbar macht. Leider wurde der westl. Teil des Eigelsteinviertels um St. Ursula (s. d.) durch die Eisenbahnführung, der östl. mit den kirchlichen Mittelpunkten St. Kunibert (s. d.) und Ursulinenkirche (s. d.) durch die Nord-Süd-Schnellstraße abgetrennt. Um so wichtiger ist für den nördl. Bezirk, wo zwischen Eigelstein, Weidengasse, Gereonswall und Im Stavenhof noch zusammenhängende originale Bausubstanz erhalten ist und keine Kirche als Kristallisationspunkt dient, die Orientierung zur **Eigelsteintorburg** hin, vor der man zur Feldseite einen Kommunikationsraum geschaffen hat.

Filzengraben. **Nr. 6: St. Trinitatis** (s. d.); **Nr. 43:** das einzige erhaltene Kölner **Laubenganghaus** (2. Hälfte 18. Jh.).

Georgsplatz. **Nr. 1: St. Georg** (s. d.).

Gereonsdriesch. **Mariensäule,** Entwurf 1855 von V. Statz, die Marienfigur von G. Renn, die Propheten nach Entwurf E. v. Steinles von P. Fuchs, 1858 geweiht. Maria über turmartigem Aufbau, Typ der Immaculata mit Sternenmandorla und -nimbus aus Metall. Unmittelbar nach der Verkündigung des Dogmas von der Unbefleckten Empfängnis 1854 geplant, ist dieses neugot. Denkmal in der Tradition der Kölner Dombauhütte nicht nur religiös motiviert, sondern auch politischer Bedeutungsträger gewesen. Ursprünglich für den Alter Markt mit Bezugspunkt Rathaus bestimmt, dann zur Generalversammlung der deutschen Katholikenvereine 1858 vor dem Erzbischöflichen Palais in der Gereonstraße aufgestellt (Abb. S. 111), verlor die Mariensäule mit der Versetzung auf den Gereonsdriesch 1901 diesen Denkmalcharakter, behielt aber ihren religiösen Stimmungswert, mit dem sie sich in den Immunitätsbereich von St. Gereon sehr gut einfügt.

Gereonshof. **Nr. 4: St. Gereon** (s. d.). – **Nr. 6–16, 21–43: Gerling-Konzern.** Im Anschluß an das **ehem. Palais Langen** (1882 begonnen von H. Pflaume) errichtet B. Paul in den ersten Bauabschnitten 1930/1931 und 1935/36 an der Von-Werth- und Christophstraße **Flügelbauten,** die den von der italienischen Renaissance geprägten Klassizismus des Altbaues respektieren. Nach seiner Kriegszerstörung erneuert K. Groote 1949/51 diesen Mittelbau in veränderter Form. Am Gereonshof wird 1950–53 im 2. Bauabschnitt als Dominante das 55 m hohe **Hochhaus (Nr. 14–16)** mit aufwendiger Werksteinverkleidung und Attikageschoß von dem Tessenow- und Speerschüler E. Hennes errichtet. Im Anschluß daran entsteht in den folgenden Jahren der gegenüberliegende, von A. Breker gestaltete **Ehrenhof,** in dem nun der monumentale Repräsentationsstil des Dritten Reiches und sein »Klassizismus« bestimmend hervortreten. Von Breker stammen auch zahlreiche Reliefs am Äußeren und im Inneren der Bauten. Die spätere Erweiterung des Komplexes zum Klapperhof hin schafft mit dem von den Architekten Breker, Sobottka und Müller errichteten **Rundbau** großen Ausmaßes eine 2. Dominante, die sich aber der Axialität der Gesamtanlage einordnet; trotz formaler Unterschiede läßt dieser Bau den gleichen Repräsentationswillen auch in der betonten Herausstellung des wertvollen Baumaterials erkennen. Der letzte, 1974 vollendete, Bauabschnitt dagegen, der seinen Schwerpunkt am → Gereonskloster hat, wird vor allem von der Rücksicht auf diesen Bauplatz bestimmt.

Gereonskloster. **Nr. 12: Ehem. Stadtarchiv** (jetzt zum Gerling-Konzern gehörig), 1893–97 von Fr. C. Heimann im neugot. Stil auf dem Gelände des im 19. Jh. abgebrochenen Kreuzganges von St. Gereon erbaut, dessen Quadrum sich als Platzanlage erhalten hat. Durch die Einbeziehung in den neuen **Versicherungsbau** (Architekten Koerfer & Menne) konnte das bereits zum Abriß bestimmte Gebäude gerettet werden, allerdings unter Verlust der seitlichen Treppentürmchen. Der Neubau respektiert aber durch sein Zurücktreten die Selbständigkeit des ursprünglich freistehenden, sorgfältig restaurierten Baues und nimmt mit seiner zurückhaltenden, feinmaßstäblichen und rhythmisierten Vertikalgliederung Rücksicht auf die von der hohen Gotik des 14. Jh. inspirierten Architektur des Altbaues. Durch die Aufhebung ehem. Verkehrsstraßen und die gleichzeitige Neufassung der Platzwände mit Wohnbauten wurde dem begrünten Platz zwischen dem Stadtarchiv und St. Gereon der urspr. Verweilcharakter zurückgegeben.

Gereonstraße. Der breite Straßenzug zwischen Unter Sachsenhausen und St. Gereon, im Mittelalter Prozessionsweg, wurde im 18. und 19. Jh. zur vornehmen Wohnstraße mit zahlreichen Palais und Bürgerhäusern. – An der Stelle des zerstörten Erzbischöflichen Palais von 1758 (urspr. Palais Balthasar v. Mülheim), Ecke Eintrachtstraße, das **Erzbischöfliche Haus** mit **Priesterseminar, Archiv** und **Bibliothek** sowie der **Kirche St. Petrus Canisius,** 1956–58 von H. Schumacher und W. Weyres; Ausstattung: Fenster von W. Buschulte, Kathedra und Altar von E. Hillebrand, Madonna von K. Zimmermann. – Gegenüber **Brunnen** (Obelisk aus Hohlkästen) von H. Calleen, 1964. – Links neben dem Erzbischöflichen Haus das **Gereonshaus,** 1909/10 von C. Moritz, ein nur in den Hauptgeschossen erhaltener Bau, bei dem die repräsentativen klassizist. Formen sich bereits der strengen Achsenreihung des modernen Bürohausbaus unterordnen.

Großer Griechenmarkt. **Nr. 37–39: Haus Bachem,** Renaissancehaus von 1590 mit doppeltem Treppengiebel. Letzter Rest des einst dicht besiedelten Griechenmarktviertels. – **Nr. 61: Wasserturm,** 1868–72 nach dem Entwurf von J. Moore errichtet, erste zentrale Wasserversorgung im Rheinland. Zylinderförmiger wuchtiger Turm, der damals größte Flachbodenbehälter (demontiert) einst durch eine Zwerggalerie kaschiert. Im Innern sektoral und konzentrisch durch große Bogenstellungen gegliedert.

Gülichsplatz. **Nr. 3: Haus Neuerburg,** 1923–29 von E. Felix. 2flügeliger, ursprünglich im Erdgeschoß zur Hälfte in Arkaden geöffneter Eckbau; polygonaler, zinnengekrönter Turm im Innenhof im Anklang an ältere Kölner Patrizierhäuser, denen der Bau auch in seiner Gesamthaltung verpflichtet ist. – Auf dem Platz der den kleinen Dimensionen des Freiraumes angepaßte **Fastnachtsbrunnen,** 1913 von G. Grasegger.

Gürzenichstraße. Diese Verlängerung der Schildergasse über die Hohe Straße hinweg bis zum Heumarkt wurde 1903 beschlossen. In der Folge Freilegung des Gürzenich mit kleiner Platzanlage 1912 und Errichtung von Großbauten nach Abriß der Altstadtbebauung. – **Nr. 1–5: Geschäftshaus Palatium,** 1912 von W. Kreis, mit turmartiger Eckbetonung als monumentale Verfestigung des Kreuzungspunktes von Hohe Straße, Schildergasse und Gürzenichstraße, im Blickpunkt dieser 3 Straßen – eine virtuose Lösung auf einem an sich ungünstigen 3eckigen Grundriß. – **Nr. 2: Kaufhof,** ehem. Warenhaus Tietz, 1912–14 von demselben Architekten; bis auf das fehlende Mansarddach und die Giebel der Risalite restauriert. Die klare rhythmische Aufteilung der Vertikalen in den beiden Hauptgeschossen, die ruhige Lagerung durch die breite Horizontale im 3. Geschoß verleihen dem Bau eine klassische Ausgewogenheit. Die Formensprache bezieht sich folgerichtig auf röm. Architektur. – **Nr. 6–16: Stadthaus,** 1911–13 von Fr. Bolte. Hauptfassade zerstört, in die Seitenfront Große Sandkaul die Fassade des Hauses Sandbahn Nr. 8: »Zum Maulbeerbaum« von 1696 eingebaut, mit prächtigem Barockportal als Haupteingang. – **Gürzenich** → Martinstraße.

Hahnenstraße. O-W-Durchbruch des Dritten Reiches, der mit flankierenden Großbauten eigentlich schon 1940 in einer Breite von 60 m fertiggestellt sein sollte. Der durch den Krieg verhinderte Ausbau wurde seit 1947 nach neuen Konzepten von W. Riphahn wiederaufgenommen. In einem »luftigen Freiraum« entstanden an der S-Seite niedrige pavillonartige Ladenlokale, die seitlich und nach hinten von hohen Wohnhäusern gerahmt wurden. An der N-Seite der Straße dagegen eine meist geschlossene Blockfront, die lediglich durch das 1949/50 ebenfalls von W. Riphahn gebaute britische **Kulturinstitut »Die Brücke«** unterbrochen wird. Das etwas uneinheitliche Gesamtbild des Straßenzuges ist die Folge einer später einsetzenden Beteiligung mehrerer Architekten.

Hauptbahnhof

Seit 1857 wird das Gelände, ehem. Botanischer Garten des Jesuitenkollegs, von der Eisenbahn genutzt. Vom gründerzeitlichen Neubau, 1890–94, die grundsätzliche Disposition der Gesamtanlage und das Mittelschiff der Bahnsteighalle erhalten, ein technisches Denkmal hohen Ranges. Länge 255 m, Breite 65 m (damals die größte Spannweite auf dem Kontinent), Scheitelhöhe 24 m. Flache Spitzbogenform und Höhe der verglasten Gitterbinder-Konstruktion mit Rücksicht auf den Dom festgesetzt (Entwurf: preußische Bahnverwaltung, Gestaltung: J. E. Jacobsthal). Südl. Erweiterung um 1900, im NW seit 1970 neue Bahnsteige. Das Empfangsgebäude nach Wettbewerb 1951–57 errichtet. Schalterhalle als verglaste Betonschalenkonstruktion (Bahnverwaltung, H. Waltenberg, O. Schmitt und H. Brunner). Im S Wartesaalgruppe (um 1910).

Heumarkt. Ursprünglich an allen Seiten geschlossener großer Längsplatz niederrheinischer Prägung, seit der Anlage der 1. Deutzer Brücke 1910–14 zunehmend von Verkehrsanlagen zerstört. Heute nur noch der nördl. Teil von platzartigem Charakter (leider als Parkplatz genutzt). Wiederaufbau der kriegszerstörten Häuser in alten Proportionen und Umrissen. Original erhalten nur noch das prachtvolle Eckhaus zum Seidmachergäßchen **»Zum St. Peter«** von 1568 mit Volutengiebeln und charakteristischer Spätrenaissance-Gliederung der Fenster. – In der Achse der Markmannsgasse stand das großartige, im Kriege beschädigte **Reiterdenkmal König Friedrich Wilhelms III.,** 1872–78 von G. Bläser, dessen erhaltene überlebensgroße Sockelfiguren heute im gesamten Stadtgebiet verstreut aufgestellt sind.

Hohenzollernbrücke

Ihr Vorgänger, die 1. feste Rheinbrücke seit der Antike, wurde 1855–59 auf Wunsch Friedrich Wilhelms IV. auf die Achse des Domes ausgerichtet: eine romantische Verbindung von Technik und Historie. Neubau 1907–11 als 3bahnige Eisenbahn- und Straßenbrücke mit je 3 Bogenfachwerken (Entwurf: Fr. Beermann, Bahnverwaltung). Neuroman. Turmportale von Fr. Schwechten, kombiniert mit den *Reiterbildern* der Hohenzollern: in Deutz, von der 1. Brücke, Friedrich Wilhelm IV. (von G. Bläser, 1861–63) und Wilhelm I. (von Fr. Drake, 1867). In Köln Friedrich III. und Wilhelm II., beide 1910 von L. Tuaillon. Nach Sprengung 1945 Reparatur bis 1955, Aufgabe der Straßenbrücke. Türme 1957–59 abgebrochen. Erweiterung im N geplant. Reiche Bauskulptur an den Brückenköpfen (G. Riegelmann).
Gleichzeitig (1907–11), in vielen Aspekten verwandt, die **Südbrücke** in der Nähe des Hindenburgparks.

Hohe Straße. Ein im Ursprung röm. Straßenzug, bis heute eine wichtige Geschäftsstraße.

Joseph-Haubrich-Hof. **Nr. 1: Kunsthalle** (s. d.).

Kartäusergasse. **Nr. 7–9: Ehem. Kartäuserkirche** (s. d.).

Kasinostraße. **Nr. 6: St. Maria im Kapitol** (s. d.).

Kleine Budengasse. **Museen, Praetorium** (s. d.).

Auf dem Kolpingplatz im W der ehem. Minoritenkirche ein **Denkmal** zu Ehren des Gesellenvaters **Adolf Kolping,** 1903 von J. B. Schreiner.

Kolumbastraße. **Nr. 2: St. Kolumba** (s. d.).

Konrad-Adenauer-Ufer. **Nr. 3: Bundesbahndirektion,** ehem. Kgl. Preuß. Eisenbahndirektion, 1912/13 von K. Biecker, A. Kayser u. M. Kiesling. Repräsentatives Verwaltungsgebäude, mit dem die fortschreitende Veränderung des nördl. Rheinufers eingeleitet wurde; durch Größenmaße und Formenwucht überwältigend, wenn auch der urspr. Eindruck mit intakten ruhigen Dachflächen ausgeglichener war als der jetzige harte, unmotivierte Abschluß. – **Nr. 55–61:** Verwaltungsgebäude der **Rheinbraun,** 1922/23 von H. Müller-Erkelenz, der Zeitströmung entsprechend gegenüber dem Vorkriegsbau der Eisenbahndirektion nun in zurückhaltenden frühbarocken Formen bei fast flächenhafter Gestaltung der Backsteinfassade und sparsamer Werksteingliederung. Aber auch dieses Gebäude hat entscheidende Veränderungen seiner Proportionen erlitten: aus dem aufragenden Bau wurde durch Verlust des höheren Daches und des einst 3geschossigen steilen Giebels ein gelagerter. Dem reichen Portikus fehlt dadurch der Kontrapunkt. – **Nr. 80: »Die Bastei«.** Aussichtsrestaurant auf einem alten preußischen Befestigungswerk des 19. Jh., 1924 von W. Riphahn, Umbau 1927, Wiederaufbau nach Kriegsbeschädigung 1958 im Sinne des Zustandes von 1927. Über einer Stahlkonstruktion, die bis zu 8 m zum Rhein hin auskragt, der verglaste gezackte Rundbau mit eingeknicktem Spitzdach. Wichtiger Beitrag zur Architektur des Expressionismus.

Kunibertskloster. **Nr. 6: St. Kunibert** (s. d.).

Langgasse, heute → Neven-DuMont-Straße.

Leonhard-Tietz-Straße. **Nr. 6: St. Peter** (s. d.).

Lichhof. **St. Maria im Kapitol** (s. d.).

Machabäerstraße. **Nr. 56:** Dreifensterhaus von 1869, vermutlich von H. Pflaume. Prachtvolles Einfamilienhaus im Stil der italienischen Renaissance. Dem tragenden Keller und dem Erdgeschoß entspricht eine Rustizierung, der Beletage eine reichere Ausgestaltung mit übergiebelten Fenstern, eine flächenfüllende Fassadenmalerei sowie reliefierte Tondi (vermutlich von W. Albermann). Ein gemalter Figurenfries schließt die Fassade nach oben hin ab. – **Nr. 75: Ursulinenkirche** (s. d.).

Maria-Ablaß-Straße. **Nr. 14: St. Maria Ablaß** (s. d.).

Marienplatz. **Nr. 11–13:** Doppelhaus, um 1880 von J. Mertens. Werksteinfassade im (in Köln seltenen) neuroman. Stil, hier durch die Nähe zu St. Maria im Kapitol (s. d.) und dem Overstolzenhaus in der → Rheingasse bestimmt.

Marsplatz. **Nr. 1–3:** Doppelhaus, an Stelle der 1548 abgebrochenen Marspforte für den Ratsherrn Gillis Eifler erbaut (1549–55). Putzfassade mit Werksteingliederung. Historischer Keller mit Römermauer. – Auf dem kleinen Platz eine **steinerne Pumpe,** eine der 4 erhaltenen der Altstadt, Mitte des 18. Jh. (die 3 anderen: Alter Markt, Am Hof, Dagobertstraße).

Martinspförtchen. **Nr. 8: Groß St. Martin** (s. d.).

Martinstraße. **Nr. 29–31: Gürzenich**

1437–44 baut sich die Kölner Bürgerschaft nach Plan des Stadtbaumeisters Johann von Bueren ein Festhaus, »des Rates Tanzhaus« (dem das hier ansässige Adelsgeschlecht den Namen hinterließ). Zu glanzvollen Empfängen weilten in ihm die Kaiser Friedrich III. (1474), Maximilian I. (1486 und beim Reichstag zu Köln, 1505) sowie Karl V. (1520). Seit Ende des 16. Jh. Kauf- und Warenhaus; seit 1821 finden hier u. a. die Gürzenich-Konzerte und seit 1824 die Gürzenich-Bälle statt. Umgestaltung des Festsaales und Erweiterung 1854–57 durch J. Raschdorff. Im

2. Weltkrieg bis auf die Außenmauern ausgebrannt. Wiederaufbau durch R. Schwarz und K. Band, 1952–55.
2geschossiger Rechteckbau mit Zinnenkranz und polygonalen Eckwarten auf abgekragten Diensten. An der östl. Schmalseite die 5achsige Fassade: über den beiden Spitzbogentoren des schlichten Erdgeschosses die erneuerten Figuren der Lokalhelden Marcus V. Agrippa und Marsilius, zwischen den großen rechteckigen Obergeschoßfenstern, an Zinnenbrüstung und Ecktürmchen feingliedrige Maßwerkblenden. In Bautyp und Dekor entspricht der Gürzenich dem zu reichsstädtischer Repräsentanz erhobenen Kölner Bürgerhaus der Gotik (vgl. Am Hof, Haus Saaleck). Die Bronzetüren des Hauptportals im modernen Zusatzbau 1956 von E. Mataré. Dahinter das neue Treppenhaus, das die Ruine von Alt St. Alban (s. d.) miteinbezieht und der stimmungsvollste Raum des Kölner Wiederaufbaus ist. Der 55×24 m messende Festsaal nimmt das ganze Obergeschoß ein und wurde 1schiffig in etwas trockener Weise wiederhergestellt (ursprünglich 2-, seit Mitte des 19. Jh. 3schiffig mit reicher Holzvertäfelung).

Martinsviertel
Zwischen Rheinufer, Alter Markt, Heumarkt, Hohenzollernbrücke und Deutzer Brücke rund um Groß St. Martin gelegen, hat es als einziges Altstadtviertel den zum größten Teil noch mittelalterl. Stadtgrundriß mit engen Straßen und kleinparzellierten Grundstücken behalten. Im Jahre 1901 entstand am Rheinufer der heute sehr malerisch wirkende Fischmarkt vor dem O-Bau von Groß St. Martin. In den 30er Jahren saniert und durch Entkernung mit 2 neuen Plätzen: Eisenmarkt und Ostermannplatz (mit **Ostermannbrunnen** 1938 von W. Klein) versehen, wurde es nach der Kriegszerstörung weitgehend in der alten Struktur erneuert. Seine Rheinfront mit den spitzgiebeligen schmalen Häuschen ist heute das Kölner Rheinpanorama schlechthin. Beim Wiederaufbau wurde der Maßstab des alten Stapelhauses gewahrt. Von einer Restaurationsphase des 19. Jh. stammt der Eckturm. Maßstabbrüche der Nachkriegszeit sind das **Kaufhaus Biergans** (1953 von W. Riphahn), das **Hotel Mondial** (1961–63) und der **Wohnkomplex** nördl. von Groß St. Martin zwischen Mühlengasse, Mauthgasse und Brigittengasse (1975–78 von J. Schürmann). Dazu wird in den nächsten Jahren der im Volumen und in der Höhe weit übersetzte Neubau des Museums Ludwig östl. des Domes kommen. – Ältere **Wohnhäuser** am **Buttermarkt 42/Frankenwerft 27** (**Haus Delft** um 1620), **Salzgasse 13** (**»Im Walfisch«**, 1626 datiert, 1935 von der Tipsgasse 4 hierhin übertragen), **Lintgasse 5** (**»Zum Seil«**, 1643 datiert). *Grinköpfe,* figürlich gestaltete Kranbalken, an der **Salzgasse 2, Markmannsgasse 15, Große Neugasse 34. – Mühlengasse 1–15,** das um 1895 errichtete alte **Brügelmannhaus,** ist das letzte erhaltene Fabrikgebäude im Innenstadtbereich. – Am **Bri-**

gittengäßchen die beiden volkstümlichen Kölner Typen **Tünnes und Schäl** als lebensgroße Bronzestandbilder (Anfang der 70er Jahre von W. Reuter).

Marzellenstraße. **St. Mariä Himmelfahrt** (s. d.).

Mauritiussteinweg. **Nr. 59:** ehem. Klostergebäude des Benediktinerinnenklosters St. Mauritius, von 1829 bis 1901 Alexianerkloster, jetzt im Besitz des Kölner Männergesangvereins als **»Haus Wolkenburg«** (Traditionsname eines Kölner Patrizierhauses, der frühere Sitz des Vereins). 2geschossige Dreiflügelanlage um einen Ehrenhof, 1735 inschriftlich datiert, aber erst 1770–80 erbaut. Schmuckformen am Hauptportal und Tor zeigen den Einfluß des niederländischen Barock. Nach schwerster Kriegsbeschädigung 1959/60 wiederaufgebaut. – **Nr. 61: St. Mauritius** (s. d.).

Neumarkt. An die westl. Römermauer grenzender, seit dem 11. Jh. nachweisbarer Platz, zeitweise als Viehmarkt genutzt, in preußischer Zeit Militärübungsplatz mit Kaserne und Offizierskasino an der N-Seite (im 1912 abgebrannten barocken Blankenheimer oder Nesselrodeschen Hof). Diese und alle andere ältere nördl. Bebauung verloren, nur der **Treppenturm des** durch eine Sage bekannten **Richmodishauses** in einer späten Fassung (1928 von P. Bonatz), aber mit den historischen beiden Pferdeköpfen erhalten. Die W-Seite wird von **St. Aposteln** (s. d.) beherrscht. Für die S-Seite ist das **Gesundheitsamt,** das **ehem. Haus Bing,** 1908 von H. Müller-Erkelenz, durch seine ausgedehnte ruhige Werksteinfassade von Bedeutung. – Die urspr. Geschlossenheit des Platzes ist nach und nach zerstört worden: 1835 wurde bereits die Richmodstraße in der Mitte der N-Seite angelegt, 1912 die Zeppelinstraße durchgebrochen, in den Dreißigerjahren die O-W-Achse der Hahnenstraße begonnen und mit ihrem Verkehrsstrom über die S-Seite des Platzes geführt, dem nach SO zudem die Platzwand fehlt. Genau an dieser Stelle hat W. Vostell, mit treffender Ironie, sein **Denkmal des ruhenden Verkehrs** in Gestalt eines einbetonierten Autos aufgestellt. Jenseits der O-W-Achse, auf dem Gelände des kriegszerstörten ehem. Bürgerhospitals, ist aus den Bauten für die **Volkshochschule** (mit Relief von A. Pomodoro), **Kunsthalle** (s. d.) und neuerdings **Zentralbibliothek** ein Kulturforum entstanden, dessen Platzanlage zum Neumarkt hin noch unvollendet ist.

Neven-DuMont-Straße. **Nr. 7: St. Maria in der Kupfergasse** (s. d.). – Das **Portal,** heute vor dem Neubau des WDR aufgestellt, stammt von dem zerstörten Bürgerhaus Ecke Appellhofplatz/Röhrergasse.

Obenmarspforten. **Nr. 21: Farina-Haus,** 1899 von E. Schreiterer und B. Below in wirkungsvollen Barockformen erbaut. Obwohl beim vereinfachenden Wiederaufbau viel von der festlichen Formenfreude und Plastizität verloren ging, ist das Haus noch ein letzter Nachklang der verlorenen barocken und neubarocken Baukunst in Köln.

Offenbachplatz. Als ein neuer städtebaulicher Akzent im Stadtbild Kölns wurde 1954–57 durch W. Riphahn (Mitarbeiter: H. Menne) das

Köln. Offenbachplatz. Opernhaus

Opernhaus als 1. Teil einer Bautengruppe begonnen. 2 schräggestellte Pylone mildern die Wucht der Baumasse, die sich aus der Forderung nach Unterbringung des Bühnenbetriebes und des gesamten Verwaltungsapparates ergab; sie sind als Stahlbetonrahmen ausgebildet. Ungeachtet dieser sichtbar gemachten Konstruktion läßt sich deutlich auch der Wille zur Repräsentation, vor allem im vorgesetzten Zuschauerraum, erkennen. Verkleidung der sockelgeschossigen Randbauten in roten Klinkerplatten; beim Zuschauerhaus Konglomeratgestein; die dortige Dachhaube in Aluminium. Das Innere ist mit seinem Loggienprinzip eine Weiterentwicklung der Londoner Royal Festival Hall. – 1960–62 entstand im Anschluß daran das in seiner Architektur bewußt zurückhaltende **Schauspielhaus** mit seinem markanten Bühnenturm. – Oper und Theater vorgelagert das inzwischen veränderte **Theaterrestaurant** von W. Riphahn, 1957/58. Von Riphahn (1961/62) ferner die beiden gelb verklinkerten **Büro-, Wohn- und Geschäftshäuser** gegenüber dem Haupteingang der Oper.

Quatermarkt. **Nr. 4: Alt St. Alban** (s. d.)

Rathausplatz

Das Kölner **Rathaus** ist kein Einzelbau, sondern besteht aus mehreren im Laufe der Jahrhunderte gewachsenen Gebäuden, die sich um den Rathausplatz als Innenhof gruppieren. Seine Keimzelle ist das um 1130 erstmals im damaligen Judenviertel genannte, über der rheinseitigen röm. Stadtmauer errichtete »Bürgerhaus«, das um 1330 durch den heute im Kern noch vorhandenen **Hansasaal** ersetzt wird, benannt im 19. Jh. nach der wohl hier 1367 geschlossenen Konföderation der Hansestädte gegen König Waldemar Atterdag von Dänemark. An der südl. Schmalwand die beispielhaft vorgestellten 9 Guten Helden, an der nördl. unter reicher Maßwerkrose 8 Propheten (zuvor in der »Prophetenkammer«), qualitätvolle Holzfiguren, Köln um 1410 (vgl. das Gabelkreuz in St. Mauritius). Nach dem Sturz des patrizischen Stadtregiments 1396 führen die Zünfte als Zeichen der städtischen Freiheit 1407–14 den mächtigen, 61 m hohen **Rathausturm** aus Drachenfels-Trachyt auf, vergleichbar den flämischen Belfrieden: der einzige – dazu profane – Kölner Turm, der unter dem unmittelbaren Eindruck des südwestl. Domturmes gebaut wird. 1540/41 entsteht der reizvolle **Löwenhof** mit seinem 2geschossigen Arkadenumgang. Vor den Hansasaal stellt W. Vernukken 1569–73 eine neue **Rathauslaube,** das »Doxal«, von dessen Obergeschoß die Bürgermeister dem Volk die Ratsbeschlüsse in der sog. Morgenansprache verkündeten. 5achsig mit vortretendem Mittelrisalit und 2 Joch tief öffnen sich beide Geschosse an 3 Seiten in säulenflankierten Rundbögen zum Rathausplatz, auf dessen einmündende Straßen (Portalsgasse, Bürgerstraße, Judengasse) die Laube axial ausgerichtet ist. Die reichdekorierte Architektur, an der Brüstung geschmückt mit Bildreliefs – Samson, Daniel, sowie der Löwenkampf des Bürgermeisters Grin – und historischen Inschriften, gehört zu den führenden Renaissancebauten des Rheinlandes. Durchgreifende Restaurierungen des gesamten Rathausbereiches 1860–93 durch J. Raschdorff und H. Weyer. – Schwere Zerstörungen im 2. Weltkrieg, die bis 1972 durch Wiederherstellung der genannten Rathausteile behoben wurden (am Rathausturm fehlen noch die meisten Figuren). Nicht wiederhergestellt wurde der Bereich östl. und südl. des Hansasaales bis zum Alter Markt und an der Judengasse. – Hier völliger Neubau von K. Band und E. Weiler (1960–72) mit der großen Rathaushalle (sog. Piazzetta), stark plastisch gegliederter Fassade am Alter Markt und neuen Festsälen, die vom zerstörten Vorgängerbau nur die Namen übernahmen (Weißer Saal, Muschelsaal). Der den Rathausplatz im NW begrenzende **Spanische Bau** von 1605–15, benannt nach den Sitzungen der Spanischen Liga im August 1623, wurde nicht wiederaufgebaut, sondern bereits 1954–56 in nur maßstäblicher Angleichung von Th. Teichen neuerrichtet. Im Inneren der große Sitzungssaal des Rates und das schöne

Treppenhaus mit dem Geschichtsfenster von G. Meistermann. – Bei den Ausschachtungen zum Neubau stieß man 1953 auf die Reste des röm. **Praetoriums** (heute Außenstelle des Römisch-Germanischen Museums, s. d.).

Die südwestl. Platzwand enthielt vor allem die **Ratskapelle** St. Maria in Jerusalem von 1426, in der sich (bis 1809) Stephan Lochners Altar der Stadtpatrone befand (seither im Dom). Unter der kriegszerstörten und nicht wiederaufgebauten Kapelle deckten Ausgrabungen 4 Bauperioden der Kölner **Synagoge** vom Anfang des 11. Jh. bis zum Abbruch bei der Judenvertreibung 1424 auf, sowie daneben das jüdische Ritualbad, die **Mikwe.** Die jetzt zugängliche, um 1150 erbaute Anlage mit Vorraum und oberer, tonnengewölbter Treppe außerhalb, zudem 4 umlaufenden Niedergängen innerhalb des quadratischen Schachtes reicht mit rund 12 m Tiefe bis zum Grundwasserstrom des Rheines. Diese noch der architektonischen Schließung harrende südwestl. Seite des Rathausplatzes (heute Parkplatz) soll über dem Ausgrabungsbereich ein Museum für Judaica erhalten.

Rheinauhalbinsel

Hafenanlage, 1891–98 unter der Leitung von H. J. Stübben. Einbeziehung der Rheininsel »Werthchen«, die im S fest mit dem Ufer verbunden wurde, im N dagegen durch eine **Drehbrücke** (technisches Denkmal) zugänglich war. Die Hafengebäude knüpfen generell bewußt an die mittelalterl. Baugesinnung an. Gut erhalten ist das **Hafenamt** im S, ein malerischer 2farbiger Backsteinbau mit Werksteingliederungen. Während hier die bewegte Umrißlinie erhalten blieb, hat das **Hafenzollamt** im N, ein Bau aus kleinen Quadern mit Werksteingliederungen, Treppentürmen, Eckerkern, offenem Söller und differenzierten Dachformen nach Kriegsbeschädigung an Stelle der plastisch bewegten Dachlandschaft eine purifizierte kubische Aufstockung erhalten. Auch den 3 großen **Lagergebäuden,** langgestreckte Baukörper, die Below mit Risaliten und Ecktürmchen gliederte, fehlt das vorher stark mitsprechende Dach.

Nikolausfigur auf der nördl. Spitze der Halbinsel, 2. Hälfte 18. Jh., vom abgerissenen Bollwerk des Bayenturms stammend, und die **Figur des Tauziehers** von dem Berliner Bildhauer N. Friedrich, 1911 am Holzmarkt aufgestellt.

Südl. der Rheinauhalbinsel, am Agrippinaufer die 1908/09 von H. Verbeek errichteten **Lagergebäude,** bei denen zum 1. Mal die Eisenbetonkonstruktion in diesem Umfang angewandt wurde. Trotz der Modernität der Konstruktion wahren sie den traditionellen formalen Maßstab des Rheinpanoramas.

Rheingasse. **Nr. 8: Overstolzenhaus,** Patrizierhaus, 2. Viertel des 13. Jh., Mitte des 19. Jh. durchgreifend restauriert, nach Kriegszerstörung rekonstruierend wiederaufgebaut, aber im Erdgeschoß zu Museumszwecken verändert (Kunstgewerbemuseum, s. d.). Im Hauptgeschoß Auflösung in 5 Doppelarkaden mit Okulusöffnung, die von Kleeblattbogen-Blenden umfangen werden. Darüber 4 Speichergeschosse im hohen Stufengiebel mit allmählicher Reduzierung der Achsen und der Schmuckformen. Das Überwiegen des Repräsentationswillens in der Schaufront, die Übernahme sakraler und feudaler Bauformen, die weiträumige Aufteilung der hohen Räume läßt die Frage nach den Wohnräumen offen. – **Nr. 16: Wohn- und Bürohaus,** 1975 von W. v. Lom. Interessanter Versuch, sich benachbarter historischer Bausubstanz ohne Nachahmung und formale Angleichung zu stellen und ihren Maßstab nicht im numerischen, sondern in einem qualitativen Sinn zu übernehmen.

Roncalliplatz. **Nr. 2: Erzbischöfliches Diözesanmuseum** (s. d.). – **Nr. 4: Römisch-Germanisches Museum** (s. d.).

Schildergasse. **Nr. 57: Ehem. Antoniterkirche** (s. d.).

Severinsbrücke
1956–59 von G. Lohmer. Asymmetrische Zügelgurtbrücke mit einem A-förmigen Pylon vor dem Deutzer Ufer, der die Brückenbahn im Verhältnis 1:2 teilt. Spannweiten: 301,67 m und 150 m. Gesamtlänge des Brückenbauwerkes: 691 m. Die linksrheinischen Auffahrtsrampen bedingten einen starken Eingriff in die Bausubstanz der Altstadt.

Severinskirchplatz: **St. Severin** (s. d.).

Severinstraße. In röm. Zeit Fernstraße nach Bonn, seitlich tiefgestaffelt röm. Friedhöfe (1.–4. Jh.), im Mittelalter Torstraße und als solche die Lebensader des Viertels, das noch weit in das 19. Jh. hinein von Ländereien umgeben war; im Bereich der Severinstraße gab es zahlreiche Kirchen und Klöster und deren Höfe, so daß sie auch Pfaffengasse genannt wurde. Erhalten haben sich: **St. Severin** (s. d.), **St. Johann Baptist** (s. d.), **St. Georg** (s. d.), die **ehem. Kartäuserkirche** (s. d.), die **Elendskirche St. Gregor** (s. d.) und **St. Maria in der Schnurgasse** (heute **St. Maria vom Frieden,** s. d.). Der nördl. Teil des Viertels zuerst durch Kriegszerstörung, dann durch die Rampe der Severinsbrücke und Schnellstraßen vernichtet. Im S dagegen, zwischen der Torburg (die nach ihrer Restaurierung jetzt der Bevölkerung als Kommunikationszentrum zur Verfügung steht), dem Kartäuserkloster und St. Severin ist noch zusammenhängende alte Bausubstanz vorhanden, meist spätklassizistisch (vgl. auch → Eigelstein), besonders, außer in der Severinstraße selbst, in Annostraße, Dreikönigenstraße, Severinskloster und -kirchplatz; hier die Erweiterung zu einem lebhaften Marktplatz. – In Tornähe auch das einzige erhaltene Barockhaus des Viertels, **Nr. 15: Haus Balchem, »Zum Goldenen Bären«,** 1676 als Brauhaus erbaut, nach schwerster Kriegsbeschädigung wieder auf- und ausgebaut. Der Erker über schlanken korinthischen Säulen, von Engelsköpfchen getragen und mit reichem Knorpelwerk, der mächtige Giebel dreimal gebrochen mit reich bewegtem Umriß, die Fenstergruppierung großzügig rhythmisch geordnet. Der Bau ist in einer für das Kölner Bürgerhaus dieser Zeit charakteristischen Weise mittelalterlich im Typ, barock in der Form.

Ubierring. **Nr. 45: Rautenstrauch-Joest-Museum** (s.d.).

Ulrichgasse. **Franziskanerkirche St. Marien** (s. d.).

Unter Sachsenhausen. Bis in die Mitte des 19. Jh. gehörte diese Straße zu einem typischen Wohnviertel, das sich jedoch durch eine Konzentration von Banken und Versicherungen verwandelte. Erhalten sind: **Nr. 1–3: Landeszentralbank,** ehem. Reichsbank, 1894–97 von M. Hasak, beim Wiederaufbau nach Kriegsbeschädigung vereinfacht, besonders in der Dachzone. Die Stilwahl unter dem Einfluß Reichenspergers (vgl. Hauptpost, → An den Dominikanern). – **Nr. 21–27: Commerzbank,** ehem. Barmer Bankverein, 1913 von C. Moritz. Ein sehr maßvoller Bau, der den weiten Weg dokumentiert, den der Kölner Jugendstilarchitekt seit dem bewegten Stil des (zerstörten) Opernhauses von der Jahrhundertwende bis zum Vorabend des 1.Weltkrieges zurückgelegt hat. – **Nr. 37: Geschäftshaus,** ehem. Frank & Lehmann, 1914 von P. Behrens, der in seinem kraftvollen und repräsentativen Stil auf historische Formenzitate verzichten kann, ohne sich von traditionellen Wertvorstellungen zu lösen. **Nr. 2: Rheinboden,** ehem. Rheinisch-Westfälische Bodenkreditbank, ebenfalls 1914, von Bielenberg & Moser, trotz der Gleichzeitigkeit und ebenfalls Repräsentationsbedürfnissen Rechnung tragend, in einem »älteren« Stil.

Ursulaplatz. **St. Ursula** (s.d.).

Vor den Siebenburgen. **Nr. 6–10: St. Maria vom Frieden** (s.d.).

Waidmarkt. **St. Georg,** Umgebung (s.d.).

Zeppelinstraße. Straßendurchbruch 1910. Die kurvige Führung geht auf die Planung C. Rehorsts in Anlehnung an die städtebaulichen Vorstellungen von C. Sitte zurück. Die Bebauung erfolgte mit monumentalen Geschäfts- und Warenhäusern. – **Nr. 9: Olivandenhof,** 1913 von H. Pflaume jun., hier nur mit 2 Achsen erhalten, aber Am Alten Posthof/Richmodstraße fortgeführt. – **Nr. 4–6: ehem. Kaufhaus Isay,** 1914 von Helbig & Klöckner, im Erdgeschoß und durch ein später ausgebautes Attikageschoß verändert. – **Nr. 2: Schwerthof,** 1921/22 von J. Koerfer und Th. Veil, zeigt das moderne Geschäfts- und Bürohaus vom Pathos der monumentalen Vorkriegsbauten entfernt auf dem Wege zur knappen und sachlichen Formel.

Zeughausstraße. **Nr. 1: Zeughaus.** Der 1594–1606 errichtete langgestreckte Ziegelbau mit Treppengiebeln steht mit der rückwärtigen Längswand auf der röm. Stadtmauer. An der westl. Stirnwand ein Treppenturm, wie bei den mittelalterl. Patrizierhäusern üblich. Das Hauptportal, in niederländischer Spätrenaissance von P. Cronenborch mit reicher Wappenbekrönung. Im Innern kriegszerstört, seit 1956 **Stadtmuseum** (s. d.). – **Nr. 3: Alte Wache,** 1840/41 als Wachgebäude für die preußische Militärverwaltung im Florentiner Palazzostil erbaut. (Ein zweites, am Heumarkt, 1877 abgebrochen, ein 3. am Waidmarkt, teilweise erhalten, bei St. Georg, s. d.). – **Nr. 4: Regierungspräsidium,** 1830–32 von M. Biercher in der Nachfolge Schinkels errichteter Bau, von dem nur der rechte 2geschossige Seitenflügel erhalten ist, während der 3geschossige leicht vorspringende Mittelrisalit und der ebenfalls 2geschossige linke Seitenflügel kriegszerstört sind.

Stadtbefestigungen

Zu den überregional bedeutenden Baudenkmälern zählen die von der Römerzeit über das Mittelalter bis in die Neuzeit geschaffenen und erhaltenen Verteidigungsanlagen.

Römische Stadtmauer. Die Erhebung der ubischen Siedlung zur röm. Kolonie im Jahre 50 n. Chr. brachte im Stadtbild entscheidende Veränderungen mit sich. Hierzu zählte die neue Steinbefestigung der CCAA mit einer Mauer von 3911 m Länge, 19 Türmen, 9 Toren und einem umlaufenden, ca. 12 m breiten Graben. Die Höhe der Mauer erreichte ca. 9 m, der Fundamentsockel eine Tiefe bis zu 3 m, die Kurtinen eine Breite von durchschnittlich 2,40 m. Hinter 2 dünnen Schalen aus Handquadern war Opus caementitium (»Zement«) lagenweise eingefüllt. Musivischer Schmuck aus verschiedenfarbigem Stein überzog – soweit heute noch nachweisbar – an allen Außenseiten Türme und Mauern. Die unterschiedlich großen Torbauten waren teilweise aus Kalksteinblöcken errichtet und hoben sich als eigenständige Architekturanlagen hervor. – Erhalten und konserviert sind wesentliche Abschnitte der Mauer: In der Domtiefgarage Fundamentzüge (Bautechnik mit verlorener Schalung!), an alter Stelle eine Seitenpforte des N-Tores vor den Domtüren; ein stadtseitiges Turmfundament (Rüstlöcher!) an der Ecke Komödienstraße/Tunisstraße; Mauerteile an der Burgmauer-Straße; der nordwestl. Eckturm, sog. Römerturm, mit Steinmosaikmuster (und Zinnen des 19. Jh.) an der Ecke Zeughausstraße/St.-Apern-Straße; westl. Mauerabschnitte am Mauritiussteinweg und im S an den Straßen Alte Mauer am Bach und Mühlenbach. Der südöstl. Hafenturm, das sog. **»Ubiermonument«,** Zeugnis der ältesten Befestigung (4/5 n. Chr.), ist im Kellergeschoß An der Malzmühle 1 zugänglich. – Bis zur 2. Stadterweiterung im frühen Hochmittelalter (1106) gab die röm. Befestigung der Stadt Schutz. Nach dem Normannensturm (881/882) ist eine Wiederherstellung überliefert.

Mittelalterliche Stadtbefestigungen. Die 1. Erweiterung der mittelalterl. Stadt vor 950 (im O bis zum Rhein) und die 2. von 1106 (im S, W und N) sind noch im Stadtgrundriß und an manchen Straßennamen ablesbar (Filzengraben, Katharinengraben, Perlengraben u. a.). – Die 3. Stadterweiterung von 1180 bis Mitte 13. Jh. machte Köln zur größten Stadt des Deutschen Reiches. Ihr halbkreisförmiger Mauergürtel mit den Torbur-

Köln. Preußische Befestigungsanlagen: Fort I im Hindenburgpark Im Hintergrund die Südbrücke

gen, der einst zu den monumentalsten Mitteleuropas zählte, wurde 1881 im Zuge der Errichtung der Neustadt bis auf wenige, heute stark restaurierte, aber noch imponierende Reste abgebrochen: **Bayenturm** am südl. Rheinufer (die 8eckigen got. Obergeschosse noch kriegszerstört); Mauerrest am Severinswall mit der 1587 auf einer Wallplattform erbauten **Bottmühle; Severinstor** mit Mauerrest am Chlodwigsplatz; **Ulrepforte** mit Mühlenturm seit dem Anfang des 15. Jh.; **Mauerrest** am Sachsenring mit 2 Türmen und teilweise erhaltenem Wallgraben, an der Mauer das **Ulredenkmal,** eine 1886 erneuerte Relieftafel von 1360, zur Erinnerung an den abgewehrten Überfall der erzbischöflichen Partei von 1268 – das älteste profane Denkmal Deutschlands; das **Hahnentor** am Rudolfplatz mit 2 Türmen, der nördl. seit Anfang des 15. Jh. als Mühlenturm, der südl. seit 18. Jh. mit einem Wohnhaus genutzt (im 19. und 20. Jh. verändert); Mauerrest am Hansaring mit Turm und **Gereonsmühlenturm** seit Ende des 14. Jh.; **Eigelsteintor** am Ebertplatz; von der Rheinbefestigung nur erhalten ein Türmchen (die sog. **Weckschnapp,** heute Wohnhaus) am Konrad-Adenauer-Ufer und die sog. **Schlupfpforte** am Leystapel.

Preußische Befestigungen. Aus der preußischen Zeit stammen Verstärkungen der mittelalterl. Festungsanlagen (u. a. Vorbau der Ulrepforte) sowie aus dem ausgehenden 19. Jh. in Verbindung mit der Schaffung der Neustadt die gärtnerische Umgestaltung im Umkreis dieser Anlagen (u. a. der Bottmühle). Zur Sicherung der Rheinfront wurde 1891 eine

Bastion im N in der Verlängerung des heutigen Theodor-Heuss-Ringes und eine im S in der Verlängerung des Ubierringes – umgebaut in den 20er Jahren, heute Sitz der Wasserschutzpolizei – und zum Schutz des Rheinauhafens 1855 der **Malakoffturm** an der Hafeneinfahrt errichtet. – Von der 1816–40 durch vorgelagerte Forts verbreiterten Befestigungszone am Rande der späteren Neustadt sind **Fort I** im 1914 geschaffenen Hindenburgpark, **Fort IV** im 1887–89 angelegten Volksgarten, **Fort V** am Südbahnhof und **Fort X** am Neußer Wall abgeändert, bzw. nur in Teilstücken erhalten, alles Backsteinbauten in Stilformen des romantischen Klassizismus mit sparsamer Verzierung. – Von der 1818–40 vorgenommenen preußischen **Befestigung von Deutz** sind lediglich Baureste im Rheinpark erhalten. Von der 1873–81 an den damaligen Stadtrand verlagerten Fortkette bzw. auch der 1877–81 im Rechtsrheinischen weiter nach O verschobenen Fortkette sind heute lediglich Teile von einigen Festungsanlagen vorhanden; es handelt sich im allgemeinen dabei um die stadtwärts gewandten langgestreckten **Kehlkasernen,** deren Backsteinmauerwerk im Linksrheinischen nur noch im Obergeschoß sichtbar ist, da das Erdgeschoß jeweils durch den später zugeschütteten Graben verdeckt wird. Zu unterscheiden ist zwischen den einst ca. 200 m langen großen Festungswerken, den Forts und den kleineren dazwischen gelagerten Zwischenwerken. **Zwischenwerk IIIb** am Nüssenberger Busch bei Bocklemünd, **Fort IV** am Freimersdorfer Weg bei Bocklemünd, **Zwischenwerk Va** in Müngersdorf, **Fort VI** am Decksteiner Weiher, **Fort VII** am Eifeltorbahnhof, **Zwischenwerk VIIIb** zwischen Rodenkirchen und Marienburg, **Zwischenwerk XIb** bei Mülheim am Neurather Ring, **Fort XI** westl. von Holweide an der Piccolministraße, **Zwischenwerk XIa** am Herler Ring, **Fort X** an der Olpener Straße und **Zwischenwerk IXb** im Gremberger Wäldchen.

Die Neustadt

1881 nach Plan von J. Stübben (Gedenktafel am Hahnentor) und K. Henrici angelegte und bis etwa 1905/10 durchgeführte Stadterweiterung, die sich im Halbkreis um die Altstadt legt und bis zum Inneren Grüngürtel reicht. Bedeutende spätklassizist. Anlage mit baumbestandenen Boulevards, Parkanlagen, Diagonalstraßen, Sternplätzen und blickpunkthaft plazierten öffentlichen Bauten und Denkmälern. Kernstück ist die 1881–86 im Verlauf des Walles der aufgegebenen mittelalterl. Stadtbefestigung (s. d.) angelegte Ringstraße mit unterschiedlich breiten und ehemals durchgehend gärtnerisch reizvoll gestalteten Abschnitten, deren Benennung von Ubierring über Karolinger-, Sachsen-, Salier-, Hohenstaufen-, Habsburger- bis Hohenzollern-, Kaiser-Wilhelm- und Hansaring (1963 Theodor-Heuss-Ring statt Deutscher Ring) 2 Jahrtausende Kölner und deutscher Geschichte widerspiegeln. Ehemals repräsentative Wohnstraße mit zahlreichen öffentlichen Prachtbauten (Opernhaus, Kunstgewerbemuseum etc.), von denen nur das Rautenstrauch-Joest-Museum und die Maschinenbauschule am Ubierring sowie das Hansa-

gymnasium am Hansaring erhalten sind. Die mittelalterl. Stadtmauerreste und Tore als Blickpunkte bewußt auf großen Plätzen am Ring miteingeplant (u. a. Chlodwigplatz, Rudolfplatz, Hansaplatz, Ebertplatz), ebenso die Sakralbauten mit ihren Schauseiten auf die Ringstraße ausgerichtet (daher keine Ostung). Die preußischen Forts und Lünetten teilweise in die neue Umwallung einbezogen, teilweise in Parkanlagen integriert.
Unterschiedliches Erscheinungsbild der einzelnen Neustadtviertel: ehemals hochherrschaftlich an den Ringen und in den beiden Villenvierteln am Sachsenring und Theodor-Heuss-Ring (fast ganz zerstört), bürgerlich im Westend (zwischen Rathenauplatz und Venloer Straße), im Gerichtsviertel (zwischen Neußer und Riehler Straße), sowie im Universitätsviertel (zwischen Bonner Straße und Rhein), einfacher in den Wohnvierteln für Arbeiter und Angestellte (um die Elsaßstraße, zwischen Luxemburger und Zülpicher Straße, im Dreikönigenviertel an Kaspar-, Melchior- und Balthasarstraße). In diesen Vierteln auch hohe Grundstücksausnutzung. Zahlreiche Parkanlagen: Ubierring (1899 bis 1901 von A. Kowallek), Römerpark (1895–98 ebenfalls von Kowallek), Volksgarten, Rathenauplatz (1891), Kaiser-Wilhelm-Ring (1885/86 von H.J. Stübben), Stadtgarten, Theodor-Heuss-Ring (um 1891 von H.J. Stübben und A. Kowallek).
Geringschätzung der Neustadt seit dem 1. Weltkrieg. Im 2. Weltkrieg nur zu 25%, danach ein weiteres Viertel beim »Wiederaufbau« zerstört – insbesondere an den Ringen und in den Villenvierteln, wo zahlreiche Maßstabsbrüche das städtebauliche Konzept Stübbens beeinträchtigen. – Am besten erhalten das Viertel rund um das Oberlandesgericht am Reichenspergerplatz und um den Neußer Platz, das Westend um den Rathenau- und Brüsseler Platz und das Viertel um die Alte Universität an der Claudiusstraße.

Sakralbauten

(in alphabetischer Reihenfolge)

Kath. Pfarrkirche St. Agnes (Neußer Platz). Stiftung des Bürgers Peter Joseph Roeckerath zum Gedächtnis seiner Frau Agnes. Die neugot. Hallenkirche in N-S-Richtung mit mächtigem Fassadenturm, Querschiff, reicher Chorbildung (Andeutung eines Kapellenkranzes) von C. Rüdell und R. Odenthal 1896–1902 errichtet. Reiche Bauskulptur, v. a. von A. Iven. Nach dem Dom die größte Kirche Kölns. Der vorgestellte Turm mit Vorhalle wird in Höhe des Langhausdaches über Giebel ins Achteck überführt, hier massives Glockengeschoß. Das oberste Stockwerk über Streben und Fialen zurückgestuft und nach Vorbild des Freiburger Münsters als offenes Maßwerktabernakel gebildet. Der Helmansatz von Anfang an mit Brüstung flach abgeschlossen und von Fabelwesen besetzt – ein bewußtes Zitat französischer Kathedraltürme. – Nach Beschädigung außen (mit Ausnahme des großen Turmfensters) in den alten Formen wiederhergestellt; der Innenraum, in Struktur und Ausstattung (Altäre) weitgehend erhalten, durch gefächerte Holzdecke anstelle der massiven Gewölbe geschlossen, 1950–58 von K. Bong und W. Weyres.

Im O des Turmes **Wegekreuz** von 1834 in Rotsandstein, es diente als Ausgangspunkt der Kevelaer-Wallfahrt. 1970 von der alten Straßengabelung hierher versetzt.

Kath. Pfarrkirche Neu St. Alban (Gilbachstr. 25). Patrozinium von Alt St. Alban (s. d.) hierher übertragen. 1957–59 in der NW-Ecke des Stadtgartens von H. Schilling aus den Trümmerziegeln des alten Opernhauses errichtet. In der Nachfolge von Le Corbusiers Wallfahrtskapelle in Ronchamps stehend, doch in geometrisch-strenge Formen übersetzt: 5eckiger Gemeinderaum, Apsis über Parabelgrundriß im NO, hier das geknickte Dach steil ansteigend. Die ornamental ins Mauerwerk eingefügten Schlitzfenster erzeugen im Innern ein dämmriges Licht. Die Kirche ist eines der frühesten Beispiele des durch die Erneuerung der Liturgie noch vor dem 2. Vatikanischen Konzil bestimmten Kirchenbaues der Kölner Diözese: Trennung von Altar und Tabernakel, Zelebration zum Volk. – Ausstattungsstücke aus Alt St. Alban: Kreuzigungsgruppe (16. und 17. Jh.), Barockkanzel, Bronzetaufe (1642), Apostelstatuetten an der Orgelempore (1. Hälfte des 15. Jh.), und Vesperbild (um 1420). Für den Neubau wurden geschaffen: Das Gemmenkreuz von L. Munz, das bronzene Ziborium in der Sakramentskapelle von E. Hillebrand, die »Paradiespforte« (Eisenguß) von T. Zenz; die Glasmalereien von Fr. Pauli: im SW-Fenster die Gerichtswaage, in den SO-Fenstern der Lobgesang der Jünglinge im Feuerofen.

Christuskirche, ev. Pfarrkirche (Herwarthstraße). Aufgrund von Plänen der Architekten A. Hartel und Skj. Neckelmann durch H. Wiethase 1891–94 errichtet. Von der im Inneren als einheitliche Emporenhalle, im Außenbau als Hallenkirche mit Querschiff und flachem Chorschluß in spätgot. Formen gestalteten Kirche ist nur der Fassadenturm im SO erhalten geblieben. Angefügt ein einfacher Kirchenbau der 50er Jahre.

Kath. Pfarrkirche St. Gertrud (Krefelder Str. 55). Die 1962–65 von G. Böhm errichtete Kirche ist in die gründerzeitliche Bebauung der W-Seite der Straße eingefügt. Ihre konkave Einziehung nimmt Bezug auf die hier von O einmündende Balthasar- und die Aquinostraße. Auf unregelmäßigem Polygongrundriß in grobem Sichtbeton erbaut, wird die Faltdecke des Innern zur Straße in 3 prismatischen, oben durchfensterten Giebelformationen dargestellt. Der motivisch verwandte schlanke Turm im N leitet über zum Pfarrhaus.

Kath. Pfarrkirche Herz Jesu (Zülpicher Platz 16). Nach Wettbewerb (1889, Gewinner Fr. v. Schmidt) 1893–1900 ausgeführt. Die Bauleitung hatte der Sohn H. v. Schmidt, der den Turm erst 1906–09 errichten konnte. Um- und Neubau der Chorpartie 1953–57 von W. Weyres und W. Hartmann. Der Turm, im wesentlichen erhalten, 1979/80 restauriert. Neben St. Mauritius in der Altstadt wichtigster Kirchenbau der Kölner Neugotik unter Einfluß der Domvollendung. Urspr. Bestand:

Langhaus als Hallenkirche mit begleitenden Kapellen, schmales Querschiff, basilikaler Chorbau. Dessen reiche, kathedrale Ausbildung mit $^{5}/_{12}$-Schluß, Umgang, offenem Strebewerk und Scheitelkapelle mit deutlichem Bezug zur Ringstraße. Der vorgestellte Turm (Blickfang für die Roonstraße) ist über quadratischen Sockelgeschossen allmählich in ein freistehendes Achteck übergeführt (vgl. Freiburger Münster und Kölner Dom). Krabbenbesetzter steiler Achteckhelm hinter Giebelkranz, nur sparsam perforiert. – Nach Zerstörung der NO-Teile wurden die Umfassungsmauern des Langhauses in einen neuen Hallenbau mit Faltdecke auf Stahlstützen einbezogen, es entstand ein Chorraum in der Breite des Querhauses mit einer Abschlußwand außen als Dreigiebelformation in Sichtbeton und Ziegeln (vgl. Köln-Mülheim, Liebfrauenkirche). Die erhaltenen Arkaden des Chorumganges wurden mit Betonmaßwerkfenstern gefüllt und dienen der neu geschaffenen Sakramentskapelle als Raumschale. Anbau eines kleinen Nebenschiffes mit der Herz-Jesu-Statue von A. Iven (ehemals an der Scheitelkapelle).

Maria Hilf, Kapelle und Kloster (Rolandstr. 57–61). In der südl. Straßenbebauung die erhalten gebliebene Fassade des Klosters und der Kapelle Maria Hilf, 1896–98 von A. Nöcker in neugot. Formen errichtet. Das Innere 1952 umgestaltet von H. Schorn.

Kath. Pfarrkirche St. Maternus (Maternuskirchplatz 2). Die letzte der Neustadtkirchen, 1913–16 von St. Mattar errichtet. Der Turm neben dem Chor blieb unvollendet. Die mit den Pfarrnebenbauten einheitlich konzipierte Kirche zeigt das Ende des Historismus: roman. und byzantinische Formen werden frei kombiniert, Ziel ist ein vielfarbiges (Tuffstein und Ziegel in mannigfaltiger Ornamentierung und Bearbeitung), »malerisches« Bautenensemble, das noch deutlich vom Jugendstil beeinflußt ist. Im Mittelschiff des basilikalen Langhauses und in der breiten Vierung wagte Mattar eine der frühesten Stahlbetondecken im deutschen Kirchenbau. Seitenschiffe, Querhausarme und Chorraum gewölbt, hier ursprünglich starkfarbige figürliche Ausmalung. Die Hauptfassade über Arkadenportikus im großen Rundbogen geöffnet (Rosettenfenster) und von 2 originellen Türmchen flankiert (Zylinderformen in prismatischer »Fesselung«). – Nach starker Zerstörung bis 1961 von P. Görler und J. Schürmann restauriert (bes. die SW-Seite). Im Innern die Raumschale vereinfacht wiederhergestellt; Ausmalung der Vierung von G. Kadow 1964. Altarkreuz 1969 von R. Peer.

Kath. Pfarrkirche St. Michael (Brüsseler Platz). 1902–06 von E. Endler als Nachfolgebau einer neugot. Notkirche inmitten des Brüsseler Platzes in der Achse der Maastrichter Straße errichtet. Kreuzförmiger basilikaler Buntsandsteinbau mit Doppelturmfassade im O und gestelzter Halbkreisapsis im W, die Vierung ursprünglich durch eine Kuppel mit Zeltdach ausgezeichnet. Kombination roman. und byzantinischer Formen zu einem malerischen Gesamtbild, vergleichbar der etwas jüngeren Kirche St. Maternus (s. d.). – Nach der Kriegszerstörung die Kuppel aufgegeben, die Gewölbe durch flache Holzdecken ersetzt (K. Band, 1956).

Kath. Pfarrkirche St. Paul (An der Pauluskirche 7). Gründung der Pfarre 1901. Wahl des Namens zur Erinnerung an die 1807 abgebrochene Altstadtkirche St. Paulus und an den Kölner Erzbischof Paulus Kardinal Melchers († 1895), Exponent des Kulturkampfes. – St. Mattar errichtete die Kirche in spätgot. Stilformen 1906–08. Wie St. Michael und St. Maternus mit sehr breitem Mittelschiff. Die ersten 3 Joche basilikal, von schmalen Seitenkapellen begleitet, außen offenes Strebewerk. Die folgenden 3 Joche als Stufenhalle von querschiffartiger Weite. Außen ursprünglich Giebelreihe, heute durchlaufendes Satteldach. Das breite Turmhaus als Zäsur zwischen Langhaus und Chorpolygon, ursprünglich mit 3 schlanken Spitzhelmen. Im Innern hier fensterlose Dämmerzone. – Nach der Zerstörung aller Dächer und Gewölbe zunächst provisorischer Wiederaufbau 1952/53 unter E. Steffann. 1962–64 Rekonstruktion der Netzgewölbe, Öffnung des Chorumganges, neuer Altar unter G. Böhm. Neugot. phantasiereiche Bauskulptur außen und innen. Fragment des Paulusaltares (ehem. Hochaltar) von P. Simon, 1929.

Synagoge (Roonstraße 50). In die nordöstl. Häuserzeile der Roonstraße ist der U-förmig zurückspringende Komplex der Synagoge mit ihren Begleitbauten eingefügt. Errichtung 1895–99 durch die Kölner Architekten W. E. Schreiterer und B. Below in rheinisch-neuroman. Formen und mit Tuffsteinverkleidung. Als Ausdruck der Zentralbau-Organisation des Inneren (Pendentifkuppel) außen ein Kubus mit Pyramidendach, Rundbogenfenstern und schlanken Rundtürmchen an den Ecken. Nach Zerstörung durch die Nationalsozialisten und im 2. Weltkrieg außen mit geringen Veränderungen, im Inneren vereinfacht durch H. Goldschmidt 1958/59 wiederhergestellt.

Profanbauten

(nach Straßenzügen geordnet)

Claudiusstraße. **Nr. 1: Alte Universität.** Erbaut 1905–07 nach dem preisgekrönten Wettbewerbsentwurf von E. Fr. Vetterlein, Darmstadt, als neubarocker schloßartiger Komplex mit Ehrenhof. Die Schauseite zum Rheinufer ursprünglich mit überkuppeltem Mittelteil. Die ganze Dachzone nach Kriegszerstörung unvorteilhaft verändert.

Hansaring. Vereinzelt erhaltene Wohnhäuser geben noch einen Eindruck von der einstigen Prachtstraße, u. a. **Nr. 3** mit originaler figürlicher Ausmalung in einem Raum des 1. Obergeschosses; **Nr. 11:** ein Neurenaissance-Haus mit 2farbiger Werksteinfassade und Sgraffiti am 3. Obergeschoß. – **Nr. 25–27** ist ein städtebaulich gut eingefügtes Wohnhaus von O. M. Ungers (1959), dessen versetzte Balkone die Risalitbildungen der urspr. Bauten dieser Straße variieren. – **Nr. 97: Hansa-Hochhaus.** Das 1924/25 von J. Koerfer erbaute 17geschossige Hochhaus ist mit dem 7geschossigen Anbau harmonisch in die vorgegebene städtebauliche Situation des 19. Jh. eingefügt. Zur Erbauungszeit war der Stahlskelettbau mit Backsteinverkleidung das höchste Hochhaus Europas (65 m). – **Nr. 54–58: Hansa-Gymnasium.** Erbaut 1898–99 als Handelsschule von F. C. Heimann. Der neugot. Bau nach Kriegsbeschädigung mit purifizierter Dachlandschaft wiederhergestellt. Am ehemals abgetreppten Mittelgiebel reiche Maßwerkfenster und die Standfiguren von zeitgenössisch gekleideten Männern, die sich um die Entwicklung des Handels der Stadt besonders verdient machten (Heimann, Merkens, Camphausen und Mevissen).

Hohenzollernring. Von dem bereits 1881–86 bebauten ehem. Prunkstück der Ringstraße bewahren heute nur noch vereinzelte Häuser einen Eindruck vom ehem. Glanz: u. a. **Nr. 53** als erhaltenes Mittelstück eines früher 3teiligen hochherrschaftlichen Wohnhauses (C. A. Philipp, 1884/85), **Nr. 54,** ein Neurenaissancebau (G. Eberlein 1883/1884) mit gut erhaltenem Puttenfries am 3. Obergeschoß. Bereits in der Zwischenkriegszeit führte der Strukturwandel von der reinen Wohnstraße zur Geschäftsstraße zum gelegentlichen Auswechseln der Architektur, aber immer in städtebaulicher Einfügung u. a. **Nr. 22–24:** Ufa-Palast, erbaut 1931 von W. Riphahn.

Melchiorstraße. **Nr. 3: ehem. Feuerwache.** Von der 1888–90 erbauten ehem. Hauptfeuerwache sind noch beachtliche Teile des 2farbigen Backsteinkomplexes mit Direktoren-Wohnhaus, Steigeturm, Pferdeställen und Wagenhalle mit Gußeisensäulen erhalten. Bei der Umwandlung in ein Bürgerzentrum wird die fehlende originale Dachlandschaft ergänzt.

Reichenspergerplatz. **Oberlandesgericht.** Der 1907–11 von Fr. Ahrens nach Plänen von P. Thömer, Berlin, erbaute Justizpalast hat seine Achse diagonal durch den Baublock und auf den Vorplatz ausgerichtet. Die Fassade ist durch die Veränderung der Dachzone nach Kriegszerstörung etwas beeinträchtigt. Großzügiges, sehr schönes Treppenhaus.

Sachsenring. **Französisches Kulturinstitut,** W. Riphahn, 1951–53.

Stadtgarten. Älteste Kölner Grünanlage, erstmals 1827–29 angelegt, 1860–64 und 1888 verändert. Die im klassischen Landschaftsstil gehaltene Anlage birgt relativ alte verschiedenartige Solitärbäume.

Theodor-Heuss-Ring. Von dem an der N-Seite einer ausgedehnten Parkanlage gelegenen prachtvollen Villenviertel heute nur noch **Nr. 9** (1903/04 von Wehling, vermutlich nach Entwurf von J. M. Olbrich) erhalten und an der S-Seite nur **Nr. 10** als Beispiel einer reichgegliederten Rotsandsteinfassade (1894/95 nach Entwurf von H. Pflaume, schönes Treppenhaus).

Ubierring. Hier findet sich das besterhaltene Ensemble von Wohnhäusern an der Kölner Ringstraße (1905–10). **Nr. 45: Rautenstrauch-Joest-Museum** (s. d.). Erbaut 1904–06 von E. Crones. Der neubarocke Bau mit übergiebeltem Mittelrisalit und stärker vortretenden Seitenrisaliten wartet noch auf die Wiederherstellung des im Krieg zerstörten ausdrucksvollen Mansarddaches. – **Nr. 48: Maschinenbauschule.** 1902–04 von H. Schilling erbauter neubarocker Schulbau mit leicht geschwungenem Mittelrisalit und vorspringenden Seitenrisaliten. Die Wirkung auch hier, wie bei vielen Bauten der Gründerzeit in Köln, durch das Fehlen des originalen (Mansard-)Daches beeinträchtigt.

Universitätsstraße. **Nr. 100:** Museum für Ostasiatische Kunst (s.d.).

Volksgarten. Der 1887–89 nach dem Entwurf von A. Kowallek angelegte relativ große Stadtgarten ist im Sinne des Historismus kleinteilig gegliedert und abwechslungsreich gestaltet unter Einbeziehung eines geringfügig veränderten preußischen Forts **Fort IV** und einer als Gartenamt genutzten preußischen Lünette.

Zugweg. **Städtisches Elektrizitätswerk.** In den Jahren 1883–1909 entstandene Backsteinbauten (Ing. Wachendorf) für die zentrale Wasser- und Stromversorgung Kölns. Die auf einem 3eckigen Baublock unregelmäßig gruppierten Einzelbauten stellen ein geschlossen erhaltenes Ensemble gründerzeitlicher Industriearchitektur dar, bei der formal weitgehend die Sakralarchitektur Pate stand. Die originale Maschinenausstattung ist nur noch zum Teil vorhanden.

Vororte

Bayenthal

Der seit 1860 mit der Niederlassung der Maschinenfabrik BAMAG entstandene Industrievorort wandelt sich in seinem südl. Teil zunehmend zu einem dem benachbarten Marienburg angepaßten Wohnvorort, wobei der **»Wohnpark Bayenthal«** (Goltsteinstraße), 1970–77 von U. Fischer, R. Rathai, W. Krüder, den Standort der ehem. Maschinenfabrik einnimmt.

In einem Park das **ehem. Palais Oppenheim** (Oberländer Ufer 144) im Stil der Pariser Ecole des Beaux-Arts, 1906 von Mewes & Bischoff. Ferner sind erwähnenswert die **»Schule für Krankenpflege«** (Bernardstr. 12), 1971–73 von H. P. Tabeling, das **»Haus der Deutschen Industrie«** (Oberländer Ufer 84–88), 1970/71 von G. H. Winkler, Cl. Winkler und Cl. Bellmann und die Erweiterung des **Antonius-Krankenhauses** (Schillerstr. 23), 1965–68 von H. P. Tabeling.

Bickendorf

Am W-Rande des alten Ortskernes die Siedlungen Bickendorf I, II und III – beste Beispiele für die Entwicklung des sozialen Wohnungsbaus in Köln. – Für **Bickendorf I** schrieb die kurz zuvor gegründete Städtische Wohnungsbaugesellschaft GAG 1913 einen Wettbewerb aus, den die Essener Architekten C. M. Grod und L. Kaminski gewannen. Bebauung des 3eckigen Geländes zwischen Akazienweg / Grüner Brunnenweg und Sandweg im Jahre 1914 (ohne Kaminski) nach Essener Vorbildern im Sinne der Gartenstadtidee. 1918–20 Vollendung der Siedlung

Köln. Plan der Vororte

durch W. Riphahn (nordwestl. Teil von Am Rosengarten an) in »kölnisch-rheinischen« Formen (heute stark verändert).

1922 Baubeginn der Hochbausiedlung **Bickendorf II** durch W. Riphahn im Stil eines heimatlichen Expressionismus (Akazienweg / Venloer Straße). Bei dem Planwechsel (jetzt wieder mit C. M. Grod) wurde das Achsen- und Platzsystem beibehalten. Zentrum ist der **Rosenhof** mit horizontal betonten »Mehrspännern«, die einen Übergang zum Funktionalismus darstellen. Farbentwürfe zur Siedlung (grün/weiß und okkergelb/weiß) von H. Hoerle. Nach 1928 nur zögernder Ausbau. 1938/39 die Ecke Venloer Straße / Am Rosenhof ebenfalls durch W. Riphahn.

Kath. Pfarrkirche Hl. Dreikönige. An der Mittelachse der Siedlung war seit 1925 eine Kirche geplant, zu der man 1927 einen Wettbewerb ausschrieb. Der zu moderne Entwurf des Siedlungsarchitekten Riphahn erhielt hier nur den 2. Preis. Vorzug gab man dem etwas konservativeren Vorschlag von H. P. Fischer und H. Forthmann, die dann 1928/29 die Kirche bauten. – Kubischer Saalbau mit Lanzettfenstern, hohem seitlichen Turm und vorgelagerten spitzbogigen Arkaden. Stilistisch gesehen Übergang von Expressionismus zum »Neuen Bauen«. Die 1929/30 von J. Thorn-Prikker geschaffenen Symbolfenster wurden 1952 nach alten Fotos und Resten rekonstruiert. Das 1932 von W. Schmitz-Steinkrüger geschaffene und im Krieg zerstörte W-Fenster vom selben Künstler nach alten Vorlagen erneuert.

Oberhalb von Bickendorf I die v.a. zwischen 1919 und 1926 entstandene Siedlung **Bickendorf III,** deren Bauherr die Baugenossenschaft Kölner Gartensiedlung mbH war. Sämtliche Häuser in Backstein von A. Franken, die am Sandweg von Fr. A. Breuhaus und die Unter Birnen von Breuhaus bzw. Dondorff und J. Ruff.

Die **kath. Pfarrkirche St. Rochus** (Rochusstr. 98) entstand in 3 Bauabschnitten im NO des alten Dorfes: 1847–49 turmlose Backstein-Saalkirche im Rundbogenstil, wohl von E. Fr. Zwirner; 1880–85 neuroman. Turm im W mit Rautenhelm, im O Hallenquerschiff und Polygonchor von A. Lange. Das kriegszerstörte Langhaus 1949 durch einen Neubau von H. P. Fischer ersetzt. Phantasievoll eingesetzte Schmuckmotive in mehrfarbigem Backstein.

An der Venloer Str. 645, durch den Verkehr sehr beeinträchtigt, die 1733 datierte **ehem. Hofgutkapelle St. Rochus.** Der Hauptraum 1842 zerstört, der damals erhaltene Chor mit neugot. Giebel versehen. Im Innern Skulpturen des 18. Jh.

Vitalisstr. 196: **Herbig-Haarhaus-Lackmuseum** (s. d.).

Bocklemünd / Mengenich

Die Dörfer Bocklemünd und Mengenich haben ihre charakteristische Hanglage an der Stufe zwischen Nieder- und Mittelterrasse bis heute bewahrt. Diese für die Landwirtschaft günstige Standortwahl erklärt die relativ frühe urkundliche Erwähnung von Bocklemünd im Jahre 941. Die Straßenkreuzung Venloer Straße / Grevenbroicher Straße ist heute noch ein Dokument für die reichen Bauernhöfe dieser Ortschaften. Von den 3 Hofanlagen tritt der **Weyer-Palanter-Hof** mit seinem geschweiften barocken Backsteingiebel aus dem Jahre 1778 besonders ins Blickfeld; gegenüber der nur zum Teil erhaltene **Arnoldshof** aus dem Jahre 1741 und der im 19. Jh. errichtete **Fettenhof.**

Die **kath. Pfarrkirche St. Johannes vor dem Lateinischen Tore** (Venloer Str. 1282), eine neugot. Backstein-Saalkirche mit Vierkantturm und eingezogenem polygonalem Chor. 1851–53 von V. Statz, nach Kriegsbeschädigung ohne Gewölbe mit Flachdecke aufgebaut. Kreuzigungsgruppe des 15. Jh., Reste der neugot. Ausstattung. Im N 1965 Anbau einer Beichtkapelle. Am Chor außen Missionskreuz von 1866.

Völlig unabhängig von den Dörfern entstand, getrennt durch einen Grünstreifen, 1965–70 das **Neubaugebiet Bocklemünd-Mengenich** nach dem städtebaulichen Entwurf von H. Busch. Die Wohnsiedlung ist als Ganzes einheitlich plastisch modelliert, umschlossen von hohen Wohnbauten am Rande.

Das mit glatten Betonfronten abgeschirmte **kath. Pfarrzentrum** mit der **Kirche Christi Geburt** wurde 1969/72 nach den Plänen von E. Frieling gebaut.

Braunsfeld

Die Anfänge Braunsfelds reichen bis ins 19. Jh. zurück. Von der frühen Bebauung auf dem Ziegeleigelände des Herrn Braun haben sich Häuser an der Braunstraße erhalten.

Kath. Pfarrkirche St. Joseph (Braunstraße, Ecke Wiethasestraße), 1954 von R. Schwarz und J. Bernard. Der helle, klare Saal über rechteckigem Grundriß kennt keine Zäsur zwischen Gemeinderaum und Chor. Die Stützen der ziegelausgefachten Betonkonstruktion tragen, längsseitige Oberlichtbänder in 6seitigen Rahmen umfassend, eine Faltdecke, die im Äußeren als eine Folge von quergestellten Satteldächern erscheint. Der Altarraum – darunter eine kleine Krypta – ist durch die breiten Lichtbahnen der aufgestockten Seitenwände ganz und gar lichterfüllt. Dem freistehenden, offenen Betongerüst des Glockenturmes auf der einen Langseite entspricht auf der anderen die Gruppierung von Taufkapelle, Beichtkapelle und Sakristei um einen kleinen Binnenhof. – Thronende Muttergottes von K. Zimmermann. Neue, den urspr. Raumcharakter verändernde Glasfenster von G. Meistermann.

An der Ecke Aachener Straße / Melatengürtel die **Hauptverwaltung der Deutschen Krankenversicherung** (DKV), 1967–70 von Fr. W. Kraemer, G. Pfennig und E. Sieverts. Ein auf dem Prinzip des abgestuften Dreiecks als Grundrißeinheit entwickelter, in der Höhe gestaffelter Hochhausbau mit dominierender Wirkung im Stadtbild. Stahlbetonskelettbau mit Pilzdecken; Aluminium-Vorhangfassade mit hell bronzefarbigem Isolierglas. Verkleidung der Versorgungseingänge mit graphitgrünem Maggia-Granit.

Buchforst

Der bis 1932 Kalkerfeld genannte Vorort mit seinen zahlreichen Siedlungsbauten ist wesentlich geprägt durch den Bebauungsplan von W. Riphahn und C. M. Grod (1926). Von Riphahn und Grod selber die Reihenhäuser Besselstraße (1928), der »Blaue Hof« (1926/27) und die »Weiße Stadt« (1929/32).

Köln. Buchforst. »Weiße Stadt«. Die Heidelberger Straße um 1930

»Blauer Hof« (Kasseler Straße). Die einheitlich durchtypisierten 4geschossigen »Mehrspänner« mit für Arbeiter bestimmten Kleinwohnungen sind, zusammengefaßt zu einem Block, um einen weiten, ehemals ganz begrünten Hof gruppiert, zu dem sich auch alle Wohnungen mit einer Loggia öffnen. Die Ecken des Blocks wie auch der Eingang zum »Blauen Hof« an der Kasseler Straße werden durch markante, kubisch zurückgestufte Ecklösungen betont, die dem Ganzen einen straffen Zusammenhalt geben. Zum Verständnis der Architektur ist besonders die urspr. Farbgebung wichtig: graues Erdgeschoß, weiße Flächen, rote kleinteilige (die Horizontale der Architektur betonende) Sprossenfenster und rote Gesimse und Traufe. Die Bebauung der Waldecker Straße von J. Ruff, 1927, die an der Heidelberger Straße von Th. Merrill, E. Leybold und Frank, 1928.

Die **»Weiße Stadt«** (Ecke Waldecker Straße / Heidelberger Straße), 1929, der wichtigste Beitrag des »Neuen Bauens« im sozialen Wohnungsbau im Rheinland, bringt den Übergang zum Zeilenbau. Das 3ekkige Gelände wird durch zackig versetzte 5geschossige Zeilen in Schräglage zur N-S-Richtung (durch das Gelände bedingt) derart erschlossen, daß eine breitere Achse die Mitte bildet und Zeilen 2geschossiger Reihenhäuser in senkrechter Anordnung zu den Mehrfamilienhäusern längs der Breitseite des Dreiecks entstehen. Jede Wohnung besitzt einen Balkon und ein ausgebautes Bad.

An der Mittelachse ehemals das im Krieg zerstörte und durch ein Hochhaus (W. Riphahn, 1956/57) ersetzte »Gemeinschaftsgebäude mit Gaststätte« und die 1930/31 durch Riphahn und Grod gebaute, dem Stil der Siedlung entsprechende **kath. Pfarrkirche St. Petrus Canisius.** Sie ist ein pfeilerloser, basilikaler Saal mit einem halbrunden, ehemals verglasten Chor, einem seitlichen 4kantigen Turm sowie einem Portikus an der Eingangsseite. Typologische Weiterentwicklung der Kirchen H. Herkommers. Das Innere war ehemals nach Entwürfen von H. Hoerle blau gefaßt und wurde durch Fenster von Fr. W. Seiwert erhellt. Die jetzige Verglasung von W. de Graaff. Störend die Eternit-Verkleidung des urspr. weißen Turmes.

Am Rande der Siedlung in der Kopernikusstraße die **ev. Auferstehungskirche** von G. Rasch und W. Wolsky, 1967/68. Wirkungsvoller Betonbau in Form eines spitzen Tetraeders mit schmalen Fensterstreifen an der Eingangsseite. Mit Holz verschalt die niedrigen um einen Hof gruppierten Gemeindebauten gegenüber dem Kircheneingang.

Buchheim

Im frühen Mittelalter hatte der heutige Vorort Buchheim eine zentrale Funktion. Von dem fränkischen Königshof, der Burg Herl, wurde eine »Honschaft« (mittelalterl. Verwaltungsbezirk) des Deutzgaues verwaltet. Spätestens im 11. Jh. besaß Buchheim eine eigene Kirche, deren Standort heute allerdings zum Ortsteil Mülheim gehört.

Burg Herl ist die älteste der rechtsrheinischen Wasserburgen im Kölner Stadtgebiet. Das schlichte 2geschossige Herrenhaus mit Walmdach und einem mächtigen 3geschossigen, nahezu quadratischen Eckturm errichtete M. Nagel 1663. – Im 18. Jh. entstanden der Park und darin die **Kapelle St. Johann Nepomuk.** Der Vorhof mit seinen Wirtschaftsgebäuden in Backstein erhielt 1876 seine heutige Gestalt. – Von der seit fränkischer Zeit zur Burg Herl gehörigen **Herler Mühle** zeugt eine geschlossene Fachwerkhofanlage (bergischer Bautradition entsprechend teilweise geschiefert) aus dem 18. Jh. Das hölzerne Mühlrad ist noch an originaler Stelle erhalten.

Im 19. Jh. verlagerte sich der Ortsmittelpunkt Buchheims nach W. Hier entstand 1896 die **kath. Pfarrkirche St. Mauritius** (Alte Wipperfürther Str. 53), eine neugot. Backstein-Hallenkirche mit asymmetrischer W-Fassade; Architekt: E. Blank. Die unzerstörte Kirche besitzt noch Teile der urspr. Ausstattung.

Die **ev. Kreuzkirche** (Wuppertaler Str. 21), 1961–63 von R. Esch.

Abseits des alten Ortskernes errichtete 1872 der Brauereibesitzer Hahn an der Bergisch-Gladbacher Straße / Ackerstraße eine Villa im Stil der italienischen Renaissance, die sog. **Hahnenburg.**

Chorweiler

Mitten in der bereits in den 20er Jahren vom Stadtbaumeister Fr. Schumacher vorgesehenen und seit den 60er Jahren entstandenen Trabantenstadt mit zahlreichen »Betonklötzen« die Idylle einer **Wohngruppe mit Altenwohnungen** (Mataréweg u. a.), die G. Böhm 1969–75 errichtete. Versuch mit den Materialien unserer Zeit (Beton, Stahl, Glas) eine individuelle Architektur zu gestalten, die auch die Farbe nicht scheut.

Dellbrück

Der Vorort mit seinem heute mehr kleinstädtischen, z. T. aber noch bewußt ländlich nachempfundenen Charakter entstand aus den 4 Ortskernen Thurn, Strunden, Hagedorn und Dellbrück. **Thurn,** einst der Stammsitz des Geschlechts vamme Thurne (= vom Turm) ist mit einer Mühle erstmals 1322 erwähnt. Von dem urkundlich erst im 15. Jh. erwähnten Rittersitz besteht heute eine Hofanlage mit einem aus dem 16. Jh. stammenden Fachwerk-Herrenhaus mit außergewöhnlich hohem Satteldach sowie ein wohl veränderter Backsteinwohnturm auf quadratischem Grundriß. Der einst vom Strunderbach gespeiste Wehrgraben ist zugeschüttet.

Abseits der alten Ortskerne, ebenfalls am Strunderbach, liegt **Gut Mielenforst,** eine der herrschaftlichsten Hofanlagen im Kölner Stadtgebiet. Der 1413 bezeugte Rittersitz ist als typischer Gründerzeitbau mit Erker, Loggia, Ziergiebel, Turm usw. im Parkgelände so erhalten, wie ihn sich der Mülheimer Seidenfabrikant Paul Andreae 1885 (Architekten H. J. Kayser und K. v. Großheim) errichten ließ. Die etwas später ausgeführte Hofanlage mit Wirtschaftsgebäuden im Jugendstil ist ebenfalls unverändert.

Während im Ortsteil Dellbrück seit dem ausgehenden 19. Jh. schlichte Wohnbauten entstanden, entwickelte sich am Ortsrand seit der Jahrhundertwende das am Waldrand gelegene **Villenviertel Thielenbruch.**

Die **kath. Pfarrkirche St. Joseph** (Dellbrücker Hauptstr. 50) wurde seit 1879 in mehreren Abschnitten errichtet. Dem neuroman. Zentralbau von A. Lange wurden 1902 Langhaus und W-Turm mit Rautenhelm angefügt. Erweiterungsbau nach S 1952/53 durch K. Band; die alte

Vierung jetzt Altarraum. Fenster der 50er Jahre (L. E. Ronig, K. Band), Kreuzigungsgruppe 1937 von J. Jaeckel.

Inmitten der seit 1910 einsetzenden westl. Erweiterung Dellbrücks die **kath. Pfarrkirche St. Norbert** (Kopischstr. 2) als schlichte Basilika mit Doppelturmfront 1938–40 durch Cl. Endler und K. Band erbaut. 1964 Apsismalerei von H. Gottfried.

In enger Nachbarschaft die **ev. Christuskirche** (Bergisch-Gladbacher Str. 854), eine Saalkirche in bergisch-barocken Formen mit Chorseitenturm, 1903–05 von O. March, im Inneren 1955 verändert.

Deutz

Nach dem Scheitern der augusteisch-tiberischen Expansionspolitik bildet der Rhein für mehrere Jahrhunderte die Grenze des röm. Reiches. Ein breiter Sicherheitsstreifen blieb unter Heeresaufsicht. Eine der wenigen einheimischen Ansiedlungen, die in diesem Bereich geduldet wurden, ist für das 3. Jh. in Deutz belegt. – Nach den Erfahrungen der Frankeneinfälle des 3. Jh. ließ Konstantin I. die Reichsgrenze im Rahmen einer neuen Verteidigungskonzeption sichern. Als Brückenkopf rechts des Rheins entstand gegenüber der CCAA das Kastell Divitia – Deutz; eine annähernd quadratische, mit Rundtürmen bewehrte Anlage, die durch die gleichzeitig errichtete feste Rheinbrücke mit der CCAA verbunden und durch je ein Tor in der O-W-Achse erschlossen wurde. (Die Grundmauern des O-Tores sind modern restauriert zwischen dem Verwaltungsgebäude der Lufthansa und dem Altenheim St. Heribert sichtbar, ein Teil der südl. Umfassungsmauer wurde in der Lufthansa-Tiefgarage konserviert, ebenso ein Turm der N-Seite, der an der Urbanstraße in einer Gartenanlage westl. des Altenheimes liegt.) – Nach dem Abzug röm. Grenztruppen am Anfang des 5. Jh. ging das Kastell wohl ohne größere Zerstörungen in fränkische Hand über. – 1002 gelangt es als Königsgut durch eine Schenkung Kaiser Ottos III. an Heribert, den Erzbischof von Köln, der in der NO-Ecke des Mauerbereiches eine Benediktinerabtei gründet. Nach den ersten, durch eine bedeutende Bautätigkeit (Alt St. Heribert, s. d.) und hohe Kunstblüte ausgezeichneten Jahrhunderten teilt das Kloster das Schicksal der Stadt Deutz, das durch eine Folge schwerster Zerstörungen in den Machtkämpfen zwischen dem Erzbischof, der Stadt Köln und den bergischen Territorialherren gekennzeichnet ist, so daß auch die Wiederaufbauphasen den Niedergang nicht aufhalten können und die schließlich völlig ungeschützte Stadt in den Kriegen der Neuzeit weiteren Überfällen ausgesetzt ist. Unter preußischer Verwaltung erhält Deutz neue Befestigungsanlagen, damit aber auch eine im Laufe des 19. Jh. zum Hemmnis werdende Einschränkung seiner Ausdehnungsmöglichkeit. Erst die Auflassung von 1907 macht den Weg für moderne städtebauliche Planungen frei. Allerdings ist Deutz damals schon durch verkehrstechnische Maßnahmen, besonders auch durch die Rampe der ersten festen Rheinbrücke seit der Römerzeit an dieser Stelle, vom Fluß abgedrängt, eine Entwicklung, die sich bis in die jüngste Zeit verstärkt fortgesetzt hat.

Im Stadtplan ist die Erweiterung der kleinteilig strukturierten Altstadt mit der Achse der Deutzer Freiheit (alte Bausubstanz spätklassizist. Prägung aus der Zeit zwischen 1860–1900 vor allem östl. von Neu St. Heribert, s. d.) über die Wallstraßen hinaus bis zu den breiten Ringstraßen ablesbar (zwischen Kasemattenstraße, Graf-Gessler-Straße, Helenenwallstraße und An der Bastion als Begrenzung des Ortskerns und Gotenring, Justinianstraße als äußere Linie der 1. Erweiterungsphase vor dem 1. Weltkrieg). Auf städtischem Boden konnte hier C. Rehorst seinen von C. Sitte beeinflußten Bebauungsplan ausführen lassen. Hervorzuheben besonders die baumbestandenen Straßen und Plätze, wie sie von seinen Nachfolgern in den breiten Umlandstreifen des Rayons hinaus für den modernen Siedlungsbau übernommen wurden (Markomannen- und Custodisstraße). – Eine städtebaulich wichtige Maßnahme war auch die Verlegung des **Bahnhofs** vom Rhein an den Ottoplatz. H. Röttcher errichtete das Empfangsgebäude als monumentalen Baukomplex mit mittlerem Kuppelbau 1914 (die Perronhalle ist zerstört). – Auf dem Gelände der Deutzer Kaserne, die 1928 als »Haus der Rheinischen Heimat« eingerichtet und im 2. Weltkrieg zerstört worden war, steht jetzt das **Landeshaus des Landschaftsverbandes Rheinland,** 1957/58 von E. v. Rudloff u. E. Schulze-Fielitz. – Während dieser Bau sich noch um eine breite Lagerung und Ausgewogenheit bemühte, beeinträchtigt das **Lufthansa-Hochhaus** die Wirkung der Abteigebäude (s. u.) aufs schwerste.

Dagegen hat der Bautenkomplex, der sich nach N seit den 20er Jahren für die Kölner Messen entwickelte, mit dem anschließenden Rheinpark eine positive Bedeutung für das Deutzer Stadtbild gewonnen. – Auf dem ehem. Gelände der Werkbundausstellung von 1914 bauten H. Verbeek und Pieper die Anlagen der 1. **Kölner Messe** (1922–24). Der heutige Komplex entstand als Ummantelung der alten Anlage (in Backstein) anläßlich der Ausstellung »Pressa« (A. Abel, 1927/28). Gleichzeitig, seitlich davon, als halbkreisförmiger Bau das **Staatenhaus.** – Davor der **Tanzbrunnen** (J. Op Gen Oorth, 1950) mit **Sternenwellenzeit** (F. Otto, 1957). Von Otto ferner die **Terrassenschirme** (1971). Nach N anschließend das Areal der Bundesgartenschauen 1957 und 1971.

Alt St. Heribert (Urbanstraße)

Im Schutz der alten, erst 1242 zerstörten Kastellmauern gründet Erzbischof Heribert 1002 eine Benediktinerabtei, anfänglich unter dem Titel der Gottesmutter Maria. Nach alsbaldigem Einsturz der Kirche wird der Neubau von »peritiores architecti ab externis finibus« (Byzanz oder Unteritalien?) errichtet; Weihe 1020. Nach Grabungsuntersuchungen (von P. A. Tholen, H. Vogts und G. Precht) war es ein außen annähernd runder, innen 8eckiger Zentralbau mit östl. Langchor und Halbkreisapsis sowie mächtigem W-Bau mit Vorhalle. Im N und S waren je 3 gestelzte Rundnischen aus den Umfassungsmauern ausgespart. Äußere Länge: ca. 30 m, innen: ca. 19 m. Angesichts der fast 5 m mächtigen Fundamentplatte des Ganzen und der Vorbildlichkeit von St. Gereon und der Aache-

ner Pfalzkapelle – letzterer wohl auch für den W-Bau – dürfte der Raum überwölbt gewesen sein, somit einer der größten Wölbungsbauten seit der Spätantike. Inmitten des Zentralbaues, angelehnt an die östl. Pfeiler, erhob sich ein 3 m hohes steinernes Podium, wohl als Chorbühne für die Mönche dienend, von 42 Stützen getragen. Über 2 Treppenläufe war diese Bühne mit dem Altarraum verbunden. Zwischen den Treppen wurde das Grab des als Heiligen verehrten Stifters Heribert († 1021) in die Fundamentplatte eingetieft. Erst im 2. Viertel des 12. Jh. entstand dann eine kurze 3schiffige Krypta im Chor.

Die bevorzugte Lage gegenüber Köln setzte die Abtei, bar des städtischen Mauerschutzes seit dem 13. Jh., wiederholten Zerstörungen aus: die heftigsten 1376 durch die Kölner Bürger. Durch päpstlichen Sühnebrief von 1382 wurde Köln zum Neubau der Kirche unter Beibehaltung ihrer spezifischen Gestalt gezwungen. Es entstand erneut ein Zentralbau auf den alten Fundamenten, allerdings in got. Formen. Auch die Chorbühne wurde erneuert. Zwischen den 8 Pfeilern des Oktogons öffneten sich jetzt rechteckige Kapellen mit geosteten Altären; der Außenbau, durch mittelalterl. Abbildungen überliefert, präsentierte sich turmartig mit hohen Strebepfeilern und Lanzettfenstern über den Kapellendächern. Ein hohes Zeltdach beschloß das Ganze. Der ottonische O-Chor wurde wahrscheinlich beibehalten. Die Einwölbung dürfte sich an der staufischen Rippenwölbung von St. Gereon orientiert haben (Untersuchungen von G. Precht). Dieser Bau des späten 14. Jh. ging 1583 in den Truchsessischen Kriegen zugrunde. Erst 1659 entsteht eine neue Kirche, geweiht 1663, in nachgot. Formen. – 1803 Säkularisation der Abtei und Übergabe der Klosterkirche an die Pfarre St. Urban, deren westl. am Rheinufer gelegenes Gotteshaus aufgegeben wird. Nach Errichtung von Neu St. Heribert (s. d.) Garnisonkirche und 1930 Depot des Schnütgen-Museums, das damals die barocken Abteigebäude von 1776, auf der NO-Ecke des Römerkastells errichtet, bezieht. 1879 waren sie, zum Garnisonkomplex gehörend, aufgestockt worden.

Im 2. Weltkrieg bis auf die Umfassungsmauern vernichtet, wurde 1954 mit dem Wiederaufbau der Kirche begonnen. Der Außenbau bis 1977 fertiggestellt.

Der 3. gründliche Neubau an gleicher Stelle verwandelte den Zentralbau durch Einstellen zweier Pfeilerpaare in eine 3schiffige, kreuzrippengewölbte Basilika von 3 Jochen nachgot. Charakters. Nur die 3seitig gebrochenen Seitenschiffswände lassen erkennen, daß auch hier noch die ottonische Fundamentplatte genutzt worden ist. Vor der westl. Giebelfront eine kleine (jetzt aufgegebene) Vorhalle. Der 3jochige Langchor mit $^5/_8$-Schluß geht in Grundriß und in Teilen des aufgehenden Mauerwerkes sowie des nördl. der beiden romanisierenden Flankentürme in den Winkeln zum Langhaus auf die 1. Hälfte des 16. Jh. zurück. Aus eben dieser Bauperiode stammt auch das Vierstützengewölbe der sonst roman. Krypta. Die wiederhergestellten Turmdächer, welsche Hauben mit Laternen, bilden mit dem ähnlich gestalteten Dachreiter eine Dreiergruppe. Kostbarster Besitz der Abtei war der Heribertschrein, heute in Neu St. Heribert (s. d.).

Köln. Deutz. Neu St. Heribert. Heribertschrein. Detail

Vom *Schatz* erhalten weiter der sog. Kamm des hl. Heribert aus Elfenbein (jetzt im Schnütgen-Museum), Metzer Arbeit der 2. Hälfte des 9. Jh.; der Stab des hl. Heribert (z. Z. Domschatzkammer), eine T-förmige Krücke aus Walroßzahn des 11. Jh., beschnitzt mit Kruzifix und thronendem Christus; ein byzantinischer Seidenstoff (ebendort) mit gegenständigen Löwen aus dem Heribertschrein, angefertigt um 1000 in der kaiserlichen Hofmanufaktur; die silbervergoldete Krümme eines Abtstabes, Anfang des 16. Jh.

1970–73 wurden die **Abteigebäude** von K. Band wiederaufgebaut. 2geschossig mit Satteldach. Sie dienen heute als Altenheim.

Die in Grabungen des Römisch-Germanischen Museums erschlossenen Fundamente des Römerkastells sind in einem (geplanten) **archäologischen Park** zugänglich.

Der ganze Bereich ist durch die Errichtung des Lufthansa-Hochhauses (1966–70 und 1975–80 von Mroncz) aufs empfindlichste beeinträchtigt: Verlust des Sichtbezuges zwischen Alt St. Heribert und Neu St. Heribert vom Kölner Rheinufer aus.

Neu St. Heribert (Deutzer Freiheit 64). 1891–96 von C. Cl. Pickel errichtete neuroman. Basilika mit 2 Fassadentürmen im N, basilikalem Querhaus, Chorflankentürmen und Halbkreisapsis im S unter Verwendung von Motiven der staufischen Baukunst Kölns (vor allem von

St. Aposteln) und der französischen Frühgotik. – Nach Kriegszerstörung bis 1956 durch R. Schwarz und J. Bernard vereinfacht wiederaufgebaut. Statt der Giebel und Rautenhelme im N jetzt flache Pyramidendächer, die Flankentürme im S um 1 Geschoß verkürzt und ohne Falthelme flach gedeckt. Die Dächer aller Teile des Schiffes ohne Zwerggalerie mit geringer Neigung und überstehender Traufe aufgesetzt, der Vierungsturm nicht rekonstruiert. Im Innern holzverschaltes Satteldach anstelle der zerstörten Gewölbe. Liturgische Zone in Vierung und Chor: Altar, Heribertschrein, Taufbrunnen. Ornamentale Fassung der erhaltenen Bauglieder. Über dem Hauptportal Tympanonrelief von H. Gernot. Aus Alt St. Heribert die Barockfiguren im Chor und der *Heribertschrein,* eines der großartigsten Zeugnisse der Kölner Goldschmiedekunst rhein-maasländischen Stils, gearbeitet von 2 Meistern um 1160–70. Die Figuren – an den Stirnseiten Heribert und die von Engeln verehrte Madonna, an den Längsseiten die Apostel – sind aus vergoldetem Kupferblech getrieben. Zwischen diesen die Propheten in Grubenemail. Auf den Dachflächen in Emailplaketten die Vita des Abteigründers; gegossene Dach- und Giebelkämme mit Bergkristallen (Höhe 68 cm, Länge 153 cm, Breite 42 cm). Inschriften deuten den Schrein als Abbild des Himmlischen Jerusalem. ●

Ev. Pfarrkirche St. Johannes (Tempelstr. 31). In Sichtbezug zu Neu St. Heribert, die Biegung der Tempelstraße geschickt nutzend, die W-Fassade der Johanneskirche, ein 3teiliger Riegelbau mit Giebeln, darüber ein mittlerer Achteckturm mit Giebelkranz und steilem Helm. Der Entwurf der in den Formen des Berliner Rundbogenstils der Schinkelschule 1859–61 in gelben Ziegeln mit Streifenmustern und Keramikornamenten errichteten Saalkirche stammt wohl aus dem Atelier von Fr. A. Stüler, die Bauleitung hatte ein Baumeister Kremer. Ursprünglich allseitig freistehend, später im W eingebaut. – Nach Zerstörung 1945/50 vereinfacht wiederhergestellt (im Innern heute Spitzbogentonne in Holzkonstruktion nach Entwurf von J. Eisenring). 1970/71 Rekonstruktion der Turmkrone und Reinigung des Außenbaues unter L. Steinhorst.

Dünnwald

Der alte Ortskern Dünnwald, der heute entlang der Berliner Straße zahlreiche 2geschossige gründerzeitliche Bauten aufweist, wurde erstmals 1276 urkundlich erwähnt.

Kath. Pfarrkirche St. Nikolaus (Prämonstratenserstr. 55)
Wohl 1118 gegründetes Augustinerchorherrenstift (?), vor 1143 mit Prämonstratenserinnen aus Steinfeld besetzt. 1803 aufgehoben, das Gotteshaus seitdem Pfarrkirche. Wiederherstellungsarbeiten 1955, 1959, 1977. – Die nördl. Klausurgebäude bis auf den O-Flügel niedergelegt, jetzt Wohnhaus des Gutshofes.
Der Gründungsbau war eine querschifflose, flachgedeckte Pfeilerbasilika von 5 Achsen mit 3apsidialem Chorschluß. Wohl schon bald um 3 Achsen nach W verlängert mit einbezogenem NW-Turm – der südwest-

liche nie ausgeführt? – und (jetzt nur noch verkürzt erhaltener) Nonnenempore. Das nördl. Seitenschiff gegen Mitte des 14. Jh. stufenhallenartig umgebaut und mit Kreuzgratgewölben gedeckt. 1640 (bezeichnet) barockisiert; um diese Zeit die 3 Quergiebeldächer und die geschweifte Haube über der NO-Apsis. Die SO-Apsis damals verkümmert, das S-Schiff 1875 romanisierend erneuert. Die südl. Sakristei mit 2 kreuzrippengewölbten Jochen spätgotisch. – Beachtliche *Wandmalereien* in Kirche und Sakristei (1948 freigelegt). Am 3. nordöstl. Langhauspfeiler eine eigenartige Darstellung der Pitié-de-Nostre-Seigneur, kölnisch nach 1430. An den Sakristeiwänden eine Gruppe der Hl. Sippe, Köln, 2. Hälfte des 15. Jh., nicht viel später 13 Apostelfiguren, sodann eine Verkündigungsszene. Denselben Jahrzehnten gehören die Distelranken in den Sakristeigewölben an. – Eine Votivtafel mit der Not Gottes, kölnisch um 1530, abhängig von Dürers Gnadenstuhl-Holzschnitt von 1511. Altar und Taufstein von E. Schmitz, der Osterleuchter von T. Zenz, der Kreuzweg von E. Weinert, alle von 1959, Fenster von H. Gottfried. – Auf dem **Kirchhof** Grabkreuze des 16.–18. Jh.

Etwas abseits im SW des Ortskernes liegt der 1230 nachgewiesene Rittersitz, die **ehem. Wasserburg Haus Haan.** Von der 2teiligen Anlage läßt nur noch die Hauptburg, d. h. das barocke Herrenhaus, auf einen alten Herrensitz schließen.

Nördl. der Ortschaft liegt isoliert im Walde die **Siedlung Kunstfeld,** die älteste noch erhaltene Arbeitersiedlung des Rheinlandes. 1820 entstanden hier neben einer chemischen Fabrik Arbeiterwohnbauten in Backstein und Fachwerk sowie 2 verschieferte bergische Eigenheime für die Direktoren. Die Fabrikanlagen sind zerstört.

Ehrenfeld

Ehrenfeld ist mit seiner Gründung im Jahre 1845 der erste planmäßig angelegte linksrheinische Kölner Vorort. In röm. Zeit befand sich allerdings schon eine Villa im Bereich der heutigen Kirche St. Mechtern, wo der Legende nach die Thebäische Legion den Märtyrertod fand. Die hier bereits früh entstandene Kirche hatte bis auf eine Hofanlage keine weitere Besiedlung im Gefolge. – Ehrenfeld verdankt seinen raschen Aufschwung – Verleihung der Stadtrechte 1879 – der Niederlassung zahlreicher Industriefirmen. Den Vorort kennzeichnet ein rechteckiges Straßenraster mit axialem Bezug der Straßen auf Kirchen, eine städtebauliche Gestaltung, die auch noch für die Anlage von Neuehrenfeld in dem in den Jahren 1900–14 geschaffenen Bereich zwischen Nußbaumer- und Subbelrather Straße maßgebend war.

Die dem Martyrium der Thebäischen Legion geweihte **kath. Pfarrkirche St. Mechtern** (Mechternstr. 4–6) – der Name ist mundartlicher Herkunft und bedeutet »Märtyrer« – ist heute im wesentlichen ein Betonskelettbau von 1954 (R. Schwarz), der 1978 neu verkleidet wurde. Vom letzten Vorgänger, einer neuroman. Kuppelbasilika (1907–09 von E. Endler) nur noch das Erdgeschoß des Flankenturmes erhalten; Fresken von P. Hecker, 1956.

St. Mariä Himmelfahrt (Geisselstr. 1), 1860 als kleine neugot. Marktkapelle an der platzartigen Erweiterung der Venloer Straße in der Achse der Körnerstraße durch V. Statz errichtet. Backstein-Saalkirche mit offenem Glockenstuhl über der Schaugiebelfront. St.-Antonius- und St.-Johannes-Baptist-Statuen. Nach Beschädigung 1955 mit Holzgewölbe und neuem Portal durch K. Band wiederaufgebaut.

Den langen Straßenzug der Venloer Straße beherrscht der Fassadenturm der **kath. Pfarrkirche St. Joseph** (Nr. 286), der 1913 der schlichten Backsteinbasilika von V. Statz (1872–75) vorgebaut wurde. Der querschifflose Bau nach Beschädigung im 2. Weltkrieg durch O. Bongartz (bis 1955) wieder aufgebaut, das Äußere verputzt.

An der Achse der Platenstraße die **kath. Pfarrkirche St. Peter** (Subbelrather Str. 278), eine neugot. Backstein-Hallenkirche, 1899–1901 von Th. Roß. Der weitgehend erhaltene Innenraum durch die farbigen Fenster von H. J. Baum (bis 1978), Darstellung der 4 Elemente, entscheidend geprägt. – Im W **Sakristei** von 1924 in expressionist. Formen.

In der Achse der Eichendorffstraße der nach dem Vorbild des Paderborner Domes gestaltete Turm von **St. Anna,** Rest der neuroman. Basilika, 1907/08 von A. Nöcker. Der umorientierten neuen Kirche, einer Halle aus geschweiften Betonbindern, 1956 von D. und G. Böhm, ist er als Chorturm angefügt. Die Kirche 1977/78 neu verkleidet, Entwurf R. Link, die Ausstattung von den Architekten und E. Hillebrand.

Als Blickpunkt der Rothehausstraße der Turm der **ev. Friedenskirche** (der Name wurde 1950 gewählt), 1876/77 von C. Coerper. Backstein-Saalkirche in den Formen des Berliner Rundbogenstils. Nach Beschädigung im 2. Weltkrieg purifizierende Wiederherstellungen 1949 und 1962 (H. Stork und G. Rasch). 1979 neue Holzdecke und Ausmalung unter Annäherung an den urspr. Zustand (K. L. Dietzsch). Das Mosaik in der Apsis 1922 von Huber-Feldkirch, als Teil eines Krieger-Ehrenmals entworfen. Die Chorfenster 1976 von W. Briant unter Anlehnung an die zerstörten Fenster von Huber-Feldkirch neu geschaffen.

Die Bebauung Neuehrenfelds zu Beginn des 20. Jh. mit der starken Durchgrünung des Straßenbildes in Kombination mit den bewußt offen gehaltenen Hinterhöfen (»Idealblöcke«) machte im übrigen Köln Schule. Die prunkvollen Fassaden besonders an der Eichendorff-, Röntgen-, Förster- und Ottostraße in Formen des Historismus und des Jugendstils finden in ihrer erhaltenen Vollständigkeit kaum eine Parallele in Köln. Die um 1890–1900 entstandenen Backsteinbauten des **ehem. Kölner Gaswerkes** an der Widdersdorfer Straße spiegeln die vielfältigen Gestaltungsformen gründerzeitlicher Industriearchitektur.

Mit dem in Alt-Ehrenfeld gelegenen **Neptunbad** (Neptunplatz 1), Entwurf 1912 von Kleefisch, besitzt Köln neben dem **Deutz-Kalker Bad** (Deutz-Kalker Straße 54) ein weiteres wertvolles Beispiel einer vom Jugendstil geprägten Badeeinrichtung (Innenausstattung!).

Der 1911–13 von Fr. Encke geschaffene **Blücherpark** ist ein in strengen geometrischen Jugendstilgrundrißgliederungen gehaltener großer Volkspark mit einem Kahnweiher in seinem Zentrum.

Esch / Auweiler

Die alte Ortslage Esch ist eines der geschlossensten dörflichen Ensembles, die sich im Kölner Umland erhalten haben, von einem Wiesengürtel und entsprechender Baumbepflanzung umgeben. Von den großen Höfen sind besonders der Frohn-, der Damians- und der Schornshof hervorzuheben. Aus röm. Zeit ist eine Villa rustica nachgewiesen.

Inmitten des ummauerten **Friedhofes** mit zahlreichen Grabsteinen vom 17. Jh. an und einem neugot. **Kreuzweg** die **kath. Pfarrkirche St. Martin,** deren Zugehörigkeit zum Kölner Stift St. Andreas seit dem 11. Jh. dokumentiert ist. Gründungsbau ist hier eine kleine Saalkirche des 11. Jh., Ende des 12. Jh. wird eine Halbkreisapsis, um 1200 das nördl. Seitenschiff angefügt, das Mittelschiff um 2 m erhöht. Anfang des 13. Jh. entsteht der 3geschossige Vierkantturm im W. Kurz darauf 2. Erhöhung des Mittelschiffes und Anlage des südl. Seitenschiffes (?). Um 1520 Umbau der Basilika in eine spätgot. Staffelhalle; der Chor wird im Inneren ein 3seitiges Polygon. – Die Barockisierung des 18. Jh. wird bei der durchgreifenden Restaurierung durch H. Nagelschmidt 1864–69 rückgängig gemacht; die Kirche erhält eine komplette neugot. Ausstattung, von der 1938 nur noch Restbestände beibehalten werden. Von Nagelschmidt auch die Sakristei im O. – 1956–64 erneut gründliche Restaurierung. Seither ist die Kreuzigungsgruppe des 16. Jh., ehemals am Friedhofsportal, hinter dem Hauptaltar aufgestellt (Abguß am urspr. Standort). Reste der barocken Ausstattung heute an verschiedenen Stellen im Kircheninneren und in St. Marien (Martinusstr. 22). – Die einzelnen Bauphasen sind am Außenbau durch die unterschiedliche Mauerwerksgestaltung deutlich ablesbar. Walmdächer über den Seitenschiffen, Pyramidendach auf dem Turm.

Flittard

Flittard, dessen Name (von Flitherde = Flußerde oder »fließende« Erde, d.h. angeschwemmte bzw. weggeschwemmte Erde) auf die Rheinhochwasser hinweist, wurde 989 urkundlich erwähnt. Der 1894/95 errichtete und 1933 verstärkte Deich schützt es heute vor derartigen Vorkommnissen. Die Auenwiesen und -wälder vor dem Deich bilden heute ein artenreiches Wasservogelreservat.

Ältester Teil der im 10. Jh. erstmals erwähnten **kath. Pfarrkirche St. Hubertus** (Hubertusstr. 5) ist der W-Turm, 12. Jh., mit got. Knickhelm. 1896/97 Neubau des Kirchenschiffes als neuroman. Stufenhalle ohne Querhaus mit Halbkreisapsis durch Th. Kremer. Tuffstein; Säulen mit Knospenkapitellen im Inneren. 1976/77 Ausmalung und Verglasung durch H. Gottfried; einheitliches Programm: »Weg des Herrn, Weg des Heils«.

Kath. Pfarrkirche St. Pius X. (René-Bohn-Str. 7), 1960/61. Die Gunst der erhöhten Lage innerhalb der Bayer-Siedlung hat J. Schürmann mit der rechteckigen Mauerumgürtung eines Pfarrzentrums wahrgenommen. Ein geräumiger Hof mit zentral gestelltem Rundturm scheidet die Kirche von den Gemeinschaftsräumen mit angehängtem Wohntrakt. Am Türsturz des Zugangs der Drachenkampf des Erzengels Michael, Basaltrelief von Rudolf Peer. Die »Engelwolke« der Turmbekrönung in Eisenblech von Werner Schürmann. – Das kastenartige, stark erhöhte Rechteck von Gemeinde- und Altarraum der Kirche wird allseitig von niedrigen Anräumen umlagert (ähnlich Schürmanns Stephanuskirche in Köln-Lindenthal von 1959/60, s. d.). Die Flachdecke schwebt über einem Netzgestänge auf 4 sich verjüngenden Stahlmasten. – Im unteren der beiden umlaufenden Fensterbänder Engel- und Heiligenköpfe von P. Weigmann; Altar und Taufstein von R. Peer, die Madonna mit Kind an der Mariensäule von K. Burgeff.

Ältester Profanbau des heute aus kleinen ländlichen giebel- und traufständigen Bauten des 19. und 20. Jh. bestehenden Ortskernes von Flittard ist der an der Straßenkreuzung Flittarder Hauptstraße, Hubertusstraße, Evergerstraße gelegene **Bongartzhof** (Hubertusstr. 1). Der in Fachwerkkonstruktion mit gemusterter Backsteinausfachung ausgeführte Bau mit tief heruntergezogenem Walmdach stammt von 1715; die Hofanlage geht auf einen seit 1410 dem Kloster Altenberg gehörigen Besitz zurück.

Im NO Flittards liegt am Kurtekottenweg der Überrest einer hochmittelalterl. Niederungsburg, einer sog. **Motte.** Die Burganlage auf der nahezu quadratischen Insel war vermutlich ein Holzbau.

Zwischen Flittard und Stammheim liegt an der Egonstraße die 1833–48 genutzte preußische **Telegraphenstation.** Mit einem 3geschossigen, turmartigen Gebäudeteil und Signalmast veranschaulicht sie noch heute in ihrer offenen Lage, wie auf der Telegraphenlinie Berlin–Koblenz Staatsdepeschen von der Kirche St. Pantaleon (in der Kölner Altstadt) über Flittard nach Schlebusch weitergeleitet wurden. (Besichtigung nach Anmeldung bei den Historischen Museen der Stadt Köln.)

Hahnwald

Ende der 1920er Jahre auf Initiative des Architekten Th. Merrill und des Immobilien-Kaufmanns Ernst Leybold angelegter Villenvorort, der die Nachfolge Marienburgs antreten sollte. Zahlreiche traditionelle, aber auch dem »Neuen Bauen« verbundene Villen der 20er und 30er Jahre von Merrill. Neben vielen konventionellen Wohnhäusern der Zeit nach dem 2. Weltkrieg finden sich einige überraschende, teilweise exzentrische Vertreter der Moderne. – Mit einer Stahlbetonschale in Form einer Klothoide – Anlehnung an O. Niemeyer – das **Haus X 1** (Am Zehnpfennigshof 9), 1961/62 von P. Neufert. Stilistisch dem Bauhaus verpflichtet, mit weiß getünchtem Sichtbeton, das **Haus Klöcker** (Am Zehnpfennigshof 22), 1966/67 von J. Schürmann.

Holweide

Der heutige Vorort Holweide entstand 1910 aus den Dörfern Holweide, Schweinheim, Wichheim und Schnellweide. Der Anfang der Siedlungsentwicklung in Holweide wurde vom Verlauf des Strunderbaches bestimmt, an dem im Mittelalter Wasserburgen und Mühlen entstanden.

Ein Rittersitz **Iddelsfeld** wurde bereits 1222 erwähnt. Anstelle der ehemaligen Wasserburg besteht heute nur ein **Hofgut** (Neufelder Str. 51), dessen ältester Teil, das Herrenhaus, aus der 2. Hälfte des 18. Jh. stammt. Von der dazu gehörigen benachbarten **Mühle** (Dabringhauser Str. 50) ist heute noch ein Bau des 19. Jh. vorhanden. – Die **Isenburg** (Johann-Bensberg-Str. 67) ist erstmals 1364 nachgewiesen. Nachfolgebauten aus dem 17.–19. Jh. bilden die erhaltene 2teilige Wasserburganlage. Der dem klassizist. Herrenhaus von 1803 angegliederte wuchtige Turm aus dem 17. Jh. beherrscht die Gesamtanlage, zu der Vor- und Hauptburg sowie ein Park gehören.

Vom ehem. Ortsteil Wichheim ist schon 1085 ein **Haus Wichheim** aufgeführt, heute besteht jedoch nur noch ein **Mühlenhof** (Wichheimer Str. 276) aus dem 18. Jh., in ein Neubauprojekt mit Eigenheimen integriert. Von der ehem. Wasserburg **Haus Schlagbaum** aus dem 16. Jh. sind lediglich geringe Teile der Vorburg erhalten.

Kleinere, vom bergischen Hausbau beeinflußte Fachwerkhäuser verleihen den alten Dorfstraßen in Bachnähe, besonders der Wichheimer und Schweinheimer Straße, einen ländlichen Charakter. – Mehr einer allgemeinen landschaftlichen Gestaltung nachempfunden ist die 1919 nach dem Bebauungsplan von Kreis und nach Hausplänen weitgehend von M. Faber geschaffene, stark durchgrünte **Märchensiedlung** mit Straßennamen aus dem deutschen Märchenschatz.

Die **kath. Pfarrkirche St. Mariä Himmelfahrt** (Schnellweider Str. 2), ein 1926/27 von St. Mattar errichteter Klinkerbau, dessen Chorseitenturm einen wichtigen Akzent der Bergisch-Gladbacher Straße bildet. Reiche Gliederung, byzantinisch-roman. und expressionistische Motive. Die farbige Ausmalung 1978 wiederhergestellt.

Humboldt-Gremberg

In dem um 1870 als Wohnbereich für die Arbeiter der Industrie von Köln-Kalk angelegten Vorort erhebt sich seit 1926/27 die im Stil des gotisierenden Expressionismus von H. Renard und van Geisten errichtete **kath. Pfarrkirche St. Engelbert** (Gremberger Straße 34). Ornamentierter Klinkerbau mit Satteldach, doppeltürmigem Fassadenriegel und Portikus zum Vorplatz. An die niedrigen Querflügel im NW der hohe Vierkantturm angefügt mit bizarrem Kupferhelm und Engelbertstatue. Eingezogenes, polygonales Chorhaus. Im Zuge der Kriegsschädenbeseitigung im Innern verändert: sattelförmige Holzdecke anstelle des urspr. Gewölbes, neue Lichtführung, 1975 von K. Band, L. Roszyk. Altar 1968 von H. Gernot, Fenster 1960 und 1965 von P. Weigmann.

Immendorf

Vermutlich befand sich in röm. Zeit auf dem »Heidenberg«, auf dem die Kirche liegt, ein Wachtturm. Eine fränkische Ansiedlung ist wahrscheinlich. – Ein Diplom des Erzbischofs Wichfried (925–953) erwähnt 948 »Iminethorp«. Der Charakter des Dorfes ist im Kernbereich um die Kirche noch weitgehend erhalten.

Von den Hofanlagen sind erwähnenswert der **»Goldschmidts- oder Zaunhof«** (Immendorfer Hauptstr. 29), eine geschlossene Hofanlage von 1876, deren Geschichte ins 16. Jh. zurückreicht, als hier ein Rittergut bestand, das den Junkern von Efferen (Overstolz) gehörte; ferner der in der Giesdorfer Allee gelegene **»Gillessenhof«,** ehemals Besitz der Abtei Groß St. Martin, eine ebenfalls geschlossene Anlage mit Bauten des 18. und 19. Jh.; Herrenhaus von 1719.

Die idyllisch auf einer Anhöhe liegende **kath. Pfarrkirche St. Servatius** wurde 1873/74 nach Plänen von A. Lange als kreuzförmige Hallenkirche mit W-Turm errichtet. Gliederung des romanisierenden Backsteinbaus durch Lisenen und Rundbogenfriese. Das Innere wurde in den 1950er Jahren von G. Minn farbig gefaßt; die Fenster in Seitenschiffen und Querhaus von H. Gottfried. Aus dem roman. Vorgängerbau stammt die ursprünglich bis zur Säkularisation in St. Severin zu Köln befindliche Barockkanzel mit Reliefs der Bischöfe Cornelius und Cyprian. Zu erwähnen eine Pietà und ein Kruzifix des 15. Jh. – Rings um die Kirche der **Friedhof** mit Grabsteinen bis ins 17. Jh.

Junkersdorf

962 erstmals in einer Schenkungsurkunde des Kölner Erzbischofs Bruno als »Guntererstthorp« erwähnt. Auf eine frühere Besiedlung lassen ein bei dem alten Friedhof gefundenes röm. Grab und vor allem das große fränkische Gräberfeld an der Aachener Straße schließen. In der Gegend des Stüttgenhofes wurde 1930 die berühmte Bandkeramische Siedlung Lindenthal ausgegraben. – Zu Junkersdorf gehören heute auch Marsdorf und Horbell.

Zentrum des alten Ortskernes ist die jetzt als Kindergarten genutzte **Alte kath. Kirche** (Wilhelm-von-Capitaine-Straße), die erstmals 1223 erwähnt wurde. Nach 1754 Neubau in gotisierenden Formen und unter Verwendung des älteren Chores (17. Jh.?).

Ev. Dietrich-Bonhoeffer-Kirche (Birkenallee 20). Kirche und Pfarrzentrum 1965 von H. O. Vogel. Basilikal gestufter gerundeter Zentralbau mit hohem Turm; Sichtbeton und gelbes Klinkermauerwerk.

Erhalten sind mehrere Hofanlagen, deren Tradition ins Mittelalter zurückgeht. An der Dürener Str. 446–450 (Marsdorf) der **Keuschhof,** ein geschlossener in Backstein errichteter Komplex mit Herrenhaus von 1774. – Der am Frohnhofweg liegende **Frohnhof** von 1718, eine ebenfalls geschlossene Hofanlage, besitzt gegenüber dem Haupteingang eine zugehörige Wegekapelle d. 18. Jh. 1330 ist das Kölner Gereonsstift Besitzer des Hofes, der nach der Legende auf eine Stiftung der Kaiserin Helena im Jahre 345 n. Chr. zurückgeht. – Vom **Statthalterhof** (an den nach ihm benannten Straßen) hat man in den 1970er Jahren nur das Herrenhaus von 1785 übriggelassen. – Der **Stüttgenhof** in Marsdorf (Dürener Straße / Stüttgenhofweg) folgt im Grundriß und mit seinem Wassergraben einer mittelalterl. Anlage. Die Gebäude jedoch weitgehend 19. Jh.

Nahebei das **Verwaltungsgebäude der Rhein-Braun-AG** von H. Hentrich und H. Petschnigg, 1975–77, ein architektonisch gelungener Neubau, der allerdings den Äußeren Grüngürtel beeinträchtigt.

Besonders bedeutend ist die **Burg Horbell** (Horbeller Straße), eine ehemals wasserumwehrte Anlage mit Herrenhaus von 1713 und 3flügeliger Vorburg aus dem 16. (?) Jh., 1979/80 zu einer Wohnanlage mit Eigentumswohnungen umgebaut. An gleicher Stelle bestand ein 1340 erstmals bezeugter Herrensitz, dessen Keller im Herrenhaus erhalten ist. Bauherr der jetzigen Anlage war Gereon Konstantin Pfeil v. Scharfenstein, Bell und Benesis. Das 2geschossige, 9achsige Herrenhaus mit mittlerer Freitreppe und Portal mit dem Ehewappen Pfeil v. Scharfenstein und Hettinger, trägt ein mächtiges Walmdach. Innen imposante Halle mit barockem Stiegenhaus und reich stuckierter Decke; ferner sog. »Kölner Decken« (stuckierte Balkendecken) im oberen Saal. Vorzüglich die im Innenhof auf 2 Seiten umlaufende Holzgalerie, wie sie sich auch bei den Burgen Harff, Heimerzheim und Firmenich findet.

Kalk

Der Industrievorort Kalk geht zurück auf eine kleine ländliche Ansiedlung, deren erster Hof bereits 1003 nachgewiesen ist, sowie auf eine Wallfahrtskapelle, deren Gnadenbild, ein hölzernes Vesperbild von 1420, heute von einer kleinen **Kapelle** umschlossen wird, die R. Schwarz 1948–50 anstelle der kriegszerstörten Vorgängerin von 1704 errichtete (Kalker Hauptstraße).

Die eigentlich prägende Entwicklung begann Mitte der 1850er Jahre. Damals ließen sich die heute noch hier ansässigen chemischen und metallverarbeitenden Industriefirmen nieder: 1856 die Maschinenfabrik von Sievers & Co., aus der sich die heutige Firma Klöckner-Humboldt-Deutz (KHD) entwickelte, 1856 die 1868 wieder aufgegebene Braunkohlenzeche »Neu-Deutz«, 1858 die chemische Fabrik von Grüneberg & Vorster (die heutige Chemische Fabrik Kalk, CFK, Kalker Hauptstr. 13–69), 1859 die Bierbrauerei Sünner (Kalker Hauptstr. 260), 1867 die ehem. Eisengießerei Stühlen (Peter-Stühlen-Str. 101), 1872 die Kalker Werkzeugmaschinenfabrik Breuer, Schumacher & Co. (Vietorstraße), deren Bauten 1932 die bis 1978 bestehende Stahlbaufirma Liesegang übernahm. Diese stürmische Entwicklung ließ Kalk bereits 1877 zur Stadt werden; seine Stadtrechte verlor es 1910 mit der Eingemeindung nach Köln.

Die gründerzeitlichen in Backstein gehaltenen **Industriebauten** Kalks weisen eine für Köln seltene Vielfalt auf. Sie reichen von dem frühen kleinen schuppenartigen Zechenbau auf dem rückwärtigen Gelände der Firma Sünner, einsehbar von der Martin-Köllen-Straße, den schlichten langgestreckten Werkhallen der Humboldtwerke (Wiersbergstraße), den großen und kleinen Industriebauten mit sparsamer Formenentwicklung auf dem Gelände der CFK, den reicher gestalteten Giebelfronten der ehem. Kalker Werkzeugmaschinenfabrik Breuer, Schumacher & Co. (Vietorstraße) bis zu den liebevoll gestalteten mehrfarbigen Fassaden von Sünner, den alten fabrikeigenen Wassertürmen von CFK und KHD und schließlich der Besonderheit eines allen chemischen Umwelteinflüssen trotzenden Fachwerkhochbaues der chemischen Werke.

Nur relativ wenige Wohnbauten, die sich lediglich an der Robert- und Trimbornstraße häufen, künden vom gründerzeitlichen Aufschwung Kalks. – Im Zentrum die **kath. Pfarrkirche St. Marien** (Kalker Hauptstr. 228), 1863–66 von V. Statz als neugot. Backstein-Hallenkirche ohne Querhaus inmitten des Friedhofes errichtet. Nach weitgehender Zerstörung im 2. Weltkrieg 1950/51 von R. Schwarz zur Saalkirche umgebaut, das neue Satteldach im Innern auf schlanken Stahlstützen zeltartig gestaltet, der Chorraum jetzt zäsurlos miteinbezogen. 1965/66 marianischer Fensterzyklus von G. Meistermann. Der vorgesetzte W-Turm, Vierkant-Unterbau, Achteck-Glockengeschoß, vereinfacht mit steiler Schieferpyramide wiederhergestellt.

Die **kath. Pfarrkirche St. Joseph** (Bertramstr. 9) ist das 2. Kalker Beispiel für die schöpferische Umgestaltung einer zerstörten neugot. Kirche in den 50er Jahren, hier durch D. Böhm, dem neben R. Schwarz wichtigsten Kirchenbaumeister der klassischen Moderne. – Die Backstein-Hallenkirche von H. Renard, 1899–1902, wurde zur Stufenhalle: in den 3 Schiffen durchlaufende Flachdecken in Rabitz-Stuck unter Negierung von Querschiff und Vierung. Die 5 Fenster des Chorpolygons sind bis auf den Fußboden herabgezogen, der Altar steht so vor einer farbigen Lichtfolie. Das Portal-Fenstermotiv des unzerstörten Fassadenturmes im S ist von St. Severin in der Kölner Altstadt abgeleitet.

An der Kalk-Mülheimer Straße / Wipperfürther Straße ein **Wegekreuz,** ehem. Hofkreuz, von 1757.

Lindenthal

Ein 1846 durch die Kölner Bürger Thelen und Fühling gegründeter Vorort, der bis zum 2. Weltkrieg durch eine dichte Villenbebauung in seinem Charakter bestimmt war. Diese Entwicklung wurde begünstigt durch den 1895–98 nach Plänen von A. Kowallek geschaffenen **Stadtwald.** Der großräumige, im Sinne des Historismus angelegte Park mit seiner unregelmäßigen Grundrißgliederung umfaßt u. a. den Stadtwaldweiher und ein Wildgehege.

In **Kriel** die **kath. Kirche St. Stephan,** das sog. **Krieler Dömchen** (Suitbert-Heimbach-Platz 1). Die wohl auf eine karoling. Gründung zurückgehende Eigenkirche des Gereonsstifts wird als Pfarrkirche 1224 erstmals bezeugt. Sie ist ein für die Entwicklung der Landkirchen typischer Gemengebau, dessen einzelne Teile eine periodisierende Bestimmung seiner Architekturgeschichte erlauben: I. Für einen in den Normannenwirren 881/882 untergegangenen Gründungsbau sprechen 3 karoling. Memoriensteine; II. um 900 entsteht ein Saalbau (das spätere Mittelschiff) aus Grauwacke, Feldsteinen und röm. Abbruchziegeln; III. im 10./11. Jh. ein eingezogener Rechteckchor angefügt; IV. um 1100 die Umfassungsmauern erhöht, Apsis und W-Turm mit Empore über kreuzgratgewölbtem Erdgeschoß angegliedert (Glockenstube anscheinend im 18. Jh. abgetragen), Pyramidendach; V. um die Mitte des 13. Jh. Anbau des nördl., durch Doppelscheidbogen auf Mittelpfeiler erschlossenen Seitenschiffes und einer südl. Gerichtshalle in Holzkonstruktion (nur noch die Dachkonsolen vorhanden); gleichzeitig das Rippengewölbe im Chorjoch. Die nördl. Sakristei stammt wohl aus dem 3. Viertel des 18. Jh.; nach Kriegsschäden vergrößert. Umfangreiche Restaurierungen zu Anfang des 20. Jh. (Flachdecke im Hauptschiff) und um 1950. – Unter den alten Ausstattungsstücken der Taufstein, 2. Hälfte des 12. Jh., mit einem Hufeisenbogenfries. – Heute ist St. Stephan Nebenkirche der benachbarten **Albertus-Magnus-Pfarrkirche,** 1950/1951, von O. Bongartz. Die Schlichte Basilika aus Trümmerziegeln mit seitlichem Turm hat Bedeutung wegen der Chorausmalung von P. Hekker, 1962.

In der Achse der Wittgensteinstraße der übereck stehende neugot. Turm der **kath. Pfarrkirche St. Stephanus** (Bachemer Str. 106), Rest der zerstörten zentralisierten Kirche, die A. Lange 1886 in der Nachfolge von St. Mauritius in der Kölner Altstadt (s. d.) errichtet hatte. – 1961 Neubau von J. Schürmann: kubischer, basilikaler Rechteckraum auf schlanken Stahlrohr-Stützen, Metall-Glas-Wände. Vergleichbar St. Pius X. in Köln-Flittard (s. d.).

In **Hohenlind,** in der Werthmannstraße das **St.-Elisabeth-Krankenhaus,** dessen langgestreckter 7geschossiger Komplex mit Backsteinfassade 1930–32 nach Entwürfen von H. Tietmann und K. Haake entstand. 1927 hatte hierzu das »Deutsche Caritasinstitut für Gesundheitsfürsorge« einen großen Wettbewerb ausgeschrieben. In den Bau integriert die 1930–32 erbaute **Krankenhauskirche St. Elisabeth** von D. Böhm. Flachdeckensaal mit stark erhöhtem Altarraum und Emporen für die Kranken. Lichte Ausmalung der Apsis mit Jüngstem Gericht, 1949/50 von P. Hecker. Unter den abgetrennten Emporen Kapellen mit Mosaiken von L. Baur (1934): links »Unsere liebe Frau von Hohenlind«, in der Chorkrypta Christus zwischen Paulus und Johannes. Ausdrucksstarker Schmerzensmann, Holzskulptur von E. Mataré, 1937.

In der Nähe die **kath. Pfarrkirche St. Thomas Morus** (Decksteiner Str. 5). Bei dieser kleinen Pfarrkirche von 1962/63 hat Fr. Schaller dem »Zelt Gottes« durch die steil geführte Satteldecke aus Holz eine neue Ausdrucksmöglichkeit abgewonnen (vgl. Köln-Rath, Erlöserkirche). Campanile mit tief herabgezogenem Faltdach.

Bestimmend für den östl. Teil Lindenthals sind in der Gegend des Grüngürtels die **Universitätsbauten.** Das **Hauptgebäude** mit seiner strengen, axialen Architektur konservativer Prägung im Stil der Stuttgarter Schule (d.h. von P. Bonatz und P. Schmitthenner) 1929–35 von A. Abel. Die Rückfront des langen, durch ein monumentales Portal akzentuierten Fronttraktes bilden 6 Querflügel. – Im N davon, das Thema der Querflügel durch einen niedrigen Pavillon-(Hörsaal-)Trakt wiederaufnehmend, die von einem 8geschossigen Hochhaus überragte **WiSo-Fakultät** (W. Riphahn, 1957/58). – Gegenüber dem Hauptgebäude das sich um eine Platzgestaltung bemühende **Philosophikum** (Staatshochbauamt, 1971–74) und das plastisch aufgefaßte **Hörsaalgebäude** (R. Gutbrod; Gartenanlagen: G. Kühn, 1964–67). Von R. Gutbrod stammen auch die **Universitäts- und Stadtbibliothek** (1962–68) sowie in Zusammenarbeit mit G. Kühn und dem Straßenbauamt die Gestaltung der Fahrbahnabsenkung. – Bemerkenswert sind ferner folgende Universitätsgebäude: **Institut für internationales und ausländisches Recht** (Gottfried-Keller-Str. 2), 1968–70 von W. Ruoff; **Pädagogische Hochschule Rheinland** (Frangenheimstraße), 1955–67 von H. Schumacher; **Anatomisches Institut** (Josef-Stelzmann-Straße), 1964–67 durch das Staatshochbauamt; **Theoretisch-medizinische Institute** (Josef-Stelzmann-Straße), 1958–61 von Fr. Schaller; (unvollendetes) **Bettenhaus des Zentralklinikums** (Kerpener Straße), 1970–74 von E. Heinle und Wischer; **Universitäts-Frauenklinik** (Kringsweg 6), 1960–65 von P. Poelzig, G. Köhler, F. Kässens; **Italienisches Kulturinstitut** (Universitätsstraße) 1954/55 von H. Körfer; **Zentralmensa** (Zülpicher Straße), 1971–74 von W. Henn und C. Wiechmann.

Auf dem Platz vor dem Universitäts-Hauptgebäude die Plastik des 1955 von G. Marcks geschaffenen **Albertus Magnus.** Vor der WiSo-Fakultät ein Nachguß des **Herakles** von A. Bourdelle (1909).

Am Rande des Universitätskomplexes die **kath. Pfarrkirche St. Laurentius** (An St. Laurentius 1), 1961/62 von E. Steffann. Kleiner quadratischer Backsteinbau mit einem an 3 Seiten umlaufenden Fensterschlitz unter der Flachdecke. Den Raum, dessen Boden zum Altarbereich sanft abfällt, beherrscht ein großer *Radleuchter* von K. O. Lüfkens. – Geglückt disponiertes **Pfarrzentrum** auf knappstem Grundriß. Stimmungsvolles Brunnenhöfchen mit Kleinpflaster.

In der Nähe des erwähnten Bettenhauses die **kath. Kirche der Universitätskliniken St. Johannes der Täufer** (Josef-Stelzmann-Str. 9) mit angefügtem Vierflügel-Schwesternhaus. Der Sichtbetonbau mit Faltdach und südl. vorgesetztem Glockenständer 1962–65 von G. Böhm, der auch das umlaufende Fensterband entwarf mit skulptural einbezogenen Schmiedeeisenstücken (Thema: Kreuzweg Christi). Im Innern Altarbaldachin, Aufzugsbühne (für den Krankentransport) und als »Schuldtürme« gestaltete Beichtkapellen.

In **Melaten,** in der Achse des Lindenthaler Kanals als westl. Blickpunkt vom Aachener Weiher die **kath. Pfarrkirche Christi Auferstehung** (Brucknerstr. 16), 1967–70 von G. Böhm. Im O ein erhöhter Vorplatz

Köln. Lindenthal. Pfarrkirche Christi Auferstehung

mit flankierenden Pfarrbauten. Kristallinisch konzipierter Beton-Ziegel-Bau mit seitlichem, »angewachsenen« Glockenturm, der durch die Spiraltreppe einen wichtigen Akzent erhält. Der Zentralbau über unregelmäßigem Polygon besitzt vielfältig gebrochene Wand- und Deckenflächen. Der Innenraum wird durch – gleichfalls von G. Böhm entworfene – Fensterbahnen in kräftigen Grau-Rot-Tönen belichtet.

Der alte ev. Friedhof Kölns, der sog. **Geusenfriedhof** (Weyertal) ist in einen Park umgewandelt. Vgl. dazu und zum **Melaten-Friedhof** (Aachener Straße) den Abschnitt »Friedhöfe« (s.u.).

Lövenich

Der Ort wird in abschriftlich erhaltenen Urkunden bereits um 1000 mit der Kirche St. Severin genannt. Seit der 2. Hälfte des 14. Jh. ist er mit den größten Höfen im Besitz des Johanniterordens. Es handelt sich um geschlossene Hofanlagen, die nach der Säkularisation in privaten Besitz übergingen und um die Mitte des 19. Jh. meist neue spätklassizist. Herrenhäuser erhielten. Heute sind sie teilweise durch die Aufgabe der landwirtschaftlichen Nutzung in ihrem Bestand gefährdet: Odemshof (1768), Mertenshof (1848), Keuschhof (um 1860), Haus Közal (1862).

Inmitten des Ortes (im O der alte Friedhof erhalten) die **kath. Pfarrkirche St. Severin.** Vom roman. Kernbau des 12. Jh. die W-Teile erhalten. Nach Plänen E. Fr. Zwirners fügte 1857/58 der Frechener Baumeister E. (?) Weyden unter Benutzung der alten Chorfundamente die O-Partie hinzu. Romanisierende Pfeilerbasilika; der alte W-Teil mit Flachdecke, der O-Teil des 19. Jh. mit offenem Dachstuhl. Überwölbtes Chorjoch, Halbkreisapsis, hier Reste der historistischen Ausmalung erhalten. Der W-Turm als Dachreiter gebildet, seine Holzkonstruktion mit der westl. Giebelwand verbunden. 1979/80 durchgreifende Sanierung.

Marienburg

Ende des 19. Jh. gegründeter Villenvorort. Noch bis ins 16. Jh. standen in der Gegend der Alteburger Mühle die Reste eines röm. Flottenkastells aus der Zeit des Kaisers Tiberius (14–37 n. Chr.). Ende des 18. Jh. Errichtung der – heute veränderten – **Alteburger Mühle** (An der Alteburger Mühle 6), der sich ein weiter englischer Park anschloß. Seit der Mitte des 19. Jh. ist der **Gutshof »Marienburg«** (Parkstr. 55) belegt, der dem Vorort seinen Namen gab. Das in einem großen Park gelegene Herrenhaus wurde 1880 zu einer beliebten Ausflugsstätte der Kölner umgebaut.

1891 Gründung der Kölnischen Immobilien-Gesellschaft durch den Fabrikanten Ernst Leybold und Entwurf eines Bebauungsplanes zu einer »Villencolonie«. Bald darauf entstanden erste herrschaftliche Landhäuser in der Gegend Parkstraße/Ulmenallee. Noch vor dem 1. Weltkrieg Verlagerung der Bebauung in Richtung Bonner Straße. Wichtige Architekten für die Entwicklung Marienburgs zu einem Villenvorort englischen Charakters waren O. March, P. Pott und Th. Merrill. 2 Villen von J. M. Olbrich sind zerstört. Trotz zahlreicher Kriegsverluste, Abrisse und maßstabbrechender Neubauten zählt Marienburg auch heute noch zu den bedeutendsten und geschlossensten Beispielen einer **Villenkolonie** in Deutschland.

An wichtigen Villen sind zu nennen: Auf dem Römerberg **Nr. 25,** 1931 von D. Böhm, **Nr. 29,** um 1928 von Th. Merrill; Bayenthalgürtel **Nr. 15,** 1906 von E. Fabricius, **Nr. 23,** um 1924 von W. Reitz, **Nr. 25,** um 1922 von P. Pott, **Nr. 35,** 1924 von H. Schumacher, **Nr. 49–51,** 1925 von H. Schumacher; Eugen-Langen-Straße **Nr. 11–13,** um 1925 von C. Klotz, Plastiken von W. Meller; Germanicusstraße **Nr. 8,** 1922 von P. Bonatz; Goethestraße **Nr. 67,** 1922 von P. Bonatz, **Nr. 66,** 1924 von Th. Merrill; Leyboldstraße **Nr. 42–44,** 1911/12 von P. Pott; Lindenallee **Nr. 47,** 1911/12 von P. Pott, **Nr. 53,** um 1925 von Th. Merrill, **Nr. 70,** um 1922 von E. Felix; Marienburger Straße **Nr. 53,** 1924/25 von Fr. Fuß, **Nr. 48,** um 1925 von Th. Merrill; Oberländer Ufer **Nr. 184–186,** um 1912, Fr. Brantzky; Parkstraße **Nr. 1–5,** 1913/14 von P. Pott, **Nr. 20,** 1924 von P. Pott; Pferdmengesstraße **Nr. 1,** um 1922 von Th. Merrill, **Nr. 16,** um 1922 von H. Pflaume, **Nr. 52,** 1910/11 von P. Pott; Tiberiusstraße **Nr. 3** und **Nr. 12** von P. Bonatz; Ulmenallee **Nr. 96** von E. Fabricius, **Nr. 148,** 1893 von O. March.

Köln. Marienburg. Haus Parkstraße Nr. 1–5

Beispiel einer geglückten Lösung unserer Tage das **Haus Huth-Schmölz** (Am Südpark 45), 1958 von H. Schilling; problematisch dagegen das **Haus des Deutschen Städtetages** (Lindenallee 13), 1969–73 von J. Schürmann.

Den Abschluß des 1899 angelegten Bayenthalgürtels bildet der 1902 von A. Hartmann errichtete, 27 m hohe **Bismarckturm** mit dem Reichskanzler in Panzerrüstung und mit dem Reichsadlerschild. Zu Bismarcks Geburtstag brannte ehemals auf der Turmspitze ein Feuer.
In der Goethestraße die **ev. Reformationskirche,** ein Zentralbau mit Turm und Gemeindebauten, 1903–05 von O. March. Nach Kriegsschäden umfassende Veränderungen, 1959–61 durch H. O. Vogel. Beeindruckende 19 m hohe Fensterwand in Form eines Triptychons als Beton-Glas-Konstruktion (Entwurf: E. Keller). Altarkreuz von F. Rickert. – Bei der Kirche in der Mehlemer Straße das 1935 von Cl. Klotz entworfene **Martin-Luther-Haus.**

Ebenfalls in der Goethestraße die **kath. Pfarrkirche St. Maria Königin,** 1953/54 als letztes Bauwerk D. Böhms entstanden. Material: Schwemmsteinmauerwerk mit Ziegelverblendung, Rabitzdecke, Holzdach. Nach der Johanneischen Vision (Apokalypse 21) ist die Kirche ein lichterfülltes Gotteszelt. Der quadratische Raum, dessen S-Wand vollkommen in Glas aufgelöst ist, buchtet allein hinter dem Hochaltar aus. Der Mittelteil seiner Flachdecke wird von 4 dünnen Stahlsäulen wie von Zeltstäben angehoben. Über der zur Rechten angegliederten Werktags- und Beichtkapelle eine Empore. In die Blattwerkmuster der südl. Glaswand sind 14 Symbole der Lauretanischen Litanei eingestreut, Entwurf von D. Böhm zusammen mit H. Bienefeld. Das Fensterband der O-Seite mit Marienlob von L. E. Ronig, 1948/49 (aus der alten Notkirche). Zur Linken, nach S, führt ein Gang in den tiefer gelegenen Glaspavillon der Taufkapelle hinab. Im Erdgeschoß des mit der Werktagskapelle verbundenen Turmes 1960 von G. Böhm, eine Totengedächtniskapelle mit Engelfenstern von L. Gies. – Tabernakel und Taufbecken mit Emailmalerei, beide 1954, von H. Rheindorf. Beachtenswerte alte Ausstattungsstücke.

Im Zusammenhang mit den Bauten für die Britischen Besatzungsbehörden nach dem 2. Weltkrieg (siehe auch Raderthal) wurde 1951/52 die **Allerheiligenkirche** (Bonner Straße), heute Garnisonkirche der Bundeswehr, errichtet. Die Architekten R. Schwarz und J. Bernard mußten völlig von ihrem erfolgreichen Wettbewerbsentwurf abgehen, da die englische Militärdienstordnung detaillierte Vorschriften über das Aussehen einer anglikanischen Garnisonkirche enthielt. Ergebnis war ein Bau in traditionellen Formen aus Backstein mit offenem hölzernen Dachstuhl. Der Schweizer Maler W. Fries hat in dem Zyklus der Großen Passion 1935–45 Situationen des Dritten Reiches und des Krieges überhaupt auf das biblische Geschehen, die Folterung Christi, übertragen. Hier seit 1960.

Mauenheim

Zwischen Neußer und Merheimer Straße gelegen, der **»Grüne Hof«**, eine um einen Park gruppierte 3geschossige Siedlung, die 1922–24 nach Entwürfen von W. Riphahn entstand. Heimatlich Kölnische Elemente (Blendbögen) verschmelzen hier mit expressionistischen (schräge Fensterleibungen, Bogenform u. a.). Wichtiger Beitrag auf dem Wege zum mehrgeschossigen Wohnungsbau, der erstmals in Deutschland den für den niederländischen und später auch Wiener Wohnungsbau so typischen Innenhof zeigt.

Östl. des Bahndammes die stark veränderte **Nibelungensiedlung,** 1919–28 von W. Riphahn. Begonnen in heimatlichen Formen. Ursprünglich bunt gestrichen in auffallenden Farben.

Merheim

Der ehemalige kirchliche Mittelpunkt des Rechtsrheinischen ist noch heute durch den weithin sichtbaren Kirchturm der **kath. Pfarrkirche St. Gereon** (Von-Eltz-Platz) im Landschaftsbild hervorgehoben. Der mittelalterl. Vorgänger, zum Kölner Gereonsstift gehörend, wurde nach Einsturz 1818 vollständig abgerissen. Der Kölner Stadtbaumeister J. P. Weyer entwarf den klassizist., 1821 geweihten Neubau. Die flachgedeckte Saalkirche wurde 1907 durch H. Renard romanisierend umgebaut: das Mittelschiff begleiten seither quergestellte Tonnenräume, deren Wandpfeiler und Schwibbögen ursprünglich auf Säulen ruhten.

1956/57 durch W. Lahaye Umwandlung der Säulen in Pfeiler: seither glatte Bogenreihung, dem klassizist. Äußeren angepaßt. Ausstattung z.T. im 19.Jh. aus Kölner Altstadtkirchen erworben: aus St. Aposteln Altäre, aus St. Kolumba Beichtstühle, aus der Dominikanerkirche die Orgel. Kruzifixus 1835 von P. J. Imhoff.

Auf dem umgebenden ehemaligen **Friedhof** eine Reihe von Grabsteinen (17.–19.Jh.). Das heute freistehende Pfarrtor in Holzkonstruktion aus dem 18.Jh. Zu den die Kirche in lockerer Abfolge umstehenden Bauten gehören das **Pfarrhaus,** 1834, und der **Frohnhof** von 1775.

Von dem alten Ortskern, der sich im W des Kirchengebäudes entlang der Abshofstraße und der Rüdigerstraße erstreckte, hat sich am besten die urspr. Gestaltung der zur Kirche hin geöffneten platzartigen Erweiterung der Rüdigerstraße erhalten. Die Gastwirtschaft **»De ahle Koberg«** von 1665, ein bergisches Haus von 1790 und ein weiteres von 1820; dazwischen das von Bäumen umstandene **Wegekreuz** von 1764.

Die **Merheimer Fliehburg.** Die Landschaft zwischen Brück und Merheim wird durch einen bis in die Neuzeit wasserführenden Altrheinarm geprägt, der sich von Gut Mielenforst im N mit leichtem Bogen nach W bis nach Brück hinzieht. Östl. der Autobahnüberführung über die Bruchstraße ragt ein etwa 400 m langer und noch bis zu 4 m hoher halbinselförmiger Geländesporn in die Senke des Altrheinarmes hinein. Dieses ursprünglich an 3 Seiten von Wasser umgebene Plateau wurde im Mittelalter an der ungeschützten O-Seite durch Wall und Graben abgeriegelt und so zur Fliehburg, in der die Bewohner in Belagerungszeiten Unterschlupf finden konnten, ausgebaut. Die verteidigungsgünstige Lage veranlaßte schon in spätneolithischer Zeit Siedler, sich im Innenraum der späteren Fliehburg niederzulassen.

Merkenich

Rheinkassel, Dorfkern mit **kath. Pfarrkirche St. Amandus** (Amandusstr. 4), hoch über den Rheinwiesen in landschaftlich reizvoller Lage. – Gründung durch die Abtei St. Amand im flandrischen Elno. 1156 ist das Kölner Stift St. Gereon Grundherr, dem St. Amandus von 1220 bis 1803 inkorporiert war. – Grabungen des Römisch-Germanischen Museums legten 1979 Fundamente einer Saalkirche mit Rechteckchor frei (9. oder 10.Jh.). Erweiterung nach O im 11.Jh., Mitte des 12.Jh. Umbau zur Pfeilerbasilika. Um 1200 Errichtung des Turmes im W. Um 1230 Ausbau des Chores in spätstaufischen Formen mit Flankentürmchen, Halbkreisapsis, gewirtelten Runddiensten und 6teiliger, zentralisierender Rippenwölbung unter dem Einfluß des Dekagons von St. Gereon in Köln. Gleichzeitig Beginn des Langhausumbaus: Pfeiler mit Dienstvorlagen, gekuppelte Arkadensäulchen; Aufbau und Wölbung damals wohl nicht vollendet. Im 17.Jh. die heutige nachgot. Einwölbung und die Obergadenfenster; gleichzeitig Abtragung des obersten (3.) Turmgeschosses, Errichtung des Knickhelms. 1867: 1. Restaurierung, historistische Ausstattung. 1927/28: 2. Restaurierung. 1977–80 Erneuerung des Tuffmantels, Verputz und Tönung nach Befund, Innenrenovierung.

Im SW **Pfarr- und Jugendzentrum,** 1976 von G. Böhm. Vom gleichen Architekten die im W anschließende **Wohnanlage,** 1979/80.

Meschenich

In Ort wird 1166 urkundlich erwähnt. Die **kath. Pfarrkirche St. Blasius** (Brühler Str. 425) im 14. Jh. genannt, doch älter, war seit 1380 dem Kölner St. Severinsstift inkorporiert. 1891 Abriß der roman. Kirche und Neubau durch Th. Kremer. Neuroman. zentralisierte Stufenhalle mit Querhaus und W-Turm, der in den Hauptmotiven A. Langes Nikolauskirche in Bergisch-Gladbach-Bensberg verwandt ist. Ziegel mit ornamental eingesetztem Werkstein (vgl. Köln-Müngersdorf, St. Vitalis). Die 1952 übertünchte originale Ausmalung von B. Hertel wurde 1978 durch G. Minn freigelegt und restauriert.

Mülheim

Als »Mulenheym« 1098 erstmals genannt. Die Wassermühlen an der Rheinmündung des Strunderbaches waren namengebend. Die im 11. Jh. gegründete **kath. Pfarrkirche St. Mauritius** in **Buchheim** (Sonderburger Straße), von der aus bis zur Zerstörung 1583 auch Mülheim betreut wurde, liegt heute als Friedhofskapelle im Ortsbereich Mülheim. Vom Ursprungsbau wurden das Chorquadrat und die roman. Apsis im 19. Jh. in einen T-förmigen Bau einbezogen, den E. Schmitz 1928 zum **Krieger-Ehrenmal** umgestaltete.

Mülheim gewann erst seit der Mitte des 13. Jh. im Zuge des territorialen Aufstiegs der Grafschaft Berg Bedeutung. 1322 bekam es die Freiheitsrechte, worauf die Straßenbezeichnung Mülheimer Freiheit hinweist. Diesen Privilegien folgten die Stadtrechte Mülheims, die es erst 1914 mit der Eingemeindung nach Köln verlor. Die Grafen und späteren Herzöge von Berg befestigten Mülheim viermal als Vorposten gegenüber Köln, das zuletzt die im Bau begriffene Neustadt samt ihren Bastionsbefestigungen 1614/15 abbrechen ließ. Katastrophale Schäden richtete zudem auch der Eisgang von 1784 an.

Die eigentliche Blütezeit begann nach der Aufnahme der 1714 aus Köln vertriebenen protestantischen Gewerbetreibenden. Damals entstanden die barocken **Palais** Mülheimer Freiheit **Nr. 31, Nr. 33 (Haus zum Pelikan,** 1755), **Nr. 102 (Haus zur roten Gans,** 1762) und **Nr. 119, Buchheimer Str. 29 (Bärenhof,** 1780), **Krahnenstr. 8** (um 1780), **Mülheimer Ufer 1** (1773) und **Wallstr. 56 (Haus zum Pavillon,** um 1775). Diese stattlichen Putzbauten mit ihren werksteingefaßten Fenstern und Mansarddächern haben im gegenwärtigen Köln keine Parallelen mehr.

Mit der Entwicklung Mülheims zum Eisenbahnknotenpunkt ging seit der Mitte des 19. Jh. auch ein industrieller Aufschwung und eine Ausdehnung der Wohnbereiche einher. Der größte Industriekomplex entstand seit 1874 um die Schanzenstraße, wo sich die Drahtseilerei Felten & Guilleaume niederließ und heute u. a. die der Kirchenbauweise nachempfundenen Gebäudehallen des **ehem. Mülheimer Gaswerkes** stehen.

Mit zunehmendem Reichtum kam es hier zu einer im heutigen Kölner Stadtgebiet einmaligen Häufung von schmückenden Brunnen. Diese Repräsentationszeichen wurden bis zur Eingemeindung im Jahre 1914 an verschiedenen Straßen und Plätzen aufgestellt. Erhalten sind aus dieser Zeit der die Stadt symbolisierende **Brunnen Mülheimia** aus dem Jahre 1884 von W. Albermann an der Ecke Mülheimer Freiheit/Krahnenstraße, der vom Jugendstil geprägte **Genovevabrunnen** aus dem Jahre 1914 von E. Hertel am Clevischen Ring und der ebenfalls im Sinne des Jugendstils gestaltete **Märchenbrunnen** aus dem Jahre 1914 von W. Albermann am Rande des Stadtgartens am Ende der Sonderburger Straße.

Außer den zahlreichen von Bäumen gesäumten Straßen entstanden damals Grünplätze und in den Jahren 1910–12 der **Stadtgarten** nach den Plänen von Vincenz. Die in den Park integrierte **Stadthalle,** die M. Felten 1963 entwarf, leitet über zum **Bull-Hochhaus,** das 1959/60 nach Entwürfen von K. Hell entstand und einen wesentlichen Markierungspunkt am zentral gelegenen Wiener Platz bildet. Das Geschäftsleben Mülheims hat sich in den Umkreis dieses Platzes verlagert, während der alte Stadtkern heute im Schatten der Rampe der 1927/29 von A. Abel errichteten **Hängebrücke** liegt.

Von der Brücke aus gesehen prägen 4 Kirchtürme im N das Bild des alten Kerns, dazu im S der Turm der neugot. **kath. Herz-Jesu-Kirche,** 1896/97 von J. Busch erbaut, ohne Turmhelm 1958 erneuert.

Am Mülheimer Ufer die alte **Schifferkirche St. Clemens,** im 12. Jh. als Filialkirche von St. Mauritius (s. o.) gegründet, seit 1864 Nebenkirche von Liebfrauen. Die roman. Saalkirche wurde 1692 und 1720 zur 3schiffigen Halle mit Quergiebeldächern ausgebaut. (Zur Form des O-Turmes mit Balustrade, Achteckgeschoß, welscher Haube und Laterne vgl. St. Mariä Himmelfahrt in der Kölner Altstadt.) Wiederaufbau und (1979/80) 2. Renovierung unter J. Schürmann. Im Innern flache Holzdecken, neue Ausstattung.

Die neugot. **kath. Liebfrauenkirche** (Regentenstr. 4), 1857–64 von E. Fr. Zwirner. Nach Zerstörung der O-Teile baute R. Schwarz 1953–55 ein neues Chorhaus als Betonstützenbau mit vergoldeten Stahlträgern und Faltdecke. Die Fensterbänder schuf A. Wendling 1958. 1965 neuer Falthelm von M. Schwarz. 1979 Restaurierung des Langhauses.

Weiter im N an der Regentenstraße der Turm der **Lutherkirche,** die 1893–95 von E. Schreiterer und B. Below in den Formen der deutschen Renaissance, historistisch als Stil der Lutherzeit interpretiert, als Emporenhalle errichtet wurde. Anstelle der kriegszerstörten Haube und Laterne seit 1966 eine Kupferbedachung von G. Vaupel. 1977 zu einem Jugendzentrum ausgebaut.

Im O, zugänglich von der Adamsstraße, die **Luther-Notkirche,** 1949 nach Entwurf von O. Bartning als Serientyp errichtet. Gültiger Beitrag zur Behebung der Raumnot in der ersten Nachkriegszeit.

Die **ev. Friedenskirche** (Wallstraße 10) wurde 1784/86 von W. Hellwig als Ersatz für die vom Hochwasser zerstörte 1. ev. Kirche von 1655 errichtet. Einfacher, spätbarocker Zentralbau, Durchdringung von Kreuz- und Kreisform. Der Name der Kirche wurde 1837 zur Erinnerung an die Union von Lutheranern und Reformierten festgesetzt. 1845/48 W-Turm von E. Fr. Zwirner im Rundbogenstil (1910 barockisiert durch eine Kopie der 1784 nach Monschau verkauften Haube des Vorgängers). Im 2. Weltkrieg alle Dächer und die Louis-XVI-Ausstattung vernichtet. Vereinfachter Wiederaufbau von C. und K. H. Klag.

Müngersdorf

Mehrere Funde und die Ausgrabung eines Landhauses 1837 bestätigen eine röm. Besiedlung. 980 als »Mundestorp« erstmals urkundlich bezeugt. Im Mittelalter als Herrlichkeit Besitz des St.-Aposteln-Stifts. Seit 1450 ist die Wendelinus-Wallfahrt dokumentiert. Nachfolgerin der kleinen Dorfkirche, deren Anfänge in das 13. Jh. zurückgingen, ist die auf den Höhenzug zwischen Nieder- und Mittelterrasse geschickt plazierte **kath. Pfarrkirche St. Vitalis** (Wendelinstr. 50), 1889/90 von Th. Kremer erbaut. Von der urspr. Ausstattung der neuroman. Backsteinbasilika sind Kanzel und Kreuzweg erhalten. Fenster um 1970 von W. Buschulte.

Im Ortskern neben der Kirche die geschlossene Anlage des **Kirchhofes** mit dem Herrenhaus von 1774. Schon 1261 ist der Hof als Gut der Zisterzienser-Abtei Altenberg genannt. An städtebaulich markanter Stelle (Wendelinstr. 67) eine **Hofanlage** von 1792.

In der Belvederestr. 147 das 1839 im Stile eines klassizist. Landhauses errichtete **Haus Belvedere,** das ehem. Empfangsgebäude des Bahnhofes der Rheinischen Eisenbahngesellschaft.

Für Arbeiter der Ehrenfelder Gaswerke wurden 1902/03 nach Entwürfen von P. Gärtner durch die Stadt Köln in der **Vitalisstr. 330–362** 2geschossige **Doppelhäuser** errichtet. Romantische Ausprägung durch bewegte Dachlandschaft und Verwendung mehrerer Materialien – Backstein, Putz und Fachwerk.

Am Rande des Ortskernes eine Reihe beachtenswerter Privathäuser: **Haus Haubrich** (Kämpchensweg 1), 1951, **Haus Prof. Marcks** (Belvederestr. 149[a]), 1948–50, **Haus Riphahn** (Am Gibbelberg 12), 1963, sämtlich von W. Riphahn. Das Haus **Beckenkampstr. 7,** 1961 von J. Schürmann, **Belvederestr. 43,** 1972 von P. und U. Trint, die Gartenanlage von G. Kühn, **Haus Ungers** (Belvederestr. 60), 1958 von O. M. Ungers, **Van-Gogh-Str. 3,** 1959 von J. Schürmann und **Veit-Stoß-Str. 6,** 1959 von H. Schilling.

Südl. der Aachener Straße im Äußeren Grüngürtel das **Müngersdorfer Stadion.** 1923 begonnen, erfuhr es durch A. Abel 1926 die erste entscheidende Veränderung: die auch heute noch bestimmende Außengestaltung mit streng axialen, »klassizistischen« Flügelbauten in Backstein und einer monumentalen Eingangszone als Mitte. – 1973–75 Neubau unter Beibehaltung der Abelschen Außenarchitektur (Entwurf und Ausführung: die Firma Dyckerhoff & Widmann). Die jetzt umgekehrten Größenverhältnisse erdrücken die alte Eingangszone.

Niehl

Bis zum Ausbau des Niehler Hafens in den 1920er Jahren ein idyllisches Fischerdorf am Rheinufer. Seit 927 bezeugt, im 13. Jh. als »Neyle« überliefert. Im Ortsbereich noch zahlreiche 1geschossige giebelständige Häuser des 19. Jh. erhalten, außerdem 2 **Wegkapellen** aus dem 18. Jh. (St.-Agatha- und Hl.-Kreuz-Kapelle) und das sog. **Altenberger Kreuz,** ein Grenzstein von 1694.

Alt St. Katharina (Sebastianstr. 231), 1236 urkundlich im Besitz des Kölner Stifts St. Kunibert. Die kleine, ursprünglich 3schiffige Basilika mit W-Turm im 12. Jh. als einheitlicher Neubau über dem Rheinufer errichtet. Bescheidener Landkirchentypus, vergleichbar Köln-Lindenthal-Kriel, St. Stephan. Der gewölbte polygonale Chor im O 1260 geweiht; darauf das Mittelschiff aufgestockt (Flachdecke), das südl. Seitenschiff abgebrochen. Um 1400 Einwölbung des Langhauses. Im 18. Jh. im W Vorbau einer Kapelle, die bei der durchgreifenden Restaurierung 1894–98 unter Th. Kremer abgebrochen wird. Damals Erneuerung des nördl. Seitenschiffes. 1894 Übertragung des Patroziniums und der Pfarrechte auf Neu St. Katharina. 1927 Umwidmung zum Kriegerehrenmal, seit 1955 wieder kirchlich genutzt. 1971–73 restauriert. Kanzel von 1622, Abendmahlsgruppe vom Anfang des 16. Jh. Fenster von V. Pieper.

Kath. Pfarrkirche Neu St. Katharina (Sebastianstr. 122), 1892–94 von Th. Kremer, eine neuroman. Backsteinbasilika mit Querhaus und Halbkreisapsis. Der W-Turm durch die kräftig gebildeten Treppentürmchen als Dreiturmgruppe gestaltet. Nach Kriegsbeschädigung bis 1964 durch R. und M. Schwarz im Inneren umgestaltet: das liturgische Zentrum in die Vierung verlegt, die Apsisfenster vermauert. Aus Alt St. Katharina übernommen: got. Taufstein, Madonna, Ende 15. Jh., barocke Kreuzigungsgruppe. Altar und Fenster von A. Wendling.

Kath. Pfarrkirche St. Christophorus (Allensteiner Str. 5). Kastenartige Hallenkirche in ziegelausgefachter Betonskelettkonstruktion mit Rippendecke auf 4 schlanken Ständern, 1958–60, von R. Schwarz mit H. Hermann; nördl. Eingangsraum und Campanile 1962/63. Im S Pfarrhaus und Gemeindebauten. Die großen Figuren – Christus an der Altarwand, Christophorus und ein Engel an den Schiffswänden – in schwarzer Zeichnung auf weißen Putzrechtecken sowie die starkfarbigen Symbolfenster aus dem Festkreis des Kirchenjahrs von G. Meistermann. Die Bronzeplastik mit den 8 Seligkeiten in Gestalt von Tauben am Haupteingang und der Lebensbaum aus Kalkstein am S-Eingang von Th. Heiermann. Sitzmadonna, um Mitte des 14. Jh.

Nippes

Das mittelalterl. Nippes prägten Höfe, von denen heute u.a. noch der **Altenberger Hof** besteht. Diese auch **Nippeshof** genannte Anlage war namengebend für die Ortschaft. Im 17. Jh. war es den Kölnern untersagt, zum »Bierhaus« des hier ansässigen Wirtes zu gehen, »weil durch das schädlich dolle Getränk kundbarlich grobe Excessen entstanden«.

Zu einem Industrie- und Wohnvorort entwickelte sich Nippes, seit dort in den 1860er Jahren eine zentrale Eisenbahnwerkstätte eingerichtet wurde. Die sehr dichte Bebauung folgte dem unregelmäßigen Flurwegenetz und dem diesem eingepaßten geradlinigen Straßenraster des 19. Jh. Der Verlauf alter Rheinarme wirkt sich im heutigen Stadtbild als reizvolle begrünte Talmulde bei den Mauenheimer Höfen aus und durch ein unebenes Straßenniveau, was beides dem Stadtteil Lebendigkeit verleiht.

Innerhalb des erhöhten ehem. Dorffriedhofes die **kath. Pfarrkirche St. Heinrich und Kunigund** (Mauenheimer Str. 25), eine turmlose neugot. Backstein-Saalkirche mit Querhaus und eingezogener Apsis, 1856 von V. Statz. Das urspr. Marienpatrozinium 1882 auf die Kirche St. Mariä Himmelfahrt von V. Statz (Baudriplatz) übertragen, 1927 Profanierung. Das Frühwerk von Statz (Entwurf schon 1847) konnte in den 30er Jahren vor dem Abbruch gerettet und 1943 als Kirche neu geweiht werden. Nach Kriegsschäden bis 1958 Wiederherstellung (K. Band). Neugründung der Pfarre 1958. Seit 1975 Ausstattung mit Erwerbungen von außerhalb (die Fenster aus dem Waisenhaus in Eupen). Im W-Tympanon Immaculata, bez. 1856.

Kath. Pfarrkirche St. Bonifatius (Gneisenaustr. 5). Basilika mit Querschiff, Kapellen und eingezogenem Chor (im S!) in späthistoristischen Mischformen unter Jugendstileinfluß, 1913/14 von A. Nöcker. Reiche originale Ausstattung, z.T. in den 20er Jahren fortgesetzt (K. Colombo). Hochalter 1939 von F. Zehgruber. Fenster 1952–54 von F. Melchior.

Die **ev. Lutherkirche** (Merheimer Str. 112), 1886–89 von A. Albes, ist ein Beispiel des preußisch-protestantischen neugot. Kirchenbaues, der sich an der norddeutschen Backsteingotik orientierte. Durch die originale Ausstattung und die sorgfältige Erneuerung von Ausmalung und Glasfenstern (W. Putfarken) seit 1969 von hohem Denkmalwert. 1978–80 Außenrestaurierung.

Porz

Porz war von 1951 bis 1974 eine selbständige Stadt. Die Ansiedlung zahlreicher Industrieunternehmen seit dem Ende des 19. Jh. führte zu einer raschen Entwicklung der ehemals dörflichen Ortschaft.

An der Bahnhofstraße die 1899 für Angehörige der Spiegelglaswerke »Germania« errichtete **Siedlung** mit Arbeiterhäusern (Glasstraße, eine Straßenseite abgerissen), Meisterhäusern (Germaniastraße) und Angestelltenhäusern (Concordiaplatz) sowie einer Direktorenvilla (Concordiaplatz). Neben dem Fabriktor ferner ein Verwaltungs- und ein Wohlfahrtsbau von 1908.

Die **ev. Lukaskirche** (Mühlenstr. 2), ein 1914 nach Entwürfen von M. Benirschke errichteter Saalbau mit Flachchor und einem Fassadenturm, als dessen Vorbild Olbrichs Darmstädter Hochzeitsturm gelten kann. Die expressionistische Innenraumgestaltung 1927 fertiggestellt (K. Derckum). 1979/80 Restaurierung mit dem Ziel, den urspr. Raum zurückzugewinnen. Fenster 1966 von H. Uhrig.

Kath. Pfarrkirche St. Joseph (Hauptstr. 432). Die Basilika in spätgot. Stilformen mit weitem Mittelschiff entstand 1910/11 nach Entwürfen von E. Endler. 1928 Errichtung des seitlichen Turmes in expressionistischen Formen. 1956/57 polygonale Erweiterung nach W.

Porz-Langel

Kath. Pfarrkirche St. Clemens (Lülsdorfer Str. 114). Die an der Stelle eines mittelalterl. Vorgängers 1890/91 von H. Nagelschmidt errichtete neugot. Backstein-Hallenkirche mit Querhaus und Vierkantturm im W besitzt heute Denkmalwert wegen der weitgehend erhaltenen originalen Ausstattung: Altäre, Kanzel und Orgel des Schreinermeisters J. Wolks. 1979/80 konnte die urspr. ornamentale Ausmalung freigelegt und erneuert werden (H. J. Lohmeyer, R. Gassert). Fenster von 1953 (Querhaus), 1955 (Chor) und 1962/63 (Langhaus); letztere von Fr. Pauli.

Porz-Urbach

Kath. Pfarrkirche St. Bartholomäus (Frankfurter Str. 522). Der 1879 abgebrochene Vorgängerbau war im Kern romanisch. 1166 erstmals erwähnt, gehörte die Pfarre seit 1208 zum Stift St. Severin. 1879/80 Neubau durch H. Nagelschmidt im Anschluß an den zunächst beibehaltenen W-Turm. Backstein-Hallenkirche mit Pseudoquerhaus in den Formen des Rundbogenstils rheinisch-romanisierender Prägung. Der Vierkantturm, historistisch-neuroman., 1899 unter Benutzung des alten O-Bogens der Kirche vorgestellt. Reste der romanisierenden Ausstattung sind erhalten. Altarzone um 1970 (H. Gernot). 1978 Neufassung des Innenraumes. Orgelprospekt aus Klein St. Martin, um 1620, 1912 erweitert. Kanzel um 1770, aus Köln.

Porz-Wahn

Schloß Wahn. Besitzer einer Burg an gleicher Stelle im 14. Jh. waren vermutlich die Herren v. Revelen. Errichtung der heutigen Anlage um die Mitte des 18. Jh. durch die Grafen v. Schall, die hier bis 1785 wohnten.
Einheitlicher, geschlossener Backsteinkomplex mit Wassergraben und gemauerter Brücke. 2geschossiges, 3flügeliges Herrenhaus mit gartenseitigen polygonalen Mittelrisaliten und Mansarddächern. Die Treppentürme zwischen den Flügeln von 1910. Im östl. Seitenflügel vermutlich Reste vom Bruchsteinmauerwerk des spätgot. Vorgängers. Dem Herrenhaus gegenüber und mit diesem den rechteckigen Hof umschließend, die ehemals 3flügelige, jetzt 2flügelige Vorburg mit schlichten 1geschossigen Trakten. Im Innern reichgeschnitzte Stiege sowie zahlreiche Wandbespannungen, Supraporten und Stukkaturen; z. Z. Sitz des **Theaterwissenschaftlichen Museums** (s. d.).

Kath. Pfarrkirche St. Aegidius (Frankfurter Str. 179). Neugot. Backstein-Hallenkirche, 1893–95 als Ersatz für einen mittelalterl. bzw. barocken Vorgänger von A. Becker errichtet. Originale Chorfenster (dat. 1893), Altäre und Kanzel (90er Jahre, F. Hachenberg). Im Turm-Erdgeschoß Marmorepitaph des Wilhelm v. Zweiffel und seiner Gemahlin Agnes Schall v. Bell, 1656–85.

Porz-Zündorf

Bestehend aus den Orten Ober- und Niederzündorf, deren beide Pfarren 1835 vereinigt wurden. Urkundliche Erwähnung erstmals 1009. Blüte der Ortschaft Zündorf seit dem 13. Jh., als zur Umgehung des Kölner Stapelrechtes Waren hier ausgeladen und auf dem Landwege nach Mülheim weitertransportiert wurden. Vom 15. Jh. an hier Erhebung des Rheinzolles durch die Herzöge von Berg. In Zündorf hat sich – einmalig in Köln – eine von Fachwerk- und Backsteinhäusern sowie Kirchen geprägte Ortschaft mit mittelalterl. Charakter bewahrt.

An Häusern sind zu nennen: Am Markt **Nr. 4** (um 1870), **Nr. 6** (18. Jh.); Burgweg **Nr. 5** (Mitte 18. Jh.), **Nr. 9** (1677), **Nr. 12** (1836); Enggasse **Nr. 9** (17. Jh.), **Nr. 15** (17. Jh.), **Nr. 21** (Ende 17. Jh.), **Nr. 16** (19. Jh.); Gütergasse **Nr. 1** (um 1880/90), **Nr. 3** (17. Jh.), **Nr. 5–7** (St.-Joseph-Altersheim mit Kapelle, 18.–19. Jh.); Hauptstraße **Nr. 155** (um 1880), **Nr. 161** (17. Jh.), **Nr. 163** (2. Hälfte 19. Jh.), **Nr. 165** (2. Hälfte 19. Jh.); Kirchstraße **Nr. 3** (18. Jh.), **Nr. 5** (um 1930), **Nr. 2** (1. Hälfte 19. Jh.), **Nr. 12** (um 1880), **Nr. 18** (18. Jh.); Marktstraße **Nr. 3** (19. Jh.), **Nr. 5** (Ende 17. Jh.), **Nr. 27** (1832), **Nr. 4** (19. Jh.), **Nr. 6** (Ende 17. Jh., **Nr. 18** (18. Jh.), **Nr. 20** (1772), **Nr. 22** (um 1800).

In der Hauptstr. 181 der **Turmhof** mit dem sog. **Zollturm.** Nachweislich handelt es sich bei dem 5geschossigen, aus Kopfbasalt errichteten Turm nicht um einen Zollturm, sondern um einen Wohnturm, den die Ritter von Zündorf vor 1380 erbauen ließen. Von der ehemals geschlossenen Hofanlage, die erst in den 1970er Jahren niedergelegt wurde, sind lediglich das Wohnhaus von 1771 und Reste der Wirtschaftsgebäude erhalten.

Am Loorweg 155 die veränderte **Telegraphenstation** von 1833.

Kath. Pfarrkirche St. Michael (Burgstraße). Im ummauerten Friedhof über dem alten Rheinarm gelegen, ehemals Pfarrkirche von Niederzündorf. 1155 zuerst erwähnt, seit 1392 dem Kölner Stift St. Severin zugehörig. Kleiner 1schiffiger Tuffsteinbau des 11. Jh. mit W-Turm von 1170. Im Erdgeschoß des Turmes Rundbogenblenden, im Obergeschoß Lisenen und Rundbogenfries, Rhombendach über Giebeln. Die Kapelle im Turmobergeschoß öffnete sich ursprünglich in 2 Doppelarkaden zum Schiff. Dieses seit 1965 flach gedeckt, früher mit offenem Dachstuhl. Vom 1906 abgerissenen Seitenschiff im N nur noch das O-Joch als Vorraum zur Sakristei erhalten, die Scheidarkaden noch ablesbar. Der 3seitig geschlossene Chor von 1692, gleichzeitig die Kapelle im S und die Sakristei im N. Über dem S-Portal als Sturz ein Memorienstein (?), daneben ein Rankenrelief, 7. Jh.

Kath. Pfarrkirche St. Mariä Geburt (Hauptstr. 141). Die große neugot. Backstein-Hallenkirche mit östl. Fassadenturm 1895–97 von Fr. Langenberg erbaut. Im Innern originelle Schwibbögen als Haupt-Jochteilungen der Seitenschiffe; das Querschiff nur als Jocherweiterung artikuliert. In der durchgehenden W-Wand flankieren kleine Nischenkapellen das Chorhaus: Vorjoch und Apsis mit $^5/_{12}$-Schluß. Reste der neugot. Ausstattung erhalten, Fenster und Altäre erneuert. Restaurierungen 1946, 1961 (J. Klüwer), 1972 (H. J. Lohmeyer).

St. Martin (Hauptstr. 43–47). Die ehem. Pfarrkirche von Oberzündorf, auf einer Anhöhe über dem Rheinarm gelegen, gehörte bis 1803 dem Stift St. Heribert in Köln-Deutz. Über den Fundamenten des 12. Jh. um 1780 errichtete Saalkirche mit 3seitigem Chorschluß im O. Im Innern Flachdecke und Stuckgesims. Der W-Turm im Kern 12. Jh., später überarbeitet, mit gedrungenem Knickhelm. Erdgeschoß ohne Gliederung, die Obergeschosse mit Lisenen, Blendbögen und Zickzackfries besetzt; Biforen-Glockenfenster. Kreuzgratgewölbte Turmhalle und Kapelle im Obergeschoß zum Kirchenraum geöffnet. – Der Kirche zugeordnet das **Altenwohnheim** St. Martin von H. P. Tabeling 1971–74.

Raderberg

Auf dem Gelände des ehem. mittelalterl. jüdischen Friedhofes an der Bonner Straße, später zum »Toten Jud« genannt, entstand 1936–40 als »funktionaler« Bau die **Großmarkthalle** der Stadt Köln (Architekt: Th. Teichen). Die tonnengewölbte Halle mit parabelförmigem Querschnitt, in Stahlbeton-Schalenbauweise mit innen deutlich hervortretenden Rahmenbindern, wird zur N-Seite durch 2 gestaffelte Shedaufbauten akzentuiert. Beispiel für das Weiterleben des »Neuen Bauens« auf dem Gebiete der Industriearchitektur im Dritten Reich.

Ein frühes Beispiel für ein außerhalb Kölns angelegtes Arbeiterquartier ist die **Arbeitersiedlung »Wilhelmsruhe«** (Bonner Str. 228–310), eine

Stiftung des Geheimen Bergrats Prof. Dr. Gerhard vom Rath für die Arbeiter des »Rheinischen Actienvereins für Zuckerfabrikation«, zu der 1888 der Grundstein gelegt wurde. Die schlichten 2geschossigen Backstein-Reihenhäuser sind zeilenförmig zwischen Grün angeordnet und entsprachen seinerzeit in höchstem Maße den hygienischen Anforderungen. Rückwärtig Nutzgärten und Stallungen. Die Siedlung wurde jedoch nie ganz vollendet und ist durch Kriegszerstörungen sowie Umbauten in ihrem Aussehen verändert.

Raderthal

Nördl. des Militärringes, mitten im 1924 nach dem Konzept von Fr. Encke geschaffenen Volkspark, entstand 1950/51 nach Entwürfen mehrerer Architekten (u.a. H. Lohmeyer, W. Riphahn, Fr. Schaller, H. Schilling, P. Fr. Schneider) eine großzügige **Siedlung** für etwa 5000 Angestellte der britischen Besatzungsbehörden. Je nach militärischem Grad wurden diese in geräumigen Einfamilienhäusern, die an geschwungenen Straßen stehen, oder in mehrgeschossigen Zeilenbauten untergebracht. 8geschossiges verklinkertes Wohnhochhaus von W. Riphahn mit in Loggien und Fenster aufgelöster Sonnenfront. Zur Siedlung gehören ein Heizwerk, ein Kino und verschiedene Geschäfte.

Rath / Heumar

Namengebend für den Vorort Rath, der heute mit dem Vorort Heumar eine Einheit bildet, war **Haus Rath** (Lützerathstraße 70), eine Wasserburganlage, die im 16. Jh. erstmals nachgewiesen ist. Die noch vom Graben umgebene Hauptburg birgt Baureste aus dem 17.–18. Jh. Die an der Burgzufahrt gelegene **Kapelle** aus der Mitte des 18. Jh. ist ein 8eckiger Backsteinbau mit Mansarddach und Dachlaterne. Der eigentliche Ortskern mit einigen noch erhaltenen Bauten in Fachwerk- und Schieferverkleidung konzentriert sich auf die Lützerathstraße, die Rather Schulstraße und die anliegende Rösrather Straße. – An der Eiler Straße liegt der romanische **Turm** mit Pyramidendach, Rest der 1825 abgebrochenen alten Kirche, aus dem 12. Jh. stammend.

Südl. davon der klassizist. Neubau der **kath. Pfarrkirche St. Cornelius** (Eiler Str. 100) von 1833/34, ein flachgedeckter Saal mit eingezogener Halbkreisapsis in Backstein. 1880/81 durch ein W-Querhaus und 1887 von Th. Kremer durch einen vorgestellten W-Turm in neuroman. Formen erweitert. Um 1970 Neugestaltung der Apsis, Stuckreliefs von S. Hürten. Kreuzweg von 1938 und Fensterzyklus aus den 50er Jahren von Bruder Notker OSB. – Das **Pfarrhaus** von 1900.

Die **kath. Pfarrkirche zum Göttlichen Erlöser** (Erlöserkirchstr. 8), 1953/55 von Fr. Schaller, bildet mit Pastorat, Jugendheim, Kindergarten usw. ein der Eigenart des Wohnvororts entsprechend aufgelockertes Gemeindezentrum. – Im Sichtbeton der Satteldecke Mosaiksymbole von H. Wimmer, der auch Tabernakel, Taufstein und Vortragekreuz schuf. Altarkruzifix von H. J. Heppekausen, Farbfenster in der N-Wand von H. Schaffmeister, Muschelkalkreliefs am S-Eingang von E. Hillebrand und Kreuzwegstationen in Bronze, 1962, von J. Höntgesberg.

Im S des alten Ortskernes der **Durchhäuser Hof** (Bahnhofstr. 61–65), ein mehrteiliger Komplex bestehend u. a. aus einer Hofanlage mit Fachwerkbauten aus dem 18. Jh. und einem benachbarten klassizistisch gestalteten Herrenhaus von 1877. – In unmittelbarer Nähe gelangt man an der Eiler Straße durch eine monumentale Toreinfahrt in den im wesentlichen um 1925 von L. Paffendorf errichteten **Maarhäuser Hof** (Eiler Str. 3), in dessen weiträumigen, unregelmäßig begrenzten Hofraum ein altes Gehöft einbezogen ist und dessen Bauten sich in Baukörper-, Tür- und Fensterformen durch Vielfalt auszeichnen.

Von der Wohnvorortentwicklung im W des alten Ortskernes ist das am alten Forstweg gelegene **Haus Moest,** ein im Jahre 1907 von Fr. Brantzky entworfenes Wohnhaus mit Atelier in Jugendstilformen zu nennen sowie die nach den Straßenbezeichnungen (Wodanstraße u. a.) benannte **Göttersiedlung,** eine in den 20er Jahren in traditionellen Formen errichtete Eigenheimsiedlung am Rande des Königforsts.

Riehl

Riehl entstand seit der Mitte des 19. Jh. als stark durchgrüntes Wohnviertel nördl. der Innenstadt. 1860 wurde als größerer Grünbereich der **Zoo** geschaffen, in dem sich heute u. a. noch die im klassizist. Stil gehaltene Villa des ehem. Zoodirektors von 1859/60, das einem indischen Tempel nachempfundene Antilopen- und Elefantenhaus von 1863, sowie das an eine russische Kirche erinnernde Vogelhaus von 1898/99 befinden.

1862 wurde in unmittelbarer Nachbarschaft nach den Plänen P. J. Lennés von Niepraschk die **Flora,** eine Parkanlage mit seltenem Pflanzenbestand, angelegt. Das ehem. Palmenhaus, ursprünglich mit gläsernen Tonnengewölben 1863 von Armin entworfen, dient nach einigen Veränderungen als Restaurant. An einem kleinen Weiher gelegen, nahe dem Hauptgebäude der ehem. **»Frauenrosenhof«,** der 1906 von J. M. Olbrich für die deutsche Kunstausstellung errichtet wurde. Nach Kriegszerstörung veränderter Wiederaufbau 1955/56 durch W. Riphahn. – Als parkartige Erweiterung der Flora wurde 1914 der **Botanische Garten** geschaffen, um den sich das eigentliche Villenviertel entwickelte.

Vom Rande dieses Villenviertels zu Siedlungsbauten der Zwischenkriegszeit überleitend wurde 1931 nach den Plänen von D. Böhm die **kath. Pfarrkirche St. Engelbert** (Riehler Gürtel) gebaut. Klinkerverkleideter Betonbau mit locker angefügtem schlankem Vierkantturm. Über 8 parabolischen Schildwänden faltet sich kraftvoll eine steigende Zeltkuppel (in der Art einer »Zitronenpresse«). Die parabolische Form kehrt auch im Gewölbe des innen segmentbogigen Rechteckchors wieder. Seine bauliche Absonderung wird durch die starke Erhöhung des Altars und das in ihm gesammelte Licht unterstrichen. Dem Ganzen

eignet hohe sakrale Würde. Symbolfenster von A. Wendling, 1955. Auf den Seitenaltären mittelalterl. Skulpturen (Leihgaben des Schnütgen-Museums). Kupferbeschlagene Türen von L. Karl.
Die Forderung der Liturgischen Bewegung nach einer Ordnung der Gemeinde auf den erhöhten Altar hin, die R. Schwarz z.B. in der Aachener Fronleichnamskirche von 1930 in einem asketisch kühlen 1schiffigen Längsraum verwirklicht, löst D. Böhm zur selben Zeit,

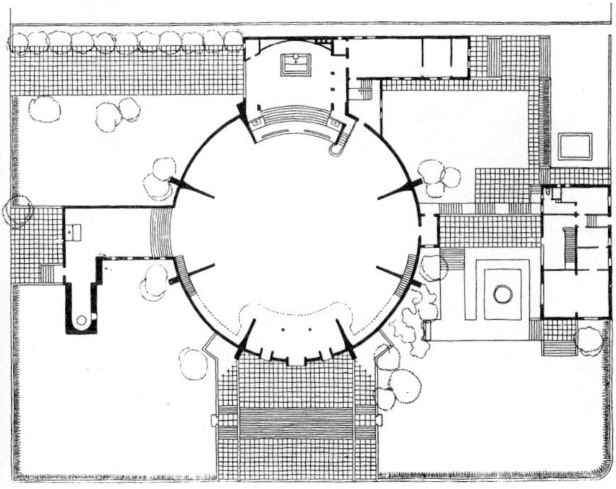

Köln. Riehl. St. Engelbert. Grundriß

1930–32, mit gleicher Überzeugungskraft, jedoch unter Einsatz aufwendigerer Gestaltungsmittel, in einem auf den Hochaltar hin ausgerichteten Rundbau.
Unter dem Chor der **Pfarrsaal.** Mit Turm und Werktagskapelle gruppieren sich Jugendheim und Kindergarten um die Kirche zu einem weiterwirkenden Vorbild für Gemeindezentren.

Rodenkirchen

Grabfunde bestätigen eine Besiedlung zu röm. und fränkischer Zeit. Als »Rodenkirichon« erwähnt in einer Urkunde des Kölner Bischofs Everger (984–999). Im Mittelalter unterlag das einstige Fischerdorf mit Kern um die Kirche St. Maternus dem Hochgericht des Kölner Erzbischofs. 1472 kam es zum Herzogtum Berg. Um das Dorf herum lagen mehrere Hofanlagen, die meist Lehnsgüter Kölner Klöster und Stifte waren. – Die heu-

Köln. Riehl. St. Engelbert (Aufnahme aus der Erbauungszeit)

tige Ortschaft besitzt trotz einer zunehmenden Verstädterung an den Hauptstraßen noch den Charakter eines privaten Wohngebietes mit einem alten, durch kleine Fachwerk- und Backsteinhäuser geprägten Dorfkern.

Auf einer Terrasse des 18. Jh. inmitten des alten Friedhofes die kleine Kapelle **Alt St. Maternus** (Steinstr. 1). Über die erste Nennung 989 hinaus reichen 2 Memoriensteine mit Auferstehungskreuzen bis in die karoling. Zeit zurück. Kern der heutigen Anlage ist ein Saalbau mit (erneuerter) Halbrundapsis, wohl 11. Jh. Im 15. Jh. wurde das südl. Nebenschiff errichtet, erst im 17. Jh. der Turm eingebaut und diesem ein hoher Baukörper – die ehem. Sakristei – westlich angegliedert. Zu den Resten der Barockausstattung sind in neuer Zeit, nach Beseitigung der Kriegsschäden (1956–59), ein moderner Altar und figürliche Fenster hinzugetreten.

Kath. Pfarrkirche Neu St. Maternus (Hauptstr. 19), eine querschifflose neugot. Hallenkirche in Backsteinbauweise, 1863–67 von V. Statz. Neue Ausstattung. Im W 2 neugot. Fenster, im Chor neue Verglasung: Apokalypse über Köln und Rodenkirchen (H. Kirchner, 1955).

Kath. Pfarrkirche St. Joseph (Weißer Str. 34), 1954 von Dominikus Böhm begonnen, 1956 von seinem Sohn Gottfried vollendet. Die hohe Halle des Kirchenraumes wird an beiden Seiten von mächtigen Türmen eingefaßt. Gestaltung der Lichtöffnungen im W-Turm, dem Chorraum, von W. Teuwen; seitliche W-Fenster von H. Berke.

Das **Rathaus** (Hauptstr. 122) wurde als kubisch gegliederter Sichtbetonbau mit klaren Horizontalaufteilungen 1965–67 von W. Ruoff errichtet.

Die **Autobahnbrücke** entstand 1938–41 im Rahmen des im Dritten Reich begonnenen Kölner Autobahnringes als Kabelhängebrücke ohne Strompfeiler (Vorbild: Hindenburg- und Mülheimer Brücke). Der Architekt war P. Bonatz. 1952–54 getreuer Wiederaufbau. Monumentale Aufgänge in Werkstein.

Im Park am Rhein ein als **»Künstlerviertel«** bekanntes Ensemble von Villen der 1920er Jahre, das man durchaus »Rodenkirchener Weißenhofsiedlung« (nach der exemplarischen Siedlung Am Weißenhof in Stuttgart) bezeichnen könnte. Auf dem ehem. Parkgrundstück eines ländlichen Anwesens entstand unter Wahrung des Baumbestandes im Jahre 1927 als erste Villa das **Haus Prof. Seewald** (Uferstr. 11) nach Entwürfen von Th. Merrill. Von J. Op Gen Oorth aus dem Jahre 1929 das Haus **Walther-Rathenau-Str. 27.** Das »Neue Bauen«, mit starkem Einfluß von Le Corbusier, vertritt am besten H. Schumacher mit dem **Haus Prof. Hußmann** (Im Park 2) von 1928 und dem **Haus Loosen** (Im Park 8) von 1929, dem **Haus Rosenberg** (Walther-Rathenau-Str. 29) von 1930 und dem teilweise zerstörten **Haus Nacken** (Im Park 6) aus dem Jahre 1933.

An den Vier Linden ein **Hochkreuz** aus dem 19. Jh.

Roggendorf / Thenhoven

Am Rande der Ortschaft (hin zur Grenze nach Hackenbroich) das **Schloß Arff,** ein freistehender, aus einem Herrenhaus mit vorgelagerten Remisenbauten bestehender Landsitz, 1750–55 wahrscheinlich durch M. Leveilly, der zuvor Bauleiter bei Cuvilliés' Jagdschloß Falkenlust war, errichtet. Den 2geschossigen Rechteckbau bekrönt ein hohes Mansarddach mit Aussichtslaterne. Im Inneren ein durch 2 Geschosse reichendes ausgemaltes Treppenhaus mit Stuckdecken.

Stammheim

Das 959 erstmals erwähnte Stammheim führt seinen Ursprung und Ortsnamen auf einen Herrenhof zurück, der Sitz der Herren bzw. Ritter von und zu Stammheim war. Später Besitz der Freiherren, dann Grafen von

Köln. Roggendorf/Thenhoven. Schloß Arff

Fürstenberg. Von ihrem Schloß aus dem frühen 19. Jh. blieb nur ein Portal am Haberlandhaus und die zum Schloß führende, 1832 angelegte Lindenallee.

Im SW des Parkes liegt die **kath. Pfarrkiche St. Mariä Geburt** (Hauptstr. 65), die seit dem 17. Jh. als Wallfahrtskirche »Unserer lieben Frau« über den engeren Ortsbereich hinaus Bedeutung besaß. Im 11. Jh. erwähnt, stammt die kleine Apsis im O von einer Anlage aus der Mitte des 13. Jh., der gleichzeitige Turm im W wurde 1455 erhöht. Neubau der jetzigen neugot. Hallenkirche 1902 durch J. Kleesattel in N-S-Richtung. Nach Beschädigung im 2. Weltkrieg alle Dächer verändert aufgebaut (O. Bongartz). Maria-Anna-Gruppe 15. Jh., neugot. Ausstattung, expressionistischer Kreuzweg. Barocker Gnadenaltar 1956 von auswärts erworben.

Sülz

Im Mittelalter besaß hier die Abtei St. Pantaleon mehrere Hofgüter, u. a. die »villa sultz«. Erhalten sind nur das Weißhaus und der jetzt zu Klettenberg gehörende Komarhof. Die eigentliche Geschichte dieses als Arbeiterviertel gegründeten Vorortes begann jedoch erst 1845, als der Bauunternehmer Heinrich Wagner vom Rinkenpfuhl für die Arbeiter in seinen Ziegeleibetrieben und Kiesgruben zwischen Aegidiusstraße und Sülzburgstraße die ersten Häuser baute.

An der Luxemburger Str. 201, in einem großen Park gelegen, das wasserumwehrte **Schloß Weißhaus,** einst Sommerresidenz der Äbte von St. Pantaleon. Ältester Teil ist der 8seitige Turm des 17. Jh. an der Schmalseite des Herrenhauses, das Ende des 18. Jh. entstand. Anschließend ein Kapellenbau 1855–57 von V. Statz mit einem Gemäldezyklus von J. A. Ramboux (8 Szenen des Marienlebens und 6 kleinere Heiligentafeln). Von Ramboux auch die Entwürfe für die zerstörten Fenster.

In den Jahren 1906–09 entstand nach Entwürfen von Fr. Statz an der Berrenrather Straße, dort, wo schon für 1201 eine Nikolauskapelle bezeugt ist, in neuroman. rheinischen Formen die **kath. Pfarrkirche St. Nikolaus** als 3schiffige Basilika mit Querhaus und einem 53 m hohen Hauptturm an der Straßenfront. Die alte Ausmalung und Einrichtung sind weitgehend zerstört. Letzte Restaurierung 1977/78 im Sinne einer mittelalterl. Romanik. Apsismosaik mit Pantokrator zwischen Johannes d. T. und Maria, von J. Osten, 1919. Chorfenster (Evangelistensymbole) und Querhausfenster von H. Windelschmidt (1960). Obergadenfenster, aus den 70er Jahren, von P. Weigmann. Ausgestaltung der Altarnischen unterhalb des Chores durch P. Hecker, den Altmeister des modernen Kirchenfreskos (1960).

Beachtenswert ist vor allem wegen der städtebaulichen Integration durch anschließende Pfarr-, Wohn- und Geschäftshäuser sowie den zugehörigen Vorplatz die **kath. Pfarrkirche St. Karl Borromäus** (Redwitzstr. 87–89), die 1930 nach Entwürfen von Pasmann und Bonn entstand. Ein pfeilerloser, gestufter kubischer Saal, der vom »Neuen Bauen« beeinflußt ist. Das Äußere mit seitlichem Turm, Steildächern und Backsteinfassaden ist dagegen der Tradition verpflichtet. Kreuzigungsgruppe und Kreuzweg von W. Tophinke.

Südwestl. vom Beethovenpark die den Komplex des Waisenhauses akzentuierende **Waisenhauskirche** (Sülzgürtel 47), 1958 von G. Böhm mit purifiziertem Turm von dem kriegszerstörten, neubarocken Vorgängerbau. Die Kirche erhebt sich als großer Betonblock über einer Erdgeschoßzone. Stirnwandrelief des Guten Hirten von J. Peschau; Altarkreuz von K. Burgeff; Fenster von G. Böhm.

Als Teil der am Anfang der Berrenrather Straße gelegenen Papst-Johannes-Burse die **Kirche der katholischen Hochschulgemeinde,** die 1969 nach Entwürfen von J. Rikus gebaut wurde. Die Kirche ist eine Beton-Freiplastik mit starkem Symbolgehalt. Dargestellt sind drei ineinander verschränkte Bäume, deren Äste außen Betonscheiben und innen Betongewichte sind. Mittelpunkt ist der Lebensbaum mit Tabernakel. Im Inneren teilen Wandscheiben aus Schwartebeton den Raum. Zwischen diesen und dem Dach farbiges Antikglas. Der hölzerne Altar auf rotem Ziegelfußboden entspricht ebenfalls dem organischen Lebensformen entlehnten Gestaltungsprogramm.

An Neubauten sind die jeweils von W. Kremer im Grüngürtel errichteten **Physikalischen Institute** an der Zülpicher Straße (1964–69, Kölner Architekturpreis 1971) und die **Chemischen Institute** an der Luxemburger Straße (1968–74) zu erwähnen; aus den 20er Jahren ein **Wohnblock** an der Ecke Zülpicher Straße / Sülzgürtel von Cl. Klotz und J. Fieth (1926/27) und eine **Blockbebauung** mit markanten Ecken im Bereich Zülpicher Straße / Mommsenstraße von Fr. Seuffert (1926/27).

Im SO von Sülz im Grüngürtel liegt östl. der Berrenrather Straße der sog. **Schlammfang** (Mitte 1. Jh. n. Chr.), ein Teil der älteren Vorgebirgsleitung für die Frischwasserversorgung der röm. Stadt. Die Anlage diente zur Klärung des Wassers vor Eintritt in die Stadt. Ein Pfeilerrest der jüngeren **Eifelwasserleitung** (wohl 3. Jh.) steht heute vor dem Haus Berrenrather Straße 436 gegenüber seinem urspr. Standort auf der östl. Straßenseite.

Sürth

Eine röm. Ansiedlung ist nachgewiesen. Urkundlich wird der Ort erstmals 1059 erwähnt. Erzbischof Anno II (1056–75) schenkt die Herrlichkeit Sürth bald darauf dem Kölner Kollegiatsstift St. Georg. Das Stift St. Severin besaß hier Fischereirecht, die Abtei Altenberg hatte in Sürth Grundbesitz. Auch heute noch wird das Ortsbild von zahlreichen Hofanlagen geprägt, deren Tradition ins Mittelalter zurückgeht.

Die **kath. Pfarrkirche St. Remigius** (Sürther Hauptstr. 128, Abb. S. 177), eine Stiftung des Ehepaares Breuer, 1828–30 errichtet von dem Kölner Domzimmermeister J. J. Baudewin, ist eine klassizist. Basilika, die einige Motive der Kölner Kirche St. Mariä Himmelfahrt entlehnt: der Turm wie dort als Chorturm plaziert, die welsche Haube mit Laterne den Hauben der Fassadentürme des Vorbildes verwandt. Die Fenster des Obergadens sind mit flachen Spitzbögen geschlossen. Ziegelmauerwerk mit hölzernem Konsolengesims. Hauptportal als Ädikula (Werkstein). Im Innern dorische Säulen mit Kannelurenkranz, Flachbögen, verputzte hölzerne Rippengewölbe. Die Ausstattung (18. Jh.) aus der 1829 abgebrochenen Kölner Kirche St. Johannes Evangelist, die sich an die S-Seite des Domes anlehnte.

Gegenüber der Kirche, mit dieser durch eine Allee verbunden, inmitten weiter Wiesen die imposante, burgartige Anlage des **Mönchshofes,** de

Köln. Weiden. Römische Grabkammer

in seinen Ursprüngen sicher mittelalterlich ist. Die bestehenden Bauten aus dem 19. Jh.

Der **Falderhof** (Falderstr. 25–29) ist eine geschlossene Anlage mit Bauten des 17. bis zum frühen 20. Jh., Herrenhaus aus Fachwerk (mit mittelalterl. Keller?).

Vogelsang

Die relativ große Stadtrandsiedlung Vogelsang entstand 1931–39 zwischen Bickendorf und Müngersdorf. Entsprechend der Siedlungsplanung der 30er Jahre wurden inmitten der zahllosen 1–1 1/2-geschossigen Kleinsiedlungshäuser um einen Marktplatz in der Bauhöhe angeglichene Gebäude für zentrale Funktionen gruppiert.

Die **kath. Pfarrkirche St. Konrad,** 1937 von H. P. Fischer; von W. Wucherpfennig die Schule, 1939, und das Gasthaus.

Weiden

Weiden war zunächst nur eine unbedeutende Straßensiedlung, die kirchlich zu Lövenich gehörte. Seit 1906 entstand von Köln aus eine **Villenkolonie** (Goethe-, Schiller-, Eichendorffstraße und Schreiterer Platz), Architekten: E. Schreiterer und B. Below, Mitarbeiter Fr. Brantzky.

Im anschließenden älteren Ortsteil Üsdorf sind von den meist im Besitz Kölner Klöster und Stifte gewesenen Hofanlagen nur der **Wickrather Hof** mit historisierenden Gebäuden um 1900 übriggeblieben sowie die frühere **Hofkapelle des Engelshofes** in einem Wiederaufbau des 17. Jh. (Freiburger-/Potsdamer Straße).

1843 wurde eine **röm. Grabkammer** entdeckt und ausgegraben, die zu den reichsten heute bekannten Grabanlagen in den gallisch-germanischen Provinzen zählt. Die Familiengrabstätte gehörte zu einem in der Nähe liegenden (noch unbekannten) landwirtschaftlichen Gut; sie lag an der röm. Fernstraße nach Aachen, 9 km außerhalb der CCAA (heute: Aachener Str. 328). Die vermutlich 2geschossige Grabkammer (Mitte 2. Jh.) ist nahezu vollständig aus großformatigen Tuffblöcken errichtet; sie ist in die Erde eingegraben und mit einer Sandsteintür verschlossen. Maße im Lichten 4,44 m × 3,55 m, Höhe 4,06 m. An 3 Seiten sind breite Nischen angeordnet, deren Bänke (Klinen) mit Marmor ausgelegt sind. Über die Wände verteilen sich 29 kleine Urnennischen. – Von der beweglichen Ausstattung der Grabkammer sind bedeutende Denkmäler erhalten: 3 Büsten aus Marmor (Ende 2. Jh.) mit Privatporträts eines Ehepaares und einer jungen Frau, 2 in Kalkstein nachgebildete Korbgeflechtsessel. Ein Jahreszeitensarkophag aus Marmor, wohl eine stadtröm. Arbeit des ausgehenden 3. Jh., stand einst außerhalb der Kammer. – Den heutigen Oberbau und das benachbarte **Wächterhaus** entwarf 1844 der Dombaumeister E. Fr. Zwirner.

Weidenpesch

Kath. Pfarrkirche Hl. Kreuz (Kapuzinerstraße), 1931/32 durch H. Bartmann als Basilika mit saalartigem Mittelschiff, Frontturm und einem den Chor erweiternden Querhaus. Fenster von A. Wendling.

In der Mönchsgasse das **Straßenbahnausbesserungswerk** der Kölner Verkehrsbetriebe (KVB), ein frühes Beispiel funktionaler Industriearchitektur, 1921–23 von W. Riphahn. Hinter dem seitlichen Verwaltungsgebäude und dem mehrgeschossigen Lagertrakt die eigentlichen Werkstattshallen.

Pallenbergsiedlung, 1907–12 durch H. Verbeek und H. Schilling für den Möbelfabrikanten Pallenberg angelegte Arbeitersiedlung, die in ihrer romantischen Gruppierung um eine Grünfläche den individuellen Häusern und den Torbögen als Eingang zur Siedlung den Vorstellungen der Gartenstadtbewegung folgt.

Zum **Nordfriedhof** vgl. den Abschnitt »Friedhöfe« (s. u.).

Widdersdorf

Der aus einem ehem. Burggrafenhof entstandene alte Ort ist eine der wenigen Ausnahmen unter den vielen nach Köln eingemeindeten Dörfern, die ihre Integrität erhalten konnten, wenn auch bedroht durch den Verfall einiger nicht mehr landwirtschaftlich genutzter Höfe.

Das Ortsbild wird bestimmt von 7 geschlossenen Hofanlagen; in deren Mittelpunkt die **kath. Pfarrkirche St. Jakobus,** 1745, ein 1schiffiger Backsteinbau mit 3seitig geschlossenem Chor und W-Turm, originaler Ausstattung und mit dem Pfarrhaus, um 1775, dem ehem. Herrenhaus einer niedergelegten Hofanlage.

Die bedeutendste Hofanlage ist der **Burghof** mit klassizist. Herrenhaus, um 1860. – Im Neubau des **Turmhofes** ist ein interessanter Wohn(?)-turm (17. Jh.?) erhalten. – Der nicht mehr landwirtschaftlich genutzte **Mertenshof** wird unter Erhaltung des alten Bestandes zu einer Wohnanlage ausgebaut; Architekt: O. M. Ungers.

An der Leonardsgasse ein **Wegekreuz,** Dankeskreuz (um 1900).

Worringen

922 erstmals urkundlich erwähnt, möglicherweise aber identisch mit dem röm. »Burungum«. Im 12. Jh. Bau der Burg der Grafen von Jülich. 1288 fand bei der Ortschaft die entscheidende siegreiche Schlacht der Kölner gegen ihren Erzbischof statt. Vergleichbar nur mit Zündorf, hat sich in Worringen gerade im Bereich der alten Kirche ein beinahe mittelalterl. Ortsbild bewahrt.

Aus dem 18. und 19. Jh. sind mehrere Häuser erhalten: Alte Neußer Landstraße: **Nr. 266, Nr. 272–276, Nr. 280, Nr. 308–310, Nr. 245–255, Nr. 261–263.**

Der **Frohnhof** (St.-Tönnis-Str. 15) ist eine aus dem 17./18. Jh. stammende geschlossene Hofanlage mit einem Herrenhaus, das sich durch ein hohes Walmdach auszeichnet; heute zum Altenheim umgebaut.

Ebenfalls in der St.-Tönnis-Straße die beiden aus dem 19. Jh. stammenden zusammengehörigen Anlagen **»Pilgramshof«, »Dicker Hof«** und **»Großhof«** und die **kath. Pfarrkirche St. Pankratius,** ursprünglich eine Backstein-Saalkirche im Rundbogenstil, 1837 von J. Schopen erbaut. Hoher Vierkantturm mit Knickhelm von 1848. 1863–66 Umbau zur 3schiffigen Hallenkirche durch H. Nagelschmidt. Originale Ausstattung z. T. erhalten, Orgelprospekt aus dem 18. Jh.

Am Rande des alten Dorfkernes, in der Nähe des Rheindammes, die **ehem. kath. Pfarrkirche** (Neußer Straße), ein 1schiffiger got. Bau, nach einem Brand 1859 zur Schule umgebaut.

Ein **Bildstock** (In der Lohn 19) aus der 2. Hälfte des 17. Jh. und eine **Nepomuk-Säule** (Ecke Langeler Weg/Alte Neußer Landstraße) aus dem 18. Jh. sind erhalten.

Zollstock

Schon in röm. Zeit gab es hier Ansiedlungen, was eine erhaltene **Grabkammer** im Grüngürtel bezeugt, die wohl zu einem nahegelegenen röm. Gutshof (Villa rustica) gehörte. – Erhalten ist ein Mauergeviert von 3,81 m × 2,97 m lichter Weite aus 2 Reihen mörtellos gesetzter Tuffquader. Den Boden der Grabkammer bildete ein Estrich, von dem noch

Reste vorhanden sind. Eine heute verlorene 3. Steinlage zeigte ehemals an den Langseiten den Ansatz eines Tonnengewölbes, das den Raum nach oben abschloß.

Der Name Zollstock, der 1870 das erste Mal erwähnt wird, leitet sich ab von einem Zollhäuschen der Zeit um 1770 an der Grenze zu Kur-Köln. Gegen Ende des 19. Jh. gab es hier zahlreiche Ziegeleien. Die das Ortsbild prägende Geschichte beginnt aber erst nach dem 1. Weltkrieg, als Baugenossenschaften die großen Wohnsiedlungen anlegten.

Im Bereich der Breninger Straße die 1927–30 für mittlere Angestellte und Beamte errichtete **Mehrfamilienhaussiedlung »Zollstock«.** Bauherren waren die GAG und die Gemeinnützige Baugenossenschaft Köln-Süd. Der Bebauungsplan und der mittlere Teil der Siedlung mit dem großen Innenhofblock stammen von W. Riphahn und C. M. Grod: funktionaler Wohnungsbau in Art eines gebauten Kubismus. Die Blöcke an der Vorgebirgsstraße von Th. Merrill und E. Mewes, am Höninger Weg von Fr. Seuffert und an der Ecke Höninger Weg / Walberger Straße von M. Faber in teilweise traditionelleren Formen (Farbfassung und Fenster verändert).

In der Siedlung die **ev. Melanchthonkirche** (Breninger Str. 18), 1929/1930 von Th. Merrill errichtet. 3geschossiger Stahlbetonbau mit seitlichem Turm und integriertem Gemeindezentrum. Predigt- und Feierkirche im Obergeschoß. – Nach Kriegszerstörung veränderter Wiederaufbau, besonders im Bereich der ehemals halbrunden Apsis. Eingangstür mit thronendem Christus von L. Schmithausen (1932).

Nach O begrenzt Zollstock der 1911–14 entstandene **Vorgebirgspark** (Fr. Encke), der als typischer Volkspark eine unregelmäßig geformte, von Bäumen allseitig abgeschlossene Spielwiese und einen kleineren, mehrfach unterteilten Schmuckgarten mit geometrischen Grundrißformen enthält.

Zum **Südfriedhof** vgl. den Abschnitt »Friedhöfe«.

Friedhöfe

Bis zum Beginn des 19. Jh. läßt sich das Begräbniswesen in Köln in 2 Kategorien trennen. Die eine betraf seßhafte kath. Bürger der Stadt, die andere Ortsfremde, Arme, infektiöse Kranke, Juden und ev. Christen. Während die Katholiken in oder an den Pfarr- und Klosterkirchen, also innerhalb der Stadtmauern begraben wurden, fanden die »Anderen« lediglich außerhalb der Stadtumwallung ihre letzte Ruhe. Von den Grabstätten der Katholiken aus der vornapoleonischen Zeit sind heute nur Reste erhalten, da nach der Verlegung der Bestattungen für alle Bürger vor die Tore der Stadt die alten kath. Friedhöfe aufgehoben wurden. (Aus hygienischen Gründen hatte Napoleon 1805 ein Edikt erlassen, das Bestattungen innerhalb der Stadtmauern untersagte.)

Nicht beseitigt wurden die Friedhöfe, die schon zuvor außerhalb der Stadtmauern angelegt worden waren, so der erste ev. Friedhof Kölns vor dem Weyertor (heute am Weyertal in Lindenthal), der sog. **Geusenfriedhof,** der seit 1576 urkundlich nachweisbar ist. Da dieser Ort bis 1829 kontinuierlich als Begräbnisstätte diente und keine eingreifenden Änderungen vorgenommen wurden, bietet sich noch heute dem Besucher eine Vielfalt von Grabsteinen und -platten vom späten 16. bis zum frühen 19. Jh. Es fällt auf, daß – im Gegensatz zu Grabsteinen für Katholiken – die Kreuzform vermieden wurde. Bemerkenswert sind die liegenden Grabplatten, auf denen neben den Lebensdaten und Berufsbezeichnungen die Familienwappen abgebildet sind. Die älteste Grabplatte dieser Art auf dem Friedhof ist die für *Maria de Haes* († 1592), die sich, wie nahezu alle übrigen Platten und Stelen, durch kunsthandwerklich gut ausgeführte Schrift, Wappen und Symbole auszeichnet.

Melaten-Friedhof (Lindenthal)

1810 wurde der neue (bis 1829 ausschließlich katholische) Zentralfriedhof eröffnet, und zwar auf dem Gebiete des ehem. Leprosenhauses zu Melaten (malade = krank).

Der Haupteingang an der Aachener Straße, 1810 als klassizist. Portikus errichtet, wurde mit Inschriften von Kanonikus Ferdinand Franz Wallraf versehen: »Funeribus Agrippinensium sacer locus. Have in beatius aevum seposta seges. Transi non sine votis mox noster.« (Für die Toten Kölns ein heiliger Ort. Gruß dir auf bessere Zukunft gesäte Saat. Geh' nicht vorüber ohne Gebete, du, bald der Unsrige.)

Friedhofskapelle. Der 1. Bau wurde wohl gegen Ende des 12. Jh. errichtet. Urkundlich überliefert ist, daß ein Bau 1245 durch Konrad von Hochstaden dem hl. Dionysius geweiht wurde. Er diente fortan dem Leprosenasyl auf Melaten als Kapelle. 1474 zerstört, erstand er neu als 2schiffige Hallenkirche. Diese seit der Auflösung des Leprosenhauses (1767) dem Verfall ausgesetzte Kapelle wurde auf Initiative Ferdinand Franz Wallrafs um 1808 renoviert, zur Friedhofskapelle bestimmt und in den 1830er Jahren auf Veranlassung des Kanonikus Xaver Metternich († 1837) innen instandgesetzt. 1850 begann der Umbau unter der Leitung von V. Statz (Einbruch von 4 zusätzlichen Fenstern auf der S-Seite, Entfernung des alten Dachreiters auf der Apsis und statt dessen Aufbau eines neuen Dachreiters auf der W-Fassade). Eine Renovierung des Kircheninneren wurde mit der Installierung eines Altares von V. Statz 1872 beendet. Nach Kriegsschäden (1942–45) baute man die Kapelle nach modernen Gesichtspunkten wieder auf (unter Entfernung der Umbauten von Statz). Heute dient sie als griechisch-orthodoxe Kirche.

Der alte Teil des Friedhofes wahrt seinen geometrischen Grundriß: Die Friedhofsfläche wird von 2 rechtwinklig einander kreuzenden, breiten Hauptwegen (HWG) durchschnitten, von denen gradlinige Wege (Litera = Lit.) ausgehen. (Bei der Erweiterung 1884/85 übernahm der Stadtgärtner Strauß die geometrisch-regelmäßige Disposition.) – Neben dem stadt- und familiengeschichtlichen Wert, den das hier erhaltene Ensemble von Grabstätten aus dem 19. und 20. Jh. besitzt, ist der künstlerische Rang nicht zu übersehen. Die ältesten Grabsteine und -stelen auf Melaten zeigen sich dem antiken Vorbild verpflichtet, so der in einer Kopie von 1929 erhaltene Obelisk für *J. Heister,* 1817, von J. Mannebach/F. Wallraf (Lit. I). P. J. Imhoff schuf in derselben Gesinnung den trauernden Genius für *Hamm,* 1821, (16 Lit. A), J. Hansmann die Grabstätten *Schier,* 1824, (Lit. B) und *Platte,* 1852 (HWG). Das Grab *von Wahlen,* 1845, von P. J. Imhoff (Lit. I) scheint von Thorvaldsen beeinflußt zu sein. – Spätklassizist. Beispiele sind das *Kriegerdenkmal,* 1853, von W. Siegert (HWG), die Gräber *Scheu,* 1878, von Fr. Liddau (Lit. J), *Michel/Neven* von L. v. Schwanthaler (HWG), *Bechem-Richartz,* 1862, von E. Renard (Lit. D), *Schieffer,* 1862, von Fr. Dreeser (Lit. F), *Weber,* 1876, von Eschweiler und A. Werres (Lit. M) und *Hiller,* 1877, von A. Werres (HWG). – Der 1842 wiederaufgenommene Weiterbau des Domes dürfte dafür verantwortlich sein, daß nun eine Fülle neugot. Grabsteine auftaucht, so die Gräber *Hagen,* 1842, von H. R. Heidel (Lit. H), *v. Haan,* um 1850, von S. Mertz (HWG), *Joest,* 1845, von Daners (HWG), *Hamecher,* um 1850, von J. Gummich (Lit. L), *Hahn/Hagen,* um 1860, von J. Hansmann (HWG), *Bilstein,* um 1870, von A. Völker (Lit. C), *Boecker,* 1872, von A. Esser (Lit. A), *Fritz/Heckler,* um 1870, von E. Spiegel und ein Grab ohne Inschrift, um 1860, von L. Siegert (Lit. L). – Auch von Künstlern, die aktiv am Domausbau beteiligt waren, haben sich Grabmäler erhalten: von Chr. Stephan die Grabmäler *Fischer,* 1835 (HWG) und *de Noël,* um 1850 (Lit. C); von Chr. Mohr die Grabplatten *Herstatt* (HWG) und von E. Fr. Zwirner, 1861 (HWG), die Gräber *Merkens,* 1854 (HWG) und *Sybertz* (HWG); von P. Fuchs die Gräber *Kaesen* (HWG) und *Heimann* (Lit. E); von Fr. Meynen das Grab *Meynen* (Lit. A); von V. Statz die Gräber der *Eltern Statz,* 1860, (HWG), *Flammersheim* (HWG), *Wahlen* (HWG), eines Sohnes *Statz* (Lit. J), *Wahlen* (Lit. J), *Guillaume* (HWG), *Schaeben* (HWG), *Reichensperger* (Lit. F) und schließlich sein eigenes Grab (HWG). Das *Hochkreuz,* 1850, wurde von ihm und K. Hoffmann geschaffen (HWG). – In der stilistischen Nachfolge dieser Grabmäler, z.T. mit Jugendstilelementen vermischt, stehen die Monumente *Lülsdorf,* 1893, von A. Baar (5. in Lit. P), *Bachem,* 1893, von Stang & Wingen (Lit. P. innen), *Besgen,* 1902, von W. Reusteck (Lit. E), *Ludemann,* 1906, von A. Hertel (5. in Lit. P), *Schmitz/Löhnis* von M. Richartz (HWG) und *Wittgenstein* von W. Fassbinder (HWG). – Daneben entstanden seit etwa 1870 einige Denkmäler im Stile der Neurenaissance, so das *Kriegerdenkmal* von J. Goebel, 1866 (HWG), das *Kriegerdenkmal* 1870/71 von H. Weyer, J. Nothen und A. Werres (HWG), die Gräber *F. v. Wahlen,* 1883, von J. Spiegel (HWG), *Pfeiffer/Mayer* von G. Frentzen (HWG) und *J. D. Herstatt* von R. Cauer (Lit. D). – Stellvertretend für Beispiele des Jugendstils mögen die Grabstätten *Bourgois* (HWG) und *Oster* (Lit. S), um 1901 von J. Sauer geschaffen, stehen. – Um 1910 häufen sich neoklassizist. Grabsteine, so die Gräber *Philipps* von P. Kribben (Lit. L), *Somborn* von W. Fassbinder (Lit. E), *Heinen* von J. und W. Rick (Lit. B), *Peill* von Heukeshoven & Woringen (HWG) und *Roggendorf* von J. Steinnus (5. in P).

Der **Nordfriedhof** (Weidenpesch) und der **Südfriedhof** (Zollstock), Inbetriebnahme 1896 bzw. 1901, wurden nach den Plänen des Gartenbaudirektors A. Kowallek angelegt. Beide Friedhöfe sind im Gegensatz zu Melaten asymmetrisch und parkartig angelegt. Bemerkenswert ist die 1912 rechts vom Haupteingang des Südfriedhofes erbaute **Leichenhalle,** ein Zentralbau in romanisierenden Formen.

Museen

Erzbischöfliches Diözesanmuseum (Roncalliplatz 2)
Sakrale Kunst des Kölner und Niederrheinischen Raumes. – Das Museum wurde 1858 gegründet; im jetzigen Gebäude 1972 eröffnet. – Bedeutende Sammlung von Gemälden, Skulpturen, Handschriften, Textilien und anderen Werken sakraler Kunst aus dem Dom und aus anderen Kirchen. Funde aus den fränkischen Gräbern (6. Jh.) vom Gelände des späteren Dombaues, Kapitelle vom alten Dom, Severinscheibe (Zellenschmelz, frühes 11. Jh.), Herimannkreuz (Werden?, 11. Jh.) mit antikem Porträt als Haupt Christi, St. Lochners Muttergottes mit dem Veilchen (um 1440, Abb. S. 185).

Herbig-Haarhaus-Lackmuseum (Bickendorf, Vitalisstr. 196). Nach Voranmeldung zugängliche Sammlung von Lackkunst aus Ostasien und Europa.

Josef-Haubrich-Kunsthalle (Josef-Haubrich-Hof 1). 1967 eröffnetes Ausstellungsgebäude der Museen der Stadt Köln.

Kölnisches Stadtmuseum (Zeughausstr. 1–3)
Politische, wirtschaftliche und soziale Geschichte der Stadt Köln vom frühen Mittelalter bis zum 20. Jh., untergebracht im Gebäude des ehem. städtischen Zeughauses (s. d.). – Die reichen Bestände veranschaulichen die wesentlichen Aspekte der Kultur und Geschichte der mittelalterl. Stadt unter den Erzbischöfen, der Bürgerstadt und Freien Reichsstadt sowie der Stadt des 19. und 20. Jh. Zu den wesentlichen Bereichen gehören Urkunden wie der Verbundbrief (1396) als Dokument der mittelalterl. Zünfteverfassung, Kunstgegenstände wie Stadtansichten, Porträts, Glas- und Goldschmiedearbeiten, Waffen, Skulpturen, Möbel und Textilien, ferner Hoheitszeichen und Embleme, technische und wissenschaftliche Geräte, Maße und Gewichte, viele Arten von Gebrauchsgegenständen, Modelle der Stadt und einzelner Gebäude. – Sonderbereiche: Judaica, Schiffsmodelle, Spielzeug, Münzkabinett, bedeutende graphische Sammlung zur Geschichte und Topographie Kölns.

Kunstgewerbemuseum (Rheingasse 8–12, im Overstolzenhaus)
Gegründet 1888 und ursprünglich in einem eigenen Gebäude am Hansaring untergebracht, das im 2. Weltkrieg zerstört wurde. – Ausstellungen (sowie Textilsammlung) im Overstolzenhaus (s. d.). Regelmäßig werden dort Teile der Sammlungsbestände gezeigt. Depoteinblick nur auf besondere Verabredung (Eigelsteintorburg).

Sammlung: Vor allem europäisches Kunstgewerbe vom Mittelalter bis zur Gegenwart. Skulpturen wie T. Riemenschneiders Maria mit dem Kinde (um 1495), Keramik (Steinzeug, Majolika, Fayence, Porzellan) wie Teile eines berühmten Tafelaufsatzes für Zarin Katharina II. (Berlin, 1772), Commedia-dell'arte-Figuren von Bustelli (Nymphenburg, um 1760) und Freimaurerfiguren von Kaendler (Meißen, 1744), Glas wie ein kostbar bemalter venezianischer Pokal (15. Jh.), geschliffene und bemalte Gläser des Barock und des 19. Jh., Jugendstilgläser von Gallé, Textilien, Möbel, Metallarbeiten, Schmuck, vielfältige Gebrauchsgegenstände, modernes Industriedesign.

Museum Ludwig (An der Rechtschule, im oberen Geschoß des Wallraf-Richartz-Museums)
Eines der großen deutschen Museen für die Kunst des 20. Jh. Gegründet 1977 und z. T. aus früheren Beständen des Wallraf-Richartz-Museums gebildet. Benannt nach dem Aachener Sammlerehepaar Ludwig, aus dessen Besitz Exponate auch in anderen Kölner Museen zu sehen sind. Das Museum vergegenwärtigt die künstlerischen Bewegungen von der »klassischen Moderne« über die folgenden Entwicklungen bis zu den Problemen und Tendenzen der Gegenwartskunst. Graphische Sammlung, Photosammlung.
Die großen Kunstbewegungen des 20. Jh. werden in hervorragenden Beispielen vorgestellt, z. B.:
Kubismus, Expressionismus, Surrealismus, Neue Sachlichkeit, Abstrakte Kunst, Pop-Art.
Der deutsche Expressionismus ist sehr gut vertreten, z. B. mit E. Heckel, K. Schmidt-Rottluff, E. Nolde, O. Mueller, E. L. Kirchner (Gruppenbild der Brücke-Künstler, 1925). Gut vertreten sind u. a. auch W. Kandinsky (Scharfruhiges Rosa, 1924), P. Picasso (Frau in grünem Morgenrock, 1922), M. Ernst (Das Rendezvous der Freunde, 1923 bis 1924), P. Klee (Hauptweg und Nebenwege, 1929) und M. Beckmann (Der Leiermann, 1935), ferner J. Dubuffet, H. Arp, und S. Dali (Bahnhof von Perpignan, 1965). Es fällt schwer, darüber hinaus eine Auswahl der besonders wichtigen Namen zu treffen. Es seien zumindest genannt: G. Braque, J. Gris, F. Léger, H. Matisse, M. Chagall, F. Marc, A. Macke, O. Dix, G. Grosz, J. Miró, O. Kokoschka, G. Meistermann, W. Baumeister, E. W. Nay sowie in der Skulptur J. Lipchitz, E. Barlach, A. Calder, R. Serra, L. Nevelson, J. Tinguely.
Einen wichtigen Schwerpunkt bildet ferner die Abteilung der 60er und 70er Jahre, vor allem mit ihren Beispielen amerikanischer Pop-Art. Hier sind klar die Reflexe aus der Welt der Medien und aus dem »optischen Alltag« Amerikas zu erkennen: A. Warhol: 129 DIE IN JET! (1962), J. Johns: Flagge auf orangefarbenem Feld (1957), R. Rauschenberg: Laubfrosch (1964), R. Lichtenstein: M-MAYBE (1965), G. Segal: Restaurantfenster (1967), T. Wesselmann: Bathtub Nr. 3 (1963). – Große Konzeptionen erheben monumentalen Anspruch: J. Rosenquist: Scheuklappen (1968/69), R. Rauschenberg: Echolotungen (1968), C. Oldenburgs Alltagssammelsurium Maus-Museum,

Köln. Diözesanmuseum. Stephan Lochner: Muttergottes mit dem Veilchen (zu S. 461)

J. Johns Weltkarte (1967) und das kritische Portable War Memorial von E. Kienholz (1968). – Aspekte der zeitgenössischen deutschen Kunst vertreten u.a. Arbeiten von J. Beuys, D. Spoerri und W. Vostell.

Köln. Museum für Ostasiatische Kunst
Porträt des Priesters Eison

Museum für Ostasiatische Kunst (Universitätsstr. 100)
Ältestes eigenständiges Museum ostasiatischer Kunst in Europa, als Stiftung des Sammlerehepaares A. und F. Fischer im eigenen (1943–45 zerstörten) Gebäude 1909–13 am Hansaring eröffnet. Neubau der 70er Jahre, im Inneren Grüngürtel durch den japanischen Architekten Kunio Mayekawa. – Von der Eingangshalle geht der Blick durch gläserne Wände auf einen Innenhof, der von Masayuki Nagare als japanischer Garten gestaltet ist, und auf den Aachener Weiher.
Sammlung: Kunstwerke aus China, Korea und Japan. – Ur- und frühgeschichtliche Funde, z.B. Bronzearbeiten, wie eine verzierte Zeremonialaxt (China, 12. Jh. v. Chr.); Skulptur, wie die Kalksteinreliefs mit Prozessionsdarstellungen (China, um 550) oder das eindrucksvolle Porträt des Priesters Eison (Japan, 17. Jh.); Keramik, Lackarbeiten, Textilien, Kleinkunst, Tuschebilder, ausgewählte Graphik und, als besondere Abteilung, bemalte Stellschirme aus China und Japan.

Römisch-Germanisches Museum (Roncalliplatz 4)
Das Museum zeigt Dokumente zur Kultur und Geschichte der Römer in Köln und am Rhein, darüber hinaus archäologische Funde zur Kulturgeschichte von der Altsteinzeit bis zum frühen Mittelalter, überwiegend aus dem Kölner Raum.
Neubau neben dem Domchor, 1970–74 von H. Röcke und K. Renner. Dem Besucher kommt die offene Struktur des Museumsbaues entgegen: Wichtige Objekte sind bereits von außen durch große Fenster zu sehen, schon in der Eingangszone erscheinen Ausstellungsstücke. Im Inneren macht ein großer Schauraum, in dem die Gegenstände nach inhaltlich umrissenen Sinngruppen einander zugeordnet sind, den größten Teil des Museums aus (Obergeschoß). Die einzelnen Themen sind weitgehend nach Kulturzusammenhängen und Lebensbereichen aufgebaut, z.B.: »Köln wird Stadt«, »Militär erschließt das Land«, »Herrschaft, Straßen, Plätze«, »Handel und Gewerbe«, »Kunst und Luxus«, »Kulturbetrieb«.
2 Hauptstücke sind bereits im Treppenhaus zu sehen und bilden so den Auftakt der Schausammlung: das Dionysos-Mosaik und das Poblicius-Grabmal. – Das Dionysos-Mosaik (severische Zeit, 1. Drittel des 3. Jh.) liegt an der Stelle, an der es 1941 gefunden wurde. Es bildete dort den reichen Schmuckfußboden einer röm. Villa. Über dem Mosaik steht in rekonstruierter und ergänzter Form das turmähnliche Grabmahl des ehem. Soldaten L. Poblicius (ca. 30–40 n. Chr.), gefunden am Chlodwigplatz im S Kölns.
Wichtige Bereiche der Schausammlungen umfassen Steindenkmäler von Gräbern und Gebäuden, Grabbeigaben und Gegenstände des täglichen Gebrauches und des religiösen Kultes sowie Produkte der Kölner Keramik- und Glaswerkstätten. Letztere sind weitgehend genormte Massenartikel, es heben sich jedoch so kostbare Einzelobjekte wie die Schlangenfadengläser und das berühmte Diatretglas (4. Jh.) hervor.
Weitere wichtige Objekte sind das Philosophenmosaik (Mitte 3. Jh.), der Bogen vom nördl. Stadttor (Mitte 1. Jh.) und die Porträts des Augustus in Marmor und Glas (Anfang 1. Jh.). Als Sonderbereiche müssen hervorgehoben werden: Dokumente des frühen Christentums und reicher Schmuck aus Gräbern der Völkerwanderungszeit (u. a. reiternomadische Diademe aus Südrußland, 5. Jh.) sowie Gegenstände des Totenkultes und des täglichen Lebens (Untergeschoß).

Die wichtigste museale Außenstelle des Römisch-Germanischen Museums ist das

Praetorium (Kleine Budengasse)
Das Praetorium war seit der 1. Hälfte des 1. Jh. n. Chr. Amtssitz der Oberbefehlshaber des niedergermanischen Heeres und seit der 2. Hälfte des 1. Jh. Dienst- und Verwaltungsgebäude der Statthalter der Provinz Germania inferior (Niedergermanien). In der 2. Hälfte des 3. Jh. diente der Baukomplex vermutlich zeitweise als Residenz von Soldatenkaisern während der großen Krise des röm. Reiches. Nach dem Abzug der röm. Verwaltungsbeamten zu Anfang des 5. Jh. war das Praetorium als Aula regia wohl auch Residenz merowingischer Kleinkönige bis zum 7. Jh.

Köln. Römisch-Germanisches Museum. Maske eines Flußgottes

Auf den Ruinen siedelte spätestens seit dem 10. Jh. die Kölner Judengemeinde, ihr Viertel war durch Mauern und Tore verschlossen (Brandzerstörung des Gettos 1349).
Der weitläufige Gebäudekomplex (ca. 180 × 180 m) an der O-Seite der röm. Stadtmauer gelegen, zeigt Ruinen einer 400jährigen Baugeschichte. Die Ausgrabungen und Untersuchungen (seit 1953 durch O. Doppelfeld und G. Precht) ergaben eine Gliederung in 4 Perioden. Alle Bauteile waren aus importiertem Steinmaterial (neben Ziegeln Trachyt, Tuff, Kalkstein und Grauwacke) errichtet. Die 3 ältesten Perioden (1.–3. Jh. n. Chr.) sind weitgehend von der letzten Ausbaustufe überschichtet. Von den vielfach umgebauten und verschachtelten Vorgängerbauten sind westl. der Rathauslaube noch Apsisfundamente und der Feuerungsraum für die Bodenheizung einer großen quergelagerten Basilika sichtbar erhalten.
Nach der fränkischen Zerstörung der Stadt (355/356 n. Chr.) wurde das

Praetorium im Stil einer großzügigen Stadtvilla vollständig neu gebaut. Der erhaltene Baubestand zeigt Spuren einer zeitweiligen Bauunterbrechung und Planänderung des Grundrisses. Hinter der 90,30 m langen östl. Baufassade liegen als repräsentative Kult- und Empfangsräume symmetrisch angeordnet große Apsidensäle, 2schiffige Stützenhallen und als Mittelpunkt ein ehemals hoch aufragendes Oktogon, vielleicht für eine Kultstatue. Die mit Strebepfeilern und Pilastern gegliederte Fassade war rosafarben verputzt, die Pilasterecken mit pompeianischroter Farbe ausgemalt.
Wesentliche Teile der Fundamentmauern dieser Palastanlage sind im Kellergeschoß des ehemaligen Spanischen Baues des Rathauses (s. d.) konserviert, im Vorraum werden Zeugnisse röm. Kunsthandwerks und Denkmäler des Götterkultes gezeigt. Schautafeln erläutern die Baugeschichte des Praetoriums. Ein Treppengang führt in einen Abschnitt der bis zu 9 m unter der heutigen Straßenhöhe gelegenen röm. Abwasserkanäle der Stadt.

Rautenstrauch-Joest-Museum (Ubierring 45)
Eines der großen deutschen Museen für Völkerkunde, gegründet 1901 durch Stiftung der Familien Rautenstrauch und Joest, in einem Gebäude von E. Crones (1904–06).
Sammlung: Vielfältige Bestände von Skulpturen, Masken, Kleinkunst, Gebrauchsgegenständen, Textilien und Dokumenten zum Leben außereuropäischer Kulturen. Gezeigt werden u. a. Gegenstände aus den präkolumbianischen Kulturen Mittel- und Südamerikas (Steinmonumente, Tonplastik, Edelmetallarbeiten), aus dem Bereich der indianischen Stammeskulturen und der Eskimo (Totempfähle, Masken, Lederarbeiten), aus Ozeanien (Götterfiguren, Totenboot der Maori, Federmantel aus Hawaii), aus Afrika (Masken, Kultfiguren, Bronzen von Benin), Alt-Indonesien (Batak-Architektur, Textilien), Steinskulptur aus Kambodscha.

Schnütgen-Museum (Cäcilienstr. 29)
Bedeutendes Museum der mittelalterl. Kunst- und Kulturgeschichte, darüber hinaus der Kunst vom Ende der Antike bis zum 19. Jh., hauptsächlich der Skulptur und Plastik. Es ist aus der Sammlung des Domkapitulars Alexander Schnütgen hervorgegangen, die 1906 der Stadt gestiftet wurde und seit 1956 in St. Cäcilien (s. d.) und einem modernen Anbau von K. Band untergebracht ist.
Die Bestände der Sammlung umfassen Schatzkunst und Skulptur, liturgisches Gerät und Paramente sowie Ausstattungsstücke des Sakralraumes, Altäre, Chorgestühl, Reliquiare, Devotionalien, außerdem Werke der Glasmalerei wie das große Bopparder Gebote-Fenster (um 1440–46) an der Stirnseite der Vorhalle, das Darstellungen der hl. Elisabeth und des 1.–5. Gebotes zeigt.
Ein Rundgang in chronologischer Folge ergibt sich aus der Abfolge der verschiedenen Abschnitte des Raumes im Uhrzeigersinn (Beginn im nördl. Vorraum und auf der N-Empore). Der gesamte Kirchen-Museumsraum erschließt sich am besten von der W-Empore aus. Zu den

wichtigsten Bereichen der Sammlung gehören die Elfenbeinschnitzereien aus karoling., ottonischer und roman. Zeit, Goldschmiedearbeiten der Romanik aus dem Umkreis von Meistern wie Nikolaus von Verdun und Roger von Helmarshausen, Emailarbeiten (Limoges), Werke in Bergkristall, Bronzeguß. Im Mittelschiff große Skulpturen der Romanik wie die Siegburger Madonna (um 1150–60), die Tympana von St. Cäcilien (mit Darstellung der Kirchenpatronin, auf der Rückseite antike röm. Grabmalsinschrift) und St. Pantaleon (beide um 1160) und der majestätisch strenge Kruzifixus aus St. Georg (um 1067).
Im Chor das Antependium aus St. Ursula, Figuren von der alten Mensa des Hochaltares im Kölner Dom (um 1310–20), die Figuren vom Dreikönigenpförtchen (um 1320) und holzgeschnitzte Madonnen wie die stehende Muttergottes aus Ollesheim (um 1290) und die thronende Muttergottes aus Kendenich (um 1290–1300), teils mit guter Erhaltung der urspr. farbigen Fassung.
In der Sakristei vor allem Paramente der Gotik. In der Krypta Goldschmiedekunst der Gotik und des Barock. Im südl. Seitenschiff und auf der S-Empore Skulptur der Spätgotik, der Renaissance und des 19. Jh. sowie kleinformatige Glasmalerei (Kabinettscheiben). Im südl. Vorraum Devotionalien, Kleinkunst des Barock und Paramente wie den Meßornat der Kaiserin Maria Theresia (1773). Auf der W-Empore Skulptur und Kleinkunst des Barock, darunter ein St. Joseph von G. Grupello (um 1710), ein Altarmodell (Mitte 18. Jh.), ein schmiedeeisernes Gitter aus der Abtei Heisterbach (1751), ein Memento mori (16. Jh.) und eine Schnupftabaksdose des Kurfürsten Clemens August (1. Hälfte 18. Jh.).

Theatermuseum (Porz-Wahn, Schloß Wahn). Begründet als Studiensammlung des Instituts für Theaterwissenschaft der Universität Köln (1921), seit 1955 provisorisch in Schloß Wahn. – Bilddokumente zur Theatergeschichte.

Wallraf-Richartz-Museum (An der Rechtschule)
Eines der großen und traditionsreichen deutschen Kunstmuseen mit Gemälden des 14.–19. Jh., Skulptur des 18./19. Jh. und einer bedeutenden graphischen Sammlung (Kupferstichkabinett). – Grundstock des Museums war die Sammlung des Kanonikus und Professors Ferdinand Franz Wallraf, die 1824 an die Stadt überging. Johann Heinrich Richartz stiftete den 1. Museumsbau (1851–61) auf dem Gelände des ehem. Minoritenklosters. – Neubau 1955/56 von R. Schwarz und J. Bernard über dem Grundriß des kriegszerstörten Vorgängers, ein Backsteingebäude, dessen Form bewußt Bezug nimmt auf die mittelalterl. Tradition der bis 1855 hier erhaltenen Klostergebäude (im Innenhof Teile des westl. Kreuzgangflügels). – Vor dem Museum die Denkmäler für Wallraf und Richartz (1900 von W. Albermann).
Die Schauräume des Museums befinden sich im 1. Obergeschoß. Ein Rundgang beginnt an der Glastür rechts und führt den Besucher durch die gegenüberliegende Tür wieder ins Treppenhaus zurück. Im oberen Geschoß das Museum Ludwig (s. d.). – Wichtigste Abteilung des Mu-

seums, besonders für den Bereich der rheinischen Kunstgeschichte, ist die »Kölner Malerschule« des Mittelalters. Die hier gezeigten Werke (14.–16. Jh.) sind zum größten Teil Altarbilder aus Kölner Kirchen. Die Hauptwerke sind gekennzeichnet durch malerische Brillanz und hervorragendes handwerkliches Können. Als typisch für diese Kölner Schule gilt eine Tradition verklärter Schönheit in der Gestaltung (Goldgrund), doch fehlen keineswegs Züge drastischer Wirklichkeitsnähe. Im 15. Jh. macht der Einfluß der Niederländer sich zunehmend bemerkbar. Als Höhepunkt der Kölner Malerschule kann das Werk St. Lochners gelten.

Auf einigen Bildern in den folgenden Räumen ist das Erscheinungsbild der mittelalterl. Stadt Köln festgehalten. Im Werk des Meisters des Marienlebens und des jüngeren Meisters der hl. Sippe zeigen sich Wirklichkeitssinn und Formenvielfalt der Kölner Spätgotik. Die große Tradition der Kölner Malerschule geht mit dem Werk des Meisters von St. Severin und des Meisters des Bartholomäusaltares, das durch raffinierte Farbigkeit und illusionistische Effekte beeindruckt, dem Ende entgegen. Ein letzter großer Name ist der Barthel Bruyns d. Ä., der u. a. lebensnahe Porträts von Kölner Bürgern gemalt hat.

Neben den Bildern der Kölner Malerschule stehen Werke der internationalen Kunst des Mittelalters und hervorragende Beispiele der deutschen Malerei des 16. Jh. wie Dürers Pfeifer und Trommler (1503–04). Weniger umfangreich vertreten ist die internationale Malerei der Renaissance. Einen weiteren Schwerpunkt des Museums bilden hingegen die Niederländer und Flamen des 17. Jh., darunter P. P. Rubens (Selbstbildnis mit Mantuaner Freunden, 1602; die Hl. Familie, um 1634; Juno und Argus, 1609) sowie ein spätes Selbstbildnis von Rembrandt (um 1668), ferner Gemälde von F. Hals, J. van Ruysdael und J. Jordaens. Die Kunst des Barock ist außerdem durch Italiener, Franzosen und Spanier vertreten.

Den Abschluß bildet eine umfangreiche Galerie des 19. Jh.: Romantiker (C. D. Friedrich u. a.), Realisten, Impressionisten, Meister wie E. Manet, A. Renoir, C. Monet, P. Cézanne und V. van Gogh (Zugbrücke in Arles, 1888). Schließlich müssen E. Munch, L. Corinth und der gebürtige Kölner W. Leibl hervorgehoben werden.

Köln. Das Siegel der Stadt im 12. und 13. Jahrhundert

KÖNIGSWINTER (Rhein-Sieg-Kreis CD7)

Die Benennung geht auf ein Weingut in königlichem Besitz zurück (zum Unterschied von dem linksrheinischen Oberwinter).

Kath. Pfarrkirche St. Remigius. Anstelle einer roman. Kirche mit Chorturm (wie in Ober- und Niederdollendorf) wurde 1779/80 auf Grund einer Stiftung der Familie de Claer eine 3schiffige Hallenkirche von 3 Jochen mit Choranbau und einer von einem Turm überbauten Sakristei an der O-Seite errichtet. Der Turm trägt einen geschweiften Helm mit Laterne. Das Innere zeichnet sich durch gute klassizist. Bauformen und eine einheitliche, allerdings überwiegend neubarocke Ausstattung aus.

In der Hauptstraße einige gute barocke und klassizist. **Bürgerhäuser** mit Portalen und Wappenschmuck. – An der Rheinfront der gefällige **Heisterbacher Hof** mit dem Abtswappen im Giebel, erbaut 1764 (jetzt Hotel Düsseldorfer Hof).

Schloß Drachenburg

Das Schloß, am Wege zur Burg Drachenfels gelegen, wurde 1882–84 für den Finanzier Baron Sarter errichtet; begonnen von Leo v. Abbema und Bernhard Tüshaus, von Wilhelm Hoffmann wesentlich umgeplant und fertiggestellt.

Das in neugot. Formen in Anlehnung an französ. und v. a. mittelalterl. kölnische Vorbilder gehaltene Bauwerk ist ein beeindruckendes Beispiel für Weltanschauung, Selbstbewußtsein und Nationalstolz des Bildungsbürgers im Kaiserreich. Märchen, Sage (besonders die Nibelungensage), Legende und Geschichte bis hin zu der als Höhepunkt verstandenen Gegenwart des Kaiserreiches verschmelzen zu einer fast naiv anmutenden, jedoch mit hohem Anspruch vorgetragenen Gesamtschau. Die Lage am Rhein, dem »sagenumwobenen Strom«, und die Nähe zum Drachenfels mit seiner Verbindung zur Nibelungensage spielen hierbei eine große Rolle. Zeitgenossen priesen die Drachenburg als »Hochsitz deutscher Kunst« und »Walhalla des Rheinlands«.

Außen am S-Turm stehen die Skulpturen von Caesar, Karl d. Gr. und Wilhelm I., den Zeitgenossen auch mit dem Beinamen »der Große« oder »Weißbart« ehrten. Im (1972/73 restaurierten) *Treppenhaus* zeigen Historienbilder von Ferdinand Keller, Josef Flüggen u. a. Höhepunkte deutscher Geschichte, z. B. die Überführung des Grundsteines zum Kölner Dom oder die Taufe des nachmaligen Kaisers Wilhelm II. Das *Nibelungenzimmer* ist vollständig von Frank Kirchbach ausgemalt. Als Hauptraum war die heute leider stark veränderte *Kunsthalle* gedacht, die in ihrer Architektur an eine Schloßkapelle erinnert; ihre Maßwerkfenster nahmen Bilder deutscher »Geistesheroen« auf.
Die 3flügelige **Vorburg** wurde zusammen mit dem Schloß errichtet.

Burg Drachenfels

Erzbischof Arnold I. von Köln errichtete auf der zum Rhein vorgeschobenen Steilkuppe des Siebengebirges vor der Mitte des 12. Jh. den Turm und einen Teil der Gebäude und überließ 1147 die Burg dem Bonner Cassiusstift, dessen Propst den Bau weiterführte. Später wurden die Burggrafen von Drachenfels, die einen feuerspeienden Drachen im Wappen führten, Lehensträger des Erzstifts Köln. Von Bedeutung waren ihre Trachyt-Steinbrüche, aus denen die Bauhütten am Niederrhein zum großen Teil versorgt wurden. 1402 erwarb Goedert von Drachenfels die Burg Gudenau bei Godesberg und begründete die Lehensherrschaft Drachenfels. Im 15. Jh. wurden in weitgehender Erneuerung der Bering um das Hochschloß und die Vorburg gebaut. Die im 16. und 17. Jh. mehrmals, u. a. von den Schweden und den Spaniern, eroberte Burg blieb seit 1634 Ruine, stets bedroht von den Steinbrüchen. 1788 stürzten die Außenmauern des Wohnhauses und der Kapelle auf der Rheinseite ab. Um die Ruine zu erhalten, wurde 1836 der Steinbruch stillgelegt. In den 1970er Jahren sicherte man den Burgberg mit Hilfe von Betonkonstruktionen und baute ein Restaurant.

An den roman. **Bergfried** schloß sich die rechteckige, eng bebaute **Hochburg** an, die nur an der N-Seite des Bergfrieds einen kleinen Binnenhof frei ließ. Vom Außenbering ist fast die ganze O-Mauer erhalten, in ihrer Mitte die alte Außenpforte, daneben der Rundturm und die lange Zwingermauer. Von der Vorburg besteht nur noch die O-Mauer in geringer Höhe, in ihrer Mitte ein eckiger Halbturm.

Ruine der ehem. Zisterzienser-Abteikirche Heisterbach (D7) ●

Der Kölner Erzbischof Philipp von Heinsberg ruft 1189 in das verlassene Augustinerkloster auf dem Petersberg, dessen Schirmherr er ist, Zisterzienser aus Himmerod, die unmittelbar dem Mutterkloster Clairvaux unterstehen. Sie siedeln schon 1193 vom Petersberg in das Tal des Heisterbachs über, in dem der Orden 1175 Besitzungen erworben hatte. Nach überlieferter Mitteilung des Cäsarius von Heisterbach, der 1240 als Prior des Klosters stirbt, legt man 1202 den Grundstein zum Bau der Kirche. Chor und Querhaus werden 1227 geweiht, die Gesamtweihe findet 1237 statt. Wiederholt in Kriegen beschädigt und geplündert, erholt sich die Abtei stets zu neuer Blüte. 1803 wird sie säkularisiert. Die beweglichen Güter werden versteigert, die Ausstattung an Kirchen verschenkt und die Bauwerke auf Abbruch verkauft. Das Zerstörungswerk dauert mehrere Jahre; nur die Chorruine blieb infolge des Versagens der Sprengkörper erhalten. Noch während des Abbruchs hatte Sulpiz Boisserée genaue zeichnerische Aufnahmen von der ganzen Kirche gemacht, so daß uns das Bauwerk, eine der bedeutsamsten Anlagen der Zisterzienser in Deutschland, nicht unbekannt ist.

An dem sagenumwobenen, von der rheinischen Romantik des 19. Jh. gerühmten und berühmt gemachten Ort selbst gibt das abgelegene Waldtal eine gute Vorstellung von der typischen

Lage einer Zisterzienserabtei, die Chorruine einen Begriff von der großen Baukunst des Ordens.
Die abgebrochene Abteikirche war eine mächtige Pfeilerbasilika von 8 Jochen in durchgehender Travee im Langhaus. Das 4. Joch war zu einem kleineren, über die Flucht der Seitenschiffe nicht vortretenden Querschiff ausgestaltet. Die Grundrißfigur entspricht der Ordensbauweise nach der Aufnahme frühgot. Elemente (Kreuzgewölbe und halbrunden Umgangschor mit Kapellen statt flachem Chorschluß). Die Konstruktion des Aufrisses kann als die Übernahme des spätroman. Kölner Systems der inneren Wandaufgliederung und inneren Widerlagerung (vgl. St. Georg, Groß St. Martin und St. Aposteln in Köln) auf einen basilikalen Langbau bezeichnet werden, womit Eigentümlichkeiten zisterziensischer Gewölbebauweise, wie sie insbesondere in Bronnbach (bei Wertheim) in Erscheinung treten, verbunden sind. Die Gratgewölbe des Mittelschiffes mit gespitzten Gurtbogen ruhten auf den Würfelkapitellen von halbrunden, den Pfeilern vorgelegten Diensten; die Gewölbe der verhältnismäßig schmalen und hohen Seitenschiffe stiegen gegen das Mittelschiff an, um den Gewölbeschub hier aufzufangen. Die Innenwände der Seitenschiffe waren durch 2 tiefe Rundnischen und darüber 2 kleine Rundfenster in jedem Joch aufgegliedert. Rundfenster durchbrachen auch die Oberwände des Mittelschiffes. An das stark ausladende Hauptquerschiff mit 3 Jochen in jedem Flügel schlossen sich nach O beiderseits 2 gerade schließende Kapellen an, in der Mitte der Chor aus einem kurzen Chorjoch und dem halbrunden Chorhaupt mit Umgang und Kapellenkranz.
Das Chorhaupt ist noch bis zum Dachansatz erhalten, während von dem rechteckigen Chorjoch und seinen Seitenräumen nur geringe Reste der Schildbogen, die an den Chorpfeilern ansetzen, der Nischen darüber und der Rosettenfenster der Hochwand erhalten sind. – Außen bauen sich die 3 Teile der Choranlage klar übereinander auf: Der Kapellenkranz erscheint in eine halbrunde, sockelartig geschlossene Mauermasse mit kleinen Fensteröffnungen eingebettet. Über dem einheitlichen Dach dieses Unterbaues sind die kleinen Fenster des Umganges von einer Blendgalerie auf zierlichen Säulchen eingefaßt. Sehr eigenartig wirken die Strebemauern, die schräg und in schräger Steinschichtung über dem Umgang am 3. Geschoß, dem Hochchor mit seinen schlanken, von Blenden umfaßten Fenstern emporsteigen. – Im Innern erscheint der

Chorbau leichter und zierlicher. Hauptraum und Umgang sind durch 7 spitzbogige Arkaden auf gekuppelten Säulen getrennt, von denen die vorderen auf einer Sockelmauer, die hinteren, etwas höher, ihrerseits auf Säulen aufsitzen. Über diesen 7 Arkaden stehen die 7 rundbogigen Fenster des Obergeschosses und vor den Fensterpfeilern schlanke freistehende Säulen, auf deren Kapitellen die rippenartig betonten Grate des halbkugeligen Gewölbes ansetzen. In die mächtige Wand des Umganges ist

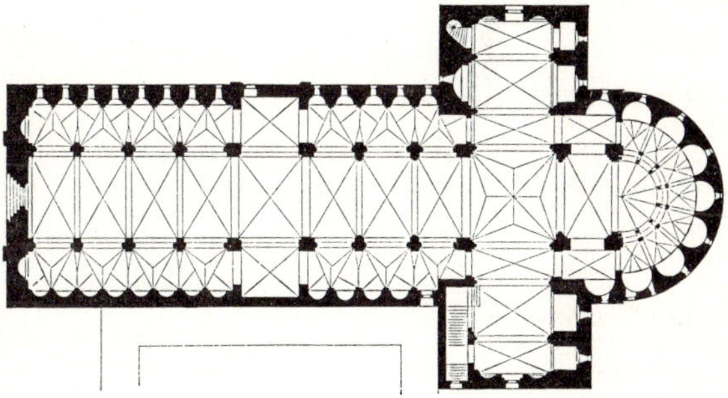

Königswinter. Ehem. Zisterzienser-Abteikirche Heisterbach. Grundriß

unten ein Kranz von 7 großen halbrunden Kapellennischen eingetieft, darüber ein Kranz von 7 mal 3 Fenstern. Auch hier stehen zwischen den Fenstern kleine Säulen mit Knospenkapitellen, welche die Grate der muschelförmig aufsteigenden Gewölbe aufnehmen. So sind alle Wände in 2 Schalen aufgelöst, die oben durch Bogen miteinander verbunden werden.

Ein barockes **Torgebäude** von 1750 führt in den jetzigen Bereich eines **Zellitinnenklosters,** an dessen neuer **Kirche** ein Türsturz der alten mit dem Lamm Gottes wiederverwendet ist. – In der Kirche moderne Glasgemälde.

Petersberg

Auf dem Petersberg bestand ein 1142 bestätigtes Augustinerkloster, in dem 1189 Zisterzienser aus Himmrod angesiedelt waren, die jedoch bereits 1193 nach Heisterbach übersiedelten. Grabungen im Jahre 1980 ließen die Grundmauern der **Klosterkirche** zutage treten, einer 3schiffigen Anlage mit O-Türmen, Kapellenkranz und Annexbauten zu beiden Seiten der Seitenschiffe.

Peterskapelle, 1763/64 gebaut, 1936 restauriert. Die Ausstattung, 17. Jh., stammt aus dem Vorgängerbau, einer zuerst 1312 erwähnten Kapelle.

Hotel Petersberg. Der 1912–14 errichtete, weitläufige Hotelkomplex war 1946–51 Sitz der Alliierten Hochkommissare Frankreichs, Großbritanniens und der USA; er ist von der Bundesregierung als Gästehaus übernommen worden.

Siebengebirgsmuseum (Klotzgasse 11). Darstellung der Geologie des Siebengebirges und der Geschichte der Stadt Königswinter. Sammlung von Gemälden und Zeichnungen des Nazareners Franz Ittenbach.

Oberpleis (D7)

● **Ehem. Benediktiner-Propsteikirche St. Pankratius,** jetzt kath. Pfarrkirche

Die Pfarrei Oberpleis wird 948 zum erstenmal genannt. Seit dem Jahr 1000 etwa gehört sie zum Kloster Siegburg; 1121 ist sie Propstei. Die Kirche stammt aus dem 12. und dem 13. Jh. Vom ersten Bau, ca. 1100–60, stammen der Kern des Langhauses, der W-Turm und die Krypta; um 1220 wurden das Mittelschiff gewölbt und Chor und Querhaus über den alten Fundamenten neu errichtet. Erneuerungen 1891–94 durch H. Wiethase; 1948–52 erneut restauriert.

Am Außenbau der Kirche lassen sich die Bauperioden genau verfolgen. Der W-Turm ist eine 5geschossige kraftvolle Anlage, nur in den oberen Geschossen durch Lisenen gegliedert. Die schlichten Untergeschosse sind an der W-Wand mit einzelnen Tierreliefs belebt. An den Seitenwänden des Mittelschiffes faßt eine Blendarkatur, teilweise mit Kleeblattbogen, die Fenster ein. Reichere Gliederungen mit schlanken Halbsäulen umrahmen die hoch sitzenden Fenster der Chorapsis. An den Seitenschiffen und am Chor hat das 19. Jh. Strebepfeiler und die Sakristei angefügt und die urspr. Gestalt verwischt. Den Chor flankieren 2 Rundtürme, die nicht zum Ausbau gelangt sind. – Inneres. Die tonnengewölbte Turmhalle, die ein Obergeschoß trägt, führt unter großem Rundbogen in das Mittelschiff. Seine Arkaden stehen auf schmalen Pfeilern mit einfachen Kämpfern des 12. Jh. Reicher ausgebildet sind die Vierungspfeiler. Sie haben feine Knospenkapitelle, in denen das schmuckfreudige 13. Jh. sich ankündigt. Gleicher Geist wirkt in den Gewölben. Die im 13. Jh. eingezogenen Gewölbe des Mittelschiffs haben leicht zugespitzte Gurtbögen, die auf Blattwerkkonsolen ruhen. Die herabhängenden Schlußsteine tragen Wappen, z. T. haben sie die Gestalt von Tauben. In der Vierung und im Chor weicht die plastische Phantastik der mit

Königswinter. Oberpleis. Kath. Pfarrkirche. Retabel des Hochaltares

der Gotik aufkommenden Eleganz. Die fein profilierten Rippen der vielteiligen Gewölbe ruhen auf schlanken Diensten. – Aus den Seitenschiffen führen Treppen in die *Krypta.* In dem großen, nach beiden Richtungen 3schiffig geteilten Raum tragen – nach dem Vorbild der Siegburger Abteikirche – 16 Säulen auf 2teiligen Würfelkapitellen 27 Kreuzgewölbe; der quadratische Altarraum ist mit einem Tonnengewölbe gedeckt.

Die Einrichtung der Kirche bewahrt auf dem Hochaltar ein *Retabel,* aus der Zeit um 1150–60, dessen urspr. Bestimmung nicht klar ist. Die 1,72 × 1,05 m große Tuffsteinarbeit zeigt in der Mitte die thronende Muttergottes, rechts 3 Engel, links die Hll. 3 Könige. In seiner strengen Form, die Feierlichkeit der Haltung und unmittelbare Wucht der körperlichen Erscheinung verbindet, ist es ein beispielhaftes Werk hochroman. Plastik. – In der Krypta neuer Tabernakel und Reliquienschrein von E. Hillebrand.

Die **ehem. Klostergebäude** schlossen sich im Viereck an die S-Seite der Kirche an. Von dem allein erhaltenen W-Flügel, einem 2geschossigen Bau des 12. Jh., stammen die 5 Joche des **Kreuzganges** mit 3teiligen Arkaden auf Säulen. An der Stelle des O-Flügels stehen die **ehem. Propstei** (1645), jetzt Pfarrhaus, und die **Vikarie;** an der S-Seite eine Mauer mit einem **Barocktor** von 1710 in der Mitte. – Von dem ehem. Wirtschaftshof blieb das spätroman. **Hoftor** erhalten.

KORSCHENBROICH (Neuss B5)

Schloß Myllendonck. Als Stammsitz des gleichnamigen Geschlechtes seit der 2. Hälfte des 12. Jh. bekannt. Eine der reizvollsten Wasserburgen am Niederrhein, unregelmäßiger, imposanter Backsteinbau aus got. und barocken Bauteilen. Die beiden starken viereckigen Türme gehen ins 14. Jh. zurück, erhielten aber in der Barockzeit ihre jetzigen geschweiften Helme. Die Hauptgebäude erhielten 1559–95 neue Fassaden, die später z. T. verändert wurden, und einen Treppenturm. Der Torbau mit der Brückenanlage stammt aus der Mitte des 16. Jh.; die Wirtschaftsgebäude entstanden Anfang des 18. Jh.

Glehn (B5)

Haus Fleckenstein. Von der 1560 aus Backstein mit Werksteingliederungen errichteten Wasserburg besteht noch das 2flügelige Herrenhaus. Es hat einen runden Eckturm mit Zwiebelhaube und einen viereckigen Treppenturm mit Portal. Hauptflügel und Türme werden von 2 Friesen in Renaissanceformen gegliedert, dagegen hat der Eckturm unter dem Dachgesims noch einen spätgot. Spitzbogenfries.

Liedberg (B5)

Das **Schloß** auf einem isolierten Hügel, seit 1279 – mit Wechsel – kölnischer Amtssitz, schließt an einen mächtigen 4geschossigen Mittelturm des 14. Jh. an, dessen oberstes Geschoß über einem Spitzbogenfries auskragt und einen geschweiften Helm trägt. Unten enthält er die Durchfahrt in den Schloßhof, dessen übrige Bauten, aus Backstein, größtenteils im 17. Jh. entstanden sind. Die Ringmauern trugen einen Wehrgang. Außerhalb liegt die dem hl. Georg geweihte **Burgkapelle,** begonnen 1707. Die Bauten ergeben zusammen mit denen des Ortes, z. T. alten Fachwerkhäusern, schönem Baumwuchs und einem etwas abgelegenen Wehrturm, dem **Mühlenturm,** ein malerisches Bild.

KRANENBURG (Kleve A3)

Das Stift von Zyfflich wird 1436 in das seit 1294 mit Stadtrecht ausgestattete Kranenburg verlegt, das sich seit 1308 zu einem vielbesuchten Wallfahrtsort entwickelt.

Ehem. Stiftskirche St. Peter und Paul. Das Kirchengebäude erstand 1409–47. Es ist eine typische klevische Pseudobasilika aus Backstein mit gestrecktem Langhaus und einem Hauptchor aus einem Vorjoch und dem üblichen 5/8-Schluß. Die Seitenschiffe laufen in abgeschrägte

Nebenchöre aus. Rippengewölbe verschiedenster Muster ruhen auf reichgegliederten Pfeilern. Im Außenbau hebt sich der 4kantige, in das Mittelschiff eingebaute Turm risalitartig aus der W-Wand. Sein Obergeschoß tritt hinter einer (erneuerten) Maßwerkgalerie zurück. Der Turm war wesentlich höher geplant. Am Chor stehen Treppentürme. Vorhallen im N und S, die nördliche besonders reich geschmückt, dienen als seitliche Haupteingänge zur Hallenkirche. Die 1schiffige Vorgängerkirche aus der 2. Hälfte des 14. Jh. bildet als Kreuzkapelle den östl. Abschluß des südl. Seitenschiffes. Die Kirche wurde im 2. Weltkrieg an Dächern, Gewölben, Turm und Mauern stark beschädigt; sie ist in der alten Form wiederaufgebaut. – Zu ihrer Ausstattung gehören gute Steinmetzarbeiten aus der Entstehungszeit und eine Reihe wertvoller Skulpturen.

Im **Museum Katharinenhof** (Mühlenstraße) eine Sammlung von Kunstwerken der kath. Kirchengemeinde aus dem 15.–19. Jh. Im benachbarten Mühlenturm eine volkskundliche Sammlung.

Zyfflich (A3)

Kath. Pfarrkirche St. Martin, ehem. Stiftskirche
Das bald nach 1000 von Graf Balderich von Uplage und seiner Gemahlin Adela gestiftete Benediktinerkloster scheint schon um 1010 geweiht und noch vor 1117 in ein weltliches Chorherrenstift verwandelt worden zu sein, das 1436 aus Sicherheitsgründen in die Stadt Kranenburg verlegt wurde.
Die Kirche des frühen 11. Jh. – der älteste erhaltene Kirchenbau im klevischen Land – war eine turmlose, 3schiffige Basilika mit niedrigen Querarmen und rechteckigem Altarhaus, in allen Teilen flachgedeckt. Bei den Langhaus-Arkaden wechselten Pfeiler und Säulen, mit Überfangbogen von Pfeiler zu Pfeiler: das sog. »Echternacher System«, das vielleicht hier zum ersten Mal auftritt. Nur ein Würfelkapitell stammt aus der Bauzeit der Kirche, die Kompositkapitelle und das bedeutende Figurenkapitell sind samt den Basen, alle um 970–980, aus einem wenig älteren Bau übernommen. Die Außenwände gliederten flache Blendbogen.
In der Umbauperiode der 2. Hälfte des 14. Jh. wurde die Basilika in einen Saalbau verwandelt, indem das Mittelschiff nach Schließung der Arkaden und Abbruch der Seitenschiffe und Querarme auf die Höhe des neuen Polygonalchors gebracht und im O-Teil gewölbt wurde. Wohl erst gegen Ende des 15. Jh. hat man den W-Turm eingebaut, seine gewaltigen Strebemauern um 1600 hinzugefügt. – Mit dem Wiederaufbau der Kirche nach der weitgehenden Zerstörung im 2. Weltkrieg konnte der urspr. Zustand als 3schiffige Basilika mit Stützenwechsel und Querarmen unter Beibehaltung des got. Chores und einer Modernisierung des Turmes weitgehend zurückgewonnen werden, vollendet 1961. Während ein Teil der Kapitelle und Basen gerettet wurde, ging das um 1130 eingebaute W-Portal mit seinem auf Kopfkonsolen ruhenden Sturz und dem oberen Palmettenfries verloren.

KREFELD (B5)

Der zuerst 1105 und noch 1361 als Dorf genannte Ort, ein Besitz der Grafen von Moers, erhielt 1373 Stadtrechte. Der älteste Stadtkern bildet ein unregelmäßiges Rechteck (im Stadtplan noch gut erkennbar). Der Zuzug der Reformierten und Mennoniten machte im 17./18. Jh. – 1703 war Krefeld an Preußen gefallen – wiederholt Stadterweiterungen nötig, denen im 19. Jh. infolge des industriellen Aufschwunges weitere folgten, so u. a. bereits 1819 nach Plänen von Adolf v. Vagedes, der 3 Wallstraßen als Alleen anlegte. Der 2. Weltkrieg hat der Stadt das alte historische Gesicht fast völlig genommen. – Die moderne Großstadt ist das Zentrum der niederrheinischen Seidenindustrie.

An der **ev. Pfarrkirche,** die im 2. Weltkrieg weitgehend zerstört wurde, stammten der (nach 1951 eingestürzte) W-Turm mit dem allein erhaltenen Portal unter großem Spitzbogenfenster von 1472, das Langhaus von 1842.

Von dem barocken Bau der **kath. Pfarrkirche St. Dionysius,** 1754–68, besteht nach der Erweiterung durch E. Fr. Zwirner 1840–42, dem Neubau des Turmes von 1893 und der Erneuerung des Langhauses um 1910 fast nichts mehr.

Von den **Wohnhäusern** der Altstadt, die weitgehend durch Bomben zerstört wurden, sind nur wenige erhalten geblieben.

Vom **Rathaus,** ehem. Schloß von der Leyen (1791–94), stand nur noch der Mittelrisalit mit stattlichem Portikus; 1955 wiederhergestellt.

Haus Esters (Wilhelmshofallee 97) und **Haus Lange** (Wilhelmshofallee 91) baute Mies van der Rohe zwischen 1928 und 1930 für die befreundeten Krefelder Textilfabrikanten Josef Esters und Hermann Lange. Ein gemeinsamer Park verbindet die benachbarten, architektonisch sehr ähnlich gestalteten Villen. – Die präzise Architektur des rechten Winkels schichtet die Bauteile außen in horizontalen Quadern und bemüht sich im Innern um eine konzentrierte Raumfolge. Wand und Raum werden so einfach, daß man nichts fortnehmen kann, es sei denn, man wolle den Bau zerstören. In dieser Schlichtheit werden die Gebäude schön und heiter. Die Galerie moderner Kunst (**Museum Haus Esters, Museum Haus Lange,** s. d.), der sie heute Heimstatt sind, findet für ihre Werke die gemäßen Räume und zugleich einen Maßstab, vor dem nicht alles, was heute geschaffen wird, standhält.

Gartenstadt

Kath. Pfarrkirche St. Pius, 1965–68 von Josef Lehmbrock. In den quadratischen Grundriß ist diagonal die Altarinsel gelegt. Darüber errichtete der Architekt ein kompliziertes Zelt aus 4 Paraboloidschalen.

Krefeld. Rathaus

Linn

In der **kath. Pfarrkirche St. Margaretha,** 1819/20, ein ausdrucksstarker Crucifixus dolorosus, Köln, Ende 14. Jh., mit alter Farbgebung (vgl. die Stücke in → Dinslaken, St. Vinzentius, und → Bornheim-Walberberg, St. Walburgis).

Burg

Die bedeutende niederrheinische Wasserburg und kurkölnische Landesburg war ursprünglich Lehensburg der Grafen von Kleve. Ihre beispielhafte Baugeschichte konnte nach dem Krieg geklärt werden. Ein rechteckiger Wohnturm aus der Zeit um 1200 auf einem künstlich aufgeworfenen Hügel, einer sog. Motte, wird ein Jh. später mit einer polygonalen Ringmauer mit Torturm und 6 Ecktürmen umgeben. Um 1400 legt Erzbischof Friedrich von Saarwerden den Wohnturm nieder und baut an seiner Stelle die Ringmauer zu doppelgeschossigen Wohngebäuden und den südl. Eckturm zum »Bergfried« aus. Zuletzt verwandelt man um 1475 die Burg in ein Schloß mit zusätzlicher Ringmauer, das mit der Stadt um 1600 durch eine bastionsartige Erdwallanlage zusammengefaßt wird. Nach der Zerstörung im spanischen Erbfolgekrieg 1701–04 wird das Schloß gegen 1740 verlassen und statt dessen in der Vorburg ein 2geschossiges Jagdhaus errichtet. – Der Burgflecken erhält 1318 Stadtrechte.

An den inneren Torbau schließen sich nördl. die **Burgkapelle** und der 2geschossige **Palas,** östl. der 2geschossige **Wohnflügel** an. An der W-Ecke steht der mächtige **Hauptturm,** im S die **Vorburg** mit eigener Ringmauer. Der 2geschossige Wohnbau an der S-Seite wurde im 18. Jh. als Jagdschloß erbaut, das heute – zusammen mit einem benachbarten ehem. Luftschutzbunker – das **Landschaftsmuseum des Niederrheins** (s. d.) beherbergt.

Traar

Haus Traar, ursprünglich Sitz des Deutschordens, ist ein Bau von 1664. – Das **Haus Rath** ist ein 2geschossiges Herrenhaus, dessen östl. Teil dem 12./13. Jh. angehört, während der Hauptteil aus dem 15. Jh. stammt.

Uerdingen

Der Ort Uerdingen ist wesentlich älter als Krefeld, sicher karolingisch; er erhielt auch früher als dieses Stadtrechte (durch den Kölner Erzbischof, 1255). Im 14. Jh. kam es zu einer Stadtbefestigung und regelmäßigem Ausbau. Bis heute hat sich die Stadt ihre Eigenart bewahrt, trotz sehr starker Schäden im 2. Weltkrieg.

Die **kath. Pfarrkirche St. Peter** ist ein Saalbau, 1800–03 gebaut anstelle einer 3schiffigen got. Kirche, von der der W-Turm (1381–83) erhalten ist.

Von der **Stadtbefestigung,** die Erzbischof Heinrich von Virneburg zwischen 1325 und 1330 erneuerte, steht mit einem Teil der Stadtmauer der 5geschossige **Rundturm** an der SW-Ecke, ferner an der SO-Ecke der **Bergfried** des alten Schlosses als Kern in einem Neubau von 1839.

Das **Alte Rathaus,** ein 2geschossiger Bau mit geschweiftem Giebel, wurde 1725 erbaut. – Das **Neue Rathaus,** die **Apotheke** und das **Amtsgericht** erbaute 1832 A. v. Vagedes in den gleichen klassizist. Formen als Wohnhäuser für die Brüder Herberz.

Museen

Kaiser-Wilhelm-Museum (Karlsplatz 35). Kunst und Kunstgewerbe von der Gotik bis zum Jugendstil, italienische Renaissance, rheinische Keramik, Möbel und Plastik vom Niederrhein und aus Westfalen. Schwerpunkte bilden die deutsche Malerei des 19. Jh. (der Schadow-Kreis in Rom, Schirmer) und internationale Kunst des 20. Jh., darunter die umfangreichste Sammlung kinetischer Kunst in Westeuropa. Große Graphiksammlung (Plakate bis 1918, internationale Druckgraphik nach 1945). Bedeutende Kollektion japanischer Farbholzschnitte. Nachlaß von Jan Thorn-Prikker (1868–1932).

Landschaftsmuseum des Niederrheins (Burg Linn). Vor- und Frühgeschichte, Funde aus dem röm.-fränkischen Gräberfeld von Krefeld-Gellep, Exponate zur Stadt- und Landesgeschichte.

Museum Haus Esters, Museum Haus Lange (Wilhelmshofallee 91–97). Wechselausstellungen moderner Kunst. Archiv mit Sammlung zum Werk von Mies van der Rohe.

Textilmuseum (Linn, Andreasmarkt). Das Gebäude 1978–80 von Ludwig Thorissen und Dirk Hülsmann. Textilien und Gewebe von der Spätantike bis zur Gegenwart aus Europa, Afrika, Amerika und Asien.

LAGE (Lippe G2)

Heiden (G3)

Ev.-ref. Pfarrkirche, ehem. St. Peter und Paul. Mit den Giebelreihen der Quersatteldächer und dem gedrehten Turmhelm gehört die Kirche zu den malerischsten der Landschaft. Zugrunde liegt eine 1schiffige, 3jochige roman. Kirche mit (erhaltenem) W-Turm. Sie wurde im 14. und 15. Jh. zu einer got. Halle mit 5seitigem Chor erweitert. Im Inneren sind Wandmalereien freigelegt worden: im Chor schlanke Apostelfiguren um 1380, an der W-Seite ein großer Christophorus in belebter Rheinlandschaft um 1525.

Stapelage (G3)

Ev. Kirche, ehem. St. Peter. Der W-Turm ist in seiner heutigen Gestalt kurz nach 1100 erbaut, das Schiff als barocker Saalbau um 1760. Der Turm enthält in seinem unteren Teil wohl die ältesten Mauern, die im alten sächsischen Gebiet noch aufrecht stehen, den Rest eines karoling. Saalbaues aus der Missionszeit um 780–800. Die Kirche wurde wahrscheinlich als Eigenkirche auf einem karoling. Königshof errichtet.

Die Grafen von Schwalenberg schenkten Kirche und Hof 1185 dem Kloster Marienfeld. Der Charakter als Eigenkirche bedingt, daß auch im heutigen Turm zu Anfang des 12. Jh. eine Herrschaftsempore angelegt wurde, deren Öffnungen erhalten sind.

LEGDEN (Borken C2)

Kath. Pfarrkirche St. Brigida. Die um 1230/40 erbaute Kirche wandelt den Typ der münsterländischen Stufenhalle, die in Billerbeck ausgebildet wurde, nur wenig ab. Der Grundriß des Gemeindehauses ist quadratisch. Kleinere angesetzte Quadrate dienten im O als Altarraum, im W als Unterbau des Turmes. Vor das südl. Seitenschiff legt sich nochmals ein Quadrat als Vorhalle. Die Erhöhung des Mittelschiffes über die Seitenschiffe, eine Eigenart der Stufenhalle, wird außen in den Sargwänden des Mittelschiffes über den Pultdächern der Seitenschiffe deutlich. Der in einem schönen Quaderwerk errichtete Bau ist an den Giebeln und unterhalb der Dachtraufen mit Rundbogenfriesen geschmückt. Anstelle des urspr. W-Turmes wurde die Kirche 1906 durch einen neuroman. Querbau mit 2 Türmen nach W erweitert. – Im Inneren vermischt sich die Eigenart der Hallenkirche in der dem münsterländischen Typ eigenen Weise mit Zügen der Basilika. Der Raum wurde im gebundenen System angelegt. Das Gemeindehaus hat im Mittelschiff 2 Joche, denen in den Seitenschiffen 4 Joche entsprechen. Das ergibt zwischen Mittelschiff und Seitenschiff verhältnismäßig viele, engstehende Stützen. Kreuzförmige Hauptpfeiler wechseln mit schwächeren quadratischen Zwischenpfeilern, die halbrunde Dienste haben.

● Im mittleren Chorfenster erhielt sich die vollständigste und unberührteste *Glasmalerei* Westfalens, ein hochbedeutendes künstlerisches Dokument der Zeit um 1230/40. Ihr Thema ist die Wurzel Jesse. – An alter Ausstattung bewahrt die Kirche die spätgot. Steinfigur eines Engels mit Kruzifix und ein volkstümliches Grabmalrelief der Gregorsmesse, 1476, eine Pietà (Vorhalle) von 1706 und einen Nepomuk von 1748.

Das **Haus von Hülst** zeichnet sich durch eine stattliche Barockfassade von 1677 aus.

Nordwestlich von Legden das **Haus Egelborg,** winkelförmig mit N-Flügel des 16. und W-Flügel des 18. Jh.

LEMGO (Lippe G2)

Seit dem Jahre 1005 wird der »Limgauwe« (= Lehmgau) urkundlich genannt. Als Zentrum des Gaues wird man sich eine Siedlung im W der Stadt um die Gaukirche St. Johann Baptist vorzustellen haben, die in Spornlage durch Sümpfe geschützt war. Im Anschluß daran gründete vermutlich Edelherr Bernhard II. zur Lippe um 1200 die Stadt in planmäßiger Anlage mit 3 Längsstraßen (Altstadt). 1231 wird Lemgo Sitz eines Archidiakonats; aus dem Jahre 1245 stammt die älteste Urkunde, die von der Existenz der Stadt Kunde gibt: die Stadtrechtsbestätigung durch Bernhard III. zur Lippe. Wohl schon um 1260 begann südl. der Altstadt in der Bega-Niederung die Entwicklung der Neustadt, die 1283 eigenes Stadtrecht erhielt. 1365 wurden beide Städte vereinigt. Das schnell aufblühende Lemgo wurde Mitglied der Hanse und gewann große wirtschaftliche Bedeutung, vor allem durch den Handel mit Tuchen, Leinen und Garn. Die Bürgerbauten des 16. Jh. bezeugen noch heute die Blütezeit der bürgerlichen Kultur. Der Niedergang des deutschen Binnenmarktes, der 30jährige Krieg, die Hexenverfolgungen (1628–81) und das Aufkommen des Absolutismus – alles trug zum Niedergang der Stadt im 17. Jh. bei. Als kleinbürgerliche Ackerbauerstadt richtet sie sich im überkommenen Gehäuse einer größeren Vergangenheit ein. Doch bringen Druckerei und Verlag der Meyerschen Hofbuchhandlung ihr im 17. und 18. Jh. den Ruf eines »westfälischen Leipzig«, und im 19. Jh. waren ihre Meerschaum-Erzeugnisse berühmt (Pfeifenköpfe im Heimatmuseum). Seit 1916 »Alte Hansestadt Lemgo«.

Lemgo gehört zu den Städten, in denen die Geschichte auf einem Höhepunkt ihrer Entwicklung stehenblieb. In den Straßenzügen und in bedeutenden Bauwerken bietet es das Bild einer Bürgerstadt des 16. Jh. Die Mittelstraße, von O nach W die Altstadt durchlaufend, und der Straßenzug Breitestraße (Hauptstraße der Neustadt) – Kramerstraße – Haferstraße, der sie von S nach N durchschneidet, geben dem **Stadtplan** das Gerüst. Mittelpunkt der Altstadt ist der Marktplatz mit dem Rathaus und der dahinter aufragenden Nikolaikirche, eines der schönsten deutschen Städtebilder. Eine ungewöhnlich starke Befestigung mit Mauer und Graben, Wall und Wallgraben umgrenzte die Stadt ehem. im Rechteck und ist heute noch in der Promenade der Wallanlagen wirksam.

Ehem. Gaukirche St. Johann Baptist. Der frühgot. **St.-Johannis-Turm,** um 1240, ist der Rest der ältesten Lemgoer Gau-Kirche, die bei der Stadtgründung außerhalb der Befestigung blieb. Die zugehörige niedrige Hallenkirche wurde 1638 abgebrochen.

Die Gemeinde St. Johann erhielt statt dessen die heutige **ev.-ref. Johanniskirche,** ehem. Franziskaner-Observanten-Kirche, einen 1schiffigen spätgot. Bau, der nach 1463 errichtet und 1799 in klassizist. Formen umgebaut worden ist. – Gut erhalten der **Kirchhof** mit etwa 150 Grabsteinen, 17. bis frühes 19. Jh.

Ev. Pfarrkirche St. Marien

Als Pfarrkirche der Neustadt und Dominikanerinnen-Kirche des 1306 nach Lemgo verlegten Klosters (jetzt Damenstift) ist die got. Kirche etwa 1270–1320 erbaut worden.

Es handelt sich um eine 3schiffige Halle mit 4 Jochen und 5/10-Chorschluß. Die ältesten Formen zeigt das *Chorquadrat* mit den wuchtigen Halbrundpfeilern. Der schlechte Baugrund führte zum Ausweichen von Pfeilern und Mauern und zur allmählichen Erhöhung des Fußbodens um 1,40 m; 1964–67 erhielt der Raum wieder die urspr. Proportionen und die alte farbige Fassung. Statt des begonnenen W-Turmes über der ehem. Nonnenempore im westl. Mittelschiffsjoch wurde um 1350 bis 1360 der wuchtige *O-Turm* im Winkel zwischen nördl. Seitenschiff und Chor erbaut, der im Erdgeschoß die Sakristei enthält und im 1. Obergeschoß als Bibliothek diente. Gleichzeitig erweiterte man den Chor durch ein südl. Joch. Die urspr. Quersatteldächer mit Giebeln wurden um 1477 abgetragen und um 1860 das jetzige unschöne Satteldach errichtet. – In der Proportionierung des *Langhauses* herrscht dasselbe ideale Maßverhältnis wie in der Herforder Münsterkirche: Die Seitenschiffe haben 2 Drittel der Mittelschiffsbreite. Ausführung in sehr qualitätvollen Formen, wie besonders an den wechselnden Profilen der Bögen zu beobachten ist. Die Freipfeiler sind unten mit Blendarkaden verziert, an einem außerdem 4 Reliefs aus der Geschichte Jesu. Die Bündelpfeiler ebenso wie Einzelformen der Wanddienste, des Fenstermaßwerks und der Laub-Ornamente stehen unter dem Eindruck des Mindener Domes. Die großartigen *Maßwerkfenster* zeigen die Entwicklung von der frühen Gotik um 1270–80 (N-Seite) bis zu den großen geometrischen Rosenfenstern der S-Seite um 1360–70.

Ausstattung. Die Deckplatte einer ehem. *Tumba mit den Figuren des Edelherrn Otto zur Lippe und seiner Gemahlin Ermgard v. d. Mark* gehört zu den bedeutendsten mittelalterl. Skulpturen Westfalens, ein frühes Werk der Parler-Schule um 1378. – Spätgot. Sakramentshaus mit feinen Figuren, um 1470. Taufstein, getragen von Allegorien der christlichen Tugenden, von Georg Crossmann, 1592. Triumphkreuz, Anfang 16. Jh., Kopf nach älterem Vorbild. Berühmtestes Werk der Einrichtung ● ist die *Orgel,* wie ein Vogelnest vor der O-Wand des nördl. Seitenschiffes hängend, erbaut 1587–90 von Georg Slegel. Brüstung und Prospekt von 1612/13 in heimischer Renaissance-Schnitzerei. Mit den alt erhaltenen Springladen und dem wiederhergestellten Klange der

Spätrenaissance gehört sie zu den besten und ältesten Orgeln Deutschlands.

Ev. Pfarrkirche St. Nikolai

Die Pfarrkirche der Altstadt wurde um 1210–50 nach dem Vorbild der Lippstädter Nikolaikirche als spätroman. Kreuzbasilika mit 2jochigem Langhaus erbaut. Statt des zuerst geplanten Turmes über dem westl. Mittelschiffsjoch wurde jedoch eine Doppelturmfront errichtet. Durch mehrfache got. Erweiterungen (um 1300 und etwa zwischen 1340 und 1375) erfuhr sie eine Umgestaltung zur 4jochigen Hallenkirche von breiten und wuchtigen Proportionen.

Im Äußeren sind vom spätroman. Bau die beiden Querhausfronten und der doppeltürmige W-Bau erhalten. Die 3 reichgeformten Säulenportale zeigen 3 verschiedene Typen dieser Gattung; das N-Portal (gegen 1230) zählt zu den Prachtportalen der westfäl. Romanik. Von den ungleichen Turmhelmen stammt der eigenartige Renaissancehelm des städtischen N-Turmes aus dem Jahre 1569, während der gedrehte Spitzhelm des südl. (Glocken-)Turmes 1661–63 in der Art seines got. Vorgängers neu errichtet ist. Die Seitenschiffe wurden um 1300 in die Querschiffsflucht vorgezogen, auf Mittelschiffshöhe gebracht und erhielten durchgehende Quersatteldächer mit fialengeschmückten Giebeln. Um 1340/50 wurde mit dem Bau der got. Chorapsis und der Erweiterung des Chorquadrats um je ein Hallenjoch im S und N begonnen. Als letztes entstand die Sakristei im NO mit dem Engelchor darüber. – Im Inneren sind von dem spätroman. Bau die reichgegliederten Pfeiler und die Gewölbe erhalten; die Gewölbe der Vierung und des westl. Mittelschiffsjoches mit Zierrippen und Schlußringen.

An den Gewölben des Querschiffes, des östl. Mittelschiffsjoches und unter dem N-Turm wurden ornamentale Malereien in wechselnden Mustern aus der Bauzeit freigelegt und restauriert (1961–63). Aus got. Zeit stammen die Figuren-Malereien im S-Chor und die ornamentalen Gewölbemalereien im südl. Seitenschiff und im Engelchor. – Ausstattung. Als spätroman. Steinskulpturen (um 1230) sind bemerkenswert das in das südl. Seitenschiff versetzte Tympanon des W-Portals mit der Darstellung der *»Deesis«* sowie ein heute in die Querschiffswand eingelassenes *Marien-Retabel* mit Verkündigung, Geburt und Auferstehung, beides Werke von ausgesprochen altertümlicher Haltung. Großes, 1477 datiertes Sakramentshaus. *Hochaltar* von 1643 mit überreichen Schnitzereien im Knorpel-Stil. *Taufe* von 1597 mit reich ornamentierter Brüstung, ein Werk des Lemgoer Renaissance-Meisters Georg Crossmann. Derselbe schuf auch das Stein-Epitaph des Moritz v. Donop (1587) mit antitypischen Reliefs des Alten und Neuen Bundes (nach Lucas Cranach). Großes geschnitztes Epitaph des Raban v. Kerssenbrock (1617), wohl Magdeburger Arbeit, mit Gemälden von Nikolaus Baumann.

Rathaus

Der malerische Charakter des Lemgoer Rathauses, eines der schönsten in Deutschland, ist bedingt durch die ausgezeichnet gelungene Gruppierung von 8 verschiedenen Baukörpern der Spätgotik und Renaissance. Dieser Bautenkomplex hat an seinen Schmalseiten je 2 Giebel, während dem Nikolai-Kirchplatz eine niedersächsisch anmutende, 48 m lange und niedrige Traufseite zugewandt ist. Als Hauptansichtsseite erhält die Traufenfront zum Markt durch den wuchtigen Staffelgiebel in der Mitte eine spezifisch westfäl. Note, ihre seitlichen Enden werden durch die Schmuckstücke der beiden Erker in besonderer Weise akzentuiert.

Ältester Teil ist der Langbau am Kirchplatz aus dem 14. Jh., der den Weinkeller, darüber im hochgelegenen Erdgeschoß eine 2schiffige *Kaufhalle* und im Obergeschoß einen niedrigen Bürgersaal enthielt. Seine südl. Giebelfront mit dem (vermauerten) Doppelportal, den humoristischen Laubmasken und dem Fialengiebel ist um die Mitte des 14. Jh. gestaltet worden. Vor der Mitte der fensterlosen, mit Marktbuden besetzten W-Seite entstand gegen Ende des 14. Jh. die *»Alte Ratkammer«* mit offenem »Laubenhaus« für das Gericht im Erdgeschoß, der Ratskammer im Hauptgeschoß und dem gegen 1480 erneuerten, mit Fialen und Zinnenkranz geschmückten Staffelgiebel. In den Winkel zwischen Langbau und Ratskammer setzte man 1522 das *»Niggehuis«* (Neue Haus), die spätere Ratsapotheke (ab 1559) mit zierlichem spätgot. Giebel zur Mittelstraße und ehemals offenem Laubengang zum Markt. Südlich der Alten Ratkammer errichtete man 1589 das *Haus des »Winteppen«* für den Ratskellerwirt. In den 3 Erkern gab dann die Schmuckfreude der deutschen Renaissance der Baugruppe ihr Gesicht: Hermann Wulf baute 1565 vor die N-Seite des Langbaues an der Mittelstraße die offene Eingangshalle der *»Laube«* in wuchtig-schweren Formen. Ihr wurde 1589 durch Georg Crossmann die »Kornherrnstube« als vorgekragtes Obergeschoß aufgesetzt, dessen Brüstungsplatten die Reliefs der 7 Freien Künste tragen. Gleichzeitig erbaute Georg Crossmann am S-Ende der Marktfront die *»Neue Ratsstube«* mit ihrem zierlichen Doppelerker, dessen Fenstersäulen mit den Kardinaltugenden geschmückt sind. Seinen Gipfel erreichte der Formenreichtum der Lemgoer Renaissance in dem Apotheken-Erker, den 1612 Hermann und Johann Roleff schufen. Am Obergeschoß sind hier 10 Halbfiguren berühmter Naturforscher und Ärzte von Hippokrates bis Paracelsus dargestellt; 8 von ihnen in ekstatischen Frühbarockformen sind Werke eines bedeutenden Künstlers, vielleicht aus der Hildesheimer Werkstatt der Wolffs oder von dem seit 1613 in Bremen tätigen Ernst Crossmann.

Im Innern sind als Werke Georg Crossmanns der Kamin der Kornherrnstube (jetzt in der »Alten Ratkammer«) von 1590 und die gewölbte Neue Ratsstube mit ornamentierter Mittelsäule sowie Schnitzarbeiten von Bastian Kaden bemerkenswert. Der heutige Ratskeller ist mit Pfeilern und Gewölben in 2 Bauperioden im 14. Jh. (?) und 1589 neu gestaltet worden. Im südl. Keller großer Steinkamin aus dem »Planetenhaus« (Mittelstr. 36), 1612 von Georg Crossmann.

Südlich vom Rathaus steht das **Zeughaus** von 1548; an seinem S-Giebel zur Papenstraße wurde 1976 der in Lemgo anscheinend beliebte Schrägstreifenputz wiederhergestellt (vgl. das Haus Papenstr. 24 und → Kalletal, Schloß Varenholz).

An der S-Seite des Marktes das **Ballhaus** mit hohen, 3- und 4teiligen Steinpfostenfenstern und durchfensterten Steingiebeln. Kernbau mittelalterlich und vielfach umgebaut, 1608–11 als »Danzhus« eingerichtet, 1975 saniert und restauriert.

Lippehof, ehem. Schloß der Grafen zur Lippe, jetzt Gymnasium. 3flügelige Anlage um einen Ehrenhof, der Hauptbau in Formen des klassizist. Barock, erbaut 1734.

Abtei. Um 1585 als Wohnhaus des lippischen Kanzlers Kerkmann erbaut, 1768 zur heutigen Form mit stattlicher Freitreppe umgebaut. Im Inneren gute Stuckdecken des späten Rokoko mit reicher Vergoldung und farbiger Fassung, wohl von Kasseler Stukkateuren aus dem Kreis um Johann August Nahl. – Im Park das **Kranich-Denkmal** von 1788, einziges deutsches Vogel-Denkmal.

Wohnbauten

Die städtebauliche Bedeutung Lemgos liegt darin, daß hier eine ungewöhnlich große Zahl künstlerisch bedeutender Bürgerbauten des 16. Jh. sowohl in Stein wie in beschnitztem Fachwerk erhalten ist.

Steinbauten. Der früheste steinerne Ziergiebel in der **Mittelstr. 52** um 1500, ein wuchtiger got. Staffelgiebel mit Fialen und Zinnenkranz. – **Echternstr. 116,** um 1535, ehem. Marienfelder Hof, mit münsterländischen Staffelgiebeln, durch Umbauten verdorben. – **Mittelstr. 26, (»Haus Sonnenuhr«),** 1546, mit Kombination von Dreiecks- und Staffelgiebel. Im »Herrensaal« gute Stuckdecke, um 1700. – Die Giebelkurven der

Lemgo. Hexenbürgermeisterhaus

Frührenaissance bringen zuerst 2 Häuser am Markt, **Mittelstr. 56,** 1559, und **58,** 1559, aber noch mit gotisch profilierten Wasserschlägen und Gesimsen. – Am Adelshof des Franz v. Kerssenbrock, **Papenstr. 24, (Hotel »Stadtpalais«),** wurde 1974 die in Resten erhaltene manierist. Fassadendekoration mit Kratzputzstreifen wechselnder Richtung wiederhergestellt (vgl. das Zeughaus und → Kalletal, Schloß Varenholz). Die um 1562 errichtete, etwas nüchterne Fassade mit der straffen Horizontalgliederung durch Wasserschläge am schlichten Dreiecksgiebel belebt der Obergeschoß-Erker mit der reichen Ahnenwappen-Reihe in der Brüstung und den »welschen« Radzinnen auf dem Giebel. Das Erker-Untergeschoß und die Portale erst um 1660/70 zugefügt. Im Hof Auslucht und großes Portal von 1618 aus dem Schloß Eimbeckhausen am Deister, 1973 hierher übertragen.

Den Höhepunkt der Renaissance bildet das Haus **Breite Str. 19,** das **Hexenbürgermeisterhaus,** genauer seine 1571 von Meister Hermann Wulf geschaffene Giebelfassade. Sie wurde als prunkvolles Schaustück dem schon 1568 von Meister Ludolf Crossmann fertiggestellten Haus vorgelegt. Das ungewöhnlich prächtige Portal mit alter holzgeschnitzter Füllung, die Sündenfall-Gruppe darüber, 2 asymmetrische Erker und Hermen-Figuren schmücken die unteren Wohngeschosse. Die obere Front wird beherrscht von wuchtigen Halbsäulen, die nicht übereinander stehen, sondern jeweils auf Konsolen in die Zwischenräume gesetzt sind. In den Giebelstufen eigenwillig gekrümmte Volutenbänder mit hochkant gestellten Fächern, oben am Giebel die Figur des Heilands. Die reichen Kunstformen, die Eigenwilligkeit der Komposition und die starke Plastizität der gliedernden Formen haben dies Haus als eines der bedeutendsten Werke der deutschen Renaissance berühmt gemacht. Seinen Namen trägt das Haus nach einem späteren Besitzer, dem »Hexenbürgermeister« Hermann Cothmann, der 1666–81 etwa 90 Menschen zu Tode brachte. Heute dient das Gebäude als **Heimatmuseum.** – Wulfs älterer Zeitgenosse, Ludolf Crossmann, bevorzugte dagegen noch die gotisierenden Formen: die beiden Giebel von **Mittelstr. 40/42,** 1575, und das Wippermannsche Haus **Kramerstr. 5,** dessen got. Staffelgiebel mit offenem Maßwerk, Kielbogen und Fialen sogar erst 1576 – wohl nach dem Vorbild des → Herforder Hauses Höckerstr. 4 aus dem Jahre 1538 – errichtet ist. Als letzter steinerner Ziergiebel Lemgos ist **Mittelstr. 64** gegen 1580 von Hermann Wulf

errichtet worden, die Giebelstufen sind hier mit Beschlagwerk-Formen und gequetschten Muscheln ausgefüllt.
Fachwerkbauten. Die ältesten spätgot. Fachwerkhäuser verzichten auf Zierschnitzereien, kennzeichnend sind Knaggen und kräftige Fußbügen, wie z. B. bei 4 **»Buden«** an der malerischen N-Seite des Nikolaikirchplatzes, um 1500–50. – Blattornamente und Eckbaluster der Frührenaissance zeigt **Echternstr. 6/8** (ehem. v. Donopscher Adelshof), 1560. – Die ersten Werke des Fächer-Schnürrollen-Stils sind **Papenstr. 22** (ehem. Adelshof v. Kerssenbrock), 1562 und **Mittelstr. 128–130,** erbaut 1566 für Oberst Balthasar v. Wulffen. – Die geradezu klassischen Formen der Lemgoer Renaissance-Schnitzkunst zeigen **Papenstr. 48, Mittelstr. 17 (Hotel »Alt-Lemgo«),** 1587, und **Echternstr. 117,** hier sind sämtliche Hölzer der Front mit Fächern, Blattwerk und Schnürrollen beschnitzt. – Danach folgen die Beschlagwerkmuster an **Echternstr. 92,** 1591, und **Papenstr. 32/34,** um 1595. – **Mittelstr. 27** zeigt am Giebel von 1569 den Fächer-Schnürrollen-Stil und darunter am Obergeschoß von 1598 den Beschlagwerk-Stil. – Figürliche Darstellungen finden sich am »Planetenhaus« **Mittelstr. 36** (um 1590), **Orpingstr. 6** (1575) und **Mittelstr. 24** (1593).

Junkerhaus (Hamelner Str. 37), ein künstlerisches Kuriosum, ab 1891 von Karl Junker (1850–1912) als sein Wohnhaus errichtet und eigenhändig in kurioser Phantastik außen wie besonders innen in einem selbsterfundenen Buckel-Stil beschnitzt und mit Bildern ausgestattet.

Brake (G2)

Ev.-ref. Pfarrkirche, ehemals St. Nikolaus. Ursprünglich eine Saalkirche des 12. Jh., später (1660 und 1896) durch den Anbau von 2 Schiffen zur Halle erweitert. – Unter den *Epitaphien* bemerkenswert jenes für den Landkomtur Graf August zur Lippe-Brake († 1701), ein bedeutendes hochbarockes Werk des Frankfurter Bildhauers Johann Bernhard Schwarzenberger.

Schloß Brake

Die roman. Kirche in Brake, als Eigenkirche der lippischen Edelherren um 1190–1200 erbaut, läßt darauf schließen, daß die Lipper hier bereits zu dieser Zeit eine Wasserburg besaßen. Urkundlich erst 1306 genannt, war sie im 14. Jh. die bevorzugte Residenz der Edelherren, später verpfändet oder Witwensitz. Graf Simon VI. ließ ab 1584 das Schloß mit zahlreichen Nebengebäuden als Residenz und Sitz der Regierung ausbauen. Nach seinem Tode 1613 verlegte sein Sohn Simon VII. die Residenz wieder nach Detmold, während in Brake die Nebenlinie der Grafen zur Lippe-Brake 1613–1709 residierte.

Wasserschloß mit 3 Flügeln um einen großen Innenhof, der 4. (westl.) Flügel mit dem Torhaus 1820 abgebrochen. Der eigentlich repräsentative Bau ist der N-Flügel mit dem mächtigen Turm, erbaut durch Meister Hermann Wulf in Weserrenaissance-Formen 1584–91. Der N-Flügel enthielt im W die Schloßkapelle und im Obergeschoß den durchgehenden großen Saal. Seine Hofseite in kräftiger Gliederung durch Pilaster und mit einem vorgekragten Gang auf weit ausgreifenden Konsolen. Eine besondere architektonische Leistung ist der Turm als ungewöhnliche und sehr komplizierte Verbindung von Wohn- und Treppenturm mit einem Wohnraum in jedem der 6 Geschosse, einer Haupttreppe und 2 Wendeltreppen. Die jetzige Turmbedachung um 1810 hergestellt, vorher Renaissance-Haube mit Umgang für astrologische Beobachtungen. Der S-Flügel ist der alte Saalbau, durch spätere Umbauten entstellt. Der O-Flügel mit Barockportal ist als Wirtschaftsbau 1666 durch den Baumeister Leonhard Genser erbaut worden.

Am unteren Begastau die bis 1925 betriebene **Ölmühle** mit der vollständig erhaltenen technischen Einrichtung der Zeit um 1800 (Kollergang, Rührwerk, Stampfwerk).

LICHTENAU (Paderborn G4)

Dalheim (G4)

Ehem. Augustinerkloster

In reizvoller Landschaft eingebettet steht das Kloster aus vorwiegend spätgot. und barocker Zeit. Im ummauerten Klosterbezirk vermitteln neben der Kirche und dem Konvent mehrere Bruchsteinscheunen und Ställe sowie die Mühle und eine Schmiede mit Inventar die anschauliche Vorstellung von einer klösterlichen Gesamtanlage, wie sie in Westfalen einzig ist.

Das Kloster wird 1264 erstmals genannt. Nach mehreren Brandschatzungen, zuletzt 1369, verlassen die Augustinerinnen die ruinösen Bauten. 1429 vom Kloster Böddecken mit Augustiner-Chorherren wiederbesetzt, erhält es 1460–70 eine neue Kirche und anschließend Konventstrakte. Die wesentliche Erweiterung zur stattlichen Barockanlage vollzieht sich unter Prior Schonlau (1708–30). 1803 aufgehoben und 1838 durch einen Brand dezimiert (Kreuzgang, Obergeschoß der Konventsgebäude).

Ehem. Klosterkirche St. Petrus und Antonius

Der 1460–70 errichtete turmlose Saalbau (Inschrift am nördl. Strebepfeiler) steht auf einer kleinen Anhöhe inmitten des Klosterbezirks. Das

6jochige Langhaus entspricht den Konstruktionsmerkmalen einer Wandpfeilerkirche. Die großartige Raumwirkung ergibt sich vor allem durch den hohen Ansatz der Kreuzrippengewölbe. Verstärkt wird er durch die alte Gewölbedekoration und Wandmalereien. – Reste des Lettners sind heute an der südl. Seitenwand angebracht. *KR*

Ehem. Konventsgebäude. Vermutlich 1472 wurde mit der Errichtung des Konvents begonnen, einer 4flügeligen Anlage auf der S-Seite der Kirche. – Gute Gewölbedekorationen zeigen die erhaltenen Teile des **Kreuzganges;** interessant die z. T. mit der Schablone aufgetragene Malerei in den Kappen. Eine Besonderheit stellen die verschieden konstruierten Gewölbegliederungen dar, die für Westfalen einmalig sind. – Die barocke schloßartige Umgestaltung schließt im W als hufeisenförmige Anlage (N-Trakt 1710–12 von dem Tiroler Josef Falk, S-Trakt 1727) an. Von 1711 an wurde der W-Trakt um ein 3. Geschoß erhöht. Seltsamerweise ist dabei die barocke Fassade nur der alten Wand vorgeblendet worden.

Gärten. Auf der höher gelegenen Terrasse, entlang der westl. Klostermauer, erstreckt sich der »Lange Garten« als Rest der Parkanlage des 18. Jh. In die W-Mauer eingelassen ist das vollständig intakte **Uhrenhaus.** *RB*

Kleinenberg (G4)

Kath. Wallfahrtskirche Mariae Heimsuchung
An der Stelle einer älteren Kapelle für das got. Gnadenbild der »Helferin vom kleinen Berge« entstand seit 1742 ein Neubau. Die schmucke Kapelle ist eine der liebenswürdigsten Schöpfungen des Paderborner Hofbaumeisters Franz Christoph Nagel. Den Abschluß der Bauarbeiten mit der nachträglichen Sandsteinverkleidung der W-Fassade (»weil der Schlagrechen den Kalch immer abspülte«) im Jahre 1758 bezeichnet das Chronogramm am damals erneuerten Hauptportal. Die Ausstattung des Inneren und die Farbfassung zog sich bis 1769 hin.

Bemerkenswert sind Aufbau und Bildprogramm der W-Fassade. Chronogramm und Gebetsinschrift am Portal beziehen sich auf die Wirren des Siebenjährigen Krieges. Darüber vor dem Fenster ein Kruzifix, links und rechts Adam und Eva auf Konsolsockeln, deren lateinische Inschriften das Heilswerk verdeutlichen: Was Adam am Holze sündigte, macht Christus am Holze zunichte. Was die sündige Eva verspielte, kehrt durch den holden Sproß (aus Mariens Schoß) zurück. In den Eckrundungen Neuschöpfungen der allegorischen Figuren Gerechtigkeit und Tod.

Das Innere ist ein schlichter Saalraum mit einer Muldendecke, die in ihrer Mitte eine tambourartige Öffnung trägt. – Der Raum besticht nicht durch architektonische Raffinesse, sondern durch die reiche Ausstattung. Die *Gemälde* an der Außenwand und die Ovalmedaillons in der Deckenvoute wurden im 19. Jh. erneuert, die Bilder im Tambour schuf 1768 der Tiroler Freskomaler Joseph Schur. Hauptthema der bildlichen und figürlichen Ausstattung ist die Verherrlichung der Gottesmutter. –

Für den *Hochaltar,* in dessen Mittelnische das Gnadenbild aus der Zeit um 1400 steht, hat sich Nagel röm. Anregungen bedient: er wiederholte im kleinen den Hochaltar von SS. Trinità dei Monti des Bernini-Schülers Jean Champaigne. – Über der Treppenanlage vor der O-Wand der Kapelle eine *Grabesnische,* 1757, mit Gitter von 1770; den toten Christus schuf Johann Philipp Pütt aus Paderborn.
Vom W-Portal der Kapelle zieht in mäßigem Anstieg ein **Kreuzweg** unter mächtigen Linden zu einer 1768/69 von Joh. Philipp Pütt geschaffenen monumentalen Kreuzgruppe. *UDK*

LINDLAR (Oberbergischer Kreis D6)

Kath. Pfarrkirche St. Laurentius, eine der ältesten des Bergischen Landes. Ungeachtet ihrer divergierenden Bauzeiten fügen sich Turm, Langhaus und Chor zu einer glücklichen Einheit mit harmonischer Raumwirkung zusammen: Zwischen dem Turm des 12. Jh. mit welscher Haube und dem spätgot. Polygonalchor, geweiht 1500, errichtet der Baukondukteur Klouth 1826 einen 3schiffigen Hallenbau. Dessen flach gespannte Kreuzgratgewölbe ruhen auf schlanken Rundpfeilern, während ein reiches Sterngewölbe die Bedeutung des Altarraumes betont. Im Obergeschoß des Turmes öffnet sich zum Mittelschiff eine kreuzgratgewölbte Kapelle in einer Dreierarkade mit Säulen aus dem polierten Sintergestein der röm. Eifelwasserleitung nach Köln. Bauliche Wiederherstellung in den Jahren 1954–56. – Die ehemals reichen Glasmalereien, um 1500, wurden im 2. Weltkrieg vernichtet. Der prächtige *Taufstein* vom Anfang des 13. Jh. – das wesentlichste Ausstattungsstück –, dessen Laubwerkfries um 6 vorkragende Kapitelle verkröpft ist, gehört zu dem damals im Rheinland weitverbreiteten säulenumstellten Kesseltyp.
Auf dem Kirchhof ein **Prozessionshäuschen** mit zierlichem Sakramentstabernakel, um 1720–30.

Frielingsdorf (D6)

Kath. Pfarrkirche St. Apollinaris
1927/28 von Dominikus Böhm erbaut (anstelle der Kirche von 1848, die eine Kapelle von 1796 abgelöst hatte). Der gedrungene Turm und das riesige Satteldach beherrschen die lockere Dorfsiedlung und die sanften Höhen des Bergischen Landes. – Die Wirkung des Inneren beruht auf der Verwendung des von der Erde ansteigenden Bogens, der zum Symbol expressionistischer Kirchenbaukunst geworden ist: die vollständige Umfassung des Menschen durch den Glauben. Diese Wölbung, hier spitzbogig geführt (in gleichzeitigen Bauten oft auch parabelförmig), überfängt den großen längsgerichteten Mittelraum; in der Durchbrechung seiner Pfeiler durch gleichartige

kleinere Bogen bietet sich Platz für Seitengänge. Aus spitzbogig geformten Stichkappen, die sich mit dem Hauptgewölbe gratig verschneiden, bricht das rötliche Licht der Fenster.

Die Rückwand füllt ein in tiefem Blau leuchtendes *Fenster* in enger Pfostenstellung, sein Licht zeichnet den hochgestellten Altar von Gottfried Böhm aus, ohne doch zu blenden. Ornamentale Fensterverglasung von Anton Wendling.

LINNICH (Düren A6)

Kath. Pfarrkirche St. Martin

Die Kirche von Linnich wird 893 zum erstenmal erwähnt und ist lange Zeit hindurch im Besitz der Abtei Prüm. Die heutige Pfarrkirche ist ein Bau aus der 2. Hälfte des 15. Jh., im Material und im Typ ganz der bürgerlichen Architektur des ausgehenden Mittelalters zugehörend.

Der westl. Einturm erhebt sich über roman. Erdgeschoß; Glokkengeschoß und Haube stammen aus dem Jahre 1747. Die stattliche Hallenkirche hat einen 3seitigen Chor. Die roten Backsteinwände sind in 3teiligen Fenstern geöffnet, die durch ihre Höhe und die Eleganz des Maßwerkes auffallen. – Das Innere ist eine lichte, hochräumige Halle. Sie hat 4 Joche, deren phantasievolle Sterngewölbe auf kräftigen 8seitigen Pfeilern stehen. Die Emporen in den westl. Jochen der Seitenschiffe wurden 1586 eingezogen.

Ausstattung. Der *Hochaltar* (nur in Teilen erhalten), der in seinen Schreinen plastisch die Passion darstellt, vertritt eindrucksvoll die flandrische (Antwerpener) Exportkunst des 1. Viertels im 16. Jh. Seine Flügel malte der »Meister von Linnich«, ein in Flandern ausgebildeter heimischer Maler. Die 2 Seitenaltäre stammen ebenfalls aus Antwerpen. Ein Werk der niederrheinischen Kunst ist das schöne Sakramentshäuschen vom Anfang des 16. Jh.

Ev. Pfarrkirche. Der schlichte Saalbau von 1717 zeigt in einem ländlichen Barock den Typ der Predigtkirche in den Rheinlanden. – Die reicheren Formen des späten Barock erhalten im Prospekt der Orgel (1764, aus dem ehem. Kloster Hohenbusch, westlich Erkelenz) Raum und Wirkung.

LIPPETAL (Soest F4)

Hovestadt (F4)

Schloß

Am S-Ufer der Lippe entstand im 13. Jh. an einem strategisch wichtigen Flußübergang eine kölnische Landesburg. Wiederholt umkämpft, war sie im 16. Jh. verfallen und als Lehen ausgetan. Der Lehnsinhaber Goswin v. Ketteler ließ zwischen 1563 und 1572 durch Meister Laurenz von Brachum einen völligen Neubau errichten.

Das urspr. Projekt sah vermutlich einen Vierflügelbau vor mit 4 vorspringenden Eckpavillons nach dem Muster von Schloß Horst. Ausgeführt wurden lediglich 2 Flügel mit einem Pavillonturm auf der Ecke. Der O-Flügel erhielt um 1735 eine neue S-Fassade mit dem Ansatz eines Mansarddaches und Gauben, während der N-Flügel eine Fensterachse mehr und nur einen provisorischen barocken Abschluß im W bekam.

Kunstgeschichtlich sehr interessant war das Untersuchungsergebnis, daß alle Außenfronten des Laurenz von Brachum verputzt und farbig behandelt gewesen sind. 2 davon, die beiden Hoffronten, wurden nach den Befunden 1970–73 wiederhergestellt. Zum ersten Mal ist so eine bedeutende manieristische Schmuckarchitektur in ihrer starken Farbigkeit und zugleich besser ablesbaren Gliederung erlebbar geworden. Aufgemalte rote Ziegelflächen stehen im Kontrast zu geputzten, grün bemalten Baugliedern, die mit echten Werksteinzieraten aus Soester Grünsandstein zusammengefaßt sind. Tiermasken in Medaillons und Rahmungen aus Putzmasse verstärken das unwirklich lebhafte Gliederungssystem.

Das wasserumgebene Schloß ist über eine komplizierte Brükkenarchitektur zugänglich. 4 eingeschossige **Nebengebäude** mit 2 **Wachtpavillons** und Außenbrücke schaffen eine repräsentative Distanz zu dem manieristischen Hauptschloß. – Die **Vorburg** entstand um 1733 nach Plänen Johann Conrad Schlauns.

Östl. des Wasserschlosses liegen auf mehreren Inseln die verwilderten Reste eines französ. **Gartens,** der z. T. in den 1780er Jahren in einen Landschaftsgarten umgewandelt worden ist.

Außerhalb der Schloßinseln stehen noch einige zugehörige Gebäude, darunter das stattliche Fachwerkhaus der **Rentei** von 1734. *KEM*

LIPPSTADT (Soest F4)

In der Nähe seiner Stammburg an der Lippe gründet Edelherr Bernhard II. zur Lippe um 1185 die Stadt. Eine junge Kaufmannssiedlung mit der Nikolaikirche und dem Alten Markt (»Nikolai-Stadt«) wurde einbezogen. 1196 gab er ihr das Soester Stadtrecht. Auf dem Gelände seiner Burg in der NW-Ecke der Stadt gründete er etwa 1200–05 das Stift St. Marien; zur selben Zeit mag auch der Bau der Pfarrkirche St. Marien am Markt begonnen sein. Für das südöstl. Stadtviertel entstand in der 2. Hälfte des 13. Jh. die Jakobikirche. 1376 wurde die Stadt an die Grafen v. d. Mark verpfändet, 1447 die Verpfändung in eine gemeinsame Herrschaft von Lippe und Kleve-Mark, später Brandenburg-Preußen, umgewandelt, die 1850 mit der Abtretung der lippischen Hoheitsrechte an Preußen ihr Ende fand. Im Laufe des 17. Jh. setzte sich für die »Stadt zur Lippe« der Name Lippstadt durch.

● **Ev. Pfarr- und Marktkirche St. Marien,** sog. **Große Marienkirche**

Der Bau wurde vermutlich gegen 1205 als kreuzförmige Basilika mit 2 O-Türmen und gerade geschlossenem Chor begonnen, die noch unvollendeten O-Teile 1222 durch den Stadtgründer Bernhard II., Bischof von Semgallen, geweiht. Bald danach Planänderung und Umbau des Langhauses zur münsterländischen »Stufenhalle«. Statt des über dem westl. Mittelschiffsjoch geplanten Turms wurde ein selbständiger, der Stadt gehöriger Turm an der W-Seite vorgelegt. Die Kapitell-Ornamentik erfuhr im Laufe der Bauzeit von etwa 1215 bis um 1240 eine Wandlung von den reichen und exakten Formen im O zu den vereinfacht schematischen im W des Langhauses, wo z. T. überhaupt auf Ornament verzichtet ist. Der spätgot. Hallenchor wurde 1478–1506 erbaut. Die Barockhaube des W-Turmes von 1684.

Das Äußere der Kirche, in wirkungsvoll bewegter Gruppierung, wird beherrscht von dem mächtigen W-Turm mit Lisenen, Rundbogenfriesen und Schallarkaden in 3 Geschossen. Die Querschiffs-Giebel gehören zu den phantasievollen Schöpfungen der westfäl. Spätromanik. Sie werden eingefaßt von steigenden Rundbogenfriesen, der nördliche mit großer Blendrose und 3 Vierpässen, der südliche mit reicher Säulengliederung und 2 Nischen übereinander. An das Querschiff schließen sich die ebenfalls formenreichen O-Türme an, die der ältesten Bauzeit angehören. Ihre Höhe wird fast erreicht von dem mächtigen Dach des Hallenchores, so daß O-Türme und Chor geradezu ein Gegengewicht zu dem W-Turm-Block bilden. Die Chormauern werden in jedem Joch von 2 großen Fenstern mit Fischblasen-Maßwerk durchbrochen. Bemerkenswert sind die spätroman. Säulenportale am Querschiff und an den Seitenschiffen sowie die eigenartige Figurengruppe (Flucht nach Ägypten?) am W-Portal. – Im Inneren des Langhauses tragen Kreuzpfeiler mit vorgelegten Diensten als Hauptpfeiler die beiden stark ansteigenden kuppeligen Gewölbe des Mittelschiffes. Sie werden in den nur halb so breiten Seitenschiffen von 4 niedrigeren Gewölben begleitet, die auf Haupt- und Zwischenpfeilern ruhen und mit hängenden Schlußsteinen verziert sind. Nur das Vierungsgewölbe hat noch die unterlegten Zierrippen, die im Mittelschiff abgeschlagen wurden, und einen großen Schlußring. Zwischen der Einschnürung der O-Türme weitet sich der Blick in den großartigen Hallenchor, den einzigen (neben Unna), den die westfäl. Spätgotik geschaffen hat. Er schließt 3seitig, hat 4 runde Freipfeiler und im Hauptschiff ein Sterngewölbe. Die räumliche Verschmelzung von Hauptschiff und Umgangsjochen ebenso wie das helle Licht, das durch die zahlreichen Fenster hereinströmt und alle Bauformen umspielt, bewirken hier ein besonders charakteristisches Raumbild der späten Gotik.

Im Zwischenchor sind *Wandmalereien* aus der Zeit gegen 1250 erhalten, hl. Katharina und Marientod. Im Chor spätgot., im Langhaus manierist. Gewölbemalerei. Das spätgot. *Sakramentshäuschen* von 1523 gehört zu den reichsten in Westfalen. Aus derselben Zeit stammen 2 Wächterfiguren eines Hl. Grabes im nördl. Seitenschiff. Barocker Hochaltar aus der 2. Hälfte des 17. Jh.

Ev. Jakobikirche. Frühgot. Hallenkirche, erbaut gegen 1300. Weiträumig und 3schiffig, mit nur 2 Jochen, im O abgeschlossen durch 3 Apsiden über ⅝-Grundriß. Im W ein mächtiger Turm nach dem Vorbild der beiden älteren Lippstadter Kirchen.

Ehem. Stiftskirche St. Marien (Ruine)

Der einst sehr reiche und großartige Bau gehört auch als Ruine zu den bedeutendsten frühgot. Baudenkmälern Westfalens. Die Kirche wurde 1831 wegen Baufälligkeit geschlossen; 1855 verfügte König Friedrich Wilhelm IV. ihre Erhaltung als Ruine. Ruinenromantik und die Verbindung mit der Natur ergeben hier eine Stimmung von besonderem Reiz.

Für das Bestehen des Augustiner-Nonnenklosters ist die päpstliche Bestätigung von 1207 das älteste Zeugnis. Die Kirche diente sowohl dem Nonnenkloster bzw. späterem Damenstift als Gotteshaus wie auch als Hauskirche der lippischen Edelherren und als Pfarrkirche.

Der bestehende Bau wurde gegen 1240 mit dem doppelgeschossigen Nonnenchor im W begonnen, der die klaren und einfachen Formen zisterziensischen Geistes zeigt. Das Langhaus hat 3½ Joche und Seitenschiffe von halber Mittelschiffsbreite, über deren östlichsten Jochen die beiden O-Türme standen. Es wurde 1249 von O her als Stufenhalle (wie die Marktkirche St. Marien) mit den O-Türmen begonnen, bald danach jedoch – seit etwa 1255 – nach dem Vorbild des Paderborner Doms als reine Hallenkirche ausgebaut. Die Proportionen leichter und eleganter als in Paderborn, die Ausführung sehr qualitätvoll in vorzüglichen und exakten Formen; in der Ornamentik herrscht durchweg das Knospenkapitell. Die Fenster zeigen, sehr instruktiv, fortschreitend von O nach W die

Entwicklung des frühgot. Maßwerks. Der Chorschluß wurde erst um 1300 erbaut.

Ein graziöses Werk der Frühgotik ist der Unterbau des 1254 geweihten *Emporen-Altars* mit 9 verschiedenartigen Säulenbündeln, am reichsten die Eckstützen aus 5 gebündelten Säulen mit Knospenkapitellen. Stifterfigur Bernhards II., wohl im 16. Jh. nach altem Vorbild gearbeitet.

Von den **Klosterbauten** (jetzt Damenstift) sind roman. Teile des O- und W-Flügels der Klausur mit Resten des Kreuzganges erhalten.

Kath. Pfarrkirche St. Nicolai. Die älteste Kirche Lippstadts ist in der 2. Hälfte des 12. Jh. als roman. Kreuzbasilika erbaut und 1872 abgebrochen worden. Erhalten blieben der mächtige W-Turm über dem westl. Mittelschiffsjoch sowie der anliegende Teil des südl. Seitenschiffes am Neubau von 1873–75. – Flügelaltar von Gerd van Loen, Anfang des 16. Jh. Gedächtnismal für die Gräfin Jakoba v. Teklenburg, vielleicht von Herman tom Ring, 1558.

Ref. Pfarrkirche, ehem. Augustiner-Klosterkirche. Die Kirche des 1281 gegr. Klosters ist ein got. Bau aus der Zeit um 1300, eine asymmetrische 2schiffige Halle von 3 Jochen mit gerade geschlossenem Chorjoch. – Wandmalereien des 14./15. Jh.

Hotel Köppelmann (Langestr. 30) mit kleinem Festsaal in vorzüglicher Rokoko-Ausstattung (in ein Kaufhaus einbezogen). – Haus **»Goldener Hahn«** (Langestr. 12), ein Fachwerkgebäude von 1566 mit Frührenaissance-Schnitzereien von Blattranken und figürlichen Motiven.

Lippe-Wehr. Von der Schiffbarmachung der Lippe in den 1820er Jahren kündet heute noch der Kanal zur nördlichen Umfahrung der Mühlenstaue im Stadtkern. Das Wehr im Lippe-Bogen hinter der Brüderkirche von 10 Rundbögen aus Sandsteinquadern (1712), das ursprünglich zur Wasserhaltung in den einstigen Festungsgräben angelegt war, diente später mit der längst verschwundenen Schleuse von 1830 der Fortführung der Schiffahrt flußaufwärts. – Im westl. Stadtgebiet in **Benninghausen** sowie weiter unterhalb in **Kesseler, Uentrop** und **Hamm-Heessen** blieben die **Schleusenkammern** und die kleinen **Schleusenwärter-Dienstgehöfte** erhalten. Dagegen sind die Obertore – wie die Wehre – z. T. modern erneuert oder entfernt. Die gemauerten Schleusenkammern mit schweren Abdeckplatten aus Naturstein haben jedoch die für die damalige Zeit typische Ausführung mit den Tornischen und Aussparungen für Dammbalken zur Abdichtung bei Reparaturen bewahrt. *FM*

Kreisheimatmuseum (Rathausstr. 13). Die Sammlungen gelten der Ortsgeschichte und der zeitgenössischen Kunst der Stadt. Sehenswert ist auch das Museumsgebäude, ein Bürgerhaus aus dem 18. Jh., das ein reich ornamentiertes Rokokoportal und gute Stuckdecken im 1. Stockwerk bewahrt.

Benninghausen (F4)

Kath. Pfarrkirche St. Martin, ehem. Zisterzienserinnen-Klosterkirche
1240 wird das Zisterzienserinnenkloster begründet, das im 17. Jh. Damenstift wird. 1803 säkularisiert. Die nüchternen Klostergebäude von 1726 dienen als Landespflegeanstalt.
Die Kirche, ein einfacher Saalbau unter 5 Gewölbejochen, schließt mit einem 5seitigen Altarraum (1514). Der kleine Turm stammt von einem roman. Vorgängerbau. – Gegenüber dem bedeutungslosen Bauwerk hat das *Benninghauser Kruzifix* größte Bedeutung in der Geschichte der ● Plastik. Der hölzerne Corpus, als Reliquiengefäß gebildet, steht am Anfang der westfäl. Figurenplastik. Er ist ein Werk der 2. Hälfte des 11. Jh. und gehört in die kleine Gruppe bedeutender Kruzifixe seiner Zeit. Der 167 cm hohe Corpus ist aus Eichenholz gearbeitet. Haar und Bart erhielten schwarze Farbe, der große Lendenschurz eine Bemalung in Purpur und Gold. Dargestellt ist der leidende Christus, der jedoch nicht durch Leidensmerkmale und Dornenkrone betont wird. Der unbekannte Meister beschränkt sich darauf, in dem dramatisch-rhythmischen Zueinander der Glieder und dem deutlichen Hängen am Balken das göttliche Leiden zu vergegenwärtigen. Erinnerungen an das Gerokreuz und das ihm verwandte Kreuz von Gerresheim sind noch zu spüren; wir sehen aber, wie die antike Körperfreude der kölnischen Kreuze hier einer knappen Gliederbildung und einem präzisen Umriß weichen. Körper und Lendentuch werden fast skeletthaft formuliert. Im Kopf wirkt dagegen noch der östlich-byzantinische Typ. Er macht das kleine Haupt Christi zu einer zerbrechlichen, erschütternden Schale des Schmerzes. Liniensprache, visionäre Ausdruckskraft und die Erinnerung an das Menschenbild der Antike begegneten sich und schufen ein unvergängliches Meisterwerk frühmittelalterl. Kunst.

Cappel (F4)

Damenstift, ehem. Prämonstratenser-Nonnenkloster
Die lippischen Edelherren Bernhard I. und Hermann I. gründeten wahrscheinl. um 1140 das Prämonstratenser-Nonnenkloster, das der Visitation von Knechtsteden unterstand. Es war ursprünglich das Hauskloster der Edelherren zur Lippe. Seit 1588 weltliches Damenstift, seit 1608 reformiert. Heute Internatsschule.

Ev. Stifts- und Filialkirche, ehemals St. Maria und Andreas
Der breitgelagerte, auf Schmuckformen verzichtende Bau aus der Mitte des 12. Jh. ist in seiner herben, wuchtigen Art ein bezeichnendes Werk westfäl. Geistes, zugleich bedeutungsvoll als der erste in allen Teilen gewölbte Kirchenbau der westfäl. Architektur, einer der frühesten Großgewölbebauten der deutschen Kunstgeschichte überhaupt. Der für diese Zeit

überraschende Verzicht auf alle Schmuckformen ist vielleicht z. T. aus der asketischen Einstellung der frühen Prämonstratenser zu verstehen.
Die Kirche ist eine 3schiffige kreuzförmige Pfeiler-Basilika des gebundenen Systems mit Nebenapsiden am Querschiff und mit geradem Chorschluß. Die Nebenapsiden und Seitenschiffe wurden später abgebrochen, so daß der Raumeindruck durch die vermauerten Mittelschiffsarkaden sehr beeinträchtigt ist. Der große *W-Bau,* im Typ des reduzierten Westwerks, hat im Erdgeschoß eine gewölbte 3schiffige und 5jochige Pfeilerhalle, vor deren Mitte ein Altarjoch auf Säulen nach O in das Mittelschiff vorspringt. Von den Seitenräumen ist nur 1 Joch im S erhalten. Über der Pfeilerhalle liegt im Obergeschoß die flachgedeckte Nonnenempore. Die W-Front wird flankiert von 2 quadratischen Türmen. – Die Gewölbe im Mittelschiff, Querschiff und Chor sind verhältnismäßig flach, so daß sie sich wesentlich unterscheiden von den später üblichen, kuppelartig ansteigenden »Domikal«-Gewölben.
Aus spätgot. Zeit um 1530 sind mehrere wichtige Ausstattungsstücke erhalten: das Sakramentshäuschen, der Kanzelkorb mit Fischblasen-Maßwerk, das Lesepult mit Faltwerk-Schnitzerei und der

Lippstadt. Schloß Overhagen

schmiedeeiserne Kronleuchter für 5 Kerzen. Chorgestühl von 1568 mit beachtlichen Flachschnitzereien der Frührenaissance, wohl nach Vorlagen von Aldegrever. Zahlreiche Grabsteine von Äbtissinnen, Stiftsdamen und Adligen von 1567–1804.

Ehem. Klostergebäude. Großer spätgot. Steinbau von 45,60 m Länge, 1521/22 erbaut und ehemals als Refektorium, Küche und Dormitorium benutzt. Zur Nonnenempore stellt das »Kapitelhaus« die Verbindung her. 1886 im Innern als Äbtissinnenwohnung neu eingerichtet (bis 1934). An der N-Seite zum Stiftshof 7 große Maßwerkfenster. Wirkungsvoller O-Giebel mit Bauinschrift, Wappen und Heiligenfiguren. Aus der gleichen Zeit 3 jetzt im Innern eingesetzte Kaminstürze (?) in Baumberger Sandstein mit schwungvollem Fischblasen-Maßwerk, Wappen und Heiligenfiguren.

Schloß Overhagen, westlich von Lippstadt. Stattliches rechteckiges Herrenhaus unter hohem Walmdach, flankiert durch über Eck gesetzte Pavillontürme mit welschen Hauben (1619). Höchst bemerkenswert die Bänderverzierung aus Ziegelsteinen auf Putzgrund. Eingestreute Masken und Kartuschen aus Werkstein. Die urspr. Farbgebung (Gelb, Rot und Grün) konnte erneuert werden. Der Fassadenschmuck ist nur auf der Schauseite angebracht, die Rückseiten des Hauses sind schlicht. – Auf der Hauptinsel ferner der Rest eines kleinen frühen **Landschaftsgartens.** – Die **Vorburg** des 18. Jh. hat ihren abschließenden Mittelflügel verloren. – Auf der Schloßfreiheit neben einer alten Gerichtslinde die jüngst restaurierte **Kapelle,** ein Fachwerkbau mit aufgemalten Zier-Backsteingefachen, 2. Hälfte des 17. Jh.

LÜDINGHAUSEN (Coesfeld D3)

Der Name des Ortes, der 1308 Stadtrecht erhielt, geht auf den Namen des Bischofs L(i)udger von Münster zurück, dessen Abtei hier ausgedehnte Besitzungen innehatte.

Kath. Stadtkirche St. Felizitas

Die Pfarre ist eine Gründung des hl. Liudger, des ersten Bischofs von Münster und Apostels der Friesen. Er schenkte sie 800 dem Stift Werden. Die bestehende Kirche ist ein Neubau, der 1507 begonnen und, nach langer Unterbrechung infolge der Wiedertäuferwirren, 1558 vollendet wurde.

Im schönen, weiten Innenraum der querschifflosen spätgot. Hallenkirche tragen schlanke Rundpfeiler die Sterngewölbe des Mittelschiffes und die Kreuzrippengewölbe der Seitenschiffe. Das spätgot. *Sakramentshäuschen* an der N-Seite des Chores ruht auf Löwen, seinen reichen durchbrochenen Aufbau krönt ein Pelikan.

Im *Schatz* der Kirche (Pfarrhaus) wird ein großer Kelch, um 1225, aufbewahrt. Eine Holzfigur der hl. Felizitas, der Kirchenpatronin, mit ihren 7 Söhnen, stammt aus der Erbauungszeit der Kirche.

Ehem. Amtshaus. Die Burg war seit 1809 im Besitz des Domkapitels zu Münster. Der Domherr, der auf der Burg in Lüdinghausen die Güter des Kapitels verwaltete, wurde Amtsherr, seine Burg Amtshaus genannt. Der Amtsherr Gottfried v. Raesfeld, der sich auch um Münster verdient machte, ließ anstelle der alten baufälligen Burg 1569–73 das neue Amtshaus errichten, zu dem bei der Säkularisation 90 Höfe und Kotten gehörten.

● **Burg Vischering**

Die Wasserburg, es ist die am besten erhaltene Westfalens, liegt höchst reizvoll zwischen Stever und Vischeringschem Mühlenarm in einem Ringwall mit Gräftensenken und Wallhagen. Die Burg hat sich bemerkenswerte Bauteile bewahrt. – Die **Hauptburg** ist im Kern eine ins Wasser gesetzte Ringmantelburg, 1271 begonnen. In den Mantelring wurde 1519 das *Torhaus* eingebaut. Nach einem Brand von 1521 langsamer veränderter Ausbau des W-Flügels. 1552 Einbau des neuen repräsentativen *Wohnbaues* in den Ring. Vor der S-Seite ferner Errichtung einer giebelgekrönten großen Auslucht, die 1617 fertig war. Der Dreistaffelgiebel ist 1622 datiert. Im malerischen Innenhof ein hoher Treppenturm mit Aussichtsstube unter welscher Haube.

Das Erdgeschoß ist durchweg gewölbt. Im Wohngeschoß ein großer Saal mit bemalter Balkendecke, Kamin und höchst bemerkenswerten *Ornamentmalereien* um die Nischen der Steinkreuzfenster, im wesentlichen um 1570. Saalkammer, Kabinette und Ausluchtstube mit Balkendecken und Kaminen derselben Zeit.

Auf der **Vorburg** ein charakteristisches *Bauhaus* von 1584, leider 1980 im Inneren umgebaut. Der Renteiflügel datiert von 1720. Das bemerkenswerte Zugbrückentor ist von 1546. Auf dem langgestreckten Vorwerk die **St.-Georgs-Kapelle** von 1495. Außerdem sind hier die Spuren weiterer Brücken über zugeschüttete Gräften zu sehen. Das steinerne Außentor und Schutzmauerreste sind erhalten.

Die einst auf dem Ringwallkopf gelegene Wassermühle ist 1945 zerstört worden. Eine **Fußgängerpforte** der Frührenaissance nimmt den Kirchweg von Lüdinghausen her auf.

LÜGDE (Lippe H3)

Der Ort wird erstmals 784 genannt, als Karl d. Gr. hier sein erstes Weihnachten im Sachsenlande feierte. In diese Zeit der Christianisierung geht wohl auch die Kilianskirche als Urpfarre der Landschaft zurück. Die 1178 von den Grafen von Schwalenberg abgezweigte Pyrmonter Linie gründete um 1250 die Stadt Lügde, die nach dem Vorbild der Lemgoer Altstadt angelegt wurde und lippisches Stadtrecht erhielt. Lügde war der

Hauptort der kleinen Grafschaft Pyrmont, deren Grafen 1494 ausstarben. In der Auseinandersetzung mit Waldeck kam die Stadt 1668 an das Hochstift Paderborn und mit diesem 1815 an Preußen. Sie ist bis heute eine typische Ackerbürgerstadt geblieben. Weitbekannt ist der alte Volksbrauch der Feuerräder, die am Ostersonntag zu Tal gerollt werden.

Kath. Pfarrkirche St. Kilian

Die in schönem rotem Sandstein erbaute roman. Kirche liegt außerhalb der Stadt am Hange des Emmertals auf einem ehemals befestigten Friedhof. Sie wurde etwa 1170–90 erbaut und ist eine kleine, durchgehend gewölbte Kreuzbasilika von altertümlicher Wirkung. Die maßgerechte Zusammenfügung und Abstufung der einzelnen Bauteile ist von ausgesprochenem Wohlklang, zumal der Bau von späteren Veränderungen verschont blieb. In den Formen macht sich die Grenzlage im niedersächsisch-westfäl. Kunstraum bemerkbar: Niedersächsisch sind die 3 Apsiden, der Stützenwechsel und die Herkunft der Kapitellornamentik, westfälisch das kurze Langhaus, der westl. Einturm und die niedrigen Proportionen des Raumes.

In der Halbkuppel der Hauptapsis haben sich Reste von *Wandmalereien* aus der Zeit der Vollendung des Baues (Ende 12. Jh.) erhalten, nach den karoling. Resten in Corvey die frühesten bekannten Wandmalereien im östl. Westfalen. Dargestellt ist Christus als Weltenrichter in der Mandorla mit Maria, Johannes und anderen Heiligen, von besonderer Schönheit der byzantinisierende Kopf der Maria.

Kath. Pfarrkirche Mariä Reinigung. Weiträumige neugot. Basilika, 1894 von Lambert v. Fisenne erbaut unter Einbeziehung des W-Turmes von 1353. Nahezu vollständige Ausstattung der Bauzeit. Guter geschnitzter Kalvarienberg, 16. Jh.

Ehem. Franziskaner-Klosterkirche (profaniert). 1753–56 von Franz Christoph Nagel. Fassade von franziskanischer Kargheit, aufwendiger nur das Portal mit der Liboriusfigur von Johann Jakob Pütt aus Paderborn.

Im Straßenbilde der Stadt herrschen immer noch die **Fachwerk-Giebelhäuser** der Ackerbürger vor. Sie sind nach dem Stadtbrand von 1797 im alten Typ wiederaufgebaut worden.

Falkenhagen (H3)

Ev.-ref. Pfarrkirche, ehem. Klosterkirche der Kreuzbrüder

An die Stelle eines seit 1247 bestehenden und 1408 zerstörten Zisterziense-rinnen-Klosters trat 1432 die Niederlassung des Kreuzbrüder-Ordens, die 1596 aufgehoben wurde.

Die jetzige Ref. Pfarrkirche ist ein langgestreckter 1schiffiger Bau der Spätgotik, 1470–87 erbaut. – In 3 Chorfenstern ausgezeichnete *Glasmalereien* um 1490 (1896 restauriert): Muttergottes mit hl. Katharina

und Barbara, Kreuzigung und Pfingstwunder. Aus derselben Zeit das (stark veränderte) Chorgestühl und der Zelebrantenstuhl.
Von dem ehem. Kloster sind 2 bedeutende Fachwerkbauten erhalten: das **ref. Pfarrhaus** (ehem. Dormitorium) von 1509 und das **kath. Pfarrhaus** (ehem. Priorat) um 1585.

LÜNEN (Unna D4)

Ev. Pfarrkirche. Die kleine spätgot. Hallenkirche aus den Jahren 1360 bis 1366 hat 3 Schiffe mit je 3 Jochen. Der derbe Backsteinbau wurde Anfang des 16. Jh. im Gewölbe ausgemalt und 1607 mit Emporenbrüstungen versehen. – Von der Ausstattung erhielt sich ein Flügelaltar aus dem Umkreis des Meisters von Liesborn, um 1470.

Geschwister-Scholl-Gymnasium (Holtgrevenstr. 6), 1955–61 von Hans Scharoun. Neusprachliches Gymnasium in Pavillonbauweise.

Museum der Stadt (Cappenberger Str. 62). Erzeugnisse der Lüner Wirtschaftszweige Töpferei und Eisengießerei sowie Dokumente zur Stadtgeschichte in einem Jugendstilhaus von 1904–06.

MARIENHEIDE (Oberbergischer Kreis D6)

Kath. Pfarrkirche St. Mariä Heimsuchung, ehem. Dominikaner-Klosterkirche. Für das 1421 gegründete Kloster entstand statt einer älteren Wallfahrtskapelle in der 2. Hälfte des 15. Jh. bis 1490 die jetzige Kirche, ein 3schiffiger spätgot. Hallenbau mit Querhaus und 2jochigem rechtekkigem Chor. 6 gedrungene Pfeiler tragen spitzbogige Arkaden und Rippengewölbe. Ein abgestufter Triumphbogen trennt Langhaus und Chor. Ein barocker Dachreiter betont den Chor. Der Bau ist eine typische ländliche Klosterkirche im Geiste des bürgerlichen 15. Jh. und zeigt mehr westfäl. als rheinischen Charakter. – Mit dem barocken Hochaltar, um 1700, vereinigen sich reichgeschnitzte Chorbänke aus dem Anfang des 16. Jh. zu einem wirkungsvollen Chorbild – ein Kontrast zu dem schmucklosen Langhaus.

Müllenbach (D6)

Ev. Kirche. Die 1174 als Filiale von Gummersbach erwähnte Kirche ist eine 2jochige, 3schiffige Pfeilerbasilika des 12. Jh. mit einem W-Turm; Querschiff und Rechteckchor sind Erweiterungen des 15. Jh. – Im Langhaus Spuren spätroman. Fresken, in Querhaus und Chor Reste reicher *spätgot. Ausmalung,* die 1913/14 entdeckt und ergänzt, bei einer Restaurierung des Jahres 1955 z. T. wieder überstrichen wurden. – Die Müllenbacher Kirche wird zur Gruppe der sog. »bunten Kirchen« gezählt; andere Beispiele in Bergneustadt-Wiedenest, Gummersbach-Lieberhausen und Nümbrecht-Marienberghausen.

MARIENMÜNSTER (Höxter H3)

Kath. Pfarrkirche St. Jakobus d. Ä. und Christophorus, ehem. Benediktiner-Klosterkirche

Die aus dem Walde der Berglandschaft herausragenden W-Türme und die barocke Vierungshaube künden weithin von der geschichtlichen und architektonischen Bedeutung eines Kirchenbaues, der in seiner heutigen Erscheinung freilich nicht ganz den Erwartungen entspricht. Der barocke Umbau, 1679, und die völlige Erneuerung der W-Türme im 19. Jh. haben den urspr. Charakter sehr beeinträchtigt.

Graf Widukind I. von Schwalenberg, Ahnherr der Schwalenberger Grafen und des Waldecker Fürstenhauses, gründete 1128 in der Nähe seines Stammsitzes, der heutigen Oldenburg, ein Benediktinerkloster, das mit Mönchen aus Corvey besetzt wurde. Der im 2. Viertel des 12. Jh. errichtete roman. Bau war eine 3schiffige Gewölbebasilika von 2 Langhausjochen mit 2säuligem (»sächsischem«) Stützenwechsel, einem Querschiff mit Nebenapsiden und Vierungsturm sowie einem Chorquadrat mit Hauptapsis. Der W-Bau wurde 2türmig im Typ des reduzierten Westwerks errichtet. Seine ungewöhnlich große Empore diente vermutlich den Schwalenberger Grafen als Herrschaftskirche; unter ihr wurde 1960 das Stiftergrab entdeckt. Die Einwölbung des Mittelschiffes erfolgte erst nachträglich am Ende des 12. Jh. – Das 1803 säkularisierte Kloster wurde 1966/67 mit Angehörigen einer niederländischen Kongregation wieder besetzt.

Der roman. Bau, von dem eine alte Ansicht auf dem Stiftungsbild im Schwalenberger Rathaus erhalten ist, stand wesentlich unter sächsischem Einfluß (vgl. Königslutter). Erhalten sind davon das Querschiff mit dem Vierungsturm, das stark veränderte Mittelschiff und die (erneuerten) W-Türme. Bei dem barocken Umbau von 1679 wurden die Mittelschiffswände durchbrochen, der Vierungsturm erhöht und der Chor durch einen Neubau ersetzt.

Der neue Chor erhielt eine glänzende Ausstattung – Hochaltar, Chorgestühl, schmiedeeisernes Chorgitter. Die *Orgel,* 1738 von Johann Patroclus Möller aus Lippstadt erbaut, gehört zu den wertvollen Denkmälern deutscher Orgelbaukunst. Im Chor sind 2 alte Grabmäler mit Bildreliefs Schwalenberger Grafen aufgestellt: an der S-Wand Graf Widukind I. († 1137), um 1290 als Stifterdenkmal geschaffen, an der N-Wand Graf Widukind V. († 1264), noch in spätroman. Formen.
Die barocken **Klostergebäude** 1669–1732 gebaut.

Oldenburg. 1,5 km nordöstl. von Marienmünster liegt die Stammburg der Grafen von Schwalenberg, die später ihren Sitz auf die heutige Burg Schwalenberg verlegten. Die Befestigung mit Graben und Wallmauern ist vermutlich um 1100 angelegt. Im Kernwerk blieb ein mächtiger **Wohnturm** aus der 2. Hälfte des 14. Jh. erhalten, 1687 restauriert.

MARL (Recklinghausen C4)

Kath. Pfarrkirche Herz Jesu, qualitätvolle kubische Wegkirche, 1958/59 von Eberhard Michael Kleffner. Freistehender Glockenturm.

Rathaus (Bergstraße), 1960–67 von Johan Hendrik van den Broek und J. Berend Bakema errichtet. 2 Hochhäuser für die Büros der Stadtverwaltung sind durch ein zentrales Gebäude, das dem Publikumsverkehr dient, verbunden mit einer Faltdachhalle, die die verschiedenen Sitzungsräume aufnimmt.

Drewer (C4)

Hauptschule (Westfalenstraße 68), eine Schule in Pavillonbauweise, 1966–68 von Hans Scharoun.

Hüls (C4)

Städtische Paracelsusklinik (Lipper Weg), 1953–57 von W. Hebebrand und W. Schlempp. Erstes, völlig neu konzipiertes Krankenhaus nach dem 2. Weltkrieg in Deutschland, richtungweisend für viele andere Bauten. Farbige Gestaltung von F. C. Hüffner. – Werke von Meistermann, Heiliger, Jaeckel und Breucker beleben die bündige, streng aus Rechteck und Würfel entwickelte Architektur.

Das **Städtische Bildungswerk Insel,** 1953 von Günther Marschall, vereinigt Stadtbibliothek, künstlerische Werkstätten der Volkshochschule und einen Vortragssaal.

Stadt-, Heimatmuseum und geologische Studiensammlung (Mühlenwall 14). Das Museum ist in einem charakteristischen Fachwerkhaus von 1812 mit Querdiele und einer alten Wassermühlenanlage untergebracht. Gezeigt werden eine Dokumentation zum Bergbau und bäuerliches Kulturgut. – Eine 2. Sammlung (Ophoffstr. 22) zeigt Handwerksgerät, Zeugnisse des kirchlichen Lebens und Exponate aus Geologie und Paläontologie sowie Vor- und Frühgeschichte.

MARSBERG (Hochsauerlandkreis G4)

Obermarsberg (G4)

Der Berg über dem Diemeltal, auf dem die Stadt eindrucksvoll liegt, trug die Eresburg, eine Festungsanlage der Cherusker. Karl d. Gr. erobert sie 772; 785 läßt er auf dem Berge eine Peterskirche errichten. Die Kirche schenkt Ludwig d. Fromme 826 dem Kloster Corvey. 938 wird Thankmar, der aufständische Bruder Kaiser Ottos I., in der Peterskirche gestellt und getötet. Um 900 erhält der Ort, der im Schutz der Kirche gewachsen ist, Markt- und Münzrecht.

Kath. Pfarrkirche St. Peter und Paul, ehem. Benediktiner-Stiftskirche
Von der Baugeschichte der Kirche sind nur wenige Daten überliefert. Von einer roman. Basilika haben sich Reste im W-Teil der Kirche erhalten.

Marl. Rathaus

Seit 1240 war ein Neubau im Gange, der sich bis Ende des 13. Jh. hinzog. 1319 fielen Kirche und Turm einem Blitzschlag und Brand zum Opfer; 1332 begann man mit dem Wiederaufbau, 1410 war der Turm vollendet. Die 1646 von den Hessen zerstörte Kirche wurde bald danach wiederhergestellt.
Die 3schiffige, 3jochige Hallenkirche hat zwischen den verlängerten Seitenschiffen ein höhergelegenes Chorquadrat mit 5seitigem Abschluß. Unter dem Chor liegt eine Krypta. Im W ist der mächtige quadratische Turm vorgesetzt, der an seinen Kanten von Strebepfeilern gestützt wird; der nordöstliche ist als Treppentürmchen ausgebaut. Die Dächer der Kirche und des Turmes stammen aus dem 19. Jh. – Im Inneren überspannen kuppelartige gratige Kreuzgewölbe mit verzierten Schlußsteinen die Schiffe. Nur die Gewölbe des 2. östl. Mittelschiffsjoches haben unterlegte Wulstrippen, die des Chores got. Kreuzrippen und herabhängende Schlußsteine. Die Fenster sowie die Radfenster der S-Seite sind in jüngerer Zeit erneuert worden. Die quadratische Krypta hat 4 gratige

Kreuzgewölbe auf einem 8kantigen Mittelpfeiler und in der O-Wand 2 spitzbogige Nischen.

● **Kath. Nikolai-Kapelle.** Das kleine Kirchengebäude ist eines der reizvollsten Architekturwerke der frühen Gotik in Westfalen, ausgezeichnet durch reiche Gliederung der Wände und wertvolle Bauornamentik. Der Bau wird 1247, als man mit dem O-Teil zu bauen begann, zum ersten Male genannt. Die 3schiffige 2jochige Hallenkirche hat einen mittelschiffsbreiten quadratischen Chor, in der O-Wand der Seitenschiffe ausgesparte Nebenchöre und im W einen chorartigen Anbau, der mit 5 Seiten eines Achtecks abschließt und in der Höhe des Langhausdaches mit einem 8eckigen erneuerten Helm und einer Laterne bekrönt ist. An der S-Seite des Chores 3 Köpfe mit Kronen, die als Karl d. Gr., Ludwig der Fromme und Heinrich II. gedeutet werden. – Im Inneren ist der 5seitige W-Bau mit dem Mittelschiff verbunden, das doppelt so breit ist wie die Seitenschiffe. Mächtige hohe Rundpfeiler mit Dreivierteldiensten für die Gurtbogen und Konsolen für die Rippen tragen auf frühgot. Laubwerkkapitellen die Kreuzrippengewölbe. Die Pfeiler des Triumphbogens haben Dienste mit Schaftringen in halber Höhe und mit spätroman. Kapitellen. Die schönen Fenster zeigen, von O nach W fortschreitend, den Stilwandel von der Frühgotik zur Hochgotik. Der O-Chor sowie die O-Wände der Seitenschiffe sind außen in der unteren Zone mit roman. Blendengliederung geschmückt. Ein Meisterwerk ist das spätroman. *S-Portal.* In seinem abgetreppten Gewände tragen Säulen spitzbogige Archivolten, die reich mit Ranken, Rollen, Blattwerk und verschlungenen Vögeln verziert sind.

MECHERNICH (Euskirchen B7)

Alte kath. Pfarrkirche St. Johann Baptist. Der Bau, der Teile des 12., 13. und 15. Jh. zu einer Einheit verband, beherrschte den Ort als architektonische Krone. Zum ältesten Teil der dörflichen Anlage, der die Restaurierungen des 19. und 20. Jh. ihren Charakter nicht nehmen konnten, gehörte der Turm des 12. Jh. Das 13. Jh. hatte die östl. Joche des Gemeindehauses und den platt schließenden Chor errichtet. Zwischen diese älteren Bauteile spannte das 15. Jh. die Netzgewölbe seiner spätgot. Halle. Ihr S-Schiff hatte das 18. Jh. bis zur Stirnwand des Chores verlängert. Konstruktiv interessant war die Turmhalle mit spätgot. Rippengewölbe auf elegantem kurzem Mittelpfeiler. Der Bau erlitt im 2. Weltkrieg sehr starke Schäden, die in den Jahren 1954/55 behoben wurden.

Eicks (B7)

Schloß. Anstelle einer Wasserburg aus der Mitte des 14. Jh. läßt Freiherr Hermann Dietrich v. Syberg 1690 ein 4flügeliges Schloß mit einer 3flügeligen **Vorburg** erbauen. 1786 kommt ein **Verwaltungsgebäude** mit einer **Toranlage** hinzu. Das **Herrenhaus** zeichnet sich durch 4 quadratische Ecktürme unter Schweifhauben und einen wappengeschmückten Mittelrisalit an der Eingangsseite aus.

Hostel (B7)

Das Ortsbild weist zahlreiche sehenswerte **Fachwerkhäuser** des 17. und 18. Jh. auf. Eine noch völlig einheitliche alte Fachwerkbebauung findet sich am ehem. Dorfplatz (zwischen Frankenring und Friedenthalstraße).

Kallmuth (B8)

Röm. Quellstube, 2. Jh. n. Chr. An der Straße nach Vollem wurde 1953 eine der Quellanlagen freigelegt, die die röm. Wasserleitung nach Köln speisten. 1957 rekonstruiert, zeigt sie heute wieder eine in den anstehenden Kalkfelsen eingetiefte rechteckige Kammer, ausgemauert mit mörtellos versetzten Steinquadern. Die Fugen lassen das Quellwasser eintreten, das über ein Klärbassin in die unterirdische Leitung gelangt (siehe auch Mechernich-Vussem).

Kommern (B7)

Rheinisches Freilichtmuseum – Landesmuseum für Volkskunde
Das Museum wurde 1958 gegründet; auf dem etwa 75 ha großen Gelände sollen im Endausbau 80 Gebäude stehen, die die verschiedenen Hauslandschaften des Rheinlandes repräsentieren.
Zur Baugruppe Niederrhein gehören eine **Bockwindmühle aus Spiel,** 1607 errichtet und 1783 erneuert, ferner eine **Kappenwindmühle aus Cantrup,** 1712, errichtet auf einem kleinen künstlichen Hügel mit Wagendurchfahrt. Der **Heyerhof aus Korschenbroich** ist ein 3schiffiges Hallenhaus aus dem 17. Jh. Neben dem Hof ein **Speicher aus Mönchengladbach,** der noch aus dem 15. Jh. stammt, ein 2geschossiger spätmittelalterl. Fachwerkbau. Das **Wohnstallhaus aus Mönchengladbach** wurde bereits 1467 errichtet und ist eines der ältesten erhaltenen Hallenhäuser im niederdeutschen Raum.
Zu der Baugruppe Eifel und Köln-Bonner Bucht gehören ein **Hof aus Binzenbach** mit einem **Wohnhaus** von 1686 und einer **Scheune** von 1673 und ein **Hof aus Scheuerheck,** errichtet 1711, der die ärmliche Bauweise der Kleinbauerngehöfte zeigt. Das **Wohnhaus aus Bodenbach** wurde um 1680 errichtet. Der **Hof aus Elsig und Wallenthal** mit dem **Haupthaus aus Elsig,** 1719, ist ein 4seitig umschlossener Bauernhof; ähnlich der **Hof aus Brenig** mit dem **Haupthaus** von 1557 und einer **Scheune** von 1785. Die **Dorfkapelle aus Schüttendorf** entstand 1783 als einfacherer kleiner Fachwerkbau.

Die Baugruppe Westerwald-Mittelrhein zeichnet sich durch Gebäude mit besonders kräftigem Fachwerk aus, wie es für diese Gegend typisch ist. Das **Wohnhaus aus Bilkheim,** 1687, ist ein 2geschossiges Gebäude mit tief heruntergezogenem Schleppdach. Die **Scheune aus Langenscheid,** 1586, ist noch ein Vertreter spätmittelalterl. Zimmermannstradition. Das **Gehöft aus Hansch** setzt sich zusammen aus einem **Wohnhaus** von 1688 und einem **Wirtschaftsgebäude** von 1722, beide unter einem gemeinsamen strohgedeckten Dach. Dieser Baugruppe gehört schließlich auch die **Dorfschule aus Löhndorf** an, die in ihrem Untergeschoß den ehem. **Gemeindebackraum** enthält, 1763.
Im Aufbau ist die Baugruppe Bergisches Land mit einem **Wohnstallhaus aus Kalksbach,** einem **Wohnstallhaus aus Eulenbruch** und dem sog. **Mannesmann-Haus aus Remscheid.**

Lessenich (B7)

Burg Zievel. An der Stelle einer 1106 zuerst erwähnten Hoffeste wird im 15. Jh. eine Wasserburg errichtet, 1450 vollendet. Von dieser Anlage erhalten sind u. a. der runde **Bergfried** und ein **Torbau** zwischen 2 Rundtürmen. Das **Herrenhaus** des 17./18. Jh. ist 1828 durchgreifend erneuert worden. An seiner O-Seite ein **Wohnbau** mit Treppengiebeln, 1662, im 19. Jh. verändert. Im Park ein reich verziertes **Tor** aus dem Jahre 1628. – Die Gesamtanlage, heute in einem englischen Landschaftsgarten gelegen, wird zu den schönsten des Kreises Euskirchen gezählt.

Satzvey (B7)

Burg Satzvey war bis ins 18. Jh. eine 2teilige Wasserburg. In der Folgezeit mehrfach verändert; der heutige Zustand ist das Ergebnis eines Umbaues von 1880. Aus dem 15. Jh. stammen das **Herrenhaus** und der **Torbau,** ein spitzbogiger Durchlaß zwischen 2 Rundtürmen. Die zinnenbekrönte Mauer, die das Anwesen umgibt, stammt aus dem Jahre 1897. Die von einem wasserführenden Graben umschlossene Burg liegt in einem Landschaftsgarten.

Vussem (B8)

Aquädukt. 2 Pfeilerbögen eines röm. Aquäduktes, der einst das Veybachtal überquerte, 1959 rekonstruiert. Das Bauwerk war Teil der Wasserleitung nach Köln (siehe auch Mechernich-Kallmuth).

Wachendorf (B7)

Von der ursprünglich 2teiligen, stark befestigten **Wasserburg** sind 2 Eckbastionen des 16./17. Jh. erhalten. Das **Herrenhaus** wurde im 19. Jh. durchgreifend verändert. Im S der Anlage das frühere **Pächterhaus,** 1762.

Weyer (B8)

Kath. Pfarrkirche St. Cyriacus. Die 1187 zuerst erwähnte Kirche ist eine spätgot. Halle mit Stern- und Netzgewölben, die um 1500 durch den Umbau einer roman. Basilika entstand. Der roman. W-Turm 1788 von A. Dollendorf erneuert. – Rotsandstein-*Epitaph* des Hermann v. Hambroich, † 1614.

MECKENHEIM (Rhein-Sieg-Kreis C7)

Lüftelberg (C7)

Kath. Pfarrkirche St. Peter. Die 1schiffige Anlage des 11./12. Jh. erhielt in der 1. Hälfte des 13. Jh. ihre heutige Gestalt. Die 5seitige Apsis wirkt außen, mit Ecklisenen, Plattenfries und Gesims, noch romanisch; im inneren Aufbau Rippengewölbe auf Ecksäulen, die Fenster spitzbogig. Der roman. W-Turm enthält im Obergeschoß eine gewölbte Kapelle, die über eine Holzbrücke mit der alten, untergegangenen Burg in direkter Verbindung stand.

Wasserburg mit 2flügeligem Herrenhaus, 3 runden Ecktürmen und schönem Rokokoportal, unter Verwendung älterer Bauteile und Mauern im 18. Jh. neu aufgebaut. Im Gartensaal ansehnliche Wandmalereien und Stukkaturen.

MESCHEDE (Hochsauerlandkreis F5)

Ein im SW des Ortes gefundenes Gräberfeld bezeugt eine Siedlung des 8. Jh. Im 10. Jh. war Meschede Markt, Zollstelle und Münzstätte des im 9. Jh. gegründeten adligen Frauenstiftes, das 913 bestätigt und 958 von Kaiser Otto I. mit den genannten Privilegien ausgestattet worden ist. Als eines der reichsten Klöster in Westfalen erlaubte es den Äbtissinnen (u. a. aus den Grafenhäusern Werl und Arnsberg) fürstliche Hofhaltung. Seit 1310 Stift für Kanoniker, wurde es 1805 aufgehoben. Die Gebäude des Stifts sind bis auf die Kirche vernichtet.

Kath. Pfarrkirche St. Walburga, ehem. Stiftskirche
Die heute stehende Kirche wurde 1663/64 über den Fundamenten einer karoling. Anlage errichtet. Die Krypta und Teile des aufgehenden Mauerwerks, so das westl. Mittelschiffsjoch und der W-Turm (mit Haube von 1726), gehören zu dieser Anlage der Zeit um 900. Nach Kriegsschäden 1947–54 wiederhergestellt. Kapellenanbau 1965.
Die 3schiffige Hallenkirche zeigt im Inneren die Züge des in Westfalen nicht seltenen gotisierenden Barock: 8eckige Pfeiler, spitzbogige Arkaden, im Mittelschiff Kreuzrippengewölbe, in den sehr schmalen Seitenschiffen Gratgewölbe auf Konsolen. – N-Portal von 1664 im Knorpelstil, mit der hl. Walburga unter einem gotisierenden Baldachin. – Schönes Altargerät des 16. Jh. und Reste der barocken Ausstattung.

Die *Krypta* besteht aus den karolingischen tonnengewölbten Zugangsstollen und einem halbkreisförmigen Mittelraum aus romanischer Zeit. Interessant ein Stollen mit Tonnengewölbe in der westl. Wand, für ein Reliquiar oder einen Schrein bestimmt.

Ev. Christuskirche. Klassizist. Saalbau von 1839, der seine einheitliche Ausstattung bewahrt hat.

Kath. Friedenskirche der Benediktinerabtei Königsmünster
Die Abtei der Benediktinerkongregation von St. Ottilien (Missionsbenediktiner), eindrucksvoll auf einer Höhe nördlich der Stadt gelegen, wurde 1928 gegründet. Die bestehende Kirche baute Hans Schilling 1964.

Gefordert war eine Klosterkirche, die nicht nur dem Konvent, sondern auch einer aktuellen Gemeinde dienen sollte (keine Pfarrei). Der Architekt wählte für den Bau aus rotem Backstein einen freien Grundriß, den er aus Rundformen und Dreiecken zusammensetzte. Dem Altarraum liegt eine Parabel zugrunde. 3 stumpfe Dreiecke umgrenzen den fast quadratischen Kirchenraum. In ihm sitzen vorn im Halbkreis die Mönche und Brüder und hinter ihnen in 5 fächerförmig formierten Bankgruppen die Gemeinde. Im Scheitel der Altarparabel steht der Sitz des Abtes. Nebenbauten sind die Beichtkapelle, die Sakristei, der Kapitelsaal und ein Statiogang mit Kapellenkranz.

Vorbildlich ist die räumliche Integration der verschiedenen Funktionen in einer monumentalen Architektur, die in rotem Backstein ausgeführt wurde.

Ausstattung. Kruzifix, Goldplastik von Ernst Suberg. Ikone vom Berg Athos. In der Marienkapelle (Turmraum links) eine frühgot. Madonna. Glasmalereien von August Pigulla und Hubert Spierling. Bronzeportal von Ernst Suberg mit Bildern aus der Geschichte des Königtums im Alten und Neuen Testament.

METELEN (Steinfurt D2)

Kath. Pfarrkirche St. Cornelius und Cyprian, ehem. Stiftskirche
Frau Friduwi gründete 889 in Metelen (= Honigwald) auf ihrem Erbe zu Ehren der hll. Märtyrer Cornelius und Cyprianus ein Frauenkloster, das der ostfränkische König Arnulf und 993 Kaiser Otto in ihren Schutz nahmen und mit großzügigen Privilegien versahen. 1532 in ein freiweltliches Stift umgewandelt.

Die Kirche gehört zu den architekturgeschichtlich bedeutenden münsterländischen Stufenhallen des 13. Jh., verwandt den Kirchen in Billerbeck und Legden. Sie hat 3 quadratische Joche, an die sich gleich breit ein quadratischer gerader Chor anschließt, ein nördl. Seitenschiff (das südliche stammt von 1856–58) und 2 W-Türme, von denen nur der südliche hochgeführt wurde. Die W-Fassade in ihrer ungewöhnlichen und reizvollen Art gleicht fast einer stattlichen Rathaus-Front. Keinerlei Senkrechte sondert die Bauglieder des Turmes und des Mittelteils voneinander ab, eine einzige große Mauerfläche unter den got. Treppengiebeln faßt die Front asymmetrisch zusammen. In der Mitte, hoch über dem kleinen rundbogigen Portal, durchbrechen groß, betont und aneinandergedrängt 3 Fenster mit gewirtelten Säulen am Gewände die Fläche. Darüber ist 3teilig ein Bogenfries auf hohen Lisenen ausgespart, dem ein gleicher, doch breiterer, in den Turmflächen und ein einfaches Quadrat auf der abfallenden N-Seite entsprechen. Rundbogige Fenster sitzen vereinzelt in der großen Frontfläche. – In der Seitenansicht wird das überhöhte Mittelschiff sichtbar, unter dessen Gesims ein Bogenfries herumläuft. Die O-Mauer des Chors schmückt ein schönes Radfenster.

Das Innere wird weiträumig von den hohen kuppelartigen, mit Wulstrippen unterlegten Kreuzgewölben beherrscht, deren spitze Gurt- und Scheidbogen auf massigen Pfeilern mit vorgelegten Halb- und Viertelsäulen und Eckdiensten ruhen. Über dem Schlußring des 8teiligen Chorgewölbes erhebt sich eine 2. kleine Kuppel. Die Scheidbogen fassen in der Art des gebundenen Systems je 2 spitzbogige Arkaden auf kräftigen Zwischenpfeilern zusammen. Im stilisierten Blattwerk der Kapitelle sind Halbfiguren von Engeln und gewappneten Männern aneinandergereiht. Im westl. Mittelschiffsjoch zwischen den Türmen ist eine 3schiffige Nonnenempore von 2 Jochen eingebaut. Dieser antwortet am anderen Ende der Kirche im Chor die Gliederung der Wände durch Blendarkaden und die tonnengewölbte Vertiefung in der O-Mauer.

Ausstattung. 4 Löwen tragen das zylindrische Becken des Taufsteines. Er gehört zur Gruppe der Bentheimer Taufsteine des 13. Jh. Ein Standbild hohen Ranges ist der überlebensgroße, in Sandstein gearbeitete *Evangelist Johannes* aus der Mitte des 13. Jh. Monumentalität und Charakterisierungskraft erweisen ihn als ein Werk aus dem Kreis jener Meister, die die Apostel im Domparadies in Münster schufen. Sehr qualitätvoll auch die Sandsteinfigur des hl. Johannes Bapt., unter burgundischem Einfluß gegen Mitte des 15. Jh. entstanden, und in der Taufkapelle der fast lebensgroße Holz-Kruzifixus aus dem frühen 12. Jh. (Arme ergänzt). – Im Schatz ein Reliquiar aus dem 10. Jh.

Minden. Kath. Dompfarrkirche. Westwerk

MINDEN (Minden-Lübbeke G1)

Minden verdankt seine Gründung Karl d. Gr. An der alten Weserfurt errichtet er einen der Bischofssitze im sächsischen Gebiet (um 800). Ihm gliedert sich schnell eine Siedlung an, die 977 von Otto II. Markt- und Münzrecht erhält und um 1230 als eigentliche Stadt mit bürgerlicher Selbstverwaltung hervortritt. Ein bedeutendes Datum in der Geschichte der Stadt ist die Errichtung der ersten steinernen Brücke über die Weser, 1277 vollendet. Die Stadt verleibt sich im 14. Jh. die alte Fischersiedlung nördl. des Domes ein. Bürgerstolz und Anschluß an die Hanse veranlassen Kämpfe mit dem Landesherrn, dem Bischof, der 1306 seinen Sitz nach Petershagen verlegt. Die Stadt tritt 1529 der Lehre Luthers bei; das aufgehobene Bistum fällt mit seinem Territorium im Westfälischen Frieden an Brandenburg. 1815–73 hat Minden Bedeutung als preußische Festung. Im 2. Weltkrieg wird die Stadt zu großen Teilen zerstört.

Kath. Dompfarrkirche St. Peter und St. Gorgonius ●

Nachdem Minden Bischofssitz geworden war, erstand wohl kurz nach 800 auf einem flachen Hügel der unteren Weserterrasse die erste Domkirche. Der kleine Saalbau wurde unter der Vierung und dem Mittelschiff des heutigen Domes ausgegraben; der ehem. im Chor gelegene Brunnen befindet sich genau in der Mitte der heutigen Vierung. Ein Monumentalbau spätkaroling. Typs wurde erst um 915 begonnen und 952 geweiht. Im Anschluß an die Klosterkirchen Corvey und Lorsch handelte es sich um eine 3schiffige Basilika mit sehr schmalen Seitenschiffen und ohne Querschiff, aber mit einem mächtigen 3geschossigen und 3türmigen Westwerk, das im Grundriß bis in die Mitte des heutigen westl. Mittelschiffjoches reichte. Das Erdgeschoß des Westwerks bildete eine 5schiffige Pfeilerhalle, das Hauptgeschoß die »Kaiserkirche« mit einer Empore, deren Quadrum wohl von einem Turm überhöht war. Nach Brand von 1062 wurden im O Querschiff und Chor errichtet (Weihen 1064 und 1072). Um 1150 erfolgte der Umbau des Westwerks zu seiner heutigen reduzierten Form, wobei zwischen den alten Treppentürmen das überhöhende Glokkenhaus nach dem Vorbild der ehem. Hildesheimer Domfront errichtet wurde. Die entscheidende Bauperiode für den heutigen Dom begann um 1210 mit der spätroman. O-Partie (Querschiff und Chor), nach deren Vollendung etwa 1230–40 auch der Neubau eines basilikalen Langhauses – vielleicht in der Art des Domes zu Münster – begonnen wurde. Nach etwa 20jähriger Unterbrechung erstand zwischen 1267 und 1290 das Langhaus als Halle in den klassischen Formen der französ. Kathedralgotik. Von späteren Veränderungen sind nur der Neubau der Chorapsis, die Tieferlegung des Fußbodens in der O-Partie und die 2 got. Querschiff-Fenster, alles um 1340, von Bedeutung.

Die Bomben des 2. Weltkriegs trafen den Dom sehr schwer. Apsis, N-Wand und Gewölbe des Chors wurden weitgehend zerstört, das Langhaus verlor alle Gewölbe, die meisten Pfeiler und einen Teil der Fenstermaßwerke, so daß nur die Umfassungsmauern stehenblieben. Geringer waren die Schäden am Westbau. Unter Leitung von Werner March wurde der Wiederaufbau 1957 vollendet. Dabei hat man den Westbau in den Zustand des 12. Jh. zurückversetzt und die Pfeiler und Gewölbe des Langhauses neu errichtet.

Äußeres. Der für einen Dom ungewöhnliche Westbau wird von den wuchtig schweren Formen der westfäl. Romanik geprägt. Bis zum hochsitzenden Gurtgesims ist die Front ungegliedert. Man erkennt die seitlichen Türme des spätkaroling. Westwerks, deren südlicher die »Kaisertreppe« enthält. Die roman. Vorhalle (»Paradies«) ist im Untergeschoß nach 1062 erbaut, ihr 3teiliges Rundbogenportal nach dem 2. Weltkrieg wiederhergestellt, das Obergeschoß (jetzt Dombaumuseum) um 1200 aufgesetzt. Bestimmend für die Fernansicht des Domes sind die beiden obersten Geschosse des Westbaues, die sich in schönen Bogenstellungen der gekuppelten Fenster öffnen. Beim Aufstieg zur obersten Aussichtsgalerie gewahrt man die interessanten roman. Säulenkapitelle aus der Zeit um 1150. Statt der Walmdächer des 19. Jh. erhielt der W-Bau wieder die alten quergestellten Giebeldächer, die mit den Giebeldächern des Langhauses harmonisch korrespondieren. – Einen einzigartigen, festlichen Schmuck der sonst schlichten Langhauswände bilden die riesigen *Maßwerkfenster* mit ihren phantastisch reichen, stets wechselnden Formen. Sie gehören zu den Spitzenleistungen deutscher Maßwerk-Kunst. Die S-Fenster sind z. T. alt erhalten, die N-Fenster fast völlig rekonstruiert. Charakteristisch ist, wie die riesigen Fensterräder mit ihrer Kreisbewegung die Spitzbogenfelder der Pfostenstäbe umfangen und damit das vertikale Aufwärtsstreben zugunsten eines ornamentalen Gewebeschleiers aufgehoben wird. Sonst sind an Schmuckformen nur zu erwähnen: an den Strebepfeilern der N-Seite 2 Baldachine mit den Statuen eines Königs und eines Bischofs sowie an der S-Seite ein kleines frühgot. Portal mit den Figuren der klugen und törichten Jungfrauen im Bogenlauf (um 1270–80). Die O-Partie zeigt die wuchtig schweren Formen des spätroman. Gewölbebaues. Doch finden sich an der S-Seite mannigfaltige Schmuckformen in Bogenfriesen, figürlichen Bauplastiken, Fenstern und zierlichen Säulenportalen. Den Haupteingang zum Dom bildet das (stark restaurierte) spätroman. Säulenportal am nördl. Querschiff.

Im Innern erweist sich der *Westbau* als reduziertes Westwerk sächsisch-westfäl. Art. Sein Erdgeschoß dient als Eingangshalle; das Portal wurde in der Form des 10. Jh. wiederhergestellt. Im Obergeschoß ist die roman. Empore wieder

Minden. Kath. Dompfarrkirche. Langhausfenster

geöffnet worden, die um 1150 an die Stelle der urspr. Kaiserloge getreten war. Ihre 3teilige Säulenarkade gibt heute dem Innenraum im W einen eindrucksvollen Abschluß. Das *Langhaus* hat im Mittelschiff 3 quadratische, in den Seitenschiffen je 3 längsrechteckige Volljoche, während gegen den W-Bau – zur Minderung des Gewölbeschubes – noch ein schmales Joch eingeschoben ist. Der Innenraum gilt als der schönste der westfäl. Hallenkirchen. An Breite und Höhe übertrifft er erheblich die vorangehenden Hallen von Herford, Paderborn und

Lippstadt (Stiftsruine). Die klassische Harmonie der Raumproportionen, noch ein Erbe der späten Stauferzeit, verbindet sich hier mit den plastisch-organischen Formen der französ. Kathedralgotik. Es ist ein weiter, durchlichteter Raum, bestechend durch die Klarheit der Formgebung und die Einheit des Raumbildes. Es wird kein bestimmter Weg mehr vorgeschrieben, sondern die kuppeligen Gewölbe zwingen eher zum ruhigen Verharren. Frei und leicht entwickeln sich die Pfeiler, aus denen die Gewölbebogen und Rippen wie weitgespannte Baldachine herauswachsen. Es sind Rundpfeiler mit 4 stärkeren und 4 schwächeren Diensten, abgeschlossen durch einen hohen Kapitellfries mit Knospen- und Blattkapitellen. Original sind jedoch nur die Kapitelle der beiden westl. Bündelpfeiler, während die Kapitelle der 4 anderen Pfeiler von Hans Mettel (Kassel) und Karl Ehlers (Detmold) neu geschaffen sind. – Gegenüber dem durchlichteten Langhaus ist die O-Partie jetzt in geheimnisvolles Dunkel gehüllt, aus dem die tiefen leuchtenden Farben der modernen Glasmalereien von Vincenz Pieper (Berlin) herausstrahlen. Die mächtigen Kuppelgewölbe des Querschiffes haben in der Vierung und im S-Joch 8 Rippen und Schlußring. Das *Chorquadrat* ist eine großartige Leistung der niederrheinischen Spätromanik. In der 3geschossigen Wandgliederung mit 2 Laufgängen übereinander, den zierlichen Säulen und der indirekten Lichtzufuhr im obersten Geschoß übertrifft es sogar die Vorbilder der Kölner Bauschule. Die Gliederung ging an der urspr. Apsis, die in 5 Seiten eines Zehnecks schloß, durch. Die jetzt wieder aufgebaute Chorapsis ist ein vorzügliches Beispiel des abstrakten Linienstils der Hochgotik.

Die Ausstattung, in der sich Altes und Neues verbindet, gipfelt in ● dem *Bronzekruzifixus* (am nordwestl. Vierungspfeiler), einem der bedeutendsten Kunstwerke des 11. Jh. Er wurde um 1070–80, wohl in einer Hildesheimer Werkstatt, gearbeitet, Bronzeguß mit Vergoldungsresten, Augen und Lendentuch in Niello. Auffallend ist die Strenge in der tektonischen Haltung und im Gleichmaß der Einzelformen; das nur ganz leicht geneigte Antlitz ist zu adliger Hoheit verklärt, die Füße stehen auf einem geflügelten Drachen. – Am südwestl. Vierungspfeiler kam bei der Zerstörung die Wandmalerei eines Altaraufsatzes mit Muttergottes und Heiligen (Ende 13. Jh.) zum Vorschein. Der steinerne Apostelfries vom ehem. Lettner, um 1250–70 entstanden, befindet sich jetzt, wiederhergestellt, an der S-Wand des Querschiffes: Eine noch spätroman. Rahmenarchitektur umgibt die sitzenden Figuren Christi, Mariä, von 11 Aposteln und des hl. Gorgonius. Auf dem Hochaltar eine erst nach dem Kriege erworbene gemalte Altartafel des Gerd van Loen

(Kreuzigung mit 8 Heiligen). Von den modernen Werken sind zu nennen die Kanzel von Werner March und Zoltan Székessy, der Taufstein von Gisela Leo-Stelbrinck sowie der Kreuzweg von Heinz Gerhard Bücker.

Der *Domschatz,* in einem Raum des N-Turmes aufbewahrt, ist der bedeutendste Westfalens. Ältestes Werk ist ein Elfenbeindeckel mit der Himmelfahrt Christi (2. Hälfte des 9. Jh.). Ein seltenes Stück stellt das sog. Hedwigsglas mit geschnittenen Tierbildern (12. Jh.) dar. Besonders zahlreich sind die Werke in getriebenem Gold- oder Silberblech auf Holzkern: der Reliquien-Arm der hl. Margaretha (11. Jh.), die Reliquienschreine des hl. Petrus (um 1070) und der hl. Valeria (Anfang des 13. Jh., Grubenschmelz-Arbeit aus Limoges). An ausgezeichneten Werken der Plastik bewahrt der Schatz die thronende Muttergottes (um 1230–40) und die Reliquienbüste der hl. Maria Magdalena (um 1260–80) mit den edlen Gesichtszügen der spätstaufischen Kunst. Um ein eigenartiges und seltenes Stück handelt es sich bei der Reliquien-Pyxis (Mitte des 13. Jh.), einem 6seitigen Silbergefäß mit Zeltdach, geschmückt mit Reliefs von Christus, Aposteln und Heiligen. Ein prächtiges Vortrage-Kreuz aus dem Anfang des 16. Jh. ist mit Zellenschmelz des 12. Jh., Kleinodien und einem röm. Cameo des 1. Jh. n. Chr. (vermutlich Bildnis Kaiser Neros) geschmückt. Als spätroman. Bronzegüsse aus der 1. Hälfte des 13. Jh. sind 2 Paar Drachenleuchter und ein Aquamanile in Löwenform bemerkenswert.

Der Domkreuzgang besteht nicht mehr, vom angrenzenden **Domkloster** ist der spätroman. S-Flügel (um 1200) erhalten.

Das **Dombaumuseum** (Großer Domhof 10) enthält Stein- und Holzplastiken von der roman. Zeit bis zum Barock, ferner Grabungsfunde aus dem Dombereich.

Ehem. Johanniskirche. In spätgot. Zeit brach man von der ehem. spätroman. Stiftskirche (um die Wende zum 13. Jh. errichtet) die Seitenschiffe und die Kreuzarme ab, wodurch ein 1schiffiger langgestreckter Bau entstand. – Die Kirche, die profaniert war und als Zeughaus diente, wurde nach 1945 vorübergehend als Kirche genutzt; sie ist inzwischen wieder profaniert.

Ev. Marienkirche. Das ehem. Nonnenkloster wurde um 1000 von der Wittekindsburg in die Stadt verlegt. Die bestehende Kirche war ursprünglich eine roman. 1schiffige Kreuzkirche aus der 2. Hälfte des 12. Jh., deren gratige Kreuzgewölbe in Mittel- und Querschiff erhalten blieben. In der 2. Hälfte des 14. Jh. erfolgte die Erweiterung zur Hallenkirche durch den Anbau der Seitenschiffe, die mit den Querhausarmen fluchten. Der Chor bekam eine 5/8-Apsis. Am Äußeren fallen die Quersatteldächer mit ihren blendenverzierten Giebeln und der stattliche W-Turm auf. – Von der Ausstattung sind interessante Steinarbeiten der Renaissance zu nennen: Kanzel von 1605, Taufe von 1598, Epitaphe v. Glabeck (1564) und des berühmten Kriegsobersten Jürgen v. Holle († 1576), letzteres vermutlich von Johann Robin.

Ev. Martinikirche. Als Kollegiatstift um 1025 gegründet. Die Kirche wurde aus einer roman., etwa 1170–90 errichteten Basilika zu einer got. Hallenkirche umgebaut. Dabei blieben die Mittelschiffspfeiler, die gratigen Kreuzgewölbe des Mittel- und Querschiffes sowie der W-Turm des roman. Baues erhalten. Der Umbau begann nach 1300 mit dem Chor, der im Innern mit einer frühgot. Kleeblatt-Arkatur über der Sitzbank verziert ist. 1338 wurde das nördl. Seitenschiff begonnen und gegen 1360 das südl. Seitenschiff vollendet, das reiche und phantasievolle Maßwerkfenster der Hochgotik zeigt. – Ausstattung. Ein originelles Werk ist die Bronze-Taufe (1583) von überaus schlanker Form mit Balustersäulchen unter dem Becken und am Deckel. Spätgot. Chorgestühl (um 1500) mit Maßwerkfüllungen, auf den Seitenwangen Drachen, Elefant und Rhinozeros. Kanzel in den reichen Schnitzformen der Spätrenaissance (Anfang des 17. Jh.). Bulläus-Epitaph (Stein, 1615), ein figurenreiches Werk des Osnabrücker Meisters Adam Stenelt.

Die spätgot. **kath. Mauritiuskirche** aus der 2. Hälfte des 15. Jh. war seit 1824 profaniert; 1946–50 wiederhergestellt und dem Gottesdienst geweiht.

Ev.-ref. Petrikirche. Der kleine kuppelgewölbte Zentralbau von 1739 bis 1743 hat zum Grundriß ein Quadrat, dessen O- und W-Seite halbkreisförmig zu Apsiden ausgeweitet sind. Kleine Anbauten im N und S betonen die Mitte. Der nach O vorgebaute Turm stammt von 1896.

Ev. Simeonskirche. Die nach 1305 begonnene spätgot. Halle von 3 Schiffen und 2 Jochen geht auf einen 1214 geweihten roman. Bau zurück. Der unregelmäßige Chor schließt 5seitig ab; an seiner N-Seite befindet sich ein roman. Giebelrelief, das unter einem Palmettenbogen die Hand Gottes zwischen 2 Sternen zeigt.

Rathaus. Der Laubengang aus dem Ende des 13. Jh. gehört zu den ältesten erhaltenen Teilen eines Rathauses in Deutschland; die frühgot. Formen entstanden in Anlehnung an die des Dom-Langhauses. Das Obergeschoß aus dem 17. Jh. wurde 1945 zerstört und 1953/54 von Werner March in schlichten Formen neu errichtet.

Neues Rathaus. Zwischen Dom und Markt 1974–78 von Harald Deilmann gebaut. Das Haus verwandelt Grundformen des roman. Domwestwerkes in moderne Architektur. Es tritt nicht in Wettbewerb mit der historischen sakralen Architektur, es setzt sie vielmehr im Profanen typisch fort.

Der **Hauptbahnhof,** die ehem. Endstation der 1847 eröffneten Köln-Mindener Bahn, damals noch außerhalb des Weser-Brückenkopfes, wurde in eigene Festungswerke einbezogen, ein Schulbeispiel des damals neuen preußischen Befestigungssystems. Das **Empfangsgebäude,** 1845–48, ist ein 2geschossiger Werksteinbau im Burgenstil, jedoch noch unberührt vom doktrinären Historismus. Durch spätere Vorbauten und durch die Absenkung des Vorplatzes verändert. *FM*

Bundesbahn-Zentralamt, ehem. Regierungsgebäude, 1902–06. Bemerkenswertes Bauwerk eines westfäl. Historismus, der auf die Weser-Renaissance zurückgriff.

Wohnbauten. Brüderstr. 2. Front mit frühgot. Maßwerkfenster (Ende des 13. Jh.) und Renaissance-Erker. – Ungewöhnlich in ihren Zierformen die beiden Prachtbauten der Renaissance, deren Giebelstufen mit durchbrochenem Rollwerk und nackten Figuren geschmückt sind: **Haus Hill, Bäckerstr. 45,** und **Haus Hagemeyer, Im Scharn,** letzteres an der ganzen Front durch Säulen in 7 Achsen gegliedert. Von der Toreinfahrt dieses Hauses stammen die am Nebenhaus eingesetzten 7 Reliefs berühmter Feldherren von Hektor bis Karl d. Gr. Als Baumeister der beiden Häuser, die um 1592 entstanden sind, wird Johann Robin vermutet. – Von den Fachwerkbauten ist als typisches Beispiel **Johannisfriedhof 2** von 1561 zu nennen, dessen Brüstung mit Fächermustern verziert ist.

Schwichow-Denkmal. Gußeiserner Sarkophag und Kanonenrohre, nach Entwurf von Karl-Friedrich Schinkel für den Generalmajor Ernst Michael v. Schwichow errichtet († 1823).

Im 19. Jh. wird das Bild der Stadt durch die seit 1816 erneuerten **Verteidigungswerke** der erst 1873 aufgehobenen Festung und durch entsprechend umfangreiche Militärbauten aus großen Sandsteinquadern in klassizist. Formen bestimmt. Die **Heeresbäckerei** (Martinikirchplatz), 1832–34, und das benachbarte **Körnermagazin,** 1835/36, haben beim Wiederaufbau der im Kriege ausgebrannten Ruinen Umgestaltungen zu neuer Nutzung erfahren. – Die langgestreckte **Simeonskaserne,** eine Defensivkaserne von 1827–29 und das **Garnisonlazarett,** 1829–32, wahren mit ihrer durchgehenden monumentalen Pilasterordnung noch deutlich die urspr. klassizist. Prägung. *FM*

Kreiskrankenhaus, ehem. Garnisonslazarett. Klassizist. Quaderbau von 1829/30. *FM*

Mindener **Wasserstraßenkreuz.** Auf zwei 50 m weit gespannten und zum Teil mit Werkstein verkleideten Betonbrücken überquert der Mittellandkanal seit 1915 die Weser, über weiteren kleineren Brückenbögen das Überschwemmungsgebiet. Gleichzeitig wurden auf dem linken Weserufer eine Schachtschleuse von ca. 14 m Tiefe zum Unterwasser und auf dem rechten 2 Schleusen erstellt, die auch bei Ausfall der Brücke die Verbindung ermöglichen. Die Bauten halten sich frei von Stilnachbildungen und wirken durch ihre guten, funktionell bestimmten Proportionen. *FM*

Museum für Geschichte, Landes- und Volkskunde (Ritterstr. 23–31). In 3 Giebelhäusern des 17. Jh. eingerichtete Sammlung zu Geschichte und Kunst der Stadt und des Fürstentums Minden. Bäuerliches und handwerkliches Kulturgut.

Haddenhausen (G1)

Wasserschloß (Frhr. v. d. Bussche). 2flügeliger Bau mit Treppenturm im Winkel, Volutengiebeln und prunkvollem Einfahrtstor, erbaut 1613–16 in den reichen Zierformen der spätesten Weserrenaissance.

MÖHNESEE (Soest F4)

Drüggelter Höfe (F4)

Kath. Kapelle Hl. Kreuz, über dem Möhne-See, erbaut wohl um 1220 durch den Grafen Gottfried von Arnsberg, der 1217 eine Pilgerfahrt nach Jerusalem gemacht hatte. 12eckiger Zentralbau mit 2 ungleichen konzentrischen Säulenringen aus 4 bzw. 12 Säulen und ringförmiger Tonnenwölbung mit Stichkappen. Zu verstehen als Nachbildung der Grabeskirche in Jerusalem, daher wohl auch die merkwürdig altertümliche Haltung, welche die Kapelle fast 100 Jahre älter erscheinen läßt. Schinkel (1833) hielt sie sogar für eine »Heidenkapelle aus der Urzeit deutscher Culturanfänge«. Eine bewußte Archaisierung ist aber auch bei anderen Nachbildungen der Jerusalemer Heiligtümer zu beobachten. In Drüggelte wird sie noch gesteigert durch die eigenwilligen westfäl. Kapitelle, in denen sich Primitivität und Formenphantasie seltsam mischen.

MÖNCHENGLADBACH (B5)

Der Ort wird schon im 8. Jh. als Kirchdorf genannt. Er entwickelt sich im Schatten des 974 gegründeten Benediktinerklosters zur Stadt, die 1414 befestigt wird. Sie gehört zum Herzogtum Jülich. Ein Feuer verheert 1652 große Teile der Stadt. Im 19. Jh. wird Mönchengladbach zu einem Zentrum der Baumwollspinnerei und Weberei.

● **Kath. St.-Vitus-Münster,** ehem. Benediktiner-Abteikirche
Die Kirche des Benediktinerklosters, das Erzbischof Gero von Köln 974 gründete, wurde zu Beginn des 12. Jh. ausgebaut und um die bestehende Krypta erweitert. Um 1180 folgte ein Neubau, dem das Untergeschoß der 3 Türme im W zugehört, 1228–39 das Langhaus. Nach 1343 konnte der Westbau zu Ende geführt werden. Im 3. Viertel des 13. Jh. wurde der Chor angefügt. Der Nekrolog der Abtei nennt den »magister Gerardus lapicida de summo«, den ersten Meister des Kölner Domchores, was auf ihn als Baumeister auch des St.-Vitus-Chores schließen läßt. 1257 weihte Albertus Magnus die vollendete Kirche. Das Langhaus, ursprünglich schon für eine Einwölbung vorgesehen, erhielt erst im 15. Jh. Kreuzrippengewölbe. Der Barock griff erheblich verändernd in den Baubestand ein, so daß sich der Restaurator des 19. Jh., Vincenz Statz, genötigt sah, einen alten Zustand durch umfangreiche Erneuerungen wiederzugewinnen (1857–63); Statz veranlaßte auch die Verlängerung der Seitenschiffe um 2 Joche nach W. Doch erst in den Jahren 1947–55 wurde bei der

Behebung der Kriegsschäden die Rekonstitution des Mittelschiffsaufrisses (Form und Zusammenhang von Triforium und Obergaden) durchgeführt.

Die Kirche erhebt sich in beherrschender Höhenlage als eine 3schiffige Pfeilerbasilika mit Westbau und 2jochigem got. O-Chor, der in 7 Seiten des Zwölfecks abschließt, nördl. gerade geschlossenem Nebenchor und Sakristei an der S-Seite des Chores. An der S-Seite des Langhauses ein kapellenartiger Anbau von 2 Jochen. Die Seitenschiffe sind bis zu den flankierenden Treppenhäusern des Turmes vorgezogen. – Äußeres. Der *Westbau* bildet in Verbindung mit den rechteckig ummantelten seitlichen Anbauten eine geschlossene spätroman. Fassade, die, von annähernd quadratischem Umriß, bis zum Dachgesims des Mittelschiffes emporsteigt. Die W-Front ist in 2 Geschossen zurückhaltend gegliedert. Die Mitte des Untergeschosses nimmt das schöne große Portal ein, in vortretender Mauerfläche eingetieft, mit je 4 Säulen im Gewände. Die seitlichen Mauerflächen, oben durch einen Plattenfries abgeschlossen, enthalten je ein Vierpaßfenster. Das höhere 2. Geschoß ist nur durch Lisenen von verschiedener Breite und abschließenden Rundbogenfries gegliedert und im mittleren Teil von 2 Vierpaßfenstern durchbrochen. Über der Mitte erhebt sich nach kurzem viereckigem Ansatz das got. Achteck des *Turmes* mit stumpfem (1946 erneuertem) Zeltdach. Ein neugot. weiteres Geschoß wurde bei der Wiederherstellung nach 1945 mit Recht weggelassen, so daß die Schwere und Gedrungenheit der Baumasse wieder zur Geltung kommt. Im Ganzen wie auch in vielen Einzelheiten der Fassade, aber auch in dem südl. Anbau war sichtlich St. Quirin in Neuss Vorbild. – Die Wände des *Langhauses* sind mit Lisenen und Rundbogenfriesen und kleinen Konsolen unter reichen Gesimsen gegliedert; das Mittelschiff und das südl. Seitenschiff haben Rundbogenfenster, das nördl. Seitenschiff Rosettenfenster. An den Seitenwänden des Turmes hinter den Treppenhäusern bizarre Lilienfenster. – Der etwas höhere got. Chor hat nur wenig vortretende schlanke Strebepfeiler, die bis zum Dachgesims emporführen, das, um sie herumgeführt, auch ihren oberen Abschluß bildet. Wasserspeier stoßen daraus vor; die urspr. Fialenkrönung ist in modernen Formen ersetzt.

Inneres. Die Turmhalle öffnet sich in 2 Geschossen mit Kreuzgratgewölben zum Mittelschiff; in das untere führt das W-Portal, das obere hat eine reiche und feine Wandgliederung durch Bogenblenden auf Säulen. – Im Mittelschiff sind den Hauptpfeilern schlanke halbrunde Dienste vorgelegt, die auf Knospenkapitellen die spätgot. Gewölbegurte und Rippen der 3 Doppeljoche tragen. Zwischen ihnen stehen je 2 spitzbogige schlichte Arkaden, darüber auf einem Gesimsstreifen ein 3teiliges Blendtriforium, das erst nach dem 2. Weltkrieg wieder seine urspr. Form erhielt. Die beiden seitlichen kleinen Arkaden sind spitzbogig, die mittlere rundbogig, breiter, niedriger und zurückliegend. Ihre äußere Umfassung ist in den Obergaden emporgeführt und umschließt als Blende das Hochfenster. Diese Anordnung geht auf normannisch-englische Anregungen zurück (Ste. Trinité und St. Etienne in Caen und viele englische Bauten). – Dem Mittelschiff folgt ohne Querschiff in gleicher Höhe der *Chor.* Die schönen Raumverhältnisse, die teilweise auf Kragsteinen ansetzenden, teilweise bis zum Boden hinabreichenden gebündelten Dienste, die laubwerkgeschmückten Kapitelle und die hohen, schlanken 2teiligen Fenster mit schlichtem Ring als Maßwerk sind eines hervorragenden Meisters würdig, der es verstand, seine Formwelt einer bescheideneren Aufgabe gemäß zu vereinfachen, ohne ihren Adel zu mindern. Die Sakristei südlich am Chor ist über einem Mittelpfeiler gewölbt; die Einzelformen sind hier noch reicher und zierlicher als im Chor selbst. – Die roman. *Hallenkrypta* hat in ihrem Hauptteil 3 Schiffe und 5 Joche und endet in 3 gleichgroßen halbrunden Apsiden im O. Zu beiden Seiten unter dem Nebenchor und der Sakristei schließen sich, durch starke Pfeiler und Gurtbogen abgesondert, quadratische Räume mit je 4 Jochen auf einer Mittelsäule an. Schon der roman. Chor hatte also hier seitliche Anbauten. Die Kreuzgratgewölbe zwischen Gurten ruhen auf Säulen mit Doppelschild-Kapitellen. Ihre Ableitung aus rheinischer Tradition oder normannischen Anregungen ist noch nicht eindeutig geklärt.

● Der wertvollste Teil der Ausstattung sind die *Glasmalereien* des sog. Bibelfensters, um 1275, im mittleren Chorfenster: Medaillons mit Szenen des Alten und Neuen Testaments in typologischer Entsprechung, auf einem Teppichmuster in tiefleuchtendem Grün. Im südl. Anbau ein roman. Taufstein des 12. Jh.; im nördl. Seitenschiff Grabmäler von Äbten des 16.–18. Jh.; das got. Grabmalschema wird bis zuletzt beibehalten. – Vom *Kirchenschatz* (im O-Flügel des Kreuzganges) ist der kölnische Tragaltar, eine Goldschmiedearbeit um 1160, besonders erwähnenswert; er wird dem Umkreis des Kölner Meisters Eilbertus zugeschrieben.

Die **ehem. Abteigebäude,** seit 1835 **Rathaus,** sind schlichte, würdevolle Bauten von 1663–1705. Der vordere Flügel mit dem wirkungsvollen Portal öffnet sich zum Hof hin in einer 7bogigen Laube.

Kath. Pfarrkirche St. Mariä Himmelfahrt, sog. **Marktkirche.** An die Stelle einer roman. Kirche, die nach alten Abbildungen Groß St. Martin in Köln ähnlich war, trat 1469–1533 ein Neubau. Nach seinen Bauformen könnte dieser fast durchweg 200 Jahre älter sein. Die 3schiffige Basilika mit Kreuzrippengewölben auf Rundpfeilern in 6 Jochen hat am Mittelschiff eine ⅝-Apsis; die Seitenschiffe sind gerade geschlossen. Das Untergeschoß des W-Turmes gehört noch dem roman. Bau des 13. Jh. an; seine Obergeschosse haben reichste spätgot. Blendengliederung; der hohe steile Helm ist von bedeutender Wirkung im Stadtbild. Seitlich sind ihm polygonale Kapellen angegliedert (1890 angebaut).

Povel-Gebäude. Der 1854 begonnene Bau der Gladbacher Aktienspinnerei und Weberei verdeutlicht in Größe und Ausstattung die Bedeutung der neuen Wirtschaftsform der Aktiengesellschaft. Dieser schon bald als »Industrieschloß« bezeichnete Fabrikbau vereint in seiner modernen, von England übernommenen Gußeisentechnologie fortschrittliche Prinzipien der Industriearchitektur mit formal historisierenden Tendenzen, die in der Außengestalt zum Ausdruck kommen. – Der turm- und zinnenbekrönte Webereitrakt an der Lürriperstraße dient heute als **Textilfachschule.** *AF*

Der 54 m hohe **Wasserturm** (Viersener Straße) von 1908 ist ein gutes, freilich auch besonders reich ausgeprägtes Monument der Entwicklung der kommunalen Versorgungsleistungen seit dem letzten Viertel des 19. Jh. Unter den zahlreichen für diese Entwicklung charakteristischen Bauten der Wasser-, Gas- und Elektrizitätsversorgung nehmen die Wassertürme einen besonders exponierten Platz ein. Ingenieurselbstbewußtsein der vollbrachten technischen Leistung, früh aber auch schon der Versuch, diese Anlagen der Technik städtebaulich überlegt zu verwenden, führte im späten 19. bis weit ins 20. Jh. hinein zu hervorragenden Lösungen. *AF*

Städtisches Museum (Bismarckstr. 97, vom Frühjahr 1982 an auf dem Abteiberg in einem Neubau von Hans Hollein)
Das ursprünglich eher lokal- und kulturgeschichtl. Museum (Fundstücke des Altertums und Kunsthandwerk aus dem Gladbacher Raum, Gewebe) ist seit dem Neuaufbau 1945 auf Expressionismus und jüngste Gegenwart ausgerichtet. Sammlungsschwerpunkte bilden die Werkgruppen zu Pop-, Minimal-, Concept- und Land-Art sowie zum Nouveau Réalisme.

Neuwerk

Ehem. Benediktinerinnen-Klosterkirche (heute beim Krankenhaus und Kloster der Salvatorianerinnen). Die um 1130 begonnene, ursprünglich flachgedeckte Basilika erfuhr mehrfache Veränderungen und Erweiterungen, vom 13. bis zum 19. Jh. wiederholte Erneuerungen. Vom Grün-

Mönchengladbach. Wasserturm

dungsbau sind Reste im W-Bau erhalten, der in seiner quadratischen Anlage mit 4 Mittelstützen an eine Doppelkapelle oder an ein Westwerk wie in Corvey und Köln-St. Pantaleon erinnert. Daran schließt sich eine 3schiffige Pfeilerbasilika von 3 Jochen mit halbrunder Apsis an, die später Kreuzrippengewölbe erhielt. Die Nonnenempore wurde im 19. Jh. entfernt; in dieser Zeit erhielt auch der Glockenturm an der S-Seite sein Obergeschoß.
Die ehem. **Klostergebäude** an der N-Seite der Kirche sind Bauten des 17. Jh.

Rheydt

Geschichtlicher Kern der im 19. Jh. erstandenen Industriestadt ist das abseits von ihr liegende Schloß.

Schloß

Die um 1180 erwähnte Wasserburg wird um 1300 von den Herren von Rheydt zum Mittelpunkt einer selbständigen Herrschaft gemacht, aber schon 1307 erhalten die Grafen von Jülich die Lehenshoheit. Von 1500 bis 1794 ist die Burg Lehen der Herren von Byland. Nach Zerstörung 1464 wird sie bis weit ins 16. Jh. hinein wieder aufgebaut, 1644 abermals verwüstet.

Das ursprünglich 3flügelige Schloß und 2 Vorburgen sind von einer 5eckigen Bastion mit Wall und Graben umgeben. Heute ist vom Hochschloß allein noch der 2stöckige SW-Flügel mit Durchfahrt und Ansatz des NW-Trakt unter Einbeziehung von 2 mittelalterl. Rundtürmen erhalten. Die Außenfront im italienischen Renaissancestil des Alessandro Pasqualini gehört der ersten Bauzeit, 1567–69, an: Die Kreuzstockfenster sind giebelbekrönt; das reichdekorierte Untergeschoß des westl. Eckpavillons mit dem Rittersaal gliedern Halbsäulen, die in Figuren ausklingen. Der Entwurf zur Hoffassade, erbaut im Stil der niederländischen Renaissance 1580/81, könnte noch auf Joist de la Court zurückgehen: Das Untergeschoß öffnet sich in einer Bogenhalle von 8 Jochen mit Kreuzrippen auf toskanischen Säulen; ihr entspricht achsengleich eine Wandteilung des Obergeschosses durch ionische Pilaster, wobei Kreuzstockfenster mit kartuschengeschmückten Feldern abwechseln. Unabhängig davon im Dach 5 Walmgiebel mit Fenstern.
Von der inneren **Vorburg,** einst zum Schloß hufeisenförmig geöffnet, stehen noch 2 Flügel mit quadratischen Eckturm-Stümpfen; das Rundbogenportal, um 1570–80, blieb unvollendet. Die Durchfahrt der äußeren Vorburg, um 1570, mit kräftiger Bossenquaderrahmung. Die **Kasematten** und Geschützstände der Bastionsbefestigung, der einzigen einer jülichschen Lehnsburg, sind z. T. noch begehbar.

Das Rheydter Schloß stellt einen wichtigen Beitrag zur Geschichte der nordwestdeutschen Renaissance-Architektur dar, insbesondere wegen des bedeutungsvollen Gesinnungswandels von der italienischen zur niederländischen Renaissance.

Die einfachen Schloßräume bergen heute das **Städtische Museum für Kunst- und Kulturgeschichte.**

Wickrath

Das **Schloß** der seit 1488 reichsunmittelbaren Herrschaft Wickrath wurde von Graf Otto v. Quadt nach 1752 nach dem Plan von J. J. Couven anstelle eines älteren Schlosses neu erbaut. Nach dem Abbruch des Herrenhauses (1859) sind von der prachtvollen Anlage außer den Alleen des Parks nur eine Terrassenbrüstung mit Skulpturen und die 3flügeligen Wirtschaftsbauten der Vorburg erhalten, von denen aber der südl. erst 1883/84 dem anderen entsprechend ausgeführt wurde. Die Mitten sind als erhöhte Pavillons mit Zeltdach und Türmchen ausgebildet und vorn durch geschweifte Giebel im Rokokostil mit reichen Relieffüllungen geschmückt.

Zoppenbroich

Spinnerei Bresges. Die seit der Mitte des 19. Jh. zu beobachtende Tendenz, Elemente des mittelalterl. Festungsbaues auch für die Industriearchitektur zu verwenden, zeigt die Baumwollspinnerei Bresges von 1861–64. Vor allem die Ecktürme und die Zinnenbekrönung kennzeichnen die Anlage als jenen Typus des »Industrieschlosses«, der bis zum Ende des 19. Jh. v. a. bei den im städtischen Weichbild gelegenen Fabriken vorherrschte. – Eine negative Beurteilung dieser Architektur durch Begriffe wie »unfunktional«, »angeklebt«, »bloß eklektizistisch« greift zu kurz, weil die sorgfältige Disposition der betriebstechnischen Erfordernisse auch die scheinbar funktionslosen Architekturelemente durchaus nutzte. Die Ecktürme z. B. dienen als Staubtürme, Wasserhochbehälter, Abortanlagen und Treppenhäuser. *AF*

MONSCHAU (Aachen A8)

Die Herrschaft Montjoie wird 1096 zum erstenmal genannt. Sie kommt 1198 an das Herzogtum Limburg, dann an die Burggrafen von Schönforst, nach 1435 an Jülich, 1666 an Pfalz-Neuburg. Die 1598 aus Aachen vertriebenen Protestanten begründen die Tuchindustrie, die sich bis ins 19. Jh. auf den europäischen Märkten behauptet. 1918 wird der Stadtname Montjoie durch seine volkstümliche Ausspracheform Monschau ersetzt.

● Die kleine **Stadt** am Rande des Hohen Venns erhält ihren architektonischen Reiz nicht durch bedeutende Bauten. Sie erfreut vielmehr durch einen Einklang von gewachsener Natur und Bauwerk, der in dieser Reinheit selten ist. Die stattlichen Bürgerhäuser, eng in das gewundene Tal der Rur gedrängt, wachsen ohne sichtbaren Übergang aus dem blaugrauen Fels, nehmen in ihrem Fachwerk helle Farben und graphische Struktur an und fügen sich mit den Schieferdächern wieder den verhaltenen, regenblauen Farben der Eifellandschaft ein. Die Burg auf halber Höhe bringt einen kraftvollen Akzent in das Bild, stört aber nicht die Einheit, in der Material und Form aus Menschenhand mit Fels, Wald und Wasser zu einem Ganzen werden.

Kath. Pfarrkirche St. Mariä Geburt. 1640 erhielt Monschau volle Pfarrechte und errichtete 1649/50 eine eigene Pfarrkirche. Sie ist ein 1schiffiger Saalbau von 3 Jochen mit hölzernen Kreuzgewölben. Die gute Ausstattung des Barock leidet unter der einförmigen späteren Bemalung.

Kath. Hauptpfarrkirche St. Maria, sog. **Aukirche,** ehem. Franziskaner-Klosterkirche
Auf dem Besitz der Herren von Au, der »Junkerau«, legten 1717 die Minoriten den Grundstein zum Kloster. Die 1726 begonnene Kirche konnten sie, da die Mittel fehlten, erst nach 1751 vollenden.
Sie ist ein einfacher Saalbau mit geradem Chorschluß und hölzernem Kreuzgewölbe auf Wandpfeilern. – Das **ehem. Kloster,** jetzt Bürgermeisteramt, Schule und Heimatmuseum, schließt sich an die O-Seite der Kirche an. Die 2geschossigen Bauten umschließen 3 Seiten eines Kreuzganges.

Die **ev. Kirche** wurde 1787–89 von Wilhelm Hellwig aus Schieferbruchstein erbaut. Im einheitlich ausgestatteten Inneren des einfachen Saalbaues schmücken Girlanden und Rosetten aus Stuck im Stile des Empire die Wände und die Brüstungen der Emporen. Der in den Innenraum einbezogene Turm trägt einen schön geschweiften Helm mit Laterne von 1684, er wurde von der abgebrochenen Kirche in Köln-Mülheim übernommen.

Burg
Das 1217 erwähnte »castrum in Munioie« erbauten die Grafen von Montjoie zum Schutze des in der Nähe gelegenen Prämonstratenserinnen-Klosters Reichenstein. Von dem ersten roman. Bau stammen die Hauptteile des Bergfrieds und das Portal zum Hauptschloß. In der 2. Hälfte des 14. Jh. wurde die Burg völlig umgebaut und mit Ringmauern und Wehrgängen versehen, in der jülichschen Fehde 1543 von den kaiserlichen Truppen erobert und teilweise zerstört. Nach der völligen Zerstörung 1689 geriet sie in Verfall. 1899 von der Stadt erworben, wurde sie baulich gesichert. Seither Jugendherberge. Die N-Seite der Burg sicherte der mächtige runde »Eselsturm«, kurz vor 1517 erbaut.
Die Auffahrt unter dem Zwinger, dessen O-Mauer von 6 Streben

gestützt wird, führt durch ein 2türmiges Tor und einen kleinen Vorhof. Im O-Flügel der Hochburg erhebt sich, stark in den Zwinger vortretend, ein viereckiger Turm. Besser erhalten sind der W-Flügel mit Rittersaal und Palas und der Bergfried am Abhang. Aus dem Palas führt ein langer Treppengang zum Eselsturm. Die Vorburg im O hatte 4 Türme, von denen 3 erhalten sind; an den nördl. runden Turm wurde 1586 die Kommandantenwohnung angebaut, der viereckige Turm weiter südl. diente als Chor der Kapelle, ein 3. Rundturm ist in einen langgestreckten Bau, jetzt Hospital, einbezogen.

Das Monschauer Bürgerhaus, das sich dem Besucher in vielen großen und kleinen Beispielen darbietet, fand im **Roten Haus (Scheibler-Museum)** seine Vollendung: Das Doppelhaus »Zum Helm« und »Zum Pelikan«, das Lager und Wohnung unter einem Dach vereinte, um 1765 für den Tuchfabrikanten Johann Heinrich Scheibler gebaut, ist eine der großen Leistungen anonymer bürgerlicher Architektur des 18. Jh. Der 3geschossige Bau hat an den Breitseiten 8 Fensterachsen, an den Schmalseiten 3. Ein Blausteinsockel, gequaderte Ecklisenen und ein energisches Abschlußgesims fassen die roten Backsteinflächen zusammen. Die barocken Elemente, die sich in ihnen ankündigen, werden in den Fensterrahmungen, die im Keilstein eine Muschel tragen, und in den ausladenden, verschieferten Giebeln deutlich. In den Türen wird die kühle Bändigung des höfischen Rokoko sichtbar, die den Besucher heute noch im Innern des Wohnhauses entzückt. Die breite geschnitzte Treppe, heiteres Rocaillewerk mit Reliefs, in denen die Einzelvorgänge der Tuchindustrie dargestellt sind, Stuckrahmen und Kartuschen huldigen dem Zeitstil in einer Weise, in der der Bürger dem Fürsten nacheifert und sich doch selbstbewußt distanziert. – 1980 nach umfassender Restaurierung neu eröffnet.

Andere Beispiele der Monschauer Bauweise sind das **alte Rathaus** von 1654, das **Doppelhaus de la Tour,** das 3flügelige **Haus Elbers,** das **Haus Laufenstr. 194** u. a.

Von dem **ehem. Prämonstratenserkloster Reichenstein** auf einer nahen Anhöhe stehen noch einige schlichte Bauten des 17. Jh.

MORSBACH (Oberbergischer Kreis E6/7)

Die **kath. Pfarrkirche St. Gertrud,** 1. Hälfte des 13. Jh., ist neben St. Nikolaus in Wipperfürth die bedeutendste Kirche im oberbergischen Land. Sie ist eine 3schiffige rheinische Emporenbasilika mit 5 Arkaden, denen in den Seitenschiffen quadratische Joche entsprechen. Der quadratische Chor schließt halbrund; die Seitenschiffe haben außen einen geraden Abschluß, innen flache Altarnischen. Der quadratische, im Kern noch dem 12. Jh. angehörende W-Turm in der Breite des Mittelschiffes hat 5 Geschosse und als Krone 4 Giebel mit Rhombendach. Im Äußeren sind alle Bauteile klar abgesetzt. Sie ergeben ein sehr ansprechendes Gesamtbild. Türme, Mittelschiff, Seitenschiffe, Chor und Apsis sind unter dem Dachgesims mit starken Bogenfriesen geschmückt und so in ihrer horizontalen Lagerung betont. An der S-Seite Portalvorbau mit dopelter Säulenstellung. Im Inneren farbige Architekturmalerei und Reste von Wandgemälden (Apsis), um 1260. Emporenöffnungen mit 3fachen Bogengruppen und eine flache Mittelschiffsdecke von 1868. – Die Sakristei am Chor stammt aus dem 14. Jh., die ihr entsprechende Krankenkapelle auf der N-Seite von 1937.

MUCH (Rhein-Sieg-Kreis D6)

Kath. Pfarrkirche St. Martin. Die im Mittelalter dem Bonner Cassiusstift gehörige Kirche, eine 3schiffige, flachgedeckte roman. Pfeilerbasilika mit großem, ungegliedertem W-Turm, stammt aus dem 12. Jh. Im 15. Jh. wurde die Kirche durch einen doppelten gewölbten Chorbau erweitert. Der südl. Chor mit der Sakristei entstand 1866/67 nach Plänen von V. Statz. Roman. Taufstein, um 1200. Spätgot. Sakramentshäuschen, um 1500.

MÜLHEIM a. d. Ruhr (C4/5)

Die Stadt entwickelte sich aus einer Ansiedlung um die Burg Broich und einer anderen um den Hof der Herren von Molenheim. Die Kapelle dieses Hofes wurde von der Petrikirche abgelöst. Seit dem 19. Jh. ist Mülheim ein wichtiger Ort der Zechen- und Hüttenindustrie. Im 2. Weltkrieg schwer zerstört.

Kath. Pfarrkirche St. Engelbert. Die 1903 errichtete gotisierende Hallenkirche war bis auf die Außenmauern zerstört. Hans Schwippert zog 1953 ein flaches, stahlverspanntes Gewölbe ein, das er auf teleskopartige Stahlrohrstützen stellte, die sich am Auflagepunkt auf ein Minimum zusammenziehen. Statisch möglich, erscheint diese Lösung doch optisch gewagt, gibt allerdings dem Raum eine bemerkenswerte Leichtigkeit, wie sie der Stil der 50er Jahre erstrebte.

Kath. Pfarrkirche St. Mariä Geburt (Kettwiger Straße). Die auf einem Hügel in kubischen Formen 1927–29 von Emil Fahrenkamp erbaute

Kirche ist einer der frühesten modernen Sakralbauten der Kölner Erzdiözese. Bei der flach gedeckten, 3schiffigen, außen mit Backstein verblendeten Basilika kontrastieren in der Außenansicht die lebhaft gegliederten Seitenschiffe mit dem glatten Kubus des Mittelschiffes und dem neben der Fassade schlank aufsteigenden Glockenturm. Nach schweren Kriegsschäden, 1943, wurden 1948/49 das Innere, 1958 die Fassade wiederhergestellt. – Wichtigstes Ausstattungsstück ist ein bemalter Reliquienschrein, kölnisch, 15. Jh. – Die *Taufkapelle* hat die Form eines neben dem Kirchengebäude frei stehenden Rundtempels.

Die Hangbebauung mit einem **Altenhof** unterhalb der Kirche von Arthur Pfeifer und Hans Großmann, 1929.

Ebenfalls auf dem Kirchenhügel liegt die **ev. Petrikirche.** Ihr 5geschossiger Turm gehört in seinen unteren Geschossen noch der roman. Zeit des 12. Jh. an, die übrigen Geschosse und der Chor dem 15. Jh. Das Langhaus wurde im 19. Jh. erbaut. Die ganze Anlage ist in der heutigen Form eine Wiederherstellung des Zustandes von 1840.

Auf dem Kirchenhügel rund um das Tersteegenhaus (s. d.) Reste der Altstadt mit **Fachwerkbauten** des 17.–19. Jh.

Rathaus (Friedrich-Ebert-Straße), 1911–15 nach Plänen von Hans Großmann. Der weitläufige, mehrere Trakte umfassende Komplex setzt mit seinen Muschelkalkfassaden, einem Torbau über der Friedrich-Ebert-Straße und einem hohen Turm wichtige städtebauliche Akzente. – Erweiterungsbauten von Franz Thissen, 1962 und 1965–68.

Stadthalle, 1923–25 von Hans Großmann. Die Innenarchitektur von Emil Fahrenkamp nach Kriegsschäden vereinfacht wiederhergestellt. Der Erweiterungsbau von Gerhard Graupner, 1957. Im Foyer 2 Glasmosaiken von Jan Thorn-Prikker, 1926 und 1928.

Das **Heimatmuseum »Tersteegenhaus«** (Teinerstr. 1) in einem im Kern wohl noch aus dem 16. Jh. stammenden Fachwerkhaus mit hohem Unterbau aus Ruhrsandstein. – Schausammlung mit Hausrat des 16.–18. Jh., Ansichten des Dorfes Mülheim und stadtgeschichtlichen Dokumenten im ehem. Wohnhaus des Dichters und Predigers Gerhard Tersteegen (1698–1769).

Städtisches Kunstmuseum (Leineweberstr. 1) im Gebäude des ehem. Stadtbades, 1910–12 von Karl Helbing, nach dem 2. Weltkrieg verändert wieder aufgebaut. – Deutsche Malerei des 20. Jh., Mülheimer Künstler, u. a. Werner Gilles und Otto Pankok.

Broich

Schloß Broich gehört neben Schloß Kleve und den linksrheinischen Wasserburgen zu den stattlichsten Burgen am Niederrhein. Der Stadt gegenüber am linken Ruhrufer gelegen, beherrscht sie den ganzen Hügelrücken. Sie war im 11. Jh. Sitz der Herren von Broich, seit 1372 der Herren von Hohenlimburg und später anderer adliger und bürgerlicher Familien. Die Hochburg aus dem 12. Jh. hat einen nahezu kreisförmigen starken Bering mit Laufgang und steinerner Brüstung. Im südöstl. Teil des Berings steht der Torbau mit 2 jüngeren (17. Jh.) viereckigen Flankentürmen. In der Mitte des Hofes stand der mächtige Bergfried, von dem nur die Grundmauern erhalten sind. In einer 2. Bauperiode gegen 1400 entstand der Palas. Durch Neu- und Umbauten im 17. und 18. Jh. wurde die Burg immer umfangreicher.

Dümpten

Kath. Pfarrkirche St. Barbara, 1954/55 von Alfons Leitl. Der Architekt gab dem Bau eine ungewöhnliche Zentralgestalt: 2 im Winkel auseinanderlaufende Schiffe mit quergestelltem Gestühl nehmen den dreiecks- bis trapezförmigen Altarplatz in die Mitte, dessen Grundgestalt sich im äußeren Umriß wiederholt, mit der Sakristei hinter dem Altarplatz, der Taufkapelle ihm gegenüber. Die niedrige Taufkapelle wird von den beiden Eingängen umfaßt, über ihr öffnet sich eine weite helle Glaswand mit feinem blaugrauem Muster. Auch die Wände seitlich des Altares bilden große Fenster; eine basilikale Fensterzone überragt den Altarplatz. Dieser empfängt dadurch viel Licht, ist aber selbst ein Ort der Ruhe. Gemeinde und liturgische Stätte bilden in diesem Raum eine ungewöhnlich enge Einheit.

Saarn

Kath. Pfarrkirche St. Mariä Himmelfahrt, ehem. Zisterzienserinnen-Kirche der Abtei Maria Saarn. Die roman. Kirche stammt aus der Gründungszeit des Klosters in der 1. Hälfte des 13. Jh. und wurde im 19. Jh. erweitert. Das 1schiffige Langhaus weist noch die beiden alten Joche auf. Das Kreuzrippengewölbe wurde später erneuert, der roman. Chor abgebrochen. – **Ehem. Abteigebäude** aus dem 18. Jh.

Ruhrtalbrücke, 1963–66 errichtet als Überbrückung des Ruhrtales für den Autobahnzubringer Essen-Düsseldorf. Die 1830 m lange, auf 18 schmalen Stahlbetonpfeilern mit einer größten Stützweite von 620 m ruhende Stahlbrücke, deren Fahrbahn 65 m über dem Wasserspiegel des Flusses liegt, gilt als eine der kühnsten Konstruktionen ihrer Art in Europa; sie ist zugleich ein Beispiel für die gelungene Einpassung moderner Architektur in die Landschaft.

Styrum

Kath. Pfarrkirche St. Albertus Magnus, 1955/56 von Ludger Kösters.

Wasserkraftwerk Raffelberg. Das 1925 von den Architekten Arthur Pfeifer und Hans Großmann über der Ruhr errichtete Kraftwerk spiegelt in seinem eckpfeilerbetonten, geschlossenen Aufbau die abriegelnde Staufunktion der Anlage klar wider. *AF*

MÜNSTER (DE2/3)

Die Stadt, Zentrum der Münsterschen Bucht, ist das Rom des niederdeutschen Raumes, erfüllt von bedeutenden Kirchen und der Intensität des Glaubens, von künstlerischer Form und bürgerlicher Enge. Askese und Wohlleben, Geist und Geschäft stoßen sich in seiner Geschichte hart aber fruchtbar. Die Anfänge sind kaum zu bestimmen. Im 7. Jh. entwickelt sich eine sächsische Ansiedlung. Um 792/793 errichtet der hl. Ludger an einem Übergang über das Flüßchen Aa eine Missionsstation, die er bald zu einer klösterlichen Niederlassung ausweitet. 804/805 wird sie zum Bischofssitz erhoben, L(i)udger ihr erster Bischof. Die Bischöfe von Münster, bald Landesfürsten, erfreuen sich der besonderen Gunst der deutschen Kaiser. Im Schatten der Domburg wächst die Stadt. Mit ihren 3 Märkten und einer weitgestreckten Befestigung ist sie um die Mitte des 12. Jh. ein ansehnliches Stadtwesen. Nach dem Kloster (Monasterium) erhält sie den Namen Münster. Im späteren Mittelalter hat sie große Bedeutung als Handelsplatz der Hanse. Bischofsgewalt und bürgerlicher Gewerbefleiß ergänzen sich glücklich. Das Verhältnis wird nachhaltig gestört durch die Wiedertäufer, eine aus den Niederlanden kommende Sekte, die 1534/35 ihre schwärmerische Idee des Neuen Jerusalem in der Stadt mit Terror und Mord einführt. Der vom Bischof niedergeschlagene Aufstand vernichtet die bürgerliche Freiheit und den Wohlstand. Im 30jährigen Kriege wird Münster Ort der Friedensverhandlungen; 1648 schließt Europa im Friedenssaal des Rathauses den Westfälischen Frieden. Die Stadt steht fortan unter der Hut des Fürstbischofs. 1803 fällt das säkularisierte Bistum mit der Stadt an Preußen. Münster wird Hauptstadt der Provinz Westfalen, hohes militärisches Kommandozentrum und Sitz der Westfälischen Wilhelms-Universität. Die Stadt bewahrt ihren Charakter als Provinzmetropole, Universitätsstadt und Garnison bis zum 2. Weltkrieg, der sie fast ganz zerstört.

Im **Stadtbild** war bis zur Zerstörung das geschichtliche Wachstum erkennbar. Mitte war der Dom mit der im Stadtbild noch spürbaren Domburg und dem Kranz der Domkurien. Ihm schloß sich nach O der bürgerliche Markt, der Prinzipalmarkt, mit dem Rathaus und der Bürgerkirche St. Lamberti an. Jenseits der Aa um das Stift Überwasser war eine kleinbürgerliche Siedlung zu erkennen. In dieser wachsenden Bürgerstadt entstand im höfisch-dynastischen Zeitalter der Renaissance und des Barock eine Reihe adeliger Stadtpaläste. Die Ausdehnung der alten Stadt wird erkennbar in den geschleiften Wällen, die heute als grüner Gürtel der Promenade die Innenstadt umziehen. Künstlerische Blütezeit war das frühe und hohe Mittelalter

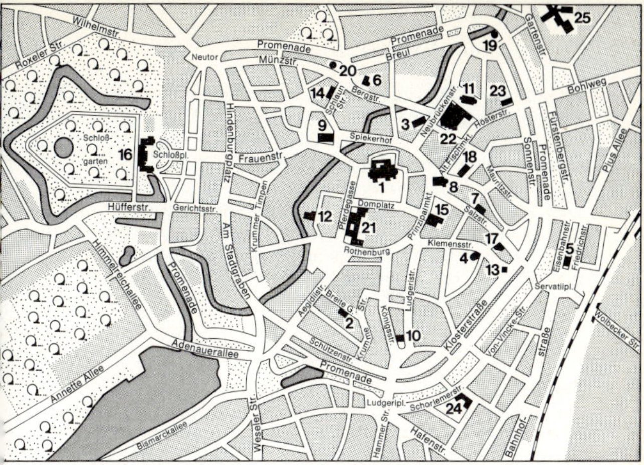

1 Dom St. Paulus
2 Kath. Pfarrkirche St. Ägidii
3 Ev. Apostelkirche
4 Kath. Clemenskirche
5 Ev. Erlöserkirche
6 Ev. Johanniskirche
7 Ehem. Dominikanerkirche St. Joseph
8 Kath. Stadt- und Marktpfarrkirche St. Lamberti
9 Kath. Pfarrkirche Liebfrauen, Überwasserkirche
10 Kath. Pfarrkirche St. Ludgeri
11 Kath. Pfarrkirche St. Martini
12 Gymnasialkirche St. Petri
13 Kath. St.-Servatii-Kirche
14 Ev. Universitätskirche
15 Rathaus
16 Fürstbischöfliches Residenzschloß, Universität
17 Erbdrostenhof
18 Krameramtshaus, Stadtbibliothek
19 Zwinger
20 Buddenturm
21 Landesmuseum
22 Stadttheater
23 Stadtarchiv
24 Landwirtschaftskammer
25 Justizvollzugsanstalt

Münster. Innenstadt-Lageplan

bis zum Ausgang der ersten Bürgerzeit, sich dokumentierend im Dom und in bedeutenden Pfarr- und Stiftskirchen. Die münstersche Malerei erlebte im Schaffen der Malerfamilie tom Ring in der 2. Hälfte des 16. Jh. einen in der deutschen Kunstgeschichte einsamen Höhepunkt. Am Ausgang des Barockzeitalters sah Münster seine letzte künstlerische Glanzzeit. Unter Johann Conrad Schlaun vollendete sich der Barock im Erbdrostenhof und im Schloß, der letzten umfassenden Residenzanlage. Am Ausgang des 18. Jh. versammelte die Fürstin Amalie

v. Gallitzin (1748–1806) einen bedeutenden Kreis von Denkern und Dichtern um sich: Hamann, L. v. Stolberg, Hemsterhuis, Fürstenberg, Overberg, die Brüder Droste zu Vischering; Goethe weilte 1792 bei ihr zu Gast. Der tatkräftige Generalvikar Franz v. Fürstenberg gründete die Universität (1771). Der Wiederaufbau der im 2. Weltkrieg zerstörten Stadt, in der Grundplanung und in Einzelheiten eigenwillig, führte doch zu bedeutenden Leistungen der modernen Architektur, die z. T. das Interesse der internationalen Fachwelt fanden.

Sakralbauten

● Dom St. Paulus

Der Dom ist das bedeutendste Werk der westfäl. Architektur, ein Kirchenraum, der »in seiner Einheitlichkeit, seiner Weite und seinem Rhythmus in Deutschland einzigartig ist« (Dehio). Der hl. Ludger gründete um 800 eine Klosterkirche, die nach seiner Bischofsweihe 804/05 als Kathedralkirche diente. Sie stand auf dem Boden, den heute der Kreuzgang und der Herrenfriedhof des Domes einnehmen. Obwohl sie erst um 1377 abgebrochen wurde, wissen wir wenig von ihr. Grabungen lassen auf eine 3schiffige Anlage schließen, die so orientiert war wie die späteren münsterischen Bischofskirchen. – Einige Schritte südl. des Ludgerus-Domes vollendete Bischof Erpho einen neuen Dom, den er 1090 weihte. Der Erpho-Dom war eine 3schiffige Basilika. Er hatte ein östl. und ein westl. Querhaus, einen O- und einen W-Chor. Der östl. Chor hatte 3 gleichgeordnete, runde Apsiden; der W-Chor schloß rechteckig. Dieser 2chörige, von der Seite zugängliche, auf einem zur Breite neigenden Rechteck errichtete Dom steht in deutlichem Gegensatz zur Bautendenz der Zeit, die dem Muster von Cluny folgt. Der Erpho-Dom dokumentiert eine westfäl. Sonderentwicklung, die schon in ottonischer Zeit zu beobachten ist und in der westfäl. Hallenkirche des 13. Jh. ihr Ziel findet. Am Ende des 12. Jh. baute Bischof Hermann II. (1174–1203) den W-Chor des Erpho-Domes, den wahrscheinlich ein kräftiger, 4kantiger Turm überhöhte, zu einem W-Bau aus. Er entsprach in seinen Grundzügen dem heutigen Zustand des Äußeren, bestimmt von einer mittleren, nur in Fenstern geöffneten Wand, die von 2 4kantigen Türmen flankiert wird.

Das baufreudige 13. Jh. ersetzte den Erpho-Dom durch einen Neubau. Bischof Dietrich III. legte zwischen 1218 und 1225 den Grundstein. Man übernahm den Grundriß und die Grundmauern des Erpho-Domes, die nur wenig korrigiert wurden. Der O-Chor erhielt einen polygonalen Schluß, der südl. Haupteingang eine erweiterte offene Vorhalle, das Paradies. Der Bau begann im O. Der O-Chor zeigt im Grundriß die got. Formen, wie sie von den französ. Kathedralen übernommen und am Oberrhein und in Magdeburg abgewandelt waren. Mit dem Wechsel des Bauherren (1226 folgte Bischof von Holte dem Bischof Dietrich von

Isenburg) wechselte auch der Baumeister. Dieser ließ die Arbeit am O-Chor ruhen und wandte sich dem westl. Querhaus zu. In den 2 Jochen des basilikalen Langhauses verzichtete er auf die Zwischenstützen des gebundenen Systems. Seine Scheidbogen, in denen der spitze Bogen der Gotik sich mit der Kraft roman. Struktur verbindet, gehen in großen kühnen Spannen von Pfeiler zu Pfeiler. Die Scheide zwischen Mittelschiff und Seitenschiffen verliert ihre trennende Kraft; Mittelraum und Seitenräume fließen ineinander. Die Baldachingewölbe gewinnen über dem Mittelschiff wie über dem westl. Querhaus zelthafte Weite und raumbestimmende Tiefe. So waren bis dahin nur in W-Frankreich, im Anjou, die Gewölbe geformt. In diese einheitliche Raumkonzeption wird schließlich der W-Chor einbezogen. Der Meister des Langhauses führte den Dombau nicht in diesem Sinn zu Ende. Er wurde abgelöst durch einen 3. Meister, der wahrscheinlich aus Köln kam. Er vollendete das Gebäude im spätroman. Stil niederrheinischer Art. Im östl. Querhaus sind die Gewölbe weniger tief als im Mittelschiff; im O-Chor siegt schließlich der vielschichtige, spitzbogige Wandaufbau aus Fenstergruppen, Blendarchitektur und Laufgang.

Der Bau des 13. Jh., 1264 durch Bischof Gerhard von der Mark geweiht, wurde später durch einen Kreuzgang ergänzt, der 1395 vollendet war. Einen nachhaltigen Versuch der Umwandlung unternahm das 16. Jh. Nach 1512 brach man die Mauer der W-Wand auf und errichtete ein got. Stufenportal, über dem ein breites 8teiliges Maßwerkfenster die Wand auflöste. Die offene Vorhalle an der S-Seite wurde vergrößert und um ein 2. Stockwerk erhöht. Zugleich versuchte man mit Stilformen der Spätgotik, die gesamte S-Seite zu einer Schmuckwand zu gestalten. Die Paradieshalle und die Giebelwand des westl. Querhauses wurden als schmuckreiche Portalfassaden gestaltet und die Giebelfront des östl. Querschiffes in Schmuckwerk und Plastik ähnlich behandelt. Die Seitenschiffe des Langhauses erhielten größere Maßwerkfenster. In dieser Zeit dürfte auch der Bau des Kapellenkranzes begonnen worden sein; die letzten 3 Chorkapellen errichtete Bischof Christoph Bernhard v. Galen 1663–78 in spätestgot. Formen. Im 19. Jh. erfuhr der Dom einige Restaurierungen. Man entfernte den großen spätgot. Lettner, der Chor und Mittelschiff schied.

Der 2. Weltkrieg traf den Dom schwer. Ein großer Teil der Mittelschiffsgewölbe stürzte ein. Das südl. W-Querschiff wurde samt seinem Giebel zerschlagen. Der W-Bau verlor 2 Drittel seiner Portalwand. Der Wiederaufbau bemühte sich um die getreue Rekonstruktion. Lediglich beim W-Bau verzichtete man auf die Wiederherstellung der spätgot. Veränderung. Man führte die Wand im schlichten Mauerwerk auf und belebte sie durch eine Fensterkomposition aus 16 kleinen Rundfenstern. Im letzten Stadium des Wiederaufbaus wurde der Dom im Inneren nach den Gesichtspunkten der Liturgischen Bewegung und des neuen Kirchenbaus von den Architekten Fritz Thoma und Emil Steffann neu geordnet (1956).

Äußeres. Die mächtigen *Türme* steigen bis zur Traufe des Mittelschiffs ungegliedert empor. Die folgenden 4 Geschosse sind durch Lisenen, Bogenfriese und 2teilige Schallöffnungen

Münster. Dom

in schönem Ebenmaß gegliedert. Die monumentale Geschlossenheit der Turmuntergeschosse wird aufgenommen von der neuen *W-Wand* und ihrer schlichten Komposition aus 16 Rundfenstern, einem unaufdringlichen Nachklang der großen roman. Rosettenfenster am W-Querhaus. Überraschend ist die *S-Seite* mit dem Nebeneinander von Frühgotik am Hochschiff und Spätgotik am Erdgeschoß. Am Hochschiff sind unter einem Spitzbogenfries die rundbogigen Fenster zu 3teiligen Gruppen zusammengefaßt und von Arkadenbogen auf Säulen gerahmt. Prächtige Fensterrosen schmücken die 3 Seiten und den Giebel des W-Querhauses, kleine Rosetten und Medaillons mit Tiersymbolen zieren die Zwickel. Ein spätgot. Werk vor der Front des W-Querhauses ist das *Paradies,* der 2geschossige Erweiterungsbau des älteren Paradieses aus dem 13. Jh., das sich mit 3 Arkaden nach außen öffnete. Die spätgot. 2geschossige Fassade schließt mit 2 ineinandergestellten Giebeln und einer Galerie aus Fischblasenmaßwerk ab, die im Hintergrund von den Giebeln des Querhauses gesteigert und ergänzt werden. Ruhiger wirkt die portallose S-Front des östl. Querschiffes, erbaut um 1512, nach starkem Verfall 1905/06 formgetreu restauriert; der Giebel nach Zerstörung durch die Wiedertäufer schon 1565 neu errichtet.

Münster. Dom. Paradies. Bischof Dietrich von Isenburg und der hl. Laurentius

Münster. Dom

Das Innere des Paradieses schmücken in eigenartiger Verbindung mit dem Portal Monumentalstatuen des mittleren 13. Jh.; sie standen, bevor der spätgot. Erweiterungsbau sie einschloß, im Freilicht, das durch die offenen Arkaden hereinfiel. Von hohem künstlerischem Rang ist bereits ● die Anordnung der *Bildwerke um die Pforte*. Eine so geordnete großartige Bilderwand gibt es nicht ein zweites Mal in der mitteleuropäischen Kunst des 13. Jh. Im Giebelfeld thront der Weltenrichter, ursprünglich zwischen Maria und Johannes, die vermutlich den Wiedertäufern zum

Opfer fielen. Am Türsturz sind in Relief die Anbetung der Könige und die Bekehrung Pauli dargestellt, Beispiele des spätroman. Zackenstils. Die urspr. Mittelfigur des hl. Paulus am Mittelpfosten wurde von den Wiedertäufern zerstört; nach dem Vorbild schuf Heinrich Brabender, gen. Beldensnider, 1536 die neue Figur mit bemerkenswerter Einfühlungskraft. Beiderseits an den Wänden stehen die Apostel unter Baldachinen. Diese massigen Gestalten, mit einem Faltenwerk von geradezu manieriertem Reichtum bekleidet, wurden um 1225–40 von westfäl. Bildhauerwerkstätten geschaffen. Sie orientierten sich an damals modernen Werken Frankreichs, wahrscheinlich an den Skulpturen der Kathedrale in Reims (Gerichts- und Calixtusportal), vergröberten die Vorbilder jedoch und bildeten den Formenschatz zurück in die ihnen vertrautere örtliche Bildhauersprache einer älteren Zeit. – An der Seitenwand nach O und dem anschließenden W-Wandteil 4 Figuren, die ursprünglich für andere Standorte bestimmt gewesen sein müssen: Bischof Dietrich von Isenburg, den Grundstein zum Neubau des Domes in Händen, neben ihm der hl. Laurentius mit Rost und Palme, dann ein Ritter, der ohne ausreichenden Grund als hl. Theodor oder als Gottfried von Cappenberg bezeichnet wurde, und eine Heilige mit einem Salbgefäß, wohl Maria Magdalena. Mit diesen 4 Standbildern erreichte die westfäl. Skulptur die künstlerische Höhe des Zeitalters. Sie erhielten ihre ausgesprochen individuelle Form in der diesmal nur wenig abgeschwächten Ausstrahlung der Kathedralkunst, wie die Chartreser Werken nahe Ritterfigur und die den Skulpturen des Straßburger Gerichtspfeilers verwandte Laurentiusstatue besonders qualitätvoll dartun. Die hl. Magdalena entstammt mittelbar dem Werkkreis wieder eines Reimser Ateliers, das unter dem anonymen Josefsmeister am W-Portal der Kathedrale arbeitete. Sie ist gut 20 Jahre nach den 3 anderen, um 1230–40 geschaffenen Figuren entstanden.

Innenraum. Im quadratischen alten *W-Chor* gleichen die Gewölbe denen des Langhauses. Seine beiden Seitenwände werden unten von je einer 4teiligen Arkadengruppe durchbrochen, durch die der Chor früher mit den anliegenden Turmkapellen verbunden war. In halber Höhe bilden Arkaden einen Laufgang, der sich ursprünglich an der später abgetragenen O-Wand fortsetzte. Die spätgot. Ausgestaltung der W-Front machte hier die Höherlegung des Laufganges nötig. Oben im Bogenfeld befindet sich beiderseits eine 3teilige Arkade. Der Boden wurde 1956, wie beim urspr. W-Chor vermutet, höher gelegt und unter ihm die Gruft der Bischöfe von Münster angelegt.

Auch im Querhaus sind die Stirn- sowie die O-Wände über spitzbogigen Blenden mit Laufgängen ausgebildet. Der gewaltige Raum des *Mittelschiffes* wird von Gewölbekuppeln mit 8 unterlegten Rippen überspannt. Die breiten, spitzbogigen

Quergurte ruhen auf konsolenartigen Vorsprüngen. Die Hochwände schließen in leicht kleeblattförmiger Schwingung ab und umfassen rhythmisch die 3teiligen Fenstergruppen. Je ein rechteckiger, ungegliederter Pfeiler auf der N- und S-Seite teilt das Hauptschiff in 2 nahezu quadratische Joche. Ursprünglich waren wohl Zwischenpfeiler im gebundenen System vorgesehen. Indem man diese wegließ, schuf man jene Raumweite, die für den Dom kennzeichnend ist. Zu beiden Seiten der Arkadenbögen sind in den Zwickeln Bogenstellungen ausgespart, die wie Ansätze oder Reste von Triforien aussehen. Im O-Querschiff und O-Chor werden die Fenster nischenförmig von Säulenstellungen umrahmt, hinter denen ein Laufgang herumführt.

Außer dem Paradies erhielt auch die östl. Vierung die Auszeichnung monumentaler *Bauplastik*. An ihren Pfeilern, heute um den Hochaltar versammelt, stehen die überlebensgroßen Standbilder der 4 Evangelisten (um 1260). Sie sind den Aposteln des Paradieses verwandt. (Der Johannes ist Kopie, 1956.)

Im Innern durchdringen sich der Raum des 13. Jh. und die *Neuordnung* von 1956. Steffann und Thoma hatten die bisher erarbeiteten Formen des neuen Kirchenraumes den liturgischen Forderungen einer Bischofskirche entsprechend anzuwenden und zu erweitern; sie mußten sich dabei auf eine Neuordnung im Grundriß beschränken. Die von der kirchlichen Baukunst der Gegenwart erstrebte Vorhalle war im Paradies des Doms großartig gegeben. Als Werktagskapelle kann der Terzchor dienen, der nach einem röm. Dekret in den Bischofskirchen einzurichten ist. Für ihn wurde der Raum des alten *W-Chores* benützt. Über den Gräbern seiner Vorgänger und inmitten des die Terz singenden Kapitels bereitet der Bischof sich hier zum Pontifikalamt vor. Nach der Ankleidung zieht er in feierlicher Prozession durch das Mittelschiff zum Hochaltar. Dieser steht als schlichter Kastenaltar unter der östl. Vierung. Die Architekten entfernten das alte Chorgestühl und die Chorschranken. Das mächtige Vierungsgewölbe wurde zu einem großartigen Altarziborium. – Vorhalle, Terzchor, Werktagskapelle und zentrale Stellung des Altars ergeben noch nicht die neue Ordnung einer Bischofskirche. Sie bedarf vor allem des Miteinanders von Bischof, Kapitel und liturgischer Gemeinde. Dies ist vorbildlich erreicht: Im Haupt des Chores steht der Sitz des Bischofs. Ihm schließen sich nach rechts und links die Sitze des Domkapitels, der Domvikare und der Seminaristen an. Gemeinde, Bischof und Kapitel umschließen den in ihre Mitte gerückten Altar. Sein Opfer wird auch in der Bischofskirche den Gläubigen mit Auge und Ohr zugänglich. – Die alte Schatzkammer wurde als *Sakramentskapelle* verwendet; die Orgel erhielt ihren Platz auf der Empore des nördl. Querschiffarmes. Die Kapelle des südl. Turmes richtete man als *Taufkapelle* ein; das alte Taufbecken steht am traditionellen Ort der Taufsteine, am Eingang zur Kirche (Ende des 14. Jh.).

Ausstattung. Die *Bilder und Bildwerke* des Domes blieben von den Bomben des Krieges nicht verschont. Trotz schmerzlicher Verluste sind die bedeutendsten Werke jedoch erhalten: die Standbilder des Paradieses, die barocken Denkmäler der Fürstbischöfe Christoph Bernard v. Galen und Friedrich Christian v. Plettenberg sowie des Domherrn Ferdinand v. Plettenberg, der Domschatz und die berühmte astronomische Uhr. Sie erhielten neue Standorte. Es ließ sich sogar der alte schöne Gedanke der Denkmalpflege verwirklichen, Kunstwerke aus dem Museum wieder in den Dienst des Gotteshauses zu holen. Auf dem Laufgang des Chores stehen wieder die *Leuchterengel* des Johann Brabender und seines Sohnes Franz, um 1560, aus musealem und privatem Besitz in ihre urspr. Funktion zurückgekehrt. Im offenen Kasten des Hochaltares erhielten die figürlichen *Reliquiare* des Domschatzes den ihnen zukommenden Platz. Der alte *Hochaltar* (1619–22 von Gerhard Gröninger) wurde an der W-Wand des Terzchores aufgestellt. Gröningers Meisterwerk ist der *Stephanus-Altar* im N-Flügel des östl. Querhauses (um 1630). In den Nischen des Chorumganges stehen die plastischen Bildwerke des im 2. Weltkrieg zerstörten *Lettners* (1542–56). Die Fenster des nördl. Seitenschiffes tragen *Glasmalereien* vom Anfang des 16. Jh., die aus dem Kloster Marienfeld (→ Harsewinkel) in den Dom kamen. – Im nördl. Arm des östl. Querhauses steht das Grabmal des Fürstbischofs Friedrich Christian v. Plettenberg († 1706), ein Werk von Johann Mauritz und Johann Wilhelm Gröninger. In Albe und Chorhemd steht der Fürstbischof halb aufgerichtet auf einem Lager. Zu seinen Füßen hält ein geflügelter Engel ihm ein Buch entgegen, zu seinem Haupt trägt ein anderer die Mitra. Die Gebälkaufsätze mit allegorischen Frauengestalten, dem Namenspatron des Bischofs, dem Wappen und dem Fürstenhut und schließlich die astronomische Uhr entfalten den sinnbildlich-allegorischen Reichtum der Beziehungen, in die der barocke Fürst von seiner Zeit gestellt wurde. Das Grabdenkmal gehört zu den besten Leistungen der barocken Plastik im beginnenden 18. Jh. – In der sog. Galenschen Kapelle das *Grabmal für den Fürstbischof Christoph Bernhard v. Galen,* um 1678 von Johann Mauritz Gröninger, dem Vater Johann Wilhelms. Er verband in seinen Arbeiten Einflüsse von Rubens und Bernini. Als Schüler des Antwerpener Meisters Artus Quellinus war ihm die herbe, doch nicht gefühlsarme Welt des flämischen Barock bekannt. Ihre Kräfte verbindet er mit großer

Repräsentation und einer sicheren persönlichen Charakteristik. Lebensgroß kniet der Bischof auf dem Grabmal, neben sich eine Inschrifttafel. Er betet vor dem Kruzifix, das ihm ein Engel entgegenhält. Die Rückwand ist bühnenartig ausladend mit einer Draperie von Kriegsfahnen geschmückt. – Im Chorumgang die bekannte *astronomische Uhr* aus dem Jahre 1540. Die Anlage ist ein Zeugnis des starken technisch-wissenschaftlichen Sinnes im 16. Jh. Ludger tom Ring d. Ä. steuerte die Malereien am Giebel bei (1542). Der Bildhauer Johann Brabender verfertigte die komplizierten Skalen und Zeiger und die Gestalten der Hll. 3 Könige, die zur mittäglichen Stunde der Mutter mit dem göttlichen Kind huldigen. – An der W-Wand des S-Armes im östl. Querhaus eines der letzten plastischen Werke des westfäl. Barock, das *Epitaph für den Domherren Ferdinand v. Plettenberg,* ein Werk des jüngsten und auch größten Bildhauers aus der Familie Gröninger, Johann Wilhelm, um 1712 nach einem Entwurf von Gottfried Laurenz Pictorius ausgeführt. Christus am Ölberg ist dargestellt. Er und die Engel stehen als vollplastische Gestalten auf der Sockelplatte. Der Ölberggarten mit den schlafenden Jüngern öffnet sich hinter ihnen in illusionistisch gestaltetem Relief.

Der *Domschatz* wird im Untergeschoß des N-Turmes aufbewahrt. Zu seinen besten Werken gehören ein *Vortragekreuz* mit Corpus und Edelstein- und Filigranverzierung aus dem 13. Jh. sowie eine goldene Paulusbüste wohl des 11. Jh. mit Zutaten des 13. Jh. Bemerkenswert sind auch die 14 kleinen Standbilder von Aposteln und Heiligen, in Silber gearbeitet (Ende des 14. Jh.). Die Reliquienverehrung tritt in den 14 Reliquienbüsten der Propheten, um 1500, noch einmal in Erscheinung.

Der **Kreuzgang** (1377) liegt an der N-Seite des Domes. Im 2. Weltkrieg größtenteils zerstört, wurde er getreu wiederaufgebaut. Er umschließt den Domherrenfriedhof. Im N- und O-Flügel ein Lapidarium mit Domskulpturen (spätgot. Epitaphien; Kluge und Törichte Jungfrauen, 1592, u. a.).

Auf dem Domplatz hinter den Chorkapellen steht das **Denkmal für** den Bischof von Münster **Clemens August Kardinal v. Galen** (1878 bis 1946), das Toni Schneider-Manzell 1978 schuf (Bronze, 3,70 m hoch).

Kath. Pfarrkirche St. Ägidii, ehem. Kapuzinerkirche (Ägidiikirchplatz). Die seit 1611 in Münster ansässigen Kapuziner errichteten die Kirche anstelle des kleineren Gründungsbaues 1724–29. 1828 wurden die zugehörigen Klostergebäude abgerissen. Der Kirchenfassade liegt ein Entwurf von Johann Conrad Schlaun zugrunde. – Bei der Restaurierung 1978/79 wurde im Langhaus und im Chor ein großer Zyklus spätnazarenischer Wandmalerei, den 1860 und später Edward v. Steinle und seine Schüler geschaffen haben, freigelegt und restauriert. Reichbewegte, an flämische Werke des Typs erinnernde Kanzel, vermutlich nach Schlauns Entwurf. In den üppigen pflanzlichen Aufbau sind die lebensgroßen Figuren Christi und des hl. Franziskus eingeordnet, 1720. Wandgemälde und Altarbild von E. v. Steinle.

Kath. Pfarrkirche St. Antonius (Antoniuskirchplatz). Dominikus und Gottfried Böhm bauten 1953 den Mauerkranz der im 2. Weltkrieg zerstörten neubarocken Pfarrkirche von 1913 zu einer neuen Kirche um. Unter Verzicht auf die Seitenschiffe, die zu seitlichen Konchen abgerundet wurden, gewannen sie einen schlichten, wohlgegliederten Saal mit halbrundem Altarraum.

Ev. Apostelkirche, ehem. Minoritenkirche (An der Apostelkirche)
Die entsprechend der Ordensregel turmlose Kirche des 1271 erstmals genannten Klosters wurde um 1280 als 2schiffige Halle erbaut. Von dieser frühgot. Anlage stammen Chor, Mittelschiff und südl. Seitenschiff. Um 1500 wurden 2 3schiffige W-Joche angefügt und damit der erste Ansatz eines nördl. Seitenschiffes geschaffen. Aber erst 1654–61 wurde das nördl. Seitenschiff voll ausgebaut, wobei man die Formen des Gründungsbaues wahrte; lediglich in den Arkadenstützen – schwere Rundpfeiler anstelle der Bündelpfeiler – unterscheidet sich der jüngere Bauabschnitt von dem älteren.
Die Minoritenkirche ist der erste rein got. Bau in Münster. Durch die tief ansetzenden Gewölbe erhält der Raum seine breiten, schweren Proportionen. – Die Reste der Gewölbemalereien (2. Hälfte des 15. Jh. und frühes 17. Jh.) sind als die einzigen in Münster erhaltenen von besonderem Wert.

Kath. Clemenskirche, ehem. Hospitalkirche der Barmherzigen Brüder (Klemensstraße)
Die Clemenskirche ist der bedeutendste Sakralbau des westfäl. Barock. Johann Conrad Schlaun errichtete sie 1745–53 zusammen mit dem Clemens-Hospital, das mit 2 Flügeln einen spitzen Straßenwinkel bildete. An dieser städtebaulich ausgezeichneten Ecke erhebt sich der Zentralbau über dem Grundriß eines gleichseitigen Sechsecks. Die Fassade schwingt in doppelter S-Kurve ein und aus. Eine reiche Sandsteingliederung belebt das gleichmäßige Rot der Backsteinflächen. Den Rhythmus der Fassade übernimmt das in 3 Absätzen zurückgestufte Dach, das von einer außergewöhnlich hohen Laterne bekrönt wird. Der plastischen Durchbildung des Außenbaues entspricht die Gestaltung des Innenraumes, dessen 6 Seiten sich abwechselnd in halbrunden und flachen Nischen öffnen. Schlanke Säulen und Pilaster tragen ein kräftiges Gebälk, auf dem die kreisrunde, tambourlose Kuppel aufsitzt. Gesamtanlage wie Details lassen die genaue Kenntnis der Werke Borrominis (S. Ivo) und Berninis (S. Andrea al Quirinale) spüren, die Schlaun während seines röm. Studienaufenthaltes im Jahre 1722 gezeichnet bzw. sogar aufgemessen hatte. In den breit gelagerten Proportionen freilich bleibt westfäl. Eigenart unverkennbar. – Der Bau wurde im 2. Weltkrieg bis auf die Umfassungs-

mauern zerstört. Dabei gingen auch die anschließenden Flügel des Hospitals verloren. Der umstrittene Wiederaufbau verwirklichte den alten Raum als getreue Kopie. Alle Ausstattung an Malerei und Plastik und selbst das Kuppelfresko von Johann Adam Schöpf wurden als Kopien wiederhergestellt.

Ev. Erlöserkirche (Friedrichstraße). Otto Bartning errichtete das schlichte Zelt dieser Notkirche 1946. Ein einhelliger Raum richtet sich auf einen nicht abgesonderten viereckigen Altarraum aus. Mit wenig Aufwand wurde ein gesammeltes schlichtes Gotteshaus errichtet, das auch inmitten der wiederaufgebauten Stadt seinen Platz behauptet.

Kath. Pfarrkirche zum Heiligen Geist (Metzer Straße). Typischer Kirchenbau der 1920er Jahre, in Beton mit Klinkerverblendung von Walter Kremer 1928/29 errichtet (am Wettbewerb beteiligten sich 170 Architekten). Das Innere ist als Saalraum mit Wandpfeilern und seitlichen Durchgängen angelegt.

Ev. Johanniskirche, ehem. Kapelle der Johanniter (Bergstraße). Bischof Ludwig von Hessen begann 1311 mit dem Bau der Kommende und der 1schiffigen kreuzrippengewölbten Kirche. Besonders zierlich gearbeitet sind die Kapitelle im bewegten Krabbenwerk des 14. Jh. Das rundbogige W-Portal stammt von 1620. 2 barocke Epitaphe von Komturen sind der einzige Schmuck der kleinen stimmungsvollen Kirche.

Ehem. Dominikanerkirche St. Joseph (Salzstraße). Die Kirche des ehem. Dominikanerklosters wurde 1708–27 von dem kurkölnischen und fürstlich-münsterischen Architekten Lambert Friedrich Corfey als 3schiffige Basilika erbaut. Für die ungewöhnliche Stellung des Querschiffes in der Mitte des Langhauses war wohl eine französ. Anlage wie Lemerciers Pariser Sorbonne-Kirche vorbildlich, wie überhaupt im Instrumentarium mit Kuppel und Laterne und im Dekorationssystem des Baues sich Französisches äußert, auch an der sonst so »römisch« wirkenden Fassade. In dem polygonal schließenden Chor, den 2 Glockentürme flankieren, klingt die got. Tradition nach. – Nach Zerstörungen im 2. Weltkrieg ist der seit 1811 profanierte Bau 1964 wiederhergestellt worden.

● **Kath. Stadt- und Marktpfarrkirche St. Lamberti** (Prinzipalmarkt)

Dem heutigen Bau gingen 2 ältere voran, der 1. aus dem 12. Jh., der 2. vom Ende des 13. Jh. Der 3., heutige Bau erfolgte in einheitlichem Zuge 1375–1450. Der Turm, der allen 3 Bauzeiten angehörte, mußte, baufällig, 1887 durch einen neuen ersetzt werden, der freizügig dem Vorbild des Freiburger Münsterturmes folgte. – Die im 2. Weltkrieg bombenzerstörten Gewölbe wurden bis 1960 rekonstruiert. 1977 erfolgte eine sachgerechte Restaurierung durch Max Clemens v. Hausen, deren Hauptergebnis die farbige Fassung des Raumes aus dem warmen Ton des freiliegenden Sandsteins und dem gebrochenen Weiß des Anstrichs darstellt.

Die Stadtkirche am Prinzipalmarkt, die prächtigste und größte Pfarrkirche Münsters, zeigt die westfäl. Halle auf der letzten Stufe ihrer Entwicklung. Das Gehäuse wirkt in seiner Durchlässigkeit und Feinheit fast zerbrechlich. Netzgewölbe geben dem Raumabschluß ihre zarte Kraft. Die Stützen schrumpfen zu schlanken gebündelten Pfeilern zusammen; lediglich die mittlere Querachse des Langhauses erhält durch etwas kräftigere Rundpfeiler einen Akzent. Die Jochweiten vergrößern sich. Der Baumeister erreicht das Äußerste an Durchsichtigkeit, das mit den konstruktiven Mitteln des Hausteins zu erreichen war.
Die 3schiffige Halle hat 4 Joche, die von W nach O kürzer werden, wodurch wie in einer perspektivischen Verkürzung der Raum länger erscheint als er ist. Das Mittelschiff mündet ohne Absatz in den 2jochigen Chor, der 5seitig schließt. Von den beiden Seitenschiffen ist das nördliche etwas breiter und gerade geschlossen; das südliche geht in den 5seitigen, übereck gestellten alten Chor über. Die hohen Pfeiler tragen auf Kapitellen mit Laubkränzen die Rippen der Netzgewölbe im Mittelschiff und der Sterngewölbe in den Seitenschiffen. Die *S-Seite* mit ihren reichen Portalen ist als Schauseite prächtig ausgebildet. Besonders schön und für die Spätgotik charakteristisch ist das Maßwerk. Das hohe *Hauptportal* enthält über der Tür ein Steinrelief mit dem Stammbaum Christi, eine Kopie des alten verwitterten Reliefs. Die lebensgroßen Steinfiguren der Apostel im Chor, um 1600, schuf der Bildhauer Johann Kroess.

Kath. Pfarrkirche Liebfrauen, sog. **Überwasserkirche** (Überwasserkirchplatz)

Die 1040 geweihte Kirche des ehem. Benediktiner-Nonnenstiftes im Stadtviertel Überwasser wich 1340–46 einem einheitlichen spätgot. Neubau. Im 2. Weltkrieg verlor der Bau seine Gewölbe. Der Chor wurde großenteils zerstört. Doch hat der Wiederaufbau das urspr. Raumbild getreu wiederhergestellt.

Obwohl seit 1708 ohne Helm, beherrschte der prachtvolle, nach 1363 angebaute *W-Turm* bis zum neugot. Bau des Lambertikirchturmes das Stadtbild noch stärker als heute. Auf 4 quadratischen Geschossen erhebt sich ein 8eckiger Aufbau mit 4 zierlichen Ecktürmchen. Je 4 hohe Maßwerkblenden bzw. Fenster in den 3 mittleren Geschossen gliedern die Mauermassen, Figuren auf Konsolen und unter hohen spitzen Baldachinen schmücken die Wände zwischen den Fenstern. Ein großes Maßwerk- und Figurenportal öffnet sich an der W-Seite und verbindet mit seinem durchbrochenen Giebel und Aufbau das Erdgeschoß mit dem 2. Geschoß. Die Figuren, die von den Wiedertäufern als Material für Befestigungsanlagen verwendet waren, wurden wieder aufgefunden und befinden sich jetzt im Landesmuseum. Sie zeigen Nachklänge der Straßburger und Kölner Bauhütte und gehören zu den besten Werken deutscher Plastik nach der Mitte des 14. Jh. An der N-Seite des Turmes steht ein quadratischer Turmstumpf aus Bruchstein und zeugt von dem 1. Bau des 11. Jh. – Im hallenförmigen Inneren entsprechen den 6 schmalrechteckigen Jochen im Mittelschiff quadratische Seitenschiffjoche. Schlanke Rundpfeiler mit je 4 Diensten tragen die Gurt- und Kreuzrippen des Gewölbes. Ebenmaß und Wohllaut kennzeichnen den schönen Innenraum. – Im O schließt sich der 1jochige, in 5 Seiten des Achtecks geschlossene Chor an, der mit seinen hellen, hohen Fensterbahnen dem Raum das Ziel gibt.

1968 wurden Fragmente der dekorativen urspr. *Ausmalung* entdeckt. Die Quaderung der Wände und die Fassung der Gewölberippen dienten als Muster für eine Neuausmalung. – In der Turmhalle 2 große Votivtafeln von Ludger und Hermann tom Ring, 1548 und 1592. Das barocke Altarbild mit der Himmelfahrt Mariens von Mathias Koppers aus dem ehem. Hochaltar von 1763 hängt jetzt an der W-Wand des südl. Seitenschiffes. – Vor der Kommunionbank liegt das Grab Bernhard Heinrich Overbergs (1754–1826), des »Vaters der Lehrer«, eines bedeutenden Pädagogen und Reformers der Volksschule im beginnenden 19. Jh.

Kath. Pfarrkirche St. Ludgeri (Marienplatz/Ludgeristraße)
Die Kirche des 1178 gegründeten Kollegiatstifts, eine kreuzförmige münsterländische Stufenhalle mit Vierungsturm und westl. Doppelturmfront, ist vielleicht die älteste Hallenkirche Westfalens. Ursprünglich waren die Arkaden durch Zwischensäulen unterteilt. Nach dem großen Stadtbrand von 1383 erfolgten bedeutsame Veränderungen: die W-Türme wurden so weit abgetragen, daß sie in das Giebeldreieck des neuen, die ganze Langhausbreite überspannenden Satteldachs einbezogen werden konnten; der Vierungsturm erhielt 2 neue Geschosse; im Inneren entfernte man die Säulen mit den Zwischenarkaden, so daß in den Seitenschiffen rechteckige Joche entstanden; die Gewölbe wurden gotisch erneuert. Am gewichtigsten aber war die Errichtung eines aufwendigen neuen Chores: Nach 2 Chorjochen erweitert sich der Raum zu einem auskragenden Vieleck mit 7 Seiten eines Zehnecks, dessen Wände zwischen den Strebepfeilern völlig von den Fenstern ausgefüllt

werden. Aus dem Kontrast zwischen den schweren, körperhaften Formen des Langhauses und dem steil aufsteigenden, lichtdurchfluteten Liniengefüge des Chores, der zu den schönsten Beispielen got. Architektur um 1400 in Westfalen gehört (aber im 16. Jh. nach Verwüstung durch die Wiedertäufer eingreifend erneuert wurde), erhält der Raum seinen eigentümlichen Reiz.
1875–1928 fanden durchgreifende Restaurierungen statt, in deren Verlauf man u. a. die beiden W-Türme in neuroman. Formen wiederaufbaute und das obere Geschoß des Vierungsturmes umwandelte.

Kath. Pfarrkirche St. Martini (Neubrückenstraße). Nach Gründung des Kollegiatstifts St. Martini begann man mit dem Bau einer roman. Basilika, die in der 1. Hälfte des 13. Jh. vollendet wurde. Von ihr stammen die 3 unteren, durch Blenden gegliederten Turmgeschosse und das oft erneuerte, aber im Kern alte Turmportal. Um 1350 wich die Kirche einer got. 3schiffigen Hallenkirche. 1380 verlängerte man den Chor um 1 Joch. Im 15. Jh. entstand das 4. Turmgeschoß, dessen von Schlaun entworfene Rokokohaube 1911 abbrannte; sie wurde durch eine neue gleichartige ersetzt. St. Martini erlitt durch Bombentreffer große Schäden, die 1950–61 behoben wurden.

Kath. Pfarrkirche St. Mauritz (St.-Mauritz-Freiheit)
Das Kollegiatstift St. Mauritz wurde um 1070 von Bischof Friedrich von Meißen gegründet, dessen altes Grabmal man 1576 durch ein neues an der N-Wand der Erphokapelle ersetzte. Zweiter Gründer war sein Nachfolger Bischof Erpho (1084–97), der den Hochaltar weihte und die Erphokapelle am W-Turm als seine Grabstätte baute. Bischof Burkhard (1097–1118) errichtete den Kreuzgang, die Propstei und die Blasiuskapelle.
Die dem hl. Mauritius, dem Märtyrer der Thebäischen Legion, geweihte Kirche war ursprünglich ein 1schiffiger Saalraum mit vorgesetztem W-Turm (die barocke Haube von 1709) und 2 östl. Flankentürmen. Von dieser Anlage blieben die (restaurierten) Türme und die Erphokapelle erhalten. Ihr Kern bildet das älteste noch aufrechtstehende Mauerwerk im Bereich der Kirchen Münsters. 1451 wurde der alte Chor durch einen spätgot. Neubau ersetzt, und 1862 führte man das bestehende basilikale Langhaus auf.

● Die kostbarsten Werke der Ausstattung sind jene 10 *Relieffiguren* von Kriegern (vermutlich Märtyrern der Thebäischen Legion) und weiblichen Heiligen, die im obersten Geschoß der Flankentürme eingemauert sind (4 Originale im Landesmuseum). Die Platten gehörten ursprünglich wahrscheinlich zur Innenausstattung (Chorschranken) und gehen in die Gründungszeit der Kirche zurück. Damit gehören sie zu dem kleinen

Kreis großfiguriger Plastik, die uns aus der Zeit vor 1100 erhalten ist. – Im Schatz der Stiftskirche erhielt sich ein wertvolles *Vortragekreuz* (um 1090), das die Überlieferung dem Bischof Erpho zuspricht.

Kath. Gymnasialkirche St. Petri, ehem. Kirche des Jesuitenkollegs (Jesuitengang)

Der schlichte Bau hat hohe kunstgeschichtliche Bedeutung. Er gehört zu jenen Kirchen der abendländischen Architektur, in denen neue Typen ausgebildet wurden. St. Petri ist das Urbild einer langen Reihe deutscher Jesuitenkirchen des 17. Jh.

Die Petrikirche wurde 1590–99 als erste Jesuitenkirche der rheinischen Ordensprovinz von dem Architekten Johann Rosskott gebaut. Ihn beriet Pater Michaelis, der das Raumprogramm nach den Aufgaben des Jesuitenordens formulierte. Er griff auf die rheinische Emporenbasilika zurück, die kurzräumig mit breitem Mittelschiff und einem wenig tiefen Altarraum angelegt wurde. Die Emporen dienten der individuellen Seelsorge des Ordens (Beichte, Exerzitien, Kongregationen) und trugen gleichzeitig dazu bei, möglichst vielen Christen einen unmittelbaren Zugang zur Messe und vor allem zur Predigt zu geben.

Die 3schiffige querhauslose Basilika ist in einer merkwürdigen Mischung aus rotem Backstein und gelbbraunem Haustein gebaut. Große, flachbogige Fenster mit got. Maßwerk, auf halber Höhe durch die Emporen geteilt, öffnen sich in den Seitenschiffswänden, die von schlichten Strebepfeilern begleitet werden. Das Altarhaus zeigt 5 hohe, schmale Spitzbogenfenster. Die 3 Eingänge erhielten hausteinerne Portale, in denen die Schmuckfreude der deutschen Renaissance spricht. Der kompakte Baukörper wird durch 4 schlanke Türme aufgelockert: 2 wachsen aus den Winkeln des Altarhauses, 2 flankieren die Seitenschiffe auf halber Länge und bieten mit ihren Wendeltreppen die Zugänge zu den Emporen. – Im I n n e r e n trennen Säulen mit schweren ionischen Kapitellen die 3 Schiffe. Rechteckige Wandvorlagen in der Arkadenzone leiten zu den quadratischen Pfeilern des Emporengeschosses über. Jede der Wandvorlagen trägt das Standbild eines Apostels vor einer Rundnische. Seitenschiffe und Emporen, beleuchtet durch die breiten 3teiligen Fenster, öffnen sich unter flachbogigen Arkaden zum Mittelschiff. Der Lichtgaden des Langhauses hat hochsitzende kleine Fenster. Ein flaches Netzgewölbe überspannt kleinteilig den Raum.

Die Petrikirche, das erste manieristische Bauwerk der westfäl. Architektur, zeigt die Möglichkeiten dieses Stils in Nordwestdeutschland. In ihrem Wechsel zwischen dem flachen Rundbogen der Renaissance und dem Spitzbogen der Gotik, im

Gegensatz des spätgot. Maßwerks der Fenster zu den Renaissanceformen der Portale und in der unbekümmerten Mischung von Backstein und Haustein wirkte nicht der Zufall, sondern der Geist des Zeitstiles. Aus ihm und nicht aus künstlerischem Unvermögen erklären sich auch die »verkehrten« Fischblasen des Maßwerks, die derben Voluten der ionischen Kapitelle und das hölzerne Ornament der 3 Portale. Manieristisch ist schließlich der Versuch, die Tendenzen der beiden gegensätzlichen Raumtypen des Kirchenbaus im späten Mittelalter, der Hallenkirche und der Emporenbasilika, in Grundriß und Raumbild zu mischen. – Im Bombenhagel gingen mit vielen Teilen des Baues auch zahlreiche Ausstattungsstücke zugrunde. Die Figuren und die Reliefs des Hochaltars waren geborgen und blieben erhalten. Die Kirche ist in mustergültiger Weise instand gesetzt worden.

Kath. St.-Servatii-Kirche (Klemensstraße). Die 3schiffige Stufenhalle wurde gegen Mitte des 13. Jh. als Pfarrkirche erbaut. Ihr Langhaus bildet im Grundriß ein Quadrat mit 2 Jochen, die im Stützenwechsel von Pfeiler und Säule gebunden sind. Gegen Ende des 15. Jh. wurde der 5seitige Chorschluß mit den schönen Maßwerkfenstern errichtet. Im linken Seitenschiff steht ein Marienaltar schlesischer Herkunft, um 1480, mit einer holzgeschnitzten Krönung Mariae in der Mitte und 2 Flügeln mit Szenen aus dem Marienleben.

Überwasserkirche → Kath. Pfarrkirche Liebfrauen.

Ev. Universitätskirche, ehem. Observantenkirche (Schlaunstraße). Die 1687–98 von dem Jesuiten Anton Hülse errichtete Anlage ist der erste nach dem 30jährigen Kriege in Münster entstandene Kirchenbau. An der Fassade zeigt sich eine eigenartige Verbindung von zusammenfassender, barocker Pilastergliederung und kleinteiliger, auf die Renaissance zurückweisender Schmuckfreude. Profanierung und Kriegszerstörung raubten dem Bau die barocke Ausstattung.

Der alte **Überwasser-Friedhof** (Wilhelmstraße) bewahrt die Gräber bedeutender Persönlichkeiten. Auf ihm liegt u. a. der Philosoph Johann Georg Hamann, der »Magus im Norden«, der 1788 in Münster starb.

Profanbauten

Rathaus ●

Dieser Bau war die Krone der westfäl. Profanarchitektur im Zeitalter der Hochgotik. Sein Aufbau entsprach dem Giebelhaus unter großem Satteldach, dessen Typ sich im Münsterland als Bauern- und Bürgerhaus bis ins 19. Jh. erhielt. Mit seiner prachtvollen *Schmuckseite,* die aus spitzbogigen Arkaden, weiten Maßwerkfenstern und einem reich mit Fialen, Skulpturen und Maßwerk verzierten Treppengiebel gebildet ist, kann sich kein zweiter Rathausbau des europäischen 14. Jh. an Klarheit und Eleganz messen.

Vor der Mitte des 13. Jh. baute man, nachdem sich der Rat gebildet hatte, das erste Rathaus. Der Rat bestand aus 24 Ratsherren, die als Schöffen in der Ratskammer Gericht hielten. Neben diesem hohen Stadtgericht tagte in der Gerichtslaube vorne unter dem Rathausbogen das Niedergericht. Außer seiner Bestimmung als Richthaus diente das Rathaus mit dem der Ratskammer vorgelagerten Rathaussaal als Versammlungsort der Bürgerschaft, als »borgere hus«, auch als Spielhaus für öffentliche Aufführungen, als Kaufhaus, in dem die einheimischen Gilden am Jahrmarkt ihre Waren zum Verkauf boten, gelegentlich als Tanzhaus, ferner als Rüstkammer und als Ratskeller. In nächster Nähe südöstlich hinter dem Rathaus, doch von diesem getrennt, lag die Schreiberei, das eigentliche Verwaltungsgebäude mit dem Gefängnis.

Beim Neubau in der 2. Hälfte des 14. Jh. wurde der große steinerne Saalbau mit der Fassade errichtet. Zwischen den großen Maßwerkfenstern standen ehemals unter hohen Baldachinen Steinfiguren: Ludgerus, Maria, Christus, Michael und Lambert, 1646 gelegentlich der Vorbereitungen zum Friedenskongreß entstandene Kopien der urspr. Figuren, die im 16. Jh. von den Bilderstürmern zerstört worden waren.

Das Rathaus ging mit dem Prinzipalmarkt, den einzigartige Reihen von Bogenhäusern aus Gotik, Renaissance, Barock und Klassizismus begleiteten, im 2. Weltkrieg zugrunde. Die Schauseite wurde als Kopie des Verlorenen wiedererrichtet. Erhalten blieb der historische *Ratssaal,* in dem 1648 der Westfälische Friede geschlossen wurde. Seine Sitze, Wandvertäfelungen und die Gemälde der Gesandten konnten gerettet werden. Sie zieren heute den wiederhergestellten Friedenssaal.

Neben dem Rathaus steht das nach der Zerstörung wiederaufgebaute, doch dabei im Erdgeschoß veränderte **Stadtweinhaus,** ein Giebelbau der Spätrenaissance, errichtet 1615 von Johann von Bocholt.

Die Fassaden der anderen Bauten am Prinzipalmarkt wurden getreu dem alten Maßstab in freier Nachempfindung des urspr. Stiles oder als Kopien wiederaufgebaut. Bemerkenswert die spätgot. Giebelfront des Hauses **Nr. 11.** Den südl. Abschluß des Prinzipalmarktes bildet der Stadthausturm, der Rest des (zerstörten) Stadthauses, das Alfred Hensen 1905/06 im Stil der Neurenaissance gebaut hatte. – In dem an den Prinzipalmarkt anschließenden Straßenzug, der Rothenburg, die Renaissance-Fassade des Hauses **Nr. 44** von 1583.

● **Fürstbischöfliches Residenzschloß** (Universität)

Der Bau, ein Meisterwerk Johann Conrad Schlauns, ist das letzte Residenzschloß des Barock. Der Backsteinbau, mit gelbem Haustein reich gegliedert, weckt Erinnerungen an das fränkische Schloß Pommersfelden. Er ist jedoch ein Bauwerk von Eigenart und selbständigem Rang.

Fürstbischof Maximilian Friedrich ließ nach seinem Regierungsantritt die Befestigungswälle der Stadt abtragen und an ihrer Stelle einen Park und nach der Stadt zu den weiten rechteckigen Neuplatz anlegen. Zwischen Park und Neuplatz entstand seit 1767 das Residenzschloß. Schlaun verstand es, die Alleen vor und die Gärten hinter dem Schloß in einer großartigen Komposition einheitlich zusammenzufassen. Als er 1773 starb, war das Schloß außen ganz, innen nur z. T. vollendet. Sein Nachfolger, der Architekt und Kanonikus Wilhelm Ferdinand Lipper, führte die Innenausstattung im klassizist. Stil bis 1787 zu Ende. – Im 2. Weltkrieg brannte das Schloß aus. Die Inneneinrichtung ging zugrunde. Der erhaltene Mauerkranz wurde als Universitätsgebäude ausgebaut.

Der Bauherr erstrebte eine Residenz, die 2 gleichwertige getrennte Wohnkomplexe umfaßte. Er wollte seinen erlauchten Gästen eine Folge von Räumen bieten, die seiner Wohnung nicht nachstanden. Nach dem üblichen Muster des Residenzschlosses konzentrierte Schlaun im Mittelpavillon das Treppenhaus und den Festsaal. Nach westfäl. Art hielten sie sich in zweckmäßiger Größe. Links und rechts des Mittelpavillons wurden die erforderlichen Räume für den Bischof und die Gäste untergebracht. Der langgestreckte Mittelbau wendet der Stadt 2 rechtwinklig vorspringende Flügel zu. Die Fronten entgehen durch die eingeschobenen Sandsteinverblendungen, den an Hof- und Gartenseite leicht ausschwingenden, mit Halbsäulen bzw. Pilastern kräftig gegliederten Mittelpavillon und nicht zuletzt durch das in sanfter Kurve ansteigende Mansarddach der Gefahr, eintönig zu werden. Eine bedeutungsvolle plastische Bildwelt erhöht die Mitte und die Portale.

Von den Nebengebäuden wurde die **Remise** (Schloßplatz 5), 1774 von Wilhelm Ferdinand Lipper, wiederhergestellt.

Der **Schloßgarten,** der von einer sternförmigen Gräfte umschlossen ist, war von J. C. Schlaun als französ. Park geplant. Vereinfachte Ausführung 1784–88 durch W. F. Lipper. – **Botanischer Garten** 1803, **Orangeriegebäude** 1840. – Die ganze Anlage wurde 1854 zu einem englischen Landschaftsgarten umgestaltet.

Adelshöfe

Die lange Geschichte des städtischen Adelshofes in Münster war früher an einer dichten Folge nobler Stadthäuser abzulesen, die, in rotem Backstein mit warmem Sandstein gegliedert, hinter ihren von schmiedeeisernen Gittern geschützten Vorhöfen lagen. Sie gingen fast alle im 2. Weltkrieg zugrunde. Erhalten blieb in seinen Außenmauern der **Heeremannsche Hof** von 1564 (Königsstraße), heute Sitz des Landesverwaltungsgerichts. – **Königsstr. 42** der **Oersche Hof,** den J. C. Schlaun um 1748 gebaut hat.

Einen Begriff vom Rang der Adelshöfe in Münster vermittelt der **Erbdrostenhof** von 1753–57 (Salzstr. 38), von dem größere Teile des Außenbaues erhalten blieben. Das Erhaltene und (1953–70) Wiederaufgebaute gibt uns einen Begriff von der Meisterschaft Johann Conrad Schlauns, der in diesem Bau den reizvollen Typ des münsterschen Adelshofes zur Großartigkeit des barocken Stadtpalastes steigerte. Seine Fassade steht auf der Grundlinie eines fast rechtwinkligen Dreiecks, dessen Sei-

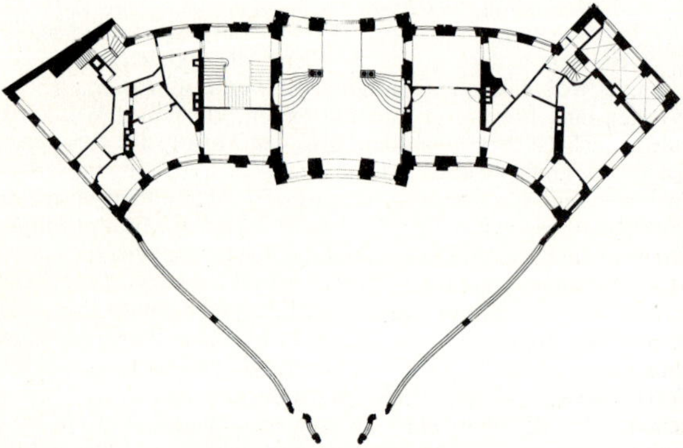

Münster. Erbdrostenhof. Grundriß

ten von 2 Straßen gegeben sind. Wie eine Welle tritt die *Fassade* aus dem gestreckten Halbkreis der Grundlinie vor und zurück. Der betonte Mittelbau hat 5 Achsen. Gliederungen aus rauh gearbeitetem Werkstein, korinthische Pilaster und ein Dreiecksgiebel nehmen 3 dieser Achsen zu einem zentralen Pavillon zusammen. Dem Rhythmus der Linien und Körper gesellt sich der farbige Wechsel von gelbgoldenem Sandstein und den mürbroten Backsteinflächen. Harmonisch antwortet das große schmiedeeiserne Gitter des Ehrenhofes, das sich in einer der Fassade verwandten Biegsamkeit der Straße entgegenstreckt. Auf engem Raum, die ungünstigen Platzverhältnisse genial nützend, gelang Schlaun in diesem Stadtpalast ein

Eckbau, der zu seiner Zeit im nördlichen Europa nicht seinesgleichen hatte. – Im Inneren wiederhergestellt der Festsaal mit gemalter Dekoration von N. Loder.

Einen Begriff von den **Gilden- und Bürgerhäusern** gibt das erhaltene **Krameramtshaus,** heute **Stadtbibliothek** (Alter Steinweg 7), ein schöner Renaissancebau von 1589, der in seiner Schauseite Backsteinflächen in ein Hausteingerüst fügt.

Von der **ehem. Stadtbefestigung** sind der **Zwinger** erhalten, um 1533, 1732 von J. C. Schlaun umgebaut, und der **Buddenturm** (Münzstraße) aus dem 13. Jh. 1880 baute man den Buddenturm zu einem Wasserturm um: ein Behälter von 500 m^3 Fassungsvermögen wurde auf dem alten Turm installiert; nach Schäden im 2. Weltkrieg entfernt und durch ein Kegeldach ersetzt.

Landesmuseum (Domplatz 10). Der **Altbau** wurde 1904–07 von Hermann Schaedler im Stil der Neurenaissance errichtet. Lichthof mit 2geschossiger Umgangsgalerie und schönem Treppenhaus. Außen an der O-Seite der hl. Georg, eine Kalkstein-Plastik von Hugo Lederer, 1905. – Für den **Neubau** wurde der Entwurf des Architekten Hans Spierz, Köln, zur Ausführung bestimmt. Nach dessen Tode jedoch zahlreiche Planänderungen. Bauzeit: 1964–73. Über dem Eingang ein Relief von Josef Albers, Strukturale Konstellation, 1971.

Stadttheater (Neubrückenstraße), 1954–56 von H. Deilmann, M. v. Hausen, O. Rave und W. Ruhnau. Die Fragen des Theaterbaues neu zu durchdenken, gelang in diesem Entwurf, der noch Jahre nach seiner Verwirklichung Gegenstand zahlreicher Diskussionen war. – Die Architekten gingen von der Frage aus, wie die Menschen sich heute zu einer gemeinschaftlichen Form des Theatererlebnisses zusammenfinden können und wie diese Gemeinschaft sich auf die Bühne beziehen läßt. Die Antwort ergibt sich aus der Grundform von Zuschauerraum und Bühne. Der Grundriß entspricht dem Umriß eines Eies, dem man die Spitze abgeschlagen und dann eine größere Spitze übergestülpt hat. Die Sitzreihen des Parketts steigen segmentartig wie in einem Amphitheater an; die letzte Sitzreihe geht fast übergangslos in den 1. Rang über, dem bis zur Decke 2 weitere Ränge folgen. – Mit Hilfe der durchsichtigen Bauweise und der kleinteiligen Gruppierung gelingt eine glückliche Einpassung in die Umgebung, die von den spätgot. Kirchen St. Martini und St. Aposteln geprägt wird. – In einem Innenhof ist die Ruine des klassizist. **Romberger Hofes** einbezogen, den Wilhelm Ferdinand Lipper 1779–82 errichtet hatte. – Das von vornherein geplante **Kleine Haus** und ein Garderobenbau wurden 1971 fertiggestellt.

Stadtarchiv (Hörsterstr. 28). Ehem. Kapelle des zerstörten Lotharinger Klosters, 1771 von Johann Conrad Schlaun gebaut, 1963–78 nach Kriegsschäden renoviert.

Pädagogische Hochschule (Platz der Weißen Rose), 1956/57 von Bruno Lambart und Günter Behnisch.

Bildungszentrum der Westfälischen Genossenschaften (Mecklenbekkerstr. 235), 1977 von Michael Knoche.

Landwirtschaftskammer (Schorlemerstr. 26). Der schön geschwungene Baukörper, den Werner Ruhnau 1953 errichtete, ist eine Beton-Skelettkonstruktion mit Füllmauerwerk aus roten Ziegeln. – Im Treppenhaus vorzügliche Übereinstimmung von Architektur und Plastik.

Das ehem. Gebäude der Industrie- und Handelskammer (Von-Vincke-Str. 23), 1954 von Hans Schwippert, ist jetzt eine Dependance des **Landesversorgungsamtes.**

Justiz-Vollzugsanstalt, ehem. Neues Zuchthaus (Gartenstr. 26), 1848 bis 1851 von Carl Ferdinand Busse, einem Schüler Schinkels, erbauter, unregelmäßig 5eckiger Gebäudekomplex in dunkelrotem Backsteinmauerwerk. Der Mittelbau mit Turm und Zinnen ist kastellähnlich gestaltet, 4 Flügeltrakte gehen radial von ihm aus. Ohne den Einfluß der Schloßentwürfe Schinkels ist eine derartige Anlage nicht zu denken.

Verwaltungsgebäude Nordwest-Lotto (Weseler Str. 108–112), 1960 von H. Deilmann. Der Erweiterungsbau, 1975–78, vom selben Architekten. – Bronzene Brunnenplastik von Bernhard Heiliger, 1960.

Haus des Volkswohlbundes (Roggenmarkt), 1967 von H. Deilmann. Der Bauplatz im Stadtzentrum war flankiert von historischen Giebelhäusern. Der Architekt nahm die Umrißgestalt und die kleinteilige Gliederung ihrer Fassaden auf und schuf einen Neubau aus 2 in Höhe und Breite unterschiedlichen, von einem Giebelerker verbundenen Teilen.

Westdeutsche Landesbank (Himmelreichallee), 1969–75 von H. Deilmann. Der Bürokomplex baut sich in der Art einer Stufenpyramide auf; die Glasfassade gliedern vorspringende, betonte Wandbänder.

Heizkraftwerk der Stadtwerke (Am Mittelhafen), 1978 von Fritz König (Architektur) und Heinz Richter (technische Anlagen). Die Kombination von Kraftwerk und Fernheizwerk besteht aus einem Kohlenbunker, 2 Kesselhäusern, einem Turbinenhaus und einem Hochschornstein. Hier ist exemplarisch gezeigt, daß Bauten, die allein technischen Arbeitsgängen dienen, in ihrer Zweckmäßigkeit keine kümmerliche »Installationsarchitektur« sein müssen. Gut geschnittene Baukörper, in Höhe und Farbtönung abgestuft, werden belebt durch eine rechteckige rote Rohrleitung für den Kohlentransport und den weißen Schornstein, der vom Achteck ins Kreisrund übergeht, sich aber nicht, wie üblich, nach oben verjüngt, sondern als Zylinder knapp 120 m hochgeführt ist. Die ganze Anlage kann als schönes Beispiel der neokubistischen Architektur gelten.

Der gemauerte **Wasserturm** am S-Rande der Stadt (Am Wasserturm 15) stammt aus dem Jahre 1903. Aus einem 8eckigen Erdgeschoß wächst der runde Turmschaft hervor und trägt über einer starken Auskragung auf Konsolen die steinerne Ummantelung des mit einem hohen, gestaffelten Kegeldach gedeckten Behälters. Die funktionell bestimmte Grundform erinnert an Wehrtürme des Mittelalters. Dementsprechend historisierend sind die dekorativen Einzelformen. *FM*

Den **Max-Clemens-Kanal** am N-Rande der Stadt ließ Fürstbischof Clemens August gegen den Rat seiner Architekten Lambert Friedrich Corfey, Gottfried Laurenz Pictorius und Johann Conrad Schlaun 1724 beginnen, um über die Vechte eine Schiffsverbindung in die Niederlande zu haben. Dabei wirkten seine Begeisterung für die dort gerade kennengelernte Treckfahrt und die Möglichkeit zu Bootspartien, die sich seinem Münchener Bruder in Nymphenburg bei München boten, mit. Der Kanal war 1731 im südl. Teilstück in Betrieb genommen, wurde nie vollendet und hatte später gelegentlich erhebliche wirtschaftliche Bedeutung. Nach der Stillegung 1840 sind die Schleusen verschwunden. Das Kanalbett blieb aber auf weite Strecken bis heute landschaftsprägend. *FM*

Die **Alte Fahrt des Dortmund-Ems-Kanals** (1892–99) über die Ems entstand gleichzeitig mit den Kanalüberführungen über Lippe und Stever, um über die niedrige Wasserscheide zwischen der Ems und dem Rhein bei Münster auf einem für die damalige Zeit äußerst großzügigen Wasserweg dem westfäl. Teil des Industriegebietes die Verschiffung von Erzen zu Berg und von Kohlen zu Tal zu bieten und bald auch den Rhein mit der Nordsee und seit 1938 mit der Elbe und Oder zu verbinden. Nach dem Prinzip antiker Wasserleitungen wurden die Flußtäler auf hohen Dämmen und »Kanalbrücken« gekreuzt. 4 Bögen von je 12 m Weite tragen den mit Rundbogenfries und Simsen gezierten steinernen Trog. Die **Zweite Fahrt** von 1939 verdeutlicht als reine Stahlkonstruktion den Fortschritt der Technik gegenüber der alten Kanalüberführung, die mit 18 m Wasserbreite und 2,50 m Tiefe als vollständig gemauertes Bauwerk ihre typologische Abkunft von röm. Aquädukten offenbart. *FM*

Nienberge

Haus Rüschhaus (Schonebeck 28). Johann Conrad Schlaun baute sich das Landhaus weit vor den Toren von Münster 1745–48. Das westfäl. Bauernhaus, das seine Ställe der Straße, den Wohnteil dem Garten zuwendet, verbindet sich der souveränen Form des Barock. Später erwarb die Familie v. Droste-Hülshoff das Haus als Witwensitz. Zwischen Gräfte und Wald lebte hier Annette v. Droste-Hülshoff in den Jahren 1826–46. Wesentliche Teile ihres Werkes wurden in den Räumen geschrieben, die heute als Museum ihrem Andenken dienen.

Münster. Nienberge. Haus Rüschhaus

Roxel

Haus Hülshoff. Die Wasserburg liegt romantisch inmitten der Wassergräben. – Die 2flügelige **Oberburg** ist ein schlichter Bau von 1545, der 1789 im Inneren ausgestattet wurde. Der übliche Backstein münsterländischer Bauten wechselt mit Hausteingliederung an Portal und Fenstern. – Die **Vorburg** des 17. Jh. trägt Wirtschaftsgebäude mit quadratischen Ecktürmen. Die **Kapelle** ist ein Bauwerk von 1870. – In dieser Wasserburg wurde 1797 die Dichterin Annette v. Droste-Hülshoff geboren; hier verbrachte sie ihre Jugend. Einige Räume der Oberburg dienen heute ihrem Andenken. Man findet Erinnerungsstücke und Bilder der Familie und aus dem Leben der Dichterin.

Sudmühle

Haus Dyckburg (Dyckburgstr. 220). Hof der Freiherrn v. Plettenberg, für die Johann Conrad Schlaun die 2 eindrucksvollen Wohn- und Wirtschaftsgebäude in Gestalt westfäl. Bauernhäuser baute. – Von ihm auch die **Loreto-Kapelle,** seit 1950 **kath. Pfarrkirche Mariä Himmelfahrt,** eine Nachbildung des Hl. Hauses von Loreto, 1894 durch Wilhelm Rincklake erweitert um einen 8eckigen Zentralraum mit Chor. Grabkapelle von 1914. Die Kirche wurde 1978 renoviert.

Wolbeck

Der Ort bietet das typische Bild eines münsterländischen Landstädtchens, in dem die Giebelseiten der niedrigen Häuser aus unverputztem Ziegelmauerwerk die langen Gassen säumen.

Die **kath. Pfarrkirche St. Nikolaus,** eine got. Halle des 14. Jh., bewahrt einen lebensgroßen Kruzifixus aus der Mitte des 15. Jh. und eine Reihe wappenverzierter Grabsteine der Drosten des Amtes Wolbeck, der Herren v. Merveldt, aus dem 16. und 17. Jh.

Am Ende des Städtchens steht der **Drostenhof** (Münsterstraße), dessen ältester Teil das erkerverzierte Torhaus von 1545 ist. Dahinter erhebt sich das reizvolle, 1554–57 errichtete Herrenhaus, ein Backsteinbau in dem für das nördl. Westfalen typischen Stil der Frührenaissance, mit 2 Treppengiebeln, die von Pilastern in der Senkrechten aufgeteilt werden und mit kugelbesetzten Halbkreismuscheln besetzt sind. Die Backsteinwände sind durch andersfarbige Klinker in rautenförmiger Musterung verziert. Ein schlanker Treppenturm belebt den schmucken Bau, der, wie in der westfäl. Architektur der Mitte des 16. Jh. üblich, einen spätmittelalterl. Wohnbau mit den Schmuckformen einer nördl. Renaissance bekleidet. – Das Innere ist unversehrt erhalten: die Aufteilung der Räume, die Ausstattung mit Stuckdecken, Kaminen und geschnitzten Türen. Zweigstelle des Westfälischen Landesmuseums für Kunst- und Kulturgeschichte.

Museen

Archäologisches Museum der Universität (Domplatz 20–22). Griechische und röm. Antike mit Schwerpunkt Griechenland (die Skulpturen meist in Abgüssen). Keramik und Kleinkunst aus Ägypten und Zypern.

»Haus Rüschhaus« (Nienberge, Schonebeck 28). Annette-von-Droste-Hülshoff-Museum.

Münster. Wolbeck. Drostenhof

Mühlenhof-Freilichtmuseum (Sentruper Str. 185). Bockwindmühle von 1748, Mühlenhaus von 1619, Gräftenhof von 1720 und verschiedene Nebengebäude.

Westfälisches Landesmuseum für Kunst- und Kulturgeschichte (Domplatz 10). Kunst des Mittelalters und der Renaissance, u. a. Bockhorster Kreuz, roman. Antependium aus Soest, Tafelbilder von Konrad von Soest, dem Meister von Liesborn und der münsterischen Malerfamilie tom Ring. Kupferstiche, u. a. von Aldegrever, van Meckenem und Eisenhoit. Niederländische Malerei des 17. Jh. Vorzügliche Sammlung moderner Kunst. Münzsammlung: griechische und röm. Antike, Mittelalter und Neuzeit mit Schwerpunkt Westfalen.

Westfälisches Museum für Archäologie (Rothenburg 30). Alle Epochen und Formenkreise der Vor- und Frühgeschichte Westfalens von der Altsteinzeit bis zum karoling.-ottonischen Mittelalter.

Drostenhof (Wolbeck, Münsterstraße). Interieur eines typischen westfäl. Herrenhauses des 16. Jh.

Bad MÜNSTEREIFEL (Euskirchen BC8)

Die Siedlung wuchs im Schutz des Benediktinerklosters, das um 830 von der Abtei Prüm gegründet wurde. Die Stadt kam 1265 an die Grafen von Jülich. Im Mittelalter entfaltete sie sich zu einem bedeutenden Zentrum der Tuchweberei.

Münstereifel, reizvoll an der Erft gelegen, hat mit der Klosterkirche, der Jesuitenkirche, dem Rathaus, beachtenswerten Bürgerhäusern und der Stadtbefestigung das Bild einer organisch gewachsenen, von ständischer Ordnung und bürgerlicher Kultur geprägten **Stadt** bewahrt.

Ehem. Benediktiner-Stiftskirche St. Chrysanthus und Daria ●
Die heutige kath. Pfarrkirche ist ein bedeutender Bau des Mittelalters. Am Außenbau wird die starke Restaurierung von 1876–93 durch Heinrich Wiethase sichtbar. Sie erschwert die zeitliche Einordnung einzelner Bauteile. Schwerpunkt der Anlage ist das Westwerk aus der Mitte des 11. Jh., St. Pantaleon in Köln ähnlich: Zwischen 2 runden Flankentürmen steht ein mächtiger Mittelturm über quadratischem Grundriß. In seinem Erdgeschoß öffnet sich unter großen Rundbogen eine Vorhalle. Im 2. Geschoß umrahmt eine Rundbogenblende 3 symmetrisch in die Wand gefügte Fenster. Der Giebel trägt ein zierliches Doppelfenster. Der quadratische Mittelturm, mit den beiden Flankentürmen verbunden und von ihnen überragt, hat im Obergeschoß auf jeder Seite 2 rundbogige Doppelfenster; niedriges Pyramidendach. Langhaus und Chor zeigen

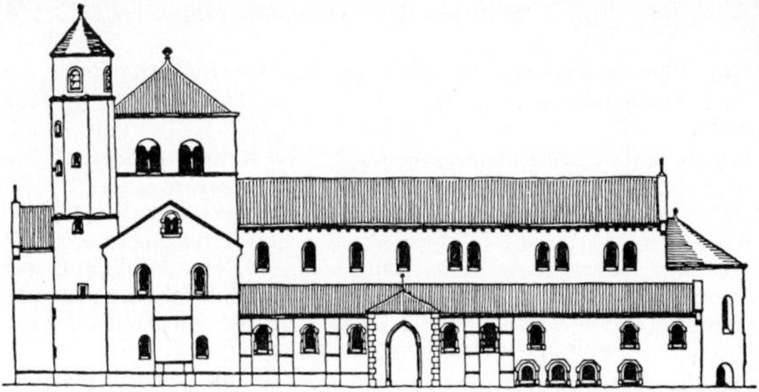

Bad Münstereifel. Ehem. Benediktiner-Stiftskirche St. Chrysanthus und Daria. Aufriß der Südseite

schlichtes Mauerwerk, nur durch die abgesetzten Pultdächer der Seitenschiffe und der sie fortsetzenden Sakristeibauten gegliedert.

Inneres. Das Westwerk erhebt sich auf 3teiligem Grundriß. Sein Mittelraum steht auf einem Quadrat; das Erdgeschoß öffnet sich im W-Flügel als Vorhalle. Treppentürme, unten rund, oben 8eckig, führen in das Obergeschoß. Das Langhaus ist eine Pfeilerbasilika mit 5 schlichten Arkaden, die am Ende des 12. Jh. mit robusten gurtenlosen Kreuzgewölben gedeckt wurde. Ein Querschiff fehlt. Der Chor, ein Rechteck von 7 m Breite und 11 m Länge, setzt das Mittelschiff bruchlos fort und endet in halbrunder Apsis. Zu beiden Seiten des Chores liegen Sakristeien als Fortsetzung der Seitenschiffe, unter seinem westl. Teil eine Krypta des 11. Jh., die mit 3 parallel gestellten Tonnen überwölbt ist. Im frühen 12. Jh. wurde sie durch 2 Seitenschiffe und ein breites 5schiffiges Joch erweitert. Westl. dem Hauptschiff vorgelagert ist das Grab der Kirchenpatrone, der Märtyrer Chrysanthus und Daria.

Von der Ausstattung fällt das Sakramentshaus auf, das 1480 von Friedrich Roir gearbeitet wurde. Das *Hochgrab des Gottfried von Bergheim* († 1335; in der Krypta) ist kostümgeschichtlich und wegen des frühesten rheinischen Beispiels von männlichen und weiblichen Leidtragenden (»Pleurants«) wichtig. Es geht auf das sog. Einzelgrab in der Marburger Elisabethkirche zurück (nach 1308), dessen Vorbilder in der französ. Königskathedrale St. Denis zu suchen sind (vgl. auch die Doppelgräber in → Bielefeld, → Selm-Cappenberg und Marburg). Als spätes Werk dieser Gruppe betont das Grabmal Gottfrieds die dekorativen Züge. – Der prächtig geschmückte Taufstein aus schwarzem Marmor ist eine Renaissancearbeit von 1619, das Holzbildwerk der *Muttergottes* eine vorzügliche Arbeit der Zeit um 1330. Aus dem Umkreis des Kölner »Meisters des Marienlebens« stammt ein Triptychon mit der Beweinung Christi und den Kirchenpatronen, um 1470.

Die **ehem. Jesuitenkirche St. Donatus** (Grundsteinlegung 1659, Weihe 1670) wurde in dem Manierismus des Rheinlandes, der got. und barocke Formen mischt, erbaut. Das 1schiffige Langhaus hat ringsum Emporen. Die Altäre beleben die schlichte Raumordnung des Frühbarock, plastisch bewegt und farbig gefaßt. – Die einfachen **ehem. Kolleggebäude** (1652–83) und das unmittelbar anschließende **ehem. Jesuitengymnasium** (1724–27) beherbergen heute das St.-Michaels-Gymnasium.

Rathaus (Marktstraße). Der Bau wurde im 15. Jh. errichtet. 2 verschiedene Bauteile stehen an der Biegung einer Straße. Der linke trägt einen (erneuerten) Treppengiebel und seitliche (erneuerte) Erkertürme, der rechte auf offener spitzbogiger 3jochiger Laube ein Mansarddach aus dem Anfang des 18. Jh. Rundbogiges Portal von 1627, darüber das Wappen Jülich-Bergs und der Stadt. Im 1. Obergeschoß große Kreuzfenster; zwischen ihnen sind in Halbrelief 2 Figuren gerüsteter Männer als Fahnenträger dargestellt. Darüber das jülich-bergische Wappen; zwischen den Fenstern des 2. Obergeschosses Wappen der Stadt und der Weberzunft.

Haus Windeck (Orchheimer Straße). Das Bürgerhaus, 1644 erbaut, zeigt reiche Schmuckformen, die dem Fachwerkbau einen bedeutenden Rang unter den rheinischen Bürgerhäusern verleihen.

Romanisches Haus (Langenhecke). 2geschossiges Gebäude aus Bruchsteinmauerwerk mit mehreren 2- und 3geteilten Rundfenstern mit eingestellter Säule. Während der Restaurierung 1960–62 konnten die Jahre um 1167 als Bauzeit ermittelt werden. – Heute ist hier das sehenswerte **Toni-Hürten-Museum** (Heimatmuseum) untergebracht.

Die **Stadtbefestigung** gehört zu den besterhaltenen des Rheinlandes. Mauern und Tore wurden im 13. und 14. Jh. errichtet. Die 4 Stadttore sind als Tortürme mit spitzbogigen Toröffnungen ausgebildet, das stärkste von ihnen, das **Werthertor** im NO (zur Ebene hin), von 2 Rundtürmen flankiert. Unter dem Walmdach ein Kleeblattbogenfries. Besonders interessant die beiden Überführungen der Stadtmauer über die Erft.

Auf dem nahen Radberg lag die **Burg** der Herzöge von Jülich, ein Bauwerk aus der 2. Hälfte des 13. Jh. Sie wurde 1689 zur Ruine.

NETPHEN (Siegen EF6)

Obernetphen (F6)

Ev. Pfarrkirche, ehemals St. Martin. Bedeutende roman. Hallenkirche aus der 1. Hälfte des 13. Jh., inmitten eines alten

Friedhofes gelegen. Das Langhaus hat 3 Schiffe mit 3 fast quadratischen Jochen. Ihm vorgesetzt ist auf quadratischem Grundriß der Turm. Im O entspricht ein 2. Quadrat als Chor. Er hat einen halbrunden Abschluß, in dessen Mauerwerk kleeblattförmige Nischen eingetieft sind. Die mittlere erhielt den Schmuck von 2 Säulen, mit frühgot. Knospenkapitellen bekrönt. Die Seitenschiffe münden in halbrunde Altarapsiden. Schwere quadratische Pfeiler mit vorgelegten Halbsäulen tragen die hochkuppligen Gratgewölbe. Die Gurte zeigen den präzisen Spitzbogen der frühen Gotik. Die Seitenschiffe begnügen sich, wie es dem Siegerländer Typ der westfäl. Hallenkirche eigentümlich ist, mit einhüftigen Stichkappen. Fenster und Türen liegen unter einfachen Rund- und Flachbögen. Dem Chor fügte das 17. Jh. eine Kapelle in den schlichten Formen eines ländlichen Barock an.

NETTETAL (Viersen A5)

Hombergen (A5)

Schloß Krickenbeck gehört zu den größten niederrheinischen Wasserburgen. Sein Herrenhaus, das nur in einem Kern noch aus der 2. Hälfte des 16. Jh. stammt, hat 4 Flügel und einen Rundturm an der N-Ecke. Es ist in der heutigen, auch durch die Lage und das Zusammenspiel von Architektur und Seenlandschaft romantisch anmutenden Form das Ergebnis eines Neubaus von 1904, nachdem bereits eine neugot. Umgestaltung durch Vincenz Statz vorangegangen war. – Die 3flügelige **Vorburg** mit dem Torturm vom Ende des 17. Jh. wurde ebenfalls 1904 verändert.

NEUSS (Neuss B5)

Älteste Siedlungsspuren rühren von röm. Heerlagern aus der Zeit des Augustus und des Tiberius her. 92–96 n. Chr. entstand ein festes Kastell. Auf dem röm., nachmals fränkischen Gräberfeld des im Schutze des Kastells entstandenen Zivilortes Novaesium wird eine »cella memoriae«, eine Memorie des 5. Jh., Ausgangspunkt einer Kirche, bei der spätestens im 10. Jh. ein Benediktinerinnenkloster gegründet wird. Die Siedlung gehört zum einen Teil dem Kloster, zum anderen dem Kölner Erzbischof, der ihr gewisse städtische Rechte einräumt; Neuss wird aber erst 1190 erstmals »civitas« genannt. – Die einstige Lage direkt am Rhein bot die Voraussetzungen zum Fernhandel, der die Stadt reich machte. – Im Kampf mit den Landständen ruft Erzbischof Ruprecht Karl d. Kühnen von Burgund zu Hilfe, der 1474/75 elf Monate lang Neuss vergeblich gegen den Widerstand der Bürgerschaft unter dem Kommando des Kölner

Domherrn Landgraf Hermann von Hessen belagert. Im Truchsessischen Krieg 1596 erobert Alexander Farnese, Herzog von Parma, die Stadt und zerstört sie zum größten Teil. Die Befestigungen des 17. und 18. Jh. werden Anfang des 19. Jh. geschleift, die Glacis zu Promenaden umgestaltet. – Als der Rhein seinen Lauf änderte, wurde der kurkölnische Zoll nach Zons verlegt (1372). Die moderne Industriestadt ist mit dem Fluß nur noch durch einen Kanal verbunden.

Ehem. Stiftskirche St. Quirin, heute **kath. Pfarrkirche** ●

Das Quirinuspatrozinium der ehem. Benediktinerinnenkirche scheint für das letzte Drittel des 10. Jh. gesichert zu sein. Größere Reliquien des Märtyrers sind vielleicht erst um die Mitte des 11. Jh. aus Rom übergeführt worden (1050 von Gepa, einer Schwester Papst Leos IX.). Von einem Kirchenneubau dieser Zeit dürfte die 5schiffige Krypta herrühren. Etwa ein Jh. später wird das Kloster in ein adeliges Damenstift verwandelt. Die Verehrung des hl. Quirinus, der zugleich der Patron der Stadt war, erfährt im ausgehenden Mittelalter als Retter vor dem Burgunderherzog einen ungeheuren Aufschwung. Die bestehende Kirche entsteht nach den Plänen eines »magister Wolbero«, der den ersten Fundamentstein im Jahre 1209 setzt (erhaltene Inschrifttafel neben dem S-Portal). Nach dem Vorbild der Kölner Choranlagen entwirft er den Dreikonchenchor und baut ihn zuerst, anschließend, nach W fortschreitend, das Langhaus. Ein 2geschossiger W-Bau bestand bereits aus der Zeit um 1200; er erhält statt der geplanten 2 Türme – wahrscheinlich nicht mehr von Wolbero – 2 weitere Geschosse und einen dominierenden Mittelturm. Dieser Einturm, und damit die ganze Kirche, dürfte spätestens in den 1240er Jahren vollendet gewesen sein. – Restaurierungen 1881–90 und 1930–38. Die Schäden des 2. Weltkrieges – eine Bombe brachte die gesamte O-Apsis bis in die Krypta zum Einsturz – waren bereits 1950 behoben.

Die Kirche ist ein Glied der glanzvollen Kette von Domen und Klosterkirchen, die den Rhein von Basel bis Xanten schmückt. In einem ungewöhnlichen Aufwand von architektonischer Dekoration und in abwechslungsvoller Gruppierung bringt sie die spätroman. Baukunst am Niederrhein zur höchsten Entfaltung. Zugleich aber ist sie bestrebt, die lagernde Schwere der Baumasse emporzureißen und dem Prinzip der Gotik unter Beibehaltung roman. Bauformen gerecht zu werden.

Die in ihrer Art einmalige, großartige *Fassade* weist nur wenige Fenster auf, die noch dazu in dem Aufwand von ornamentalen Gesimsstreifen, Rundbogenfriesen und triforienartigen Blendarkaturen kaum in Erscheinung treten. Das schmucklose, breitgelagerte Untergeschoß ist durch das Portal und die hohen flachen Blenden zu beiden Seiten schlicht und groß gegliedert. Darüber setzt der vielfältige Flächenschmuck ein, und zugleich scheint eine emporströmende Kraft die Mitte zu ergreifen. Sie läßt die horizontale Gliederung in 3 Geschossen übereinander giebelartig emporsteigen und den mittleren Teil in einen Giebel ausklingen. In gleicher Höhe wie das Hochschiff des Langhauses ist der Westbau mit einem quergelegten Satteldach gedeckt; darüber erhebt sich 2geschossig auf quadratischer Grundfläche hinter dem Giebel der mächtige *Turm*. In seiner Gliederung herrscht die Vertikale noch stärker vor; sie verwendet durchweg Spitzbogen, während im Unterbau der Rundbogen vorherrscht. In der Seitenansicht des Münsters erscheint der Westbau mit Giebel, Radfenstern, Zwerggalerien und anderer Bauzier wie ein westl. Querschiff. Die Anbauten, welche die westl. Seitenschiffsjoche erweitern, erwecken mit Giebel und Satteldach den Anschein eines 2., kleineren Querschiffes. Große, prächtige Rosettenfenster am Hochschiff, eigenartig gestielte Fächerfenster an den Seitenschiffen vermehren den Eindruck des Üppigen und Blühenden. – Am prächtigsten entfaltet sich der *O-Bau.* In der mächtigen gerafften Gliederung seiner Baumassen drängen die Teile empor. Die Vertikale dominiert auch hier entschieden über die Horizontale. Die Dreikonchenanlage schließt sich an Groß St. Martin und St. Aposteln in Köln an.

Die Ruhe und Gelassenheit der Kölner Kirchen (besonders von St. Aposteln) ist hier einer Dynamik gewichen, die nicht nur die nahende Gotik, sondern auch ein feurigeres und kühneres Temperament des Meisters bekundet. Die halbrunden Apsiden sind in 2 Geschossen durch hohe rundbogige Fenster und Fensterblenden mit schlanken Pilastern und Säulenstellungen gegliedert und mit einer Zwerggalerie bekrönt. Ihr Dach lehnt sich an die mit Rosettenfenstern geschmückten Giebel der Chorjoche. 4 schlanke Türme an den Ecken der Vierung steigern die zentrale Selbständigkeit des O-Baues, der in dem 8seitigen Mittelturm mit seinen Giebeln und blumenförmigen Fenstern und in der kupfergedeckten Kuppel mit der Figur des Kirchenpatrons ausklingt, die nach einem Brand von 1741 an die Stelle des alten Pyramidendaches trat.

Inneres. Die Turmhalle ist als westl. Doppeljoch dem Mittelschiff einbezogen, und in den Seitenflügeln erreichen die Emporen die gleiche Höhe. Das Langhaus hat 3 weitere Doppeljoche im gebundenen System. Schlanke, halbrunde Dienste mit frühgot. Knospenkapitellen sind den Hauptpfeilern vorgelegt. Alle Raumteile wurden mit Rippengewölben gedeckt, die im Emporengeschoß hängende Schlußsteine haben. Die kapellenartigen Nebenräume zu beiden Seiten des Langhauses sind

Neuss. Ehem. Stiftskirche St. Quirin

wie die Seitenschiffe 2geschossig. Die geräumigen Emporen öffnen sich zum Mittelschiff in je 2 gekuppelten Bogenöffnungen auf Säulen, von spitzbogigen Blenden umfaßt. Eigenartigerweise nehmen die Joche des Langhauses nach O zu an Länge ab. Ob damit eine perspektivische Wirkung beabsichtigt war, ist zweifelhaft. Die Zusammendrängung der Emporenöffnungen im östl. Joch wirkt zu ungünstig, als daß sie gewollt sein könnte. Dazu kommen eigenartige Schwankungen der Gestaltung, wie vor allem ein unregelmäßiger Wechsel zwischen Spitzbogen und Rundbogen der Arkaden, Wechsel in den Fensterformen usw. Wieweit hier Ungeschicklichkeit der Planung oder Behinderung durch ältere Bauteile und Fundamente vorliegt, kann nicht mehr entschieden werden. Es fehlt jedenfalls nicht an Hinweisen im Bau selbst, daß Wolberos Plan Änderungen unterlag. Der hohe Vierungsraum empfängt sein Licht von ganz oben durch die bizarren Fenster unter der 8teiligen Rippenkuppel. Wie in Brauweiler (→ Pulheim) und Groß St. Martin in Köln erscheint vor den Fenstern der Apsiden der Laufgang mit freistehenden schlanken Stützen. Der Aufbau der Konchen und ihrer tonnengewölbten Vorjoche ist 2geschossig und 2zonig: der Abschlußwand ist eine lockere dekorative Architektur aus Säulenstellungen und Arkaturen vorgesetzt, so daß in beiden Geschossen flachgedeckte Umgänge entstehen. In den Arkaden der S-Empore finden sich 2 *Figurenkapitelle.* Das eine Kapitell stellt die Werke der Barmherzigkeit dar, das andere vom Drachen bedrohte Menschen. Mensch, Tier und Blattwerk verschlingen sich zu einer bewegten und bewegenden Einheit, die den architektonischen Körper des Kapitells nicht zerstört.

Von der Ausstattung ist ein Gabelkruzifix, um 1360, aus der einstigen Maria-Ablaß-Kirche in Köln erwähnenswert. Neu ist der Hochaltar von Hein Minkenberg; von ihm auch die Christophorusfigur. Die O-Apsis wurde nach dem Kriege von Berwanger ausgemalt.

Die heutige Gestalt der *Krypta* ist das Ergebnis mehrerer Eingriffe in die Substanz des 11. Jh. Ein Umbau vom Anfang des folgenden Jahrhunderts umfaßt die Gewölbe und alle Stützen samt Ecksporenbasen sowie Würfel- und Kerbschnittkapitellen, wobei die Fünfschiffigkeit unter Weiterverwendung der alten Außenmauern und einiger Säulen – darunter auch der vierfach gebündelten – gewahrt bleibt. Vor 1220 werden die Gewölbe noch einmal erneuert und der Raum bis unter die neue O-Apsis auf 2×2 schlanken Säulen mit spätroman. Knauf- und Blattkapitellen ausgedehnt. Der Raum unter der S-Konche wird erst nach 1881 hinzugenommen.

Die kath. Pfarrkirche Hll. Dreikönige, 1909–11 von Eduard Endler gebaut, bewahrt einen kostbaren Schatz: die *Fenster* Jan Thorn-Prikkers, des Begründers der modernen Glasmalerei. 1911 begonnen, konnten einige bereits im folgenden Jahr in der Kölner Sonderbundausstellung gezeigt werden. (In die Kirche gelangten sie erst 1919 nach Revidierung der Vorschriften über den in Kirchen des Erzbistums Köln zulässigen Darstellungsstil, die bis dahin nur historische Formen zugelassen hatten.) Zu den 3 Chorfenstern (12×1,20 m) mit den Themen der Kindheit, der Leidenszeit und der Auferstehung Christi, flankiert von rein ornamental gestalteten Fenstern, gesellen sich in den Querschiffsarmen die Epiphanie, Maria Magdalena, die Himmelfahrt Mariens und St. Michael. Großfigurig und in dynamischer Aufwärtsbewegung sind die Darstellungen vorgetragen, jeder sind die ihr aus mystischem Empfinden gemäßen Farben voll glühender Leuchtkraft zugeteilt. Zartheit des Jugendstils und Leidenschaft des Expressionismus lassen Wissen um das Mysterium und Vision Gestalt werden. Erst 1929 wurden die farblich aufgelichteten Symbolfenster in den Seitenschiffen und Obergaden entworfen (und nach dem 2. Weltkrieg erneuert). Der Beschränkung auf das Symbol entspricht dessen knappe Fassung in zartgliedrige Liniensysteme aus dem Geist der holländischen Stijlkunst. Die 5 Fenster der Taufkapelle mit ihrer Beziehung auf das Taufsakrament und der Figur des Neusser Schutzheiligen Quirin nehmen stilistisch eine gewisse Mittelstellung zwischen den alten und neuen Fenstern ein. – Die Decke nach Zerstörungen des 2. Weltkrieges von Dominikus und Gottfried Böhm erneuert mit Malerei von Gerhard Kadow (1962).

Kath. Christkönigskirche, 1955 von Alfons Leitl gebaut, ein Betonskelettbau, dessen fast würfelförmiger Baukörper unter einer parabolischen, an allen 4 Seiten angeschnittenen Kuppel steht.

Kath. Rektoratskirche St. Konrad. Gottfried Böhm vollendete den Bau 1955. Ein Glasgang verbindet die freistehende runde Taufkapelle mit dem leicht längsgestreckten Kirchenraum und enthält die Eingänge; sich verbreiternd nimmt er direkt Richtung auf den mandelförmigen Altarplatz. Ein Baldachingehäuse aus konkaven und konvexen Formen umfängt den Hochaltar und schirmt ihn gegen die leuchtende Chorwand ab, deren Fenster – wie auf der Eingangsseite – auf die Langseiten übergreift. Der Ort für Beichte und Andacht ist seitlich in eine Nebenkapelle verlegt, der Hauptraum ganz auf die Meßfeier konzentriert.

Ehem. Observantenkirche, nach 1802 als Zeughaus benutzt, seit 1923 **Festhalle,** ein weiträumiger gotisierender Saalbau aus Backstein von 1637–40 mit gratigen Kreuzgewölben, außen Strebepfeilern und einem Renaissanceportal. – Die **Klostergebäude** wurden 1651–55 errichtet.

Vogtei und Dinghaus zu den Hll. 3 Königen (Münsterplatz), 1597 vollendet, ein stattlicher 4geschossiger Backsteinbau mit einem Mittelgiebel, nach den Kriegszerstörungen z. T. wiederhergestellt. – Von den **Wohnhäusern** des 17. und 18. Jh., Giebelbauten aus Backstein mit Hausteingliederungen, sind im Hauptstraßenzug einige erhalten.

Die **Stadtbefestigung** wurde Mitte des 13. Jh. angelegt. Von ihren einst zahlreichen Wehrtürmen und Bastionen sind einige in geringer Höhe erhalten. Das mächtige **Obertor,** ein viereckiger Mittelbau mit überwölbtem Torweg und 2 starken runden Ecktürmen an der Außenseite, ist eine der stattlichsten und eindrucksvollsten Torbefestigungen am Niederrhein (mit deutlichem Anklang an die Kölner Stadttore).

Clemens-Sels-Museum (Am Obertor). In einem Neubau von Harald Deilmann, 1973–75, eine umfangreiche Sammlung der Kunst und des Kunstgewerbes vom Mittelalter bis zum 20. Jh. Schwerpunkte bilden Symbolismus, rheinischer Expressionismus und Naive Kunst aus ganz Europa und Übersee. Fundstücke aus Antike und Frühzeit, Volkskunde.

NIDEGGEN (Düren B7)

Der Ort entstand im Anschluß an das Hochschloß, das Ende des 12. Jh. erbaut worden war. Er wurde Anfang des 13. Jh. mit Mauern befestigt und ein Jahrhundert später mit der Burg fortifikatorisch verbunden und zur Stadt erhoben. Mit der Zerstörung der Burg 1542 brach auch seine Entwicklung ab.

Kath. Pfarrkirche St. Johann Baptist

Graf Wilhelm III. von Jülich schenkte die Kirche, die in langer Bauzeit in den ersten 3 Jahrzehnten des 13. Jh. erbaut wurde, 1219 dem Deutschorden. Um 1270–80 ging sie in den Besitz des Johanniterordens über. Geringfügige Umbauten erfolgten im 14. und 15. Jh., damals entstand auch die Sakristei. Ende des 19. Jh. fand eine umfassende Wiederherstellung statt, dabei wurde auch das Mittelschiff gewölbt. Im 2. Weltkrieg wurde die Kirche schwer beschädigt; u. a. wurden die Gewölbe des Mittelschiffs zerstört, die Wandmalereien des 13. und 15. Jh. fast völlig vernichtet.

Die 3schiffige Emporenbasilika aus rotem Sandstein, inmitten des Burgfleckens gelegen, hat 4 Joche, einen vorgesetzten 4geschossigen W-Turm und einen quadratischen niedrigen Chor mit halbrundem Abschluß. Im Mittelschiff war wohl keine Wölbung geplant; der Abstand der mit Vorlage und starkem Runddienst versehenen mittleren Pfeiler von der O- und W-Wand des Mittelschiffes ist dafür zu groß; für die moderne Wölbung wurden Konsolen als Zwischenträger eingesetzt. Der halbrunde Dienst vor dem mittleren Pfeilerpaar durchschneidet das kräftige Emporengesims; die bekrönenden Blattkapitelle in Scheitelhöhe der Schildbogen über den Emporenöffnungen sind neu. Ähnliche Dienste hat der Triumphbogen des Chores, dessen Kreuzrippengewölbe wie die gratigen Gewölbe der Seitenschiffe alt sind. Das N-Seitenschiff schließt mit einer flachbogigen, das südliche mit einer halbrunden Apsis. An den W-Wänden führen Treppenläufe zu den Emporen. Die 3teiligen Emporenöffnungen gehen in den Dachraum der Seitenschiffe. Je 2 Säulen hintereinander tragen die von einem großen Blendbogen umfaßten 3 Bogen.

Nideggen. Kath. Pfarrkirche St. Johann Baptist. Fresken in der Apsis

In der Apsis stark restaurierte Reste der *Ausmalung*: Christus in der Mandorla mit Maria und Johannes; zwischen den Fenstern verschiedene Heilige (Mitte 13. Jh.). – Von den Einzelstücken der Ausstattung verdienen die Skulpturen der Muttergottes, des Johannes Baptist und der hl. Katharina besondere Beachtung; es sind schöne Nachfolgewerke der Kölner Domchor-Apostel, wohl zwischen 1330 und 1350 entstanden.

Die ehem. **Johanniterkommende,** jetzt Pfarrhaus, ist ein einfacher 2geschossiger Bau aus dem 17./18. Jh.

Burg ●

Die Burg der Grafen von Jülich ist eine der großartigsten Ruinen des Rheinlandes. Sie ist als Stützpunkt gegen Kurköln seit der 2. Hälfte des 12. Jh. erbaut worden, war zugleich Residenz der Grafen (seit 1356 Herzöge) von Jülich und wurde im 14. Jh. durch Mauern mit der Stadt verbunden. Mit dem Aussterben des jülischen Geschlechts begann sie zu verfallen, besonders nachdem sie 1542 von brabantischen Truppen erobert und eingeäschert worden war. Das teilweise wieder hergerichtete Schloß erlitt im 17. Jh. Kriegsschäden, als französ. Truppen es 1678 plünderten und niederbrannten. Um 1800 wurde es auf Abbruch verkauft und später als Steinbruch benutzt. Eine umfassende Sicherung des Bestandes erfolgte 1901–06. Im 2. Weltkrieg wurde der Bau erneut schwer beschädigt, die abermalige Wiederherstellung 1960 abgeschlossen.

Die Burg ist eine rechteckige Anlage mit einem höher liegenden großen Hof und einem kleinen Vorhof, von Zwingern umgeben, die an die Mauern des Burgfleckens anschließen. Kern und ältester Teil ist der Bergfried am O-Ende der schmalen Felszunge, ein 4geschossiger Bau des 12. Jh. mit einer gewölbten Kapelle mit 5 halbrunden Nischen im Erdgeschoß und je 2 Wohnräumen in den Obergeschossen. Nach SW schließt das innere Burgtor an. Die S-Seite nimmt der Palas des 14. Jh. ein, von dem die Außenwand mit 2 Ecktürmen, dem Küchenturm im O und dem Damenerker im W, und einem rechtecktigen Mittelturm erhalten ist. Westl. schloß sich ein etwas älterer Bau an. Der äußere Burghof im SO wird von einer Mauer aus dem 14. und 16. Jh. begrenzt. Die Tordurchfahrt und die Pförtnerwohnung, ein Fachwerkbau, stammen aus dem 18. Jh. – An der NO-Ecke des Burgfleckens steht das **Nytstor,** eine spätroman. Anlage mit mächtigem Torbogen. Burg und Burgflecken haben zusammen rund 400 m Länge. Die Gesamtanlage ähnelt sehr der von → Hennef-Blankenberg.

Von der **Stadtbefestigung** des 14. Jh. sind das **Dürener Tor** mit 2 vorgelegten Rundtürmen und das **Zülpicher Tor** erhalten.

NIEDERZIER (Düren B6)

Hambach (B6)

Kath. Pfarrkirche St. Antonius, um 1420 vollendet, eine der dörflichen Einraumkirchen aus Backstein, durch feine Formen auffallend. 4 Joche mit Kreuzgewölben, der Chor in 7 Seiten des Zwölfecks geschlossen; vorgesetzter W-Turm. Der Außenbau durch kräftige Strebepfeiler und hohe 2teilige Fenster bestimmt.

Burg der Herzöge von Jülich, seit dem 18. Jh. Ruine, die 1944/45 schwer getroffen wurde; rechteckige Wasserburg mit Ecktürmen, seit 1524 von den Baumeistern Heinrich von Köln und Arnd von Düren errichtet und nach teilweiser Zerstörung 1547–63 von Alessandro und Maximilian Pasqualini erneuert. Noch als Ruine bedeutend.

NORDKIRCHEN (Coesfeld D3)

Kath. Pfarrkirche St. Mauritius, 1715–19 von Gottfried Laurenz und Peter Pictorius d. J. gebaut. Barocke, durch den Verlust der Ausstattung beeinträchtigte Hallenkirche mit dominierendem Turm. Portal von Wilhelm Heinrich Kocks.

Wasserschloß ●

Fürstbischof Friedrich Christian v. Plettenberg baute das Schloß für seinen Neffen Ferdinand v. Plettenberg. Gottfried Laurenz Pictorius erhielt die Möglichkeit, eine große barocke Anlage ohne Rücksicht auf alte Bauteile ungehindert in der münsterländischen Parklandschaft zu entfalten. Die Entstehungsdaten: Grundsteinlegung 1703, Vollendung der Schloßinsel 1720, der Gesamtanlage mit Ausstattung 1734. Seit etwa 1725 war Johann Conrad Schlaun der planende Architekt. – Seit 1959 restauriert und z. T. umgebaut. Heute Landesfinanzschule.

Das Schloß, ein im Ganzen wie im Detail die Schulung Pictorius' am holländischen und französ. Barock widerspiegelnder Gesamtanlage, war architektonische Mitte eines Parks, dessen Alleen ihm zueilten. Es liegt in einem großen Viereck aus Wassergräben als komplexe Anlage, deren Bauten auf das Corps de logis symmetrisch ausgerichtet und gestaffelt sind. Den Ankommenden empfängt ein weiter Hof, den links das Reithaus (1913 verändert) und rechts ein Stallgebäude einfassen. Es folgen der Kapellenflügel (rechts), und der Dienerflügel (links), schließlich das Hauptgebäude, das ein 3achsiger Risalit mit Attikageschoß hervorhebt.

Sein Inneres hat die Ausstattung der Erbauungszeit im wesentlichen bewahrt. Sie ist wertvoll als eines der wenigen erhaltenen Beispiele münsterischer Raumkunst im Hochbarock. Im Erdgeschoß des Mittelbaues das nach dem Vorbild des Schloßkapellenvestibüls von Versailles angelegte Vestibül mit einer Stuckdecke nach Entwürfen von Gottfried Laurenz Pictorius, die Malereien von Johann Martin Pictorius trägt; sie verkünden den Ruhm und das Glück des Hauses Plettenberg. Die beiden guten *Alabasterbüsten* des Erbauers und seiner Frau, Ferdinand v. Plettenberg und Bernhardine geb. v. Westerholt, sind Werke Johann Wilhelm Gröningers. Im Treppenhaus eine Alabasterfigur des jungen Grafen Franz Joseph v. Plettenberg mit Hund, eine ebenfalls vorzügliche Arbeit desselben Meisters. In der Mitte des Erdgeschosses der Festsaal (Jupitersaal). In den eingelassenen Gemälden sind die Taten des Herkules und sein Eingang in den Olymp dargestellt. Über den Figurennischen in den Saalecken 4 Illustrationen zu Ovids Metamorphosen. Speisezimmer 1730–32 nach Entwurf von J. C. Schlaun, auf den auch die hervorragende Ausstattung der Erdgeschoßräume des O-Flügels im Entwurf zurückgeht. Die schöne Stuckausstattung ist vornehmlich das Werk italienischer Künstler.

Trotz einer gewissen Trockenheit im Detail, verstärkt durch Bauten des 19. Jh. zwischen den Wirtschaftsgebäuden und dem Corps de logis, beeindruckt Nordkirchen als Ganzes, wozu die farbige Gestaltung erheblich beiträgt.

Die **kath. Schloßkapelle Mariä Himmelfahrt** ist wesentlich das Werk des Stukkateurs Stefano Melchion (oder Melchior), um 1713. Die hellweißen Wände des Innenraumes sind durch korinthische Pilaster und Wandfelder gegliedert. Über der Gesimszone prachtvoll stuckiertes Gewölbe mit Malereien von J. M. Pictorius, 1714, Szenen aus dem Leben Mariens; die Mitte stellt eine illusionistische Interpretation ihrer Himmelfahrt dar.

Die heute vielfach verunklärten **Parkanlagen** gehörten in ihrer Entstehungszeit zu den berühmtesten in Deutschland. G. L. Pictorius begann mit ihrer Anlage 1705, 1724–34 setzte J. C. Schlaun mit französ. Gartenarchitekten die Arbeit fort. Hauptbau im Park ist die **Oranienburg,** mit deren Bau Pictorius 1718 begann und die Schlaun 1725–33 als erstes westfäl. Werk seiner reifen Schaffenszeit vollendete. Anbauten von 1913.

NORDWALDE (Steinfurt D2)

Kath. Pfarrkirche St. Dionysius. Die Kirche gehört zu den verhältnismäßig großen, für dörfliche Möglichkeiten edel durchgebildeten westfäl. Hallenkirchen des 15. Jh. Die tiefen Gewölbe des Langhauses ruhen auf Rundpfeilern. In der Einrichtung erhielt sich eine schöne Sakramentsnische der Spätgotik. – Erweiterung nach W 1895/96, 1963 noch einmal vergrößert.

Rathaus, 1958 van Harald Deilmann.

Haus Pröbsting. Neben dem schlichten Renaissance-Bau des Herrenhauses ist ein 2geschossiger got. Speicher (um 1500?) interessant, dessen Dach auf hölzernen Konsolen ruht. Er hat gute Proportionen und vermittelt eine instruktive Vorstellung vom Zweckbau des Mittelalters.

NÖRVENICH (Düren B7)

Kath. Pfarrkirche St. Medardus. Die Kirche ist eine 3schiffige got. Hallenkirche mit W-Turm und einem 1jochigen Chor mit 3seitigem Schluß, aus der 1. Hälfte des 16. Jh. Die Netzgewölbe des Mittelschiffes und die Kreuzgewölbe der Seitenschiffe ruhen auf 4 Rundpfeilern. Einheitliche barocke Innenausstattung des 17. Jh., und eine schöne Madonnenfigur kölnischer Herkunft, Ende 14. Jh.

Nordkirchen. Schloß. Johann Wilhelm Gröninger: Graf Franz Joseph v. Plettenberg

Die **Gymnicher Burg,** ein 3flügeliges, 2geschossiges Herrenhaus der Herren von Merode, stammt aus der 2. Hälfte des 16. Jh. Zwischen den Seitenflügeln liegt eine Terrasse. Jeder Seitenflügel mit einem runden Eckturm und Renaissanceerker, wovon der östliche aber erst 1723 dem anderen nachgebildet wurde. Damals erhielt die Anlage erst die jetzige Symmetrie. Der N-Seite, die wahrscheinlich auf einen älteren Bau zurückgeht, sind 2 runde Türme, der W-Seite ein niedrigerer Anbau mit einem Eckturm vorgelagert. Die Türme haben sämtlich geschweifte Helme. Der Bau ist ein interessantes Beispiel für die Umwandlung einer typischen Wasserburg in eine Palaisanlage nach italienisch-französ. Vorbild. – Schmucklose **Vorburg** des 18. Jh. mit viereckigen Ecktürmen aus dem Anfang des 18. Jh. Der trennende Graben wurde bereits damals zugeschüttet, wie dies im 19. Jh. auch mit den äußeren Gräben geschah.

Binsfeld (B7)

Kath. Pfarrkirche St. Gertrud. 3schiffige Hallenkirche aus Backstein mit roten Sandsteingliederungen aus dem 16. Jh., wovon 3 Joche mit 6 Pfeilern und 6 Halbsäulenvorlagen und spitzbogigen Rippengewölben erhalten sind. Daran schließt sich ein älteres breites Chorjoch mit Sterngewölbe und 3seitigem Schluß an (die im Krieg zerstörten Sterngewölbe sind rekonstruiert). Im W eine Verlängerung des Langhauses mit einem W-Turm von 1877. Das Äußere ist durch den 2geschossigen Sakristeianbau im S ziemlich entstellt.

Burg

Ungefähr gleichaltrig mit der Hallenkirche, aber als Bauwerk ungleich bedeutender ist die Wasserburg, von deren Neubau aus dem Jahre 1533 nur der Hauptflügel des Herrenhauses erhalten ist: von rechteckigem Grundriß mit einem runden Eckturm, zum Hof hin im Anschluß an einen Treppenturm in beiden Geschossen mit einer 6bogigen Laube aus rotem Sandstein geöffnet, im Erdgeschoß mit Maßwerkzacken in den Bögen, im Obergeschoß mit spätestgot. Maßwerkbrüstungen und abschließendem Maßwerkfries. Als Bogenform tritt überall der Rundbogen auf. Eine Maßwerkbrüstung erscheint auch an dem im übrigen erneuerten Seitenflügel, so daß wohl anzunehmen ist, daß die Arkaden an ihm sich fortsetzten oder fortsetzen sollten. Der Bau ist als für das Rheinland frühe Verbindung des südlichen Motivs eines Laubenhofes mit spätgot. Formen von großem baugeschichtlichem Interesse. Derselbe Architekt ist in Düren und Umgebung tätig gewesen. Der

Krieg brachte starke Schäden, besonders an dem Treppentürmchen.

Die **Vorburg** setzt sich aus Teilen des 18.–20. Jh. zusammen, der Torbau entstand im 16. Jh.

Frauwüllesheim (B7)

Kath. Pfarrkirche St. Mariä Heimsuchung
Die Kirche erstand auf einem Besitz des Stiftes St. Maria im Kapitol zu Köln. Sie wurde um 1300 von Kölner Werkleuten errichtet und gehört zur Kölner Schule des ausgehenden 13. Jh.
Das Langhaus, ein 1schiffiger Quaderbau, hat 3 Joche mit Kreuzgewölben. Der Chor ist von gleicher Breite, aber niedriger. Eigenartig sind die Wände des Langhauses gegliedert: Die Fenster sitzen hoch, unter ihnen füllen einfache Rundbogen die Wand; vielleicht hat man doch an Seitenschiffe gedacht (die Nischen sind Zutaten der Restaurierung 1875–80). In den Fenstern entfaltet sich großartiges vielteiliges Maßwerk. Es dürfte jünger sein als das des Kölner Domes, dem es verwandt ist. In der Ausstattung fallen Holzbilder der Hll. 3 Könige auf. Die kleinen Standbilder zeigen den vorzüglichen Stand der Kölner Bildhauerkunst um 1330.

Am W-Ende des Dorfes spätgot. **Prozessionskreuz** aus Sandstein mit den Wappen Herzog Wilhelms von Jülich († 1511), seiner Gattin und der Stadt Düren.

Hochkirchen (B7)

Kath. Pfarrkirche St. Viktor. Im Anschluß an einen in der 2. Hälfte des 12. Jh. gebauten großformigen und 2geschossigen W-Turm, dessen Obergeschoß sich in einer abgestuften Rundbogenöffnung mit roman. Säulen als Empore zum Langhaus hin öffnet, wurde um 1500 eine 2schiffige Hallenkirche mit 2 mittleren kämpferlosen Rundpfeilern und rechteckigem Chor errichtet. Das niedrige flachgedeckte nördl. Seitenschiff ist durch Rundbogen mit dem Langhaus verbunden. Die einheitliche Ausstattung in Rokokoformen stammt größtenteils erst aus dem Anfang des 19. Jh. Der Kirchenbau ist wohl das einzige Beispiel der Übernahme eines spätgot. Bautyps des Trierer Landes in die niederrhein. Ebene in einer klaren Form, aber etwas nüchterner Abwandlung, vielleicht durch das Kloster Steinfeld, das im Besitz des Kirchenpatronats war, vermittelt.

NOTTULN (Coesfeld D3)

Kath. Pfarrkirche St. Martin, ehem. Damenstiftskirche
Eines der ältesten, noch in karoling. Zeit zurückreichenden Frauenstifte des Münsterlandes. Stift und Kirche gelten als Gründung des hl. Liudger. Das Stift wurde 803 geweiht, Liudgers Schwester Heriburga war die erste

Nottuln. Kath. Pfarrkirche St. Martin

Äbtissin. – Grabungen der 1970er Jahre ließen 2 Vorgängerbauten der heutigen Kirche erkennen: einen 1schiffigen gewölbten Raum der Zeit um 1130/31 (damit zu den frühesten bekannten Großgewölbebauten in Deutschland zählend) und eine spätroman. 2schiffige Kirche, deren W-Turm sich erhalten hat, während das übrige 1489 dem heutigen Hallenraum weichen mußte. – Die Sakristeibauten stammen von 1810 und 1854. Restaurierung des Innenraumes 1956/57, des Turmes 1962–64.

Die 3schiffige, 7jochige Hallenkirche würde jeder größeren Stadt zur Zierde gereichen. Der spätroman. Turm ist mit Bogenfriesen und Lisenen reich gegliedert. 3teilige Fenster mit reichem Fischblasenmaßwerk. Die Strebepfeiler sind von verzierten Giebeln bekrönt. – Im Inneren tragen schlanke Rundpfeiler mit flachen, schlichten Kapitellen die Gurte und Rippen der Netzgewölbe im Mittelschiff und der Sterngewölbe in den gleich breiten Seitenschiffen.

Von der Ausstattung sind ein spätgot. Taufstein, 2 3sitzige Chorstühle der Frührenaissance, ein sitzender Schmerzensmann des 16. Jh. und mehrere barocke Heiligenfiguren bemerkenswert. Im Jahre 1956 wurden Gewölbemalereien und eine farbige Fassung der Rippen freigelegt. – An der südl. Außenwand einige spätgot. Epitaphien von Stiftsdamen.

An der S-Seite der Kirche liegen noch 3 **ehem. Kurien** im schlichten Rokokostil mit den Wappen der adeligen Stiftsdamen über dem Eingang.

Darup (D3)

Kath. Pfarrkirche St. Fabian und Sebastian. Die 2schiffige spätgot. Kirche birgt die *Mitteltafel eines Flügelaltars* mit einer Kreuzigung und Passionsdarstellungen. Das Werk des sog. Meisters des Daruper Altars, eines jüngeren Zeitgenossen des Konrad von Soest, ist ein ausgezeichnetes Beispiel der frühen Tafelmalerei in Westfalen.

NÜMBRECHT (Oberbergischer Kreis D6)

Ev. Pfarrkirche. An der 1131 erstmals erwähnten Kirche rühren der W-Turm und die Gesamtanlage einer 3schiffigen Pfeilerbasilika von einem roman. Bau des 12. und 13. Jh. her, der im 16./17. Jh. zu einer Hallenkirche umgebaut wurde und damals die jetzige 5seitige Chorapsis und neben dem Turm die von einem Kreuzgewölbe überspannte Gruftkapelle der Grafen von Sayn erhielt. Den ungegliederten Turm zieren ein spätroman. Säulenportal und ein geschweifter Helm vom Ende des 18. Jh. Dieser verleiht dem Äußeren im Verein mit den Quergiebeldächern über den Seitenschiffen und dem 8seitigen schlanken Zeltdach über dem Chor eine malerische Silhouette.

Homburg (D6)

Schloß. Das auf steilem Berge gelegene, weithin sichtbare Schloß war von der Mitte des 13. Jh. bis 1815 Besitz der Grafen von Sayn. Ein 2facher Mauerring, durch den 2 rundbogige Tore neben halbrunden Türmen führen, umgibt den inneren Schloßhof, an dem östlich ein Nebengebäude des 17. Jh. mit einem älteren Rundturm an der N-Ecke, westlich das 3- und 4geschossige Haupthaus mit einem runden Treppenturm zum Hofe und einem schlankeren runden Eckturm nach dem Bergabhang zu steht. Der Bau stammt größtenteils aus dem 17. Jh. (im 18. Jh. umgebaut), während ein rechteckiger Ausbau mit starkem Mauerwerk auf einen mittelalterl. Hauptturm hindeutet. Die beiden jetzigen Türme haben geschweifte Helme. Innen eine 4läufige Barocktreppe aus Holz und 2 große Räume mit Rauchfängen. Schwerformiges Barocktor mit Wappen- und Figurenschmuck und schmiedeeisernem Gitterwerk. – Das im Schloß untergebrachte **Museum des oberbergischen Landes** ist vorbildlich als Typ einer kleinen landesgeschichtlichen Sammlung.

Marienberghausen (D6)

Ev. Kirche, Saalraum von 1665, Querschiff und Chor aus der 2. Hälfte des 15. Jh., der W-Turm aus dem späten 13. Jh. Wegen der reichen spätgot. Fresken in Querschiff und Chor (1910 entdeckt, 1958–61 restauriert) zählt die Anlage zur Gruppe der sog. »bunten Kirchen«; andere Beispiele in → Bergneustadt-Wiedenest, → Gummersbach-Lieberhausen und → Marienheide-Müllenbach.

OBERHAUSEN (C4)

1862 wurden 7 Bauernschaften zu einer Gemeinde Oberhausen zusammengelegt; 1874 Stadt, 1929 (mit Osterfeld und Sterkrade) Stadtkreis. Heute ein ca. ¼ Million Einwohner umfassendes Zentrum der Schwerindustrie.

Die **Stadt** nordöstl. der Ruhr und zu beiden Seiten von Emscher und Rhein-Herne-Kanal, schnell zu einem Wirtschafts- und Verkehrszentrum geworden, erhielt ihren Namen nach Schloß Oberhausen (s. d.). Zentrum der heutigen Großstadt ist die 1928 angelegte Folge von Plätzen, Grünanlagen und Straßen zwischen dem Rathaus und dem Hauptbahnhof.

Kath. Pfarrkirche Hl. Familie, 1957/58 nach Plänen von Rudolf Schwarz und Josef Bernard. Ein quadratischer Zentralraum in Backstein und Betonformsteinen, die Fenster von Wilhelm Buschulte. *VO*

Rathaus, 1930 von Ludwig Freitag. Als Bau aus verschieden großen, einander teilweise durchdringenden Kuben ist es sichtlich dem Bauhaus verpflichtet. Die Backsteinverblendung und Ziergliederung in Muschelkalk sowie der eigenartige Dachabschluß stellen es jedoch in die Reihe großer Beispiele rheinischer sog. expressionistischer Architektur (vgl. z. B. das Wilhelm-Marx-Haus in Düsseldorf). *VO*

Aus der gleichen Zeit stammen u. a. der **Bahnhof** mit dem gegenüberliegenden **Ruhrlandhotel** sowie das **Arbeitsamt** (Essener Straße) und das 1927 von Eduard und Ludwig Jünger errichtete **Polizeipräsidium** (Friedensplatz). *VO*

Die **Stadthalle** wurde von Heido Stumpf und Peter Voigtländer erbaut und 1962 zum 100jährigen Bestehen der Stadt eröffnet. Die verschiedenen Zwecken dienende Anlage, in der u. a. 3 Säle und ein Restaurant untergebracht sind, entwickelt sich über 6eckigen Grundrißformen.

Lagerhaus und Verwaltungsgebäude III der Gutehoffnungshütte (Essener Straße), 1920 von Peter Behrens, zählen in Konstruktion und Gestaltung zu den bedeutendsten Fabrikanlagen ihrer Zeit. – Das über 93 m lange **Lagerhaus** besteht aus 3 gewaltigen, 4geschossigen Blöcken; dazwischen eingezogene Turmbauten für die Aufzüge. Einen Kontrast zu diesen klaren Bauformen bilden die lebhaft gegliederten zurückspringenden Aufbauten. – Flächiger konzipiert sind das 3geschossige **Verwaltungsgebäude** und der anschließende **Torbau** mit ihren weit vorspringenden Flachdächern. *VO* ●

Schloß Oberhausen (Sterkrader Str. 46). Das Herrenhaus wurde 1806 bis 1816 von August Reineking errichtet; zugeordnet ist ein 3flügeliges Wirtschaftsgebäude. Wegen der im 2. Weltkrieg erlittenen Schäden mußte das Hauptgebäude 1958–60 nach alten Plänen weitgehend neu errichtet werden. Es ist Domizil der **Städtischen Galerie Schloß Oberhausen,** einer Sammlung von Kunst des 20. Jh. mit einer Spezialkollektion von Gläsern des 20. Jh. und Graphik des 19. und 20. Jh. *VO*

Osterfeld

Wasserburg Vondern. Die Vorburg (2 Rundtürme mit got. Bauschmuck zu seiten des durch Wehrgänge in Verbindung stehenden Torgebäudes, Anfang des 16. Jh.) ist eine für das nordrhein-westfäl. Gebiet seltene Anlage; das Herrenhaus, einst isoliert auf einer Insel, ist im 17. Jh. barock neugebaut worden.

OCHTRUP (Steinfurt CD2)

Langenhorst (D2)

Ehem. Kloster der Augustinerchorfrauen

Franko von Wettringen, der spätere Domdechant zu Münster, vermachte 1178 seine Familiengüter zum größten Teil dem Jungfrauenkloster und späteren (seit 1576) adeligen Stift, das er nebst einer Kirche zu Ehren

Johannes' d. T. auf dem Grund seiner Burg in Langenhorst gegründet hatte. 1230 war der Bau der stattlichen Kirche im wesentlichen vollendet. Er wurde 1967 wiederhergestellt und zur Pfarrkirche umgebaut.

Die **kath. Pfarrkirche St. Johannes d. T.,** die ehem. Klosterkirche, ist eine 3schiffige, nur 2jochige, romanisch angelegte und im Übergangsstil vollendete Halle mit überhöhtem Mittelschiff, eine sog. Stufenhalle mit Stützenwechsel. An das Querschiff schließt sich der quadratische Chor an. Ein W-Turm fehlt. Im südl. Chorwinkel steht ein schlanker 4geschossiger Turm; sein nördl. Pendant, 1556 bis auf das Untergeschoß abgebrannt, wurde nach 1958 wiederaufgebaut. Im westl. Joch, das querschiffartig nach S auslädt, ist noch ein Rest der Nonnenempore eingebaut. Die Wölbungen sind teils rundbogige gratige Kreuzgewölbe, teils spitzbogige Kreuzrippengewölbe; sie haben im Chor runde, sonst spitze 8eckige Gurtbogen mit vorgelegten Wülsten. Die spitzen Scheidbogen werden in der Art des gebundenen Systems von je 2 spitzbogigen Arkaden geteilt, die auf einer schlanken Zwischensäule und 2 den Pfeilern vorgelegten Halbsäulen ruhen. Auch die Gurtwülste und Rippen ruhen auf vorgelegten Halb- und Viertelsäulen. Alle Kapitelle sind reich aus Ranken, Blattwerk und Figuren gebildet. Die 1teiligen Fenster sind rundbogig, nur je ein Fenster auf der W- und N-Seite des westl. Jochs spitzbogig, 2teilig und mit Maßwerk verziert. Im Äußeren werden die großen Bruchsteinflächen an Kanten, Gesimsen, Fenstergewänden, Lisenen und Bogenfriesen durch Haustein gegliedert und geschmückt. Nur den Turm und den nördl. Querschiffgiebel zieren Rundbogenfriese; im übrigen läuft ein kräftiges Gesims auf Konsolen herum. Besonders reizvoll ist die östl. Chorseite ausgebildet: 2 Reihen von je 3 reichen Blendarkaden auf zierlichen Säulen öffnen sich unten mit 3 Fenstern, oben mit einem mittleren. Im Giebel darüber steigt ein Bogenfries auf schlanken Säulen auf.

An *Kultgegenständen* bewahrt die Kirche einen Taufstein mit Rankenfries aus der Erbauungszeit und mehrere got. Holzfiguren, darunter ein spätgot. Vesperbild (Marienklage); Elfenbein-Muttergottes, nordfranzösisch, um 1320; Madonna aus Silber, 18. Jh.; silberne Monstranz von 1653.

Ein Teil der got. **Stiftsgebäude** ist erhalten; an der S-Seite liegt das Haus der Äbtissin, 1722.

Welbergen (D2)

Die **alte kath. Pfarrkirche St. Dionysius,** wohl aus dem frühen 12. Jh. und im Kern noch ein roman. Saal aus Bruchstein mit kleinem W-Turm, ist eines der ganz wenigen erhaltenen Beispiele dieses Typus aus der Zeit vor der in Westfalen bald allgemein einsetzenden Einwölbung der Kirchen. 1502, bei der Erweiterung durch einen wesentlich höheren spätgot. Chor, wurden die Wände des Langhauses auf der S-Seite massiv, auf der N-Seite in Fachwerk aufgestockt und die urspr. Flachdecke durch eine verputzte Holztonne ersetzt. – Die Kirche bewahrt 2 frühe trapezförmige Grabplatten und ein Epitaph aus Sandstein von 1604 in der reichen Formenfülle des Manierismus.

Haus Welbergen (Bertha Jordaan-van-Heek-Stiftung)
Das Haupthaus und die Gebäude der Vorburg mit Torhaus und Zugbrücke, Mühle sowie den Torpfeilern und der Bogenbrücke der Zufahrt bieten fast noch das Bild des 18. Jh., als der Philosoph Johann Georg Hamann, der »Magus des Nordens« 1787/88 zu Gast beim damaligen Besitzer Franz Caspar Bucholtz, einem fürstbischöflich münsterischen Hofbeamten, weilte.
Der rechteckige Baukörper des Herrenhauses, allseitig von Wasser umgeben, zeigt auf der rückwärtigen Trauf- und auf der südl. Giebelseite schmale Steinbrückenfenster über einem Kellergeschoß. Sie sind von einem kleineren, noch spätmittelalterl. Baukörper beibehalten, der um 1560–70 in den bestehenden Neubau einbezogen wurde. Vom abermaligen Umbau im 2. Viertel des 18. Jh. künden die barocken Sprossenfenster anstelle der früheren Steinkreuzfenster, das Gewände der Haustür von 1732 und die Stukkaturen der Wohnräume. Im seitlichen Vorbau zur Brücke weisen unterschiedlich hoch gelegene kleine Fenster auf die ehemalige Wendeltreppe hin.
Das **Torhaus** und die 3 – später zu Pavillons und einer Kapelle umgebauten – Türmchen an der langen Mauer zur Gräfte reichen im Kern ins 17. Jh. zurück.

Alter Posthof. Das nahezu unverändert erhaltene stattliche Vierständer-Bauernhaus von 1596, das einer Straßenbegradigung weichen mußte, wurde 1967 als Gaststätte an die Bundesstraße 54 umgesetzt. Da alle notwendigen Nebenräume in einem ebenfalls umgesetzten Fachwerkkotten erstellt werden konnten, blieb das Bauernhaus mit seiner großen Tenne trotz neuer Nutzung als eines der ältesten Bauernhäuser des Münsterlandes in seinem imponierenden Gefüge erhalten. *FM*

ODENTHAL (Rheinisch-Bergischer Kreis C6)

Kath. Pfarrkirche St. Pankratius. Die 1893/94 von Karl Freyse in neuroman. Formen erbaute kreuzförmige Pfeilerbasilika mit Flachdecke übernahm von ihrer Vorgängerin den 4geschossigen W-Turm und die 3 westl. Langhausjoche, die aus der Erweiterung einer Saalkirche des 11. Jh. entstanden waren. Die Vereinigung der zeitlich so unterschiedlichen Teile hat dennoch ein harmonisches Raumgefüge geschaffen. – 8eckiger Taufstein, von Säulen in der Mitte jeder Beckenseite getragen, 1. Hälfte des 13. Jh.

Altenberg (C6)

● **Ehem. Zisterzienser-Abteikirche St. Mariä Himmelfahrt,** sog. **»Bergischer Dom«**

1133 schenkt Graf Adolf I. von Berg die Stammburg seines Geschlechtes (nun zum Unterschied von dem neuen Sitz der Grafen an der Wupper »Altenberg« genannt) dem Zisterzienserkloster Morimond, das Abt Berno, den Freund des hl. Bernhard, und 12 Mönche entsendet. Ein 1135 in geringer Entfernung von der Burg im Waldtale der Dhünn begonnener Kirchenbau erhält 1145 seine Chorweihe; Gesamtvollendung 1160. Die roman. Basilika wird 1222 durch ein Erdbeben schwer beschädigt und 1250 teilweise niedergelegt.

Der leidenschaftliche Bauwille der Zeit – vor allem am Rhein (siehe Köln!) – ergreift auch Altenberg. 1259 legten Abt Giselher und Graf Adolf VI. von Berg, ein Schwager des Erzbischofs Konrad von Hochstaden, den Grundstein zu einer neuen, weit größeren Kirche, die einer der wenigen vollwertigen Vertreter der in den französ. Kathedralen erblühten hohen Gotik in Deutschland werden sollte. Zurückhaltend im reinen Schmuckwerk, wie es die Vorschrift des strengen Ordens fordert, überschreitet der Bau doch das übliche Maß einer Zisterzienserkirche. Schon die Annahme des vollen Kathedralsystems, die in Frankreich bei Zisterzienserbauten häufiger erscheint (Ourscamp, Longpont, Royaumont), ist in der deutschen Ordensbaukunst eine Ausnahme. – Die ältesten Teile sind Chor, Vierung und südl. Querschiff. Vor 1276 werden 10 Altäre im O-Teil geweiht; die Chorweihe findet 1287 statt. Auch das nördl. Querhaus entsteht noch vor dem Ausgang des 13. Jh. Um 1300 beginnt, nach Abbruch des zunächst noch beibehaltenen romanischen, die Errichtung des got. Langhauses, die freilich, bei schleppender Bauführung, fast das ganze Jahrhundert beansprucht; erst 1379 wird es geweiht. Als Meister der Chorteile ist ein Walther überliefert, der 1270 starb. Er darf wohl als der Schöpfer des über die lange Bauzeit hinweg beibehaltenen Gesamtplanes angesehen werden. – 1803 säkularisiert, wird Kloster Altenberg mit der Kirche durch einen schweren Brand 1815 zur Ruine. Wiederholt stürzen Teile der Kirche ein. Erst das Eingreifen des preußischen Kronprinzen Friedrich Wilhelm (späteren Königs F. W. IV.) bringt Rettung. 1835–46 wird die Kirche für den Simultangebrauch restauriert, 1857 dem Gottesdienst beider Konfessionen übergeben. Seit 1894 betreut sie der Staat, unterstützt vom Dombauverein. Mehrfach restauriert.

Trotz langer Bauzeit ist der große Bau einheitlich. Die 3schiffige Basilika hat ein im N 3schiffiges Querhaus, das im nördl. Flügel dem Herzogschor, der Begräbnisstätte der Stifterfamilie, der Grafen und späteren Herzöge von Berg, Raum gab. Der 5schiffige Chor schließt mit 7 Seiten eines Zwölfecks und einem Kranz aus 7 Kapellen. Das Langhaus zählt 8 Joche, der Chor 3. Der südl. Arm des Querschiffes konnte sich, wegen der hier angrenzenden Klostergebäude, nicht voll entwickeln.

Odenthal. Altenberg. Ehem. Zisterzienser-Abteikirche St. Mariä Himmelfahrt

Die Abmessungen sind: innere Länge 77,6, Breite 19,3, Höhe 28 m.
Äußeres. Der Bau wirkt wie aus einem Guß; nur genaue Prüfung der Einzelheiten (Kapitelle, Fenstermaßwerke) kann die durch die anderthalb Jahrhunderte dauernde Bauzeit bedingten Verschiedenheiten erkennen lassen. Die hochragende, von den Seitenschiffen in halber Höhe begleitete Fassade des Mittelschiffes ist fast ganz in ein riesiges *Maßwerkfenster* – eines der großartigsten der deutschen Gotik (18 × 8 m) – aufge-

löst; der Name seines in der 2. Hälfte des 14. Jh. wirkenden Meisters, des Ordenskonversen Raynoldus, ist bekannt; »König aller Steinmetzen« nennt ihn seine Grabinschrift. Über den Dächern der Seitenschiffe greifen Strebebogen (ursprünglich Strebemauern) von den schweren Strebepfeilern hinüber zur Fensterwand des Hochschiffes, wo statt stärkerer Strebepfeiler nur schwache Lisenen vortreten. Auch am Querschiff, am Chor und seinem polygonalen Schluß sehen wir die gleiche Verstrebung. Das Strebewerk und die Fenster, welche die ganze Breite der dazwischenliegenden Wandflächen einnehmen, bilden ohne besonderen Schmuck die reich wirkende Gliederung des Baukörpers. Die Front des nördl. Querschiffes, das um 3 Fensterachsen vortritt, durchbricht ein riesiges Fenster mit reichem Maßwerk. Der Hochchor erhebt sich frei und klar über den Umgang und den Kranz der zwischen die Streben eingefügten und von ihnen überragten Kapellen, deren 3seitige Abschlüsse, siebenmal wiederholt, einen reichbewegten Umriß ergeben. Obwohl nach der Ordensvorschrift ein Turm fehlt, der ein Gegengewicht zu der Länge des Bauwerkes bilden würde, ist doch der entscheidende Eindruck der eines schlanken Emporwachsens.

Inneres. Trotz des gestreckten Tiefenzuges bleibt der Höhendrang auch hier vorherrschend. Über den glatten runden Pfeilern und ihren Kapitellen steigen die Dreierbündel der Dienste empor, die straff und linienhaft die Vertikale zur Geltung bringen. Auch die Vierergruppen der Triforien über den Scheidbogen riegeln den Höhendrang nicht ab; ein aus ihrer Mitte emporwachsender Stab bindet sie in das System der Fenster ein, die, 4fach geteilt, trotz ihrer die ganze Wandfläche der Joche einnehmenden Breite, noch einmal die Senkrechte betonen. Querschiff und Chor haben den gleichen Aufbau wie das Langhaus. In der Vierung treten jedoch an die Stelle der einfachen Arkadenpfeiler die bis zur Wölbung hinaufgeführten Bündelpfeiler. Im nördl. Querschiff hat die Stirnwand nur ein Fenster – wie die W-Wand des Mittelschiffes, auf die der Blick von O her trifft. 4teilige Kreuzgewölbe überspannen die Joche; ihre schmalen Rippen wirken so leicht wie die Dienste, die sie im Mittelschiff auffangen. – Got. Kirchen können nicht ohne farbige Verglasung gedacht werden. Der Orden von Citaux verbot das farbige Fenster, doch wurde das Verbot durch die »Grisailles«, das Grau in Grau, umgangen. Im Altenberger Chor haben sich, trotz weitgehenden Ersatzes, ausgezeichnete

Beispiele der Graumalerei des späten 13. Jh. erhalten. Die natürlich wirkenden und doch stilisierten Blattranken dieser zart silbrigen Scheiben können mit der reizvoll frischen Skulptur der Kapitelle und Schlußsteine des Chores verglichen werden (das spätere Langhaus kennt diesen Schmuck nicht mehr). In dem meisterhaften Fenster der W-Wand, als Stiftung des Herzogs Wilhelm von Jülich-Berg († 1408) entstanden, tritt die Farbe auf, wenn auch das glühende Rot, Blau und Gold einer silbergelben Malerei auf farblosem Grund gewichen ist. Statt des bloßen Ornaments erscheint nun doch das Bild. Schlanke Heiligengestalten stehen in 2 Reihen übereinander. Die Naturnähe ihrer Köpfe bekundet die verhältnismäßig späte Entstehung des Fensters, das zu den großen Leistungen der deutschen Glasmalerei des 15. Jh. gehört.

Die Einrichtungsstücke der Kirche wurden bei der Säkularisation großenteils verschleudert. Die jetzt im Chorumgang aufgestellte *Verkündigungsgruppe* aus Tuffstein, um 1375, stand ursprünglich am W-Portal. Zahlreiche *Grabmäler* der Grafen und Herzöge von Berg sind erhalten. Genannt seien das schöne Denkmal Gerhards I. und seiner Gemahlin Margarethe, Ende des 14. Jh., und das etwas ältere des Erzbischofs Bruno III. von Köln. Totenschilde des Herzogs Wilhelm († 1511) und seiner Gemahlin Sibylla v. Brandenburg († 1524). Im Chor ein feingliedriges *Sakramentshäuschen* aus Sandstein von 6seitigem Aufbau (1480). Den großzügigen Werkprospekt der 1979/80 von Hans Gerd Klais erbauten Orgel, die das S-Querhaus ganz ausfüllt, entwarf Josef Schäfer.

Von den in der Barockzeit weitgehend umgestalteten **Klostergebäuden** ging der mittelalterl. Kreuzgang 1815 durch Brand zugrunde. Erhalten blieb an der SW-Ecke der Kirche das **Kellereigebäude,** 1682–92. In dem Neubau »Haus Altenberg« die Hauptstelle des Bundes der Deutschen Kath. Jugend. – Von den zugehörigen Kapellen steht noch die nach 1222 neu gebaute **Markuskapelle,** ein vortreffliches Beispiel der spätestroman. Ordensarchitektur des 13. Jh. mit schöner, kraftvoll plastischer Gliederung des Innenraumes. – Westlich der Kirche die **Klosterpforte,** um 1750, zwischen 2 langgestreckten Wirtschaftsgebäuden.

OELDE (Warendorf F3)

Stromberg (F3)

Die Burg auf einem Sporn der Beckumer Höhen am Steilabfall zum Lippetal zählt zu den wenigen frühen Höhenburgen des Münsterlandes. 1177 wurde sie ein Lehen der Bischöfe von Münster, später war sie Sitz eines fürstbischöflichen Amtes.

Kath. Wallfahrtskirche zum Hl. Kreuz
Mitten im früheren Burgbereich liegt die 1344 geweihte Kreuzkirche, einer der bedeutendsten Bauten der Hochgotik im Münsterland. An der turmlosen, 3jochigen Halle zeigen die 2bahnigen Fenster mit ihrem reichen geometrischen Maßwerk, die Rundpfeiler mit vorgelegten Diensten und die steil steigenden Gewölbe mit nahezu ebenen Scheiteln die Auswirkung der Marburger Elisabethkirche auf Westfalen. Die Querdächer über den Seitenschiffen haben, Beispielen im östl. Westfalen folgend, Giebel.

Reste von *Wand- und Gewölbemalerei* sowie eine sehr qualitätvolle, fast ● lebensgroße *Muttergottes* aus Sandstein reichen in die Erbauungszeit zurück. Die Fresken sind stilistisch eng verwandt mit jenen in der ev. Pfarrkirche in Hamm-Mark. Eine Sakramentsnische des 15. Jh., der Grabstein des Bischofs Heinrich von Moers († 1450), eine spätgot. Doppelmadonna im Rosenkranz sowie ein bereits im 12. Jh. verehrtes, einst silberbeschlagenes Holzkreuz (um 1080–1100, mehrfach wiederhergestellt) verdienen ebenfalls Beachtung. Orgelprospekt und Empore von 1679.

Das **Mallinckrodt-Haus** im Burgbereich ist ein im Kern spätmittelalterl. steinerner Burgmannensitz, dessen Äußeres nach Befund wiederhergestellt wurde. Daneben das **ehem. Rentmeisterhaus** des späten 18. Jh. und im O eine **ehem. Burgscheune,** ein Fachwerkbau mit Wappen des fürstbischöflichen Amtsdrosten.

Die **kath. Kapelle St. Georg** ist ein 8eckiger Zentralbau mit Walmdach, 1686.

Die **kath. Pfarrkirche St. Lambertus** in Unterstromberg steht am Fuße des Berghanges außerhalb des Ortes. Zwischen einen kleinen Turm und den quadratischen Chor in frühestgot. Formen – noch ohne Strebepfeiler – ist eine 3jochige, wohl noch im 14. Jh. vollendete Halle gefügt. Ihre Gewölbe setzen niedriger an als im Chor und sind ungewöhnlich stark am Raumbild beteiligt. *FM*

OERLINGHAUSEN (Lippe G3)

Der auf der Höhe des Teutoburger Waldes gelegene Ort wird erstmals 1036 mit einem Paderborner Hof genannt. Die wohl schon im 9. Jh. gegründete und dem hl. Alexander geweihte Kirche hatte ein sehr ausgedehntes Kirchspiel und war Sitz eines Archidiakonats, das 1231 nach Lemgo verlegt wurde. 1929 wurde Oerlinghausen zur Stadt erhoben.

Ev.-ref. Pfarrkirche. 3schiffige spätgot. Hallenkirche von 3 Jochen mit ⅝-Chorschluß, 1511–14 erbaut. Dabei wurden Teile einer 2jochigen spätroman. Hallenkirche aus der Zeit von 1230–40 mitbenutzt, von der die Seitenschiffsmauern und die Untergeschosse des W-Turmes mit dem Säulenportal erhalten blieben. Die Seitenschiffe haben – entsprechend dem alten Grundriß – nur halbe Mittelschiffsbreite. Überschlanke Pfeiler in 8eckiger Form und stark gebuste Rippengewölbe ergeben das eindrucksvolle Raumbild einer späten westfäl. Halle. – Barocker Orgelprospekt von 1688.

Große germanische Volksburg auf dem **Tönsberg,** eine Ringwall-Anlage mit der Ruine der **Tönskapelle** (»Hünenkirche«). – Im S der Stadt eine rekonstruierte Germanensiedlung mit 5 Häusern, als **Freilichtmuseum »Germanengehöft«** (Bruchweg 17) 1955–60 aufgebaut. – Auf dem 1,5 km nördl. gelegenen Gute **Niederbarkhausen** steht der mächtige Turm einer mittelalterl. Bauernburg (um 1880 stark erneuert).

OVERATH (Rheinisch-Bergischer Kreis D6)

Kath. Pfarrkirche St. Walburgis. Der in der Mitte des 12. Jh. errichtete flach gedeckte Bau war 3schiffig mit 3-Apsidenschluß und vorgesetztem W-Turm; von den beiden Chortürmchen nach Siegburger Vorbild steht seit 1820 nur mehr das südliche. – Wachsender Raumbedarf, bedingt durch die Nähe Kölns, zwang zur Erweiterung, die auf dem Platz des nördl. Seitenschiffes erfolgte und den Neubau zum Hauptschiff machte. Karl Band war der Architekt, die Weihe fand 1954 statt.

Immekeppel

Gegenüber der alten Bahnstation Bensberg-Immekeppel hat sich der Großteil einer **Zinkhütte** erhalten. Seit 1847 wurden hier eine Erzaufbereitungsanlage sowie ein Grob- und Feinwalzwerk für Zink errichtet. Der Komplex vereinigte die Funktionen Produktion und Wohnen in 2 Trakten, die einen Hof einschließen. *AF*

Bad OEYNHAUSEN (Minden-Lübbeke G2)

Im Unterschied zu anderen Städten, die um eine Kirche oder Burg entstanden, ist hier der Park mit den Kuranlagen Kern- und Keimpunkt der Stadt.

Der Ort, bis 1859 Teil der Gemeinde Rehme, erhielt erst 1847 seinen Namen nach dem preußischen Oberbergrat Karl Freiherr v. Oeynhausen, der während einer Suchbohrung nach Steinsalz 1839 eine sehr ergiebige Thermalquelle erschloß und es verstand, das Königshaus für den Aufbau des Kurortes zu interessieren.

Aufgrund des allerhöchsten Interesses wird verständlich, daß für Planung und Ausführung bedeutende Künstler aus Berlin zugezogen wurden, die zum Kreis um Friedrich Wilhelm IV. gehörten.

Für die Kirchen am Rande des Parks lieferte 1855 der Berliner Schinkel-Schüler Friedrich August Stüler die Entwürfe; die **ev. Kirche** wurde 1947 durch Feuer vernichtet.

Die **kath. Pfarrkirche Peter und Paul** entstand erst 1871–74. Ein 1929 errichteter Erweiterungsteil wurde in den 1970er Jahren abgebrochen und durch einen in die Erde eingesenkten Neubau ersetzt. Gleichzeitig restaurierte man den Altbau in alter Form. Es handelt sich um einen Gewölbebau auf kreuzförmigem Grundriß mit polygonal gebrochener Apsis aus Portasandstein. – Über dem W-Giebel eine fialenartige Laterne. Im Inneren noch 3 farbige Fenster mit den Kirchenpatronen sowie ornamentaler Verglasung. Die Kirche ist ein interessantes Beispiel der Bauweise Stülers, der neben Anregungen des in Architekturfragen sehr engagierten Königs Friedrich Wilhelm IV. mittelalterl. Formen gut verarbeitete.

In der näheren Umgebung ist auf die **ev. Pfarrkirche** im Stadtteil Rehme hinzuweisen. Sie bestand ursprünglich aus einer kreuzförmigen Kirche des 12. Jh. und wurde 1892 um Seitenschiffe, Turm und Sakristei erweitert. – Über dem nördl. Portal befindet sich ein Tympanonrelief, das ein auf einem Halbkreis stehendes Kreuz zeigt. Im Chor ein Sakramentshäuschen der Spätgotik.

Kurpark

Die urspr. Anlage des Kurparks entwarf 1853 der Generaldirektor der königlichen Gärten, Peter Joseph Lenné. Charakteristisch ist die geschwungene Wegeführung, die Entfernungen bewußt verunklärt und überraschende Ausblicke vermittelt.

Aus der Anfangsphase des Staatsbades blieben nur 2 Gebäude erhalten.

Carl Ferdinand Busse (1802–68) lieferte den Entwurf zum **Badehaus I,** er war wie Stüler ein Schüler Schinkels und führte dessen Spätklassizismus in meisterhafter Weise fort. – Gesamtanlage und Detailform des ruhig und elegant gegliederten Gebäudes weisen es als Hauptwerk der profanen Baukunst dieser Zeit in Westfalen aus. Die Büste des Freiherrn v. Oeynhausen vor dem Badehaus wurde 1895 aufgestellt.

Etwa gleichzeitig mit dem Badehaus I entstand weiter südlich ein **Pavillon,** dessen Form aus der antiken Tempelarchitektur entwickelt wurde. Der Zweck des kleinen Parkgebäudes liegt mehr im optischen Reiz als in einem praktischen Nutzen.

Um 1883 dokumentieren aufwendige Neubauten den gründerzeitlichen Aufschwung des Bades, die allerdings bis auf 2 wieder verschwunden sind.

Erhalten blieb das **Badehaus IV** im W des Parks, 1883–85. Formal ist der Hauptakzent, der gewölbte Mittelpavillon mit tempelfrontartigem Portikus, mit dem Badehaus I verwandt. Die seitlichen Flügelbauten und die Gliederung der Gesamtanlage verweisen auf die Palastarchitektur des 17. Jh., die der kaiserzeitlichen Verwaltung für ein anspruchsvolles Gebäude angemessen erschien. – Um 1920 kam ein schlichter Anbau an die Rückseite und in den 1970er Jahren wurde das Haus renoviert, wobei der beherrschende Kuppelsaal und einige Räume ihre alte Form wiedererhielten.

Für den Eklektizismus der letzten Jahrzehnte des 19. Jh. ist das um

1880–90 aufgeführte Gebäude der **Kurverwaltung** bezeichnend. Der 2geschossige kubische Bau nimmt die strengeren Formen der Renaissance auf; die Fassade bringt Ernst und Regelmaß hoheitlicher Verwaltung zum Ausdruck.
Der Neubau des **Kurhauses** entstand 1905–08 unter dem Landesbauinspektor Schrammen. – Das 2geschossige, leicht erhöht liegende Gebäude ist nach dem Vorbild eines barocken Schlosses entworfen und besitzt trotz erheblicher Veränderungen noch große Qualität in Gesamtform und Detail. Im Inneren sind einige der kostbar gestalteten Räume erhalten geblieben (renoviert für die neue Nutzung als **Spielbank**).
Der beinahe 90 m lange Bau gab dem Park einen neuen Mittelpunkt, heute etwas verunklärt, da die weiträumigen Anlagen der Zufahrten, geschwungene Flügelbauten mit Eckpavillons, ein langgestrecktes Wasserbecken in der Mittelachse sowie ein aufwendiges Gitter, das das Gartenparterre vom übrigen Gelände abschloß, abgebrochen wurden.
In den Jahren ihres Bestehens unterlag die Parkanlage ständigen Veränderungen. So errichtete man, dem Geschmack der Zeit folgend, der die künstlerisch gestaltete Natur gern mit der Gartenkultur Ostasiens verband, kurz vor dem 1. Weltkrieg im SO des Parks den **Chinesischen Pavillon.**
Einen weiteren Glanzpunkt erhielt der Kurpark um 1917 mit dem **Kurtheater,** das in bewußter Anlehnung an Schloß Monrepos bei Ludwigsburg äußerlich die Form eines Lustschlosses aufnimmt. Seitlich von niedrigen Bautrakten gerahmt, wirkt dieser Bau feierlich und einladend zugleich, zumal große Türen das ganze Erdgeschoß öffnen.
Bewußt im axialen Bezug und damit den Hauptgedanken des englischen Gartens aufgebend, entstand wenig später die große **Kolonnade,** die den konvexen Schwung der Theaterfassade mit ihren konkav geführten Wandelhallen aufnimmt. Das Zentrum des Gebäudes bildet eine klassizist. Tempelfront mit 6 ionischen Säulen. Die Flügeltrakte wurden in Anlehnung an eine dorische Stoa gestaltet, eine Wandelhalle wie sie am Rande antiker Marktplätze üblich war. Der Sinn des neuzeitlichen Gebäudes wird also auch hier aus der Form deutlich.
Die Entwicklung des Staatsbades ist nicht nur an den öffentlichen Gebäuden innerhalb des Kurparks abzulesen. Auch die Vielzahl der **Villen, Pensionen** und **Kurheime** machen das fortschreitende Wachstum deutlich. Besonders am Korso finden sich Bauten verschiedener Stilrichtungen von hoher Qualität, die für das Ansehen des Staatsbades Oeynhausen in der Zeit von 1860 bis etwa 1925 zeugen. *GW*

PADERBORN (Paderborn G3)

Die Lage an den mehr als 200 z. T. warmen Pader-Quellen und an der Kreuzung des Hellweges vom Rhein zur Elbe mit der Bremen-Frankfurter Verkehrsstraße gaben dem Ort schon früh seine besondere Bedeutung. Bei Ausgrabungen 1961 nordöstlich des Domes wurden Überreste von Häusern des 3./4. Jh. n. Chr. festgestellt, ebenso Fundmaterial einer

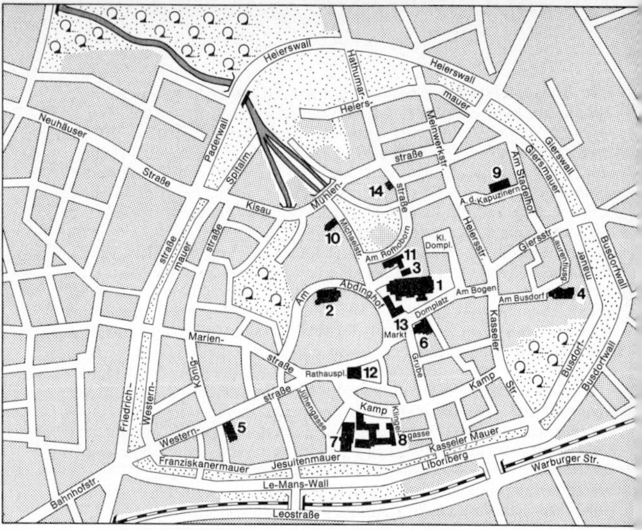

1 Dom St. Maria. St. Kilian und St. Liborius
2 Ev. Abdinghofkirche
3 Kath. Bartholomäuskapelle
4 Busdorfkirche
5 Franziskanerkirche St. Joseph
6 Gaukirche
7 Jesuitenkirche hl. Franz Xaver
8 Jesuitenkolleg
9 Ehem. Kapuzinerkirche St. Franziskus Seraph
10 St. Michael
11 Kaiserpfalz
12 Rathaus
13 Erzbischöfliches Diözesanmuseum und Domschatzkammer
14 Museum für Stadtgeschichte

Paderborn. Innenstadt-Lageplan

sächsischen Siedlung der 2. Hälfte des 8. Jh., die von einem Wall umgeben war. Dieser Wall wurde dann für einen karoling. Steinwall mit Pfostenwerk benutzt, der die Domburg des 9. Jh. umschloß und dessen nordöstl. Eckbastion freigelegt werden konnte. In den Sachsenkriegen Karls d. Gr. tritt Paderborn als wichtigster Ort des Sachsenlandes hervor. Erstmals wird es 777 genannt, als Karl hier den ersten Reichstag auf sächsischem Boden abhält. 799 trifft Papst Leo III. mit Karl in Paderborn zusammen, womit die spannungsvolle Verbindung zwischen Kaisertum und Papsttum und die Entstehung des Heiligen Römischen Reiches Deutscher Nation ihren Anfang nimmt. Karl erbaut die 777 genannte Salvatorkirche (vgl. Abdinghofkirche). In dem vermutlich an ihrer Stelle errichteten Neubau weiht der Papst 799 den Stephanus-Altar. Um 805 gründet Karl das Bistum, für das bald darauf als 2. Großbau der

Dom errichtet wird. Nördlich des Domes erbaut er eine Pfalz. 836 läßt Bischof Badurad die Gebeine des hl. Liborius aus Le Mans in den Dom überführen, wodurch sich die engen und langdauernden Beziehungen zu dieser westfranzös. Stadt ergeben.
Einen besonders glanzvollen Aufschwung nimmt Paderborn unter Kaiser Heinrich II., dessen Gemahlin Kunigunde hier 1002 vom Mainzer Erzbischof Willigis gekrönt wird. Er setzt seinen Hofkaplan und Verwandten, den tatkräftigen Meinwerk, zum Bischof ein. Meinwerk (1009–36) entfaltet eine rege Bautätigkeit: Der Dom wird neu gebaut, Abdinghof und Busdorf gegründet, man errichtet die Alexius-Kapelle, befestigt Stadt und Dom-Immunität. Unter Meinwerks Nachfolgern ragen sein Neffe Imad (1051–76) und Heinrich, Graf von Werl (1084–1127), durch ihre künstlerische Wirksamkeit hervor. Die karoling. Kaiserpfalz war im Jahre 1000 ein Opfer des großen Stadtbrandes geworden. Kaiser Heinrich II. hatte daher in den ersten Jahren des 11. Jh. nördlich ihres Standortes einen größeren Neubau errichten lassen. Diese ottonische Kaiserpfalz brennt in der 2. Hälfte des 12. Jh. ab. Sie wird bezeichnenderweise nicht wieder aufgebaut: Paderborn gehört nicht mehr zu den Zentren der Reichspolitik. – Am Ende des 12. Jh. erreicht die Stadt ihre mittelalterl. Ausdehnung mit 5 Toren. Gegen den Willen des Bischofs erweitert die Bürgerschaft ständig ihre Rechte, so daß sich Simon I. 1257 eine neue Residenz in Schloß Neuhaus errichtet, die seit 1370 ständiger Wohnsitz des Bischofs bleibt.
Die Wirren während der Reformationszeit beendet Bischof Dietrich v. Fürstenberg 1604 mit einem Sieg, dem die Wiedereinführung der kath. Religion und die Gründung einer Universität der Jesuiten folgt. Nach dem 30jährigen Krieg, der die Stadt empfindlich schädigt, führt Bischof Ferdinand v. Fürstenberg (1661–83) eine neue Blüte der barocken Baukunst herbei, die trotz erheblicher Kriegsverluste noch heute an vielen Stellen das künstlerische Bild der Stadt bestimmt.
Im 2. Weltkrieg richten riesige Flächenbrände furchtbare Zerstörungen an, denen zahlreiche Bau- und Kunstdenkmäler zum Opfer fallen, darunter die Abdinghofkirche, die Alexiuskapelle, die Jesuitenkirche und die meisten Profanbauten.

Dom St. Maria, St. Kilian und St. Liborius ●

Bald nachdem Badurad 815 Bischof geworden war, wird er den ersten Dombau begonnen haben. Patrone waren die Muttergottes, der Würzburger hl. Kilian und seit 836 der spätere Hauptpatron, der hl. Liborius. Der verhältnismäßig kleine Bau, den man sich wohl als Saalbau und nicht als Basilika vorzustellen hat, war 45 m lang und 16,20 m breit. Er stand im NO des heutigen Domes und reichte etwa von der O-Seite des Atriums bis zum Treppenturm in der Mitte der heutigen N-Mauer des Domes. Im Jahre 1000 wurde dieser Bau durch Brand zerstört. Die beiden folgenden Bauten verschoben die Lage nach SW: Den von Bischof Rethar begonnenen Neubau (1000–09) ließ Meinwerk abtragen und dafür einen großen, fast in den heutigen Maßen angelegten Bau von 94 m Länge errichten (1009–15). Meinwerks Dom brannte 1058 ab; den folgenden Neubau weihte Bischof Imad 1068. Imad hat den Chor nach O bis zum heutigen Krypten-Abschluß verlängert und den großartigen Turm errichtet, der das Bild des Domes und der Stadt noch heute bestimmt. Nach dem Brand von 1133 fand die Weihe des nächsten Baues 1144 oder 1145 statt. Es war eine roman. Gewölbebasilika, die in der Größe wahrscheinlich alle bisherigen (seltenen) Großgewölbebauten des altsächsischen Raumes übertraf und der Entwicklung des Gewölbebaues im Weserraum starke Anstöße gab (Helmarshausen, Lippoldsberg; Minden?). Von ihr sind die Krypta und die südl. Vorhalle erhalten. Zwischen 1220 und 1280 entstand dann in mehreren Bauperioden der heutige Dom mit dem Hallenlanghaus. Eine umstrittene Notiz aus der Zeit um 1230 spricht von einem Einsturzschaden am Turm, der wohl durch die Umbauarbeiten unten oder durch die Wölbung oben unter dem Helm verursacht worden war, und zugleich ist die Rede von der Notwendigkeit, 14 Gewölbejoche neu zu errichten, womit offenbar alle Hochgewölbe der roman. Basilika gemeint sind. Als Erbauer des Domes haben die Bischöfe Bernhard IV. (1228–47) und Simon (1247–77), beide aus dem Hause der Edelherren zur Lippe, zu gelten. – Bei der eingreifenden Restaurierung um 1866–70 erlitt das Äußere, besonders an der S-Front, willkürliche Veränderungen bzw. »Verschönerungen«. Arnold Güldenpfennig leitete die Restaurierung des entstellten Domturmes 1885–89, eine wichtige, wenn auch nicht unumstrittene Leistung jener Zeit. Der hohe Helm hatte nicht nur für den Dom selbst, sondern auch für das Stadtbild erhebliche Bedeutung. Im 2. Weltkrieg verlor der Dom Turmhelm und Dächer, im südl. Seitenschiff fiel ein Joch in Trümmer und im Inneren traten Brandschäden auf. Die Wiederherstellungsarbeiten wurden um 1958 abgeschlossen. 1977–81 erfolgte eine erneute Restaurierung.

Äußeres. Hauptansichtsseite des Domes ist von jeher die S-Front. Breit und wuchtig strebt der *W-Turm* in die Höhe, der früheste der westfäl. Eintürme (um 1068). Seine Mauermasse wird kaum aufgelockert durch die vielfache Reihung der kleinen Schallöffnungen. Wahrscheinlich trug er ursprünglich 2 sich kreuzende Satteldächer in Höhe der Giebelspitzen. Ecktürmchen und Spitzhelm, die Güldenpfennig in Anlehnung an die zu vermutende Ausbauform des 13. Jh. errichtet hatte, sind nach der Zerstörung von 1945 leicht verkürzt wiederhergestellt worden. Die beiden runden Treppentürme zu seiten des Turmes gehen vermutlich noch auf die Zeit Meinwerks zurück. – An den Turm schließt sich das wenig auffallende basilikale Joch an und an dieses, im Übergang zur Hallenkirche, das westl. Querschiff. Dieses ragt kaum merklich über die Flucht der Seitenschiffe vor, doch ist seiner S-Front eine roman. Vorhalle (um 1140–50) vorgelegt, die 1859 verkürzt wurde. In dieser Vorhalle liegt der Haupteingang, das *Paradiesportal*. Es wurde wohl um 1230 als roman. Säulenportal angelegt, aber um 1250 zum Statuenportal ausgebaut. Vor dem Mittelpfosten steht, majestätisch erhöht, Maria mit dem Kind, zu ihren Seiten, auf den beiden Türflügeln, die noch romanisch starren Holzstatuen der Mitpatrone Liborius und Kilian. Am Gewände sind beiderseits je 3 Apostel angeordnet, und vor der anschließenden Wand stehen links der hl. Julian, Patron von Le Mans, rechts die hl. Katharina, die mit ihren Füßen den heidnischen Kaiser Maxentius niedertritt. Die Portalgliederung mit den kurzen Säulen unten, den Kleeblattbögen und Drachenfries der Türen und den Rundstäben und Schaftringen des abschließenden Halbkreisbogens entspricht noch ganz dem malerischen Empfinden der Spätromanik. Dagegen weisen die Gewändestatuen ebenso wie das gebuckelte Blattwerk und die eingestreuten Figuren der Baldachine und Kapitellfriese auf den Einfluß der französ. Gotik hin. Überraschend sind die naturnahen Figurenszenen: die hockenden Männchen, der Bettler mit Handkrücken (ganz rechts, sog. Schemeler), die Jäger und die Winzer in den Weinlaubranken. – Diesem »modernen« französ. Geist entspricht auch die Gestaltung der Außenwände des 4jochigen *Langhauses* mit den Strebepfeilern und den weit geöffneten Maßwerkfenstern. Es ist die früheste got. Architektur Westfalens. – Das östlich anschließende Querschiff ragt mit seinen Armen erheblich über das Langhaus hinaus. Seine S-Front wird von einem riesigen Maßwerkfenster (um 1350) durchbrochen. An der Front sind Teile eines um 1270–80 gearbeiteten Figurenportals (*»Brautportal«*) verstreut eingesetzt: Unten beiderseits des Fensters die Klugen und Törichten Jungfrauen, Szenen aus dem Leben Jesu (ehem. Tympanon), unter den Wimpergen ein Fries mit humoristischen Tierbildern symbolischen Charakters und Szenen aus der Fabel vom Fuchs und dem Kranich. An den Strebepfeilern Sitzfiguren König Davids und der Königin von Saba, im Giebelfelde die Muttergottes (Kopie von 1866) zwischen den Bischöfen Meinwerk und Simon zur Lippe als Bauherren und schließlich auf den Giebelschrägen 6 Apostel und die bekrönende Figur des Salvators (Kopien von 1866). – Der 2jochige Chor mit geradem Schluß ist um 1870 im Äußeren sehr verändert und verschönert worden. – Ziemlich unberührt blieb dagegen die N-Seite des Domes mit ihrem alten Mauerwerk. Der Arm des östl. Querschiffes (*»Hasenkamp«*) ist schon im Stil der fortgeschrittenen Gotik aufgeführt. Mit seinem 7seitigen chorartigen Abschluß erinnert er an die Elisabethkirche in Marburg und fällt in der Landschaft gerader Chorabschlüsse besonders auf. Merkwürdig ist an der Mitte des Langhauses ein Treppenturm, der anscheinend vom roman. Bau beibehalten ist und dessen Wendeltreppe zu einer Wächterstube führt. – Die N-Seite des W-Querschiffes hat als besonderes Schmuckstück die *»Rote Pforte«,* ein feingliedriges, spätroman. Säulenportal mit Tierkapitellen und zierlichem Rankenornament (um 1230).

Inneres. Ältester erhaltener Raum ist die roman. *Krypta* unter dem O-Chor und der Vierung, die um 1140 ihre heutige Gestalt erhielt. Mit 32 m Länge und 12,30 m Breite ist sie nach Speyer die größte in Deutschland. Schlanke Säulen tragen auf Würfelkapitellen die gurtlosen Gratgewölbe der 3schiffigen, 8jochigen Halle. – Der untere Teil des W-Turmes, der sich zum Mittelschiff öffnet, ist um 1220–30 als W-Chor für den Pfarrgottesdienst neu gestaltet worden; gleichzeitig wurde das ebenfalls sehr schlichte basilikale Joch erbaut. Das westl. Querschiff vermittelt den Übergang zum *Hallenlanghaus,* das etwa 1240 bis gegen 1260 entstanden ist. Im Gegensatz zu den got. Außenwänden zeigt der Innenraum in Pfeilern und Gewölben noch die an das Herforder Münster anschließenden spätroman. Formen: Es handelt sich um die gleichen kreuzförmigen Pfeiler mit 4 vorgelegten Halbsäulen und 4 Säulendiensten in den Winkeln, die gleichen rippenlosen kuppeligen Gewölbe mit Spitzbögen. Gegenüber Herford sind jedoch die Seitenschiffe schmaler, die Pfeilerstellung ist enger, vor allem sind die Pfeiler höher und die Ausmaße größer, so daß sich der Raum freier entfaltet. Gegenüber der strengen Geschlossenheit der Herforder Mauern geben die riesigen got. Fenster der Paderborner Halle den Eindruck größerer Weite und Durchlichtung. Wahrscheinlich sind die got. Formen der Außenwände erst nachträglich (um 1250–60) hergestellt worden. – Die entwickelten Formen edelster Frühgotik zeigt der *N-Flügel des östl. Querschiffes* (»Hasenkamp«). Dieser kapellenartige Bau mit seiner reichen Gliederung, den schlanken Verhältnissen und seinen schönen naturalistischen Blattkapitellen ist als letzter Teil des Domes um 1270–80 entstanden. Auch andere Pfeiler des östl. Querschiffes zeigen naturalistische Blattkapitelle, obwohl die Kuppelgewölbe der Flügel zu den ältesten Gewölben des Domes gehören. In auffallend schlichten Formen zisterziensischer Prägung ist der Chor erbaut, der zeitlich (etwa 1230–40) dem Langhaus vorangeht; bemerkenswert die kleeblattbogige Wandarkatur. – In der Kapitellornamentik des

Domes mischen sich spätroman. Formen mit frühgot. Knospenkapitellen und gebuckelten oder naturalistischen Blattornamenten französ. Herkunft. In den Querschiffen sind die Kapitelle zumeist auf die Säulendienste beschränkt, während sie an den Langhauspfeilern durchgehende Friese bilden.

Ausstattung. Nachdem der große Barock-Altar von 1655 im Krieg vernichtet worden ist, dient als *Hochaltar* wieder das 2geschossige steinerne Retabel, ein spätgot. Reliquien-Altar (um 1420–40), der im Untergeschoß ehemals den Liborii-Schrein (jetzt mit dem Blendmaßwerk der Rückseite zugesetzt) und im Obergeschoß 5 weitere Reliquien aufnahm. Er wird bekrönt von einem offenen Baldachin mit kleiner Muttergottes und vorgekragter Pyramide in kühner Konstruktion. – Von der got. Ausstattung sind bemerkenswert: das Dreikönigsrelief (im Chor), eine englische Alabasterarbeit um 1360; ein Vesperbild (Pietà) um 1380 (im Mittelschiff), das zu den frühesten dieser Art gehört; der Flügelaltar des Malers Gerd van Lon mit dem Weltgericht, um 1500 (in der Turmvorhalle). Die Régence-Kanzel von 1736 zeigt eine ungewöhnliche Darstellung Papst Leos d. Gr. – Von besonderer Bedeutung sind die zahlreichen figürlichen Grabdenkmäler der Bischöfe: Grabplatte Meinwerks, um 1270 (in der Bischofsgruft); gravierte Messingplatte Bernhards V. zur Lippe, † 1341 (Vierungspfeiler); Wandsarkophag Rothos († 1051), um 1450 (nordöstl. Querschiff) mit interessanten Figurenreliefs; das riesige, prunkvolle *Epitaph des Dietrich v. Fürstenberg,* ● † 1618, von Heinrich Gröninger (nordwestl. Querschiff) mit der Vision des Propheten Ezechiel (Totenerweckung), eines der großartigsten Werke des Manierismus. Von Heinrich Gröninger auch der große Christophorus von 1619 (nordöstl. Querhaus) und die Apostel an den Langhauspfeilern, 1608/09. – Beiderseits der Seitenschiffe 8 Familienkapellen, die in der Zeit zwischen 1653 und 1706 in barocken Formen ausgestattet sind, meist mit perspektivischen Abschlußgittern. – In der Westphalen-Kapelle am Kreuzgang befindet sich eines der schönsten Werke westfäl. Plastik, das *Epitaph des Domdechanten Wilhelm v. Westphalen* († 1517), eine Arbeit des Münsteraner Bildhauers Heinrich Brabender gen. Beldensnider.

Im NO des Doms stellt das 3schiffige *»Atrium«* die Verbindung zwischen Dom und Kreuzgang her. Es ist in roman. Formen des 11.–13. Jh. erbaut. Die gegenüber dem heutigen Dom stark nach NO verschobene Lage des **Kreuzganges** erklärt sich aus der Lage des ältesten Domes. Der Kreuzgang ist in spätgot. Zeit neu erbaut; von seinen Fenstermaßwerken gilt das »Hasenfenster« als ein Wahrzeichen Paderborns.

Ev. Abdinghofkirche, ehem. Kirche St. Peter und Paul

Das Schicksal der Kirche auf dem Abdinghof ist eine Geschichte großer Architektur und steter Zerstörung. Durch Ausgrabungen 1949–51 wurden 3 der heutigen Kirche vorangehende Bauten in ihren Fundamenten freigelegt. Auf dem Platz, auf dem Bischof Meinwerk 1016 die Kirche des von ihm gegründeten Benediktinerklosters errichtete, bauten die Glau-

bensboten des Christentums im Gefolge Karls d. Gr. 777 eine schlichte Missionskirche, St. Salvator (Bau A). Sie war ein Fachwerk-Saalbau von 22,70 m innerer Länge. Das Schiff hatte eine innere Breite von 5,70 m; sein westlichster Teil bildete vermutlich eine querrechteckige Vorhalle. Nach O schloß sich ein schmaler, viereckiger Chor mit schräger S-Wand (wie in Stapelage) an. – Der zweimal abgebrannten Missionskirche folgte bald ein repräsentativer Großbau, eine Kirche von »wunderbarer Größe« (Bau B), die wohl von Karl d. Gr. nach 794 errichtet wurde und in der Papst Leo III. 799 den Stephanus-Altar weihte. Wie anderen karoling. Basiliken galt auch diesem Bau die konstantinische Peterskirche in Rom als hohes Vorbild. Es handelte sich um eine 3schiffige Basilika, deren Mittelschiff in einem O-Chor mit Halbkreis-Apsis abschloß. Unter dem Chor lag eine Ring-Krypta. Im W schloß sich an das Langhaus ein weit ausladendes Querschiff mit einem 2. Chor in der Mitte der W-Front an, den 2 runde Treppentürme flankierten. – Dieser Bau war wohl völlig verschwunden, als Bischof Meinwerk an derselben Stelle 1016–31 den neuen Kirchenbau St. Peter und Paul errichtete (Bau C). Dieser war eine 3schiffige Pfeiler-Basilika mit einer kurzen Vorhalle im W und einem östl. Querschiff in der Breite des Langhauses. Der Chor erhielt die für Westfalen im 11. Jh. bezeichnende Form des platt schließenden Rechtecks. Unter ihm wurde eine 3schiffige gewölbte Krypta erbaut, die in wesentlichen Teilen noch heute erhalten ist. – Nach Zerstörung im Stadtbrand von 1058 wurde der Bau in veränderter Form wiederhergestellt und 1078 durch Bischof Poppo geweiht (Bau D). Das Langhaus hat man dabei im W verkürzt. Es erhielt eine Doppelturmfront mit (später abgebrochener) W-Apsis. Dieser Bau ist bis heute erhalten, wenn auch später eingreifende Veränderungen erfolgten: Nach einem Brand von 1165 wurden die Arkaden durch das Querschiff hindurch verlängert, der Chor neu errichtet und der ganze Bau eingewölbt. Bei der Wiederherstellung 1860–68 hat man die Mittelschiffswölbung herausgebrochen und statt dessen eine flache Holzdecke eingezogen. Nach der Kriegszerstörung wurde die Kirche 1949–51 wieder in dieser Form hergestellt.

Die heutige Kirche ist eine roman. Pfeiler-Basilika von 9 Arkaden ohne Querschiff mit platt geschlossenem Rechteck-Chor. Über den Arkaden läuft ein Gurtgesims. Das 3. Pfeilerpaar von O hebt sich durch seine größere Stärke als Vierungspfeiler des ehem. Querschiffes heraus. Die Seitenschiffe haben noch die roman. Kreuzgratgewölbe, das Mittelschiff trägt eine flache Holzdecke und auch im Chor ist nach der Kriegszerstörung des Gewölbes eine Holzdecke hergestellt worden. Das Mittelschiff hat die für die Zeit Meinwerks typischen breiten Raumproportionen. Dabei wirken jedoch infolge späterer Erhöhung des Fußbodens um 60 cm die Pfeiler zu gedrückt. Die *Krypta* unter dem Chor ist eine 3schiffige Halle mit Tonnengewölben und Stichkappen. Viereckige Pfeiler und 4teilige Säulenbündel tragen z. T. ornamentierte roman. Kapitelle. Der *Westbau* ist schmaler als das Langhaus. Er hat eine monumentale tonnengewölbte Vorhalle zwischen den beiden flankierenden Türmen. Ein außen sichtbarer Mauerbogen kennzeichnet die ehem. W-Apsis.

Die Formen der Kirche sind auffallend schlicht, doch von starker architektonischer Wirkung. In der Oberkirche ist auf jedes Ornament verzichtet. Diese Einfachheit und Formenstrenge geht möglicherweise auf das Mutterkloster Cluny zurück, aus dem die ersten Mönche nach Abdinghof kamen, sie entspricht aber auch dem Charakter der westfäl. Architektur bis zur Mitte des 12. Jh. Was an dem Bauwerk alter Bestand oder Restaurierung ist, aus welchem Zeitalter die einzelnen Bauglieder stammen, kann der Betrachter kaum unterscheiden.

An den Westbau schließt sich südlich die 2geschossige sog. **Abtskapelle** an, die den Übergang von der Kirche zum Kloster vermittelt und nach dem Brand von 1165 erbaut ist. Ihr Obergeschoß bildet einen schönen gewölbten Raum mit Säulen und Palmettenkapitellen. – Das **Kloster** wurde 1802 säkularisiert. Auf den Resten der Klostergebäude (Refektorium im S-Flügel) und des Kreuzganges (S- und W-Flügel) wurde 1956 das **Verwaltungsgebäude der Stadt** von Lucas, Wragge und Schmidt in schlichten Formen mit einer gut proportionierten Hofanlage in freier Lage über den Anlagen der Paderquellen errichtet.

Kath. Bartholomäuskapelle → Kaiserpfalz.

Busdorfkirche, kath. Pfarrkirche St. Petrus und Andreas, ehem. Stiftskirche

Die Kirche gehört zu jenen Bauten, deren im Boden liegende Fundamente ungleich bedeutender sind als die bestehende Architektur.

Bischof Meinwerk gründete 1014 das Stift St. Peter und Andreas. 1033 entsandte er den Abt von Helmarshausen, Wino, zu einer genauen Aufnahme der Grabeskirche, nach deren Vorbild die Busdorfkirche erbaut werden sollte. Die Jerusalemer Grabeskirche war zu jener Zeit zerstört; vermutlich reiste deshalb Wino nach Nyssa in Kleinasien: die Maße der Busdorfkirche entsprechen denen der Hl.-Grab-Kirche in Nyssa. Anfang 1036 wurde mit den Bauarbeiten begonnen, im Mai 1036, dem Jahre seines Todes, weihte Meinwerk den (wohl noch unvollendeten) Bau.

Wie alle Nachbildungen der Grabeskirche, wich auch diese Anlage erheblich von ihrem Urbild ab. Gleichwohl hatte sie als Kern einen 8eckigen Zentralraum. Von ihm gingen die kurzen Arme eines griechischen Kreuzes aus. Der westl. Arm enthielt den Eingang und wurde mit 2 Rundtürmen ausgezeichnet. Da

die Mauern des Zentralraumes bis zur Höhe dieser Türme emporgeführt waren, ergab sich eine kräftige Baugruppe mit betonter Mitte. Der Bau gehörte in seiner Zeit zu den eigenartigsten Zentralbauten des Abendlandes. Doch noch im selben Jahrhundert änderte sich die Erscheinung. Bischof Imad ließ nach dem Stadtbrand 1058 den Eingangskreuzarm zum Chor eines Neubaues umgestalten, der als 3schiffige Basilika der Turmgruppe westlich vorgelagert wurde (Weihe zwischen 1060 und 1071). Im 12. Jh. wölbte man den nunmehrigen Chor, errichtete den Querbau zwischen den Treppentürmen und setzte dem Langhaus einen neuen W-Chorturm vor; spätestens damals wird das Meinwerk-Oktogon abgebrochen worden sein. Ende des 13. Jh. baute man das Langhaus als frühgot. Hallenkirche um und in spätgot. Zeit verlängerte man den Chor um ein rechteckiges Chorjoch mit geradem Abschluß, setzte auf den W-Turm noch ein 3. Geschoß mit 4 steilen Giebeln und errichtete an der N-Seite des Langhauses zwischen den Strebepfeilern 2 Kapellen mit Erkerfenstern für das Totenlicht des anliegenden Friedhofes. Bischof Ferdinand v. Fürstenberg ließ 1667 den W-Chor in eine Eingangshalle umgestalten und eine neue Vorhalle bauen.
Die schöne, in Bruchstein aufgeführte Kirche wirkt durch das rhythmische Gefüge ihrer Baumassen, Dächer, Giebel und Mauerflächen. Der bemerkenswerte Querbau zwischen den O-Türmen trägt ein Satteldach und öffnet sich mit einer 4teiligen Schallöffnung, deren Teilungssäulchen reizende Würfelkapitelle haben. – Im I n n e r e n der 3jochigen Halle tragen schlichte 8eckige Pfeiler die gratigen Gewölbe, die durch spitze breite Gurtbogen getrennt sind. Den quadratischen Chor überdecken rundbogige Gratgewölbe; in seiner geraden Abschlußwand sitzt ein großes 4teiliges Fenster. Der Durchgang zum Langhaus ist tonnengewölbt, ebenso die westl. Vorhalle.

Von der A u s s t a t t u n g sind erhalten ein 8eckiger got. Taufstein, das spätgot. Sakramentshaus, ein Kreuzigungsrelief um 1400 und ein 7armiger Standleuchter des 13. Jh. – Im Kirchenschatz eine detailreiche Monstranz, um 1400.

Kreuzgang an der S-Seite der Kirche, 1964/65 zum Geviert ergänzt durch Rekonstruktion der beiden fehlenden roman. Flügel.

Franziskanerkirche St. Joseph

Auch diese 1668–71 errichtete Kirche ist der Bautätigkeit Ferdinands v. Fürstenberg zu verdanken. Sie hat die schönste Barock-F a s s a d e Westfalens, die der in Würzburg tätige

Antonio Petrini aus Trient in den Formen des italienischen Hochbarock entwarf. Die Front wird von 4 monumentalen Pilastern gegliedert, zwischen denen sich Nischen mit Heiligenfiguren, verschieden geformte Fenster und das reiche Mittelportal mit einer Wappenkartusche des Bauherrn öffnen. Über einem mächtigen verkröpften Gebälk lagert ein stark profilierter Giebel mit Segmentbogenabschluß. – Das Innere ist ein schlichter 1schiffiger Bau mit 4 Jochen im Langhaus und 1jochigem, 5seitig abschließendem Chor.

Das anschließende **Kloster** (1664), das seine Traufseite der Westernstraße zukehrt, läßt Platz frei für einen malerischen Treppenvorbau mit Balustergeländer, der halbkreisförmig ein großes Brunnenbecken umschließt; aus dem Becken ragt eine Brunnenschale; dahinter steht in einer Nische der Klostermauer eine barocke Muttergottes auf der mit einer Schlange umwundenen Weltkugel.

Bedeutendster Besitz des Klosters ist der kleine *Tragaltar des Rogerus von Helmarshausen,* den Bischof Heinrich von Werl um 1100 dem

Paderborn. Franziskanerkirche St. Joseph. Tragaltar des Rogerus von Helmarshausen

Abdinghofkloster geschenkt hat. Ob die nicht zweifelsfrei überlieferte Datierung auf 1118 richtig ist oder ob aus stilistischen Gründen eine dem Tragaltar des Domes vorangehende Entstehung (vor 1100) angenommen werden muß, bleibt unsicher. Jedenfalls ist der Tragaltar im Franziskanerkloster in der angewandten Technik viel einfacher als das entsprechende Werk im Dom. Der Eichenholzkasten ist mit vergoldeten Kupferplatten belegt, aus denen die Konturen der Gestalten wie Scherenschnitte herausgeschnitten sind. Die Detailzeichnung ist graviert. Trotz der Flächenhaftigkeit heben sich die Figuren wie Reliefs vom Hintergrunde ab. Dargestellt sind auf dem Deckel die hll. Peter und Paul, Felix (modern ergänzt) und Blasius. Der Kasten zeigt auf der vorderen Langseite Szenen aus dem Leben und Martyrium des hl. Felix von Aquileja, auf der rückwärtigen Langseite das Martyrium des hl. Blasius. Für diese Zeit, die allgemein die Einzelgestalt bevorzugte, sind die an diesem Altar dargestellten Szenen ebenso ungewöhnlich wie die dramatisch gesteigerten, geradezu wildbewegten Formen, in denen die Figuren handelnd dargestellt sind.

Gaukirche, kath. Pfarrkirche St. Ulrich

Um 1170/80 als Stadtpfarrkirche erbaut (1883–87 restauriert). Die 3schiffige gewölbte Pfeilerbasilika hat 2 Doppeljoche im gebundenen System, ein Querschiff und einen quadratischen Chor mit geradem Abschluß. Der 8eckige massive Turm sitzt auf dem westl. Mittelschiffsjoch; das gut bemessene Zeltdach ist nach dem Kriege aufgesetzt. Die westl. 2geschossige Vorhalle mit ihrer geschwungenen W-Fassade wurde 1746–49 durch den fürstbischöflichen Architekten Franz Christoph Nagel errichtet. Sie gehört zu den besten Barockfassaden Westfalens. Gleichzeitig hat man das nördl. Seitenschiff erhöht und mit Emporen versehen. Das ungegliederte und ungeschmückte Äußere wirkt durch die Massigkeit seines Mauerwerks aus Bruchsteinen. Im Inneren tragen schwere rechteckige Pfeiler mit rechteckigen Vorlagen die breiten Gurte und Hängekuppeln.

Einige bemerkenswerte Stücke der Ausstattung seien genannt, in erster Linie ein ergreifender leidender Christus am Kreuz, ein Gabelkreuz aus dem 14. Jh. in der Kapelle auf der N-Seite des Chores, eine eindrucksvolle *Steinmadonna* mit bekleidetem Kind, in reich aufgelöstem Faltenwerk, um 1425, sowie ein Kalvarienbergrelief, um 1440 (südl. Seitenkapelle), eine feine Steinarbeit vom sog. »Meister des Paderborner Gaukirchenreliefs«, einer Bildhauergruppe, die längere Zeit in ganz Westfalen wirksam gewesen ist (Bentlage, Rheine).

Jesuitenkirche hl. Franz Xaver

Die durch den Krieg stark beschädigte und bis 1960 wiedererrichtete Kirche verdankt ihre Entstehung der Baulust des Fürstbischofs Ferdinand v. Fürstenberg. Sie wurde 1682–92 als Universitäts-

kirche der Jesuiten nach den Plänen des Laienbruders Anton Hülse erbaut.

Der Bau, eine langgestreckte 9jochige 3schiffige Basilika mit überwölbten Emporen zwischen hohen Rundpfeilern, hat Gewölbe und Fenster mit für den Manierismus typischen got. Reminiszenzen, während die ornamentale Ausstattung barocke Formen zeigt.

Die prachtvolle Ausstattung ist im 2. Weltkrieg fast ganz vernichtet worden. – Vor der Kirche die 1709–14 von dem Jesuitenbruder Martin Iber angelegte Terrasse.

Bei der Kirche ließ Dietrich v. Fürstenberg 1596–1605 die weiträumige Anlage des **Jesuitenkollegs** aufbauen. Durch teilweise Zerstörung im 2. Weltkrieg entstellt, wurde das ganze Hofsystem 1948–60 in etwas schlichterer Form wieder aufgebaut. – An der Straße am Rande des weiten Hofes steht auf einem neuen Brunnenbecken eine bronzene **Madonna auf der Mondsichel,** 1628.

Ganz schlicht, dem Ordensideal entsprechend, wurde die **ehem. Kapuzinerkirche St. Franziskus Seraph,** wieder eine Stiftung Ferdinands v. Fürstenberg, 1681–83 von dem Ordensbruder Ambrosius von Oelde gestaltet. 1944/45 ausgebrannt, bis 1950 restauriert.

St. Michael, Kirche der Chorfrauen vom hl. Augustin, 1694–98 gebaut, einziger für den Flamen Ambrosius von Oelde urkundlich gesicherter Bau. Die stattliche Chorabschlußwand ist hier als Fassade ausgebildet. Gegenüber dem bis dahin klassizistisch bestimmten Barock Westfalens setzt hier eine üppigere Dekoration niederländischer Prägung ein.

Kaiserpfalz

Bei Ausgrabungen, die 1964/65 an der N-Seite des Domes begannen, fand man eine karoling. und eine ottonische Kaiserpfalz.

Hauptgebäude der **karoling. Anlage,** wohl 777 begonnen und während der Sachsenkriege des öfteren zerstört und wieder aufgebaut, war ein Saalbau, 10,3 m breit und 30,9 m lang. Seine Mauern, ca. 65 cm dick, sind z. T. noch bis zu einer Höhe von 1,20 m erhalten. Er lag an der N-Seite des großen Pfalzhofes, auf dessen O-Seite eine Kirche ausgemacht werden konnte, die 52 m lang und 18 m breit war und einen Chor mit 3 Apsiden hatte (wahrscheinlich der erste Dom). Imperiale Mitte des Pfalzhofes, der später verändert wurde, war der *Freithron des Kaisers,* dessen Unterbau vor der »Roten Pforte« des jetzigen Domes freigelegt ist.

Die Fragmente der karoling. Kaiserpfalz wurden – soweit möglich – freigelegt und unverändert konserviert. Ganz anders verfuhr man dagegen mit der **ottonischen Kaiserpfalz** aus den ersten Jahrzehnten des 11. Jh. Sie war größer als der karoling. Bau. Ihre Aula maß ca. 45 × 16 m. 2 Treppenvorbauten führten abwärts zu ihren Portalen. 2 Spannmauern gliederten die Grundfläche des Saales. Zur westl. Spannmauer gehört ein Fundament, das 1 m hohe Bruchstücke von 6 quadratischen Pfeilern trägt. Sie dürften einem das Dach überragenden Turmaufbau gedient haben. Durch die O-Wand der Aula führt ein Portal in einen Nebenraum. Er endet in einer Kapelle (?) mit halbrunder Apsis. Ein ebenfalls nicht genau zu definierender Gebäudetrakt von 8 × 22 m führte nach S zu einem ausgezeichnet erhaltenen Gebäude, der Bartholomäuskapelle (s. u.). Sie erwies sich als die Pfalzkapelle des wiederentdeckten ottonischen Kaiserpalastes. Es fehlte der Anlage auch nicht an einer gesicherten Wasserversorgung: sozusagen im Keller wurde eine Quellkammer angelegt, in der eine der starken Paderquellen entspringt.

Es war noch beachtliche Bausubstanz erhalten; die Umfassungsmauern des Saalbaues standen im allgemeinen noch in einer Höhe von 3 bis 6 m. Eine Rekonstruktion bot sich an. Das Metropolitankapitel entschloß sich zu einem Wiederaufbau. Der Architekt Gottfried Böhm und der Leiter der Ausgrabung, Wilhelm Winkelmann, wurden beauftragt, die »geschichtliche Dimension der Baugruppe für den Betrachter und den Besucher erfahrbar« zu machen. Dabei sollte der ausgegrabene Befund erhalten werden und sichtbar bleiben, aber vom Neugebauten deutlich abgegrenzt. Die Pfalzgebäude sollten in den Maßen, in Masse und Raum einen allgemeinen Begriff vom Original geben, aber nicht den Eindruck einer detailgetreuen Rekonstruktion erwecken. In der so verwirklichten neuen »Kaiserpfalz« kann der Besucher sich dennoch eine Vorstellung von den Architekturformen des Originals verschaffen.

Er findet sie gleichsam als Modell in der erhaltenen

● **Pfalzkapelle,** heute **Bartholomäuskapelle.**

Es ist nicht unwichtig für den Baustil der ottonischen Pfalz, daß diese Kapelle »per operarios graecos«, also durch byzantinische Werkleute gebaut wurde. Sie ist die älteste bekannte Hallenkirche Deutschlands.

Der 3schiffige Kapellenraum von nur 11,30 m Länge hat 4 Joche. Vorgelegt war eine querrechteckige Vorhalle mit Tonnenwölbung, das Mittelschiff endet in einer Halbkreis-Apsis. Das ganz schlichte Äußere zeigt heimische Mauertechnik. Im Innern tragen 2 Reihen überschlanker Säulen die Hängekuppeln der 3 gleich hohen Schiffe. Gurte trennen die Gewölbe, fehlen jedoch an den Außenwänden. Kleine rundbogige Fenster durchbrechen die starken Mauern, deren Innenflächen durch Halbsäulen und rundbogige Nischen gegliedert werden. Die Säulenkapitelle, teils in Korbform, teils in Abwandlung des korinthischen Typs, sind für diese Zeit ungewöhnlich reich und fein dekoriert und haben außerdem einen Aufsatz mit antikem Zahnschnitt. Die Bauformen sind byzantinisch, am ehesten vergleichbar Zisternenbauten in Konstantinopel. Dabei bilden jedoch die Gewölbefelder nicht wie dort Quadrate, sondern Rechtecke: Die des Mittelschiffes liegen quer zur Achse, die

Paderborn. Rathaus

der schmaleren Seitenschiffe in O-W-Richtung, so daß eine leichte Spannung zwischen den Schiffen entsteht.
Wesentlich für den byzantinischen Raumeindruck bleibt das Unbestimmte in der Fassung der Formen, ein gewisses hemmungsloses Fluten und die Tendenz zu einem in sich geschlos-

senen, spannungslosen Raumbild. Da die Stilentwicklung des 11. Jh. den entgegengesetzten Weg ging, konnte der Bau kein Ausgangspunkt für die Entwicklung der westfäl. Halle werden. Wohl aber bot 200 Jahre später der »Byzantinismus« der Spätromanik die Voraussetzung für verwandte Tendenzen im westfäl. Hallenbau des 13. Jh.

● **Rathaus**

Das Rathaus wurde als einer der letzten großen derartigen Bauten vor dem Niedergang des Bürgertums 1613–20 durch den Baumeister Hermann Baumhauer im Auftrag des Fürstbischofs Dietrich v. Fürstenberg errichtet. In den Neubau einbezogen wurde das alte Rathaus von 1473, das die östl. Hälfte des heutigen Baues bildet und das in sächsischer Art seine westl. Traufseite als Ansichtsfront bot. 1870–78 innen verändert, 1947–58 nach Kriegszerstörung wiedererrichtet.

Als eines der spätesten Werke der Weserrenaissance bringt der Neubau als Hauptakzent die großartige Giebelgruppe der Front, während fast gleichzeitig schon der Frühbarockbau des Augsburger Rathauses entsteht. Immerhin kommt auch in dem Paderborner Baukörper schon der Geist des Barock zum Ausdruck: Die beiden Erker der Giebelfront sind nicht wie bisher dekorative Anhängsel, sondern Baukörper von eigenem Gewicht, die ganze Anlage ist streng symmetrisch, kräftige Gesimse und Gebälke umgürten die Geschosse. So erreicht hier das Motiv der Erker und Giebel eine monumentale Wirkung, wie sie in der eigentlichen Weserrenaissance kaum möglich war. Beibehalten wird dagegen der zierliche dekorative Formenschatz der Weserrenaissance – besonders deutlich an den Portalen und den beiden Obergeschoß-Erkern der Traufseiten. Beibehalten werden die Zierquadern ebenso wie die Umrißformen der Giebel mit ihren Volutenbändern, Sicheln und Obelisken. Das Untergeschoß der Erker bildet eine offene Laube mit stämmigen Säulen, das Obergeschoß ist ganz in eine Fensterreihe mit Halbsäulen aufgelöst. Leider wurde durch die moderne Verbindungsgalerie in der Frontmitte die Kontrastwirkung zwischen Erkern und Hauptwand sehr beeinträchtigt.

Wohnbauten. Infolge der Zerstörung der Stadt 1945 sind von den älteren Bürgerhäusern nur wenige erhalten. **Bachstraße 1** (1563), spätgot. Steingiebelhaus in typischer Anlage. – **Marienplatz 2,** Steingiebelhaus der Spätrenaissance, erbaut um 1615 bis 1620 durch den Baumeister Hermann Baumhauer (1945 zerstört, Wiederaufbau als Teil einer größeren Neuanlage). Wie beim Rathaus hat sich auch hier die Renaissancefassade zu

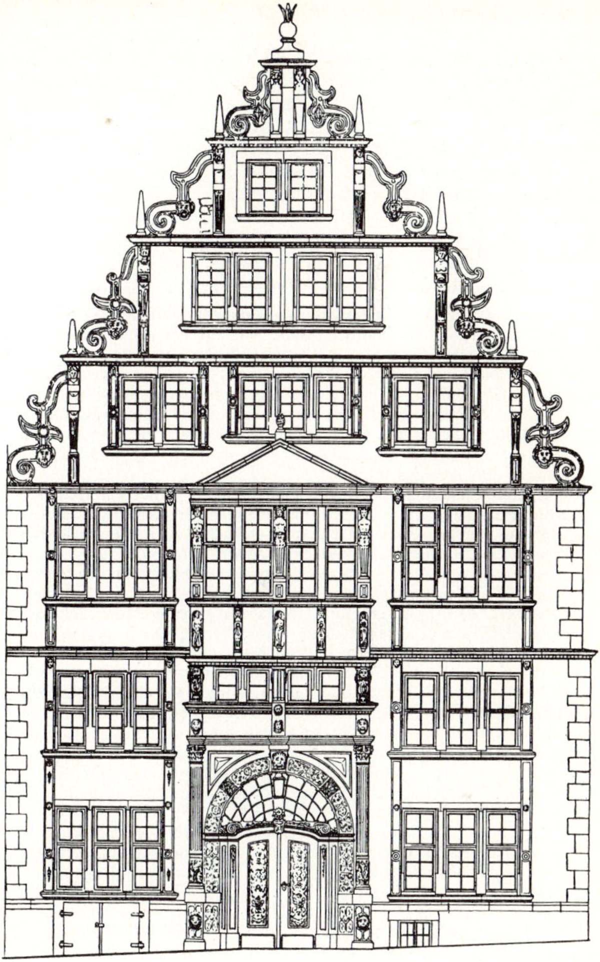

Paderborn. Haus Marienplatz Nr. 2

axialer Symmetrie gewandelt. Die regelmäßigen Dreifenstergruppen, der von 2 Säulen getragene Erker, die Hermenpilaster und der Volutengiebel ergeben eine der kunstreichsten Bürgerhausfassaden. In den Renaissance-Torbogen ist 1741 eine zierliche Haustür in Spätbarockformen eingebaut worden. – **Hathumarstr. 7,** das sog. **Adam-und-Eva-Haus.** Fachwerkgiebelhaus um 1570–80, eine der am reichsten beschnitzten Hausfronten westfäl. Typs mit Fächermustern, Paradies-Szenen, Evangelisten-Symbolen, Köpfen und Blattornamenten. Heute Sitz des **Museums für Stadtgeschichte** (s. d.).

Von der **Stadtmauer** sind größere Teile mit Rundtürmen erhalten.

Erzbischöfliches Diözesanmuseum und Domschatzkammer (Am Dom) Der Neubau (Stützenbau im Tragbalkensystem, Fassade und Dach mit einer Bleihaut), 1971–74 von Gottfried Böhm errichtet, steht über Fundamenten und Kellergewölben, die zum Teil zum Palast des Bischofs Meinwerk gehören. – Innen ist versucht worden, das Museum als »fließenden Raum« zu verwirklichen. Verschiedene Geschosse bilden Ausstellungsebenen um einen freien Mittelraum. Auf Wände wurde weitgehend verzichtet: jedes Kunstwerk steht für sich und doch im ganzen, durchlässigen Raum.

Die Schausammlung hat etwa 160 Vollplastiken, ferner Tafelgemälde, Hinterglasmalereien, Kultgeräte, Paramente, Fastentücher. Margaretenaltar und Passionsaltar von Gerd van Lon nach 1500. Einzigartige Mitte dieser verständlicherweise manchmal provinziellen Sammlung ist eine ● Plastik der Weltkunst, die *Imad-Madonna.* Das Standbild, das Bischof Imad 1051–58 fertigen ließ und dem Dom schenkte, ist aus Lindenholz geschnitzt. Es trug ursprünglich eine farbige Fassung und erhielt dann einen (1762 wieder abgenommenen) Goldüberzug. Die frontal sitzende Mutter hält auf dem Knie das in Profil gegebene Kind. Charakteristisch ist die strenge Tektonik und Symmetrie. Bei blockhafter Geschlossenheit wölben sich die Formen nach außen, während sich die Binnengliederung zeichnerisch auf Linien beschränkt. Es handelt sich um das Hauptwerk des monumentalen Stils der Frühromanik, der um die Mitte des 11. Jh. herrscht und der vom Architektonischen bestimmt wird. Jenseits alles Organischen und Individuell-Gefühlsmäßigen erscheint das Bild der Muttergottes in feierlicher, transzendenter Erhabenheit, in der die geistige Kraft des Ausdrucks wirkt. Nicht das Einzelne, sondern das Allgemeine ist der Wesenszug dieser »archaischen« Geisteshaltung.

Im Kellergeschoß fand der *Domschatz* einen neuen, angemessenen ● Platz. Wertvollstes Stück ist der kleine *Tragaltar*, den Rogerus von Helmarshausen i. J. 1100 schuf und den der Paderborner Bischof Heinrich von Werl dem Dom schenkte. Das reichverzierte Kästchen ist ein Muster technischer Vielseitigkeit: Christus und 2 hl. Bischöfe in getriebenem Silber, die Apostel graviert, Sitzfiguren von Heiligen in Niello, um den Altarstein niellierte Silberplatte mit den Evangelisten-Symbolen und den zelebrierenden Bischöfen Meinwerk und Heinrich von

Paderborn. Erzbischöfliches Diözesanmuseum. Imad-Madonna

Werl. Der Einfluß des byzantinischen Kunstkreises ist deutlich zu spüren. Der Helmarshauser Mönch Rogerus war es auch, der als erster deutscher Kunstschriftsteller unter dem Namen des Presbyter Theophilus die »Schedula diversarum artium« verfaßte, eines der wichtigsten kunsttechnischen Lehrbücher des Mittelalters über Malerei, Glas- und Metall-Technik. – Liborii-Schrein von dem Goldschmied Hans Krako in Dringenberg, 1622–27 in frühbarocken Formen angefertigt, mit Apostel-Statuen und Säulen-Gliederung. – Silberstatuetten des hl. Liborius (um 1300) und des hl. Kilian (um 1400).

Museum für Stadtgeschichte (Hathumarstr. 7), im Adam-und-Eva-Haus. Vor- und frühgeschichtliche Funde aus Paderborn und dem südöstl. Westfalen. Gemälde, Holzschnitte und Zeichnungen, Gebrauchsgerät, Münzen, darunter der »Pfaffenfeindtaler« des Tollen Christian (Herzog Chr. d. J. von Halberstadt) von 1622.

Schloß Neuhaus (G3)

● **Wasserschloß** der Fürstbischöfe von Paderborn, seit 1820 Kavallerie-Kaserne, jetzt im Besitz der Stadt. Die Gründung des 13. Jh. war seit 1370 ständige Residenz. Eines der bedeutendsten Schlösser Westfalens, durch die Vielzahl von Türmen und Giebeln sowie durch die erhaltenen Wasserflächen von überaus malerischer Wirkung. Regelmäßige 4-Flügel-Anlage um einen großen rechteckigen Binnenhof, in dessen Winkeln die 4 Treppentürme stehen. Der einen spätgot. Teil aus der Zeit um 1370 einbeziehende Bau wurde 1524/25 unter Bischof Dietrich v. Fürstenberg als frühestes Werk des Schloßbaumeisters Jörg Unkair aus Tübingen begonnen, zugleich als erster Frührenaissancebau Nordwestdeutschlands. Von Jörg Unkair ausgeführt die S-Hälfte mit dem Eingangsflügel und seinen beiden Treppentürmen (bezeichnet 1526), deren Portale noch spätgot. Stabwerk zeigen. Die für den Meister charakteristischen Halbkreis-Giebel sind bis auf 3 am O-Flügel später abgebrochen worden. Erweiterungen, wohl nach Unkairs Plan, zielten 1532–47 im W und 1547–68 im O auf die Vollendung zum Rechteck, die mit den Ergänzungen im O und N 1590/91 gelang. Von 1590/91 stammen auch die 4 Ecktürme. Besonderes Interesse verdient das Portal des nordwestl. Treppenturmes mit gedrehten Säulen und Muschelnischen. – Die Durchfahrt im N-Flügel wurde erst 1730–34 angelegt.

Ausstattung. Bemerkenswert im Obergeschoß des S-Flügels der Speisesaal im Appartement des Kurfürsten Clemens August von Bayern. Die wandhohen geschnitzten Eichenholztäfelungen nach französ. Art schuf Franz Christoph Nagel nach 1750. In der Mitte der Längswand das Porträt des Kurfürsten, lebensgroß. Über den Türen und oben in den Wandfeldern gemalte Putten und Stilleben.

Marstall (1729) und **Wachhaus** (1733) baute derselbe Paderborner Barockarchitekt Franz Christoph Nagel.

PETERSHAGEN (Minden-Lübbeke G1)

Ev. Stadtkirche. Der Hallenbau von 1615–18 ist bemerkenswert durch die in dieser späten Zeit auffallenden got. Formen.

Schloß, ehem. Wasserburg der Fürstbischöfe von Minden, jetzt Hotel. Der Hauptteil des unvollendet gebliebenen Schloßbaues mit dem Wendeltreppenturm wurde 1544–47 von Jörg Unkair aus Tübingen erbaut.

PLETTENBERG (Märkischer Kreis E5)

Der Ort, seit 1072 bekannt, erhält am Ende des 14. Jh. Stadtrecht. Er blüht zu einer der typischen sauerländischen Städte der Industrie und des Fernhandels auf.

Ev. Pfarrkirche, ehem. St. Lambertus

In dem Bauwerk aus dem 2. Viertel des 13. Jh. begegnen sich westfäl. und niederrheinische Raumformen. Der Grundriß zeigt im Langhaus das dem Quadrat zuneigende Rechteck der westfäl. Hallenkirche des Grafschafter Typs (vgl. → Balve), im Altarraum den Dreikonchenchor der kölnischen Architektur. Die mittlere Konche wich 1381 einem got. Chor. Der Vierungsturm fiel 1725 einem Brand zum Opfer.

Äußeres. Ein massiver westl. Einturm ist der Stirnseite des Langhauses vorgesetzt, das seine 3 Schiffe unter dem großen westfäl. Haubendach birgt. Die Arme des Querschiffes greifen nur wenig nach den Seiten aus. In den Winkeln zwischen ihm und dem got. Chor stehen die Treppentürme des urspr. Dreikonchenchores. Die schmalen Türme entwickeln über einem vierkantigen Sockel einen originellen Aufbau: Die 4kantigen Turmgeschosse werden übereck gestellt; zwischen den freistehenden Ecken vermitteln tragend und zierend kleine Säulen. Ein runder Turmteil bekrönt den Aufbau. Rundbogige Säulenportale führen an der N- und S-Seite in die Kirche. Das südl. Portal trägt über der Tür ein Tympanon, dessen Relief Geburt und Kreuzigung Christi sowie die 3 Frauen am Grabe zeigt. In der Kreuzigung erscheint zum erstenmal in Westfalen ein Gabelkreuz. – Inneres. Im Mittelschiff tragen quadratische Pfeiler mit vorgelegten Halbsäulen kuppelige Kreuzgratgewölbe. Über den Seitenschiffen wölben sich halbe Tonnen. Die Konstruktion hält sich, wie in Balve, in einfachsten Formen, wirkt aber weniger schwer. Der Hallenraum öffnet sich hinter dem kaum raumbestimmenden Querschiff dem lichten, einheitlichen Gehäuse des got. Chores, dessen Gewölbe Malereien aus der 2. Hälfte des 15. Jh. trägt: die Wappen von Papst Pius II. (1458–64) und 10 Kardinälen, dazu eine Deesis-Gruppe.

Pulheim. Brauweiler. Ehem. Benediktiner-Abteikirche St. Nikolaus und Medardus

PULHEIM (Erftkreis C6)

Brauweiler (C6)

Ehem. Benediktinerabtei und -kirche St. Nikolaus und Medardus ●

Das frühmittelalterl. Brunvilre (Brunonis villare) geht auf eine römische villa rustica (Gutshof) zurück. Anstelle einer Holzkapelle weiht 980 Erzbischof Warin von Köln dem hl. Medardus ein steinernes Gotteshaus. Bei ihm stiften der Pfalzgraf Ezzo-Ehrenfried und seine Gemahlin Mathilde, die Schwester Kaiser Ottos III., 1024 ein Familienkloster der Gorzer Reform, in dem sie sich beisetzen lassen. 4 Jahre später wird die Klosterkirche von Erzbischof Pilgrim geweiht. Ezzos Tochter Richeza, Königin von Polen, schenkt 1048 ihr Vermögen der Abtei, die im gleichen Jahr einen großartigen Neubau beginnt. 1051 wird die Krypta, 10 Jahre danach die Oberkirche von Erzbischof Anno zu Ehren der hll. Nikolaus und Medardus geweiht. Von diesem 2. Bau sind große Teile der Krypta, die Vierungspfeiler im Kern, die südl. Querschiffswand und die O-Teile der Seitenschiffwände erhalten. Der Westbau, eine mächtige Dreiturmgruppe, und das Langhaus entstehen in der 1. Hälfte des 12. Jh. neu; Weihe der Michaelskapelle im Turmobergeschoß 1141. Nach 1187 werden Querhaus und Chor mit dem Anbau der östl. Bernarduskapelle errichtet, ohne daß die Türme über den Enden der Nebenchöre 1226 vollendet waren. Sie wurden, ebenso wie der ursprünglich geplante 8seitige Vierungsturm, 1866–76 von Heinrich Wiethase hinzugefügt. Weitere Restaurierungen bis zur Gegenwart, die auch die Kriegsschäden an Westbau und Dächern beheben. – 1699 erhält der Chor an der N-Seite eine 2geschossige Sakristei. Das 18. Jh. läßt neue umfangreiche Klostergebäude und die mit ihnen verbundene Vorhalle der Kirche entstehen. Die Abtei wurde 1802 säkularisiert. Die durchgreifenden statischen Sicherungsmaßnahmen seit 1953 leiteten eine Instandsetzung der ganzen Anlage ein. Heute ist die Abtei u. a. Sitz des Rheinischen Museumsamtes und anderer Dienststellen der Kulturabteilung des Landschaftsverbandes Rheinland.

Brauweiler ist ein wichtiges Zentrum in der Entwicklung der roman. Architektur. – Mit ihrem machtvollen 3türmigen W-Bau steht die **Kirche** als großartige Silhouette vor dem niedrigen Horizont der niederrheinischen Ebene. – Äußeres. Der stämmige 4kantige Mittelturm wird in allen Geschossen durch Blendarkaden und Bogenfriese gegliedert. In den beiden obersten Geschossen hat er 2 Reihen gekuppelter Schallöffnungen. Am Ansatz des hohen spitzen Helmes von 1629 verbindet eine spätgot. Galerie den Turm mit den beiden, um ein Geschoß höheren, ähnlich gegliederten Seitentürmen, die in ihren beiden unteren Stockwerken mit ihm verwachsen sind. Die langgestreckte Vorhalle, datiert 1780, die die Untergeschosse des Mittelturmes verdeckt, hat eine Schauseite im Zopfstil. Langhaus und Querschiff sind mit Lisenen, Bogenfriesen und Blendarkaturen auf Säulen abwechslungsreich belebt. Das Gesamtbild der O-Teile bestimmt maßgeblich der Ausbau des 19. Jh. Die 3geschossige Rundbogengliederung der Apsis und ihre über die Flankentürme hin fortgeführte Zwerggalerie verwendet Motive von St. Gereon und Groß St. Martin in Köln. – Eindrucksvoll sprechen sich in der O-Ansicht die körperhafte Gliederung des Bauwerkes und seine gesammelte Energie und Ruhe aus. In rhythmischer Staffelung bauen sich über der Bernarduskapelle Apsis und Chorgiebel auf, wachsen alle Türme kraftvoll empor, bis sie zuletzt im spitzen Helm des Westbaues himmelanstrebend ausklingen.

Inneres. Die Kirche ist eine 3schiffige Basilika mit einem Querhaus, das nicht über die Flucht der Seitenschiffwände hinausgreift. Sie hat über unregelmäßigem Grundriß im Mittelschiff 2 quadratische, in den breiten Seitenschiffen je 2 rechteckige Joche. Den rechteckigen Vorchor begleiten 2 schmale Nebenchöre; die Apsis ist im Scheitel mit dem Rechteckraum der Bernarduskapelle verbunden. Über den Arkaden des Mittelschiffes bildet eine dichte Folge von Nischen, die von Blendbögen auf Dreiviertelsäulen umfangen werden, eine Art von Triforium, das sich im Chorjoch bereichert fortsetzt. Bemerkenswert sind die vorgesetzten Säulen in den Schildbögen des Fenstergadens, die ursprünglich wohl das Gebälk einer flachen Decke trugen. Spätere roman. Gewölbe wurden 1514 durch Kreuzrippengewölbe ersetzt. Auch in den älteren Seitenschiffwänden, deren Nischen – 2 in jedem Joch – nicht mit den Mittelschiffsarkaden harmonieren, sind die ersten Gewölbe durch solche des frühen 13. Jh. mit Rippen ersetzt. Mit den Nischenbildungen in Seitenschiffwänden und Obergaden steht Brauweiler in der rheinischen Bauüberlieferung, die mit vielen Zwischengliedern von der Aachener Pfalzkapelle bis zu Heisterbach (→ Königswinter) reicht. Die O-Räume haben die alten Gratgewölbe bewahrt, auch die Vierung ihre höhergeführte Kuppel, die den Vierungsturm räumlich nicht wirksam werden läßt (vgl. Köln, Groß St. Martin). Der Wandaufbau der Apsis folgt eigenem Gesetz, der Taktwechsel zwischen eng und weit gestellten Säulenarkaden der Innenschale des Laufganggeschosses wird von dem wenig früheren Groß St. Martin übernommen. Das Gesamtbild wird wesentlich beeinflußt von der nach 1959 rekonstruierten Architekturbemalung. – Unter der erhöhten Vierung und dem Chor liegt die *Krypta*. Sie gehört größtenteils dem Bau von 1051 an. Sie wiederholte in Grundriß und Säulenaufbau die Krypta von St. Maria im Kapitol in Köln fast genau, war jedoch etwas kleiner. Ihre heutige Gestalt erhielt sie durch einen Umbau vor 1200. Ihm fielen die 3 Kapellen in der Mauerstärke des O-Abschlusses zum Opfer, die unter dem Chorumgang des 11. Jh. lagen.

Die gesamte Ausmalung des 13., 14. und 16. Jh. ist in späterer Zeit stark überarbeitet worden. – Bauplastik und Ausstattung. Portale und Kapitelle sind mit reichentfalteter Bauplastik verziert. Das Hauptportal im Westbau, entstanden vor 1141 und erst nach dem 2. Weltkrieg durch die höhergezogene Zwischendecke des Barockbaues wieder ganz freigelegt, verrät die Hand eines lombardisch geschulten Bildhauers. Höllische Mächte sind am Türsturz dargestellt: 2 ineinander verschlungene Schlangen, die sich in den Schwanz beißen und zugleich in einen Ring verflochten sind, werden von 2 hündischen Wesen angefallen. Aus dem 1. Jahrzehnt des 13. Jh. stammen das prächtige S-Portal mit den beiden Löwen und die schönen Türen in den beiden Nebenchören mit den Tympanonfiguren der Stifter Ezzo (N) und Mathilde (S). Vielfältiges plastisches Leben ist auch über die Kapitelle in Ornament und figürlicher Darstellung ausgebreitet. So trägt das Kapitell der Arkade, mit der sich die Apsis zur Bernarduskapelle öffnet, in reiches Spiralrankenwerk verschlungene Personifikationen der Paradiesesflüsse. Eine besondere Kostbarkeit besaß die Kirche in einem *Zyklus figürlicher Reliefplatten* aus Kalkstein, die noch aus dem Vorgängerbau stammen, und die vor ihrer Abnahme am Westbau in zweiter Verwendung angebracht waren. Erhalten sind davon ein Salvator, 2 Seraphim, ein Auferstandener Christus und 10 Apostel (der Auferstandene und 4 Apostel erst 1951 entdeckt), ferner die Personifikationen von 7 Monatsbildern (heute im Bonner Landesmuseum und im Kölner Schnütgen-Museum); Entstehungszeit zwischen 1065 und 1084. Die Reliefs von Brauweiler zählen zu den frühesten Werken deutscher Steinplastik (vgl. Essen-Werden, Abteikirche, und Münster, St. Mauritz). Die *Chorschranken*, die südl. um 1174, die nördl. kurz nach 1200, mit ihren meisterlich skulptierten Details an den Arkadenstellungen und die ihnen verwandte Stiftertumba im südl. Nebenchor, ebenfalls bald nach 1200, dazu – als ein Hauptwerk der deutschen roman. Skulptur an Rhein und Maas – das *Altarretabel* aus Stein mit nahezu vollplastischem Relief einer Sitzmadonna zwischen 4 stehenden Heiligen, um 1190, und der thronende Nikolaus, Patron der Kirche (Holz, spätes 12. Jh.), runden unsere Vorstellung von der Reichhaltigkeit der staufischen Kircheneinrichtung ab. Unter dem, was spätere Jahrhunderte hinzutaten, verdienen der Antoniusaltar (1552), der Michaelsaltar (1561) – steinerne Retabel im Sinne deutscher Frührenaissance –, schöne Beichtstühle (vor 1724), Orgelgehäuse und Orgelbühne (bezeichnet 1769) Aufmerksamkeit. Aus dem Kirchenschatz sind die sog. Bernhardskasel, eine schöne Nadelmalerei des 12. Jh., und der »Scyphus S. Nicolai«, ein runder Deckelbecher aus Buchsbaum, um 1180, erwähnenswert.

Die repräsentativen **Abteigebäude,** 1780–84 erbaut, liegen um 3 Höfe an der S-Seite der Kirche. Vom **Kreuzgang** der 2. Hälfte des 12. Jh. sind die 3fach gekuppelten Arkadenstellungen der O- und S-Flügel mit vorzüglicher Kapitellplastik erhalten. Am östl. Trakt schließt der 3schiffige, 2jochige **Kapitelsaal** an, mit dem die *Medarduskapelle* von 3×3 Jochen jetzt räumlich zusammengezogen ist.

● Der Kapitelsaal bewahrt in berühmten *Gewölbemalereien* der Zeit um 1150 den nächst Bonn-Schwarzrheindorf umfangreichsten Monumentalzyklus roman. Malerei Westdeutschlands. 24 Gewölbe- und 2 Wandfelder vergegenwärtigen in typologischer Gegenüberstellung durch Gestalten und Ereignisse des Alten und Neuen Testaments den Sieg des Glaubens (nach dem Hebräerbrief). Als 1958 die Übermalungen Christian Hohes (1862) abgenommen wurden, konservierte man die Reste des Originalbestandes. Man beschränkte sich dabei auf die reine Freilegung und Erhaltung gesicherter Befunde und unternahm nicht den Versuch, dem Betrachter durch die Restaurierung ein Bild von der urspr. Wirkung dieses außerordentlich qualitätvollen Kunstwerkes zu vermitteln.

RADEVORMWALD (Oberbergischer Kreis D5)

● **Textilfabriken Dahlerau, Vogelsmühle, Dahlhausen.** Noch heute den Zustand um etwa 1860 verdeutlichend, liegen die 3 Fabrikkomplexe Dahlerau, Vogelsmühle, Dahlhausen inselartig isoliert entlang der Wupper südl. des Stadtteiles Wuppertal-Beyenburg. Mit Beginn der preußischen Zeit hatten hier Lenneper Tuchfabrikanten unrentabel gewordene Eisenhämmer samt Stauanlagen aufgekauft, um das Gefälle der Wupper für den Bau wassergetriebener Tuchfabriken zu nutzen. Um 1830 entstanden wuchtige Bruchsteinbauten in klassizist. Formensprache an allen 3 Plätzen. Brände und zahlreiche Um-, An- und Erweiterungsbauten führten zum heutigen Erscheinungsbild der mit einer kompletten Dampfmaschinenanlage von 1892 (Dahlerau) und einer sehenswerten Turbinenhalle aus den 1920er Jahren (Dahlhausen) versehenen Fabriken. Die 3 Komplexe mit ihren Folgeeinrichtungen, wie Arbeiter- und Angestelltenwohnhäuser, Schul- und Ladenbauten, verdeutlichen im Zusammenhang mit den zum Teil noch kenntlichen zeitgenössischen Infrastrukturen, wie Wupperbrücke, Verbindungsstraßen und Eisenbahnlinie, Wachstum und Fortexistenz eines die ganze Landschaft prägenden, Ansiedlungsmuster bildenden Industriezweiges. In einzigartiger Weise ist hier im Tal der Wupper das Phänomen Industrialisierung mit seinen Aspekten (natürliche Voraussetzung, technische Entwicklung, soziale Folgewirkung) wahrnehmbar geblieben. *AF*

Raesfeld. Wasserschloß

RAESFELD (Borken C3)

Die **kath. Pfarrkirche St. Martin** ist ein neugot. Bau Hilger Hertels d. Ä., 1856–60.

Schloß

Den Schloßbau begann Graf Alexander d. Ä. im Jahre 1602. Heinrich von Borken errichtete für ihn ein schlichtes münsterländisches Herrenhaus. In den letzten Jahren des 30jährigen Krieges baute sein Sohn Alexander die Wasserburg zu seiner großen Residenz aus. Nach Entwürfen des Kapuziners Michael von Gent entstand auf der Insel der Oberburg ein Schloß mit 4 Flügeln. Die Unterburg erhielt neben den Wirtschaftsgebäuden einen mächtigen Eckturm, der das Observatorium trug. Vor ihrer Brücke fand die reizvolle Kapelle 1658 ihren Platz. Hinter dem Schloß legten Gartenarchitekten und Bildhauer einen Park an, dem ein Tiergarten benachbart war.

Das Wasserschloß war die eindrucksvollste Schöpfung der westfäl. Architektur im 17. Jh. Die heute stille Anlage war im 17. Jh. einer der Brennpunkte des politischen und künstlerischen Lebens im Nordwesten des Reiches. Es verdankte diese Bedeutung dem Grafen Alexander II. v. Velen, im 30jährigen Krieg kaiserlicher Generalfeldmarschall, der »westfälische Wallenstein« genannt. Mit seinem böhmischen Zeitgenossen verband ihn nicht nur der Beruf, sondern auch die Freude am Spiel der Politik und am Lauf der Gestirne.

Von dieser reichen Anlage geben nur noch 2 Flügel der Oberburg, die Unterburg und die Kapelle eine Vorstellung, obwohl auch hier die prunkvolle Ausstattung fast ganz verloren ging. In der gleichmäßig schönen Wandordnung des Schloßflügels, der sich vom Bau Alexanders II. erhalten hat und der im rechten Winkel von dem älteren Bau Alexanders I. abzweigt, spricht noch die noble Zurückhaltung der nordischen Renaissance, wie sie verwandt in niederländischen und niederrheinischen Schlössern zu finden ist. In dem 4kantigen *Eckturm,* dessen 3fach sich verjüngende Haube zum Wahrzeichen der Gegend wurde, setzt das verhaltene Pathos des Barock sich ein Denkmal. In der 2türmigen **Kapelle** kommen, bedingt durch den sakralen Auftrag, gotisierende Elemente in die Stilmischung von Renaissance und Barock.

RATINGEN (Mettmann C5)

Der Marktflecken erhielt 1276 durch den Grafen von Berg eine Ummauerung. Dank des hochentwickelten Schmiedegewerbes gewann der Ort auch Handelsbedeutung, die sich in der Zugehörigkeit zur Hanse manifestierte.

● **Die kath. Pfarrkirche St. Peter und Paul,** als Gründung des hl. Suitbert von Kaiserswerth zu Beginn des 8. Jh. ungesichert, interessiert wegen des frühgot. Hallenbaus, der sich an den spätroman. W-Turm (um 1230–40) anschließt und das östl. Turmpaar der voraufgehenden Basilika aus der 2. Hälfte des 12. Jh. miteinbezieht. Der Neubau begann nach der Stadterhebung des Jahres 1276, unabhängig von der wenig älteren Halle des Essener Münsters, von dessen Rundpfeilern er sich durch die 4 zusätzlichen Dienste unterscheidet. Die östl. Langhaushälfte wich samt der 3seitigen Apsis einer neugot. Erweiterung von 1892–95 unter dem Architekten Heinrich Wiethase. Neue Fenster nach dem 2. Weltkrieg von Walter Benner. – Im Kirchenschatz ist die *Monstranz* von 1394 eines der ältesten und bedeutendsten Werke des Typs in

Europa. Got. Architektur und Nischenfiguren bilden in kleinen Maßen und edlem Material ein großgedachtes Abbild des Himmlischen Jerusalem um die Hostienkapsel.

Kath. Pfarrkirche St. Markus, 1950–52 von Paul Johannbroer. Wuchtiger, burgartiger Kirchenbau aus Bruchsteinmauerwerk, mit starkem Turm, der aus dem abfallenden Gelände emporwächst.

Ehem. Rathaus, Bruchsteinbau aus dem 14. Jh. mit späteren geschweiften Giebeln, 1751 erneuert.

Baumwollspinnerei Brügelmann (Cromforder Straße). Den ersten Fabrikbau des europäischen Kontinents errichtete der Elberfelder Kaufmann Johann Gottfried Brügelmann 1783/84 an der Anger im N von Ratingen. Zum ersten Mal außerhalb Englands hatten alle Elemente der Industrialisierung baulichen Ausdruck gefunden: Mechanisierung des Produktionsvorganges (Spinnmaschinen für 1000 Spindeln), zentraler Kraftantrieb (Wasserrad an der Anger), Zusammenfassung der Arbeitenden (1784 ca. 70–80) und des Arbeitsprozesses in einem Gebäude, einem Fabrikbau im heutigen Sinne. Vorbildhaft für Deutschland wirkte darüber hinaus die Gesamtanlage mit Fabrik, Arbeiterhäusern, repräsentativem Wohnsitz des Unternehmers – der Familienüberlieferung gemäß von Nicolas de Pigage, dem Erbauer des Schlosses Benrath entworfen – und Parkanlage (Maximilian v. Weyhe). Cromford war der Vermittler eines Anlagentypus, der bis ins späte 19. Jh. hinein bestimmend für zahlreiche, heute meist schon zerstörte Industrieensembles in Europa wurde. *AF*

Von der **Stadtbefestigung** sind größere Reste mit 3 Türmen, darunter der viereckige Windmühlenturm von 1471, erhalten.

Stadtgeschichtliches Museum (Grabenstr. 21). Vor- und Frühgeschichte, kirchliche Kunst und bürgerliche Wohnkultur. Stadtgeschichtliche Sammlung. Münzen aus der Ratinger Münzstätte und eine Spezialsammlung von Werken des Porzellanmodellierers Johann Peter Melchior (1747–1825).

RECKLINGHAUSEN (Recklinghausen C4)

Der Ort hat bereits im Zeitalter Karls d. Gr. strategische Bedeutung zur Sicherung des Hellweges. Gleichen Rang gibt ihm das Erzbistum Köln, dessen wichtigster Vorposten im Herzogtum Westfalen die Stadt wird. Sie blüht durch den Handel mit Schmiedewaren und Tuchen auf und wird 1316 Mitglied der Hanse. In den Wirren der folgenden Jahrhunderte folgt ein Niedergang. Seit 1815 preußisch. Die Stadt nimmt teil am Vordringen der Kohleförderung und der Schwerindustrie in das Münsterland. Die Künste finden seit 1947 in den alljährlichen Ruhrfestspielen eine zeitgemäße Pflege auf hohem Niveau.

Kath. Propsteikirche St. Petrus. Anstelle einer durch den großen Stadtbrand 1247 zerstörten roman. Kirche des frühen 13. Jh., von der noch

Reste im Unterbau des W-Turmes und das Querschiff erhalten sind, errichtete man im Übergangsstil eine Hallenkirche mit 3 gleich hohen und fast gleich breiten Schiffen zu je 2 quadratischen Jochen. 1519–23 erweiterte der Werkmeister Henricus Suyr aus Coesfeld in spätgot. Art die Kirche nach O durch den Anbau eines 2. sterngewölbten Querschiffes, einer 2jochigen Sakristei am nördl. Querarm und eines 5seitigen Chorschlusses. 1547 baute man über dem Beinhaus an der S-Seite des Turmes die Michaelskapelle. 1670 entstand auf roman. Resten der Turm mit seiner barocken Haube und Laterne. Als 1716 einer der schlanken Bündelpfeiler, deren Form an den Wand- und Querschiffspfeilern sichtbar ist, mit 4 Gewölben einstürzte, ersetzte man alle Bündelpfeiler durch kräftige Rundpfeiler mit ringförmigen Kapitellen, desgleichen die Gewölbe des Langhauses und des roman. Querschiffes durch neue spitzbogige. Hoch an der Stirnwand des roman. Querschiffes ist ein schmaler ausdrucksvoller Kopf angebracht, der sog. *Baumeisterkopf,* ein Werk des 13. Jh., das vermutlich beim Neubau des Chores wieder Verwendung fand und hier eingemauert wurde. Besonders schön und reizvoll ist das *S-Portal* mit seinen zierlichen Säulen, reichen Kapitellen, prächtig ornamentierten Wulsten, mit seinem giebelartigen Kämpfergesims und feinprofilierten Blendbogen. Das got. Sakramentshäuschen an der NW-Ecke des Chores stammt aus der Zeit um 1520. Die Kirche erlitt schwere Bombenschäden, die sachgemäß ausgebessert sind.

Die **kath. Gastkirche St. Fabian und Sebastian** ist ein kleiner barocker Bau, der unter Verwendung got. Reste im Anschluß an das 1736 neu erbaute »Gasthaus zum Hl. Geist« errichtet wurde.

Kath. Gymnasialkirche zur Unbefleckten Jungfrau Maria, ehem. Franziskaner-Klosterkirche. Die älteren Teile der 1schiffigen 4jochigen Kirche stammen von 1666. Umgestaltungen 1838 und 1927.

Die **Engelsburg** (Augustinessenstr. 10), ein Wohngebäude von 1700, besteht aus 3 Flügeln an 3 Seiten eines Ehrenhofes, der nach der Straße zu durch eine Mauer mit Sandsteinportal abgeschlossen wird. Einen Saal auf der Gartenseite schmücken eine schöne barocke Stuckdecke sowie ein wappen- und pilasterverzierter prächtiger Steinkamin.

Festspielhaus. Kubischer Bau der Architekten Ganteführer und Hannes, 1965, vorzüglich in die Stadtgarten-Umgebung eingestellt.

Städtische Kunsthalle (Franz-Große-Pferdekamp-Straße). Internationale Kunst der Gegenwart. Bedeutende Graphik-Sammlung.

● **Ikonenmuseum** (Kirchplatz 2a). Mehr als 500 Ikonen der russischen Malerschulen des 13.–19. Jh. Rumänische Hinterglas-Ikonen. Griechische Malerei des 15.–19. Jh. Ostkirchliche Kleinkunst. Koptische Sammlung.

REES (Kleve B3)

Die Stadt war Zentrum der Grafschaft Aspel, die im 11. Jh. an das Erzstift Köln kam. Sie erhielt 1228 Stadtrecht und wurde 1392 an Kleve abgetreten. 1614 in holländischen Besitz gekommen, wurde sie zu einer Bastionsfestung ausgebaut. Seit 1666 brandenburgisch. Die zuvor gut erhaltene Stadt, die sich großartig am flachen Ufer des Niederrheins aufbaut, zerstörte der 2. Weltkrieg fast ganz.

Ehem. Kollegiatkirche St. Mariä Himmelfahrt, jetzt **kath. Pfarrkirche.** Nach der Überlieferung gründete die hl. Irmgard, Gräfin von Aspel († 1064) in Rees ein Kollegiatstift. Dem ersten Kirchengebäude folgte um 1245 ein 2. Bau. Mit 5 Schiffen und 2 Türmen wurde er nächst der Stiftskirche St. Viktor in Xanten das bedeutendste kirchliche Bauwerk des Klever Landes. Der oft beschädigte Bau wurde 1819 abgerissen. An seine Stelle trat 1820–28 ein Neubau rein klassizist. Stiles nach Plänen von Karl Gottlieb Heermann, dem bedeutendsten Vertreter dieser Richtung im Rheinland. Die Türme wurden 1872 verändert. Der 2. Weltkrieg zerstörte die Kirche bis auf die Umfassungsmauern. Der N-Turm wurde vernichtet, der S-Turm stark angeschlagen. Der rekonstruierende Wiederaufbau erfolgte 1956–63.

Die ev. Kirche, ein flachgedeckter Backsteinbau, 1623/24 errichtet, erlitt dasselbe Schicksal.

Völlig zerstört wurde auch das **Rathaus:** ein ansehnlicher 3geschossiger Bau der 2. Hälfte des 15. Jh., spätgotisch in Tuffstein errichtet. – Selbst die Reste der **Stadtbefestigung,** das Rheintor und das Krantor, fielen den Bomben zum Opfer. Erhalten blieben lediglich der **Mühlenturm** und der **Toelderstorn,** 2 Befestigungstürme aus dem 13. Jh., und das schöne **»Rondell«,** die 1470 errichtete Bastion in der SO-Ecke, am Rhein.

REMSCHEID (CD5)

Im Kern der heutigen Stadt lag ein urkundlich zuerst 1173 bzw. 1189 faßbarer Fronhof mit Eigenkirche. Die Entwicklung des Ortes ist wesentlich durch die Eisenerzvorkommen geprägt, die, zusammen mit dem umgebenden Wald und der reichlich vorhandenen Wasserkraft, die Grundlage des bis ins 15. Jh. zurückreichenden eisenverarbeitenden Gewerbes bildeten. Der Stadtkern von Remscheid wurde 1943 fast völlig zerstört.

Die **Eschbachtalsperre,** südöstlich von Remscheid gelegen, 1889–91 nach Entwürfen von Otto Intze, dem Begründer des neuzeitlichen Talsperrenbaues, errichtet, markiert den Beginn der deutschen Trinkwasserversorgung mit Hilfe von Stauseen. Erstmalige Untersuchungen von Niederschlags- und Abflußmengen sowie sorgfältige Prüfungen des vorgesehenen Baumaterials waren vorausgegangen, notwendig angesichts des damals weit verbreiteten Mißtrauens gegen Talsperrenbauten. Die 25 m hohe Sperre mit einem Stauinhalt von 1 Million m^3 war die erste von insgesamt 16 durch Intze ausgeführten Anlagen im sog. »Jahrzehnt der Talsperre« (1890–1900). *AF*

Hasten

Deutsches Werkzeugmuseum und Städtisches Heimatmuseum (Cleffstr. 2–6). Die Sammlungen sind in einem 1778 für die Fabrikanten Gebr. Hilger errichteten herrschaftlichen Doppelhaus bergischer Bauweise untergebracht. Das Werkzeugmuseum vermittelt einen Überblick über die Geschichte der Werkzeuge bis zur Gegenwart; Zentrum des Heimatmuseums ist die Sammlung des in Remscheid geborenen Malers Johann Peter Hasenclever.

Lennep

Der im 12. Jh. zuerst erwähnte Ort erhält 1230 von den Grafen von Berg Stadtrechte und wird zu einer der 4 Hauptstädte der Grafschaft. Nach einem Brand im Jahre 1746 wird der Ort über dem alten Straßennetz neu gebaut.

Ev. Kirche. Saalbau von 1750–56 aus Bruchstein, dessen W-Turm in seinem Untergeschoß noch aus dem 13. Jh. stammt. Im Inneren eine 3seitig umlaufende Empore und die für das Bergische Land typische Übereinanderordnung von Altar, Kanzel und Orgel (Prospekt von 1895).

Bergische Schieferhäuser des 18. und 19. Jh. prägen das noch weitgehend geschlossen erhaltene **Ortsbild.**

RHEDA-WIEDENBRÜCK (Gütersloh F3)

Batenhorst (F3)

Haus Aussel

Das Burgmannsgut der Herren von Odeslo (mundartlich Aussel) kam 1526 durch Erwerb in die Familie der fürstbischöflich osnabrückischen Drosten von Amelunxen, die 1580 das Herrenhaus erbauen ließen.

Die Hofanlage, ursprünglich auf einer Gräfteninsel gelegen, wird westlich von dem mächtigen Herrenhaus abgeriegelt. Mit Merkmalen der Bauweise des Adels versehen, u. a. den 4 Ecktürmen, ist das Haus jedoch – entgegen allen Vorstellungen von Wehrhaftigkeit – in Fachwerk errichtet worden, mit reichem Schnitzwerk an Brüstungsplatten, Schwellen und Füllhölzern. Aus der Erbauungszeit blieben das konstruktive Gefüge, Teile der Backstein-Zierausfachung und die Raumaufteilung nach bemerkenswert symmetrisch-klarem Grundrißschema erhalten. – Nachträgliche Einbauten sind Treppe und Saal (2. Viertel des 18. Jh.) sowie die klassizist. Haustür. *KR*

Rheda (F3)

An dem wichtigen Ems-Übergang der Straße Paderborn – Münster entstand im 12. Jh. die Wasserburg, als deren erster Besitzer um 1170

Widukind von Rheda, der spätere Stifter des Klosters Marienfeld (Gde. Harsewinkel), genannt wird. Nach seinem Tode im Kreuzzug Barbarossas (1190) kam die Herrschaft, zu der auch die Vogteien Freckenhorst und Liesborn gehörten, an Bernhard II. zur Lippe. Dessen Sohn Hermann II. baute die Burg als Residenz zu einer der größten Anlagen im damaligen Nordwestdeutschland aus. Im Schutz der Burg bildete sich die Stadt, die 1355 lippisches Stadtrecht erhielt, jedoch wegen der Nähe Wiedenbrücks keine größere Bedeutung mehr gewinnen konnte. 1364 kam die Herrschaft Rheda an die Grafen zu Bentheim-Tecklenburg, die 1817 preußische Fürsten wurden.

Ev. Stadtkirche. Im Anschluß an eine frühgot. Kapelle, die als Chor weiterbesteht, wurde von 1611 bis um 1660 das Hallenlanghaus noch in spätgot. Formen erbaut. Es hat die typisch westfäl. Teilung 3:3. Wuchtige 8eckige Pfeiler und schwere Kreuzgewölbe ergeben einen gedrückten Raumeindruck. Das Äußere zeigt die flächenhafte Wandbehandlung der Spätzeit. Vermutlich von dem Osnabrücker Meister Adam Stenelt stammt das reichgeformte *Epitaph für Friedrich v. Twickel* († 1629) mit den Figuren des Ehepaares, die wie auf einer Bühne zur Schau gestellt sind. Ein 2. Epitaph für die 1616 3jährig verstorbene Anna v. Bentheim ist wegen der humanistischen Inschrift von Interesse. Die Fürstenempore erhielt Anfang des 18. Jh. ihre heutige Form.

In der 1910 neuromanisch erbauten **kath. Kirche St. Clemens** befindet sich die Figur einer Maria mit Kind, eine qualitätvolle Arbeit des sog. Meisters von Osnabrück um 1510.

Schloß ●

Das Schloß Rheda, durch seine mächtigen Türme den Blick aus der Ferne auf sich ziehend, zeigt in seinen Gebäuden das Wachstum einer westfäl. Burg von der mittelalterl. Wehranlage bis zum repräsentativen Residenzschloß des Barock. Die Wasserburg steht auf einem künstlich aufgeworfenen Hügel von ovalem Grundriß. 2 mittelalterl. Türme rahmen eine Anlage, die neben dem Kapellenturm mit dem schlichten **Torhaus** von 1719 beginnt. Ihm schließt sich, im Winkel leicht gebrochen, der mit 1612 bezeichnete **Wohnbau** der Renaissance an, den der Baumeister Johannes von Brachum aus Wiedenbrück errichtete, Sohn des berühmten Laurenz von Brachum. Die malerischen Bauformen der Portale, des Erkers, der vorgekragten Balustergalerie und des Giebels kennzeichnen den Bau als einen Spätling der »Lippe-Renaissance«. Verhältnismäßig schlicht dagegen ist der rechtwinklig anschließende Barockbau, 1745–47 nach Entwurf des Ingenieuroffiziers Treu erbaut. Nur der Mittelrisalit mit Freitreppe und Portal gibt ihm den architektonischen Akzent. Im äußeren S-Winkel zwischen beiden Flügeln stand der um 1720 abgebrochene Tempelherrenturm, ein gewaltiger Wohnturm mit 4 runden Ecktürmen, der an künstlerischer Bedeutung dem Kapellenturm wohl kaum nachstand. Den Abschluß im O bildet der got. **»Lange Turm«,** ein Wohnturm des frühen 15. Jh., dessen beide unteren Geschosse dem 13. Jh. angehören.

● Von ihm schweift der Blick zurück zu dem wuchtigen **Kapellenturm,** der in spätroman. Formen um 1221–35 erbaut wurde. Er gehört zu den Hauptwerken staufischer Architektur. Vielfache künstlerische Ideen sind in ihm wirksam geworden. Der Turm hat 4 Geschosse. Das Erdgeschoß diente ehemals als Toreinfahrt zur Burg. Darüber liegt eine *Doppelkapelle.* Unter- und Obergeschoß sind hier nicht in der strengen Art fürstlicher Doppelkapellen des 12. Jh. getrennt; vielmehr werden sie in jener Weise zusammengenommen, wie sie uns aus dem Corveyer Westwerk vertraut ist. Die Kapelle hat 2 quadratische Joche mit verzierten Rippen an den Gewölben. Im Erdgeschoß führt an 3 Seiten ein geschlossener, tonnengewölbter Wehrgang um die Kapelle herum. Entsprechende Anlagen finden sich in französ. Donjons, z. B. in der Tour de César in Provins, die mit ihren 4 runden Ecktürmen übrigens auch dem abgebrochenen Tempelherrenturm sehr ähnlich sieht. Der Umgang trägt die Herrschaftsempore, die als Oberkirche wie in Corvey auf 3 Seiten reduziert ist. An der 4. Seite im W liegt in der stärksten Mauer eine geradezu barock anmutende malerische Treppenanlage mit indirekter Beleuchtung durch ein Rosenfenster. Durch Säulenarkaturen führen die 2 Treppenläufe zur Empore. Die Oberkirche bildet mit ihren 3 gleich hohen Schiffen einen Hallenbau, wie er zur selben Zeit in Herford im Entstehen war, z. T. sogar mit den gleichen Einzelformen. Vom Vorplatz des S-Portals im Erdgeschoß der Kapelle führt eine Wendeltreppe weiter hinauf zu einem ehemals heizbaren Saal, der im obersten, erst gegen 1280 aufgesetzten Geschoß über der Kapelle liegt. – Auffallend ist das Baumaterial: Die äußeren Mauerflächen sind großenteils, die inneren durchweg in Backstein erbaut, die Gliederungen in Teutoburger Sandstein. Backstein wurde in dieser Gegend und zu dieser frühen Zeit nur noch in Marienfeld (→ Harsewinkel) verwendet, sonst war diese Technik noch ungebräuchlich. Ungewöhnlich sind auch die Buckelquadern der Lisenen, für die es kein anderes Beispiel in dieser Landschaft gibt. – Eine Ausnahmestellung nimmt die Rhedaer Kapelle schließlich hinsichtlich der reichen *Bauplastik* ein. Seltene Dreiergruppen von Säu-

Rheda-Wiedenbrück. Rheda. Schloßkapelle (zu S. 626)

len flankieren das Portal und die Altarnische auf der Empore. Sie tragen figürliche Kapitelle. An den Portal-Kapitellen bedrängen 2 Drachen die schöne Halbfigur eines Jünglings, an den Emporen-Kapitellen werden 2 Drachen an den Brüsten weiblicher Halbfiguren genährt. Unter allen 4 Säulengruppen liegen am Sockel sphinxartige menschliche Figuren, während die 2 Säulen des Treppeneingangs von 2 Löwen getragen werden. Offenbar sind diese Motive, ebenso wie die Buckelquader, der staufischen Kunst Süditaliens entnommen.

Neues Rathaus, 1966–74 von Harald Deilmann.

Wiedenbrück (F3)

Wiedenbrück beherrschte einen wichtigen Übergang über die Ems. Es wurde 952 Marktort und Mitte des 13. Jh. Stadt. Bis 1821 gehörte es als Exklave und zweitgrößte Stadt zum Fürstbistum Osnabrück. Die Grundzüge des Stadtplanes bildeten sich im 12. und 13. Jh. heraus. Eine Altstadt gruppierte sich um die Stiftskirche St. Ägidii, eine Neustadt um die Marienkirche. Sie wuchsen bald zu der Einheit zusammen, die uns heute in der Bebauung des 15.–18. Jh. umgibt.

Im guterhaltenen **Stadtbild** fallen Fachwerkhäuser auf, in denen das westfäl. Ackerbürgerhaus sich der deutschen Renaissance, dem Barock und Klassizismus und ihrem Ornament verbindet. Einheitliche Zeilen von Giebelhäusern bewahrten die Langenstraße und die Mönchstraße.

Kath. Stiftskirche St. Ägidius

Nachdem an der Urpfarrkirche St. Ägidius 1259 ein Kollegiatstift errichtet worden war, wurden Querschiff und Chor in frühgot. Formen erbaut. Das Langhaus in Hallenform folgte seit 1502. Nach einem Einsturz 1869 wurde das Querschiff mit den beiden Nebenchören wiederhergestellt, der Hauptchor völlig neu gebaut, ebenso 1880 der W-Turm.

Der behäbige Quader des Langhauses wendet schöne Viergiebelseiten dem Marktplatz und dem Kirchplatz zu. Im schlichten Mauerwerk stehen zwischen flachen Strebepfeilern große Fenster, deren Maßwerk in seinen Fischblasenmustern vorbildlich für die Bauten benachbarter Orte wurde. Kirchplatz und Markt liegen, mäßig groß, im Kranz bürgerlicher Bauten. Ihre Giebel antworten den Giebelreihen, die auf den Seitenwänden der Hallenkirche stehen. Im Inneren zeigt das Langhaus 3 Schiffe mit je 3 quadratischen Jochen. Ihre Kreuzrippengewölbe stehen auf 8eckigen Pfeilern. Sie rücken weit auseinander, so daß selbst die Andeutung einer Dreiteilung fortfällt. Der einhellige Raum, den die westfäl. Hallenkirche erstrebte, wird verwirklicht. Das Querschiff ist mit mächtigen

Kuppelgewölben gedeckt, deren 8 Rippen mit vielen Rosetten verziert sind. Bauliches Vorbild war der Dom in Osnabrück.

Von der Einrichtung haben sich wertvolle Stücke erhalten. Das freistehende 6seitige *Sakramentshäuschen* von 1504 gehört in seinem reichen architektonischen Aufbau zu den besten Werken des Typs in Westfalen. Der Taufstein, um 1500, ist in seiner Grundgestalt ein pokalförmiges Becken mit den reichen Einzelformen der Spätgotik. Eine Arbeit hohen Ranges stellt die *Kanzel* des frühen 17. Jh. dar, reich mit Ornamenten und figürlichem Schmuck versehen. In eingetieften Nischen wird die Erlösungsgeschichte, beginnend mit dem Sündenfall im Paradies, erzählt. Freiplastische Standbilder von Aposteln und Propheten vermitteln zwischen den Nischen. Am Fuß der Kanzel sitzt Moses mit den Gesetzestafeln. Er gehört zu den großen Bildwerken des deutschen Barock. Der Kopf, voll von Naturkraft und visionärem Geist, hat einen hervorragenden Platz in der Reihe barocker Prophetendarstellungen. Das Werk aus Baumberger Sandstein stammt vermutlich von dem in Osnabrück ansässigen sächsischen Bildhauer Adam Stenelt. – In einem Anbau eine große Gruppe der Marienklage, um 1520. – Marienaltar aus Stein, 1642 gestiftet.

Franziskanerkirche St. Ursula, Wallfahrtskirche, ehemals St. Marien. Die 3schiffige Hallenkirche, um 1470, deren Seitenschiffe nur etwa halbe Mittelschiffbreite haben, bildet eine Ausnahme unter den westfäl. Hallen. Sie ist das Extrem einer »Querkirche«: Einer Breite von 19 m entspricht eine Länge von nur 13,20 m. Diese kurze Halle wird nun noch in 3 Joche unterteilt, so daß im Mittelschiff ganz schmale querrechtekkige Joche mit seltsamen Gewölbeformen entstehen. Das Raumbild des Langhauses wird dadurch unruhig und gedrängt, während andererseits der Chor an Bedeutung gewinnt. – Um 1250 als Pfarrkirche der Neustadt gegründet, wurde die Kirche 1644 den Franziskaner-Observanten zugewiesen, die gegenüber der Kirche ab 1667 das **Kloster** erbauten. Ein malerischer Bogen mit Fachwerk-Obergeschoß überbrückt die Straße vom Chor der Kirche zum Kloster.

RHEINBERG (Wesel B4)

Der Ort, der 1232 Stadtrechte erhielt, lag früher unmittelbar am Rhein und war als kurkölnische Zollstätte stark befestigt. Im 17. Jh. wurde er durch Bastionen verstärkt. Die Festungswerke der sehr oft belagerten und eroberten Stadt 1715 geschleift, die alten Wälle als Promenaden erhalten.

Kath. Pfarrkirche St. Peter. Anstelle der älteren roman. Anlage aus dem Ende des 12. Jh., von der noch der W-Turm steht, entstand seit 1400 ein Neu- und Umbau. Zuerst wurde der große 2jochige Hallenchor mit 5seitigem Abschluß und breitem Umgang – der Lambertikirche in Düsseldorf vergleichbar – errichtet, gleichzeitig das Mittelschiff erhöht und wie der Chor mit Kreuzgewölben gedeckt. Gegen Ende des 15. Jh.

erhöhte man erneut das Mittelschiff und verband es, indem man seine Außenwände durchbrach, durch Scheidbogen mit den neuen Seitenschiffen. An den 5 Geschossen des Turmes, der sich leicht verjüngt, bilden Lisenen, Kleeblattbogen und Rundbogenfriese große Blenden; im 5. Geschoß je 2 2teilige Schallöffnungen in Spitzbogenblenden. – Im Hochaltar 2 geschnitzte Retabel in einem Gehäuse des 19. Jh., das der Kölner Dombaumeister Ernst Friedrich Zwirner entwarf, vereinigt: ein Passionsaltar mit Antwerpener Handmarke, 1. Viertel des 16. Jh. (oben), und ein künstlerisch bedeutenderer Doppelschrein mit Gottvater, Christus und den 12 Aposteln, Brüssel (?) um 1440 (unten). Verstreut hängen in der Kirche 11 beachtenswerte Tafelbilder, 8 Passionsszenen, dazu eine Madonna sowie die hll. Joachim und Anna, von einem Altar eines niederrheinisch-westfäl. Meisters, um 1440. Marienklage, 15. Jh. – Aufwendig gestaltete Kanzel flämischer Art, 1701.

Das **Pfarrhaus** von 1729 ist ein 5achsiger, niederländisch beeinflußter Backsteinbau von 2 Geschossen.

Das **Rathaus** von 1449, ein 1854/55 umgebauter Backsteinbau, hat 3 Geschosse und an seiner NW-Ecke einen Treppenturm mit Zwiebelhaube des 17. Jh. – Von dem **ehem. Zollturm** des 13. Jh. steht nur der Stumpf.

Kamper Hof mit 1494–1509 errichteter **Kapelle,** einem 1schiffigen Backsteinbau mit Dachreiter. Das anschließende Gebäude mit Mauerwerk aus Tuffstein- und Ziegelschichten.

Orsoy (B4)

Besitz und – seit dem 14. Jh. – Festung der Grafen von Kleve. 1586 durch die Spanier verheert. 1672 geschleift.

Von den alten Baudenkmälern des 1347 mit Stadtrecht begabten Ortes sind die **ev. Pfarrkirche** des 15. Jh., **Stadtbefestigung** mit Pulverturm, Bastionen des 17. Jh., das **Stadthaus** aus dem Jahre 1600 und einige **Wohnhäuser** des 17. und 18. Jh. auch nach den Zerstörungen des 2. Weltkrieges noch erhalten.

In der **kath. Pfarrkirche St. Nikolaus** von 1843–47, die nach Zerstörung im 2. Weltkrieg in einfacheren Formen wiederaufgebaut wurde, ein figurenreicher Schnitzaltar mit den hervorragenden Flügeln des wahrscheinlich in Brüssel wirkenden »Meisters von Orsoy« (Colijn de Coter?, um 1500), auf deren Innenseiten das Leben Christi in 10 Feldern, auf deren Außenseiten in 6 Feldern die Legende des hl. Nikolaus dargestellt ist.

RHEINE (Steinfurt D1)

Der Ort, an einem Emsübergang gelegen, ist um 838 im Besitz der Abtei Herford. Im Jahre 1278 wird er eine wichtige Grenzfestung des Fürstbistums Münster, im 19. Jh. ein Zentrum der westfäl. Textilindustrie.

Kath. Stadt- und Pfarrkirche St. Dionysius
Die erste Kirche wird 838 im Auftrage Kaiser Ludwigs d. Frommen dem Kloster Herford übergeben. Im frühen 15. Jh. errichtet man die bestehende spätgot. Stufenhalle; eine Altarweihe ist für das Jahr 1424 überliefert. Der Hochaltar wird 1450 geweiht. 1464 beginnt ein 2. Bauabschnitt. 1494 wird der Grundstein zum Turm gelegt.
Der Bau liegt beherrschend am linken Ufer der Ems. Eindrucksvoll ist der westl. Einturm, der sich in 4 Geschossen aufbaut und seine Mauern in großen Fenstern öffnet. Das schlichte Langhaus liegt unter dem großen westfäl. Haubendach. – Die gedrungene Stufenhalle hat 4 Joche und ein kurzes Chorjoch, dem ein 5seitiger Abschluß zugeordnet ist. Die Kreuzrippengewölbe ruhen auf kräftigen Rundpfeilern mit niedrigen blattverzierten Kapitellen. Im nördl. Seitenschiff herrscht der schwere Formcharakter vor, während die übrigen Raumteile sich in den Formen später Gotik leicht und beweglich öffnen.
Bauplastik und Ausstattung der mittelalterl. Stadtkirche haben sich z. T. erhalten. Die *12 Apostel* im Chor, große Steinfiguren aus der Erbauungszeit, entstanden um 1440–60. Im neugot. Altar auf der S-Seite eine Madonnenfigur, um 1460. – Im kleinen **Kirchenschatz** findet sich ein vorzügliches roman. Aquamanile in der Form eines stilisierten Löwen.

Kath. Pfarrkirche St. Antonius von Padua, sog. **»Basilika«,** 1900–05 von Johann Franz Klomp, Dortmund, in neuroman. Stil errichtet. Werksteinbau nach dem Vorbild von St. Michael und St. Godehard in Hildesheim mit 2 Querhäusern und 6 Türmen; der W-Turm ist mit 116 m Höhe der höchste Kirchturm Westfalens. Aufwendige und sorgfältige Durchbildung der bildhauerischen Details. Das W-Portal ist in Anlehnung an die Stiftskirche in Königslutter gestaltet.

Am Markt eine städtebaulich wirkungsvolle Gruppe von **Bürgerhäusern: Nr. 12** von 1649 mit hohem Steingiebel, dessen Gesimse durch das Randprofil gesteckt und mit Vasen besetzt sind. An der Ecke zur Münsterstraße Relieftafel mit der Darstellung des 1647 zerstörten Vorgängerbaues von etwa 1580–1600. **Nr. 14,** ein Giebelhaus mit klassizist. Lisenengliederung, Anfang 19. Jh., vielleicht von August Reineking. **Nr. 15,** mit niederrheinisch geprägtem Schweifgiebel mit Inschrift und Kanonenkugeln von 1648.

Textilwerk Kümpers, Werk IV. 1898 von Karl Pasch und Korte. Schloßähnlicher 3stöckiger Dreiflügelbau mit Ecktürmen.

Falkenhofmuseum (Tiefe Str. 22). Graphiken, Gemälde und Plastik des 15.–20. Jh., u. a. Werke von Aldegrever, Cranach, Dürer, Rohlfs und Baumeister. Stadtgeschichte mit Schwerpunkt Geschichte der Textilindustrie.

Bentlage (D1)

Schloß Bentlage, ehem. Kreuzherrenkloster. In besonders schöner, parkartiger, von Eichenalleen durchzogener Umgebung liegen noch 3 Flügel des 1463 begonnenen Klosterbaues. Die Kirche wurde zu Anfang des 19. Jh. abgebrochen. Der O-Flügel von 1463–66, der N-Flügel von 1494–1504, der W-Flügel wurde auf mittelalterl. Resten nach Brandschatzung im Dreißigjährigen Krieg 1652–57 erneuert. Das Bauwerk ist im ganzen gut im spätgot. Zustand erhalten. Umbauten geringen Umfanges im 18. und frühen 19. Jh. – Schöne Eingangspavillons aus dem 18. Jh. mit Gitter von 1917. *KEM*

Saline Gottesgabe

Zur Nutzung der seit dem frühen 11. Jh. bekannten und seit 1603 systematisch erschlossenen Salzvorkommen wurde 1743 eine Salinensozietät gegründet, an der auch Johann Conrad Schlaun beteiligt war.

Das einst 280 m lange **Gradierwerk,** das nach einem Orkan 1940 nur in Teilen erhalten blieb, geht auf den Kurpfälzischen Salzdirektor Joachim Friedrich Freiherr v. Beust, den eigentlichen Begründer der Saline, zurück. Sie ist das 3. Gradierwerk in Deutschland und das erste in Westfalen, in dem an dornigen Zweiggeflechten herabtropfende Sole teilweise verdunstet und so eine höhere, das Sieden besser lohnende Konzentration erhält.

Das **Siedehaus** von 1745, ein hoher Fachwerkbau in T-Form mit Lüftungsöffnungen und Kaminen im First, bewahrt noch einen Heizraum in voller Breite des Gebäudes. Von dort sind die Rauchzüge unter den nach beiden Seiten anschließenden Pfannen zu den Kaminen geführt und Räume zur Trocknung und Lagerung des auskristallisierten Salzes eingebaut. *FM*

Das steinerne **Emswehr mit Schleuse** ist erstmals 1550 urkundlich genannt. Es wurde im 18. Jh. mit der fürstbischöflichen **Mühle** erneuert. Ihr 2geschossiger Quaderbau mit großem Wappen des Landesherrn und Kölner Kurfürsten Clemens August an der Giebelseite wurde vor dem 2. Weltkrieg aufgestockt und steht heute noch als ausgebrannte Ruine. *FM*

Preußen, das als neuer Landesherr auf dem Wiener Kongreß mit Hannover den Ausbau der Ems vereinbart hatte, legte 1841–45 zur Umgehung des Emswehres und der stromab folgenden Klippen einen ca. 960 m langen **Kanal** an, einen weiteren weiter nördl. bei Bentlage. Die einheitlichen **Schleusen** aus Sandsteinquadern mit höher gezogenen Oberhäuptern und den seitlichen Ausnischungen für die Tore und für Dammbalken entsprechen weitgehend den Schleusen an Lippe und Ruhr. Wirtschaftlich bedeutungslos, dienen sie heute der Sportschiffahrt. *FM*

RIETBERG (Gütersloh F3)

Aus einer Burg der mächtigen Grafen von Arnsberg entwickelte sich durch Erbteilung die Grafschaft Rietberg, deren Dynasten trotz des kleinen Territoriums zu den bedeutendsten Westfalens zählen. Die Stadt, 1 km von der Burg entfernt, entstand wohl schon in der 2. Hälfte des 13. Jh. Nach dem Aussterben der Rietberger Grafen (1562) fiel die Grafschaft für kurze Zeit an Lippe, dann 1585 an Ostfriesland, 1699 an die Grafen v. Kaunitz; 1807 mediatisiert.

Das kleine **Landstädtchen** bietet heute noch mit seinen Fachwerkbauten viele hübsche Straßenbilder. Die gräfliche Residenz, »Schloß Eden«, verfiel durch Faulen der Pfahlroste und wurde 1803 abgebrochen. Nur die mächtigen Wälle und Gräben erinnern noch daran.

Kath., Kapelle St. Johann Nepomuk

Am Eingang der Schloßallee steht eine Prozessionskapelle, 1747/48 nach einem aus Mähren geschickten Entwurf erbaut, eine reizvolle Schöpfung. Das Äußere zeigt einen malerischen Wechsel von roten Backsteinflächen und weißen Sandsteingliederungen. Dem Grundriß liegt die Form einer Ellipse zugrunde, die jedoch durch konvexe Ausbuchtungen und konkave Einschwünge so kompliziert wird, daß ein reich bewegter Umriß entsteht, eine der seltenen Auswirkungen von röm. Ideen Borrominis auf westfäl. Boden. Über dem Hauptportal das Kaunitz-Rietberger Wappen aus Blei in fast erdrükkender Wucht. Ein Zeltdach legt sich wellenartig über die Eingänge und schwingt sich über dem Mittelraum zu einer kleinen Kuppel empor. – Das Innere wird beherrscht von dem Kontrast zwischen den hellen Wandflächen und dem farbigen Stuckmarmor der gliedernden Pilaster und des reich abgestuften Deckengesimses. Über den Fenstern und an der Decke beleben leichte Rokoko-Stukkaturen die Flächen.

Der Hochaltar von dem kurfürstlich Kölner Hofbildhauer Joseph Guidobald Licht, ganz in Weiß und Gold gehalten, bildet ein offenes Säulengerüst mit schwebenden Ornamenten; auch die bekrönende Figur des hl. Nepomuk schwebt auf Wolken mit Engeln.

ROSENDAHL (Coesfeld D2)

Darfeld (D2)

Wasserschloß ●

Der Platz war ursprünglich im Besitz der Herren von Darfeld. Er kam im 16. Jh. an die Herren von Förden und 1680 an die Drosten zu Vischering.

Die Wasserburg liegt auf 2 Inseln. Das Herrenhaus wurde nach einem Brand 1899 von Hermann Schaedler 1902–04 im Stil der Neurenaissance neu aufgebaut. 1968 z. T. abgebrochen. Vom urspr. Baubestand hat sich der Galeriebau erhalten, 1602–18 von dem Münsterschen Bildhauer Gerhard Gröninger errichtet. Er öffnet sich mit seinen 2 Flügeln dem Innenhof und ist offensichtlich Teilstück einer größer gedachten Anlage. Gröningers Plan sah ein 8eckiges Schloß vor, das sich in 2geschossigen breiten Bogenlauben zu einem Innenhof öffnete. Ausgeführt wurden nur 2 Flügel dieser in Deutschland einzigartigen Architektur, in der die Gedanken italienischer und französ. Bautheoretiker nachklingen. Zugleich zeigt sich, daß die ritterliche Romantik keineswegs ausgestorben war, sondern sich auch in kargen Landschaften wie im Westfalen des beginnenden Barock mit der Repräsentationslust des Adels verband. Wilhelm Vernukken, der die figürlichen Plastiken für das westfäl. Schloß Horst und für die Vorhalle des Kölner Rathauses geschaffen hatte, gab die Vorbilder für den reichen plastischen Schmuck der in Haustein errichteten Arkaden.

Zum Ensemble des Schlosses gehören die neuroman. **Schloßkapelle St. Antonius von Padua,** 1873 von Hilger Hertel d. Ä., auf der Vorburg-Insel das neugot. **Torhaus,** 1866 von H. Hertel d. Ä., und ein älteres **Wirtschaftsgebäude** mit neugot. Ergänzungen, schließlich die **Antoinettenburg,** ein südlich im Schloßpark gelegenes Gartenhaus, 1757 von Johann Conrad Schlaun.

RÖSRATH (Rheinisch-Bergischer Kreis C6)

Volberg (C6)

Ev. Pfarrkirche. An den roman. O-Turm mit Chorapsis und Kreuzgewölbe wurde 1788 westl. ein einfacher Emporensaal angebaut. Darin der für das Bergische Land charakteristische Aufbau von Altar, Kanzel und Orgel in den Formen eines bäuerlich-bunten Louis-XIV-Stils.

Bad SALZUFLEN (Lippe G2)

Dank seiner Salzquellen hatte der Ort schon früh große Bedeutung, wie röm. Münzfunde beweisen. Er wird zuerst 779 als Medoffuli (später medium Uflen, Mittelste Uflen) erwähnt, als Karl d. Gr. dort mit seinem Heere rastete. Durch den Wechsel der Herrschaft – Abtei Herford, Grafen von Schwalenberg, dann Sternberg, Schaumburg und Lippe – kam es wohl, daß die schon 1322 nachweisbare Stadt erst 1488 lippisches Stadtrecht erhielt. 1818 setzte die Entwicklung zu einem der bedeutend-

Bad Salzuflen. Kurklinik der Landesversicherungsanstalt (zu S. 635)

sten Heilbäder ein. Um 1900 wurde der Kurbetrieb vom alten Salzhof im Zentrum der Stadt an die heutige Stelle verlegt und der ausgedehnte Kurpark geschaffen.

Ev.-ref. Stadtkirche auf dem »Hallenbrink«, einer Anhöhe in der Altstadt. Spätgot. Turm, am Portal 1524 bezeichnet, mit Barockhelm von 1782. Die Saalkirche, z. T. mit roman. und got. Mauern, ist nach Brand 1763–65 und nochmals 1892 zu ihrer heutigen Größe erweitert worden. – Kanzel von 1765.

Rathaus. Spätgot. Bau von 1545. Die Giebelfront mit spitzbogigem Portal und gegen 1580 aufgesetztem Renaissance-Giebel. An der Rückfront blieb der urspr. bizarre Stufengiebel erhalten. Das Erdgeschoß diente schon im 16. Jh. als Gastwirtschaft (Ratskeller), das Obergeschoß als Bürgersaal und Ratskammer.

Wohnhäuser. Altes Bürgermeisterhaus, Markt 5, erbaut durch den Bürgermeister Johann Barkhausen: Die Untergeschosse entstanden 1564, der Giebel mit zierlicher Pilastergliederung wurde erst um 1595–1600 aufgesetzt. Der Giebel des Nachbarhauses in den ausgezackten Umrißformen der späten Weserrenaissance, um 1600. Ältestes Fachwerkhaus ist **Wenkenstr. 10a,** ein Traufenhaus in got. Formen, 1520. Aus der Zeit der Spätrenaissance (1612–32) stammen eine Anzahl Fachwerk-Giebelhäuser mit reichen Zierschnitzereien in Mischung älterer und

Schieder-Schwalenberg. Schwalenberg. Rathaus (zu S. 636)

jüngerer Formen: Langestraße **Nr. 33, 35, 41, 7,** die **Apotheke** am Markt, 1620, mit vielen kleinfigurigen Schnitzereien an Füllhölzern und Balkenköpfen sowie das **Stadthaus der Ritter v. Exterde** am Hafermarkt, 1632.

Von der Stadtbefestigung ist ein Mauerzug mit dem **Katzenturm** vom Ende des 15. Jh. erhalten.

Auf dem Schwaghof, einem ehem. Gutshof nordöstlich der Stadt, die sog. **Bauernburg,** ein Speichergebäude mit 2 massiven Untergeschossen und einem Fachwerk-Obergeschoß, Mitte des 16. Jh.

Kurklinik der Landesversicherungsanstalt, 1957/58 von Harald Deilmann, plastischer Schmuck von Karl Ehlers.

Museum des Bades und der Stadt (Kurverwaltung). Dokumentationen zur Geschichte der Stadt, des Bades und der Salinen, Geschichte der Flachsverarbeitung und des Blaudrucks. Gemälde des Salzufler Malers Heinrich Weldige (17. Jh.).

Schötmar (G2)

Das kleine **Rokokoschloß** ließ der hessische Generalleutnant v. Donop um die Mitte des 18. Jh. erbauen. Die (unvollendet gebliebene) Innenausstattung schufen Künstler des Kasseler Hofes; es handelt sich um vorzügliche Schnitzarbeiten im Rocaillestil und Gemälde der Tischbein-Schule. Besonders schön ist der Festsaal im Obergeschoß mit den zeitgenössischen Bildern Friedrichs d. Gr. und seines Bruders, des Prinzen Heinrich.

SCHIEDER-SCHWALENBERG (Lippe H3)

Schieder (H3)

Die schöne Landschaft des Emmertals ist reich an vor- und frühgeschichtlichen Anlagen. 4,5 km nördlich von Schieder liegt die **Herlingsburg,** deren Ringwall vermutlich auf eine keltische Volksburg zurückgeht und 784 als altsächsische Feste Skidrioburg (Schiederburg) genannt wird. – 2,5 km südwestl. von Schieder liegt im Niesetal eine **vorgeschichtliche Kultstätte** mit mehreren Schalen- oder Näpfchensteinen (Opfersteine) und einem zur Hälfte erhaltenen Steinkreis mit dem »Teufels«- oder »Hexenstein«. – Südwestlich des heutigen Ortes befindet sich im Walde die 2teilige **Ringwall-Anlage** von **Altenschieder.** Ihr westl. Teil bildet eine altsächsische Befestigung mit einem Holz-Erde-Wall, der östl. Teil (jetzt freie Ackerfläche) den zur Zeit Karls d. Gr. angelegten fränkischen Königshof. Sein Wall enthält eine Mörtelmauer; an seiner westl. Langseite sind 2 nach innen gezogene Tore erkennbar. Der Königshof Schieder kam 997 an das Erzstift Magdeburg.

An die einstige Bedeutung erinnert das kleine **Barockschloß,** um 1700 von den Grafen zur Lippe-Brake erbaut, mit seinem ausgedehnten Park.

Schwalenberg (H3)

Das idyllische kleine Malerstädtchen liegt erhöht auf einer Terrasse des Burgberges, der weithin die Landschaft beherrscht. Die malerischen Straßenbilder werden bestimmt durch die alten **Ackerbürger-**

häuser in Fachwerk (Ende des 16.–18. Jh.) mit ihren rotvioletten Sandsteindächern.

Auf dem höchsten Punkt der Stadt steht die **ev.-ref. Pfarrkirche,** ein schlichter 1schiffiger Bau, ab etwa 1307 errichtet; das W-Joch mit dem kräftigen Dachreiter wurde 1624 hinzugefügt. – Beachtung verdient das Renaissance-Epitaph des Ritters Burkhard v. Kanne und seiner Frau (um 1580).

Das **Rathaus,** ein Fachwerkbau von 1579, ist an der Front mit wechselnden Zierformen beschnitzt. Im Erdgeschoß stehen die Holzständer der ehemals offenen Markthalle, im Obergeschoß befindet sich der Bürgersaal. Links anschließend wurde 1603 die Ratsstube angebaut (rechts eine Zufügung von 1907).

Die **Burg** war im 13. und 14. Jh. die Residenz der Grafen von Schwalenberg. Erhalten ist der Hauptflügel mit Treppenturm; die heutigen Spätrenaissanceformen mit den säulenverzierten Fenstern gehen auf einen Umbau von 1627/28 zurück.

SCHLEIDEN (Euskirchen B8)

● **Kath. Pfarrkirche St. Philippus und Jakobus**

Der jetzige Chor wurde um die Mitte des 15. Jh. an ein roman. Langhaus angebaut, an dessen Stelle der Baumeister Jakob Kyllwald 1505–25 eine 3schiffige Hallenkirche errichtete. Restaurierungen 1896/97 und 1953/1954.

Der eingezogene Turm in der SW-Ecke war ursprünglich höher. Von den 4 Jochen des Langhauses sind die 3 westlichen annähernd quadratisch, das östl. schmalrechteckig. Im Innern tragen schlanke 8eckige Pfeiler ohne Kapitelle die Netzgewölbe des Mittelschiffes und die Sterngewölbe der Seitenschiffe. Große 2-, 3- und 4teilige Maßwerkfenster erhellen die breite, schöne Halle. Bemerkenswerte Glasgemälde von 1535 in den Fenstern der O-Wände der Seitenschiffe stellen die Anbetung der Hll. 3 Könige, die Beweinung Christi und die Stifter aus dem Hause Manderscheid-Schleiden dar. Reste der Grabdenkmäler des gräflichen Hauses. Altargemälde (Christus vor Pilatus und Anbetung der Könige) von dem wahrscheinlich in Brüssel lebenden »Meister des Orsoy-Altars« (Colijn de Coter?), um 1500. Die große *Orgel,* 1770 von Ludwig König aus Köln, ist das bedeutendste historische Orgelwerk im Rheinland. Ihr Rokokoprospekt mit Hauptwerk und Rückpositiv auf einer toskanischen Säulenstellung fügt sich harmonisch dem spätgot. Raum ein.

Die **Burg** wurde im 2. Weltkrieg bis auf die Umfassungsmauern zerstört und bis 1954 wiedererrichtet. Als oberstes Gebot für die Wiederherstellung galt die exakte Rückgewinnung des früheren Umrisses. Herr der Burg war Anfang des 12. Jh. Gerhard I. von Blankenheim. Im 13. und 14. Jh. war sie luxemburgisches Lehen; im 15. Jh. erbten sie die Grafen von Manderscheid und 1773 die Herzöge von Arenberg. 1689 legten die Franzosen die Ringmauern nieder, 1702 auch die Burgtürme. – Die Burg ist eine rechteckige Wehranlage, in deren Mitte ein Bergfried stand. Im O- und S-Flügel waren Bauteile des 14. und 16. Jh. erhalten. Aus der 2. Hälfte des 14. Jh. stammen auch der Verstärkungsturm an der SO-Ecke und der große 5geschossige Turm an der N-Seite.

Mauel (B8)

Gasröhrenfabrik Poensgen & Schöller. Südlich der alten Köln-Luxemburger Landstraße liegt, von einem konischen Schornstein auf quadratischem Grundriß überragt, die erste Fabrik für Gasrohre auf dem europäischen Kontinent. Diese 1845 in Betrieb genommene Anlage stellt den entscheidenden Schritt von der jahrhundertealten gewerblichen Tradition der Eifeler Eisenverarbeitung zur industriellen Großfabrikation dar, der dann auch seit den 1860er Jahren zur Standortverlagerung der Eifeler Eisenbetriebe an den Rhein und an die Ruhr führen mußte. So bildet die Produktionsanlage mitsamt dem gegenüberliegenden Wohnhaus des Unternehmers Anfangs- und Endpunkt einer Epoche zugleich. *AF*

Olef (B8)

Kath. Pfarrkirche St. Johann Baptist. W-Turm aus dem 14. Jh. mit Pyramidenhelm von 1697. Jünger der Chor mit 3seitigem Schluß und Sterngewölbe. 1497 entstand das 2schiffige Langhaus mit niedrigerem nördl. Seitenschiff; die Kreuzrippengewölbe ruhen auf 2 runden Mittelstützen. Wirkungsvoller Hochaltar von 1726.

SCHLOSS HOLTE-STUKENBROCK (Gütersloh G3)

Schloß Holte

Ursprünglich Jagdschloß der Grafen von Rietberg, seit 1585 im Besitz der Grafen von Ostfriesland. Die Anlage des Wasserschlosses wurde anscheinend 1616 begonnen, doch erst nach dem 30jährigen Krieg in seiner heutigen Frühbarock-Form gestaltet und 1664 vollendet. Anfang des 19. Jh. umgebaut. Das Schloß war im 19. und frühen 20. Jh. Sitz einer bedeutenden Eisengießerei.

Auf einer 6eckigen künstlichen Insel, die von niedrigen Wirtschaftsbauten und 8eckigen Pavillons eingefaßt wird, steht der steil aufragende Hauptbau. Seiner Front sind 2 kurze, turmartige Flügel und in der Mitte ein Treppenturm vorgelegt. Diese 3 eng zusammengedrängten Türme werden von wuchtig ausladenden Barockhauben bekrönt.

SCHMALLENBERG (Hochsauerlandkreis F5/6)

Berghausen (F5)

Kath. Pfarrkirche St. Cyriakus

Die Kirche ist in kleinem Maßstab ein Muster der westfäl.

Gewölbebasilika des 12. Jh. Das nahezu quadratische 3schiffige Langhaus bezieht den westl. Turm zur Hälfte ein. Dem nur wenig ausladenden Querhaus schließen sich im Mittelschiff eine größere Altarapsis, in den Seitenschiffen kleinere Altarkonchen an. Zwischen Querhaus und Hauptapsis legt sich ein quadratisches Chorjoch. In dieser Weise entsteht im hergebrachten Muster der Kreuzbasilika eine fast zentrale Anlage. Ihre Geschlossenheit wird bestärkt durch das starke rustikale Mauerwerk und die grätigen Kreuzgewölbe, die auf kämpferlosen Pfeilern ruhen. Die Seitenschiffe haben Halbtonnen mit Stichkappen.

Die schmucklos als elementare Architektur errichtete Kirche erhielt in ● der Altarapsis eine bedeutende *Wandmalerei.* Um 1210 entstanden, zeigt sie in der Halbkuppel Christus als Weltenrichter in einer Mandorla. Neben den 4 Evangelistensymbolen stehen in den anschließenden Kuppelfeldern die Muttergottes und der Evangelist Johannes, begleitet von anderen Heiligen. In der Fensterzone stellen die Bildfelder Ereignisse des Alten und des Neuen Testaments, der Legende und der antiken Mythologie antithetisch einander gegenüber. In den Fensterleibungen erscheint die Verkündigung an Maria. Bemerkenswert, daß neben dem Wasserwunder Mosis in der Wüste und der Geschichte des hl. Nikolaus auch die röm. Göttin Fortuna mit dem Glücksrad in der Hand dargestellt wird. Die Malerei zeichnet sich durch eine spannungsvolle, metallisch genaue Linie aus, die sich graphisch tief in die Gewänder eingräbt und die Gestalten kräftig umzieht. In einigen Bildern, vor allem im Opfer Abrahams, ergibt sich eine Energie der Aktion, die das klassische Maß des staufischen Bildes zu sprengen droht und eine lapidare Ausdruckskraft voll visionärer Schau erreicht.

Grafschaft (F5/6)

Ehem. Benediktinerabtei St. Alexander

Das 1072 von Erzbischof Anno von Köln gegründete Benediktinerkloster war lange vor der landesherrlichen Besitzergreifung der geistliche Mittelpunkt des kölnischen Westfalen. Schon der Gründer hatte ihm zahlreiche Pfarren inkorporiert.

Vom ersten Kirchenbau blieb nur der untere Teil des W-Turmes mit Lisenengliederung, steilem Sockelprofil und hoher rundbogiger Öffnung zum Mittelschiff erhalten. Kirchenausstattungen im weiten Umkreis geben eine Vorstellung von der Ausstrahlungskraft des Grafschafter Barock. Der große Kirchenneubau von 1738–43, den Michael Spanner aus Sachsen aufführte, fiel nach der Säkularisation dem Abbruch zum Opfer.

Die weiträumige **Klosteranlage** nahm 1948 schlesische Borromäerinnen auf. Sie haben die arg verfallenen Gebäude instandgesetzt und erneuert. Dabei konnte das Quadrum des Kreuzganges durch einen Krankenhausflügel an Stelle der einstigen Kirche wieder geschlossen werden. Der schlichte, 2geschossige Baukörper des Klosters wurde ebenfalls von Spanner 1729–42 über hohen Kellern mit vorgelagertem Mittelrisalit, doppelläufiger Freitreppe und vorgezogenen Seitenflügeln erbaut und ein weiter Wirtschaftshof im W auf die Hauptachse ausgerichtet. – Trotz der Strenge der Formen ist Grafschaft süddeutschen Abteien an geschichtlicher Bedeutung, künstlerischer Ausstrahlung und vor allem in der (vom Wilzenberg her erfaßbaren) Weite der Gesamtanlage durchaus ebenbürtig. *FM*

Wormbach (F5)

Kath. Pfarrkirche St. Peter und Paul ●

Der Bau entstand als einheitliche 3jochige Halle mit Chorquadrat und Apsis unter steilem Satteldach um die Mitte des 13. Jh. Der W-Turm, etwas älter, trägt eine 3fach gestaffelte barocke Schieferhaube von 1731. – Die kuppelig ansteigenden Gewölbe ruhen auf quadratischen Stützen mit Halbsäulenvorlagen. In den Seitenschiffen umschließen die nach außen verbreiterten Gurtbögen 3kappige, zum Scheitel der Längsarkaden ansteigende Gewölbe, die die letzte Reduktion aus dem Kölner Dreikonchenschema über die Zwischenlösungen in Plettenberg und Anröchte zeigen. Sie leiten zugleich den Schub der Mittelschiffsgewölbe auf die Außenwände ab.

Die umfangreiche *Originalausmalung* erweist die in diesem Bautyp verbreiteten Eckknollen in der Kapitellzone eindeutig als Bossen, die mit dem Pinsel zu Kapitellen mit Eckblättern ergänzt sind. Ornamentranken begleiten die Grate der Gewölbe, die im Mittelschiff zusätzlich durch Medaillons mit den Zeichen des Tierkreises geschmückt sind. Die Ausmalung der Hauptapsis (Christus in der Mandorla) blieb hinter dem Hochaltar im Aufdeckungszustand erhalten. – Aus dem 17. und 18. Jh. stammt auch die übrige beachtenswerte Ausstattung. *FM*

SCHÖPPINGEN (Borken D2)

Wigbold (D2)

Kath. Pfarrkirche St. Bricticus. Die Gotik setzte an die Stelle einer 1schiffigen roman. Kirche eine große, 2schiffige Hallenkirche. Von ihrem Vorgängerbau übernahm sie den Turm und die N-Wand der 3 westl. Mittelschiffsjoche. Das südl. Seitenschiff wurde erst 1500 gebaut. 1509–12 wurden beide Schiffe um 2 Joche nach O erweitert und mit dem 5seitigen Chor versehen. Im 19. Jh. gab man der Kirche schließlich auch ein nördl. Seitenschiff, so daß sie heute als eine merkwürdig asymmetrisch aus Bauteilen verschiedenster Jahrhunderte gemengte 3schiffige Hallenkirche erscheint. – Von der *malerischen Dekoration* der Kirche erhielten sich bedeutende Reste. Die Gewölbe tragen schöne, farbige Distelranken. An den Wänden des Chores stehen in got. Baldachinen Apostel, über denen in einer Galerie die Halbfiguren von Propheten erscheinen. Die qualitätvollen Malereien scheinen aus dem Umkreis der münsterschen Malerfamilie tom Ring zu stammen und um 1535 entstanden zu sein. Kostbarer als Architektur und Wandmalerei ist der *Flügelaltar,* das Hauptwerk des »Meisters von Schöppingen« (1453–57). Der Meister, der wahrscheinlich Dietrich zur Weyge hieß und in Coesfeld wirkte, entfaltet in dem Altar die Leidensgeschichte Christi mit vielen Figuren und in einem bewegten Aufzug von Reitern und Gruppen. Sein besonderes Interesse gilt dem Kalvarienberg. Unter einem hohen, hart an die obere Bildkante gezogenen Kreuz vollzieht sich das Ereignis von Golgatha in der Bewegungsfülle eines mittelalterl. Mysterienspiels und inmitten einer grünenden Landschaft, an deren Horizont die Türme einer Stadt stehen. In den großen Heiligenscheinen und dem Goldgrund, der sich auf die Landschaft als Himmel herabsenkt, lebt die Vergangenheit der mittelalterl. Malerei, in der Eigenart von Gesicht und Haltung der Menschen macht sich der Realismus des fortschreitenden 15. Jh. bemerkbar.

SCHWELM (Ennepe-Ruhr-Kreis D5)

Der Ort wird im 9. Jh. erstmals genannt. Im Mittelalter besaß er Textilindustrie, die im 19. Jh. der Eisenindustrie weichen mußte.

Das **Stadtbild** wird noch weitgehend bestimmt von typischen Bürgerhäusern des 18. und 19. Jh.: Fachwerk mit Schiefer verkleidet, grüne Fensterläden, reich verzierte Haustüren.

Ev. Christuskirche. Ansehnlicher klassizist. Saalbau von 1842–49, mit einer Doppelturmfassade (Turmhelme 1968). Im letzten Weltkrieg ausgebrannt und bis 1952 wieder aufgebaut.

Kath. Pfarrkirche St. Marien. Im Neubau wird eine gute Marienfigur aus der Mitte des 14. Jh. aufbewahrt.

Stadtsparkasse, 1976–78 von Harald Deilmann. Integration von Halle und Turmhaus.

Haus Martfeld. Die Wasserburg aus dem 15.–18. Jh. beherbergt das **Städtische Heimatmuseum.**

SCHWERTE (Unna D4)

Der um 962 erstmals erwähnte Ort an einem Ruhrübergang wurde 1226 Eigentum der Grafen von der Mark. Er war seit 1461 Mitglied der Hanse und berühmt wegen der Qualität seiner Eisenwaren. Seit 1242 mit einem Mauerring umgeben, erhielt er 1397 erweiterte Stadtrechte, Markt- und Münzrecht.

Ev. Pfarrkirche
Die ehem. Viktorskirche entstand im 14. oder 15. Jh. durch den Umbau einer Kirche, in der Teile aus verschiedenen Jahrhunderten schon zu einer verworrenen Einheit geworden waren.

Es gelang, eine got. Hallenkirche von 2 Jochen in das alte Gehäuse einzubauen. Als einheitliches Baugebilde schließt sich dem Langhaus ein spätgot., 1508 begonnener Chor an. Er hat 2 rechteckige Gewölbejoche und einen 5seitigen Abschluß. Sterngewölbe entsprechen der lichten Struktur seiner Wände.
Ausstattung. Bedeutender als der Bau sind die erhaltenen Werke der Malerei und Plastik. Ein großer Schnitzaltar von 1523 vertritt gut die flandrische Exportkunst des 16. Jh. Die westfäl. Kunst kommt in dem spätgot. Triumphkreuz und in dem Vortragekreuz des 14. Jh. zur Geltung. Ein Kunstwerk hohen Ranges bewahrt die rundbogige Nische im südl. Querschiff. Unter ihrer Tünche wurde eine *Kreuzigungsgruppe* freigelegt; ihre schönen, körperlosen Gestalten leben aus dem edlen Linienspiel der Gewänder und dem Liebreiz der Köpfe. Der Gekreuzigte ist in einer lyrisch-zarten Kurve ausgespannt. Einflüsse der kölnischen Malerei werden in diesem um 1320 entstandenen Fresko deutlich.

Im **Alten Rathaus** von 1547, einem langgestreckten Bau mit 2 Treppengiebeln und offener Gerichts- und Marktlaube ist das **Ruhrtal-Museum** untergebracht. Es zeigt u. a. beachtliche Funde zur Entstehungs- und Besiedlungsgeschichte Südwestfalens und die Erzeugnisse von 4 Falschmünzereien, 1620–1815.

Villigst (D4)

Haus Villigst, eine schöne klassizist. Hofanlage, deren Einzelbauten, gut gruppiert, das Herrenhaus umstehen, das 1819 von Engelbert Kleinhanz errichtet wurde.

SELM (Unna D4)

Cappenberg (D4)

Ehem. Prämonstratenserkloster

In Cappenberg betreten wir »heiligen Boden« Westfalens, gleichermaßen ausgezeichnet durch eine große Geschichte wie durch landschaftliche Reize. Das Kloster liegt am Rande der Wälder auf einem Höhenzug, von dem wir in die Weite des südl. Münsterlandes blicken, deren Horizont heute von den Fördertürmen des Kohlenbergbaus umstellt ist.

Cappenberg ist in karoling. Zeit Grafensitz. Die Grafschaft gehört zu den größten Westfalens, zwischen Hamm und Wesel sich ausbreitend. Ergriffen vom Leben und Werk des hl. Norbert von Xanten, des Gründers der Prämonstratenser, treten die Grafen Gottfried und Otto in den neuen Orden ein. Sie stiften die Burg Cappenberg und den größten Teil der Grafschaft als neues Prämonstratenserkloster (1122). Kirche und Kloster sind 1149 vollendet. Gottfried von Cappenberg stirbt im Prämonstratenserkloster Ilbenstadt bei Frankfurt und wird nach seinem Tode heiliggesprochen. Bei der Weihe der Kirche in Cappenberg überführt man seine

Selm. Cappenberg
Kath. Pfarrkirche
St. Johannes Ev.
Kopfreliquiar
Kaiser Friedrichs I.

Gebeine nach dort. Das Kloster, im Mittelalter Hort des Glaubens und der Kultur im südl. Münsterland, wird 1803 säkularisiert. Klostergebäude und Landbesitz erwirbt 1816 der Reichsfreiherr vom Stein, der hier bis zu seinem Tode 1831 lebt. Nach dem 2. Weltkrieg gewann Cappenberg besonderes Interesse durch das hierher verlegte Dortmunder Museum für Kunst und Kultur.

Das Kirchengebäude vermittelt im gegenwärtigen Zustand keine rechte Vorstellung vom Gründungsbau. Die Pfeilerbasilika ist noch zu erkennen, bedeutender jedoch dürfte der verschwundene Westbau (mit Turm?) gewesen sein, der sich wahrscheinlich als starker 2geschossiger Riegel vor die W-Stirn legte, vermutlich dem Westbau in Steinfeld ähnlich.

Die Kirche, jetzt **kath. Pfarrkirche St. Johannes Ev.,** ist eine turmlose 3schiffige, ursprünglich flachgedeckte Pfeilerbasilika auf kreuzförmigem Grundriß. Je 7 schlanke, ziemlich dicht stehende Pfeiler mit feinprofilierten Deckplatten tragen die Arkaden, die Mittelschiff und Seitenschiffe eher trennen als verbinden; das Ganze von sehr edlen Abmessungen. Die vornehm feierliche Wirkung des wohlerhaltenen roman. Inneren wird ein wenig gemindert durch die got. Gewölbe, die nach 1387, als man den Chor baute, die flache Balkendecke ersetzten. Die Kappen des Vierungsgewölbes weisen eine gemalte spätgot. Darstellung des Jüngsten Gerichts, Mitte des 15. Jh., auf.

Bedeutender als die schlichte Prämonstratenserkirche, die hier ohne Türme und Krypta errichtet worden ist, sind die *kultischen Gefäße* und die *Denkmäler,* Meisterwerke der abendländischen Kultur des 12. und 13. Jh. Das kostbarste Stück des Kirchenschatzes ist das kupfervergoldete *Kopfreliquiar,* ein Porträt Friedrichs I. Barbarossa, das erste in Deutschland geschaffene Kaiserbildnis, wahrscheinlich in einer Aachener Werkstatt um 1160 gefertigt. Der Kopf wurde bewußt als Bildnis gestaltet. Die persönliche Darstellung verbindet sich mit überlieferten Typen des hergebrachten Herrscherbildnisses, bemerkbar in der zeremoniellen Haartracht und in der strengen Architektur der Jochbögen über den Augen. Die Augen trugen ursprünglich große Edelsteine, so daß das Bild etwas von der alten Symbolkraft der Kaiser- und Königsbilder, eine geheimnisvolle Zwischenstellung zwischen dem irdischen und dem überirdischen Königtum erhielt. Der Eindruck wird bestärkt durch den Untersatz, der den Kopf trägt. Er steht auf Drachenfüßen und ist mit Zinnen und Türmen bewehrt, auf denen 4 Engel stehen. Er wird zum Abbild des himmlischen Jerusalem, das sich auf Erden im Reich des Kaisers spiegelte. Bedenken wir, daß der Kopf nicht als selbständiges Bildnis, sondern als Reliquiengefäß gefertigt wurde! Irdische und überirdische Bezüge durchdringen sich einzigartig in diesem großartigen Werk deutscher Skulptur. – Im südl. Querschiff hängt das *Cappenberger Kruzifix.* Es ist ein Holzbildwerk aus den 20er Jahren des 13. Jh., Gipfel der staufischen Skulptur in Westfalen. Das Kreuz, in jüngerer Zeit gründlich restauriert, hat seine urspr. Fassung bewahrt. Sie tritt im Blaugold des Lendenschurzes, schwarzen Haaren und Bart und im reinen Karnat des Gesichtes in ein schönes Verhältnis zu der edlen plastischen Form. Christus ist der ritterlich schöne Mann des staufischen Jahrhunderts und doch ganz majestätischer König am Kreuz. Der unbekannte Bildhauer versucht, in Körper und Linien, in Umriß und Ausdruck die Welt der Ideen und die Welt der Erscheinungen seines Zeitalters in einen reinen Einklang zu bringen. – Im Chor steht, von einer barocken steinernen Blütenranke eingerahmt, das hochgot. *Doppelgrabmal* der beiden Klostergründer *Gottfried und Otto von Cappenberg,* das die Brüder in Hochrelief unter got. Baldachinen als jugendliche Ritter, mit dem

Modell der Kirche in der Hand, nebeneinander darstellt, ein Meisterwerk westfäl. Bildhauerkunst um 1330, mit den Grabmälern in Bielefeld und Marburg verwandt. Die außerordentliche plastische Kraft, die sich in den Grabmälern dieser Gruppe darstellt, geht in dem Cappenberger Denkmal ihrem Ende zu. Sie ist noch vorhanden, aber in fast überzüchteter Sublimierung. Selbst die Dämonen zu Füßen der Ritter werden zu zahmen Tieren, die Ritter zu Edelknaben. Das Bildwerk wirkt in der Linie, in der Symmetrie, in der rahmenden Architektur und in der Präzision des Steinschnitts außerordentlich grazil. – Derselben Werkstatt entstammt eine sitzende *Muttergottes* mit dem Kinde aus Sandstein. An der gegenüberliegenden Wand ist ein spätgot. wappen- und figurenreiches *Sakramentshaus* mit Reliquienschrein eingebaut, dazwischen stehen 2 große 3armige spätgot. Leuchter aus Messing. Das holz- ● geschnitzte spätgot. *Chorgestühl* von 1509–20, das reichste in Westfalen, mit prachtvollem Rankenwerk, Wappen, Figuren, darunter einem Maureskentanz, und vielen scherzhaften Gestalten an und unter den Miserikordien, füllt die ganze Vierung aus. Die Orgel von 1786. – Im südl. Querschiff liegt in der Mitte das *Kenotaph des hl. Gottfried* in Hochrelief, Ende des 13. Jh. An der Wand ist ein kleiner Flügelaltar mit Szenen aus dem Leben Christi und Mariae aufgestellt, den der sog. »Meister von Cappenberg«, Jan Baegert, der Sohn des Weseler Meisters Derick Baegert, um 1530 schuf.

Das **Schloß,** die ehem. Propstei (jetzt Museum und Freiherr-vom-Stein-Archiv), ließ 1708 Propst Stephan v. Nagel erbauen. Der O-Flügel stammt von 1684. – Die beiden **Torhäuser,** auf die die kilometerlange Pyramidenpappelallee zuführt, erbaute 1848 Graf Kielmannsegg. Julius Schnorr v. Carolsfeld malte 1832 in einem der Säle den »Tod Friedrichs Barbarossas«.

SIEGBURG (Rhein-Sieg-Kreis CD7)

Nach der Niederwerfung des Pfalzgrafen Heinrich »des Wütenden« und der Aneignung des Auelgaus 1058 gründet der Kölner Erzbischof Anno II. 1064 an der Stelle der Burg auf dem St. Michael geweihten Siegberg eine Benediktinerabtei. Der ehedem pfalzgräfliche Vicus Antreffa – 1065 »Sigeburch« – am Fuße des Berges erhält von König Heinrich IV. 1069 Markt-, Zoll- und Münzrecht. 1182 wird der Ort als Stadt bezeichnet. Die jahrhundertelangen Streitigkeiten zwischen den Grafen und Herzögen von Berg als den Vögten der Abtei und deren Äbten um die Reichsunmittelbarkeit Siegburgs, bei denen die Stadt 1403 weitgehend zerstört wird, enden 1676 mit der Eingliederung als Unterherrschaft in das Herzogtum Berg. Seit 1806 gehört es zum Arrondissement Mülheim a. Rh. 1815 preußisch, ist Siegburg seit 1825 Kreisstadt des Siegkreises. Der Haupterwerbszweig der Stadt und ihr weitverbreiteter Ruf im Mittelalter beruhen auf der Töpferei, in erster Linie auf dem weißen Steinzeug, mit der Blütezeit von 1550 bis 1600 (»Siegburger Schnellen«).

Benediktinerabtei St. Michael

Die 1064 als eines der jüngsten rheinischen Benediktinerklöster ins Leben gerufene Lieblingsgründung besetzt Anno II. zunächst mit Mönchen der Gorzer Reform aus St. Maximin bei Trier, später mit solchen aus dem oberitalienischen Reformkloster Fruttuaria. Der Gründungsbau der 1066 bereits geweihten Kirche, von dem heute nur noch die Umfassungsmauern der Krypta unter dem jetzigen östl. Langhausjoch faßbar sind, war eine 3schiffige, flachgedeckte Pfeilerbasilika von 5 Jochen mit Querschiff, von Rundtürmen flankiertem Chor und Nebenapsiden; W-Abschluß unbekannt. In seinem Mittelschiff vor dem Kreuzaltar läßt sich der 1183 heiliggesprochene Stifter beisetzen; die Grablege wurde 1948 entdeckt: zuunterst ein röm. Sarkophag, darüber aufgeführtes Tuffmauerwerk mit inneren Blendarkaden. Der unter dem einstigen Querschiff liegende W-Teil der Krypta datiert mit seinen 21 gurtlosen Gratgewölben auf 2 Reihen von je 6 Säulen mit abakuslosen, ecknasenbesetzten Würfelkapitellen aus der Zeit um 1180, das östl. anschließende Joch entstand etwa 20–30 Jahre danach. Die übrige Krypta stammt wie der Chor – ein Joch mit 5/8-Schluß – von der Kirchenerneuerung des Abtes Pilgrim von Drachenfels nach der Zerstörung von 1403. Abt Johann II. von Bock errichtete 1649–67 die kreuzförmige Gewölbebasilika, die – ein an got. Formen anschließender Barockbau – mit Ausnahme des eingebauten W-Turmes im 2. Weltkrieg schwerste Bombenschäden hinnehmen mußte. – 20 Jahre nach der Aufhebung des Klosters 1803 richtete man eine Irrenanstalt in ihm ein, die 1878 durch Gefängnis und Zuchthaus abgelöst wurde. 1914 dem Benediktinerorden zurückgegeben, 1935 wieder Abtei.

Nach Kriegsende beginnen die zurückgekehrten Mönche sogleich mit dem Wiederaufbau von **Kirche** und Kloster, jene bei wesentlich abgewandeltem Innenraum. Jedoch, wie imposant auch die Abtei auf dem bewaldeten Kegel des Michaelsberges – überragt von ihrem Turm mit Barockhaube über umlaufender Galerie – Stadt und Siegtal weithin überherrscht, ihr entspricht eine gleichwertige Architektur längst nicht mehr. Durch die Beseitigung des Querschiffes und das Vorziehen des liturgischen Chores ist die Trennung des 1schiffigen Chorraumes vom basilikalen Langhaus heute aufgehoben. Zu der durch ein Pfeilerpaar jetzt unterteilten früheren Vierung ist nun der Hochaltar vorgerückt; der Chor dient ausschließlich noch als Presbyterium. Unter Belassung bzw. Wiederherstellung der alten Gurtbögen sind die Langhausgewölbe durch Flachdecken ersetzt. Die neue Figuralverglasung von E. Jansen-Winkeln stellt im mittleren der 3achsigen Maßwerkfenster des Chores das Leben Christi dar.

● Kostbarstes Kleinod der Kirche ist der 1183 vollendete *Annoschrein* (Leihgabe der Servatius-Pfarrei) des Nikolaus von Verdun und seines

Kreises, in der nordwestl. Kapelle neben dem Turm – trotz der fragmentarischen Erhaltung eines der bedeutendsten Werke der rhein-maasländischen Goldschmiedekunst. Die 157 cm lange Holzlade mit Satteldach trägt reichen Besatz aus Grubenemail, Filigran und Steinen sowie erfindungsreiche, gegossene First- und Giebelkämme mit abwechselnd filigranierten und emaillierten Knäufen. Nur die gegossenen und vergoldeten Halbfiguren der Apostel und Evangelistensymbole zwischen den Kleeblattbögen auf gekuppelten Emailsäulchen an den Langseiten sind noch vorhanden; der übrige Figurenschmuck – an den Stirnseiten der Kirchenpatron Michael und St. Anno, jeweils zwischen zwei Engeln, ferner an den Längsseiten je 6 Heilige und hll. Kölner Bischöfe – ist ebenso verlorengegangen wie die Dachreliefs mit Wiedergaben aus der Vita Annonis, der Lebensbeschreibung des hl. Anno.

Über die Disposition der Kirche zwischen dem nördl. Klosterhof und dem südl. Quadrum der Klausur hinaus ist allein das schmucklose Äußere der profanen **Barockgebäude** des 17. und 18. Jh. überkommen, von der mittelalterl. **Klostermauer** nur ein Rest an der S-Seite mit dem **Johannistürmchen** des 15./16. Jh.

● Kath. Pfarrkirche St. Servatius

Die wohl über die Zeit Annos hinaufreichende erste Pfarrkirche am Fuß des Michaelsberges wird um 1170 durch einen Neubau – eine Emporenbasilika mit flachgedecktem Mittelschiff, 2 kreuzgratgewölbten Seitenschiffen und W-Turm – ersetzt. Nach 1275 bis gegen 1300 errichtet ein in der Kölner Domhütte geschulter, auch in Vilich tätiger Meister (Arnold?) den neuen Dreiapsidenchor. – Zu der damals ebenfalls beabsichtigten, aus finanzieller Bedrängnis aber unterbliebenen Erneuerung des Langhauses – 1319 wird die Kirche der Abtei inkorporiert – kommt es erst um 1500. Das Mittelschiff wird mit dem Hauptchor durch Hochziehen der Obergadenwände auf gleiche Höhe gebracht und mit Sterngewölben gedeckt; die Emporen über N-Schiff und nördl. Vorhalle erhalten Kreuzrippengewölbe, desgleichen die Empore des von Grund auf neugebauten S-Schiffes mit der Vorhalle. Verlängerung der Nebenschiffe zu seiten des Turmes und Sakristeianbau im SO 1888. Die Wiederherstellung nach Kriegsschäden (bis 1960) brachte auch die Rekonstruktion der Innenbemalung.

Die beiden got. Erweiterungs- und Umbauperioden haben sich mit dem roman. Kernbau zu einer eindrucksvollen Anlage verschmolzen, die unter den rheinischen Pfarrkirchen des Mittelalters eine bedeutende Stellung einnimmt. Zunächst gilt dies schon für den *Turm* (Material: Wolsdorfer Tuff mit Trachytgliederung). Über seinem Stufenportal in vortretender Rechteckumrahmung zieren 5 Blendarkaden auf 5 Säulen das 1. der 5 roman. Obergeschosse aus dem 12. Jh. Die folgenden Turmgeschosse sind mit Ecklisenen, Pilastern, Halbsäulen und Rundbogenfriesen gegliedert. Die Bekrönung bildet das Glockengeschoß des frühen 13. Jh. Von 1960 ist der Achteckhelm, in Entsprechung zur ursprünglichen got. Bedachung konstruiert.

Im Inneren öffnen sich die beiden unteren Turmgeschosse in großen Bögen zum Mittelschiff. Das 5achsige Langhaus mit seinen niedrigen Rundbogenarkaden auf längsrechteckigen Pfeilern und seinen ehedem 2fach unterteilten Emporenöffnungen – allein im W-Joch und nur mit spätgot. Achteckpfeilerchen erhalten – muß früher einen St. Ursula in Köln ähnlichen Eindruck gemacht haben. St. Ursula, nicht die Johanniskirche von Niederlahnstein, war denn auch das Vorbild für Siegburg. Die spätgot. Sterngewölbe und 2achsigen Maßwerkfenster haben das Raumbild des Mittelschiffes in seiner Abstimmung auf den Hochchor einschneidend umgewertet. Die Gurte und Rippen entwickeln sich kämpferlos aus den Diensten. – Der 2jochige Hauptchor mit ⅝-Schluß wird von weit niedrigeren, 1jochigen, ebenfalls in 5 Seiten des Achtecks gebrochenen Nebenchören begleitet. Die 2bahnigen Fenster mit Kreis- und Vierpaß im Hauptchor sowie Dreipaß in den Seitenchören sitzen auf Kaffgesimsen, die nur in den Polygonalecken von Diensten mit Blattkapitellen durchstoßen werden. Auf den Strebepfeilern blinde, fialenbekrönte Baldachine; Strebepfeileraufsätze und Dachbrüstungen der Seitenchöre 19. Jh. Die stilistische Abhängigkeit vom Kölner Domchor ist bei vereinfachten, gleichwohl noblen Formen evident. Die nächste Verwandtschaft des Hochchores besteht zum Mönchengladbacher Münsterchor.

Ausstattung. Taufstein von Kufenform mit 4 Stangenkreuzen in Kleeblattbogenblenden, spätes 12. Jh. Anmutige Madonnenfigur aus Holz, Mitte des 17. Jh., wohl von Jeremias Geisselbrunn. An den Mittelschiffspfeilern 6 Apostelstatuen, Holz, 1508–10, von dem Kölner Meister Tilman van der Burch.

Der aus der Benediktinerabtei stammende *Kirchenschatz* ist einer der kostbarsten, an Emailarbeiten des 12. und 13. Jh. der reichste in den Rheinlanden. An der Spitze seiner Reliquienschreine steht der Annoschrein (in der Abtei). – Im folgenden eine Auswahl. Schrein der hll. Innocentius und Mauritius: mit vergoldetem Kupfer, Emails und Filigran bekleidetes Satteldachgehäuse, Köln um 1190, das seiner seitlichen Figuren und Dachreliefs verlustig gegangen ist. – Honoratusschrein, wohl Siegburg, Ende des 12. Jh., Satteldachkasten mit Quergiebeln über den Langseiten. An deren einer 5 von 6 aus Silberblech getriebenen Aposteln erhalten, in den Zwickeln Büsten von Engeln und Heiligen, in einem Quergiebel der Pantokrator; die übrigen Figuren verloren. Auf dem Dach die Flachreliefs von Verkündigung, Geburt,

Kreuzigung und Auferstehung. – Sog. Reliquienkasten des hl. Andreas mit Grubenschmelz- und gravierten Kupferplatten, niedersächsisch, Ende des 12. Jh. – Tragaltar des hl. Mauritius, aus der berühmten Kölner Eilbertus-Werkstatt, um 1160, mit Emailplatten. An den Seiten die 16 Propheten. Um den Altarstein aus Porphyr links die Kreuzigung zwischen Gottvater und der Taube sowie Adam im Grab, rechts die Frauen am Grab zwischen Himmelfahrt Christi und Noli-me-tangere-Szene, oben und unten die Apostel. – Gregorius-Tragaltar, maasländisch, 3. Viertel des 12. Jh., mit Emailplatten. An den Seiten (wie vorn) die Propheten. Um den Altarstein aus Serpentin die Apostel und besonders in Köln verehrte Heilige, dazu 8 christologische Darstellungen. – Sog. Annostab, Köln, 11. Jh., eine Elfenbeinkrümme, die in einem Drachenkopf endigt. – Sog. Konsekrationskamm des hl. Anno aus Elfenbein, Köln, 12. Jh.; in der Mitte beider Seiten je 2 Drachen.

»Käx« auf dem Hühnermarkt, ein Pranger aus Trachyt in Form zweier Figuren mit gebundenen Händen, 14. Jh.

Haus »Auf der Arken«, erwähnt 1437, mit Fachwerkobergeschoß und hohem Schieferdach, 16. Jh.

Reste der **Stadtmauer** des 15. Jh., die auch die Abtei mit einbezieht.

Städtisches Museum (Rathaus). Sammlung Siegburger Keramik. Weitere Schwerpunkte: Entwicklung der Siegburger Töpferei vom 10.–17. Jh., Entwicklung des Kupfertiefdruckes in Siegburg, Dokumentation zu dem in Siegburg geborenen Komponisten Engelbert Humperdinck.

SIEGEN (Siegen E6)

Die alte fränkische Siedlung an der Sieg, die den Namen gab, wird erstmals im letzten Viertel des 11. Jh. genannt; sie kam vermutlich schon im 12. Jh. in den Besitz der Nassauer Grafen. Seit 1224 gehörte die neugebaute Hälfte des Ortes am Berge links der Sieg dem Erzbistum Köln. Die untere Hälfte um St. Martin verblieb bei Nassau. 1303 erhielt der Ort Soester Stadtrecht. Seit der 1. Hälfte des 15. Jh. war Nassau wieder alleiniger Besitzer, doch herrschte nach der Einführung der Reformation eine kath. und eine ref. Linie. Graf Johann VII. d. Mittlere begründete eine eigene Siegener Linie (1606–1743). Sein Sohn Johann Moritz, der »Brasilianer«, der 1645 nach ruhmreichem Wirken als Gouverneur der Westindischen Handelskompanie in Brasilien zurückgekehrt war, förderte beträchtlich die Blüte der Stadt. Sein Bildnis, eine Marmorhalbfigur von Bartholomäus Eggers, 1669, aus dem Garten des Mauritshauses im Haag, steht jetzt über der Sargnische der Fürstengruft. 1742 fiel Siegen an den Fürsten von Nassau-Dietz, Wilhelm IV. v. Oranien. 1806 kam das Fürstentum Siegen an das neugebildete Großherzogtum Berg unter Murat und, nach der Vertreibung der Franzosen, 1817 an Preußen. Ihre wirtschaftliche Bedeutung verdankt die Stadt von altersher der

Eisengewinnung und der Lederindustrie. – In Siegen wurde 1577 Rubens als Sohn eines aus den Niederlanden geflohenen Kalvinisten geboren.

Kath. Pfarrkirche Mariä Himmelfahrt, ehem. Jesuitenkirche
1637 war die kath. Pfarrei dem Jesuitenkolleg inkorporiert. Der Streit zwischen der ref. Linie im unteren Schloß und der kath. Linie im oberen führte zu einem Vergleich, durch welchen den Katholiken ein Bauplatz an der Löhrstraße zugewiesen wurde. Anton Hülse, der Laienbruder und vielbeschäftigte Architekt des Jesuitenordens, der neben anderen Jesuitenkirchen auch die in Coesfeld gebaut hatte, lieferte in Anlehnung an diese den Entwurf. Bauherr war Fürst Wilhelm Hyazinth, der 1702 den Grundstein legte. Infolge der Armut und bedrängten Lage der Siegener Katholiken zogen sich die Bauarbeiten lange hin; erst 1713 war das Mauerwerk, 1722 die Bedachung und 1724 das Turmdach fertig. Weihe 1729. Die Ausstattung kam erst nach und nach im 18. Jh. hinzu; sie ging 1944 im Feuer unter.
Die langgestreckte 1schiffige Kirche hat 7 Joche, von denen die 2 letzten vom Chor mit einem etwas erhöhten Fußboden beansprucht werden. Zwischen den eingezogenen Strebepfeilern bilden sich beiderseits tonnengewölbte Nischen, die durch rundbogige Durchgänge verbunden sind. An den Chor schließt der 4geschossige Turm an, an den sich beiderseits und bündig mit den Kapellenreihen 2 Sakristeien mit niedrigen Obergeschossen anlehnen. – Im Inneren schmücken Pilaster mit toskanischen Kapitellen die Fronten der Strebepfeiler. Die ehemals gotisierenden Kreuzrippengewölbe, 1944 zerstört, wurden nicht erneuert.

Ev.-ref. Martini-Pfarrkirche. Die Kirche von 1511–17, eine Pseudobasilika, birgt Fundamente und Bauteile einer großen 3schiffigen und 5türmigen Anlage des 12. Jh., die auch ein Westwerk besaß. Von ihr stammt u. a. das W-Portal, von einem anderen roman. Bau der runde Treppenturm, der im W vor dem nördl. Seitenschiff steht. Ausgrabungen brachten 1960 unter der Kirche einen gut erhaltenen Mosaikfußboden aus verschiedenfarbigen Siegerländer Tonplatten zutage. Im 11./12. Jh. entstanden, zeigt er in der Mitte ein von 5 Kreisen umgebenes Kreuz. Ein weiterer Kreis enthält schwarz-rote Dreiecke.

Ev.-ref. Nikolaikirche. Die spätroman. Kirche aus der 2. Hälfte des 13. Jh. überrascht durch ihre Anlage als 6seitige zentrale Hallenanlage, der im W ein quadratischer Turm und im O ein 3schiffiger 1jochiger Chor mit halbrundem Abschluß vorgesetzt sind. Ein gemeinsames, in der Traufenmitte etwas vorschweifendes Satteldach überdeckt Mittelbau und Chor. Den 4geschossigen Turm, der 1455–64 seine jetzige Form bekam, schmücken Lisenen und Bogenfriese. 1658 wurde ihm das niedrige barocke Geschoß mit geschweifter Haube und kleiner Laterne aufgesetzt. Wahrzeichen der Stadt ist seine schmiedeeiserne Wetterfahne mit der Krone und den Johanniterkreuzen. Die Kirche ist einige Male überarbeitet worden, so 1654–58 unter Johann Moritz und 1903 bis 1905. Schwere Schäden aus dem 2. Weltkrieg sind behoben. – Im Inneren bilden 6 schwere unregelmäßige Pfeiler einen 6teiligen

Umgang mit gratigen Kreuzgewölben über trapezförmigen Grundrissen. Sie haben die gleiche Höhe wie im Mittelteil die kupplige Wölbung aus gratigen Stichkappen. Die Polygonseiten im O und W, an die Chor und Turm anschließen, sind größer als die übrigen. In der O-Wand der Chorseitenschiffe hat man halbrunde Nischen als Nebenapsiden ausgespart. Die Fenster sind rundbogig oder kleeblattförmig in rundbogiger Blende. – Im W-Portal seit 1954 eine Bronzetür von Gerhard Marcks.

Oberes Schloß. Die 1500–06 und im 17. sowie im 18. Jh. umgebaute mittelalterl. Burg ist seit 1905 als **Museum des Siegerlandes** (s. d.) eingerichtet.

Unteres Schloß, jetzt **Land- und Amtsgericht.** Johann Moritz ließ durch die Architekten Pieter und Moritz Post neben dem 1534 aufgehobenen Franziskanerkloster, das 1595–1609 als Universität gedient hatte, die **Fürstengruft** errichten. Wilhelm Moritz baute 1689–91 zwischen Kloster und Gruft ein Schloß, das 1695 samt dem Kloster abbrannte. Das jetzige Schloß wurde 1698–1714 erbaut, die Kapelle über der Fürstengruft 1715 geweiht.

Rathaus. Der einfache, 1783–88 errichtete Bau wurde 1913–15 erweitert und nach dem 2. Weltkrieg wiederhergestellt.

Museum des Siegerlandes (Oberes Schloß). Bildnisse der Häuser Nassau-Oranien und Nassau-Siegen. Niederländische Malerei (u. a. Rubens). Dokumentation zum Siegerländer Eisenerzbergbau. Siegerländer Ofen- und Kaminplatten des 16.–19. Jh. Volkskunde. Dokumentation zu Siegerländer Persönlichkeiten: Johann Moritz, Fürst von Nassau-Siegen (1604–1679); dem Dichter Heinrich Jung-Stilling (1740–1817); dem Pädagogen Friedrich Adolf Diesterweg (1790–1866); den Malern Andreas und Oswald Achenbach (19. Jh.); dem Bildhauer Friedrich Reusch (1843–1906); dem Maler Ludwig Heupel-Siegen (1864–1945); der Musikerfamilie Busch (19./20. Jh.).

SOEST (Soest EF4)

Soest, das heimliche Herz Westfalens, gehört zu den eindrucksvollsten deutschen Städten des Mittelalters. Der Ort liegt in jener Perlenschnur fester und bedeutender Plätze, die den Hellweg auf seinem Zuge vom Rhein zur Weser schmücken. Von einer ersten Kirche erfahren wir schon im 7. Jh. Später kommt der Ort in den Besitz der Erzbischöfe von Köln, in deren Herzogtum Westfalen er ungewöhnliche Bedeutung erringt. Bruno, Erzbischof von Köln, Bruder Kaiser Ottos I., gründet 954 das Patrokli-Stift. Die Handels- und Gewerbestadt hat ein bedeutendes geistliches Zentrum gefunden. Sie erhält Anfang des 12. Jh. volles Stadtrecht und eine starke Befestigung, die 10 Tore und 36 Türme aufweist. In den folgenden Jahrhunderten wird Soest die mächtigste und reichste Stadt Westfalens, eine der wichtigsten Städte in der Hanse überhaupt. Seine Kaufleute und seine Kunst wirken weit in den Ostseeraum bis vor die Tore Moskaus und auf die Insel Gotland. In der »Soester Fehde«

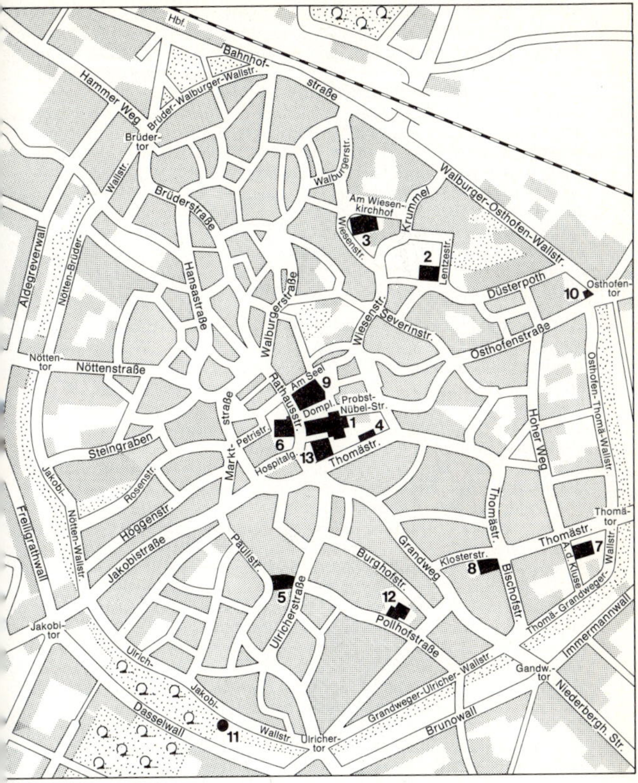

1 Kath. Propsteikirche St. Patrokli
2 Ev. Pfarrkirche St. Maria zur Höhe, Hohnekirche
3 Ev. Pfarrkirche St. Maria zur Wiese, Wiesenkirche
4 Kath. Nikolaikapelle
5 Ev. Pfarrkirche St. Pauli
6 Ev. Pfarrkirche St. Petri
7 Ev. Pfarrkirche Alt St. Thomae
8 Ev. Pfarrkirche Neu St. Thomae
9 Rathaus
10 Osthofentor
11 Kattenturm
12 Burghofmuseum
13 Wilhelm-Morgner-Haus

Soest. Innenstadt

1444–49 bietet die Stadt dem Erzbischof von Köln die Stirn und schlägt sich in den Schutz des Herzogs von Cleve-Mark. Im 16. Jh. wird Soest ein Zentrum der Reformation in Westfalen. Mit der Grafschaft Mark kommt es im 17. Jh. an Brandenburg. Damals ist es zu einer Landstadt herabgesunken, stille Mitte der fruchtbaren Soester Börde. Die Tragödie läßt sich im Stadtbild noch feststellen. Der Grundriß einer gewachsenen Stadt, deren Straßenzüge radial vom Stadtkern ausgehen, weist unregelmäßige, winklige Gevierte auf, die offensichtlich auf Verödung und Verfall der Stadtviertel in nachmittelalterl. Zeit zurückgehen. Im 2. Weltkrieg wird die Stadt mit ihren historischen Baudenkmälern zu mehr als 60% zerstört. Das große Zeitalter der Kunst ging für Soest bereits im späten Mittelalter zu Ende. Im 20. Jh. fand die Stadt das besondere Interesse der expressionistischen Maler. Ihre Stadtsilhouette und der Turm von St. Patroklus dienten den besten Meistern als Thema, so daß man geradezu von einem Soest-Erlebnis des deutschen Expressionismus gesprochen hat.

● **Kath. Propsteikirche St. Patrokli,** ehem. Stiftskirche

Bruno, Erzbischof von Köln, der sächsische Prinz auf dem Kölner Bischofsstuhl, gründete 954 das Stift und schenkte ihm 964 die Gebeine des hl. Patroklus, eines unter Valerian 259 enthaupteten Christen, die von Troyes nach Soest übergeführt wurden. So bedeutet das Jahr 964 die Stiftung des Gründungsbaues, der um 1000 vollendet gewesen sein dürfte. Diese erste Stiftskirche war ein großer kreuzförmiger Saalbau mit niedrigen Querarmen. Der Grundriß des angeschlossenen Westwerkes ist dem des anderen Gründungsbaues Brunos, St. Pantaleon in Köln, verwandt. Die Kirche wurde im frühen 12. Jh. durch den Anbau zweier kreuzgratgewölbter Seitenschiffe und Erhöhung des Querhauses zur Basilika umgestaltet. Dann erhielt sie einen neuen Chor mit Vorjoch, Gewölbe in Querhaus und Mittelschiff sowie eine 5schiffige Krypta; eine Schlußweihe ist für das Jahr 1166 überliefert. Im letzten Viertel des 12. Jh. kam es zu einem neuen Westbau: Die 2 Joche des alten Westwerkes wurden zum Gemeinderaum der Stiftskirche genommen und daran der W-Abschluß angefügt. Sein erst kurz vor 1300 mit dem Helm vollendeter Turm ist das Wahrzeichen der Kirche geworden. Mehrfache Restaurierungen im 19. Jh. und der Wiederaufbau nach den Zerstörungen des 2. Weltkrieges (mit Rekonstitution der 1817 zugeschütteten Krypta) kennzeichnen die jüngere Geschichte der Kirche. Eine Restaurierung und durchgreifende Erneuerung 1973–79 brachte u. a. die farbige Fassung des Raumes, frei nach dem Befund des 12. Jh., wieder. Hans Kaiser (Krypta) und Wilhelm Buschulte (Seitenschiffe, Querhaus, Obergaden) entwarfen dazu Glasmalereien.

Äußeres. Den Außenbau beherrscht der gewaltige *Turm,* in dem die Konzeption des Westwerks und der westfäl. Baugedanke des Einturms sich verbinden. Der Turm gilt als der schönste Turm roman. Architektur in Deutschland. Über die offenen Bogenreihen des Erdgeschosses stellt der unbekannte Baumeister ein niedrigeres Obergeschoß. Der über dem Pult-

Soest. Kath. Propsteikirche St. Patrokli
Mittelschiff nach Westen

dach der Vorhalle jäh aufsteigende Turmkörper zeigt über einer geschlossenen Wandfläche zunächst eine Reihe von schmalen 2gliedrigen Fenstern. Das nächste Fensterband öffnet die Wand in 3teiligen Fenstern, die breiter und höher sind als die unteren. In der Giebelzone wird schließlich die Blendarchitektur noch höher und breiter. In dieser Weise erreicht der Baumeister ein unaufdringliches aber wirksames retardierendes Moment: Der Turm scheint weniger steil in den Himmel zu steigen. Bogenreihen, Zwerggalerie und vielsäulige Fenster des roman. Stiles weiß er zu klassischem Ebenmaß zu binden. Er kann sogar den Quaderbau im exakten Steinschnitt, eine technische Leidenschaft roman. Bauzeit, in Westfalen durchsetzen. Im Land des gern verwendeten Bruchsteins bringt er den grünen Sandstein der Soester Bauten zu bewegtem Leben und läßt ihn doch ganz in seinem Element, der Fläche. Großflächig und einfach umschließen die grünen Sandsteinwände Langhaus, Querschiff und Chor der Stiftskirche. Der karge großmächtige Bau, der auf Schmuck fast ganz verzichtet, ist ein Musterbeispiel für die westfäl. Eigenart roman. Architektur. Die N-Seite des Querschiffes hat eine quadratische Vorhalle mit Doppelarkaden. Die Teilungssäule trägt ein altertümliches ottonisches Kapitell. Im Tympanon des inneren Portals, um 1166 entstanden, finden wir ein Relief, das Christus mit den 4 Evangelistensymbolen darstellt.

Inneres. Das Innere empfängt uns, ob wir durch den Kirchturm oder das südl. Seitenportal eintreten, großräumig. Die Gewölbe haben sich auch im Mittelschiff noch nicht ganz aus der Ebene der hergebrachten flachen Decke des 11. Jh. gelöst. Zögernd gehen die Mittelschiffswände in die zaghaften Rundungen über. Trotzdem bringen die einfachen Gratgewölbe ein festes ernstes Schreiten in den Raum, das das aufhaltende Querschiff durchdringt und im wesentlich erhöhten Chor sein Ziel findet.

Die Kirche besaß bedeutende roman. Wandmalereien. In der Apsis des Chores war, um 1166 entstanden, Christus als Weltenrichter in der Halbkuppel dargestellt. Zwischen den Fenstern standen Könige des Alten Testaments. Die Malerei ging mit dem fallenden Mauerwerk im 2. Weltkrieg verloren. Nach dem Wiederaufbau wurde sie durch eine Arbeit von Peter Hecker ersetzt. In der Turmhalle Fenster von Hans Kaiser, 1960. In der Altarapsis des N-Querhausarmes, dem sog. Marienchörchen, erhielten sich die roman. *Fresken* aus der Zeit um 1200 (restauriert). Ihr Thema ist die Geschichte Christi bis zur Anbetung der Hll. 3 Könige. In der Halbkuppel thront die Muttergottes mit dem göttlichen Kind, dem zur Linken die 3 Könige huldigen, während rechts der Erzengel Gabriel und die Eltern Marias stehen. Zwischen den Fenstern erscheinen in gemalten Architekturnischen die Könige und Ereignisse des Alten Bundes, die auf Christus Bezug nehmen. Die Gestalten stehen rot, weiß und grün auf blauem Grund, der unendlichen Fläche des metaphysisch begriffenen Himmels. Gewandsäume und Kronen leuchten im Gold des göttlichen Lichtes. In den gemalten Architekturnischen sitzen weltläufige Könige, wohlgebildet, ungezwungen. Ihre Mäntel fallen großzügig über die Schultern und legen sich schön gefaltet über die Knie. Die strenge Form frühroman. Malerei macht einem weichen Fluß der Umrisse und Linien Platz. Ihre sakrale Entrücktheit wandelt sich in die maßvolle Schönheit des staufischen Menschenbildes.

In den Fenstern der Hauptapsis gute neuroman. *Farbfenster,* 1877/78 von Glasmaler Osterrath in Tilff bei Lüttich. – Über der südl. Nebenapsis das Heinrich Aldegrever zugeschriebene Fenster mit der Strahlenkranzmadonna, datiert 1546, ausgeführt von Meister Johan Glasemecker aus Fröndenberg.

Die Schatzkammer im Westbau der Kirche verwahrt die Reste der urspr. *Chorverglasung* von 1160–66: typologische Szenen und Figuren ● des Alten und Neuen Testaments sowie Bilder aus einem Patroklusfenster. Sie gehören zu den bedeutendsten Glasgemälden der Romanik in Deutschland und sind die ältesten Westfalens. *UDK*

An die O-Teile der Stiftskirche schließt sich südl. der **Kreuzgang** an, von dem 2 Flügel ursprünglich sind. Am W-Flügel liegt der **Remter,** ein 2schiffiger Raum mit Gratgewölben auf Säulen mit schönen spätroman. Kapitellen. Die modernen Glasgemälde schuf Heinz Gerhard Bücker.

Ev. Pfarrkirche St. Maria zur Höhe, sog. **Hohnekirche** ●

Der erste auf diesem Kirchhügel festgestellte Bau war eine 2türmige, 3schiffige Hallenkirche. Von diesem Bauwerk, das um 1200 errichtet wurde und nur wenige Jahrzehnte stand, sind die unteren Geschosse des Turmes und ein in die W-Wand des Innenraumes eingebauter, in seinen Runddiensten 2stöckig gestalteter Pfeiler in den Neubau um 1220–30 einbezogen worden.

Der kleine Bau, auf den ersten Blick etwas ländlich anmutend, gehört zu den typenbildenden Bauwerken westfäl. Architektur im Zeitalter der Hallenkirche. Der Grundriß, ohne Chor und Westbau breiter als lang, neigt wie üblich dem Quadrat zu. Hohe kupplige Gewölbe überspannen den Raum. Das Altarhaus legt sich als Querrechteck vor das Mittelschiff. Hervortretendes Merkmal des Soester Hallentyps ist ein Raumbild, in dem die Maßverhältnisse der ländlich schweren und wuchtigen Hallen zur Harmonie geklärt werden. Der Raum weitet sich und wird zugleich geschlossener. Er ist voll feierlicher Ruhe und doch erfüllt von einer Aktivität, die alle Bauglieder zur

Einheit zusammenfügt. Dem Raumbild verbinden sich vorzügliche Bauplastik und hochbedeutende Wandmalerei.

In seinem Äußeren ist der Bau reicher gegliedert, als es sonst in Westfalen üblich ist. Lisenen, Rundbogenfriese und Blenden schmücken die Flächen, besonders die Chorseite. 2 Portale öffnen die S-Seite; das größere enthält im Tympanon eine Kreuzigung, die Geburt und die Frauen am Grabe. Die Achse des vorgesetzten W-Turmes ist verschoben und verläuft ungefähr in der Linie der nördl. Scheidbogen. Die Öffnung der Turmhalle würde daher von einem Pfeiler verstellt, wenn dieser nicht in seinem unteren Teil in 3 übereck gestellte Säulen aufgelöst worden wäre.

Die Raumwirkung des Inneren wird durch die gedrungenen, reich profilierten Pfeiler und die niedrig ansetzenden und hoch aufsteigenden Gewölbe bestimmt, die im Mittelschiff als Schmuck herabhängende Schlußsteine haben. In den Seitenschiffen steigen die Gewölbe nur einhüftig von der Außenwand zum Scheidbogen an. Die Gurt- und Scheidbogen sind spitz-, die Fenster und Türen rundbogig.

● Die Kirche gehört zu den wenigen roman. Räumen, die ihren urspr. Zustand bewahrten; so hat sich die *Ausmalung* (im 19. Jh. restauriert) fast unversehrt erhalten. Die liturgischen Räume – Chor, Nebenchor und Hl. Grab – erhielten figürliche Wandmalerei, Wände, Pfeiler und Gewölbe lediglich eine ornamentale Dekoration. Die Werke stammen aus verschiedenen Jahrzehnten des 13. Jh. Der Zeit um 1240 gehören der großartige Engelreigen an, der sich um den Scheitelkreis der Faltkuppel im Altarraum legt, ebenso die christologischen Figurenszenen in den Zwickeln. 16 Engel in byzantinischen Staatsgewändern, deren Flügel wie lodernde Flammen zusammenschlagen, ordnen sich zu einem breiten kostbaren Ring, den die in einem Dreipaß zwischen Johannes Ev. und Johannes d. T. thronende Muttergottes zusammenfaßt. Die ruhigen strengen Gestalten, noch deutlich von byzantinischen Vorbildern bestimmt, stehen in Gewändern, deren Falten im Gefüge harter Zickzacklinien sich brechen. In den etwa gleichzeitigen Malereien des Heiligen Grabes (N-Schiff) ist diese Ausdruckskraft des Zackenstils gemildert. Die Kreuzigung, die Auferstehung, die 3 Frauen am Grabe, Christus als Gärtner (mit Maria Magdalena) und die Himmelfahrt Christi werden in der spitzbogigen Architekturnische dargestellt. In der Altarapsis des N-Schiffes, dem sog. Marienchörchen, folgt die Malerei, um 1260, dem Vorbild roman. Apsidendekoration. In der Halbkuppel die Krönung Marias durch Christus; zu seiten die hll. Katharina und Maria Magdalena. In der Fensterzone erzählen die Bildfelder die Legende der hl. Katharina. – Das in der Plastik der Kathedrale ausgebildete Menschenbild, die höfisch-ritterliche Vorstellung vom Menschen, die der Dichter des 13. Jh. entwarf, und der spätroman. Zak-

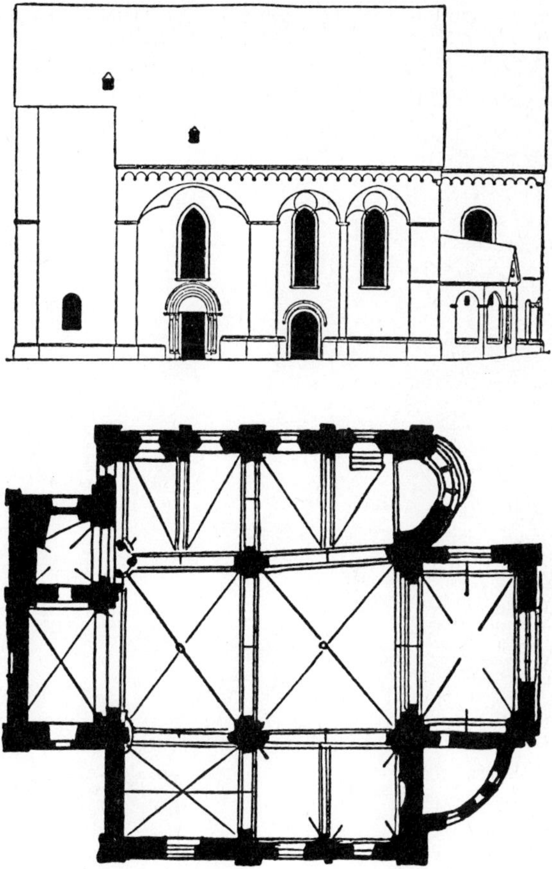

Soest. Hohnekirche. Aufriß der Südseite (ohne Turm) und Grundriß

Soest. Hohnekirche. Chorseite

kenstil treffen in diesen Fresken merkwürdig aufeinander. Die Gestalten haben schwere vergoldete Heiligenscheine, die im plastischen Stuck aus der Wand hervortreten. Sie stehen vor blauem Grunde, der heiligen Fläche des Himmels, der Maler bemüht sich aber, mit Gebärden, Gewändern, Tüchern sowie reicher gemalter Architektur, diesen Grund zuzudecken. – Die dekorative Ausmalung, sicher schon in der ersten Erbauungszeit geplant und ausgeführt, breitet den ganzen Schatz des Ornaments und des spielenden Zierwerks spätroman.-frühgot. Kunst über die Gewölbe und Wände. Ornamentale, geometrische Blüten und Fabeltiere treten in die Gewölbekappen, deren Rippen von gemalten Zierleisten begleitet werden. Die Wände sind mit gemalten Teppichen, Ersatz für die zu kostspieligen gewebten Wandteppiche, überdeckt. Gestalt und Ornament binden sich organisch der Architektur ein, ihre Gesetze betonend und erhöhend.
Von der Ausstattung ist der große Hauptaltar mit dem Gemälde der Kreuzigung und der Passion bemerkenswert. Er gehört zu den Meisterwerken westfäl. Malerei der Spätgotik (um 1480) und wird dem Meister von Liesborn zugeschrieben. Ikonographisch bedeutend das hölzerne Scheibenkreuz, das 8 Reliefs mit Passionsszenen zeigt, um 1230.

Ev. Pfarrkirche St. Maria zur Wiese, sog. **Wiesenkirche** ●

In der Wiesenkirche gehen westfäl. Hallenbau und hochgot. Baukonstruktion eine einzigartige Verbindung ein. Im Innenraum, dessen Bündelpfeiler wie Speere in die Höhe stoßen, in Grundriß und Baukörper, die dem Quadrat und dem Würfel verpflichtet sind, treffen sich got. Bautendenz und viereckiger Zentralraum der Halle in faszinierender Weise.

Wann die Kirche durch den Baumeister Johannes Schendeler begonnen wurde, ist nicht geklärt: Das Gründungsjahr in der Bauinschrift kann als 1314, 1331 oder 1343 gelesen werden. Mit den Türmen begann man 1421 und führte sie bis zur Höhe des Langhauses auf, dann blieb ihr Bau stecken, bis sie nach den Plänen August Sollers von 1841 in den Jahren 1861–74 ihre heutige Form erhielten. 1933 vereinfachend restauriert.

Äußeres. Anders als ihre benachbarte Schwester, die Hohnekirche, die breit und niedrig gelagert und wechselvoll in Kuben gegliedert einen Anblick der Ruhe und Gelassenheit bietet, strebt die hochgot. Wiesenkirche mächtig empor im Gleichklang der saitenartig gespannten Vertikalen, der gleichförmig gereihten dünnen Strebepfeiler, der hohen Fenster und der steilen kahlen Mauerflächen aus grünem Sandstein. Je ein Portal vor der N- und S-Seite führt in das Innere. Die Stäbe der vielprofilierten Gewände, in deren großen Kehlen Figuren unter Baldachinen stehen, setzen sich kämpferlos im Giebelbogen fort. Ein verziertes Gebälk teilt im hohen Eingang die obere Hälfte als ein reich ausgebildetes Maßwerkfenster ab.

Soest. Wiesenkirche. Marienstatue am Mittelpfeiler des Südportales

Außer dem Gesamtkatalog möchte ich regelmäßig zu folgenden Verlagsgebieten Informationen erhalten:

○ Literatur	○ Geschichte	○ Kunst	○ Musik	○ Theater
○ Philosophie	○ Anglistik	○ Romanistik	○ Alte Sprachen	○ Slawistik

Die Adresse bitte in Druckbuchstaben bzw. mit Schreibmaschine:

Name ____________________ Vorname ____________________

Anschrift ____________________

Beruf ____________________ Alter ____________________

Weiterer Interessent:

Name ____________________ Vorname ____________________

Anschrift ____________________

Beruf ____________________ Alter ____________________

RECLAMS KÜNSTLER LEXIKON

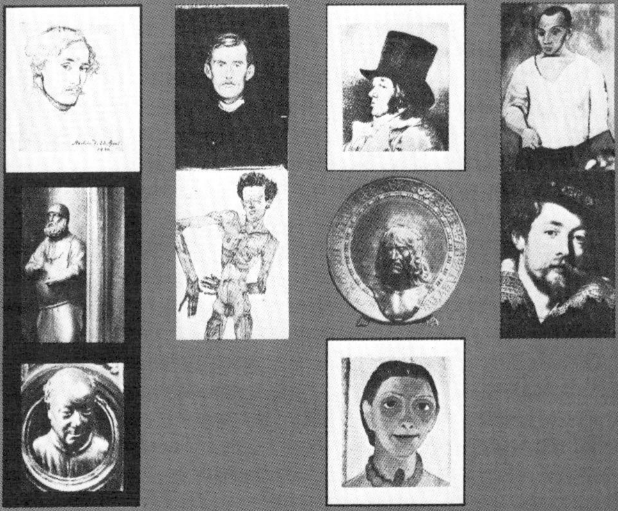

Reclams Künstlerlexikon. Von Robert Darmstaedter. 789 Seiten. 131 Abb. Paperback.

Ein handliches illustriertes Nachschlagewerk für jeden, der mit Kunstführern reist, Kunstgeschichtsbände liest, der kein mehrbändiges Spezialwerk, aber auch mehr als eine Namenliste wünscht. Das Lexikon bietet rund 4500 Einzelartikel über Künstler und Künstlergruppen von der Antike bis zur Gegenwart.

»Hier wird überall auf die vorhandene Literatur hingewiesen, und zwar nicht nur aus dem deutschsprachigen Raum, sondern auf alles, was weltweit herausgegeben worden ist, einschließlich Ausstellungskatalogen. Die Auswahl beschränkt sich nicht nur auf weltbekannte Künstler, sondern wagt auch den Versuch, solche miteinzubeziehen, die auf ein bestimmtes Interesse selbst in kleinerem Kreis stoßen.«

Schweizer Buchhandel

»Sehr gut finde ich das Bemühen des Herausgebers, die Angaben so präzise und vollständig wie möglich zu geben: genaue Geburts- und Sterbedaten, wichtigste Werke und deren Standort, kurze Charakteristik von Werk und Wirkung, Angaben der wichtigsten weiterführenden Literatur zu jedem Künstler. Einige Abbildungen bedeutender Kunstwerke lockern den Text auf und ergänzen die Informationen über die Künstler.«

H. Wendland, *Buchhändler heute*

Die schöne *Marienstatue* am Mittelpfeiler des S-Portales und die – meist nicht benennbaren – Heiligenfiguren des Gewändes entstanden um 1400.

Inneres. 4 schlanke, mit großem Abstand voneinander freistehende Pfeiler teilen die lichte geräumige Halle in 3 Schiffe und 3 Joche; sie sind reich und rosettenhaft zu Dienstbündeln profiliert und gehen in einem Anlauf kapitell- und kämpferlos in die spitzbogigen Gurt- und Kreuzrippen über. Ebenmaß und Klarheit, Geräumigkeit und Helligkeit kennzeichnen den Raum. Wunderbar ist, wie das Langhaus in einer 3teiligen Chorkomposition ausklingt, für welche der Chor der Petrikirche Vorstufe und Vorbild war. Im *Chor* der Wiesenkirche gelangt zur vollen Blüte, was in der Petrikirche knospenhaft vorbereitet war. Über die Breite des Mittelschiffes ausschwingend, verbindet sich der 7seitige Hauptchor kristallinisch mit den 5seitigen Nebenchören. Die hochragenden und tief herabgezogenen Fenster sind zwischen den Strebepfeilern wie Geschmeide eingefaßt und lassen das Licht voll in die Halle strömen.

Die *Glasmalereien* behindern es kaum, aber sie verleihen seiner Klarheit einen juwelenhaften Glanz. In den um 1350 gefertigten Fenstern stehen große Figuren, von gemalten Architekturnischen gerahmt, Christus, Apostel und andere Heilige. Die wenigen Gestalten, die nicht durch Restaurierung beeinträchtigt sind, etwa der hl. Martin und die hl. Anna, haben große strenge Körper, die in einem spannungsvollen Gegensatz zu der Fülle heftig bewegter Gewänder stehen. Kölnische Einwirkung und westfäl. Eigenart durchdringen sich, es scheint zu einem westfäl. Stil der Glasmalerei gekommen zu sein. Die monumentale Reihe der Heiligen in den Fenstern setzt sich auf der Wand plastisch in 11 großen, rund 20 Jahre jüngeren Standbildern fort: 8 Apostel um Christus, dazu Johannes d. T. und eine unbekannte Heilige. Sie zeigen dieselben stilistischen Bezüge wie die Glasmalereien, in einer kräftigen Art kölnische Anregungen in das Westfälische übersetzend. Die stark restaurierten Glasmalereien der Nebenchöre gehören dem späten 14. Jh. an, die an der N-Seite dem Ende des gleichen Jahrhunderts. – *Madonna im Strahlenkranz,* die dem Stadtpatron St. Patroklus erscheint, darunter ein geistlicher Stifter, um 1470–80. Im Fenster daneben die spätgot. Wurzel Jesse, um 1500, mit den Figuren der Vorfahren Christi in goldgelbem Geäst. Die Ornamentfelder beider Fenster 1968 von H. Gottfried v. Stockhausen. – Volkstümlich ist das »Westfälische Abendmahl« über dem N-Portal, das die Abendmahlsszene an einen westfäl. Gasthaustisch mit Schinken, Schweinskopf und Bier verlegt, um 1500, im 19. Jh. stark restauriert und ergänzt.

Ausstattung. Ein bedeutendes Werk der Zeit um 1525 ist der große *Marienaltar* im S-Chor, dessen gemalte Flügel Heinrich Aldegrever, allgemein nur als Kupferstecher und Goldschmied hochgeschätzt, zugeschrieben werden. Bei geschlossenen Flügeln zeigen die Tafeln die Muttergottes im Strahlenkranz und die hll. Agathe und Antonius. In der Predella erscheinen in rundbogigen Bildfeldern die Verkündigung, die Anbetung des Kindes durch Maria und Joseph und die Anbetung der Hll. 3 Könige. Der geöffnete Altar, der eine Spannweite von 4,68 m hat, zeigt im linken Flügel die Geburt Christi, im rechten die Anbetung der Hll. 3 Könige. Im Schrein stehen die plastischen Standbilder der hll. Antonius und Agathe und in ihrer Mitte die Madonna im Strahlenkranz. In leuchtenden Farben, in denen Rot und Blau hervortreten, und in kühnen Farbklängen gestaltet der junge Aldegrever sein hochgestimmtes Menschenbild, das sich später in den Porträts seiner Graphik vollendete. Der linke Hirt im Bild der Geburt Christi ist ein Selbstbildnis. – Kaum minder qualitätvoll der 1473 dat. *Sippenaltar* im N-Chor mit der Darstellung der Gregorsmesse, d. h. der wunderbaren Verwandlung einer Hostie in den Leib Christi während einer Messe Papst Gregors d. Gr., auf einem Außenflügel. Vom gleichen »Meister von 1473« vielleicht die Maria im Ährenkleid am südwestl. Turmpfeiler. – Im Hauptchor steht ein Flügelaltar von einem Nachfolger des Konrad von Soest, um 1420.

● **Kath. Nikolaikapelle**

Die südlich der Patroklikirche gelegene kleine Kapelle gehörte der Kaufmannsbruderschaft der Schleswigfahrer. In kleinem Maßstab erhielt hier zu Ende des 12. Jh. der bürgerliche Hallenraum eine neue Ausprägung. Die Kapelle ist in Form der symmetrischen 2schiffigen Hallenkirche angelegt. Mit einfachsten Mitteln entstand ein sehr konsequenter, meisterhaft ausgewogener Raum, der im O mit halbrunder Apsis, im W 3seitig und 2geschossig abschließt. Schlanke hohe Säulen mit Würfelkapitellen trennen die 2 Schiffe und tragen die Gewölbe.

Die im 19. Jh. restaurierend übermalten *Wandmalereien* aus dem 13. Jh. wurden 1965 freigelegt. In den Gewölben Rahmenfelder zwischen Gurtbändern, die Rundbogenfenster von Säulenarkaden und Friesbändern gerahmt; darunter an den Wänden Zierteppiche. In der Apsis figürliche Wandmalerei des roman. Zackenstiles, Mitte des 13. Jh. Christus in der Mandorla mit den Evangelistensymbolen, Maria, Johannes d. T. und einem Bischof (vermutlich dem hl. Nikolaus) und Patroklus, dem Stadtpatron. In der Fensterzone Apostel in Architekturbaldachinen, weibliche Halbfiguren und Heilige in Medaillons. Im Chorbogen Medaillons mit der thronenden Muttergottes und Propheten. In der S-Laibung der hl. Nikolaus, von Engeln mit der Mitra gekrönt.

Der Altar der Kapelle trägt ein Hauptwerk westfäl. Malerei, ein großes
● *Altarbild* des jungen Konrad von Soest, um 1400. In seiner lyrischen Art der Farbe und des Menschenbildes stellt es den Kirchenpatron, den hl. Nikolaus, auf einem von musizierenden Engeln bevölkerten Thron dar. Zu seinen Füßen kniet der unbekannte Stifter mit einem lateini-

Soest. Wiesenkirche. Mittelschiff (zu S. 661)

schen Spruchband (zu deutsch: hl. Nikolaus, bitte für mich). Die Assistenzfiguren werden als die beiden Johannes, Katharina und Barbara gedeutet. – Eindrucksvoll und von ergreifendem Pathos erfüllt ist das *Vesperbild* der Zeit um 1400.

Ev. Pfarrkirche St. Pauli

Das Langhaus der 3schiffigen und 3jochigen got. Hallenkirche stammt aus der Mitte des 14. Jh. und gleicht der etwas älteren Minoritenkirche. Der vorgesetzte W-Turm bildet eine Vorhalle, deren 4 Kreuzgewölbe von einer Mittelsäule unterstützt werden. Der um 1500 vollendete Chor schließt 5seitig ab; das westl. seiner beiden Joche hat beiderseits ein schmales Seitenschiff.

Gute *Skulpturen* sind die zu Beginn des 15. Jh. gearbeiteten Figuren von Maria, Johannes Ev., Jakobus d. Ä. und Thomas (dieser aus Holz und etwas älter) als Teil der Dienste des Chorgewölbes. Die 2 Sakramentshäuschen sind in der Mitte des 15. Jh. entstanden. Auf der Chor-S-Seite ein Glasfenster (Kreuzigung Christi und Heilige), um 1420/30, und 3 Stifterscheiben, um 1300. – An der S-Wand des Langhauses eine lebensgroße Patroklusfigur, stilistisch in der Nachfolge des Konrad von Soest, um 1420.

● **Ev. Pfarrkirche St. Petri**

Der Platz vor St. Petri trug 720 einen Friedhof. 780 folgte eine Holzkirche. Wohl um 800 entstand die erste Steinkirche, ein Saal mit eingezogenem Rechteckchor, um 1000 dann die erste größere Basilika mit Westbau. An ihrer Stelle erbaute man in der Mitte des 12. Jh. eine Gewölbebasilika und um 1200 dann das heutige Querhaus.

Für den Neubau, eine roman. Basilika im gebundenen System, war zunächst eine flache Decke vorgesehen. Als man sich dann doch zu Gewölben entschloß, mußten die Pfeiler verstärkt werden. Gleichzeitig entstand der Westbau, Vorgänger des Westbaues von St. Patroklus, mit einer 5schiffigen Halle im Untergeschoß, deren mittlere Kreuzgewölbe auf je 3 Säulen mit reichgebildeten Würfelkapitellen hildesheimischen Gepräges ruhen, und mit Emporen darüber. Über dem westl. Teil erhebt sich breitrechteckig der Turm. Um 1180 stiftete ein Soester Bürger namens Hujo die Vorhalle am nördl. Seitenschiff. Die Kirche mag bald zu klein für die wachsende Bevölkerung geworden sein, daher baute man sie gegen 1240 zu einer Hallenkirche um. Man durchbrach den Obergaden, brachte die Seitenschiffe auf die Höhe des Mittelschiffes, errichtete über den alten Seitenschiffsgewölben Emporen und verband diese mit dem Westbau. Die Pfeiler wurden für die Gurt- und Schildbogen der rundbogigen Kreuzgewölbe im Mittelschiff verstärkt. Die Gewölbe über den Emporen mit ihren ansteigenden muschelartigen Formen ruhen auf Wandkonsolen aus Knospenwerk. Anschließend baute man in den 1270er Jahren den interessanten frühgot. Chor (1322 geweiht) mit der Sakristei. Er besteht aus einem trapezförmig sich verbreiternden Vorjoch mit 7seitigem Abschluß und aus 2 5seitigen Nebenchören in der Breite der Querarme. – Die Kirche erlitt im 2. Weltkrieg Bombentreffer; der Wiederaufbau ersetzte die verlorenen Teile getreu. Neue Fenster von Vinzenz Pieper u. a.

Neben skulpturalen Arbeiten wie dem wertvollen Portaltympanon mit der Marter des hl. Johannes Ev. am S-Querhaus (12. Jh.) blieb ein bewundernswerter Schatz an *Wandmalereien* erhalten. Das Dekorationssystem, Ende des 12. Jh., ist das älteste seiner Art in Westfalen: Inkrustationsmalerei auf den Wandvorlagen, vermutlich einst auch auf den Freipfeilern; die Wände hell; über den Fenstern säulengetragene Arkadenbögen; im Gewölbe rippenbegleitende Streifen, die hellen Kappen mit Lebensbäumen oder Lilienkreuzen gefüllt, über der W-Empore ein gemalter Teppich. Bedeutende Wandbilder des 13. bis 15. Jh. in unterschiedlicher Erhaltung finden sich z. T. augenhoch an den Pfeilern, z. T. auf den Emporen. Es handelt sich nach Art und Aufgabe um Tafelbilder, genauer gesagt um Altarbilder, die statt auf bewegliche Tafeln auf den Stein des Pfeilers gemalt wurden. Vor ihnen stand ursprünglich ein Altartisch. Der Zeit um 1325 gehört das Martyrium der hl. Agatha (Bogenlaibung der S-Empore) an. Es zeigt die Heilige an einem Balken hängend, von 2 Schergen gepeinigt. Stil und Farbe des Bildes verweisen auf die große Tradition der französ.-niederländischen und der englischen Buchmalerei des beginnenden 14. Jh. (Ein Abglanz aus ihrer Welt fällt über Vermittlung dieses Wandbildes auf die Soester *Buchmalerei.* Sie verkörpert sich um 1350 in dem Nequam-Buch, einem Justizbuch, das die Namen der Geächteten und auf Bildern ihre Bestrafung enthält.) Die got. Malerei der 2. Hälfte des 14. Jh. wird qualitätvoll durch eine *Kreuzigungsgruppe* (nördl. Mittelpfeiler) vertreten. In ihr übersetzt der westfäl. Maler, dem es nicht an künstlerischer Kraft und an Geist gebrach, das von der süßen Minne verklärte Bild des sterbenden Christus in die herbere Formsprache seines Stammes und in die bürgerliche Statur seiner Zeit. Das Bild kommt aus dem Umkreis des Konrad von Soest und vertritt in der 1. Hälfte des 15. Jh. jene künstlerische Richtung, die versucht, den individuell gesehenen Menschen eines neuen Naturbildes und das christlich begriffene, in der menschlichen Gestalt dargebotene Sinnbild des Heiligen zur Harmonie zu bringen. Die Wandmalereien erhielten sich frisch in hellen, leuchtenden Farben. – Der Flügelaltar im Chor ist Import aus Brabant, um 1525 (Predella neu, 1947). Im nördl. Seitenschiff ein Triumphkreuz des 15. Jh., mit Johannes und Maria, die beide aus dem 14. Jh. stammen. Kanzel von Johann Sasse, 1698.

Wertvollster Besitz an beweglicher Ausstattung ist der *Pelikan-Kelch*

Soest. Osthofentor

aus der 2. Hälfte des 15. Jh. Der Kelch hat einen 6seitigen Fuß. In den sanft ansteigenden Fußteilen ist Christus als Schmerzensmann graviert. Den Schaft umstehen Eichenbäume, die ihr Geäst über den Knauf breiten. Der Knauf, gebildet als Dreipaß, trägt in jedem seiner Bögen ein Nest. Pelikan, Phönix und Adler erheben sich flügelschlagend aus ihnen. Wappenschilde zwischen den Bögen vervollkommnen die reiche Bilderwelt, in der sich bürgerliche Schmuckfreude des 15. Jh. und symbolischer Bezug verbinden.

Ev. Pfarrkirche Alt St. Thomae. Die Kirche steht auf dem Platz einer einfachen Saalkirche aus dem 9. Jh. Ihre Grundmauern wurden unter dem bestehenden Bau festgestellt. Ihr folgte um 1180 eine schlichte Gewölbebasilika, von der im heutigen Bau die Pfeiler, Gurte und Gratgewölbe des Mittelschiffes erhalten sind. Sie wurde Anfang des 13. Jh. im Übergangsstil zu einer Hallenkirche mit kräftigem W-Turm umgewandelt, wobei die schmalen Seitenschiffe einhüftige Kreuzgewölbe bekamen. Um 1270 baute man in frühesten got. Formen den 5seitigen Chor an und erweiterte nach und nach das südl. Seitenschiff auf eine größere Breite, als das Mittelschiff sie besitzt. Der Spitzhelm des roman. Turmes entstand 1653. Seine Neigung ist beabsichtigt und in einer besonderen Konstruktion begründet. Auch diese Kirche wurde im 2. Weltkrieg schwer beschädigt.

Ev. Pfarrkirche Neu St. Thomae, ehem. Minoritenkirche. Diese got. Hallenkirche aus der 1. Hälfte des 14. Jh. erfreut vor allem durch ihre schönen und geräumigen Maßverhältnisse. Sie ist der Paulikirche recht ähnlich: Die 4 quadratischen Joche des Mittelschiffes münden in einen langgestreckten Chor von 4 rechteckigen Jochen und einem 5seitigen Schluß. Die langgestreckten Joche der Seitenschiffe schließen gerade und mit einem hohen Fenster ab. Die stark zerstörte Kirche wurde nach dem 2. Weltkrieg in den alten Formen wiedererrichtet.

Die **Altstadt** erlitt im 2. Weltkrieg schwere Schäden. Es blieb aber doch noch viel an Bausubstanz erhalten. Von den historischen Bauwerken seien genannt: der **Burghof** mit seinem roman. Haus, Teil des wohl ältesten norddeutschen Wohnhauses. Treppengiebel, feingliedrige Fenster und Gewölbe auf runden Pfeilern geben einen hohen Begriff von der Zweckarchitektur um 1200. Das neben ihm liegende **Herrenhaus** von 1559 beherbergt das **Burghof-Museum** (s. d.). Erhalten blieben ferner das **Rathaus,** 1713–18, mit späteren Anbauten sowie einige **Fachwerkhäuser,** vor allem in der Osthofenstraße.

Von der **Stadtbefestigung** stehen noch das bedeutende **Osthofentor,** 1523–26 von Porphyrius von Neuenkirchen erbaut, und der got. **Kattenturm.** Die Wälle und Gräben sind großenteils erhalten.

Burghofmuseum (Burghofstr. 22). Bäuerliches und bürgerliches Kulturgut. Stadtgeschichte. Kirchliche Kunst.

Das **St. Patrokli-Dom-Museum** wurde im Westwerk des Domes eingerichtet. Es umfaßt liturgische Geräte des 12.–19. Jh., Paramente, Glas- ●

malereien, ein Lapidarium und eine Dokumentation zur Baugeschichte des Domes.

Wilhelm-Morgner-Haus (Thomästraße). Das Museumsgebäude wurde 1962 von Reiner Schell gebaut. Die Sammlung besteht vor allem aus Werken des deutschen Expressionismus, insbesondere von Wilhelm Morgner (1891–1917). Kupferstiche von Heinrich Aldegrever (um 1502 bis um 1555).

Ostönnen (E4)

● **Ev. Pfarrkirche,** ehem. St. Andreas. Beachtenswerte und ausgezeichnet erhaltene Anlage des 12. Jh. Am Außenbau aus dem schönen Soester Grünsandstein sind die einzelnen Bauteile – der mächtige W-Turm mit gekuppelten Schallfenstern, das basilikale Langhaus und die niedrigere Chorapsis – in typisch roman. Art klar voneinander abgesetzt. Im Inneren ist der Aufbau des Langhauses beachtenswert: Basilika des gebundenen Systems in 2 Jochen; die Zwischenstützen sind als Doppelsäulen gebildet. Alle Teile sind mit Gratgewölben gedeckt, in den O-Wänden der Seitenschiffe Chornischen eingetieft. Eine gute Wiederherstellung 1956–61 legte roman. *Wandmalereien* des 13. Jh. an den Hochwänden des Mittelschiffes, am Chorgewölbe und an der W-Wand (über dem Bogen zur Turmhalle) frei. Das Dekorationssystem zeigt über der Arkadenzone einen gemalten Rundbogenfries, wahrscheinlich in Anlehnung an rheinische Blendtriforien. Auf dem abschließenden Ornamentfries stehen die arkadentragenden Säulen der Fenster-Ummalung. Auf der W-Wand über dem Turmbogen ein gemalter Teppich. Die Gewölbe mit Kreisen und Lebensbäumen sowie gratbegleitenden Kappenrahmen. – Der Turm wurde 1978 restauriert.

SOLINGEN (C5/6)

Der 1067 erstmals genannte bergische Ort wird 1374 Stadt. Durch die schon im Mittelalter berühmten Waffenschleifereien und Kleineisenbetriebe entwickelte er sich zum Sitz einer bedeutenden modernen Stahlwarenindustrie. 1944 wurde er bis auf wenige alte Bauten zerstört.

Burg a. d. Wupper

Die **Höhenburg,** ein lohnendes Ausflugsziel in den Bergwäldern an der Wupper, hat kaum noch kunstgeschichtlichen Wert. Als Graf Adolf I. von Berg 1133 die Stammburg seines Geschlechts, Altenberg, für die Gründung der Zisterzienserabtei stiftet, verlegt er den Grafensitz zu der neuerrichteten Burg an der Wupper. Sie bleibt bis zum 16. Jh. Residenz der Grafen von Berg. Ende des 12. Jh. wird der erste Bau verändert, 1218–25 erweitert. 1648 wird die Burg zerstört. Sie liegt als Ruine, bis das 19. Jh. sie auf dem alten Grundriß als bergisches »Nationaldenkmal« wiederaufgebaut (bis 1915). Ein großer Brand sucht 1920 die

Anlage heim. In den Jahren 1922–25 werden die Schäden behoben. Reste der mittelalterl. Anlage finden sich im Mauerring, dem Bergfried (1218–25) und in den östl. Teilen der Burgkapelle (Ende 12. Jh.). Sitz des **Bergischen Museums** (s. d.), dessen Räume 1960–69 grundlegend umgestaltet wurden.

Kath. Pfarrkirche St. Martin. Im Burgbering gelegen, vor 1228 dem Johanniterorden überwiesen. Der Chor mit 3seitigem, überwölbtem Ausbau und einer durchlaufenden Reihe unterer Rundbogenblenden mit Säulenpaaren stammt noch von der Kirche aus der Zeit um 1200 und ist eine höchst eigenartige spätroman. Anlage. Westbau aus dem 17. Jh., Chorturm 1771. - Granittaufstein, 12. Jh.

Ev. Pfarrkirche im Unterdorf, buntes Mobiliar aus dem 18. Jh., sonst schmucklos, aber mit einem malerischen und denkmälerreichen **Friedhof** von 1744.

Bergisches Museum (Schloßplatz 1). Vor- und Frühgeschichte des Bergischen Landes. Burgkultur des Mittelalters und der Renaissance. Bergische Kultur des 18. und 19. Jh.

Gräfrath

Kath. Pfarrkirche St. Mariä Himmelfahrt, ehem. Damenstiftskirche. Die Anfang des 13. Jh. erbaute Kirche des 1185 gegründeten Damenstifts wurde 1690 durch einen 1schiffigen Saalbau mit Spitzbogenfenstern, eingezogenen Strebepfeilern und polygonalem Chorschluß ersetzt. Von der alten Kirche blieben Teile des Westbaues, ein frühgot. Portal und die spätgot. sterngewölbte Sakristei erhalten. Die reiche barocke Chorausstattung stammt noch aus der Entstehungszeit. Sehr sehenswert ist der Schatz kostbarer Goldschmiedearbeiten, darunter ein Kreuzreliquiar und die Turmmonstranz eines Kölner Meisters, um 1420.

Am Marktplatz mit der kleinen **ev. Kirche** (1716–18) beginnt ein breiter Treppenlauf, der direkt auf den gewaltigen W-Turm (mit Barockhaube) der hochgelegenen ehem. Stiftskirche zuführt.

Deutsches Klingenmuseum (Wuppertaler Str. 160). Die Entwicklung der Klingenwaffen von der Bronzezeit bis zur Gegenwart. Sondersammlung der Solinger Meister des 17.–19. Jh. Die Abteilung Bestecke und anderes Schneidgerät ist eine der umfassendsten Sammlungen ihrer Art.

Müngsten

Müngstener Brücke. 100 Jahre nach dem Bau der ersten deutschen Eisenbrücke (über das Striegauer Wasser bei Laasan) wurde 1897 diese Eisenbahnbrücke über die Wupper eröffnet. Als älteste erhaltene Flußstahlbrücke Deutschlands ist sie ein Markstein der Entwicklung des ingenieurmäßig kalkulierten Eisenbrückenbaues von den gußeisernen über die schmiedeeisernen zu den bogenförmigen Stahlkonstruktionen hin. *AF*

Wald

Ev. Pfarrkirche, ehemals St. Sebastian. An den roman. Turm schließt sich ein kreuzförmiger Zentralbau von Adolf v. Vagedes, 1818. Da die Neukonstruktion mit den Gewölben 1820 einstürzte, unternahmen Felderhoff und Heinrich Theodor Freyse die Vollendung im Sinne Schinkelscher Vorstellungen von einer ev. Predigtkirche.

STEINFURT (Steinfurt D2)

Burgsteinfurt (D2)

Die heutige runde Wasserburg dürfte auf eine karoling. Anlage zurückgehen, den zentralen Hof der 890 genannten Bauernschaft Sellen. 1129 werden die Herren von Steinfurt erstmals erwähnt, 1357 sind sie reichsunmittelbare Grafen. Als Arnold IV. 1606 stirbt, werden die Besitzungen, zu denen auch die Grafschaft Bentheim gehört, geteilt. Es entstehen die Linien der Grafen zu Bentheim-Steinfurt und Tecklenburg-Bentheim. 1815 kommt die Grafschaft zu Preußen, das die Grafen zu Fürsten erhebt. – In der Geschichte der Stadt mischen sich bürgerliche und dynastische Elemente. Die Stadt der Handwerker und Handelsleute wird im 14. Jh. befestigt. Sie erhält geistigen Rang, als Graf Adolf IV. 1591 eine Universität in ihr gründet, als Arnoldinum eine Trutzburg des ref. Glaubens in Westfalen.

● **Schloß**

Die 1129 erwähnte Wasserburg Steenvorde der Edlen von Steinfurt wurde 1164 von dem benachbarten Edlen von Ascheberg zerstört. Mit Hilfe des Kölner Erzbischofs Reinald von Dassel baute man sie bald wieder auf und verstärkte sie mit einem mächtigen Bergfried, dem »Buddenturm«. Von dieser roman. Burg des 12. Jh. ist die Schloßkapelle erhalten. Aus dem 13. Jh. stammt der Rittersaal. 1559 entstand der Renaissance-Erker vor dem Empfangssaal, 1595 die Schloßbrücke, 1596 der hohe viereckige Renaissance-Turm. Im 17. und 18. Jh. wurde die Burg weiter ausgebaut; 1776–86 trug man die Wälle und den Buddenturm ab. Das Torhaus vom Ende des 16. Jh., in dem als Burgmannen u. a. die Ritter von Rheine saßen, erfuhr 1617 eine Erneuerung.

Schloß und **Vorburg** liegen auf 2 Inseln der Aa und sind durch eine Brücke verbunden. Von der weitläufigen eiförmigen Anlage des Schlosses ist die roman. **Schloßkapelle** der älteste Teil (2. Hälfte des 12. / Anfang des 13. Jh.). Es handelt sich hier um eine auch von anderen Burgen bekannte Doppelkapelle, d. h. um 2 Kapellen in 2 Geschossen übereinander, die durch eine Öffnung miteinander verbunden sind. Die Unterkapelle der Anlage hat im Grundriß die Form eines Kreuzes mit 5 Gewölbejochen. Die obere Kapelle ist 2schiffig und 2jochig mit

Steinfurt. Burgsteinfurt. Schloß. Konzertsaal im Bagno (zu S. 672)

einem seitlichen Joch. Kräftige Pfeiler tragen auf einfachen Kämpfergesimsen die rundbogigen Gurte der gratigen Kreuzgewölbe. Das roman. Portal mit den Ecksäulen und reichen Kapitellen zeigt in den Bogenläufen sehr eigenartige Ornamente. – Den spätroman. **Rittersaal** (Mitte des 13. Jh.; 1877–79 eingreifend hergerichtet) teilt ein niedriger Mittelpfeiler in 4 Joche, deren Gewölbe von spitzbogigen Gurten und derben Rippen getragen werden. Die 2teiligen, nachträglich vergrößerten roman. Fenster stehen in spitzbogigen Nischen. – Der **Hof** bietet vielfältige und malerische Anblicke. Bemerkenswert ist besonders der schöne Frührenaissance-Erker von 1559. Sein Pfeileraufbau in 2 Geschossen aus Sandstein ist reich mit Wappen, Köpfen, Reliefs, Inschriften und Ornamenten verziert. Meister des Erkers ist Johann Brabender, auch Beldensnider genannt. Seine Hausmarke ist am Pfeiler im Inneren eingeschlagen. Das **Brunnengehäuse** auf der Vorburg, ein pavillonartiger Aufbau auf 4 Säulen, 1727, stammt aus dem Stift Frenswegen, ebenso 2 barocke Bildwerke von Johann Mauritz Gröninger in der Schloßkapelle.

Bagno. Den autonomen Park des 18. Jh., der das Schloß zu einem Teil unter Teilen machte, verwirklichten die Grafen zu Bentheim-Steinfurt. Seit 1765 wurde er ihrer Wasserburg vorgelagert. Dieser Bagno, ursprünglich nach Art französ. Parks angelegt, wurde unter Graf Ludwig (1780–1817) in der gewandelten Auffassung englischer Gärten verändert und erweitert. Seine heutige Gestalt, in der von den Baudenkmälern nur der **Konzertsaal** von 1774 – der erste auf dem europäischen Kontinent – erhalten ist, läßt kaum noch ahnen, daß er zu seiner Zeit die bedeutendste Parkanlage im Nordwesten des Reiches war, die aus gutem Grund mit den Anlagen der Wilhelmshöhe bei Kassel wetteiferte.

Große Kirche. Die ev. Pfarrkirche des 15. Jh., mit Resten eines Baues des 13. Jh., enthält einen der seltenen steinernen got. Lettner (1497) mit einer schönen Maßwerkgalerie. – Daneben liegt die im 12. Jh. gegründete, besonders eingehegte **Kommende des Johanniterordens** mit Gebäuden des 17. und 18. Jh. und einem Torhaus von 1606.

Das reizende **Alte Rathaus** von 1561 erfreut durch seine Laube, die von 3 spitzbogigen Arkaden gebildet wird, und durch seine hohe Giebelfassade. Heute Heimatmuseum. – Am Marktplatz liegen mehrere bemerkenswerte **Bürgerhäuser** des 17. und 18. Jh.

Fachhochschule Münster, Außenstelle Burgsteinfurt, 1964–71 von Dieter G. Baumewerd.

Borghorst (D2)

Kath. Pfarrkirche St. Nikomedes, ehem. Stiftskirche
Von dem 968 gegr. Nonnenkloster hat sich keine Spur erhalten. Seine Kirche diente als Pfarrkirche, wurde dann abgebrochen und 1885–89 durch einen Bau Hilger Hertels d. Ä. im Sinne des got. Historismus ersetzt.
Er bewahrt große Teile des *Kirchenschatzes,* in ihm Werke europäischen Ranges. Roman. Leuchter mit verschlungenen Drachen und anderen Tiergestalten an den Füßen gehören zu den plastisch überzeugendsten ● Beispielen ihrer Art. Der wertvollste Besitz ist das *Gemmenkreuz,* das im 11. Jh. entstand. Das 41 cm hohe Reliquienkreuz ist mit Reliefs beschlagen, die in Gold die Kreuzigung Christi, Heiligengestalten, Kaiser Heinrich II. und die Borghorster Äbtissin Berhta zeigen. Filigranwerk, Halbedelsteine und antike Gemmen füllen die Flächen. Im Schnittpunkt der Balken ruht die Reliquie in einer Kristallflasche. Ikonographisch interessant die umstrittene Himmelfahrt Kaiser Heinrichs II. Das Kreuz darf als die bedeutendste Goldschmiedearbeit gelten, die in Westfalen aus ottonischer Zeit erhalten ist. Der moderne Hochaltar ist ein Werk des Bildhauers Hans Dinnendahl (1951).

STEINHEIM (Höxter H3)

Seit 1231 war die Pfarrkirche des Ortes Sitz des Erzdiakons des Bistums Paderborn, 1275 verlieh Bischof Simon I. von Paderborn der Ansiedlung Stadtrechte.

Kath. Pfarrkirche St. Mariä Himmelfahrt. Die heutige Hallenkirche war zuerst eine kreuzförmige Basilika mit Stützenwechsel, ein Bau der von Lippoldsberg abhängigen Wesergruppe. Spitzbogige Gurte im Langhaus und der Kleeblattbogen eines Tympanons lassen ihre Entstehung im frühen 13. Jh. wahrscheinlich erscheinen. Umbauten erfolgten 1481 (O-Teil des N-Schiffes, zugleich Chorerweiterung), 1665 (S-Schiff) und 1877/78 (W-Teil des N-Schiffes). Die Seitenportale sind z. T. erneuert, bemerkenswert die *Tympana*: im N 3 Kreuze unter einem Kleeblattbogen, die Zwickelpartie zum Rundbogen mit Rankenwerk gefüllt; im S die Majestas Domini.

Vinsebeck (H3)

Wasserschloß (Graf v. Wolff-Metternich). Es gibt im östl. Westfalen kaum ein anderes Schloß, das so schön wie dieses in einer Parklandschaft liegt, umrahmt von den Wasserflächen der Graft, den Brücken und Mauerbalustraden. Das Schloß wurde um 1720 von dem Baumeister Justus Wehmer aus Hildesheim für den Paderborner Domherrn Johan Ignaz von der Lippe und seine 3 Brüder erbaut. Der Bau knüpft an die klassizist. Strömung des westfäl. Barock an. Architektonisch ist der Baukörper von wohlabgewogener Gestaltung; dabei wird auf gliedernde und ornamentale Formen verzichtet. Der ungewöhnliche H-förmige Grundriß ist dadurch bedingt, daß jeder Flügel von einem Bruder bewohnt und der Mittelbau gemeinsam benutzt wurde. Der Eingangsseite geben die 2 an den Ecken der Insel stehenden Rundtürme (Archiv- und Renteiturm) einen besonderen Akzent. – Im Inneren gut stukkierte Räume, gemalte Tapeten des 18. Jh., meist mit Landschaftsmotiven, im Chinesenzimmer, Driburger Zimmer und Mohren- und Kinderzimmer. Im italienischen Zimmer illusionistische Architekturmalerei. Alles nach 1720. – Der Garten hat seine barocke Grundstruktur bewahrt. **Orangerie** und **Wirtschaftsgebäude** Mitte 18. Jh.

STOLBERG (Rhld.) (Aachen A7)

Im Schutz der seit dem frühen 12. Jh. faßbaren Burg Stolberg, die seit 1396 in den Besitz der Grafen von Jülich gelangte, entstand der Ort Stolberg, der schon im 14. Jh. Hüttenwerke hatte. Die in der Nähe anstehenden Galmeifelder für das Zink bildeten zusammen mit dem »Kohleberg« bei Eschweiler und eingeführtem Kupfer die Grundlage für eine Messingproduktion, die um 1600 mit aus Aachen ausgewiesenen und hier ansässig gewordenen protestantischen Kupfermeistern einen gewaltigen Aufschwung erlebte.

Ev. Pfarrkirche im Vogelsang. 1schiffiger Bau von 1647/48 mit 3seitigem Chorschluß und W-Turm. Einheitliche Ausstattung, Kanzel in Verbindung mit Altar und Orgel (1647).

Ein ähnlicher Bau ist die **ev. Pfarrkirche auf dem Finkenberge** von 1726 mit älterem Turm. Portal von 1688. – Auf dem dazugehörigen **Friedhof** zahlreiche Grabsteine von Kupfermeisterfamilien (meist in Form liegender Blausteinplatten) mit Wappen und Bibelsprüchen aus dem Ende des 17. bis Anfang des 18. Jh.

Hochgelegene **Burg,** im Kern ein Bau des 15. Jh., bestehend aus Herrenhaus, doppeltem Mauerring, 3 Rundtürmen und rundem Bergfried. Dieser wurde nach 1888 erneuert, dabei die ganze Burg erweitert und umgebaut. Rekonstruierender Wiederaufbau nach Kriegsschäden 1951 bis 1953.

Für Stolberg charakteristisch sind die im Stadtgebiet und in der Umgegend erhaltenen **Kupferhöfe**, meist mehrflügelige, 2geschossige Bruchsteinbauten des 17. und 18. Jh. mit Fenstergewänden und Schmuckformen aus Blaustein. Beispiele sind die jetzige **Adlerapotheke** (Bergstr. 21), 1575 datiert, der älteste erhaltene Kupferhof; **»Stöck«** (Cockerillstr. 17–29) von 1726/27; **»Grünenthal«** (Steinfeldstr. 2) mit dem 1703 datierten Herrenhaus; **»Schardt«** (Zweifallerstraße/Schardtstraße), gegründet um 1600, mit Gebäuden des 18. und frühen 19. Jh.; besonders stattlich der **»Hof Rosenthal«** (Rathausstr. 63–69), 1724 von Tilman Roland erbaut. Bei dem Kupferhof **»Atscher Mühle«** (Rhenaniastraße) noch 2 **Schmelzöfen** aus Bruchstein.

Grube Atsch. Schachtanlage aus dem frühen 19. Jh. (vgl. dazu →Eschweiler, Grube Zentrum).

Das **Ortsbild** wurde besonders gegen Ende des 19. Jh. durch Um- und Neubauten eingreifend geprägt; bemerkenswert besonders der Rathausplatz.

Breinig

Langgestrecktes Straßendorf, dessen Bebauung, meist 2geschossige Bruchsteingebäude mit Blausteingewänden aus dem 17.–19. Jh., noch weitgehend geschlossen erhalten ist.

Kath. Pfarrkirche St. Barbara. Neugot. Bruchsteinbau, 1822–25 von Johann Peter Cremer.

STRAELEN (Kleve A4)

Der Ort erwuchs aus einem zum Grundbesitz der Abtei Siegburg gehörenden Hof, der im 14. Jh. an die Grafen von Geldern kam. 1428 erhielt er Stadtrecht. Nach Schleifung der Befestigungswerke seit 1672 offene Stadt.

● **Kath. Pfarrkirche St. Peter und Paul.** Eine ringförmige Häuserzeile umschließt die Kirche und den Bereich des ehem. Friedhofes, der sie umgab (vgl. → Wachtendonk, → Remscheid-Lennep u. a.). Die Anlage wurde um 1400 als Halle an einen W-Turm vom Anfang des 13. Jh. angebaut. Die wesentlich höheren O-Teile hat man am Ende des 15. Jh. bis kurz vor 1507 als Pseudobasilika erneuert. Der W-Turm erhielt nach einem Brand 1612 2 weitere Geschosse. Ausstattung. Bei der Restaurierung 1979 wurden in den O-Teilen 1507 datierte qualitätvolle Gewölbemalereien freigelegt: im Chorpolygon der Schmerzensmann, Heilige und Engel, im Netzgewölbe des Mittelschiffes floraler Dekor. Ältestes Ausstattungsstück ist die um 1200 entstandene Taufe aus Namurer Blaustein, mit derben figürlichen Reliefs. Von den 3 hervorragenden *Schnitzaltären* sind der Hochaltar mit Passionsszenen und der nördl. Marienaltar um 1520/30 in Antwerpen entstanden, der südl. um 1480 (mit Malereien um 1600) in Braunschweig. Das Sakramentshaus im Chor ist ein vortreffliches Werk aus weißem Sandstein, um 1500 gearbeitet. Reich ausgestaltete Kanzel von 1628. Von der übrigen Ausstattung sind noch zu nennen das 1503 entstandene, später übergangene Chorgestühl im nördl. Seitenschiff (im S-Schiff ein Gegenstück des 19. Jh.), die Kommunionbank mit geschnitzten Füllungen des frühen 18. Jh. sowie in der Taufkapelle der Reliquienschrein in Hausform aus der 2. Hälfte des 14. Jh. *VO*

Schleuse Louisenburg, im Zusammenhang mit Napoleons – unvollendetem – Projekt einer Kanalverbindung Rhein–Maas–Antwerpen 1808–10 gebaut. Mit den erhaltenen Strecken der Trasse (z. B. Neuss–Neersen), den 3 **Schleusenwärterhäusern Neuss, Mönchengladbach** und **Niederdorf** und einigen Arbeiterhäusern ist sie eines der wenigen Zeugnisse für ein großangelegtes Unternehmen, von dessen Vorgängerin, der sog. **Fossa Eugeniana** aus dem 17. Jh., ebenfalls noch Trassenreste auf der Linie Rheinberg–Venlo erhalten sind. – Die mit Hausteinen ausgekleidete, 42 × 6,60 m messende Schleusenkammer war die erste einer Reihe von 7 projektierten Schleusen, deren Aufgabe es war, die 28 m Höhenunterschied zwischen Louisenburg und der Einmündung des Kanals in die Maas zu überwinden. *AF*

TELGTE (Warendorf E2/3)

Der als Wallfahrtsziel – und Schauplatz einer Erzählung von Günter Grass – bekannte Ort, einst Mitglied der Hanse, erhielt schon im 13. Jh. Stadtrechte. Wenn auch bedeutende Bauwerke fehlen, so zeigt das Stadtbild mit seinen engen Gassen und schlichten niedrigen Häusern in Backstein, meist aus dem 18. Jh., manche Reize.

Die älteste Holzkirche lag mitten im Ort. Die jetzige **kath. Stadtkirche St. Clemens,** unmittelbar an einem Wehr der Ems gelegen, wurde 1522 auf den Fundamenten der ehem. »Florenzburg« als hohe und weiträumige Hallenkirche von 4 Jochen und mit ⅝-Chorschluß begonnen, 1868 um ein Joch und den Turm nach W erweitert. Von der Ausstattung ist eine liebliche Muttergottesfigur aus der Mitte des 15. Jh. beachtenswert.

Auf der S-Seite des Kirchplatzes ließ Fürstbischof Bernhard v. Galen die **Wallfahrtskapelle zur seligen Jungfrau Maria** errichten. Nach dem Entwurf des Peter Pictorius d. Ä. entstand 1654–57 ein 8eckiger Sandsteinbau mit freistehenden korinthischen Säulen an den Ecken. Gute moderne Innengestaltung 1959 durch Ludwig Baur und Karl Schrage. Das *Gnadenbild* ist ein in Holz gearbeitetes Vesperbild aus der Zeit um 1370, herb und verhalten als Andachtsbild, in der Form schon ergriffen vom raumkörperlichen Realismus des 15. Jh. Neben der Pfarrkirche die barocke Emsmühle von 1754 mit dem Prachtwappen des Kurfürsten Clemens August von Johann Christoph Manskirch.

● Die alte Pastoratsscheune am Kirchplatz, um 1600, birgt das **Heimatmuseum Münsterland,** dessen 1937 von Dominikus Böhm angebauter 3giebeliger Trakt u. a. das »Telgter Hunger- oder Fastentuch«, ein kostbares Werk westfäl. religiöser Volkskunst aus dem Jahre 1623, enthält, eine Filetstopfarbeit von 7×4 m mit 33 Darstellungen aus der Leidensgeschichte Christi. Die Sammlungen zeigen die bäuerliche Wohnkultur des Münsterlandes, die Geschichte der Wallfahrt und eine Dokumentation über Clemens August Kardinal v. Galen, Bischof von Münster (1933 bis 1946), darunter eine Bronzebüste von Edwin Scharff. Sehenswert ferner eine Sammlung von Weihnachtskrippen.

UNNA (Unna E4)

Die 1032 erstmals erwähnte westfäl. Kreisstadt am Beginn der Sauerländer Berge war eine bedeutende Handels- und befestigte Landstadt der Grafschaft Mark. Das 18. Jh. brachte ihr ein Solbad, das 19. Jh. Anteil an der industriellen Entwicklung des Ruhrreviers.

Ev. Pfarrkirche, ehemals St. Clemens. Die Hallenkirche, 1396 mit dem Chor vollendet, ist bemerkenswert durch die Verbindung westfäl. und rheinischer Bauformen des 14. Jh. Ihr älterer Teil, das 3schiffige Langhaus, zeigt den Typ der got. westfäl. Hallenkirche. Es schließt in einem 5seitigen Chor, den die Seitenschiffe in ihrer ganzen Breite und Höhe umlaufen. Der rheinische Umgangschor wird der Hallenkirche einbezogen, zugleich ihr urspr. Anliegen einer hohen Einheit von Chor und Gemeindehaus eigenwillig erfüllt. Der starke westl. Turm (1407–67 gebaut und 1863 durch Ernst Friedrich Zwirner umgestaltet) springt in das Mittelschiff ein. In der Ausstattung fallen 2 Sakramentstürme aus der Mitte des 15. Jh. auf. Kanzel von Johann Sasse, spätes 17. Jh.

Hellweg-Museum (Burgstr. 8). Das in der alten Burg der Grafen von der Mark untergebrachte Museum zeigt in 10 Abteilungen Dokumente der Kultur, Kunst- und Wirtschaftsgeschichte der Stadt und der Umgebung. Bedeutend die Münzsammlung mit dem Schatzfund von Unna, einem der ältesten mittelalterl. Goldmünzfunde. Beachtung verdient die technische Abteilung mit historischen Darstellungen aus Bergbau und Salzgewinnung.

VELBERT (Mettmann C5)

Alte ev. Kirche. 1765–69 errichtet als Bruchsteinsaal mit vorgesetztem W-Turm; typisch die Innenausstattung einer bergischen reformierten Predigtkirche mit Emporen und dem Übereinander von Altar, Kanzel und Orgel. *VO*

Ev. Christuskirche. Zusammen mit Gemeindehaus und Pfarrhaus 1908 bis 1910 von Carl Krieger in den Formen des späten Jugendstils erbaut. Die Anordnung von Altar, Kanzel und Orgel entspricht dem sog. »Wiesbadener Programm« (vgl. die Friedhofskirche in →Wuppertal-Elberfeld). Bau und Ausstattung blieben bis heute fast unberührt. *VO*

Kath. Rektoratskirche St. Paulus (Poststraße/Heidestraße), 1954/55 von Gottfried Böhm. Über einem einfachen kreuzförmigen Grundriß mit schwach ausladendem Querhaus ein überraschender Aufbau. Das längsgerichtete Hauptschiff senkt sich von der Eingangsseite in abflachender Kurve zum Altarraum in der Vierung; es ist fensterlos bis auf die begleitenden Wandstücke über den Eingängen zu seiten der sich vorrundenden ovalen Taufkapelle. Ein breites, vom Boden ansteigendes Tonnengewölbe bildet das Querhaus; seine scheibenartige Vorder- und Rückseite ist ober- und außerhalb des Hauptraumes völlig in Fenster aufgelöst. Die Decke des Hauptraumes erscheint in der Vierung durch das Querhaus hindurchgeschoben und in der Form eines strahlenförmigen Baldachins zum Licht hin geöffnet.

Langenberg (C5)

Um die **ev. Pfarrkirche,** eine typische Predigtkirche, 1725/26 von Johann Michael Moser, gruppiert sich ein malerisches **Ortsbild** mit durch die enge Tallage bedingten Höhenunterschieden, verwinkelten Gassen und steilen Treppen. Die Fachwerkhäuser sind meist verschiefert oder mit Brettern verkleidet. *VO*

Neviges (C5)

Die Stadt trug bis 1935 den Namen ihrer Burg: Hardenberg. Erstmals 1145 erwähnt, fiel sie 1355 an die Herren von Berg. Im 16. Jh. gab man die Höhenburg auf und baute die heutige Wasserburg unterhalb der Stadt. Großer Wallfahrtsort der Unbefleckten Empfängnis, deren Gnadenbild 1680 aus Dorsten in die Franziskanerkirche kam. Zu seinen Ehren wurde 1966–68 das neue Wallfahrtszentrum von Gottfried Böhm gebaut, das »rheinische Ronchamp«.

Die **ev. Kirche** von 1740–46 mit einem Chor des 15. Jh. und einem W-Turm von 1697 hat noch die für Predigtkirchen typische Ausstattung und ist heute noch von einem Kranz von Schieferhäusern umgeben. *VO*

Kath. Pfarrkirche und Klosterkirche der Unbefleckten Empfängnis. 1670 gebaut als Pfarrkirche, doch schon 1676 mit einem Franziskanerkloster verbunden, 1728 erneuert. 1schiffige Bettelordenskirche mit Dachrei-

Velbert. Neviges. Wallfahrtskirche Maria, Königin des Friedens Altarbezirk

ter, 1888 im S Galerie mit Beichtkapelle angebaut. Nach Schäden im 2. Weltkrieg bis 1956 wiederhergestellt. – Gute barocke Seitenaltäre in schwarzem und weißem Marmor, Ende 17. Jh. Die übrige Ausstattung stammt aus der 1. Hälfte des 18. Jh.

Wallfahrtskirche Maria, Königin des Friedens ●

Die Wallfahrtsstätte, eine der bedeutendsten Architekturen der kirchlichen Kunst im 20. Jh., 1965–68 von Gottfried Böhm gebaut, hat ein komplexes Raumprogramm. Von der Straße führt ein weitläufiger Prozessionsweg zur Wallfahrtskirche. Sie gliedert sich in einem großen vielgestaltigen Einraum, der Platz für 7000 Personen hat. Von ihm sondern sich die Marienkapelle und Sakramentskapelle organisch ab. Eine Unterkirche dient der Beichte, der Meditation und dem privaten Gebet.

Böhm führt die Prozessionsstraße, besser als Pilgerweg zu bezeichnen, in gelassen ansteigenden Rampen, die ab und zu von flachen Treppen gegliedert werden, zum Kirchenportal. Rechts begleitet ihn eine Baumreihe, links eine gestufte Gruppe aus halbrunden Baukörpern, die im Erdgeschoß Läden, im vorkragenden Obergeschoß Pilgerherbergen hat. Hinter diesem Unterbau erhebt sich ein vielfach gefaltetes monumentales Betongebilde, bei dem man unwillkürlich an eine Verbindung von Zelt Gottes und Gottesburg denkt – den 2 Grundtypen des christlichen Kirchengebäudes.

Der Innenraum bestätigt diesen Eindruck. Er hat einen Grundriß, dem ein schräggestelltes Rechteck einbeschrieben ist, das von 14 runden oder eckigen Segmenten umgrenzt wird. Eine Grundidee des Neuen Bauens, der fließende Raum, wird zum Ereignis. Der Aufbau entspricht in wechselnden Zeltformen, Faltkuppeln und vielfach gestaffelten durchlässigen Wandpartien dem Grundriß. Le Corbusiers Wallfahrtskapelle in Ronchamp und Dominikus Böhms St. Engelbert in Köln-Riehl, eine Inkunabel des modernen Gotteszelt-Baues, sind in diese Raumdisposition eingegangen.

Die gebaute Architektur setzt sich diaphan fort in sparsam eingesetzten großen *Fenstern,* deren Grundthema Maria als mystische Rose ist. Gottfried Böhm nahm als Maler das Thema beim Wort. Riesige Rosen stehen inmitten verwandter Symbole.

Die dem Bildhauer Elmar Hillebrand anvertraute Ausstattung entspricht der Qualität der Architektur. Der Blockaltar aus Pepperino beschränkt sich auf sparsame, in der Fläche bleibende Ornamente. Bemerkenswert die Tabernakellösung: Hillebrand gestaltete nicht einen erhöht stehenden Kasten, er griff die Idee des got. Sakramentshauses auf und errichtete eine 7 m hohe Sakramentssäule. Nicht weniger originell die Präsentation des Gnadenbildes, das nichts anderes ist als ein kleiner Kupferstich, ein Andachtsbild des 17. Jh. Hillebrand hat eine etwa 4 m hohe Mariensäule geschaffen, einen abstrahierten Baum, aus dem das Kreuz wächst. Aus dem Kreuz steigt die Madonna mit dem Kind auf. Das Gnadenbild ist sichtbar in den Stamm dieses Lebensbaumes eingelassen – bescheidene und wirkende Mitte der großen modernen Wallfahrtsstätte.

Schloß Hardenberg, jetzt **Stadtarchiv.** Im 16. Jh. anstelle der Höhenburg errichtete, ehemals wasserumwehrte Anlage. Das Herrenhaus, Ende des 17. Jh. zur heutigen Form umgebaut, ist bewehrt von 4 durch Mauern verbundene runde Batterietürme auf einer Ringinsel. *VO*

VELEN (Borken C3)

Kath. Pfarrkirche St. Andreas. Neugot. Basilika, 1858–61 von Hilger Hertel d. Ä.

Das **Wasserschloß** (Bundeszollschule) zeigt die harmonische Einheit einer einfachen, durch einen Wassergraben bewehrten Schloßanlage mit der Parklandschaft des Münsterlandes. Das hufeisenförmige Herrenhaus wurde gegen 1700 erbaut. In dem Mit- und Zueinander seiner roten Backsteinflächen und der Hausteingliederung in Fenstereinfassung, Flachgiebel und Freitreppe tritt bereits der Klassizismus niederländischer Prägung in Erscheinung. Die Ausstattung ging mit kostbarem klassizist. Mobiliar bei einem Brand 1931 verloren.
Johann Conrad Schlaun, der 1744/45 den N-Flügel umgebaut hatte, errichtete (mit Gerhard van der Giese) 1753/54 auch die **Orangerie.**

VIERSEN (Viersen B5)

Kath. Pfarrkirche St. Remigius. Der heutigen Kirche ging eine Pfeilerbasilika des 12. Jh. voraus. In der 2. Hälfte des 14. Jh. entstanden der W-Turm und der südl. Nebenchor mit den zugehörigen beiden Jochen. Etwa 100 Jahre später kam es zum Bau der 3schiffigen, sterngewölbten Stufenhalle. Die Kirche wurde 1861–66 und 1895–98 restauriert. Die Schäden des 2. Weltkrieges waren 1963 behoben.

Ringofenziegelei (Süchtelner Straße). Eine der einst sehr zahlreichen Ringofenziegeleien des Niederrheins, dem vormaligen Zentrum der deutschen Ziegelindustrie. – Die gigantische Aufbauleistung der deutschen Städte in der Industrialisierungsepoche wäre ohne die Entwicklung des sog. Hoffmannschen Ringofens (1859) gar nicht denkbar gewesen. Die ursprünglich kreisrunden, dann langgestreckten, trutzig wirkenden Bauten bewirkten eine Vervielfachung der Produktion unter hoher Brennkostenersparnis. Rheinische Ziegeleien waren mit hohen Lieferquoten beteiligt am Aufbau der Reichshauptstadt Berlin. *AF*

VREDEN (Borken C2)

Ehem. Frauenstiftskirche St. Felicitas

Vreden gehört zu den Zentren kirchlichen Lebens im Reich der Karolinger und der Sachsenkaiser. Sein Frauenkloster galt als eines der vornehmsten im Land der Sachsen. Graf Wigbert, ein Sohn Widukinds, war sein Stifter. Die Vorgängerbauten standen nicht auf dem Platz der heutigen Stiftskirche, die um 1060 entstand. Die Grundmauern jener älteren fand man unter der im 15. Jh. an einen roman. Turm angebauten kath. Pfarrkirche St. Georg. Die bestehende Frauenstiftskirche wurde um die Mitte des 11. Jh. südl. der alten Stiftskirche angelegt, aber erst 1180 vollendet.

Die Kirche wurde durch Bomben schwer getroffen, der Turm stürzte noch 1949 ein. Da aber die Mauern erhalten blieben, konnte die Kirche im Wiederaufbau gerettet werden.

Ihr erster Bauabschnitt war die *Krypta,* eine 3schiffige Hallenanlage, die sich in einen größeren westl. und einen kleineren östl. Teil gliedert. Kreuzgratgewölbe zwischen flachen Gurtbogen überspannen ihre 4 Joche – die ersten ihrer Art in Westfalen. 4 Pfeiler und 2 Säulen stützen abwechselnd das Gewölbe. Säulen und Pfeiler werden unter den Händen des Bildhauers zu plastischen Kunstwerken; Kanneluren, Rundstäbe und flache Rundbogen ziehen ein präzises Ornament über Flächen und Rundungen. Die Säulen tragen teils korinthisierende Kapitelle mit Neigung zur Verblockung und scharf kerbendem Schnitt, teils muldenförmige Kapitelle mit fein stilisiertem Rankenwerk. – Ein ausdrucksvolles Werk der Spätgotik ist das hier aufbewahrte Vesperbild, gegen 1500.

Der um 1180 vollendete heutige Bau ist ein später Nachklang der 1schiffigen Anlagen, wie sie die erste Stiftskirche von St. Patroklus in Soest entwickelte, ein sehr langgestreckter Einraum von insgesamt 54 m Länge und fast 8 m Breite. Er hat 4 quadratische Joche, ein Querschiff, einen 2jochigen Chor mit 5seitigem Schluß. Während Lisenen die N-Seite des Schiffes gliedern, stützen got. Strebepfeiler die S-Seite und den Chor (1427). Der sonst turmlose Bau hat im NW-Winkel des Querschiffes ein kleines vieleckiges Treppentürmchen. Im Inneren ruhen die gratigen Kreuzgewölbe des Langhauses und des Querschiffes mit den breiten Quergurten und geringeren Schildgurten auf Halbsäulen mit Kapitellen, die z. T. mit Palmettenringband- und Flechtbandmotiven nach dem Vorbild der W-Krypta des Bremer Domes geschmückt sind.

Als nördl. Portal dient heute das höchst qualitätvolle spätroman. *Stufenportal* der zerstörten früheren Stifts- und späteren Pfarr- ●

kirche (2. Viertel des 13. Jh.). Es erhielt sich als einziges Bruchstück des vernichteten Baues. Im präzisen Steinschnitt seiner mit Kerb- und Bandornamentik geschmückten Rundwülste zeigt es den hohen architektonischen Sinn der Erbauer, die ohne Standbild und Tierzeichen versuchten, das Portal ganz aus architektonischen Elementen zu bilden.

● Hohen Rang in der Skulptur um 1700 hat das *Grabmal der Äbtissin Maria Franziska von Manderscheid,* ein Werk des Johann Mauritz Gröninger. Die Äbtissin kniet vor einem Engel, der ihr das Kruzifix entgegenhält – eine der selbstbewußtesten und künstlerisch stärksten Bildgestalten ihrer Zeit. – Der fein gearbeitete Kronleuchter ist mit 1489 bezeichnet. – Ansehnlicher Kirchenschatz.

Kath. Pfarrkirche St. Georg, eine Hallenkirche, die im 2. Weltkrieg zerstört und 1952–57 durch einen Neubau ersetzt wurde. Darin ein großer Antwerpener Schnitzaltar des frühen 16. Jh., eine schöne Katharinenfigur der gleichen Zeit und 5 spätgot. Apostelfiguren.

Hamaland- und Bauernhausmuseum, Kreismuseum Borken (Butenwall 4). In einem Bauernhaus mit Speicher (Stadtpark) und dem Hamalandmuseum (Gasthausstraße) sind die volkskundlichen Sammlungen der Region und eine Kollektion sakraler Kunst ausgestellt.

Zwillbrock (B2)

Das ehem. Franziskanerkloster wurde 1561 durch den Fürstbischof Christoph Bernhard v. Galen (1650–78) als Missionsstation an die niederländisch-deutsche Grenze gelegt, um den holländischen Altgläubigen in den kalvinisch gewordenen Generalstaaten die Teilnahme am kath. Gottesdienst zu ermöglichen. 1670–1811 war es Kloster.

● **Kath. Pfarrkirche St. Franziskus,** ehem. Klosterkirche. Die 1717/18 gebaute 1schiffige Kirche aus Ziegeln mit Sandsteingliederungen ist ein Saalbau mit 4 Jochen und geradem Chorschluß, vielleicht von Gottfried Laurenz Pictorius. Wirkungsvoll ist die W-Fassade mit der Vorhalle, deren beide Giebel mit Bogenaufsätzen versehen sind. Das Innere überrascht durch seine reiche spätbarocke Ausstattung. Der bis ins Gewölbe aufsteigende Hochaltar (1752) bildet mit den beiden Nebenaltären von 1717 und 1725, der eleganten Kanzel, den Beichtstühlen, der Kommunionbank und einer großen Orgel in den architektonischen Formen wie in der farbigen Behandlung eine schöne Einheit. Außerdem birgt der Raum einige gute niederrheinische Holzplastiken des 15. und beginnenden 16. Jh. Vorzüglich das Standbild des hl. Ludwig und 2 Leuchterengel. Stehende Muttergottes, vermutlich niederländisch, 2. Hälfte des 15. Jh.

WACHTBERG (Rhein-Sieg-Kreis C7)

Berkum (C7)

Burg Odenhausen. Die Brücke über den äußeren Graben und ein barockes Tor führen in den **Wirtschaftshof,** von dem eine 3bogige Brücke zu dem 2flügeligen **Herrenhaus** von 1560 überleitet. Der Neubau erfolgte, als die Burg im Besitz des Ludwig v. Blackart war. In der Mitte ein wappengeschmücktes Portal. An der Ecke ein pavillonartiger Ausbau, der vorn einen 2geschossigen Erker mit spätgot. Maßwerk über der oberen Fensterreihe und an jeder Seite einen Volutengiebel trägt. Nach dem Hof zu ein Fachwerkvorbau. In der SW-Ecke des Hofes ein halb abgestürzter Rundturm. Der Bau bietet das sehr malerische Bild einer Wasserburg auf der Grenze zwischen dem Mittelalter und der Renaissance.

Villip (C7)

Schloß Gudenau •

Eine Burg bestand schon im 13. Jh. als Sitz der Herren von Gudenau, seit 1402 der Burggrafen von Drachenfels. 1477 kam sie an Otto Walbott von Bassenheim, den Stammvater der kurkölnischen Vögte Walbott zu Bassenheim. Seit der Belehnung mit dem Drachenfelser Ländchen, 1634, und dem Erwerb des Dingstuhls Villip war die Burg Sitz eines Territoriums, das vom Kottenforst bis zum Siebengebirge reichte.

Aus weiter Wasserfläche steigt eine der imposantesten Burgen des Rheinlands auf. Vom 13. bis zum 18. Jh. haben alle Stilepochen das Ihre zum Ausbau der malerischen Gruppierung von Haupt- und Vorburg beigetragen, vor allem in den Jahren 1557–62 und 1708–10. Das Herrenhaus umschließt, von 2 runden Ecktürmen bewehrt, einen quadratischen Binnenhof und gewinnt über einen Zwischenbau mit geschweiftem Walmdach Anschluß an den mächtigen Torturm. Dieser bewacht den Zugang zur hufeisenförmigen Vorburg mit ihren zwiebelbekrönten Rundtürmen an den Ecken. In der 2., äußeren Vorburg, einer ausgedehnten Dreiflügelanlage mit axialem Torturm von 1562, ist der landwirtschaftliche Betrieb untergebracht. Hinter der noch erkennbaren Anlage eines Renaissancegartens im S mit Bronzespringbrunnen und einer (verwahrlosten) Muschelgrotte von P. Laporterie breiten sich Park und Waldgelände aus.

WACHTENDONK (Kleve B5)

Burgflecken auf einer Niersinsel, der wegen seiner Lage an einem wichtigen Flußübergang bis zum Anfang des 17. Jh. zu einem der militärisch wichtigsten Orte des geldrischen Oberquartiers gehörte. 1588 wurde die Stadt zerstört, 1605 wurden die Befestigungen endgültig geschleift. Aus der regen Bautätigkeit des 17. Jh. sind trotz eines Großbrandes im Jahre 1708 noch einige Zeugen erhalten. Die ehem. Burg ist nur noch in Mauerresten erhalten.

Kath. Pfarrkirche St. Michael, 3schiffige, kreuzrippengewölbte Hallenkirche aus Backstein von 1381 mit überhöhtem Mittelschiff, Querschiff und vorgezogenem W-Turm. Chor, Sakristei und N-Kapelle von 1516 bis 1523.

Das Ortsbild des Landstädtchens wird noch heute geprägt von meist giebelständigen **Fachwerkhäusern** mit Backsteinfassaden aus dem 17. und 18. Jh.

Der **ehem. Pulverturm** stammt aus dem Jahre 1605/06, das **Rathaus** aus dem Jahre 1841. Vor den Toren eine 1620 datierte **Sebastianskapelle.**

WADERSLOH (Warendorf F3)

Liesborn (F3)

Kath. Pfarrkirche St. Cosmas und Damian, ehem. Klosterkirche

815 gründete der hl. Ludgerus in Liesborn ein Nonnenkloster, das 1131 in ein Benediktiner-Mönchskloster umgewandelt wurde.

Von der roman. Basilika dieses Mönchsklosters ist der niedere klobige Turm mit seinen gekuppelten Fenstern in den beiden oberen Geschossen erhalten. 1306 wurde mit dem Bau einer hochgot. Kirche begonnen, und zwar am Chor, dessen edle Maßwerkfenster dieser ersten Bauzeit angehören. Nach langer Unterbrechung entstand das Langhaus mit seinem spätgot. Maßwerk in den Fenstern; 1465 war es vollendet. Um 1500 entstand das Querschiff.

Die stattliche, schöne Gewölbemalereien enthaltende Kirche des 1803 aufgehobenen Klosters besaß ehemals einen Flügelaltar, von dem sich Teile jetzt im Landesmuseum Münster und in der National Gallery London befinden. Der Maler ist uns als »Meister von Liesborn« bekannt. Die Kunsttätigkeit des Klosters und die Liesborner Malerschule erlebten im 15. Jh. ihre hohe Blüte. Um 1520 entstand die schöne spätgot. Doppelmadonna, deren eine Hälfte hier bewahrt wird.

Heimathaus des Kreises Beckum (Abteiring 8). Bäuerliches Kulturgut. Kunsthandwerk. Geschichte des Kreuzes. Die ehem. Abtei Liesborn in Geschichte und Kunst. Wertvollster Besitz ist ein Tafelbild aus der Werkstatt des Meisters von Liesborn, 15. Jh.

WALTROP (Recklinghausen D4)

Das **Schiffshebewerk Henrichenburg,** erbaut 1894–99, an der letzten, 14 m höheren Haltung des Dortmund-Ems-Kanals (1892–99) überwindet die Differenz durch einen Schleusentrog für Schiffe bis 67 m Länge, 8,20 m Breite und 2 m Tiefe, der an beiden Seiten von 29 m hohen eisernen Fachwerkgerüsten getragen wird. Das immer gleiche Gewicht des Troges, des Schiffes und des von ihm verdrängten Wassers von 3000 t wird über 4 Spindeln elektrisch bewegt. Die Spindeln dienen lediglich der Führung des Troges und der Überwindung des Trägheitsmomentes, denn die ganze Last schwimmt auf 5 großen, 10 m hohen zylindrischen Hohlkörpern in 30 m tiefen und 9,50 m weiten Brunnen unter der Längsachse des Troges. Zur Schleusung waren der Trog an die untere oder obere Haltung wasserdicht angepreßt und die Tore von Kanal und Trog beim Öffnen und Schließen zur Durchfahrt der Schiffe miteinander gekuppelt. Die hohen, mit Sandstein verkleideten Pfeiler zu seiten des Ober- und Untertores sind leicht verjüngt und durch Simse und Konsolen gegliedert. Wenn sie auch den Flankierungen zeitgenössischer Brückenauffahrten ähneln, halten sie sich doch frei von überladenem Dekor. Das Werk wurde 1965 stillgelegt. *FM*

WARBURG (Höxter H4)

Ursprung der Stadt ist eine Burg auf dem Warberg, Anfang des 11. Jh. urkundlich genannt. Die Stadt entwickelt sich in der heutigen Altstadt; 1239 bildet sich jedoch bereits die Neustadt. Die 2 Quartiere werden nach 1260 durch eine Mauer getrennt. Die Stadt wird erst seit 1436 gemeinschaftlich verwaltet und erhält Bedeutung als Handelsplatz im Bund der Hanse, sinkt aber in nachmittelalterl. Zeit zu einer wohlhabenden Ackerbürgerstadt in der Warburger Börde ab.

Die Lage im Tal der Diemel, das Wachstum als Alt- und Neustadt geben Warburg ein schönes, gestuftes **Stadtbild.** Die Anlage steigt von der Altstadt im Diemeltal über die Terrassenmauer zur höher gelegenen Neustadt an. Vermittelnd zwischen ihnen liegen Rathaus und Dominikanerkirche auf halber Höhe des Hanges. Johanniskirche und Burgberg krönen schließlich die organisch aufgebaute, in kleinen Maßen großzügige Anlage. Europäische Kunstbedeutung erhielt Warburg im 16. Jh. Damals wirkte in der Stadt Anton Eisenhoit (1554–1603), der bedeutendste deutsche Silberschmied seiner Zeit.

Kath. Altstädter Pfarrkirche Mariä Heimsuchung ●

Nachdem die alte Pfarrkirche in der Altstadt auf dem Ikenberge 1283 zur Klosterkirche der Dominikaner gemacht worden war, bauten die Altstädter sich eine neue Kirche, wobei sie auch den Markt vom Platz der alten Kirche nach unten verlegten und das Kircheninventar mitnahmen. 1288 wurde mit dem Neubau begonnen; 1297 fand eine erste Weihe statt, die vermutlich den Chor betraf. 1429 entstand die Sakristei an der N-Wand des Chores. 1900 setzte man auf den Turm ein weiteres Geschoß mit einem äußeren Umgang und einem hohen spitzen Helm. Eine Inschrift am 2. Strebepfeiler des Langhauses lautet: »Johann Pardan me comperavit S. Marie« (Johann Pardan hat mich machen lassen zu Ehren der hl. Maria), womit vermutlich nicht der Baumeister, sondern ein Warburger Förderer des Baues genannt wird.

Die Kirche ist eine 3schiffige frühgot. Halle von 2 ungewöhnlich großen quadratischen Jochen im Mittelschiff und schmal oblongen Jochen in den Seitenschiffen, die in kleinen halbrunden, in der Mauer ausgesparten Apsiden auslaufen. Der Chor schließt nach einem sehr kurzen Joch 5seitig ab. Der massige, quadratische Turm ist zur Hälfte in das westl. Mittelschiffjoch einbezogen. 2 schöne reichgeschmückte Portale an der S- und W-Seite führen in das Innere, in welchem Rundpfeiler mit 8 runden Diensten auf verkröpften Laubkapitellen das Kreuzrippengewölbe tragen. 4 der Dienste sitzen auf Konsolen. Im Untergeschoß des Turmes ist auf einer reichgeschmückten Mittelsäule eine Empore eingebaut, die durch spitzbogige Öffnungen mit dem Mittelschiff und den Seitenschiffen verbunden und durch ein großes Maßwerkfenster im W beleuchtet wird.

Wertvollstes Stück der alten Ausstattung ist das silberne Altarkreuz vom Ende des 15. Jh., das dem Warburger Goldschmied Anton Eisenhoit als Vorbild für eigene Arbeiten diente.

● Kath. Neustädter Pfarrkirche St. Johannes Baptista

Bis auf den Chor ist die Kirche ein frühgot. Bau aus der Mitte des 13. Jh. Mehr als 100 Jahre später, 1366, begann man mit dem Neubau des hohen spätgot. Chores. Vermutlich kam man nur langsam mit dem Bau voran, denn 1396 schloß man einen Vertrag mit dem Steinmetzen Henrik von Eythach über den Bau des Chores; demselben Zwecke diente ein Vermächtnis von 1404. 1423 setzte man die Fenster ein. 1450 baute Arnold Pister die Kapelle (Taufkapelle) an der S-Seite der Kirche. 1902 bekam der Turm eine neue Bedachung und die umlaufende Galerie. Zu gleicher Zeit setzte man auch die maßwerkverzierte Dachgalerie auf den Chor.

Die 3schiffige Hallenkirche hat 2 quadratische Joche im Mittelschiff und oblonge in den Seitenschiffen, ein Querschiff, einen 2jochigen Chor mit 5seitigem Abschluß und einen vorgesetzten stattlichen W-Turm. Am südl. Querschiff führt ein schönes frühgot. Portal mit roman. Formen in das Innere, wo gleich im S-Querhaus ein Triumphkreuz des frühen 16. Jh. auffällt. Der kreuzrippengewölbte hohe Chor hat schöne schlanke Raumverhältnisse.

In halber Höhe an den Wanddiensten stehen auf Konsolen und unter Baldachinen hervorragende *Standbilder* aus der Vollendungszeit der

Kirche um 1430; Christus, Maria und 5 Apostel; Simon und Andreas stammen erst vom Anfang des 16. Jh.

Ev. Pfarrkirche, ehem. Dominikanerkirche. Die »St. Maria in Vinea« genannte Kirche war die älteste Pfarrkirche der Stadt. Der einfache roman. Hallenbau wurde 1283 gegen den Protest der Bürgerschaft von den Dominikanern übernommen und sogleich für die neuen Zwecke umgebaut. Man errichtete ein 2. südl. Seitenschiff und in dessen Achse den langen stattlichen got. Chor, der erst in der Mitte des 14. Jh. fertig wurde. Später erfolgten weitere Erweiterungsbauten, durch die 2 äußere Seitenschiffe hinzukamen. – Großer Hochaltar von 1665.

Kath. Burgkapelle, dem hl. Erasmus geweiht, im Friedhof. Das Untergeschoß bildete ehemals die Krypta der Andreaskirche, einer roman. kreuzförmigen Anlage aus der Mitte des 12. Jh. Die gotisierende **Oberkirche** ließ 1681 der Paderborner Fürstbischof Ferdinand v. Fürstenberg erbauen.

Das **Rathaus** wurde 1568 erbaut und 1902 durch den Aufbau eines weiteren Geschosses aus Fachwerk erweitert und erneuert. Die 4bogige Laube im Erdgeschoß diente als Durchgang zwischen Altstadt und Neustadt.

In Alt- und Neustadt haben sich noch zahlreiche **Fachwerkbauten** aus der Zeit vom ausgehenden Mittelalter bis zum späten 19. Jh. erhalten. Der älteste Bau steht in der Unterstadt, **Lange Str. 2** (1471). Bedeutend sind die Häuser **Hauptstr. 46** und **Kalandstr. 11** (Ende 15. Jh.); jüngere Beispiele sind Bernhardistraße **Nr. 2** (1516) und **Nr. 12** (1526), Josef-Kohlschein-Straße **Nr. 22** (1523) und **Nr. 28** (1538). Fachwerkbauten der Renaissance sind z. B. **Kirchplatz 1** und **Josef-Kohlschein-Str. 1** (1600). – Außerdem gibt es bemerkenswerte mittelalterl. **Steingebäude,** u. a. **Schwerte 4** (mit seitlichen Treppengiebeln) sowie Kirchstraße **Nr. 5** und **Nr. 8.**

Kreisheimatmuseum (Am Brüderkirchhof 1). Die Sammlungen dienen Naturkunde, Heimatgeschichte und Kultur Warburgs und der Warburger Börde.

Hardehausen (G4)

Ehem. Zisterzienserkloster
Das Kloster wurde 1140 als erste Zisterzienser-Niederlassung in Westfalen gegründet und mit Mönchen aus Altenkamp am Niederrhein (heute Kamp-Lintfort) besetzt. Die Kirche war 1165 vollendet. 1803 säkularisiert.
Von der 1812 abgebrochenen **Kirche** sind nur die S-Wand des Querschiffes mit rundem Treppenturm erhalten sowie im Garten ein *Palmetten-Ringband-Kapitell* von ungewöhnlicher Formschönheit (Vorbild für St. Michael in Hildesheim). Ein Doppelschild-Lilien-Kapitell wird in Warburg-Bonenburg aufbewahrt. – 1962/63 errichtete Bernd Kösters in und vor dem Bereich der ehem. Kirche eine neue für das anschließende Jugendhaus.

Die **Klostergebäude,** jetzt Sitz der **Landvolk-Hochschule** des Erzbistums Paderborn, erbaut 1675–1713, mit Kreuzgang und 3schiffigem Laienrefektorium in altertümlichen Formen. Abtei von 1698, Obergeschoß 1902 aufgesetzt. Frühgot. Totenkapelle (Karner), um 1300, kleiner Achteckbau mit 2 Geschossen und Spitzgiebeln. Mächtiges steinernes Kornhaus, 2geschossig, von 1723.

WARENDORF (Warendorf E3)

Altwestfäl. Siedlung des 7. Jh. Zur Zeit des hl. Liudger hatte der Ort einen Amtshof und eine Pfarrkirche. Die Lage an einem Fernhandelsweg begünstigte den um 1200 schon als Stadt genannten Marktort. Die Ackerbürger- und Handelsstadt wird im 18. Jh. zum Zentrum des Leinenhandels und im 19. Jh. ein Sitz der Textilindustrie und der Pferdezucht. Trotz vieler Brände bis ins 18. Jh. hinein erhielt sich das charakteristische münsterländische Ortsbild.

Alte kath. Pfarrkirche St. Laurentius

Ein roman. Bau fällt dem großen Stadtbrand von 1404 zum Opfer. Ihn ersetzt eine Hallenkirche, die den roman. Turm des 12. Jh. beibehält. Er weicht 1913 einem gotisierenden Neubau.

Das schlichte Äußere ist in Bruchstein erbaut. Die Seitenschiffe haben quergestellte Satteldächer mit Giebeln, die auf den Umfassungswänden stehen. Im Inneren öffnet sich die Halle in 3 fast gleich breiten Schiffen, die 4 quadratische Joche haben. Glatte Rundpfeiler mit schlichten Kapitellen tragen die Kreuzrippengewölbe. Das Mittelschiff verlängert sich um den Altarraum mit einem 5seitigen Abschluß.

● Ausstattung. Der einfache Raum birgt eine Kostbarkeit der deutschen Malerei in der 1. Hälfte des 15. Jh., den *Hochaltar* mit Tafeln, die zum Werkstattkreis des anonymen Meisters des Daruper Altars gezählt werden, eines künstlerisch eigenständigen Zeitgenossen des Konrad von Soest. Von den 16 Darstellungen des breit entfalteten Flügelaltars sind 9 verstreut in den Kunsthandel und in Museen gekommen. In Warendorf verblieb, in neuem Rahmen, eine 5teilige Tafel mit Darstellungen aus der Leidensgeschichte Christi. Ihre Mitte nimmt die Kreuzigung ein. Das Drama von Golgatha ist auf einem ansteigenden Gelände entwikkelt, das Bäume und Burgen trägt, aber noch vor einem Goldgrund steht. Die Ereignisse werden sukzessiv übereinandergestellt und bis an den äußersten oberen Rand der Tafel fortgesetzt. Diese edle, um eine Vereinigung von Natur und Himmel bemühte Malerei verbindet sich mit den Kräften des eindringenden niederländischen Realismus.

Kath. Franziskanerkirche St. Franziskus. Von dem seit 1628 in Warendorf ansässigen Orden 1652–73 gebaut als gestreckter Saal mit einem 2jochigen Chor, der 3seitig schließt. N-Kapelle 1869; Chor 1934 erweitert. Schlichtes Äußere, wie dem Bettelorden angemessen, und ebenso schlichte Barockausstattung des späten 18. Jh.

Das **Klostergebäude** ist ein 2geschossiges Bauwerk von 1673–77, mit flachgedecktem Kreuzgang. Nach 1696 wurde der S-Flügel verlängert,

Warendorf. Alte kath. Pfarrkirche St. Laurentius
Hochaltar (Mitteltafel)

1708/09 das heutige Novizenhaus angebaut, das man 1913 vergrößert hat.

Die älteren **Wohnhäuser** sind zumeist Fachwerkkonstruktionen, häufig aber mit massiven Fassaden. – Bemerkenswerte Fachwerkbauten sind Brünebrede **Nr. 5** und **Nr. 10, Gerichtsfuhlke 1** (1616), **Kirchstr. 15** (1635), **Neuenhof 4, Oststr. 54** und **Pumperie 4/6** (1608). – Massivbauten der späten Renaissance und des frühen Barock sind Markt **Nr. 4** (1631) mit einem Rollwerk-Giebel, **Nr. 15** (1661) sowie Emsstraße **Nr. 1** und **Nr. 10** (beide 1669). – Klassizist. Gebäude von Rang sind **Krickmarkt 12** (1792) mit einer Fassade im Zopfstil-Dekor und das Gesellschaftshaus **»Harmonie«, Münsterstr. 12,** (1811 von Falger errichtet, 1846 verändert). **Klosterstr. 7** (1812–16), ein klassizist. Bau mit rundem Saal, auf der Hofseite risalitartig aus dem Baukörper herausgeschoben, enthält eine bedeutende Ausstattung aus der Erbauungszeit mit ägyptisierendem Portal und einer reichen Bildtapete mit romantischen Landschafts- und Gesellschaftsdarstellungen.

Kreisheimatmuseum (Rathaus). Geschichte von Stadt und Kreis Warendorf. Kirchliche Kunst, vor allem Plastik des 15.–18. Jh. Münzsammlung, besonders Münsterland seit dem Mittelalter. Frühgeschichte: die Sachsensiedlung an der Ems.

Freckenhorst (E3)

● **Kath. Pfarrkirche St. Bonifatius,** ehem. Stiftskirche
Die Stiftskirche gehört zu den baugeschichtlich wichtigsten Kirchen Westfalens.

Der Edelherr Everword und seine Gemahlin Geva gründeten 861 auf ihrem Erbgut ein adeliges Damenstift, das bis zu seiner Aufhebung 1811 stets adeliges Kanonissenstift blieb. Die karoling. Stiftskirche (ein weiterer Vorgängerbau wurde in Fundamenten nachgewiesen) lag wohl am Ort der heutigen. Von dieser ist der westl. Bau als ältester Teil gegen 1080 begonnen worden. Zwischen 1084 und 1090 fand eine erste Weihe statt, die vermutlich dem Chor galt. 1116 beschädigte ein Brand die Kirche. Man entschloß sich zu einem Neubau, der 1129 geweiht wurde. Dieser Bau blieb bis heute im wesentlichen erhalten. Unter der Äbtissin Maria von Tecklenburg (1473–1527) wurden die Obermauern des Mittelschiffes aufgestockt, um die flache Decke durch Kreuzrippengewölbe zu ersetzen. 1689 baute Stephan Hölscher in den Mittelturm des Westwerkes einen bis auf den Fußboden der Turmhalle herabreichenden Glockenstuhl ein; 1670 erhielt der Mittelturm die barocke, auf dem Glockenstuhl stehende Haube. Die Emporen des Westwerkes waren durch den Glockenstuhl unbrauchbar geworden und wurden abgebrochen. Man entfernte auch die Vorhalle, die vor der W-Fassade stand. 1580 stürzte der nordwestl. Treppenturm ein. Dasselbe Schicksal traf die Krypta. Um 1850–60 erfolgte eine Restaurierung. Der Treppenturm wurde wiederaufgebaut, im südl. Seitenschiff erneuerte man die Außenwand und die Gewölbe; die Seitenschiffswände erhielten Strebepfeiler, die Krypta wurde wiederhergestellt. 1955–62 fand erneut eine Restaurierung statt. Sie stellte das urspr. Raumbild in vorbildlicher Weise wieder her und ergänzte es durch Werke der modernen Kunst.

Im Äußeren zeigt sich die Eigenart westfäl. Architektur des 12. Jh. besonders rein. Der karge, mächtige Bau, in einfachen Bruchsteinwänden errichtet, verzichtete auf jede Bauornamentik (die Lisenen an den Treppentürmen und das Dachgesims sind neu). Die Kirche ist eine große 3schiffige Pfeilerbasilika mit 3 quadratischen Jochen, einem Querschiff, dessen Arme in den östl. Mauern ausgesparte Apsiden bilden, und mit einem Westwerk, an dessen quadratischen Mittelturm sich beiderseits runde hohe Treppentürme anschließen. Der quadratische gerade Chor wurde um ein schmales Rechteck verlängert. In den Chorwinkeln zu den Querschiffsarmen stehen schlanke quadratische Türme. Die Gesamtanlage mit den 5 Türmen ist neben der von St. Patroklus in Soest die bedeutendste Westfalens im frühen 12. Jh. Unter dem Chor und der Chorverlängerung liegt eine 3schiffige Krypta. Die W-Fassade wurde durch den Abbruch der Vorhalle und die barocke Haube des Mittelturmes nicht zu ihrem Vorteil verändert. Unverfälscht und rein zeigt sich die urspr. Architektur noch in der Fensterzone: Doppelsäulenfenster umkränzen den Mittelturm und die runden Seitentürme in 3 Stockwerken.

Innenraum. Die Wandvorlagen und Halbsäulen im *Mittelschiff* gehören dem Urbau an. Sie trugen wahrscheinlich Schwibbögen, auf denen die alte Balkendecke lag. Freckenhorst wäre demnach eine der in Deutschland ungewöhnlichen, eher in Frankreich und Italien beheimateten Schwibbogen-Basiliken gewesen. Der *Chor* schließt rechteckig. Querhaus und Chor liegen unter den etwas kuppeligen Kreuzgratgewölben des 12. Jh. Eine in die Wand eingestellte Arkadenbank umkränzt den Chor. Die *Seitenschiffe* hatten eine ähnlich großartige Arkatur. Sie wurde rekonstruiert. (Nicht in der Außenwand des südl. Seitenschiffes, die aus dem 19. Jh. stammt.) Über den Seitenschiffen stehen Tonnengewölbe mit Stichkappen, die zu den frühen Leistungen der deutschen Wölbungskunst gehören.

Ausstattung. Der *Taufstein,* 1129 entstanden, ist das bedeutendste steinerne Taufbecken der deutschen Kunst des 12. Jh., ein Meisterwerk der roman. Bildhauerei schlechthin. Die aus rötlichem Bentheimer Sandstein gemeißelte kräftige Säulentrommel, die das Taufbecken bildet, ruht auf einem profilierten Fuß. Ein Inschriftband teilt den Zylinder in 2 Zonen. In der unteren, niedrigeren Bildzone liegen Löwen. Die obere Zone zeigt in breiten Bogenstellungen das Leben Christi von der Verkündigung an Maria bis zum Weltgericht. Die einzelnen Ereignisse werden in wenigen Gestalten und Zeichen dargeboten. Sie leben in der visionären Symbolik, die dem frühen 12. Jh. eigen ist, erfüllt von der Gottesfurcht und der apokalyptischen Angst der Zeit. Tektonik und plastische Ausdruckskraft vereinen sich in einzigartiger Weise. – Der neue Hochaltar, der Ambo, das Gehäuse für den barocken Schrein der

Warendorf. Freckenhorst. Kath. Pfarrkirche St. Bonifatius. Taufstein (zu S. 691)

hl. Thiatildis und die neuen Fenster sind Werke des Bildhauers Heinz Gerhard Bücker.
Krypta. Die 1850–52 erheblich erneuerte 3schiffige Säulenkrypta wurde modern ausgestattet. Die Fenster stammen von H. G. Bücker. Dem Altar gegenüber zeigt die *Grabplatte der Geva* (66×202 cm, von der Tumba der Stifterin) eine Frauengestalt in fußlangem Kleid und ebenso langem Mantel, mit lateinischer und mittelhochdeutscher Stifterinschrift; eine der großen, ikonographisch besonders interessanten Gestalten der staufischen Plastik in Westfalen, ziemlich isoliert in der Kunstlandschaft stehend, wahrscheinlich um 1235–70 entstanden.

Klostergebäude. Von der alten Klosteranlage (schon in karoling. Zeit hier vorhanden) sind außer einigen Gebäuden die Reste des **Kreuzganges** vom Anfang des 13. Jh. erhalten. Der Kreuzgang stößt nicht, wie es sonst üblich ist, unmittelbar an die Kirche, sondern läßt einen Zwischenraum frei, der früher als Begräbnisstätte diente. Besonders schön sind die kelchförmigen Blatt- und Rankenkapitelle, die an Andernach und Schwarzrheindorf erinnern. – **Abteigebäude** von Franz Christoph Nagel, um 1740, mit Freitreppe.

WERL (Soest E4)

Der Ort hat vom Ursprung an wirtschaftliche und strategische Bedeutung. Hier wurde von alters her Salz gewonnen. Etwa um 900 erbauen die westfälischen Grafen hier eine Burg und gelangen zu weittragendem politischen Einfluß, bis sie um 1100 vor der aufstrebenden Macht der Kölner Erzbischöfe nach Arnsberg ziehen. Werl erhält 1272 Soester Stadtrecht und spielt als Pforte des Herzogtums Westfalen eine Rolle in den Auseinandersetzungen zwischen Köln und seinen Nachbarn. Sichtbarer Ausdruck dafür ist das 1519 von Erzbischof Hermann von Wied errichtete Schloß, in den Religionswirren (1583/84) Residenz von Gebhard Truchseß von Waldburg, 1825 bis auf einen Turm abgebrochen. 1661 kommt eine Madonna mit Kind aus der Soester Wiesenkirche nach Werl, wodurch der Ort Wallfahrtsstadt wird.

Dieses **Gnadenbild,** eine beachtliche Holzskulptur der 2. Hälfte des 13. Jh. steht heute in der **Franziskaner-Wallfahrtskirche Mariä Heimsuchung** von 1904–06.

Kath. Propsteikirche St. Walburga

Die Hallenkirche des 14. Jh. behielt den spätroman. Turm eines Vorgängerbaues bei; er wurde ihrem Mittelschiff einbezogen und erhielt 1735 seinen gegenwärtigen Helm. Die letzten 2 Joche des nördl. Seitenschiffes wurden in der Art eines Querschiffes erweitert. Die W-Fassade ist neugotisch. – Im Inneren erweist sich die lichte Hallenkirche als ein maßvoller, gutgebildeter Raum. Das Gemeindehaus hat 5 weitgespannte Joche. Rundpfeiler mit je 4 Diensten tragen auf einfachen Kelchkapitellen Kreuzrippengewölbe. Als Vorhalle dient das Erdgeschoß des spätroman. Turmes.

● In der Ausstattung fällt ein *Altarziborium* im südl. Seitenschiff als ungewöhnliche Seltenheit auf. Sein durchbrochener Baldachin, 8seitig gebildet, gehört dem frühen 15. Jh. an, ebenso das Altarbild des Weichen Stils, das – nicht weniger selten – Kreuzigung und Gnadenstuhl vereinigt. Den Marienleben-Seitenaltar malte Johann tom Ring um 1600. Marienklage vom Anfang des 17. Jh. Die Kalvarienberggruppe (um 1520) wirkt wie ein fernes Echo der Werke von Hans Backofen.

Werl. Kath. Propsteikirche St. Walburga. Altarziborium (zu S. 693)

Eine *Pietà* (um 1600) im unteren nördl. Seitenschiff dürfte die bedeutendste Skulptur in der Kirche sein.

Die **Kapuzinerkirche** (alte Wallfahrtskirche), 1786–89 erbaut, ist ein einfacher Raum von 5 Jochen (O-Joch und Chor 1859/60). Er liegt unter Gratgewölben und hat eine Ausstattung des 18. Jh.

Missionsmuseum (Meisterstr. 15). Völkerkundliche Sammlungen aus den Missionsgebieten der deutschen Franziskaner. Dokumentation zur Missionsgeschichte des Franziskanerordens.

Heimathaus Rykenberg (Kämperstraße). Kultur- und Sozialgeschichte. Stadtgeschichte. Werke des Malers Heinrich Rustige (1810–1900).

WERNE (Unna D4)

In der schon stark modernisierten Umgebung schließen sich auf der N-Seite des Marktplatzes das Rathaus, ein benachbartes Fachwerk-Speichergebäude und die Stadtkirche zu einem schönen **Stadtbild** zusammen.

Kath. Pfarrkirche St. Christophorus. Eine Hallenkirche, deren W-Teil um 1450, das Mittelschiff mit Sterngewölben und der Turm im Jahre 1555 vollendet wurde, der O-Teil um 1500.

Kapuzinerklosterkirche St. Petrus und Paulus, 1677–80 von Ambrosius von Oelde, ein tonnengewölbter Saalbau mit Rechteckchor. Einheitliche Ausstattung von 1682–85. – Der schlichte **Klosterbau** von 1671–73. – An und auf der Klostermauer das **Pesthaus,** Mitte 17. Jh.

Das got. **Rathaus** mit Bogenhalle nach münsterischem Vorbild entstand 1512–14. Ausbau des Giebels 1561.

Hinter dem Rathaus der baumbestandene **Kirchplatz,** um den sich ein großer Teil der alten Fachwerk-**Kirchhofsspeicher** erhalten hat, hier besonders stattlich. Die einzelnen höchst malerischen Häuser entstanden zwischen dem 16. und 18. Jh. – Dieses Ensemble ist heute bereits sehr wertvoll, weil andernorts im Münsterland eine derartige charaktervolle Kirchplatzumbauung meist Parkplätzen weichen mußte.

WESEL (Wesel B4)

Der Platz, ursprünglich an der Lippe oberhalb ihrer Mündung in den Rhein gelegen, wird Uferstadt des großen Stromes und Ort der Lippemündung, als der Rhein in geschichtlicher Zeit seinen Lauf nach O verlagert. Dadurch fällt die strategische Aufgabe, die Xanten in röm. Zeit erfüllte, im Mittelalter an Wesel. Es entwickelt gleichzeitig Handel und Handwerk, wird 1241 Stadt und 1350 Mitglied der Hanse. Im 16. Jh. wird das Befestigungssystem ausgebaut, das im Krieg Spaniens gegen die Niederlande seine Feuerprobe besteht. Unter der Herrschaft Brandenburgs erhält die Festung neue Bedeutung (1680). Den Napoleonischen Kriegen folgen ruhige Jahrzehnte, doch wird die Stadtbefestigung erst 1891 abgebrochen, die Zitadelle nach dem 1. Weltkrieg geschleift. Der 2. Weltkrieg vernichtet die Stadt fast völlig. – Die got. Matenakirche, eine 1429–74 erbaute Backsteinbasilika mit W-Turm, die ehem. Fraterherrenkirche von 1521, das 1417 unter Herzog Adolf errichtete Schloß und das prächtige got. Rathaus, 1390–96 von Meister Geliss gebaut, sind völlig vernichtet, ebenso die ehem. Johanniterkomturei – 3 um ein Binnenhöfchen mit Treppenturm gelagerte Backsteinflügel, 1418 und 17. Jh.

Trotz der vorwiegend militärisch bestimmten Geschichte war Wesel im späteren Mittelalter ein Zentrum der Kunst, Ort schöpferischer Vermittlung zwischen dem Kölner Raum, den Niederlanden und Westfalen. In der Reformation, die es 1540 einführte, nahm es entschieden an den Glaubenskämpfen teil.

● **Ev. Willibrordikirche**

Die Stadtkirche gehört zu jenen Bauwerken, deren gegenwärtige Gestalt nur im Rückblick auf ihre Geschichte verständlich ist. Einer Holzkapelle (Mitte 8. Jh.) folgten eine Saalkirche (10. Jh.), Basilika (12./13. Jh.) und got. Halle (15. Jh), deren Turm in den Neubau 1498–1539 übernommen wurde. Johann von Langenberg plante eine Basilika, die einen Chor mit Umgang und Kapellenkranz, ein ziemlich kurzes Mittelschiff und ein mächtiges Querhaus erhalten sollte. Statt der ursprünglich geplanten 3schiffigen ging man später zur 5schiffigen Anlage über. Das Mittelschiff wurde durch die Turmhalle im W verlängert, die Seitenschiffe bis zur W-Wand des Turmes vorgezogen. Der Aufbau erfolgte in vereinfachter Konstruktion. Große Wandflächen erlaubten es, das Strebepfeilersystem zu reduzieren. Trotzdem gelang es nicht, den Bau zu Ende zu führen. Chorumgang und Kapellenkranz, Strebepfeiler und -bogen und der Giebel des südl. Querschiffes wurden nicht mehr gebaut. Wie ein Abglanz des Geplanten erscheinen die plastisch-figürlichen Schwerpunkte: das Portal des Turmes unter dem großen Fenster, der N-Giebel des Querschiffes und das Brautportal am südl. Seitenschiff. Der Innenraum wurde notdürftig vollendet. Während die westl. Seitenschiffe und die Kapellen östl. des Querhauses reichste Netzgewölbe der Spätgotik erhielten, mußten sich die großen Räume mit einer einfachen Holzdecke begnügen. Was in der Architektur nicht mehr gelang, vollendete man in der Ausstattung. Mit 38 Altären wurde St. Willibrord eine spätgot. Stadtkirche von großer Pracht, Mittelpunkt der Bruderschaften und Gilden, Begräbniskirche der Patrizier.

Die ref. Gemeinde, die nach 1540 St. Willibrord für ihren Got-

tesdienst benützte, hatte keine Verwendung für diese Ausstattung. Sie bedurfte auch nicht des Chores. Man zog Kanzel und Altar in das Mittelschiff und ließ den Chor hinter dem Lettner unbenützt. Das 19. Jh. begnügte sich nicht damit, die 1874 baufällige Kirche in ihrem Bestand zu sichern, es vollendete den »Dom von Wesel«. Der urspr. Plan des späten Mittelalters wurde in den neugot. Formen des 19. Jh. zu Ende geführt, der Chorumgang gebaut, die Strebepfeiler errichtet, die westl. Joche der äußeren Seitenschiffe abgebrochen, der dadurch um sein Gewicht gebrachte W-Turm mit einem »prächtigen« Helm bedeckt und der Innenraum durchgehend gewölbt. Als Ergebnis der Arbeiten entstand eine Kirche, die nur schwer von den neugot. Kirchen des späten 19. Jh. zu unterscheiden war (1883–97). Die Bombenangriffe des Jahres 1945 zerstörten vor allem die Zutaten des 19. Jh. Chorumgang, Strebewerk, Dachhelm und Zwerggalerien gingen großenteils verloren.
Der *Wiederaufbau* entfernte die Zutaten bis auf den Chorumgang. Er zog die äußeren Seitenschiffe wieder bis zur W-Wand des Turmes vor, der die ursprünglich geplante welsche Haube erhielt. Dem Innenraum wurden die Holzdecken zurückgegeben. Mittelschiff und Seitenschiffe dienen der ref. Gemeinde wieder als Kirche, die ihre Mitte in der Vierung hat und dort Kanzel, Altar, Orgel und Sängerbühne versammelt. Der Chor dient als Gottesdienstraum für besondere Zwecke, ein Gegenstück zur Werktagskapelle der neuen kath. Kirchen.

Die alte **Luther-Kirche** von 1729 wurde nach den Zerstörungen des 2. Weltkrieges als **Luther-Haus** im Außenbau zurückgewonnen.

Kath. Pfarrkirche zu den Hll. Engeln. Über einer Unterkirche, eingerichtet in Teilen eines Forts, errichtete Hans Schilling 1957 eine monumentale neue Kirche, bestimmt durch die Versammlung der Gemeinde im Halbkreis um den Altar, geprägt durch das kräftige Betonskelett der Decke.

Kath. Pfarrkirche St. Mariä Himmelfahrt. Rudolf Schwarz baute 1951 in die Trümmer einer zerstörten Kirche von 1904–08 eine einfache Saalkirche mit halbrundem Altarraum, schlicht und edel in den Proportionen, bemerkenswert durch eine W-Wand, in der das Thema der mittelalterl. Fensterrose in neuer Ordnung und in den Farben und Mustern der abstrakten Malerei wieder aufgenommen wird.

Besser erhalten als die Sakralbauten der Stadt blieben die **Befestigungsanlagen.** Der Stadtplan läßt die Befestigung der Altstadt (14. Jh.) noch erkennen. Die Spanier legten 1614 neue Befestigungen an, die von den Niederländern, nachdem sie

Wesel. Berliner Tor

1629 die Stadt eingenommen hatten, vollendet wurden. Unter brandenburgischer Herrschaft wurde die Festung durch Hauptmann Dupuy nach dem System Vaubans völlig umgestaltet. Friedrich d. Gr. ließ im 7jährigen Krieg mehrere Werke schleifen; 1788–1806 und unter Napoleon wurden sie erneuert. Nur in z. T. vereinfachter Wiederherstellung erhalten sind der barocke Torbau der **Zitadelle** von 1718 (mit dem **Schill-**

Museum) und das **Berliner Tor,** 1718–22 nach Plan des Berliner Hofbaumeisters Jean de Bodt. Das allein überkommene, jetzt auf weitem Platz denkmalartig vereinsamte **Torhaus** aus Ziegelstein zeigt an der Feldseite Minerva und Herkules in dorischer Säulenordnung, im Tympanon die Personifizierungen von Rhein und Lippe, über der Attika eine Trophäe.

Städtisches Museum (Ritterstr. 14). Malerei des 15.–17. Jh. (Derik und Jan Baegert, Barthel Bruyn, Antoine Pesne) und des 19./20. Jh. (Otto Pankok, Albert Weisgerber u. v. a.). Rheinische Goldschmiedekunst des 16./17. Jh.

Ginderich (B4)

Die **kath. Pfarrkirche St. Maria** aus dem frühen 14. Jh. ist eine typische, edel gebildete rheinische Basilika. Älter, aus den Jahren um 1220, ist der vorgebaute W-Turm, der in 3 Geschossen Schmuck in der Art des Xantener Domes (W-Vorhalle) besitzt; von dort kamen im 14. Jh. auch die Werkleute. Sakristei, S-Vorhalle und der Treppenturm im W 1870 von Heinrich Wiethase. Im Inneren des 5jochigen Langhauses tragen Rundpfeiler mit 4 Diensten die Kreuzrippengewölbe. Der 1jochige Hauptchor mit 5seitigem Schluß ist von Nebenchören mit 3seitigen Apsiden flankiert. Von der Ausstattung haben sich erhalten: ein hölzernes Bild der sitzenden Muttergottes, altes Gnadenbild, vorzügliche Plastik des beginnenden 14. Jh., ein Taufstein des 15. Jh. und 2 Sakramentsschreine aus dem 14. und 15. Jh.

WESTERKAPPELN (Steinfurt E1)

Ev. Pfarrkirche. Die im 11. Jh. zuerst erwähnte Kirche ist in ihrer heutigen Erscheinung ein gewölbter, 3 Joche langer Saalraum mit einem querhausartigen Anbau im S. Ältester Teil ist der W-Turm, wahrscheinlich 12. Jh. Die Kirche aus der Mitte des 13. Jh. wurde Anfang des 16. Jh. erhöht und eingewölbt; der 5/8-Chor entstand ebenfalls zu jener Zeit; 1509 war der Umbau abgeschlossen. Den S-Anbau zeichnet ein reiches spitzbogiges *Figurenportal* aus, das ins 3. Viertel des 13. Jh. datiert wird. Die Gewändefiguren (Synagoge und Ecclesia) sind z. T. zerstört; im Tympanon ein thronender Christus. Die Portalumrahmung bilden reich profilierte Wülste und Rundstäbe. – Im Inneren *Fresken* aus der Zeit des Kirchenumbaues, u. a. eine Kreuztragung und ein hl. Christophorus. 3 reiche *Kronleuchter* aus den Jahren 1681, 1709 und 1737. Zahlreiche *Epitaphien* der Renaissance- und Barockzeit.

WILLEBADESSEN (Höxter H4)

Der Ort wird 1066 zum erstenmal genannt. 1318 erhält er Stadtrecht und wird befestigt. Wahrscheinlich Anfang des 18. Jh. neu angelegt.

Kath. Pfarrkirche St. Vitus. Kirche des 1149 gegründeten Klosters der Benediktinerinnen, das 1810 aufgehoben wurde. Die kreuzförmige Pfeilerbasilika aus dem 3. Viertel des 12. Jh., mit einem im 15. Jh. umgebauten Chor, blieb bei der Barockisierung 1720–27 bis auf das nördl. Seitenschiff erhalten. 1954–58 eingehend restauriert. – Die Kanzel von 1723 und das Gestühl der Nonnenempore sind Schnitzarbeiten von Christophel Papen. Sakramentsnische am südöstl. Vierungspfeiler mit Madonna, Ende 14. Jh. Im Schatz ein als Tragaltar gestalteter Reliquienschrein des hl. Vitus, um 1207 vielleicht im Kloster Helmarshausen geschaffen. Auf dem Deckel Christus in der Mandorla mit der Muttergottes, dem hl. Vitus, den Evangelistensymbolen und Halbfiguren von Mönchen und Nonnen. An den Wänden Apostel zwischen Pilastern.

Schloß. Von der Klosteranlage blieben – neben Wirtschaftsbauten des 17./18. Jh. – 3 schlichte 2geschossige Flügel mit Kreuzgang erhalten, um 1700 unter Verwendung roman. Reste gebaut. Im O-Flügel der ehem. Kapitelsaal, eine 2schiffige Halle des späteren 12. Jh. mit schönen Kapitellen. – Im Grüngelände des Schlosses der **Europäische Skulpturenpark,** eine Sammlung bedeutender Bildhauerarbeiten der Gegenwart, seit 1978 im Aufbau.

WIPPERFÜRTH (Oberbergischer Kreis D6)

Alter Handelsplatz des Herzogtums Berg am Kreuzungspunkt der Heerstraße von Köln nach Westfalen und der »Eisenstraße« vom Siegerland nach Solingen. Der Ort, seit 1222 Stadt und im 14. Jh. Mitglied der Hanse, wurde bei einem Stadtbrand 1795 fast völlig eingeäschert.

Kath. Pfarrkirche St. Nikolaus

Die 3schiffige roman. Pfeilerbasilika der alten bergischen Zentralstadt stammt im wesentlichen aus dem späten 12. Jh. Die 3 Doppeljoche des Langhauses im gebundenen System sind mit frühgot. 6teiligen Kreuzrippengewölben (um 1225) überdeckt, desgleichen die Arme des wenig vortretenden Querschiffes, an das sich nach O unmittelbar 3 halbrunde Apsiden anschließen. Der mächtige Turm, ursprünglich vorgesetzt, wurde durch die neuzeitliche Verlängerung der Seitenschiffe um 2 Joche eingezogen. Die Gliederung seiner 4 Geschosse durch Lisenen, Rundbogenfriese, bekrönende Giebel, Ecktürmchen und Rhombenhelm wurde wie die flankierenden Chortürmchen bei der Gesamtrenovierung durch Franz Schmitz (1868–75) nach alten Bildern wiederhergestellt. Der Helm mit 4 Ecktürmchen erhielt seine heutige Form 1936/37. Die 1948/49 neu gedeckten Flankentürme waren, wie alte Ansichten zeigen, rund und bedeutend höher, auch trugen sie einfache Kegelhauben. Im

Obergaden der S-Seite wechseln einfache rundbogige Fenster mit ebenso großen Nischen ab, die durch Säulchen mit Würfelkapitellen wie Doppelfenster gegliedert sind. Im Inneren öffnet sich das Mittelschiff durch einfache Rundbogenstellungen zu den Seitenschiffen; die Pfeilervorlagen tragen auf flachen Kämpfern die Gurtbogen, während die schweren Wulstrippen auf Spitzbogen ruhen, die übereck zwischen Kämpfer und Wand eingespannt sind, eine nur hier auftretende Konstruktion. Im Obergaden sind die Rundfenster von je einem spitzen Schildbogen eingefaßt, zwischen denen als Träger der Mittelrippen der Gewölbe Konsolen mit Knospenkapitellen sitzen. Das Mitteljoch des Querhauses öffnet sich nach den Seiten in einfachen Spitzbogen. 2 schlanke Säulen mit Würfelkapitellen sind frei in die Ecken vor dem Chorbogen gesetzt und in halber Höhe des Mittelschiffes durch Rundbogen mit den Seitenmauern verbunden. Sie tragen einen kaminartigen Schacht als Stütze der Chortürme.

Ausstattung. Taufstein des 14. Jh. Im S-Seitenschiff der ehem. Hochaltar, mit Bildrelief und Standfiguren, 1. Hälfte des 17. Jh. Zum Kirchenschatz zählt ein silber-vergoldeter französ. Kelch, eine Pariser Arbeit aus der Mitte des 14. Jh. mit Darstellungen aus dem Leben Christi in transluzidem Email.

Die **ehem. Franziskanerklosterkirche St. Antonius von Padua,** heute **Filialkirche** von St. Nikolaus, 1670–74 gebaut, ist ein 1schiffiger Saalbau mit 3seitigem Chorschluß, der seine Ausstattung aus der Erbauungszeit fast vollständig bewahrt hat.

Marktbrunnen. Das 8seitige Becken aus Basalt mit Wappen und Hausmarken stammt von 1590. Später wurde er wiederholt verändert, zuletzt 1863.

WITTEN (Ennepe-Ruhr-Kreis D4)

Ev. Johanniskirche. Ein 1752 erbauter, 1845 nach O erweiterter Saalbau mit W-Turm in eindrucksvoller Lage auf einer hohen Terrasse am Markt. Im letzten Weltkrieg ausgebrannt und bis 1953 wieder aufgebaut. Das Untergeschoß des Turmes könnte noch romanisch sein.

Märkisches Museum (Husemannstr. 12). Das Museumsgebäude ist ein Bau des Jugendstils, 1909/10 errichtet. Zu sehen sind deutsche Malerei und Graphik des 19. und 20. Jh., vor allem bedeutende Maler und Graphiker Westfalens und des Industriegebietes nach 1900. In der historischen Abteilung u. a. das Holzstandbild des Erzbischofs Engelbert von Köln, 13. Jh. – In einem Nebengebäude das **Heimatmuseum.**

WUPPERTAL (CD5)

Die Stadt entstand 1929 durch Zusammenschluß der Städte Barmen, Cronenberg, Elberfeld, Ronsdorf und Vohwinkel sowie dem Gemeindeteil Beyenburg.

Schwebebahn. 1900 eingeweihte, nach Plänen von Karl Eugen Lange gebaute Einschienen-Hängebahn über der Wupper. Die Haltestellen in originellen Eisenkonstruktionen z. T. noch erhalten.

Barmen

Der Ort entwickelt sich nicht aus einem befestigten Kern. Seit 1245 bergisch, bleibt er bis zur napoleonischen Zeit Teil des bergischen Amtes Beyenburg. Die rasche Ausbreitung des Protestantismus wird durch die Verpfändung Barmens an die Grafenhäuser von Waldeck und zur Lippe gefördert. Die wirtschaftliche Entwicklung entspricht derjenigen Elberfelds. Im 18. Jh. beginnt als wichtiger Zweig der Textilindustrie die Produktion von Spitzen und Litzen, der sog. »Barmer Artikel«. 1808 Erhebung zur Stadt. 1943 wird ihr Kern fast vollständig zerstört.

Die **ev. Kirche in Wupperfeld** ist ein tonnengewölbter Saalbau von 1779–85 mit 3 Emporen, nach dem 2. Weltkrieg in den 1950er Jahren wiederhergestellt. Der W-Turm wurde 1851 erneuert.

Die große **ev. Hauptkirche in Unterbarmen** ist der erste Kirchenbau des badischen Weinbrenner-Nachfolgers Heinrich Hübsch, 1828–32. Der ausgedehnte Bau im Rundbogenstil wurde im 2. Weltkrieg zerstört und verändert wiederaufgebaut (Emporen, Turmhelme).

Pfarrzentrum St. Antonius, von Hans Kohl und Rudolf Steinbach, die Kirche 1975 fertiggestellt. Beeindruckend der hohe Kirchenraum mit offenem Dachstuhl.

Rathaus. 4geschossige Dreiflügelanlage um den Marktplatz, nach Plänen von Carl Roth 1913–23 errichtet. Ein zugehöriges Bürohochhaus wurde nicht ausgeführt.

Von den wenigen noch erhaltenen bergischen **Schieferhäusern** stehen einige in der Friedrich-Engels-Allee, die zu den am besten erhaltenen historischen Straßenzügen Barmens gehört. – Besonders zu erwähnen ist das um 1790 entstandene **Friedrich-Engels-Haus** (Engelsstr. 10), heute Gedenkstätte und **Museum** (s. d.).

Beyenburg

Auf der Kuppe und am S-Hang eines von der Wupper umflossenen Sporns gelegen, bietet der Ort mit seinen teils verschieferten Fachwerkhäusern, beherrscht von der ehem. Klosterkirche der hier seit 1389 ansässigen Kreuzbrüder, heute noch ein geschlossenes Bild.

Ehem. Kreuzbrüder-Klosterkirche St. Maria Magdalena, jetzt **kath. Pfarrkirche.** 1schiffiger spätgot. Bruchsteinbau aus dem Ende des 15. Jh.

mit 3seitigem Chorschluß und Kreuzrippengewölben. Im Inneren ein barocker Hochaltar, die Seitenaltäre wurden bei der Restaurierung 1970/71 entfernt, die westl. Wangen des spätgot. Chorgestühls weiß gefaßt. Auch die Kanzel erhielt eine neue Fassung. – Das ehem. **Kloster** ist jetzt Pfarrhaus. Der Kreuzgang ist zur Hälfte spätgotisch (um 1485, die Gewölbe des Kapitelsaals rekonstruiert); die andere Hälfte entstand um 1700.

Elberfeld

Der Hof Elberfeld gehört im 12. Jh. zusammen mit Haan, Hilden und Schwelm zu den Tafelhöfen des Kölner Erzstiftes, d. h. zu jenen Anwesen, die für den Unterhalt des erzbischöflichen Kapitels zu sorgen hatten. 1430 wird der Ort bergisches Amt. Die Siedlung, die schon zur Zeit des Erzstiftes die Rechte einer Freiheit besitzt, erhält ihre Stadtrechte 1610. – Das kalkarme Wasser der Wupper begünstigt das Entstehen der Garnbleicherei, die besonders seit dem 16. Jh. zum Haupterwerbszweig des Wuppertales wird. Mit dem Garnprivileg von 1527, das auch dem Nachbarort Barmen verliehen wird, ist die Grundlage für die sich entwickelnde Textilindustrie gelegt, die im 19. Jh. zu großem wirtschaftlichen Aufschwung und damit zur Ausweitung der Stadt führt. Architekten wie Carl Ferdinand Busse, Johann Peter Cremer und Adolf v. Vagedes finden hier bedeutende Aufgaben. 1826 wird mit der Anlage des jetzigen Laurentiusplatzes mit der 1829 von Vagedes errichteten kath. Pfarrkirche St. Laurentius der Anfang für das klassizist. Laurentiusviertel gemacht. Angeregt durch die in halber Höhe verlaufenden Eisenbahnlinien Düsseldorf-Elberfeld im S (1841 fertig) und der 1879 eröffneten Rheinischen Bahn im N mit den entsprechenden Bahnhöfen, werden allmählich auch die Hänge bebaut. U. a. entstehen die Elberfelder Nordstadt und das Briller Villenviertel. 1943 wird fast die gesamte Innenstadt zerstört. – Elberfeld ist der Geburtsort des Malers Hans v. Marées (1837–87).

Alte ref. Kirche (Kirchplatz). Anstelle einer roman. Kirche, von der die Apsis mit einem spätgot. Sterngewölbe als jetzige Sakristei erhalten ist, wurde 1688–90 ein Neubau errichtet, ein tonnengewölbter Saalbau mit Pilastergliederung und Empore. Er ist nach Kriegszerstörungen in den 1950er Jahren wiederaufgebaut worden.

Kath. Pfarrkirche St. Laurentius (Laurentiusplatz). 1828–32 nach Plänen von A. v. Vagedes erbaut als klassizist. Hallenkirche mit kuppeligen Mittelschiffsgewölben (über den Seitenschiffen Quertonnen) und Doppelturmfassade. Nach Kriegszerstörungen umfassende Restaurierungsmaßnahmen bis 1976, bei denen die Kirche u. a. neue Turmhelme und Glasfenster von Robert Rexhausen erhielt. – Der Hochaltar (um 1700) stammt aus der ehem. Franziskanerkirche in Beilngries.

Der Zuzug in Elberfeld gab im 19. Jh. gerade in der Nordstadt Anlaß zu einer Reihe von Kirchenbauten.

Dazu zählen u. a. die 1850 fertiggestellte **ev.-luth. Kreuzkirche** (Friedrichstraße), bei deren Entwurf Friedrich August Stüler mitwirkte, und die **ev.-ref. Kirche** (Sophienstraße), 1835–58 von E. Fr. Zwirner in formalem Anschluß an die von Heinrich Hübsch errichtete ev. Hauptkirche in Unterbarmen gebaut, jedoch 1858 im Inneren verändert.

● Vor allem aber ist die **ref. Friedhofskirche** (Hochstraße) zu nennen, ein 1894–98 entstandenes, wichtiges und zudem ganz ausgezeichnet erhaltenes Werk von Johannes Otzen. Der in den Formen der rheinischen Spätromanik errichtete Zentralbau erhebt sich über kreuzförmigem Grundriß, mit Türmen in den Winkeln und überhöht von einem mächtigen Zentralturm ähnlich Groß St. Martin in Köln. – Das Innere mit Emporen in den schmalen Kreuzarmen wird von Netzgewölben überfangen. Die Anordnung der erhöht stehenden Kanzel hinter dem Altar und der Orgel auf der dahinterliegenden Sängerempore folgt dem 1891 von Otzen miterarbeiteten sog. »Wiesbadener Programm« für den ev. Kirchenbau (vgl. die Wiesbadener Ringkirche).

Ebenfalls in der Elberfelder Nordstadt die **kath. Pfarrkirche Herz Jesu** (Ludwigstraße), 1886 von August Lange. Auf ungünstig geschnittener Grundfläche und in topographisch schwieriger Hanglage entstand ein zierlicher, in seinem Grundriß an die Liebfrauenkirche in Trier erinnernder neugot. Zentralbau.

Das **Landgericht** auf dem Eiland (Hofaue) ist ein feiner klassizist. Bau mit charakteristischem Loggiengang, 1848–53 von Carl Ferdinand Busse erbaut, zu Anfang des 20. Jh. und nach 1945 auf der Rückseite verändert und erweitert. – Gegenüber das 1906–08 entstandene **Amtsgericht.**

Die **Stadthalle** auf dem Johannesberg, unweit des Bahnhofes, 1895 bis 1900 von Brüning und Mäurer in Neurenaissanceformen errichtet. Das Innere mit mehreren Sälen und einem großen *Foyer,* dessen urspr. Farbfassung 1980/81 restauriert wurde, ist nicht kriegszerstört und trotz der z. T. entstellenden Renovierungen der 1950er Jahre noch weitgehend erhalten. Besonders bemerkenswert sind die mythologischen *Porzellangemälde* »Die Gaben des Meeres« und »Die Gaben der Erde« in den Nebenräumen zum sog. Gelben Saal, Werke des Berliner Malers Alexander Kips, 1896 auf der Berliner Gemäldeausstellung erworben.

● **Altes Rathaus** (Turmhof 8), jetzt **Von-der-Heydt-Museum** (s. d.). Nach Plänen von Johann Peter Cremer 1821–31 und 1839–43 errichteter wuchtiger Quaderbau in den schweren Formen der italienischen Renaissance. Das Gebäude erregte schon während seiner Erbauungszeit großes Aufsehen und zählt heute zu den bedeutendsten Monumenten des 19. Jh. im Rheinland. Die gußeisernen Schmuckformen goß Wilhelm Josef Imhoff nach Modellen von Christian Daniel Rauch und Christian Friedrich Tieck. Das Innere wurde nach Kriegszerstörungen verändert wiederaufgebaut. – Nördl. Anbau von 1912/13.

Neues Rathaus, jetzt **Verwaltungsstelle Neumarkt.** 1895–1900 nach Plänen von Heinrich Reinhardt und Georg Süßenguth. Werksteinbau mit hohem, das Stadtbild bestimmendem Turm. Im Inneren sind die Flure mit der doppelläufigen Haupttreppe noch erhalten.

Ehem. Bahnhof Döppersberg, jetzt **Bahnhof Wuppertal-Elberfeld.** 3geschossiger klassizist. Quaderbau mit 4säuligem Portikus und Eckrisaliten, 1846–48 von Ebeling und Hauptner erbaut. Das Erdgeschoß durch eine moderne Vorhalle ganz verändert. – Rechts vom Bahnhof das 1871–75 errichtete, architektonisch dem Bahnhof angepaßte **Eisenbahn-Direktionsgebäude.** Vor dem Eingang Nachbildungen von 2 Löwen, die ehemals an der 1877 entfernten Freitreppe des Alten Rathauses standen.

Wohnhäuser und Gewerbebetriebe. Aus der Zeit vor dem 19. Jh. ist im Zentrum nichts mehr erhalten. Das Laurentiusviertel zeigt eine Reihe klassizist. Häuser, teils als bergische Schieferhäuser oder Fachwerkhäuser mit Holzverkleidung, teils als Putzbauten. Die Elberfelder Nordstadt weist Wohnbauten von ca. 1860 bis zur Jahrhundertwende in geschlossenen Straßenzügen auf, z. B. im N in der Markomannenstraße, Helmholtzstraße, Neuen Nordstraße, Neuen Friedrichstraße, Briller Straße, Marienstraße und am Hombüchler Platz. Ein besonderes Charakteristikum sind die in diesem Wohngebiet vorkommenden Gewerbebetriebe, z. B. die 1888 entstandene **Zwirnerei Hebebrand** (Uellendahler Straße / Ecke Mirker Straße) und die **Bandwirkerei Frowein** (Uellendahler Straße) von 1899, beides Backsteinbauten, oder die **Druckerei** (Mirker Str. 39) mit ihrer den Wohnhäusern angepaßten Stuckfassade. Die Anlage des Straßenrasters ohne Rücksicht auf die bewegte Topographie ergibt reizvolle Perspektiven. Dagegen passen sich die Straßen des Briller Viertels mit den stattlichen Villen der Topographie besser an. 2 Einzelbauten sollen wegen ihrer Innenräume, die kürzlich behutsam restauriert wurden, genannt sein: Die um 1870 errichtete **Villa Frowein,** heute **Bergische Musikschule** (Briller Str. 2) und die **Villa Amalia,** das sog. **Briller Schlößchen** (Briller Str. 117), 1883 erbaut. *VO*

Ronsdorf

Ev. ref. Kirche, 1855–58 von Ernst Friedrich Zwirner. Emporenbau in dem Rundbogenstil, den Heinrich Hübsch mit der ev. Hauptkirche in Unterbarmen vorbildlich geprägt hatte.

Museen

Friedrich-Engels-Haus (Engelsstr. 10). Leben und Werk des Mitbegründers des wissenschaftlichen Sozialismus, Friedrich Engels, und anderer bedeutender Wuppertaler Bürger sind im großbürgerlichen Rahmen von Engels' Vaterhaus dokumentiert. – Im Garten des Hauses das **Engels-Denkmal** von Alfred Hrdlicka, 1980.

Fuhlrott-Museum (Auer Schulstr. 20). Mineralogie, Geologie, Biologie, Dokumentation zum Umweltschutz. Pietismus im Bergischen Land, Geschichte der Industrialisierung. Stadtgeschichte.

Uhrenmuseum (Poststr. 11). Historische Uhren aus aller Welt. Geschichte der Zeitmessung.

● **Von-der-Heydt-Museum** (Turmhof 8). Die von privaten Stiftern, insbesondere den Freiherren von der Heydt, grundgelegte Sammlung verzeichnet einen ungewöhnlich qualitätvollen Bestand an Bildern und Skulpturen. So niederländische Malerei des 16./17. Jh., deutsche Malerei der Romantik und des Realismus, französ. Impressionisten und ihre Nachfolger, Malerei des 20. Jh. von Hodler bis heute. Die Skulpturensammlung reicht von Rodin bis zur Gegenwart.

WÜRSELEN (Aachen A7)

Kath. Pfarrkirche St. Sebastian. Die 870 bezeugte Kirche wurde in der 2. Hälfte des 12. Jh. durch einen Neubau ersetzt, dessen W-Turm auf rechteckigem, etwas oblongem Grundriß erhalten ist, 4geschossig aus Bruchstein mit Eckquadern. An der W-Seite war eine reichere Gliederung durch Lisenen und Rundbogenfriese bis zum 2. Weltkrieg gut erhalten; im Krieg wurde der Oberteil des Turmes zerstört. Das obere Gurtgesims mit Klötzchenfries. Die Schallöffnungen entsprechen den unteren Blenden. Kapitelle und Konsolen mit reichem Blattschmuck. In 2 Rundbogennischen noch die Reste sitzender Tiere. Der Turm sollte noch ein weiteres Geschoß erhalten. Der Reichtum der Gliederung stellt wohl einen Einzelfall am Niederrhein dar. Das Langhaus wurde 1722–25 nach einem Plan Mefferdatis' durch eine 3schiffige Hallenkirche aus Ziegelsteinen ersetzt, die 1906 erweitert wurde um Querhaus und Chor.

XANTEN (Wesel B4)

Die kleine Stadt, deren Stiftskirche groß vor dem weiten Horizont des niederrheinischen Tieflandes steht, gehört zu jenen Stätten, an denen sich ein Stück abendländische Geschichte beispielhaft darstellt. Auf einer Anhöhe des Fürstenberges, gegenüber der alten Lippemündung in den Rhein, wird um 15 v. Chr. das röm. Zwei-Legionen-Lager Vetera Castra I als Operationsbasis für die Kriege gegen das rechtsrheinische Germanien gegründet. – Zu sehen ist heute nur sein Amphitheater. – Von hier aus unternehmen Drusus und Germanicus ihre Feldzüge und zieht Varus in das Verderben im Teutoburger Wald (9 n. Chr.). Als Vetera I 69/70 n. Chr. den aufständischen Batavern zum Opfer fällt, entsteht auf der sog. Bislicher Halbinsel das Ein-Legionen-Lager Vetera II. – Nördlich des Lagers gründet Kaiser Marcus Ulpius Traianus zwischen 98 und 102 n. Chr. die Colonia Ulpia Traiana. Sie bestand wahrscheinlich bis in das 4. Jh. n. Chr., war dann Steinbruch für das südlich erstehende Xanten und ist die einzige größere Römerstadt nördlich der Alpen, die niemals überbaut wurde (heute Archäologischer Park Xanten, s. d.). – Auf dem Brandgräberfeld an der Limesstraße zwischen Vetera und Colonia bildet ein Märtyrer-Doppelgrab den Ausgangspunkt für Stiftskirche und die mittelalterl. Stadt »ad sanctos« (zu den Heiligen). Diesem Xanten – nach dem Nibelungenlied die Heimat Siegfrieds – verleiht 1288 der Kölner Erzbischof Stadtrecht. Nach fast völliger Zerstörung wird 1389 mit dem Ausbau ihrer Befestigung begonnen. Seit 1392 gemeinsamer Besitz von Kleve und Kurköln, wird Xanten 1444 von Johann von Kleve eingenommen, 1641 von den Schweden. Die Verlagerung des Rheinbettes nach O läßt es seit Mitte 16. Jh. zu einem bedeutungslosen Landstädtchen absinken, das zuletzt noch durch die Säkularisation von 1803 sein Kollegiatstift verliert. – 1945 wurden drei Viertel der Stadt vernichtet, darunter Kapuzinerkloster, Gasthauskapelle und Rathaus.

Dom, ehem. Stiftskirche St. Viktor, heute **kath. Pfarrkirche** ●

Sie geht in ihren Ursprüngen zurück auf das Märtyrergrab, in dem nach der Überlieferung der hl. Viktor und seine 360 Getreuen, Angehörige einer röm. Strafeinheit, die zuvor in den Bergwerken der Thebais (Ägypten) gearbeitet hatte, der Thebäischen Legion, bestattet waren. 1933 entdeckt man tief im Boden des Chores ein seit dem 4. Jh. unberührtes Grab mit den Skeletten zweier Männer, die ein gewaltsames Ende gefunden hatten. Die Ausgrabungen zeigen, daß das Grab in allen folgenden Zeiten Ort kirchlicher Verehrung war, und erweisen den geschichtlichen Kern der Viktorslegende. Schon am Ende des 4. Jh. entsteht über dem Grab eine hölzerne Kapelle, an deren Stelle Anfang des 5. Jh. eine zweite, in der 1. Hälfte des 5. Jh. der erste steinerne Bau errichtet wird. Weitere Neubauten folgen im 8. und im frühen 9. Jh.; nach 863 entsteht der erste große Kirchenbau, der dem inzwischen entstandenen Kollegiatstift dient. Ein neuer Großbau wird im 10. Jh. errichtet und um 1081 und 1109 von Bränden heimgesucht. 1128 weiht der hl. Norbert den Chor, 1165 Erzbischof Rainald von Dassel das Langhaus des vollendeten roman. Baues. Es bleibt während des got. Neubaues bis ins 15. Jh. bestehen und in kirchlicher Benützung.

Die Baugeschichte der heute bestehenden Kirche setzt gegen 1190 ein, als der Stiftsscholaster Bertholdus den großartigen W-Bau beginnt, der 1213 bis zum 3. Geschoß vollendet ist. Die Obergeschosse der Türme werden anschließend nach verändertem Plan weitergeführt. Unter Propst Friedrich von Hochstaden, dem Bruder Erzbischof Konrads, des Gründers des Kölner Domes, beginnt 1263 ein Neubau, der die größte Kirche nördlich von Köln werden soll. 1351 sind der Chor und die anstoßenden Teile der Seitenschiffe vollendet, 1437 der ganze O-Bau. Nun trägt man das roman. Langhaus ab; 1530 wird der Neubau vollendet und mit der alten Turmanlage verbunden. Als erster Meister des got. Baues wird Meister Jacobus genannt; ungefähr hundert Jahre später hat wieder ein Jacobus die Leitung der Bauarbeiten. Seit 1374 arbeitet Konrad von Kleve am Bau. Er erneuert die oberen Teile des 1372 durch einen Brand beschädigten S-Turmes und errichtet den hohen spitzen Helm. 1396 werden die Meister Gerard und Konrad Kregelin aus Köln berufen, 1406 Meister Gisbert von Kranenburg. Nach der Vollendung des O-Baues sind am Langhaus seit 1488 Meister Wilhelm Backerwerd aus Utrecht und nach ihm 1492–1522 Meister Johann von Langenberg aus Köln beschäftigt. Als

Abschluß der Bauarbeiten wird der roman. W-Bau verändert. 1517 ersetzt Johann von Langenberg das mittlere Kreuzgratgewölbe durch ein in der Höhe des Mittelschiffes angelegtes Sterngewölbe und bricht in der Mitte der W-Wand das riesige spätgot. Fenster ein; 1519–30 wird schließlich das oberste Geschoß des N-Turmes mit Galerie und Helm ausgebaut und damit der Bau vollendet.

1945 trifft ein Bombenangriff das Bauwerk schwer. Obergeschoß und Helm des N-Turmes, alle Dächer und die meisten Gewölbe werden zerstört, auch die Wände teilweise beschädigt, doch bleiben sämtliche Pfeiler stehen. Der Wiederaufbau wurde von besten Architekten und Denkmalpflegern geleitet. Er blieb dennoch bis zum Schluß umstritten. Prinzipiell hielt man an der Wiederherstellung in der alten Form fest.

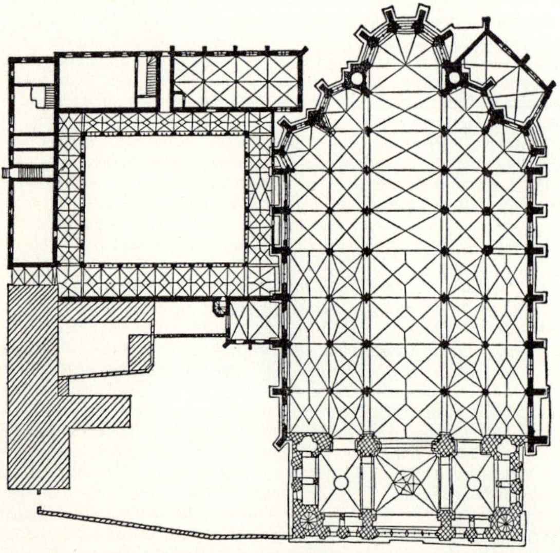

Xanten. Dom. Grundriß

Der Grundriß des got. Kirchenbaues, wahrscheinlich in mehreren Änderungen des Planes von 1263 entstanden, steht in einem eigenartigen Gegensatz zum System einer 5schiffigen Basilika, nach dem sich der Aufbau der Stiftskirche richtet.

Die Seitenlinien des Raumes, der zwischen dem W-Bau und dem Ansatz der seitlichen Apsiden liegt, ergeben ein reines Quadrat. Das entspricht dem idealen Grundriß der Hallenkirche, deren Tendenzen sich offensichtlich unter dem basilikalen Aufbau durchsetzen. Diese Beobachtung wird im Altarraum bestätigt, der kein langgestreckter Kathedralchor ist. Chorumgang und Querschiff fehlen, die 5 Schiffe enden in gestaffelten Apsiden. Der Hauptchor endet in 7 Seiten des Zwölfecks. Um je ein Joch zurücktretend, folgen die diagonal gestellten Apsiden der inneren und äußeren Seitenschiffe. Vorbilder sind die Chorbildungen von St. Yved de Braisne, St. Martin in Ypern und die Liebfrauenkirche in Trier. Altarräume und Schiffe kommen in einer Stiftskirche zu ähnlicher Einheit des Raumes, wie sie die Hallenkirche erstrebt (vgl. Düsseldorf, St. Lambertus).

Äußeres. Der großartige Eindruck des Baues im Bild der niederrheinischen Landschaft wird vornehmlich von der monumentalen *W-Fassade* bestimmt, in der, wie im gesamten Bauwerk, der Zusammenklang roman. und got. Architektur das beherrschende Motiv ist. Das Erdgeschoß macht die gleichmäßige Reihung der Rundbogenblenden zu beiden Seiten des Portals zum einheitlichen Sockel für den Aufbau. Es folgen in den seitlichen Teilen 2 niedrig lagernde Geschosse, mit Radfenstern in Kleeblattblenden und dann mit schön profilierten Rundbogenblenden gegliedert und durch starke Gesimse getrennt. Die 3 folgenden Geschosse der Türme sind höher und tragen reiche Blendengliederung in Kleeblatt- und Rundbogenform, in der Mitte jeder Seite ein schlankes Doppelfenster. Über der krönenden Balustrade wachsen die schlanken Spitzhelme empor. Im mittleren Teil über dem Portal ragt in Höhe von 3 Geschossen der flankierenden Türme die mächtige Fläche mit dem spätgot. *Maßwerkfenster* auf. Ein steiler Giebel, mit Krabben besetzt und mit Spitzbogenblenden verziert, endet in einer schlanken Kreuzblume. – Die urspr. roman. Fassade (bis 1213) war im Mittelteil 3geschossig. Im 2. Geschoß war ein Rundfenster, über dem 3. ein flacher Giebel. Über dem 3geschossigen Unterbau sollten nach dem urspr. Plan die Türme eingezogen auf kleinerer Grundfläche emporwachsen, etwa wie bei St. Bartholomäus in Lüttich. Man führte aber dann die Türme in der vollen Stärke des Unterbaues weiter, was ihnen gewaltige Massigkeit verlieh. – Der got. Bau erscheint als ein einheitlich durchgeführtes Werk, doch sind die verschiedenen Bauabschnitte nicht nur im Grundriß, sondern auch in der Außenerscheinung erkennbar. Am deutlichsten ist als ältester Teil der *Hauptchor* zu erkennen. Seine Strebepfeiler steigen schlank und sich fünfmal verjüngend empor, oben von einem Kranzgesims umfaßt; ihre Fialen übersteigen die Dachgalerie und klingen in Kreuzblumen aus. Anstelle der beiden westl. Strebepfeiler der Hauptapsis stehen höhere 8eckige Treppentürmchen. Der ganze Chor ist klar gegliedert, seine Konstruktion wohldurchdacht. Die Fenster im Untergeschoß haben Rundstäbe und profilierte Spitzbogen, die des Obergeschosses sitzen in einfachen Blenden. Die beiden Geschosse sind aus verschiedenem Material erbaut und voneinander durch ein schmales Gesims geschieden, das die Strebepfeiler nicht mit umfaßt und so ihre Vertikalen nicht unterbricht. – Das *Langhaus* ist vielfältiger gegliedert und stärker geschmückt, vor allem durch das reich entwickelte offene Strebesystem, doch bleibt es als Ganzes massig und gedrungen. Die Galerie am Dachgesims der Seitenschiffe endigt am Treppentürmchen vor der Hauptapsis, die des Hochschiffes setzt sich um den Chor herum fort. Die Fenster des Mittelschiffes und der Seitenschiffe stehen in Blenden, deren Spitzbogen in den Ecken auf Sockeln ruhen, die mit Drolerien – Steinmetzfiguren, Musikanten, Kentauren usw. – verziert sind. Die Fialen der Strebebogen steigen über die Horizontale der Galerie und des Kranzgesimses empor. – Die Ornamentik des Langhauses entfaltet sich besonders reich am *S-Portal* vor dem westl. Joch des Seitenschiffes, einem Werk des Meisters Johann von Langenberg. Statt der Blende rahmt hier das Fenster ein prachtvoller Kielbogen, der mit einer doppelten Kreuzblume über die Galerie des Dachgesimses emporstößt. Ein gleichartiger Bogen umfaßt das unter dem Fenster stehende Portal. Die Strebepfeiler zu seinen Seiten, die sich nach oben zu dreimal verjüngen und schlanker und ragender aufstreben, geben dem reichen Zierat von beiden Seiten festen Halt. Sie tragen ebenso wie die Gewände des Portals Figurenschmuck. Südl. am Chor steht die *Paramentenkammer,* früher Sakristei (1475–80 und 1519–22), mit spätgot. Maßwerkfenstern in großen Rundbogenblenden. Die Galerie des Seitenschiffes ist auch über diesen Anbau hin weitergeführt.

Inneres. Der Mittelteil des W-Baues ist heute Vorhalle; ursprünglich war er ein W-Chor, der bis 1449 einen Marienaltar enthielt. Die beiden Turmhallen bilden mit ihm einen einheitlichen Raum von 2 Geschossen. Sie haben unten Rundnischen in der mächtigen Mauerstärke; darüber sind Laufgänge in der Wand ausgespart, zum Innenraum in Bogenstellungen auf schlanken Bündelpfeilern geöffnet. Vorbilder zu dieser Anlage waren W-Chorhallen in Lüttich und Maastricht. Eine ähnliche Aufgliederung der Innenwand erfolgte etwa gleichzeitig im W-Chor von St. Georg in Köln. Über der inneren Begrenzung der Laufgänge sind noch die Ansätze der ursprünglich auf kleinerer Grundfläche geplanten Turmobermauern erhalten. Im Innern des got. Baues wird anders als in Köln weniger das Emporsteigen als das Lagern betont. Pfeiler und Scheidbogen sind reich gebündelt und profiliert. Im Mittelschiff steht vor den zurücktretenden Hochfenstern ein Laufgang anstelle eines Trifoof riums, von den emporsteigenden dreifachen Dienstbündeln überschnitten und gegliedert, unmittelbar darüber setzen auf Kapitellen mit feinem Laubwerk die Gewölberippen an. Die verschiedenen Bauzeiten waren im Innern an den Gewölben klar zu erkennen. Im östl., im 14. und 15. Jh. entstandenen Teil trugen die Joche einfache Kreuzrippengewölbe, die aus dem 16. Jh. stammenden Joche hatten vielfältige Netzgewölbe. Ein Lettner (um 1400) und Chorschranken teilten den östl. Teil des Langhauses nach dem 4. Joch liturgisch dem Chor zu.

Nach Behebung aller Kriegsschäden, einschließlich der Rekonstruktion des spätgot. Lettners mit dem Kreuzaltar von 1657, ist das alte Bild der Stiftskirche mit der ungewöhnlich vollständigen Ausstattung neu ● erstanden. Während des got. Neubaues entstanden die *Glasmalereien* der Fenster. Die ältesten, aus der Zeit um 1300, sind 5 Medaillonscheiben mit Christusszenen im Hauptchor, heute einbezogen in die Neuschöpfungen Wilhelm Geyers von 1963/64. Dem äußeren nördl. Seitenchor gehören Fenster des mittleren 14. Jh. an; sie sind Werke eines Meister Jacobus, der auch in Köln tätig war. Auch das 15. und das 16. Jh. sind in wertvollen Glasmalereien vertreten. Das große Fenster in der W-Fassade schuf Anton Wendling, 1965.

An den Pfeilern des Langhauses und des Chores stehen 28 steinerne *Statuen*; die ältesten im Chor (um 1270–80): Apostel, Verkündigung und Heimsuchung. Es folgen bis zum Lettner die hll. Viktor und Helena (nach 1311) und an den westl. Chorpfeilern die 4 Kirchenväter (1470–88). Ebenfalls jünger, noch aus dem 15. Jh., sind die Figuren im westl. Teil. Die hll. Martin, Cornelia, Viktor sind vermutlich von einem Bildhauer aus Wesel geschaffen, Christophorus und Maria (1496) von Andreas Holthuys aus Kleve, die 2 Könige vor Maria (1551) von Arnt von Tricht. Gegenüber den schwebenden Kölner Pfeilerfiguren stehen die Xantener breiter und schwerer im Raum und führen die Überlieferung der niederrheinischen Plastik des 13. Jh. fort. Die Konsolen sind mit heiteren Tierbildern und Genreszenen geschmückt. – Älter als der got. Bau ist das *Chorgestühl,* das um 1240 im Chor der roman. Stiftskirche aufgestellt und später in den Neubau übernommen wurde. Es ist das älteste hölzerne Gestühl des Rheinlandes. Seine Wangen erinnern an die Zeichnungen im Skizzenbuch des Villard de Honnecourt, in den frühgot. Formen klingt noch Romanisches nach. – Um 1300 entstand der sehr feine steinerne *Dreisitz* im Chor; die Wimperge über zierlichen Säulen sind mit Figuren geschmückt. – Zum urspr. Bestand gehören auch die *Wandteppiche* des 15.–17. Jh., durchweg flämische Arbeiten.

Inmitten des Chores steht der *Schrein des hl. Viktor,* eines der ältesten Hausreliquiare unter Satteldach, 1129, gearbeitet aus Eichenholz und mit vergoldetem Silberblech, Statuetten in Treibarbeit, Email und Edelsteinen verkleidet. An den Seiten Reste des Programms »Christus mit den 12 Aposteln«. Die 10 Vierpässe auf dem Dach erzählen das Gleichnis von den klugen und törichten Jungfrauen. – Die mittelalterl. *Altäre* der Stiftskirche waren bescheiden: steinerne Altartische mit einem Bild an der Wand dahinter (Bonifatiusaltar im W-Bau Ende des 14. Jh.). Erst im 16. Jh. entstand die überreiche Ausstattung, vor allem mit geschnitzten Altären. Der Hochaltar wurde kurz nach 1500 begonnen und war erst 1549 ganz vollendet. Der Schrein stammt von Wilhelm von Roermond aus Köln; er versuchte, den mittelalterl. Reliquienaltar in Renaissanceformen umzusetzen. In der Mitte stand einst die goldene Tafel des Erzbischofs Bruno von Köln, ein kostbares Antependium des 10. Jh.; während der Französ. Revolution ging es verloren. An seiner Stelle heute ein Triptychon des 16. Jh. Darüber ist der Platz für den *Viktorschrein,* einen der ältesten und bekanntesten Reliquienschreine des Rheinlandes mit getriebenen Figuren, Mitte des 12. Jh., die Dachschrägen erst um 1200. An den Seiten des Altars stehen geschnitzte und versilberte Heiligenbüsten von Henrik Douvermann, der auch den halbrunden Abschluß über dem Schrein schnitzte (1540). Auch diesen eigenartigen plastischen Schreinaltar vollendet die Malerei: Der aus Wesel stammende, in Köln ansässige Barthel Bruyn d. Ä. gab 1534 den 4 Altarflügeln einen Gemäldezyklus, der in 3 Wandlungen abzulesen ist. Bei geschlossenen Flügeln sehen wir auf 2 Tafeln je 3 große Gestalten: die Muttergottes mit den hll. Viktor und Gereon sowie die hl. Helena mit Papst Sylvester und Kaiser Konstantin. Die Bilder sind Grisaillen, d. h. grau in grau getönte, höchst plastisch modellierte Malerei. Öffnet man die Flügel einmal, so leuchten kräftige Farben auf. Vielfigurige, raumhaltige Bilder erzählen das Leben der hll. Helena und Viktor. Öffnet man die Flügel zum zweitenmal, so kann man auf den äußeren Flügeln den Schluß dieser Bilderzählungen ablesen. In der halbkreisförmigen Bekrönung des Altars ist die Kreuzigung dargestellt. Bruyn zeigt sich in diesem Werk auf der Höhe seines Schaffens, das den Prinzipien und Formen der über die nahen Niederlande vermittelten Renaissance folgt und ihrer bürgerlichen Ruhmbegierde auch im Bild der Heiligen huldigt: Im Gefolge der hll. Viktor und Helena sind Stiftsherren, Bürgermeister, Schöffen und vornehme Frauen von Xanten porträtgetreu wiedergegeben. – Von den über 20 weiteren Altären können nur die wertvollsten genannt werden. Der *Antoniusaltar* entstand um 1500; besonders schön ist die Ornamentik: die Ranken und Verästelungen der Wurzel Jesse, die Baldachine über den großen Figuren. Die etwas späteren Flügel enthalten gute Gemälde Jan Baegerts. – Der *Märtyreraltar* ist eine Antwerpener Arbeit, bezeichnet 1525, mit dem Altar in Straelen verwandt. Die Schnitzereien des Schreines enthalten 14 Dar-

Xanten. Dom. Marienaltar (zu S. 714)

stellungen aus der Passion und dem Marienleben. – Der *Matthiasaltar,* 1525 in Arbeit, ist in Plastik und Malerei ein Werk verschiedener Künstler. – Ein Hauptwerk von Henrik Douvermann, um 1535/36, ist ● der *Marienaltar.* Von erlesener Feinheit ist das Rankengeschlinge vor dem schlafenden Jesse in der Predella. Der Aufsatz enthält 8 kleine Szenenbilder mit vielen Figuren. Im Ornament zeigen sich einzelne Renaissanceformen. Die Flügel malte der Antwerpener Rudolph Loesen nach Dürer-Motiven. – Der neue *Gemeindealtar* im Zentrum des Domes, der über den Gräbern der Märtyrer steht, stammt von Gernot Rumpf (1976). Das vorzügliche Bronzebildwerk stellt in den biblischen Bildern vom Weinstock und den Reben die wirkende Einheit Christi mit seiner Gemeinde dar. – Die *Krypta* wurde 1966 zur Mahn- und Sühnestätte für die Opfer des Dritten Reiches erweitert. Ihr Zentrum ist das 1933 unversehrt aufgefundene Doppelgrab der Märtyrer. Das Lamm Gottes von Ludwig Baur und der Kruzifixus von Hans Dinnendahl (1966).

Außerhalb des Baues, zu beiden Seiten des S-Portals, stehen 4 steinerne Passionsreliefs und eine *Kreuzigungsgruppe.* Ihr Stifter ist der Kanonikus Berendonck, der gegenüber dem Portal wohnte. Er ist in jeder Gruppe dargestellt. Die 1525–36 gearbeiteten Gruppen, Reste eines Kreuzweges, sind charakteristische Werke der Steinplastik des 16. Jh. am Niederrhein (beschädigt, z. T. restauriert).

Die **Stiftsgebäude** lehnen sich nördlich an die O-Teile der Kirche an, da an der S-Seite der Stiftsbezirk durch den großen Marktplatz der Stadt eingeengt ist. Sie sind meist Werke der spätesten Gotik, die hier bis tief ins 16. Jh. hinein lebendig blieb. Der wiederhergestellte **Kreuzgang** wurde 1543–46 erbaut; er enthält eine lange Reihe von Grabmälern der Stiftsherren, hauptsächlich aus dem 16. Jh. Östlich daran stößt der wiederhergestellte *Kapitelsaal,* 1530–35 von Meister Gerwinus von Wesel erbaut, weiterhin die alte Stiftsschule von 1537–40 und die alte Kellerei von 1440. Die **Hl.-Geist-Kapelle** westlich des Kreuzganges, 1544 errichtet, ist vom nördl. Seitenschiff aus zugänglich.

Der Dom, die Stiftsgebäude und die Stiftsherrenhäuser bildeten die Immunität, die durch Mauern und Tore umschlossen war. Der Kranz der **Stiftsbauten,** der die Kirche als befestigte Stiftsfreiheit umschloß, zeigt schmerzliche Baulücken. Die **Dionysiuskapelle,** zugleich südl. Immunitätstor, um 1000, mit der spätgot. **Michaelskapelle** im Obergeschoß ist als Rekonstruktion wiedererstanden. Auf immer jedoch sind ihre ottonischen Reliefs von Viktor und Gereon sowie das gleichzeitige Wandgemälde verloren.

Ev. Pfarrkirche (Kurfürstenstraße). Die ref. Gemeinde feierte am 15. August 1649 in Gegenwart des Großen Kurfürsten die Weihe ihrer ersten Kirche, eines barocken Saalbaues aus Backstein mit Walmdach. 1662 wurde der 4kantige Turm vorgesetzt.

● Von der Stadtbefestigung blieb das 1393 errichtete **Klever Tor** bestehen, eines der wenigen erhaltenen niederrheinischen

Xanten. Dom und Klever Tor

Doppeltore mit verbindendem Zwinger, zudem Mauerteile mit einer **Turmwindmühle** (18. Jh.).

Regionalmuseum Xanten (Kurfürstenstr. 7–9). Der schöne Neubau von 1970–74 beherbergt ein Zweigmuseum des Rheinischen Landesmuseums in Bonn. Eiszeit und Vorgeschichte. – Das röm. Militärlager Vetera Castra I auf dem Fürstenberg bei Birten. Die röm. Stadt im N der heutigen Stadt Xanten, die Colonia Ulpia Traiana. – Die Baustufen des

Xanten. Turmwindmühle und Klever Tor (zu S. 714/715)

Domes von den Anfängen mit den Totenmalkapellen des 4. Jh. n. Chr. bis zur ottonischen Kirche und die Funde der Grabungen im Dombereich. – Die Kunst aus dem St.-Viktor-Dom mit Mosaik, Altären und wesentlichen Teilen des Domschatzes.

● **Archäologischer Park Xanten** (Kartaus 2, nördlich der Stadt an der Bundesstraße 57)
Die einzigartige Anlage liegt auf dem Areal der Colonia Ulpia Traiana,

die zwischen 98 und 102 n. Chr. von Kaiser Marcus Ulpius Traianus gegründet wurde. Als einzige große Römerstadt nördlich der Alpen wurde sie niemals überbaut. Ihre Grundmauern blieben unter Wiesen und Äckern erhalten. 1935 begannen erste Untersuchungen (Amphitheater). Nach späteren Notgrabungen entschloß man sich 1972 zu einer systematischen Erschließung, die voraussichtlich mehrere Jahrzehnte in Anspruch nehmen wird. In einem Informationszentrum orientiert ein

Xanten. Regionalmuseum. Caeliusstein (zu S. 715)

Stadtmodell, das ständig ergänzt wird, über die Ausgrabungen und die Rekonstruktionsversuche.
Die am Rhein gelegene Colonia Ulpia Traiana hatte eine Grundfläche von 83 ha in Gestalt eines im O schräg abgeschnittenen Rechtecks. Die Stadt war eine Reißbrettanlage im Schachbrettmuster mit einem Netz annähernd rechtwinklig verlaufender Straßen, befestigt von einer hohen Mauer mit Gräben, Türmen und Toren. Sie zählte etwa 10000 Einwohner.
Archäologisch erforscht wurden bisher das Amphitheater, 2 große Tempel, eine Badeanlage, Handwerkerviertel und Wohnhäuser, Zisternen, Wasserversorgungs- und Kanalisationsanlagen und die Stadtmauer.
Das Gelände der Colonia Ulpia Traiana gehört zu jenen Grabungsstätten, in denen der Archäologe eine Fülle von Befunden ermittelt, die der Anschauung des unkundigen Betrachters aber so gut wie nichts bieten können. Man entschloß sich daher zur Rekonstruktion der bisher ergrabenen architektonischen Anlagen (ganz oder im repräsentativen Teilstück).

Birten (B4)

Das **Amphitheater,** einziges ausgegrabenes Bauwerk des Legionslagers Castra Vetera I, in Holz und Erde um die Mitte des 1. Jh. n. Chr. errichtet, ist eines der wenigen Theater dieses Typs. Heute dient es als Freilichtbühne für Sommerfestspiele.

Marienbaum (B4)

Kath. Pfarrkirche St. Maria, ehem. Brigitten-Klosterkirche. Mit einer 1441 erbauten Wallfahrtskirche wurde 1457–60 ein Brigittenkloster verbunden. Die Klosterbauten wurden 1513 nach einem Brand erneuert; 1712–14 wurde an den spätgot. Chor mit einem Sterngewölbe ein neues Langhaus angebaut, 1907 erst ein W-Turm. – Das typisch niederrheinische Bauwerk ist weniger wegen seiner baulichen Eigenart als wegen seiner wirkungsvollen Ausstattung aus verschiedenen Zeiten (spätgot. Sakramentshäuschen und Chorstühle, Kalvarienberg, Tafelbilder der Renaissance, mächtiger barocker Hochaltar) und durch einen reichen *Kirchenschatz* bemerkenswert.

ZÜLPICH (Euskirchen B7)

Das röm., von Tacitus 70 n. Chr. erwähnte Tolbiacum lag an der Gabelung der beiden wichtigen Heerstraßen Köln–Reims und Köln–Trier. Hier wurde während des Bataveraufstandes die beste, aus Chauken und Friesen bestehende Kohorte des Claudius Civilis niedergemacht. Zahlreiche Funde, Inschriften und eine kleine, vom Heimatmuseum im ehem. Propsteigebäude aus zugängliche Badeanlage zeugen von der röm. Stadt. In fränkischer Zeit stand hier eine wichtige Königspfalz mit einer Münzstätte. Zweimal fanden hier für die Franken siegreiche Schlachten statt, die ihnen die Herrschaft am Niederrhein sicherten. Im Mittelalter abwechselnd im Besitz von Jülich und Kurköln, diente der Ort vor allem als Grenzburg. Im 2. Weltkrieg wurde Zülpich zu drei Vierteln zerstört.

Die ehem. Benediktiner-Propsteikirche, jetzt **kath. Pfarrkirche St. Peter,** ist bis auf die Umfassungsmauern der alten Krypta (um 1060) und die südl. Krypta-Erweiterung durch Bomben zerstört worden. Sie war eine frühgot. Pfeilerbasilika des 13. Jh. Der Neubau 1953–55 von Karl Band. – Die *Krypta* ist ein 3schiffiger Säulenbau von 4 Jochen mit gratigen Kreuzgewölben. Am Ende des 12. Jh. wurde sie unter der spätroman. Annokapelle neben dem Chor durch einen Anbau nach S erweitert, der fast ebenso groß und ebenfalls 3schiffig ist. Aus der alten Kirche stammt der flandrische Schnitzaltar aus dem Anfang des 16. Jh.

Von der **Martins-** und **Marien-Kirche,** 2 roman. Bauten, sind Baureste erhalten. Die **Hospitalkapelle** ist ein 2schiffiger Bau der Vinzentinerinnen (14. Jh.).

Die **kurkölnische Landesburg,** ein Backsteinbau des 14./15. Jh., bildet ein Rechteck mit 3 hohen runden Ecktürmen und einem übereck gestellten quadratischen Turm an der nördl. Ecke. In der Mitte des 3geschossigen SO-Flügels ist das Haupttor, im NW der 3geschossige Palas mit Spitzbogenfries und Walmdach.

Von dem 2geschossigen **Alten Rathaus,** das fast völlig durch Bomben zerstört wurde, ist der vorgesetzte viereckige Turm des 16. Jh. über einer spitzbogigen Laube erhalten.

Die **Stadtbefestigung** aus dem 13. und 14. Jh. hat 4 Torbauten, davon 3 Doppeltore. Die Außenseite des **Weiertors** wird von 2 runden Türmen flankiert; das Innentor ist ein mächtiger quadratischer Bau mit Zinnenkranz. Von dem ähnlichen **Bachtor** und dem **Kölner Tor** sind nur die inneren Tortürme und die parallelen Verbindungsmauern erhalten. Das **Münstertor** im S ist ein 3geschossiger quadratischer Turm mit spitzbogiger Durchfahrt und 4 zinnenbekrönten 8eckigen Ecktürmchen.

Heimatmuseum (Mühlenberg 8). Vor- und Frühgeschichte. Bodenfunde der röm.-fränkischen Zeit. Röm. Badehaus, um 100 n. Chr. Sakrale Kunst. Sondersammlung: 50 Bilder des Malers Hubert Salentin (1822–1910).

Hoven (B7)

Ehem. Zisterzienserinnen-Klosterkirche St. Maria und Maximin, jetzt **Kirche der Krankenanstalt Marienborn**. An der Stelle einer Kirche des 11. Jh. baute man, nachdem 1188 Zisterzienserinnen aus St. Thomas a. d. Kyll hierher gekommen waren, gegen Ende des 12. Jh. ein großes, 1schiffiges und flachgedecktes Langhaus an den alten 4geschossigen Turm an, dessen beide Obergeschosse ins Achteck übergeführt sind; in ihnen frühe 2teilige Schallöffnungen (Turmhaube von 1722). Den westl. Teil des Schiffes nimmt in 2 Jochen eine spätgot. Nonnenempore ein. Am Chor und im Langhaus einige altertümliche Menschen- und Tierköpfe des frühen 13. Jh. Sehr bedeutend die Holzskulptur der *Madonna* (um 1175); streng aufgerichtet thront Maria auf dem Pfostenstuhl, das gekrönte Kind frontal auf dem linken Knie haltend. Das Holzbildwerk bewahrt die blockhafte Monumentalität des frühen 12. Jh., bekleidet sie aber mit faltenreichen, in vielen Schichten drapierten Gewändern. – Ende des 16. Jh. wurde an die S-Seite ein **Kreuzgangflügel** angebaut.

Zülpich. Hoven. Ehem. Zisterzienserinnen-Klosterkirche St. Maria und Maximin. Madonna

ANHANG

FACHWORT-ERLÄUTERUNGEN

Ädikula (lat. aedicula = Häuschen, Tempelchen). Rahmender Aufbau um Portale, Reliefs und Gemälde.

Akanthus. Pflanze der Gattung Bärenklau. In stilisierter Form finden sich ihre Blätter an korinthischen Kapitellen; ein seit der Antike vielfach verwendetes und abgewandeltes Ornamentmotiv.

Akroter, Akroterion (griech.). Von der antiken Baukunst übernommenes Zierglied auf der Spitze oder an den Ecken eines Giebels. In der deutschen Renaissance mit Roll- oder Beschlagwerk, Obelisken oder figürlicher Plastik bereichert.

Altarauszug → Auszug.

Ambo. Niedriges, kanzelartiges, um mehrere Stufen erhöhtes Lesepult an oder vor den Chorschranken. Aus dem A. entwickelt sich die Kanzel.

Antependium (lat. antependere = davorhängen). Bekleidung der Altarvorderseite, aus gesticktem Stoff, als Treibarbeit, auch gemalt, geschnitzt oder als Einlegearbeit.

Apsidiole (lat.). Kleinere → Apsis, meist zu seiten der Hauptapsis gelegen.

Apsis (griech. = Bogenrundung). Im röm. Profanbau beschloß die A. das Mittelschiff der Basilika an einer Schmalseite als eigener, halbzylindrischer Raumkörper mit Halbkuppelwölbung. In der christlichen Sakralarchitektur ursprünglich für den Altar, den Sitz des Bischofs (Kathedra) und die der Presbyter bestimmt, verliert die A. mit der Ausdehnung der Choranlage (durch Querschiff und Chorarm) diese Bestimmung im frühen Mittelalter. Doch bleibt sie wesentlicher Bestandteil der roman. Kirchenarchitektur. Erst die Einbeziehung des Chorschlusses in den größeren Organismus der Choranlage in der Gotik verneint ihre Geltung. Sie ist nicht unbedingt an den Halbkreisgrundriß gebunden (polygonale Apsiden im 12. und 13. Jh.), bleibt ihm aber eng verhaftet. In der nachmittelalterl. Architektur ist die Anwendung des Begriffes von diesem Merkmal abhängig zu machen. – Die mittelalterl. roman. A. kann mehrfach vorhanden sein, etwa jedem der Schiffe, dem Hauptschiff an seinen beiden Enden oder dem Querschiff zugeordnet.

Arabeske (it. arabesco, rabesco). Ein wohl aus der Kunst des Islam stammendes Ornament aus feingliedrigem Blatt- und Rankenwerk, das den jeweiligen pflanzlichen Vorbildern sehr nahekommt; es tritt um die Mitte des 16. Jh. in Deutschland auf, wo ihm häufig Masken und Putten eingefügt sind.

Architrav. Das waagerechte »Gebälk« über den Säulen, Pfeilern oder Pilastern der antiken und nachmittelalterl., von der Antike abhängigen Architektur.

Archivolte. In erster Bedeutung die abgesetzte Rahmenleiste eines Rundbogens, in weiterer die Innengliederung der Bogenleibung,

d. h. die den Gewändegliederungen (Pfeiler, Säule usw.) entsprechenden plastischen Bogenläufe.

Arkade (lat. arcus = Bogen). Bogenstellung, d. h. ein Bogen über Säulen oder Pfeilern. Das Wort A. bezeichnet auch die fortlaufende Reihe solcher Bogenstellungen.

Arkosolgrab, Arkosolie (lat.). Durch einen Bogen überwölbtes, in die Wand eingelassenes Grab.

Atlant. Abgeleitet von Atlas, dem Riesen, der in der griechischen Mythologie den Himmel trägt, bezeichnet A. in der Baukunst eine männliche Gestalt, die statt einer architektonischen Stütze ein Gebälk o. ä. trägt. Die weibliche Entsprechung ist die *Karyatide.*

Atrium, Vorhof. Das lat. Wort bezeichnet ursprünglich den Haupt-(Herd-)Raum, später den Eingangs-Raum des röm. Hauses mit stark erweiterter Regenöffnung (*impluvium*) des Daches. Die konkurrierende Bezeichnung *Paradies* scheint auf eine zweite, östliche Wurzel, auf den Tempelvorhof hinzuweisen. Atrien, Vorhöfe mit Säulenhallen (Portiken) auf 3 Seiten und Brunnenanlage in der offenen Hofmitte, gehören zum Bestand der frühchristlichen und noch der frühmittelalterl. Basilika. Ältestes nachgewiesenes deutsches Beispiel: Lorsch, 767–774. Nachblüte des A. in den Klöstern der cluniazensischen Reform.

Attika. Brüstungsartige Aufmauerung über einem Gesims; im Barock zuweilen als eigenes, doch vermindertes Geschoß durchgeführt. Hier immer über dem Kranzgesims.

Auslucht (niederdtsch. *Utlucht*). Meist mehrgeschossiger Erker an Gebäuden, der nicht vorgekragt, sondern über massivem Sockel errichtet ist. Vor allem im Gebiet der Weserrenaissance weit verbreitet und mit reicher Bauzier versehen.

Auszug, Altarauszug. Kleines Obergeschoß des Altaraufbaues. Der A. (auch *Aufzug*) nimmt seit der Renaissance die Stelle des got. Gesprenges ein und umfängt als zweiter, kleinerer Schrein oder Rahmen eine Figurengruppe oder auch ein Gemälde.

Baldachin. Ein kostbarer Seiden- oder Brokatstoff, dann, übertragen, der aus diesem Stoffe gemachte »Himmel« (Thronhimmel). Der B. ist tragbar (Prozessionshimmel) oder fest (Altar-, Statuenb. usw.). Der Antike unbekannt, gewinnt der erst im 15. Jh. so genannte B. wachsende Bedeutung im Mittelalter. Als Statuen-B., der den Entfaltungsraum der Statue oben beschließt (wie die → Konsole unten), entwickelt und vollendet er sich in spätroman. und frühgot. Zeit.

Baluster (it. balaustro). Niedriges profiliertes, oft auch ausgeschwungenes Säulchen oder Vierkantpfosten aus Holz oder Naturstein als Träger eines Geländers oder Handlaufes und mit diesem zusammen als *Balustrade* bezeichnet.

Bandelwerk ist ein zeitlich eng begrenztes Ornament, etwa der Jahre 1715–40, das, von französ. Künstlern, J. Berain an der Spitze, unter Verwendung älterer Ornamentformen (Arabeske, Groteske) entwikkelt, sehr rasch auf Deutschland übergreift. Das Charakteristikum des

B. ist ein Schlingwerk von Bändern. Die Stilstufe ist die in Frankreich »Régence« genannte, die zum Rokoko überleitet.

Baptisterium. Taufkirche. Stets einer Bischofskirche zugeordnet; meist über zentralem, rundem oder 8eckigem Grundriß mit mittlerer Taufgrube. Aus frühchristlicher Zeit herkommend; in Deutschland auf das Frühmittelalter eingeschränkt.

Basilika (griech. = Königshalle). Die röm. B. ist – als Gerichts-, Markthalle – ein Langbau, meist mit einer apsidialen »Tribuna«. – Als langgestreckte, komplexe Anlage ist die B. seit frühchristlicher Zeit der Haupttypus der Kirche. Bestehend aus dem *Langhaus,* das vorwiegend 3 *Schiffe* umfaßt, wovon das mittlere im höherragenden Teil (*Obergaden*) eigene Fenster besitzt, und dem *Chor* mit *Apsis.* Senkrecht zu Langhaus und Chor kann zwischen beiden das schiffähnliche *Querhaus* liegen; der Raumteil, an dem sich Langhaus und Querhaus durchdringen, heißt *Vierung.*

Basis. Der ausladende, meist profilierte Fuß einer Säule oder eines Pfeilers.

Beinhaus → Karner.

Beischlag. Erhöhter und von Geländer oder Brüstung begrenzter Vorplatz mit Freitreppe an der Straßenfront der Bürgerhäuser in der Renaissance und im Barock, der, mit Sitzbänken versehen, dem abendlichen Beisammensein der Hausbewohner diente.

Belfried → Bergfried.

Bema (griech. = Bühne). Erhöhter Standort für den Klerus im Chor der frühchristlichen Kirche. Auch der → Ambo wird als B. bezeichnet.

Bergfried. Der in seiner Herkunft nicht geklärte Begriff bezeichnet den zur letzten Verteidigung bestimmten inneren Hauptturm der mittelalterl. Burg.

Beschlagwerk. Das Wort ist eine kunstwissenschaftliche Prägung aus dem 19. Jh. Gemeint ist ein an Metallbeschläge erinnerndes, stets symmetrisch angeordnetes Ornament, das auch Motive des → Rollwerkes verwendet. Der Erfinder ist der Niederländer J. Vredeman de Vries (1527 – 1604). Die Blütezeit des B. reicht von der Mitte des 16. bis in das frühe 17. Jh. Gegen Ende dieser Zeit dringt die »Ohrmuschel« als erweiterndes Motiv in das B. ein (→ Ohrmuschelstil), das sich dann im Fortgang des Jahrhunderts mit dem → Knorpelwerk verbindet und in dieser Verbindung bis in die Spätzeit des Jahrhunderts vorhält.

Blende. Das einem Baukörper eingefügte, der Dekoration und Gliederung dienende »blinde« architektonische Motiv, das nicht räumlich vorhanden ist, z. B. ein Blendfenster oder eine Blendarkade.

Bogen. Die gedrückte oder elliptische Form des Rundbogens heißt *Korb-B.* Der *Segment-B.* (auch *Flach-* oder *Stich-B.* genannt) entsteht aus dem flachen Segment eines Kreises, dessen Durchmesser größer ist als die Weite der zu überspannenden Öffnung. Der *Kleeblatt-B.* zeigt durch Zusammenfügen eines mittleren Dreiviertelkreises und zweier Halbkreise die Form eines regelmäßigen Kleeblattes. Der *Hufeisen-B.* entsteht durch Einziehung der Bogenschenkel. Die besondere Form des Spitz-B. mit engen steilen Schenkeln wird *Lanzett-B.* genannt. Beim *Eselsrücken,* besonders bei dem weich schwingenden *Kiel-B.*, sind die B.-Schenkel S-förmig. Beim *Vorhang-B.* liegen die Mittelpunkte der kreissegmentförmigen Schenkel oder ihrer einzelnen Abschnitte außerhalb des Bogens; sie wirken daher wie hängende Drapierungen.

Bossenquader, Buckelquader → Quader.

Bündelpfeiler. In der got. Baukunst ein Kernpfeiler mit ringsherum gruppierten kleinen und großen Dreiviertelsäulen, sog. jungen und alten → Diensten. In der Hochgotik wird diese Gruppierung so verdichtet, daß der Kernpfeiler unsichtbar wird.

Cardo (lat. = Angel-, Wendepunkt, Pol). In der Archäologie die von S nach N verlaufenden Straßen in regelmäßig angelegten röm. Städten (auch → Decumanus).

Chor. Das griech. Wort bezeichnet einen Platz für Reigen und Gesang, dann, übertragen, Reigen und Gesang selbst. Der Ch. des christlichen Kirchengebäudes ist, genaugenommen, der für den Sänger-Chor bestimmte Raum, seit dem 15. Jh. aber der Altarraum einschließlich seiner Annexe.

Chorturm. Bei 1türmigen Kirchen kann der Turm im W (mit oder ohne Eingang), an der Seite oder im O über dem Altarraum stehen. Der Turm über dem Altarraum, bisweilen mit angesetzter Apsis, wird als Ch. bezeichnet. Die ältesten erhaltenen Beispiele stammen aus roman. Zeit; neuzeitliche Ch. sind selten. Im modernen Kirchenbau kommen Ch. oder ähnliche Gestaltungen wieder häufiger vor.

Chronogramm (griech.). Eine Inschrift, bei der die Addition der darin vorkommenden Zahlzeichen das Datum ergibt. Da z. B. im Lateinischen I = 1, V = 5, X = 10, L = 50, C = 100, D = 500 und M = 1000 bedeuten, läßt sich durch Hervorhebung solcher Zahlen-Buchstaben auf ein bestimmtes Datum verweisen.

Ciborium (lat. cibus = Speise). Der steinerne, auf Säulen oder Pfeiler gesetzte Altarbaldachin mit flacher Decke oder Gewölbe und entsprechender Verdachung. An ihm hing das Gefäß mit dem eucharistischen Brot. Häufig im frühmittelalterl. Italien. In Deutschland nur vereinzelt. Got. Beispiele im Regensburger Dom und in St. Stephan zu Wien. Als C. wird seit dem späten Mittelalter auch der Wandtabernakel (Sakramentsnische) bezeichnet und das seit dem 13. Jh. dem Meßkelch nachgebildete und mit Deckel versehene Gefäß aus Edelmetall zur Aufbewahrung des eucharistischen Brotes.

Confessio (lat.). Das unter dem Hochaltar einer Kirche angelegte Grab eines Märtyrers, des Kirchengründers oder Titelheiligen. Seit dem 8. Jh. meist von einem halbkreisförmigen Gang umzogen, der eine direkte Verehrung ermöglichte. Die C. ist die Vorform der mittelalterl. → Krypta.

Corps de logis. Mittelbau einer barocken Schloßanlage, in größeren Dimensionen und oft mit reicherer Fassadenzier als die übrigen Trakte, für Repräsentationsräume und das Treppenhaus vorgesehen.

Cour d'honneur. Der von 3 Flügeln eines Schlosses gebildete Ehrenhof.

Courtine → Kurtine.

Dach. Die wichtigsten D.-Formen sind: *Sattel-D.,* bestehend aus 2 schrägen, gegeneinander geneigten und im First zusammenstoßenden D.-Flächen, die an ihren Enden durch Giebel begrenzt werden. Sind bei rechteckigen Gebäuden auch die Giebelseiten mit schrägen D.-Flächen versehen, so ist ein *Walm-D.* gegeben; die D.-Flächen der Schmalseiten anstelle der Giebel heißen Walme; die Traufkante umzieht das ganze Gebäude. Bei gleicher Ausführung über quadratischem Grundriß treffen alle 4 D.-Flächen in einem Punkt zusammen; es entsteht das *Zelt-D.,* das bei steilem Neigungswinkel der D.-Flächen als *Turm-D.* (Helm) beliebt ist. Wird der Walm bei Dächern über rechteckigem Grundriß nicht bis zur Traufkante herabgeführt, so daß noch ein Giebelrest erhalten bleibt, entsteht das *Krüppelwalm-D.* Beim *Mansard-D.* werden die D.-Flächen gebrochen, um eine günstigere Ausnützung des D.-Raumes für Wohnzwecke zu erreichen. Diese seit dem ausgehenden 17. Jh. bekannte D.-Form leitet ihren Namen von dem französ. Baumeister François Mansart ab, der sie jedoch nicht erfunden hat.

Dachreiter. Dem Dachfirst aufsitzendes Türmchen zur Aufnahme einer Glocke, von den Zisterziensern und Bettelorden anstelle eines aufwendigen Turmes verwendet, seit dem späteren Mittelalter auch bei profanen Bauten gebräuchlich.

Decumanus (lat.). In der Archäologie die von W nach O verlaufenden Straßen in regelmäßig angelegten röm. Städten. *Decumanus maximus* = Hauptstraße (auch → Cardo).

Deesis (griech.). Darstellung des im Jüngsten Gericht thronenden Christus, bei der Maria und Johannes d. T. zu seinen Füßen knien und für die Auferstandenen bitten. In der sog. *Großen Deesis* ist die Szene um weitere heilige Gestalten, Erzengel oder Apostel erweitert.

Deutsches Band, Zickzackfries. Fries aus übereck gestellten flachen Steinen. Dieses Schmuckmotiv fand – oft in Verbindung mit einem Rundbogenfries – seine weiteste Verbreitung in der hoch- und spätroman. Backsteinarchitektur, die es bis in die Spätgotik hinein verwendet.

Diamantquader → Quader.

diaphan. Durchscheinend, aber nicht durchsichtig.

Dienst. Die Bezeichnung ist eine Einführung der Kunstwissenschaft des 19. Jh.; auf allgemeine Geltung in der Bauhütte des Mittelalters kann sie sich nicht berufen. Gemeint ist eine Wandvorlage, ein Stab (die bei Dürer begegnende Bezeichnung) für die Gurte und Rippen des Gewölbes. Die Unterscheidung »alter« und »junger« D. meint die größere und geringere Durchmesserstärke. Teil des im 12. Jh. begründeten, in der Gotik entwickelten Gewölbesystems, v. a. des Kreuzrippengewölbes, ist der D. auf das hohe und späte Mittelalter eingeschränkt.

dorisch → Säulenordnungen.

Dorment, Dormitorium. Gemeinsamer klösterlicher Schlafraum.

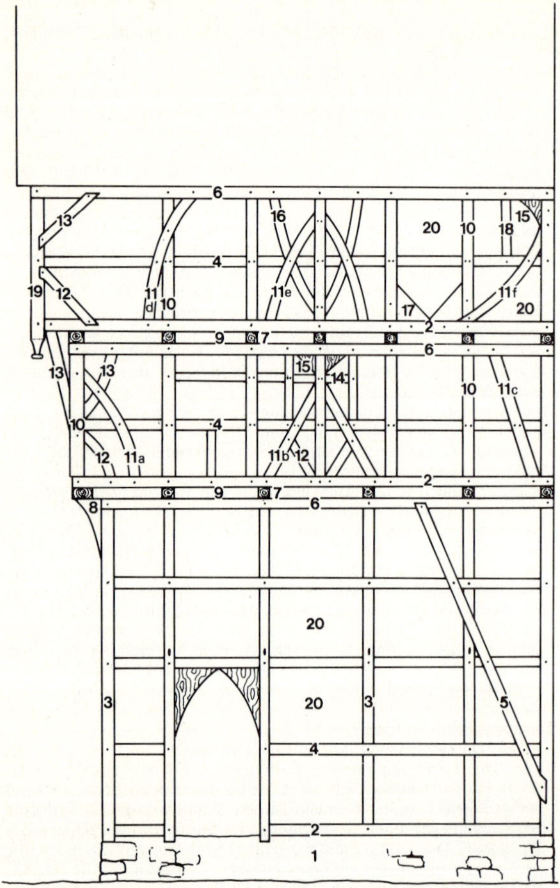

Die Zeichnung gibt in freier Zusammenstellung unten einen 2geschossigen Bauteil in Ständerbauweise, darüber 2 einzelne Geschosse in Rähmbauweise wieder. In den beiden oberen Geschossen sind verschiedene Verstrebungsarten des 14. bis 19. Jh. dargestellt. *(G. Ulrich Großmann)*

1. Steinsockel, 2. Schwelle, 3. Ständer, 4. Brustriegel, 5. Schwertung, 6. Rahmholz (Rähm), 7. Balkenkopf, 8. Knagge (unter Geschoßvorsprung), 9. Füllholz bzw. Füllgefach, 10. Pfosten, 11. Strebe (a. Verstrebung um 1500, b. Verstrebung des 17./18. Jh., »Mann«, c. divergierende Eckstrebe des 19. Jh., d. Schwertstrebe oder »Alsfelder« Strebe, e. spätgot. Verstrebung, f. Verstrebung um 1600), 12. Fußband, 13. Kopfband, 14. Halsriegel, 15. Kopfknagge (innerhalb der Wand), 16. Kopfstrebe, 17. Fußknagge, 18. Fensterpfosten, 19. Hängepfosten (mit Kopf- und Fußband: hochgot. Verstrebung), 20. Gefach.

Dorsale. Die hochgeführte Rücklehne, Rückwand des Chorgestühles.

Eckblatt (-knolle, -sporn). Blattartige Verzierung an den 4 Ecken der Säulenbasis, die den zwischen dieser und der quadratischen Fußplatte (Plinthe) vorhandenen Zwickel ausfüllt. Diese Ecklösung beginnt mit der Wende des 11. zum 12. Jh.

Embarcadère (frz.). Schifflände.

Empore. Eine Galerie auf Freistützen oder Obergeschoß der Seitenschiffe, des Chorumganges, der Vorhalle. Frühchristlicher (orientalischer) Herkunft mit Bestimmung als Frauenaufenthalt, spielt die E. im Abendland zunächst eine geringe Rolle. Erst im 12. Jh. räumt ihr die Architektur eine hohe Bedeutung ein. Die Gotik schaltet sie wieder aus. Nur da, wo sie ein Zweck fordert (in den Kirchen der Frauenklöster, daher *Nonnen-E.*), bleibt sie erhalten, doch nur als West-E., die sich kaum von der im Spätmittelalter aufkommenden *Orgel-E.* (meist auf Freistützen) unterscheidet. Die Spätgotik führt die auf Stützen ruhende umlaufende *Balkon-E.* ein. Häufige Verwendung wieder in der Renaissance, häufigere noch im Barock. Der prot. Kirchenbau bevorzugt die auf Stützen gestellte, meist in Holz errichtete *Frei-E.*

Enfilade. Folge von Räumen, deren Eingänge auf einer Achse liegen. Der Durchblick läßt sie wie an einem Faden (frz. fil) aufgereiht erscheinen.

Epitaph (griech.). Gedächtnismal mit Inschrift und bildlicher Darstellung an Wand oder Pfeiler, meist über dem Grab des Verstorbenen.

Eselsrücken → Bogen.

Fächergewölbe → Gewölbe.

Fachwerk ist eine bis weit in das 19. Jh., z. T. sogar bis in das 20. Jh. hinein übliche Art des Wohn- und Wirtschaftsbaues, gelegentlich auch des Kirchen- und repräsentativen Profanbaues. Es ist eine Gerüstbauweise aus Hölzern mit Lehm- oder Ziegelgefachen. Der mittelalterl. *Ständerbau* besteht aus haushohen senkrechten Ständern, in die Unterzüge eingezapft sind. Auf den Unterzügen liegen die Balken der einzelnen Geschosse auf. Lange Schwertungen dienen zur Versteifung des Gerüstes. Der seit dem 15. Jh. übliche *Rähmbau* besteht aus einem Geschoß für Geschoß immer wiederkehrenden Aufbau. Ein Geschoß setzt sich zusammen aus den Fußbodenbalken, darauf einer Schwelle, auf der die 1geschossigen senkrechten Pfosten stehen, und dem Rahmholz (Rähm) als Abschluß am oberen Geschoßende. Zur Versteifung dieses Gefüges dienen waagerechte

Riegel (Brustriegel unter und Halsriegel neben den Fenstern) und kurze schräge Bänder oder längere Streben. Bänder und Streben können auch gebogen sein. Die einzelnen Hölzer können reiche Schnitzereien aufweisen, die Felder unter den Fenstern (Brüstungszone) mit Andreaskreuzen u. ä. versehen sein. In bestimmten Gegenden haben die Fenster einen besonderen Rahmen und ragen etwas aus dem Fachwerkgerüst heraus (Fenstererker).

Fassung. Die in der Regel auf eine Grundierung aufgetragene Bemalung von Skulpturen aus Holz oder auch Stein, aber auch der Architektur.

Fenstergaden → Gaden.

Feston. Schon in der Antike verwendete Ornamentgirlande aus Blumen, Laub und Früchten. Später häufig in barocker Stuckdekoration. Auch *Fruchtgehänge* genannt.

Fiale. Spitzes, türmchenartiges Zierglied der got. Baukunst, oft als Bekrönung von Strebepfeilern.

Fischblase. Spätform des got. Maßwerks, eine, verglichen mit dem geometrischen Maßwerk der hohen Gotik, verzogene, der Blase eines Fisches ähnelnde Form, die als Leitornament der späten Gotik des 15. Jh. bezeichnet werden darf. Die frz. Bezeichnung der spätesten Gotik, *Flamboyant,* leitet sich vom Eindruck des Züngelns, den die F. erwecken kann, ab.

Flett. Im niedersächsischen Bauernhaus der an die Diele (Deele) anschließende quergelagerte Raum, ursprünglich die Küche mit offenem Herdfeuer. An das F. schließt sich das »Kammerfach« als eigentlicher Wohnteil mit Stuben und Kammern an. F. und Kammerfach werden durch eine Fensterwand von der Diele getrennt.

Fresko (it. al fresco = frisch). Auf den feuchten Putz aufgetragenes Gemälde, das durch gleichzeitiges Abbinden und Eintrocknen von Putz und Erdfarben besonders haltbar ist. Gegenteil: *al secco,* die Malerei auf der trockenen Wand. Eine Mischtechnik wird als *Fresco-Secco-Malerei* bezeichnet; sie ist im frühen und hohen Mittelalter vorherrschend.

Fruchtgehänge → Feston.

Gaden. Altdeutsche Bezeichnung für ein kleines Haus, in der Architektur das Obergeschoß einer Wandgliederung, z. B. der *Fenster-G.* oder der *Ober-G.* als überhöhter Teil des Mittelschiffes in der → Basilika.

Gaube, Gaupe. Dachausbau mit Walm oder Giebel zur Belichtung und Belüftung des Dachraumes. In der Renaissance oft reich verziert und im Barock vielfach unter der elegant vorgeschwungenen Dachhaut als sog. *Fledermaus-G.* ausgeführt. Daneben gibt es noch seit dem Mittelalter bei Steildächern die *Schlepp-G.,* bei der die Dachhaut über der niedrigen Fensteröffnung gleichsam emporgehoben und von der Fensterwand unterstützt wird.

Gebundenes System. Die für alle Teile des Grundrisses einer roman. 3schiffigen Basilika verbindliche Maßeinheit ist durch das Vierungsquadrat festgelegt, das, nach O wiederholt, das Chorquadrat, nach N und S die Querhausarme ergibt. Den Mittelschiffsjochen des Langhauses liegt ebenfalls diese Maßeinheit zugrunde. Die Seitenschiffe haben halbe Breite des Mittelschiffes, so daß jedem quadratischen Gewölbe eines Mittelschiffsjoches je 2 kleinere Gewölbequadrate von halber Seitenlänge in beiden Seitenschiffen entsprechen und stark belastete Hauptpfeiler mit schwächeren Zwischenpfeilern wechseln, die nur die Last der Seitenschiffsgewölbe aufnehmen.

Gesprenge, Sprengwerk. Die hoch»springende« Bekrönung des got. Altarschreines. Sie besteht meist aus offenen Türmchen (Fialen) und ornamental geführtem Stabwerk. Vielfach mit Figuren besetzt.

Gewände. Die durch schrägen Einschnitt eines Fensters oder Portales in der Mauer entstehenden Schnittflächen, die oft reich aufgegliedert und bei got. Portalen, besonders der französ. Kathedralen, mit Gewändefiguren besetzt wurden. Bei rechtwinkligem Einschnitt ist die Bezeichnung → *Leibung* (*Laibung*) gebräuchlich.

Gewölbe. Die grundlegende Wölbform ist das *Tonnen-G.* (1). Sein Querschnitt kann einen Halbkreis, einen Segmentbogen, Korb- oder Spitzbogen bilden. Wird ein über quadratischem Grundriß erstelltes Tonnen-G. mit Halbkreisquerschnitt durch 2 Diagonalschnitte in 4 Teile zerlegt, so entstehen 2 Wangenstücke und 2 Kappenstücke. Durch Zusammensetzen von 4 Wangenstücken wird das *Kloster-G.* (2) gebildet, bei dem am Zusammenstoß der Wangen kein Grat, sondern eine zurückspringende Kehllinie vorhanden ist. Werden bei

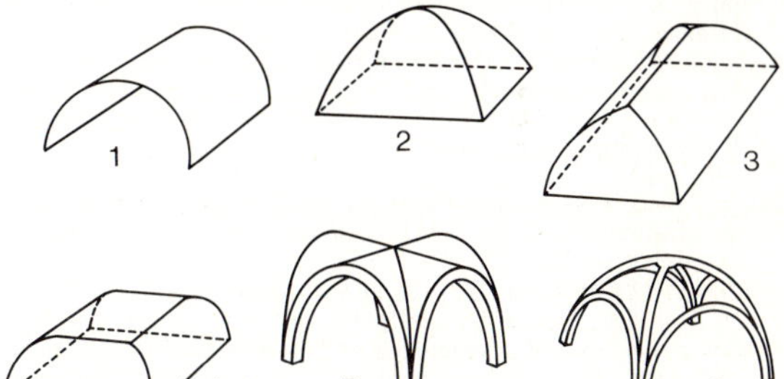

einem Kloster-G. 2 gegenüberliegende Wangen auseinandergezogen, so daß statt des Firstpunktes eine Firstlinie entsteht, spricht man von einem *Mulden-G.* (3). Es kann aber auch durch Einfügen einer Wange an beiden Schmalseiten eines Tonnen-G. auf Rechteckgrundriß gebildet werden. Wird dagegen der Grundriß eines Kloster-G. nach beiden Seiten verbreitert, so entsteht statt der Firstlinie eine horizontale Fläche, die, Spiegel genannt, der nun entstehenden Wölbform den Namen *Spiegel-G.* (4) gibt. Durch Zusammensetzen von 4 Kappenstücken entsteht das *Kreuz-G.* (5), das man geometrisch auch aus der rechtwinkligen Durchdringung von 2 Tonnen-G. gleichen Querschnitts ableiten kann. Die Durchdringungslinien heißen Grate; daher ist auch die Bezeichnung *Kreuzgrat-G.* üblich. Treten an die Stelle der Grate Rippen, so können die Kappen in einem gesonderten Bauvorgang dünnwandiger ausgeführt werden, und es entsteht das *Kreuzrippen-G.* (6). Der G.-Schub wird hier wie beim Kreuz-G. auf 4 Stützpunkte abgeleitet. Werden die Rippen nicht mehr durchgehend angeordnet, sondern sternartig verzweigt, so entsteht das in der Spätgotik beliebte *Stern-G.* Beim *Fächer-G.* streben die Rippen von einer Stütze allseits fächerförmig empor. Beim Stern- und Fächer-G. bleibt im Gegensatz zum *Netz-G.* aber die Jochfolge gewahrt. Dort überziehen die Rippen netzartig eine aus dem Halbkreis oder Spitzbogenquerschnitt entwickelte tonnenartige Wölbschale. – Eine Weiterentwicklung des Kreuz-G. stellt das mit 6 oder meist 8 Rippen unterlegte *Domikal-G.* dar, bei dem vorwiegend über quadratischem Jochfeld die einzelnen G.-Kappen stark ansteigen und gebust sind, daher in der Regel keine geometrisch reine Form mehr darstellen. Optisch entsteht der Eindruck eines kuppelartigen Raumabschlusses. Technisch wurden die Kappen gern in ringförmiger Mauerung gewölbt und die Rippen ohne Verband vorgeblendet. Diese Wölbform fand v. a. in Westfalen Anwendung.

Graft, Grefte. Der breite Wassergraben niederdeutscher Wasserburgen.

Grisaille. In einer einzigen Farbe (grau in grau) in verschiedenen Abstufungen gehaltene Malerei.

Groteske (it. grottesco). Ornament aus dünnem Rankenwerk, in das phantastische Menschen- und Tiergestalten, Blumen und Früchte, Trophäen und Architekturelemente eingefügt sind. Gegen Ende des 15. Jh. in unterirdischen Räumen, sog. Grotten, antiker röm. Gebäude wiederentdeckt und künstlerisch neu belebt.

Gurt. Der mehr oder weniger stark markierte Bogen, der 2 Gewölbejoche voneinander trennt, rund- oder spitzbogig, allen Stilperioden eigentümlich.

Hallenkirche. Eine mehr-, meist 3schiffige Kirche, deren Gewölbekämpfer in gleicher Höhe liegen. Meist mit einheitlichem Satteldach, bisweilen solches über jedem Schiff. Das Mittelschiff empfängt sein Licht nicht mehr wie bei der Basilika direkt durch einen eigenen Fenstergaden, sondern indirekt von den Fenstern der Seitenschiffe. Liegen die Gewölbescheitel annähernd in einer Ebene, so ist die echte H. gegeben; sind sie im Mittelschiff hinaufgeschoben, ist die Bezeichnung *Staffelkirche* oder *Stufenhalle* üblich. Zuweilen kann die Höhe der Mittelschiffsgewölbe gegenüber denjenigen der Seitenschiffe so beträchtlich sein (*Stutzbasilika*), daß eine basilikale Dachbildung erforderlich wird (→ *Pseudobasilika*). – Bei der *reduzierten H.* entfällt das auf der Klosterseite gelegene Seitenschiff; der Kreuzgang schließt außen direkt an das Mittelschiff an (seit Ende des 13. Jh., im 14. Jh. auch von Pfarrkirchen übernommen). Im Gegensatz zu dieser asymmetrischen Grundrißgliederung stehen symmetrische 2schiffige Hallenkirchen.

Hängezwickel. Wölbflächen, meist sphärische Dreiecke, die vom Viereck des Unterbaues zum Kuppelrund vermitteln.

Herme. Büste auf 4kantigem, sich nach unten verjüngendem hohem Sockel, ursprünglich wohl der Hermes-Darstellung vorbehalten, später auch für die Wiedergabe anderer Götter und würdiger Menschen. H.-Säulen oder -Pilaster sind stützende oder auch nur schmückende Architekturglieder.

Inkrustation. Bekleiden von Mauern und Wänden mit Steinplatten (z. B. Marmor), auch Einlegearbeiten in Stein, mit denen ein farbiger Schmuck von Flächen erzielt wird.

Insula. Von Straßen eingefaßter Häuserblock in der röm. Stadt.

Intarsia. Einlegearbeit in Holz, Stein, Stuck (→ Scagliola) und anderen Werkstoffen. Verschiedenfarbige und (gegenüber dem Mosaik) verschieden große Partikeln werden zu Bild- oder Ornamentfeldern zusammengesetzt. Hohe Vollendung dieser Technik im 16. und 17. Jh.

ionisch → Säulenordnungen.

Joch. Der einem Gewölbefeld entsprechende Abschnitt eines mehrere Gewölbefelder enthaltenden und sie längs oder quer reihenden kirchlichen oder profanen Raumes.

Kaffgesims. In der Gotik übliches, oben abgeschrägtes Gesims, das unterhalb der Fensterzone horizontal verläuft und um die Strebepfeiler gekröpft sein kann, zuweilen auch an den Absätzen der Strebepfeiler angebracht.

Kalotte (frz. = Käppchen). Kuppelform, die mittels eines horizontal geführten Schnittes durch eine Kugel oberhalb ihres Großkreises (= Äquator) entsteht. Auch Bezeichnung für eine geviertelte Kugel als Wölbung über einer Apsis auf Halbkreisgrundriß.

Kämpfer. Die abschließende Platte eines Pfeilers, einer Säule oder eines Dienstes, die als Auflager für Bogen oder Gewölbe dient.

Kantharos (griech.). Ursprünglich Trinkbecher, in der frühchristlichen Zeit die Bezeichnung für den Brunnen im Atrium einer Basilika.

Kanzelaltar. In ev. Kirchen vom 16. bis 19. Jh. vielfach getroffene Anordnung der Kanzel über dem Altar und meist mit diesem architektonisch zusammengefaßt, zuweilen auch in Verbindung mit der Orgel.

Kapitell. Das Kopfglied, wörtlich »Köpfchen«, der Stütze (Säule, Pfeiler, Pilaster), gegen das Auflager (Gebälk, Bogen) absetzend und zugleich zwischen Stütze und Auflager vermittelnd. Etwa so alt wie der monumentale Steinbau, in der griechischen Architektur in den Grundformen des dorischen, ionischen und korinthischen K. (→ Säulenordnungen) entwickelt, tritt das K. auch in Deutschland mit dem ersten Steinbau, in karoling. Zeit, auf, in Anlehnung an das korinthische, um sich dann von der antiken Vorlage mehr oder weniger stark zu lösen (*Würfel-K.* der reifen Romanik) und in der Gotik eine eigene neue Form (*Blatt-K.)* zu finden. Renaissance,

Barock und Klassizismus greifen auf die K.-Formen der Antike zurück.

Kapitelsaal. Versammlungsstätte der klösterlichen Gemeinschaft zu Beratungen oder zu den nicht an die Kirche gebundenen Feierlichkeiten. Der K., ein hallenartiger Raum, liegt in der Regel an der O-Seite des Kreuzganges.

Kappe ist die durch den Schnitt der Grate ausgesonderte, durch die Grate begrenzte Teilfläche eines Gewölbes, *Stich-K.* ein in eine Tonne einschneidendes sphärisches Dreieck.

Karner. In der Regel 2geschossige Friedhofskapelle der roman. und got. Epoche, meist rund oder vieleckig. Das Untergeschoß ist Beinhaus, das Obergeschoß Totenkapelle, meist dem Seelenwäger St. Michael geweiht.

Kartusche. Ornamental gerahmtes Feld der Flächendekoration des 16.–18. Jh. Obgleich das Feld durch Inschrift oder Malerei gefüllt sein kann, liegt der Nachdruck auf dem Rahmengebilde (aus → Rollwerk, → Akanthus, → Rocaillen o. ä.).

Karyatide → Atlant.

Kassettendecke. Eine flache oder gewölbte Decke mit gleichmäßig oder rhythmisch verteilten, zugleich vertieften Feldern, die quadratisch, rechteckig oder rund sein können und Kassetten genannt werden. Sie können bemalt oder mit Reliefs versehen, ihre Wandungen profiliert sein.

Kathedra. Der Sitz oder Thron des Bischofs.

Kathedrale. Von der Kathedra abgeleitete und auch nur für Bischofskirchen (Frankreichs, Englands) übliche Bezeichnung. Im engeren kunstgeschichtlichen Begriff die got. Königs- und Bischofskirchen der Ile de France und der Nachbarlandschaften.

Kenotaph (griech. = leeres Grab). Grab*denk*mal in Form eines Grabmals (Tumba, Sarkophag), das, meist ohne Zusammenhang mit der Grabstätte des Verstorbenen, nur an diesen erinnern soll.

Kielbogen → Bogen.

Klangarkade, Schallarkade. Bogenöffnung im Glockengeschoß des Kirchturmes.

Klausur (lat. claudere = einschließen). Der ausschließlich den Klosterinsassen vorbehaltene Bezirk der Klosteranlage, zu dem Fremden allgemein kein Zutritt gewährt wird.

Kleeblattbogen → Bogen.

Klostergewölbe → Gewölbe.

Knagge. Hölzerne Verstrebung als Stütze eines Balkens zur Sicherung gegen Abgleiten und Durchbiegen. Im → Fachwerk-Bau auch zur dekorativen Bereicherung verwendet und ornamental ausgebildet.

Knorpelwerk. Ein in den mittleren und späteren Jahrzehnten des 17. Jh. vorherrschendes, durch knorpelartige Verknotungen gekennzeichnetes, symmetrisch komponiertes, etwa einer zentralen Maske entwachsendes vor- oder frühbarockes Ornament.

Kollonade. Säulengang mit horizontal abschließendem Gebälk als selbständiges Bauwerk oder im Anschluß an ein Gebäude. Im

Barock und Klassizismus als städtebauliches Element besonders beliebt.

Kompositkapitell → Säulenordnungen.

Konche (griech.-lat.). Muschel-, d.h. halbkreisförmig ausbuchtender Bau oder Gebäudeteil.

Konsole. Ein aus der Mauer hervortretender Tragstein für Bögen, Gesimse, Figuren usw.

Korbbogen → Bogen.

korinthisch → Säulenordnungen.

Krabbe. Mehr oder minder realistisch geformtes Blattornament (»Kriechblume«), das die Schrägen oder Bogenläufe got. Architekturglieder (→ Wimperg, → Fiale, Giebel) als lockernde Begleitung besetzt. Geltungsdauer ist der gesamte Zeitraum der Gotik bis ins 16. Jh.

Kranzgesims, Hauptgesims. Gesims unter dem Dachansatz.

Kreuzblume. Kreuzförmig angeordnetes, aus Laubwerk gebildetes Zierelement an der Spitze got. Fialen und Türme, Wimperge und Giebel.

Kreuzgang. Das Geviert meist überwölbter Gänge, das den Stifts- und Klosterkirchen, in der Regel auf der S-Seite und einen Hof (Kreuzhof) umgebend, zugeordnet ist. Schon in karoling. Zeit bezeugt.

Kreuzgewölbe, Kreuzgratgewölbe, Kreuzrippengewölbe → Gewölbe.

Krückenkreuz. Griechisches Kreuz mit krückenähnlichen Querbalken an den 4 Enden.

Krüppelwalmdach → Dach.

Krypta. Unterkirche, aus der → Confessio erwachsen. Im 10. Jh. entwickelt sich die Hallen-K. unter dem Chor, dessen Boden durch die K. über das Niveau der Schiffe emporgehoben wird. Die Zweckbegründung dieser oft sehr geräumigen, zuweilen auch Vierung und Querschiff einbeziehenden Unterkirchen ist im Reliquienkult des frühen und hohen Mittelalters zu suchen. Die Gotik scheidet die (schon von den Reformorden des 11./12. Jh. abgesetzte) K. aus.

Kuppel (it. cupola). Grundformen sind die Stutz-K. und die Pendentif- oder Zwickel-K., die beide meist über quadratischem Grundriß gewölbt sind. Die *Stutz-K.* wird durch eine Halbkugel über eingeschriebenem Quadrat gebildet, bei der durch Vertikalschnitte die außerhalb des Quadrats liegenden Kugelsegmente entfernt sind. Bei der *Pendentif-K.* bleibt dagegen die Halbkugel unberührt, und der Übergang von ihrem Grundriß zu den Ecken des hier umschriebenen Quadrats erfolgt durch sphärische Dreiecke, sog. Pendentifs. Durch Einschiebung eines Kreiszylinders, eines sog. → Tambours, zwischen Pendentifs und Halbkugel entsteht die seit der Renaissance beliebte *Tambour-K.* Der Scheitel jeder K. kann kreisförmig oder polygonal geöffnet sein, so daß der Blick in eine bekrönende Laterne gelenkt wird.

Kurtine, Courtine. Teil einer Befestigungsanlage, Verbindung zwischen 2 Bastionen.

Laibung → Leibung.

Lambrequin. Der gelappte Seitenbehang eines Baldachins. Das Motiv wird im Barock aus der Textilkunst in das geschnitzte oder stuckierte Bauornament übernommen.

Lanzettbogen → Bogen.

Laterne (lat. laterna). Rundes oder polygonales zierliches Türmchen, das mit Fenstern oder Öffnungen versehen ist und auf dem Scheitel einer Kuppel sitzt, einen Dachreiter bekrönt oder, bei Welschen Hauben sowie Zwiebelhelmen, als Zwischenglied erscheint.

Laufgang. Der durch Mauerrücksprung ermöglichte Gang, meist an der Basis der Fensterhochwand, der aber auch in die Mauer selbst gelegt sein kann und dann die Leibung der Fenster durchbricht.

Leibung, Laibung. Rechtwinklig in das Mauerwerk eingeschnittene Wandung von Türen oder Fenstern, im Unterschied zum schräg eingeschnittenen → Gewände.

Lettner, Lectorium. Die für die Lesung der Evangelien bestimmte Bühne, die, zwischen Schiff und Chor gestellt, den Chor vom »Laienhaus« abtrennt, nur durch eine Pforte Einlaß gewährend. Die Plattform der Bühne, auch für Sängerchöre verwendet, ist durch Spindeltreppen zugänglich.

Lisene. Senkrechte, flache Mauervorlage, im Unterschied zum → Pilaster ohne Basis und Kapitell.

Loculus (lat.). In der Archäologie Bezeichnung für ein Einzelgrab.

Lünette (frz.). Halbkreisförmig oder von einem Kreissegmentbogen begrenztes Feld über Türen und Fenstern, oft mit Malerei oder Reliefschmuck ausgefüllt oder als Fenster durchbrochen.

Malakoffturm, Malakowturm. Massiv gebauter Förderturm im Bergbau. Die Bezeichnung ist eine Anspielung auf das Fort Malakow der Festung Sewastopol, das durch den Krimkrieg in Deutschland bekannt wurde.

Mandorla. Heiligenschein in Mandelform, nur bei Christus- und Mariendarstellungen üblich, der – anders als der nur das Haupt umgebende Nimbus – die ganze Figur umstrahlt.

Mansarddach → Dach.

Maßwerk. Der Ausdruck deutet auf Messen. Zirkelkonstruktion kennzeichnet das aus Kreisen und Kreissegmenten gewonnene M., das ein rein geometrisches Ornament ist. Anlaß zu seiner Erfindung und Entwicklung bot die Einstellung kleinerer Fensterbogen in einen übergreifenden großen, dessen Restfläche gefüllt werden sollte. Einfache, kreisförmige Vorformen im späten 12. Jh. Erst die Gotik bringt das echte M.; früheste Beispiele am Chor der Kathedrale von Reims, 1210/20. Die zunehmend reiche Aufgliederung führt zu entsprechend reicher Gestaltung der M.-Figuren, deren Variabilität schier unermeßlich ist. Die Spätgotik verwendet auch asymmetrische Formen, vor allem die im 15. Jh. beliebte → Fischblase.

Memoria, Memorie. Grabbau, Gedächtniskirche.

Mensa (lat. = Tisch). Platte des Altartisches.

Metope (griech.). Feld zwischen 2 → Triglyphen, häufig mit ornamentalem oder figürlichem Schmuck besetzt.

Mezzanin (it. mezzo = halb). Halbgeschoß: ein Stockwerk das nicht als ganzes zählt, sondern niedriger ist als das normale. Die geringere Höhe kommt außen durch kleinere Fensteröffnungen zum Ausdruck.

Muldengewölbe → Gewölbe.

Münster. Der (von lat. monasterium = Kloster abgeleitete) Begriff bezeichnet im strengen Sinne des Wortes eine Klosterkirche. Doch ist die Verwendung nicht eindeutig: auch große Stadtpfarr- und Bischofskirchen werden als M. bezeichnet, besonders im oberrheinischen Gebiet.

Narthex. Quergelagerte, schmale Vorhalle antiker, altchristlicher und byzantinischer Basiliken.

Netzgewölbe → Gewölbe.

Niello. Schwarze Zeichnung in Edelmetall. Sie wird eingraviert, die Ritzung mit der N.-Masse (Silber, Kupfer, Blei, Schwefel, Borax) gefüllt und die Metallfläche dann poliert.

Nimbus → Mandorla.

Nonnenempore → Empore.

Obelisk. Hoher, im Querschnitt quadratischer, sich nach oben verjüngender Pfeiler mit stumpfer, pryramidenförmiger Spitze. Der O., im alten Ägypten ein Kultsymbol, war in der Renaissance ein beliebtes Zierelement der Architektur und des Kunsthandwerkes.

Obergaden → Gaden.

Oculus, Ochsenauge. Rundfenster in der Baukunst des 17.–19. Jh.

Ohrmuschelstil. Ornamentform mit unregelmäßig gewellter, teigiger Oberfläche und ungegenständlichen volutenartigen Motiven, die an die menschliche Ohrmuschel erinnern. Zwischen 1580 und 1680 in den Niederlanden und in Deutschland vornehmlich im Kunsthandwerk verbreitet.

Oppidum (lat.). Keltische Fluchtburg; Ansiedlung, Stadt.

Opus alexandrinum (lat.). Ornamentale Einlegearbeit in verschiedenfarbigen Steinen.

Oratorium. Eigentlich Betraum. In frühchristlicher Zeit Bezeichnung für alle Sakralbauten, später für Kapellen und private Gotteshäuser.

Orgelempore → Empore.

Orgelprospekt. Die architektonisch gegliederte Vorderansicht des Orgelgehäuses, die normalerweise den dahinterliegenden Aufbau der aus Pfeifen und Laden bestehenden Orgelwerke (Hauptwerk, Pedal, Oberwerk, Brustwerk, Rückpositiv) erkennen läßt. Die Pfeifen des Prospektes sind häufig durch Bemalungen und Gravierungen verziert. Im Barock stehen oft die Pedaltürme und das Rückpositiv im Rücken des Spielers in der Brüstung der Orgelempore.

Palas. Wie Pfalz auf lat. palatium zurückgehend. Der Wohn-, besser Saalbau der (größeren) mittelalterl. Burg, meist 2geschossig, mit dem Saal im Obergeschoß.

Paneel (niederländisch). Vertieftes Feld (Füllung) in einer Holzvertäfelung, im weiteren Sinne die gesamte Wandverkleidung mit Holztäfelung oder auch die textile Wandbespannung.

Paradies → Atrium.

Parament. Bezeichnung für kirchliche Bekleidungsstücke, z. B. für die des Priesters, des Altars oder der Kanzel. Für die verschiedenen kirchlichen Feiertage ist die Farbe der Paramente jeweils vorgeschrieben.

Parlatorium. Sprechraum in Klöstern.

Parterre (frz. = Gartenbeet). Regelmäßig angelegter und bepflanzter, meist ebener Teil eines Gartens im französ. Stil.

Paß. Das Wort P. ist gleichbedeutend mit Zirkel. Die aus Dreiviertelkreisen zusammengefügte Maßwerkfigur wird daher P. genannt. Nach Anzahl der Kreisstücke unterscheidet man den *Drei-P.,* bei dem die Mittelpunkte der Kreisteile die Spitzen eines gleichseitigen Dreiecks bilden, den *Vier-P.,* bei dem diese Mittelpunkte die Ecken eines Quadrates bestimmen, den *Fünf-P.* usw.

Pavillon. Abgeleitet aus der französ. Bezeichnung für ein großes Rechteckzelt (papillon, Schmetterling) und auf kleine, freistehende Gartenbauten übertragen. Im barocken Profanbau werden auch die in der Mitte oder an den Ecken hervortretenden und im Dach mehr oder minder stark betonten Teile eines Gebäudes als P. bezeichnet.

Pendentifkuppel → Kuppel.

Peristyl (griech.). Säulengang; der von Säulengängen umgebene Innenhof des griech. und röm. Wohnhauses.

Pfalz. Wie Palas von lat. palatium abgeleitet. Residenz des Königs oder seines Stellvertreters (des Herzogs oder Bischofs).

Pietà, Vesperbild. Darstellung Mariä mit dem Leichnam Christi auf dem Schoß. Bildformulierung des späten 13. Jh.

Pilaster. Flacher Wandpfeiler mit Basis und Kapitell, antiker Abkunft.

Piscina. 1. Taufbecken in einem Baptisterium. – 2. Kleine Nische in der S-Wand des Chores mit einem Ablauf für das Wasser, das der Priester bei der Messe zum Waschen der liturgischen Gefäße und der Hände benützt.

Polsterquader → Quader.

Polygon (griech.). Vieleck. Polygonale Chorschluß-Konstruktionen der Gotik aus Sechs-, Acht-, Neun-, Zehn- oder Zwölfeck.

Portikus (lat.). Der von Säulen oder Pfeilern getragene Vorbau eines Gebäudes an der mit dem Haupteingang versehenen Fassade. Nach dem Vorbild der klassischen Antike und meist unter Anwendung der Säulenordnungen seit der Renaissance vielfach üblich.

Prätorium (lat.). Amtssitz des Prätors, des höchsten röm. Zivilrichters.

Predella, auch *Sarg* oder *Staffel.* Der Untersatz oder das Fußstück eines got. Altarschreines.

Prieche. Ein im Kirchenraum befindliches, meist logenartiges Gelaß mit durchbrochenen Holzwänden und oft auch Fenstern für verschiedene Zwecke (z. B. Sakristei-P., Pastoren-P., Patronats-P.). Zuweilen auch Bezeichnung für gleichartig gestaltete Emporeneinbauten.

Pseudobasilika. Basilikaler Kirchenraum, der in der Hochwand des

Mittelschiffes keine Fenster hat und das Licht, gleich der Hallenkirche, allein aus den Fenstern der Seitenschiffswände erhält. Die Hochwand des Mittelschiffes ist in voller Höhe errichtet und mit Blendfenstern versehen. Zu unterscheiden von der Stufenhalle (→ Hallenkirche).

Putti (lat.-it.), verdeutscht »welsche Kindlein« (16. Jh.). Italienischer, letztlich antiker Herkunft (Eroten), stets nackt, feist und drollig, profane Verwandlungen der Engelskinder des Spätmittelalters, Verkörperungen der glücklichsten Lebenslust.

Pylon. Stütze von Schrägseil- oder Hängebrücken, an der die tragenden Stahlkabel befestigt sind.

Pyxis. Zylindrischer Behälter zur Aufbewahrung der Hostie.

Quader. Der in der Ansichtsfläche des Mauerwerks nur mit einem Randschlag versehene Steinblock wird *Bossen-Qu. (Buckel-Qu.)* und ein derartiges Mauerwerk *Rustika* genannt. Ähnelt die Ansichtsfläche des Qu. einem geschliffenen Diamanten, so spricht man vom *Diamant-Qu.,* bei polsterähnlicher Ansichtsfläche von einem *Polster-Qu.* Bei den Bauten der Weserrenaissance treten derartige Qu.-Formen aus ornamentalen Gründen oft vereinzelt oder schichtweise in Erscheinung. Allgemein werden seit der Renaissance Bossen-, Diamant- und Polster-Qu. für das Mauerwerk der Sockelzone bei Gebäuden und durchgehend bei Befestigungswerken verwendet.

Quaderung. Nachahmung von Quadermauerwerk durch Putz mit eingeritzten oder gemalten Fugen.

Quadrum (lat.). Viereck.

Querhaus, Querschiff. Rechtwinklig zum Langhaus angelegter Querraum, der das Schiff vom Chor trennt. Meist 1-, in großen Anlagen auch 3schiffig.

Radialkapelle. Chorkapelle, die zusammen mit anderen einen Kapellenkranz um den Chorumgang bildet. In der roman. und got. Architektur Frankreichs überaus häufig, in Deutschland dagegen seltener vorkommend.

Refektorium. Der Speisesaal der Mönche, meistens der S-Seite des Kreuzganges vorgelagert. Als Laienrefektorium wird der Speisesaal der »Brüder« (Fratres) von dem der »Väter« (Patres) unterschieden.

Reliquiar (lat. relinquere = zurücklassen). Behälter zur Aufbewahrung der Überreste (Reliquien) eines Heiligen oder für die seinem Andenken geweihten Gegenstände, um diese den Gläubigen zur Verehrung zu zeigen oder auf dem Altar auszustellen. Die Form des R. wird durch Art und Umfang der Reliquien bestimmt. Neben Reliquienkästen und -büchsen sowie Medaillons sind figurierte Behälter, z. B. Statuetten, Büsten, Arm-, Fuß- und Fingerreliquiare, weit verbreitet. Außerdem wurden R. Architekturen nachgeformt, wie z. B. das Kuppel-R. im Welfenschatz um 1175 nach einer byzantinischen Kreuzkuppelkirche. Haupttyp ist jedoch der R.-Schrein, der meist in Haus- oder Basilikaform die äußere Hülle des R.-Sarges bildet und zu den bedeutendsten Leistungen mittelalterl. Goldschmiede- und Emailkunst gehört.

Retabel. Ursprünglich Tafel (Tabula) hinter und über dem Altartisch. Die einfache Bildtafel entwickelt sich im Spätmittelalter zum Schrein mit Flügeln, in Renaissance und Barock zu hohen, prunkvollen Architekturen.

Riese. Pyramidenförmiger, mit → Krabben besetzter und in einer → Kreuzblume endender Helm der → Fiale.

Rippe. Der in einem Bogensegment gekrümmte, gemauerte Stab, der im Querschnitt rechteckig, rund oder spitzbogig, glatt oder profiliert, den Gratlinien des Kreuzgewölbes oder der Fläche des Tonnengewölbes anliegt. Die R. kann konstruktive Bedeutung haben, als Gerüst des Kreuzgewölbes, dessen Kappen dann nur Füllungen des Gerüstes sind, ist aber meist ohne technische Funktion, lediglich dekorativ lineare Gliederung der Wölbflächen.

Risalit (it. risalto = Vorsprung). Im Sinne des Wortes »vorspringender« Teil eines Gebäudes, an den durch die Symmetrie zugelassenen Stellen, also vorzugsweise an der Mitte und an den Ecken.

Rocaille. Das französ. Wort für Muschel bezeichnet das Leitornament des späten Barock, der eben nach der R. Rokoko, in Frankreich »style rocaille« genannt wird. Gebräuchlich ist das aus gegenläufigen C-Schwüngen zusammengesetzte Ornament in der Zeit zwischen 1730 und 1770.

Rollwerk. Ornament des späten 16. und frühen 17. Jh., meist in enger Verbindung mit dem → Beschlagwerk. Einrollungen von Bändern und ähnlichen Streifenbildungen bestimmen den Eindruck. Besonders beliebt in Frankreich seit 1530, nach Mitte des 16. Jh. auch in den Niederlanden und in Deutschland.

Rundbogenfries. Reihung von glatten oder ornamentierten kleinen Halbrundbogen.

Rustika → Quader.

Saalkirche. 1schiffige Kirche.

Sakramentshaus, -häuschen. Ursprünglich eine Nische in der Chorwand zur Aufnahme der geweihten Hostie, dann ein verziertes Gehäuse, eine Architektur, an ihrer Stelle.

Sarg → Predella.

Satteldach → Dach.

Säulenordnungen. Die griechische Baukunst kennt 3 verschiedene Säulen- und Gebälksysteme, die für die rhythmische Gliederung ihrer Tempelbauten maßgebend sind: die dorische, ionische und korinthische Ordnung. Am Anfang steht die *dorische Ordnung,* deren Säule einen kannelierten Schaft ohne Basis und ein wulstförmiges Kapitell mit quadratischer Deckplatte (Abakus) aufweist. Das Gebälk besteht aus glattem Steinbalken (Architrav), darüber der Fries im Wechsel von 3schlitzigen Platten (Triglyphen) mit meist reliefierten Metopen und abschließend das profilierte Kranzgesims mit der Traufleiste. – Bei der *ionischen Ordnung* weist die Säule eine aus mehreren Einzelgliedern zusammengesetzte Basis und am Schaft durch Stege getrennte Kanneluren auf. Das Kapitell hat als Hauptmerkmal 2 ausladende Schnecken (Voluten). Der Architrav ist in 3 horizontale Streifen unterschnitten und darüber ein durchgehender Relieffries angeordnet. – Die *korinthische Ordnung,* weitgehend der ionischen verwandt, zeigt ein Kapitell, das in 2 Reihen mit gegeneinander versetzten und etwas abstehenden Akanthusblättern besetzt ist; hinter ihnen wachsen Voluten- oder Blattstengel auf und tragen die vorschwingenden Ecken der Deckplatte sowie eine Blüte in der Mitte jeder Seite. Diese 3 S. haben in röm. Zeit verschiedene Umbildungen erfahren. – Beim *Kompositkapitell* legt sich die Doppelschnecke des ionischen Kapitells über den doppelten Blattkranz des korinthischen. – Die dorische Säule wurde durch Hinzufügen einer Basis sowie eines Halsringes und Wegfall der Kanneluren am Schaft zur *toskanischen.* – Die S. sind durch ihre wohlabgewogenen und nach strenger Regel festgelegten Maßverhältnisse ausgezeichnet und an keinen bestimmten Stil gebundene Ausdrucksformen, sondern unterscheidende Merkmale aller klassisch direkt oder indirekt beeinflußten Stilperioden.

Scagliola. Farbiger, polierter Stuck, zu Bildern oder Ornamenten gefügt.

Schaftring → Wirtel.

Schallarkade → Klangarkade.

Scheidbogen. Der ein Joch des Mittelschiffes vom entsprechenden Joch des Seitenschiffes trennende Bogen.

Schleppgaube → Gaube.

Secco → Fresko.

Segmentbogen → Bogen.

Sepulcrum. Eintiefung im Altar zur Aufnahme der Reliquie.

Sgraffito. Ritzzeichnung in Putz.

Sohlbank. Der horizontale untere Mauereinschnitt einer Fensteröffnung.

Spiegelgewölbe → Gewölbe.

Sprengwerk → Gesprenge.

Staffel → Predella.

Staffelkirche → Hallenkirche.

Stallen. Die gereihten Sitzplätze des Chorgestühls.

Sterngewölbe → Gewölbe.

Stichbogen → Bogen.

Stichkappe → Kappe.

Stipes. Unterbau des Altartisches, in den Reliquien versenkt sind; Träger der Mensa.

Strebewerk. Das System von Strebepfeilern und Strebebögen zur Abstützung von Wänden und Gewölben, wie es in der Gotik üblich ist.

Stuck. Eine aus Gips, Kalk, Sand, auch Strohbeimengungen, zusammengesetzte, zunächst teigige knetbare Masse, die, schnell erhärtend, rasche und sichere Bearbeitung erfordert. In der Antike bekannt, im deutschen Kulturbereich in karoling. Zeit nachweisbar, als Material für bildliche Plastik besonders in spätroman. Zeit eine Rolle spielend, tritt der St. seit dem 16. Jh. in eine nun erst wirklich enge Verbindung zur Architektur, deren Flächenschmuck er im Barock, besonders Spätbarock, entscheidend übernimmt. Als geglätteter polierter Farb-St. (*stucco lustro*; Italien ist der Anreger des nachmittelalterl. St.) verkleidet er, Marmor ersetzend oder vortäuschend, Pfeiler, auch ganze Wandflächen. In den 70er Jahren des 18. Jh. endet seine große Zeit.

Stufenhalle, Stutzbasilika → Hallenkirche.

Stützenwechsel. Der rhythmische Wechsel von Säule und Pfeiler nach dem Schema a b a oder a b b a. Gliederungsmotiv roman. Arkaden (besonders in Niedersachsen), in enger Beziehung zum → Gebundenen System: Pfeiler auf den Quadratecken des Joches, Säule auf den Unterteilungen der Quadratseite.

Stutzkuppel → Kuppel.

Substruktion. Unterbau zum Ausgleich von Terrainunterschieden oder zur Festigung des Untergrundes.

Supraporte (lat.). Das über einem Türsturz, meist in den gleichen Breitenmaßen, angebrachte Zierstück in Stuck, Schnitzerei oder Malerei.

Tabernakel (lat. tabernaculum = Hütte, Zelt). 1. Aufbewahrungsort für Kelch und Hostie. – 2. Ziergehäuse (für Figuren), häufig von Säulen oder Pfeilern getragenes Spitzdach, z. B. an Strebepfeilern got. Kirchenbauten.

Tambour (*Trommel*). Der eine → Kuppel tragende, über die Dachzone des Gebäudes aufsteigende zylindrische, ovale oder polygonale Unterbau.

Temenos (griech.). Umfriedeter heiliger Bezirk.

Terrakotta. Gebrannter, unglasierter Ton. Er findet in der Bauornamentik des 16. und frühen 17. Jh. anstelle des Stucks Verwendung, auch als Bildstoff für Plastik seit dem späten Mittelalter.

Tonnengewölbe → Gewölbe.

toskanisch → Säulenordnungen.

Travée. Die französ. Bezeichnung für Joch bedeutet im kunstwissenschaftlichen Gebrauch das querrechteckige Schmaljoch, das einer Arkade entspricht.

Tribuna = Apsis.

Triforium heißt der Laufgang in der Hochschiffwand got. Kirchen unterhalb der Fensterzone. Er öffnet sich mit mehreren Arkaden zum Kirchenraum und ist so ein wesentliches Gliederungsmotiv der got. Kathedrale, zunächst noch mit der Empore als 3. Zone eines 4gliedrigen Wandaufrisses verbunden, dann, die Empore verdrängend, als Mittelglied des 3gliedrigen Systems der reifen Kathedrale.

Triglyphe (griech. = Dreischlitz). Zierstück mit 3 durch Stege voneinander abgesetzten, senkrechten Rinnen; in der griechischen Antike über dem Architrav – ursprünglich als Schutzplatte vor den Balkenköpfen – im Wechsel mit den *Metopen* (Bildfeldern) verwendet, später ein reines Schmuckwerk.

Triumphbogen. Der Bogen, der den Chor vom Kirchenschiff trennt.

Benannt nach der dort ursprünglich angebrachten Darstellung des über den Tod triumphierenden Erlösers.

Trompe (frz. = Jagdhorn). Bogen mit nischenartiger Wölbung zwischen 2 rechtwinklig zusammenstoßenden Mauern. Die Trompe dient bei Türmen und Kuppeln zur Überleitung des quadratischen Grundrisses ins Oktogon.

Tumba. Die T. besteht aus einem über dem Grab sich erhebenden, rechteckigen und meist steinernen Unterbau, der die Grabplatte trägt. Auf dieser ist eine Inschrift, ein Wappen oder die Gestalt des Verstorbenen aus Stein oder Bronze dargestellt.

Tympanon. Die das Bogenfeld über dem Portal füllende Steinplatte, häufig mit ornamentalem oder figürlichem Relief geschmückt.

Typologie. In der Kunstgeschichte eine seit den Anfängen christlicher Kunst bekannte Darstellungsart, bei der einem Geschehen des Alten Testamentes (Typus) eine Szene aus dem Neuen Testament (Antitypus) gegenübergestellt ist. Die Bilder sind sinnvoll so aufeinander bezogen, daß der zugrundeliegende Gedanke, die Auslegung des Alten Bundes als Vorausweisung auf den Neuen Bund, augenfällig wird. So entspricht z. B. Isaak, der das Holz zur eigenen Opferung trägt, dem kreuztragenden Christus, die Aufrichtung der Ehernen Schlange der Kreuzigung Christi usw.

Utlucht → Auslucht.

Verkröpfung. Eine V. entsteht, wenn Gebälke oder Gesimse um Mauervorsprünge, Säulen oder Pfeiler herumgeführt werden.

Vesperbild → Pietà.

Vierung. Meist quadratischer Raum einer größeren Kirchenanlage, der bei der Durchdringung von Langhaus und Querhaus entsteht.

Volute. Schneckenförmig gewundene Verzierung an Baugliedern und Möbeln. Ursprünglich Teil des ionischen Kapitells (→ Säulenordnungen).

Vorhangbogen → Bogen.

Voute (frz.). Meist im Viertelkreisbogen verlaufende Ausrundung zwischen Wand und Decke bei Innenräumen.

Walmdach → Dach.

Welsche Haube. Als W. H. wird ein glockenförmig geschweiftes Turmdach bezeichnet. Dieses kann jeweils unter Zwischenschaltung einer Laterne mehrfach wiederholt werden, so daß ein hoher Turmhelm mit markanter Umrißlinie entsteht. In der Renaissance fand die W. H. Verbreitung.

Weserrenaissance. Von der niederländischen Renaissance beeinflußter Architekturstil in der 2. Hälfte des 16. und im beginnenden 17. Jh., benannt nach besonders charakteristischen Bauten im Gebiet der Oberweser.

Westwerk. Die Bezeichnung ist späte Einführung der Kunstwissenschaft. Frühe mittelalterl. Bezeichnungen: *turris* (Turm), *castellum* (Burg). Turmartige oder turmgleiche Gestaltung eines angeschobenen Baukörpers an der W-Seite großer Kloster- und Bischofskirchen. Über einer gewölbten Eingangshalle oder auch zu ebener Erde ein meist groß in das anschließende Mittelschiff geöffneter, von Emporen umgebener Hauptraum. Der Zweck ist umstritten: Heiligtum (»Burg«) der Engel, Kaiserkirche, Gerichtsstätte? Diese Verwendungen sind bezeugt. – Verbreitungsgebiet war der Kernraum des Karolingerreiches beiderseits des Rheins. Bis ins 12./13. Jh. in Abwandlungen (Elsaß, Westfalen) gebaut (reduziertes W.), doch nur im deutschen Sprachraum.

Wimperg. Ursprünglich Windberg. Dreieckiger Giebel über Portal und Fenster, meist mit Krabben besetzt und in einer Kreuzblume endigend.

Wirtel. Steinerner Ring, der sich um die Mitte des Säulenschaftes legt, daher auch als Schaftring bezeichnet. Bereits seit frühroman. Zeit nachweisbar.

Zeltdach → Dach.

Zentralbau. Im Gegensatz zum Langbau der Basilika der Bau mit einem oder mehreren um einen Punkt zentrierten Räumen über rundem, ovalem oder polygonalem Grundriß. Nach der Basilika ist der Z. die wichtigste Form des christlichen Kultbaues.

Ziborium → Ciborium.

Zickzackfries → Deutsches Band.

Zwerchhaus, Zwerghaus. Ein quer »überzwerch« zum Dachfirst meist in der Flucht der Außenwand hochgeführter Dachausbau. Dieser kann mit einem kleinen Walmdach oder mit einem Giebel abgeschlossen sein. Für den letzteren Fall ist auch die Bezeichnung *Zwerchgiebel* (*Zwerggiebel*) üblich.

Zwerggalerie, Zwerchgalerie. In Säulenarkaden geöffneter, mit einer Längstonne oder mit Quertonnen gewölbter Laufgang, der unterhalb des Dachansatzes in die Mauer gelegt ist. In der Romanik sehr häufiges Gliederungsmotiv v. a. an Apsiden, doch gelegentlich auch auf Chortürme, Querhäuser oder Langhauswände ausgedehnt.

Zwiebelhelm. Der Z. stellt die barocke Umformung der Welschen Haube durch Einschnürung ihres unteren Drittels und Streckung ihres Auslaufes zur Spitze dar.

QUELLENNACHWEIS DER ABBILDUNGEN

Bildarchiv Foto Marburg: 19

Anni Borgas, Münster: 120, 137

Wim Cox, Köln: 57

Dombauverwaltung Köln: 310

Klaus Fräßle, Kornwestheim: 84

Franz Gröl, Hagen: 229

Hermann Hessler, Frankfurt am Main: 40, 187, 265, 500, 560, 658, 660, 666, 692, 694, 698

Verlag Julius Hoffmann, Stuttgart: 101

Michael Jeiter, Aachen: 16, 25, 28, 33, 52, 93, 131, 155, 156, 157, 159, 178, 189, 197, 213, 219, 223, 235, 244, 268, 271, 274, 276, 488, 507, 514, 571, 601, 617, 634, 653, 713, 715, 716, 717, 720

Kölnisches Stadtmuseum: 469

Landesbildstelle Rheinland, Düsseldorf: 200, 475, 567

Ruth Lindewirth, Bielefeld: 633

Karen Lück, Bonn: 167

Erich Müller, Kassel: 125, 538, 663

Heinrich Reclam, Stuttgart: 146, 399, 585

Albert Renger-Patzsch, Soest-Wamel: 262

Hans Retzlaff, Tann/Rhön: 273

Rheinisches Amt für Denkmalpflege, Bonn: 73, 81, 344, 463, 479; Foto Lenz: 113, 526; Foto Lieven: 85; Foto Steinhoff: 108

Rheinisches Bildarchiv, Köln: 315, 322, 422, 455, 464, 466

Inge und Arved von der Ropp, Köln: 54, 678

Verlag Schnell & Steiner, München: 173 (aus: A. Hoff / H. Muck / R. Thoma, Dominikus Böhm); Foto Inge von der Ropp, Köln: 289

Theodor Schwarz, Urbach: 14, 151, 302/303, 413, 535, 592, 651, Übersichtspläne auf den Vorsatzseiten

Stadtkonservator Köln: 175; Foto Celia Körber, Köln: 347, 351, 362, 391, 405, 434, 436; Foto Mantz, Köln: 416

Verlagsarchiv: 21, 172, 204, 218, 292, 294, 329, 338, 355, 449, 473, 517, 554, 562, 607, 612, 657, 708

Westfälisches Amt für Denkmalpflege, Münster: 45, 47, 59, 68, 115, 135, 255, 539, 540, 558, 575, 578, 605, 609, 625, 642, 671, 689

KÜNSTLERREGISTER

A	= Architekt Baumeister, Ingenieur	Glo	= Glockengießer	Ost	= Ornamentstecher
B	= Bildhauer, Schnitzer, Steinmetz	Go	= Goldschmied	S	= Siegelschneider
G	= Gießer	Gr	= Graphiker	Schr	= Schreiner
Ga	= Gartenarchitekt	Ker	= Keramiker	St	= Stukkateur, Gipser
Gl	= Glasmaler	Ksch	= Kunstschlosser, Kunstschmied	T	= Teppichkünstler
Gla	= Glaskünstler	Kst	= Kupferstecher	Ti	= Kunsttischler
		M	= Maler, Zeichner	U	= Kunstuhrenmacher
		Mos	= Mosaikkünstler	Z	= Zimmermann
		Org	= Orgelbauer		

Seiten, auf denen Künstler mit eigenen Werken genannt sind, wurden in **fetter Schrift** hervorgehoben. Monogrammisten und Meister mit Notnamen stehen am Schluß des Registers.

Monogrammisten

Meister mit Notnamen

ORTSVERZEICHNIS

mit einem Objektverzeichnis der Stadt Köln

Die Namen der Orte mit eigenem, alphabetisch eingeordnetem Ortsartikel sind in **fetter Schrift** gesetzt. In Klammern genannt sind der Kreis und das Planquadrat, in dem der Ort auf den Übersichtsplänen dieses Bandes eingetragen ist. Orte in den Planquadraten A1–H5 finden sich auf dem nördlichen Kartenteil (vorn), solche in den Quadraten A4–H8 auf dem südlichen Kartenteil (hinten).

INHALT

A
B
C
D
4
5
7
8
NL.
BELGIEN
RHEINL
PFALZ
REG.-BEZ.
DÜSSELDORF
REG.-BEZ. KÖLN
KLEVE
WESEL
RECKLINGHAUSEN
VIERSEN
METTMANN
ENNEPE-
RUHR-KREIS
NEUSS
HEINSBERG
RHEINISCH-
BERGISCHER
KREIS
OBER-
BERGISCH
ERFTKREIS
DÜREN
AACHEN
RHEIN-SIEG-KREIS
EUSKIRCHEN
Goch
Kevelaer
Marienbaum
Xanten
Wesel
Birten
Ginderich
Gartrop-Bühl
Hünxe
Dorsten
Marl
Hüls
Drewer
Recklinghausen
Selm
Cappenberg
Waltrop
Lünen
Herten
Castrop-
Rauxel
Dinslaken
BOTTROP
GELSEN-
KIRCHEN
HERNE
DORTMUND
Rheinberg
Orsoy
OBER-
HAUSEN
Geldern
Nieukerk
Kerken
Aldekerk
Kamp-
Lintfort
BOCHUM
ESSEN
Witten
Straelen
DUISBURG
MÜLHEIM
a.d. Ruhr
Herdecke
Wachtendonk
Hattingen
Hombergen
Kempen
KREFELD
Velbert
Langenberg
HAGEN
Nettetal
Viersen
Ratingen
Neviges
Schwelm
DÜSSELDORF
WUPPERTAL
Breckerfeld
Brüggen
Haan
Korschenbroich
Neuss
Radevormwald
MÖNCHEN-
GLADBACH
Glehn
Liedberg
Hilden
SOLINGEN
REMSCHEID
Bedburdyck
Wipperfürth
Neukirchen
Zons
Dormagen
Jüchen
Grevenbroich
Erkelenz
Heinsberg
Knechtsteden
Marienheide
Altenberg
Odental
Schildgen
Friedingsdorf
Gimborn
Lindlar
Gummersbach
Gangelt
Bedburg
Pulheim
Bergisch-
Gladbach
Engelskirchen
Linnich
KÖLN
Bensberg
Ehreshoven
Refrath
Immekeppel
Gusten
Esch
Brauweiler
Bergheim
Barmen
Jülich
Elsdorf
Horrem
Overath
Volberg
Hambach
Kalscheuren
Rösrath
Marienberghausen
Homburg
Niederzier
Kerpen
Hürth
Türnich
Much
Nümbrecht
Würselen
Arnoldsweiler
Brühl
Nörvenich
Kierberg
Eschweiler
Binsfeld
Erftstadt/Liblar
Siegburg
Seligenthal
Düren
Hochkirchen
Lechenich
Walberberg
Bödingen
Frau-
wüllesheim
Merten
Bornheim
Merten
Sieg
AACHEN
Stolberg
(Rhld.)
Rösberg
Hennef (Sieg)
Eitorf
Blankenberg
Nideggen
Zülpich
Oberpleis
Hoven
BONN
Heisterbach
Frauenberg
Lüftelberg
Königswinter
Veynau
Rurstausee
Heimbach
Kommern
Euskirchen
Bad
Honnef
Wachtberg
Eicks
Satzvey
Villip
Berkum
Hostel
Lessenich
Mechernich
Meckenheim
Wachendorf
Mauel
Vussem
Monschau
Kallmuth
Bad
Münstereifel
Olef
Kall
Weyer
Schleiden
Steinfeld
Hellenthal
Reifferscheid
Wildenburg
Blankenheim
Dahlem
Baasem
Kronenburg
Rhein
Lippe
Ruhr
Rhein-Herne-Kanal
Erft
Rur